中国工程院重点咨询研究项目
"法医科学与社会治理法治化战略研究"

中国古代法医学与社会治理关系史

丛 斌 黄瑞亭 主编

上 册

学苑出版社

丛 斌

丛斌，汉族，1957年7月出生，山东文登人，中国工程院院士，中国医学科学院学部委员，教授、主任法医师。河北医科大学、四川大学、中国政法大学法医学、病理生理学、证据法学专业博士生导师。现任第十三届全国人民代表大会常务委员会委员、全国人民代表大会宪法和法律委员会副主任委员，九三学社第十四届中央副主席，中国医学科学院学部委员，河北医科大学法医学院院长。目前兼任中国中西医结合学会副会长，中国药典委员会执行委员、国家生态环境部环境损害鉴定评估专家委员会主任委员、国家食品药品监督管理总局特殊医学用途配方食品和特殊膳食食品抽检监测牵头分析专家委员会主任委员。

黄瑞亭

　　黄瑞亭，1958年1月生，福建罗源人。1984年毕业于福建医科大学医学系。先后在西安医科大学、同济医科大学和中山医科大学法医系学习。现为福建省高级人民法院司法鉴定管理办公室主任、主任法医师、硕士生导师，中国法医学会理事、中国法医学会医疗损害鉴定专业委员会副主任委员、《中国法医学杂志》编委、《法庭科学文化论坛》编委，司法部司法鉴定科学技术研究所研究员，中国政法大学法庭科学研究院研究员，福建医科大学、福州大学、福建公安学院兼职教授。1991年获福建省科学技术进步二等奖，并获得"国家科技成果完成者证书"（证书编号025923）。著作有《中国法医学史》《中国近现代法医学发展史》《洗冤集录今释》《话说大宋提刑官》《林几法医生涯录》《法医探索》《司法鉴定概论》《鉴证：图文解说中国法医典故》《林几》《真相》《档案》《说案》《证据》《证明》《宋慈说案》《法医说案》《中国近现代法医学史》《名公宋慈书判研究》等20部，并在Burkhard Madea所编的History of Forensic Medicine（《世界法医学史》）一书中撰写第四章"The History of Chinese Forensic Medicine and Science"（"中国法医学史"）。论著有《百年中国法医学》《法庭科学真谛》《我国仵作职业研究》《〈洗冤集录〉与宋慈法律学术思想》《〈洗冤集录〉与宋朝司法鉴定制度》《中国现代法医人物志》《我国古代法医语言的现代借鉴价值》《林几教授与他的〈实验法医学〉》《我国古代诬告检验的现代研究价值》《〈法医月刊〉办刊特色与历史作用》《宋慈及〈洗冤集录〉产生的历史文化条件》《林几学术思想及其现代价值》《1936年以前林几论文著作的综览》《宋慈祖籍考》《宋慈与林几学术思想的比较研究》等100余篇，英文论著PROFESSOR LIN JI（《中国现代法医学奠基人林几》）刊登在Forensic science international（《国际法庭科学杂志》）1992年第53期。

前　言

我国1978年至今的社会治理模式大致可分为社会制理、社会管治和社会治理三个阶段。2013年党的十八届三中全会通过的《中共中央关于全面深化改革若干重大问题的决定》，对创新社会治理方式做出全面部署，提出"系统治理、依法治理、综合治理和源头治理"的社会治理原则。2019年党的十九届四中全会通过的《中共中央关于坚持和完善中国特色社会主义制度、推进国家治理体系和治理能力现代化若干重大问题的决定》，更加明晰地提出了国家治理体系和治理能力现代化的社会治理目标。这些顶层制度设计为我国创新社会治理方式指明了方向和路径。我国目前仍然处于社会转型期，各利益主体和社会结构正在发生深刻变化，公民的维权意识和证据意识逐渐增强，司法作为维护社会公平正义的最后一道防线备受舆论关注。因此，从社会治理角度来具体研究法医科学，对保障司法公平、公正有其独特的作用和重大的意义。

法医学是国家医学，是国家治理使用的医学。本书是中国工程院课题"法医科学与社会治理法治化战略研究"的子课题"法医科学与社会治理发展史研究"课题研究成果。中外学者围绕法医学史的研究已经有一些著作出版，但纵观这些研究著作，我们可以发现，无论是国内还是国外，对于法医学史的研究，学者们往往集中于对某个国家不同时期的法医制度和法医学发展的研究，而关于社会背景、政治制度、法制思想、文化宗教、科学技术等对法医学发展影响的研究相对比较薄弱。法医学作为一门为法律提供服务的应用科学，其发生、发展必然受到法律的影响，并以社会、法制的发展、演化、变革为转归。社会、法制的发展、变革必然作为一条主线贯穿于法医学发展的整个过程之中。本书，研究我国古代法医学发展与社会治理史的关系，探索法医学产生的动因和出现的时间，寻找法医学产生的条件和发展的空间。

法医学从萌芽到成熟经历了漫长的历史过程。"以史为镜，可以知兴衰。"在复兴我国传统文化的新时代背景下，希望通过汲取根植于我国古代司法检验治理的有益经验，为进一步提高我国现代司法鉴定的社会治理效能提供历史借鉴。

丛　斌

2022 年 4 月

目 录

上 册

第一章 概述 ··· 1

第一节 何为古代社会治理？法医学与社会治理有何关系？ ······················· 3

第二节 我国古代法医学与社会治理关系史的研究方法和史料选择 ··············· 6

一、社会学分析的方法 ··· 6

二、法医学在社会治理中作用分析的方法 ··· 6

三、法医语言学的方法 ··· 6

四、案例分析的方法 ··· 7

五、历史人物研究的方法 ·· 7

六、法医文化研究的方法 ·· 7

七、历史文献学的方法 ··· 8

八、法医规范分析的方法 ·· 8

第三节 我国古代法医学与社会治理关系史的研究价值 ····························· 8

第二章 先秦至秦代时期法医学与社会治理关系研究 ································ 11

第一节 先秦至秦代的司法制度 ·· 13

一、先秦时期的司法制度 ·· 13

二、秦代司法制度 ··· 16

三、战国至秦代的医事制度 ································· 17

第二节　先秦至秦代的法医学发展 ································· 17
　　一、先秦时期的法医学萌芽 ································· 17
　　二、秦代的法医学发展 ································· 21
　　三、《封诊式》与法医学发展 ································· 34

第三节　先秦至秦代法医学与社会治理的相互关系 ································· 37
　　一、先秦时期法医学萌芽与社会治理的相互关系 ································· 37
　　二、秦代法医学发展与社会治理的相互关系 ································· 38

第四节　法医检验制度对战国至秦代社会治理的积极和消极作用 ································· 40
　　一、证据制度 ································· 40
　　二、刑事处罚 ································· 41
　　三、损害赔偿 ································· 43
　　四、医疗损害 ································· 45
　　五、狱事检验 ································· 46
　　六、法医文化 ································· 47

第三章　汉唐时期法医学与社会治理关系研究 ································· 81

第一节　汉唐时期的司法制度 ································· 83
　　一、汉代的司法制度 ································· 83
　　二、三国两晋南北朝时期的司法制度 ································· 87
　　三、唐代的司法制度 ································· 92
　　四、五代十国时期的司法制度 ································· 99

第二节　汉唐时期的法医学发展 ································· 106
　　一、汉代的法医学发展 ································· 106
　　二、三国两晋南北朝时期的法医学发展 ································· 118
　　三、唐代的法医学发展 ································· 137
　　四、五代十国时期的法医学发展 ································· 159

第三节 汉唐时期法医学与社会治理的相互关系 ········ 163
　一、禁止鞭背的司法改革 ········ 164
　二、唐代"三复奏""五复奏"制 ········ 165
　三、医学影响下的刑讯、囚管、行刑司法制度改革 ········ 165
　四、医学与老幼残的治罪监管制度 ········ 166
　五、医学与保辜制度 ········ 167
　六、《唐律疏议》与法医学发展 ········ 167
第四节 法医检验对汉唐时期社会治理的积极和消极作用 ········ 169
　一、证据制度 ········ 169
　二、刑事处罚 ········ 171
　三、民事赔偿 ········ 176
　四、医疗损害 ········ 183
　五、狱事检验 ········ 185
　六、法医文化 ········ 190

第四章 宋代的法医学与社会治理关系研究 ········ 229

第一节 宋代的司法制度 ········ 231
　一、层级管理制度 ········ 231
　二、审与判分离 ········ 231
第二节 宋代的法医学发展 ········ 240
　一、检验 ········ 240
　二、检验人员 ········ 240
　三、检验成就 ········ 243
　四、检验书籍 ········ 247
　五、文书检验 ········ 250
　六、检验案例 ········ 271
　七、医事制度 ········ 277

  八、对法医学有影响或贡献的人物 …………………………… 278
 第三节 宋代法医学与社会治理的相互关系 …………………………… 295
  一、《宋刑统》对法医学发展的规范作用 ……………………… 296
  二、《洗冤集录》与社会治理 …………………………………… 298
 第四节 法医检验对宋代社会治理的积极和消极作用 ……………… 307
  一、证据制度 ……………………………………………………… 307
  二、刑事处罚 ……………………………………………………… 308
  三、损害赔偿 ……………………………………………………… 309
  四、医疗损害 ……………………………………………………… 311
  五、狱事检验 ……………………………………………………… 312
  六、法医文化 ……………………………………………………… 319

第五章 元代的法医学与社会治理关系研究 ……………………………… 407
 第一节 元代的司法制度 ………………………………………………… 409
  一、对诉讼案件的划分 …………………………………………… 409
  二、刑事审判程序 ………………………………………………… 411
  三、刑事诉讼案件管辖 …………………………………………… 415
  四、刑事判决依据 ………………………………………………… 417
  五、刑事审判制度中刑狱制度的评价 …………………………… 418
 第二节 元代的法医学发展 ……………………………………………… 419
  一、法医学检验的具体规定 ……………………………………… 420
  二、法医检验制度 ………………………………………………… 422
  三、法医检验成就 ………………………………………………… 425
  四、王与和《无冤录》 …………………………………………… 428
  五、检验案例 ……………………………………………………… 434
  六、医事制度 ……………………………………………………… 437
  七、对法医学有影响或贡献的人物 ……………………………… 437

第三节　元代法医学发展与社会治理关系 …………………… 440

第四节　元代法医学发展对社会治理的促进和消极作用 ………… 441

　一、证据制度 …………………………………………………… 441

　二、刑事处罚 …………………………………………………… 441

　三、损害赔偿 …………………………………………………… 441

　四、医疗损害 …………………………………………………… 444

　五、狱事检验 …………………………………………………… 444

　六、法医文化 …………………………………………………… 447

下　册

第六章　明代的法医学与社会治理关系研究 ……………………… 467

第一节　明代的司法制度 …………………………………………… 469

　一、司法机关 …………………………………………………… 469

　二、监察机关 …………………………………………………… 469

　三、会审制度 …………………………………………………… 470

　四、厂卫行使审判权 …………………………………………… 470

第二节　明代的法医学发展 ………………………………………… 471

　一、检验规定 …………………………………………………… 471

　二、检验类型及刑罚 …………………………………………… 472

　三、检验程序规定 ……………………………………………… 473

　四、检验文件 …………………………………………………… 474

　五、保辜制度 …………………………………………………… 475

　六、吕坤与《实政录》 ………………………………………… 477

　七、检验成就与案例 …………………………………………… 479

　八、医事制度 …………………………………………………… 483

　九、对法医学有影响或贡献的人物 …………………………… 484

十、明代法医学发展缓慢的社会因素分析 …………………………… 490

　第三节　明代法医学发展与社会治理的关系 ……………………………… 492

　第四节　明代法医学发展对社会治理的积极和消极作用 ………………… 493

　　一、证据制度 …………………………………………………………… 493

　　二、刑事处罚 …………………………………………………………… 494

　　三、损害赔偿 …………………………………………………………… 495

　　四、医疗损害 …………………………………………………………… 498

　　五、狱事检验 …………………………………………………………… 498

　　六、法医文化 …………………………………………………………… 502

第七章　清代的法医学与社会治理关系研究 ………………………………… 563

　第一节　清代的司法制度 …………………………………………………… 565

　　一、清代立法 …………………………………………………………… 565

　　二、律法内容 …………………………………………………………… 566

　　三、诉讼制度 …………………………………………………………… 566

　第二节　清代的法医学发展 ………………………………………………… 567

　　一、检验制度 …………………………………………………………… 567

　　二、检验成就 …………………………………………………………… 572

　第三节　中国近代法医学的开端 …………………………………………… 603

　　一、中国近代法医学 …………………………………………………… 603

　　二、鸦片战争后的中国法医学 ………………………………………… 605

　　三、外来思想文化及医学发展对清末近代法医学发展的影响 ……… 610

　　四、清末近代法医学特点 ……………………………………………… 617

　　五、对清末检验改革的评价 …………………………………………… 617

　第四节　清代法医学与社会治理的相互关系 ……………………………… 619

　　一、《洗冤录详义》 …………………………………………………… 619

　　二、《律例馆校正洗冤录》 …………………………………………… 621

第五节　清代法医学发展对社会治理的积极和消极作用 …………… 623
　　一、证据制度 ……………………………………………………… 623
　　二、刑事处罚 ……………………………………………………… 624
　　三、损害赔偿 ……………………………………………………… 627
　　四、医疗损害 ……………………………………………………… 629
　　五、狱事检验 ……………………………………………………… 630
　　六、法医文化 ……………………………………………………… 632

第八章　中国古代法医产生、发展与社会治理关系研究 …………… 741
　第一节　中国古代法医制度与内容的演变 ……………………… 743
　　一、中国古代法医制度与内容的演变过程 …………………… 743
　　二、中国古代法医学不适应社会发展的教训 ………………… 745
　　三、中国古代法医制度发展的启示 …………………………… 747
　第二节　中国古代法律与法医学的相互作用 …………………… 748
　　一、中国古代证据制度 …………………………………………… 748
　　二、对现代的启示 ………………………………………………… 749
　第三节　中国古代法医学书籍相关研究 ………………………… 751
　　一、《洗冤集录》出版前的法医理论与实践准备 ……………… 751
　　二、《洗冤集录》出现的时空必然及划时代影响 ……………… 754
　　三、《洗冤集录》之后的法医学书籍内容及其演变 …………… 766
　　四、中国古代法医学书籍对社会治理的影响 ………………… 768
　　五、法医学书籍对法医学发展的促进与阻碍作用 …………… 774
　第四节　中国古代洗冤文化研究 ………………………………… 777
　　一、《洗冤集录》中的"洗冤"及法医文化 ……………………… 777
　　二、中国古代洗冤文化的价值 ………………………………… 789
　第五节　中国古代法医语言研究 ………………………………… 790
　　一、中国古代法医语言 ………………………………………… 790

二、中国古代法医语言的研究价值 ……………………………………… 801

第六节 中国古代仵作职业研究 ……………………………………………… 803

一、古人尸体认识和官府仵作职业 ……………………………………… 804

二、仵作由来 ……………………………………………………………… 805

三、仵作职业的演变 ……………………………………………………… 805

四、仵作身份的演变 ……………………………………………………… 805

五、小结 …………………………………………………………………… 816

第七节 中国古代诬告检验研究 ……………………………………………… 817

一、避免诬告的法律 ……………………………………………………… 817

二、与尸体检验有关的诬告刑罚 ………………………………………… 818

三、与尸体检验有关的诬告种类 ………………………………………… 819

四、与尸体检验有关的诬告检验 ………………………………………… 822

五、中国古代诬告检验的现代价值 ……………………………………… 826

第八节 中国古代发冢检验研究 ……………………………………………… 829

一、名公书判中的发冢检验案例 ………………………………………… 829

二、《洗冤集录》记载的发冢、检验 …………………………………… 833

第九节 中国古代法医学发展由盛而衰的原因分析 ………………………… 841

第十节 中国古代法医学与西方法医学的比较研究 ………………………… 845

一、中西方法医学发展概况 ……………………………………………… 846

二、中西法医学发展的比较 ……………………………………………… 853

第九章 中国古代法医学与社会治理关系史的总结 ……………………………… 859

第一节 中国古代法医学与社会治理的关系模式 …………………………… 861

一、战国秦代法医学与社会治理 ………………………………………… 861

二、汉唐时期法医学与社会治理 ………………………………………… 864

三、宋代法医学与社会治理 ……………………………………………… 866

四、元代法医学与社会治理 ……………………………………………… 874

五、明代法医学与社会治理 ································· 875

　　六、清代法医学与社会治理 ································· 877

第二节　中国古代法医检验技术没有自主迈向现代化的原因 ············ 878

第三节　中国古代法医学和社会治理关系史研究的现代价值 ············ 881

参考文献 ··· 887

　　一、图书 ··· 889

　　二、学位论文 ··· 892

　　三、专著中析出文献 ··· 893

　　四、期刊 ··· 894

后　记 ··· 899

第一章 概述

第一章 概述

中国几千年的文明史具有源远流长、连绵不断以及光辉灿烂的特征，使中华民族屹立于世界民族之林。其中，法医科学技术的成就以其独特的光芒熠熠生辉，是为中国文明史的重要组成部分。同时，又是世界法医科学技术发展史不可或缺的篇章。

中国古代法医科学技术的发生、发展，是与中华民族的繁衍生息密切相关的，也是与法律完善和社会治理密切相关的，特别是法医学发展与社会治理领域二者之间存在相互依存、互为因果的关系。中国古代社会治理的持续发展与进步是中国古代法医科学技术进展的基石，中国古代法医科学技术的进展则为中国古代社会治理和司法文明提供了法医科学技术保障。当然，中国古代法医科学技术的进步同社会的发展一样，并不是一帆风顺的，其间有高潮也有低谷，中国古代社会治理领域对法医学发展既有积极影响，也有消极影响。中国古代法医学形成、成熟和衰落，是一部令人惊叹的历史。厘清历史脉络，吸取经验教训，是一项十分有意义的工作。

中国古代法医科学技术是在特定社会治理下的社会状况、自然环境、司法环境、科技水平、医学发展、传统文化、哲学观念、文化氛围以及思维方法和生活方式等条件下存在的，并在这些条件下发生、发展的。这样的历史条件下发生、发展的中国古代法医学，必然要适应古代社会治理，必然有自己的内部结构，必然有别具一格的中国古代法医科学技术内涵和描述表现方式。本书将从我国古代法医学发展代表性时代与古代社会治理进行深入研究，从古代法医产生、发展与社会治理关系进行研究，从各个历史阶段司法制度、检验制度、机构设置、人员配置、法医文化、检验理论、经验知识、法医著作、法医案例、重要人物、历史作用、知识传承、中外交流诸多层面加以描述，展示一个较为清晰、全面的中国古代法医学和社会治理关系史。

第一节 何为古代社会治理？法医学与社会治理有何关系？

古代社会治理指官府和社会组织、家庭成员运用多种资源和手段，对社会生活、社会事务、社会组织进行规范、协调、服务，解决社会问题的一种社会治理状态及其过程。官府"良政"和社会"善治",需要民间力量,包括民间教育、乡约和家训等。

法医鉴定与社会治理的本质是一致的,为实现社会公正、公共服务、公共安全、社会参与人的全面发展,为实现政府主导、多元社会主体协同治理;管理方式尤其要依靠政策管理向依法治理、综合施策转变。

法医科学不仅与社会治理法治化关系密切,而且法医科学与社会治理法治化相关立法及管理体制也关系密切。因为从古代法医学发展来看,法医科学在社会法治中扮演着重要的角色。在关于刑法、民法、行政法以及立法等法律行为中都涉及法医事项,法医鉴定关乎公众切身利益,关乎政府公信力和社会稳定。

从我国古代社会治理与法医学发展的角度来审视我国古代法医学史,我们可以清晰地看到,有着悠久历史的法医学,始终服务于社会治理,它在推进我国依法治国、处理社会突发事件、维护社会长治久安等方面发挥着重要作用。法医学的科学技术体系不仅涉及了医学的大部分学科,与其他一些自然科学领域和社会科学领域也有交叉。法医科学渗透人类社会的诸多方面,在人类社会的发展进程中发挥了重要作用。

纵观历史,我国古代法医学的发展,首先取决于法治的健全,其次取决于医学及相关学科的发展和进步,最后取决于法律上和社会治理中需要法医学解决的问题。因而,法医学服务范围不断扩大,法医科学不断发展。自先秦到清末,我国古代法医学的发展史大致分为三个时期。一是萌芽期。据现存资料记载,我国古代法医学萌芽可以追溯到战国时期(前475—前221)。1975年发现的睡虎地秦墓竹简《封诊式》中记载了有关法医学的资料。《封诊式》是世界第一部法医学书籍。由于法律的出现必然伴随用法律来调整社会关系的司法行为,在处理与人身伤害和死亡有关的法律事件时必然需要"瞻伤、察创、视折"等法医检案技术。二是形成期。11世纪到1840年,这个时期出现了比较完善的法医学理论体系,最具代表性的著作就是我国南宋时期宋慈编著的《洗冤集录》——当时世界上最权威、最完整的法医学著作。三是发展和成熟期的前期(1840—1911)。由于显微镜的出现和化学研究方法的运用,法医学的研究从宏观进入微观。西方法医学正式传入中国始于1881年天津医学馆开办的裁判医学课。清末修改法律,提出检验改革,仵作改为检验吏,开办检验训练班,对涉讼案件的检验人界定为"鉴定人",等等。这些变化,都与古代法医学有明显区别。

在我国古代,法医学是以官验的体制出现的。有国有官,有官有法,有法有制,有制有验,自秦汉以来,传承不断。汉武帝后,独尊儒术,受儒家思想影响,检验制度有所发展,至五代出现《疑狱集》,南宋出现《洗冤集录》。值得一提的是,五代前后检验引入仵作一职,其工作内容由协助、参与到检验,职位名称由雇工、检役到检验吏;而官员的工作内容也由躬亲检验、躬亲监视到监督检验,形成一整套检验制度。正是这个制度,使中国古代检验发达于西方。也是这个制度,使检验"官僚化""格式化"。《洗冤集录》出现后中国法医学发展变得缓慢,落后于引入科学检验和技术专家的西方。这是我国古代检验制度从适应到领先,到不适应,又到落后的整个过程。直到近代经过各方努力才发生变革,法医学史和法医人物也沿着这个轨迹变化着。

梳理我国自秦代至清代的刑法类文献,官府断狱涉及发冢、诬告、检验三种状况下的尸体。这样,我们可以说,古代官府刑狱职责就是为案件需要,处理"发冢、诬告、检验"的尸体。这些尸体有"冤"。所以,我国古代检验不称为法医学,而是称"洗冤",属于国家司法行为,是法律框架下的"检验"。也因此,古代法医人物绝大多数是官吏。这一情况在近代慢慢发生变化。依靠"传教士"从西方传入,清廷司法改革和王佑、杨鸿通等人从国外引入"法医学"概念——先是"裁判化学""裁判医学"书籍,而后是"法律医学"书籍,再然后才是"法医学"书籍。我国清末虽然有了"鉴定人"法律概念,但真正使我国现代法医学有所发展的是林几。1932年,林几在上海创办法医研究所,从事法医教育,培养法医人才,颁发法医师证书,创办法医学杂志,使职业鉴定人正式登台亮相,也使"洗冤"真正落到法医学工作者身上。林几是当之无愧的、公认的我国现代法医学奠基人、先行者、教育家和活动家。

第二节　我国古代法医学与社会治理关系史的研究方法和史料选择

法医学是医学与法学的交叉学科，又是法学和医学的分支，因此，我们借鉴史学方法对古代法医学与社会治理关系史进行研究。方法有以下几种。

一、社会学分析的方法

由于法医学是社会生活的一部分，它与社会现实生活存在密切的联系，因此本书在研究过程中将不仅关注法律规范中与法医学有关的检验、处罚、赔偿的规定，也关注文化因素的作用，还注意运用社会学的基本理论、方法，来研究古代法医学发展与社会治理，法医制度的价值理念，分析其背后的社会背景成因及其实质性功能。

二、法医学在社会治理中作用分析的方法

古代法医学参与社会治理，发挥积极作用。社会治理和社会管理概念是有区别的。二者的主体不同：社会管理的主体相对来说单一，主要是指官府及其职能部门。社会治理的主体则是多元的，社会组织、社区、乡村、家庭、百姓都是社会治理的主体。二者方式不同：社会管理是对社会组织和社会成员通过政治动员和行政命令方式加以管理，而社会治理则强调多元主体通过协商协作方式实现对社会事务的合作管理。二者功效不同：社会管理包含有社会服务的内容，而社会治理是指治理者与社会协同参与者根据国家良法（"硬法"）与乡规民约（"软法"）构建结构严密、规范有序、协调运行的治理体系，有效预防和化解社会冲突与社会风险，实现国家与社会良性互动、合作共治、"良法善治"。

三、法医语言学的方法

法医语言是社会、医学和法律观念的反映，中国古代法医自有表达检验制度的系

列术语，因此在研究中尽量使用古代汉语，避免套用现代法医学的词语系统来解释中国古代法医检验的现象。本书将尽力在中国古代法医语境中使用古代汉语来描述相关内容，或者尽力避免，至少是小心地使用现代法医学的规范用语阐释古代法医检验，故而本书对涉及表达我国古代法医检验的词语（包括立法语言和司法语言），将用法医语言学的方法进行考述和辨析，以了解古人对相关法律观念、法医检验的表达，从而全面准确揭示当时的法医检验现象。

四、案例分析的方法

法医学研究自然离不开对司法实践中案例的分析。古代法医学发展如何在社会治理中发挥作用，必须从法医学检验如何为审判服务中体现出来。我国古代刑事审判也叫断案、断狱，这就需要检验。社会现实和法律条文之间，断案与检验之间，往往存在着一定的差距。法律在社会上的实施情况，是否有效，推行的程度如何，必须通过案例分析加以阐明。

五、历史人物研究的方法

法医学研究离不开对从事法医检验的人物的研究。中国古代法医学史上出现的徐之才、和凝、郑克、宋慈、桂万荣、王与等人物，特别是世界法医学奠基人宋慈，是本书重点介绍对象。本书借人明史，特别是通过法医人物的著述或所办案例，进一步研究我国古代法医学在社会治理中的作用。

六、法医文化研究的方法

法医文化是研究法医溯源、语言、人物、道德、制度、继承、思维、方法和技术的一门科学，当今已然成为热门课题。我国法医文化源远流长，有丰富的积淀和背景，衬托出巨大的法医文化力。

所谓我国古代法医文化主要指的是"洗冤文化"，有着丰富的人文内涵和社会基础，深植于民众之中，是中华文化的重要组成部分，在中华民族发展史上占有重要地位。挖掘我国古代"洗冤文化",对于研究我国古代法医学与社会治理关系大有裨益。今天,弘扬"洗冤文化"对于加快我国法医学发展与现代化进程仍具有重要的现实意义。

七、历史文献学的方法

所谓历史文献学的方法是指通过对历史文献进行搜索鉴别、分类、整理,以分析解释历史社会现象。本书在探讨分析古代法医检验制度时必然要使用大量的著作、文献、史料、笔记等,只有将扎实的历史文献作为基础,才能得出令人信服的结论。因此,历史文献学的方法将是本书所采用的方法之一。

八、法医规范分析的方法

与法医学有关的检验、处罚、赔偿规定在各朝代所制定的律典中都有明确的条文,因此在探讨古代法医学发展与社会治理关系时,本书主要从当时的律典条文入手,将涉及刑事处罚、损害赔偿、医疗损害的律文进行规范分析,包括律文本身的含义、条文之间的逻辑关系等问题,梳理出相应的检验规范、实现途径、检验范围和原则,在立法层面上厘清法医检验制度。在对相关检验法律条文进行规范分析的基础上还通过对涉及检验的案例进行研究,以全面探讨法医检验制度在社会治理实践中的执行情况。

第三节　我国古代法医学与社会治理关系史的研究价值

本书具有文献资料研究价值,又具有学术和实践参考价值。在梳理大量文献基础上详细介绍了中国古代各个朝代(先秦、秦、汉、唐、宋、元、明、清)的司法制度、法医学发展状况,内容涉及我国古代各个历史阶段司法与检验制度、检验机构与人员配置、检验理论与经验知识、法医著作与法医案例、重要人物与历史作用、法医文化与知识传承、中外交流等诸多层面，为读者展示了一个较为清晰、全面的中国古代法医学和社会治理关系史概貌。同时，运用社会学、法医学、历史学等多学科方法，对我国古代法医学产生、发展与社会治理关系进行深入系统研究；探讨法医学发展与社会治理领域的相互关系，分析各个朝代法律制度对法医学发展的规范作用以及法医检验对社会治理的积极作用或消极影响。

我国古代法医学发展的道路曲折坎坷，但总是不断前行，留下了丰富的历史和经验教训。《论语·子罕》有言："逝者如斯夫，不舍昼夜。"这是孔子对过往时间的感叹。时间一去不复返，历史的车轮也滚滚向前从不停歇。《荀子·天论》有言："从天而颂之，孰与制天命而用之！"强调要顺应历史发展趋势而行。不但要尊重客观规律，更重要的是认识和利用客观规律。刘禹锡在《酬乐天扬州初逢席上见赠》中感叹"沉舟侧畔千帆过，病树前头万木春"，从中可以读出历史不断向前发展、新事物必将取代旧事物之意。

"以史为镜，可以知兴替。"本书选择以法医学与社会治理的关系作为切入点，对我国古代法医学产生、发展与社会治理的辩证关系进行深入系统研究，对古代法医检验技术发展得失原因进行深入客观分析，对我国古代法医学和社会治理关系史进行深入全面论述，为我国当代法医学发展参与社会治理提供历史借鉴，对推进全面依法治国、建设社会主义法治国家具有历史价值和现实价值。

第二章 先秦至秦代时期法医学与社会治理关系研究

第二章 先秦至秦代时期法医学与社会治理关系研究

第一节 先秦至秦代的司法制度

从社会治理与法医学发展角度出发,司法制度应该是研究我国法医学发展史最为合适的切入点。因为法医学是一门为法律提供服务的应用科学,其发生、发展必然受到法律的影响,并以社会、法制的发展、演化、变革为转归。社会、法制的发展、变革必然作为一条主线贯穿于法医学发展的整个过程之中。换句话说,研究社会治理与法医学发展的关系,就要寻找法医学产生的动因和出现的时间,就要研究法医学产生的条件和发展的空间。具体地说,法医学是作为"法"的必需物和伴随物而出现的,只有在司法审判过程中需要法医学技术手段为审判提供证据时,法医学才会有产生的必要性和发挥作用的空间,法律在逐渐完备的过程中才会去规范并促进法医学发展。先秦时期,特别是春秋战国时期,以及之后的秦代,具备了法医学产生的社会、法律背景和内在因素,为法医学的产生提供了条件,是我国古代法医学发展的萌芽阶段。

一、先秦时期的司法制度

先秦时期(主要指夏、商、周时期,包括春秋、战国时期)的司法制度,以西周法律制度、春秋时期的法律改革以及战国时期的《法经》为重点。

(一) 西周时期的法制

西周时期的法律的基本指导思想是"以德配天、明德慎罚"。"德"指的是敬天、敬宗、保民。

(二) 西周礼制

在西周时期,以"礼"为表现形式的各种习惯法,以及一些不成文法,也是重要的法律形式。所谓"礼",是中国古代社会长期存在的、旨在维护宗法血缘关系和宗法等级制度的一系列精神原则和言行规范的总称。"礼"是抽象的精神原则,包括"忠""孝""节""义""仁""恕"等。其核心是"亲亲"和"尊尊"的等级名分、等级差别。"礼"具体有"五礼""六礼""九礼"。

(三)刑与出礼入刑

西周时期的"礼"与"刑",二者相辅相成,共同构成了西周社会的规范体系。其中,"礼"起到禁恶于未然的预防作用;"刑"起到惩恶于已然的制裁作用。凡是"礼"所禁止的行为,亦必然为"刑"所不容,即所谓"礼之所去,刑之所取","出礼则入刑"。

(四)三宥三赦制度

据金兆丰研究,《虞典》的"眚灾肆赦",为我国"赦之所由之始"。至《周礼》,有司刺掌"三宥三赦"之法。所谓"三宥三赦",是指《周礼·秋官·司刺》规定的定罪量刑政策,是中国古代运用犯罪心理原理指导司法审判的一项重要制度。"一宥曰不识,再宥曰过失,三宥曰遗忘。一赦曰幼弱,再赦曰老旄(俗作耄),三赦曰蠢愚。"郑玄对"三宥"之法注:"识,审也。不审,若今仇雠当报甲,见乙,诚以为甲,而杀之者。"可见,"不识"是由于观察疏忽、判断失误所导致的犯罪。"过失,若举刃欲砍伐而轶中人者。"可见,"过失"是指无心而杀伤人。"遗忘"者,"若间帷薄,忘有在焉,而以兵矢投射之"。这实际上是由于记忆错乱所导致的犯罪。所以,"三宥"之法是要求宽免由于主观方面所引起的过失犯罪。《礼记·曲礼上》对"幼弱"和"老旄"做了解释:"人生十年曰幼,学;二十曰弱冠……七十曰老,八十九十曰耄。"显然,幼弱者的生理和心理都还没有完全发育成熟,老耄者则精神衰退,反应迟钝,感官功能降低。蠢愚者,是指智力低下者以及精神病人。"三赦"之法实际上已涉及年龄与犯罪、精神病与犯罪的问题。《周礼》中"三赦"的规定是将这三种人与正常人区别对待,可赦免其应受的刑法。[①]

(五)司法官员

理官是指掌管司法的官,大理即是古代理官,是主管司法的最高官吏。《礼记·月令》记载,夏有"大理",主掌审判。西周时期在中央机关有专门的司法官员,中央主要司法官员是大司寇。在大司寇之下,设小司寇,作为大司寇的属官。小司寇的主要

[①] 金兆丰. 中国通史[M]. 北京:中国工人出版社,2016:400.

职责是"以五刑听万民之狱讼",即负责办理具体案件。这一官吏设置从先秦时期开始,一直存在于中国古代社会治理体系中。秦置廷尉,为九卿之一,掌刑狱。秦汉至北齐廷尉是主管司法的最高官吏。汉景帝中元六年(前144)名大理,东汉时复称廷尉。汉末复为大理。北齐以大理寺为官署名,大理寺卿为官名。之后唐宋元明清各朝代都有大理寺官署名。

(六)狱与讼

西周时期开始区分刑事案件和民事案件。刑事案件被称为狱,民事案件被称为讼,审理刑事案件被称为断狱,审理民事案件被称为听讼。

(七)审判制度

五听指的是审判案件时判断当事人陈述真伪的五种观察方式,包括辞听、色听、气听、耳听、目听。

(八)三刺制度

三刺制度指的是遇到重大疑难案件先交给群臣讨论,当群臣讨论不能决断的时候,交给官吏们讨论,如果还不能决断,再交给所有国人讨论的一种案件审理方式。

(九)五过

五过指的是司法官承担法律责任的五种情况。《尚书·吕刑》说:"五辞简孚,正于五刑。五刑不简,天于五罚;五罚不服,正于五过。五过之疵:惟官,惟反,惟内,惟货,惟来。其罪惟均,其审克之!"惟官,就是畏惧权势;惟反,就是报私怨;惟内,就是照顾亲属裙带关系;惟货,就是收受赃物;惟来,就是受私人请托。司法官因为上述五种情况而枉法裁判,要承担法律责任。

(十)春秋战国时期法制的变革

一是春秋时期的公布成文法活动。事例有郑国的"铸刑书"、邓析的"竹刑"和晋国的"铸刑鼎"。铸刑书指公元前536年,郑国执政者子产将郑国的法律条文铸刻在鼎上。邓析竹刑指公元前530年,郑国邓析把法律编成刑书刻在竹简上。晋铸刑鼎指公元前513年,晋国赵鞅把范宣子所著刑书浇铸在铁鼎上。二是战国时期的法制变革活动,事例有《法经》的制定和商鞅变法。《法经》是战国时期魏国李悝制定的。商鞅变法指公元前359年，法家著名代表人物商鞅在秦国实施的变法改革。

(十一)医事制度

据《周礼·天官·冢宰》，周代医学开始分科，共五种：医师，掌管医政和医疗；食医，掌管王用饮食；疾医(内科医生)，治疗平民疾病；疡医(外科医生)；兽医。当时的医疗工作在行政上统归于"医师"管理。

二、秦代司法制度

(一)廷尉制度

秦始皇统一中国后，实施廷尉制度。"廷尉"中的"廷"，有断狱必经朝廷、治狱应当公平的意思；"尉"是官名。秦朝重视断狱与行刑，廷尉成为九卿之一，负责审理中央的和地方上报的重大案件，审核判决各郡的疑难案件。

(二)行司合一

在地方，秦代行政权和司法权合一，由各郡守和各县令兼理。郡县长官拥有审判的批准权和重案疑案的上报权。县还设县丞，主管一县司法事务。

(三)诉讼制度

诉讼制度是秦代司法制度的特色之一。秦代的诉讼是由当事人或其亲属向官府起诉，称为"告"。秦朝规定了"诬告反坐"的制度，对控告不实的人，要用被告人所判处的刑罚反过来处罚告发者。秦律有"先自告除其罪"的自首减免刑罚的规定。

秦代形成"逐级审转复核"的诉讼制度。从县级开始，每一级对案件审理后，凡不属本级权限内的案件，就要呈报上一级审理。这种程序和制度，一直沿用到清代。

秦代对法官判案应负的责任做出规定。法官处刑不当、失轻失重为"失刑"；故意增减犯人应判的罪刑称为"不直"；故意不判或者减判，以致犯人达不到判罪标准而逃脱法律制裁的叫"纵囚"。"失刑""不直""纵囚"为重罪，应追究法官的法律责任。

(四)秦代监狱

从秦代开始，在郡、县分设监狱。秦代的监狱叫囹圄，从中央咸阳城到各地郡县都有监狱。

三、战国至秦代的医事制度

从《史记》中名医扁鹊"过邯郸,闻贵妇人,即为带下医;过雒阳,闻周人爱老人,即为耳目痹医;来入咸阳,闻秦人爱小儿,即为小儿医"来看,战国时妇科、五官科、小儿科已分科。到了秦代则设太医令官职。

第二节 先秦至秦代的法医学发展

一、先秦时期的法医学萌芽

据现存资料认为,我国古代法医学萌芽可以追溯到战国时期(前475—前221)。大约成书于战国的著作《吕氏春秋》记载:"命理瞻伤、察创、视折,审断决,狱讼必端平。"这是说,作为中国古代法官的理官,审判刑事案件必须重视检验不同程度的损伤。这段关于审判案件的文字,在《礼记·月令》(约成书于汉)中亦被提及,影响深远。清代学者许梿在他的《洗冤录详义·叙》中说:"尝读《月令》,有所谓'瞻伤、察创、视折'者,而继之以'审断决,狱讼必端平'。夫伤也、创也、折也,虽所伤不同,其为伤一也,伤多有迹而易见,狱多无情而难凭,而何其瞻焉、察焉、视焉之言之加详也。"(图1)说明我国至少从战国时期就有验伤制度,司法官吏须查看皮下出血、观察创口和检视骨折,然后做出审判。正因为中国古代法律依靠有这种核实验证的审理官员(理官),特别看重证据,才导致世界最早的活体和尸体检验及其主要著作《封诊式》在中国出现。

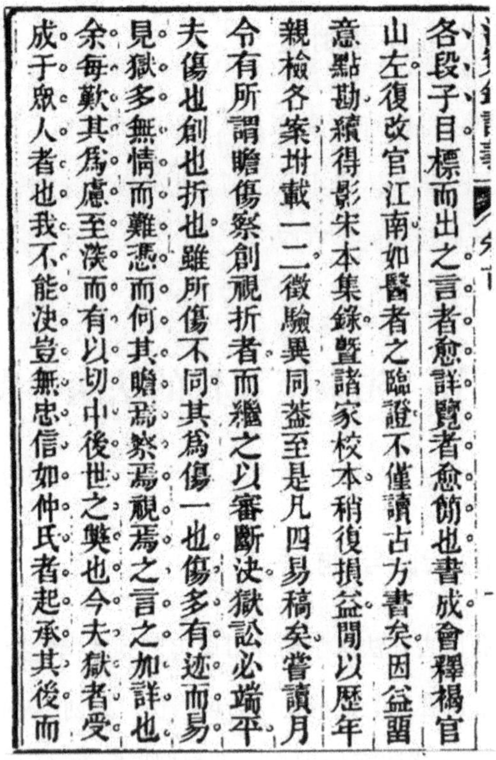
各段子目標而出之言者愈詳覽者愈飭也書成會釋褐官
山左復改官江南如醫者之臨證不僅讀古方書矣因益留
意點勘續得影宋本集錄暨諸家校本稍復損益間以歷年
親檢各案卅載一二徵驗異同蓋至是凡四易稿矣嘗讀月
令有所謂瞻傷察創視折者而繼之以審斷決獄訟必端平
夫傷也創也折也雖所傷不同其爲傷一也傷多有迹而易
見獄多無情而難憑而何其瞻焉察焉視焉之言之加詳也
余每歎其爲慮至深而有以切中後世之獘也今夫獄者受
成於衆人者也我不能決豈無忠信如仲氏者起承其後而

图 1　许梿《洗冤录详义·叙》，引自许梿《洗冤录详义》，清光绪三年(1877)湖北藩署重刊本

但是，严格地说，我国最早何时开始出现古代法医学萌芽，现在难以定论。比战国更早的西周周穆王时期(前976—前922年在位)，就有刑法专著《吕刑》问世。它规定有五刑(墨、劓、剕、宫、大辟)之设，为防乱用酷刑，主张“罪行核实可信”可按五刑惩罚，如有怀疑，则采用“五罚”。最轻的墨刑罚金一百锾(一锾约等于旧制六两)，最重的大辟(死刑)罚金一千锾。这就要求审理案件一定要详细查实，要从众人中核实验证，也要有共同办案的人。没有核实不能治罪，应当同敬上天的威严。我国学者林几则更明确地指出：“法医学，乃国家应用学科之一，发明在医学及法学之后。《书》曰‘惟刑之恤’，《诗》曰‘在泮献囚’。”① 《书》是《尚书》，它收入商、周特别是西周初期的一些相关的重要史料。这句“惟刑之恤”指经检验确定为老、幼、废、疾

① 林几．法医学史[J]．法医月刊．1935(14)：1—7.

者予以减刑悯恤。《诗》指《诗经》,是中国最早的诗集,收入自西周初年至春秋中叶(前11世纪—前6世纪)五百多年的诗歌。其中"在泮献囚"指经检验尸首核实战功以行赏赐。这些史料说明我国法医学西周时期就已发达,有验伤制度。

另外我国学者孙逵方也曾论述,据早在中国古代医学名著《内经》所载的"其死可解剖视之"和《史记》中《扁鹊仓公列传》所载的"乃割皮解肌",及黄帝时期名医岐伯"内观五脏六腑",估计公元前1066年至前771年的周代已有了解剖的思想。[①]《扁鹊仓公列传》中说的"割皮解肌",并不是说扁鹊本人的医术,而是说扁鹊之前的"上古"时有个叫俞跗的医生会"割皮解肌""搦髓脑""湔浣肠胃,漱涤五藏"等,是在比扁鹊更早的时候就出现的。其中"上古"指夏、商、周时期。

不同的史料依据导致对中国古代法医学萌芽时间的认定出现分歧。我国古代并没有司法鉴定或法医学这个名称。如果从文化角度而言,法医学萌芽(即法医学起源或者开端)可以推至西周。[②]如果是按现代人把涉讼检验作为法医学起源的思路,去追溯中国古代法医学的发端,就会如法医学界通常认定的一样,把战国时期的狱中检验认定为法医学萌芽期。这其中的问题是:用什么标准去追溯法医学发端?用法医学思维或手段去追溯,就出现思维论,如断狱、疑狱;用服务对象去追溯,就出现目的论,如洗冤、无冤;用法医学工作范围去追溯,就出现范围论;用法医学鉴定方法去追溯,就出现方法论;用法医学鉴定解决涉讼法律问题去追溯,就出现应用论,如应用法医学知识解决诉讼中专门知识问题。只有应用论,才是现代法医学的定义。实际上是狭义的法医学。

案例1 在泮献囚

林几在《法医学史》中记载的"在泮献囚"典故,出自《诗经·鲁颂·泮水》:"淑问如皋陶,在泮献囚。"春秋前期,鲁僖公在鲁国都城泮水岸边筑起了泮宫。《诗经》里讲这个故事说的是,将士在前线获胜回朝请功,大王问鲁国理官怎么办理。理官说,要检验后赏罚。"在泮献囚"的"献"即"讞","献囚"即"讞囚",即检验

---

① 孙逵方,张养吾. 中国法医学史[J]. 法医季刊. 1936(1):3—8.
② 关于法医文化,详本章第四节。

核实战功以行赏赐之义。理官善于用检验处理疑难案件，对将士争功，不凭将士报说杀敌多寡，而是找证据，对"囚"者进行检验。

述评："在泮献囚"的典故大概是我国古代早期的法医检验记载之一，汉以后还有"录囚"。"谳囚制度"后世发展为"定谳制度"，"录囚制度"后世则发展为"洗冤制度"。林几记载的另一个典故"惟刑之恤"出自《尚书·舜典》："惟刑之恤哉！"意即考虑到刑罚可能滥用失当，检验时要有悯恤之意，使刑罚轻重适中。后世一般指经检验确定的老幼废疾者，予以减刑悯恤。汉代对老幼、妇女、废疾者的刑罚予以减免，汉律规定，年八岁以下，八十以上，除非亲手杀人，犯别的罪不予追究。景帝（前157—前141年在位）时下诏，年八十以上，八岁以下以及孕妇、盲人，在监禁时可给予优待，不加桎梏。我国古代法医学书籍不少就以"惟刑之恤"作为检验指导思想，如《内恕录》《疑狱集》《慎刑说》等。因此，我国古代检验思想和个别法医检验在西周至春秋战国时期已经出现，并延续至后世作为古代法医检验的指导思想。

案例2 假死检验

司马迁《史记·扁鹊仓公列传》中记载，一日，虢国太子突然"暴厥而亡"，举国上下悲哀奔丧，准备厚葬。正当人们忙碌太子后事时，有人提出有个叫扁鹊的神医可治百病，不妨请他看看。在太子"死去"半天时，恰好扁鹊来到虢国。随即扁鹊被请去。问明情况后，扁鹊开始检查虢国太子。查毕，扁鹊断定，太子"鼻（孔）张""阴（部）有温"，虽"形静如死状"，实是"尸厥"。于是，扁鹊用针灸等方法使太子"死而复活"。在刘向《说苑辨物》里也有记载："扁鹊过赵王，王太子暴疾而死。鹊造宫门曰：太子之疾，所谓尸厥者也。以为不然，入诊之，太子股阴当温耳，耳中焦焦如有啸者声，然者皆可治也。"

述评：这个例子介绍的是虢国太子"暴厥而亡"，但扁鹊查毕断定，太子"鼻（孔）张""阴（部）有温"，虽"形静如死"，实是"尸厥"。这一现象与现代法医学"假死"相同，可见在扁鹊生活的东周时代（前770—前256）已对"假死"有了相当的认识。

案例3 自缢、自经

公元前771年，褒姒自缢而死。公元前656年，太子申生在曲沃自缢而死。案例中出现的"自缢"一词，早期应该是带有刑罚的含义，因为多数情况下是被迫而上吊自杀的。如《左传·桓公十六年》："初，卫宣公烝于夷姜，生急子，属诸右公子。为之娶于齐，而美，公取之，生寿及朔，属寿于左公子。夷姜缢。"《东周列国志》："褒姒不及随行，自缢而亡。"《后汉书·列女·传阴瑜妻》："（荀采）遂以衣带自缢。"《水经注·渭水三》："（苻坚）为谢玄破于淮肥。自缢新城浮图中，秦祚因即沦矣。"《公羊传·僖公元年》："夫人薨于夷，则齐人曷为以归？桓公召而缢杀之。"《左传·桓公十三年》："莫敖缢于荒谷。"杜预注曰"缢，自经也"。《论语·宪问》有："自经于沟渎而莫之知也。"

述评：现在看来，自缢、自经相通，指上吊自杀。由此可见，我国先秦语言中已包含十分丰富的检验技术内容。

二、秦代的法医学发展

秦代司法机关受理案件之后要调查取证，勘验现场，对需要查封的进行"封守"，然后再进行审讯。秦律规定，判决须根据犯人口供进行。口供作为主要的证据，同时也注意收集证人证言和物证。为了取得口供，可以使用刑讯。秦代初期，只是在犯人理屈词穷、拒不认罪时才可拷打，而且要把刑讯的理由和执行人姓名在"爰书"（古代司法文书）上写明。官员在取得口供后，要做出判决，并向被告宣读，这叫"读鞫"。如果当事人对判决不服，可以请求重审，这叫"乞鞫"。从史料记载可看出，秦时比较重视现场勘验和法医鉴定。有些案件记录，既有被害人的衣着、杀伤部位和作案人残留痕迹等细节，又有周围情况及知情人提供的旁证材料，反映出执法者重视证据的态度和丰富的执法经验，以及在法医学上所达到的相当高的水平。

（一）法律规定

1975年，湖北云梦县睡虎地发掘了12座战国末期的墓葬，其中第11号墓出土了千余支竹简，定名为"睡虎地秦墓竹简"，也称云梦秦简。这是历史上第一次发现秦国竹简。它们的内容主要是秦朝时的法律制度、行政文书、医学著作以及关于吉凶时日的占书,为研究秦代政治、法律、经济、文化、医学等方面的发展历史提供了翔实的资料,具有十分重要的学术价值。云梦秦简一半以上内容与法律有关,大致可分为法律条文、法律解释和有关诉讼规则等三类。此前历史学家对于秦朝的法律制度了解很少,因为秦朝统一以后所制定的很多法律都已散失,而现存的古典文献中记载的只是不成体系的一些片段,无法了解全貌。云梦秦简的发现正好填补了这一空白。

睡虎地秦墓的墓葬主人叫喜。喜作为地方官的经历,是从安陆的史、令史开始,然后调到鄢县。令史为县令属下小吏,参与"治狱"。喜作为令史担任了18年"治狱"的职务。喜死后,遗体被送到安陆,埋葬在城外西郊的睡虎地。因此,其墓随葬大量和法制有关的竹简与喜生前的职务有密切的关系。云梦秦简的年代下限是秦始皇三十年(前217),但竹简的内容可以追溯到战国时代。①云梦睡虎秦简共1155枚,残片80枚,近4万字。分类整理为十部分内容,包括《秦律十八种》《效律》《秦律杂抄》《法律答问》《封诊式》《编年记》《语书》《为吏之道》和甲种与乙种《日书》。其中法律部分记载了秦代施行的二十几个单行法规的条款原文,共记载法条六百条。

云梦秦简中记载的秦律的形式主要有:

(1)律:自秦始皇、商鞅时更"法"为律。

(2)令(制、诏):制是皇帝对某事的批定,这种"制"作为法律形式出现时称为"令"。

(3)式:最早出现于秦国,主要指法律文书。

(4)程式:如调查、勘验、审讯法律文书的具体程式,还包括一些诸如现代的执法人员行政管理制度,像竹简记载的《为吏之道》。

(5)法律答问:法律解释。秦代的法律解释由国家设置的官吏统一进行,因此也具有法律效力。

(6)廷行事:廷指官职,即廷尉,廷尉是各级"法官",事是判例廷行事,指可缓

---

① 工藤元男.睡虎地秦简所见秦代国家与社会[M].广濑薰雄,曹峰,译.上海:上海古籍出版社,2018:5.

行的判决成例。

云梦秦简中与法医学和刑事技术关系密切的是《法律答问》和《封诊式》两种。

1.《法律答问》

《法律答问》是采用问答形式，对秦律某些条文做出明确的解释。其所解释的律文很可能是商鞅变法时期（前356—前350）所制定的秦律原文。秦律明确规定，不同程度的损伤处以不同的刑罚。量刑时除了考虑到损伤本身的轻重外，也考虑到凶器的性质，如咬伤与针、锥伤人所受刑罚显著不同，使用锐器伤人被认为是情节严重的。秦律有剃鬓和胡须的刑，又有割人须发得受重罚的规定，反映当时非常重视须眉鬓发，说明毁容问题已被列为刑法的一项重要内容来考虑。

2.《封诊式》

《封诊式》的"封"是查封的意思，"诊"是勘查、检验的意思，"式"就是指执行政务的程序的意思。《封诊式》是秦朝的法律形式之一，其中包括审判原则以及对案件进行调查、勘验、审讯、查封等方面的规定和文书程式。

《封诊式》是目前我们所能看到中国最早的有关司法检验的制度，是现存最早的比较完整、详细地记载司法鉴定情况的法律文献。从《封诊式》中可以发现，战国时已经明确规定，一切非正常死亡的和无名尸体或者是发生纠纷而造成人身危害后果的都要进行官方的检验。报案和检验，都要做成爰书，记录存档，给下一步的定罪量刑做依据。秦国的制度后来被汉朝沿用，检验有伤才可以为受害人申冤的规定早已制度化。《封诊式》中这些与有关检验的爰书，记载的都是具有典型意义的事例，有贼死（被故意杀死）、经死（上吊自杀）、出子（斗殴引起的妇女流产）等，比较特殊的则有对于首级的检验和对于麻风病人的检验。关于缢沟的特征，过去认为宋慈最早提出"八字不交"，其实早在云梦秦简中就记载为"不周项"，意思是上吊的人，其颈项部的索沟提空现象。这些可以说明在战国末期我国法医学检验水平和制度的发展程度。

(二) 检验法律

秦代需要做法医检验的有以下几种情况。

(1) 自杀。睡虎地秦墓竹简中《法律答问》有："或自杀，其室人弗言吏，即葬貍

(薶)之，问死者有妻、子当收，弗言而葬，当赀一甲。"① 这显然是要求对自杀必须报官检验，以便加以法律上的确认。同批出土的竹简《封诊式·经死》爰书即其例。

(2)疾死。睡虎地秦墓竹简中《厩苑律》有："其小隶臣疾死者，告之；其非疾死者，以其诊书告官论之。"对小隶臣尚且如此，其他更不待言。

(3)贼死。所谓"贼死"，是指被人谋杀。对这类死亡案件应进行法医检验，以便查明案情，找出真凶。同批出土的竹简《封诊式·贼死》爰书即其例。

(4)致伤物。睡虎地秦墓竹简中《封诊式·□□》爰书有："某里士伍甲、公士郑在某里曰丙共斩首一，各告曰：'甲、丙战刑(邢)丘城，此甲、丙得首也，甲、丙相与争，来诣之。'诊首□鬐发，其右角痏一所，袤五寸，深到骨，类剑迹；其头所不齐騬 𦟛然。"该案例是记载两人争夺一个首级，争执不下，自己来到理官那里要求评断是非曲直。理官对首级上遗留的致伤工具痕迹进行检验，并最终做出判断是"类剑迹"。

(5)保辜。

古代的司法鉴定官吏积累了大量活体损伤检查的经验，其中的一条重要经验就是保辜。古人认识到，受伤当时看来不重，或虽重而当时未死，可是由于损伤的进一步变化可能致死。为了确定受伤后经过一定时间死亡与损伤的因果关系，于是提出了保辜制度。保辜一词，从字面上解释，"保"是保养，"辜"是罪。受伤后，根据法律规定，针对不同类型的伤势订立辜限，随后即由加害人负责寻医调治，如果治疗无效，受伤者在限内死亡，则依杀人罪论处。若在限外死亡或虽在限内死亡但是由于他故(即与损伤无关的疾病)而死，则各依相应的殴伤法治罪。

保辜制度始创于公元前11世纪至公元前841年间的西周成、康年代。《公羊传·襄公七年》中述："郑伯髡原何以名？伤而反，未至乎舍而卒也。"东汉何休注云："古者保辜，辜内当以弑君论之，辜外当以伤君论之。"从现有的材料看，我国古代的"保辜"之法在秦代已有明确记载。《法律答问》："人奴妾治(笞)子，子以肽死，黥颜

---

① 睡虎地秦墓竹简整理小组．睡虎地秦墓竹简(释文注释)[M]．北京：文物出版社，1990：184．本书中睡虎地秦墓竹简(云梦秦简)的内容均参照《睡虎地秦墓竹简(释文注释)》一书，并保留其研究括注。

额,畀主。"后来的张家山汉简整理小组指出这里的"以胏死"应为"以辜死"。①

伤情检验与保辜制度也密切相关,东汉何休注《公羊传·襄公七年》曰:"辜内当以弑君论之,辜外当以伤君论之。"保辜制度起源于西周"敬天保民""明德慎罚"思想,保辜制度也是儒家"无讼"思想的体现。《论语·颜渊》记载孔子曰:"听讼,吾犹人也,必也使无讼乎。"保辜制度对被害人采取积极的救助措施,达到保护被害人安危和给予加害人主动悔过争取减刑机会的目的,从而减少诉讼,达到"无讼"境界。

(6)疾病诊验。秦代时期的法律规定对某些疾病须进行法医检验,如麻风病等传染病。睡虎地秦墓竹简中《法律答问》有:"疠者有罪,定杀。定杀何如?生定杀水中之谓也。或曰生埋,生埋之异事也。"秦代已认识到麻风病是一种具有传染性的疾病。据秦律规定,麻风病人犯罪与一般人犯罪的处罚不同。"疠者有罪,定杀。""甲有完城旦罪,未断,今甲疠,问甲可(何)以当论?当迁(迁)疠所处之;或曰当迁(迁)迁(迁)所定杀。""城旦、鬼薪疠,可(何)论?当迁(迁)疠迁(迁)所。"定杀就是活着投入水中淹死。秦律还规定,犯罪但尚未判决的人或犯罪后正在服刑的人患了麻风病,需要被送往专门的隔离机构"疠迁所",证实当时的法律已有专门关于是否患麻风病检验的规定。检验对象包括被怀疑感染麻风病的普通人、犯罪但未判决的人、正在服刑的罪犯。

(7)伤害检验。秦律明确规定,不同程度的损伤处以不同的刑罚。如《法律答问》规定:第一,"律曰:斗夬(决)人耳,耐"。意思是指法律规定:斗殴时毁损对方的耳朵,处以耐刑。耐刑是古刑法,剥去双鬓及胡须,但保留其头发。第二,"或斗,啮断人鼻若耳若指若唇。论各可(何)殹(也)?议皆当耐"。意思是指斗殴时,咬断人鼻、耳、指、唇等。各应如何论处?都应处以耐刑。第三,"或与人斗,夬(决)人唇,论可(何)殹(也)?比疻痏。或斗,啮人额若颜,其大方一寸,深半寸,可(何)论?比疻痏。"意思是指与人斗殴,毁损人唇,应定何罪?可与造成疻痏时应定的罪相比。又斗殴时,咬伤人的颧部或颜面,大小方一寸,深半寸,应定何罪?可与造成疻痏时应定

---

① 本书中张家山汉简内容参照《张家山汉墓竹简〔二四七号墓〕:释文修订》一书。下同。张家山二四七号汉墓竹简整理小组.张家山汉墓竹简〔二四七号墓〕:释文修订[M].北京:文物出版社,2006:95.

的罪相比。第四,"或与人斗,缚而尽拔其须麋(眉)。论可(何)殹(也)?当完城旦。"意思是指与人斗殴,把对方缚住拔光他的胡须眉毛。应定何罪?应处以完城旦之刑。第五,"士五(伍)甲斗,拔剑伐。斩人发结,可(何)论?当完为城旦。"意思是指士伍甲与人争斗,以剑击人,斩下对方发髻,应如何论处?应处以完城旦之刑。第六,"斗折脊项骨,可(何)论?比折支(肢)。"意思是指斗殴折断对方脊项骨。应如何论处?可与造成折肢时应定的罪比照。第七,"斗,为人殴也,无痕痏,殴者顾折齿,可(何)论?各以其律论之。"意思是指斗殴时,被打的人没有损伤;打人者反被折齿。如何论处?双方都按律论处。第八,"斗以箴(针)、铍、锥,若箴(针)、铍、锥伤人,各可(何)论?斗,当赀二甲;贼,当黥为城旦。"意指使用针、锥等锐器伤人,按律当受到相应处罚。以上诸多规定证实当时确实存在对损伤类型的详细分类,同时还特别注意到致伤物性质的不同,两者结合作为处罚的依据。说明当时已经有了类似今天的法医损伤程度鉴定这样的鉴定类型。如毁损鼻、耳、手指或口唇,处以耐刑,拔去须眉或斩断发髻,处以完城旦之刑;以针、铍、锥等锐器伤人,处以黥为城旦之刑等。量刑时除了考虑到损伤本身的轻重外,也考虑到凶器的性质,如咬伤与针、锥伤人所受刑罚显著不同,使用针、锥等锐器伤人被认为是情节严重的伤害行为。秦律有剃鬓和胡须的耐刑,又有割人头发须得受重罚的规定,反映当时非常重视须、眉、鬓发,说明毁容已经属于当时法医检验内容之一。

(8)杀婴案件的检验。秦律规定禁止杀害新生儿和婴儿,睡虎地秦墓竹简《法律答问》有"擅杀子,黥为城旦舂",但又规定,"其子新生而有怪物其身及不全而杀之,勿罪"。说明当时已经存在关于新生儿是否存在先天畸形的鉴定,以及判断新生儿是病死还是暴力性死亡的死亡鉴定。结合同批竹简的《封诊式》中记载有胎儿尸体鉴定的案例,也可以确证当时已有杀婴案件的司法鉴定。这里,要解释秦代刑罚"城旦舂"。男子为城旦,女子为舂。城旦的强制劳役方式大多是筑城。舂者,即"不豫作徭,但舂作米"。但城旦舂所从事的劳役往往超出筑城和舂米的范围。城旦舂是最重的徒刑。城旦舂按附加刑的不同分为三类:第一类,完城旦舂。"完"的意思是保留罪犯的头发,仅剔去鬓须,不再施加其他肉刑。第二类,刑城旦舂。"刑"指施加肉刑。按施加的肉刑不同，刑城旦舂又分五种：黥城旦舂（黥指面部刺记涂墨）；黥劓城旦舂（劓指割鼻）、斩（或刖）左趾城旦（砍左足）、斩（或刖）左趾黥城旦、斩（或刖）右趾城旦舂。第三类，髡钳城旦舂（剃发，颈项带刑具铁钳）。这一刑罚被保留至汉，据东汉卫宏《汉旧仪》，城旦舂附加髡钳者（剃发曰髡，以铁束项曰钳）为五岁刑，不加髡钳者即完城旦舂为四岁刑。

（三）检验人员

令史是检验官员，牢隶臣、隶妾、医生是检验协助人员。在睡虎地秦墓竹简《封诊式》的检验案例中，均由县令命令令史负责检验。从这些案例可总结出：

1. 令史职责

（1）逮捕。《出子》爰书："即令令史已往执。"《盗自告》爰书："即令令史某往执。"

（2）检验牲畜。《争牛》爰书："即令令史某齿牛，牛六岁矣。"齿牛就是验牛的年龄。

（3）诊验疾病。《告臣》爰书："命令令史某诊丙，不病。"

（4）检验尸体。《贼死》爰书："即命令史某往诊。令史某爰书：与牢隶臣某即甲诊，男子死（尸）在某室南首，正偃。"《经死》爰书："即命令令史某往诊。"

（5）勘验现场。《穴盗》爰书："即命令令史某往诊，求其盗。令史某爰书，与乡□□隶臣某即乙、典丁诊乙房内"还兼有侦缉盗贼的职责。

（6）检验活体。《出子》爰书："即命令令史某往执丙。即诊婴儿男女、生发及胞之状。"

2. 协助检验的人员

（1）牢隶臣。具有奴隶身份的人，参与官府里被人认为是"辱事"的一些杂役小事。

（2）隶妾。在《出子》爰书中，对妇女进行活体检查的人。

（3）医生。参与某些医事检验，对麻风病"令医丁诊之"，在睡虎地秦梦竹简中仅见于《疠》爰书。

（四）检验文书

秦代的检验文书一般称作"爰书"，睡虎地秦墓竹简的《封诊式》中有许多实例，汉简中亦有类似的实例。综合这些检验文书的实例，我们发现秦汉时期的检验文书有一定的格式化要求，而云梦秦简《封诊式》正是这种格式化要求的模板，故称为"式"。检验文书包括案由、检验记录、初步结论和说明等。

（五）检验程序

1. 首级鉴定、尸体鉴定的检验程序

按商鞅变法的规定，不论个人出身如何，均可依军功爵赏，如在战斗中斩得敌人一个首级，则升爵一级，奖给部分土地。由于有这样大的奖励才出现当时所特有的争夺首级案件。《封诊式·夺首》案例记载了一次争夺首级的检验。

2. 尸体鉴定

从秦律中的其他资料中可以看出除了首级鉴定以外，其他还有对尸体的鉴定。如《封诊式·经死》案例记载了对吊死案件死者尸体进行详细鉴定。

案例1　缢死尸体检验

《封诊式·经死》爰书记载，某街坊的里典甲说，本街坊的居民丙在家中缢死，不知道是什么原因，前来报告。当即命令令史某前往检验。令史检验报告书记载：本人和牢隶臣某随甲，并与丙的妻子和女儿一起对丙进行检验。丙的尸体悬吊在其家东侧卧室北墙的房椽上，面向南。用拇指粗的麻绳做成绳套，套在颈部。绳套的系束处在项部。绳索向上系在房椽上，绕椽两周后打结，留下的绳头长二尺。尸体头上离房椽二尺，脚离地二寸。头和背贴墙。舌出，齐唇吻。二便失禁并污两脚。解索，其尸口鼻有气出，如叹息状。颈部的索迹呈椒郁色，不周项处长二寸。其他部位未见兵刃、木棒和绳索等损伤痕迹。房椽粗一围（两手拇指与食指合拢的圆周长），长三尺。西距地上土台二尺，在土台上面可以系挂绳索。地面坚硬，不能查知人的足迹。绳索长一丈。死者身穿薄绸单上衣、裙各一件，赤足。命甲和死者之女将丙尸运到庭院。该案爰书还在这一案例之末指出：检验时必须首先仔细观察痕迹，应当亲自到停尸现场，检查绳索悬吊处，该处应有绳索通过的痕迹。检查舌出或不出；头、足离悬吊处和地

面各多少，有无大小便失禁。然后解下绳索，看口鼻是否有叹息状。索迹是否呈椒郁色。通过系绳处试脱头，能脱，再解其衣，详细检查全身、头发内和会阴部。若"舌不出、口鼻无叹息状、索迹不郁，索终急不能脱（索套紧小，头不得脱）"则难定缢死。但若死后经过时间较久，口鼻可无叹息状。自杀者必有缘故，应讯其同屋居住人，弄清原因。

述评：这是一个典型的缢死现场尸体检验案例。其中明确记载了缢死尸悬吊的位置、绳索的性质和索沟走行特点及悬吊情况。提出了舌出、二便失禁等缢死的所见。尤其宝贵的是关于索沟性状的描述，以"不周项"三字概括了缢沟的重要特征，以与勒沟的"周项"相区别；以"椒郁"二字形象地描述了索沟部周围皮肤呈暗紫红色瘀血、出血状，并作为生前缢沟的一个特征。"不周项"和"椒郁色"这两个记述缢沟性状的术语，是中国战国时期检验缢死的重要发现。关于"不周"一词，《楚辞·离骚》："路不周以左转兮。"王逸注："周，合也。"颜师古注："周，至也。"许慎《说文》："西北曰不周风。"《山海经·大荒西经》云："西北海之外，大荒之隅，有山而不合，名曰不周负子。（《淮南子》曰：'昔者共工与颛顼争帝，怒而触不周山，天维绝，地柱折。'故今此山缺坏不周匝也。）"①所以，不周是不合拢、偏西北有缺口的意思。不周项，指检查时发现颈部偏向一侧有缺口的自缢索沟。值得注意的是本例的最后一段记载，并不是案例本身的内容，而是具体讲述缢死的现场尸体检验方法。先介绍缢死的案例，接着讲述缢死的检验方法，有力地说明《封诊式》一书是具有法科学书籍的性质，并不是单纯的案例记录。其中有两个涉及缢死的鉴别诊断的内容是有意义的。其一，检查索沟以后，还要解衣检查全身，特别指出要检查头发内和会阴部，这是在古代尸体检验时受到相当重视的两个部位。因为这两个部位易于遭受侵害，不注意检查就容易遗漏。其二，明确提出"舌不出、口鼻无叹息状、索迹不郁、索终急不能脱"难以定自缢。两千多年前就已对悬吊尸体是否自缢提出这样的鉴别点，其成就不能不令人注意。云梦秦简没有记载有关检验组织的规定，但从《封诊式》所介绍的内容可以

---

① 本书古籍引文的括注中，对地名、时间之注为本书作者所加，其他括注除特别说明的，均为所引古籍刻本自带的小字注释，下同。

看出，中国在战国时期已有一定的检验制度。每个检验报告书的开头，都有一段作为检验前提的报送案件的理由，是由基层人员的里典到县报案的，也可由被害人控告。然后由县令或县丞命令令史率领隶臣等前去勘查、检验。检验时允许家属和有关的同里人参加共同观看。检验后，由令史写出检验报告书。报送案件理由加上检验报告书就成为县令处理该案的依据。值得注意的是，在这一时期已经注意到检验要与收集案情相结合。从《封诊式》所记载的案例来看，官府都对案情给予应有的重视，有的还明确提出收集案情的要求。

3. 麻风病检验程序

《封诊式·疠》所记载的命令医生对疑似麻风病人进行检验的案例，鉴定对象包括已经犯罪尚未判决和判决后正在服刑的犯人以及正常人，只要被怀疑感染了麻风病，就需要由医生进行鉴定。

4. 活体损伤检验程序

《封诊式·出子》记载的外伤后流产的案例，记录非常完整，检验方法在当时条件下堪称完备。注意到对产妇身体的检验以及胎儿的检验，并采用把胎儿置于水中的办法进行仔细检验，来判断胎儿成熟度。

案例2 外伤性流产检验

《封诊式·出子》爰书记载：某街坊居民之妻甲怀孕已经六个月，昨日和同街坊的妇女丙斗殴，甲和丙互相揪住头发，丙把甲摔倒。同街坊的居民丁来解救，将甲和丙分开，甲到家就患腹痛。昨夜甲胎儿流产。现将胎儿包起，拿来自诉，并控告丙。官府命稳婆验胎儿性别、头发的生长和胞衣的情况，又命令有多次生育经验的隶妾检验甲阴部出血和损伤情况，并询问甲的家属有关甲回家后的表现和腹痛流产情况。在此基础上，县官府的报告书记载：命令令史某、隶臣某检验甲送来的胎儿，已经预先用布巾包裹，其形状如凝血块，大小和手一样，看不出是胎儿。随即放到一盆水中摇晃，见此凝血块即是胎儿。其头、身、臂、手指、大腿以下到脚、脚趾都已像人，但看不清眼睛、耳、鼻和性别。从水中取出，又如凝血块状。命经产的隶妾某检验甲，说在甲阴部附近有干血，现在仍然流血但其量少，并非月经血。因为过去曾有人怀孕流产，其阴部及出血情况与甲相同。

述评：堕胎原文称为"出子"，亦即外伤性流产。本例是典型的活体检验兼对未成熟胎儿的检验案例，即从三方面检验取得客观证据，以便断定案件的性质。一是检查流产妇人受伤和出血情况，二是检验可疑凝血块是否胎儿，三是根据经验确定外伤和流产关系。为确定妇人受伤，既依靠损伤的检验，也依靠对案情的了解，同时结合以往经验做出可靠结论。本例更有价值的是详细介绍了可疑凝血块的检验方法和对胎儿的认定方法。

5. 现场勘验程序

睡虎地秦墓竹简《封诊式·穴盗》中详细记载了对盗窃现场各种痕迹的勘验鉴定。如"内中及穴中外壤上有膝、手迹、膝、手各六所""小堂下及垣外地坚。不可迹，不知盗人数及之所"。均已经考虑到手印、足迹等的鉴定。鉴定内容包括痕迹存在的方位，属于几个人的，是哪些人体部位所留，等等。

案例3　法医现场勘验

《封诊式·穴盗》爰书记载某捕盗人报告在其管辖区内某处发现一被杀无名男尸，当即命令令史（秦国的验尸官员）某前往勘验。令史某检验报告记载：本人和奴隶某随捕盗人前往检验。男尸在某室，头朝南，仰卧。其头左额角有刃创一处，背部两处，顺着头背部排列，长各四寸不到，宽各一寸，创口都是中间深陷，类似斧砍的痕迹。额角伴有血出。血污染头、背及地面，难以测定长宽范围。身体他处没有损伤。死者身穿单布短衣和裙各一件。在其短衣背部与创口相对处有两处被刃砍破，与皮肤创口的位置相符。短衣背部和衣襟都有血污。男尸两侧有红黑色鞋一双，一离尸体六步有余，一离十步；把鞋给男尸穿上正合适。地面坚硬，不能查知杀人犯的足迹。男尸系壮年，皮色白，身长七尺一寸，发长二尺；腹部有灸疗旧疤两处。停尸处距某亭一百步，距农民某的住宅二百步。讯问捕盗人及邻人是否知道该人何日死亡，是否听到呼喊有贼的声音？

述评：这是一份验尸官员勘验现场、检验尸体和比对伤口、推断工具的报告，相当详细地记载了检验的全过程。值得提及的是，报告中对死者衣着、衣服上创口、鞋主("把鞋给男尸穿上正合适")都做了详尽描述,特别是对"腹部有灸疗旧疤两处"也有记载,是难得的战国时期与法医检验有关的案例。

6. 盗案检验程序

通过《法律答问》中的几个案例可以看出,审断案件时常需要对涉案金额的价值大小进行鉴定。如:"士五(伍)甲盗,以得时直(值)臧(赃),臧(赃)直(值)过六百六十,吏弗直(值),其狱鞫乃直(值)臧(赃),臧(赃)直(值)百一十,以论耐,问甲及吏可(何)论?甲当黥为城旦;吏为失刑罪,或端为,为不直。"这是所在偷窃案件中,对所偷财物价值没有及时进行价值鉴定,到审讯时才估价,导致甲被重判。从该记录可以清晰证明对财产犯罪,需要及时进行涉案财物价值的鉴定,以决定处罚轻重。

(六)检验程序的启动

从云梦秦简《封诊式》介绍的多个案例可以看出,检验是经报或报验后,县令指派令使或指定牢隶臣、隶妾或聘请医生进行检验。每个案件"爰书"的一开头,都有一段作为检验前提的报案,报案由里典、求盗到县报告或是被害人控告或是平民抓捕犯罪嫌疑人后送到官府进行检验。如《夺首》爰书:"军戏某爰书:某里士五(伍)甲缚诣男子丙,及斩首一,男子丁与偕。甲告曰:'甲,尉某私吏,与战刑(邢)丘城。今日见丙戏旞,直以剑伐痍丁,夺此首,而捕来诣。'诊首,已诊丁,亦诊其痍状。"云梦秦简《法律答问》规定:"或自杀,其室人弗言吏,即葬狸(薶)之,问死者有妻、子当收。弗言而葬,当赀一甲。"这项规定是说,有人自杀,其家属没有向官吏报告,就把死者埋葬了。经讯问知道死者有妻、子,应予拘捕。未经报告即行埋葬,要罚一件铠甲。

另外云梦秦简《秦律十八种·厩苑律》规定:"其小隶臣疾死者,告其□□之;其非疾死者,以其诊书告官论之。"小隶臣,即小奴隶。这里的小隶臣指的是牧童。法律规定,如小隶臣病死,应告处理;如小隶臣不是病死,应将诊书报告主管官府论处。小隶臣非病死者都要进行尸体检验。至于成年奴隶、平民、有爵者非病死时,可能也要进行死因检验。据《封诊式·经死》爰书记载,自杀也属于报官检验的范围,以便排除他杀的可能。为了保证自杀也要报官,秦法规定对自杀不报官者予以处罚。

(七)检验过程

接到报案后由县令或县丞命令令史率领隶臣等前去检验,并允许家属和有关的同里人观看,再由令史写出检验报告书。报案加上检验报告,就成为县令处理该案的依据。从云梦秦简《封诊式》所记载的案例来看,不论活体、尸体、现场勘验,都对案情给予应有的重视。据《封诊式·经死》爰书记载:"自杀者必先有故,问其同居,以合(答)其故。"说明,秦代检验时注意检验结果与案情的结合,这也是秦时司法官员处理刑事案件的重要原则之一。

(八)战国秦代对法医学有影响的人物

1. 秦越人

秦越人(约前5—前4世纪),号扁鹊,又号卢医。战国时渤海郡郑(今河北任丘)人。秦越人是战国时名医。少年时经营旅舍,舍客长桑君精通医术,秦越人待之甚厚。相交十余年,长桑君感其至诚,出秘藏医方,尽授之。秦越人得师传,通晓内、外、妇、儿、针灸诸科,精于切脉、望色、听声、写形(问诊),尤善推究病源,临证应手奏效。司马迁曾记载这样实例:秦越人曾途经虢国,闻太子"暴卒",遂亲至宫门询其死因。问毕,断言"太子未死",所患乃"尸厥"之证。命门生子阳、子豹等依法治疗,移时而太子苏,继服汤剂而愈。天下盛传此事,皆谓越人有"起死回生"之术。秦越人曰:"此自当生者,越人能使之起耳。"这里所说的"尸厥"实际上是法医学上"假死"现象,即人在生命征象很微弱的情况下,其外表来看几乎和死人一样,容易被误认为已经死亡。这种状态称为"假死"。从这个实例,我们可以知道,早在公元前5—前4世纪,秦越人就了解"假死"现象及其抢救,有一定法医学历史研究价值。

2. 吕不韦

吕不韦(前286—前235),卫国濮阳(今河南濮阳)人。《吕氏春秋》是战国末年秦国丞相吕不韦组织属下门客们集体编撰的著作,又名《吕览》。此书共分为十二纪、八览、六论,共十二卷,一百六十篇,二十余万字。吕不韦自己认为其中包括了天地万物古往今来的事理,所以号称《吕氏春秋》。法医学史上认为《吕氏春秋》记载了我国战国末年法医检验制度。其依据是《吕氏春秋·纪·孟秋纪》:"是月也,命有司,修法制,缮囹圄,具桎梏,禁止奸,慎罪邪,务搏执;命理瞻伤、察创、视折,审断决,狱讼必正平。戮有罪,严断刑。天地始肃,不可以赢。"《吕氏春秋·不二》:"一则治，异则乱；一则安，异则危。"《吕氏春秋·览·慎大览》："治国,无法则乱,守法而不变则悖,悖乱不可以持国。事易时移,变法宜矣。"《吕氏春秋·纪·孟秋纪》："若用药者然，得良药则活人，得恶药则杀人。"以及《吕氏春秋·察传》："闻而审，则为福矣；闻而不审，不若不闻矣。""凡闻言必熟论，其于人必验之以理"，因此认为当时出现检验制度是可能的。1975年12月湖北省云梦县睡虎地秦墓出土的《封诊式》竹简中记载了秦代检验制度和案例，说明我国战国末年有检验制度是可信的。

3. 李悝

李悝，战国时期法学家，公元前5世纪末任晋国高级官员。晋国分裂后，续任魏国高级官员。李悝参考各国的法律，综合成为一部法典，命名为《法经》。《法经》是中国最古老的成文法典之一，共有六篇，即盗、贼、囚、捕、杂、具。公元前356年商鞅变法时曾采用李悝的《法经》，并改法为律，颁行秦国。《法经》现无存，但云梦秦墓竹简，提供了依据，说明在战国末期我国法医学检验水平和制度的发展程度。

4. 商鞅

商鞅（前395—前338），又名卫鞅、公孙鞅，卫国（今河南濮阳）人。战国时期政治家，思想家。商鞅"少好刑名之学"，专研以法治国，受李悝等人的影响很大。公元前356年商鞅变法时曾采用李悝的《法经》，并改法为秦律，颁行全国。《封诊式》是秦代的法律形式之一，其中包括审判原则以及对案件进行调查、勘验、审讯、查封等方面的规定和文书程式。秦律明确规定，一切非正常死亡的和无名尸体或者是发生纠纷而造成人身危害后果的都要进行官方的检验。报案和检验，都要做成爱书，记录存档，给下一步的定罪量刑做依据。商鞅变法制定的秦律后来被汉朝沿用，以后各朝也承袭，检验有伤才能为受害人申冤早已制度化。

三、《封诊式》与法医学发展

《封诊式》是秦简原有的标题。由书中的内容可知，《封诊式》就是一部以文书格式出现的以刑事技术和医学检验为主要内容的法科学书籍。这种书籍在16世纪以前的欧洲是未曾有过的，因而是世界第一部法科学书籍。勘验是该书的中心内容，所介绍的勘验内容相当广泛，包括活体检查、尸体检验、现场勘查、法兽医学检验等。

《封诊式》主要内容是秦代诉讼程序的法规以及有关侦查、查封、审讯、鉴定等法律文书的程序。内容分为25篇，每篇有篇题。《治狱》和《讯狱》两篇编为卷首。卷首两篇主要是对官吏审理案件时的明确要求，其余23篇文书程序包括各式诉讼案例，其中明确写出为爰书的有21篇。《封诊式》是属于秦律中的"式"的范畴，是一部官方颁布的供有关官吏治狱、讯狱时参考的各类典型案件范例汇编。因为秦律中至今未发现《法经》中作为刑事诉讼法的《囚律》和《捕律》，而《封诊式》是目前我国古代所见最早且内容十分丰富的司法文书，是一部秦朝时期典型诉讼案例的总汇。《封诊式》内容涉及大量法医学内容，对法医学发展起到了规范作用。现简述其25篇内容如下：

(1)治狱：讲述审理案件的原则。审理案件应该要根据记录的口供来进行追查，不通过拷打获得实情是上等，通过拷打获得实情是下等，恐吓犯人是失败的。

(2)讯狱：审讯犯人的过程。审讯犯人要根据一定的程序来诘问，只有多次欺骗，拒不服罪的才能依法拷打，但必须要按照一定的格式写下爰书。

(3)有鞫：审讯问罪。此篇为发给犯人所在县的一份公文，希望该县负责官吏调查犯人的身份，有无犯罪前科等信息，并依法查封其财产，然后记录。

(4)封守：查封，看守被审讯者的财产及家属。查封了被审讯人的财产，并说明所查封财产和家庭成员的状况，询问被审讯人所住地的里典和邻里是否已全封，交付给某人与同里的人轮流看守，等候命令。

(5)覆（复）：复审的意思。根据犯人的供词确定其犯有逃亡罪，给犯人所在县一份公函，望其审查犯人的姓名、身份等信息，确定其是否有关于逃亡情况，并将这些信息记录下来回报。

(6)盗自告：犯盗窃案的犯人自首。犯人自首的供词，与人合伙偷了钱，没有前科，来自首且告发同伙人。派人前往逮捕同伙人。

(7)捕：逮捕，拘押之意。

(8)盗：铸钱盗案公诉词及供词。

(9)盗马：盗窃马匹。

(10)争牛：争夺牛。争夺一头曾丢失的牛，描述了牛的形态，负责人接受争讼报告后当即命人检查牛的牙齿，判断其年龄为六岁。

(11)群盗：合伙抢劫盗窃的行为或实行此行为的人。

(12)夺首：争夺首级。一篇爰书，内容是一名私吏捆送男子丙，且送来一个首级，与男子丁一同，原因是看到丙为了争夺首级砍伤丁。命令检查首级，并检验丁的受伤情况。

(13)争夺首级：两人一起送到首级互相争夺，各自报告说是自己获得的首级。检查了首级颈部和额部的伤，并发出文书辨认首级，且附加说明。

(14)告臣：控告奴隶，惩罚私人男性奴隶自诉词、查证函及判决。

(15)黥妾：对婢女实行黥刑。某位大夫让家吏控告其婢女强悍，请求官府对婢女施以黥刑。

(16)迁子：流放儿子。父亲控告自己的儿子，将儿子流放，终身不许离开流放地。

(17)告子：控告儿子。父亲控告儿子，儿子不孝，请官府处以死刑。官府命令史前往捉拿，令史回以爰书说明捉拿情况，后面为犯人的供词。

(18)疠：麻风病。将怀疑有麻风病的人送来至官府，官府审讯，并命医生检验，医生报告说，其身体各个病症显示确定为麻风病。

(19)贼死：故意杀死。发现一名男子被杀害，不知其姓名，官府立即派令史去检验。令史到现场进行了详细的勘察，并且写了一篇爰书，交代该尸体的情况以及询问现场附近的人等情况。

(20)经死：缢死、上吊。发现一名不知何缘故在家上吊自杀的死者，官府命令史前往勘查。对现场和上吊的尸体做了详细记录，后半部分是前半部分的依据，是勘检上吊自杀案件和讯问情况的相关程序，并告知如何判定何种现象为缢死。

(21)穴盗：挖洞行窃。有人报告官府，在家中有人挖洞行窃，盗走了自己的衣服，官府随即派人前往现场查勘。详细记录了现场的情况，并且仔细讯问原告人及家属和邻里其丢失衣物的情况，建议以他们的证词来估计衣服的价值。

(22)出子：流产。一孕妇与另一妇人丙发生争执，回家后流产，然后将胎儿包起，控告丙。官府于是对该名流产孕妇、胎儿以及孕妇家属进行详细的调查与询问并且立即派人捉拿丙。

(23) 毒言：一人被同里二十余人控告其毒言。官府派人调查控告人的身份等信息，且审讯被告人，其供词称他的外祖母曾因被控毒言罪而流放，以及同里人不愿与其相处共食的情况。

(24) 奸：通奸。一男一女白天在某处通奸，被人捕获加以木械送到官府。

(25) 亡自出：因逃亡罪自首。某人自首承认于本年二月不知哪一天逃亡，没有其他的罪过。官府讯问其身份及逃亡情况，与簿籍记载相符。

第三节　先秦至秦代法医学与社会治理的相互关系

一、先秦时期法医学萌芽与社会治理的相互关系

前文已提及，我国的验伤制度，在战国时期的《吕氏春秋》中已有记载："命理瞻伤、察创、视折，审断决，狱讼必正平。"说明检验这一工作是由专门的官员"理官"完成的。可见当时的验伤制度已是社会治理的一部分。云梦秦简《封诊式》作为世界第一部法医科学书籍，集中介绍"令史"等官员进行的各种勘验，说明了我国战国至秦时法医学的发达程度，证明了法医学与社会治理的关系。

如前所述，如果从法医文化的角度，我国法医学的萌芽可以追溯到西周时期甚至更早。"惟刑之恤""在泮献囚"，都需要检验程序，形成时间应早于记载它们的《尚书》《诗经》的成书时间。在中国古代法医史中出现较多的"发冢""检验"二词，早在先秦时期就已存在，说明中国古代法医学与社会治理关系紧密。

"发冢"一词指发掘坟墓。《庄子·外物》："儒以诗礼发冢。"后来，我国刑法类文献中，提及三种尸体：发冢、诬告、检验。"发冢"成为刑法中的一种处罚类别。但是我国的"发冢"案例不仅指盗尸体，发冢窃盗要偷的并不是特指尸体本身，而是尸体亲属的社会经济地位所带来的陪葬品。秦律之后就有对"发冢"的惩罚，基本上

"发冢"这种类型的罪刑和处罚都很严厉。"发冢"作为刑罚的一种类别,是墓冢作为财产的概念,譬如争夺风水吉壤以及冢地平治为田而引发的"发冢";尸体是神圣的,不能属于物的范畴,因此"发冢"可能引起开棺见尸或者尸体暴露,因为尸体必须被禁闭在某个空间当中,若"尸体暴露""开棺见尸"就必须被处罚,这是因为其违背理解并造成道德恐慌。这也是我国先秦时期就开始对"发冢"进行检验的来源。

"检验"一词在先秦就有,然而,我国法律要到《唐律疏议》才具备完整的体系,检验才可能开始具有法律的意义,即属于司法程序的一部分。但是,先秦时期的"礼"却是后代"法"的依据。因此,与检验有关的尸体、死亡和死亡方式则是探索法医学萌芽的重要来源。如,尸体是什么,尸体出现时要做什么事,尸体出现时意味着什么?据《礼记·曲礼下》记载:"在床曰尸,在棺曰柩。"据《国语·晋语》记载:"杀三郤而尸诸朝。"这就是说,什么场合才可以看到尸体?在葬礼中,尸体不是尸体,而是死者。尸体出现在丧礼中有其仪式,正常死亡都有其特定安置的社会空间和祭献的仪式,而办理丧葬有专门的人。官府也有非正常情况下出现被检验的尸体,而尸体被检验属"示众",这样的尸体才是尸体,而办理检验尸体的也应有专门的人,这就是先秦搬动尸体的牢隶和五代以后的仵作,按礼仪等级,其社会地位一定低下。又如天子之死叫"驾崩",侯、公卿大臣之死称"薨",大夫之死叫"卒",从西周一直到唐宋以前都是如此。唐宋以后,普通百姓死才敢称"卒"。只有平民之死才直言不讳地通称为"死"。被处死的称为"伏诛""伏法""正法",自杀的称为"自裁""自戕""自经"等。这些研究,对我国古代法医学与社会治理关系史探源是大有裨益的。

二、秦代法医学发展与社会治理的相互关系

前已述及,秦代在全国范围内统一了法律。从现有资料可知,初步形成了检验方面的法律,从自杀、病死、谋杀、凶器、保辜、传染病、伤害、杀婴等必须报官检验,令史是检验官员,牢隶臣、隶妾、医生是检验协助人员。令史有逮捕、检验牲畜、检验疾病、检验活体、检验尸体、勘验现场等职能。检验启动有专门规定,按一定的检验程序完成检验,检验人员要制作"爰书"的检验文书并上报,有一整套检验规范。

第二章　先秦至秦代时期法医学与社会治理关系研究

可以说，我国法医学萌芽时期的战国至秦代，法医学的出现就是为社会治理服务的。换句话说，法医学发展与社会治理领域的相互关系很明确，法医应法律需要而产生，并为法律服务。总结如下：

(1)法医学萌芽时期的战国，法医通过瞻伤、察创、视折，了解伤情，为了法官"审断决"，以便"狱讼必端平。戮有罪，严断刑"。

(2)《内经》所载的"其死可解剖视之"和《史记》中《扁鹊仓公列传》所载的"乃割皮解肌"以及"属纩以俟绝气"等，这些早期解剖思想和死亡确认，是为了防止日后引起诉讼纠纷而出现的。

(3)"在泮献囚"指经检验尸首核实战功以行赏赐，故"在泮献囚"是当时社会治理的一个重要内容，而检验尸首需要法医判断生前死后所砍，因而促进了法医学发展。

(4)"惟刑之恤"指经检验确定为老、幼、废、疾者予以减刑悯恤，而检验伤病又促进了法医学发展。

(5)法医通过验发冢，为"发冢"者罪刑和处罚提供量刑依据。

(6)秦代初步形成了检验规范，确定了检验活体、尸体、现场、疾病等法医检验对象。

(7)秦代初步制定了法医检验人员、检验启动、检验内容、检验文书等法医检验程序。

第四节　法医检验制度对战国至秦代
社会治理的积极和消极作用

一、证据制度

证据之所以被称为"诉讼的无冕之王",是因为它是司法审判的中心环节,无证据可能成为疑案、悬案或不能受理的案件,更为重要的是国家、被害人或利益诉求人的利益得不到实现。西周时期已经有了收集证据的"五听"方法。五听指的是审判案件时判断当事人陈述真伪的五种观察方式,包括辞听、色听、气听、耳听、目听。这就是说,审案时,传唤双方当事人到庭,听取他们的供述,并观察他们的语言、脸色、气息、语调、眼神,从而做出判断。这种以察言观色断狱的方法,具有主观臆断色彩,但是比神明裁判前进了一步。而且,据《尚书·吕刑》记载,当时也已懂得,审案不能只听"单辞",即当事人一面之词,而要兼"听狱之两辞",还必须"察辞于差",即分析双方供述的矛盾,才能正确断案。周代的诉讼中,已广泛使用证人证言、书证和物证等证据。《周礼·地官·小司徒》载:"凡民讼,以地比正之;地讼,以图正之。"即凡是民间发生争讼,要以当地的邻里人作证,凡是发生土地争讼,要以官府所藏地图作证。《周礼·秋官·司厉》又说:"司厉掌盗贼之任器货贿。"任器货贿,就是杀伤人的凶器和所盗财物。在周朝,对伤害案件,要检验被害人的伤势程度,以确定被告人罪责的轻重。根据胡留元等的《西周法制史》研究:西周的"审判,是诉讼程序的中心阶段,不仅要讯问诉讼当事人、证人,搜集、查清证据,弄清案件事实真相,还要在此基础上对案件做出处理决定"。从当事人出庭,索取、鉴别供词证据,到读鞫判决均有严格制度。其中的两造具备、坐地对质、重口供、五听断案、检验采证、刑讯逼供、法外用刑等制度涉及证据的取得、鉴别、采用及其规则。而且,西周的誓审制度"完全是为了给司法官定罪量刑索取誓词证据";"宣誓,在民事诉讼中,不仅当事人要

第二章　先秦至秦代时期法医学与社会治理关系研究

进行,甚至连中介人也要履行宣誓。民诉中的宣誓都是为了给审判过程中确定罪与非罪和进而定罪科刑寻找证词"。① 具体地说,周朝还把当事人"盟诅"(宣誓)作为一种证据,《周礼·秋官·司盟》说"有狱讼者,则使之盟诅"。西周出土金文《曶攸从鼎铭》《倦囲铭》也有在诉讼中盟誓的记载。

秦代诉讼中,比较重视通过观察犯罪现场、检验尸体伤痕来收集物证和其他证据。秦代证据的种类和在审判中的作用比西周有了很大发展,从云梦秦简《封诊式》所载的现场勘察和尸体检验文书案例来看,当长官接到辖地发案报告后,就必须立即派官吏去现场进行勘验。勘验时不仅要详细勘查现场情况,检验身体的伤痕,而且要向被害人及其家属和邻人了解情况。也就是说,秦代已经有了询问、搜查、现场勘验、检验、查证、报告等系列证据搜集方法。

二、刑事处罚

先秦时期,出现据实断案的理性规则。《尚书·大禹谟》记载了皋陶对舜说的一段话:"帝德罔愆,临下以简,御众以宽,罚弗及嗣,赏延于世,宥过无大,刑故无小,罪疑惟轻,功疑惟重,与其杀不辜,宁失不经。"强调定罪有疑时,不能错杀无辜。西周时期确立了"五听"取证制度,通过分析当事人的言行来认定其口供的真实与否。西周刑罚主要指西周时期的奴隶制五刑,内容为墨、劓、剕、宫、大辟。

秦代刑事证据制度是以法家法制思想为指导,秦代的刑事证据规则已初具轮廓,为后世刑事证据规则的发展与完善奠定了基础。通过对《法律答问》《封诊式》《奏谳书》等秦代简牍文献的考析,使人感受到秦代刑事证据规则的真实与客观存在,因而在社会治理方面起到了积极作用。秦律主要是维护中央集权的诉讼制度。秦代刑罚主要有十二种。

第一,死刑。枭首:即将犯人斩首后,将其首级悬于木杆之上以示众。弃市:在闹市当众处死。斩:分砍头和腰斩两种,以腰斩为多;腰斩适用于"告奸"(窝藏包庇,不检举揭发)等罪。车裂:以车拴头和四肢向五个方向撕裂肢体,俗称"五马分尸",

---

① 胡留元,冯卓慧.西周法制史[M].西安:陕西人民出版社,1988:272.

即使犯人死后仍可实施。磔：又称矺，以分裂肢体的方法将犯人处死；戮：有两种：一是先斩首而后用其尸体示众；二是活着刑辱示众，而后再杀死。定杀：即将犯人投入水中淹死。生埋：又称活埋或坑，是用活埋的方法将人处死。绞：用绳子将犯人勒死。

第二，肉刑。主要有黥、劓、刖、宫四种。黥刑：也叫墨刑，是在犯人脸上刺字。劓刑：割去犯人的鼻子。刖刑：斩去犯人的左右脚，或左右趾。西汉桓宽《盐铁论·诏圣》说秦时"断足盈车"。宫刑：即将男子去掉生殖器，女子幽闭于宫中。以上肉刑常与徒刑等并用。如云梦秦简中提到"黥为城旦"。

第三，笞刑。这是用荆条或竹板责打犯人的背部，属于对轻微犯罪的常用刑罚。云梦秦简提到笞刑有多处，其中有"十""笞五十""人百"的规定。

第四，徒刑。依照服刑时间的长短和所从事劳役的徒刑。城旦舂：适用于男犯人，受刑人主要从事修城筑墙的劳役。舂适用于女犯人，受刑人作舂米的劳役。城旦的刑期一般分为4年和5年两种。鬼薪：适用于男犯人，是强迫他们进山采薪（柴），以供宗庙祭祀，刑期5年。白粲：适用于女犯人，是强迫其择米，以供宗庙祭祀，刑期3年。司寇："司"与"伺"同，即伺察寇盗，它是强制男犯人到边远地区服劳役，同时防御外寇的进攻。至于女犯人，则负担与司寇相类似的劳役，刑期都为2年。罚作复作：罚作适用于男犯人，受刑人到边远地区戍边或劳作，复作适用于女犯人，受刑人主要在官府服劳役。刑期约1年。候：这是仅见于秦的徒刑。受刑人被罚去从事瞭望、防御的劳役，是轻于司寇的一种刑罚。下吏：适用于犯罪的官吏，受刑者被罚作劳役。这也是一种仅见于秦的刑罚。隶臣妾：这是将犯人或其家属罚做官奴的刑罚，男受刑人称隶臣，女受刑人称隶妾。隶臣妾实际上属于无期徒刑，但是可以通过一定形式得到赎免或赦免。此刑罚又称籍家。

第五，迁刑。这是将罪犯遣送到指定地区服劳役而不能随意迁移回原籍的一种刑罚。对一些没有犯罪但政府认为有犯罪可能的人，也常采取这一措施，以作预防。

第六，髡刑、耐刑。这是一种羞辱刑。髡刑是剃光犯人的头发。耐刑是剃光胡须和鬓毛。

第七，罚金。强制缴纳一定数目的金钱或有价物，使犯人在经济上受到一定损失，以达到惩罚犯罪的目的。

第八，赎刑。也是由犯人用缴纳一定数量金钱的办法来赎免其被判处刑罚。当然，有钱赎罪的主要是官僚和贵族。

第九，连坐。一人有罪，全家、邻里或有关之人同受刑罚。

第十，族刑。一人有罪，灭绝其宗族。族刑有时株连父族、母族、妻族。

第十一，剥夺政治权利，或流放出境。剥夺政治权利的刑罚有夺爵、废、削籍几种。夺爵，即剥夺爵位。废，即废弃罪犯的官职。削籍，即将罪犯之名从簿籍上除去。秦统一六国以前，还有将犯人驱逐出秦国国境的刑法。

第十二，啐刑。此即申斥责骂罪犯的刑罚，适用于犯有轻罪的官员。

秦律中的刑罚及其定罪量刑离不开法医检验、现场勘查与检验程序等秦代检验制度。云梦睡虎秦简揭示了秦代检验人员在犯罪现场勘查过程中，善于从多方面搜集形象痕迹和立体痕迹，实行尸身外表检验，重证据，重调查研究，为确定勘查方向和最后破案提供线索审判证据，反映了秦代已有规范性的检验制度并且积累了较为丰富的实践经验。云梦睡虎秦简中与法医学最密切的是《封诊式》，它记载了有关他杀、缢死、首级、外伤、流产、麻风病等检验案例，并有损伤性状的描述、致伤工具的推断、缢死索沟的特征以及手迹、足迹、血迹等方面的记载。作为秦代官方规定的办理案件方法和程式的《封诊式》，其中除了有关法医检验、审理、审讯的一般性规定外，还汇集了诸如凶杀、盗窃、逃亡等类型的刑事案件，从而反映出秦代法医人员的设置情况、现场勘查工作、刑事技术工作和审讯工作的状况。

三、损害赔偿

一般认为，秦律主体是刑律，但我们研究发现，秦律中也有关于民事赔偿的规定。行为人损害他人人身、财产的行为需承担赔偿损失的责任，这种救济手段早在先秦时期的法律中就已适用。

反映这种赔偿意识的名词有"更""由""庚"和"偿"。《周礼·夏官·司弓矢》："凡亡矢者，弗用则更。"郑司农注云："更，谓偿也。"又，《礼记·檀弓下》："申祥以告，曰：'请庚之'。"郑玄注云："庚，偿也。"可见，这里的"更"与"庚"，均为赔偿之意。在青铜铭文中，表达赔偿则直接以"偿"字，《殷周金文集成·曶鼎》记载："曶或（又）以匡季告东宫，曶曰：'必唯朕禾是偿。'"所谓"必唯朕禾是偿"，就是曶（受害人）要求匡季（侵害人）赔偿稻谷。据龙岗秦简（101简）记载："马牛杀之及亡之，当偿而谇。"①云梦秦简《法律答问》记载"节（即）亡玉若人贸伤（易）之，视检智（知）小大以论及以赀负之"，简中"以赀负之"就是用钱财赔偿。云梦秦简《金布律》记载："将牧公马牛，马牛死者，亟谒私所去，县亟诊而入之。"意思是，放牧公有的马牛而有马牛死亡的，应及时将死亡的马牛交到当地政府进行检验死因，然后赔偿损失。云梦秦简《厩苑律》有对损伤马匹检验鉴定的法律条文："伤乘舆马、决革一寸，赀一盾；二寸，赀二盾；过二寸，赀一甲。"这一条对于驾车过程中以策伤马的不同深度及相应的处罚标准都做了具体的规定。经鉴定，马皮破伤1寸罚一个盾牌，破伤2寸罚两个盾牌，破伤2寸以上罚一副盔甲。

秦代以役代偿是指侵害人有赔偿债务时，因贫困无法支付赔偿金或赔偿数额超出其经济能力时，先由官府代为缴纳，其为官府服劳役折抵赔偿金。这种赔偿方式较普遍地适用于隶臣妾和一般平民有损害赔偿之债的场合。云梦秦简《金布律》载："及隶臣妾有亡公器、畜生者，以其日月减其衣食，毋过三分取一，其所亡众，计之，终岁衣食不蹱以稍赏（偿），令居之。"秦律文明确规定隶臣妾对公家有损害赔偿之债，可以采用两种抵偿方式：一是扣除他们的衣食收入；二是在衣食收入还不够全部赔偿时，可以劳役抵偿。同时秦简又规定：在职官员因贫穷无法缴纳损害赔偿金的，可以扣除其俸禄、口粮作为赔偿；如已免职成为一般平民，可以劳役抵偿。②云梦秦简《司空》载："有罪以赀赎及有于责（债）公，以其令日问之，其弗能入及赏（偿），以令日居之，日居八钱；公食者，日居六钱。居官府公食者，男子参，女子驷（四）。"法律对以役抵偿者规定的劳役价格的计算标准是每劳作一天抵偿八钱。若不能自备食物和衣物而由官

---

① 中国文物研究所. 龙岗秦简[M]. 中华书局，2011：106.
② 睡虎地秦墓竹简整理小组. 睡虎地秦墓竹简（释文注释）[M]. 北京：文物出版社，1990：63—64.

府供给的，应按法律规定从劳役抵偿中再扣除，例如官府供给饭食的，扣除劳役者两钱，因此这类劳役者每天抵偿六钱。①

秦律对于侵害人身权行为一般采用刑事制裁方式，根据罪刑的轻重选择刑罚，如秦律对于"决人耳""拔其须眉""拔人发""啮断人鼻若耳若指若唇""斩人发结"等侵害他人身体的行为都作为公罪处以刑罚，轻者处耐刑，重者为城旦。对于人身伤害赔偿，秦代尚未见法律规范，但可见到致害人未达成年的免除赔偿责任的规定。云梦秦简《法律答问》记载："甲小未盈六尺，有马一匹自牧之，今马为人败，食人稼一石，问当论不当？不当论及赏(偿)稼。"秦律规定，畜产损败他人财产时，畜产主人应当赔偿损失，然而该简记载甲不负赔偿责任，其原因之一是甲身高"未盈六尺"，即还未达到民事行为年龄的标准。从以上介绍可知，秦代在法医检验方面，包括对牲口的检验，说明重视有关牲畜损害的检验和赔偿。这主要是由于牲畜特别是马、牛对秦代国家政权的建立巩固，对政治、经济、军事、交通乃至人民生活水平的提高等方面都有重要的作用。所以，从社会治理角度出发，秦代法律有关牲畜检验及损害赔偿的内容占篇幅较大。这也成为秦代法医学检验的特点之一。

四、医疗损害

《周礼·天官·冢宰》中有"医师掌医之政令，聚毒药以共医事""死终则各书其所以，而入于医师"的记载，这说明在西周时已经有了对医疗的法律规定，医师由"天官冢宰"管辖，并由医师掌管医疗法律。战国的扁鹊，已是专门的医师了，并且属于"士"的阶层。这也从另一个侧面表明，除了影响医师的待遇外，医师对于医疗失误并不承当责任。

云梦秦简《法律答问》记载："其子新生而有怪物其身及不全而杀之，勿罪。"这是关于畸形儿的处置，也是最早的医师除罪化规定和优生法规。《法律答问》还记载"城旦、鬼薪疠，可(何)论？当罨(迁)疠罨(迁)所"，这是指麻风病人应送往病人收容所隔离，也是卫生防疫法律规定。

---

① 睡虎地秦墓竹简整理小组. 睡虎地秦墓竹简(释文注释)[M]. 北京：文物出版社，1990：84—85.

据《黄帝内经》介绍，针灸误刺可致人死亡。《黄帝内经·素问·刺禁论》记载："刺中心，一日死。其动为噫。刺中肝，五日死。其动为语。刺中肾，六日死。其动为嚏。刺中肺，三日死。其动为咳。刺中脾，十日死。其动为吞。刺中胆，一日半死。其动为呕。刺跗上中大脉血出不止死。刺头中脑户，入脑立死。"意思是，针灸如误刺心脏，大约一日就会死，其变化是表现出嗳气的症状。如误中肝脏，大约五日就死，其变化是出现打哈欠的症状。如误刺肾脏，大约六日就死，其变化是出现打喷嚏的症状。如误刺肺脏，大约三日就死，其变化是出现咳嗽的症状。如误刺脾脏，大约十日就死，其变化是出现吞咽的症状。如果误刺胆，大约一日半死，其变化是出现呕吐的症状。刺足面上，如误伤骨间的动脉，就会流血不止而死。刺头部，如误伤脑，不久就会死亡。由此可见，早在先秦就有针灸误刺的文献记载。

五、狱事检验

从史籍记载看，中国最早的监狱出现于夏代。西汉史游《急就章》："皋陶造狱，法律存。"《广韵》也有皋陶造狱的记载："狱，皋陶所造。"《诗经·鲁颂·泮水》："淑问如皋陶，在泮献囚"，就是验囚的意思。另据《竹书纪年》记载："夏三十六年，作圜土。"所谓圜土，就是指监狱。传说皋陶是夏禹同时代人。夏代设理官，皋陶就是管监狱的理官。夏代，奴隶反抗夏桀统治，夏桀设监狱囚禁反抗者。桀曾囚禁殷第一代君主成汤于夏台狱。从以上记载看，中国古代最早的监狱出现在夏王朝是可信的。从史籍和甲骨文的有关记载看，殷代的监狱数量和规模都大大超过了夏代。甲骨文中囚禁奴隶的监狱作"圉"。《说文》："圉，囹圄所以拘罪人。"据《史记·殷本纪》记载："纣囚西伯羑里。"西伯就是周王，羑里为狱名。

关于周代监狱，《礼记·月令·仲春之月》记载："命有司省囹圄。"《周礼·秋官·司圜》："司圜掌收罢民。""罢民"指不遵守法律的罪犯。既然认定某人为"罢民"，就要有证据。《礼记·月令·孟秋之月》："是月也，命有司，修法制，缮囹圄，具桎梏，禁止奸，慎罪邪，务搏执。命理瞻伤、察创、视折，审断决，狱讼必端平。戮有罪，严断刑。天地始肃，不可以赢。"这就很好理解了，理官通过"瞻伤、察创、视折",进而审断案子,"罢民"狱中服刑。

秦始皇统一中国之后,在全国范围推行郡县制。各郡县除郡守和县令兼管司法外,郡守下设断狱都尉,县令下设治狱掾(吏)专管治理狱案。其下又设令史,令史之下又有若干牢隶臣。从史料记载看,牢隶臣是一种官府奴隶,他们受狱吏和令史的指挥,处理狱案的某些具体事务。《封诊式》中,经常提到这种名为"牢隶臣"或"牢隶妾"的官府勤杂工作的男女奴隶,其具体职能就是当司法官员进行查封、验尸、拘捕之类的工作时,跟随左右,动手操作。由此可知,至少从秦推行郡县制开始,除中央设有监狱外,各郡县都已普遍设立监狱。此外,秦代还设有拘禁和处死麻风病人的专门监狱。《法律答问》:"甲有完城旦罪,未断,今甲疠,问甲可(何)以论?当迁疠病所处之。或曰当迁疠病所处之。或曰当迁(迁)迁(迁)所定杀。"又:"城旦、鬼薪疠,可(何)论?当迁(迁)疠迁(迁)所。"所谓"疠",指麻风病。所谓"迁所",指囚禁麻风病人的地方。这两条规定的意思是说,犯罪者患了麻风病,要送到指定的地方被拘禁或杀死。

六、法医文化

文史法医学是从中国文化史的角度来研究文史典籍中的法医学史料和法医学思想,以及法医学发生发展规律的一门学科,它的研究对象是相关各种历史文献,它的研究目的是架起一座连接文史与法医学的桥梁,它的研究性质是介于人文科学与自然科学之间的范畴,是自然科学史和文化史的有机结合体。

(一)文化溯源

1. 文化的结构与层次

什么是文化?《辞海》说:文化是指人类历史实践中所创造的物质财富和精神财富的总和,这是广义的文化。它包括四个层次。一是物态文化层,由"物化的知识力量"构成,是人类加工自然物质而创制的器物,是人的物质生产活动方式及其产品的总和,是可感知的、具有物质实体形态的文化事物。二是制度文化层,由人类在社会实践中建立的各种社会规范和社会组织构成。包括社会经济制度、婚姻家族制度、政治法律制度等制度和家族、民族、国家、经济、政治、宗教社团、教育、科技、艺术等社会组织。三是行为文化层,指人类在社会实践尤其在人际交往中约定俗成的习惯性定式,以民风民俗形态出现,见于日常起居动作之中,具有鲜明的民族、地域特色。四是心态文化层,由人类社会实践和思想意识活动中经过长期孕育积淀而形成的价值标准、审美观念、思维方式等构成,是文化的核心部分。这四个层次可以用一个由外向内的同心圆表达(图2)。也有学者将其归纳为三个层次:一是物质(器物)层次,即物态文化层;二是制度层次,包括制度文化层和行为文化层;三是精神(思想)层次,即心态文化层。狭义的文化概念指精神文化,即人类在长期的历史实践过程中所创造的精神财富的总和,包括社会的意识形态,以及与之相适应的制度和组织机构,可以简单地归纳为制度和观念两个类别。也有学者将社会的意识形态定义为更狭义的文化观念,认为文化就是指人类在长期实践过程中形成的理念、思想、道德和价值观的总和。

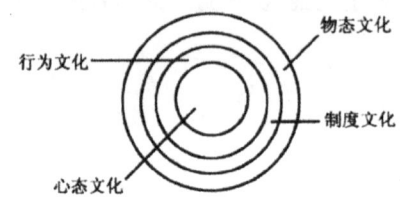

图2　文化结构图

"文化",可从了解"文"和"化"二字入手。文,在甲骨文中写作纹理交错的形状(图3),许慎《说文解字》解释为"文,错画也,象交文",即"文"字的字形,就是交错的笔画。"文"是与未画之前的"质"或"素"相对而言的。由此衍生,又有文字、文章、条文等意义。化,在甲骨文中写作一正一倒的两人之形状(图4),从字形看,"化"字是由两个部分组成:"亻"是站立的人,"匕"是倒下的人。因此,"化"的本义,应该是说的人的变化:从站立的人转变为倒下的人。这就是说,"化"指人之存在状态的转变。许慎《说文解字》解释为教化:"化,教行也。从匕、从人,匕亦声。"指人的姿态的变动,由此衍生为人之存在状态的转变,或使事物从一种状态转变为另一种状态,又有变化、感化、教化等意义。

第二章　先秦至秦代时期法医学与社会治理关系研究

图 3　甲骨文中的"文"字　　　图 4　甲骨文中的"化"字

"文"与"化"并联使用，较早见之于《易传·彖传上·贲》："刚柔交错，天文也；文明以止，人文也。观乎天文，以察时变，观乎人文，以化成天下。"这段话里的"文"，即从纹理之义演化而来，并进一步将"文"划分为"天文"和"人文"：日月星辰刚柔交错文饰于天，即"天文"，亦即天道自然规律，或者说是整个自然界的条理秩序，也就是由阴阳、刚柔、正负等两端力量交互作用而形成的错综复杂、多姿多彩的自然世界。同样，得文明而知止于礼仪，即"人文"，指人伦社会规律，即社会生活中人与人之间（如君臣、父子、夫妇、兄弟、朋友）纵横交织的关系，构成复杂网络和条理秩序。这段话的意思是：治国者通过观察天象，来了解时序的变化；通过观察人类社会的各种现象，用教育感化的手段来治理天下。"人文"与"化成天下"紧密联系，明确表达了"人文化成""以文教化"的思想。

"文化"两字合成一个词，较早见于西汉刘向（前77—前6）所撰《说苑·指武》："圣人之治天下也，先文德而后武力。凡武之兴，为不服也，文化不改，然后加诛。"意思是，圣人治理国家是先用文化和道德使人屈服，其次才使用暴力使人屈服，提倡以文德治理天下，强调了教育感化在治理国家中所起到的重要作用。南齐王融（468—494）在《三月三日曲水诗序》上说"设神理以景俗，敷文化以柔远"。这里的"文"是指与武力相对应的"文德"，"化"是指"教化""感化"。"文化"，就是"文治教化""以文教化"。

2. 法医文化的概念

法医学是指运用一切医学、自然科学的理论与技术，研究并解决刑事侦查、审判以及民事纠纷中有关专门性问题的一门自然科学。法医学是一门把物理学、化学、医学、生物学等自然科学的原理和方法运用到司法活动之中的交叉学科，是在诉讼活动中运用科学技术或者专门知识对诉讼涉及的专门性问题进行鉴别和判断并提供鉴定意见的活动。文化尽管为人类所共有，但不同的社会群体其文化的内容与形式是不同的。法医文化的概念定义为：在一定的社会文化环境中，在传统法律文化、科技文化和其他传统文化影响下，法医学职业共同体在长期的法医学研究和实践过程中形成的有关法医学发展的物质文化和精神文化的总和，包含物质文化、制度文化、行为文化和心态文化四个方面。

法医学物质文化是指与法医学有关的种种物质文明，包括鉴定工具、案例标本（包括木乃伊、骨骼、人体皮肤组织等）、物证（如带弹孔的衣物、血衣等）、文书档案、历史遗迹（如出土简帛、宋慈墓）等，是一种可见的显性文化。狭义的法医学文化指法医学精神文化，包括制度文化、行为文化和心态文化三个层面。它们属于不可见的隐性文化。其中法医学心态文化是就思想观念而言，指法医学工作者信奉并付诸实践的价值理念，反映法医学工作者的职业信仰和精神追求，体现法医学文化的本质，是法医学文化的核心。法医学制度文化体现法医学文化的行为规范，是调整利益关系、化解矛盾纠纷和实现司法鉴定职能的规章制度和体制机制，它是心态文化转化为行为文化的桥梁，对心态文化所倡导的价值理念起到保障和促进的作用。行为文化是法医学工作者在实践中所体现出的一种活动文化，包括制度文化下构建的管理理念、行为准则、人际关系和道德风尚等内容，是精神文化及其核心价值观在行为方式上的外在表现。

3. 古代法医文化的萌芽

法医学制度的兴起与政治法律制度的发展密切相关。夏、商时期，在奴隶主专制主义统治下，神权观念对我国的思想文化具有重要的影响。在商代达到顶峰的神权法思想，被西周统治者继承发展，以周公旦等代表的西周奴隶主贵族，总结并吸取了夏代、商代灭亡的教训，提出了"以德配天"的君权神授说。"德"的首要要求则是敬天，神权至高无上。"以德配天"的神权政治主张，在法律上的体现就是"明德慎罚"。而"明德慎罚"的具体要求可以归纳为"实施德教，用刑宽缓"。"神证"与"神权至上"是一脉相承的。在蒙昧的奴隶社会，人类盲目崇拜神明，"神明"具有至高无上的权威。"神证"大大强化了司法裁判的权威性,有利于维护社会秩序。因此,在"神明"裁判时代,侦查与审判实践过程中神示证据起着非常重要的作用,法官的任务只不过是对神灵显现的答案予以宣示。和世界上众多古代文明一样,神明裁判在中国古代的侦查与审判上经历了很长一段时间,据《尚书·洪范》载,简单案件的侦查中"立时人作卜筮,三人占,则从二人之言",疑难案件的侦查中,"汝则有大疑,谋及乃心,谋及卿士,谋及庶人,谋及卜筮"。因此,从理论上讲,这个时期不具备产生法庭科学的基础和条件。

我国夏、商、周时期已有立法活动的记载,如夏作《禹刑》、商作《汤刑》、周作《九刑》,但这些都不是成文法典,在"临事制刑,不予设法"的统治阶级意志下,只不过是用以威吓人民的刑名之典,不具有实际法律意义。直到春秋末年,我国成文法典才开始出现。公元前536年,郑国子产"铸刑书于鼎",这是我国历史上最早问世的成文法。此后,晋国也把范宣子刑书铸刑鼎公布。成文法的出现,是由于封建关系的萌芽,劳动者地位发生变化,为适应这种形势而产生的政治改革的结果。由于这些法典均失传,其相关的法庭科学和司法鉴定活动也无从考证。目前能够追溯的最早的司法鉴定活动的记载见于战国末期秦国丞相吕不韦组织编写的《吕氏春秋》和相传系西汉戴圣所编、孔门弟子所记的关于秦汉以前各种礼仪论著的选集《礼记》。其中《吕氏春秋·孟秋纪》记载:"是月也,命有司修法制,缮囹圄,具桎梏,禁止奸,慎罪邪,务搏执;命理瞻伤、察创、视折,审断决,狱讼必正平。戮有罪,严断刑。天地始肃,不可以赢。"这与《礼记·月令》中的表述基本一致,只不过《礼记·月令》将"必正平"写为"必端平"。这些记载说明我国周朝已有法医检验的实践,是我国司法检验制度的最早记录,当时将损伤分为伤、创、折、断四个等级,"理"官通过"瞻""察""视""审"对人身伤害程度进行鉴定。这也说明,即使在"神证"时代,也存在司法鉴定和物证、证人证言等证明方式。这一时期,我国传统法医学开始慢慢萌生,但由于认识水平低下,此时的法医学湮没在神明的光环之下,法医学文化蔓延着对神明的敬畏与崇拜,发展极其缓慢。

4. 古代法医文化的产生

战国时期,随着奴隶制向封建制转化,许多诸侯国都先后制定和公布了成文法典。

如魏国在魏文侯时,李悝著有《法经》,魏惠王时惠施作《国法》,以后还有《魏宪》,韩国申不害作《刑符》,赵国著有《国律》,燕国则有《奉法》。由于这些法典都已佚失,只能从《晋书·刑法志》和《唐律疏议》中,了解李悝《法经》的一点梗概。据说《法经》是李悝"集诸国刑典"而撰成的,共分六篇,即《盗法》《贼法》《囚法》《捕法》《杂法》《具法》。《盗法》和《贼法》是关于盗窃和杀害的法律;《囚法》《捕法》是关于断狱、拘捕、囚禁罪犯的法律;《杂法》是关于轻狡、越城、借假不廉、淫侈逾制等犯罪的法律;《具法》是关于刑罚加减的规定。这部法典虽然只有六篇,但它已包括了实体法、刑法和诉讼法,有了较为完整的法律体系。因此,李悝的《法经》是目前已知的我国第一部完整的成文法典,它是后来封建法典的基础。

秦国自公元前356年商鞅入秦变法开始,法家思想逐渐在秦国生根发芽。商鞅将李悝的《法经》改为《秦律》,并增加了"相坐之法""参夷之诛""凿颠""抽胁""镬烹""大辟"之刑。之后经过长期的修订和补充,到公元前221年秦朝建立,又陆续制定、颁布了许多新的法律,将法贯彻到国家政治经济生活的各个方面。1975年12月,在湖北省云梦县睡虎地发掘、整理的云梦秦简为我们研究秦朝的法律提供了条件。云梦秦简内容包括《编年纪》《语书》《秦律十八种》《效律》《秦律杂抄》《法律答问》《封诊式》《为吏之道》《日书》(甲种乙种)等十部分。其中与法庭科学密切相关的主要是《法律答问》和《封诊式》。《法律答问》210简,多以问答形式解释秦律某些条文,其术语理解、诉讼程序及律文意旨,具有法律效力。内容多涉及秦之刑律,诉讼程序等亦有记录,是研究秦朝诉讼制度的重要材料。《封诊式》98简,有审讯犯人、抓捕、自首、惩办、勘验、盗牛、盗马、盗钱、逃亡、逃避徭役、杀伤、不孝等方面内容,包括《治狱》《讯狱》《封守》《有鞫》《覆》《盗自告》《□捕》《盗马》《争牛》《群盗》《夺首》《告臣》《黥妾》《迁子》《告子》《疠》《贼死》《经死》《穴盗》《出子》《毒言》《奸》《亡自出》等25条,《治狱》和《讯狱》是关于审判原则的要求和程序规范,其余23篇是对案件进行调查、勘验、审讯、查封等方面的规定和案例。所有案件都没有具体的人名,具体审讯案件的县或者乡的名称,这些全部都由甲、乙、丙、丁或者某某等来代替。因此,《封诊式》从主体上看,它的性质是官方颁行的具有法律效用的司法文书程式,作为比律相对更为具体直观的"式",它补充完善了秦法体系;作为一部供官吏参考的诉讼范例汇编,供主管刑狱诉讼的官吏习诵,并在审理案件时参照执行。

此外,1993 年湖北江陵县荆州镇邱北村王家台发现了一大批墓葬,其中王家台 15 号秦墓出土了大批竹简,包括吏治文献《政事之常》。《政事之常》有竹简 65 枚,采用了类似图表的格式对睡虎地秦简《为吏之道》的部分内容进行诠释,是研究与校订《为吏之道》的重要参照。湖南大学岳麓书院于 2007 年与 2008 年自香港回购一批秦时的简牍,全称"岳麓书院藏秦简",简称"岳麓秦简",时间下限比云梦秦简稍晚,为秦始皇三十五年(前 212)。云梦秦简和岳麓秦简所处的年代极为相近,岳麓秦简所含的内容非常广泛,法律内容十分丰富,其中包括《为吏治官及黔首》和《为狱奏状等四种》。《为狱奏状等四种》中有些案例是隶属南郡,睡虎地秦墓墓主人喜生前也在南郡底下的县任官,所以两批简的编写有相似的历史背景。2010 年北京大学于海外得到一批秦简牍,其中包括《从政之经》。通过对这批秦简的研究,可以更好地理解秦代的法医学文化,即其制度文化、心态文化和行为文化。

5. 秦代法医学的制度文化

从云梦秦简和岳麓秦简记载的法律条文和案例来看,秦朝已经建立起相当完备的司法鉴定制度,开了我国法医学制度文化建设的先河。

(1)检验主体方面。秦的司法与行政是合一的,秦时设有三级行政和司法机关:县隶属郡,郡隶属朝廷,朝廷听命于皇帝。郡守掌治郡事,县令、长(万户以上称县令、不满万户称县长)掌治县事。据睡虎地秦墓竹简《封诊式》和《法律答问》记载,秦代初期具有检验职责的县级检验官吏主要是令史,其职责包括对案件现场进行勘验检查,并对活体、尸体进行检查,诊验疾病、检查牲畜及逮捕人犯等。辅助检验人员包括隶臣、隶妾、医生和兽医。隶臣是服奴役刑的男犯,随从令史进行尸体检验,负责搬运、翻转尸体;隶妾是服奴役刑的女犯,主要参与对流产妇女人身的检验;据云梦秦简《秦律十八种》规定:"隶臣妾其从事公,隶臣月禾二石,隶妾一石半;其不从事,勿禀。"意思是说,隶臣妾如果为官府服役,隶臣每月发粮二石,隶妾每月发粮一石半。医生主要参与某些疾病的检验;兽医主要参与对马、牛等伤病、死亡和年龄的检验。

中国古代法医学与社会治理关系史

岳麓秦简《为狱等状四种》中有一篇"巍盗杀安、宜等案",是一篇县级官吏向郡一级推荐官吏的上奏推荐文书,推荐将县令史"触"、年中令"彭沮"和"衷"升职为郡的卒史。因此,可以认为,县一级机构现场勘验的官吏除了"令史"外,还有"年中令";郡一级的检验官吏有"卒史";在朝廷设"廷尉掌刑辟",但对于朝廷是否设有检验官吏尚待考证。

(2)检验程序方面。《封诊式》的《治狱》和《讯狱》两篇的主要内容是官吏审理案件时的原则要求和程序规范,是目前能见到古代关于刑讯的最早的法律条文,其余23篇是对各种案件进行调查、勘验、审讯、查封等方面的具体规定和案例。从中可总结当时对待案件的程序如下:

第一,案件的举报。秦朝法律规定非正常死亡均须报官检验。《封诊式》中有以下几种方式:自首,是犯罪者自己主动到官府投案,并非有他人检举或者被官府捉拿才认罪;告发,即检举他人犯罪;自诉,指被害人自己去官府报案起诉;争诉,是分不清楚原告与被告的起诉;公诉,即官府所设治安机构或者官吏提起的诉讼;代诉,是原告人出于某种原因,不亲自来现场,授予某人代理其提出诉讼的告诉类型。《为狱等状四种》的"猩、敞知盗分赃案"中出现"劾"这一告诉类型,乃南郡令劾,被告有一名爵位为上造的人。劾这一告诉类型主要是官府检举官吏而进行的告诉,属于公诉的一种。

第二,案件的受理。检验程序根据报案而启动。有人来投案或举报后,有关负责人判定案情确实需要进行勘验,才会派人执行。《封诊式》中基本上所有的勘验都是由负责审案的县级官吏下达的,一般为县令、长或者县丞。

第三,检验的过程。检验活动包括三项工作,即现场勘验、尸体检验和现场调查。现场勘验,尽量搜获线索,查明案件真相,尽快找到案犯。检验完成后,要求进行必要的现场调查,以获取与检验相关的线索。检验过程必须公开,执行勘验的人员中,除了专门从事勘验和鉴定的令史及协助官府办案的隶臣、隶妾、医生外,临时参与勘验的还有报案人员,死者家属或者案发所在地的里典。这些人不仅是勘验的参与者,同时也是勘验的见证者。

第四，爰书的书写。检查结束后要写出书面报告，称为"爰书"，相当于现代的现场勘验笔录和法医鉴定意见书。勘验文书一般是在案庭之外检查鉴定清楚后，记录下来，然后呈送给审案者，作为审案的证据之一。也有当庭检验，事后由审案者整理出来写成爰书，成为审案佐证，以便将来翻阅、审查。勘验文书主要包含以下几方面内容：爰书书写者、勘验参与者与勘验对象、勘验过程、初步处理、讯问、勘验意见。

（3）检验项目方面。云梦秦简中《封诊式》《法律答问》《秦律十八种》与人身伤亡有关的检验勘验有：传染病（疠、毒言）、杀人案（贼死）、缢死（经死）、流产案（出子）、新生儿检验（非法杀婴）、首级检验（夺首、群盗）、通奸、刑事责任能力检验（身高）、人身损害程度及致伤物检验等（秦时出现了以致伤工具为标准的新的伤情分类，即金刃伤、棍棒伤、拳指伤）；其他物证痕迹检验有：盗窃、牛马（年龄）、伪造官印公文、财物检验与估价等。

6. 秦代法医学的心态文化

虽然尚未发现专门的反映秦代法庭科学思想观念和价值理念的资料，但云梦秦简《为吏之道》、岳麓秦简《为吏治官及黔首》、王家台秦简《政事之常》及北大秦简《从政之经》等官箴文献都提出了为官从政的价值理念、思想道德、品德修养，是从政官吏（包括检验官吏）的思想道德学习读本。这些都是检验官吏和参与人员必须遵守的。可以认为，秦代已经开始形成法庭科学的心态文化。

《为吏之道》在总结、吸取西周以来思想主张和政治经验的基础上，提出了对官吏的品德修养和从政的价值理念要求。在官吏的品德修养方面，首倡清正廉洁。《为吏之道》开篇即强调"凡为吏之道，必精洁正直"，又曰"廉而毋刖"，在"吏有五善"中特别强调"清廉毋谤"，一篇之内多次直接强调为吏者必须清廉，可见秦代对这一道德品质的重视程度。并要求官吏树立正确的人生观、价值观，《为吏之道》曰："欲富太甚，贫不可得。毋喜富，毋恶贫，正行修身，祸去福存。"《为吏治官及黔首》曰："安乐之所必戒，临财见利不取苟富，正而行修而身，祸与福邻"，告诫官吏"毋靡费""富毋骄"，正确看待富贵贫贱，扼制私欲，安贫乐道。在为官从政方面，要求忠信敬上，慈爱百姓。如《为吏之道》中"吏有五善"中将"忠信敬上"放在首位，并提出

"宽容忠信""以忠为榦""为人臣则忠""君鬼臣忠""敬上勿犯""恭敬多让""出则敬""敬而起之""治则敬自赖之""君子敬如始"等。同时，也将重民亲民、宽民爱民的思想融入官吏的日常道德规范。如《为吏之道》中的"慈下勿凌""审智（知）民能，善度民力""宽以治之，有严不治""与民有期，安驺而步，毋使民惧""安而行之，使民望之""除害兴利，慈爱万姓"等。

因此，秦简《为吏之道》《为吏治官及黔首》《政事之常》及《从政之经》等官箴文献体现了秦统治者对官吏(包括检验官吏)品德修养和执政方面的要求，强调清正廉洁、大公无私，扼制私欲、安贫乐道；忠实诚信、恭敬事上，重民亲民、宽民爱民等。

7. 秦代法医学的行为文化

在秦代，虽然尚未发现专门的针对司法检验管理和检验官吏行为准则要求的资料，但云梦秦简《法律答问》《封诊式》《为吏之道》及《语书》中，都有大量的治理百官(包括司法检验官吏)的法律规定，这些都是检验官吏和参与人员必须遵守的。而且，《法律答问》中还有司法官吏"论狱不直"和"纵囚"等违法犯罪行为的论述。可以认为，法医学的行为文化在秦代已经开始出现。

首先，秦代法律规定司法官吏必须严格执行"法令"，凡"犯令"，"毁令"者，必受处罚。《法律答问》专门有一条对"犯令""毁令"做了解释："可（何）如为'犯令'，'法（废）令'？律所谓者，令曰勿为，而为之，是谓'犯令'；令曰为之，弗为，是为'法（废）令'殹（也）。"意思是说官吏做了法令不要求做的事，就是犯令；相反，法令要求官吏做的事而不做，就是毁令。如果官吏在司法或行政活动中"犯令"或"毁令"者，虽然是免过职或被调往过的，也算犯罪，予以追究法律责任。《语书》中提出"良吏"和"恶吏"的标准与各种表现："凡良吏明法律令，事无不能殹（也）；有（又）廉洁敦悫而好佐之；以一曹事不足独治殹（也），故有公心；有（又）能自端殹（也）；而恶与人辨治，是以不争书。恶吏不明法律令，不智（知）事，不廉洁，毋（无）以佐上，緰（偷）随（惰）疾事，易口舌，不羞辱，轻恶言而易病人，毋（无）公端之心，而有冒抵（抵）之治，是以善斥（诉）事，喜争书。"秦以法立国，许多措施都是通过法令下达。因为官吏是执法者，秦代将官吏学法知法作为第一要务。官吏必须"明法律令",做到"职臣遵分,各知所行"。在《为吏之道》和《为吏治官及黔首》中都能在"吏有五失"部分见到"受令不偻",说明在接受法令不迅速时,会被当作官吏失责,也会受到惩罚。

其次,秦代法律规定司法官对违法犯罪的行为,必须依法断狱,违者治罪。《法律答问》:"论狱【何谓】'不直'?可(何)谓'纵囚'?罪当重而端轻之,当轻而端重之,是谓'不直'。当论而端弗论,及伤其狱,端令不致,论出之,是谓'纵囚'。"就是说,罪重而故意轻判,罪轻而故意重判的,称作"不直"。应当论罪而故意不论罪或减轻案情,使犯人够不上判罪标准而以无罪释放的,称为"纵囚"。倘若不是故意,而是失误,致使判刑轻重失当的,叫作"失刑罪"。对"不直"罪,秦简中没发现具体处罚,但《史记·秦始皇本纪》记载:"三十四年,谪治狱吏不直者,筑长城及南越地。"

第三,秦代法律规定司法官发现违法犯罪行为,必须检举,严禁玩忽职守。《史记·秦始皇本纪》记载秦始皇三十四年(前213)制曰:"吏见知不举,与同罪。"《语书》中的南郡守腾文书:"今法律令已布,闻吏民犯法为间私者不止,私好、乡俗之心不变,自从令、丞以下智(知)而弗举论,是即明避主之明法殹(也),而养匿邪避(僻)之民。如此,则为人臣亦不忠矣。若弗智(知),是即不胜任、不智殹(也);智(知)而弗敢论,是即不廉殹(也)。此皆大罪殹(也)。"这些规定反映了秦对司法官的督察,要求他们依令检举犯罪,违令者,论罪。特别是基层专司捕盗的法吏,必须恪守其职。如果"求盗勿令送逆为它,令送逆为它事者,赀二甲"。意思是说,如果求盗官擅离职守,插手亭长迎送官吏之事,就属于玩忽职守,要处以罚款。可见秦人的执法态度是非常严肃的。这也说明,秦代对官吏的要求是从德和才两方面提出来的,而且都是以知法、执法、守法为核心内容的。

述评:秦在商鞅变法后崇尚法家思想,秦始皇为了巩固封建专制主义的中央集权统治,在商鞅变法的基础上,坚决实行法治,凡事"一统于治"。因此,秦代政治生活的重要特征之一,就是律文详细缜密,事事有法可依。秦代的律令几乎渗透到秦人社会的各个领域,法律的精神贯穿着秦人生活的点点滴滴。秦代不仅有司法检验的法规《封诊式》,而且其检验技术也已达到相当的水平,这就为秦王朝建立新的刑事侦查和审判制度提供了条件,进而催生了我国古代法医学的制度文化。

在古代法医学的心态文化和行为文化方面,以秦始皇三十四年(公元前213)"焚书坑儒"为界,将秦代分为前后两个阶段来分析。在"焚书坑儒"之前,秦虽尊崇法家,但不斥百家,其吏治思想是以法为尊,融会百家,综合为治。对官吏(包括检验官吏)的基本要求是在个人方面要注重品德、正行修身,在为官从政方面要忠信敬上、慈爱百姓,并制定了治理百官(包括司法检验官吏)的法律规定和处罚措施,在实际操作层面也得到法家以外各家的广泛思想认同,初步形成了我国古代法庭科学的心态文化和行为文化。但在"焚书坑儒"后,罢黜百家,唯法独尊。百家文化被摧残,文化专制加剧了法家思想与区域性历史文化传统(如齐鲁的儒家、墨家,楚地的道家,齐燕的阴阳五行家等)的对立。同时,专制统治对官吏履行政务的要求与限制也更为严酷,但对其权益却不予保障。在这种情况下,秦朝前期官箴文献中所提倡的官吏个人品德修养和从政的价值理念已经荡然无存。最后,秦因彻底推行君主专制进而滋生暴政,仅存续15年就分崩离析。尽管如此,由于秦代统治者对法制的重视,建立起较完备的司法检验制度,客观上促进了我国古代法医学的发展,并催生了我国古代法医学文化,其历史意义不可无视,历史价值不可低估。

(二)先秦至秦代的法医文化

1. 规矩由来

伏羲女娲图的出土石刻具有丰富的内涵。伏羲女娲手里拿有"规"和"矩"。"规"就是圆规,是古代定中心的工具,"矩"就是方尺,制作耕作所用的一些农具就是靠着"规"与"矩"。规与矩还有另外一层意思,就是做事做人要守"规矩"的意思,以后的"礼仪""法令"由此而来。这类伏羲女娲图大多出现在山东沂南、邹县出土的墓葬和山东武梁祠东汉画像石中(图5)。规矩一词后来演化为法度:《史记·礼书》"人道经纬万端,规矩无所不贯,诱进以仁义,束缚以刑罚"。

图 5　山东武梁祠东汉画像石伏羲、女娲像

2. 神判盟诅

我国夏商周时期,似有过神判。所谓"神判",古老传说中,有一独角兽"廌","古者决讼令触不直"。"廌"即解廌,是神话传说中的一种神兽。据说,它能辨别曲直,在审理案件时,它能用角去触理曲的人。而古代"法"字在《说文解字》中就是"灋","灋"字,从"水",从"廌",表示法度公平如水如神(图6)。所谓"盟诅",据《周礼·秋官·司盟》记载,周代"有狱讼者,则使之盟诅",即对神宣誓。神判法自以刑讯获取口供以后,即已绝迹,然而这只是说在规定的法律程序上不见有神判法而已,实际上神判法在古代依然有其潜在的功能,如官吏遇有疑难不决的案件,往往求神占卜。①

图 6　古代"法"字

---

① 瞿同祖.中国法律与中国社会[M].北京:商务印书馆,2010:253—256.

3. 明德慎罚

明德慎罚是西周的立法指导思想和文化基础。所谓明德，就是提倡尚德、敬德，它是慎罚的指导思想和保证。所谓慎罚，就是刑法适中，不乱罚无罪，不乱杀无辜。慎：谨慎。多行恩惠，少用刑罚。此语出自《尚书·康诰》："惟乃丕显考文王，克明德慎罚。"明德是道德教化，是引导；慎罚是刑罚适用，慎重断案，不滥用刑罚，提倡罚当其罪。但是，如何做到慎罚，就要有法医学检验作为依据。所以，林几在《法医学史略》中认为"在泮献囚""惟刑之恤""明德慎罚"都是我国古代法医学萌芽文化基础的观点[①]，是正确的。也就是说，虽然我国古代法医学虽发蒙于战国时期，但法医学检验的思想早在西周就已存在。

4. 无讼文化

《论语·颜渊》有："听讼，吾犹人也，必也使无讼乎。"意思是孔子断案和别人没有什么不同，但是孔子的目标在于使人们不争讼。据说孔子为鲁国司寇时，有父亲状告儿子。孔子把儿子关押起来，直到父亲请求撤诉时，孔子才放出儿子赦免其罪过。我国古代社会儒家思想处于绝对支配地位，"持中、贵和、尚中"的检验思想成为中国传统法医文化的特征。后世出现的法医学书籍，如洗冤、平冤、无冤等都与孔子无讼思想有关。

5. 不孝入刑

亲亲相隐：根据儒家亲亲相隐的礼制原则，诉告尊长之亲也是"不孝"之罪，官府不予受理。秦代已经将其入律，例如，云梦秦简《法律答问》："子告父母，臣妾告主，非公室告，勿听。"而行告，告者罪。告者罪已行，他人又袭其告之，亦不当听。

告子不孝：云梦秦简中，有不少对于"不孝"行为的定罪，据之可见当时法律对孝道的维护。例如，具有案例汇编性质的《封诊式》中，专门有"告子"一案，就是普通士伍控告其子"不孝"："爰书：某里士伍甲告曰：'甲亲子同里士伍丙不孝，谒杀，敢告。'即令令史己往执。令史己爰书：与牢隶臣某执丙，得某室。丞某讯丙，辞曰：'甲亲子，诚不孝甲所，无它坐罪。'"控告亲子对自己"不孝"，官府必须派人前往

[①] 林几. 法医学史略[J]. 北平医刊. 1936, 4(8): 22—30.

捉拿("往执"),经过审问定罪后要处死("谒杀")。

亟执勿失:关于老人控告子女"不孝",还有专门规定。比如,云梦秦简《法律答问》规定:"免老告人以为不孝,谒杀。当三环之不?不当环,亟执勿失。"环,指宽宥从轻。这是说,达到60岁或65岁以上的老人控告子女不孝,必须立即受理,拘执不孝之子。

6. 黄帝内经

《黄帝内经》,简称《内经》,是中国最早的典籍之一,也是中国传统医学四大经典之首。相传为黄帝所作,但后世较为公认《黄帝内经》成书亦非一时,作者亦非一人。其笔之于书,最早应在战国,其个别篇章成于两汉。《黄帝内经·灵枢·经水》记载:"若夫八尺之士,皮肉在此,外可度量切循而得之,其死可解剖而视之。"意思是,对于人之八尺有形的躯体而言,它有皮、有肉,在体表部可以通过用一定的尺度去测量;人死了,还可以通过解剖尸体来详细加以观察。《黄帝内经》介绍男女发育与生育。《黄帝内经·素问·上古天真论》记载:"岐伯曰:女子七岁,肾气盛,齿更发长;二七而天癸至,任脉通,太冲脉盛,月事以时下,故有子。……丈夫八岁,肾气实,发长齿更。二八,肾气盛,天癸至,精气溢泻,阴阳和,故能有子。"意思是,岐伯说,女子到了七岁,乳齿更换,头发开始茂盛。十四岁时,月经来潮,具备了生育能力。男子到了八岁,头发开始茂盛,乳齿也更换了。十六岁时,精气旺盛,两性交合,就能生育子女。由此,我国很早就有解剖思想及了解人体生长、萌齿、生育的法医学知识。

7. 语言文化

先秦时期一些语言文化含有法医学内容,如成语"蝇蚊嘬之",该词所指的"之"为尸体。据先秦孟轲《孟子·滕文公上》记载:"盖上世尝有不葬其亲者,其亲死,则举而委之于壑。他日过之,狐狸食之,蝇蚋姑嘬之。"意思是很早以前就有亲人死亡不埋藏的习俗,亲人死后将尸体放置野外,数日后狐狸食之,苍蝇蚊子叮咬之。由此,我国古代很早就认识苍蝇对尸体有破坏作用。又如"营营青蝇",语出《诗经·小雅·青蝇》,该诗共三节,每节以"营营青蝇"起句。第一节四句原文是"营营青蝇,止于樊"。营营,形容往来频繁之状;青蝇,是蝇类中最惹人厌恶的绿头苍蝇;樊,义同

"藩"，即篱笆。诗的大意是：绿头苍蝇真正讨厌，把它赶出篱笆外面，又回来。这首诗生动描述了青蝇趋臭喜腥的生活习性，这也可以解释我国古代法医昆虫学发达的原因。庄周《庄子·秋水》："夏虫不可以语于冰者，笃于时也。"意思是只在夏天出现的虫子不知冬，无能遥望冰冻季节的景象。也就是说，活不到冬天的夏虫永远无法理解"冰"是个什么东西。夏虫当然认为不存在四季这回事，拼其一生，它连夏季都未必完全度过，能知道有个夏季已经很了不得了。这一成语表明，古人很早就对昆虫生活习性有研究并化作语言。再如"救经引足"一语出自《荀子·仲尼》："志不免乎奸心，行不免乎奸道，而求有君子、圣人之名，辟之是犹伏而咶天，救经而引其足也。"引：拉；经：缢死。救上吊的人却去拉他的脚。比喻行动与目的相反，越做离目的越远。多数人认为，《荀子·仲尼》一书系荀子自著，少数几篇是门弟子杂录，其年代为春秋战国时期。也就是说，在春秋战国时期我国已对机械性自缢窒息有相当认识。

8. 甲骨记载

在甲骨文中（殷商时期，约公元前 1600 年至公元前 1046 年）就有很多医学记载，仅胡厚宣先生统计《甲骨文合集》就收集了有关疾病的甲骨文 320 件，计 1000 余条，其中如难产死、酒精中毒、死婴、耳创伤性耳鸣、耳聋及恶梦、传染病的记载与法医学有关。① 当时医疗管理工作由一种叫"小疒臣"的官员（专门掌管宫廷医事行政的官员）负责，虽然带有浓厚的占卜（龟和筮）色彩，但不失有古代法医学史之研究意义。此外，周易中也有"正法"（《蒙卦》）、"刑罚清而民服"（《豫卦》），采用灭耳、灭鼻、灭趾、噬肤、刖刑（砍脚）的酷刑以及刑后外科处理的内容。《周易·噬嗑》六三："噬腊肉遇毒，小吝、无咎"，这是我国最早的有关食物中毒的文字记载，具有较大的史料价值。以上说明，我国古代法医学的萌芽应该更早。随着考古的发现，也许将来我们会进一步弄清这一问题。

9. 经学之风

这里重点讲讲经学之风对法医学发展的影响。一是经学学风对我国古代法医家思想意识的影响：古人自启蒙之时即全面遣输经学，《诗》《书》《礼》《易》乃必修之课，经

---

① 李良松，郭洪涛. 中国传统文化与医学[M]. 厦门：厦门大学出版社，1990：1—3.

学至上。法医家从小就受到了经学的强烈影响，故反映在思想意识领域就表现为缺乏分析思想、缺乏深究事理本质的信念，中国法医学在解剖、病理等方面缺乏微观认识，这并非偶然，而是经学的学风在人们思想深处影响的结果。二是经学之风对我国古代法医研究方法的影响：战国秦代，这种经学思想在人民心中已经根深蒂固，也决定了我国古代法医学发展方向，对日后法医学发展影响很大。具体地说，由于受到经学的影响，中国古代法医学的研究方法大抵停留在经典法医书的重复修订、编次、整理和汇编，呈现出"滚雪球"的特征和思维方法。从传统的意义上来说，其亦有可取之处，但在时间上的代价是十分沉重的，可以说这样的思路在一定程度上阻碍和延缓了我国古代法医学的发展。这就可以解释，自战国秦代法医萌芽之后的法医学，早已因人文历史而定势发展。我国古代法医学的研究系统大致可分为这么几条：一是宋慈《洗冤集录》一书为检验经典，历代注释不下数十家，这是经书注释发展的必然，如《无冤》《平冤》《洗冤法录》《新注洗冤》等；二是法令，各朝各代法律规定离不开尸表检验；三是从宋慈《洗冤集录》提炼出所谓检验口诀、简易便捷之类；四是从宋慈《洗冤集录》提炼并结合经验总结的内容，或简编或扩编，大都停留在案例上的发挥或争鸣，甚至停留在如何恢复《洗冤集录》全书原貌等小节眼上大做文章，进而争论、诋毁不休，但却很少有人站在法医学创新的角度加以深入研究。综观以上几个系统可以看出，法医整个研究体系呈现出重经典文献而轻法医实验的特征。从这点上讲，显然是受了经学学风的熏陶和影响。不管这种影响是自觉还是不自觉、主动还是被动，其结果都是一样，即助长了纯法医学文献研究之风的盛行，导致实验法医学的萎缩，形成典型的功能性、近乎纯理性的古代法医学理论体系。这个体系虽然至今仍不愧为国之瑰宝，但其潜在的限制发展的危机，也是落后于西方法医学的根本所在。原来，两千多年前的经学之风已经决定了我国古代法医学的兴盛和衰落，已经决定了我国古代法医学的发展方向。

10. 阴阳五行

阴阳五行，是阴阳学说和五行学说的合称，是一种文化，是上古认识自然和解释自然的世界观和方法论。阴阳学说认为人类生活的这个世界是在阴阳二气的相互作用下滋生着、发展着和变化着的。五行学说认为金木水火土是构成物质世界所不可缺少的最基本物质，是由于这五种最基本物质之间的互相滋生、相互制约的运动变化而构成了物质世界。《易经》的阴阳八卦学说，结合干支五行学说，形成阴阳、五行、八卦、卦象的筮占方法，也就是说《易经》有预测筮占和易占理论，从本质上来讲，《易经》是一本关于"卜筮"之书。《易经》是儒家四书五经之一，但《易经》不等于《周易》。顺序是先有《连山易》，然后有《归藏易》，最后是《周易》。《连山易》，开头的第一卦是艮卦，艮指艮山。《归藏易》，开头是坤卦，坤代表收藏。《周易》，第一卦是乾卦，以未济卦为最后一卦，未济是未完结，周而复始、周流不息的意思。所以，《易经》包括《连山易》《归藏易》和《周易》。由于前两部（《连山易》《归藏易》）已失传，因此《易经》亦指《周易》。阴阳五行学说在中医中用于辨证施治。《黄帝内经》把人体的体质根据阴阳划分为阴虚体质、阳虚体质、阴阳两虚体质。《黄帝内经·素问·阴阳应象大论》："阴阳者，天地之道也，万物之纲纪，变化之父母，生杀之本始，神明之府也。……清阳为天，浊阴为地。地气上为云，天气下为雨；雨出地气，云出天气。"《黄帝内经》中的阴阳理论知识，形成了中医理论，提出的阴阳易辨和中医体质辨证施治理论。中医没有走上从解剖结构出发研究医学的路子，与阴阳五行学说有很大关系；另外，还有一个因素，就是儒家的"身体发肤、受之父母，不敢毁伤"，这个观念也导致了我国解剖这条路子不好走。人体损伤、伤残、诈病、造作伤、查明死因等是法医学研究的任务，都需要发展法医解剖和病理检验。因此，阴阳五行中医理论对法医学起到了限制思维和阻碍发展的作用。

11. 陈尸示众

《礼记·曲礼下》载："天子死曰崩，诸侯曰薨，大夫曰卒，士曰不禄，庶人曰死。"这里既有等级观念，又有对死字的避忌，只有平民百姓死亡才例外称之为"死"。后世庶民百姓也讳言死，把死称为殁、牺牲、下世、谢世、逝世、走了等。那么，人死后的尸体又是什么？尸体出现时要做什么事，尸体出现时意味着什么？据《礼记·曲礼下》记载："在床曰尸，在棺曰柩。"据《说文》："尸，陈①也。"又如《国语·晋语八》记载："夫郤昭子，其富半公室，其家半三军，恃其富宠，以泰于国。其身尸于朝，

---

① 陈：陈尸示众，陈列。

其宗灭于绛。"意思是,那个郤昭子,他的财产抵得上晋国公室财产的一半,他家里的仆人抵得上三军的一半,他依仗自己的财产和势力,在晋国过着极其奢侈的生活,最后他的尸体在朝堂上示众,他的宗族在绛这个地方被灭亡了。所以,古人明确在什么场合才可以看到尸体?在葬礼中,古人认为尸体不是尸体,而是死者,尸体出现在丧礼中有其仪式,正常死亡都有其特定安置的社会空间和祭献的仪式。官府在非正常情况下检验的,才叫尸体,古人认为,尸体被检验属"示众",这样的尸体才是尸体。因此,从我国古代法医文化角度出发,被检验的尸体为"陈尸示众",是世俗所不愿意看到的和不愿意做的事。这种文化由来已久,这也是法医职业在我国古代不被重视和许多人不愿从事的原因。

12. 髡耐之刑

"髡"指剃光犯人的头发,髡刑是以人格侮辱的方式对犯者所实施的惩罚。古人认为身体发肤受之父母,不敢毁也,孝之始也。所以,剃光头发是对犯人的一种羞辱。"耐"是秦朝刑罚之一,指强制剃除鬓毛胡须而保留头发,大多单独使用,使用于一些较轻的罪名。耐刑轻于髡刑。耐字本作耏。《说文解字·而部》:"耏,罪不至髡也。"由于古代重孝,而孝的最基本要求是保全父母给予的身体发肤。因此,剃光头发、鬓须的髡耐之刑都是一种严厉的处罚。魏晋南北朝时期,佛教流行。因为佛教徒是剃光头的,而且又不结婚,被世俗社会认为是大不孝行为,所以当时的人蔑称佛教徒为"髡人"。我国孝文化深入社会、法治等各个层面,包括刑罚的髡耐之刑,当然也包括尸体检验不得破坏尸体完整性、维护尸表检验不得解剖尸体的检验立法,这就是我国古代法医尸表检验的文化渊源。

13. 诗礼发冢

《庄子·杂篇·外物》:"儒以《诗》《礼》发冢,大儒胪传曰:'东方作矣,事之何若?'小儒曰:'未解裙襦,口中有珠。''《诗》固有之曰:青青之麦,生于陵陂,生不布施,死何含珠为?'接其鬓,压其顪,而以金椎控其颐,徐别其颊,无伤口中珠。"这个故事中的儒者盗墓时还要引《诗经》《周礼》为据,原意是讽刺儒家的虚伪和迂腐,后人以"诗礼发冢"用为形容言行不一的虚伪做法。但"发冢"是宗法制下派生的法律术语，有其专门含义。我国宗法制源于氏族社会"父家长制"的亲族血缘联系，作为一种庞大、复杂却又井然有序的血缘政治社会构造体系，宗法制孕育于商代，定型于西周，影响整个封建社会各朝各代。由于宗法社会的亲亲观念，土葬成为汉民族的传统丧葬方式。"葬"之本意为掩藏，土葬具有入土为安的感情安慰。周以后，特别是春秋战国后，葬与礼联系起来，葬礼备受重视。秦汉后按尊卑排列有坟、墓、冢、陵。所谓"坟"是起土堆埋尸的地方；所谓"墓"是挖个坑将尸体（棺材）放入后，盖土，与地面平；所谓"冢"指高坟的意思。所谓"陵"指皇家埋葬地，也称"陵园"。墓、坟是平民的墓地，而"冢"要比坟更高，冢是贵族、有身份者的死后居所。秦以及各朝代法律规定的禁止"发冢"主要指"冢"和"陵"。了解"发冢"术语及其历史，有助于阅读古代法律和法医学书籍。详见第八章第四节。

14. 衣冠威仪

《史记·仲尼弟子列传》记载，孔子门生子路任卫国大夫孔悝的邑宰，孔悝参与推翻卫国国君的政变，子路以"食其食者不避其难"的态度阻止这场政变。在战斗中，子路冠下的丝缨被击断。他说："君子死而冠不免。"在结缨正冠的瞬间，子路被人趁机所杀，为儒家的衣冠威仪而死。古代有身份者戴冠，平民发髻包布巾，所以士大夫称为"衣冠"，而平民则称为"布衣"。我国先秦开始就注重仪表、等级，子路"君子死而冠不免"的行为，表明仕人在意仪表而不惜丧命。礼仪文化在检验中也有体现，维护尸体完整性、维护尸表检验、禁止发冢等成为古代法医检验的制度，这也是我国古代维持法医尸表检验千年不变的文化根源。

15. 牢隶臣妾

我国古代实行的是官员检验并负责的官验制度，但为什么秦时验尸出现帮工牢隶臣妾、五代出现仵作，这一问题一直让人困惑。这一制度到底是怎么产生的？这一制度的根源到底是什么？这里要重点加以说明一下。我国早在商周就有将罪人甚至其家属罚作奴隶的制度。这类官府奴隶被称为"牢隶臣"或"牢隶妾"，他们本身地位低贱，从事人们最不愿从事的验尸工作。所谓牢隶臣妾，指的是将犯人或其家属罚作官奴的刑罚，男受刑人称隶臣，女受刑人称隶妾。牢隶臣妾实际上属于无期徒刑。其成奴原因：一是战败成奴。商和西周的奴隶，绝大多数来自这些人。从殷墟甲骨文和西周铜器铭文可以看出，商、周擒获战俘并掠取人口为奴。二是罪人及其家属为奴。商周就有把罪犯以及家属罚为官奴的制度。男子成为罪隶，女子从事舂米等劳动。无期限的刑徒无疑被看作是国家的奴隶。三是出卖为奴。破产者出卖妻子、儿女为奴。四是血统为奴。奴隶的子女仍是奴隶，《汉书·陈胜传》有载"人奴产子"为奴。可见牢隶臣妾制须终身为官府服劳役。秦代徭役范围很广，如修路、开渠、治河、漕运、转输、造宫室、建陵墓、筑长城，以及协助验尸等苦役。因此，《封诊式》里可以看到现场勘验、尸体检验时出现牢隶臣妾协助令史验尸的记载，实际上是秦代将官府司法官员验尸时搬动尸体等低贱的劳役，由终身为官府奴役的牢隶臣妾来做。由此，我国古代自法医萌芽阶段就把官员检验并负责断案与牢隶臣妾（五代时期由殓尸送葬、鬻棺屠宰之家的仵作充任）搬动尸体、喝报伤情的工作分开来。这种文化根源也是我国古代法医学的特点之一。

16. 军功爵制

云梦秦简《秦律十八种·军爵律》云："从军当以劳、论及赐。"与此同时，为了展示军功爵的公正性，商鞅更是为此设立了三道程序，它们分别是劳、论、赐，并设立专门官员检验。所谓"劳"就是指战争时建立的功劳。这是一个秦国百姓能够依靠军功获爵的前提和基础。所谓"论"指专门官员检查尸首是生前砍下还是死后砍下，是不是敌方首级，哪一级别人的首级，以核实一个秦国百姓获得军功的真实性，包括军功是否属实，军功大小，等等。这一步的作用，其实就是为了保证军功爵的绝对真实。《商君书·境内》中记载："以战故，暴首三乃校，三日，将军以不疑致士大夫劳爵。"由此可见，商鞅对于这一步是十分重视的，防止了弄虚作假的可能性，有这一规定也促使法医学萌芽。所谓"赐"，指当上头经检验首级真实性后核定了你的功劳，那么就是赐爵了。当然，这个爵位并不是永久的，如果你犯事了，依旧会被夺爵。秦国军功爵制奖励丰盛，《商君书·境内》说"能得爵首一者，赏爵一级，益田一顷，益宅九亩，一除庶子一人，乃得人兵官之吏"。这是说秦国的军功爵制，其奖励包括了钱财、人口、土地。秦兵只要在战争中斩获敌人头颅一枚就能获得爵位一级，良田一顷，良宅九亩,庶子一名。

述评:春秋战国时期,军功爵制已经进入确立阶段。军功爵制与法医检验密切相关。春秋战国时期军功制度是按人头立功或算钱的,也叫"首功",顾名思义,按照首级算功。如何确认是生前砍下还是死后砍下,就需要检验,这种刚需大概是法医学产生的原因之一。

17. 孙膑装疯

据《史记·孙子吴起列传》记载,孙膑是战国时期的兵法家。他早年与庞涓一起向鬼谷子学兵法。后来,庞涓在魏国做了魏惠王的将军,派人把孙膑骗来,然后用计陷害孙膑,砍去他的膝盖骨,并在额头刺字。孙膑决定用装疯卖傻来消除庞涓对他的戒心。庞涓派人送晚餐给孙膑,孙膑拿起筷子时昏厥,呕吐不止,接着开始大喊大叫。庞涓不信孙膑疯了,就命人将其扔到猪圈里,孙膑浑身污秽不堪,披头散发,全然不觉地在猪圈泥水中滚倒,直怔怔瞪着两眼,仍是又哭又笑。等到夜晚、四下无人之际,庞涓又派人悄悄送食物给孙膑,孙膑一把打翻食物。来人把猪粪、泥块给他,孙膑接过来就往嘴里塞,毫无感觉的模样。来人回报庞涓:孙膑是真疯了。庞涓这时才放下戒心。从此任孙膑满身粪水到处乱爬,有时睡在街上,有时躺在马棚、猪圈里。至此,庞涓完全放下心来,对孙膑的看管也较之前松懈了很多。最后,"装疯"的孙膑在齐人的帮助下,逃离了魏国,并报复了庞涓。这就是战国时期的孙膑装疯故事。

装疯属法医学上"诈病"范畴,唐律有"诈病死伤不实"条:"诸诈病及死伤,受使检验不实者,各依所欺减一等;若实病死及伤不以实验者,以故入人罪论。"这就是说,检验人员被指派检验诈死、诈伤时,如果检验不实,要受诈病等应得刑罚的减一等处分;如果实病死、伤不以实验,则按故意把无罪者判为有罪、把轻罪判为重罪,必须受到故入人罪处罚。由此,装疯卖傻事例早在战国时期就已出现,也是法医检验的对象。

18. 贪婪无餍

"贪婪无餍"语出《左传·昭公二十八年》:"贪婪无餍,忿类无期。"意思是贪心无法满足。我国古代传说有一种怪兽,名字叫"贪"。这个怪兽,四蹄似牛,头上长角，身上有鳞，尾巴翘得很高，嘴巴张得很大，两眼突出，欲吞食前方海平面升起的旭日。传说，一天，"贪"到海边喝水，望见太阳的影子在大海中漂浮，以为就是太阳，想把它吃掉，结果跳入大海后被淹死。古代衙门照壁的背面通常会画这个怪兽，将"贪"画在壁上，主要是警诫官员要克己奉公、清正廉洁，不要贪赃枉法，否则将会像"贪"一样自取灭亡。实际上，古代衙门的照壁画面还有着警示官员的作用。下图为古代衙门的壁画"贪"（图7）。

图7 "贪"兽图（引自黄瑞亭著《鉴证》，黄鹄立画）

19. 腹䵍杀子

《吕氏春秋·孟春纪·去私》："墨者有巨子腹䵍，居秦。其子杀人。秦惠王曰：'先生之年长矣，非有它子也。寡人已令吏弗诛矣。先生以此听寡人也。'腹䵍对曰：'墨者之法曰：杀人者死，伤人者刑。此所以禁杀伤人也。夫禁杀伤人者，天下大义也。王虽为之赐而令吏弗诛，腹䵍不可不行墨者之法。'不许惠王，而遂杀子。子，人之所私也，忍所私以行大义，巨子可谓公矣。"

这段话的意思是：墨家学派中有个很有名望的人叫腹䵍，住在秦国，他的儿子杀了人，秦惠王对腹䵍说："先生的年纪大了，又没有其他儿子，我已命令官吏不杀他，先生在这件事上就听我的吧。"腹䵍回答说："墨家的法律规定'杀人的人要处死，伤人的人要受刑法'，这样做为的是禁止杀人、伤人。禁止杀人伤人，是天下的道义。大王您虽然赐给我恩惠，命令官吏不杀我的儿子，但是我却不能不执行墨家的法律。"腹䵍没有接受惠王的恩赐，杀了自己的儿子。儿子是做父母的所偏爱的，忍心杀掉自己心爱的儿子去遵守天下的道义，墨家腹䵍可谓公正无私。

20. 空船思想

"空船"一词出自《庄子·外篇·山木》："方舟而济于河，有虚船来触舟，虽有惼心之人不怒；有一人在其上，则呼张歙之。一呼而不闻，再呼而不闻，于是三呼邪，则必以恶声随之。向也不怒而今也怒，向也虚而今也实。人能虚己以游世，其孰能害之！"这段话的意思是：如果一个人乘舟渡过一条河流，有一只空船撞到了他的小船，即使他是一个脾气很坏的人，他也不会生气。如果他看到有一个人在船上，他将会对那个人大声喊叫让其驶开。如果那个喊叫没有被听到他将会再度高喊，而且他还会开始大骂，这一切都是因为有人在那只船上。如果那只船是空的，他一定不会大声喊叫，他一定不会生气。如果你可以空掉你自己的船来跨越世间的河流，那么就没有人会来反对你，没有人会想要来伤害你。

述评：庄子要说的是，只要人们能够使自己的船空掉，就不会发生冲突，从而就解决了使人烦恼、痛苦的问题。在庄子看来，只要空掉自己的船，就都能够远离烦恼，免于痛苦了。但到底为什么要空掉自己的船，怎么空掉自己的船呢？

空掉自己的船，便是庄子所说的"虚己"，即忘掉自己的存在，忘掉自我，放弃追逐名利之心，并时时保持宽容大度的胸襟。正如庄子所说："人能虚己以游世，其孰能害之！"这就是说，一个人如果能听任外物、处世无心而自由自在地邀游于世，天底下就没人能够去伤害他。

空掉自己的船，是针对争名逐利的心灵而言。庄子生活在一个战争频繁、社会动荡的时代，他在深刻剖析了社会矛盾的根源之后，坚定地认为文明的发展和人类的物欲是导致社会动荡不安的根源。因而他才说当人们碰到空船的时候不会生气，而一旦人们发现有人在那船上时，那颗被名利物欲所蒙蔽的心早已喧嚣不堪，便会很容易烦恼骂人。正是因为人们的船已被物欲填满，再也容不下一点美好的东西。所以，庄子才主张要让那艘被名利所累的船空掉，这样心灵才会轻松、纯粹。

当你空了自己的船的时候，就会让自己变得完全的空。当自己那颗追求名利、追求成功的心不复存在的时候，不会有喧嚣，不会有争夺，失望、痛苦也就不复存在，而喜悦一直会伴随着你。这时，你的船完全空了，你的本性就会真正显现出来，这就接近了"道"。

那么，法医如何才能做到空掉自己的船呢？

空船碰撞过来，绝不会有人抱怨。既然如此，那么你就让你自己变得空，抛掉自己的存在，去接纳他人。只要你空了，你不存在了，别人就不会有骂你的想法，也就不会影响到你。换言之，你也不会影响到别人，而实际上是帮了别人。这样，帮别人做一件事就会心无旁骛，摒弃私心杂念，放空精神世界，达到一种心灵透彻的境界。

宋慈在《洗冤集录·序》中说："慈四叨臬寄，他无寸长，独于狱案，审之又审，不敢萌一毫慢易心。若灼然知其为欺，则亟与驳下；或疑信未决，必反下覆深思，惟恐率然而行，死者虚被涝漉。每念狱情之失，多起于发端之差；定验之误，皆原于历试之涉。遂博采近世所传诸书，自《内恕录》以下，凡数家，会而粹之，厘而正之，增以己见，总为一编，名曰《洗冤集录》，刊于湖南宪治，示我同寅，使得参验互考，如医师讨论古法，脉络表里先已洞澈，一旦按此以施针砭，发无不中。则其洗冤泽物，当与起死回生同一功用矣。贤士大夫或有得于见闻及亲所历涉，出于此集之外者，切望片纸录赐，以广未备。"宋慈一生专心做一件事：狱案检验。从不"慢易心"，只为避免"狱情之失"。自己这样做不够，还把前人所传和自己所得汇编成册，取名《洗冤集录》，还要求别人继续"片纸录赐以广未备"，以便"参验互考"，"洗冤泽物"。宋慈确实放空自己，心无旁骛，接纳他人，成就了世界公认最早的、系统的法医学著作问世。

庄子的空船，还包含着整体思想。当你完全空掉的时候，你没有留下一点痕迹。当你抛掉一切的时候，你就是完全的空，你已经跟世界万物融为一体，因此你也就是整体了。试想，一旦有了整体思想为之奋斗，国家利益至上，不为己利，事业就容易成功。

我国现代法医学奠基人林几教授曾说过："法医学为国家社会应用科学之一，凡立

中国古代法医学与社会治理关系史

法、司法、行政三界以致全社会无不有需于法医学。"① 林几也放空自己，体现了整体思想。他一生只从事法医学事业，把自己利益完全服从国家利益。他早年留学德国，获法医学博士学位，科学救国回北平大学从事法医学事业；之后，任司法行政部法医研究所第一任所长；再后，在北平大学医学院、西北联大、中央大学、南京大学医学院任教，一直孜孜不倦地教学、检验和研究。林几继承古代法医学成就，接纳世界先进技术，面对事业总是恬淡、冷静、超然。他受到称赞之后，总是悄悄地回到实验室和讲台，继续法医科学的探索和实践，好像什么也没有发生过一样。林几以国家利益为重和崇高的职业责任感，使他没有想过要自我张扬。他编写的鉴定书时至今日还给后人以教诲，特别是每份鉴定书末尾的几行字"本说明皆据学理事实""本鉴定皆公正平允、真实不虚"，把他的人格魅力淋漓尽致地表现出来。所以，林几最后被世人公认为中国现代法医学奠基人！

由此可见，庄子的空船思想是一种高尚的境界，做到自清自宁，一般的人要想达到这样的境界，必须使自己完全放空。所有的自我、烦恼、失意、痛苦甚至争斗等等，都将会不复存在。可见，空掉自己的船和天地自清自宁是一致的。历史上，很多人都有追名逐利的思想和行为，法医也不例外，但往往是这样：一些本有潜质的人变得暗淡无光，不为世人所公认，时间一久，就被人淡忘了！

作为法医科学家应该把"空船"思想理解为一种乐观、豁达的积极生活态度。人在世上如同渡河，必须使自己成为空船，才能交流。同样，把那人、那事当作"空船"，宽容人、不责备人。人要做到以空船度任何人、任何事。也就是说，法医要有"空船"思想才会成功！"空船"思想成就科学家成长，成就世人公认，成就法医科学事业！宋慈、林几就是最好的例证！或许，这才是法医科学的真谛和服务社会治理的态度。

今天，法医也加快跟随时代的发展步伐。在追求各种物质利益的同时，法医内心的船也会被物欲的负担压得喘不过气来。倘若这时，法医能吸取庄子"空船"思想的积极意义，放空精神世界，寻求一种乐观、潇洒、豁达的生活态度，那么，法医世界

---

① 林几. 二十年来法医学之进步[J]. 中华医学杂志. 1946, 32(6): 244—266.

就会更精彩。

21. 大鹏南飞

逍遥游

〔战国〕庄子

　　北冥有鱼，其名为鲲。鲲之大，不知其几千里也。化而为鸟，其名为鹏。鹏之背，不知其几千里也。怒而飞，其翼若垂天之云。是鸟也，海运则将徙于南冥。南冥者，天池也……

　　庄子说，北海有一只鱼叫鲲，有几千里大，化成了鸟叫鹏，它的背都有几千里，这只鸟现在要往南海飞。这只鸟翅膀一挥就击起三千里的水浪，扶摇直上到九万里的高空，一飞六个月才停下来休息。鹏鸟从天上往下看，野马就像一粒尘埃，地上的生物都像尘埃一样，好像一口气都吹散了。人在地上看天，天色碧蓝，这就是天空本来的颜色吗？不过是因为太远了看不到尽头而已。这和鹏鸟从天上往下看，是一样的道理。如果水不深，就无法承载大船。在堂前洼地倒一杯水，芥草就可以在水上漂浮为舟了，如果放个杯子就浮不起来，这是因为水浅而舟大。风也是这样，如果风不足够深厚，就无法承载鹏鸟巨大的翅膀。所以，正因为风有九万里的厚度，鹏鸟才可一飞九万里高，而后乘风飞翔，鹏鸟只把背影留给青天，前方一无阻拦，于是一路向南。然而，这只大鹏却被讥笑了。寒蝉和小斑鸠都讥笑大鹏说："我们即使是从地面加速起飞，能冲到榆树和檀树的树枝那么高也就到头了；有时还飞不到那么高，就落回地上了。怎么可能飞上九万里而往南呢？"如果只是去郊野，带餐就能往返，肚子还很饱；如果去百里之外，就要带足隔夜粮了；如果是去千里远的地方，那就要带够几个月的口粮。这两个小东西又怎么可能知道这些呢！所以，小视野比不上大视野，短寿命比不上长寿命。怎么知道是这样呢？只活一天的菌类不会知道什么是晦朔（晦指每月最后一天。朔指每月的第一天），只活一个夏季的蟋蟀不会知道冰雪，更不知道春秋，这就是短寿。而楚国南边有只冥灵大龟，以五百年为一个春季，又五百年为一个秋季；更有上古名为大椿的古树，以八千年为一个春季，又以八千年为一个秋季，这就是长寿。

彭祖至今以长寿而闻名于世，人们与他相比，这不也是很悲哀吗？

述评：庄子用大量篇幅来描写一只鹏鸟往南飞这件事，用了很多细节，来描述这只鹏鸟多么的大，描述鹏鸟飞上九万里高空的壮观场景，甚至还提供了鹏鸟飞上九万里高空的视角，看地上的生物就像尘埃那么小。为了说明这只大鹏鸟高飞的能力，庄子还以水厚才能载大舟的道理，来说明这只大鹏鸟高飞九万里，实在是因为风的厚度就是九万里。所以，鹏鸟飞上九万里高空，才一路向南。如此壮观的场面，一回头，庄子却写了两个小东西，寒蝉和小斑鸠，他们居然在讥笑鹏鸟。这种对比实在太悬殊了。在这两个小东西的世界里，不要说飞九万里高，能飞九米高就已到极限了。所以，他们在听到鹏鸟高飞九万里往南的事情，就极尽嘲笑。这是见识使然。庄子总结道：小知不及大知，这是空间角度的视野；小年不及大年，这是时间角度的视野；寿命短不如寿命长，这是见识深度与广度的视野。因为只活一天的生物，不可能知道日月的变换，只活一季的生物不可能知道季节的更替。

庄子以大鹏鸟的视角，给我们展现了一个天地广阔和全新视野，可惜这并非寒蝉和斑鸠这种小生物所能知晓并理解的。所行更远，才能所知更多。庄子用了非常悬殊的对比，来比喻不同人视野的高低，这种视野的高低，造成了低端的视野永远无法理解广阔视野对世界的理解。实际上，我们面对的同一个世界，或许只是活在自己的世界，这个世界由我们自己的所见、所闻、所知、所感构成，这只是一个独享的世界，唯我们自心而造的世界。而庄子的逍遥，如同那只九万里高空飞翔的大鹏，那种逍遥，是我们要读懂的历史视野。用法医学发展与社会治理大视野来研究中国古代法医学史，是本书要达到的目的。

22. 徙木立信

司马迁《史记·商君列传》："孝公既用卫鞅，鞅欲变法，恐天下议己。……令既具，未布，恐民之不信，已乃立三丈之木于国都市南门，募民有能徙置北门者予十金。民怪之，莫敢徙。复曰：能徙者予五十金。有一人徙之，辄予五十金，以明不欺。卒下令。"意思是，秦孝公已经任命了卫鞅，卫鞅想要实施变法图强政策，唯恐天下人对自己产生非议。法令已经完备，但没有公布，卫鞅恐怕百姓不信任，于是在国都市场南门立下一根三丈长的木杆,招募百姓有能够搬到北门的就赏给十镒黄金。百姓对此感到惊讶,没有人敢去搬木杆。卫鞅就又宣布命令说:"有能够搬过去的就赏给五十镒黄金。"有一个人搬木杆到北门,立即赏给他五十镒黄金,以表明没有欺诈。终于颁布变法的法令。

述评: 从历史上看,中国社会治理有三次重大的变法努力:秦国商鞅变法、宋代王安石变法、明代张居正变法。商鞅变法取得成功,关键就是解决了"改革的激励机制"问题,而王安石、张居正不能正视激励问题导致改革无疾而终。本文讲的是商鞅为了推行新的法令而设法取信于民的一则事例。法的权威性基础在于立信,在于法治精神,正如毛泽东(1912年,19岁)所说:"法令者,代谋幸福之具也。法令而善,其幸福吾民也必多,吾民方恐其不布此法令,或布而恐其不生效力,必竭全力以保障之,维持之,务使达到完善之目的而止。"[①]

23. 御史之职

司马迁《史记·滑稽列传》:"威王大说,置酒后宫,召髡赐之酒。……髡曰:赐酒大王之前,执法在傍,御史在后,髡恐惧……"意思是,齐威王大为高兴,在后宫办了酒席,召见淳于髡赏他喝酒。……淳于髡说:大王赏酒在前,执法官在旁,御史在后,淳于髡心里害怕……

述评: 从司马迁《史记》可知,"御史"一职早在战国时期已设置。战国时期,官僚制度取代世卿制度。由于官员由国王任命,并非世袭制。因此,治官察官的思想也随之而生。韩非说"明法而以制大臣之威""臣无法则乱于下",提出"明主治吏不治民",并强调以法察官。秦代设御史一职,湖北云梦睡虎地秦简《尉杂》记载:"岁仇辟律于御史",就是每年岁终,廷尉要到御史处核对律文的变通之处,说明御史掌管国家的法令。云梦秦简《传食律》记载御史的属官出巡的物质待遇:"御史卒人使者,食稗米半斗,酱驷(四)分升一,采(菜)羹,给之韭葱。其有爵者,自官士大夫以上,爵食之。使者至从者,食糲(粝)米半斗;仆,少半斗。"这说明御史已有巡察之责。汉代有

[①] 毛泽东. 商鞅徙木立信论[M]//中共中央文献研究室,中共湖南省委《毛泽东早期文稿》编辑组. 毛泽东早期文稿. 长沙:湖南文艺出版社,2013:1—2.

了刺史出巡(《刺史六条》)。唐代有了御史制度(《监察六法》)。宋代改革地方监察体制,以路为地方最高行政区划,先后设置转运司、提举常平司、提点刑狱司等,分别负责行政、财政、司法等各项政务。由此可见,当时法医检验参与社会治理,因为提点刑狱司是司法监察的职责。元代至元五年(1268)颁行《设立宪台格例》。明代监察法趋向于法典化,洪武四年(1371),颁布监察法《宪纲》。清代制定《钦定台规》。中国古代监察制度有助于国家社会治理。古代御史选官比一般官吏要严得多。古代的监察权来源于皇权,因而具有历史局限性:遇有开明之君,监察官就可发挥激浊扬清的作用;遇有昏君,不仅会限制监察权的行使,而且监察官往往因一言不当,或革职,或杖责,或处死,也就谈不上纠劾官邪、整饬吏治、矫平冤狱。

24. 王者之政

战国初期的《法经》是中国历史上第一部比较系统的封建成文法典,但它并不是历史上第一部成文法典,在《法经》之前,已经颁布了很多法典,只是不太完善。李悝《法经》成为以后历代法典的蓝本。《法经》可分为三个组成部分,前四篇属"正律",主要内容是治"盗""贼";另外两个部分是杂律和具律。《盗》法是保护封建私有财产的法规;《贼》法是防止叛逆、杀伤,保护人身安全和维护社会秩序的法规;《囚》是关于断狱的法律;《捕》是关于追捕犯罪的法律;《杂》是有关处罚狡诈、越狱、赌博、贪污、淫乱等行为的法律;《具》是定罪量刑原则。《法经》首先确立了"王者之政,莫急于盗贼"的立法宗旨。李悝认为盗和贼对社会治理威胁最大,所以将其放在了最前边。

述评:由于杀伤是威胁人身安全的刑事案件,检验在命案处理中便处于核心的地位。因此,我国古代历来重视检验。所以,宋慈《洗冤集录·序》的开篇就说:"狱事莫重于大辟,大辟莫重于初情,初情莫重于检验。"而这段话的来源就是李悝《法经》的"王者之政,莫急于盗贼"。

25. 攸馘安安

《诗经·皇矣》:"临冲闲闲,崇墉言言,执讯连连,攸馘安安。"译为:临车冲车轰隆出动,崇国城墙坚固高耸。抓来俘虏成群结队,割取敌耳顺利从容。

述评:古代战争时将所杀之敌割取左耳以计数献功,称"馘"。这段话的意思是,文王攻下崇国城池后，对不服者杀死并割下左耳报功。但是，历史上，有人认为"聝"和"馘"为两个字。陆德明《经典释文》引吕忱《字林》之说曰："聝，古获反，字又作馘。《字林》：'截耳则作耳傍，献首则作首傍。'"可见，吕氏是把这两个字当作不同的字看待的。徐中舒主编的《甲骨文字典》引李孝定之说，认为"聝"乃"折首"，而非"断耳"，认为"聝"是"馘"字之本。①古代战争中要以杀敌数量计算战功，若是取首级，则是"聝"；若杀敌很多，首级不便携带，就割取左耳代表敌人，这就是"馘"。说明西周时为了报军功需要对首级(耳)的检验。

26. 正冠结缨

司马迁《史记·仲尼弟子列传》："于是子路欲燔台，蒉聩惧，乃下石乞、壶黡攻子路，击断子路之缨。子路曰：'君子死而冠不免。'遂结缨而死。"这段话意思是，孔子弟子子路在和两个武士作战时，对方把其束帽冠的带子割断了。子路认为君子不可无冠，所以他遵循礼制停下来，正冠结缨。结果，子路被杀死。

述评：儒家思想的重要内容之一就是礼。《论语·颜渊》篇中，孔子在答复弟子颜渊时说："克己复礼为仁。""克己"是自觉地约束自己。"复礼"是一切言行要纳于礼。这里强调的是人的道德自觉，包括遵守孝悌、仪表、穿戴、待人、接物等礼制，人们通过克制自己，达到自觉守礼的境界，规定的礼制勿坏，做到非礼勿视、非礼勿听、非礼勿言、非礼勿动。子路缨带断则冠不正，必须正冠结缨，这种讲究礼制的动作，是孔子正衣冠的礼仪。即使在搏斗中，也得停下来正衣冠，被对方所杀也得保证礼制勿坏，即使献出生命也在所不惜！

我们须从古代法医学角度来研究儒家思想，我国古代检验按礼制不得毁坏尸体，其来源就是孝悌，《孝经·开宗明义章》有："身体发肤，受之父母，不敢毁伤，孝之始也。"根据儒家"礼"的规制，我国古代法医学维持尸表检验达二千年之久，不得变动。只要封建制度还在，就只能尸表检验，不得解剖尸体。这是中国古代法医学的特点之一。

---

① 徐中舒. 甲骨文字典[M]. 成都：四川辞书出版社，2014：1291.

27. 乌江自刎

司马迁《史记·项羽本纪》："于是项王乃欲东渡乌江。乌江亭长舣船待，谓项王曰：'江东虽小，地方千里，众数十万人，亦足王也。愿大王急渡。今独臣有船，汉军至，无以渡。'项王笑曰：'天之亡我，我何渡为！且籍与江东子弟八千人渡江而西，今无一人还，纵江东父兄怜而王我，我何面目见之？纵彼不言，籍独不愧于心乎？'乃谓亭长曰：'吾知公长者。吾骑此马五岁，所当无敌，尝一日行千里，不忍杀之，以赐公。'乃令骑皆下马步行，持短兵接战。独籍所杀汉军数百人。项王身亦被十余创。顾见汉骑司马吕马童，曰：'若非吾故人乎？'马童面之，指王翳曰：'此项王也。'项王乃曰：'吾闻汉购我头千金，邑万户，吾为若德。'乃自刎而死。"

述评：这段记载重点在"自刎"一词。从司马迁《史记·项羽本纪》记载可知，自刎是很古老的自杀形式，至少秦汉时期就已出现。自刎指自己用剑或刀割颈部自杀，古时称抹脖子，也称自刑。自刎能保存自己尸体的完整性，所以，古代武将自杀多选择自刎。面对尸体，法医学上还要分清自杀还是他杀。宋慈《洗冤集录·自刑》中介绍："凡自割喉下死者，其尸口眼合，两手拳握，臂曲而缩，肉色黄，头髻紧。若用左手，刃必起自右耳后，过喉一、二寸；用右手，必起自左耳后。其痕起手重，收手轻。"

28. 尽坑杀之

司马迁《史记·白起王翦列传》记载："括军败，卒四十万人降武安君。武安君计曰：'前秦已拔上党，上党民不乐为秦而归赵。赵卒反复。非尽杀之，恐为乱。'乃挟诈而尽坑杀之，遗其小者二百四十人归赵。"

述评：这里"坑杀"，也称生瘗或活埋。从《史记》记载可知，坑杀（活埋）是很古老的一种杀人方式。中国历史上，坑杀一般有四种情形：其一，将俘虏用活埋的办法处死。如《史记》所载。又如《后汉书》记载，公元200年官渡之战，曹操胜，将俘虏的袁军"尽坑之"。其二，统治者把活埋作为镇压敌对势力的手段，如隋大业年间（605—618）杨玄感叛乱失败，隋炀帝派裴蕴清查杨玄感的党羽，捕获后立即下诏让郡县把他们全部坑杀。其三，古代有些贵族在死后用妻妾殉葬，有的君主死后用妃嫔殉葬，多是将人活埋。秦代开始改用陶俑代替活人殉葬，或者将殉葬者杀死后陪葬，但

第二章 先秦至秦代时期法医学与社会治理关系研究

仍有死后殉葬时生埋活人的情形。其四，辽代曾将活埋作为官方使用处死人的刑罚。辽太祖耶律亿神册三年（918）四月，皇弟迭烈哥阴谋叛乱，事情败露后被擒，按其罪行应当斩首。太祖让人先挖好墓穴，准备埋他，这时有人为迭烈哥讲情。太祖说，如果涅里衮能代替迭烈哥死，我就同意你的请求。于是，涅里衮就自缢于挖好的墓穴中，另外又将奴仆与参与叛乱者活埋，为涅里衮殉葬，迭烈哥因而被赦免。需要提及的是，古籍此处写作"阬杀"，"阬"字的原义是高大的门楼，而"观"与"阙"相通，也有门楼的意思。阬杀在古代还有一个比较文雅的名字，叫作"京观"和"武军"，如《东周列国志》提道："收晋尸，筑为'京观'，以彰武功于万世。"《汉书》提到，王莽篡汉曾将反对他的刘信、赵明等将领和亲属全部"阬杀"，将这些人的尸体堆土，筑造成"方六丈，高六尺"的京观并插旗，用来震慑天下。史学家一般认为阬（坑）杀这个词包括活埋的尸体，也包括战场上战死者的尸体，其堆土即所谓"京观"。值得一提的是，现代法医学对活埋介绍很少。林几在《二十年来法医学之进步》一文中说："活埋亦属窒死之一种，其尸颜面青紫，眼突口张，口鼻各窍与气道肺支气管均堵泥。肋膜及内脏溢血斑甚著。肺心及脑膜尤甚，指端趾端及指甲均青紫，与误咽尸之征象相似。此种案件，在华乡野颇常见。而引次东西战场，日德军队，每用此法残害盟国民众。然既往法医学书籍，则罕述及。"① 林几从法医病理学角度研究活埋，指出活埋的损伤机理，活埋流行病学研究，鉴定要点，及既往教科书介绍少，有必要加以研究。事实上，法医学除活埋他杀案外，对矿难、塌方、密闭空间缺氧、陷落泥沙坑或谷仓、考古发现陪葬者、开棺发现有生命迹象被入殓者等都有现实研究价值。

---

① 林几. 二十年来法医学之进步[J]. 中华医学杂志（上海）. 1946，32(6)：259.

 第三章 汉唐时期法医学与社会治理关系研究

第三章 汉唐时期法医学与社会治理关系研究

公元前221年,秦统一中国,封建制代替奴隶制。汉(前202—220,分为西汉和东汉)、唐(618—907)两个朝代在中国社会发展和中华民族形成的历史中占有非常重要的地位,这一时期重视立法和社会治理,对法医学的发展产生了积极的影响。这一历史时期(本书所指的汉唐包括汉代、三国两晋南北朝、隋唐代、五代十国)开始出现的早期法医案例、著名法医学家和法医书籍,对我国古代法医学的发展做出的重要贡献。

第一节 汉唐时期的司法制度

一、汉代的司法制度

(一)汉代法律的儒家化

孔子创立的儒家思想产生于先秦的春秋战国,当时社会处于从奴隶制走向封建制的剧烈动荡时期。孔子提出的"仁""义""礼"在汉代由董仲舒发展为"五常",即:"仁、义、礼、智、信",其中"仁"指的是仁爱之心,施于政治便成为仁政,"义"指的是公直、正义;"礼"则指的是一种社会政治制度和家庭规范,"智"则指的是智慧及其运用,而"信"则指信用、信誉。孔子思想在当时并不得到重视,儒家思想成为中国的统治思想是从汉代董仲舒提出的"春秋大一统"思想,进而提出"罢黜百家,独尊儒术"为汉武帝采纳开始的。真正意义上法律的儒家化始也于汉武帝时期,这是中国历史上儒家思想成为主流思想的开端。

经历了秦代的苛政和楚汉之争的多年战乱后,汉初统治者着重于重建社会生产力,以休养生息为主的"无为而治"的黄老思想成为统治思想。经过七十年的恢复发展,生产力和社会财富的发展和积攒,达到了"文景之治"的效果。而汉初分封的诸侯王也因此而势力强大起来,构成对中央集权的威胁,至此汉初"无为而治"的思想对这种威胁已没有较强的约束力,而单纯依靠法家思想的统治又会导致秦代灭亡悲剧的重演。因此,统治者急需一种比黄老思想更有力、比法家思想更温柔的手段来施行统治。

中庸化的儒家思想顺应时代潮流，成为当时的统治思想。

首先，董仲舒提出了"君权神授"思想，将皇权神化。据《春秋繁露·为人者天》记载，董仲舒认为"天子受命于天，天下受命于天子"，皇帝是百姓与上苍的中介，可以代天行赏或行罚。皇帝的至尊权威不受任何侵犯，并以法律形式规定了最严厉的刑罚。凡是侵害皇帝个人和皇权统治的行为均视为最严重的犯罪，均构成"死罪"。如"欺谩""诋欺""诬""诽谤"甚至"腹诽"和"阿党"等罪名。

其次，董仲舒提出了"德主刑辅"的思想。他主张减少肉刑，给犯罪者以改过机会，而非将其处死作为处罚目的。以德教为主，提倡儒家教化。而刑罚只是辅助之作用，而不像秦代统治以刑罚多、刑罚重，一味强调"刑以杀为威"，并且以刑罚作为目的而忽视教育的作用。

最后，董仲舒提出了"三纲五常"的思想。董仲舒在《春秋繁露·顺命》中说"天子受命于天，诸侯受命于天子，子受命于父，臣妾受命于君，妻受命于夫"，《汉书·董仲舒传》有："夫仁义礼智信，五常之道，王者所当修饬也。王者修饬，故受天之佑，而享鬼神之灵，德施于外，延及群生也。"可见，"三纲"是用以约束臣民，而"五常"则延及范围包括君主，以礼区分社会等级的尊卑制度和行为标准，而"仁、义、礼、智、信"则是整个社会的伦理本位和道德价值标准。

(二) 汉代律法的立法原则

1. 刑事立法

以儒家思想为主导，构建法律行为规范和价值雏形，包括：

第一，刑事立法的原则。汉代的刑事责任年龄划分为三段，即幼年、成年、老年，只有成年而未步入老年的人才负有刑事责任能力。据《汉书·刑法志》记载："耆老之人，发齿堕落，血气既衰，亦亡暴虐之心"，而七八岁或以下的孩童又稚气未脱不明世事，皆无刑事责任能力。

第二，"亲亲得相首匿"原则。汉代规定了卑幼匿尊长不负刑事责任。尊长匿卑幼除死罪上请减免外，不负刑事责任。儒家的家庭、宗族伦理观念在这里以法律原则的形式得以明确表达。该原则抛弃了法家"一断于法"的观点。而是从个人与家庭的伦理纲常关系直接演变成了国家社会管理职能的法律手段。

第三,"先告自除其罪"原则。这一原则类似现代法律中的自首情节,但不尽同,现代自首情节只作为一个可减免的酌定情节,不至于因自首而免除刑罚,但在汉律中先告自免其罪原则就带有儒家注重内省内修的成分。对于一个犯了罪的人,儒家认为这是内修出了问题,只要能够"先告"则已经从根本上解决了问题,因此也就可以免除对其的刑罚,也就使之近乎法定情节。

第四,"先请制度"原则。两汉时期公侯及其子嗣和官吏俸禄在三百石以上的在法律上都享受有罪"先请"的特权,凡经上请,一般都可以减刑或免刑。

第五,"造意"与"非造意"的原则。在汉律立法中开始在"故意情节"中区分出"造意"与"非造意",而究其思想根源,仍直指儒家注重的心性之区分,"造意"即指犯罪前即有谋划、策动如何实施犯罪行为,即蓄谋;而"非造意"则指事先无计划预谋的故意犯罪行为,从而可以看得出,区分的目的直指主观恶意的程度,而主观恶意则直接表现了其心性的"恶"与"善"的区分。

2. 刑罚立法。

汉朝多次减轻刑罚,与秦朝广泛使用死刑连以肉刑为主的刑罚制度形成了鲜明对比,并且为封建法制形成"笞、杖、徒、流、死"五刑制度奠定了基础,包括:

第一,在刑罚上,汉代不依靠司法程序,而在儒家"三纲""五常"的思想指导下,礼法合并,崇尚忠孝,对君要忠,对尊长则以孝为先,即百善孝为先。以礼治代替法治的儒家思想在法律"引礼入律"后的结果。

第二,汉律划分了社会等级制度,最上层是特权阶层,即皇室亲属均封为贵族,还有军功爵位制,官吏等级制,按照军功大小不同可分为二十等爵位,爵位也可以钱粮换取;官吏按职位高低赋以不等的俸禄,平民可以通过学习或辟举的途径成为官吏;而犯罪也会使爵位、官职受到削减。

第三,家庭制度上,"父为子纲,夫为妻纲"的封建家长制在汉代家庭法中表现得淋漓尽致,在汉律中对家长不孝或触犯父权者,要处以极刑,而家长殴打晚辈则一般不受法律管辖。

(三) 汉代司法制度

1. 汉代司法官吏的管理

汉代司法官吏是儒家思想管理制度，分为司法官吏的考核、司法官吏的责任制度等内容。司法官吏责任的种类有鞫狱故纵、鞫狱不直、鞫狱不实、受赇枉法和失刑等。

2. 汉代的诉讼制度

(1)汉代的诉讼原则主要有：经义决狱原则、因时审案原则、等级制度原则、循实情断案原则、恤刑原则等。

(2)汉代的基本诉讼制度有：上请制度、诉讼时效制度、录囚制度、杂治制度、议罪制度、验狱制度、谳狱制度和判例制度等。

(3)汉代告诉制度和拘捕制度是汉代诉讼制度的重要内容。一是汉代告诉有告发、自告等方式。在告诉主体的身份、年龄上，汉律作了一些限制性的规定。二是汉代拘捕制度分为公捕和自捕，在追捕盗贼方面采取张贴悬赏广告、发布通缉令等方式。

汉代司法制度已拥有较完备的司法机构和诉讼程序，但在诉讼方面有几点较明显的封建礼教色彩。重大疑难案件的最后裁决权，由皇帝独揽，特别是涉及"先请"案件则一律奏请皇帝，"君权神授，君为臣纲"的董氏儒家思想再次体现出来。"亲亲得相首匿"原则规定卑幼不可告发尊长，否则以不孝论处，体现了"父为子纲"的伦理观，在这里，伦理纲常、礼制大于法律。"春秋决狱"是指在审判案件时，如无法律明文规定，则以儒家经义作为定罪量刑的依据，如董仲舒的《春秋决事比》，"比"是汉代的一种法律形式，类似判例法，实际上是汉代在司法断案在无律可引时以儒家思想定夺。

(四) 汉代司法管辖权限制度

据张家山汉墓竹简《二年律令·置吏律》可知，汉代有"官各有辨，非其官事勿敢为，非所听勿敢听"的基层官吏职权规定。汉代司法管辖是通过划分不同级别或同一级别的司法机构之间处理案件的分工与权限。

汉律对中央、州、郡、县、乡各级政府刑、民事案件管辖权的划分有较为明确的规定。诉权是指诉讼当事人进行诉讼所享有的诉讼法上的权利，已出土的汉简有诉权约束审判权的规定。

(五)汉代的医事制度

从西汉成书的《七略》可看出,汉代医学有内科、外科、妇科、儿科及食医的分科。据《汉书·百官志》记载,汉代太医令为最高医官。

二、三国两晋南北朝时期的司法制度

三国两晋南北朝(220—581),是中国历史上战乱不断的时期。220年曹丕袭魏王位,当年废汉献帝自立,国号魏。221年,刘备在成都称帝,国号"汉"(史称"蜀汉"或"蜀"),据长江上游地区;222年孙权在建业(今南京市)称吴王(229年称帝),据长江中下游及其以南地区。从此,魏、蜀、吴鼎立局面形成。三国连年征战,263年魏灭蜀,265年司马炎代魏立晋(史称西晋),280年晋灭吴,全国复归一统。但西晋王朝因司马氏宗室争夺中央统治权,"八王之乱"持续十六年的混战,使隐伏矛盾迅速激化,很快导致北方少数民族兵进中原。从316年匈奴贵族建立的政权灭西晋起,北方从此进入"五胡十六国"的战乱时期,前后出现20个割据政权。直到439年鲜卑族政权北魏统一中国北方,方获近百年的相对稳定。534年北魏分裂为东魏和西魏,继之北齐代东魏,北周代西魏,581年隋代北周。在南方,317年西晋琅琊王司马睿在建康(今南京)称帝建立偏安江南的政权,史称东晋。420年以后又历经宋(420—479)、齐(479—502)、梁(502—557)、陈(557—589)四朝更迭。此四朝与北魏以降的北方政权相对峙,是为南北朝,直到589年隋灭陈,才再次结束割据局面,使全国重归一统。

从东汉末年到隋统一全国近400年间,是中国社会发展历程中最纷乱的时期之一,这个时期也是中国各民族大融合的一个时期,促进了经济文化的交流。在北方和长江上游地区,先后有曹魏和蜀汉分别制定魏律和蜀科、推行屯田制;西晋初期改立占田制、课田制以及对王公官员的限田制,这对抑制土地兼并、补救战争创伤和恢复社会经济均有一定积极作用。北魏改变鲜卑族风俗、服制、语言,加强同汉人士族的联合统治。这些改革推进了民族融合,加快了各民族封建化进程,促进了生产、经济的恢复和科学文化的发展。

(一)魏晋北朝的立法

1. 曹魏《新律》的特点

(1)在《具律》中列出《刑名》,突出了法典中刑狱断案的性质与地位。

(2)法典篇目更加详细,突出了基本法典的主导地位,也使其篇目分类更为系统、条理、规范,推动了立法技术的进步。

(3)确立新五刑制度,不再包括汉代的宫刑和斩右趾刑,标志着肉刑已不再作为法定刑罚列入国家法典;缩小了族刑连坐范围。这些规定显然是刑罚制度方面的一种历史进步。

2. 西晋《泰始律》的特点

(1)新增《法例》篇目,充实了刑法适用制度方面的规定,进一步丰富和扩大了法典中刑狱断案的内容,使中国古代法典的篇章体例结构更加规范化。

(2)继续精简律令章句,再度扩充法典篇目,从而以"刑宽禁简"著称于世。

(3)刑罚体系更合理,使刑罚制度的发展进一步相对宽缓、人道和文明。

(4)开创了对法律条文进行注解诠释的立法形式。张斐、杜预的《晋律注》,总结汲取历代的立法经验与刑法理论,对中国古代的法制建设和中华法系的形成做出重要贡献。

3. 北朝《齐律》的特点

(1)确定了十二篇的法典体例。《北齐律》共计十二篇九百四十九条,具有"法令明审,科条简要"的立法特点。这一法典篇章体例结构及其律文内容的调整和确定,是立法技术日趋成熟完善的结果,反映了当时立法的最高水平。

(2)首创了《名例律》的总则篇目。进一步突出了法典总则的性质和地位,从而使法典的体例结构及其内容更加规范化。此后的隋唐直至明清各代,其法典的首篇均为《名例律》,可见《北齐律》对后世立法的深远影响。近代学者程树德概括"南北朝诸律,北优于南,而北朝尤以齐律为最"。[①]

[①] 程树德. 九朝律考[M]. 北京:中华书局,2003:391.

(二) 魏晋北朝的律学

魏晋北朝的律学发展对后世唐宋乃至元明清的司法制度都有影响，其发展主要体现在三方面。

1. 法典编纂技术的提高

(1) 法典篇目由简到繁的丰富扩充，又由繁到简的概括凝练，实际反映了法典编纂技术在不断提高。

(2)《名例律》从孕育到创立，突出了法典总则的性质与地位，发挥了其提纲挈领的统括作用，增强了法典体例结构的科学性，也反映了人们对刑法总则的认识和重视。

(3) 在法典内容的精简整理方面，魏律大大增加"正律"的篇目内容，明确了律与其他法律形式的主次关系，确立了"正律"作为国家基本大法在法律体系中的主导地位。《晋律》进一步使法典的编纂更为规范简约。《北齐律》总结借鉴历代立法经验，进一步规范法典内容，推动了立法技术和律学理论的提高。

2. 律学理论的发展

(1) 对法典的性质、内容与地位，已经有了明确的认识和清晰的阐释。

(2) 对各种罪名的基本概念及其相互区别，已经有了深入的了解和高度的概括。

(3) 对某些表面相似而容易混淆的罪名，已经有了认真细致的辨析，并且提出了刑罚适用的变通原则。

3. 刑法理论的进步

(1) 张斐在《晋律注》中明确提出了犯罪心理分析的有关理论。这表明当时对于打击犯罪及定罪量刑等刑法理论的研究总结，已经达到相当高的水平。

(2) 西晋的刘颂又提出了依据法律规定或刑法适用原色进行定罪量刑的理论。这一刑法理论已具有"罪刑法定"的某些精神，堪称中国古代传统律学理论及法律思想的一大进步。

(三) 刑罚体系与刑法适用制度

(1) 刑罚体系的发展变化。

(2) 肉刑制度逐渐废止。

(3)族刑连坐范围不断缩小。虽未彻底废除，但范围在不断缩小，刑罚制度朝着相对文明人道的方向发展。

(4)新五刑制度逐步形成，曹魏律首次提出新五刑制度，至北周律形成流刑五等。

(四)儒家化的刑法适用制度和罪行适用原则

(1)西晋《泰始律》首次确定"准五服以治罪"。五服分别为：斩衰、齐衰、大功、小功、缌麻。

(2)出现"存留养亲"制度。存留养亲，就是祖父母或父母年迈，家中又无成年子孙或其近亲属进行赡养，该罪犯可以依法暂时不执行所判徒、流、死刑，责成回家尽孝，待为老人养老送终后，再执行原来的刑罚，以体现儒家所倡导的"亲亲"原则和孝道精神。

(3)《北齐律》正式确立"重罪十条"。包括反逆、大逆、叛、降、恶逆、不道、不敬、不孝、不义、内乱。

(五)官僚贵族特权法的强化

(1)曹魏律首次确立"八议"入律。所谓"八议"指：议亲、议故、议贤、议能、议功、议贵、议勤、议宾。

(2)"官当"制度出现。北魏律首创以爵位抵罪和折当劳役刑制度。南陈律则规定更为系统。

(3)九品官人法产生。曹魏初年创立。由州、郡、县的大小中正官按照出身家世、道德行状、才能大小等标准，将本地士人定为上上、上中、上下、中上、中中、中下、下上、下中、下下九等，提供给吏部作为选拔任用官吏的参考依据。

(六)三国两晋南北朝的司法制度

1. 司法体系

三国两晋南北朝时期，司法机关的设置及其管理体系基本沿袭东汉，绝大多数国家或政权仍在中央设置廷尉，作为最高司法审判机构。地方仍实行行政机关兼掌司法审判职能的体制。

这一时期比较重要的变化是魏明帝首次在廷尉中增设律博士一职，负责培养司法官员，创立了我国最早的专门从事法律教育的机构。医博士一职也被设立，县州府均设，从事医疗也负责医事咨询、立法和检验。这一制度，在以后的隋唐代还存在，但宋以后没有沿袭。

2. 诉讼审判制度

（1）皇帝参与审判录囚。

（2）建立上诉与直诉制度。

（3）完善死刑复奏制度。

（七）三国两晋南北朝的医事制度

东晋和南朝时期，江南地区的生产有较为迅速的发展。西晋末开始的北方战乱，迫使大量汉族农民迁至相对安定的江南地区。北方先进的生产工具和生产技术被带到南方，广为传播，还带动了手工业的发展，促进了商业的繁荣，生产和经济的恢复发展，同时，也促进了包括医学在内的科学文化发展。

1. 医官制度

（1）三国时期

魏承汉代医官制度，有太医令、丞、尚药监、药长寺人监、灵芝园监等官职。《太平御览》引《玉匮针经序》中有吴置太医令的记载，蜀汉医制无考。

（2）晋代

承袭汉魏官制，设有太医令等职。据《通典·职官》记载：晋代太医令铜印墨绶，统属于宗正，又有尚药监、药长寺人监。东晋时，省宗正合并于太常，原隶属于宗正的太医官属，后改隶于门下省。门下众事为侍中所掌，这是后代以太医令隶于侍中的开始。

（3）南朝

关于南朝医官，据《宋书·志第三十·百官下》记载，刘宋有"太医令一人，丞一人"，据《通典·职官》说这些人"隶侍中"。《南齐书·志第八·百官》记载，齐有"太医令一人，丞一人……属起部，亦属领军"。《资治通鉴》记载齐有御师；记载梁有太医令一人，丞二人，属门下省；又有太子宫属的药藏局设置药藏丞；诸王国官属的有典医丞；郡县属吏亦有医职。《北史·姚僧垣传》载又有太医正之设。《册府元龟》记载梁以后，尚药职事由太医兼任。

(4) 北朝

关于北朝医官，北魏有太医令等职，属太常；门下省设有尚药局，有侍御师。《魏书·官氏志》记有太医博士(七品下)和太医助教(九品中)之设。北齐有太医署，设太医令、丞等职，属太常。

2. 官颁医书制度

南北朝时的官颁医书有刘宋时《宋建平王典术》120卷，北魏时李修《药方》110卷，王显《药方》35卷，均为临床方书，反映出当时医学的进步。官颁医书多由当时帝王御医主持，组织众多医家集体编撰，卷帙甚巨，且备颁行之便，对医术的总结、提高和推广具有积极意义。李修《药方》成书于北魏太和年间(477—499)，据《魏书·列传·术艺第七十九》记载："高祖文明太后时有不豫，修侍针药，治多有效，赏赐累加，车服第宅，号为鲜丽，集诸学士及工书者百余人，在东宫撰诸《药方》百余卷，皆行于世。"

三、唐代的司法制度

在秦汉法律的基础上，唐代法律进一步促进了我国古代法医检验的制度化发展。唐律在汉律九章基础上发展为十二篇，是在唐太宗贞观十一年(637)颁布的。唐高宗时又命长孙无忌对律文逐条解释，成《律疏》三十卷，通称《唐律疏议》，于永徽四年(653)颁发。它是我国现存最完整、最早的一部封建法典，其后历代封建法律基本上都因袭唐律。在唐律中存在大量涉及关于法医检验的法律条文，甚至明文规定了鉴定人违法鉴定的法律责任。

(一) 唐代的主流刑事司法思想

《贞观政要》记载了唐太宗及其房玄龄、魏徵等人的政论，从中可见唐统治者的刑事司法思想。

唐统治者把刑事司法制度与秦、隋的灭亡联系起来。唐太宗很重视对秦、隋灭亡的原因进行分析和研究,多次提到秦、隋时严酷的刑事司法制度是其灭亡的直接原因。贞观四年(630)他认为,隋时的刑事司法十分严酷,对"盗"的犯罪"但有疑似,苦加拷掠,枉承贼者二千余人,并令同日斩决"(卷三),加速了隋的灭亡。贞观六年(632)他又说:"秦乃恣其奢淫,好行刑罚,不过二世而灭"(卷三)。

为使唐朝长治久安,唐太宗不得不考虑本朝代刑事司法制度的建设,避免重蹈秦、隋灭亡的覆辙。唐太宗与房玄龄、魏徵等人都重视君主的诚信,并与刑事司法制度联系在一起;如果君主在刑事司法中不讲诚信,就会造成严重的不利后果。房玄龄认为,"仁、义、礼、智、信,谓之五常,废一不可"(卷六)。魏徵认为"君之所保,惟在诚信",还进一步认为"令而不从,令无诚也"(卷六)。唐太宗、房玄龄、魏徵等人都强调治国要公平正直,包括在刑事司法制度中;如果不能做到公平正直,其不利影响会很严重。房玄龄也认为:"理国要道,在于公平正直"(卷六)。这种公平正直表现在刑事司法制度中,就要求司法官依法判案,正如魏徵所说的"守文奉法","凡理狱之情,必本所犯之事以为主,不严讯,不旁求,不贵多端"(卷六)。

唐朝以前,中国历史上出现过严刑的情况,而且还直接影响到治国效果。唐初主要执政者均反对严刑。主张轻刑。贞观元年(627)唐太宗就说:"死者不可再生,用法务在宽简"(卷八),表达了反对严刑的思想。贞观之初,魏徵也认为罚宜从轻,认为这是"百王通制"(卷六)。贞观十一年(637)魏徵进一步认为,圣帝明王"皆敦德化而薄威刑也"(卷六),还在上疏中明确指出严刑的弊端,"虽董之以严刑,震之以威怒,终苟免而不怀仁,貌恭而心不服"(卷一)。房玄龄也反对严刑治国,且要求在实践中做到"审定法令,意在宽平"(卷二)。这些思想都影响到唐律包括刑事司法制度在内的所有内容,以使整部法典用刑宽平。

(二)"疏议"与立法技术

《唐律疏议》起了完善唐朝刑事司法制度内容的作用。中国在唐朝已具有较高的立法技术水平,首次在唐律中使用了"疏议"。它具有解释、补充律文的功能。《唐律疏议·名例》前言说:"疏之为字,本以疏阔、疏远立名。""疏议"的这一功能决定了它可起到完善唐代刑事司法制度内容的作用。事实也是如此。它通过各种途径完善了相关的内容，使唐代的刑事司法制度能在唐律中得到较为全面地反映。其立法技术有以下四点。

第一，协调与其他律的内容。唐律中刑事司法制度的内容主要规定在《斗讼律》《捕亡律》和《断狱律》等律中，但唐律是一个整体，前后各律之间的内容会有联系。为了使刑事司法制度能保持其整体性，并使其能得到较为全面的体现，唐律利用"疏议"协调它们与其他律的内容，使其更为完善。《唐律疏议·断狱》"应言上待报而辄自决断"条规定："应待报而不待报，辄自决断者，各减故失三等。"此条"疏议"引用《职制律》的内容，专门对减三等的量刑做了解释，明确了量刑，协调了与其的内容。"若失不申上、失不待报者，于《职制律》'公事失'上各又减三等。即死罪不待报，辄自决者，依下文流二千里。"另外，《唐律疏议·断狱》"缘坐没官不如法"条"疏议"也引用了《贼盗律》的规定，来说明律条中有关"缘坐应没官"的内容。

第二，引用唐令的规定。唐朝刑事司法制度的内容不仅存在于唐律，还存在于唐令等形式中，特别是在唐令的规定里，涉及的令包括《捕亡令》《狱官令》等。唐律通过"疏议"引用唐令的内容，使律条的内容与其协调起来，以实现唐律与唐令等的统一。《唐律疏议·捕亡》"将吏捕罪人逗留不行"条规定："诸罪人逃亡，将吏已受使追捕，而不行及逗留"者，要受到"各减罪人罪一等"处罚。此条"疏议"引用《捕亡令》的规定，对需追捕的人员做了详细说明。"依《捕亡令》：'囚及征人、防人、流人、移乡人逃亡，及欲入寇贼，若有贼盗及被伤杀，并须追捕。'"

第三，明确相关概念。唐朝刑事司法制度中有许多相关概念，有的在唐律中也有反映。只有正确理解这些概念，才能准确掌握律文的含义，"疏议"充分发挥了明确这些概念的作用。首先，明确了刑事司法主体的概念。《唐律疏议·斗讼》"监临知犯法"条规定："诸监临主司知所部有犯法，不举劾者，减罪人罪三等。"此条"疏议"对刑事司其中的法主体"主司"做了明确的界定："主司，谓掌领之事及里正、村正、坊正以上。"其次，明确了违犯刑事司法制度行为的概念。《唐律疏议·捕亡》"知情藏匿罪人"条规定："诸知情藏匿罪人，若过致资给，令得隐避者，各减罪人罪一等。"此条"疏议"对其中违反刑事司法制度的行为"知情藏匿"作了确切的说明："知情藏匿，谓知罪人之情，主人为相藏隐。"再次，明确了刑事司法程序的概念。《唐律疏议·断狱》"狱结竟取服辩"条规定："诸狱结竟，徒以上，各呼囚及其家属，具告罪名，仍取囚服辩。"此条"疏议"对刑事司法程序"狱结竟"做了如下解释："'狱结竟'谓徒以上刑名，长官同断案已判讫，徒、流及死罪，各呼囚及其家属，具告所断之罪名，仍取囚服辩。"

第四，解释了规定刑事司法制度的原因。通过这种解释，可使人们了解立法意图，深入认识唐朝的刑事司法制度。《唐律疏议·断狱》"议请减老小疾不合拷讯"条规定："年八十以上，十岁以下及笃疾，皆不得令其为证，违者减罪人罪三等。"此条"疏议"对这些人不得为证的原因做了解释。"其八十以上，十岁以下及笃疾，以其不堪加刑，不许为证。"

(三) 唐代刑事司法制度基本范围

唐律与唐代的刑事司法制度关系密切。唐律体现唐代的刑事司法制度，其范围包括了刑事司法制度中的刑事司法主体、参与人、程序、证据、强制措施、法律的适用、刑罚的执行等方面。

1. 唐代刑事司法的主体

唐律体现的刑事司法主体，既有司法机构，也有大量司法官。司法机构主要是指行使中央审判权的大理寺等。司法官在唐律中的范围比较广泛，除了涉及中央和地方行使审判职能的官吏外，还有行使缉捕和囚禁囚犯的官吏、刑罚执行的官吏等。这些刑事司法主体的职务行为都在唐律的体现之中。比如，行使刑事审判职能的官吏在审判中，必须依律定罪量刑，不可"出入人罪"；行使囚禁囚犯职能的官吏必须依法向囚犯提供衣食医药；如果他们违犯了相关规定，将会被追究法律责任。

2. 唐代刑事司法的参与人

唐律中也涉及刑事司法的参与人，其中的鉴定人、翻译人员、证人等都是此类人员。他们的行为也在唐律的体现之中。比如，刑事司法鉴定人必须尊重事实，不可得出与事实相反的结论；翻译人员翻译的外国语要准确；证人的证言要真实；如果他们的行为违犯了唐律，特别是造成定罪量刑错误的，都要被追究相应法律责任。

3. 唐代刑事司法的程序

唐律中有关刑事司法程序的内容很多，涉及刑事司法的许多方面，而且体现得非常有序。比如，有关复奏的程序就有以下一些主要阶段：死刑案件须先经皇帝核准；在行刑前，应通过皇帝的"三复奏"；"三复奏"后，还要经过3天，才能执行死刑。奏画已讫，应行刑者"皆三复奏讫，然始下决"。"奏讫报下，应行决者"，"须以符到三日乃行刑"。该程序每个环节都不可缺少，也不可颠倒，而须依次逐一进行。其他程序的体现也大致如此。

唐律对有关刑事证据的内容做了规定，包括：特殊人群的众证定罪、作伪证的责任等。比如，在有关特殊人群的众证定罪中：应议、请、减和70岁以下老人、15岁以下儿童以及废疾者都不可使用刑讯，要以众证定罪；众证是指三个人以上提供的证据；相为隐范围内的人员、80岁以上的老人、10岁以下的儿童和笃疾者，都不可令其做证等。

4. 唐代刑事强制措施

唐律中使用多种刑事强制措施，而且都做了明文规定。唐律规定的强制措施有拘传、逮捕、囚禁等。比如，有关逮捕的内容就涉及逮捕的对象、对拒捕的处置、官吏力量不足时的协助等。

5. 唐代刑事法律的适用

唐律根据唐朝的具体情况，对法律的适用也做出规定：刑事司法官审判时必须引用律、令、格、式正文；如有两罪以上的，采用吸取原则，"以重者论"；不属本官府管辖案件，应及时上报，不可擅断；如果是用皇帝的制、敕来断罪，不是永格的，"不得引为后比"；用格来断罪的，虽与律的内容不一致，需依格来审判等。

6. 唐代刑罚的执行

唐律对刑罚的执行以及附带的民事执行也都有体现。唐律中的刑罚主要是五刑。五刑的执行在唐律中都有明文规定。比如，笞、杖刑执行的部位、次数和次数的分配、刑具的规格等。有些刑罚的执行还与附带民事执行方法联系在一起，赔偿、归还财物等都是唐律中规定的这种执行方法。有些被告人在被执行刑罚的同时，还要承担这些民事责任。

可见，唐律对唐朝刑事司法制度都做了较为全面的体现，涉及这一制度各个方面，可以说是唐朝刑事司法制度的忠实体现者。这十分有利于唐朝刑事司法的运作。

(四)唐代刑事司法制度的规范性

唐律不仅是唐朝刑事司法制度的体现者，还是这一制度的规范者，而且在以下几个方面表现得比较突出。

首先，唐律在刑罚的执行方面，五刑的执行、附带民事赔偿的执行、刑具的规格等，都得到了规范。这里以刑具为例。唐律的刑事司法制度中，有对笞、杖刑的刑具做出规范规定的内容，包括表面的要求、长度、粗细的尺寸等。《通典·刑法六·肉刑议》："诸杖皆削去节目，长三尺五寸。讯囚杖，大头三分二厘，小头二分二厘。常行杖，大头二分七厘，小头一分七厘。笞杖，大头二分，小头一分半。"经过横向和纵向两个方面的规范规定，唐律中刑事司法制度的内容便可得到较全面的反映了。

其次，唐律规范的内容比较具体。刑事司法制度要把刑法适用于社会及其成员，是一种具体性要求比较高的制度，唐律中的刑事司法制度也是如此。它所规定的内容都比较具体，许多内容都精确到"人""日"等。据《唐律疏议·断狱》记载，在不用刑讯而使用"众证定罪"时，具体为"人"，三人以上为"众"，即"称'众'者，三人以上"。这里的"众证"是指"三人以上"；如果"三人证实，三人证虚"，那么就要确定此为"疑罪"了。当确定刑罚执行的时间时，唐律则具体为"日"。"赎死刑，八十日；流，六十日；徒，五十日；杖，四十日；笞，三十日。若应征官物者，准直：五十匹以上，一百日；三十匹以上，五十日；二十匹以上；三十日；不满二十匹以下，二十日。"这里的"日"都以一天中的一百刻来计算，即"诸称'日'者，以百刻"。内容具体，内涵明确，可以减少司法官的认识差错。

再次，唐律规范的内容比较容易操作。刑事司法制度所涉及的程序性内容比较多，操作性也比较强，唐律中的刑事司法制度同样如此，特别是在涉及有关程序的内容时，更是这样。刑讯是唐朝刑事司法制度中的一个重要组成部分，唐律对其做了较为全面的规定，其中涉及的内容均具有较强的操作性，特别是一些程序性的规定。比如，确定使用刑讯的前置程序、刑讯次数的程序、刑讯执行对象的程序等都是如此。关于确定使用刑讯的前置程序：要对被告人使用刑讯时，必须经过一个前置程序。据《唐律疏议·断狱》记载，这一程序包括有多个环节："应讯因者，必先以情，审察辞理，反复参验；犹未能决，事须讯问者，立案同判，然后拷讯。"关于刑讯次数的程序：唐律对刑讯的次数、总数都有规定，司法官必须按其中的程序执行。"拷囚不得过三度，总数不得过二百，杖罪以下不得过所犯之数。拷满不承，取保放之。"关于刑讯执行对象的程序：这一程序在唐律里也有规定，其基本内容是先刑讯被告人，被告人不招的；再刑讯原告人；在一定条件，还可以刑讯证人。被告人"拷满不承，取保放之"。然后，刑讯原告人，即"拷囚限满而不首者，反拷告人"。在诬告等案件中，还可刑讯证人。即"拷证人"。这样规范的程序利于司法官操作和刑事司法制度的实施，也便于刑事司法活动的开展。

总之，唐朝的刑事司法制度在唐律中得到了全面、具体、易操作的规范，就为这一制度的适用创造了十分有利的条件。

（五）唐律对执法者的约束

刑罚是制裁方式中力度最大的方式，甚至可以剥夺人的生命。因此唐律对执法者也有约束。唐代刑律规定，判职能的官吏在审判中"出入人罪"的，要根据其出入人罪的情况受到处罚。判人重罪，以全罪论。《唐律疏议·断狱》有："从轻入重，以所剩论；刑名易者：从笞入杖、从徒入流亦以所剩论……死罪亦以全罪论。其出罪者，各如之。"

唐律规定，鉴定人不按真实情况检验而得出错误鉴定结论也要受罚，后世亦受其影响，《洗冤集录》说"若实病死及伤，不以实验者，以故入人罪论"。

唐律规定，刑讯要依程序进行，否则同样要被追究刑事责任。《唐律疏议·断狱》："诸应讯因者，必先以情，审察辞理，反复参验；犹未能决，事须讯问者，立案同判，然后拷讯。违者，杖六十。"用律条来规范刑事司法制度，使用了最为严厉的制裁手段，其捍卫程度不能不说是最高的了。

（六）唐代医事制度

唐代，太医署分四科：医师、针师、按摩师、咒禁师。唐代设太医署，设医博士、针博士、按摩博士、咒禁博士。

四、五代十国时期的司法制度

唐朝灭亡之后，中国历史再一次进入了大割据时代。在北方广大地区，先后出现了后梁、后唐、后晋、后汉和后周五个较强大的王朝。与此同时，南方各地又陆续并存过九个较小的割据政权，即：吴、南唐、吴越、楚、前蜀、后蜀、南汉、南平及闽等九国，北方河东地区则有北汉势力。这一时期，中国历史上称之为"五代十国"。后唐末年，石敬瑭将燕云十六州献给契丹，对中原北部边防造成极大的威胁。五代十国时期，大小统治者激烈角逐，兵燹不断，社会经济、文化受到颇大影响。

五代十国时期，一方面存在藩镇割据延续和扩大的局面，但另一方面也出现了走向统一的趋势。各地人民反对分裂割据带来的制度不一、关卡林立、禁令繁多、商税苛重等种种灾难；又由于契丹贵族的掠夺，人民要求统一，以便集中力量进行抵御。到了五代后期，统一已成为大势所趋。周世宗（954—959年在位）即位后，在经济、政治及军事等各方面进行了整顿和改革，为统一事业做出了重要的贡献。特别是法律制度方面，五代也有贡献，五代十国时期的主要法律典籍有后梁《大梁新定格式律令》、后唐《同光刑律统类》、后晋《天福编敕》、后周《大周刑统》。值得一提的是《大周刑统》，它在唐代的律令格式和编敕基础上，于显德四年（957）由后周世宗令大臣们进行整理，汇编为二十一卷。

五代之后是宋代。宋代的繁荣不是从天上掉下来的，历史发展总有一个过程，即使宋朝经济、法律、检验发达，也不能将功劳只归于宋代，前代特别是后周也有功劳。《大周刑统》对宋代的刑法制定产生了直接而重大的影响。宋建隆元年（960），赵匡胤发动兵变夺位后，诏命大理寺卿窦仪等人在《大周刑统》的基础上，制定出《宋刑统》三十卷，颁行天下。所以，五代是承上启下的时期，研究其法律制度和检验制度有十分重要的意义。

尽管五代处于战乱和各治一方的时期，但一个运作成熟的政府，首先要有相对完善健全的法律体系，没有法律，就不能威慑人的犯罪欲望。韩非在《韩非子·二柄》中曾经讲过他对法律的认识："明主之所道制其臣者，二柄而已矣。二柄者，刑德也。何谓刑德？曰：杀戮之谓刑，庆赏之谓德。为人臣者畏诛罚而利庆赏，故人主自用其刑德，则群臣畏其威而归其利矣。"人的本性是畏刑而贪利的，所以社会中法律必不可少。下面介绍五代时期的立法，重点是后周立法思想和与检验有关的刑事立法。

（一）五代时期的立法思想

1. 立法原则

法律是建立在"人性恶"的理论推论上的，是为了维护本集团的统治利益，以及稳定社会秩序而存在的，没有刑法的政府是不可想象的。《册府元龟·刑法部·定律令》有："刑罚威狱以类其震曜杀戮焉，盖所以防邪辟、御奸宄、禁其逾矩以佐乎！"无论是治世还是乱世，只要有了政权，就必然会有法律，五代也是如此。后周建立第六年春，也就是显德四年（957），后周世宗柴荣开始关注刑法的修订。据《宋史·列传·剧可久》记载，世宗仔细研究了前几个政权的法律条文，认为这些刑法最大的问题是"刑书深古、条目繁细，难于检讨。又前后敕格重互，亦难详审"。所以他下令"编集新格，勒成部秩。律令之有难解者，就文训释；格敕之有繁杂者，随事删削；其有矛盾相违、轻重失宜者，尽从改正，无或拘牵"。柴荣之前实行的刑法实际上沿用了唐朝和五代诸朝的刑法，如《开成格》《大中统类》以及上面提到的五代各朝几种刑法编敕。大臣们认为，这些被沿用的刑法"律令则文辞古质，看览者难以详明；格敕则条目繁多，检阅者或有疑误。加之边远之地，贪猾之徒，缘此为奸，浸以成弊。方属盛明之运，宜申画一之规，所冀民不陷刑，吏知所守"。于是，周世宗时期的立法思想是颁行本朝律令、加注唐代条文、删除繁杂格敕，详明条款使"民不陷刑、吏知所守"。

2. 参与立法者

因为法律修改事关重大，所以后周世宗柴荣还是集思广益，让更多的人参与进来，大家一起商量。后周立法时，尚书省四品以上、中书省和门下省五品以上官员，以及御史台官员都集中在尚书省，参加立法讨论，由内府供应官员们的伙食。同时还征求文人意见，具体曾征求哪些人意见，没有记载。但是有一个事实可以明确，就是后周时，对学术派别并没有什么倾向性，儒、释、道诸家他都能接受，其中也包括医学著作。显德初,医者张泳向朝廷进献了《新集普济方》五卷,世宗柴荣下诏,将医书《新集普济方》付翰林院,由相关人员进行检验。检验合格后,为了表彰张泳,柴荣提拔张泳进了翰林院做医官。此外,医者刘翰,同样也是在显德初年,他向朝廷进献《经用方书》三十卷、《论候》十卷、《今体治世集》二十卷。柴荣亲自阅览了这些书籍,"上览而嘉之",对刘翰大加赞赏,封刘翰为翰林医官,将其书置附史馆备用。值得一提的是,五代后周时的文人也受重视,比如和凝、王仁裕和陈陶。和凝的《香艳词》是一绝,著有托名韩偓的《香奁集》,以及《演纶》《疑狱集》《籯金》等著作。王仁裕也是五代时期著名的文学家,写诗万余首,著有《西江集》《紫泥集》《入洛记》共一百卷。诗人陈陶也受青睐,他那首《陇西行》"可怜无定河边骨,犹是深闺梦里人",公认具有极高的艺术水准。三人都是当时的文坛大宗师,皆卒于柴荣显德年间(954—958)。特别是和凝父子的《疑狱集》后来成为法医经典名著,应该说五代的学术氛围是其沃土。为什么汉唐兴盛时未出现法医著作,反而在战乱时的五代出现,这与学术氛围和对狱事检验重视是有密切关系的。

3. 立法体例

后周刑事立法工作历时一年又七个月,修订稿出来,送交中书省核议。显德五年(958)七月,宰相范质、王溥给世宗柴荣上了一道奏疏,汇报了他们主持修订刑法的工作情况。同时告诉柴荣,新立的刑法已经制订出来了。这部刑法,就是中国法制史上鼎鼎有名的《大周刑统》。可惜的是,由于种种原因,这部《大周刑统》没有流传下来,但从范质等人的奏疏中,还是可以了解这部刑统的大致条目。根据《旧五代史》《册府元龟》《五代会要》的介绍,《大周刑统》加上目录共有二十一卷。

《大周刑统》与之前刑法编敕在体例上有了明显变化,增加了主文和附文。主文就是正式刑法内容,然后在正文旁边注上相关法律解释和旧法。如果篇幅较长,可附于正文之后。另外,最值得称道的是,虽然较之旧法其文字更加通俗化,但为了照顾文化水平不高的读者,《大周刑统》在相对比较深奥难懂的内容旁边,用朱笔红字注上字义翻译。还有一点,《大周刑统》在正文结束后,附载了后周政府的各项禁令,以及地方政府的相关法令。这部《大周刑统》几乎就是一部法律大百科全书,内容详尽,条类清晰。

显德五年（958）七月初七，后周正式昭告天下，颁行了《大周刑统》。为了表彰有功人员，柴荣对侍御史张湜等九人，每人赏银器二十两、杂彩三十匹。

（二）五代时期的法规

从残缺不全的资料中，我们可以了解五代时期的五个封建王朝的法规。这五个封建王朝的统治时间都不长，断狱决讼，主要沿用唐律。但是除后汉外，也都颁布过新的法规。

1. 后梁法规

后梁法规主要有《大梁新定格式律令》。据《旧五代史·刑法志》记载，梁太祖开平三年（909）十一月，诏太常卿李燕、御史萧顷、中书舍人张兖、户部侍郎崔沂、大理寺卿王鄯、刑部郎中崔诰，共同删定律、令、格、式，开平四年（910）十二月完成，计令30卷，式20卷，格11卷，律并目录13卷，律疏30卷，凡5部10帙，103卷，定名为《大梁新定格式律令》。《宋史·艺文志》中有《梁令》30卷，《梁式》20卷，《梁格》10卷，不载《梁律》和《律疏》。

2. 后唐法规

后唐法规主要有《同光刑律统类》《天成格》和《清泰编敕》。李存勖灭梁建立后唐，自称唐朝中兴，废《大梁新定格式律令》，仍沿用唐代法规。同光三年（925）①二月，刑部尚书卢价上《同光刑律统类》13卷。南宋王应麟辑《玉海》卷六六说，宋初"用唐律令格式外，有后唐《同光刑律统类》"，可见此律在宋初犹存。《天成格》是明宗天成年间（926—930）制定的新格。《宋史·艺文志》载有《天成长定格》1卷，《崇文总目》卷二载有《后唐长定格》3卷。据《旧五代史·末帝本纪》，《清泰编敕》是清泰二年（935）由御史中丞卢损等将清泰元年（934）以前11年间的制敕编纂而成，内有制敕394道，编为30卷。

3. 后晋法规

石敬瑭勾结契丹贵族灭后唐称帝，建立后晋，初期沿用唐律，后来于天福三年

---

① 《旧五代史·刑法志》记作同光二年（924）。

(938)命左谏议大夫薛融等编撰制敕,第二年完成,叫作《天福编敕》,内有制敕368道,分为31卷,与格式参用。

4. 后汉时期

后汉统治不到4年,一直处于战乱状态,顾不上编撰法规,史书未见这方面的记载。

5. 后周法规

后周法规主要有《大周续编敕》和《显德刑统》。《五代会要》卷九记载,后周太祖郭威,于广顺元年(951)六月,命侍御史卢亿等,重写前代的律令格式统类编敕148卷,同时又将后晋、后汉及后周初年事关刑法敕条16件①,编为2卷,附其后,名为《大周续编敕》。世宗显德四年(957),以当时的律令文辞古质,格敕条目繁多,使用起来困难,而且容易产生弊端,命侍御史知杂事张湜等人编集刑书,于显德五年(958)编成,凡21卷,定名为《大周刑统》,后人称之为后周《显德刑统》。这部刑统,据《旧五代史·刑法志》记载:"其所编集者,用律为正;辞旨之有难解者,释以疏意;义理之有易了者,略其疏文。式令之有附近者次之,格敕之有废置者又次之。事有不便于今、该说未尽者,别立新条于本条之下,其有文理深古、虑人疑惑者,别以朱字训释。至于朝廷之禁令,州县之常科,各以类分,悉令编附。"这些改变对宋朝有直接影响。

(三)后周的法律体系

因五代处于战乱时期,法律体系基本未完善,但后周较为特殊。对后周的法律体系进行研究,可以发现,后周所编纂法典《大周刑统》,直接受唐朝宣宗(847—859)时期颁布的《大中刑律统类》的影响。它的出现,在中国法律史上是一大变革,《宋刑统》就是以《大周刑统》为基础改编而成,二者的体例也基本相同。后周的法典《大周刑统》,或称《显德刑统》早已失传,我们仅知道它以唐律为基础,对其疏议作了删削,辅以敕、令、格、式等法律形式,加入当时常用的中央和地方法规。

具体地说,《大周刑统》也是以律为主,把相关的敕、令、格、式等进行汇编,然后再进行分类,编成一部法典。因为经历了后梁、后唐、后晋、后汉四代混乱时期后,

---

① 一说26件,见《旧五代史·刑法志》。

唐朝的法律制度基本已被破坏得混乱不堪，后周在统一北方后，对律法进行整理，删繁就简，基本统一了法律制度，等到后周的将军赵匡胤建立北宋后，就直接在后周《大周刑统》的基础上修订了自己的法典，但名称上还是借用了后周的"刑统"之名作为自己朝代法典的名字。

所以，周世宗颁布《大周刑统》，作为国家的法律依据。以后《大周刑统》又成为宋代编修法典的蓝本。赏罚严明是后周世宗整顿吏治的一个重要措施。《大周刑统》对于《宋刑统》有着直接的影响，它为宋代法律名称的变化奠定了基础。宋朝建立之初，一度沿用《大周刑统》，《宋刑统》的制定也在体例上取法于《大周刑统》，尽管今天无法得知其详。

后周的具体刑法内容已不可知，但幸运的是，后周几条刑法条文还是保存了下来，可以管中窥豹，了解一下后周法律体系中与检验有关的法律。

第一，不得滥用刑讯。

《宋刑统·名例律》记载，显德五年（958），周世宗柴荣下了一道敕令："州县自长官以下，因公事行责情杖，量情状轻重，用不得过臀杖十五；因责情杖致死者，具事由闻奏。"规定司法官员在审案时不得使用滥刑，即使刑讯逼供，最多也只能杖击屁股十五下。如果发生犯人被打死的情况，官员就要受到一定处罚。因此，涉嫌人是否受刑讯逼供及其伤情和死因成为检验的对象。

第二，给盗窃犯三次赎罪的机会。

《五代会要·刑法杂录》有："诸盗经断后仍更行盗，前后三犯，并曾经官司推问伏罪者，不问赦前后、赃少多，并决杀。"人总会犯错误的，贫困之下，偷窃别人财物，罪自不当致死。但如果抓进牢子蹲几天，出来再行偷窃，甚至再三再四，这就无法容忍了。世宗柴荣规定，如果犯盗窃罪超过三次，不问第三次盗窃的财物价值多少，一律处死，即使第三次行窃只偷到一文钱。因此，官吏审讯犯人成为十分盛行的"推问"技巧，有的写入书籍，如和凝父子的《疑狱集》便是在这种环境下问世。

第三，入狱服刑犯人的饮食保障。

犯人虽然有罪，但毕竟也是人，就有权利享受最基本的饮食保障。据《五代会要·

刑法杂录》记载，在《大周刑统》制定出来的前三年，也就是显德二年(955)四月二十五日，专门下了一道《供给无家罪人水米敕》："应诸道见禁罪人，无家人供给乞食者，每人逐日散官米二升，不得任信狱子节级给减消罪人口食。"如果犯人无家可依，或家中贫困无力承担犯人饮食，就由官府来承担饮食费用。规定家中无人来送饭的犯人，每人一天可以获得二升米的主食供应，以及足够的饮用水。若犯人控告饮食无保障，狱吏需要受惩罚。因此，狱中犯人的健康成为当时检验对象。

第四，狱规与承医。

犯人狱中生病时，"有病疾者，画时差人看承医治"。狱吏按规定，每天都要打扫狱舍，保持狱舍清洁，防止疾疫发生。另外，每隔五天，狱吏都要清洗拷羁犯人的木枷。如果犯人生了病，由狱吏请医生来监狱，为犯人治病，否则，狱吏要受惩罚。因此，狱中犯人的病案、疾病、死亡成为检验对象。

第五，治吏。

《册府元龟·帝王部·明察》记载，后周时"州郡林落之间，有不务营生，以狡蠹自负、虚构辞讼、恐动民者。乡间相畏，不与之争；官吏避事，不惩其咎；得志斯久为害"。显德元年(954)十一月，后周要求地方政府选派"明干僚吏"来处理司法诉讼案件。如果处理案件的过程中，能秉公执法，不出现冤假错案，朝廷知道后，还会给予奖励，或升官，或赏财物。如果司法官吏治案不利，还在受到罢免职务的处分。比如显德三年(956)六月，因为"鞠狱之失"发生司法失误，出现冤案。相关司法官吏，如御史中丞杨昭俭、知杂侍御史赵砺、侍御史张纠都被罢免"出为武胜军节度行军司马"。因此，是否"鞠狱之失"成为检验内容。

第六，冤狱复查。

在刑罚方面，周世宗要求做到"狱讼无冤，刑戮不滥"(《册府元龟·帝王部·赦宥》)，官吏亲自裁决政事，执掌赏罚大权，并要求官吏不因怒刑人、因喜赏人。因此，冤狱复查成为检验内容。

第二节　汉唐时期的法医学发展

一、汉代的法医学发展

中国古代法医学有着特殊的历史背景和发展条件，这就决定了它虽是一门为法律服务的科学，但却要以"礼教"的要求为转归，"礼教"规定了它可以做什么，不能做什么。它是一门应用科学，但在中国封建社会中央集权的体制下，它的主导者和研究者却是各级官员，官员成了法医学的核心人物。由于官员是案件承办者，也是案件的负责者，办案实际上成为官员日常行政事务。这是中国古代法医学的特殊性所在。一方面它起步极早，在先秦时期便已经登上历史舞台，并受到法家思想的深刻影响。另一方面，它的发展又被以"礼"为核心的儒家思想限制。当中国的历史进入了汉代，法制思想则由"法"而入"儒"，它的发展方向基本定型。

对法医学来说，汉代是一个承前启后的时代。官员为了办好案，经常借助先人已有的经验应用于实际检案，如先秦《法律答问》里杀伤（工具、部位、程度）、杀婴（有无先天畸形）、麻风病等的检验处理，以及《封诊式》里活体检验、首级检验、现场检验、兽齿检验、外伤性流产等。同样，官员为了提高办案质量会研究较前代更好的鉴定方法，如汉代就出现"严遵疑哭"等带有早期法医昆虫学内容的检验方法。对损伤的定义、陈旧损伤的检验、挫伤检验、致伤物认定及保辜检验、雷击伤认识等，有了明确的论述或提出检验方法。法医学作为法律服务的科学，必须在诉讼程序制度和检验制度下实现其价值。

汉代的诉讼程序分为通常诉讼程序和乞鞫程序两种。汉代的通常诉讼程序包括告劾、案件的受理、证不言情之辨告、讯、验、鞫、论、当、报等几个阶段。乞鞫程序相当于现代的再审程序，是对已判决的案件予以重新审理的程序。汉代的诉讼文书有爰书、起诉书、奏书、谳书和判决书等。

汉代把有关检验证据的类别、证明原则等归类称为查证。汉代的证明原则有官吏

"原心定罪"原则、讯供原则等,证据的种类主要有书证、物证、人证、检验、笔迹、勘验等。汉代刑罚制度包括对死刑、肉刑、徒刑、罚金等刑事判决的执行。其中,决定刑罚的检验制度就十分严密。

(一)汉代法医学检验的主要成就

1. 对法医检验中损伤的定义

汉代蔡邕(133—192)注释《礼记·月令》时说:"皮曰伤,肉曰创,骨曰折,骨肉皆绝曰断。"意思是:损害皮肤叫伤,损害血肉叫创,损害筋骨叫折,骨肉都折叫断。明确了不同损伤的定义。

2. 陈旧性损伤的检验

在汉代,法医学检验已相当盛行。据《汉书·朱博传》记载,前汉时,长陵人尚方禁,年轻时曾与人通奸被女子丈夫砍伤面部。后为做官,他贿赂府衙竟被荐为守尉。了解情况的太守朱博,后来召见了尚方禁,并当面检验了他面部创伤,一经太守质问,尚方禁慌忙磕头服罪。

3. 法医昆虫学知识的应用

据《太平御览·职官部·良刺史下》引《益部耆旧传》记载:后汉时,扬州刺史严遵巡视时,见一位丈夫被烧死的妇人哭声惧而不哀,非常怀疑,命人上前察看。后发现竟有苍蝇营集于死者头部,令人把发髻散开后,发现有一铁钉钉入死者头部,妇人立即服罪。

4. 保辜制度

据史书记载,保辜制度始创于公元前11世纪至公元前841年间的西周成、康年代。《公羊传·襄公七年》中述:"郑伯髡原何以名?伤而反,未至乎舍而卒也。"东汉何休注云:"古者保辜,辜内当以弑君论者之,辜外当以伤君论之。"保辜制度经过历朝历代发展逐步完备,但保辜之制用于检验始于西汉。颜师古注史游《急就章》:"保辜者,各随其状①轻重,令殴者以日数保之,限内至死,则坐重辜也。"汉代以后的各朝代,司法制度中均有保辜制度,宋元后传至朝鲜、日本、越南。保辜制度对法医检验和案

---

① 状:指受伤情况。

件处理都有实用价值,是古代法医学重要内容之一。

5. 对雷击伤的认识

汉代哲学家王充在其所著《论衡》一书中就曾指出:雷是火,雷击死人属于自然灾害事故,但有时为了弄清死亡原因和事件性质等,也需进行法医检验。

6. 对挫伤的检验

据应劭《前汉书·薛宣传》解释,"挫伤"这一检验术语是"以杖手殴击人,剥其皮肤,肿起青黑而无创瘢者,律谓疻痏"。这表明当时已能对钝器致人钝挫伤皮下出血做出科学解释,也表明当时已有相当检验水平。

7. 对皮肤裂伤的致伤物认定

东汉时期,需对锐器裂伤还是钝器挫裂伤加以区别。因为刀类伤致皮肤裂伤与非刀类伤致皮肤裂伤所犯的罪不一样,所以需要检验并作判断钝挫伤皮下出血和挫裂伤,还是刀类致皮肤裂伤。据东汉班固著《汉书·薛宣传》记载,无理殴人致伤,皮肤青黑无瘢痕者,与殴人成创有瘢痕者,所犯的罪是一样的。

8. 对处决的罪犯须验明正身

据《后汉书·杜根传》记载:"太后大怒,收执根等,令盛以缣囊,于殿上扑杀之。执法者以根知名,私语行事人使不加力,既而载出城外,根得苏。太后使人检视,根遂诈死。"说明,当时对处死的尸体需作检验以防诈死。

9. 对精神状态和年龄等检验

据班固《汉书·刑法志》中称,凡是不识、过失和遗忘者,可以减刑,老幼者及愚蠢者可以免刑。所以,汉代需要对受检者的精神状态、是否"不识"以及"愚钝"程度等做检验。

10. 诈病检验

据张仲景《伤寒杂病论》记载:诈病者"心虚","设令向壁卧,闻师到,不惊起而盼视①,若三言三止,脉之咽唾者,此诈病也。设令脉自和,处言'汝病大重,当须服吐下药,针灸数十百处',乃愈"。张仲景揭露诈病的方法是医学观察、心理分析和语

---

① 盼视:斜着眼偷看。

言攻势,"借其欺而反欺之"。所以,张仲景对诈病的检验是对法医学一大贡献。此外,张仲景还提出了救缢死的人工呼吸法。

11. 蛆与蝇的关系

法医检验腐败尸体,经常有蛆虫出现。据许慎《说文解字》中对"蛆"的解释:"蛆,蝇乳肉中虫也。"这和《续博物志》记载一致:"物腐则生蛆,蛆化为蝇,蝇自生蛆,蛆生蝇,岂有穷乎。"说明当时已知道"蛆生蝇"的关系,这是法医昆虫学的早期知识。

12. 汉代的引经决狱和决事比

汉代司法实践中,比,既是一种比较成事或相关法律进行判案的行为,也是所引用的案例、成事本身。《左传·昭公二十八年》称:"择善而从之曰比。"在《汉书·刑法志》"所欲活则傅(附)生议,所欲陷则予死比"句下,颜师古注曰:"比,以例相比况也。"在"奇请它比"句下,颜师古注曰:"奇请,谓常文之外,主者别有所请以定罪也。它比,谓引它类以比附之,稍增律条也。"汉代不少案例包括法医检验成为"比"的判例,指导检验和断案。汉代的引经决狱和决事比,影响到深远,以至宋代万桂荣的法医著作《棠阴比事》,其形式就是法医案例汇编和评注,作为"判例"使用。

13. 炼丹技术

炼丹术的产生至迟不晚于秦汉之际。有关专家对马王堆一号墓古尸进行研究的结果表明,尸体组织内铅、汞含量超过正常人的数十倍至数百倍,根据组织内铅汞化合物结构与棺液中的化合物不同,以及铅、汞在各器官分布极不均匀的选择性蓄积现象,排除了体内高量铅汞系由棺液经皮肤渗入的可能性;另外尸体小肠内还有大量含汞物质残留,所以研究者认为:"口服仙丹之类的药物可能是古尸体内铅汞的主要来源。"①墓主人下葬于汉文帝前元十二年(前168),这表明在汉初已经有人炼服"仙丹",炼丹术的实际发端时间应当更早。需要说明的是,炼丹术最早从炼丹砂开始,重要的原因还是据信丹砂能使生者延年、死者不朽的信念。古人常常把丹砂放入墓穴,主要目的

---

① 《长沙马王堆一号汉墓古尸研究》委员会,湖南医学院. 长沙马王堆一号墓·古尸研究[M]. 北京:文物出版社,1980:224.

可能是使尸体得到长期的保存。《史记·秦始皇本纪》记载，始皇陵内"以水银为百川江河大海"。20世纪80年代初，曾有人两次将勘查地球化学中的汞量测量技术，应用于秦始皇陵，结果在125900平方米的陵墓封土范围内，发现一个12000平方米的强汞异常区，《史记》的记载，从而得到了初步的证实。①

14. 录囚制度

与先秦"谳囚"相同，谳囚是在春秋战国时期鲁国验囚核实战功所实施的检验。西汉录囚也是验囚，但范围扩大到向囚犯讯察决狱情况、平反冤狱、纠正错案或督办久系未决案，检验是录囚的重点，亦称虑囚。《汉书·隽不疑传》载："每行县录囚徒还，其母辄问不疑：'有所平反，活几何人？'"隽不疑是西汉时期人物，说明西汉实施录囚制度。君主亲自录囚，始于东汉。唐、宋录囚，除讯察已决囚犯是否有冤错外，还重视久系未决案。明代无官吏定期录囚，而代以秋审、朝审时由中央有关官署会审、复查重罪案件的办法。清代与明代基本相同。我国古代法医书籍不少以"疑狱""折狱""洗冤""无冤"等出现，而大量记载的案例就是对已判囚犯是否"有冤"的检验，成为我国古代法医学检验史的一大特点。

15. 根据损伤程度定罪量刑

东汉蔡邕在对《礼记》的注释中指出："言民斗辨而不死者，当以伤、创、折、断、深浅、大小正其罪之轻重。"这里"正"指正确、适当。意思是确定"其罪轻重"和正确定罪量刑，依靠检验。用现代的观点看，"伤、创、折、断、深浅、大小"反映了活体损伤程度，根据损伤程度进行定罪量刑，必然是公正的。由此说明，东汉时检验损伤程度已相当重视，并作为定罪量刑的具体依据。同时，也表明，当时不仅有尸体检验，活体检验也有标准。

(二)汉代检验案例

案例1　开棺验尸案

据司马迁《史记·佞幸列传》："(董)贤与妻皆自杀，家惶恐夜葬。(王)莽疑其诈死，有司奏请发贤棺，至狱诊视。……贤既见发，裸诊其尸，因埋狱中。"班固《汉书》

---

① 常勇，李同. 秦始皇陵中埋藏汞的初步形容[J]. 考古. 1983(7)：659—663.

亦载此事。唐代颜师古《汉书注》曰:"谓发冢取其棺柩也。诊,验也。"

述评:这是见于文献记载的一例开棺验尸。从这个案例,我们可以了解到,古人确定一个人是否死后"入殓"或是否诈死而"入殓",还可用开棺验尸的方法加以确认,这说明在西汉时期已有"开棺验尸"的检验了。

案例2 严遵疑哭破案

据《太平御览》引《益部耆旧传》,汉末时有一个案例:扬州刺史严遵,有一次巡行时走在路上,听见路旁一女子哭丧,那哭声响而不哀,令人生疑。一问,女子说她丈夫不久前死于火灾。严遵便命令下属将尸体运来,嘱咐说定有什么东西前来,要严密守护。守尸的官吏报告说,有一些苍蝇聚集在尸体头部。于是严遵便下令对尸体头部进行检验,果然有根铁锥刺在里面,其周围有血迹和成群苍蝇飞舞。于是,一起奸杀亲夫案件真相大白。

述评:苍蝇具有趋血的习性,严遵利用这一知识在死者头部发现苍蝇聚集、铁锥和血迹,认定死者系被人生前钉头致死。这是早期法医昆虫学破案的实例。

案例3 张妙意外致人死亡案

据应劭《风俗通义》中记载:汝南张妙拜望杜士,时杜士家人娶妇,酒后互相嬉戏。张妙把杜士捆绑起来,打二十八下,并系结足趾倒挂起,杜士遂死。鲍昱判决时说,二人无仇隙,酒后互相嬉戏,其本无杀害之意,应减去死刑。

述评:该案,从犯罪心理学上看,张妙无犯罪故意,杜士属互相嬉戏中意外死亡,鲍昱对过失犯罪宽宥的做法,与现代犯罪情节认定相似。

案例4 利用稻芒附着破案

据《后汉书·酷吏传》记载:后汉时期,有个廷掾(官名)畏惧周纡的严明,欲损其威。乃晨取死人,断其手足,立于寺院门口。周纡闻报后,立即莅验。至死人边,好像与死人共谈笑状,暗中观察其口眼中附有稻芒,密问寺门人说,谁运载稻草入城?对曰:惟有廷掾,别无他人。又问下属官吏说,外面有无怀疑我与死人谈话的人?对曰:廷掾怀疑你与死人谈话。乃收廷掾拷问,廷掾完全顺服曰:不是杀人,只是取路边死人也。自此以后,不敢再犯。

述评：这是个利用"附着物"物证破案的例子，其关键在于物证稻芒的勘验使周纡找准了侦破的方向。周纡见死者口眼附有稻芒，立即引起注意。他凭稻芒的线索知是运载稻草的人移尸，再结合其他情况而破案，给廷掾惩处，使之心服口服。

(三) 汉代对法医学有影响的人物

1. 司马迁

司马迁（前145—前86），字子长，左冯翊夏阳（今陕西韩城）人。他撰写的《史记》被认为是中国史书的典范，因此被后世尊称为史迁、太史公。《史记》是中国历史上第一部纪传体通史。全书130篇，52万余字，包括十二本纪、十表、八书、三十世家和七十列传，对后世的影响极大。通过《史记》，可以认识司马迁之前法医学发展水平和历史阶段，如司马迁《扁鹊仓公列传》中提到虢国太子"暴厥而亡"，因扁鹊发现"太子股阴当温耳，耳中焦焦如有啸者声，然者皆可治也"，扁鹊认定太子"尸厥"（假死）而救活。从中可知在东周时已对"假死"有所认识，丰富了法医学内容的研究。又如《史记·佞幸列传》记载董贤与妻自杀后，王莽下令开棺验尸之事。① 这说明在西汉时期已有"开棺验尸"的检验了。

2. 史游

史游，西汉元帝（前49—前33年在位）黄门令。黄门令，即侍中。西汉少府属官有此职，东汉因之。秩六百石，宦者充任，主省中诸宦者。史游生卒年和生平不详。精字学，工书法。约在公元前40年作《急就章》，曰："师猛虎，石敢当，所不侵，龙未央。"后人称其书体为章草。《四库全书总目提要》说："所谓章书者，正因游作是书，以所变草法之，后人以其出于急就章，遂名章草者。"史游对法医学的贡献，是他对保辜的解释和提倡，并使保辜制度在西汉时代得以推广。史游在其所著《急就章》中记载："疻痏保辜谛号。"颜师古注："保辜者，各随其状轻重，令殴者以日数保之，限内至死，则坐重辜也。"汉代以后的各朝代，司法制度中均有保辜制度，宋元后传至朝鲜、日本、越南。保辜制度对法医检验和案件处理都有实用价值，是古代法医学检验的重要内容之一。

---

① 详本书第110页"开棺验尸案"。

3. 王充

王充(27—97),字仲任,祖籍元城(今河北大名),后移居会稽(今浙江绍兴)。王充年少时就成了孤儿,后来到京城太学学习。王充到太学的时间,大约在建武二十年(44)。王充在洛阳除了从名师,交胜友外,还广涉博览,穷读群书。《后汉书》说王充在洛阳"家贫无书,常游洛阳市肆,阅所卖书,一见辄能诵忆,遂博通众流百家之言"。在熟读经史之余,王充还兼及百家,通诸子之学。王充一生业儒,仕路不亨,只做过几任郡县僚属,且多坎坷,从事迹上看,既无悲歌慷慨之行,也无惊天动地之业。他的《自纪篇》说:"充以元和三年(86)徙家辟诣扬州部丹阳、九江、庐江,后入为治中。材小任大,职在刺割。章和二年(88),罢州家居。"《论衡》是王充的代表作品。《论衡》一书大约作成于汉章帝元和三年,现存文章有85篇。《论衡》是评定当时言论的价值天平。它的目的是"冀悟迷惑之心,使知虚实之分"(《论衡·对作篇》)。因此,它是古代一部不朽的朴素唯物主义哲学文献。王充对法医学的贡献是他对雷击纹的发现,首先指出了雷击纹是雷击死的指征,并对其成因作了朴素的解释:"夫雷,火也。火气剡人,人不得无迹,如炙处,状似文字。"同时还指出了雷击所致的其他烧伤征候:"以人中雷而死,即询其身;中头,则须发烧焦;中身,则皮肤灼焚,临其尸上闻火气。"(《论衡·雷虚篇》)王充对雷电、雷击人体损伤和形态的描述,几乎和现代法医学相似。王充还最早提到窒息死的动物试验:"致生息之物密器之中,覆盖其口,漆涂其隙,中外气隔,息不得泄,有顷死也。"(《论衡·道虚篇》)

4. 许慎

许慎(58—147),字叔重,汝南召陵人,东汉著名经学家、文字学家。曾任太尉南阁祭酒等职。性情淳笃,博学经籍,马融常推敬之,有"五经无双许叔重"之誉。精文字训诂。许慎于东汉和帝永元十二年(100),历经21年著成《说文解字》(简称《说文》),归纳出了汉字540个部首,是中国首部字典。《说文解字》共十五卷,收文字9353个,是我国第一部说解文字原始形体结构及考究字源的文字学专著。许慎对法医学贡献是他在《说文解字》中对"蛆"的解释:"蛆,蝇乳肉中虫也。"这和《续博物志》记载一致:"物腐则生蛆,蛆化为蝇,蝇自生蛆,蛆生蝇,岂有穷乎。"宋慈《洗冤集录》中多处记载"尸腐蛆出"的检验内容,应理解为宋慈法医检验观察的实例记载,但其原理与许慎《说文解字》记载相同。可以说,我国古代法医昆虫学早在东汉时期已有文字记载。

5. 郑玄

郑玄(127—200),字康成,北海高密(今山东高密)人。东汉末年的经学大师,西汉时经学盛行,他遍注经典,以毕生精力整理古代文化遗产。据《后汉书·郑玄传》记载:"凡玄所注《周易》《尚书》《毛诗》《仪礼》《礼记》《论语》……凡百余万言。"郑玄注《易》,用的是费氏古文,他把象、彖与经文合在一起,并在其前面加上"象曰""彖曰"字样,以与经文相区分。郑玄注《易》,多采三礼的观点,这一特点与后来检验涉及范围相合。周易对中国文化、法律、医学等诸领域影响很大,周易中有关"正法"(《蒙卦》)、"刑罚清而民服"(《豫卦》),记载采用灭耳、灭鼻、灭趾、噬肤、月吐(砍脚)的酷刑以及刑后检验处理的内容。《周易·噬嗑》六三"噬腊肉遇毒,小吝、无咎",这是我国最早的有关食物中毒和检验的文字记载,具有较大的法医检验学术史料研究之价值。

6. 周纡

周纡,别名文通,任邵陵候相。周纡是东汉时期人,任廷尉府文职官吏,以其断案才能,屡破奇案。后任召陵侯国(今河南郾城)县令。《后汉书·酷吏传·周纡》记载了后汉时期周纡利用"附着物"破案之事。① 和凝将这个故事取名为"周纡尸语",编入了《疑狱集》,以后的《折狱龟鉴》《棠阴比事》都进行转载,成为"核奸"(核查罪行)的典型事例。郑克《折狱龟鉴》有评论:"纡视口眼有稻芒者,迹也;若与死人共语者,谲也。以迹推核其事,以谲发擿其情,乃复密问,以相参考,而奸人得矣。是故后人莫敢欺也。"历史上这个"周纡尸语"的故事流传极广,故事中县令周纡亲自查看尸体又通过查找物证与尸体"低语"观察作案人从而找出真凶,值得后人借鉴。

7. 戴圣

戴圣,字次君,西汉梁(今河南商丘)人。曾任九江太守,平生以学习儒家经典为

---

① 详本书第111页"利用稻芒附着破案"。

主,尤重《礼》学研究,与叔父戴德及庆普等人共同潜心钻研《礼》学。三人各有所得,逐步形成自己的学说体系,成为礼学大师。戴德号称大戴,戴圣被称为小戴,二人合称为大小戴。西汉武宣时戴圣综合各家之说编订四十九篇本《礼记》。《礼记》是一部儒家经典和先秦儒家学术论文汇编,非一人一时所著。它包含了从孔子直到孟、荀各家各派的论著,其中皆为孔子七十子后学所记,内容相当庞杂。大多写就于春秋战国时代,文中反映的基本内容多系先秦古制,其中录有一些孔子言论或其弟子对孔子思想真谛的发挥,即使有个别篇章是秦汉儒生所撰,但其基本内容也都是对先秦古制的追记,书中包含古代礼制和当时社会生活情景的内容;另外《礼记》的内容从治国方略,至家庭准则,其中都有检验内容。《礼记·丧大记》有死亡确定的记载:"属纩以俟绝气","纩,今之新绵,易动摇,置口鼻之上以为候。"这种简便易行的方法在今天仍有一定的借鉴意义,现代法医学仍将它作为确定是否死亡的一种手段,同时也表明当时已使用呼吸停止("绝气")作为死亡指征。《礼记·问丧》:"死三日而后敛者,何也?……三日而后敛者,以俟其生也,三日而不生,亦不生矣。"作为"属纩"验死法的一种补充,对死者停尸三日,是为了防止假死现象的发生。

8. 马融

马融(79—166),字季长,右扶风茂陵(今陕西兴平)人。东汉儒家学者,尤长经学。马融长期在东观校书著述,曾注解《左传》,撰成《春秋三传异同说》,成为一部研究《春秋》集大成的专著。马融对法医学的贡献,是他在戴圣《礼记》的基础上又定《月令》篇,其中写道:"是月也……命理瞻伤、察创、视折,审断决,狱讼必端平。戮有罪,严断刑。"是指七月谨慎决狱、有罪才戮和断刑要严。而检验很重要,其中"伤、创、折"是指损伤程度,"瞻、察、视"是指检验方法,必须分清楚,"审断"才不会出错。也就是说,官员办案时不仅要注意损伤程度,还要注意检验方法,这样才能做到公平决狱。《礼记·月令》的检验内容反映了先秦法律体系,而比它成书更早的《吕氏春秋·孟秋纪》也有相同记载,所以通常认为我国在战国末已有检验之制。

9. 蔡邕

蔡邕(133—192),字伯喈,陈留圉(今河南杞县)人。东汉文学家、书法家。博学多才,通晓经史、天文、音律,擅长辞赋。灵帝时召拜郎中,校书于东观,迁议郎。曾因弹劾宦官流放朔方。献帝时董卓强迫他出仕为侍御史,官左中郎将。董卓被诛后,为王允所捕,死于狱中。蔡邕著诗、赋、碑、诔、铭等共104篇。他的辞赋以《述行赋》最知名。蔡邕对法医学的贡献是他对人体损伤的认识和诠释,将《礼记·月令》中"命理瞻伤"这段文字解释为:"皮曰伤,肉曰创,骨曰折,骨肉皆绝曰断。言民斗辩而不死者,当以伤、创、折、断、深浅、大小正其罪之轻重。"说明早在东汉时期(25—220),对损伤案件就有法医学判断标准,并以损伤程度作为定罪量刑的依据。

10. 张仲景

张仲景,河南邓州人,东汉后期医学家。灵帝(168—188在位)时,通过举孝廉进入官场。相传他在建安年间(196—220),被朝廷派到长沙做太守,所以有张长沙之称。张仲景后来不为官而从医,一是因为东汉末年,战乱频繁;二是因为建安年间,瘟疫大流行,前后达5次之多,使很多人丧生,一些市镇变成了空城,张仲景的家族,原来有200多人,自汉献帝建安元年(196)以来,在不到10年的时间里,就死了三分之二,其中有十分之七是死于伤寒病。张仲景出生于一个没落的官僚家庭,其父张宗汉曾在朝为官。由于家庭条件的特殊,他从小就接触了许多典籍。他笃实好学,博览群书,并且酷爱医学。张仲景广泛收集医方,写出了传世巨著《伤寒杂病论》。张仲景对法医学的贡献是对诈病的检验。张仲景认为,诈病者"心虚":"设令向壁卧,闻师到,不惊起而盼视,若三言三止,脉之咽唾者,此诈病也。设令脉自和,处言'汝病大重,当须服吐下药,针灸数十百处',乃愈。"盼视,就是斜着眼看。张仲景揭露诈病的方法是医学观察、心理分析和语言攻势,"借其欺而反欺之"。此外,张仲景还提出了救缢死的人工呼吸法。

11. 庄遵

庄遵,字玉思,东汉巴郡人,曾任长安令、扬州刺史。庄遵为官清正,政治严明,因此他在扬州做官的时候百姓都不愿意他离开。有文献这样记载:"遵在扬州,每当迁,民遮止之,天子就增州秩中二千石,居十八年,卒于官。"据郑克考证,庄遵,即为严遵,字玉思,东汉巴郡人,因避东汉明帝刘庄讳,改"庄"为"严",而"庄严"

二字本为一体。由此,法医史上"庄遵疑哭"或"庄遵审奸"或"严遵疑哭"实际上是讲同一个人同一个故事①:庄遵因听出一妇人哭声情绪不对,怀疑其夫死得蹊跷,进而侦破这起奸杀案。桂万荣《棠阴比事》亦记载该案。

这个案件,庄遵在审讯中使用了"五听"的审讯方式。古人"以五声听狱讼"。所谓"五听",就是采用察言观色的方式进行审讯,进而判断受审者的供述是否属实的一种方法:一为辞听,观其言,不直则烦,即通过观察发现其发声的虚假或矛盾;二是色听,观其颜色,不直则赧然,即观察其面部表情的变化;三是气听,观其气息,不直则喘,即观测其呼吸及心跳的反常表现;四是耳听,观其听聆,不直则惑,即观察其听觉的失常之处;五是目听,观其眸子视,不直则眊然,即观察其眼神及目光的反映。庄遵通过"五听",尤其"闻哭声惧而不哀",发现问题,继而检查到死者头上有苍蝇、血迹和铁钉,辨明真伪,洞察其情,透过纷繁复杂的表象发现涉案女人与别人奸情而杀夫的真相。郑克赞道:"岂非释冤有术而然欤?"

郑克《折狱龟鉴》的"庄遵审奸"记载的是庄遵审的另一个案例:"庄遵,性明察。尝有阳陵女子与人杀其夫,叔觉,来赴贼,女子乃以血涂叔,因大呼曰:'奈何欲私于我而杀其兄!'便即告官。官司考掠其叔太过,因而自诬其罪。遵察之,乃谓吏曰:'叔为大逆,速置于法。可放嫂归。'密令人夜中于嫂壁下听。其夜,奸者果来,问曰:'刺史明察,见叔宁疑之耶?'嫂曰:'不疑。'因相与大喜。吏即擒之送狱,叔遂获免。"郑克说:"遵之罪叔而放嫂,盖用谲以擿奸也。于是既得其情,遂擒其人,岂非释冤有术而然欤?"郑克对庄遵所处时代有所考察:"和氏父子各载一事,皆附卷末。或疑是唐人,然其叙闻哭事言:巡行部内、驻车听之,则非唐刺史也。唐之扬州刺史,治广陵,领江都、江阳、六合、海陵、高邮、扬子、天长七县,而无阳陵。汉之扬州刺史,治历阳,领九江、丹阳、庐江、会稽、吴、豫章六郡,而丹阳郡有陵阳县,岂非陵阳误为阳陵乎?其云阳陵女子,岂非传所谓'美阳女子'之类乎?以此观之,乃汉人乎?但未有明据,不敢决定。故且依和氏,序唐人后,此聊以志疑也。克编次已定,始见蜀本《华阳国志》:'后汉巴郡士人有扬州刺史庄遵,字王思;徐州牧严羽,字

---

① 详本书第111页"严遵疑哭破案"。

子翼。羽乃遵之子也，父子并著称云。遵在扬州，每当迁，民遮止之，天子就增州秩中二千石，居十八年，卒于官.'则遵果是汉人也。势难移改，姑仍旧贯，览者察之。"

12. 应劭

应劭（153—196），字仲远，也作仲援、仲瑗，汝南郡南顿（今项城）人，东汉学者。应劭少年时专心好学，博览多闻。灵帝时，被举为孝廉。中平六年（189）至兴平元年（194）任泰山郡太守，后依袁绍，卒于邺。应劭博学多识，一生著作丰富，有驳议三十篇，又制定律令为汉之仪礼。关于礼制方面的主要著作有《汉官仪》《律略》《春秋断狱》《状人纪》《中汉辑序》等。应劭定律令为《汉仪》："夫国之大事，莫尚载籍。载籍也者，决嫌疑，明是非，赏刑之宜，允获厥中，俾后之人永为监焉。故相董仲舒老病致仕，朝廷每有政议，数遣廷尉张汤亲至陋巷，问其得失。于是作《春秋决狱》二百三十二事。"现存应劭书籍有《汉官仪》《风俗通义》等。在应劭《风俗通义》中记载：汝南张妙拜望杜士，时杜士家人娶妇，酒后互相嬉戏。张妙把杜士捆绑起来，打二十八下，并系结足趾倒挂起，杜士遂死。鲍昱判决时说，二人无仇隙，酒后互相嬉戏，其本无杀害之意，应减去死刑。该案，从犯罪心理学上看，张妙无犯罪故意，杜士属互相嬉戏中意外死亡，鲍昱对过失犯罪宽宥的做法，与现代犯罪情节认定相似。值得一提的是，应劭曾对《前汉书·薛宣传》中"挫伤"的检验术语进行解释："以杖手殴击人，剥其皮肤，肿起青黑而无创瘢者，律谓疻痏。"

二、三国两晋南北朝时期的法医学发展

（一）三国两晋南北朝的法医检验

三国、两晋、南北朝因战乱而司法制度不统一，但这个时期又是医学发展较快时期，特别是创伤、传染病医学乃至法医学都有发展的时期。本部分旨在将存世的三国、两晋、南北朝法医学内容拾遗辑佚，汇为一集，特别在法医学的学术内容、人物介绍和检验案例方面进行充实。

1. 出现用动物实验方法解决案件问题的法医学检验

《太平御览》卷二六七《职官部·良令长上》记载，三国吴国末年，句章令张举在办

案时发现了生前烧死与死后烧尸的初步鉴别法:"《吴录》曰:张举,字子清,为句章令。有妇杀夫者,因焚屋,言烧死。其弟疑而讼之。举按尸,开口视无灰。令人取猪二头,杀一生一,而俱焚之;开视其口,所杀者无灰,生者有灰,乃明夫先死,妇遂首服焉。"这是我国首次进行了烧死的动物试验。五代《疑狱集》亦记载此案。

2. 出现用滴骨验亲方法解决父权问题的法医学检验

与亲权检验有关的事例最早见于三国时代。据《太平广记·感应》引用谢承《会稽先贤传》载:"陈业字文理。业兄渡海倾命。时同依止者五六十人,骨肉消烂而不可辨别。业仰皇天誓后土曰:'闻亲戚者,必有异焉。'因割臂流血,以洒骨上,应时歃血,余皆流去。"这是用于兄弟之间的滴骨验亲事例。父子间的滴骨验亲实例见于南朝的记载,《南史·列传·孝义上》有:"以父尸不测,入海寻求。闻世间论是至亲,以血沥骨,当悉凝浸。乃操刀沿海,见枯骨则刻骨灌血,如此十余年,臂胫无完处,血脉枯竭,终不能逢。"与此同时代还有实例,《梁书·列传·豫章王综》载:"豫章王综……其母吴淑媛,自齐东昏宫得幸于高祖,七月而生综,宫中多疑之者。……至年十五六……恒于别室祠齐氏七庙,又微服至曲阿拜齐明帝陵,然犹无以自信,闻俗说,以生者血,沥死者骨。渗即为父子。综乃私发齐东昏墓,出骨,沥臂血试之,并杀一男,取其骨试之,皆有验,自此常怀异志。"滴骨验亲法是以生者的血滴在死人的骸骨上,看血是否入骨,入骨即认为有血统关系,不入则否。这种方法虽不科学,但是用血液进行亲权鉴定最早的方法,是现代用血型鉴定亲权的先声,因而受到中外法医学者的重视。如日本著名法医学家古畑种基就主张:"中国知道以血液鉴定亲权要比欧美早一千四百余年。"①

3. 徐之才与《明冤实录》

谈到三国两晋南北朝的法医学成就,就要谈到徐之才及其《明冤实录》。

医学史专家陈邦贤在其《中国医学史》一书中指出名医徐之才曾著《明冤实录》②,而这个观点至今为国际医史学界所引用。法医史专家贾静涛认为,如果确实如此,则

---

① 古畑种基. 血液型の话[J]. 日本医事新报. 1927, 334:16—18.
② 陈帮贤. 中国医学史[M]. 上海:商务印书馆, 1957:189.

《明冤实录》将成为中国最早的检验专书，而徐之才将是中国大量古代检验用书著者中的唯一医生。① 但是这个观点得不到证实。清代梅启照曾指出："五代以下，刑法有志，而检验之有专书，则石晋鲁公及其子和凝、和㠓所著之《疑狱集》为最先。"② 法医学家林几、陈康颐、仲许和医史专家宋大仁等都持有与此相同的观点。

为了进一步弄清徐之才这个历史人物及其贡献，弄清他到底创作《明冤实录》与否，就要从其身份多方面来考证。

(1) 徐之才作为医家

徐之才是北齐著名的医学家。他5岁诵《孝经》，8岁通《论语》。方数小学，经耳得心；书众艺，过目即成。13岁被召为太学生，受业于博士缪昭、后庆。他"礼经涉津，知齐施梁易旨，望表探微，射策举高第"；他家学渊源深厚，连续7世出现了12位医学大家，然位最高者乃之才；他在妇人胎孕、房室养生、本草、方剂等方面独有擅长，创"逐月养胎法"和"药对"等。

(2) 徐之才作为官吏

徐之才22岁正式入仕北魏，行医踪迹经历由南到北和由北到南的不同地域，客观上对南北朝医学交流与发展起了重要的桥梁作用，是研究南北朝医学传承和发展的一个重要人物。因徐之才仕北魏，官至西阳王，故又有徐王之称。他随萧综降魏后，首倡禅代成功，从此与皇室家族建立了密切关系，官至尚书之职，是医史上真正集良相、良医于一身的医学家。既往的研究限于医学文献而疏于对墓志铭、人物传记、地方志等史志资料的深入挖掘和研究，尚显不足。其为官经历，见后文徐之才的墓志铭和传记。

(3) 徐之才里籍考

徐氏家族是东晋南北朝有名的世医家族，其家族一连八代凭借医术，在仕途显贵，并跻身于仕族圈。其传承谱系自徐熙始。徐熙生秋夫；秋夫生道度、叔响；道度生文伯、謇(又名成伯)，叔响生嗣伯；文伯生雄；雄生之才和之范；之才又生少卿和同卿；

---

① 贾静涛. 中国古代的检验制度[J]. 法学研究. 1980, (6): 59—64.
② 贾静涛. 中国古代法医学史[M]. 北京：群众出版社，1980: 81.

第三章 汉唐时期法医学与社会治理关系研究

之范生敏齐闭。此外，徐氏家族还是晋始南迁队伍中的一员，徐之才与叔祖徐謇又入仕北魏，徐氏家族的行医过程经历了由北到南和由南往北的过程。加之"晋自中原丧乱，元帝寓居江左，百姓之自拔南奔者，并谓之侨人，皆取旧壤之名，侨立郡县，往往散居，无有土著"（《隋书·食货志》）。对于这些南迁的特殊人群，史学上称之为侨人。侨人的户籍管理是在当地虚置原有的郡县，侨人仍用旧有的籍贯地名管理，既可以区别于本地区民众，又可提示家族的源头。为此形成了南北有同样地名的现状，对我们确定历史人物的籍贯造成了不便，徐之才就是这样一个特殊历史环境下的人物。对于徐之才里籍问题的考证，首先要追溯到其五世祖徐熙。根据《南史·列传·张邵》曰："文伯字德秀，濮阳太守熙曾孙也。熙好黄老，隐于秦望山。"徐熙曾任濮阳太守，而关于濮阳，研究认为："南濮阳郡，南朝宋置，南齐因之，今阙，当在江苏境。"①由此大致可以推断出徐熙南迁后在江苏这一带工作生活，并曾经在江苏秦望山居住。《魏书·徐謇传》曰："徐謇，字成伯，丹阳人，家本东莞，与兄文伯等皆善医药。"据此可推断徐熙的儿子秋夫、孙子道度户籍应该是归当时的丹阳所辖，故谓之"丹阳人"，而所言的"家本东莞"，应该是指里籍。河北磁县出土的《齐故司徒公西阳王徐君志铭》曰："王讳之才，字士茂，东莞姑幕人。"东莞，一指汉之琅琊国，郡治莒县，治所在今山东诸城；另一处指侨治所的江苏武进。追溯源头，徐氏家族之籍应是指琅琊国郡治莒县。即指今山东诸城，而侨治江苏武进东莞在南齐时（479—502）已废，因此不支持徐氏祖籍江苏的说法。

（4）徐之才寄籍考

寄籍是指长期离开本籍，居住外地，附于外地的籍贯（区别于"原籍"）。著名的晋始南迁事件，使当时约90万人口从中原迁徙南方，徐氏家族从此开始有第二故乡，因此又有寄籍的事实。《魏书》曰："徐謇，字成伯，丹阳人。"李百药《北齐书·徐之才传》也曰："徐之才，丹阳人也。"《当涂县志·卷之十九·孝义》中记载徐雄："丹阳人，文伯子，位奉朝请，能清言，多为贵游所善。"《当涂县志·卷之二十二·方技》中记载徐文伯："徐文伯，字德秀，丹阳人，太守熙曾孙。"以上说明徐之才寄籍丹阳的

---

① 臧励龢等．中国古今地名大辞典[M]．香港：商务印书馆，1931：72．

121

事实，但丹阳地名见诸史书者不一，"有吴境丹阳，有楚境丹阳"之分。徐氏家族究竟与其有着怎样的关系？有学者认为，首先需要梳理两个丹阳的概况，最终才能确定徐氏寄籍的问题。关于楚境丹阳，有文献记载的史料有《世本·居篇》《史记·楚世家》《水经注·江水》《汉书·地理志》《过庭录》等。上述所言丹阳分别指今湖北枝江、湖北秭归、安徽当涂、河南淅川丹江口水库地区。关于吴境之丹阳，《辞源》子部"丹阳"条下记载有："吴之丹阳有四：一为秦置县，亦曰小丹阳，废，今安徽当涂县是；一为吴置郡，治宛陵，今安徽宣城县是；一为吴郡置，治建业，今江苏江宁县是；一为今县，唐置，清属江苏镇江府，后属江苏金陵道。"① 归纳起来相当于今安徽当涂县、安徽寅城县、江苏江宁县、江苏镇江府或金陵。其一，无论是楚地丹阳还是吴地丹阳，共有的只有安徽当涂丹阳；其二，从后世文献对于徐氏的记载，只有《当涂县志》有，余则无记载。其三，关于江苏镇江说，由于其丹阳名称是唐置，与南北朝时间不符，也不成立。《长水集》研究认为："在晋末南迁的中原移民，主要定居在江淮流域。其中来自河南西北部的移民，主要定居在河南、湖北两省的汉水领域，而其他地区的移民则定居在安徽、河南淮河以南以及湖北东部和江西北部。"②徐氏家族从山东东莞南迁，大致也可推断生活于安徽这一带。据此，徐之才寄籍丹阳当是安徽当涂丹阳。据《北齐书·徐之才传》记载，北魏孝昌二年(526)，徐之才自吕梁入北魏后，到过洛阳。武帝时，封昌安县侯。皇建二年(561)，除西兖州刺史。北齐武平元年(570)，重除尚书左仆射。后迁尚书令，封西平郡王。从徐之才入降北魏后的足迹可见，其活动地在中原地区。《太平广记》卷二百四十七则引《谈薮》称："阳王高平徐之才。"《地形志》谓高平属兖州，则以之才入齐后又编籍高平，故其墓志铭称"加兖州大中正"，说明徐之才最后又编籍于高平。

(5) 徐之才著作考

徐之才对本草药物及方剂研究较深，曾撰修《雷公药对》与《药对》，总结了古代药剂学的精华，对多种药物炮炙处理，均有详细记载，并根据这些药物的不同属性，把

---

① 王凤兰.北齐医家徐之才籍贯考[J].中医文献杂志.2010(5)：50—51.
② 谭其骧.长水集(下)[M].北京：人民出版社，1987：126—140.

药分为宣、通、补、泻、涩、滑、燥、湿、轻、重十剂，比之前人的医书更具有可操持性。徐之才还著有《家传秘方》《小儿方》《明冤实录》等书，不过都没有流传下来。他还创造性地提出十月胎儿的发育变化过程：妊娠一月始胚；二月始膏；三月始胎；四月成血脉；五月四肢成，毛发初生，胎动无常；六月成筋；七月骨、皮毛成；八月九窍成；九月六腑百节皆备；十月五脏俱备。六腑齐通，关节人身皆备，即产。徐之才关于胚胎形态发育过程的描述与现代的认识相近，当然也就成为现代医学人体胚胎理论知识的主要内容。

(6)《徐之才墓志铭》

《徐之才墓志铭》[武平三年(572)十一月廿二日]如下：

【志盖】齐故司徒公西阳王徐君志铭

【铭文】

齐故太子太师侍中特进骠骑大将军开府仪同三司使持节都督兖齐徐三州诸军事兖州刺史录尚书事司徒□池阳县开国伯安定县开国子西阳王徐君志铭。

王讳之才，字士茂，东莞姑幕人。夫妫姜肇族，子姒命宗，近取诸身，遥取诸物。曰若君王之得姓也。高阳斯降，奄宅徐方，□土开家，秉珪承国。悦宝剑而不言，闻诸克己；戒镏坛之盛列，谁能去兵。自辟地于汉年，干擅文于魏日，绝后光前，门多君子。十二世祖饶，汉郁林太守。属陈圣陵迟，当涂驳杂，黄车受命，紫盖程符，自他有耀，故世居江表。大父文伯，梁散骑常侍。映三春之华，挺九秋之实。多能多艺，举世知名。考雄，不幸早卒，终于员外散骑侍郎。龙驹千里，凤子一毛，遗言余迹，不没天地。王名参图谶，精著星辰，逢彼我时，生兹懿德。五岁诵《孝经》，八年通《论语》。方数小学，经耳得心；琴书众艺，过目成手。十三召为太学生。受业于博士缪昭、后庆，礼经涉津，知齐施梁易旨，望表探微，射策举高第。河东裴子野，彭城刘孝绰，并当时标秀，命世宗府，累尝试王机神，丧服疑义，辞若珠连，思伴泉涌，莫不倒绝，相顾缺然。十五丁员外君忧，如不欲生，邻乎灭性。太夫人丘氏，譬诱抑夺，仅而获全。中卫将军尚书令陈郡袁印，民之望也，时以本住领丹杨尹。借甚声价，饥渴徽猷，下车辟为主簿。杨彪之雅叹韦康，方闻此名；郭太之盛称王允，始历兹途。鸿渐于干，亦足为美。释褐豫章王国左常侍。豫章出牧淮夷，却转镇北府主簿。钟此娇主，嗣踪鱼石，颠沛之间，执于军府。魏安丰王拥旄彭泗，恤刑新国，利获顾荣，深期关羽。既而锋颖斯脱，皋泽有闻，爰发紫泥，言登绛阙。衣裾满席，车骑填门，倾洛相招，宣动时俗。乃除散骑常侍在员外，寻□尚药典御。曹嘉此选，本借先代之资；任恺兹班，实愧他山之举。但以分环有日，寻箭无期，痛结当归，悲缠衔□，频表还南，辞自恳到。朝廷求忠于孝，弗遂斯请。明年转通直散骑常侍，加安东将军银青光禄大夫。普太初，进散骑常侍中军□将军金紫光禄大夫。师友佥归，谈议推属，煌煌加首，若若垂要。永熙即位，封昌安县开国侯，食邑八百户，从班例也。武定四年(546)，除秘书监。职号典文，任专考异，追风任肃，竞烈华峤。及帝出乎宸，木运膺图，数穷于亥，水精消录。譬稷契之出入唐虞，若郑王之始终魏晋。大齐天保元年(550)，除侍中，余官如故。其年别封池阳县开国伯，食邑五百户。嘉谋良策，敷陈帷扆，切问近对，启沃聪明。谈笑箴规，才优方朔；从容讽议，事溢简雍。入履青蒲，出陪黄屋，密属懿亲，莫之逮也。五年除使持节都督赵州诸军事赵州刺史，将军开府并如故。势均羽翼，用切股肱，思媚一人，未遑之述。六年迁仪同三司。七年转中书监。马防捧帚，望龙衮之清尘；张华执縴，仰凤池之休烈。十年，换仪同三师，又除越州刺史。阴邓豪强，匹南阳之不问；京华衿带，犹北门之掌管。水火胥济，琴瑟爰张，六条有序，九里云润。乾明元年(560)，征金紫光禄大夫，俄转左光禄大夫。皇建二年(561)，除使持节都督西兖州诸军事西兖州刺史，竟不拜。河清三年(564)，进开府仪同三司。天统元年(565)，食南兖州梁郡幹。人伦师表，必冥周行，天民无吉，用縻好爵。物不恢其高，世皆乐其守。即年别封安定县开国子，加骠骑大将军。二年，又除中书监判，并省吏部尚书事。再登掌内，作贰铨衡，密勿丝组，清华水镜。□年，迁尚书右仆射。先是编籍高平，故加兖州大中正。江彪断议，岂曰能贤；苟勖品题，曾何足算。四年，迁左仆射，寻加特进，仍除使持节都督兖州诸军事兖州刺史。

给铙吹一部。表率济河,导德乡邑,袞露华虫,茄吟芳树,衣锦之游,于是乎在。五年征诣晋阳,徙食兖州高平郡幹,又为兖州大中正。武平元年(570),除尚书左仆射。二年,迁尚书令,封西阳郡王,食邑二千户。又加侍中太子太师。荀乐之端揆东京,金张之喉舌西汉,长沙之建国传家,朗陵之教事喻德,方之蔑如也。昔苗贲在晋,终不为卿;陈敬入齐,惧而辞任。李斯获□,马超见忌,飘风羁旅,吁可畏乎。非夫度量淳深,材艺宏达,虚每任物,时女应世,安能遂游两姓,节隆十君,无害于刀尺之间,取容于津梁之际,禄穷钟鼎,位极旌珪者哉。重以博闻强记,渔猎遍于书府;华辞丽藻,绮绩溢于翰林。白马骊牛,辩同河霆,腾蛇飞燕,□若云起。绛宫玉帐之经,绿帐金丹之秘,师旷调钟,京房吹律,皆洞彼渊玄,该兹要妙。但虞渊不驻,归塘未已,悬车将老,□游遽迫。武平三年(572)岁次壬辰六月辛未朔四日甲戌,遘疾薨于清风里第,春秋六十八。簪缨珍瘁,文雅沦胥,悼结宸□,□深子卯。诏曰:昔晋叹九京,汉嗟二陇,追往伤逝,义忉名臣。故太子太师侍中特进骠骑大将军开府仪同三司兖州大中正食高平郡幹池阳县开国伯安定县开国子西阳王徐之才,理造希微,道该儒数,博识逾于画地,精辩可以谈天。自发迹江表,来仪上国,值钟石变响之辰,日月光华之旦。廉诚效节,历奉六君;春煦秋凄,年移三纪。任惟端揆,位极天卿,声动缙绅,望隆冠带。方当崇之右学,置以东序,追夏后之尚齿,兼有虞之贵德,而阅水不留,奄焉徂殒。兴言朝祭,嗟悼良深。褒终加等,盖有前烈,文物声明,宜从优典。可赠使持节都督兖齐徐三州诸军事兖州刺史录尚书事司徒,□将军开国王如故,礼也。自牖达庭,卜远有日。其年十一月己亥朔廿二日庚申葬于邺城西北廿里。雕戈镂鼎,方悬日月,旧里佳城,将俦昆嗣。铭云:邈哉水帝,肇彼卫墟,绵绵瓜瓞,受命于徐。洎乃显祖,猗欤那欤,邦之司直,譬以史鱼。穆穆常侍,颙颙侍郎,重规沓矩,凤骞龙骧。所履无杂,发言有章,清风令范,贻厥我王。弱龄驰誉,一日千里,不测其深,未见其上。博闻精义,高谈名理,辞穷五鹿,辩藏三耳。学富山海,文谐钟律,茸华既蕴,风飙自逸。王寿焚书,杨云阁笔,岂伊发寐,悲徒愈疾。生民之本,实惟孝敬,哀灭之情,率由天性。幼丁荼蓼,长违温清，去鲁增悲，陟屺兴咏。忠为令德，抚我则后，天命有归，顺之无咎。鸣玉在佩，丰貂加首，箴规皆闻，献替左右。德优名立，学者朝端，爵传甲令，位极天官。宣咸论道，俗阜民安，庙堂斯策，钟鼎方刊。悬烽未薄，高奏已骛，哲人其萎，溘从朝露。国遵遗典，民思余树，万夫之望，百身谁赎。皇情有悼，生荣死哀，诏葬于野，言归夜台。石扉行掩，玉匣宁开，登高怆恨，血目徘徊。松闻白云，水流丹旐，山门驰兽，空城集鸟。寒望凄凄，归徒扰扰，寂辽千岁，独留华表。①

(7) 徐之才传记

《北齐书·列传·徐之才》原文如下：

徐之才，丹阳人也。父雄，事南齐，位兰陵太守，以医术为江左所称。之才幼而隽发，五岁诵《孝经》，八岁略通义旨。曾与从兄康造梁太子詹事汝南周舍宅听《老子》。舍为设食，乃戏之曰："徐郎不用心思义，而但事食乎？"之才答曰："盖闻圣人虚其心而实其腹。"舍嗟赏之。年十三，召为太学生，粗通《礼》《易》。彭城刘孝绰、河东裴子野、吴郡张嵊等每共论《周易》及《丧服》仪，酬应如响。咸共叹曰："此神童也。"孝绰又云："徐郎燕颔，有班定远之相。"陈郡袁昂领丹阳尹，辟为主簿，人务事宜，皆被顾访。郡廨遭火，之才起望，夜中不着衣，披红服帕出户，映光为昂所见。功曹白请免职，昂重其才术，仍特原之。豫章王综出镇江都，复除豫章王国右常侍，又转综镇北主簿。及综入魏，三军散走，之才退至吕梁，桥断路绝，遂为魏统军石茂孙所止。综入魏旬月，位至司空。魏听综收敛僚属，乃访之才在彭泗，启魏帝云："之才大善医术，兼有机辩。"诏征之才。孝昌二年(526)，至洛，敕居南馆，礼遇甚优。从祖謇子践启求之才还宅。之才药石多效，又窥涉经史，发言辩捷，朝贤竞相要引，为之延誉。武帝时，封昌安县

---

① 释文出处：赵超. 汉魏南北朝墓志汇编[M]. 天津古籍出版社，1992：455—459. 释文中"兖州"统改为"兖州"。

侯。天平中，齐神武征赴晋阳，常在内馆，礼遇稍厚。武定四年(546)，自散骑常侍转秘书监。文宣作相，普加黜陟。杨愔以其南土之人，不堪典秘书，转授金紫光禄大夫，以魏收代领之。之才甚怏怏不平。之才少解天文，兼图谶之学，共馆客宋景业参校吉凶，知午年必有革易，因高德政启之。文宣闻而大悦。时自娄太后及勋贵臣咸云关西既是劲敌，恐其有挟天子令诸侯之辞，不可先行禅代事。之才独云："千人逐兔，一人得之，诸人咸息。须定大业，何容翻欲学人。"又援引证据，备有条目，帝从之。登祚后，弥见亲密。之才非唯医术自进，亦为首唱禅代，又戏谑滑稽，言无不至，于是大被狎昵。寻除侍中，封池阳县伯。见文宣政令转严，求出，除赵州刺史，竟不获述职，犹为弄臣。皇建二年(561)，除西兖州刺史。未之官，武明皇太后不豫，之才疗之，应手便愈，孝昭赐采帛千段、锦四百匹。之才既善医术，虽有外授，顷即征还。既博识多闻，由是于方术尤妙。太宁二年(562)春，武明太后又病。之才弟之范为尚药典御，敕令诊候。内史皆令呼太后为石婆，盖有俗忌，故改名以厌制之。之范出告之才曰："童谣云：'周里跂求伽，豹祠嫁石婆，斩冢作媒人，唯得一量紫绽靴。'今太后忽改名，私所致怪。"之才曰："跂求伽，胡言去已。豹祠嫁石婆，岂有好事？斩冢作媒人，但令合葬自斩冢。唯得紫绽靴者，得至四月，何者？紫之为字'此'下'系'，'延'者熟，当在四月之中。"之范问靴是何义。之才曰："靴者革旁化，宁是久物？"至四月一日，后果崩。有人患脚跟肿痛，诸医莫能识。之才曰："蛤精疾也，由乘船入海，垂脚水中。"疾者曰："实曾如此。"之才为剖得蛤子二，大如榆荚。又有以骨为刀子靶者，五色班斓。之才曰："此人瘤也。"问得处，云于古冢见髑髅额骨长数寸，试削视，有文理，故用之。其明悟多通如此。

天统四年(568)，累迁尚书左仆射，俄除兖州刺史，特给铙吹一部。之才医术最高，偏被命召。武成酒色过度，恍惚不恒，曾病发，自云初见空中有五色物，稍近，变成一美妇人，去地数丈，亭亭而立。食顷，变为观世音。之才云："此色欲多，大虚所致。"即处汤方，服一剂，便觉稍远，又服，还变成五色物，数剂汤，疾竟愈。帝每发动，辄遣骑追之，针药所加，应时必效，故频有端执之举。

127

入秋，武成小定，更不发动。和士开欲依次转进，以之才附籍兖州，即是本属，遂奏附除刺史，以胡长仁为右仆射。及十月，帝又病动，语士开云："恨用之才外任，使我辛苦。"其月八日，敕驿追之才。帝以十日崩，之才十一日方到。既无所及，复还赴州。在职无所侵暴，但不甚闲法理，颇亦疏慢，用舍自由。五年冬，后主征之才。寻左仆射阙，之才曰："自可复禹之绩。"武平元年（570），重除尚书左仆射。之才于和士开、陆令萱母子曲尽卑狎，二家苦疾，救护百端。由是迁尚书令，封西阳郡王。祖珽执政，除之才侍中、太子太师。之才恨曰："子野沙汰我。"珽目疾，故以师旷比之。

之才聪辩强识，有兼人之敏，尤好剧谈谑语，公私言聚，多相嘲戏。郑道育常戏之才为师公。之才曰："既为汝师，又为汝公，在三之义，顿居其两。"又嘲王昕姓云："有言则讦，近犬便狂，加颈足而为马，施角尾而为羊。"卢元明因戏之才云："卿姓是未入人，名是字之误。"即答云："卿姓在亡为虐，在丘为虚，生男则为虏，养马则为驴。"又尝与朝士出游，遥望群犬竞走，诸人试令目之。之才即应声云："为是宋鹊，为是韩卢，为逐李斯东走，为负帝女南徂。"李谐于广坐，因称其父名曰："卿嗜熊白生否？"之才曰："平平耳。"又曰："卿此言于理平否？"谐遽出避之，道逢其甥高德正。德正曰："舅颜色何不悦？"谐告之故。德正径造坐席，连索熊白。之才谓坐者曰："个人讳底？"众莫知。之才曰："生不为人所知，死不为人所讳，此何足问？"唐邕、白建方贵，时人言云："并州赫赫唐与白。"之才蔑之。元日，对邕为诸令史祝曰："见卿等位当作唐、白。"又以小史好嚼笔，故尝执管就元文遥口曰："借君齿。"其不逊如此。

历事诸帝，以戏狎得宠。武成生齻牙，问诸医。尚药典御邓宣文以实对，武成怒而挞之。后以问之才，拜贺曰："此是智牙，生智牙者聪明长寿。"武成悦而赏之。为仆射时，语人曰："我在江东，见徐勉作仆射，朝士莫不佞之。今我亦是徐仆射，无一人佞我，何由可活！"之才妻魏广阳王妹，之才从文襄求得为妻。和士开知之，乃淫其妻。之才遇见而避之，退曰："妨少年戏笑。"其宽纵如此。年八十，卒。赠司徒公、录尚书事，谥曰文明。

长子林,字少卿,太尉司马。次子同卿,太子庶子,之才以其无学术,每叹云:"终恐同《广陵散》矣。"弟之范,亦医术见知,位太常卿,特听袭之才爵西阳王。入周,授仪同大将军。开皇中卒。

(8)徐之才与《明冤实录》

徐之才是否著《明冤实录》(有记载徐之才所著为《明冤家录》)?我们从上述各方面考证可以知道,徐之才(492—572),祖籍山东东莞姑幕,寄籍于丹阳,后又编籍于高平。其足迹由安徽丹阳、河南彭泗、江苏建业、江苏江都到山西吕梁等中原地区,并最终定居于高平。徐之才不仅是南北朝一代名医,也是出色的官员。徐之才22岁就在北魏为官,其墓志铭记载官阶为"齐故太子太师侍中特进骠骑大将军开府仪同三司使持节都督兖齐徐三州诸军事兖州刺史录尚书事司徒池阳县开国伯安定县开国子西阳王"。所以,徐之才也被称为"徐王"。可见,徐之才在为官期间著述《明冤实录》是有检验经历、个人能力和工作环境的,同时也有收集检验材料的各种条件。只是现在《明冤实录》佚失,我们无从进一步考察,而史学界出现否定或肯定说法也是可以理解的。

(二)三国两晋南北朝的法医检验案例

案例1 孙亮辨诬

据《三国志·吴书·孙亮》记载,孙亮(在宫中西花园)想吃新鲜的梅子,派太监到食品库房中去拿蜂蜜来浸渍生梅,太监取来了蜂蜜,孙亮见瓶子中有一粒老鼠屎。孙亮问管库房的人说:"太监曾经私下问你要过蜂蜜吗?"管库房的人点头说:"以前向我要过,我实在不敢给他。"太监不认罪,孙亮说:"这件事很容易弄清楚。"他让人把老鼠屎给人剖开,发现老鼠屎内部干燥,而表面沾湿。孙亮笑道:"如果这老鼠屎在蜜中泡久了,里外都应该是潮湿的,现在里面是干燥的,这不是太监刚放进的,还能是谁放的啊?"太监磕头认罪,左右大臣都大为惊讶。

述评:这是一个利用干燥物体在液体中浸入渗透原理进行破案的案件,是一例典型的对渗入物的检验。和凝《疑狱集》亦录此事。法医学家汪继祖评述道:"鼠在蜜中窃食,遗屎于其中,屎初湿后被蜜侵入,不仅内外俱湿,亦是里外均有蜜质,倘取新鼠屎刚才投入，虽然内外俱湿，而蜜不入于屎中。俟鼠屎已干而后投入蜜中，则破屎内仍燥。可见孙亮破鼠矢以辨诬，确具慧见。"①

案例 2　检验针害案

在《三国志·魏书·方技传》中记载了一例针害的检验："督邮徐毅得病，佗往省之。毅谓佗曰：'昨使医曹吏刘租针胃管讫，便苦咳嗽，欲卧不安。'佗曰：'刺不得胃管，误中肝也，食当日减，五日不救。'遂如佗言。"据《黄帝内经·素问·禁刺论》记载："（针）藏有要害，不可不察。""（针）刺中心，一日死，其动为噫；刺中肝，五日死，其动为语；刺中肾，六日死，其动为嚏；刺中肺，三日死，其动为咳；刺中脾，十日死，其动为吞；刺中胆，一日半死，其动为呕。""刺跗上，中大脉，血出不止死；刺面，中溜脉，不幸为盲；刺头，中脑户，入脑立死；刺舌下，中脉太过，血出不止为喑。"

述评：针害，即现在针灸致人死亡的医疗事故检验。关于针害的各种情形，秦汉时期已对"针刺"致人心脏、肝脏、肾脏、肺、胆囊、胃、脑等致人死亡有所了解，并认为针扎后各脏器死亡各不一样，但"入脑立死"，这对检验有实际意义。

案例 3　张举烧猪案

据《太平御览》及《疑狱集》记载，三国吴末，句章（含今宁波江北区及余姚、慈溪部分境域）县令张举通过烧死动物实验，发现死者死后被烧的证据，并据此使嫌疑人服罪。②

述评："张举烧猪"或"张举猪灰"检验，是用实验的方法来辨别生前被火烧死还是死后焚尸，生前烧死者，因呼吸作用和呼喊而吸入的烟灰在口内可以查到，而死后焚尸没有这一现象。这个方法对后世影响很大，《洗冤集录》就对此方法加以继承。宋慈在《洗冤集录·火死》中写道："凡生前被火烧死者，其尸口鼻内有烟灰，两手脚皆拳缩；缘其人未死前被火逼奔挣，口开气脉往来，故呼吸烟灰入口鼻内，若死后烧者，其人虽手足拳缩，口内即无烟灰。"

---

① 杨奉琨校释. 疑狱集折狱龟鉴校释[M]. 上海：复旦大学出版社，1988：138—140.
② 本案详见本书第118—119页.

第三章 汉唐时期法医学与社会治理关系研究

案例4 滴骨验亲法

据《梁书·列传·豫章王综》记载，南北朝时期梁武帝（464—549）第三子豫章王综的母亲吴淑媛曾在齐东昏侯宫中得幸于齐高祖，齐亡后，又得幸于梁武帝。由于淑媛幸于武帝后仅7个月就生子，宫中很多人都疑综不是武帝之子。淑媛在综长大后，让他知道了实情，并告诫他不要和其他王子相比。综听世俗传说，以生者血滴死者骨，渗即为父子，于是私自挖掘了齐东昏侯墓，取出骸骨，洒臂血试之，果然渗入。后来他在西州得了第二子，数月后即偷偷把儿子杀死埋葬，以后他又遣人发掘，取其尸骨，洒血试之，结果如前。于是，王综确信自己是齐东昏侯的后人。

述评：滴骨验亲法的实例最早见于三国时代的记载，父子间的滴骨验亲实例见于南朝的记载。滴骨验亲法是古人用来进行亲权鉴定的一种方法。这种方法是以生者的血液滴在死人的骸骨上，根据观察血液是否入骨，从而得出鉴定结论：入骨即认为有父母、子女、兄弟、姐妹等血缘关系，不入则否。用现代法医学的观点评价，所谓的滴骨验亲法是不对的。事实上，血液能不能渗入骨中，取决于骨膜的完整性是否受到破坏，只有当骨受到损伤或腐朽，骨膜的完整性受到破坏，血液才可能渗入骨实质，如果骨膜完好无损，血液就不可能透过光滑的骨膜面渗入骨实质。所以，古人根据观察血液凝集现象所得出的结论，与现代医学的理论正好相反，由此而得出的鉴定结论也是不对的。现代法医学奠基人林几在20世纪30年代曾撰文批驳滴骨验亲法和滴血验亲法："盖骨膜如朽脱及骨的孔或骨裂缝处无论何人之血，滴着均吸收；如骨膜未朽，亲属血滴涂骨上，亦不渗入。而骨膜较易朽，凡骨面失去光泽者，该部骨膜必已脱失成朽失，故滴骨法不足为凭。至于亲属滴血，真则共凝，非则不凝，亦不确切。古法正与科学的血清凝集现象相反。"①

案例5 颜之推《还冤志》案例三则

《太平广记·报应》引北齐颜之推《还冤志》案例三则：

吕庆祖案："无期具以告其父母，潜视奴所住壁，果有一把发以竹钉之，又看其指并见破伤，录奴诘验，承伏。"

---

① 郑钟璇．林几教授和他的《洗冤录驳议》[J]．法医学杂志．1991(4)：147．

刘毅案："僧曰：'抚军昔枉杀我师，我道人自无执仇之理，然何宜来此，亡师屡有灵验，云天帝当收抚军于寺杀之。'"

苏娥案："敞曰：'今欲发汝尸骸，以为何验？'女子曰：'妾上下皆着白衣，青丝履犹未朽也。'掘之果然。"

述评：《还冤志》的三则案件都提到检验的"验"，但是这三则案例或者故事的验，但却都是透过冤魂的告知才证实真凶是谁。就"验"的意义来说，其证明不是来自前后相符的验，或者物理上的检验，洗冤必须要靠神迹或者来自冥界的力量，看起来并不科学也不具备证据的基础，但是这种来自冥界的验以及作为破案启发的冤魂，虽然不能作为呈堂证供，但是仍经常作为一种证据的类型而出现。"检验"在秦汉就有，到《唐律疏议》才具备完整的体系，检验开始具有法律的意义。"检验不实"这种罪在唐律不存在，在宋朝之前，办案的技术中已经包含检验，但是检验还不是办案的主要依据的手段。从以上资料可以看出，北齐颜之推的《还冤志》只记载早期检验案例，还不是检验著作。从北齐颜之推的《还冤志》想到北魏徐之才在为官期间著述《明冤实录》，后者是否类似作品，有待考察。

（三）三国两晋南北朝对法医学有影响的人物

1. 张斐

张斐，魏末晋初人。张斐以廷尉（秦汉至北齐最高司法审判机构）明法掾的身份为《晋律》作注，取名《律注表》。张斐在其《律注表》中对故、失、谩、诈、不敬、斗、戏、贼、过失、不道、戕、恶逆、造意、谋、率、强、略、群、盗、赃共二十个名词做了解释。到了唐代，法学家又给诸如徒、孝、共犯、随从者（从犯）、自首、私罪、悼（70岁）、老（80岁）、耄（90岁）、疾、同居、化外人、监临主守、众、谋、故纵、恐吓、公取、窃取、殴等概念作了定义。张斐的观点被以后《唐律疏议》接受，如对"殴""诈"的概念和儿童、老耄、残疾减免刑罚等，都需检验确定后定罪量刑。在《律注表·序》中张斐主张"论罪者务本其心，审其情，精其事"。南宋的宋慈则在《洗冤集录·序》中主张"狱事莫重于大辟，大辟莫重于初情，初情莫重于检验"。他们的观点是一致的。由于晋律在中国法律发展史上起着承前启后的重要作用，又没有流传下来，使我们无法了解晋律的全貌。所以，张斐的《律注表》对于我们了解晋律的内容以及了解中国法律的发展就显得极为重要。

2. 葛洪

葛洪（284—364），字稚川，自号抱朴子，晋丹阳郡句容（今江苏句容）人。曾受封关内侯，后隐居罗浮山炼丹。著有《神仙传》《抱朴子》《肘后备急方》《西京杂记》等。葛洪是古代化学家和医学家。葛洪对法医学的贡献是炼丹术和疾病记载，前者是毒物化学的先声，后者是法医猝死的内容。仙丹术是把一些矿物放在密封的鼎里，用火来烧炼，矿物在高温高压下发生化学变化，产生新的物质。当时，葛洪炼制出来的药物有密陀僧（氧化铅）、三仙丹（氧化汞）等。葛洪在炼制水银的过程中，发现了化学反应的可逆性，他指出，对丹砂（硫化汞）加热，可以炼出水银，而水银和硫黄化合，又能变成丹砂。在葛洪的著作中，还记载了雌黄（三硫化二砷）和雄黄（五硫化二砷）加热后升华，直接成为结晶的现象。葛洪在《肘后备急方》著作中介绍一种"急病"，即所谓"天刑"，但葛洪认为这种"急病"是外界"疠气"（急性传染病）所致。他还介绍"尸注"病，说这种病会互相传染，染病者怕冷、发烧、不舒服、浑身疲乏、精神恍惚、身体消瘦而丧命。葛洪描述的这种病，就是现在我们所说的结核病。葛洪还第一次记载了另外两种传染病，一种是天花，一种叫"沙虱毒"（恙虫病）。

3. 陈寿

陈寿（233—297），字承祚，巴西安汉（今四川南充）人。西晋史学家。他小时候好学，在蜀汉时曾任卫将军主簿、东观秘书郎、观阁令史、散骑黄门侍郎等职。入晋后，历任著作郎、长平太守、治书侍御史等职。280年，晋灭东吴，结束了分裂局面。陈寿当时48岁，开始撰写《三国志》。陈寿《吴国志·吴书》记载一个案例：孙权的长子孙登有一次外出游览时，有弹丸飞过，孙登就令随从探索，发现有一持弓佩丸的人，都以为是这个人行刺。这人不服，随从请孙登拷打这人，但孙登未这么做，而是用该人的弹丸与飞来的弹丸比对，发现不是同类，就把那人放了。

陈寿对法医学的贡献是他所著《益部耆旧传》中对法医昆虫学内容的介绍。唐朝欧阳询等撰《艺文类聚》曾转引陈寿《益部耆旧传》里记载的一个案例：因有一些苍蝇聚集在尸体头部，于是扬州刺史严遵便下令对尸体头部进行检验，果然有根铁锥刺在里面，一起奸杀亲夫案件真相大白。① 和凝《疑狱集·严遵疑哭》记载的也是此案。由此我们可以判断，我国法医昆虫学在晋朝时期已经出现并有检验实例。

陈寿在《三国志·魏书·方技传》中还记载了一例华佗对督邮徐毅的病症进行的针害的检验。② 针害，即现在针灸致人死亡的医疗事故检验。《黄帝内经》之《灵枢》《素问》记载了针害的情况，可见，关于针害的各种情形，秦汉时期已经对"针刺"心脏、肝脏、肾脏、肺、胆囊、胃、脑等致人死亡有所了解，并认为针扎后各脏器死亡各不一样，《素问》提出，针"入脑立死"，这对检验有实际意义。

4. 孙亮

孙亮（243—260），字子明，孙权最小的儿子，三国时期吴国人。据《三国志·吴书·孙亮》记载，孙亮通过老鼠屎内部干燥程度，来辨别它被放入蜂蜜的时间长短。③ 这是一个利用干燥物体在液体中浸入渗透原理进行破案的案件，是一例典型的对渗入物的检验。和凝《疑狱集》亦录此事。

5. 张举

张举（253—280），三国吴末吴国（今江苏苏州）人。据《太平御览》记载，张举在句章（今浙江余姚）当县令时，遇到一件人命案。死者之弟向官府据报自己的嫂子杀了哥哥又放火烧房，反而诈称丈夫死于火灾。由于证据不全，一时间难以给案件下结论。张举经过思索决定做一个实验。他命人找来两头猪，一只杀死，一只还活着，然后分别给它们做好记号，再把它们一起放进柴堆里烧。火灭后，取出两头焦猪检验，结果发现活活烧死的，嘴中有灰；而死猪口中无灰。接着，他又命人查验被杀死者的尸体，那死人口里果然没有灰。此时张举心中已有了结论，立即提审那妇人，大声道："你丈夫不是被火烧死的，凡被活活烧死的人，烟熏火烤，呛得喘不过气，大口呼吸，口中必然有灰。而现在你丈夫口中却一点灰尘都没有，可想而知他根本就是先死亡后才被火烧的，你快快从实招来。"那死者的妻子一见铁证如山，不得不认罪。张举首次结合

---

① 详本书第111页"严遵疑哭破案"。
② 详本书第130页"检验针害案"。
③ 详本书第129页"孙亮辨诬"。

他杀而后焚尸的案例，用猪做动物实验，发现烧死者口内有灰，死后焚尸者口内无灰，即著名的"张举烧猪"。该案后来在五代时和凝和㠓的《疑狱集》中也有记载。张举烧猪证实生前烧死或死后焚尸的方法，与现代法医学原理一致。

6. 李崇

李崇（454—525），字继长，继伯，北魏顿丘（今安徽滁州来安）人。曾任北魏扬州（今安徽寿县）刺史。李崇任刺史时，断狱精审。据和凝《疑狱集》记载，当时寿春县人苟泰有个三岁的儿子，遇强盗时丢失了，数年不知道孩子的下落。后来发现孩子在同县人赵奉伯家里。苟泰以此状告赵奉伯。苟泰与赵奉伯都申言那是自己的儿子，并都有邻居做证。郡、县官员不能决断。李崇说："这容易弄清楚。" 令二人与那孩子完全隔离，过了几十天，然后分别派人告诉他二人说："你儿患病，不久前突然死亡，官府解除隔离，你可出去办理后事。"苟泰听后放声大哭，悲痛不已；赵奉伯只是叹息，没有特别悲痛之意。李崇分析了情况，就把孩子判给苟泰，追究赵奉伯诈骗罪。赵奉伯于是如实招供："我以前丢失了一个儿子，于是便冒认了这个孩子。"该案郑克《折狱龟鉴》也有记载，并加按语："李崇还儿，出北史本传。此乃用霸擿奸之术者也。"

7. 徐之才

徐之才（492—572），字士茂，祖籍东莞姑幕（今山东诸城），寄籍丹阳。过去认为，徐之才只是名医，其家学渊源，连续7代出现12位医学大家。实际上徐之才官居尚书之职，集相、医于一身。但徐之才的墓志铭中，除了任"尚药典御"能透露出与医学的关系外，也没有其他的反映。这在一定程度上显示了当时医学不入流的社会地位。有人说，徐之才曾出书《明冤实录》（佚），若此事实成立，那徐之才应该是最早写法医书籍的人了，但对此法医界并不一致认同。不过，徐之才曾经从政是事实，而依其职业而言，出书的可能性还是存在的。必须强调的是，徐之才一直在从医，从《徐之才墓志铭》"乃除散骑常侍在员外，尚药典御"看，后期其官职为御医虚职（员外）。有记载，徐之才在兖州办事，北齐世主武成帝高湛（537—568）[①]病危，徐之才快马赶回，但高湛还是在他回来的前一天就不治而驾崩了。徐之才著作颇丰，除早期著《明冤实

[①] 北齐世主武成皇帝高湛，河北景县人，北齐第四位皇帝，561—565年在位。

录》(佚)外，还著有《药对》《徐氏家秘方》《雷公药对》及《小儿方》，尤其对本草药物及方剂研究较深，故而有人把药分为宣、通、补、泻、涩、滑、燥、湿、轻、重"十剂"归于徐之才所创。此外，徐之才对妇科也有一定的见解，其《逐月养胎法》实本自先秦时期《青史子》中胎教法而作，对于孕妇之卫生及优生均有重要意义。不过，徐之才著书也不忘把自己被封西阳郡王（又称徐王）的官衔挂着医学书籍上，如《徐王方》《徐王八世家传效验方》等。

8. 魏收

魏收（507—572），字伯起，小字佛助，巨鹿下曲阳（今河北晋州）人，北齐文学家、史学家。魏收为太学博士，历官散骑侍郎等，编修国史。入北齐，除中书令，兼著作郎，官至尚书右仆射，位特进。魏收撰《魏书》，一百二十四卷。据《魏书·官氏志》载，魏孝文帝太和八年（484），北魏官制中已明确设有太医博士，官八品下；太医助教，官九品，教授医学知识。太医博士这一职位被后来的朝代所继承。隋开皇元年（581）以后，政府设立了开端于南北朝的"太医署"隶属太常寺管辖。隋太医署中有固定的人员编制，设置太医令2人，太医丞2人，医师200人，医学博士2人，助教2人，共计有208人。隋著名医家巢元方曾在太医署任医学博士。隋太医署，唐袭之。

医学博士有否参与法医尸体检验或活体检查或审查法医案件，没有历史记载。关于医学博士的历史地位，特别是法医学上作用问题，现在还在研究。最早提出医学博士与检验人员关系问题的是林几。林几指出，早在唐朝"于府县均置经学及医学博士各1人，凡当地医务检务，医学博士统得参预"。①宋大仁、陈康颐、仲许认同林几的看法，陈康颐补充说，拓跋珪建国，始置医学博士，每州县设立医学博士2人，除担任当地医务工作外，尚参与检验。② 不过林几、陈康颐均未指出其出处。从唐代颁发的《唐律》和《唐律疏议》内容来看，其中包含大量的医学和检验内容，如果没有医学博士参与，是难以完成的，从这一点出发，应该予以肯定。

9. 颜之推

颜之推（531—595），字介，琅琊临沂（今山东临沂）人，世居建康（今江苏南

---

① 林几．法医学史略[J]．北平医刊．1936，4(8)：22
② 陈康颐．中国古代法医检验[J]．法医学杂志．1985，1：3—6．

京），生于士族官僚家庭，世代相传《周官》《左传》。中国古代文学家，生活年代在南北朝至隋朝期间。他早传家业，12岁时听讲老庄之学，因"虚谈非其所好，还习《礼》《传》"，生活上"好饮酒，多任纵，不修边幅"。他博览群书，为文辞情并茂，得梁湘东王赏识，19岁就被任为国左常侍。后投奔北齐，历20年，官至黄门侍郎。公元577年，北齐为北周所灭，他被征为御史上士。公元581年，隋代北周，他又于隋文帝开皇年间，被召为学士，不久以疾终。依他《观我生赋》自述，"予一生而三化，备荼苦而蓼辛"，叹息自己"三为亡国之人"。传世著作有《颜氏家训》和《还冤志》等。《颜氏家训》共二十篇，是颜之推为了用儒家思想教训子孙，以保持自己家庭的传统与地位而写出的一部系统完整的家庭教育教科书。《还冤志》属于借助鬼神断案的早期检验案例，还不能算是检验著作，但对后世法医学发展有一定的影响。

10. 辛祥

辛祥，字万福，陇西狄道人。后魏（535—557）时期人。举司州秀才，再迁司空主簿。转并州平北府司马。后除郢州龙骧府长史，带义阳太守。据郑克《折狱龟鉴》记载："后魏辛祥，为并州平北府司马。有白璧还兵药道显，被诬为贼，官属咸疑之。祥曰：'道显面有悲色。察狱以色，其此之谓乎！'苦执申之。月余，别获真贼。祥终于安定王燮征房府长史。出《北史》辛绍先传。祥，其孙也。旧集不载。"郑克解释说："每行部，录囚徒，察其颜色，多得情伪。盖察狱之术有三：曰色，曰辞，曰情。此其以色察之者也。若辞与情颇有冤枉，而迹其状稍涉疑似，岂可遽以为实哉？苦执申之，理亦应尔。后十二事是也，故附见之云。"也就是说，辛祥检验、断案，查当事人的色（表情）、辞（语言）、情（案情），三者综合分析，有疑点，"多得情伪"，分析查找，"获真贼"；"而迹其状稍涉疑似，岂可遽以为实哉？"

三、唐代的法医学发展

唐律是我国现存最古老、最完整的封建法典。它充分吸收了秦汉以来的法医学成就，又反过来对它的发展给予了极大的影响。唐律对于检验的规定有以下四个方面。一是明确规定了实行检验的对象，即尸体伤况及诈病者。相当于现代的尸体检验和活体检查。检验不实要受刑事处分。二是文书印章契据检验，对立据捺印真伪辨别等成为检验内容之一。三是明确规定了伤的定义，即"见血为伤"，规定了损伤的基本分类，即"手足他物伤"与"刃伤"，相当于今天的钝器伤与锐器伤；并提出了确定致命伤，进行死因分析的必要性。四是明确规定了关于损伤程度、诈病、自残、堕胎、年龄、废疾、笃疾、医违方、诈疗病、保辜检验等法医活体方面的问题。特别是对致命伤进行了严格、细致的分类，对不同的种类规定了不同的刑罚。由此可见，唐代的法医学，特别是在活体检查方面，比秦汉时期有了更大的发展。

（一）唐代法医检验制度

唐代法医检验在《唐律疏议》（原名《律疏》）以及其他一些史籍中可以得到体现。根据《唐律疏议》中《诈伪》《斗讼》《盗贼》等篇所作"诸诈病及死伤，受伤检验不实者，各依所欺减一等，若实病死及伤，不以实验者，以故入人罪""若刃伤及折人肋，眇其两目，堕人胎，徒二年"以及"诸造畜蛊毒，及教令者斩"等等规定，可以得知，当时国家规定的法医检验内容，至少已经广泛涉及斗殴伤死、胎孕、疾病、中毒等多个方面。

1. 与斗殴伤死有关的检验

《唐律疏议·斗讼》篇"斗殴手足他伤"的"疏议"说：不管用手足，他物还是血刃一律以"见血为伤"。但事实上，伤的含义还要广一些，包括拔发、折齿、伤目、破骨、汤火伤、毁败阴阳（损伤生殖功能），等等。至于斗殴杀人致死，也有相应的处罪条文：在斗殴中打死人的判缓刑，故意用刀杀人的判斩首。以上律文规定，斗殴伤势的轻重及其造成的后果，以及斗殴杀人和故意杀人等，都要根据法医检验的结果，处以相应的刑罚，其中对于共殴伤人的，还要分辨比较出身上各处伤痕中最重或致命的一处，以便对下手重的科以"重罪"。凡此种种，对于当时的法医检验质量，无疑提出了很高的要求。

2. 与"斩衰"期有关的检验

我国古代，父母死亡子女有服"斩衰"的最重丧服。"斩衰"的期限是三年。"斩衰"期间子女不得怀孕。怀孕是男女交媾后由女方身上所反映出来的一种特殊生理现象。"斩衰"期三年，实际上是二十七个月。在这二十七个月内，子女要为父母举哀守丧，不得寻欢作乐，以示痛悼。因此声色犬马之外，"娶妾"和怀胎"生子"也是绝对不允许的，否则就被认为触犯刑律。对此，《唐律疏议·户婚上》规定："诸居父母丧生子，及兄弟别籍异财者，徒一年。"又《唐律疏议·名例三》"在父母丧生子及娶妾"条的"疏议"解释道："在父母丧生子者，皆谓二十七月内而怀胎者。若父母未亡以前而怀胎，虽于服内而生子者，不坐。纵除服以后始生，但计胎月是服内而怀者，依律得罪。"说明对于父母死亡以前怀胎，而在丧服期间生子的可以无罪。

3. 与"宽免"有关的检验

《唐律疏议·名例四》"老小废疾"条规定："诸年七十以上，十五以下，及废疾犯流罪以下收赎"，又说，"八十以上，十岁以下，及笃疾，犯反逆杀人应死者上请"，可见唐律对于年老、废疾、笃疾者犯罪，可以根据不同情况，进行一定的宽免。其中所谓"废疾"，是指五官或四肢有所残缺而影响正常生理功能的；所谓笃疾，其性质大致和残疾一样，但程度则更加严重。对于这种认识，我们可以在《唐律疏议·斗讼一》"殴人折跌支体瞎目"条的"疏义"中得到反证："假有旧瞎一目为残疾，更瞎一目为笃疾。或先折一脚为废疾，更折一脚为笃疾。"

4. 中毒检验

《唐律疏议·贼盗二》"造畜蛊毒"条规定："诸造畜蛊毒及教令者判绞。造畜者同居家口，虽不知情，若里正知而不纠者，皆流三千里。"所谓"蛊毒"，"疏"这样解释道："或集合诸虫，置于一器之内，久而相食，诸虫皆尽，若蛇在即为蛇蛊之类。"对于这种蛊毒的检验，在唐王焘所著《外台秘要·中蛊毒方》中，已经有了"取银钗若箸或钗含之，经宿色黑即是，不黑者非"。这种检验方法，在历史的沿袭中，一直延续使用了一千多年。蛊毒之外，食物中毒是较为常见的。为了防止食物中毒，《唐律疏议·职制上》对御膳的制作，规定了"诸造御膳误犯食禁者，主食绞；若秽恶之物在食饮中，徒二年；拣择不精及进御不时，减二等。不品尝者，杖一百"，同时对于供百官的外膳，有"犯食禁者，供膳杖七十；若秽恶之物在食饮中及拣择不净者，笞五十，误者各减二等"的条款。而在社会上，《唐律疏议·贼盗二》也有着"脯肉有毒，曾经

139

病人有余者速焚之，违者杖九十；若故与人食并出卖，令人病者，徒一年，致死者绞。即人自食致死者，从过失杀人法"的严厉措施。古人虽然还没有食物不洁或腐败会引起病菌大量繁殖，从而导致疾病发生的概念，但对于这种不洁变质食物所起的病症，则早就有所经验积累了。

唐代药王孙思邈《千金要方》描述食物中毒的症状是："心中坚或腹胀，口干大渴，心急发热，狂言妄语，或洞下"。此外，《千金要方》还对野葛（钩吻）、莨菪子、曼陀罗花、杏仁等中毒有所记载，这也从一个侧面，充实了唐代法医检验的内容。除了食物中毒，唐代社会上金属制剂如水银中毒的情况，虽较魏晋以来崇尚服食丹药时有减少，但也不乏其例。宋寇宗《本草衍义》记载，唐韩愈曾经做过一例水银中毒的死亡报告："太学士博士李千遇信安人方士柳贲，能烧水银为不死药。以铅满一鼎，按中为空，实以水银，盖封四际，烧为丹砂。服之下血，比四年，病益急，乃死。"

5. 医违方诈疗病的检验

《唐律疏议·诈伪》"医违方诈疗病"条规定："诸医违方诈疗病而取财物者，以盗论。疏议曰：医师违背本方，诈疗疾病，率情增损，以取财物者，计赃以盗论，监临之与凡人各依本法。"由此，唐律规定"医违方诈疗病"类同以非法窃取他人财物一样论处，即"以盗论"。这样，如何确定"医违方诈疗病"成为法律明确规定的检验内容。

6. 法医活体检验

关于斗殴伤人，《唐律疏议·斗讼一》"斗殴手足他物伤"条规定："伤及拔发方寸以上，杖八十。若血从耳目出及内损吐血者，各加二等。疏议曰：谓他物殴人伤及拔发方寸以上，各杖八十。方寸者，谓量拔发无毛之所，纵横径各满方寸者。若方斜不等，围绕四方为方寸。若殴人头面，其血或从耳或从目而出，及殴人身体内损而吐血者，各加手足及他物殴伤罪二等。其拔发不满方寸者，止从殴法。其有拔发，亦准发为坐。若殴鼻头血出，止同伤科。殴人痢血，同吐血例。"

若是故意斗殴伤人，据《唐律疏议·斗讼一》"斗故杀用兵刃"条之疏议曰："不因斗竞，故殴伤人者，加斗殴伤一等，若拳殴不伤，笞四十上加一等，合笞五十之类。"

《唐律疏议·诈伪》"诈陷人死伤"条还规定:"诸诈陷人至死及伤者,以斗杀伤论(谓知津河深者泞,桥船朽败,诳人令渡之类)。疏议曰:谓津济之所或有深泞,若桥船朽漏不堪渡人,而诈云'津河平浅,船桥牢固',令人过渡,因致死伤者,'以斗杀伤论',谓令人溺死者绞,折一肢徒三年之类。……答曰:律云'诈陷人至死及伤',但论重法,略其轻重,坐不可备言,别有'举重明轻'及'不应为'罪。若诳陷令溺,虽不伤、死,犹同'殴人不伤'论。"

关于"奴奸良人"。《唐律疏议·杂律上》规定:"诸奴奸良人者徒二年半,强者流,折伤者绞。疏议曰:奴奸良人妇女徒二年半,强者流,折伤者绞。虽有夫,亦同。'折伤',谓因奸折伤者。"

关于"官府仓库失火"。《唐律疏议·杂律下》规定:"诸于官府廨院及仓库内失火者徒二年,在宫加二等。损害赃重者坐赃论;杀人者减斗杀伤一等;延烧庙及宫阙者绞,社减一等。疏议曰:若因失火有杀伤人者,'减斗杀伤罪一等',谓杀人者流三千里,伤人折二肢徒三年。"

由此,唐律确定了法医活体检验内容,包括皮肉伤、骨折、拔发、鼻出血、外伤性耳目出血及内损吐血痢血等。值得一提的是,唐律还规定"诈陷人致伤"和"诳陷令溺"以"斗杀伤论",意思是诈陷人致伤、溺等情形,类同"斗杀伤论",属于检验的内容。

(二)唐代法医检验对象

法医检验除尸体检查和活体检验外,新增了对说谎的人的检查。唐代每州县设立医学博士2人,除担任当地医务工作外,尚参与法医学检验工作。唐代在吸收以前法医鉴定的经验和成就的基础上,将中国古代的法医鉴定制度做了进一步的发展。唐律规定,在人命案件和伤害案件中,法医鉴定的主要对象是尸体、受伤者以及谎称"有病"的人,即诈病鉴定,也就是今天的尸体检验和活体检查。同时,《唐律疏议·诈伪》还专门规定了对那些在法医鉴定中弄虚作假的鉴定人,要按照情节轻重予以处罚。如果有人诈病、诈伤或诈死,而被派去做鉴定的人没有认真检验、如实报告,那么,要以被检验者因欺诈所应得的刑罚减一等来处罚鉴定人。如果被检验人真的是生病、受伤或死亡,而鉴定人不如实上报,则要以故意使人被定罪的规定来处理检验人。

(三)唐代法医检验内容

1. 对杀(伤)案件的法医检验

唐律中有对杀人及伤害案件不同致伤物、不同后果分别处以不同刑罚的规定。唐律对于非致命性损伤分类很细,并由轻至重规定了相应的刑罚。以下刑罚由轻至重取决于两个要素:一是损伤后果的轻重,二是致伤物的性质。两者结合起来决定量刑的轻重。如唐律对不同致伤物类型造成各种程度损伤的刑罚有如下规定:

以手足殴人无伤者笞四十;

斗殴手足殴人有伤(见血为伤)、以他物殴人无伤、以汤火伤人各杖六十;

拔发不满方寸、鼻头出血、以他物殴人有伤、拔发方寸以上至髡发不尽仍堪为髻者各杖八十;

耳目出血、内损吐血、痢血、以手足伤人者杖八十;

以他物者杖一百;

兵刃砍射人者杖一百;

折齿、毁损口鼻耳眼、眇一目、折手足指、破骨、汤火伤人徒一年;

髡发折二齿、二指以上徒一年半;

刃伤、折人肋、眇二目、堕人胎(母辜限内子死)各徒二年;

折肢、骨移位、瞎一目等辜限内平服者各徒二年;

折肢、骨移位、瞎一目等辜限内未平服者各徒三年;

瞎二目、十指并折、折二肢、断舌、毁败阴阳等为笃疾者流放三千里;

以手足他物斗殴杀人者绞;

刃杀人及故意杀人者斩。

由上可见,刑罚最轻的是"以手足殴人无伤",按唐律规定:相争为斗,相击为殴。以手足击人,虽未损伤,下手即便获罪。这个规定对一般斗殴来说是相当严酷的,与现代法律规定明显不同。现代法律虽然也考虑犯罪嫌疑人的动机和作案手段,但更主要的还是考虑犯罪行为导致的后果如何来定罪量刑。

2. 对诈伤、诈病、诈死的法医检验

图8 《唐律疏议》"诈病死伤不实"条，光绪庚寅年(1890)刊本

《唐律疏议·诈伪》规定："诸诈病及死伤，受使检验不实者，各依所欺减一等；若实病及死伤，不以实验者，以故入人罪论。"（图8）从唐律的这一规定可以看出，当时法律要求对病者、死者、伤者进行检验，相当于今日的活体检查(病、伤)及尸体检查。唐律的这一规定说明唐代的司法鉴定活动是相当盛行的。为了防止人们逃避使役，《唐律疏议·诈伪》还对"诈病"做出了规定："诸诈疾病有所避者，杖一百；若故自伤残者，徒一年半。"如果是雇请人代为伤残的，则"其受雇情为人伤残者，与同罪；以故致死者，减斗杀罪一等"。如《旧唐书·李敬玄传》曾载李敬玄为了逃避鄯州防卫的重任，曾好几次上表说自己病重，结果经检验，高宗确认他病并不重，就把他贬为衡州刺史。与此同时，《唐律疏议·诈伪》"医违方诈疗病"条又从另一角度，对医生在疾病上弄虚作假、骗取病家钱财的，制定了相应的处罚条文："诸医违方，诈疗疾病而取财物者，以盗论。疏议曰：医师违背本方，诈疗疾病，率情增损以取财物者，计赃以盗论。监临之与凡人，各依本法。"可知其时制度上的一套，设想已很周到。在"诈病伤死伤不实"条中，落实到检验制度上，"诸诈病及死伤，受使检验不实者，各依所期减一等；若实病及死伤，不以实验者，以故入人罪论。"

3. 对奸罪案件的法医检验

唐律中有专门关于性犯罪案件的法律规定。《唐律疏议·杂律上》规定："诸奸者徒一年半，有夫者徒二年"。这里所说的"奸者"是指和奸者(意指通奸)，双方各徒一年半。若是强奸，"强者加一等"，即强奸者徒二年。如果因强奸给被害人造成折伤，则"各加斗折伤罪一等"。从这些规定不难看出，当时法律已经把奸的不同类型作了严格区分，并结合不同后果，科以轻重不同的刑罚。然而在法律实施过程中一定会涉及对案件事实的认定，如对是否发生了奸罪性行为，有无造成什么损伤后果，是属于自愿的"和奸"还是"强奸"，都需要进行准确的判断。这一点和现代法律制度下，对强奸等性犯罪案件的侦查取证过程有相似之处。不同点在于现代法律制度没有规定对通奸行为的刑罚处罚。

4. 对妊娠受孕时间的法医检验

《唐律疏议·户婚上》规定："居父母丧生子者，徒一年。"并指出"在父母丧生子者，皆谓二十七月内而怀胎生子者；若父母未亡以前而怀胎者，虽于限内而生子者不坐；纵除服以后始生，但计胎月是服内而怀者，依律得罪"。这是首次通过怀胎月数进行妊娠时间司法鉴定的案例记载，具有重要的法律和法医学意义。

5. 对堕胎案件的法医检验

《唐律疏议·斗讼一》规定："堕人胎徒二年。"堕胎指的是在孕未生，因打而落。并且是在母亲所受损伤的辜限内子死，才按律治罪。若是在母辜限外子死，或虽死于辜限内，而子未成形，均无堕胎之罪。所谓"辜内胎落而子未成形"涉及胎儿发育到什么程度受到法律保护的问题，在法律上有重要意义。按唐朝法律，如果外伤后导致胎儿流产，检验时发现胎儿尚未成形，便从殴伤罪进行处罚，不构成堕胎的罪名。唐代明确提出了判定胎儿成型与否的标准:"若验的未成形象,只验所堕胎作血肉一片或一块,若经日坏烂,多化为水。若所堕胎已成形象者,谓脑、口、眼、耳、鼻、手脚指甲等全者,亦有脐带之类。"

6. 对各种类型损伤与共殴的法医检验

除上述各种损伤鉴定之外,唐律所涉及的损伤还有:受杖死(受杖刑,死于杖下),车马伤人(古代的交通事故鉴定),以物置人耳鼻、故意屏去人服用饮食之物①所致的伤亡,威力制缚人;恐迫人使畏惧致死(吓唬死),诈陷人死伤②等,对损伤、死亡种类与情节的认识相当广泛,并均有相应的刑法规定。唐代还专门规定了伤害案件中关于共殴的司法鉴定。共殴伤人是形成伤害的一种特殊情况,在刑事侦查和法医学上常需提出可靠的证据,以便法律上区分情节轻重科以处罚。共殴指二人以上殴人,有同谋共殴、不同谋共殴和乱殴之分。

关于同谋共殴,《唐律疏议·斗讼一》规定:"诸同谋共殴伤人者,各以下手重者为重罪,元谋减一等,从者又减一等。若元谋下手重者,余各减二等。至死者,随所因为重罪。"如有甲、乙、丙、丁同谋共殴伤人。甲为元谋,乙下手最重,殴人一肢折,则按下手重者为重罪,乙应徒三年;甲是元谋减一等,应徒二年半;丙、丁为从,又减一等,应徒二年。若甲是元谋且下手最重,则甲应徒三年;其余各减二等,徒二年。"至死"指被伤人致死,"随所因为重罪"如甲殴头、乙殴手、丙殴足,若由头疮致死即甲为重罪,由手伤致死即乙为重罪,由足伤致死即丙为重罪。重罪者处以死刑;甲是元谋减一等,流三千里;余各减二等,徒三年。唐律的上述规定说明,共同伤人所致的数处非致命伤,要求鉴定出轻重程度;若被伤人致死,则须鉴定出哪处伤是致命伤。不同谋殴伤人也需要做出这样的鉴别,只是谁造成什么程度的伤害,就给以相应的刑罚。至于乱殴,因为分不出先后轻重,则以谋首及初斗者为重罪。

7. 对印章笔迹的检验

唐律中规定了许多罪名,根据其规定的内容可以看出,审讯过程中需要进行专门

---

① 如寒月屏去人衣服、登高乘马私去梯镫或饥渴之人得去饮食等。
② 如明知桥船朽败,诳人令渡,以致溺死;明知坑井中有猎兽用机关,诳人误入造成死伤。

性问题的鉴定。如《唐律疏议·诈伪》之"伪造皇帝宝"条规定:"诸伪造皇帝八宝者,斩。太皇太后、皇太后、皇后、皇太子宝者,绞。皇太子妃宝,流三千里(伪造不录用,但造即坐)。疏议曰:……宝者印也,印又信也。"从以上规定推测,当时已经存在对印章、印文的鉴定技术和鉴定活动,而且是应用于诉讼活动中的。"诸诈伪制书及增减者,绞。"这是对伪造、变造、更改官府文书的罪行的规定。说明当时也存在文书真伪和形成过程的鉴定。

8. 对马籍和马印的检验

唐代有马籍和马印制度。马籍的建立,在我国起源很早。到了唐代,马籍制度更加完备,并以登记马种优劣为重要内容。据《新唐书·百官志》说:"马之驽、良,皆著籍,良马称左,驽马称右。每岁孟秋,群牧使以诸监之籍合为一,以仲秋上于寺。"和马籍制度相配合,唐代还建立了马印制度。据《唐会要》卷七十二诸监马印条说:"凡马驹以小官字印印右膊,以年辰印印右髀,以监名依左右厢印印尾侧。""至二岁起脊,量强弱,渐以飞字印印右右膊,细马、次马俱以龙形印印项左。""其余杂马齿上乘者,以风字印左膊,以飞字印左髀。"很明显,唐代的马籍和马印制度,把良马和驽马、强马和弱马区别开来,这就不仅为了征调的便利,还含有去劣存优的意义。此外,对马匹被偷盗等进行检验,对案件处理和处罚也有意义。这表明唐代检验对象包括马籍和马印的检验,也涉及相马术的进步,另一方面又为马匹的良种繁殖提供了有利的条件。

(四)唐代法医检验规范

1. 损伤的定义

为了运用刑法解决斗讼问题,唐律明确提出了损伤的定义是:"见血为伤"。它包括伤后有血液流出或肉眼可见的皮下出血两方面含义,并且着眼于生前伤。唐律将成伤物体分为三大类:手足、他物与兵刃。手足,是以手足为例,即用头击之类也包括在内,其所形成的损伤就叫手足殴伤。他物,指的是"非手足者其余皆为他物,即兵不用刃亦是",这个概念和今日所说的锐器不用刃也是钝器是一样的。他物所形成的损伤就叫他物殴伤。兵刃所形成的损伤叫作刃伤。"刃谓金铁,无大小之分,堪以杀人者。"手足、他物、兵刃三者论情节,以手足为最轻,他物次之,兵刃最重。手足殴伤和他物殴伤属于现在的钝器伤；刃伤即属于今天的锐器伤。以上这些划分是非常精细和符合科学原理的，达到了较高的水平。

2. 损伤标准

唐律对损伤程度划分为残疾、废疾、笃疾。唐律对于不同程度的损伤提出了明确标准，特别是《唐律疏议》原注的内容，所定标准和刑罚相当明确，如《唐律疏议·斗讼一》"殴人折跌支体瞎目"条之"疏议"曰："即损二事以上者，谓殴人一目瞎，及折一支之类，及因旧患令至笃疾，假有旧瞎一目为残疾，更瞎一目成笃疾，或先折一脚为废疾，更折一脚为笃疾；若断舌，谓全不得语；毁败阴阳，谓孕嗣废绝者，各流三千里。断舌，语犹可解，毁败阴阳不绝孕嗣者，并从伤科。"这些规定说明唐代的法医学活体检查是相当盛行的，并且取得了相当高的成就。

（五）法医检验责任

在成文法律中，对法医检验人员法律责任最早进行明确规定的是唐律。《唐律疏议·诈伪》："诸诈病及死伤，受使检验不实者，各依所欺减一等；若实病及死伤，不以实验者，以故入人罪论。"就是说，鉴定人员被指派鉴定诈病、诈死和诈伤时，如果鉴定不实，要受诈病等应得刑罚的减一等惩罚。如诈病者应受杖刑一百下，减一等惩罚即为杖刑九十下。如果是真病、真死和真伤，而鉴定不实，则按故入人罪惩罚。故入人罪是故意把无罪判为有罪，把轻罪判为重罪。由此给被害人增加了什么刑罚，就要反坐什么刑罚。为了防止司法鉴定人员在鉴定过程中作弊，才做出这一明文规定。这一规定一直被历代法律所沿用，成为我国古代司法鉴定人制度的法律基础。

（六）唐代保辜制度在法医检验中的应用

较之前代，唐代对受伤后保辜的时限有更为明确的规定。《唐律疏议·斗讼一》"保辜"有："诸保辜者，手足殴伤人限十日；以他物殴伤人者二十日；以刃及汤火伤人者三十日；折跌肢体及破骨者五十日。……限内死者各依杀人论；其在限外及虽在限内以他故死者，各依本殴伤法。"（图9）在唐代，伤后经过若干时日死亡，仅仅依靠尸体外表法医检验，是不可能对损伤行为与死亡结果之间的因果关系做出精确判断的。保辜制度就是依靠尸体外表鉴定判断死亡原因必不可少的补充手段。另外，保辜制度还具备充分及时保护受害人身体健康权的功能。保辜制度的存在必然会促使加害者千方百计为被害人寻医调治。因为伤害行为及医疗救治行为的最终后果会直接影响对犯罪嫌疑人的罪名确定和处罚轻重。伤情后果不稳定的，有的当时伤势不重，结果往往致死；有的当时看来伤势严重，但是经过治疗恢复等，情况错综复杂。可见唐律继承汉魏以来的保辜制度，并把它规定得更加具体细致。

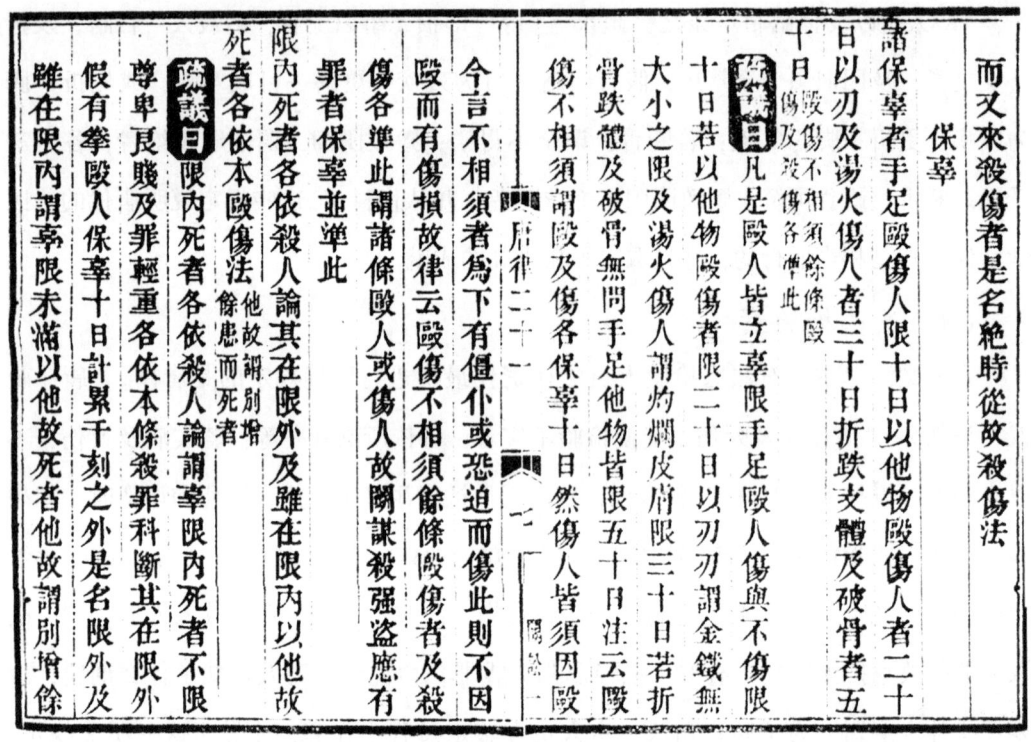

图9 《唐律疏议·斗讼》"保辜"条，光绪庚寅年(1890)刊本

（七）唐代对医疗纠纷的检验

唐律对于医疗纠纷的处理，也有着较为深细的律文规定。《唐律疏议·职制上》说："诸合和御药，误不如本方，及封题误者，医绞。"合和后的御药是给皇帝吃的，如果方药、分量、制法、冷热及封题有误，就犯"大不敬"的罪。在民间医疗纠纷中，"医合药不如方"的，也要处以相当的徒刑。《唐律疏议·杂律》说："诸医为人合药，及题疏针刺误不如本方杀人者，徒二年半。"

(八)唐代对药物杀人的规定

唐代不仅规定医疗纠纷情况,也对药物杀人情形加以规范。《唐律疏议·杂律》说:"其故不如方,杀伤人者,以故杀伤论;虽不伤人,杖六十。即卖药不如本方,杀伤人者亦如之。"再如《唐律疏议·贼盗》:"诸以毒药药人及卖者,绞;即卖买而未用者,流二千里。疏议曰:凡以毒药药人,谓以鸩毒、冶葛、乌头、附子之类堪以杀人者,将用药人,及卖者知情,并合科绞。"

(九)唐代检验案例

案例1 李好德癫狂案

据《旧唐书》载,贞观五年(631),河内(今河南焦作一带)人李好德患疯癫病,精神错乱,说了一些邪恶荒唐有害于朝廷的言语,太宗命令时任大理寺丞的张蕴古审理此案。张蕴古接案审理后发现李好德的确有病,并有发病的证据,于是以此向太宗奏报,李好德患病属实,按律不当判罪。然当时的治书侍御史权万纪却揭发张蕴古是有意袒护李好德,奏报不实,因为张蕴古家在相州(今河南安阳一带),而李好德的哥哥李厚德正是相州刺史。结果太宗听信谗言一怒之下将李好德、张蕴古在东市斩首。之后,太宗经调查证实李好德确系罹患癫狂症,张蕴古所述属实。太宗非常后悔错杀了李好德、张蕴古,于是为谨慎对待死囚犯的处决,遂颁制实行诸州三复奏和京城五复奏制。

案例2 张楚金解字

据《朝野佥载》记载,唐朝垂拱年间(685—688),罗织事起。湖州佐史江琛为陷害刺史裴光,将裴光所写的文章中的字割下来,拼凑成文,伪造了一封写给徐敬业的谋反信,并向朝廷告发。武则天派御史前去审问,裴光说,字是我的字,但话却不是我的话。前后换了三个御史,都不能定案。武则天又派一个名叫张楚金的官员负责调查此案。张楚金仔细查看信件,看不出什么破绽。他又将信拿起来对着日光看,结果发现信上的字都是粘贴而成的,平铺在桌上时是看不出的。于是他便将衙门的官员召集起来,当着众人的面,将信件放在一盆水里,结果一个个字都散开了。案情也因此大白。郑克所著《折狱龟鉴》亦有同样的记载。该案鉴定目的是判断诬告信件形成过程是否正常，张楚金检验之细致、方法之巧妙，直到今天仍然有借鉴意义。

案例3　张县尉辨伪

据《朝野佥载》，唐太宗贞观年间（627—649），张鷟任河阳县尉的时候，有个叫吕元的人伪装仓督冯忱的字迹，书写了一份出卖公粮的文书。冯忱不承认是他写的，吕元却坚持说此文书为冯忱所写，这样双方僵持了很久不能决断。于是河阳张县尉便命人取来吕元告状的文书，盖上两头的字，只留下一个字，问吕元："是你写的就注明是，不是的就注不是。"吕元注明"不是"，去了覆盖，便是吕元告状的文书。张鷟又拿来那张假文书，仍然采用上述方法，结果，吕元注明"是"，去了覆盖，便是吕元伪装冯忱的字书。这样，吕元便承认了自己的罪行。这个案例，郑克《折狱龟鉴》也有记载。从这一案件的结果看，河阳张县尉在运用笔迹的同一认定方面是相当在行的。同时，也说明唐代已经较为普遍地应用笔迹检验侦破案件。

案例4　王少卿鉴章

我国大约于公元前700年前开始有印章。最初印章只是一种官位高低的象征。由于印章方便、实用，后来民间也广泛使用。随着印章的广泛使用，伪造印章技术也就应运而生。到唐代，鉴别印文真伪便成了一种专门的知识。据《折狱龟鉴》记载，王少卿在韶州当知州的时候，有人被诬告伪造州印。案犯被拘押在监狱里，久不能决。官吏拿所谓告发的印文观看其印章，同州印不一样。王少卿找来景德年间以前的旧公文，观看其印文，发现没有一点差异的地方。被诬告者终于得到昭雪。这是一个印文检验的实例，它说明印文真伪的鉴别，要用同时期的印文样本进行比对。结合《唐律》中有伪造官书、官印罪的规定，进一步证实，唐代已经出现了类似今天的司法文书鉴定活动了。

案例5　识破假契据

江某郎中主持陵州仁寿县。有个姓洪的人曾经当过乡里的小官吏。他侵占邻居的田地，撒谎说："我给你纳税，免你徭役。"邻人高兴。因为洪氏当小官，在税册上就勾掉了邻人应纳的税款，结果他从中占了便宜。过了二十多年，这个姓洪的人拿出用菜水熏染的，像旧的一样的纸作了契据，到县衙起诉。江某很有经验，拿过假契据打开一看就说:"假若是多年前保存下来的纸,应该是里边白。现在外表和里边颜色一样,肯定是假的。"经过审讯,洪氏果然服罪。《折狱龟鉴》中这一案例的记载说明,不同年代的文件陈旧度往往可以为侦查破案提供有力的线索和证据。

案例6 蒋常留妪

据《折狱龟鉴》记载,唐朝贞观年间(627—649),某店主张逖的老婆回娘家,而这天晚上恰巧有三名禁军到店里投宿,店主在这天晚上被人杀死了。官府逮捕了三名禁军后,禁军因经受不住拷问认了罪。因为是复审案件,唐太宗看了卷宗,觉得可疑。于是,唐太宗"差御史蒋常复推"。蒋常既没组织勘验,也没有大围捕,竟然只身一人跑到发生命案的旅店,把十五岁以上的人都叫到了一起,不久又把众人放了,独独留下了一个八十多岁的老妇。蒋常留下老妇后也没有问话,到了晚上还把人放了。其实,叫来全部店员、留下老妇是蒋常的计谋。蒋常在放老妇后即秘密地吩咐一个有经验的狱吏悄悄地跟随这位老妇,观察谁和这位老妇说话,并把问话人的名字记下。果然老妇回去后就有一个人跑去问她:"衙门的人都问了你一些什么?"这个狱吏一连三天都待在隐蔽的地方悄悄观察哪些人与老妇接触,结果发现三天里问老妇的都是同一个人。蒋常得知后下令逮捕了这个人,一审问就查明了真相:原来此人与张逖之妻有奸情,两人密谋把张逖杀掉,商量后便决定在张逖之妻借口回娘家的时候下手。此夜正好三名禁军投宿店里,他发现禁军随身携带刀器,于是计上心来,借刀杀人,假罪名于禁军。他半夜潜入禁军的房间,取出刀杀了张逖后又把刀重新插回刀鞘。而三名禁军因五更天就动身赶路并未发现异样,莫名其妙地被冤枉入了狱。现在侦破工作中,常常在案件发生的地区逐户逐人过筛子,这种"撒大网"的方法,对有些案件的侦破起到一定的作用,但不能不分案件的具体情况千篇一律使用,而应视不同案件有针对性地采用侦破方法。唐贞观年间的蒋常"用谲察贼"的方法是一个很好的例子。

(十)隋唐代对法医学有影响的人物

1. 颜师古

颜师古(581—645),名籀,字师古,祖籍琅琊临沂(今山东临沂)。后迁为京兆万年(今陕西西安)人,唐初儒家学者,经学家、语言文字学家、历史学家。颜师古博览群书，学问通博，擅长于文字训诂、声韵、校勘之学；他还是研究《汉书》的专家，对两汉以来的经学史也十分熟悉。在颜师古所引应劭注中，"疻"与"痏"不分，显然有可商榷之处。《汉书·薛宣传》："遇人不以义而见疻者，与痏人之罪钧，恶不直也。"颜师古注引汉应劭曰："以杖手殴击人，剥其皮肤，肿起青黑而无创瘢者，律谓疻痏。"在《急就章》中颜师古又注云："'殴人皮肤肿起曰疻，殴伤曰痏。'盖应注'律谓疻'下夺去六字，当作'其有创瘢者谓痏'。"后来，根据颜师古的解释，这两个字在法律文书和有关书籍中趋于统一："疻"为殴伤而无瘢痕，"痏"为殴伤而有瘢痕。《说文通训定声》："凡殴伤皮肤起青黑而无创瘢者为疻，有创瘢者曰痏。"颜师古还对其他法医学术语进行诠释，如"保辜制度"，《急就章》中颜师古注："保辜者各随其状轻重，令殴者以日数保之，限内至死，则坐重辜也。"《汉书·霍光传》提到霍光之妻命乳医淳于衍毒杀许后之事，颜师古注："乳医，视产乳之疾者。"《急就章》卷四："篇癃衰废迎医匠。"颜师古注："医匠，疗病之工也。"关于昆虫定义，颜师古为《汉书·成帝纪》注："昆，众也。昆虫，言众虫也。"

2. 孙思邈

孙思邈（581—682），亦称孙真人，京兆华原（今陕西铜川市耀州区）人。著有《备急千金要方》等。《备急千金要方》（简称《千金要方》）共三十卷，分二百三十门，合方五千二百余首。书中所载医论较系统地反映了自《内经》以后，唐代初期以前的医学成就，是一部价值较高的著作。孙思邈对医学精神病学的贡献是系统的归纳与分析，形成了独有的论述风格，在病因机制上有独到的创见，为后人深入研究精神病学提供了丰富的资料。

在先秦时期，"癫"病是指形体颠仆的癫痫之病。《吕氏春秋·知接篇》称为"苛疾"，高诱注曰："苛，鬼神下人病也。"又有"蛊""痴疾""狂易""丧心"等异名。在《黄帝内经》中亦有相关的记载，如《素问·宣明五气篇》曰："邪入于阴则痹，搏阳则为癫疾。""癫"几乎是意义上的"痫"症。癫由癫痫之癫而转指癫狂之癫，盖始于唐代。具体而论，当首推孙思邈。他在《备急千金要方》卷十四"小肠府"中列有"风癫第五，狂邪针灸图诀附"，论六首、方三十四首、针灸法四十八首。他还指出："凡诸百邪之病，源起多途，其有种种形相，示表癫邪之端而见其病，或有默默而不声，或复多言而谩说，或歌或哭，或吟或笑，或眠坐沟渠，啖食粪秽，或裸形露体，或昼夜游走，或嗔骂无度，或是蛊蛊精灵，手乱目急。如斯种类癫狂之人，今针灸与方药并主治之。"从而确定了癫的命名，使癫病的理论与疗法自成一体，既有发病的原因、临床上的种种表现、诊治原则，又列举出一系列的诊断预测方法、方药、针灸等疗法。在《备急千金要方·少小婴孺方》"择乳母法"中就指出"凡乳母者，其血气为乳汁也，五情善恶，悉是血气所生也，其乳儿者皆宜慎于喜怒"。儿童癫痫多由先天因素所决定，强调"少小所以有痫病及痉病者，皆由脏气不平故也。新生即痫者，是其五脏不收敛，血气不聚，五脉不流，骨法不成也，多不全育"。还有"治疗产后忽苦，心中忡悸，或志意不定，恍恍惚惚，言语错谬"的茯神汤，《千金要方·治诸横邪癫狂针灸图诀》曰："悲泣鬼语，灸天府五十壮。"癫狂的证候与症状很复杂，变化较多。又曰："悲泣邪语，鬼忙歌哭，灸慈门五十壮。"又曰："邪病语不止，人中主之。"

法医精神病学在法医学史上记载较少，只有散在案例，但孙思邈的研究给案件处理提供帮助，其中不少用语为法医检验所引用。

3. 长孙无忌

长孙无忌(597—659)，字辅机，河南洛阳人。先世乃鲜卑族拓跋氏，北魏皇族支系，后改为长孙氏。历任尚书仆射、司空。贞观十一年(637)奉命与房玄龄等修《贞观律》。唐高宗即位，册封太尉，同中书门下三品。永徽三年，长孙无忌等受唐高宗之令对《永徽律》的精神实质和律文逐条逐句进行疏证解释，以阐明律条文义，并通过问答形式，剖析内涵，说明疑义，撰成《律疏》三十卷，永徽四年颁行。《律疏》与《律》合为一体，统称《永徽疏律》，宋元时称作《故唐律疏议》，明末清初始名为《唐律疏议》。

唐代法律中有关检验的规定，对我国法医学的贡献很大，基本上从法律层面规定了法医学发展方向和水平。《唐律疏议》共十三篇，其中与法医学关系密切的是：第八篇《斗讼》律关于惩治斗殴和维护封建的诉讼制度，第九篇《诈伪》律关于打击欺诈、骗人的犯罪行为和第十二篇《断狱》律关于审讯、判决、执行和监狱管理。唐律规定，在人命案件和伤害案件中，法医鉴定的主要对象是尸体、受伤者以及谎称"有病"的人，即诈病鉴定,也就是今天的尸体检验和活体检查。此外,法医鉴定对象,除上述检查和检验外,新增了对说谎人的检查。同时,《诈伪》律还专门规定了对那些在法医鉴定中弄虚作假的鉴定人,要按照情节轻重予以处罚。唐律对法医检验制度有明文规定:检验人员被指派检验诈病、诈死和诈伤,若检验不实,要受诈病应得刑罚的减一等处分。如果是真病、死及伤,不以实验,则给人加什么刑罚就反坐什么刑罚。《唐律疏议》中与检验有关的内容相当详细并与刑罚挂钩:斗殴手足殴人无伤者笞五十;斗殴手足殴人有伤(见血为伤)、以他物殴人无伤、以汤火未伤人、拔发(或髻)不满方寸、鼻出血者各杖六十;以他物殴人有伤、拔发方寸以上至髡发不尽仍堪为髻者各杖八十;耳目出血、内损吐血、痢血者以手足者杖八十以他物者杖一百;兵刃砍射不着、折齿、毁缺耳鼻口眼、眇一目、折手足指、破骨、汤火伤人者徒一年;折二齿二指以上、髡发者徒一年半;刃伤、折人肋、眇两目、堕人胎(母辜限内子死)者各徒二年;肢折、骨移位、瞎一目等辜限内平服者各徒二年;肢折、骨移位、瞎一目等辜限内未平服(残疾、废疾)者各徒二年;瞎两目、十指并折、折二肢、断舌、毁败阴阳者流三千;以手足他物斗殴杀人者绞;刃杀人及故意杀人者斩。

唐代法律中,与法医有关的还有保辜制度。从立法层面来看,唐律关于保辜的规定并未明言人身损害赔偿的内容,但实际上适用保辜者,加害人有为受害人请医疗伤的义务。从这个意义上说,保辜也是人身伤害赔偿的办法。保辜制度的目的是对行为人进行科学、准确的定罪量刑,其深层次意义更在于鼓励加害人对被害人的救助医疗,重视对被害人合法利益的保护,从而达到对被害人物质补偿的效果,同时还可能使双方达成一定程度上的和解,从而实际上达到稳固社会秩序的效果。这种人身损害赔偿方式对当今仍具有借鉴意义。

4. 韩愈

韩愈(768—824),字退之,号昌黎,故称韩昌黎,谥号文公,故称韩文公,唐河南河阳(今河南孟州)人。贞元二年(786),19岁的韩愈赴长安参加进士考试,三试不第,直到贞元八年(792)第四次应考,才考中进士。此后又连续三次应吏部博学鸿词科考试,皆不中。直到29岁才在汴州谋得观察推官,后回京任四门博士。36岁时,任监察御史,后贬为阳山县令。宪宗时,为国子博士。元和十二年,韩愈50岁时,迁为吏部侍郎。但两年后,被贬为潮州(在今广东)刺史。长庆四年(824)病逝,终年57岁。韩愈是唐朝文学家,思想家,著有《韩昌黎集》《外集》《师说》《送穷文》等。

韩愈对法医学贡献是他描述苍蝇趋污趋臭的习性。韩愈在《送穷文》中说:"蝇营狗苟,驱去复还",意思是苍蝇来来往往地追逐脏东西。古人对流到体外的血称为"血污",因有味道称为"血腥",均为脏东西。苍蝇遇到"血污""血腥"就会趋血营营不还。其实,早在韩愈之前,古人就认识苍蝇趋血的习性。《诗经》的《小雅》,有一首题为《青蝇》的诗,共三节,每节都以"营营青蝇"起句。第一节四句原文是:"营营青蝇,止于樊。恺悌君子,无信谗言。"营营,形容往来频繁之状;青蝇,是蝇类中的绿头苍蝇,而营营往来的青蝇,让人讨厌。唐朝之后,南宋法医宋慈在《洗冤集录·疑难杂说下》介绍的"晒镰案"就利用苍蝇趋血习性断案。①

韩愈还做过一例水银中毒的死亡报告。据北宋寇宗奭《本草衍义》记载:"唐韩愈云:太学士博士李千遇信安人方士柳贲,能烧水银为不死药。以铅满一鼎,按中为空,实以水银,盖封四际,烧为丹砂。服之下血,比四年,病益急,乃死。"

5. 蒋常

蒋常,唐御史,贞观年间(627—649)人。据郑克《折狱龟鉴》"蒋常留妪"记载:"唐贞观中,卫州版桥店主张逖妻归宁。有魏州三卫杨正等三人投店宿,五更早发。是夜,有人取其刀杀逖,却纳鞘中,正等不觉。至晓,店人追及,刀血狼藉,收禁拷掠,遂自诬服。太宗疑之,差御史蒋常覆推。常至,追店人十五以上皆集,人数不足,因俱放散,独留一妪年八十余,晚乃令出,密遣狱典觇之,曰:'有人共语,即记姓名。'果有一人问妪:'使人作何推勘?'前后三日,并是此人。捕获诘问,具服:与逖妻奸杀逖,有实迹。正等乃释。旧不着出处。当是唐人小说所载,今亡其本耳。余类此者,同。"郑克说:"蒋常用谲察贼,而能释冤,斯无恶于谲也。"这个案件看似一起"人证物证俱在"的铁定杀人案,就这样被蒋常推翻并抓获了真正的凶手。这起案件不仅让我们看到了古人在断案过程中巧妙地应用犯罪心理学方法进行技术分析、巧妙布探、

---

① 详本书第273页"晒镰案"。

"用谲察贼",最终侦破案件。现在侦查工作中,常常在案件发生的地区逐户逐人过筛子,这种"撒大网"的方法,对有些案件的侦破,曾起到了一定的作用,但不能不分案件的具体情况而一味采用"撒大网"的侦破方法,而应视案件的不同情况,有针对性地采用侦破方法。唐贞观年间的蒋常"用谲察贼"方法是一个很好的例子。

6. 王冰

王冰(710—804),号启玄子。曾任唐代太仆令。年轻时笃好养生之术,留心医学。他对法医学的贡献是定补《黄帝内经素问》,确定死亡指征。

《黄帝内经素问》(简称《素问》)是现存最早的中医理论著作,相传为黄帝创作,实际非出自一时一人之手,大约成书于春秋战国时期。"素者,本也;问者,皇帝问于岐伯也。"岐伯乃上古医学先知,因此就诞生了以皇帝与先知们问答形式撰写的综合性医学文献——《黄帝内经素问》。原来9卷,古书早已亡佚,后经唐代王冰订补,定名为《黄帝内经素问》。王冰潜心研究《素问》达12年之久,经过分门别类、迁移补缺、阐明奥义、删繁存要以及前后调整篇卷等整理研究工作,著成《补注黄帝内经素问》24卷,81篇,为整理保存古医籍做出了突出的贡献。《黄帝内经·素问》(卷十一):"经脉流行不止,环周不休,寒气入经而稽迟,泣而不行,客于脉外则血少,客于脉中则气不通,故卒。"据王冰研究认为,确定死亡有两个指征:"血客脉中、气不通,卒。"

7. 张楚金

张楚金,并州祁(今山西太原)人。少有志行,事必用心。唐高宗时迁刑部侍郎。后任秋官尚书,赐爵南阳侯。张楚金由于处理一件"笔迹鉴定"的案件,在历史上留名。据《朝野佥载》记载,张楚金通过日光透射发现,所谓刺史裴光的谋反信上的字都是修补粘贴而成。于是他把州县的官吏召集在一起,要来一盆水,命令炮制信件的江琛把谋反信扔到水中,结果字字解散,江琛叩头认罪。①

法医学上,有的案件不全是靠机智地推测案情所能解决的,而是经验积累和偶然发现。荀子曰:"人有失针者,寻之不得,忽而得之;非目加明也,眸而得之也。"意思是有人丢了针,找了一天也未找到,后来找到了,并不是因为眼睛变得更加明亮了,

---

① 详本书第149页"张楚金解字"。

而是偶然低下眼睛看到了它。心对于所思虑的事情也是如此，关键在有一片诚心，求之不已。张楚金研究案情，也是用"心"与案件"对话"，经过苦苦思索，他尽了"心"，结果出来了。在阳光的帮助下，他发现了奥秘：字都是修补粘贴而成的！后面他的检验过程十分专业，面对用糨糊将剪纸一张张贴上的伪造信件，他就用纸的浮力和水的张力，把粘上去的纸张揭开。于是，他用一盆清水当着江琛和众人的面做实验，揭开真相。案件就这样破了，江琛心服口服地受到惩罚。这就是唐"佐史诬袭"案的整个检验过程。

张楚金还办了指纹捺印检验案。唐建中三年(782)七月十二日，士兵马灵芝急需银两，向报国寺建英和尚借钱一千，月息一分；如果建英和尚需要，随时可将本息收回；如马灵芝不能归还，建英和尚可将马灵芝的全部财产取走，恐无凭证，立据捺印。该借款契约案例后经张楚金检验证实了立据捺印的真实性。根据该记载也证实，在唐代我国民间已经运用指纹来进行个人身份确认。说明当时人们已经认识到每个人的指纹具有高度特异性，人各不同，指指相异，可以用来区分不同个体。

8. 皇甫枚

皇甫枚(841—911)，字遵美，安定郡朝那(今甘肃平凉)人。唐懿宗咸通末年(873)，皇甫枚担任汝州鲁山县(今河南省鲁山县)县令。当年，他弃官由鲁山来到陕西，在郑县(今陕西华县)住了一段时间，唐僖宗光启二年(886)到梁州(今陕西汉中)，后来到四川。唐天祐年间(904—907)到山西。皇甫枚创作的《玉匣记》对法医学尸体伤痕检验有贡献。陶宗仪《说郛》中转引皇甫牧《玉匣记》的记载："太常博士李处厚知庐州梁县，尝有殴人死者，处厚往验伤，以糟或灰汤之类薄之，都无伤迹。有一老父求见，乃邑之老书吏也。曰：'知验伤不见迹，此易辨也。以新赤油伞日中覆之，以水沃尸，其迹必见。'处厚如其言，伤迹宛然。自此江淮之间官司往往用此法。"赤油伞日下验伤(骨)方法，在宋慈《洗冤集录》中也有专门记载。王锦光依据《太平广记》中曾引用了《玉匣记》这一史实，以及《太平广记》编撰结束的确切年代是在 978 年，并由此推断《玉匣记》的成书年代至迟在 978 年以前。① 可见，我国在司法检验上用红油

---

① 王锦光. 关于红光验尸[J]. 杭州大学学报(自然科学版). 1984：328—330.

雨伞"滤光"的"红光验尸"法，可能在北宋王朝建立(960)之前的五代时期，就有人使用了。

9. 巢元方

巢元方，隋代医学家。巢元方在隋大业年间(605—618)医事活动频繁，任太医博士、太医令，业绩卓著。隋朝建立了中国历史上最早的医学教育"太医署"，这也是世界文明史上最早见于记载的、规模宏大的官办医学教育。隋炀帝下诏，命巢元方主持编纂中国第一部病因证候学专著《诸病源候论》。《诸病源候论》又称《巢氏病源》，是中国医学发展史册中第一部系统化、科学化地详细论述疾病发生原因、症候表现及分类的巨著。巢元方在《诸病源候论》中介绍了法医学上银钗验毒的方法，说明银钗验毒大约产生在隋代。银针等银质物件遇某些东西后马上变黑，主要见于银与硫化物相互的作用。硫化物可以在银器表面形成暗色的硫化银，使银针等看起来变黑。这与"毒素"的作用无关。因此说，只要遇到含有很多硫的物质，无论这种物质是否有毒，银针插入其后都会变黑。而一些剧毒物质，如砒霜、氰化钾、氰化钠等，由于不含硫，用银针检验就不会发生变黑的情形。按照现代医学理论分析，这种验毒方法不科学，其局限性很大。虽然银钗验毒并不科学，但作为一种验毒法在毒物检验史上还是有意义的。

10. 李延寿

李延寿，字遐龄，唐代相州(今河南安阳)人，史学家。他的政治与学术活动基本是在唐太宗初年至唐高宗初年这三十年间进行的。他任过东宫典膳丞、崇贤馆学士、御史台主簿，兼直国史符玺郎、兼修国史等官职。他在政治上没有什么作为，修史是他一生的主要事业。他参加了唐代官修史书《隋书》《五代史志》《晋书》和唐朝当代国史的修撰工作。还独自撰写了三十卷的《太宗政典》，又继承其父李大师遗志，以十六年时间，独立修成《南史》和《北史》，《新唐书》对两书评价颇高，称"其书颇有条理，删落酿辞，过本书远甚"。

《南史·孝义传》里记载的一个东晋时期父子间的滴骨验亲实例："以父尸不测，入海寻求。闻世间论是至亲，以血沥骨，当悉凝浸。乃操刀沿海，见枯骨则刻骨灌血，如此十余年，臂胫无完全，血脉枯竭，终不能逢。"这就是历史上的"滴骨验亲法"。

滴骨验亲法是以生者的血滴在死人的骸骨上,看血是否入骨,入骨即认为有血统关系,不入则否。这种方法虽不科学,但是我国用血液进行亲权鉴定最早的方法,是现代用血型鉴定亲权的先声,因而受到中外法医学者的重视。

11. 李商隐

李商隐(813—858),字义山,号玉谿生,又号樊南生,怀州河内(今河南沁阳)人,出身于小官僚家庭,自其祖辈起,移居郑州荥阳。他的先祖是李唐王室旁支,然而自其高祖以来家境已衰落,祖辈几代历官均不过县令。李商隐九岁丧父后,奉母归郑州。不久,随从叔习古文和书法,希望能振兴家道。十六岁时著《才论》《圣论》,以古文为士大夫所知。于唐文宗开成三年(838)进士及第。曾任弘农尉、佐幕府、东川节度使判官等职。开成四年(839),李商隐被调任弘农(今河南灵宝)县尉。

李商隐在弘农任职期间很不顺利,他因为替死囚减刑("活狱")而受到上司陕虢观察使孙简的责难。李商隐感到非常屈辱,难以忍受,最终以请长假的方式辞职①。李商隐是对后世最有影响力的诗人之一,清代孙洙编选的《唐诗三百首》中,李商隐的诗作有 22 首被收入,数量仅次于杜甫(38 首)、王维(29 首)、李白(27 首),居第四位。李商隐对法医学的贡献是他在《杂纂·恶行户》中"暑月仵作家"的记载,使后人了解仵作的由来、地位和家族承业等,对研究我国古代仵作职业和检验史有较高价值。

四、五代十国时期的法医学发展

(一)五代法医检验的成就

1. 县尉参与检验

五代县尉的设置和职能,起到了承上启下的作用。早在春秋战国时期,在县内就有尉职,当时带有治安、刑狱等职能。秦汉均设此职,其中汉代记载较多。三国两晋南北朝至隋唐时期,在县内设置县尉已定型。五代十国沿用此名称。明、清时,改为典史。从现存史料来看,县尉一职发展到五代开始慢慢走向专业化,其主要职责是治安、捕盗和检验。至北宋时期确定县尉负责法医检验,而南宋时期县尉检验严格化。

---

① 见李商隐《任弘农尉献州刺史乞假归京》。

五代县尉参与检验与宋代"县差尉"检验有区别。前者是只参与，类似到场，负责人是县令。而宋代"县差尉"是县令可差县尉直接负责检验，县尉不但对县令负责，同时对检验负责。更重要的是，五代县尉职能变化是法医检验走向专业化和行动便捷化，这和当时五代处于战乱时期有直接关系。

2. 关于法医检验的著作

五代时，反映汉唐以来法医学成就的书籍《疑狱集》(四卷本)出现。该书中有平反冤狱、揭露奸凶、检验方法之类的法医案例，这是我国较早涉及法医检验工作的一部专著。《疑狱集》是五代和凝(898—955)及其子和㠓(950—995)先后编辑的，约刊于989—990年。后人认为，五代和凝、和㠓父子从史书与其他文化典籍中搜集治狱之理、定案之道、破案之法，合撰出《疑狱集》，可以说是我国一部较早涉及法医检验的专著，也是五代最重要的法医学成果。

3. 仵作与检验

五代时，县令、县尉检验尸体时会请帮工抬运、翻动尸体等。这些帮工被称为"仵作"，工作内容类似于秦代的"奴隶"或称"隶臣"的工作。据五代王仁裕《玉堂闲话》载：仵作是殓尸殡葬成员，叫作"仵作行人"，说明仵作在五代时期还没成为官府人员，是县尉、县令验尸时临时雇佣的帮工。到了宋代，仵作这种类似现代法医专业的吏役，才被统称为仵作或行人。在宋代官府衙门里，仵作已参与具体办案，并有了明确的分工。仵作就是负责处理尸体，并在检验官指挥下大声喝报伤痕的。从五代时期，仵作营殡殓丧葬行当，到宋代充当衙门检验官员助手，到元明时代成为正式检验鉴定吏役，及至清代出现专门针对仵作的培养与奖励制度。成为法定检验吏的仵作，在官署内的地位始终没有提高，他们的官方身份甚至被讥为"贱役"，成为不少人奚落和嘲讽的对象，仵作行人还被人简称为"屠行"。所以，五代"仵作"的出现，意味着检验制度发生变化，正是这些"屠行"里"贱役"的职业司法化，以及"贱役"们从事检验死伤技术的专门化，使仵作的作用在刑事诉讼中不断提升。

4. 医学交流

五代时期，延续隋唐时期中日交流。长期在华学习的"留学僧"和短期访问的

"请学僧",他们中的许多人在浙江的宁波、天台等地修禅,日本当时流传的《康治本伤寒论》就是当时僧人带回的抄本。在医学史上有名的惠田、羽粟翼、菅原椎成、玄昉等人,他们回国后形成日本汉方医学热。五代十国时期日本原顺在著《名类聚钞》、丹波康桢在著《医心方》时均引用了宁波陈藏器的《本草拾遗》一书中的部分资料。至于当时有否检验书籍、方法完整或部分或零散流入日本等国,目前还没有记载,但法律的交流也很有可能会随文化交流而漂洋过海传到国外,因为当时《疑狱集》已问世,而医书中有少量与法医检验有关的内容,此外民间的文学类(如《玉堂闲话》)也或多或少记载一些法医检验案子。

5. 仵作协助

据《玉堂闲话》(成书于948—950)记载:五代时,有个经商在外的商人,妻子被杀,却遍寻不见头颅,妻子娘家人抓住回家的女婿报官。受不住拷打的商人,糊里糊涂就认下杀妻死罪。然而,结案时,太守府衙里一名官员感到此案可疑,他游说太守,建议复查。太守便从境内所有的仵作行人着手,命令仵作行人必须说清近日替人安葬的可疑情节。一仵作报出,境内某大户豪绅办丧事,只说死了奶妈,可灵柩极轻,从墙头抬过,像是无物。太守便遣人挖墓开棺,果得一女人头!提出被囚商人辨认,并非妻首,太守收捕大户讯问,豪绅大户无奈地供出:杀了自家奶妈,后将头颅装棺埋葬,并以无头尸体假做商人妻,好将商人妻养于密室,案情告破,被判斩的商人亦被开释回家。这就是五代时民间仵作行人协助办案的较早文字记载。

(二)五代对法医学有影响的人物

1. 王仁裕

王仁裕(880—956),字德辇,甘肃礼县人。五代著名政治家、文学家。少孤,不知书,以狗马弹射为荣。年二十五,始就学。为人俊秀,以文辞知名。后唐末,为秦川节度判官。后仕蜀为翰林学士。后唐庄宗平蜀,复以为秦川节度判安官。废帝时,以都官郎中充翰林学士。后晋高祖时,为谏议大夫。后汉高祖时,复为翰林学士承旨,迁户部尚书。罢为兵部尚书太子少保。王仁裕一生著作甚多,主要有《秦亭篇》《锦江集》《归山集》《入洛集》《南行记》《紫泥集》《华夷百题》《西江集》等共685卷,又撰《周易说卦验》3卷,《紫阁集》《乘招集》《王氏见闻录》《开元天宝遗事》《入洛记》《玉堂闲话》等,并辑有《国风总类》50卷。其中,有关充当古代法医检验人员——仵作的记载,在法医学上有其价值。根据王仁裕《玉堂闲话》所载,仵作是五代时的抬柩工人,五代之后始成为检验吏役。王仁裕这一记载,对仵作的出现年代、出处和职业等有较为明确的说法,他的观点一直为后人所认可。

2. 和凝

和凝(898—955),字成绩,郓州须昌(今山东东平)人。幼时颖敏好学,十七岁举明经,梁贞明二年(916)十九岁登进士第。和凝好文学,长于短歌艳曲。梁贞明二年(916)进士。后唐时官至中书舍人,工部侍郎。后晋天福五年(940)拜中书侍郎同中书门下平章事。入后汉,封鲁国公。后周时,赠侍中。尝取古今史传所讼断狱、辨雪冤枉等事,著为《疑狱集》两卷(951)。和凝的儿子和㟢又增订两卷,合成四卷。《疑狱集》包括许多法医知识,在平反冤狱中有一定作用。例如有名的"张举烧猪"案中记载了如何辨别生前烧死还是死后焚尸。① 书中辑录了汉至五代情节复杂、争讼难决而最后获得了正确处理的案例,如"御史奏状""李崇还儿""丙吉辨影""黄霸戮乱""严遵壁听""赵和籍产""若水留狱""敏中密访"等共100则。内容有的是称颂听讼理狱的明察善断,有的是表扬采证取供的去伪存真,有的是强调调查勘验必须深入,有的是告诫辨析疑难不容疏忽。例如"德裕摸金",是写唐代浙西观察使李德裕,审理甘露寺主事僧等诬控前任主事僧移交寺产时私吞黄金一案,李巧令原告等分别用黄泥捏出被侵吞黄金的形状,结果所捏各不相同,因而揭破了挟嫌诬告。和凝著作甚多,有《演纶》《游艺》《孝悌》《疑狱》《香奁》《籝金》等集,今多不传。现存有《宫词》百首等。和凝《宫词》中有载:"天街香满瑞云生,红伞凝空景日明。"这里"红伞凝空景日明"指在红油伞下阳光透过使物体清晰可辨,他发现了这一物理现象。法医学上,北宋沈括和南宋宋慈都有红油伞下验尸、验骨的记载,至今没有其起源考证,也许是受和凝"红伞凝空景日明"的启发。

---

① 详本书第118—119页。

3. 王溥

王溥(922—982),字齐物,并州祁县(今属山西)人。后汉乾祐时甲科进士,任秘书郎;后周时官至中书侍郎平章事、右仆射;入宋后,封祁国公,位至司空,监修国史。他所撰的《五代会要》共设二百七十九目,汇编后梁、后唐、后晋、后汉、后周五代典章制度及其损益沿革的史书。王溥本人仕于五代,后周时居相位,谙熟五代典章文物,编撰此书时又大量摘引五代诸朝实录中的诏令、奏议,故史料较后出的新旧《五代史》翔实。从这些史料中,可知当时把官衙中专门司验尸的差工称为"仵作"。《五代会要》卷八:"若仵作工匠之徒,辄敢逾越,捉获之后,自合准前后敕文,科断所由,不得更至孝丧之家。"所以,仵作原是以给人送葬为职业,而在官府中当仵作后就不能再从事旧业,同时,若在官府中犯错误被解职,也"不得更至孝丧之家"。这就是官府仵作来自民间仵作又区别于民间仵作之处!从这一点出发,官府验尸是公权,民间丧葬是私事,是不同的,不能用"禁忌"加以囊括和解说。若用民间仵作介绍官府仵作(内仵作),则使人误解,要还历史以本来面目,严谨加以研究。

第三节 汉唐时期法医学与社会治理的相互关系

汉唐时期法医学与社会治理关系密切,其中有一个显著的特点就是医学参与了刑事立法。按理,医学和法学是两个完全不同的学科领域。医学是关于人类同疾病做斗争和增进健康的科学,法学则是关于研究律法及其发展规律的科学;医学处理的主要是人类与疾病"他者"的关系问题,法学处理的主要是人类"自身"之间的关系问题;医学主要属自然科学,法学主要属社会科学。医学对人类发展发挥着重大作用,与医学有关的刑罚立法有其立法的前提条件和医学依据,那就是医学的存在和发展。以唐代为例,它确实是一个医学与法学有机结合的朝代,医学对唐代司法制度产生了深刻影响。

一、禁止鞭背的司法改革

《新唐书·刑法志》载:"太宗尝览《明堂针灸图》,见人之五藏皆近背,针灸失所,则其害致死,叹曰:'夫棰者,五刑之轻;死者,人之所重。安得犯至轻之刑而或致死?'遂诏罪人无得鞭背。"这就是说,唐太宗阅览《明堂针灸图》后,发现人的五脏全靠近脊背,针灸偏离穴位,就会有死亡的危险,由此联想到作为五刑之轻的棰刑由于击背则很可能会致使犯人死亡,从而下令不得鞭打犯人脊背。《册府元龟·帝王部·仁慈》对此有着更为详细的记载:"(贞观四年)十月制,决罪人不得鞭背。初帝以暇日遍览群书,因读《明堂孔穴》,云人五脏之系,咸附背脊,针灸失所,皆有损害。乃废书而叹曰:'令律决笞者,皆云髀背分受,乃有邂逅致死之义。挞人之背,理则宜然。夫棰五刑之最轻者也,死又生之至重者也。岂容犯最轻之刑,而或鞭笞致死。自古帝王,由来未悟,不亦悲夫。'即日遽颁此制。"以上材料说明医学与唐代行刑司法的关系。通过分析我们发现,医学的现状对行刑这项司法制度的影响很大,甚至可以说直接推动了司法的改革,促成了新的行刑司法制度的诞生。

太宗观医书而改行刑方式这一医学和司法的关系实际上还涉及两个基本问题:一是人的背部作为人之五脏经络聚集部位的认识;二是此项改革之前存在着鞭背问题。另外,由太宗之语可知在改制之前笞杖刑存在拷打背部的规制。关于笞打背部问题,早在汉文帝刑制改革废肉刑之时就已存在,再加上笞数较多,犯人多被笞打至死。故,据《大学衍义补》记载:"景帝于即位之初,即减笞法。然其数犹多,或笞未毕,而人已死矣。至是又下诏'减三百为二百,二百为一百'。因是定棰令,而用二臣之请,更笞背为笞臀,自是笞者得全。"此处二臣即为丞相刘舍和御史大夫卫绾。可见,笞背是文帝废肉刑的产物,而笞背改为笞臀则是景帝改革的产物。然而,随着肉刑的反复,特别是"后世犹有巧为之具,倍为之度,用所不可用之人,施所不当施之处"。至隋唐新五刑最终确立之时,背部又成为笞杖之刑的主要部位。因此才有当太宗目睹人体背部为要害之所时而力行改制之事。

可以说,医学的成就在唐太宗时造成了一项关于笞杖行刑制度的重大改革。也许早在汉丞相刘舍和御史大夫卫绾奏请改笞背为笞臀之时，汉代的医学也已经认识到了背部的要害性，却并没有给后人以深刻的印象，而在唐贞观时代由于皇帝对明堂孔穴位图的阅览，却引发了一场由皇帝主动发起的影响深远的行刑改制运动。

二、唐代"三复奏""五复奏"制

医学因素引发一场关于死刑执行需要"三复奏""五复奏"的司法制度。《旧唐书》载：贞观五年(631)，河内人李好德患疯癫病，说了一些邪恶荒唐有害于朝廷的言语，太宗听信谗言一怒之下将李好德、张蕴古在东市斩首。之后太宗又非常后悔错杀了二人。于是，为谨慎对待死囚犯的处决，唐统治者遂颁制实行诸州三复奏和京城五复奏制。① 此案实际上是一个李好德和张蕴古的连环案，构成这个连环案的基本链条就是一个医学问题：李好德是否患有疯癫病而神经错乱（"风疾瞀乱"），从张蕴古调查和整个案件分析来看，李好德应当是患有此病的，所以他才会有"妖妄之言"，张蕴古才奏报李好德"癫病有征"。现代的死刑复核，是一审、二审后的最高院复核制度，与唐代因医学因素引发的关于死刑执行需要"三复奏""五复奏"的司法制度有相似的地方。

三、医学影响下的刑讯、囚管、行刑司法制度改革

唐代的许多司法制度都折射出医学的因素和力量。如刑讯制度，唐代刑讯的前提，《唐律疏议》卷二十九载："依《狱官令》：察狱之官，先备五听，又验诸证信，事状疑似，犹不首实者，然后拷掠。""依《狱官令》：拷囚，每讯相去二十日。若讯未毕，更移他司，仍须拷鞫，即通计前讯，以充三度。"不仅"拷囚不得过三度"，且"数部不得过二百"。以此刑讯规制则可明显看出立法者的立法意图：之所以每次拷讯要相隔二十天，是从医学角度考虑到了犯人身体的健康恢复程度，以使其能够承受下次拷打；之所以拷囚不得超过三度，且拷打总数不得超过二百下，同样是从医学角度权衡犯人的身体总体承受能力。为使得这种医学因素介入的刑讯规制落到实处，法律规定了对

---

① 详见本书第149页"李好德癫狂案"。

违法法官的惩处："若拷过三度,及杖外以他法拷掠者,杖一百。杖数过者,反坐所剩。以故致死者,徒二年。"不仅对身体健康的囚犯拷讯讲求医学成分,唐律还针对身体有伤或有病的囚犯的刑讯问题进行了专门规范,即"拷虽依法,囚身有疮若病,不待差而拷者,杖一百。若因疮病未差而拷致死者,徒一年半"。显然,有伤或有病从医学健康的角度看,是不应该进行拷讯的,只有等到伤好病愈了才可拷讯,否则即会使得囚犯之伤病雪上加霜甚至导致死亡。因此,唐代法律对拷讯伤病囚犯的行为进行禁止和处罚,医学因素的介入和影响明显可见。

四、医学与老幼残的治罪监管制度

唐律对某些特殊的群体,如老年、儿童及残疾人,网开一面,并不准行对其拷讯。《唐律·断狱》:"若年七十以上,十五以下,及废疾者,并不合拷讯,皆据众证定罪。违者,以故、失论。"此处"废疾"是指"一肢废、腰脊折、痴哑、侏儒"等人。显然,这些老少废疾由于身体的非健全性,从医学的角度看是绝对不宜被拷打的,否则对身体的伤害将会太大甚至可能会导致重伤或死亡。对这些人定罪量刑,须绕开传统惯用的刑讯逼供的审判方式,采用"可据众证定罪",即"三人以上,明证其事,始合定罪"。这是唐代对特殊的弱者群体定罪量刑的创造,突破了传统上过于依赖口供的定罪制度,而这项制度的创新显然是医学因素的推动。其他如对孕妇的"未产而拷""产后未满百日而拷"的拷讯行为进行禁止和处罚,同样医学因素在其中起了很大作用。又如囚犯监管制度。按照唐《狱官令》,"囚有疾病,主司陈牒,请给医药救疗","病重,听家人入视"。若主管官员不给予治疗或不许囚犯家人探视,则应对官员处罚六十杖。同样,对囚犯病重"应脱去枷、锁、杻而不脱去者",也要杖六十。如果对囚犯生病,主管官员不为其请领治疗,或者虽为其请领又不立即供给医药,以及囚犯病重,不许家人探视或不给解脱刑具,由于这些情况而导致囚犯死亡的,对该官员要判处一年徒刑。又《新唐书·刑法志》载:"轻罪及十岁以下至八十以上者、废疾、侏儒、怀妊皆颂系以待断。"这些规定,充分折射出立法者从医学角度对人之身体的关注。

五、医学与保辜制度

唐代司法制度不少受医学因素的影响和推动,保辜制度就包含着丰富的医学知识因素,从而使得这些法律的实施染上了丰富的医学色彩。《唐律》规定:"诸保辜者,手、足殴伤人,限十日;以他物殴伤人者,二十日;以刃及汤、火伤人者,三十日;折跌支体及破骨者,五十日。"可见,辜限长短的设立是根据伤害手段和伤情的轻重来定。在这里,以手足还是他物伤人之手段一般较易确定,但伤情如何却并不是很容易判断的,它需要一定的医学知识作为依据。如骨折、骨节错位、骨裂等的判定就涉及医学运用。更为重要的是,设立保辜的其中一个关键目的在于追求真正的罪刑相应。因为按医学知识来分,伤情可表现为外伤和内伤,外伤很容易判断,但内伤很难诊断。辜限的设立其目的之一就是要使得这种内伤在一定的潜伏期后,其症状能够全面爆发出来,这样才能真正达到罪刑相应。而伤情的全面爆发,其伤情程度如何进行判断同样需要医学相助。法律规定:"限内死者,各依杀人论。其在限外,及虽在限内,以他故死者,各依本殴伤法。"这里的"以他故死者",是指"别增余患而死",而如果"殴人头伤,风从头疮而入,因风致死之类",仍依杀人论处。

吐鲁番出土文献《唐宝应元年(762)六月康失芬行车伤人案卷》是唐代保辜制度的一个很好的例子,体现唐律中关于保辜制度的具体法律规定和实际操作。① 唐代保辜制度体现了儒家"德礼之治"的思想,更体现了唐代立法者应用医学知识化解社会矛盾的立法基础。可见保辜制度不仅在其制度的设置问题上以医学知识为推力,而且在该项制度得以运作的司法过程中更需要医学知识作为推力,否则保辜制度就难以真正有效实施。

六、《唐律疏议》与法医学发展

法的作用是指法对人与人之间所形成的社会关系所发生的影响,它表明了国家权力的运行和国家意志的实现。法有规范作用和社会作用,其目的是国家社会治理。《唐

---

① 详本书第 178 页。

律疏议》在当时就起到这种作用。

我国古代对法进行解释由来已久。东汉时期郑玄、马融等就为《汉律》做过章句解释，晋代张斐为《泰始律》做过注解。《唐律疏议》是长孙无忌等人就《永徽律》逐条所做的注解。唐时《唐律疏议》原名《律疏》，宋沿用，元以后通称《唐律疏议》，一作《唐律疏义》。据《旧唐书·刑法志》，唐高宗永徽三年（652）下诏称，"律学未有定疏，每年所举明法，遂无凭准"，命长孙无忌、李贵于志宁等"广召解律人"，撰写此书。次年十一月书成，经皇帝批准，颁行天下。"自是断狱者，皆引疏分析之。"从唐高宗的诏书来看，这部书是专门为了明法科举而编写的；其实也是为了统一律文的解释，以保证律书的统一适用。正如疏议所说："今之典宪，前圣规模，章程靡失，鸿纤备举，而刑宪之司，执行殊异，大理当其死坐，刑部处以流刑；一州断以徒年，一县将为杖罚；不有解释，触涂睽误。"

《唐律疏议》分三十卷，十二篇，现存五百零二条律文（即法条）。其篇目按唐律名例、卫禁、职制、户婚、厩库、擅兴、贼盗、斗讼、诈伪、杂律、捕亡、断狱。名篇的开头，都有一段话说明律名的历史沿革及其排列秩序的理由。然后对律文分条解释，既解释词义，也阐明法理。对律文中的疑难问题，还在解释后采用问答的方式做进一步的阐释。此书不单单解释律文，还引用了大量律书以外的法令，对律书中规定得不够完备和不够周密的地方进行补充。它虽是一部解释法律的书，但经过皇帝的批准，本身具有法律效力，因此成了唐律的一个重要组成部分。此书逻辑谨严，术语精密，文字精练，解说详明，不仅使古质难读的律文变得晓畅明白，而且使律书条理化，成为一个有机的整体，大大提高了它的理论性。唐律能够广泛流传，成为唐以后历代封建王朝制法的楷模，同这部《唐律疏议》起了一定的作用是分不开的。

《唐律疏议》中与法医检验关系较大的主要是职制、斗讼、诈伪、杂律和断狱等。我国古代法医检验由司法官吏完成并负责，检验断案决定官员的仕途、升迁和是否受到惩戒，也是日常工作之一。因此，我国古代很早就重视法医检验，这也是我国古代法医学发展早于西方的原因之一。作为《唐律》司法解释的《唐律疏议》，对法医学的发展起到规范作用，为以后宋代的法医学迅速发展起到推动作用。

第三章 汉唐时期法医学与社会治理关系研究

第四节 法医检验对汉唐时期社会治理的积极和消极作用

一、证据制度

汉代是运用证据进行审判的,其一,规定了严格的获取口供的程序;其二,规定了采证与勘验制度,其中包括有条件刑讯、重视现场勘验、强调各种证据的综合运用等制度。汉代法律规定伪证有罪。居延出土汉简中发现的东汉《建武三年(27)侯粟君所责寇恩事》案卷中记载,在审案时,要先对被讯问者告以"证财物故不以实"所负刑事责任的法律,然后进行讯问。张家山汉简《奏谳书》在一定程度上也涉及证据的调查和采信,如通过"诘某某""问某某"取得供词、证词等证据,"诊"取得各种物证,"律"表明适用何种律条,通过"鞫""审"对犯罪者定罪量刑。据《史记·酷吏列传》,汉代主张"会狱,吏因责如章告劾,不服,以笞掠定之",也就是说,为了获取口供,可以用刑讯等一切方法。魏晋时期,也有用"测囚之法"以得到口供的记录。南北朝时期,梁朝创立了讯囚的"测囚之法",陈朝沿用此法。据《南史·列传》,按照梁朝法律,对囚犯审问的办法是,每天上刑一次,"起自晡鼓,尽于二更"。即开始于下午三时到五时,结束于夜里九时到十一时。

唐代规定了严格的刑讯程序。在罪证确凿、人赃俱获的情况下,虽无口供,据物证亦可定罪。唐代已把刑讯获取证据(口供)作为合法手段。主要施用于被告人,但也适用于控告人和证人。刑讯至唐代进一步规范化和制度化。唐律对于刑讯的条件、用具、适用对象和拷讯违律者的法律责任等都有所规定。实际上,审判并非一开始就拷讯。《唐律疏议》记载:"依《狱官令》:察狱之官,先备五听,又验诸证信,事状疑似,犹不首实者,然后拷掠。""故拷囚之义,先察其情,审其辞理,反复案状,参验是非。犹未能决,谓事不明辨,未能断决,事须讯问者,立案,取见在长官同判,然后拷讯。"

唐代重视"五听"(或五辞)判案法,即通过辞听、色听、气听、耳听、目听来断定当事人陈述的真伪。司法官更在听讼断狱时，一般都要求原被告双方到庭陈述，司法官吏则"察辞于差"，发现和审核双方当事人供词中的矛盾。

我国古代实行"疑罪从轻、从赎或从赦"，不管如何处理疑案，都是有罪推定。如《唐律疏议》记载："诸疑罪各依所犯以赎论。"

唐代法律还规定了相关的法律责任，如唐律规定，证人不讲真话，以致定罪有出入的，证人要负刑事责任。《唐律疏议·斗讼》载："诸诬告人者，各反坐"；再如《唐律疏议·断狱》规定，司法官吏违律拷讯的，应受"笞三十，以故致死，徒一年"。

唐代诉讼重口供和允许刑讯，但是在下列特殊情况下，也许可不凭被告人口供而以其他证据定罪：第一，根据《唐律疏议·断狱》规定，属于议、请、减、老、小、废疾等不得拷讯的被告人，"皆据众证定罪"。第二，《唐律疏议·断狱》规定："若赃状露验，理不可疑，虽不承引，即据状断之。"

唐代刑律对证人证言的收集、使用，规定了一些规则，如不得作证的情况。在通常情况下，证人必须作证，而且法律上允许拷打证人。但是，根据唐代法律规定，下面两类人不得作证：第一，属于相容隐范围的人，即一定范围的亲属之间和奴婢、部曲(农奴)雇工对家长不得作证。这是封建礼教和家族制度在证据制度上的反映。第二，年八十以上、十岁以下和笃疾者(恶疾、癫狂、两肢废、两目盲等)，这些人往往缺乏作证能力，而且"以其不堪加刑故，并不许为证"。唐律规定，证人不讲真话，以致定罪有出入的，证人要负刑事责任。众证定罪。《唐律疏议·名例》说"称众者，三人以上"，就是要有三个以上证人"明证其事，始合定罪"。如果只有两个证人，或虽有三个以上证人，但有人证实，有人证虚，也不能定罪。

检验，是指司法官吏为了收集物证和其他证据，查明案情，对与犯罪有关的尸体和活人身体进行检查的诉讼活动。我国古代法律要求所有检验活动都必须依法进行，违者要负法律责任。例如，《唐律疏议·诈伪》规定："诸诈病及死伤，受使检验不实者，各依所欺，减一等。若实病死及伤，不以实验者，以故入人罪论。"这说明唐代在办案实践中已十分重视勘验鉴定结论的作用。

二、刑事处罚

(一)汉代刑罚

西汉文帝十三年正式改革刑制,主要是废除肉刑,以笞刑、徒刑、死刑来取代原有的刑罚。具体为:把黥刑改为髡钳城旦舂,劓刑改为笞三百,斩左趾改为笞五百,斩右趾改为弃市。汉景帝执政之后,两次减少笞的数量。制定《棰令》,具体规定执行笞刑的刑具尺寸、重量、规格,行刑时中途不得更换人。汉文帝废除残人肢体、刻人肌肤的肉刑,建立了以人体刑、劳役刑为主体的笞刑、杖刑、徒刑、流刑、死刑"五刑"体系。

(二)唐代刑罚

唐代五刑包括笞刑、杖刑、徒刑、流刑、死刑。唐代五刑可加减。加刑:加到较重的等次,如杖一百加一等是徒一年,徒三年加一等是流二千里。减刑:减到比较轻的等次。减刑对笞刑、杖刑、徒刑来讲是按照等次来减,对流刑和死刑比较特别,是按刑种来减,即:二死三流同为一减,如流三千里减一等,变成徒三年,流两千五百里和流二千里减一等也是徒三年,即三流同为一减;两死即斩和绞减一等都是流三千里。

《唐律疏议》根据伤害案件中损伤程度和凶器性质进行刑罚的注释,诸斗殴手足殴人有伤(见血为伤);方寸者,谓量拔发无毛之所,纵横径各满一寸以上者,若方斜不等,围圆四寸为方寸;眇谓亏损其明而犹见物;若折二指、二齿以上,称以上者,虽折更多亦不加罪;瞎一目,谓一目丧明全不见物;辜内平服者,谓折跌人肢体及瞎一目,干立辜限内骨节平服,及目得见物;断舌,谓至不得语(若可解,则从伤科);毁败阴阳,谓孕嗣废绝(若不绝孕嗣者,从伤科);因旧患令至笃疾,假有旧伤,一目为残疾,更瞎一目为笃疾;或先折一脚为废疾,更折一脚为笃疾。

唐律将非致命伤分成损伤、残疾、废疾、笃疾,与今天的轻微伤、轻伤、重伤、伤残分类的立法原理是一致的。唐律对于不同程度的损伤提出了明确的法医学鉴定标准,特别是《唐律疏议》原注释的内容,所定的标准是相当明确的,根据这些标准可以较准确地做出法医学鉴定，同时规定相应判处何种刑罚(表1)。这些规定说明唐代的法医学活体检查是相当盛行的，并且达到了较高的水平。此外，《唐律疏议》对损伤程度鉴定中提到的保辜(包括辜内、辜外的规定)，是继承秦汉以来，古代的检验官积累了大量活体损伤检查的经验。唐律的立法本意是，受伤当时看来不重，或虽重当时未死，可是由于损伤的进一步发展可能致死。为了确定受伤后经过定时间死亡与损伤的因果关系，于是提出了保辜的办法。

表1 唐律根据伤害案件中损伤程度和凶器性质进行刑罚的有关规定

损伤程度与凶器性质	刑罚
斗殴手足殴人无伤	笞四十
斗殴手足殴人有伤；以他物殴人无伤；以汤火未伤人；拔发不满方寸；鼻头出血	各杖六十
以他物殴人有伤；拔发方寸以上至髡发不尽仍堪为髻者	各杖八十
以手足殴人致耳目出血；内损吐血；痢血	各杖八十
以他物殴人致耳目出血；内损吐血；痢血	各杖一百
兵刃砍射人不着者	杖一百
折齿；毁损耳鼻口眼；眇一目；折手足指；破骨；汤火	徒一年
伤人折二齿、二指以上；髡发	徒一年半
刃伤；折人肋；眇两目；堕人胎(母辜限内子死)	各徒二年
折肢；骨移位；瞎一目等辜内平服者	各徒二年
折肢；骨移位；瞎一目等辜内未平服者(残疾、废疾)	各徒三年
瞎两目；十指并折；折二肢；断舌；毁败阴阳；笃疾(及因旧患令至笃疾)	流三千里
以手足他物斗殴杀人者	绞
刃杀人及故杀人者	斩

(三)汉唐对"不孝"的惩处

1."不孝"的范围

张家山汉简《二年律令·贼律》："子贼杀伤父母，奴婢贼杀伤主、主父母妻子，皆枭其首市。"意思是，子牧杀父母，殴詈泰父母、父母、假大母、主母、后母，及父母告子不孝，皆弃市。贼杀伤父母，牧杀父母，殴詈父母，父母告子不孝，其妻子为收者，皆锢，令毋得以爵偿、免除及赎。可见，杀害、"牧杀"(未遂)、殴打、詈骂长辈(包括父母、祖父母、继祖母、女主人)都属于"不孝",凡是父母告子"不孝"罪成立,都要治以死罪("弃市")。罪犯的妻、子都受到连坐,且不能以爵位、金钱等赎免。

2. 对于孝养不敬的处罚

张家山汉简《二年律令·户律》记载了分家之后,孙子与祖父母同居时对其孝养不敬的处罚条款:"孙为户,与大父母居,养之不善,令孙且外居,令大父母居其室,食其田,使其奴婢,勿贸卖。孙死,其母而代为户,令毋敢遂(逐)夫父母及入赘,及道外取其子财。"若孙子对祖父母赡养不善,将会被强制驱逐,由祖父母据有其田宅和奴婢。这是《唐律》及后代其他法律中把对祖父母、父母"供养有阙"定为"不孝"罪的源头。

3. 对于孝养不敬的受理

汉初,关于是否立即受理,则有不同规定。张家山汉简《二年律令·贼律》规定:"年七十以上告子不孝,必三环之。三环之各不同日而尚告,乃听之。"也就是说,必须经过不同日期的三次反复控告,才准予立案。

4. 教唆"不孝"罪

张家山汉简《贼律》有惩处规定:"教人不孝,黥为城旦舂。"《奏谳书》对之作了更详细的说明:"教人不孝,次不孝之律。不孝者弃市,弃市之次,黥为城旦舂。"

5. 十恶中与孝有关的罪状

经过魏晋六朝,到隋唐时期,中国传统法律的格局基本定型,成为后代法典的圭臬。其中对于"不孝"之罪的惩处继承和发展了秦汉法律,同时又直接延续了上古礼制。按照《四库全书总目提要》的说法,唐律"一准乎礼"。唐律中有"十恶"(谋反、谋大逆、谋叛、恶逆、不道、大不敬、不孝、不睦、不义、内乱)之罪,其中"恶逆""不孝""不睦"三项都涉及孝道问题。例如:"恶逆。谓殴及谋杀祖父母、父母,杀伯叔父母、姑、兄姊、外祖父母、夫、夫之祖父母、父母。""不孝。谓告言、诅詈祖父母父母,及祖父母父母在,别籍、异财,若供养有阙;居父母丧,身自嫁娶,若作乐,释服从吉;闻祖父母父母丧,匿不举哀,诈称祖父母父母死。""不睦。谓谋杀及卖缌麻以上亲，殴告夫及大功以上尊长、小功尊属。"对五服之内的亲长，若发生谋杀、殴打、詈骂、诅咒、诉告等行为，便与谋反、谋叛等同，视为不赦的死罪，进行严惩。

6. 对于"违犯教令"和"供养有阙"的定罪

《唐律疏议·斗讼》规定，子孙"违犯教令"和"供养有阙"要判二年徒刑："诸子孙违犯教令及供养有阙者，徒二年。"其解释是，"可从而违，堪供而阙"，即父母教令能执行而不执行，家里条件允许而不供养父母时，祖父母、父母提出"不孝"之诉告，方得定罪。若祖父母、父母"老疾无侍"，子孙委托他人照顾，而自己远赴他地做官，也要判一年徒刑。

7. 与不孝有关的检验

与检验关系较大的主要有谋杀、殴打、詈骂祖父母和父母，则是重罪。《唐律疏议·斗讼》规定："诸詈祖父母、父母者，绞；殴者，斩；过失杀者，流三千里；伤者，徒三年。诸妻妾詈夫之祖父母、父母者，徒三年；须舅姑告，乃坐。殴者，绞；伤者，皆斩；过失杀者徒三年，伤者徒二年半。诸妻妾殴、詈故夫之祖父母、父母者，各减殴、詈舅姑二等；折伤者，加役流；死者，斩；过失杀伤者，依凡论。"早在汉时就有关于"不孝"的律令，张家山汉简《二年律令·贼律》规定，杀害、"牧杀"（未遂）、殴打、詈骂长辈(包括父母、祖父母、继祖母、女主人)都属于"不孝"，凡是父母告子"不孝"罪成立，都要治以死罪（"弃市"）。罪犯的妻、子都受到连坐，且不能以爵位、金钱等赎免。

8. 对于违反父母守丧的定罪

相比于上引秦汉时期的相同罪行，这些条文规定得更加细致了。一般认为，这是五服制度在古代法律中得以全面应用的结果。律文中特别提到，对血缘关系较远的亲长实施"过失杀伤"，要"依凡论"，即"依凡人法"处理。说明，对于父母及亲长的"不孝"行为，其判罪明显重于对其他人的犯罪行为，这是儒家道德在法律中得到强化的结果。正如孔子和曾子所说，除了孝养活着的父母之外，对死后的长上之亲"葬之以礼，祭之以礼"，也是孝道之大端。所以，古代法律特别重视为父母守丧一项。《唐律疏议·职制》规定若是官员存在以下情况，均受法律惩处：一是"匿不举哀"。若在外地听闻父母之丧而匿不举哀，要判流放两千里。相应地，闻期亲尊长之丧而匿不举哀，要判徒刑一年；闻大功以下的尊长之丧而匿不举哀，则递减二等。二是"释服从吉"和"忘哀作乐"。父母丧期未终，就改穿吉服，或者"忘哀作乐"，要判徒刑三年；参与杂戏娱乐活动（如樗蒲、双陆、弹棋等"杂戏"），要判一年；偶遇奏乐和宴席而未回避，要笞杖一百。三是"冒哀求仕"。官员遇到父母或祖父母等直系尊长之丧，要去官回乡服丧，谓之"丁忧"，若丁忧期间做官，谓之"冒哀求仕"，不仅受到道德诟病，而且要判以徒刑："诸府号、官称犯父祖名，而冒荣居之。冒哀求仕者：徒一年。"四是"服内婚嫁"和"服内生子"。官员和百姓居父母之丧时，不能结婚，《唐律疏议·户婚律》规定"诸居父母及夫丧而嫁娶者，徒三年"，且婚姻无效（"离之"）。若服丧的对象是期丧，则罚笞杖一百。居父母之丧时有孩子诞生，是谓"服内生子"，要判一年徒刑。

9. 关于亲亲相隐的法律

亲亲相隐是礼制原则，至汉唐已法律化。张家山汉简《二年律令·告律》律文："子告父母，妇告威公，奴婢告主、主父母妻子，勿听而弃告者市。"《唐律疏议》对之规定更严，除"谋叛"以上的大罪必须揭发之外，凡"告祖父母、父母者"，均判绞刑。除了直系嫡亲之外，诉告其他亲戚尊长也要判罪，例如，"告期亲尊长、外祖父母、夫、夫之祖父母，虽得实，徒二年。告大功尊长，各减一等；小功、缌麻，减二等"。

述评：传统社会里，与"孝为百善先"的道德观念相对应，有"五刑"之属三千，而罪莫大于"不孝"的法律意识，不孝是最大的罪行。因而，惩罚"不孝"，也是维护孝道的重要法律内容。古代中国把"不孝"作为罪，并对不孝行为实施法律上的制裁是很早的事情。迄今为止，商朝是我国历史上第一个有成熟文字可考的朝代，所谓"刑三百，罪莫大于不孝"，说的就是商朝的事情。如果史料确凿可靠的话，说明商朝已经定"不孝"为罪了。到了西周，已经明确把"不孝"视为"元恶大憝"，不孝是罪大恶极的，被列为"八刑"之中的第一刑，不容赦免。秦始皇独操权柄，严刑峻法，对不忠不孝者不会心慈手软，秦代法律中也有不孝罪处死的规定。两汉以后，历代封建王朝都标榜以孝治天下,"不孝"被正式定为罪名列入律书。北齐法律首次确立了"重罪十条",把"不孝"列为第八条,这是"十恶"之罪的最早形态,也是后世法典的重要内容。隋朝正式确定了"十恶"的罪名,"不孝"罪列第七位。从此以后,"不孝"就成为"十恶不赦"的重罪。唐以后各代都沿用"十恶"的罪名。《唐律疏议》中有"十恶"(谋反、谋大逆、谋叛、恶逆、不道、大不敬、不孝、不睦、不义、内乱)之罪,其中"恶逆""不孝""不睦"三项都涉及孝道问题。

三、民事赔偿

(一)汉代的损害赔偿制度

汉律继承秦律,如张家山汉简《二年律令·田律》载:"贫弗能偿者,令居县官;城旦舂、鬼薪白粲也,笞百,县官皆为偿主。"法律上平民与官员区分开来,前者无力偿者,则劳役于官府,有官府代偿;后者则进行笞打,以刑代偿,但有所变化,如加入人身伤害赔偿。对水路运物中发生伤害人身和财产行为,张家山汉简《二年律令·贼律》载:"船人渡人而流杀人,耐之,船啬夫、吏主者赎耐。其杀马牛及伤人,船人赎耐,船啬夫、吏赎迁。其败亡粟米它物,出其半,以半负船人。舳舻负二,徒负一;其可纽击而亡之,尽负之,舳舻亦负二,徒负一,罚船啬夫、吏主者金各四两。流杀伤人,杀马牛,有亡粟米它物者,不负。"汉律规定的对水路运输中伤害人身与财产行为,主要有三种:一是淹死人,二是淹死马牛及伤人,三是损失他人粟米等财物。对于前两种行为,法律规定要进行刑事制裁,以刑代偿,强制剃除鬓毛胡须而保留头发。①而对于损失他人粟米等财物,在明确船人应当承担赔偿责任的原则下,法律又根据责任大小确定赔偿比例,货物用绳索系牢而损失的全赔,货物用绳索系不牢而损失的赔一半。汉律继承了秦代保辜制度,以下三简为证:"斗伤人,而以伤辜二旬中死,为杀人。""父母殴笞子及奴婢,子及奴婢以殴笞辜死,令赎死。"汉中守谳:"公大夫昌笞奴相如,以辜死,先自告。相如故民、当免作少府、昌与相、奏书四九如约、弗

---

① 徐世虹. 张家山二年律令简中的损害赔偿之规定[M]//饶宗颐. 华学:第六辑. 北京:紫禁城出版社,2003:136.

免、已狱治不当为昌错告不孝、疑罪。廷报：错告、当治。"可见汉初律文确有关于保辜的规定。汉代的保辜期限史载不一，有"二旬"为限的，如《汉书》卷十六《高惠高后文功臣表》西汉时"嗣昌武侯单德。元朔三年（前126）坐伤人二旬内死，弃市"。但也有以"一旬"为辜限的，甲渠侯官出土的汉简（居延新简）载："□所持钗，即以疑所持胡桐木丈从后墨击意项三下，以辜一旬内立死。"（F22.326）①

（二）唐代的损害赔偿制度

据田振洪研究唐律规定四种情形：畜产致人伤害的赔偿、过失杀伤人赎铜入伤损之家、枉入人徒流刑的损害赔偿、依"保辜"之法而产生的赔偿。

1. 畜产致人伤害的赔偿

畜产随时有损害人身的危险，因此法律规定畜主负有管束或控制的义务，若发生畜产杀伤他人行为，法律视其不同情节和后果追究畜主的责任。《唐律疏议·厩库》"畜产抵踏啮人"条规定："诸畜产及噬犬有抵踏啮人而标帜羁绊不如法，若狂犬不杀者，笞四十，以故杀伤人者，以过失论。若故放令杀伤人者，减斗杀伤一等。即被雇疗畜产（被倩者，同过失法）及无故触之而被杀伤者，畜主不坐。"可见唐律对于家犬畜产杀伤人之行为，将依律处以刑责，还要视其具体情况要求畜主赔偿损失。

2. 过失杀伤人赎铜入伤损之家

在唐代的刑法适用实刑替代刑，赎刑就是替代刑中的一种形式。所谓赎刑是指用铜赎笞、杖、徒、流、死刑，以此抵罪，刑等不同，赎铜数亦不同，皆有法。《唐律疏议·斗讼》"过失杀伤人"条规定："诸过失杀伤人者，各依其状以赎论（谓耳目所不及，思虑所不到，共举重物力所不到，若乘高履危足跌，及因击禽兽，以致杀伤之属，皆是）。"对于赎刑适用的办法，即是依据所犯应科之具期按本律中《名例》第一条至第五条所规定的赎铜数赎罪。据《唐律疏议·杂律》："诸在市及人众中，故相惊动，令扰乱者，杖八十……其误惊杀伤人者，从过失法"，据《唐律疏议·名例》"流刑"："三千里（赎铜一百斤）。"所以过失惊动扰乱而致人死者应流三千里，依律可"从过失法，

---

① 中国简牍集成编辑委员会编．中国简牍集成（第十二册）[M]．兰州：敦煌文艺出版社，2001：91．

收赎铜人被杀伤之家"。

3. 枉入人徒流刑的损害赔偿

《唐律疏议·名例》："若枉入人徒年者,即计庸,折除课役及赎直(每枉一年,折二年;虽不满年,役过五十日者,折一年。即当年无课役者,折来年。其有军役者,折役日)。"这是唐代对因司法不公正致受损的当事人补偿规定,类似现在国家赔偿。

4. 依"保辜"之法而产生的赔偿

唐代保辜指故意伤害案件,在一定期限内被害人死亡,则按杀人罪论断;一定期限内被害人未死亡,而超过期限死亡的,以伤害罪论断。这也就要求违法犯罪的行为人,在法定的期限内积极救助被害人,在保证被害人不出现更为严重的社会后果的同时,违法犯罪行为人也可以承担比较轻的犯罪责任。《唐律疏议》将保辜制度明确规定在《斗讼》"保辜"条:"诸保辜者,手足殴伤限十日,以他物殴伤人者二十日,以刃及汤火伤人者三十日,折跌肢体及破骨者五十日。殴伤不相须。余条殴伤及杀伤各准此。限内死者,各依杀人论;其在限外及虽在限内,以他故死者,各依本殴伤法。"

案例 1　损乃自贻

北宋《文苑英华》卷五三一《挫草误斩指断判》记载:"甲雇乙挫草,乙睡,误斩指断。请保辜,不伏。对:变古易俗,因物造器,盖取诸用,有适于时。六职五材,既攻金而攻木,服牛乘马,亦秣之而策之。甲有雇求,乙为佣保,徇乎轻篚式供朝夕之资,摧以生刍,无乘阜养之事。人或因寐,譬骊龙而自失。指致见伤,瞻蟏蛛而谁敢。逐令食鼋不效。空怒于供,喻马元非,岂齐庄叟,误由彼已。归全既谢于垂堂,损乃自贻,在理孰当于毁椟,保辜之请,法未可依。"

述评:该判,甲雇佣乙挫草,乙在挫草期间打瞌睡,误伤了自己的手指,要求"保辜",但雇主甲不同意。判词认为乙的手指受伤是因自己过失而致所谓"损乃自贻",非雇主造成,不符合律文的"保辜"之法,因此不支持乙的主张。因此,保辜前提必须是他人侵害而致伤。

案例 2　康失芬案

《唐宝应元年(762)六月康失芬行车伤人案卷》:"男金儿八岁(画指节),在张游鹤店门前坐，乃被行客靳嗔奴家生活人将车辗损，腰已下骨并碎破，今见困重，恐性命不存。请处分。谨牒。宝应元年六月二十二日，史拂牒。"这起案件由一个叫"舒"的官员来处理。在案件调查中，舒询问肇事人康失芬，康失芬说牛车是借来的，自己驾驶技术不过关，在牛奔跑的时候，自己"力所不逮"，以致酿成车祸。舒问康失芬有什么打算，康失芬表示"情愿保辜，将医药看待。如不差身死，请求准法科断"，请求保辜为伤者治疗，如果受伤的人不幸身亡，再按法律处罚。"被问，依实谨辨"，画押确认。舒同意了这个方案，并判："放出，勒保辜，仍随牙（衙门）。"核实损伤，派人检验，"款占损伤不虚，今欲科断"。

述评：保辜制度指违法犯罪的行为人在法定的期限内积极救助被害人，在保证不出现更为严重社会后果的前提下，违法犯罪行为人可以减轻刑罚。《唐律疏议》没有明确规定交通肇事罪适用保辜的条款，但卷二十六《杂律》"城内街巷走马"条规定："诸于城内街巷及人众中，无故走车马者，笞五十。"由此看出，唐律规定，没有特殊情况，禁止在城内街道人数众多的地方行驶车辆和马匹。《唐律疏议》卷二十一《斗讼》律"保辜"条明确规定，斗殴罪适用保辜制度，而交通肇事又可比照斗殴罪来处罚。因此，康失芬行车伤人案也可比照《斗讼律》中的斗杀伤人罪，实行保辜制度。在医疗条件和证据制度不发达的古代社会，保辜措施的实施，能够把人身伤害与责任挽救有机地结合起来，责令伤害人积极地为被害人进行治疗，最大限度地降低人身损伤的后果。

案例3 私了契约

康失芬案，反映了官府主导下保辜制度的执行。但唐代还有民间"私了"为特征的伤害案件，也是依唐律的"保辜"之规定解决的。《吐鲁番寅年（834）敦煌李条顺赔偿契》契约全文记载如下：

寅年八月十九日，杨谦让共李条顺相诤，遂打损。胫节儿断，令杨谦让当家将息。至廿六日，条顺师兄及诸亲等迎将当家医理。从今已后，至病可日，所要药饵当直及将息物，亦自李家自出，待至能行日，算数计会。又万日中间，条顺不可，及有东西营苟破用着多少物事，一一细算打牒共乡间老大计算收领，亦任一听。如不称便，便待至营事了月都算，共人命计会。官有政法，人从此契，故立为验，用后为凭。

僧师兄惠常

僧孔惠素

见人薛卿子①

述评：该契约的性质为人身损害的"私了契约"。该契约末尾云："官有政法，人从此契"，表明该伤害案件并未求助于官府解决，而是在"乡间老大"的主持下私下协商处理达成协议。其内容大致是这样的：公元834年八月十九日，杨谦让和李条顺在互相争吵中发生斗殴，杨打伤了李的小腿，于是李就在杨家养伤。至八月二十六日，李的师兄和亲戚等把李接回家医治，同时约定，从今以后至伤愈之日，李所用的药物和调理的费用均由杨家承担。如果李在养病期间，"东西营苟"（死亡），则其所用之料理后事的费用由乡里长者按计算后向杨家索取。该契约有其特点：一是民间伤害人事件的私了不受"辜限"的限制，杨谦让打断李条顺小腿，按唐律"折跌支体及破骨"之辜限应是"五十日"，而本契中规定的是"万日"，"万日"或是泛指，杨的费用赔偿不明确具体的时间界限，而是以受害人伤愈为限；二是赔偿费用不仅包括医药费、调养费，丧葬费亦包括其中。当私了契约执行不了时，会由官府介入解决，同样有核实损伤，派人检验，依律保辜。可以这么说，唐代的保辜制度在社会治理、民间约束上都起到良好的法律效果和社会效果。

案例4　白傅判词

《白氏长庆集》（卷六十七）："得甲牛抵乙马死，请偿马价。甲云：在放牧处相抵，请赔半价。乙不伏。马牛于牧，蹄脚难防，在故误而宜别。况日中出入，郊外寝讹：既谷量以齐驱，或风逸之相及。而牛孔阜，奋驿角而莫当；我马用伤，踠骏足而致毙。

---

① 唐耕耦，陆宏基．敦煌社会经济文献真迹释录（二）[M]．北京：全国图书馆文献缩微复制中心，1990：198．

情非故纵,理合误论。在皂栈以来思,罚宜惟重;就桃林而招损,偿则从情。将息讼端,请征律典。当赔半价,误听过求。"这个案件说的是,甲的牛抵死了乙的马,乙请求按马的价值赔偿。甲辩称:是在放牧的地方抵死,应当赔偿马价值的一半。乙不接受。白居易判:在放牧的地方,马牛之间争斗时,踢蹄顶角的情况在所难免。对于因此造成死伤,要区分故意和过失。白天大家都把牛和马牵到郊外去休息活动,牛马多到经常发生接触。牛的个头很大,顶牛角时凶悍不可抵挡。致使他人之马的腿折伤,进而死亡。这不是故意放纵牲畜,应当按照过失论处。这种损害如果是在厩棚里发生的,应当按照重的规定进行赔偿。如果是在放牧的地方发生的,应当按照轻的规定赔偿。按照唐律的规定,赔偿半价,对于其他请求予以驳回。

述评:《白氏长庆集》是白居易作品,因曾任太子太傅,故世人称"白傅"。白傅判词就是白居易的判词。该案是唐代民事赔偿的案例,适用《唐律疏议》中有关于动物致害责任的规定。在本判例中,白居易了解案情,甲的牛抵死了乙的马,乙请求赔偿马的价值。白居易看了现场,检查动物伤害情况,了解到是在放牧的地方抵死的。白居易分析了本案的起因,指出在放牧的过程中出现牛马相杀的现象常见。牛的主人虽然对其管束不当,对损害的发生存在一定的过错,但是并没有主观追求损害的发生。白居易认为,如果是在厩棚中对他人牲畜造成的损害,应当承担较重的赔偿责任;如果发生在放牧的场所,则承担比较轻的赔偿责任。根据牲畜之间相互抵杀、踏死之类,按照法律判赔偿马价值的一半。白居易曾担任多地刺史之职。刺史是一个州的地方长官,"省察治状,黜陟能否,断治冤狱",对于地方政事,无所不管。古代行政兼理司法、检验,地方审判权归属各级行政长官,所以白居易也有长期审理案件的经历。白居易的判词,有检验,有分析,行文简洁,从法理的角度来说,兼顾律法人情。宋人洪迈对此判词评价颇高,在其《容斋续笔》中说白居易"不背人情,合于法意,援经引史,比喻甚明"。

案例5　子厚墓志

柳子厚墓志铭(节选)
〔唐〕韩愈

  元和中，尝例召至京师；又偕出为刺史，而子厚得柳州。既至，叹曰："是岂不足为政邪？"因其土俗，为设教禁，州人顺赖。其俗以男女质钱，约不时赎，子本相侔，则没为奴婢。子厚与设方计，悉令赎归。其尤贫力不能者，令书其佣，足相当，则使归其质。观察使下其法于他州，比一岁，免而归者且千人。

  这段墓志铭的意思是，元和年间(806—820)，柳宗元曾经与同案人一起奉召回到京师，又一起被遣出做刺史，分在柳州。到任之后，他慨叹道："这里难道不值得做出政绩吗？"于是按照当地的风俗，为柳州制定了教谕和禁令，全州百姓都顺从并信赖他。当地习惯于用儿女做抵押向人借钱，约定如果不能按时赎回，等到利息与本金相等时，债主就把人质没收做奴婢。柳宗元为此替借债人想方设法，都让他们把子女赎了回来；那些特别穷困没有能力赎回的，就让债主记下子女当佣工的工钱，到应得的工钱足够抵销债务时，就让债主归还被抵押的人质。观察使把这个办法推广到别的州县，到一年后，免除奴婢身份回家的将近一千人。

  述评：墓志铭是古代文体的一种，刻石纳入墓内或墓旁，表示对死者的纪念。子厚是柳宗元的字。作墓志铭例当称死者官衔，因韩愈和柳宗元是笃交，故称字。《柳子厚墓志铭》是唐代韩愈为已故好友柳宗元所做的墓志铭。这篇墓志铭讲述了柳宗元的家世、为人、政绩等。本篇节选是柳宗元在柳州时事迹。当时，当地习惯于用儿女做抵押向人借钱，约定如果不能按时赎回，等到利息与本金相等时，债主就把人质没收做奴婢。柳宗元为此替借债人想方设法把子女赎了回来。这实际上是当时不违反法律和习俗的民事赔偿方法，因而得到认可和推广。以至"到一年后，免除奴婢身份回家的将近一千人"。唐代韩愈《柳子厚墓志铭》记载下这段史实，为后人研究提供了翔实的史料。

(三)人身伤害的赔偿与法医检验的关系

  在斗殴等伤人案件发生以后，对加害人确定刑罚和论定赎铜，或者在适用保辜制度时，要确定辜限时日责令加害人寻医调治，准确检验并鉴定伤情显得尤为重要，为此唐律中对于损伤的检验有专门的规定。《唐律疏议·诈伪》"诈病死伤检验不实"条："诸诈病及死伤，受使检验不实者，各依所欺，减一等。若实病死及伤，不以实验者，以故入人罪论。疏议曰：有诈病及死若伤，受使检验不以实，'各依所欺减一等'，即上条诈疾病者杖一百，检验不实，同诈妄，减一等，杖九十；伤残徒一年半，减一等，徒一年；若诈死，徒二年上减一等，处徒一年半之类。'若实病及伤'，谓非诈病及诈伤，使者检云'无病及伤'，便是故入人徒、杖之罪；若实死，检云'不死'，即是妄入二年徒坐。使人枉入杖者得杖罪，枉入徒者得徒坐，各依前人入罪法。未决者，减一等。"

唐律明确规定检验死伤者，不得弄虚作假，不得检验不实，否则将按不同的情节追究检验者的法律责任。本为诈病、诈死、诈伤而检验不实则应以诈病犯者所得刑罚减一等处分；本为实病、死及伤，而验云无病、死及伤，以故入人罪论处。根据疏议解释，对司法检验不实的惩罚如下表（表2）：

表2 唐律中检验不实的类型及惩罚

检验对象	检验不实类型	法律责任
诈病	验云实病	杖九十
诈伤	验云实伤	徒一年
诈死	验云实死	徒一年半
实病	验云无病	以故入人罪论
实死	验云无死	
实伤	验云无伤	

四、医疗损害

《唐律疏议》对医药规定主要集中在《职制》《贼盗》《诈伪》和《杂律》这四篇，其中《职制》篇是官员的设置、选任、职守以及惩治枉法，《贼盗》篇是保护公私财产不受侵犯；《诈伪》篇是处罚欺诈、骗人的犯罪行为；《杂律》将不属于其他各篇的收集其中。《唐律疏议》主要是从医师的失误、欺瞒病情和出售有毒药品这三个方面规范了医师职业行为。

(一) 对医师无意造成失误的规定

《唐律疏议·职制》规定:"诸合和御药,误不如本方及封题误者,医绞。""诸医为人合药及题疏、针刺误不如本方杀人者,徒二年半。其故不如本方杀伤人者,以故杀伤论,虽不伤人,杖六十,即卖药不如本方杀伤人者,亦如之。"普通人合药时,如果所用药材或题封有误、或针灸不当致人死亡,就要处以二年半的徒刑;如果只是使病人受伤,但未危及性命,则以故意伤人论处;即使出错没有伤及病人,也要杖六十,以示警诫。卖药者如药品与药方不相符合,与合药有误一样论处。

(二) 对医师故意隐瞒病情以获取财物的规定

《唐律疏议·诈伪》规定:"诸医违方诈疗病,而取财物者,以盗论。"其后的"疏"议曰:"医师违背本方,诈疗疾病,率情增损,以取财物者,计赃,以盗论。监临之与凡人,各依本法。"本条针对的是为了获取财物而故意不按药方开药,随意增损,以获取钱财的行为。具体量刑原则上以所获财物多少按盗窃罪量刑。《唐律疏议》规定:"诸有诈病及死伤,受使检验不实者,各依所欺,减一等。若实病死及伤,不以实验者,以故入人罪论。"医生若对欲逃避官役而诈病或诈伤者徇私舞弊,提交虚假检查报告,要受诈病者应得刑罚的减一等处罚;应役者确有伤病,但检查医师不以实相告,要负法律责任。

(三) 对出售有毒药品的管理

《唐律疏议·贼盗》规定:"诸以毒药药人及卖者,绞(谓堪以杀人者,虽毒药,可以疗病,买者将毒人,卖者不知情,不坐)。即卖买而未用者,流二千里。"如果利用其药性故意毒杀人,或明知购买者杀人用意而依然出售造成他人死亡者,要处绞刑;即使买者还未来得及实施杀人计划,卖者也要处以流两千里的刑罚。对于制造毒药害人性命这种利用职业技术犯罪,唐代是不容减免刑罚的,如据《旧唐书·懿宗本纪》记载,咸通十二年(871),唐懿宗曾命对在押囚徒疏理释放,但不包括犯"十恶忤逆、故意杀人、合造毒药、持仗行劫、开发坟墓"者。咸通十四年(873)又规定对在押囚徒减罪一等,仍然不包括"十恶忤逆、故意杀人、官典犯赃、合造毒药、放火持仗、开发坟墓"者。

五、狱事检验

(一) 监狱概况

1. 汉代监狱

汉代监狱分中央监狱和地方监狱。中央包括廷尉狱、长安县狱、中都官狱,地方监狱关押郡县地方人犯、京畿东西市人犯、军犯等。见下表(表3)所示。

表3 汉代监狱与管理

监狱级别	监狱名称	监狱特点
中央	廷尉狱	诏狱
	长安县狱	关押要犯
	中都官狱	关押京师诸官署犯人
地方	郡县监狱	关押各郡县的人犯
	京畿监狱	京兆尹东市监狱、左冯翊西市监狱
	军队监狱	关押犯罪军人
	临时监狱	保宫、请室、导宫

2. 唐代监狱

唐代监狱分中央监狱和地方监狱。中央包括大理寺狱、御史台狱、内宫狱、掖庭狱,地方监狱关押州县地方人犯。见下表(表4)所示。

表4 唐代监狱与管理

监狱级别	监狱名称	监狱特点
中央	大理寺狱、御史台狱、内宫狱、掖庭狱	御史台设两狱,唐玄宗时废除,唐宪宗时恢复
地方	京县狱、州县狱	关押地方监狱人犯

（二）监狱检验事件

1. 有年而免

隶臣妾等刑徒，在汉文帝实施罪人"有年而免"之制前，是无限期服役的。秦代的罪人收奴制度，经汉文帝改刑后发生了变化。《汉书·刑法志》："(文帝)遂下令曰：其除肉刑，有以易之，及令罪人各以轻重，不亡逃，有年而免，具为令。丞相张苍、御史大夫冯敬奏言：臣谨议，请定律曰：诸当完者，完为城旦舂，当黥者，髡钳为城旦舂；当劓者，笞三百；当斩左趾者，笞五百；当斩右趾，及杀人先自告，及吏坐赃枉法，守县官财物而即盗之，已论命复有笞罪者，皆弃市。罪人狱已决，完为城旦舂，满三岁为鬼薪、白粲。鬼薪、白粲一岁为隶臣妾。隶臣妾一岁，免为庶人。隶臣妾满二岁，为司寇。司寇一岁及作如司寇二岁，皆免为庶人。"

2. 剖王孙庆

王莽时期曾对王孙庆进行了尸体解剖试验。《汉书·王莽传》："翟义党王孙庆捕得，(王)莽使太医、尚方与巧屠共刳剥之，量度五藏，以竹筳导其脉，知所终始，云可以治病。"这里，"太医"指太医令、太医丞，属太常者，为百官治病，属少府者，为宫廷治病；"尚方"指汉代制办和掌管宫廷器物的宫署官员；"屠"就是屠夫。可见这次解剖是经过精心安排的一次实验，属医学实验。不过，汉代的人体解剖实验只见有文字记载，并无图存世，其后有医学意义的解剖案例几无记载。

3. 亡于桎梏

《后汉书·钟离意传》（卷四一）："意遂于道解徒桎梏，恣所欲过，与克期俱至，无或违者。"桎梏，为中国古代的一种刑具，在脚上戴的为桎，在手上戴的为梏，主要在用来拘系犯人，指被关进监狱。"以梦为鹿，亡于桎梏"，说的是世事不如意，好像在狱中桎梏死去（图10）。宋慈《洗冤集录·序》："惟恐率然而行，死者虚被淹渍。"意思是，草率检验就会使人受牢狱之灾。

第三章 汉唐时期法医学与社会治理关系研究

图10 亡于桎梏（引自黄瑞亭著《鉴证》，黄鹄立画）

4. 刑徒墓砖

刑徒墓砖，又称刑徒砖，东汉时埋葬刑徒时所刻的文字砖，和刑徒一同埋入坑内。砖铭内容一般是记录刑徒的部署、身份等级、来自郡县狱所、生前判罚的刑名、刑徒姓名、最后是死亡年份日期。刑徒墓砖每砖刻有"无任"与"五任"字样，为刑徒死前身份等级的认定。"无任"是指没有技能可供役使的刑徒，一般服劳役时要戴刑具；"五任"是指有技能的刑徒，一般指能够操作木、金、皮、设色、博植五种技能的刑徒。也就是说，刑徒墓砖上刻刑徒部属、来自何地、刑名、姓名和死亡日期等内容，与死者尸骨共埋，相当于墓志铭。这样，刑徒砖真实记载了当时文化和社会的一个方面。从史料角度来说，具有较高的法医学价值。刑徒砖因用于犯人，故制作相当随意草率，大多数为民间刻工直接以刀刻划而成。下图刑徒墓砖上刻"各部无任巨鹿广宗髡钳却威永初元年六月六日杨故死在此下"字样（图11）。汉代巨鹿郡辖区范围包括当今河北省白洋淀、文安洼以南，南运河以西，高阳、宁晋、任县以东，平乡、威县以北地区。范围大小包括了今石家庄市东部大部分县、保定市东南部分县、邢台市大部分县、沧州市大部分县、山东省德州大部分县和邯郸市东北部分县，累计30余县。该

187

囚徒杨故没有技能可供役使（无任），死于东汉永初元年（107）六月六日，埋在洛阳故城南郊。

图 11　东汉刑徒墓砖铭拓本，文物原件现藏洛阳博物馆

述评：墓志铭对死者身份确认有重要法医学价值，刑徒墓砖还可确认死者系徒刑及其刑徒部属、来自何地、刑名、姓名和死亡日期等。在洛阳汉魏故城的南郊，今洛阳偃师西大郊村的一片高地上埋葬着大批东汉时期的刑徒，这就是东汉刑徒墓地。它占地50000平方米。20世纪60年代初，文物部门对其一角进行了发掘，在2000平方米的范围内就有522座刑徒墓。墓为长方形竖穴，长130—230厘米、宽40—50厘米不等，深不到1米，除了刻有简单文字的残砖外没有任何别的随葬品。共出土徒刑墓砖800多块。从砖铭上得知这批墓葬起自永元十五年（103）至延光四年（125）。地域涉及中原地区以及长江中下游各州的刑徒，如豫、兖、司隶、冀、青、徐、荆、并等州，以县计共有160多个。其中豫州最多，占三分之一；兖州居第二。1964年洛阳南郊发掘这批刑徒墓，墓葬砖得以大量的出土，砖上的铭文书法亦渐被重视。现有的资料证实，这些刑徒墓葬砖上的铭文有先朱书而后刻者，也有直接以刀刻划者。铭文刻划多草率，用刀之法有些像秦诏版中简率的隶书。《刑徒墓葬砖铭》属汉砖类，刑徒墓砖是把砖头磨光后，再刻上铭文的，非翻模所为，所以它不像汉砖拓片，倒很像汉金器上的凿刻铭文。其字体大小随意，也不像简牍文字那样排列成行，但有隶书特征和体势。

5. 死刑等级

古代死刑等级中,斩刑重于绞刑。所谓斩刑,指斩首或斩腰。这是因为斩刑使死者身首异处,而绞刑使死者仍留全尸。以"身体发肤,受之父母,不得毁伤"的传统观念而言,斩的耻辱自然在绞之上。较之斩首来说,腰斩更痛苦一些。因为拦腰斩断并不一定能马上毙命,犯人受刑后往往知觉尚存,必然要经过一番痛苦挣扎后方得以绝命。据薛福成《雍盦笔记》记载,雍正年间(1723—1735),督学俞鸿图被腰斩时,"既斩为两段,在地乱滚,且以手自染其血,连书七'惨'字。其宛转未死之状,令人目不忍睹"。雍正皇帝"为之恻然,遂命封刀。从此除腰斩之刑者,盖自俞君止也"。所谓绞刑,即以帛、绳等勒死的方法处决犯人。晋律正式将此列为死刑之一,隋律定死刑为斩、绞二等,直至清末。由于绞刑使人保持完整尸体,因而在中国古代被视为最轻的死刑。

述评:在中国古代,绞刑是一种只有高官贵族才有资格使用的死刑。高官贵族为保留全尸,通常会要求自缢赐死、服毒赐死或绞刑处死,而不是可能导致身首异处的斩首。按儒教观念,保留全尸是"孝"的文化在施刑上的体现。这里"孝"不仅指自己的"孝",也指自己行为不会导致他人不"孝"。后者在立法上也有所考虑。与死刑文化相一致的有检验文化,其中维持尸体表面检查,不得用刀切割尸体皮肤,不得破坏尸体的完整性,更不能进行有目的的尸体解剖。在这一"孝"传统文化的影响下,法医检验从立法到检案,都只得维护尸表检验长达数千年之久,这是造成我国法医学发展停滞不前的文化背景。

6. 三木刑具

"三木"作为刑具名称,最早见于西汉。据《汉书·司马迁传》,司马迁《报任少卿书》云:"魏其,大将也,衣赭,关三木。"颜师古注:"三木,在颈及手足。"认为三木是加在脖子、手、足三处的刑具。据《后汉书·马援传》,东汉马援《与杨广书》云:"援素知季孟孝爱,曾、闵不过。夫孝于其亲,岂不慈于其子?可有子抱三木,而跳梁妄作,自同分羹之事乎?"李贤注:"三木者,谓桎、梏及械也。"这里具体指出了三木的名称。因此,古时套在犯人颈、手、足上的木制刑具,称为"三木刑具"。一般只有重犯(如叛逆、大盗、杀人等)才会戴此重刑刑具,轻犯只会选择其一。所以,"三木"指重刑。犯人被押解,有时还关押在囚车里,颈部和手脚都上"三木"刑具。

7. 纵囚归狱

《资治通鉴·唐纪十》:"帝亲录系囚,见应死者,闵之,纵使归家,期以来秋来就死,仍敕天下死囚,皆纵遣,使至期来诣京师。……九月……去岁所纵天下死囚,凡三百九十人,无人督帅,皆如期自诣朝堂,无一人亡匿者,上皆赦之。"意思是,唐太宗尝亲自审录罪囚,见那些将要处死的囚犯,心里怜悯,不忍杀他,都放他回家,看父母妻子,限到明年秋间,着他自来就死。因此,又敕令法司,将天下死囚也都暂放还家,亦限至明年秋里自来赴京。及至次年秋间,前时所放的罪囚,共三百九十人,都感太宗不杀之恩,不要人催督率领,个个都照依期限,齐到朝堂听候处决,没一个逃亡隐匿下的。太宗见这些囚犯依期就死,终不忍杀,尽皆赦之。

述评:"纵囚归狱"本是唐李世民的故事,后指地方官吏私放在押囚犯出狱与家人团聚,克期来归,众囚感恩,如期而返。这类事迹有违朝廷律法,却成为良吏止讼息狱、化民向善的政绩而以程式化的书写模式反复见诸史籍。唐太宗法外施仁,为宣示盛世主导了贞观纵囚。而唐以后"良吏纵囚"的事例逐渐消失,汉魏以来的循吏政治模式被摒弃,逐渐进入了律令制度时代。宋代欧阳修曾撰《纵囚论》,他认为"纵囚归狱"不足为治天下之常法。

六、法医文化

1. 德主刑辅

德主刑辅是汉武帝时期立法的指导思想,主张用道德教化作为训导臣民的主要手段,刑法作为必要的补充以及辅助,它与西周时期明德慎刑有相同作用。618年,唐建立,唐吸取了前代经验教训,注重"与民休息",扩大统治基础,缓和社会矛盾。唐代的律法以"儒学"为本,兼收法家理论中法学思想。将"德主刑辅"的原则法律化,制定《唐律》与《唐律疏议》。这里,"刑",是法的代名词;"德",则有两层意思:一是"为政以德"的德,指与"法"相对应的国家与社会治理措施;二是"大学之道,在于明德"的德，指一种社会规范。"法自君出、王者法天的神权；德主刑辅，先教后刑；礼律融合，三纲五常，尊卑有别。"主要用于维护中央集权封建统治，并且将法和天人感应、君权神授结合起来。自汉代以后，儒家思想成为中国社会的主流思想，"孝"成了统治者统治国家的基础，如果子女因为要寻求真相而不为死者留一副全尸，就会被视为不孝。如果需要检验，也进行的是不破坏尸体完整性的尸表检验，否则被视为违反"孝道"。这就直接导致了法医学为了寻求证据所需要的检验与孝的思想存在冲突，也使法医学在相当长时间内艰难发展。

2. 麻风避疾

东晋葛洪在《肘后备急方》中记载了将麻风病患者送入深山进行隔离的方法。麻风病便是当时一种很厉害的传染病，在久治不愈后，葛洪认为将患者与正常人进行隔绝，便可以有效阻断传染病的延续。这些早期的"避疾"方法，与今天我们封闭城市等完全相同，都是为了使患者远离人群，进而隔绝传染源，达到阻止瘟疫持续暴发的目的。

3. 县令官验

我国古代从秦汉到明清代，县制一直是国家政治体制和国家治理体系中最基层的权力机构，保持了长期的稳定性和延续性，成为国家政治制度安排的重要构成和国家治理的重要基石。唐代是县制设置的代表。唐代县制官司的职掌职责，十分繁重和具体，《唐六典》对"京畿及天下诸县令之职"做了详细规定。根据有关记载，县制官司的主要职掌职责如下：一是"皆掌导扬风化，抚字黎氓，敦四人之业，崇五土之祠，养鳏寡，恤孤穷，审察冤屈，躬亲狱讼，务知百姓之疾苦"。二是"所管之户，量其资产，类其强弱，定为九等。其户皆三年一定，以入籍帐"。三是"若五九、三疾（谓残疾、废疾、笃疾）及中丁多少，贫富强弱，虫霜旱涝，年收耗实，过貌形状及差科簿，皆亲自注定，务均齐焉"。四是"若应收受之田，皆起十月，里正勘造簿历。十一月，县令亲自给授。十二月内毕"。五是"至于课役之先后，诉讼之曲直，必尽其情理"。六是"若籍帐、传驿、仓库、盗贼、河堤、道路，虽有专当官，皆县令兼综焉"。

述评：《唐六典》规定了"县令官验"制度，这是我国古代明确以法律形式确定的最基层检验机构和检验人员，其职责是"审察冤屈，躬亲狱讼"，其要求是"诉讼之曲直，必尽其情理"，其检验负责人就是县令。检验制度规定有初验、复验、检覆、邻县验等，但最基层检验机构仍然是县衙和县令正印命官。其他人员，如仵作或聘请检验的稳婆或医生等，都是检验辅助人员。这是研究法医学史必须明确的。这一制度一直维持到清末。

4. 仵作行人

和㠓《疑狱集》引《玉堂闲话》记载了这样一件狱案：有一个在外行商的人一天从外面回到家里，看见自己的妻子被人杀害了，而且只有尸体，没有头颅。他既悲愤又觉得可怕，急忙跑到岳父家中去报信。岳父怀疑女婿作案，揪住他送往府衙门。太守升堂审问，见商人不承认杀人，就动刑拷打，商人吃不住严刑，供认是自己杀妻。如此，狱案具成，定为死罪。太守衙门内，唯独有一个从事官对这起案件产生了怀疑。他想凶手杀了人又取其头，事出蹊跷。他请求太守把这件案子交给他彻底追查一下。太守准许了他的请求。府从事把本府管辖范围内所有办丧事的仵作行人召集来，令他们交代最近都为哪些人家殡葬过。并问："这些办丧事的仵作行人，有没有值得怀疑的情况呢？"其中有一个仵作行人似有所悟，回答说："有一个富豪人家办丧事，说是死了一个奶妈。五更天亮前，我们从墙头上抬过棺材（按照古代习惯，下等人尸体不能从主人家门户抬出去）时，觉得很轻，里面似乎没有死人。"府从事听后，立即派人打开坟墓，揭开棺材一看，棺中只有一个女子的头颅。府从事让那个商人来辨认，是不是他妻子的头，商人看后，肯定地说不是自己妻子的头。府从事于是就把富豪人家的主人传来，进行审问，富人见事情已经败露，只得如实招供。原来这个富人蓄意霸占商人的妻子，所以在杀了家里的奶妈后，把她的头颅装在棺材里埋葬了，而用奶妈的尸身换了囚犯的妻子，把囚犯的妻子养在自己的房间里。于是商人得到了无罪释放。

述评：这是我国古代史料里最早记载仵作被官府招去协助调查、验尸的案例，和㠓《疑狱集》、郑克《折狱龟鉴》都有所记载。案件并不复杂，但案中的仵作行人值得一谈。在古代文化中，接触尸体是一件忌讳的事情。在古代，亲人的尸体被人翻弄被认为是一种亵渎行为，是孝子贤孙不忍言之事；而翻弄别人尸体的行为也被认为是一件伤阴德、犯忌讳的事，以此为业者都会受到人们的歧视，只能成为世袭的专业户。

作为社会特权阶层的官员阶层是决不愿意去干这样的事情的。既然官员不愿意接触尸体，那么实际去翻检尸体的就只能是些社会地位最为低下的人。现在知道的最早的尸体检验者是战国时期秦国的"隶臣"和"隶妾"，合称"隶臣妾"，他们是从事官府勤杂工作的男女奴隶，其主要来源是连坐受罚被"收"入官府的罪犯家属，战场上主动投降的战俘，"隶臣妾"的子女，等等。西汉文帝推行法制改革，废除了将罪犯的家属"收孥"的法律，以后又废除了肉刑（身体残害刑），并将劳役刑设定服刑期，"隶臣妾"成为一种罪犯服官府勤杂劳役的刑罚种类，服劳役时间不过一两年。到了东汉时期这种刑罚名称就逐渐消失了，汉代"隶臣妾"有否参与检验，未见记载。但到了五代，官府招件作行人作为官府验尸帮工。

5. 不孝不道

杜佑《通典·刑法·杂议》记载：南朝沛郡相县有个叫唐赐的男子到邻村的一个亲戚家喝酒，回家后腹部剧痛，呕吐不止，从口中吐出十几条蛔虫，怀疑中"蛊毒"。唐赐吐虫后死去。弥留之际，他告诉妻子张氏，等死后剖开肚子，看看究竟是什么样"蛊虫"在作怪，或许可告发那户亲戚。张氏遵从丈夫的遗愿，在丈夫死后果真亲自去剖腹。这件事被邻居知道后，就到当地官府告发她毁坏丈夫的尸体。当地官府将张氏以"忍行刳剖"丈夫遗体的罪名抓了起来。另外，又以唐赐的儿子唐副不阻止母亲"伤天害理"，把唐副也抓了起来。其时正值朝廷发布大赦令，按规定发生在大赦令下达前一般案件不得受理和处置，只有被认为"不道"案件才可以照常处理。而这个案件过去从来没有遇到过，法律也没有明确这是"不道"罪名。法律只规定：伤害死尸的，要处以四岁刑；妻子伤害丈夫，应判处五岁刑；儿子不孝顺父母的，处以"弃市"。这三条法律都不能直接适用于这个案件。地方官府只得将这个案件上报到朝廷，请求朝廷裁决。朝廷官员讨论这个案件时，三公曹郎官刘勰认为：张氏是忍痛遵从丈夫的遗言，唐副作为儿子也没有阻止的道理。考虑到这件事情的动机，并不是残忍伤害丈夫遗体，应该可以宽大处理。但吏部尚书顾凯之认为：法律规定移动道路上的遗尸，都要作为不道来处理，更何况是作为妻子敢于施行常人所不忍心做的行为。唐副应判不孝罪，张氏应以不道罪来处理。保持身体完整的神圣性这场针锋相对的讨论没有结果,宰相只得将双方的意见都上报给皇帝。宋孝武帝刘骏批示按照顾凯之的意见判决此案:张氏与唐副皆死罪。

述评:该案在宋代类书《太平御览》中也有记载。中国古代强调"孝"文化,保持身体完整则是作为"孝"的一个最基本的出发点。比如后来被奉为儒家经典《孝经》里明确指出:"身体发肤,受之父母,不敢毁伤,孝之始也。"儿孙们必须要随时注意保持自己身体的完整性,这是最基本的"孝行"。当然更明显的是,对于去世的父祖,自然也要加倍小心地保持遗体的完整。儒家经典《礼记·檀弓上》要求:"丧三日而殡,凡附于身者,必诚必信,勿之有悔焉耳矣。"意思就是说在父母去世以后,应该将遗体恭敬的陈列三日后才进行殡葬,要注意的是保持遗体的原形,凡是身体部位都要认真对待,梳洗干净,不要留下任何有可能导致遗憾的痕迹。在这样的文化背景下,历代都将亵渎他人尸体作为极其严重的犯罪来处罚。从这个案例中可以看出亵渎移动路上的遗尸已是"不道"重罪。以后,唐代的法典《唐律疏议》更是细致规定:凡是以焚烧、肢解之类手段残害死尸的,或者是将尸体遗弃到江湖水中去的,都要按照"斗杀"罪减一等(流三千里)处罚;如果仅仅是损伤尸体的,也是按照斗杀罪减二等(徒三);但如果是残害、遗弃的是自己尊亲属的尸体,那就要按照斗杀罪处以斩首死刑。如果在耕作、施工时发现无名尸首不予以埋葬,而是随意丢弃的,也要处以徒二年;把尸体烧毁的,处徒三年;但如果是尊亲属的尸体,就要加罪一等,烧毁棺椁的,处以流三千里;烧毁尊亲属尸体的,就要判处绞刑。这些规定基本都被以后宋元明清各个朝代沿袭。在尸体方面的这些禁忌,使得历代法律都规定对尸体只能进行体表的检验,《洗冤集录》里记述的种种检验尸体的手段,也都只是进行体表的观察。这就使很多身体内部的伤害无法检验,使得中国古代的法医学一直处于尸表检验时代。即使是亲人的遗体被暴露在众人面前由人翻检,也会被视为莫大的亵渎。明代作家凌濛初在他的短篇小说集《二刻拍案惊奇》卷三十一的卷首,对当时实行的检验尸体制度发议论道:法律规定有人命杀伤案件的必须要检验尸体后才可以处置,"法立弊生",结果导致被害人生前横死,身后还要被"削骨蒸肌",再受荼毒,"刮骨蒸尸,千零百碎,与死人计较,也是不忍见的"。从该案,我们可以看到中国传统文化对政治、法律、社会以及民众有多大的影响，可谓根深蒂固。这就可以解释，我国古代法医学只能维持尸表检验的根源所在，也决定我国古代法医学落后的事实所在。

6. 死要见尸

唐代刘肃《大唐新语》记载：有个在御史台做官的人诬告驸马崔宣谋反。那个诬告的人预先将崔宣的一个小妾拐走，藏在一个秘密的地方，然后诬告说："崔宣的小妾知道他要谋反，就要去告发，结果被崔宣杀掉，尸体扔到洛水里去了。"就把崔宣抓进大牢，命令侍御史张行岌负责处理这个案件。张行岌仔细调查后向上级报告这是诬告，被训斥："崔宣谋反的迹象很明显，你难道是想有意放纵他吗？我要叫来俊臣去查这个案子，那时候你后悔来不及了！"张行岌说："我确实比不上来俊臣。不过希望委派来俊臣时，请他以事实结案。"但被告知："崔宣真杀了他小妾的话，就说明谋反的情节是真的。你若查不清楚，来俊臣再审你！"张行岌认为，该案的关键在于崔宣是否杀了小妾，即使杀了，"死要见尸"。张行岌将这一思路告知崔家。崔宣有个远房堂兄弟叫崔再竞，发现每次在崔宣家里商量，那个告发的人很快就会知道。他估计在家里有那人的内线，于是就故意对崔宣的妻子说："我打算用三百匹绢的价格去雇个刺客，把那告发的人给杀了。"第二天一大早，他就化装躲在御史台衙门的附近观察，看见崔宣家一个姓舒的门客，进了御史台衙门，告知"崔家雇刺客"之事。崔再竞等到那姓舒的门客离开御史台，在僻静处揪住他训斥："你这样陷害崔宣，有什么好处？如果崔宣承认谋反的话，首先就说你是他的同谋，大家一起死！你还不如帮助找到那个小妾，我给你五百缯，足够你回乡过下辈子的好日子，不然的话你必死无疑！"姓舒的门客后悔了，就带了崔再竞一起去搜查，果然找到了那个小妾。张行岌立即向武则天报告，为崔宣平反，那个诬告的人被判反坐。

述评：这个案件也记载在和凝《疑狱集》中。从这个案件，我们了解到，没有发现尸体就不能仓促定案实际上是古代法制中一个悠久的传统，也就是"死要见尸"的说法。这个案件发生在唐代，说明宋代以前就有这样的司法原则。

7. 含血之类

对于亲代与子代之间性状传递研究最早并有突出成绩的，要推东汉的王充（27—

104)。他在和儒生们辩论时,曾就是否有瑞祥神灵动物问题进行过一次辩论。王充在《论衡·讲瑞篇》说:"龟故生龟,龙故生龙。形、色、大小不异于前也,见之父,察其子孙,何为不可知?"王充认为各种生物都能相当稳定地将本种类的特征传给它们的后代,所以后代的颜色、形状、大小总是像它们的亲代,见到某种生物,就能预知这种生物后代的性状。他还在《论衡·奇怪篇》说:"物生自类本种。""且夫含血之类,相与为牝牡,牝牡之会,皆见同类之物。""天地之间,异类之物,相与交接,未之有也。"王充的"物生自类本种""含血之类"指的就是亲代与子代的血缘关系。而王充在这里讲的"本种"显然包含着"种"的概念,并且把在自然条件下能不能互相交配、产生后代列为种的特性之一。两千多年前,王充关于"种"的概念,竟然和18世纪分类学家林奈(Carl von Linne 1707—1778)的"物种"概念有些相似。王充认为各种生物的性状的遗传,是在生殖过程中,通过种子实现的。他说,万物"因气而生,种类相产,万物在天地之间皆一实也"。在《论衡·初禀篇》中,他还以植物为例说:"草木生于实核,出土为栽蘖稍生茎叶,成为长短巨细皆由实核。"他也正是基于对物种性状相对稳定的认识,有力地批驳了所谓瑞物神龙、神龟的存在。他认为正常的生物都是有种类的。王充的"物生自类本种""含血之类"的观点和孟德尔遗传学以及后世发现的血型遗传学理论是相通的。

8. 道教文化

汉唐文化中,道教文化占有一席之地,其中,神仙文化在宫廷乃至民间都有影响。《庄子·逍遥游》云:"藐姑射之山,有神人居焉,肌肤若冰雪,绰约若处子,不食五谷,吸风饮露,乘云气,御飞龙,而游乎四海之外。"神人不吃凡间的五谷,只吸风饮露,并且还能腾云驾雾,御龙飞天。《山海经·大荒西经》也有关于神人的记载:"有神十人,名曰女娲之肠,化为神,处栗广之野,横道而处。"道教的"神"与"仙"是有区别的,神分为两种,一种是自然界的风雨雷电、山川河岳等自然之神,如雷神、水神、火神等;一种是无形无相的"道"的化身而来的人格神,如道教的三位至尊之神三清,即道经所讲的"一气化三清"。"仙"则是凡人经过修行及悟道从而达到长生不死的人。《说文解字》记载:"仙:长生仙去。从人从山。"《释名》说"老而不死曰仙。仙，迁也。迁入山也。故其制字人旁作山也"。也就是说，仙是由人而来的。神一般是司职的，每位神在道教的神仙体系里都有不同的司职。像雷部的九天应元雷声普化天尊，作为雷部的最高神，不但统御整个雷部的神灵，还"主天之灾福，持物之权衡，掌物掌人，司生司杀"（徐道《历代神仙通鉴·仙真衍派（一）》）。而仙一般没有官职，十分逍遥自在。人是只有希望能成仙的，没有说成神的。

述评：与法医检验有关的主要是道教法术。道教法术以"道"为本，以"符""咒""掐诀""踏罡步斗"为手段，再辅以"剑""印""法水"等法器，以及"炼丹""药料"等。其内容具体可归结为"祈福禳灾""考召驱邪""治病送瘟""超度破幽"和各种"占验术数"等几个大类。我国古代法医文化中也有道教文化的影子，不过是持否定态度，如《洗冤集录》记载："凡检验，承牒之后，不可接见在近官员、秀才、术人、僧道，以防奸欺及招词诉。"又如，清代法律规定："禁止师巫邪术例""凡端公道士，作为异端法术，医人致死者，照斗杀律拟罪"。

9. 烟萝子图

烟萝子图是指五代烟萝子所绘的《内境图》，也是现在能见到的最早的人体解剖图。这是从《道藏》中发现的。烟萝子又名燕真人，为五代时道士。《道藏》收载的南宋石泰及其门人所编的《修真十书·杂著捷径》中收录有烟萝子著作多种。其中，有图六幅，依次为《烟萝子首部图》《烟萝子朝真图》《内境左侧之图》《内境右侧之图》《内境正面图》《内境背面之图》（图12），是人体内脏解剖的不同侧面图。左侧图和右侧图上所绘脊柱均为24节（不包括骶椎）。这与实际解剖是相符的。正面图绘有表示食管和气管的两个孔；有肺四叶，心在肺叶下，胃在心下，贲门在胃左，幽门在胃左下，肝在右上，其下为胆；下腹部绘有小肠、大肠、魄门（肛门）、膀胱等。烟萝子《内境图》对后世解剖图有直接的影响。五代道士烟萝子绘制于公元944年以前的《内境图》，是我国现存最早的人体解剖图，为后世解剖图的蓝本，其内容与现代解剖学大致吻合，这是中国解剖史上的一大成就。[①]

---

① 祝亚平. 中国最早的人体解剖图——烟萝子《内镜图》[J]. 中国科技史. 1992(2)：61—65.

图12　烟萝子《内境图》，从左至右为内镜左侧之图、内镜右侧之图、内镜正面之图、内镜背面之图

10. 梁《千字文》

天地玄黄，宇宙洪荒。日月盈昃，辰宿列张……

盖此身发，四大五常。恭惟鞠养，岂敢毁伤。

女慕贞洁，男效才良。知过必改，得能莫忘。

罔谈彼短，靡恃己长。信使可覆，器欲难量。

墨悲丝染，诗赞羔羊。景行维贤，克念作圣。

学优登仕，摄职从政。存以甘棠，去而益咏……

仁慈隐恻，造次弗离。节义廉退，颠沛匪亏……

孟轲敦素，史鱼秉直。庶几中庸，劳谦谨敕……

述评：《千字文》由南北朝时期梁朝散骑侍郎周兴嗣编纂，是我国古代的儿童启蒙读物，也是社会治理文宣之一。《千字文》影响很大，远超其产生年代，涉及方方面面，在法医学方面亦是如此。宋慈《洗冤集录·条令》说："诸初、覆检尸格目，提点刑狱司根据式印造。每副初、覆各三纸，以千字文为号，凿定给下州县。遇检验，即以三纸先从州县填讫，付被差官。候检验讫，从实填写，一申州县，一付被害之家，一具日

第三章 汉唐时期法医学与社会治理关系研究

时字号入急递,径申本司点检。"也就是说:宋代"诸初、覆检尸格目"是按"天地玄黄……"的顺序编排的。宋慈这一做法,影响到后世。作者在看民国法医鉴定案卷时,还看到林几教授亲笔签名的法医鉴定书格式,"天"包括案情、询问、审查、检验,"地"包括分析与说明。

从上面摘录文字看,《千字文》讲述人的修养标准和做人原则,指出人要孝亲珍惜父母传给的身体("恭惟鞠养,岂敢毁伤"),做人要真诚("知过必改"),讲信用有良好的形象和信誉("信使可覆,器欲难量")。其中与法医学检验有关的,主要如下:

"盖此身发,四大五常",这里"四大"指儒家"天、地、亲、师","五常"指儒家"仁、义、礼、智、信"。恭惟指谦谦让,鞠养指养育。"盖此身发,四大五常,恭惟鞠养,岂敢毁伤"意思是人的身体发肤分属于"四大",一言一动都要符合"五常",诚敬父母养育之恩,身体发肤不敢毁坏损伤。这句话引述的是儒家思想,影响了我国古代法医学维护尸表检查的检验方式达数千年之久。

"墨悲丝染,诗赞羔羊。景行维贤,克念作圣。"这里,"诗"指《诗经》。《诗经》是中国古代有记载的第一部诗歌总集,共305篇,分为风、雅、颂三部分。羔羊指《诗经·召南》里有"羔羊"一篇,表面上是赞美羔羊的素白,实质上是称颂穿皮袄的人(士大夫)具有羔羊般纯洁正直、不受污染的品德。宋慈有士大夫清廉的思想,宋慈《洗冤集录·序》说:"慈四叨臬寄,他无寸长,独于狱案,审之又审,不敢萌一毫慢易心。"宋慈在《名公书判清明集》有九个案例判牍,体现士大夫"羔羊般纯洁正直、不受污染品德"的名公思想。

"知过必改,得能莫忘"意思是知道有过错就一定要改正,自己有能力做到的就一定不要放弃。"得"与"德"二字通假,"得能莫忘"有两重含义,一是从他人之处有所得、有所能,也就是别人教会我们的东西,使人有所得、有所能,不能忘。二是个人修心、修身上有所得、有所能,也莫忘。"知过必改"这一句话语出《论语》。孔子在《论语·述而篇》中说:"德之不修,学之不讲,闻义不能徙,不善不能改,是吾忧也。"孔子说,一个国家、一个社会,有四件事最让人担忧的。一是不讲品德修养;二是人心浮躁不肯做学问;三是该做的事却不肯去做;四是有错不改,这是孔子每天都在担忧的。孔子一生活得很累,悲天悯人。那么,对于检验,发现有错怎么办?因为如果不改就会出现冤案,儒家思想要求,"知过必改,得能莫忘",断狱有疑,就要改,这就引出一部法医学书籍《疑狱集》;同样,有冤枉就要洗除,这就出现了"洗冤"的法医学思想。宋慈《洗冤集录·序》说:"每念狱情之失,多起于发端之着;定验之误,皆原于历试之涉。遂博采近世所传诸书,自《内恕录》以下凡数家,会而粹之,厘而正之,增以己见,总为一编,名曰《洗冤集录》。"看来,宋慈《洗冤集录》明显受到"知过必改,得能莫忘"的影响。

"存以甘棠"中的"甘棠"指棠梨。《史记·燕召公世家》:"周武王之灭纣,封召公于北燕……召公巡行乡邑,有棠树,决狱政事其下,自侯伯至庶人各得其所,无失职者。召公卒,而民人思召公之政,怀棠树不敢伐,哥咏之,作甘棠之诗。"后遂以"甘棠"称颂循吏的美政和遗爱。这句话引出了一本法医学书籍《棠阴比事》。

"仁慈隐恻,造次弗离。节义廉退,颠沛匪亏"的意思是仁义、慈爱,对人的恻隐之心,内心宽恕(内恕),在任何时候、任何地方都不能抛离。气节、正义、廉洁、谦让这些品德,在最穷困潦倒的时候也不可亏缺。这一思想引出了一部法医学书籍《内恕录》。

"孟轲敦素,史鱼秉直。庶几中庸,劳谦谨敕。"意思是孟子崇尚朴素,史官子鱼秉性刚直。做人要合乎中庸的标准,必须谦逊,谨慎检点,接受教训。宋慈《洗冤集录·条令》:"今检验不实,则乃为觉举,遂以苟免。今看详命官检验不实或失当,不许用觉举原免。余并依旧法施行。奉圣旨依。"宋慈的意思,检验不实或失当,不要免责,要接受教训。这一思想贯穿整部《洗冤集录》和宋慈一生。

11. 鱼玄机案

唐代皇甫枚《三水小牍》:"一女僮曰绿翘,亦特明慧有色。忽一日,机为邻院所邀,将行,诫翘曰:'无出,若有熟客,但云在某处。'机为女伴所留,追暮方归院。绿翘迎门曰:'适某客来,知炼师不在,不舍辔而去矣。'客乃机素相昵者,意翘与之狎。及夜,张灯扃户,乃命翘入卧内讯之。翘曰:'自执巾盥数年,实自检御,不令有似是之过,致忤尊意。且某客至款扉,翘隔阖报云:炼师不在。客无言策马而去。若云情爱，不蓄于胸襟有年矣，幸炼师无疑。'机愈怒，裸而笞百数，但言无之。既委顿，请杯水酹地曰：'炼师欲求三清长生之道，而未能忘解佩荐枕之欢，反以沈猜，厚诬贞正，翘今必死于毒手矣，无天则无所诉，若有，谁能抑我强魂？誓不蠢蠢于冥莫之中，纵尔淫佚。'言讫，绝于地。机恐，乃坎后庭瘗之。自谓人无知者，时咸通戊子春正月也。有问翘者，则曰：'春雨霁逃矣。'客有宴于机室者，因溲于后庭，当瘗上见青蝇数十集于地，驱去复来，详视之，如有血痕且腥。客既出，窃语其仆。仆归，复语其兄。其兄为府街卒，尝求金于机，机不顾，卒深衔之。闻此，遽至观门觇伺，见偶语者，乃讶不睹绿翘之出入。街卒复呼数卒，携锸共突入玄机院发之，而绿翘貌如生。卒遂录玄机京兆府，吏诘之辞伏，而朝士多为言者。府乃表列上，至秋竟戮之。"

述评：皇甫枚，字遵美，唐晚期安定郡（今甘肃泾川）三水（今宁夏同心）人。生卒年均不详，约唐僖宗广明中前后（五代初的公元841年到911年）在世，七十岁左右去世，是唐末著名文学家。皇甫枚《三水小牍》是五代时期最重要的一部传奇小说集，记载晚唐的异闻轶事。此书成于梁开平四年（910），但纪年仍用唐昭宗天祐年号。这里不提鱼玄机与李亿的夫妻恨、与温庭筠的师生恋，就法医学问题对鱼玄机案做如下两点介绍。

一是绿翘被鱼玄机笞死。《三水小牍》记载："机愈怒，裸而笞百数，但言无之。既委顿，请杯水酹地曰……言讫，绝于地。"意思是鱼玄机盛怒，剥掉绿翘衣服，用荆条抽打绿翘数百下，直至绿翘喊口渴要水喝，说完几句话后就当场倒地死亡。按宋慈《洗冤集录·受杖死》："如日浅时，宜说，兼疮周回，有毒气攻注青赤挞皮紧硬去处。如日数多时，宜说，兼疮周回亦有脓水淹浸，皮肉溃烂去处，将养不较，致命身死。"受杖伤后当场或不久（日浅）可致死，受杖伤后数日也可致死。现代医学研究表明，大面积皮下、肌肉间出血可在短时间内（24小时）致失血性休克、创伤性休克死亡。如果大面积皮下、肌肉间出血，伤后时间长（如超过24—48小时）、出现肾衰的，应考虑"挤压综合征"死亡；如果有化脓、溃烂，可考虑继发感染死亡。所以，绿翘是被鱼玄机当场笞死的。

二是苍蝇聚集而发现绿翘尸体。《三水小牍》记载:"机恐,乃坎后庭瘗之。……客有宴于机室者,因溲于后庭,当瘗上见青蝇数十集于地,驱去复来,详视之,如有血痕且腥。……街卒复呼数卒,携锸共突入玄机院发之,而绿翘貌如生。"这里,提到"瘗上见青蝇数十集于地,驱去复来,详视之,如有血痕且腥",意思是土堆上见到数十只青蝇聚集,赶走又飞来,仔细一看,有血痕和腥臭味。这与《洗冤集录·疑难杂说下》记载"镰刀一张,蝇子飞集"是一致的。宋慈强调:"众人镰刀无蝇子,今汝杀人,血腥气犹在,蝇子集聚,岂可隐耶?"宋慈将"苍蝇趋血"习性应用于检验,提出了古代法医昆虫学的研究内容。苍蝇对血腥的敏感度很高,能通过嗅觉很快地寻觅到。皇甫枚《三水小牍》的记载早于宋慈,可见,我国唐代已对法医昆虫学有所研究。

12. 长生不老

贾生

〔唐〕李商隐

宣室求贤访逐臣,贾生才调更无伦。

可怜夜半虚前席,不问苍生问鬼神。

李商隐诗中记载"文帝向贾宜问鬼神"这件事,历史确有其事。司马迁《史记·屈原贾生列传》记载:"为长沙王太傅三年……后岁余,贾生征见,孝文帝方受釐,坐宣室。上因感鬼神事,而问鬼神之本。贾生因具道所以然之状。至夜半,文帝前席。既罢,曰:吾久不见贾生,自以为过之,今不及也。"也就是说,文帝召见贾生时,刚举行过祭祀,正在接受神灵的福佑,坐在宣室,接见了贾谊。文帝向贾谊问鬼神的道理,贾谊向他讲了鬼神本源,越听越入迷的文帝在座席上移膝向对方靠近倾听。听完贾谊解说,自叹不如。李商隐诗的头两句"宣室求贤访逐臣,贾生才调更无伦",意思是汉文帝求贤若渴,宣示要召见被贬的臣子,贾谊才华无人能及,所以得到了汉文帝的诏见。"可怜夜半虚前席,不问苍生问鬼神。"这两句诗的意思是,两个人虽然在一起谈了半夜,汉文帝一晚上都是在问鬼神之事,从来不问国事。李商隐认为汉文帝只是想要了解"长生不老"的事。

述评:李商隐诗中提到"不问苍生问鬼神",与汉代推崇"长生不老"的道教观念有关。生前寻仙、炼丹、玉器驱邪祈求延年益寿，死后丧葬玉器祈求冥福、保护尸骨不朽。与法医学有关的主要是"炼丹"。前面提到，汉文帝问贾谊只是想要了解长生不老。而事实上，秦始皇、汉武帝、晋哀帝都曾炼丹求长生，晋哀帝还丧命于仙丹。从秦汉开始，"寻仙炼丹"从未停止，由此出现了"炼丹术"。道家炼丹选用某些矿物原料所炼制的丹药，又称"仙丹"，认为服后可以长生不死。作为毒物学材料的辰砂等是我国古代炼丹术重要内容之一，其中包括升华、提纯和合成"仙丹"，可视为法医毒物分析化学的前奏。炼丹术所用的器具和矿物则成为化学发展初期所需要的物质准备。而炼丹术的盛行也造成中毒甚至死亡事件，由此催生早期法医毒物学。

13. 钱本草说

钱本草

〔唐〕张说

钱，味甘，大热，有毒。

偏能驻颜，采泽流润，善疗饥，解困厄之患立验。

能利邦国，污贤达，畏清廉。

贪者服之，以均平为良。

如不均平，则冷热相激，令人霍乱。

其药采无时，采之非礼则伤神。

此既流行，能召神灵，通鬼气。

如积而不散，则有水火盗贼之灾生。

如散而不积，则有饥寒困厄之患至。

一积一散谓之道，不以为珍谓之德，取与合宜谓之义。

无求非分谓之礼，博施济众谓之仁。

出不失期谓之信，人不妨己谓之智。

以此七术精炼，方可久而服之，令人长寿。

若服之非理，则弱志伤神，切须忌之。

述评：唐代张说，曾多次为相，后因贪财被弹劾遭贬，写了篇《钱本草》。唐代官场上不少官员有医学背景，张说在文章一开头就提到"钱，味甘，大热，有毒"，将钱比喻成一味药材，以这种形式来对钱进行细细的解读。我国古代法医检验为官验制度，传统上存在不少官员亦儒亦医的文化现象。因此，官员检验时能应用医学知识解决法律问题也不少见，这也可以解释我国古代法医学发达的原因之一。

14. 大中小隐

中隐

〔唐〕白居易

大隐住朝市，小隐入丘樊。

丘樊太冷落，朝市太嚣喧。

不如作中隐，隐在留司官。

似出复似处，非忙亦非闲。

述评："小隐隐于野，中隐隐于市，大隐隐于朝"是中国道家哲学思想。所谓"隐"有三种情况：一是一些官员或文人看破人生，碌碌无为，与世无争，一遇挫折就解甲归田，过隐居的生活，这是小隐。二是一些官员或文人，带着对时代的不满，或抑郁不得志的情怀，或官场的钩心斗角不适应，采取避世方式，隐居在喧闹的市井中，视他人与嘈杂于不闻不见，从而求得心境的宁静，这是中隐。三是在朝为官，虽处于喧嚣的时政，却能大智若愚、淡然处之，面对尘世的污浊、倾轧、钩心斗角保持清流的心境，不与同流合污，这是大隐。我国古代法医检验由官员行使。秦代法医检验人员是令史（县令下属司法官吏）、唐代县令、宋代县令及司理参军等。从文化角度出发，受道家处世哲学思想的影响，过闲逸生活的官员不在少数。他们认为，闲逸生活不一定要到林泉野径去才能体会得到，更高层次隐逸生活是在都市繁华之中，在心灵净土独善其身，找到一份宁静。从古代官员分类来看，过"小隐"生活这一部分官员比例较大，几乎以官场营生为目的，避世苟活，政绩平平；过"中隐"生活占一部分，精研业务的不多，喜欢吟诗作赋，而白居易就选择"中隐"的"非忙亦非闲"为官之道;"大隐"这一部分官员很少,对业务精益求精,如宋慈自称"慈四叨臬寄,他无寸长,独于狱案,审之又审,不敢萌一毫慢易心",最终完成世界名著《洗冤集录》。从专业角度出发,法医检验人员官吏化是我国古代一大弊病,这种体制很难使法医检验水平创新发展。

15. 珠胎毁月

唐永泰公主李仙蕙,是唐高宗李治和武则天的亲孙女,唐中宗李显和韦后之女。关于她的死,《旧唐书》《新唐书》和《资治通鉴》所记大略相同。《资治通鉴》第二〇七卷记载:"太后春秋高,政事多委张易之兄弟,邵王重润与其妹永泰郡主、主婿魏王武延基窃议其事,易之诉之于太后,九月壬申,太后皆逼令自杀。"也就是说,永泰公主死于李重润一案,千百年来,史家没有疑义。可是,1960年发掘永泰公主墓,出土墓志后,1963年《文物》第一期发表了武伯纶的《唐永泰公主墓志铭》一文,对于永泰公主李仙蕙之死的历史定论表示怀疑。但是,除了《唐永泰公主墓志铭》记载外,没有更多的史料,更没有科学技术方面的支持。《永泰公主墓志铭》中永泰公主的死因与史书所记载全然不同。从墓志铭中"自蛟丧雄愕,鸾愁孤影,槐火未移,柏舟空泛"来看,是隐喻武延基被杀,永泰公主孤独地生活着,并未罹害。该墓志铭还有一段有趣的文字,说:"(永泰公主)珠胎毁月,怨十里之无香。弄玉箫声,入彩云而不返。呜呼哀哉!以大足元年九月四日薨,春秋十有七。"这就清楚地告诉人们,永泰公主不是武则天害死的,而是由于怀孕患病致死。后人接受对墓志铭所做的考释,但认为造成永泰公主等死亡的首要原因是武则天的加害,而永泰公主怀孕患病则是次要原因。其理由:一是史书记载武则天杀李重润、永泰公主及武延基于"九月壬申",即九月初三,这个时间仅仅比墓志铭所记永泰公主死于"九月初四"早一天,故不能说永泰公主之死与李重润、武延基的事毫无联系。二是尽管唐代律法中有孕妇犯罪可缓刑的规定,但不等于惯用刑杀的武则天对永泰公主免于处死,至多也只是缓刑而已。这恐怕才是墓志铭中"槐火未移"的真正所指。三是永泰公主未遭杀害,却又突然死去,可能是由于其夫被杀,精神受到打击而小产病亡或者是服毒堕胎而死,也有可能是武则天采取其他手段使她流产而丧生。

中国古代法医学与社会治理关系史

述评：1984年7月3日，黄瑞亭当时正在西安医科大学高师班学习。胡炳蔚教授带学生参观永泰公主陵。永泰公主陵属封土堆墓，其墓穴是用砖砌的，由墓道、过洞、天井、雨道、墓室构成，全长87.5米。墓道是一条宽约2米的斜坡，进入过洞直至狭窄的雨道，两旁洞墙内有6个小龛，里面放着彩绘陶俑、骑马俑、三彩马及陶瓷器皿等随葬品，造型逼真、工艺精湛。从墓道到墓室还绘有丰富多彩的壁画，有宫廷仪仗队，以及天体图、宫女图等。尤其是墓室中放置的一具石椁，石壁上刻着15幅仕女人物画，其造型之美，实为罕见。永泰公主椁仕女图的这些人物中，有的上着披贴、下穿长裙；有的身着男装；有的身穿长裇，腰束锦带，带上缀有荷包；有的脚穿如意鞋；有的身着短袄长裙，或捧壶，或托盘，或弄花，或拱手，或对话，等等，所有这一切均展现了当时宫廷生活的情景。此外，石椁两扇门的顶部，还刻着一对鸳鸯，张开羽翼，相向飞舞，象征着墓内主人夫妻恩爱。当参观到墓志铭时，胡炳蔚做了解释："1960年8月至1962年4月国家对该墓进行发掘研究。出土的《大唐永泰公主墓志铭》的墓石，其中：'珠胎毁月，怨十里之无香'解读为：永泰公主是死于分娩。"当时，西安医科大学法医学胡炳蔚和医学模型制作家张金斗，是被指定为研究永泰公主骨盆确认死因的专家。胡炳蔚介绍说："根据永泰公主墓出土尸骨，估计她身高也只一米五左右。经科学测量与鉴定，认为永泰公主骨盆各部位较之同龄女性骨盆都显得狭小，尚未发育成熟，生育对她的确是有一定困难的。结论是：永泰公主死于难产。"胡炳蔚继续说："科学合理的解释应该是，永泰公主当时正有身孕，看到夫兄皆死于非命，伤心加惊吓，胎儿先兆早产。她的体格解剖上又属于均小骨盆，本来生育就有困难，再加上意外刺激，难产造成子宫破裂，永泰公主带着她未成活的孩子难产而死。"胡炳蔚说："中宗李显复位登基。李显追封李仙蕙为'永泰公主'，并且特许其坟墓尊称为'陵'，规格与帝王等同。永泰公主墓，从此成了'永泰公主陵'。出土的墓志铭上'珠胎毁月'的字样，说明永泰公主并不是被乱杖打死或缢杀的，而是死于难产。她的骨骼，也确实纤细柔弱，尚未发育成熟，生育对她确实是有一定困难的。再一研究，她难产而死的日子，离她的兄长和丈夫被杀的日子，前后仅相差一天。这样看来，十七岁的少女李仙蕙，是在惊悉丈夫的死讯后，惊吓早产，以致难以产育而死的。"

考古学家对出土文物的研究，仅仅局限于年代和其真实性，但法医人类学家对出土尸骨，是对其进行个人识别和死亡原因的科学研究。胡炳蔚教授对永泰公主之死的研究，以无以争辩的事实科学地颠覆了历史，包括《旧唐书》《新唐书》和《资治通鉴》等史书记载，使历史真实面目得以还原。

16. 五石散丹

在古代，墓葬有一定的规格。皇帝、贵族、百姓是不一样的，形成古代墓葬文化。对于一些世家大族来说，他们的墓葬规模比皇帝小些，其余该有的建制都有。按照古人对墓葬的要求，一般来说，要么是独葬，要么是夫妻合葬，要么是家族墓葬群。很少有父子或者父女合葬。1965年，南京象山出土了一座古墓，墓主人竟然是一对父女，父亲叫"王彬"，女儿叫"王丹虎"。墓主人是魏晋时期的世家大族。据《晋书·王彬传》记载，在魏晋时期，有四大豪族，分别是王、谢、袁、萧，其中数琅琊王氏实力最强，为四大豪族之首。在当时，还有"王与马共天下"之称。墓主王彬，是王羲之的父亲王旷的亲弟弟。王彬曾被敕封为都亭侯、建安太守，后转为军咨祭酒，并被赐爵关内侯，迁尚书右仆射。王彬虽然出生于地位显赫的世家大族，但他常常深居简出，布衣蔬食。王彬还喜欢炼"丹药"，以求长生不老。魏晋时期的名士大都喜欢炼丹服药。特别是一种叫"五石散"的丹药，因为在服用完这种药之后，就会出现如同醉酒一般的模样，且能让人成瘾。王彬去世时才59岁，而这跟他服食丹药是有一定关系的。根据其墓志（图13）可以看到，王丹虎是王彬的长女，一生未嫁，直到58岁去世。当打开王丹虎的棺椁后，发现棺椁中放置着200多颗药丸。通过对这些丹药做了成分化验，发现这些丹药就是当时魏晋时期流行的"长生不老仙丹"，而且还颇具五石散之特点。而

图13 王丹虎墓志拓片

在王彬的棺椁中也出土了这种丹药。据此推测，王丹虎应该是受到了父亲的影响，跟随父亲的脚步提炼并服食这些丹药，以图求得长生不老，因而一生未嫁。

述评：五石散丹是古代神仙服食范畴中的一种，也是神仙文化的一部分。求仙药之事，起于秦始皇。汉武帝时，信奉方士李少君、栾大等，烧炼金石一类矿物，称为石药。所以，"五石散"出现在魏晋时期之前。广州南越王赵眜墓就出土过"五石散"。"五石散"又称"五色药石"，南越王墓的五色药石包括绿松石、赭石、紫水晶、雄黄、硫黄。葛洪在《抱朴子·金丹》中认为"五石"是"丹砂、雄黄、白矾、曾青、慈石"。隋代巢元方认为"五石"是"钟乳、硫黄、白石英、紫石英、赤石"。尽管"五石"配方各不相同，但从法医学研究角度出发，含有砷、汞等重金属，实际上是一种慢性中毒。因此，当时被认为服食五色药石可以延年益寿，甚至长生不老，但实际上这些五色药石长久服用则会药物中毒。其致中毒而死者，有裴秀、晋哀帝司马丕、北魏道武帝拓跋珪、北魏献文帝拓跋弘等，皇甫谧则因服散而成残疾。

17. 搜验顶髻

据和凝《疑狱集》、郑克《折狱龟鉴》记载，唐贞元年间（785—805），韩滉在润州任职。一天，韩滉同友人在润州的万岁楼宴饮。忽然听到街上传来妇人哭声。起初，大家都没有怎么注意，依旧对诗行令。不过，韩滉的面色却逐渐凝重。因为他察觉到这妇人虽然哭号，但她的哭声中非但没有哀伤，反而多了一丝畏惧。沉思一番后，韩滉做出了一个大胆的猜测——这妇人应该有问题！韩滉心里做出判断后，马上命手下去现场勘查，并缉拿了哭号的妇人。不过，差官仔细验查了尸体，并没有发现什么蛛丝马迹。死者身上没有明显伤痕，更没有中毒迹象，倒是酒气熏天。这边官差一面调查，另一边那妇人一口咬定丈夫是因过量饮酒而亡。虽然妇人矢口否认，但韩滉还是认为存在内情。过堂审讯后，女子依然拒不认罪，韩滉命人将其暂时关押，同时让衙役们好好看守尸体。奉命看守尸体的衙役发现，停尸房的苍蝇围着尸体的头顶转。便前去苍蝇聚集的地方再次检查，结果发现死者头顶处竟有一颗铁钉钉入了脑部！面对证据，那妇人只好和盘托出：她与姘夫私通多时，觉得事情早晚会暴露，不如先下手为强，早早结果了丈夫，然后继承家产，再与姘夫过安逸的日子。最终，两人经过一番谋划，先将丈夫灌醉，然后用一颗烧红的铁钉钉入其头顶。长钉钉入脑内，被害者便立刻失去了反抗能力，而且由于铁钉事先被烧红，又能防止血水喷溅，从外观上根本看不出伤痕。加之古代男子也蓄发，在经过一番清理和掩盖后，这个伤口很不容易被发现。然而令凶手没有想到的是，他们虽然谋划周密，却遇到了心思更为缜密的韩滉。而案发时正值盛夏，伤口虽隐蔽，但有血迹存在，敏感的苍蝇便纷纷聚集在死者头顶铁钉处。就这样，几只苍蝇成为破案的关键。

述评：我国古代男女都留发，男子头顶部头发盘起或结髻，称顶髻。由于头顶被发髻遮蔽，往往成为法医重点检验的部位。宋慈《洗冤集录·疑难杂说上》就专门提醒："如男子，须看顶心，恐有平头钉。"当然，类似前面提到的韩滉办案，历史上并非孤例。此前，汉代扬州刺史严遵也曾破获过一桩"钉杀案"。凶手的动机大致与前者一致，但不同的是凶手为了掩盖真相，竟又将死者焚烧。严遵经过案发现场时，凶手尚未安葬尸体，恰巧又有一群苍蝇围着死者头顶聚集。与严遵、韩滉类似，宋代的张咏在蜀郡为官时，也曾遇到了一桩杀夫案。张咏破获此案时，并没有苍蝇"助阵"，但他一针见血地指出："搜顶髻，当有验。"对于没有明显伤痕的尸体，张咏当即让人检查死者头顶，看头发下是否隐藏着伤口。或许是因为此前早有类似案件，张咏在办案时有了更多可以参照的先例，才能够顺利破获案件。严遵、韩滉和张咏破案的故事表明，我国古代法医很早就重视隐蔽部位的检验。

18. 动如参商

唐代杜甫《赠卫八处士》："人生不相见，动如参与商。"

清代黄遵宪《别赖云芝同年》："人生相见殊参商，吁嗟努力毋怠皇。"

述评：关于"参商"，语出《左传·昭公元年》："昔高辛氏有二子，伯曰阏伯，季曰实沈。居于旷林，不相能也。日寻干戈，以相征讨。后帝不臧，迁阏伯于商丘，主辰，商人是因，故辰为商星。迁实沈于大夏，主参，唐人是因，以服事夏商。"左传中说，有这么两个兄弟，哥哥叫阏伯，弟弟叫实沈，因二人不和，常大动干戈。帝喾只好将两兄弟分开，将阏伯封于商丘，差实沈到大夏，使兄弟二人不得相见。阏伯死后变为商星，实沈死后变为参星。二星一个落下的时候，另一个才升起。杜甫说"人生不相见,动如参与商",黄遵宪说"人生相见殊参商"。参、商二宿都是二十八宿之一,参宿永远在黄昏时现于西方,而商宿在黎明时现于东方,二星永远都不会一起出现在一个天空之中。

法医学史上,也有两个"兄弟",一是尸表检验方式,二是尸体解剖检验方式。我国古代社会"礼""孝"文化,在出现法医检验开始就选择尸表检验方式,放弃尸体解剖检验方式,并以法律形式加以固定。因"尸表检验"是封建制度下相伴的法医检验方式,只有制度消亡,"尸表检验"才会消亡。因此,"尸表检验"顺理成章伴随封建制度几千年而不变。虽然晚清允许"医师参与检验"及出现"鉴定人"的法律词条,但因封建制度没有消亡,其法律规定徒有虚名,没能具体实施"尸体解剖",连开办"检验人员讲习所"也是用模型代替人体进行教学。这种情况,就如同"参与商星永远都不会一起出现在一个天空之中"一样。直到民国时期,封建制度消亡,法律规定允许尸体解剖,林几教授创办法医研究所,才正式开展现代法医学的尸体解剖检验。因此,尸表检验方式和尸体解剖方式是区别我国古代法医学和现代法医学的分水岭。

19. 心神鉴定

在唐代,中医把心与思考、记忆、感知等精神活动联系在一起,认为人的心理活动是由"心"支配,形成了我国古代的"心主神明说"。《礼记》中说"总包万虑谓之心";"心不在焉,视而不见,听而不闻,食而不知其味"。《孟子·公孙丑》"心之官则思,思则得之,不思则不得也"。《易经》有"疑疾""心病"的记载。后世中医的精神医学观基本上一直停留在《内经》时期的"心主神明论",对脑与精神疾患关系的论证较少。东汉应邵《风俗通义》中有"卧枕户砌,鬼搯其头,令人病癫";王清任在《医林改错·癫狂醒酒汤》记载:"癫狂一症……乃气血凝滞脑气,与脑腑不接,如同做梦一样。"明清时期有了对脑的认识,但尚未带来"脑"理论。其实,"心主神明"有其哲学意蕴。心居于体腔的左上方,本属上焦,并不居中,但中国古代有"重中思想",所以为了切合"天子必位于地中"的社会礼制观念,以心为君主,辅以诸脏为臣。于是心被赋予了居于诸脏之上的地位,而"脏腑百骸,莫不听命",所以规定了精神、意识、思维这些"神明"活动由心主宰,思维的官能被归结到心,即"心为君主之官,神明出焉"。《管子·心术》:"心之在体,君之位也。九窍之有职官之分,心处其道,九窍循理。"《荀子》:"心居中虚,以治五官,夫是谓'天君'","心者,形之君也,而神明之主也"。"心"在古代哲学家那里一度被赋予了伦理和道德的色彩,孔子曰:"欲先修其身者,先正其心";孟子曰:"君子所性,仁义礼智根于心。"从这些哲学观点中可以看出古人对脏腑功能描述中蕴含的人文色彩。战国中期的哲学家模拟社会政治礼制秩序建构了"心主神明"的特殊理论,而且这一观点被中医学吸纳并发展,历时两千多年。因此"心主神明"的设定是多种历史因素与中医理论体系交互作用的结果,秦汉以后人们逐渐墨守成规。中医学关于"心主神明"的说法,其架构是人为的、参照天地自然及人世秩序安排的。心被传统文化赋予了哲学及政治的内涵,使得中国传统精神医学有了文化烙印。

述评:由于古代"心主神明说"呈主导地位,几千年来一直影响着法医学检验,甚至把精神病鉴定称为"心神鉴定"。这一历史事实影响并阻碍了我国法医精神病学的研究。直至民国时期的法律还把精神病鉴定写为"心神鉴定"。林几创办法医研究所时,设立法医解剖室、病理室、毒物鉴定室、人证检查室、心神鉴定收容室、眼耳鼻科暗检室、动物饲养室、实验室、教室等便是例证。林几在1946年发表的《二十年来法医学之进步》一文中说:"鉴于社会或个人之不健全及疾病的心神变态,而法庭需要心神鉴定之案件日繁,遂更采犯罪心理学及精神病学与犯行征象容纳于法医学之中,创为法医精神病学。"[1]也就是说,"心神鉴定"一说一直沿用至民国时期。至20世纪40年代,才由林几首次提出"法医精神病学"的概念,这对现代法医精神病学的研究有重要的历史意义和现实意义。

20. 葡萄鬼胎

隋代巢元方《诸病源候论》卷四十二中有"鬼胎"的病名。又指葡萄胎,腹大如孕,是假孕的一种现象。中医对此有三种解释:一是癥瘕一类病证。因妇人素体虚弱,七情郁结,气滞血凝,冲任经脉壅滞不行所致。《傅青主女科》:"腹似怀妊,终年不产,甚至二三年不生者,此鬼胎也。其人必面色黄瘦,肌肤消削,腹大如斗。"治宜调

---

[1] 林几. 二十年来法医学之进步[J]. 中华医学杂志. 1946(6):244.

补正气为主，佐以攻积之品。用《傅青主女科》荡鬼汤（人参、当归、大黄、雷丸、川牛膝、红花、丹皮、枳壳、厚朴、桃仁）或《证治准绳》雄黄丸（雄黄、鬼臼、莽草、丹砂、巴豆、獭肝、蜥蜴、蜈蚣）。二是指假孕，包括气胎、血胎、痰胎等。三是葡萄鬼胎。据《肖山竹林寺女科·鬼胎》："月经不来，二三月或七八月，腹大如孕，一日血崩下血泡，内有物如虾蟆子，昏迷不省人事。"治宜气血双补，方用十全大补汤，并中西医结合治疗。

述评：我国古代检验中遇到的"鬼胎"的案子，主要指葡萄鬼胎。古代名词直至20世纪30年代还在使用。如林几在《鉴定实例专号》（第三卷）①记载1933年10月23日江苏高邮县法院受理一宗"民妇被殴致人流产案"，因久判未决，呈送部办法医研究所"验胎"。函致法医研究所云该县受理原告张某诉被告李某殴伤伊妻致胎元（即胎儿）坠落一案。案情述：受害人29岁，有孕三个月，于当年6月15日上午被被告殴打，捺地挥以拳足，登时昏迷，下部见红。经该县验得产门（即女性外阴）及裤沾有恶露，落下"胎元"。但县医院鉴定"胎元"未果，或曰"器具不备"，或曰"不易识别"。所以"请贵所予以鉴定：是否胎元？究有几月，是否因伤而堕。出具鉴定书。"随案件并送至一玻璃瓶。内盛以酒精保存"胎元"一具。林几收下此案后，仔细地对送来的"胎元"进行观察。该"胎元"呈卵圆形，表面粗糙，呈深褐色，触之甚硬。其长为3厘米，中央部厚1.3厘米，重7.5克；切开面呈深黄褐色，其中心色较浓，并见大小不等的裂隙。无羊膜、胞衣、脐带，无胎儿的骨骼。林几说"此'胎元'颇与凝血块相似"。他又说：胎儿两个月为3.5厘米，三个月为8厘米，该"胎元"为7.5厘米大小。若为胎儿，大致三个月大小。肉眼检查完毕，林几将该组织切下一小块做病理检查。在显微镜下，他发现其大部分为凝固的血块，少量为白细胞。还见到许多圆形的、透明的、胞体大的细胞，与郎罕氏细胞②相似，还见合体细胞和坏死组织，诊断为葡萄鬼胎③。林几在鉴定书中写道：送检之物"并非胎元，系脉络膜上皮瘤……于

---

① 林几.鉴定实例专号（第三卷）[J].法医月刊.1934，10：4—7.
② 医学上，正常胎盘绒毛，早期可见两层上皮细胞，内层叫郎罕细胞层，外层叫合体细胞滋养层。
③ 医学上，是指子宫滋养层细胞增生、水肿而成大小不等的水泡，相互连成如葡萄状，故叫葡萄胎，过去叫葡萄鬼胎。

是由子宫之脉络膜遗残部分,异常发育,形成恶性肿瘤。……有时可以自行排出。但查在本次检见之肿瘤大小而论,往往不易自然排出。故定须有外伤作其诱因。"林几把结果发至高邮县,该县法院即将此结果在法庭上宣读。双方表示理解,一场打了多时的官司就此顺利终结。

21. 拔矢啖睛

《三国演义》第十八回"贾文和料敌决胜 夏侯惇拔矢啖睛":夏侯惇挺枪出马搦吕布战。高顺出马大骂夏侯惇,惇大怒。两马相交,战四五十合,高顺败走。惇纵马赶去。顺不敢入阵,绕阵而走。惇不舍,尽力追之。阵中曹性看见,纵马出阵,拈弓搭箭,夏侯惇将近,性一箭正中惇左目。惇拔箭,带出眼睛。惇大呼曰:"父精母血,不可弃之!"于口内啖之,不赶高顺,只取曹性,一枪搠透面门,死于马下。史官赞夏侯惇拔矢啖睛诗曰:

开疆展土夏侯惇,枪戟丛中敌万军。
拔矢去眸枯一目,啖睛忿气唤双亲。

述评:以上就是《三国演义》夏侯惇"拔矢啖睛"的典故。为什么夏侯惇要"拔矢啖睛"?回答是文化使然。其很大程度上源于儒家"孝"的观念。在中国的传统文化中,儒家思想在身体观和生死观方面有独特的见解。儒家经典书籍《孝经》中提及:"身体发肤,受之父母,不敢损害,孝之始也。"三国时期大将夏侯惇左眼被箭射伤,他用手拔箭,不想连眼珠拔出,乃大呼曰:"父精母血,不可弃也!"遂纳于口内啖之。这段话体现了儒家的身体观对中国人的影响。任何一个人的毛发、皮肤都不可毁损,更何况是死后尸体被剖开检验。孝文化还延伸"死后要留全尸"的观念,更是根深蒂固。这一观念对官方、民间都有巨大影响,包括政治、哲学和立法,延续千年不变的法医尸表检验制度就是在儒家"孝"文化背景下产生的,而这一制度直接影响了我国法医学的发展。

22. 丹药毒性

思旧
〔唐〕白居易

闲日一思旧，旧游如目前。再思今何在，零落归下泉。
退之服硫黄，一病讫不痊。微之炼秋石，未老身溘然。
杜子得丹诀，终日断腥膻。崔君夸药力，经冬不衣绵。
或疾或暴夭，悉不过中年。唯予不服食，老命反迟延。
况在少壮时，亦为嗜欲牵。但耽荤与血，不识汞与铅。
饥来吞热物，渴来饮寒泉。诗役五藏神，酒汩三丹田。
随日合破坏，至今粗完全。齿牙未缺落，肢体尚轻便。
已开第七秩，饱食仍安眠。且进杯中物，其余皆付天。

述评：白居易在《思旧》一诗中写道："退之服硫黄，一病讫不痊。微之炼秋石，未老身溘然。"从这几句描写中可以看出，韩愈（字退之）和元稹（字微之）的死因是服丹药。诗中提到"汞与铅"是丹药主要成分，自己庆幸家常便饭活了七十岁，因而"不识汞与铅"，但是想长命服丹药的，"或疾或暴夭，悉不过中年"。由此可见，一是唐代炼丹药、服丹药之人不在少数；二是唐代对丹药毒性也有认识。

23. 咒禁博士

所谓咒禁博士，指官府里负责讲授祷告、符咒等方法和手段的人，该职位始置于隋代。隋代太医署中设咒禁博士两名。唐代因袭，只设一人，官阶从九品下。唐代"太医署"设四科，分别为医科、针科、按摩科、咒禁科（祝由科）。每一科中设"博士""医师""医工"等，在当时的"咒禁科"中设有"咒禁博士""咒禁师""咒禁工"等。

述评：《黄帝内经》中的《素问》和《灵枢》有"祝由"一说。《素问》说它是通过"移精变气"的手段来达到其去除病因的目的。《灵枢》说"祝由"不是治一般的疾病，而是治鬼神所为的疾病，"写咒吞符"祝祷驱鬼。明末清初抄本《祝由科》又名《秘诀奇

第三章 汉唐时期法医学与社会治理关系研究

书》，其中有《祝由论》(图14)和大量符咒图(图15)。

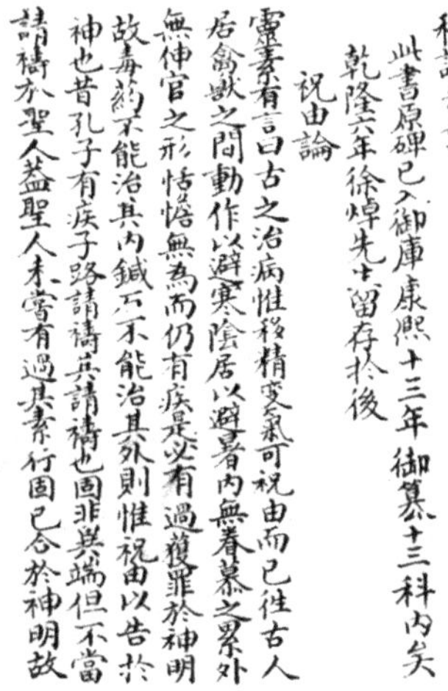

图14 《祝由科》中的《祝由篇》，康熙十三年(1674)御纂本

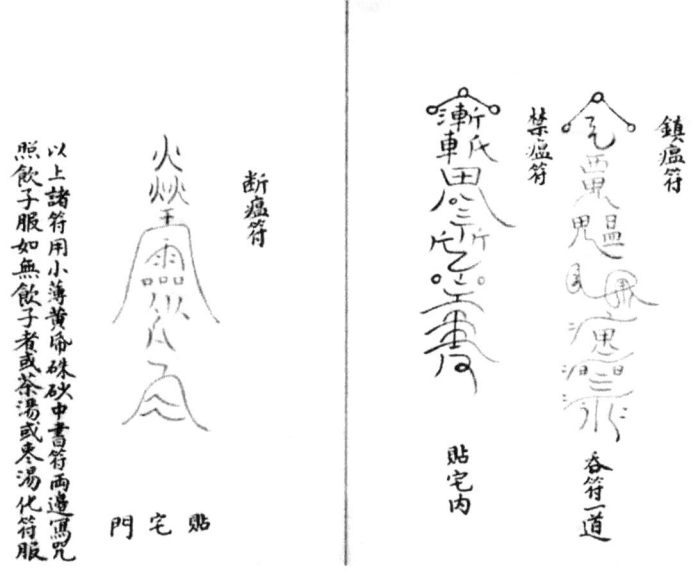

图15 《祝由科》中的镇瘟符、断瘟符，康熙十三年(1674)御纂本

按《历代职官表》所载，"祝由"治病的方法在周代至唐代以前的官方医疗机构中都没有被提到，但在唐代的"太医署"设"咒禁科"，属于"巫祝"的内涵和祷词的"咒语"性质。《唐六典》："咒禁博士掌教咒禁生以咒禁祓除邪魅之为厉者（有道禁，出于山居方术之中。有禁咒，出于释氏）。"《唐会要》卷五十："永徽四年四月，敕道士、女冠、僧、尼等，不得为人疗疾，及卜相。"所以唐代也禁止以祝由方法"为人疗疾"。到了元代，医事分为十三科，为祝由科、大方脉科、小方脉科、杂脉科、风科、产科、眼科、口齿科、咽喉科、正骨科、金疮肿科、针灸科、禁科。明代太医院设十三科，为大方脉、小方脉、妇人、疮疡、针灸、眼、口齿、接骨、伤寒、咽喉、金镞、按摩、祝由。因祝由科排在十三科之末，所以有"祝由十三科"之称。到了清初，太医院的科别设置减为十一科，祝由科被排斥出了太医院。清代对道士等非法行医的处理很严重，《大清律例·刑律·人命》："凡端公道士及一切人等作为异端法术医人致死者，照斗杀律拟绞监候；未致死者杖一百，流三千里，为从各减一等。"由此可见，清代以前对巫术祝由没有法律明确处罚规定，所以，清代以前不涉及法医检验内容。清乾隆五年（1740）完成的《钦定大清律例》以法律形式禁止"异端法术医人"，明确其为非法行医，纳入法医检验范畴。事实上，所谓"法术"是以"符""咒""掐诀""踏罡步斗"为手段，再辅以"剑""印""法水"等法器，以及"药料"等。其内容为"祈福禳灾""考召驱邪""治病送瘟""超度破幽""占验术数"等。值得一提的是《灌县志》（灌县即今四川省都江堰市）有传染病流行的记载。民国三十三年（1994），灌县金马乡霍乱流行，10 天内死亡 100 多人。一雷姓农民家半天死亡 2 人，参加殡葬的宾客和念经道士，3 天内相继死亡 11 人。道士念经是除瘟疫的，可瘟疫照样使符咒失灵，连道士都搭上了性命。

24. 留鞋投水

《孔雀东南飞》，原题为《古诗为焦仲卿妻作》，是我国古代长篇叙事诗。

> 汉末建安中，庐江府小吏焦仲卿妻刘氏，为仲卿母所遣，自誓不嫁。其家逼之，乃投水而死。仲卿闻之，亦自缢于庭树。时人伤之，为诗云尔。

第三章　汉唐时期法医学与社会治理关系研究

孔雀东南飞，五里一徘徊。

其日牛马嘶，新妇入青庐。奄奄黄昏后，寂寂人定初。

"我命绝今日，魂去尸长留！"揽裙脱丝履，举身赴清池。

府吏闻此事，心知长别离。徘徊庭树下，自挂东南枝。

两家求合葬，合葬华山傍。

《孔雀东南飞》讲述汉末建安年间(196—220)，一个名叫刘兰芝的少妇，美丽、善良、聪明而勤劳。她与焦仲卿成婚后，夫妻俩互敬互爱，感情深挚。不料偏执顽固的焦母却看她不顺眼，百般挑剔，并威逼焦仲卿将她驱逐。焦仲卿迫于母命，无奈只得劝说兰芝暂避娘家，待日后再设法接她回家。分手时两人盟誓，永不相负。谁知兰芝回到娘家后，趋炎附势的哥哥逼她改嫁太守的儿子。焦仲卿闻讯赶来，两人约定黄泉下相见，最后在太守儿子迎亲的那天，双双殉情而死。其中，有一句"'我命绝今日，魂去尸长留！'揽裙脱丝履，举身赴清池"，这句诗意思是刘兰芝自言自语说："'我的生命在今天结束，魂灵要离开了，让我的尸体长久地留在人间吧。'于是，挽起裙子，脱去丝鞋，纵身跳进清水池里。"这里描写了刘兰芝跳河之时"留鞋投水"的动作：在她投河自尽之前，挽起裙子把鞋子脱掉放在河边，然后投河。

述评："留鞋投水"是一种文化。屈原在受到楚国国君疏远之后，看着自己无力改变现状，选择了投河自尽，后来人们在江边发现了他的鞋子。上述《孔雀东南飞》中，刘兰芝"揽裙脱丝履，举身赴清池。"讲的就是刘兰芝就是为了自己的丈夫焦仲卿而留鞋在河边投水自尽的。冯梦龙《警世通言》卷十一《苏知县罗衫再合》中亦有："郑夫人才得回身，朱婆叹口气想道：'没处安身，索性做个干净好人。'望着路旁有口义井，将一双旧鞋脱下，投井而死。"可见，"留鞋投水"自尽是古代法医检验时经常可见的现象，其文化背景：一是灵魂说。《孔雀东南飞》中，刘兰芝投水前自言自语说："我命绝今日，魂去尸长留！"古人相信，人存在灵魂和躯体，人死了，灵魂走了，但是身体还存在。所以，留下鞋，让人找到尸体入土为安。二是全尸说。古人有以为国"忠"、为人"孝"为本，认为身体发肤来自父母，要死后保存全尸以成全"孝心"。因此，留下自己鞋在河边让人寻找到自己完整尸体。如屈原为"忠""孝"而"留鞋投水"自杀。三是明志说。古人认为，自尽这种方式是以死明志的一种，能得到很多人的尊重和认可，被认为是一种很高尚的行为。投河自尽者把鞋完完整整地放在河边证明自己是自尽而非横死，在死后就可以入宗庙祠堂受后人祭奠。如冯梦龙《警世通言》中朱婆也是在义井旁，将一双旧鞋脱下，投井而死。四是占卜说。在古代，鞋子被认为是占卜工具的一种。鞋子是属于每一个人的随身之物，因此用来占卜时会比较方便和准确。自尽者在跳河之前脱下鞋子，用其来占卜吉凶，会在得到自己满意的结果之后才去自尽而死。古代对死亡方式特别重视，如果一个人是溺水而亡等方式离开人世，那他的死亡不仅不被尊重，甚至还不能进入自己家的祠堂和宗庙。古人重视的就是自己的根和归属感，如果离世之后不能进入自家祠堂，那么对于死者来说是莫大的耻辱。因此，在法医检验时会发现有些留在河边的情形，从文化角度考虑，多为自杀，但要排除伪装情形。

25. 红伞凝空

图16 《钦定四库全书·疑狱集》，浙江大学图书馆藏

“红伞凝空”语出五代和凝《宫词百首》：“天街香满瑞云生，红伞凝空景日明。”这里“红伞凝空景日明”指在红油伞下阳光透过使物体清晰可辨，他发现了这一物理现象。和凝(898—955)，五代时文学家、法医学家。梁贞明二年(916)进士。曾取古今断狱、辨雪冤枉等事著《疑狱集》(951)。法医学上，北宋沈括和南宋宋慈都有红油伞下验尸、验骨的记载，但至今没有这一现象的起源考证，作者认为北宋沈括和南宋宋慈也许是受到五代和凝“红伞凝空景日明”的启发。可见和凝《疑狱集》对后世的影响力。

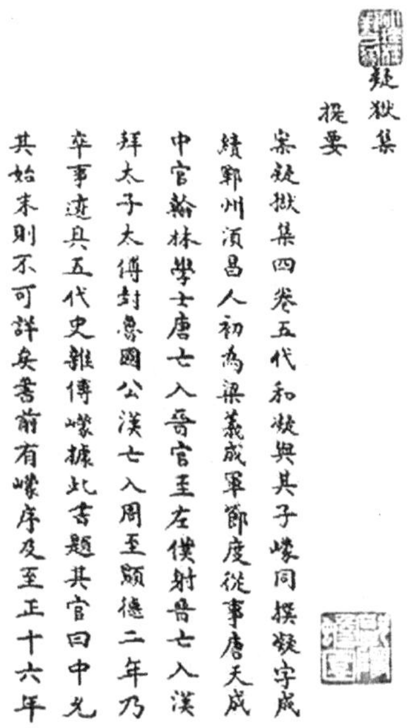
疑獄集
提要
案疑獄集四卷五代和凝與其子㠓同撰凝字成
績鄆州須昌人初為梁義成軍節度從事唐天成
中官翰林學士唐亡入晉官至左僕射晉亡入漢
拜太子太傅封魯國公漢亡入周至顯德二年乃
卒事迹具五代史雜傳㠓據此書題其官曰中允
其始末則不可詳矣書前有㠓序及至正十六年

图 17　《四库全书总目提要》中的《疑狱集·提要》

（浙江范懋柱家天一阁藏本）

述评：这里，引用《四库全书总目提要》内容（图 17）作为述评：“《疑狱集》四卷，五代和凝与其子㠓同撰。凝字成绩，郓州须昌人。初为梁义成军节度从事。唐天成中官翰林学士。唐亡入晋，官至左仆射。晋亡入汉，拜太子太傅，封鲁国公。汉亡入周，至显德二年(955)乃卒。事迹具《五代史·杂传》。据此书题其官曰中允，其始末则不可详矣。书前有序，及至正十六年杜震序。陈振孙《书录解题》称，《疑狱》三卷，上一卷为凝书，中、下二卷为㠑所续。今本四卷，疑后人所分也。《补疑狱集》六卷，明张景所增，共一百八十二条所记皆平反冤滥、抉摘奸慝之事，俾司宪者触类旁通，以资启发。虽人情万变，事势靡恒，不可限以成法，而推寻故迹，举一反三，师其意而通之，于治狱亦不无裨益也。书中间有按语，称讷曰者，不著其姓。又包拯杖吏一条，称桂氏取以载入篇中，愚特取以终篇云云，亦不言桂氏为谁。考宋端平中，桂万荣撮凝父子所载事迹，益以郑克之《折狱龟鉴》，编为《棠阴比事》一书。明景泰中，吴讷又删补之。则所谓讷者，乃吴讷。所谓桂氏，即万荣。景乃剽剟其文，不著所出，又复刊削不尽，是亦不去葛龚之类矣。景号西墅，汝阳人。嘉靖癸未（1523）进士。此书乃其官监察御史时作也。"

26. 辨认屠刀

五代王仁裕《玉堂闲话》、和凝父子《疑狱集》都记载了唐代刘崇龟办的一个案件。当地有一个富家子弟，经常随商船队在各地做买卖。有一次他在某地泊船，看到岸边有栋豪宅，高大的门楼里，有一位二十几岁的女子盯住自己看。那富商的儿子顺势就开口说道："我黄昏以后就到府上来拜访你。"那个女子也不拒绝，只是微笑。黄昏时，那女子果真把大门打开，在房间里等着这个富商子弟。可是，正好那晚有个窃贼经过，见这户人家大门没关，就闯进去想偷东西。没料到那女子见有人闪入就过来抱住了他。那小偷却以为是被人捉住，掏出随身带的刀子就刺，那女子应声而倒，那窃贼也不敢在黑地里去找回刀子，立刻开门逃跑。而窃贼刚离开，那个富商子弟恰好也前来幽会。一进门就踩上了鲜血，滑倒在地。他拿手摸一下觉得黏糊糊的，摸过去，摸到了倒在地上的尸体，立刻吓得夺门而逃，一口气直接逃到船上吩咐开船。那户女子的家人天亮发现女子被人杀死，赶紧到官府报案。官府侦缉人员追踪血迹，从百余里外将这个富商子弟抓了回来。可是，官府差役用尽酷刑拷打，这富商子弟什么都承认，就是不承认杀人。地方官府无法定案，只好报告刘崇龟。刘崇龟看了扔在杀人现场的凶器，发觉那是一把屠夫用的杀猪刀。于是就下达命令，通告全城，说是节度使要在本城大摆宴席，全城所有的屠夫明天都要集合。可是，第二天屠夫们集合齐了，刘崇龟又下令说："今天天色已晚，明天再来屠宰猪羊。"叫屠夫把屠刀留下，明日好用。刘崇龟要人将富商子弟案子里的那把凶器混在屠夫的刀具里，拿掉一把相似的屠刀。第二天屠夫们前来取刀，有一个屠夫到了最后还没走，说是自己的刀不见了，现在留下的那把屠刀不是他的。刘崇龟亲自询问他："这是谁的刀？"那屠夫说是某某人的刀，那人住在什么地方。刘崇龟派出暗探去那户屠夫家，听说那人前几天出了远门了。刘崇龟胸有成竹，第二天发布告示，宣布富商子弟因为杀人罪已被杖毙。过了一天，那个出走的屠夫放心回家，刚踏进家门就被衙门里的衙役抓了起来。事出意外，他立刻就招供那天夜里是自己杀了那名女子。

述评：这个案件在唐末五代时期非常流行。宋代修《新唐书》，把这个事例附载于刘崇龟的祖先刘政会的传记，南宋人郑克的《折狱龟鉴》、桂万荣的《棠阴比事》都记载了这个案件。该案的思路是从辨认屠刀入手，再寻找到凶器的主人屠夫，进而破案。从现场遗留的凶器寻找凶器的主人，刘崇龟的检验和破案思路对今天仍有借鉴价值。

27. 对簿公堂

《史记·李将军列传》："大将军使长史急责广之幕府对簿。"簿：文状之类；对簿：受审问；公堂：旧指官吏审理案件的地方。对簿公堂指当事人在公堂上接受审问的意思。古代法医学上的对簿公堂很特殊，宋慈《洗冤集录·检覆总说上》记载："如到地头，勒令行凶人当面对尸仔细检喝；勒行人公吏对众邻保当面供状。"这实际上是把"行凶人"带到现场，"当面对尸"由仵作"仔细检喝"，当场接受审问的形式。

我国古代儒家思想成为检验指导思想。汉代许慎《说文解字》："儒，柔也。""儒"含"需"字，参之以《易经》"需"卦的卦象，可知"需"有"等待"之义。《易传》说："需，不进也。"据《易传》记载，孔子就说过："君子藏器于身，待时而动，何不利之有？"孔子这里说的其实就是"需"的意思，它体现的显然是一种等待的姿态。在历史上，儒家思想对于诉讼是持保留态度的。《经典释文》曰："讼，争也，言之于公也。"所谓"讼"，乃指双方争执不下、对簿公堂之意。《易传》说："讼，不亲也"；而儒家主张，亲亲为仁。诉讼总是源于利益的纷争，争执双方倘若采取等待、妥协的姿态，那么就会使诉讼化解。所以，《论语·颜渊》篇中孔子说："听讼，吾犹人也。必也使无讼乎！"孔子认为，"无讼"才是一个社会的理想状态。这种思想影响深远，宋慈的"洗冤"就是通过检验,案结"无讼"。

28. 明镜高悬

图18 明镜高悬(引自黄瑞亭著《鉴证》,黄鹄立画)

西汉《西京杂记》卷三:"有方镜,广四尺,高五尺九寸,表里有明,人直来照之,影则倒见。以手扪心而来,则见肠胃五脏,历然无碍。"《玉篇》:镜,鉴也。"明镜高悬",又称明鉴高悬,比喻官员判案公正廉明。古代法庭,也称公堂,是官员公开办案的地方。公堂上悬挂的"明镜高悬",比喻官吏能明察秋毫,光明正大,执法严明,判案公正(图18)。公案后悬挂的"海水朝日图"象征着官员"清似海水,明如日月"。"肃静""回避"牌分竖两边,十八般兵器排列有序,衙役分立两边,公案上摆着惊堂木、文房四宝,庄严肃穆。这些是我国古代公堂所承载一定文化符号上的意义。

29. 击鼓鸣冤

《汉书·贾谊传》有"诽谤之木,敢谏之鼓"语。欲谏言者击鼓以达上听是古代一项制度。据传,击鼓鸣冤的先例是一位少女苏小娥所开,后形成定制。一天,皇侄见小娥貌美,遂生邪念,上前调戏,小娥被人所救。皇侄在混战中被士兵误伤死亡,故官府要处死救人者。于是,苏小娥向官府击鼓鸣冤,使救人者被释放。击鼓鸣冤这一举动有一个启示,为方便百姓告状,汉代开始在各级官署大门置一鼓,并规定鼓一响,官必上堂受案。魏晋时期,挝登闻鼓由此成制。隋唐之前,登闻鼓置在朝堂之左。《魏书·刑罚志》:"阙左悬登闻鼓,人有穷冤则挝鼓,公车上奏其表。"唐高宗显庆五年(660),有冤屈之人击鼓诉于朝堂,遂令东西都各置登闻鼓。宋代登闻鼓置于宣德门南街之西,由"鼓司"受理其事。宋真宗景德四年(1007)五月,"鼓司"更名曰"登闻鼓院"。仁宗朝又设"登闻检院",合称"鼓检院"。鼓院收状子,检院审状子,随后进呈御前。古代地方衙门口,都设置有一喊冤鼓,供百姓鸣冤报官之用。

30. 无医验状

《宋史·高防传》:"高防,字修己,并州寿阳人。性沉厚,守礼法。……乾祐初,授屯田员外郎,改浚仪令。改开封令,迁本府少尹,除刑部郎中。宿州民以刃杀妻,妻族受赂,伪言风狂病暗。吏引律不加拷掠,具狱上请覆。防云:'其人风不能言,无医验状,以何为证?且禁系逾旬,亦当须索饮食。愿再劾,必得其情。'周祖然之,卒置于法。"这段话的意思是:高防字修己,并州寿阳人。性情朴实稳重,遵守礼法。……乾祐初年,授为屯田员外郎,改任浚仪令。后改任开封令,升为本府少尹,任为刑部郎中。宿州一百姓用刀杀了妻子,妻子的族人接受贿赂,假说他患了疯狂病哑了。官吏援引法律不加拷问鞭打,把定案案卷送上来请求复核。高防说:"这个人患疯病不能说话,没有医生病案和按检验验状填写的文书,以何为证?况且拘禁超过了十天,也应当索要饮食啊。希望再审查,必定获得真实情况。"周祖同意他的见解,最后把犯人法办。

述评:从《宋史·高防传》了解到,五代后汉乾祐(948—950)初年已有"验状"存在了。高防审理一起"杀妻"案,族人假说"风狂病",高防索要"验状"。高防说:"其人风不能言,无医验状,以何为证?"可见,五代时检验要填"验状",审查也必须以"验状"为据。可惜,现在无法查到当时"验状",有关"验状"内容和格式等均无法考察。

31. 破镜重圆

饯别自解诗

〔唐〕乐昌

今日何迁次，新官对旧官。

笑啼俱不敢，方验做人难。

这首诗的意思是：今天太尴尬了，面对新任丈夫和前任丈夫。我是笑也不敢，哭也不敢，此时才验证做人难。据唐代孟棨《本事诗·情感》：南朝陈后主妹貌美而艳，嫁太子舍人徐德言。时陈将亡，德言计国破公主必被掳入权豪家，乃破一镜各执其半，约他日以正月望日卖于都市，冀可复聚。陈亡，公主为杨素所得。后德言至京师，如期遇苍头卖半镜者，德言出半镜合之。公主悲痛欲绝。杨素知之，在家府摆下盛筵，遍邀嘉宾，德言也在之列。杨素请乐昌为众宾客献诗。乐昌思忖，哽咽咏了《饯别自解诗》。杨素乃召德言以公主归之，使终老。这个故事引出一个成语叫"破镜重圆"。

述评：这里，诗中的"验"，指检验、验证。故事中乐昌公主与徐德言夫妇分离前摔镜为两半，各持一半残镜作为信物。次年在京师，徐德言找到买残镜人，"出半镜以合之"。法医学上，两两物体对偶吻合，属物证"同一认定"的检验范畴，这是"物"的检验；而故事中作为摔破的信物"残镜"的主人是乐昌公主与徐德言，因为"出半镜以合之"而重逢，完成了"人"的检验（个体识别）。这是古代民间寻找"人""物"的检验方法，如古代饥荒、水灾、战祸等致子女、夫妻离散，往往留下"信物"，以便寻人。古代"验物寻人"的检验方法何时出现，现在无可考证，但说明我国古代民间已有这种证据意识。

32. 刘伶装疯

《世说新语·任诞》："刘伶恒纵酒放达，或脱衣裸形在屋中。人见讥之，伶曰：我以天地为栋宇，屋室为裤衣。诸君何为入我裤中？"刘伶是"竹林七贤"之一，曾在建威将军王戎幕府下任参军。晋朝建立后参与对策，提倡无为而治。同辈的人受重用升迁，唯独刘伶因无所作为而被罢官。晋武帝泰始二年（266），朝廷派特使征召刘伶再次入朝为官。而刘伶不愿做官，听说朝廷特使已到村口，赶紧把自己灌得酩酊大醉，然后，装疯卖傻，脱光衣衫，朝村口裸奔而去。朝廷特使看到刘伶后深觉其乃一酒疯子。于是，作罢。

述评：刘伶不愿做官，把自己灌得酩酊大醉，装疯卖傻，脱光衣衫，朝村口裸奔而去，因而瞒过朝廷特使。历史上，孙膑为保命装疯也瞒过庞涓（《史记·孙子吴起列传》）。从史料来看，我国古代很早就对"装疯卖傻"有记录，并有实际案例记载，孙膑、刘伶两起装疯都成功瞒过。由此可见，是否装疯，一般的人（包括官员）都难以判断，需要专门人员（如医生）检验。据《宋史·高防传》记载，五代时高防审理的一起"杀妻"案中，族人假说"风狂病"，高防索要"验状"。高防说："其人风不能言，无医验状，以何为证？"意思是，没有医生诊断，我不认。这大概是我国古代对是否精神病作案或有否"装疯卖傻"的法医诊断要求了。

33. 蓬蒿之人

唐代李白《南陵别儿童入京》："仰天大笑出门去，我辈岂是蓬蒿人。"

天宝元年（742），唐玄宗下诏书召李白入京。李白当时已经四十二岁了，在中年还能得到君王的赏识，有机会实现自己的政治理想，可想而知内心有多么欢喜。于是，立刻回到家中跟家人儿女告别，并写下了这首诗。这里，蓬蒿人指草野之人，也就是没有当官的人。蓬、蒿都是草本植物，这里借指草野民间。这句诗的意思是，仰面朝天纵声大笑着走出门去，我李白怎么会是长期身处草野之人呢？

述评：李白写这首诗的心情可以理解，因为古代以当官任职为荣，这是传统文化使然。然而，是否诗人就能或就应当官？当官就有或应有成就？这是古代制度层面问题。所谓"制度"是指"要求共同遵守的办事规程或行动准则"，也指"在一定历史条件下形成的政治、经济、文化等方面的体系"。事实上，李白这次任职翰林不久就因不适应官场而辞职归里，从官员又变回到"蓬蒿人"。后来再也没有当官，昔日白居易经过李白墓，作诗云："但是诗人多薄命，就中沦落不过君。"我国古代有科举入仕或推荐入仕的官职制度。唐代官职制度规定"县令负责狱事"，因此，唐宋以降形成了检验工作由县令及其属吏负责的"官验制度"，直至清代。这一制度规定科举入仕或被推荐后就可进行狱事死伤检验，官员的行政职务与检验职务一起行使。但是，检验属技术性范畴，行政官员无法满足技术要件而做好检验工作。关于这一点，宋慈在《洗冤集录》序中就说："年来州县，悉以委之初官，付之右选，更历未深，骤然尝试。"这是宋慈对初任官员就能行使检验职权而提出的质疑。不过，宋慈并没有提出用有医学背景的医师来行使这一职务，而是从建立标准和培训角度弥补不足。然而，真正问题在于我国古代检验制度中人员配置不合理。这一法医制度问题，直到清末才改革"官验制度"为鉴定人制度，整整走过数千年封建历史。时至今日，最终按世界通行的做法改革为：行政与司法分离，司法人员与法医鉴定人分离，鉴定人由有专门法医知识的"蓬蒿人"来担任，法医制度确定为法医专家鉴定人制度。

34. 独疑其枉

据《旧唐书》和《疑狱集》记载，唐代李勉任凤翔府尹时，有村民挖出一瓮马蹄金交到了县衙。当地县令计划将马蹄金运送到凤翔府衙。县令把马蹄金暂放家中，严加看守。到了晚上县令带着县衙的官吏清点马蹄金时，发现瓮里面都是和马蹄金形状相同的土块，马蹄金不翼而飞。马蹄金出土时，当地的村长清点清楚后送到县衙。现在马蹄金在县令家离奇消失，所有人把矛头都指向了县令。乡民上报凤翔府李勉。李勉认为县令私吞马蹄金，予以拘捕。县令屈打成招，但判官袁滋"独疑其枉"。李勉就派袁滋查案。袁滋看了卷宗，带人清点大瓮里面的土块，共计有35块。随即他在集市上向商人借了一部分金锭，把它们熔化后铸成马蹄金的形状。通过称重，袁滋计算出这瓮金锭重量有600多斤。袁滋询问后发现，大瓮是由两个农夫放在一个竹筐中，用竹竿抬到县衙的。他随后命人找来了当初的竹竿和竹筐，把600斤重的东西放了进去，发现竹竿和竹筐承受不了这个重量。他又让当初的两个农人抬600斤的物体，两人抬起后无法行走。据此，袁滋断定，当初送到县衙的根本不是马蹄金，而是土块。他把这些向李勉汇报，李勉对他查案的方式信服。随即亲手释放了蒙冤的县令。

述评：袁滋用计量方法计算出当时金块重量达600斤，这个重量不仅竹竿和竹筐承受不了，且农夫也无法行走，进而推断当初送到县衙的不是马蹄金。这种"事实重建"的法医学思维值得记载。

35. 杀鸡破嗉

据《疑狱集》和《折狱龟鉴》记载：南朝刘宋时期（420—479），傅琰任山阴县（县治在今浙江绍兴）县令。一天早上，有两个人因争鸡闹到县衙。山阴县令傅琰就问二人，这只鸡早上吃什么？一个说吃小米，一个说吃豆。傅琰就把鸡杀了，破开鸡的嗉囊（鸡食管的后段暂时储存食物的膨大部分），发现是小米。于是，处罚了说吃豆的那个人。

述评：这个案件是用解剖的方法解决"二人争鸡"的民事案件。说明早在南朝刘宋时期就曾有人用解剖方法解决法律问题，只不过是做动物解剖，但其解剖思想和检验方法值得记载。

第四章 宋代的法医学与社会治理关系研究

第四章　宋代的法医学与社会治理关系研究

宋代（960—1279）是中国历史上承五代十国、下启元朝的时代，根据首都及疆域的变迁，可再分为北宋与南宋，史称"两宋"。

第一节　宋代的司法制度

一、层级管理制度

（一）中央

宋代司法制度的一个显著特点，就是加强中央司法权的直接控制。主要表现在设置"审刑院"以控制中央司法；设置路级"提刑"以控制地方司法。宋朝把全国分为二十六路①，另外据宋慈《洗冤集录·条令》，宋还有"刑寺长二"，即大理寺和刑部（简称"法司"）。

（二）地方

在地方，各路设"提点刑狱司"，又称"宪司"，代表朝廷监督州、县的司法，各州、县地方长官如知州、知县对刑案负全责。

二、审与判分离

（一）县审州判制

宋朝法律规定杖刑以下的案件由县判决执行，徒刑以上的案件由县"审"州"判"。

（二）提刑司制

各州死刑案件除报刑部外，也报提刑司，叫"送勘"，提刑司负有详复的责任。宋慈《洗冤集录·验罪囚死》记载："凡验诸处狱内非理致死囚人，须当径申提刑司，即时入发递铺。"《洗冤集录·检覆总说下》有"近年诸路宪司行下，每于初、复验官内，

---

① 相当于现在的省，在路设置向中央负责的提点刑狱官，简称"提刑"，掌管辖区内的司法工作，巡回视察在押囚犯，检举违法失职官吏。宋朝在中央设狱史台，简称"狱司"。

231

就差一员兼体究。"

（三）检验启动和决定

宋代县、州一级地方政府一般无专门的审判机关，行政机关兼行审判权，行政长官不仅参与检验而且必须"亲临视"（《洗冤集录·条令》）。宋朝的结案期限或叫"审限"实行"三限制"，《宋史·刑法志》载："复制听狱之限，大事四十日，中事二十日，小事十日，不他逮捕而易决者，毋过三日"，并规定违背"三限"准用《官书稽程建》处罚。宋朝的官验制度决定了官吏对检验的重视，可以从如下几个规定了解有关检验的启动和决定。

1. 报官

报官指发生人命案时由保正报到官府，按法律规定派官员去检验并处理尸体，也称报到或报案。宋朝王安石创行"保甲法"以十户为一保，五保为一大保，十大保为一都保，保的负责人叫保正。宋慈《洗冤集录·条令》说："诸验尸，报到过两时不请官者，以违制论。"《洗冤集录·覆检》有："覆检官验讫，如无争论，方可给尸与亲属。无亲属者，责付本都埋瘗，勒令看守，不得火化及散落。"保正报案，官吏按律决定检验是宋朝诉讼证据制度之一。

2. 告状

告状指发生人命案时除保正报官外，亲属或知情人向官府的告诉，又称"告"或"举"。在某些情况下，告诉是一种义务，知道有人犯罪而不告，要受法律制裁。官府对因"告状"而决定的检验十分慎重，宋慈就从检验角度提出自己的看法，《洗冤集录·检覆总说上》有："凡血属人状乞免检，多是暗受凶身买和，套合公吏人状，检官切不可信凭。"《洗冤集录·初检》说："告状切不可信，须是详细检验，务要从实。"

3. 请官

本县对发生死亡案的尸体进行初验后发现确属他杀命案，还要请邻县派官进行复验，叫请官。"请官"检验有专门规定。宋慈在《洗冤集录·条令》中说："请官违法，或受请违法而不言。""诸县承他处官司，请官验尸，有官可那而称阙。若阙官而不具事因牒，或探伺牒至而托故在假被免者，各以违制论。"（图19）

第四章　宋代的法医学与社会治理关系研究

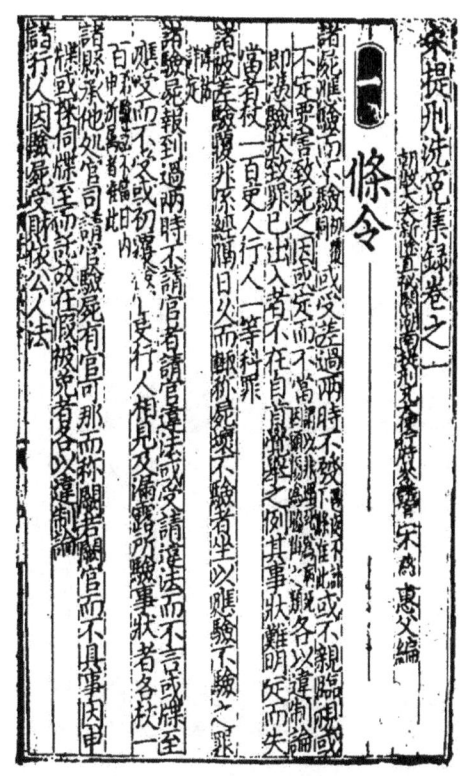

图 19　元刊本《宋提刑洗冤集录》卷之一首页

4. 申

申，即上行公文。宋朝有指定检验的法律制度，向上级申请检验的行文就称之为"申"，其检验决定由被指定的机构行使，如《洗冤集录·条令》有"诸验尸，其郭下县，皆申州"。《洗冤集录·验罪囚死》有"凡验诸处狱内非理致死囚人，须当径申提刑司，即时入发递铺"。

5. 牒

牒主要是指平行的公文，如《洗冤集录·条令》有："诸验尸，应牒最近县。""诸验尸，应牒近县而牒远县者，牒至亦受，验毕申所属。"

(四) 检验结果与案件处理的关系

宋代的官验制度确定了官吏检验结果对案件处理的决定性作用，从检验后决定保辜、赔偿到案件定性乃至处大辟极刑，检验结果均有重要地位。即便是申冤理雪、滤

233

囚问狱、巡检复审和上级发现等，官吏首先考虑到的还是检验。因此，从检验形式和程序上法律就设定了初检、复检、检复、巡检等制度，从不同级别官吏到场验尸及其审限上做法律规定，从检验对象、方法等方面对新鲜尸体、坏烂尸体、验骨、验毒、验罪囚、验坟尸等也有专门规定（见《洗冤集录》目录，图20）。可以说，宋朝检验制度是宋慈《洗冤集录》得以问世的重要法律基础。

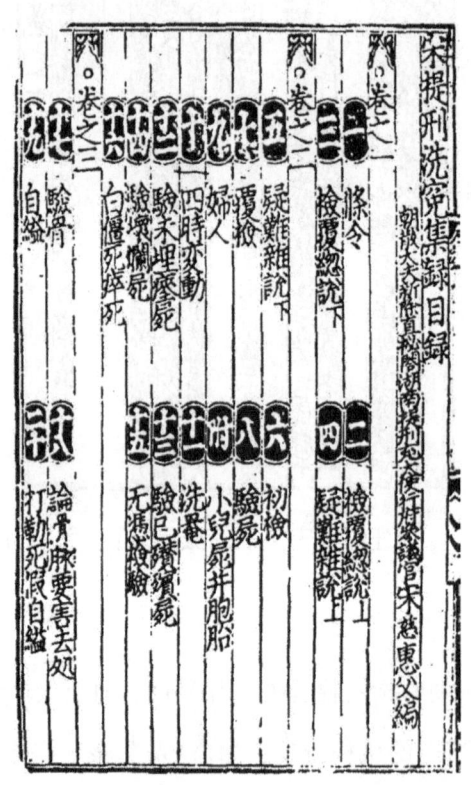

图20　元刊本《宋提刑洗冤集录》目录（部分）

（五）与检验有关的法律制度

宋代检验制度，是根据不同级别机构行使不同职能的原则进行设计的。宋代司法机构分中央司法机构和地方司法机构。中央司法机构如刑部、大理寺、审刑院、御史台、受理诣阙投诉的司法机关（登闻鼓院、登闻检院和理检院），地方司法机构有路、州（府、军、监）、县三级。各级司法机构的检验就有具体不同的规定。

1. 鞫谳制

鞫谳制，即将案件的审问与判决分别交由两个不同的机构或官员去办理。也就是鞫谳分司，分别由不同的专职官员担当的诉讼审判制度。其中，负责审问的机关为"鞫司"或"狱司"；负责判决的机关为"谳司"或"法司"。审、判分司制的目的是使"狱司推鞫，法司检断，各有司存，所以防奸也"（历代名臣奏议）。在这种制度下，检法断刑的官员无权过问审判，而负责审判的官员也无法检法断刑。宋慈在《洗冤集录·序》中说："狱事莫重于大辟，大辟莫重于初情，初情莫重于检验。盖死生出入之权舆，幽柱屈伸之机括，于是乎决。"也就是说，通过案情调查、现场勘验、尸体检查等工作后了解"初情"或称之为"审"，又经过反复调查、检验、"审之又审"，确信无误、不屈不枉后才能决定"大辟"（死刑）之罪或称之"判"。审、判分司制是宋朝推行"司法慎刑"原则的体现，也是其刑事诉讼证据制度的一大特点。

2. 翻异别推制

翻异，指犯人推翻原来的口供；别勘，又称"别推""别鞫""移推"，指改换审判官重新审理。翻异别勘也就是当犯人不服判决临刑称冤，或家属代为申冤时，改由另一个司法机关重审，或由监司另派官员复审的制度。也就是说，官员对犯人推翻原口供后进行重新审理的制度。凡州、县死刑犯诉冤而翻供者，由本路提刑司重审，或邻州官员或本州另换官员重审。宋慈曾四任路提刑（省级审判长官），需重新进行检验以解决因"翻异"而提起重审的案件。宋慈《洗冤集录·疑难杂说上》记载："曾有验官为见头上伤损，却定作因打伤迷闷不觉，倒在水内。却将打伤处作致命，致招罪人翻异不绝。"

3. 理雪制度

理雪制度指的是有关申诉的法律制度。当判决生效后，犯人及家属如有不服，可以依程序逐级进行申诉。也就是说，案件审结后，如犯人及家属不服判决者，允许逐级进行申诉，称为"理雪"。申诉有理，官府受理，受案后则必须重新调查、检验、取证。但申诉必须逐级进行，过三年不得"理雪"。如果说"理雪"是一种通常程序的上诉，有一种非常程序的上诉叫"登闻鼓"，即于朝堂外悬鼓，如有申冤者，可击鼓上闻。晋代已设登闻鼓。宋朝时设置有登闻鼓院，专门受理击登闻鼓院的申诉的案件。

4. 录囚（也称滤囚）制度

宋代除讯察已决囚犯是否有冤错外，还重视久系未决案。宋太宗（976—997在位）

235

时规定"长吏每五日一虑,情得者即决之",后改为"诸州者十日一虑囚"。宋慈在《洗冤集录》中专门提到"验罪囚死":"凡验诸处狱内非理致死囚人,须当径申提刑司,即时入发递铺。"

5. 保辜制度

这是宋朝法律《宋刑统》沿用唐律的一个规定,即斗殴伤人案件的被告要在一定"期限"内对受害人的伤情变化负责,如果受害人在期限内因伤情恶化死亡,被告应按杀人罪论处。这种制度叫"保辜",所设期限叫"辜限"或"辜期"。司法检验确定致伤物、致伤种类及其伤情对提请"保辜"和"辜限"是十分重要的。宋慈在《洗冤集录·条令》中认为:"诸保辜者,手足限十日;他物殴伤人者二十日;以刃及汤火三十日;折目折跌肢体及破骨者三十日,限内死者各依杀人论。……其在限外,及虽在限内以他故死者,各依本殴伤法。"宋慈又指出:"《申明刑统》以靴鞋踢人伤,从官司验定,坚硬即从他物,若不坚硬即难作他物例。""《刑统疏》……非手足者其余皆为他物,即兵不用刃者亦是。""诸啮人者依他物法。辜内堕胎者,堕后别保三十日,仍通殴伤限,不得过五十日。"

《刑统》是宋代对律、敕、令、格、式等刑事法规的汇编(共31卷),《刑统制》是《刑统》中的法令,《刑统疏》是法令的注释,《申明刑统》是《刑统》的法律解释,《刑统议》是大臣们对法令的讨论意见,另外,还有包括中央司法机关编撰的"断例"和"指挥",即所谓"编例"。宋慈《洗冤集录》将"法令"作为检验人员必须掌握的内容而列专章介绍,并把有关"法令"穿插在各检验章节中加以解释。从宋慈《洗冤集录》以后成为官方权威司法检验书籍来看,事实上起到《疏》《申明》和《断例》的补充作用,类似"编例"。南宋的司法实践中"编例"的作用十分重要,据《宋史·刑法志》记载:"法所不载,然后用例。""法令虽具,然一切以例从事,法当然无例,则事皆泥而不行。"所以,宋慈《洗冤集录》有十分丰富、广泛应用的检验内容,也有与检验相关的法令法规及其解释,是一部完整、实用的司法检验专著。

6. 职制

宋朝法律中有职制篇,是专门处理官员违法、失职等规定,包括违制和问责等内容。

(1) 违制

这里"制"指宋朝诏令的一种，违制就是官员犯了违反皇帝诏令之罪，必须受到法律惩罚。宋慈在《洗冤集录·条令》中认为违制即"奉制有所施行而违者"，且列举以下几种情形是检验违制：诸尸应验不验；或受差过两时不发；或不亲临视；或不定要害致死之因；或定而不当；谓以非理死为病死，因头伤为胁伤之类；诸被差验复，非系经隔日久而辄称尸坏不验，坐以应验不验之罪；诸验尸报到过两时不请官者；请官违法，或受请违法而不言；或牒至应受而不受；或初、覆检官吏行人相见，及漏露所验事状者；诸县承他处官司，请官验尸，有官可那而称阙；若阙官而不具事因申牒；或探伺牒至而托故在假被免者，各以违制论。诸行人因验尸受财，依公入法。

(2) 失论

因失职而检验过失的情形及其处罚。宋慈认为以"失论"定罪并处罚的只能是"非故违而失错旨意者。诸违制者不以失论"（《洗冤集录·条令》）。

(3) 不实验论不实验论，即不能据实进行检验的情形。宋慈在《洗冤集录·条令》中列举："诸有诈病及死伤受使检验不实者""实病死及伤不以实验者""诸尸虽经验，而系妄指他尸告论，致官司信凭推鞫""妄勘者"。

(4) 出入制度

这是宋朝的一种办案责任制。官吏利用职权虚构事实，陷人罪的，或把轻罪定重罪的，叫故入；有意为罪犯开脱罪责，或把重罪定轻罪的，叫故出；因工作的差错而办错案的叫失入、失出，均应受与所出入的罪相等的处罚。宋慈在《洗冤集录·条令》中列举："各依所欺①减一等""若实病死及伤不以实验者，以故入人罪论""若官司妄勘者，依入人罪法"。

(5) 觉举制度

这是宋朝对官吏犯某些较轻的罪实行坦白自首从宽处置的制度。宋慈认为检验的正确与否关乎案件的定性和判决，"率然而行，死者虚被淹渍"（《洗冤集录·序》），

---

① 《刑统议》对诈病检验不实同诈妄。

不可随意适用"觉举"。在《洗冤集录·条令》中他说:"即凭验致罪已出入者,不在自首觉举之例。""诸违制论者,不以失论。《刑统制》曰:谓奉制有所施行而违者,徒二年。若非故违而失错旨意者,杖一百。"宋慈又根据宋朝法令规定进一步说明并提出自己的看法:"嘉定十六年(1223)二月十八日,敕:臣僚奏,检验不定要害致命之因,法至严矣,而检复失实,则为觉举,遂以苟免。欲睿旨下刑部看详,颁示遵用。……今检验不实,则乃为觉举,遂以苟免。今看详命官检验不实或失当,不许用觉举原免,余并依旧法施行。奉圣旨依。"

7. 证据和检验

刑事诉讼证据主要由负责推鞫的审讯官负责收集;民事诉讼的举证责任,法律无明文规定,但从实际上,原、被告均有举证责任。其确认的证据种类主要有口供、书证、物证、证人证言、检验结论、勘验笔录等诸种。

8. 区分民刑诉讼

宋代法律区分民事诉讼与刑事诉讼案件,对民事诉讼时限规定了"务限法"。务,即农耕,每年二月初一为"入务",即农忙开始,直到九月三十日为止,这段时间为"务限"期。检验与"务限法"有关,一些民事案件或轻的刑事案件,也要避开"入务"。

9. 其他制度

(1) 检验官制度

宋朝法律对法官的任职资格和责任都做了较为严格的规定。在任职资格方面:第一,要有人保举;第二,要有一定的资历;第三,要考试合格。

(2) 检验官吏及参与检验的人员同时受罚的制度

关于检验官责任,法律规定:第一,办案质量方面,即故意或过失出入人罪的法律责任。第二,有关办案时限方面的责任。第三,有关违背诉讼程序和制度方面的责任。《洗冤集录·条令》有"其事状难明,定而失当者杖一百,吏人行人一等科罪"。

(3) 回避制度及其违反回避的处罚

《洗冤集录·条令》:"初、复验官吏行人相见,及漏露所验事状者,各杖一百。"

"诸检复之类差官者,差无亲嫌干碍之人。"

(4)错检追究和连带责任制

除上述的"吏人行人一等科罪"外,宋朝还规定了复检纠正初检、检复纠正前检的检验责任制。如《洗冤集录·覆检》有:"前检受弊,覆检者乌可不究心查之,恐有连累矣。"《洗冤集录·验邻县尸》:"凡邻县有尸在山林荒僻处,经久损坏,无皮肉,本县已作病死了,却牒至邻县覆。盖为他前检不明,于心未安,相攀覆检。如有此类,莫若据直申。"《洗冤集录·验状》说:"验尸失当,致罪非轻,当是任者,切宜究之。"

(5)监狱制度

宋朝根据君主专制中央集权的需要,从中央到地方都建立了一套完整的监狱体系,而且其监狱的建置和管理体制超过了之前的任何朝代。宋代刑律规定在物证确凿的情况下,即使犯罪者不承认也可以定罪;同时还规定即使犯人招供也要查取物证以验证口供虚实,尤其是审理共同犯罪的案例。宋慈《洗冤集录》中有专门章节《验罪囚》(图21)。

(6)讼师制度

宋朝商品经济的发展,诉讼案件的增多与复杂化,促使社会上出现了"讼师"这一新的职业,类似现在的律师前身。"讼师"当时也称"业嘴","讼师"集社地方叫"业嘴社",类似现在的律师所。讼师主要以为民众提供代写诉状、教人"打官司"为其谋生之职业,官府发给"印字"(专门用于开印诉状的纸张),一定程度上对其活动予以认可。伴随着"讼师"职业的出现,专门教人词讼之学的"讼学"也应运而生。

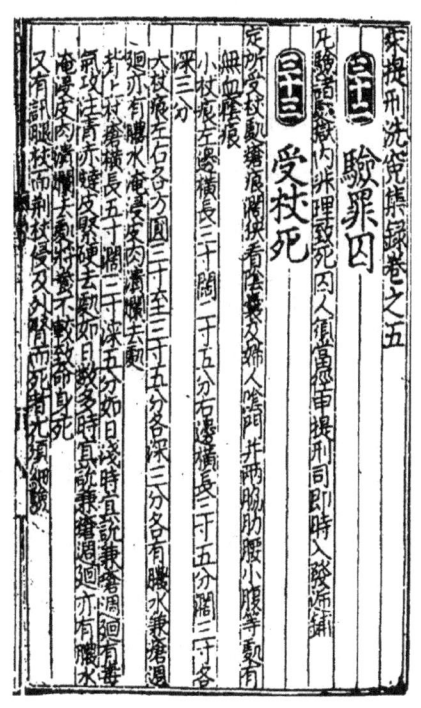

图21 元刊本《宋提刑洗冤集录》卷之五首页

第二节　宋代的法医学发展

一、检验

(一) 应当检验的种类

《宋会要》记载，咸平三年(1000)十月诏令规定，应当检验的死亡有杀伤致死、非理死和病死。其后，元祐七年(1092)规定，监禁中的囚犯死亡也应检验。

(二) 复检

对于杀伤死、非理死，在初检之后，尚须由上司派验尸官员复检。宋代的复检是根据案件的性质，按法令的要求进行的，与初检是否正确无关。往往是在差初检官员时，就对复检官员发出通知。宋代的复检没有明确的次数限制，必要时可以进行两次以上。如果托故不接受复检请求，则按违制论罪，所谓违制即违反官吏的职责规定。按宋律规定，故意违反者处徒刑二年，如非故意亦须杖责一百。

(三) 免检

宋代法令规定，因病死而应验尸者，若其至亲至死亡场所请求免检的；僧侣、道士未死前有近亲在旁，寺观的主持人保明无其他缘故的；朝廷官员病死，具保无其他缘故的，经官府审查清楚，可以免检。

(四) 申报检验

嘉泰元年(1201)规定，凡杀人案件例须报检。但有时邻里和死者家属却不报检，被凶犯之家买通私和。因此规定，凡杀人案件不报官检验而受财私了，允许知情人向官府告发，按法从重治罪。

二、检验人员

(一) 验尸官员

县令和其他行政官员参与尸体检验和活体检查，在法律上有明文规定的是宋代。

据《宋会要·刑法六》记载，咸平三年（1000）十月的诏令规定，杀伤人命案件的检验，在县由"县尉"，在州由"司理参军"负责，如缺正任官，由其副手负责。至绍兴三十二年（1162），又规定："检验之官，州差司理，县差县尉，以次差丞簿监当。若皆缺，则须县令自行。"在宋代，司理参军是一州的司法长官，也是法令规定的州验尸官员；县尉是县验尸官员。县尉的职责与战国时期的令史相当。如果县尉不在，规定由县的各级行政官员县主簿施行。如果这些官吏也不在，则须由县令亲自前往验尸。不论差派的是哪一级官员，都应是与本案没有关系的人。宋代对检验官员参与验尸的规定，说明医生是不参与验尸的。至于参与活体检验的检验人员，宋代法令也无明文规定。但据《疑狱集》一书所载的案例中，有钱惟济和李南公等县令亲自检验活体伤害破案的实例，说明宋代的检验官员不仅做尸体检验，也做活体检验。

（二）仵作

在宋代，仵作是验尸官员在验尸时的辅助人员。"仵作"一词最早见于乾祐年间（948—950），以帮助丧家埋葬为业。据《洗冤集录》所载，仵作参与检验，主要任务是处理尸体（搬运、清洗）和在验尸官员指令下向在场人报告伤害状况。仵作是官府雇佣的人，不属于公人。其地位低下，所从事的是辅助性的工作。与仵作类似的还有稳婆，或称坐婆，只在检验妇女下身时才有坐婆参与，但对妇女尸体的其他处理仍由仵作施行。

（三）验尸官员的规定

根据宋代法令规定，验尸官员有各项职责，如有违反，按违制论，要受刑事惩罚。这些职责包括：

(1)法律规定应该验尸的案件，必须验尸；

(2)被指派的验尸官员，不得借故推诿；

(3)在接到验尸公文后，必须在两个时辰以内出发；

(4)必须带领仵作人等亲自检验；

(5)必须如实地进行检验，如实确定致命伤和死因；

(6)必须于验尸当日向上司申报检验结果；

(7)初检官员与复检官员不得相见,不得泄露检验结果,不得受财枉法,等等。

(四)验尸文件

1. 验状

据《宋史·高防传》,早在显德年间(954—960)已有验状的记载。验状是验尸官员报告检验结果的正式文件。迄今尚未发现宋代验状的原文,但其内容已见于《洗冤集录》一书中的"四缝尸首",即将尸体分为4面,由头到脚注明各个部位的名称,以便在检验时按部位填写有何损伤及性质,最后确定致命伤和死因。填写验状时,还应写明尸体所在场所,如何停放,与周围环境的关系;穿着的衣服及尸体有何个人特征等。验状既是审判杀人案件的依据,又有帮助死者家属辨认无名尸体的作用,和现在的鉴定书相似。

2. 验尸格目

验尸格目是验状的辅助文件,相当于验尸官员报告赴验情况及执行检验制度的保证书。据《宋史·高宗本纪》记载,验尸格目由提刑郑兴裔创制,颁布于淳熙元年(1174)。这个文件现今仍存在于《庆元条法事类》一书中。验尸格目是为了克服在检验尸体中存在的弊端而提出的,分为初验尸格目和复验尸格目两种。每次检验用其三份,填写之后一份申报所属州县,一份给被害人家属,一份申报提刑司。所填格目内容主要是,保证已确定致命伤和死因;保证在当日上报验状;保证未拖延验尸时间;保证无舞弊和敲诈勒索行为;复验后保证埋葬尸体,绝不火化,等等。

3. 检验正背人形图

检验正背人形图是验状的又一辅助文件,颁布于嘉定四年(1211),是最早的尸图,由江西省提刑徐似道向朝廷推荐颁布的。其用法是:由验尸官员依损伤形状,用朱红色在图上书画,同时要求件作向在场人报告检验的伤痕所见,令罪人共同观看所画的图本,众无异词,然后署押。以避免检验中的舞弊行为。

上述三个文件的联合运用,说明宋代对检验的重视,无疑对检验质量的提高是有促进作用的。

三、检验成就

(一)死亡与尸体现象

1. 尸斑及其成因

《洗冤集录·死后仰卧停泊有微赤色》最早认识到尸斑(血脉坠下)的发生机制与分布特点:"凡死人,项后、背上、两肋后、腰腿内……有微赤色,验是本人身死后,一向仰卧停泊,血脉坠下致有此激赤色,即不是别致他故身死。"

2. 腐败的性状

《洗冤集录·四时变动》科学地描述了尸体腐败的性状,指出首先在两肋、瞻前肉色微青(尸绿);其后口鼻内有恶汁流出,蛆出,通身胖胀,口唇翻,两眼突出(巨人颜貌),疱疹起(水泡形成);遍身皮肤青黑(血红蛋白浸润),皮肉一概消化,骸骨显露(白骨化),并明确指出腐败的迟速受季节、地区乃至年龄、尸体胖瘦等的影响。

3. 浸软

《洗冤集录·妇人》提出死胎与腹外死婴的鉴别法:"堕胎儿在母腹内被惊后死,胎下者衣胞紫黑色,血荫软弱;生下腹外死者,其尸淡红赤,无紫黑色及胞衣白。"血荫软弱就是今日所说的浸软儿,早在七百年前我国已经发现浸软儿是腹内死胎的特征。

4. 棺内分娩

《洗冤集录·杀伤》记载:"有孕妇人被杀,或因产子不下体死,尸经埋地窖,至检时却有死孩儿。推详其故,盖尸埋顿地窖,尸首胀满,骨节缝开,故逐出腹内胎孕。孩子亦有脐带之类,皆在尸脚下,产门有血水、恶物流出。"这是法医学史上对棺内分娩的最早记载,并明确指出这一现象是在尸首胀满的情况下发生的。

(二)机械性损伤

1. 刀伤的生前死后

《洗冤集录》提出以出血和组织收缩两个标志作为刀伤生前死后的鉴别点,指出生前刃伤有其痕肉阔、皮肉紧缩、皮缩骨露、血荫四畔、创口皮肉血多花鲜色等特点,而死后刃伤则肉痕齐截、被割处皮不紧缩、血不灌荫、肉色干白。

2. 刃伤的特点

《洗冤集录·杀伤》记载："尖刃斧痕，上阔长，内必狭；大刀痕，浅必狭，深必阔；刀伤处，其痕两头尖小。""枪刺痕，浅则狭，深必透。䩢①，其痕带圆。或只用竹枪尖、竹担干着要害处，疮口多不整齐。"

3. 骨折生前死后的鉴别

《洗冤集录·论沿身骨脉及要害去处》指出生前骨折的特征是"原被伤痕，血粘骨上，有干黑血为证"，指出了三个检查骨质损伤的方法，其中有涂墨法(有损处则墨进入)及棉拭法(遇损处则牵惹棉丝起)。"骨断处，其接续两头各有血晕色。再以有痕骨照日看，红活，乃是生前被打分明"，"若无血荫，纵有损折，乃死后痕"，在血荫不清时，提出在红油雨伞遮掩下验骨的方法，是现代紫外线检查法的先声。

4. 他物手足伤

《洗冤集录》有对他物手足伤的鉴定(图22)，指出皮下出血肿而坚硬，并详细论述了皮下出血的形状、大小与凶器性状的关系。

5. 致命伤部位检验

《洗冤集录·验尸》提出了以损伤部位与损伤强度结合判定致命伤的方法，提出的致命部位有：顶心、囟门、两额角、两太阳、喉下、胸前、两乳、两胁肋、心腹、脑后、乘枕、阴囊、谷道等，但并不是伤着这些部位就死，还要结合损伤程度来考虑。

6. 易遗漏部位的损伤检验

《洗冤集录》记载了易遗漏部位及其损伤检验注意事项，提出了易遗漏损伤部位为：顶心、囟门、七孔、阴道、谷道等。

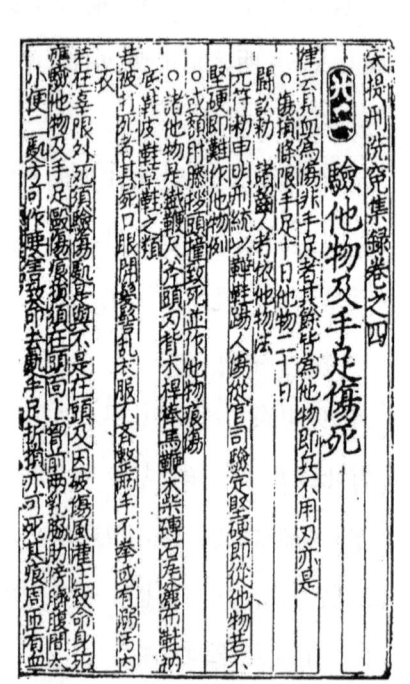

图22 元刊本《宋提刑洗冤集录》卷之四首页

---

① 䩢：枪杆。

(三) 机械性窒息

1. 缢沟

《洗冤集录·自缢》对缢沟的特点做了科学的描述：一般长九寸至一尺左右；起于喉上或喉下直至左右耳后发际，并在"脑后分八字，索子不交"，"八字不交"是缢沟的重要特征；绳索的性质也影响深度："用细紧麻绳、草索在高处自缢，悬头顿身致死则痕迹深，若用全幅勒帛及白练、项帕等物，又在低处，则痕迹浅。"索沟的颜色一般是紫赤色或黑郁色，有血荫；死后缢痕色白，无血荫。《洗冤集录》正确指出脚离地、膝跪地、病卧于床等各种体位均可缢死，在非典型位置自缢，其缢沟的经路即略有不同。

2. 舌的位置

《洗冤集录·自缢》正确地指出了索沟位置与舌是否伸出齿列的关系："若勒喉上，即口闭，牙关紧，舌抵齿不出；若勒喉下，则口开，舌尖出齿门二分至三分。"

3. 缢死的其他指征

《洗冤集录·自缢》指出的其他指征尚有：流涎、悬垂位的尸体"腿上有血荫如火炙斑痕，肚下至小腹并堕下青黑色"，大、小便失禁，"头脑骨赤色"及"牙齿赤色"。

4. 勒死

《洗冤集录·被打勒死假作自缢》正确指出了勒死与缢死的区别，勒死者绳索多缠绕数周，并"多是于项后当正，或偏左。右系定，须有系不尽垂头处"，若被人隔物勒死，"则绳不交，喉下痕多平过，却极深，黑黯色，亦不起于耳后发际"。其他区别于缢死的特点为："头发或角子散慢，或沿身有磕擦着痕"，"尸首四畔，有扎磨纵迹去处"。此外，对扼死后假作自缢也提出了鉴别："项上肉有指爪痕"，指爪痕即扼痕。

5. 溺死

《洗冤集录·溺死》正确指出了溺死的重要所见："腹肚胀，拍着响"（溺水进入胃肠）、"手脚爪缝或脚着鞋则鞋内各有沙泥""口鼻内有水沫"等。

(四) 现场尸体检验

现场尸体检验是除了检查损伤以外的其他检查事项。描述了检验官吏在尸体检验前应注意的事项，对发现不同类型的尸体要求作不同的现场记录，还规定了人身的四面检验。

（五）活体检查

1. 残废的分级

据《庆元条法事类·刑狱门·老疾犯罪》（卷七十四），宋代对残疾做了比较明确的规定：

（1）残疾：一目盲、两耳聋、手无二指、足无三指、手足无大拇指、秃疮无发、久漏下重、大瘿肿之类。

（2）废疾：痴哑、侏儒、腰脊折、一肢废之类。

（3）笃疾：恶疾、癫狂、二肢废、两目盲之类。

2. 两性畸形

周密《癸辛杂识》和张景《补疑狱集》各记载2例两性畸形案例，4例中有3例发生性犯罪，其中2例被处死，1例处以重刑。这些例子都是男性假两性畸形。

（六）堕胎与杀婴

宋代重视堕胎与杀婴的检验。宋慈在《洗冤集录·妇人》后所附"小儿尸并胞胎"中指出："堕，谓打而落，谓胎子落者。按《五藏神论》：'怀胎一月如白露，二月如桃花，三月男女分，四月形像具，五月筋骨成，六月毛发生，七月动右手，是男于母左，八月动左手，是女于母右，九月三转身，十月满足。'若验得未成形像，只验所堕胎作血肉一片，或一块，若经日坏烂，多化为水。若所堕胎已成形像者，谓头脑、口、眼、耳、鼻、手、脚、指甲等全者，亦有脐带之类。令收生婆定验月数，定成人形或未成形，责状在案。"宋慈明确提出了判定胎儿成型与否的法医检验标准。

四、检验书籍

(一)《洗冤集录》

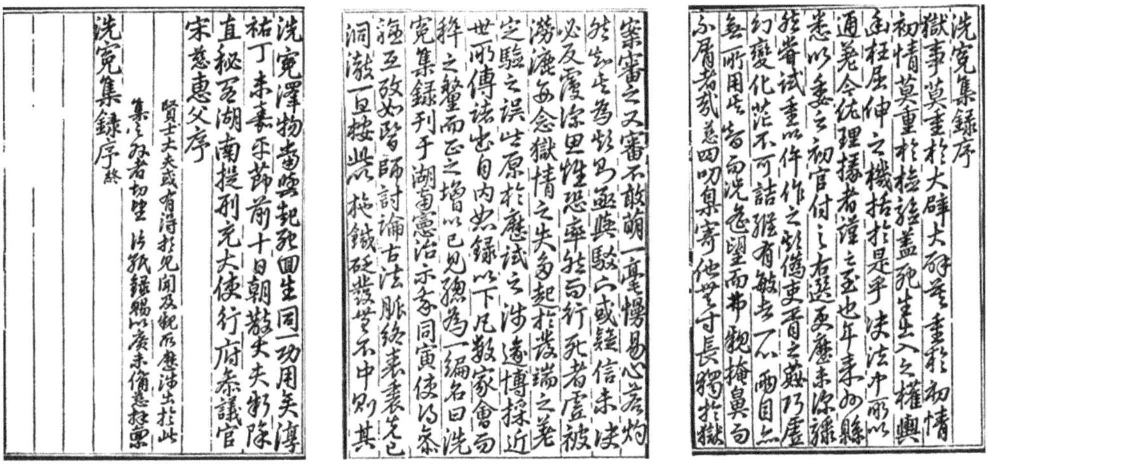

图 23—25 （从右至左）宋慈手迹，《洗冤集录序》(元刊本)

《洗冤集录》，南宋宋慈编撰，原书 5 卷，共 53 篇，序 1 篇(图 23—25)。宋理宗淳祐丁未(1247)由宋慈初刊于湖南宪治。《洗冤集录》是我国历史上第一部系统的法医学专书。它广泛总结了宋以前法医学尸体检验的经验。内容涉及现代法医学中心内容的大部分，对于尸体现象、窒息、损伤、现场检查、尸体检查等方面做了大量的科学的观察和归纳。其范围之广、内容之深入，为后世法医学奠定了基础。本书亦成为后世历代检验书籍的祖本。此书卷一、二为条令，检覆总说上、下，疑难杂说上、下，初检、覆检等。强调检验程序和验尸格式，及检验僵尸、烂尸、已殡尸，等等。卷三、四、五为验骨、死伤原因的鉴别，论及二十几种死亡检验。《洗冤集录》在中国法医学史乃至世界法医学史上都占有重要地位，流传极广。《洗冤集录》初刊本不传，现存最早的本子是元刊本，藏于北京大学图书馆善本书室。此本是 5 卷，53 篇。存序 1 篇。卷首有元《圣朝颁降新例》，题为《宋提刑洗冤集录》。一般认为，清孙星衍就是据此本重刻，而成"兰陵孙氏元椠重刊本"，使原本《洗冤集录》得以重见天日。根据历代史志目录及私人藏书目录的记载，《洗冤集录》的版本至少有如下几种：一是陆心源《宋提刑洗冤录五卷影宋钞本》；二是元刊本《余家藏宋提刑洗冤集录五卷》；三是文渊阁藏书本《洗冤集录》；四是永乐大典本《洗冤录二卷》；五是明刊本（善本书室藏书志）《洗冤录五卷宋慈明刊本》；六是孙氏祠堂书目《宋提刑洗冤集录》（兰陵孙氏元椠重刊本）；七是《律例馆校正洗冤录》；八是《四库全书总目提要》"子部·法家类"载《洗冤录二卷》。其中《洗冤集录》与《律例馆校正洗冤录》是两部不同的书。综上，《洗冤集录》一书，除元刊本外，尚存有明刊本、影宋钞本、《永乐大典》本等数种。《洗冤集录》流传到外国，陆续被翻译成朝、日、荷、德、法、英等14种文本。1438年朝鲜使臣李朝成将洪武十七年(1384)的颁行本带回朝鲜，加注刊行，取名《新注无冤录》，1736年日本日源尚久将《新注无冤录》翻译成日文。接着，欧洲的一些国家也先后将《洗冤集录》翻译出版。1863年荷兰人德格里兹(De Grijs)的翻译本在巴达维亚出版。① 1882年法国医生马丁(Dr. Ernest Martin)在《远东评论》发表了《洗冤集录》提要论文②，据说有一位叫霍夫曼(Hoffman)的人又将法文本翻译成德文出版③。1950年苏联发表了评价《洗冤集录》的论文，称其为"世界最古老的法医学著作"。现在，《洗冤集录》在国外的译本达19种之多，这在我国医学在国外的翻译本中是罕见的。

（二）《折狱龟鉴》

《折狱龟鉴》是南宋绍兴年间(1131—1162)郑克所撰。该书《宋志》作20卷。晁公武《读书志》、陈振孙《书录解题》俱题作《决狱龟鉴》，实为一书而异名。大致以五代和凝父子《疑狱集》所续均未详尽，加以扩充，分20门。明代《永乐大典》载有全书，但各卷界限已不可考。清代收入《四库全书》时，曾加以校订，重新整理，分为8卷。该书共276条，395例，分为释冤(上、下)、辨诬、鞫情、议罪、宥过、惩恶、察奸、核奸、摘奸、察慝、证慝、钩慝、察盗、迹盗、谲盗、察贼、迹贼、谲贼、严明、矜谨

---

① De GRIJS. Geregtelijke Geneeskunde[M]. Batavia, 1863.
② MARTIN. Exposé des principaux passages contenus dans le Hsi Yuan Lu[J]. Revue d'Extrême-Orient. 1882, 3: 333—380.
③ Shangkuan Liang-Fu 所提到的做了德文翻译工作的霍夫曼(Hoffman)，有可能是日本学家 John Joseph Hoffman，他活跃于1834—1877年。据 A History Of Forensic Medicine In China 一文，在西方图书馆（包括大英图书馆）目录中，并未找到相关的 Hoffman 的译文。参见 LU GWEI-DJEN, NEEDHAM. A History Of Forensic Medicine In China[J]. Medical History, 1988, 32: 373.

等20类。前6类是全书的正篇,其余有关奸、慝、盗、贼的12类属于副篇,分论惩恶的各个方面;最后两类带有结论性质。编者通过对各个案例的分析和评论,就历史上有关决疑断狱和司法检验的各种经验教训,作了言简意赅的介绍。编者主张"明慎用刑",从"矜恕"出发,按照人情事理分析和推究案情,严防枉滥,反对"深文峻法,务为苛刻"的刑法思想。此书的很多论断,基本上符合客观实际和朴素辩证法要求,因此是了解和研究中国古代司法实际的一种重要参考材料。

(三)《棠阴比事》

《棠阴比事》是南宋桂万荣所撰,刊于嘉定辛未(1211),主要内容都是讲究治狱之道、定案之法和破案之法。研究破案方法或刑事技术是这些书籍的重要任务。对于朝鲜、日本等邻邦古代刑事技术的应用与发展有重要的影响。本书载述刑法折狱的一些典型案例。每案皆有四言标题。其中有一些案例涉及法医鉴定的内容。现存《四部丛刊续编》影印本。《棠阴比事》是继五代时的《疑狱集》与宋代郑克编撰的《折狱龟鉴》之后,又一部记述诉讼活动的书籍。据他在《棠阴比事·后序》中所署的职衔,是"朝散大夫、新除直宝章阁、知常德府",时间是南宋理宗端平元年,即1234年。关于《棠阴比事》的命名,"棠阴"即"棠荫",系取自《诗经·召南·甘棠》。"比事"二字,据桂氏在《序》中说,是"比事属词"的意思,也就是排比事类,连缀文辞的意思。

(四)《名公书判清明集》

《名公书判清明集》是南宋中后期诉讼判决书和官府公文的分类汇编,其判词作者共49人,其中事迹可考者只有包括宋慈在内等19人。"名公"指这些判词均出自名士之手,"书判"是一种文体,在当时主要是诉讼判决书和政府公文,"清明"指带有清正廉明的价值取向。这部书是中国古代最早的一部源自司法实践的"实判"著作,真实地反映了司法官是如何根据事实、参照法律、运用自由裁量权解决诉讼纠纷的。《名公书判清明集》是现存唯一的宋代判词专集,代表了中国古代判词发展的一座里程碑。它反映了宋代士大夫"以天下为己任"的情怀,反映了包括文书辨验、检验程序在内的宋代法医制度,是研究中国古代法律适用、宋代法制、古代民事法律规范、古代司法文书写作等的珍贵史料。

五、文书检验

宋代法医检验界定为"洗冤",因此,涉讼的文件检验囊括在内,如遇到文件检验,官府请民间书铺人员参与辨验。书铺萌芽于唐末,至南宋发展成政府系籍、承担社会职能及司法服务的公开民间组织,在社会中发挥着重要作用。书铺从业就是现在的文书印章鉴定,从《名公书判清明集》(以下简称《清明集》)等书判和《洗冤集录》记载,通过对南宋书铺系籍、使用、辨验、监督、管理、处罚等多方面加以研究,发现书铺不是国家机关,与现代司法鉴定的民间机构颇为相似,发挥了类似今天司法鉴定所发挥的作用与影响,只是与现代司法鉴定"公益性"有偏差。因为现代司法鉴定机构是指司法行政管理部门核准登记,取得司法鉴定许可证,面向社会提供有偿司法鉴定服务并独立承担法律责任的非营利性社会公益组织。从准入监督角度出发,书铺具有早期司法鉴定的雏形;从书铺辨验范围出发,南宋书铺几乎涵盖刑民事案件文检所有检验内容;从第三方(The Third Party)检验角度出发,在官府(第一方)与服务对象(第二方)之外,相对独立的书铺(第三方)与"第一方""第二方"都不具有行政和利益关系;从"官验"与"民验"角度出发,书铺辨验属于"民验",与我国古代法医"官验"制度形成鲜明对比,是一个值得肯定和研究的社会现象。以上说明南宋时期我们先人已进行民间组织司法鉴定尝试,并付诸司法实践,这正是我们所要深入发掘的书铺的重要历史价值和现实价值。

(一)名公书判中记载的文书检验案例

1. 书铺伪造公文

"假作批朱"书判(《清明集》卷十一):"争赌之罪小,假作本司批罪大。受书铺教唆之罪犹可恕,身为书铺,而教人假作批朱之罪不可恕。杨璋勘杖一百,编管邻州,取上断。其赵澄、胡寿等情罪,备拟滕州金厅重断讫,申。"这里,"假作批朱"即伪造官府批文。"受书铺教唆"和"身为书铺而教人假作批朱",说明书铺参与伪造官府批文。另,"备拟滕州金厅重断讫"就是对作假朱批的书铺送司法部门从重处断。书铺具体工作包括文书印章的检验,现代称为文检。

2. 书铺参与文书检验

案例 1

"伪作坟墓取赎"书判(《清明集》卷九):"……当职亲引到地头定验,见田蹊上有数块石聚其畔,称有墓铭。当问杨迪功,乃云已经年载,土内有石碑可照。渠令其仆人自掘入一尺土余,见石一片,约长尺四五许,凿数字其上。又无支书具载,土内有石,何缘而知之,此人情之不能无疑也。杨迪功又执出乾道间(1165—1173)上手契书,称有墓地,仔细点检,契内无官印,契后合接处虽有官印,稍涉疑似,当唤上书铺辨验,同称其伪,不肯保明,责罪状入案。设若此契果真杨迪功父时可卖与黄琮之时,合是说破自己祖墓,不应网漏,乃置之不言,此又人情之不能无疑也。况此田在杨迪功门首,于己甚便,无计可得,乃暗入石碑,伪书契字,买求黄桂子,多方撰造,为今日赎回张本。验之契照,无可凭,何名取赎。今索到杨迪功伪契及与黄桂子重叠交易契书申县,见到欲乞当厅毁抹,两争人见在,取台旨。"这里,"唤上书铺辨验"就是请书铺检验真伪。

案例 2

吴恕斋"孤女赎父田"书判(《清明集》卷九):"俞梁有田九亩三步,开禧二年(1206)典与戴士壬,计钱八十七贯。俞梁死于绍定二年(1229),并无子孙,仅有女俞百六娘,赘陈应龙为夫,当是之时,阿俞夫妇亦未知此田为或典或卖。至嘉熙二年(1238)二月,始经县陈诉取赎。而戴士壬者称于绍定元年(1228)内,俞梁续将上件田作价钱四十五贯,已行断卖,坚不伏退赎。展转五年,互诉于县,两经县判,谓士壬执出俞梁典卖契字分明,应龙夫妇不应取赎。今应龙复经府番诉不已,准台判,金厅点对,寻引两词盘问,及索俞梁先典卖契字辨验看详。切惟官司理断典卖田地之讼,法当以契书为主,而所执契书又当明辨其真伪,则无遁情。惟本县但以契书为可凭,而不知契之真伪尤当辨,此所以固士壬执留之心,而激应龙纷纭之争也。今索到戴士壬原典卖俞梁田契,唤上书铺,当厅辨验,典于开禧,卖于绍定,俞梁书押,复出两手,笔迹显然,典契是真,卖契是伪,三尺童子不可欺也。作伪心劳,手足俱露。"这里"索俞梁先典卖契字辨验"就是指提取俞梁先典卖契字辨验,另外,"本县不知契之真伪，唤上书铺当厅辨验"意思是本知县没有辨认笔迹的专长，请书铺当庭辨验，以便解决纷争。

案例 3

翁浩堂"业未分而私立契盗卖"书判（《清明集》卷九）："……胡元十、祝万五之徒乘间贪谋，啜诱仲乙赌博，输钱至七百余贯，私立田契及生钱文约，今已索到白契三纸在官，验系仲乙等押字分明，仲乙固不容无罪。"宋代地契，分为"白契"和"红契"。立契后，向官府交税叫"税契"，交纳的税为"契税"。民间买卖土地房屋时，由交易双方协商拟订，有中人作保并签名盖章的契约，称为"白契"。也就是说，未向官府纳税加盖官印的称白契，经官府加盖官印并纳税的称红契。这里，白契交到官府，经检验确认仲乙为签字人的笔迹，说明曾请书铺辨验。

案例 4

蔡久轩"出继子卖本生位业"书判（《清明集》卷九）："……伪契非特假作许氏花押，兼所写字画皆在朱印之上，又无年月，全不成契照，可见诈伪之拙，毁抹附案。业还许氏管佃。余照拟行，仍申御史台照会。"这里，"所写字画皆在朱印之上，又无年月"，意思是把字写在印章上，又没有年月，认定伪造契据。

案例 5

吴恕斋"争山"书判（《清明集》卷六）："……殊不知同分之产，若卖与外人，则亲邻可以吝赎，今大同为居茂之婿，居茂既以遗嘱与之，而汪氏、孝忠俱不以为非，孝良其何词乎？况将遗嘱辨验，委是居茂生前摽拨，与女舍娘充嫁资，其辞鄙俚恳切，虽未为当理，却是居茂亲笔书押，与嘉定年间（1208—1224）分书比对，出于一手，真正自无可疑。又况居茂、居洪今同分书内该载，极是分晓，居茂得山而不得田，居洪得田而不得山，孝良虽欲觊觎，无一而可。"这里，"遗嘱辨验"指官府将遗嘱请书铺辨验。

案例 6

叶岩峰"伪批诬赖"书判（《清明集》卷六）："……吴五三所执批约二纸，烟尘熏染，纸色如旧，字迹如新，公然欺罔，果可引乎？此吴五三虚妄一也。陈税院执出吴亚休契，并缴上手赤契，出卖乃嘉泰二年(1202)八月，于当年投印管业，割税，入户三十余年矣。吴五三辄称其父亚休已于嘉泰元年(1201)赎回，所执陈税院父陈解元退赎两批，皆是嘉泰元年八月十二日内书押。陈解元身故多年，笔迹是否，固不可辨，但以批约验之契书，岂有二年方交易，元年预先退赎，其将谁欺？"这里"批约二纸，烟尘熏染，纸色如旧，字迹如新"，意思是，伪造的批约，用烟尘熏染的办法，把纸张变旧，但字迹还是新的。可见，当时笔迹检验水平已相当高。此外，记载"以批约验之契书"，说明曾请书铺辨验。

案例 7

吴恕斋"兄弟争业"书判(《清明集》卷六)："本县所断，金厅所拟，一谓潘琮典与潘祖华田产，不应其弟潘柽立契断卖；二谓契后旋添同姓潘祖应，墨迹浓淡不同；三谓所添字迹，又在税契朱墨之上，其所执卖契，委难凭据，只合还潘祖应交钱取赎。将潘祖华及一宗案卷契押下县，并索潘祖应原买潘柽住屋、桑地赤契，从公比对，如祖华、祖应两家所买潘柽字笔迹一同，则此田果潘柽已分之产，果潘柽自卖自书之契，在祖应不当执未分无用之簿，昏赖为潘琮之物，妄行取赎。若两家契字笔迹果有不同，则祖华断卖之契无往非伪，所合毁抹，勒令交钱退赎。"这里，"从公比对"就是由官府请书铺辨验。

案例 8

翁浩堂"揩擦关书包占山地"书判(《清明集》卷五)："方伯达、徐应辰所争冈头山，历时不决，今唤到各人赍出干照，得见方伯达亲叔方六乙将上件山出典与徐应辰之叔徐千四秀，千四秀有男名烨，见存。方伯达以祖坟在山，于嘉熙四年(1240)曾将钱八贯四百足，就元得业主徐烨边收赎，有徐烨当年钱领具载分明。领上明言，赤契检寻未见，方伯达将此领经官投印讫。徐氏之族既已得钱，不伏推业。有徐应辰者，乃徐烨之族弟也，事不干己，入脚争山，辄将祖上关书揩擦一行，填作二保土名四字，凑外段园山作一行，欲行包占。当厅令书铺辨验，揩改字迹晓然，又且外段园山四字，与簿上土名全不相应，只欲以二保两字，占人一亩之山。徐烨不伏，出官，专使应辰到官强辨。若一房得钱，一房占山，而可以得志，则强有力者皆可以横行乡间，而国法可废矣！徐应辰勘杖一百，关书附案，坟山还方伯达，照已赎回管业。给榜示地头，催追未到四名。"这里，"当厅令书铺辨验，揩改字迹晓然"意思是官府让书铺当厅辨验，认定变造文书。说明，书铺不仅被请做检验出具书面证明，还和仵作验尸验伤一样当场喝报，成为官府聘请的检验人员。

案例 9

入境"揩改文字"书判(《清明集》卷五)："照得龚敷与游伯熙互争第四十八都第一保承字二百八十七、二百八十八号、二百八十九共三号地，两下各持其说，官司初亦未知其谁是谁非。及将本厅出产图簿与两家所执干照参对，得见二百八十七号及二百八十八号地见系龚敷管佃，二百八十九号地见系游伯熙管佃。其二百八十七号地计五亩四十五步，其二百八十八号地计四亩一角三十二步，参之官簿，并无毫发差舛。其二百八十九号地，据游伯熙干照内具载，计一十亩五十五步，参之官簿，却只计五亩一十五步。及与之研穷契勘，乃是续于干照内增益亩数，更改字画，浓淡疏密，班班可考。况各人管业年深，前此即无词诉，是则游伯熙用意包占龚敷地段分明。"这里，"图簿""官簿"都是用作比对的存档材料，"两家所执干照参对"指经质证的比对材料，结果"更改字画，浓淡疏密，班班可考"，证明"游伯熙用意包占龚敷地段分明"。这些笔迹检验方面技术性描述，都有书铺辨验的影子。

案例 10

建金"侄假立叔契昏赖田业"书判(《清明集》卷五)："……今而有之，则性甫所论，信不诬也。县司昨来辨验，已见差异，金厅今来再行考究，不能无疑。及据文虎赍出勉仲拨田与严氏遗嘱，则其字同，其印同，印之年月并同。金厅思之，严氏既归性甫，则自随之业合归性甫，严氏既立通判户下，夫何遗嘱印于文虎之手，收租于文虎之手，然则文虎假立二契者何意？"这里，因县尉不是文件专业人员，"县司昨来辨验"指县尉请了书铺进行辨验。此外，书铺辨验记载相当详细：与严氏遗嘱比对，"字同、印同、印之年月并同"，可见当时书铺辨验水平还是较高的。

案例 11

建阳佐官"从兄盗卖已死弟田业"书判(《清明集》卷五)："……丘庄未欲尽情根

究，欲且照条勘下杖一百，枷监丘庄，自就朱府请出元契，赴官比对，若果是丘萱亲笔，官司当别与施行，若是无契可凭，或是踪迹可疑，即是盗卖，官司却与定断监赃。丘庄自当备领过钱，交还朱府，其田合遗阿刘，仍旧照契佃，却不许非理典卖。丁千七、丘德广、丘元三欲照减降免科，余人且着家听候。案具定断因依申县，更取自详酌施行，仍回申台府照会。"这里，"朱府请出元契"指从朱府取出原始契据，"赴官比对"指送到官府进行比对，判断是否是丘萱亲笔字迹，否则就是盗卖。官府比对一般都请书铺辨验。

案例 12

叶息庵"争田合作三等定夺"书判(《清明集》卷五)："……牒下叶府判，从所申，再限半月，许得业人各赍契照，赴官逐一点对，候诸契齐集后，如胡五姐为姻与不为姻，于其契中亦有可以旁证者，就契分别三等，又因之以正稽籍，则其讼当自息。如出限不肯赍契赴官，或是已论诉后旋投印，或契内年月有揩改，不即自首者，并追人送狱根勘。照条行。"这里"业人各赍契照"指把契约都拿给官府，"逐一点对"指请书铺逐一进行笔迹和印章比对，或经证明与原印章比对不符的，或有涂改变造的，收监关押。

案例 13

胡石壁"随母嫁之子图谋亲子之业"书判(《清明集》卷四)："李子钦甫数岁，即随其母嫁于谭念华之家，受其长育之恩，凡三十年矣，其与的亲父子何异。而李子钦背德忘义，与其母造计设谋，以离间谭念华之亲子，图占谭念华之家业。谭念华愚蠢无知，昵于后妻之爱，堕于李子钦之奸，遂屏逐其前妻所生之子，勒令虚写契字，尽以田产归之于李子钦。今将李子钦所赍到朱契一十道，逐一点对，内五契是嘉定十年(1217)以后所立，五契是绍定、端平年间所立，皆谭未死时事也。谭念华未死，则其兄产业皆谭念华主之，其子谭友吉安可擅自典卖？纵出于谭念华之意，则所立之契，谭念华并合着押，何为嘉定年间五契、绍定年一契，皆无谭念华押字，其所有者，独绍定三年(1230)、五年与端平元年(1234)、嘉熙元年(1237)四契而已。又将投印年月考之，其嘉定间立契，内有三契，系淳祐二年(1242)二月之所投印，相去凡二十四五年，绍定已后五契，亦有一契是同时印者，相去亦有十三四年。以此两项大节目论之，已于条法大段违碍矣。"这里，"虚写契字"指伪造契据，"朱契"指有文字、签字和盖章的契约，"逐一点对"指对契约和印章逐一比对，"投印"指在官府备案的印章模板，由此，这是文件检验的案子，其中，比对部分有书铺辨验的内容。

案例 14

"罗柄女使来安诉主母夺去所拨田产"书判（《清明集》卷四）："罗柄户计税钱伍拾余贯，正室无嗣，有婢来安生子一人。尝以批帖付之，谓吾年六十，不为继室所容，逼逐在外，女使来安有子护郎，寄在田舍，将及一岁，今以平心庵处之，拨龙岩田三千把，以充口食。未几，护郎身故，缴还此田，仍归罗氏。继而来安遣还父母，罗柄以典到杨从户田并上手契要，付与为业，顿立阿邹户，以杨从户头杨照税钱四百五十三文归之。事在嘉定九年（1216），有省簿可考。时罗柄无恙，未尝有词。次年，杨从复以此田立契倒祖，就卖于阿邹，亦有印契。至十一年，阿邹又以自己钱、会，典杨从邓家坪等田六号，计价钱五十一贯，再收税九十七文。阿邹本户两项税钱共计五百五十有一。当职到官，从条不许起立女户，而以父邹明替之。以此观之，罗柄批帖信而不诬。在法：妻有七出，无子为先。罗柄之妻赵氏不惟无子，又尝谋其庶子，已为罗柄所出，自有公案，人所共知。已而复归，乘罗柄之老且病，据其生业，逐其孽子，而自主家事，使罗柄虽有大厦而不得安居，虽有庶子而不得就养，行路之人，闻而哀之，咸为不平。今其婢已去，其夫已死，而犹滋毒不已，甚矣！雌之不才，未有加于斯人者。本县过税，悉凭保人，邹渐辄用保印，有误过割，岂得无罪，勘杖六十。仰乡司仍旧顿立邹明户，以元税苗还之，候阿邹嫁人，却听自随。"这里，"省簿"指纳税记录，"批帖"是官府出具的证明文书，"立契"指民间订立契约。本案，对以上证据都做过审查，其中，判词中"罗柄批帖信而不诬"，说明可能经书铺辨验。

案例 15

"吕文定诉吕宾占据田产"书判（《清明集》卷四）："吕文定、吕文先兄弟两人，父母服阕，已行均分。文先身故，并无后嗣，其兄文定讼堂叔吕宾占据田产。今索到干照，系吕文先嘉定十二年（1219）典与吕宾，十三年八月投印，契要分明，难以作占据昏赖。傥果是假伪，自立卖契，岂应更典。县尉所断，已得允当。但所典田产，吕文定系是连分人，未曾着押，合听收赎为业，当元未曾开说，所以有词。当厅读示，给断由为据，仍申照会。"这里，"干照"一词在宋代的历史文献及田宅诉讼中经常出现，但其所指究竟为何，学界很少论及。一般是指宋代"田宅诉讼"中有关田宅转移、交割及其纳税的契约文书之概称，意指与案件相关联的人，不仅包括当事人，还包括证人、鉴定人；也指具有法律效力的官方凭借与簿籍，或赋税册多是印证官员因公活动开支的凭据；"干照"还指日记或笔记，北宋中后期，特别是南宋时期，"名士大夫撰写笔记之风盛行"，这里的"干照"极有可能就是吕文定亲自撰写的日记或笔记。因此，这里"干照"不排除县尉聘请书铺辨验。因为文中有"县尉所断，已得允当"和"当厅读示，给断由为据"。

案例16

黄榦《勉斋先生黄文肃公文集》之"陈安节论陈安国盗卖田地事"书判中亦有关于书铺参与文书检验之事："阿江有子长名安国，第六十，次名安节，第六二。阿江于五月经县论长男安国盗将田业出卖，续送主簿厅，阿江又自出供状，亦称长男盗卖田业。寻追上得业人曾金紫、曾司法、陈德远三户契照，而阿江已谓其子不肖，又为形势之家拖延，不肯出官，愤懑得疾身死矣，但存其弟陈安节与之证对。据契书皆有阿江及弟安节着押，且弟安节则不肯承认，以为其母及安节不曾着押，皆陈安国假写。阿江已死，无可验证，但以契上所书陈安节三字比之，陈安国及陈安节两人经官状词，亦各有陈安节三字，则知其为陈安国假写无可疑者。契上节字皆从草头，其偏旁则皆从卩（子结反）字，陈安国状上节字亦如此写，陈安节状上则皆从竹头，其傍皆从附邑。又唤上书铺辨验，亦皆供契上陈安节三字，皆陈安国写，则是瞒昧其母与弟，盗卖田产无疑。陈德远、曾金紫、曾司法三契所得田业，各合析为二分，以陈安国一分还得业之主，以一分还陈安节，契字批凿还陈安节收执，别给据付陈德远，曾金紫、曾司法照管一分物业，仍监陈安国备一分钱，还陈、曾三家，陈安国勘杖六十，引监钱。"这里，请书铺辨验，证明契上陈安节三字，皆陈安国写，则是瞒昧其母与弟，盗卖田产无疑。

3. 书铺为民间诉讼进行文书辨验

案例1

"吴肃吴镕吴桧互争田产"书判(《清明集》卷四):"吴肃嘉定十二年(1219)一契,典到吴镕帝字号田六亩二角,官字号田二亩三十步,约限九年,亦已投印,其间声载批破祖关去失,上手不在行用,无不分明。吴肃拘收花利,过割税苗,凡经五年。近有吴桧遽来争占,吴肃入词,追到在官,就索干照。据桧赍出绍兴二十年(1150)其祖吴武成卖与吴镕之曾祖吴四乙赤契一纸,又于空纸后批作淳熙八年(1181)赎回,就行租赁与元佃人耕作。且当元立契虽可照证,厥后批凿何所依凭?况元契既作永卖立文,其后岂容批回收赎?纵所赎果无伪冒,自淳熙八年至今,已历四十二年,胡为不曾交业?夫岂知民讼各据道理,交易各凭干照。在彼则曲,在此则直,曲者当惩,直者当予,其可执一,以堕奸谋。吴镕初焉附合,志在得田,不思奸计果行,亦不免盗卖之罪。及送狱根勘,供招自明。吴镕、吴桧各勘杖六十,废契毁抹入案,田照吴肃交易为业。"这里,"投"指递送,如:投文(投递状纸)、投牒(呈递诉状)、投书(投交的书信)、投状(呈递文状)、投印(指投交印章在书铺备案)。结合文中"交易各凭干照",说明典当的契约已经书铺存档,可以备查或辨验。也说明,宋代书铺有为民间诉讼进行鉴定证明的功能,并为官府所认可。

案例2

刘后村"黠吏为公私之蠹者合行徒配以警其余"书判(《清明集》卷十一):"建阳旧号壮邑,十余年间,县道弗良于政,公吏黥配殆尽,今所存者,但是乌合不根,鼠窃狗盗辈。官司使奸诈者,事制曲防,姑责其奔走使令,每有所犯,随事断治,未尝少贷。其有舞文弄法,背公营私,至为公私之蠹者,若不条陈过恶,具解台府,乞行徒配,以警其余,则何以戢吏奸,何以苏民瘼?徐安奸黠小吏,正缘本县无人,姑令暂权押录。其人倚势作威,违法生事,始则引诱丘信妻子,招其姑阿郑论诉,甚则坐欠百姓钱,招龚纯有词,甚则取受税户钱物,私立遗嘱,伪造前官批判,盗用官印。"经书铺辨验,遗书是假的,官府批文是假的,官印也是假的,予以严办。

4. 书铺检验出身档案

案例 1

方秋崖"进纳补官有犯以凡人论"书判(《清明集》卷二):"既是曾仕宦,必知上下之分、宾主之礼、朝廷之法也。一监税见州郡,礼固有数,乃敢大庭广众极口肆骂。入公门鞠躬如也,固如是乎?刘监税虽小官,然而袁州见任也,奉命守职,开锁放船,而乃两人露巾扭拽,以至州衙,殊骇闻听。据诸仆所供,乃知是妄。一进纳、七色补官有犯,以凡人论,而敢猖狂至于此乎!且其自书曰承信郎,而诸仆以为进武校尉,则是诈称官呼矣。缴出身文字断仆讫申漕司并申部照会。"这里,通过官员基本素养"上下之分、宾主之礼、朝廷之法"判断"一监税见州郡敢大庭广众极口肆骂"判断该刘监税是"诈官",认为"缴出身文字断仆讫申漕司并申部照会",意思是把其出身文件进行书铺辨验就会真相大白,然后上报处理。在宋代,科考的相关资料是存储在书铺备档的。

案例 2

吴雨岩"顶冒可见者三"书判(《清明集》卷二):"余执中事,乃前政所断。兹因浙西宪司索案,试将原案阅看,则余执中之罪,未论他事,只是顶冒一节,黥配有余。今索上狱库所收余执中二诰、一绫纸,其初补进义校尉绫纸,乃淳祐七年(1247)空月给,其以进义转承信诰,乃淳祐六年(1246)给。天下岂有转官岁月在前,初补岁月在后之理,其顶冒可见一也。又以承信转保义诰,亦是淳祐七年给,乃与初补进义绫纸同一年,参错颠倒,其顶冒可见二也。又绫纸小字内,余执中年五十岁饶州凡九字,大字内余执中凡三字,皆是揩洗改填,印章淡落,绫色纰动,其顶冒可见三也。今详西宪备到本人状内不明言乞改正,此顶冒官职而从言改正,又不知顶冒被配人尚可改正作士人否也?事不在本司,但西宪未知因依,有索人案之牒,案合即时发去,人岂可轻易泛追。若欲追词人余执中,则彼方避本司如仇,必自己在司伺候矣。告仍寄狱库,候仍录原案存照,牒报浙西提刑司。"该案,吴雨岩根据文件检验原理,认为揩洗改填、印章淡落、绫色纰动;转官岁月在前、初补岁月在后;淳祐七年(1247)给乃与初补进义绫纸同一年,系参错颠倒。因此,确定为伪造文书的"顶冒"。由此可见,吴雨岩对书铺检验那一套知识还是有所掌握的，并应用于实际检案之中。该案没有记载请书铺辨验，然而，调阅了书铺存档的"初补进义绫纸"，应该也请书铺帮助阅卷。

案例3

宋慈"结托州县蓄养罢吏配军夺人之产罪恶贯盈"书判（《清明集》卷二）："……至如假官一节，索到告身批书，皆是揩洗书填，难掩踪迹，唤取前项书铺辨验，造伪晓然。"《名公书判清明集》中记载的这个案件，宋慈对笔迹印章请了书铺辨验，将杨子高伪造的"假官"批书进行鉴定，确认系"揩洗书填"，证明"告身批书"是假的。

5. 书铺参与订立契约并备档

案例1

姚立斋"重叠交易合监契内钱归还"书判（《清明集》卷五）："看详到右院勘到江伸、丘某争田事。见得江伸四三于绍定四年（1231）四月，就丘某三三借钱一百贯，五月内将田两段，作一百贯足典契，以成甫命名，代父江唐宗知契还丘某，契内明言，认供苗，不离业。丘某受其欺骗，已收苗六年，而不知江伸将其田重叠与徐吉甫交易讫，彼此互论。江伸却将别项从前已断丘三十、徐乙赌博钱事，袞同诬赖。主簿误以丘三十为丘三三，并将其契毁抹。其实江某将田还丘三十者，赌钱事也；将田契与丘三三者，借钱事也。在法有禁，毁之则宜，借钱人所不免，毁之过矣！今江伸在右院已供，借丘某钱一百贯足，内见钱五十贯足，官会六十五贯，其实但所写典田一段是实，一段是虚，合引诈欺条定罪。司理以为赌博与借皆是违法，欲追钱入官，却未为是。照得准折有利债负，乃是违法。今江伸于四月内借钱，五月内典田，交易在一月之内。未曾有利，即不同上条法。况丘某受其诈，元不知情，难以追钱入官。其田元未离业，合给还业主。但江伸不合虚写田段，诈欺丘某钱契，欲照条从杖八十，照赦免断。帖右院押下县，监所供认钱、会还丘某，取领状申。"在宋代，民间契书不少请书铺代书。这里，"看详"指请书铺检验或经检验后加以确认。

案例2

翁浩堂"侄与出继叔争业"书判（《清明集》卷五）："杨天常乃杨提举之幼子，出为伯统领后，本不当再得杨提举下物业。今其亲侄杨师尧等诉，谓天常占提举位一千三百硕谷田。今索到干照，得见提举训武妻夏氏立为关约，称训武在日，借天常金、银、钱、会五千余贯，训武临终遗言，拨此田归还。果有是事耶，抑托为此辞耶？拨田干约在嘉定十六年（1223），夏氏之死在嘉定十七年，天常管业盖二十三年矣。关约投印在嘉熙四年（1240），及今六年。夏氏始谋，无所复考，只据干照而论，则词人师尧之父监税已曾预押，父不声诉，子可以诉乎？在法：分财产满三年而诉不平，又遗嘱满十年而诉者，不得受理。杨天常得业正与未正，未暇论，其历年已深，管佃已久矣，委是难以追理。请天常、师尧叔侄各照元管，存睦族之谊，不必生事交争，使亡者姓名徒挂讼牒，实一美事。如不伏所断，请自经向上官司。"这里，"管佃已久矣，委是难以追理"意思是因字据契约时间久远书铺无法检验。

案例 3

吴恕斋"孤女赎父田"书判（《清明集》卷九）："……官府理断典卖田地之讼，法当以契书为主，而所执契书而所执契书又当明辨真伪，则无遁情。惟本县但以此契书为可凭，而不知契之真伪尤当辨，此所以固士壬执留之心，而激应龙纷纭之争也。今索到戴士壬原典卖俞梁田契，唤上书铺，当厅辨验，典于开禧，卖于绍定，俞梁书押，出两手，笔迹显然，典契是真，卖契是伪，三尺童子不可欺也。作伪心劳，手足具露。所有假伪卖契，当官毁抹。"这里，书铺被官府请去做"理断典卖田地之讼"的契书辨验。

案例 4

刘克庄《后村先生大全集》"持服张辐状诉弟张载张辂妄诉赡茔产业事"书判："……牒洪郎中，请提干兄弟四人，将赡茔田业开具田段、坐落、亩步、产钱，专置一簿，开载契簿，长位拘收，别立赡茔关约，并经印押，每位各收一本，自淳祐五年（1245）为始，租课长房先收，以后轮流掌管，周而复始，庶熄争讼。"这里，"别立赡茔关约，并经印押"指请书铺重新订立字据并签字画押。

案例 5

黄榦《勉斋先生黄文肃公文集》"郝神保论曾运干赎田"书判："官司不敢追究者，非畏曾运干之形势，则受曾运干之请嘱也。郝神保既无以自伸，遂甘心纳其租课，至于备钱取赎,则曾运干又假为进典五年契字,以图诬赖,其着押又与前契不同矣。形势之家,贪图人家物产,则有之矣,未有若此无状之甚者也。两契并毁抹,给还郝神保管业,仍各给断由。"这里,"着押又与前契不同",说明经检验和比对得出的结论。

案例 6

黄榦《勉斋先生黄文肃公文集》"曾潍赵师渊互论置曾挺田产"书判:"使州送下曾潍、赵师渊两家互论置买曾挺田产事,赵金判已行看定,断还赵师渊管业。其曾潍干人不伏所断,再行论诉。使州遂委本县审定。缘本职与曾潍委是二十年故旧,恐有妨嫌,遂申乞回避,再蒙使州发下,不敢有违。拖照案牍,曾潍干人所以不伏赵金判所定者,盖亦未得其情。赵金判以为空头契字,乃是曾挺之契,再立之契,乃曾潍伪契,既不曾追出曾挺供对,如何见得便是伪契?此间人交关,亦多有不将正契投印者,亦安知再立之契果为伪乎?既以再立之契为伪,遂并以门僧之书为通同旋写,既不曾追到门僧供对,亦何缘见得是通同旋写?又称曾挺若果得上期钱,又不得与别人交关,世间将田产重笼交易,瞒人钱物者甚多,亦何以知曾挺之必不敢乎?不得其情,而欲决其曲直,亦无怪曾潍干人之不伏也。"这里,契约印章、字迹的认定提出要辨认、比对。

6. 书铺代写诉状

案例 1

翁浩堂"匿名榜连粘晓谕"书判(《清明集》卷十四):"照对今月初二日,据衙探收到匿名榜一道,说知县通关节,纳苞苴事。当职伏读,不胜敬服,必是此邦士友,欲相警戒成就之美意。昔孔圣有言:某也幸,苟有过,人必知之。俗谚亦云:道吾恶者是吾师。当职识浅才疏,扶持剧邑,已及一考,催科决讼,事目繁多,岂无过谬,当自兢畏,至于关节苞苴,日夜点检,惟恐有之。今蒙示谕谆复,述其始至之得,防其后来之差,敷陈祸福,明着劝戒,此所谓于顶门上着一针,真当职之师也。所可恨者,不札以指陈,乃匿名而标贴,则恐非古人忠厚意耳。当职厌谄谀而喜抗直,恶偏私而乐正大,今连粘原榜在前,并备述心事晓谕,使是非曲直,昭然如日,与此邦贤士大夫公议之。故兹榜示,各请知悉。"这里,宋代书铺有一个代写诉状和投诉书的做法，因告状人文化程度低，需要由书铺代写，收取代写服务费等，这也是官府允许的。

案例 2

方秋崖"惩教讼"书判（《清明集》卷十二）："……有一髫者，试呼而问曰：'年几何？'曰：'十二。''能书乎？'曰：'不能。''则状谁所书也？'曰：'易百四郎。'心已知其为教讼之人，不可不追。问所以，则又有甚焉。盖易从书铺也，岂不知年尚幼，法不当为状首，而教之讼，其罪一。陈念三，后夫也，法不当干预前夫物业，而教之讼，其罪二。新知县方到，未给朱记，法不当为人写状，而教之讼，其罪三。初开杖封政，当断以奸猾，以厚风俗。从轻杖一百，枷项本州岛，其四县各令众五日，镂榜晓谕。后有教讼，非杖一百所能断也。勉自改业，毋犯有司。"这里，"法不当为人写状而教之讼"，意思是法律不允许代写假状而教人诉讼。书铺人员作假诉状，罚杖一百，勒令"改业"，不得从事书铺职业。

7. 书铺对牌文印鉴进行存档

案例 1

范西堂"晓示过船榜文仍移文邻郡"书判（《清明集》卷十四）："近准安抚使司行关防奸细，大段严谨。见今寇在上流，奸细往来，无非船只。访问日来假作当职亲故，乘舟顺下，脱谩关津，深属不便。移牒丰城以上沿流去处，各请仔细讥察，须凭照引，用州印者方实。就以印文呈于牒后。如遇船只经过，或有牌而无引，或有引而无印，印而非州，并是假伪，合行根究，重与惩断。条印封记皆不在，使纵非奸细，客舟并缘影占税物，亦是违法，听作诈慝，从倍税施行。其承局执引差出他所，若引内不曾分明开具随行物色，亦是夹带，不应欲放行。备榜峡江北津，仍请沿流一体晓示。客人范景山讼益阳徐教练等打檐仗到处渡头，结托无赖之徒，骗胁客人，要勒钱物，稍不如意，群然殴打，无异劫掠。徐汝德虽不在旁，平时纠集，此实主之，当以威力使人为首，客人非甚不得已，岂能越数百里求直于官。徐汝德、董十一，各勘杖一百。"该案是"照引""州印"的辨认，从而认定"有牌而无引，或有引而无印，印而非州，并是假伪"。这里，有些牌文、印鉴就在书铺存档，真伪可请书铺辨验。

案例 2

人境"物业垂尽卖人故作交加"书判(《清明集》卷五):"窃见退败人家,物业垂尽,每于交易立契之时,多用奸谋,规图昏赖,虽系至亲,不暇顾恤。或浓淡其墨迹,或异同其笔画,或隐匿其产数,或变易其土名,或漏落差舛其步亩四至,凡此等类,未易殚述。将前案研穷参对,莫如山初词称,奉母亲令,众兄将户下田地分拨四分,续又称系父世明存日处分田地,前后异同,全不相照应。况其录白干照,即非经官印押文字,官司何以信凭?显见是莫如江计合莫如山,符同作套,妄状论扰王行之,意在昏赖欺骗,彰彰明甚。官司岂可视契照关约为文具,而听其妄状,论扰善民,以启昏赖欺骗之风也哉?今照条科坐,莫如江及莫如山各勘杖一百,其已卖之田,仰得业人王行之照元契管佃,更取自台旨施行。"这里,"录白"指原始记录,"干照"有关证人、鉴定人提供的证据,"非经官印押文字"指经比对不是官府印押文字。从这些文字可以看出,官府请了书铺辨验。

8. 书铺违法行为及司法惩罚

《朱文公文集》的《约束榜》有:"今仰民户,经由书铺依式书状,仍于状内分明声说,于某年月日经县陈诉,已经几日本县不结绝,以凭行遣。如不明注经县月日,或不候限满,妄称已过所立日限陈述,致追承行人到州,见得元经月日未及,其人户连书铺并行收坐,仍毁劈书铺名印。若经本州岛一月未满,状词亦不许再行。官人、进士、僧道、公人(谓诉己事,无以次人,听自陈)听亲书状,自余民户并各就书铺写状投陈。如书铺不写本情,或非理邀阻,许当厅执覆(或非理饰说,及当厅执覆不同所词,定行根究书铺)。状词并直述事情,不得繁词带论二事。仍言词不得过二百字。一名不得听两状。并大字依式真谨书写。如有干照契据,并未尽因依,听录白连粘状前。如告论不干己事,写状书铺与民户一等科罪。民户词诉,不应为状首人,自不当出名。其应为状首人,并要正身。如实有事故,得用以次人,仍声说因依,年月若干,有无疾荫,妇人有无疾荫、娠孕,于前从实开具。或有罪应科决,临时妄行供说,先契勘元写状书铺。书铺如敢违犯本州岛约束,或与人户写状不用印子,便令经陈,紊烦官司,除科罪外,并追毁所给印子。人户陈状,本州岛给印子,面付茶食人开雕,并经茶食人保识,方听下状,以备追呼。若人户理涉虚妄,其犯人并书铺、茶食人一例科罪。"这里,官府要求书铺代写诉状要"依式书状""如书铺不写本情"追究书铺责任、"告论不干己事"写状书铺与民户一等科罪、书铺虚妄诉状与人户一样科罪,发生以上情况"书铺并行收坐,仍毁劈书铺名印"。

(二) 宋慈《洗冤集录》中关于文书检验的类型

1. 诉状

宋慈《洗冤集录·检覆总说下》:"切不可凭一二人口说,便以为信,及备三两纸供状,谓可塞责。况其中不识字者,多出吏人代书;其邻证内或又与凶身是亲故,及暗受买嘱符合者,不可不察。"这里,对涉及"供状""诉状"真伪辨认,"不可不察"就是要谨慎,必要时请书铺辨验。

2. 契书

宋慈《洗冤集录·自刑》:"验自刑人,即先问原申人:其身死人是何色目人?自刑时或早或晚?用何刃物?若有人来认识,即问:身死人年若干?在生之日使左手、使右手?如是奴婢,即先讨契书看,更问:有无亲戚?及已死人使左手、使右手?并须仔细看验痕迹去处。"这里,"讨契书看"主要是对有可疑的自缢案件,请书铺对契书真伪进行"契书辨验"。

宋慈《洗冤集录·病死》:"若是奴婢,则须先讨契书看,问:有无亲戚?患是何病?曾请是何医人?吃甚药?曾与不曾申官取口词?如无,则问不责口词因根据;然后,对众证定。"这里,"讨契书看"就是必要时请书铺对契书真伪进行"契书辨验"。

宋慈《洗冤集录·自缢》:"凡验自缢人,先原申人,其身死人是何色目人?见时早晚?曾与不曾解下救应?申官时早晚?如有人识认,即问:自缢人年若干?作何经纪?家内有甚人?却因何在此间自缢?若是奴仆,先问雇主讨契书辨验,仍看契书上有无亲戚,年多少?更看原吊挂踪迹去处。如曾解下救应,即问解下时有气脉无气脉?解下约多少时死?切须仔细。"这里,"契书辨验"就是请书铺对契书真伪进行"辨验"。

3. 签字

宋慈《洗冤集录·杀伤》:"凡验被杀伤人,未到验所,先问原申人:曾与不曾收捉得行凶人？是何色目人？使是何刃物？曾与不曾收得刃物？如收得，取索看大小，着纸画样；如不曾收得，则问刃物在甚处？亦令原申人画刃物样。画讫，令原申人于样下书押字。"这里，"押字"就是签字，目的是日后一旦不承认请书铺辨验。

宋慈《洗冤集录·检覆总说下》："顽囚多不伏于格目内凶身下填写姓名、押字，公吏有所取受，反教令别撰名色，写作被诬或干连之类，欲乘此走弄出入。近江西宋提刑重定格目，申之朝省，添入被执人一项。若虚实未定者，不得已与之就下书填。其确然是实者，须勒令佥押于正行凶字下。不可姑息诡随，全在检验官自立定见。"这里，"填写姓名、押字""勒令佥押"，都是为了日后翻供时请书铺辨验确认。

4. 假病历

宋慈《洗冤集录·札口词》："凡抄札口词，恐非正身，或以它人伪作病状，代其饰说，一时不可辨认，合于所判状内云：日后或死亡，申官从条检验。庶使豪强之家预知所警。"这里，指被人用其他人"伪作病状"代替，所以"札口词"很重要，必要时可以请书铺辨验。

5. 验状

宋慈《洗冤集录·验状说》："皆要一一于验状声载，以备证验诈伪，根寻本原推勘。"宋慈认为，验状也要请书铺辨验以便"证验诈伪"。

(三) 宋代书铺的功能和性质

1. 宋代书铺的功能

从《名公书判清明集》和宋慈《洗冤集录》记载，可以看到宋代的书铺有以下几个功能。

第一，为参加铨试者和参选者办理验审手续。《宋会要辑稿·选举二十六》记载，绍熙三年(1192)吏部规定："引试日，官员各合冠带入试，令书铺户责状识认正身。"所有参选官员须携带告敕、印纸等文书前往书铺办理验证手续。官员注授差遣前要射阙，必须如实填报所在籍贯或寄居州、田产和历任功过及举主情况，将上述信息报送书铺接受审检鉴押。宋代甄选人才进行文职差遣，要求宗室子弟必须通过吏部组织的考试，而书铺则负责在临考前对参考人员识认正身。官员射阙后，注授差遣某州，倘若与该州长官有亲属关系,则应当避亲退阙,此时则应向书铺重新办理手续。南宋《朝野类要》:"凡举子预试并仕宦到部参堂,应该节次文书并有书铺承干。如学子乏钱者,自请举至及第一并酬劳书铺者。"赴礼部应考举人必须提前将文卷试纸递交书铺,由书铺收接并审核,再由书铺书押盖印并提交贡院。此外,书铺还对应考时的进场应试人员进行辨认,防止有人冒名顶替他人应试。南宋《曲洧旧闻》:"吕申公公著,当文靖秉政时,自书铺中投应举家状,敝衣蹇驴,谦退如寒素,见者虽爱其容止,亦不异也。既去,问书铺家,知是吕廷平,乃始震叹。"吕公著是当时为相的吕夷简之子,旁人不能辨识,而书铺却能够提供他的身份信息,可见书铺承担处理家状等文书的工作,也等于取得了应考举子的个人资料。宋代李清照离婚案也是一个例子。李清照18岁时与赵明诚结婚。婚后,两人收集金石书画。1129年,赵明诚病逝于湖州。后来,李清照与张汝舟再婚。张汝舟得不到李清照所携带的文物时对李清照拳脚相加。李清照告发张汝舟科举考试作弊。官府请书铺辨验,证实李清照告状属实。张汝舟被发配到柳州,而李清照依照法律也要坐牢两年。不过,李清照只坐了九天牢便被释放了。《名公书判清明集》中官府对出身的文书检验和假冒官吏的认定都是由书铺辨验实现的,这说明当时我国文书检验达到一定水平。

第二,对一些有疑问的契约文书的真伪进行检验。由于证据特别是书证在民事诉证中的重要作用,有的当事人为利益所驱使,故意伪造、涂改书证,以便获得有利的证据。所以辨别书证的真伪便成为审查证据的关键。官府无法辨验书证的真伪时,往往委托代写状词的书铺鉴定。书铺在宋代的诉讼中,特别是民事诉讼中,常常为官府鉴别辨验当事人提供的契约、婚帖、印记、告身等各种书证,作为判决的根据。

第三,代人起草诉讼状、证明供状、契约田产。北宋初,社会上就已出现诸多"顾文佣笔""代写状人""代笔人"现象。宋真宗咸平二年(999)四月诏曰:"近者如闻闾巷之徒,靡闲军国之事,顾文佣笔,假手他人,浸长浇浮,须行禁止。宜令鼓司、登闻院自今更不得收接。"据《宋会要辑稿·刑法三》记载,咸平六年(1003)十一月十七日诏曰:"其代写状人,不得增加词理,仍于状后著名,违者勘罪。州县录此诏,当庭悬挂,常切遵禀。"朝廷由以诏令的形式禁止"顾文佣笔",到规范发展"代写状人""代笔人"写状现象,并将规范"州县录此诏,当庭悬挂,常切遵禀"的事实,足以明了当时"佣笔"上书、"代笔"书状等发展情况及其影响。宋初,诉状的书写及格式都有规定,《宋刑统》卷二四《斗讼律》载:"所陈文状,或自己书,只于状后具言自书;或雇请人书,亦于状后具写状人姓名,居住去处,如不识文字及无人雇请,亦许通过白纸。"随着诉讼活动的日渐活跃,在民间出现了专以佣笔为业的书铺。《宋会要辑稿·仪制七》载,宋仁宗庆历二年(1042)五月十五日的一则诏书道出了其中答案:"近日诸色人所上边事,多是开书铺人将他人文字,改易首尾,鬻于此辈,重叠进献,幸望恩泽,宜令开封府严切正绝。"可见,此"书铺"当为刊书售书类书铺,因为它们最具"将他人文字,改易首尾,鬻于此辈,重叠进献"的优势,王庭圭《卢溪文集》中《与刘子方》有:"检院进文字,非书铺所惯,彼处自有一等人专管写此文,兼识体面,只托朱公寻之,必不误也。"书铺作为民营机构,对此项服务自然是要收费的,《钱塘遗事》记载:"书铺纳卷,铺例五千,自装界卷子与之或只二千,无定价,过此无害也。"可见如果从纸张的提供到投递全权由书铺负责则需付五千钱,若自备纸张并自行装界而仅由书铺负责家卷的粘贴及试纸的呈送则仅需二千钱左右。代人起草诉讼状、证明供状、契约田产同样需要收费。书铺既然可以代写、售卖呈献官府、朝廷的书状,自然也可以从事较简单的代写诉讼状之类的事情了。

2. 宋代书铺的性质

(1)书铺背景

唐代以前,书铺主要刊书售书。但到唐末至宋初出现两类书铺,即刊书售书和专门从事社会服务的书铺。据《宋会要辑稿·选举》,社会服务书铺在宋仁宗庆历八年(1048)已有。在北宋初年,有人为不识字或者不谙诉讼手续的人代写词状,当时还没有固定名称,只是"个案",到北宋末年,这种人已称"书状抄书铺户",简称书铺。据成书于宋徽宗政和七年(1117)的李元弼《作邑自箴》自序看,"铺户是先于此书已出现了"。《宋会要辑稿·选举》记载,嘉定十三年(1220)四月礼部:"今次省试,增免解二三千人,委是繁冗,非唯换易,亦恐书铺举人通同夹带,不该试人,乘此为奸,实难稽考。""书铺送纳举人试卷文字,并具所纳举人州府姓名单状,赴院点对。如有文字差误,勘会元纳书铺人姓名,牒开封府施行。""如不遵告报,致本部验出,定将犯人书铺送所属根究施行。"此外,官方还以结保的方式,力图对书铺的行为进行约束,要求他们"三人结保,如一名造弊,并三名同罪"。由此说明,宋代尤其南宋,法律允许书铺为科考服务,但也有担忧。《名公书判清明集》与《洗冤集录》则记载了为司法服务的书铺辨验。可以这么说,从事社会服务的书铺,在唐末出现,被社会认可,特别是为司法服务,则是在南宋。

(2) 书铺系籍

所谓系籍就是登记。从宋代书铺"系籍"来看,要在相关行政部门登记造册,接受行政管辖与约束,但它并不是国家机关,只是民间店铺或机构,李元弼《作邑自箴》卷第六有:"应籍定写状抄书铺户,不得为见县司指挥。不系籍人不得书写状钞",《宋会要辑稿·食货五一·左藏库》有:"诸处纲运到库,有合用书铺、甲头、脚户、般夯、搭垛等人,皆是百姓。"宋代书铺出现说明中国传统"官民"的社会结构开始出现变革。在传统的社会结构中逐渐出现一些特殊民间组织,他们凭借自身的资质、能力在官与民甚至官民之间开展业务并产生影响,其发展影响并改变着已有的社会结构。作为民间组织书铺是一种新的社会现象。

(3) 书铺业务

从专门从事社会服务类书铺的业务来分析,它们所开展的业务与单纯从事刊书售书迥然不同。后者不过是通过一般商品(书籍)与顾客之间发生买卖关系,这与当时及之前社会中众多的商品买卖关系并无二致。而专门从事社会服务类书铺是凭借某种资质、技能甚至服务,在民众、政府部门甚至民众与政府部门之间广泛开展业务,并收取薪酬,借以生存与经营,这与店主、顾客之间普通的商品买卖关系显然不同,开始具有更深刻的社会内涵。据《朝野类要》记载:"凡举子预试,并仕宦到部参堂,应该节次文书并有书铺承干。"书铺的工作包括对上述各种文书格式、内容的审核及其装订、呈送。这种书铺并不是法定的国家机构或部门,而是民间组织,获得政府支持,被基层民众认可,得以在宋代社会中存在,并产生了影响。

(4) 书铺地位

首先，书铺通过系籍而存在，表明其接受政府登记许可，凸显其社会地位；其次，书铺辨验说明参与司法检验，是我国早期司法鉴定的雏形。因为书铺不是国家机关，却发挥了类似今天司法鉴定所发挥的职能及其影响，这也是我们所要深入发掘的书铺的重要价值。书铺在宋代社会中开始形成较大影响。虽然它的力量在当时依然很微弱，但毕竟在社会中已出现并有所发展，影响着后来社会的发展。宋代书铺介于基层民众和政府部门之间，得到政府支持，并在二者之间开展多种业务，协调、处理它们之间的事务、利益，并收取劳酬的公开的民间组织的突出代表，影响着宋代及其之后社会的发展。

3. 宋代对书铺的处罚规定

（1）行政处罚

第一，对书铺不"依式书状"的，或写错日期的，需向官府说明原因。

第二，对书铺"不写本情"的，或"非理饰说"的，根究书铺，说明原因。

（2）民事处罚

第一，书铺给写状不签名盖印的，官府收缴书铺印章及系籍。

第二，书铺作假契约的，官府毁掉假契约，收缴书铺印章及系籍。

第三，书铺科考、参加铨试者和参选官员办理验审手续出现错误，收缴书铺印章及系籍。

（3）刑事处罚

第一，书铺人员作假诉状的，罚杖一百，勒令"改业"，即不得从事书铺职业。

第二，书铺人员作假朱批的，收监刑事从重处罚，不得从业。

第三，书铺人员作假出身文凭的，收监刑事从重处罚，不得从业。

第四，书铺人员涉及虚妄诬告，其犯人并书铺一例科罪，书铺不得从业。

第五，书铺在官员注授、考功、管理等过程中作弊，与官员同罪，罚杖一百，不得从业。

六、检验案例

案例 1　李公验榉

据郑克《折狱龟鉴》记载，李南公尚书，任长沙县知县时，有斗者甲强乙弱，各有青赤痕。南公用指捏之，曰："乙真甲伪。"讯之果然。盖南方有榉柳，其叶涂肤上，则呈青赤色，宛如被殴伤者，剥其皮横置肤上，以火熨之，则如棒伤，水洗不去。但殴伤者，"血聚则硬"，伪者不硬耳。南公深知此理，经过亲自查验，故认定乙是真伤，甲是伪伤。

述评：李南公得知南方有榉，其皮叶可以造成伪伤。故在验伤时，凭"血聚则硬"来判断真伪，是合乎科学道理的。因为活体受伤后，皮下和肌肉挫伤出血，出现红、肿，所以，手触摸、按压时有痛、硬、饱满感。而榉皮汁涂上的则没有上述现象，容易区别。这是我国古代对诈伤、诈病的检验实例。

案例 2　提举验杖

据张景补《疑狱集》卷九"提举辩明"案载：宋提举杨某，任越录事参军时，郡宁治盗很严，凡是保内被窃，保长捉不到贼，则被窃的财物，责成保长偿还。有一人家被窃，家人持杖追击，将贼打倒在地，然后捕捉送交保长，保长乃将贼捆绑解送于官，正巧贼死。郡守即封保长制缚死罪，已成狱案。杨公看状后说，右肋下有致命伤一条，长一寸二分，中有白痕，必定是从背后持杖追击伤，非保长制缚致死。狱吏争辩说："保长制缚死罪已经定了，为何究原先捉贼的人？"杨公果然查到真情，即索取其杖检查，在杖端见有裂痕，更证明杖击不误，乃依法只处保长杖罪，免去死刑。

述评：人体软组织被棍棒打击时，被打处血管受压，血管内血液挤向两边，所以两边皮下出血(伤痕)，中间显现白痕，即成双条伤痕，俗称"竹打中空"。"竹打中空"现代法医学又称指"中空性皮下出血"，或称之为"二重条痕"，又叫"铁轨样挫伤"或"中空性挫伤"，用棍棒状致伤物垂直打击在软组织丰富部位形成的一种特征性挫伤(即圆形棍棒作用于身体软组织，可形成两条平行的皮下出血带，中间皮肤苍白)。表现为两条平行的带状出血(按宋慈《洗冤集录》记载两条平行线不等长，见上述)，中间夹一条苍白出血区。能清楚地反映致伤棍棒的宽窄、直径或形态特征。现代法医学还常用"竹打中空"认定棍棒伤的依据,可见我国古代法医学的研究与现代已十分接近,不得不让人佩服!

案例3 欧阳左手

桂万荣《棠阴比事》载:欧阳晔官任端州知州,有桂阳监民为争船事,被人殴死,狱久不能决。一日,欧阳晔将狱中众犯人提出,去其桎梏而给予饮食。食毕,众犯人皆回狱中,晔独留一人,留者色变。欧阳晔说:"打杀桂阳人者是你。"该犯人不知所以然。欧阳晔大声说:"我看来饮食者都用右手持勺,只有你以左手持勺,今桂阳人伤在右肋,显然是你打死的。"该囚犯哭泣说:"确实是我打死的,不敢连累他人。"于是伏罪。

述评:上述例子,介绍两个人相殴时,因左利、右利的不同,造成的伤害部位恰好相反。用左手打击他人时,往往伤在右侧,左手用刀自伤时,也常伤在右侧。欧阳晔能掌握这一规律,在审理案件时,根据伤痕所形成的特征,推断凶手是左利,以此来确定嫌疑人。我国先人在审理案件时,就能注意到这个问题,这在法医学史上是值得介绍的。

案例4 仇杀案

宋慈在《洗冤集录·疑难杂说上》中载,有一个农民叫他的外甥与邻人的儿子,携带锄头一同去开山种粟,过了两夜还不回家,即前往探望,见二人都死在山上。死者随身衣服都在,不像是谋财害命,遂报告县官,检验官员到达现场,见一尸躺在茅屋外面,颈椎骨已被砍断,头部和面部都有刀伤。另一尸躺在茅屋里面,其项左、枕右也有刀伤。在屋外者,大家看后都说先被杀死的;在屋内者,大家都说后来自杀的。官员们以两尸均有伤痕,别无财物缺失,定作两相拼杀而死。唯独有一个检验官员说:"我不以为然,若以常理来推测案情,可以认为两相拼杀死的。但是,乡民外甥与邻人儿子相处极好,不会互相残杀,且屋内尸体枕右的刀痕,甚为可疑,难道有自己用刀杀伤自己枕部的人?手不方便也。定有别故。"果然不到几天时间,逮捕到一个人,就是挟仇拼杀两人的凶手。县里的这个命案真相大白,遂报告州里,将凶犯处了死刑。

如果不这样办，这两个人的冤屈就永远没有归宿了。大凡两相拼杀而死的案件，对所有伤痕都无可疑，才能得出这样的结论。因此，对于检验工作，贵在精细专心，不可粗心大意，否则会造成错误。

述评：本例是"两相拼杀"还是"仇杀"的鉴别鉴定。大多数官员认为是"两相拼杀"，但有一个官员认为不排除"仇杀"。他从两个死者损伤情况、部位和所处位置等，以及案情了解，特别是"难道有自己用刀杀伤自己枕部的人？手不方便也。定有别故"的推论十分精彩。最后抓到真凶证明其判断。所以，宋慈说："对于检验工作，贵在精细专心，不可粗心大意，否则会造成错误。"该案，对现代法医学检验仍有指导意义！

案例 5　溺死检验

宋慈在《洗冤集录·疑难杂说上》中记载，甲乙二人同行，乙有随身衣服、财物，甲想夺为己有，于是唤他一同走，路过一条溪河，当走到中间时，甲就把乙按在水里淹死。这种尸体没有伤痕，怎样检验呢？先验死者瘦弱，十个指甲各暗黑色，指甲缝和鼻腔内各有泥沙，胸前部呈红色，口唇发绀，腹部膨胀。这就是乙身体瘦弱，所以被甲强行浸到水里淹死也。这种案件应该要查究甲作案时的原来情节，还须有赃物验证，才能万无一失。

述评：本例生前溺死没有疑问：十个指甲各暗黑色，指甲缝和鼻腔内各有泥沙，胸前部呈红色，口唇发绀，腹部膨胀。但死者是自己落水还是被人按在水里淹死，是关键所在。宋慈从甲强、乙弱两人对比、案情调查、财物被夺、物证检验，综合判断，乙系被甲强行浸到水里淹死。宋慈强调，这种案件应该要查究甲作案时的原来情节，还须有赃物验证，才能万无一失。

案例 6　晒镰案

宋慈《洗冤集录·疑难杂说下》记载，一具被杀死在路旁的尸体，检验官前往检验，起初怀疑是强盗杀死的，经检点随身衣服及财物，并没有短少，只是全身被镰刀砍伤十多处。检验官员说："强盗杀人的目的，只是为了抢劫财物，现在东西都在，而伤痕很多，不是仇杀是什么？"于是，招呼死者妻子问道："你丈夫向来和什么人结怨最深?"其妻回答说:"我丈夫向来与人没有冤仇,只是前几天有某甲来借债,没有借到,曾说过限定日期要钱,并没有很深的冤仇。"检验官员默记下某甲的住处,遂差遣多人分头告示某甲邻近居民:"各家所有镰刀,尽数拿出来,立即呈缴验看,如有隐藏不交的,必然是杀人凶手,一定要彻底究办。"不久,居民缴来镰刀七八十把,令按次排列在地上,时值大热天,飞来许多苍蝇,聚集在一把镰刀上。检验官员指着这把镰刀问是谁的,忽有一个人承认是他的,这个人就是借债未成限定日期要钱的某甲,当即逮捕讯问,该人不服罪。检验官员就指着那把镰刀叫他自己看,并且说:"别人镰刀上都没有苍蝇,而今你杀了人,镰刀上血腥气还在,所以苍蝇起落群聚,还能隐瞒得了么?"左右围观的人都失声叹服。那个杀人的凶手,只好叩头认罪。

述评:这一例讲了两个内容:一是案件定性,检验官认为强盗杀人的目的,只是为了抢劫财物,现在东西都在,而伤痕很多,因此给案件定性为仇杀。二是确定凶手,通过法医昆虫学原理,结合苍蝇喜血腥的习性,让居民缴来镰刀七八十把,按次排列在地上,时值大暑热天,飞来许多苍蝇,聚集在一把镰刀上。以此确定镰刀主人就是凶手。左右围观的人都失声叹服。那个杀人的凶手,只好叩头认罪。该例影响很大,利用法医昆虫学破案,开阔了法医学视野,促进了法医学发展。2001年美国两位学者迈克尔·巴登(Michael Baden)、马里恩·罗奇(Marion Roach)合著的《法医探案》①和美国HBO(家庭票房电视网)节目《验尸》(Autopsy)专门介绍了宋慈利用昆虫破案的历史故事。

案例7 龟胸案

宋慈《洗冤集录·疑难杂说下》记载,广西有一个凶徒,谋杀了一个童子,夺去了他随身所携带的东西,等到案发凶徒归案时,离行凶时间已久。凶犯已经招供,说是打劫后把他推入水中淹死的。经尉司打捞,在下游捞到一具尸体,可是皮肉已经烂尽,只剩下一副骷髅,无法辨认面貌和死因。此时,县官不免怀疑是否会有巧合,不敢擅自处理。于是,再次查阅案卷,发现最初检验官员曾讯问尸亲哥哥,其哥哥告知"弟弟生来是龟胸,且身体矮小。"了解这些情况后,县官就派官员专程前往复验,果然

---

① 巴登,罗奇.法医探案[M].冯速,范绪峰,译.海口:海南出版社,2008.

死者是龟胸且身材矮小，才敢判刑。

述评：本例是"凶犯已经招供"但"离行凶时间已久"，水中打捞尸体"皮肉已经烂尽，只剩下一副骷髅，无法辨认面貌和死因"的案件。按理该案处理不会出错，但县官还是查找根据，终于在案卷中找到最初检验官员记载死者哥哥说"弟弟生来是龟胸，且身体矮小"，并经实地调查，情况属实才敢审判。可见宋朝检验制度的严密。该例提到龟胸(也称"鸡胸")，是儿童时期严重缺钙引起的胸部畸形，具体地说，这是一种婴幼儿时期肋骨因缺钙引起胸部软化内陷而胸骨前凸的畸形，也叫佝偻病。宋慈利用这一特征，结合其他检验和供词、案情调查等做出科学判断，所以该例以死者"龟胸"特征作为个人识别的根据，有法医学意义。

案例 8　红光验尸

北宋时期沈括在其《梦溪笔谈》卷十一《官政》中有一段记载："以新赤油伞日中覆之，以水沃其尸，其迹必见。"沈括讲的是一个验尸官员检验的故事：太常博士李处厚，任卢州慎县知县，曾有殴人致死一案，李处厚前往验尸，各种方法都没有显出伤痕。有一老翁求见说："我是本县原先的书吏，知道验伤看不到痕迹时，可用赤油伞，在太阳光下覆盖，以水沃尸，伤痕就显出来了。"李处厚依照他说的办法，伤痕宛然显出。自此，江淮一带地区，均以"李处厚沃尸求迹证殴杀"为例，常用此法检验伤痕，后人总结为"红光验尸"。

述评：本例讲的是卢州慎县知县李处厚面对显不出伤痕的案件，在老仵作帮助下，"以新赤油伞日中覆之，以水沃其尸"最后见到伤痕的验尸故事。尸体的伤痕不易发现时，可在中午用新的红油伞罩在用水浇了的尸体上，则伤痕可见。这新的红油伞实际上起了滤光器的作用，尸体伤痕的青紫处，在红光下比在白光下看得清晰。用伞能验出尸体的伤痕？这里有着严密的物理学的依据。这是因为不透明物体的颜色，取决于它能反射哪种色光和用何种色光来照射它。而透明物体的颜色，是由这个物体所透过和反射的色光决定的。大多数透明体反射的色光跟透明的色光是相同的。当含有七种色光的太阳光照射红油伞时，除了红光能够通过以外，其他色光都被吸收了。皮肤下的瘀血一般都是青紫色的，在白光(复色光)照射下，不容易辨别出来。而在红光照射下，方会呈现出黑色来。红油伞在李处厚手里成了一个滤色镜，成为验伤破案的有用工具。死者生前损伤就在红油伞下展现，现代科学证明了红油伞吸收了阳光的部分射线，使当时的检验官员看到了他想看的事实。也就是说，红油伞相当于现在的滤光器，死者皮下出血一般呈红色，白光下看不清，但在滤光下却能显现。由于古代法医学限制于尸表检验，不能切开皮肤研究是否皮下出血，只能利用当时其他学科研究成果进行有效的实验以提高检验水平。宋慈在《洗冤集录》里也有类似记载，是用来检验生前骨折的骨质血荫，其方法基本一致。

案例9　火灾案

《折狱龟鉴》第二卷记载"程琳图火"说，程琳担任开封知府时，皇宫内发生火灾。经调查，现场发现有裁缝用的熨斗，宦官便主观认定火灾是由熨斗引起的，并将裁缝交开封府审讯结案。程琳认为此案疑点甚多，经过再次仔细勘察，发现后宫现场烧饭的灶比较靠近壁板，日子一久，壁板就变得干燥异常极易引起火灾，最终查清了起火原因。书中另有"钱冶取证"：钱冶在潮州海阳县令任上，遇州中有大姓家中起火，经查，发现火源来自邻居某家，便将其逮捕审讯。然某家喊冤不服。太守将此案交钱冶审理。钱冶发现引起火灾的一只木头床脚不是大姓家之物，却极像其仇家之物，便带人去仇家，将床脚进行了比对，有了物证事实，仇家便供认了纵火并栽赃的犯罪事实。

述评：《折狱龟鉴》的作者郑克还阐述了一种关于案情与求迹的理论。他指出：情即指案情真相，迹即指痕迹、物证与伤疤，"情迹论"强调的就是"重证据，轻口供"。这种理论是对自秦以来一直注重口供诉讼理论的新挑战。与"情迹论"理论有关的案例在《折狱龟鉴》中比比皆是。因此，我们说，郑克重视查情时所采用的方法，反对酷刑严打。他强调物证在破案过程中的重要作用，但也反对片面重视物证，他提出了"若词与情颇有冤枉，而迹与状稍涉疑似，岂可遂以为实哉？"主张情与迹应当兼用、互为参考，必要时也要各适所宜："夫事迹有时偶合，不可专用，当兼察其情理气貌。"郑克对于历代治狱之道，破案之术和定案之法，在理论上较之传统物证观念有所突破。这在残酷的刑讯逼供的封建制度里，向"重证据不轻信口供"的现代刑诉理论前跨一大步,是极为可贵的,至今仍有很大的借鉴意义。

案例10 邻妇伪证

张景补《疑狱集》卷七"邻妇证伪奸"载:宋景定年间(1260—1264),有福建张氏遣其女回归乡里。有一浪荡少年听说该女食品担子里有玻璃杯,就在头天晚上扮作妇女,随女伴窜入其家,想把它偷走。赶巧被捉住,挨了狠狠一顿揍。此后就寻机会报仇。有一邻妇曾帮助那女子淋浴,少年打听得那女子隐处有双痣相连。就自动向官府报告,说自己和那女子私通,并前后骗取了若干物件。官府审问该女,却不招认。这少年就指出该女隐处有双痣为证,该女羞得无话可答,命人检验,果然有双痣。即将断罪,事为邻妇所知,即赴官府说明是那少年从自己这里打听得双痣,少年这才伏罪。

述评:该案表明宋代在证据的采信方面是严格的,体现重证据不轻信口供的原则。即使检验结果证明某一事实存在,也相信存在这样结果的原因。本例"(报案)少年指出该女隐处有双痣为证,该女羞得无话可答,命人检验,果然有双痣","官府审问该女,却不招认"。在即将"断罪"时,"事为邻妇所知,即赴官府说明是那少年从自己这里打听得双痣"。这样,因果关系讲得通,"依因清楚",根据事实官府判少年有罪,真相大白,"少年伏罪"。

七、医事制度

宋代医学分科,医学分九科:大方脉(内科)、风科、小方脉(小儿科)、眼科、疮肿、产科、口齿兼咽喉科、金镞兼书禁科、折伤科。宋代设太医局翰林医馆院、熟药所、惠民局等。宋代常以诏令形式对医事进行管理。皇帝频繁的诏令使得医学的发展与皇帝个人的兴趣、爱好联系在一起,一旦中央疏于管理或皇帝短期内不予重视,医学的发展必将会受到影响。北宋皇帝重视医学,因而取得的成就也较大。南宋时期,皇帝的重视有所减弱,据《宋会要辑录·职官二二》记载,宋孝宗认为:"此辈(指医官)最无用,亦可省减。"于是,当时政府不仅罢废了北宋时期设立的一些医学机构,且采取过一项短视的医学措施即废除太医局,因而对医学教育和医官选任造成严重影响,不得不从民间大量招收"草泽医"。直至绍熙二年(1191)宋光宗又不得不下诏

277

重置。

八、对法医学有影响或贡献的人物

1. 窦仪

窦仪(914—966),字可象,蓟州渔阳(今天津蓟州区)人。后晋进士,历任后汉、后周朝官职。宋太祖时,任工部尚书,判大理寺事。建隆三年(962)修订法律,奉命主撰《建隆重定刑统》(即《宋刑统》)30 卷。《宋刑统》在内容上沿袭《唐律疏议》,但在律下分 213 门,律后附唐中期到宋初的敕、令、格、式。建隆四年(963)年八月谟印颁行,使其成为中国历史上首部刊版印行的法典。以后,宋朝出现《刑统疏》《刑统议》《申明刑统》都是对《宋刑统》的解释。《宋刑统》对检验官吏、检验请官、初检、复检、检复、免检、尸格、违制、觉举、检验不实或受财处罚等,都做了规定。特别对检验不实或延误检验等有严格规定,如:"诸尸应验而不验或受差过两时不发,以违制论。""诸有诈病及死伤受使检验不实者,各依所欺减一等。若实病死及伤不以实验者,以故入人罪论。""上条诈疾病者杖一百,检验不实同诈妄,减一等杖九十。""诸尸虽经验而系妄指他尸告论,致官司信凭推鞫,依诬告法。""不亲临视,以违制论。"此外,还为"他物伤""保辜""堕胎""律云伤"(见血为伤)等下定义。应该肯定,宋朝的严密法律规定,给法医学发展奠定了法律基础,也给宋朝检验书籍的出现,特别是宋慈《洗冤集录》的问世提供了条件。

2. 李昉

李昉(925—996),字明远,深州饶阳(今河北饶阳)人,宋代著名学者。以荫补斋郎,选授太子校书。后汉乾祐(948—950)中,举进士。官至右拾遗、集贤殿修撰。后周时任集贤殿直学士、翰林学士。宋初为中书舍人。宋太宗时任参知政事、平章事。雍熙元年(984)加中书侍郎。他的主要功绩是主编了三部巨著《太平御览》《文苑英华》《太平广记》。《太平御览》的版本有十二种之多。旧时藏书家所称的北宋刊本,据今人考证即南宋闽刊本。李昉对法医学的贡献是他主编的《太平御览》中有关于年龄与牙齿关系的记载:"男子八岁生齿,八岁而龀,十有六而化;女子七岁生齿,七岁而龀,十有四而化。"

3. 杨介

杨介，北宋泗州(今安徽盱眙)人。自幼聪明，举孝廉不就，立志学医，悬壶济世，成为一代名医。据文献《盱眙旧志辑要》记载，杨介虽不是皇家御医，却给皇上看病。崇宁年间(1102—1106)泗州处决犯人，郡守李夷行遣医生及画工解剖胸腹，察验脏腑，并且绘制成图。杨介取此图参校古书，又取烟萝子所画，整理订正益以十二经图，北宋政和三年(1113)撰成《存真环中图》(又名《存真图》)一卷。据文献记载，此图内容有食道、胸腹腔、内脏、血管、横膈膜等各图，并有详细文字说明。原书已佚，但元代孙焕《重刻玄门脉识内照图》保存了杨介编绘的图谱，如内脏(正背面)肺侧图，心气图，气海膈膜图，命门大小肠膀胱图。对我国古代人体解剖学做出了一定的贡献。另据宋史记载，这位传奇名医有《四时伤寒从病论》6卷，可惜这书也已佚。明代李时珍在《本草纲目》中介绍杨介、张耒。张耒字文潜，江苏淮安人，北宋著名诗人，"苏门四学士"之一，时任泗州临淮主簿。杨介是张耒的外甥。舅甥间过从甚密。张耒不仅器重这位贤甥的医名，而且常以诗词相赠，所以，杨介医名远播与当时的文人骚客的诗词文章不无关系。

4. 韩亿

韩亿(972—1044)，字宗魏，他的祖先是真定灵寿人，后来迁徙到开封的雍丘。真宗咸平五年(1002)进士，知亳州永城县。景德二年(1005)通判陈、郓、许诸州。大中祥符三年(1010)迁知洋州。又知相州。入为侍御史，除河北转运使。仁宗天圣二年(1024)知青州。仁宗天圣三年(1025)判大理寺。在任永城县令时，以精于断案著称，其他县邑不能决断的案子，郡守皇甫选就嘱托韩亿决断。郑克《折狱龟鉴》第六卷记载了"韩亿示医"案：地方豪强李甲，兄死后他逼迫嫂子改嫁，就诬称她的孩子是别人的孩子，以图霸占她的财物。嫂告官，李甲就贿赂官吏拷打嫂子使她屈服，拖了十几年，他嫂子不断上诉。韩亿把李甲召来并把孩子的乳医①找来给李甲看，冤案于是得到断明。郑克有专门评论："推事有两，一察情，一据证。固当兼用之也。然证有难凭

---

① 乳医，出《汉书》。汉指接生员，俗称稳婆。这里即指当年给小孩接生的稳婆及医案。

者,则不若察情,可以中其肺腑之隐;情有难见者,则不若据证,可以屈其口舌之争。两者迭用,各适所宜也。彼诬其子为他姓者,所引之证,想亦非一,独未尝引乳医,则其情可见矣。故尽召其党,以乳医示之,既有以中其肺腑之隐,又有以屈其口舌之争,则众无以为辞,而冤遂辨,不亦宜乎!"

5. 钱惟济

钱惟济(978—1033),字岩夫,钱塘(今浙江杭州)人。宋朝统一全国时,吴越国主动归顺。宋朝廷对吴越国王钱俶及其几个儿子优待。钱惟济是钱俶的第九子,在宋朝担任地方官员。真宗时留后知绛潞二州(留后为唐以后的节度使子弟头衔,绛州为今山西新绛)。仁宗即位,知定州(今河北保定),累迁武昌军节度观察留后,知澶州(今河南濮阳),复知定州。明道元年(1032)十二月卒①,年五十五。谥宣惠。有《玉季集》20卷。《宋史》卷四八有其传。《折狱龟鉴》记载了"钱惟济明察自伤诬人案"的原委:钱惟济留后担任绛州知州时,有个老百姓正在桑园采摘桑叶,强盗进园抢夺,但没有得手,就用刀把自己的手臂砍伤,诬陷是这个老百姓想杀死他而把他砍伤了。官府一时也没办法分辨清楚。钱惟济知道这个案子后,就派人把他们两人传来询问,并当面给他们吃食。见强盗以左手拿筷子和调羹,于是钱惟济就对他说:如果别人用刀砍伤你的手臂,伤痕应是进刀重、出刀轻。现在你的创口却是进刀轻、出刀重,这正是你自己用左手砍伤右臂的。诬陷者无言可答,只好服罪。这个案件中的钱惟济正是通过细心观察,根据自伤形成的规律,得出强盗自伤诬人的结论。

6. 张咏

张咏(946—1014),字复之,宋代濮州鄄城(今山东鄄城)人,知江宁(今江苏南京),官至工部尚书。张咏自幼刚强自信,不拘小节,好为奇计,自号乖崖,取"乖则违众,崖不利物"之意。为官后体察民情,关心百姓疾苦,秉公断案,深受百姓敬仰。1002年,张咏治蜀政绩突出,宋真宗对张咏说:"得卿在蜀,朕无西顾之忧也。"1014年卒,赠右仆射,谥号忠定,著有《乖崖文集》10卷。桂万荣撰《棠阴比事》以"乖崖察牒"介绍了张咏断案:"张尚书知江宁,有僧呈牒出凭,公据案熟视久之,判司理院

---

① 据《续资治通鉴长编》卷一百十一。

勘杀人贼。郡寮不晓其故，公乃召僧问披剃几年，对曰：七年。又曰：何故额有巾痕？即首伏。乃一民与僧同行道中杀之，以其祠部自剃为僧。"这个案例讲张咏善于观察和联想。古人头上系有头巾，时久即形成压迹印痕，和尚光头不系巾，没有头巾压痕，张咏发现该人额上有明显压迹，断定他不是和尚，而是假扮和尚。该人与僧人同行，路上杀之，取之戒牒袈裟，自己剃除须发，假装成僧人，企图蒙混过关。因头上有头巾压痕，被张咏识破，讯之果然。

7. 欧阳修

欧阳修（1007—1073），字永叔，号醉翁，又号六一居士，自称庐陵，吉安永丰（今江西永丰）人。仁宗时，累擢知制诰、翰林学士；英宗时，官至枢密副使、参知政事；神宗朝，迁兵部尚书，以太子少师致仕。参与纂写《新唐书》《五代史》，代表作为《醉翁亭记》《秋声赋》。谥号文忠，世称欧阳文忠公，北宋的文学家、史学家。欧阳修对法医学是有贡献的，他为朝廷刑部都官郎中欧阳晔写墓志时，记载了一个法医案件：欧阳晔为端州（今广东肇庆）知州。其治下有一起拖延不决的疑案：有一些农民在争夺渔船时发生斗殴，结果打死了一个人。由于当时场面很混乱，谁也说不清是谁把那个农民打死的。这些嫌疑人长期被关押在监狱里。欧阳晔召集了这些在押的嫌疑人，让他们在衙门的空场上集合，命令给他们脱去种种戒具，使他们的身体能够自由活动，请他们吃饭。吃完了饭，欧阳晔就下令把他们都带回监狱去。只留下了一个人，欧阳晔把他带到后堂，也不说话，只是盯住他看，那人心里惊慌，神色不宁，欧阳晔突然说："杀人的就是你吧！"那人仍然不肯承认，强辩道："凭什么说是我杀的人？"欧阳晔说："我看见所有的人都是使用右手拿筷子吃饭，只有你一个是用左手的。那个死者的致命伤是在右肋部位，这只有习惯用左手的人才会在这个部位造成这样的伤痕，所以这就是你杀人的明证。"那个人不由得流着眼泪说："人确实是我杀的，不敢再连累其他人。"该案后来收入桂万荣的《棠阴比事》中，取名"欧阳左手"。

8. 元绛

据《宋史》记载，元绛（1008—1083），字厥之，南城（今江西黎川）人，移居钱塘（今浙江杭州）。从小聪颖好学，5岁时便能作诗，9岁时拜见荆南（今湖北江陵）太守，太守试以三题，并将其文章呈进于朝。天圣八年（1030）进士及第。初授江宁推官，摄上元令（今江苏江宁）。当地有一豪强王豹子，欺男霸女，横行乡里。元绛不惧豪绅，依法将其捕获，予以斩首。元绛善于断案，有一妇人状告邻居与其夫嗜酒争吵，乘黑入室砍断其夫脚。元绛见该妇哭而不哀，言其夜与夫同眠却衣裙无血污，该妇回去后与一僧私语谈笑，即令捕回妇、僧，审出实为奸情杀夫。安抚使范仲淹将其调任永新知县，后改任通州海门县（今江苏启东）。后升江西转运判官、知台州（今浙江台州），转为度支判官。皇祐四年（1052）为广东转运使，迁工部郎中，历两浙、河北转运使，召拜盐铁副使，擢天章阁待制、知福州，进龙图阁直学士，调广、越、荆南，为翰林学士，知开封府。熙宁八年（1075）十二月，自翰林学士兼侍读学士、判太常寺兼群牧使、工部侍郎拜参知政事。著有《玉堂集》《全宋词》《宋诗纪事》等。元绛对法医学也有贡献，他根据和凝及其子和㠓《疑狱集》四卷，结合自己检验经历，著成元绛《谳狱集》。同时期的还有王噗（字子融，太原人）著成《续疑狱集》，说明宋代重视检验断案。

9. 李处厚

李处厚，大约生于大中祥符三年（1010），福建连江县崇礼铺上林街人，庆历二年（1042）进士。李处厚是最早使用"红光验尸"的检验官吏。我国古代法律不允许尸体解剖，"红光验尸"查验伤痕因此成为重要的古代法医检验手段。沈括《梦溪笔谈》记载了太常博士李处厚根据老书吏的方法，通过"红光验尸"发现了尸体的伤痕。[①] 以后江淮一带地方，处理这类案件常常使用这种方法。

10. 司马光

司马光（1019—1086），初字公实，更字君实，号迂夫，晚号迂叟，陕州夏县（今属山西夏县）涑水乡人，世称涑水先生。宋仁宗宝元元年（1038）中进士甲科，在华州（今陕西华县）担任地方官。初任奉礼郎、大理评事一类小官，后入京为馆阁校勘，同知礼院，至和元年（1054），随庞籍到并州（今山西太原）为官，后改并州通判。宋仁宗末年任天章阁待制兼侍讲同知谏院。嘉祐六年（1061）迁起居舍人同知谏院。司马光是北宋政治家、文学家、史学家，历仕仁宗、英宗、神宗、哲宗四朝，卒赠太师、温国公，

---

① 详本书第275页"红光验尸"。

谥文正。司马光为人温良谦恭、刚正不阿，其人格堪称儒学教化下的典范，历来受人景仰，他主持编纂了中国历史上第一部编年体通史《资治通鉴》。司马光这部书卷帙浩繁，多达二百九十四卷，记述自战国至五代时期长达一千三百多年的历史。司马光一生著述丰富，除了《资治通鉴》外，还有《资治通鉴考异》《资治通鉴目录》《通鉴举要历》《通鉴节文》《稽古录》《涑水记闻》等。《涑水记闻》是司马光的重要著作之一。《涑水记闻》又名《司马温公记闻》，是一部笔记体史书。其中卷十四记载："李南公知长沙县，有斗者甲强乙弱，各有青赤。南公召使前，以指捏之，乙真甲伪也。诘之果服。盖南方有榉柳，以叶涂肤则青赤如殴伤者。剥其皮横置肤上，以火熨之，则如棒伤者，水洗不落。南公曰：'殴伤者，血聚而硬，殴伪者不然，故知之。'"桂万荣《棠阴比事》、郑克《折狱龟鉴》都记载该案。①

11. 沈括

沈括（1031—1095），字存中，号梦溪丈人，杭州钱塘（今浙江杭州）人。1岁时南迁至福建的武夷山、建阳一带，后隐居于福建的尤溪一带。仁宗嘉祐八年（1063）进士。神宗时参与王安石变法运动。熙宁五年（1072）提举司天监，次年赴两浙考察水利、差役。熙宁八年（1075）出使辽国。次年任翰林学士，权三司使，整顿陕西盐政。后知延州（今陕西延安）。永乐晚年在镇江梦溪园撰写了《梦溪笔谈》。

沈括非常博学多才、成就显著，是我国历史上最卓越的科学家之一。他博学善文，对方志律历、音乐、医药、卜算等无所不精。在《梦溪笔谈》中有"红光验伤"记载。②该记载与《玉匣记》中几乎相同，两者之间的主要差异就在一个字上，前者为"糟或"，后者为"糟藏"。沈括在《梦溪笔谈》中还记述说自己的表兄李善胜曾经和几个同辈人炼朱砂做丹药，经过了一年多，在取出朱砂淘洗准备再放入炼丹炉中烧炼时，由于不小心丢下一块，他们的徒弟把它团成丸吃了，于是就昏迷不醒，一夜就死了。沈括说，朱砂本是很好的药，初生的婴儿也可以服用，因经过火炼发生了变化，就能毒死人。变化是相对的，既然能发生变化成为有毒的东西，难道就不能变化而成为大有好处的

---

① 详本书第271页"李公验榉"。
② 详本书第275页。

东西吗？沈括还在《暴雷》一文中介绍了雷击的情况。在《奇疾》中还有"又有一人家妾，视直物皆曲，弓弦界尺之类，视之皆如钩"这样的奇事记载。

12. 程颢

程颢(1032—1085)，字伯淳，人称明道先生，原籍河南洛阳，生于湖北黄陂。北宋嘉祐二年(1057)举进士后，历官鄠县主簿、上元县主簿、泽州晋城令、太子中允、监察御史、监汝州酒税、镇宁军节度判官、宗宁寺丞等职。宋神宗熙宁年间(1068—1077)担任监察御史。他在任山西晋城县令时，曾以寥寥数语破了一件讹诈案。郑克《折狱龟鉴》以"程颢校年"介绍此案："程颢察院知泽州晋城县时，有富民张氏子，其父死未几，晨起有老父在门，曰：'我汝父也，来就汝居。'具陈其由。张氏子惊疑莫测，相与诣县，请辨之。老父曰：'业医，远出治疾，妻生子，贫不能养，以与张氏。某年月日某人抱去，某人见之。'颢谓：'岁月久矣，尔何说之详也？'老父曰：'某归而知之，书于药法册后。'因怀中取册以进，其记曰：'某年月日，某人抱儿与张三翁。'颢问张氏子：'尔年几何？'曰：'三十六。''尔父在年几何？'曰：'七十六。'谓老父曰：'是子之生，其父年四十，人已谓之三翁乎？'老父惊骇服罪。"郑克评论说："凡为巧诈，必有缺漏，推核已至，奸欺自露。如检户借以视孤女所冒之非，校年齿以验老父所记之妄，皆此术也。唯尽心者，则能之耳。"

13. 贾昌龄

贾昌龄，北宋时期人，初为饶州浮梁尉，北宋仁宗康定元年(1040)从湖南潭州调任知广州军事，官至少卿。贾昌龄对法医学的贡献是他能通过观察伤情、分析案情，探讨法医学问题。据郑克《折狱龟鉴》记载"贾昌龄少卿，初为饶州浮梁尉。其俗轻死，与人有怨，往往先食野葛，以诬怨者。昌龄辄能辨究之，与臻问伤类矣。是皆深察者也。"这里"臻问伤"即"王臻问伤"的案件："王臻谏议知福州时，闽人欲报仇，或先食野葛而后斗，即死其家，遂诬告之。臻问：'所伤果致命耶？'吏持验状曰：'伤无甚也。'臻以为疑，反讯告者，乃得其实。"这里的葛，指野葛，又名冶葛、钩吻、胡蔓草、断肠草等，常绿灌木，夏季开花，全株有毒，其中以幼叶、根的毒性最强，不得药解，半日辄死。

14. 章频

据《宋史·列传第六十·章频》：章频，字简之，建州浦城(今福建南平浦城)人，北宋仁宗(1023—1063年在位)为官。与弟频皆以进士试礼部预选，会诏兄弟毋并举，频即推其弟，弃去。后六年，乃擢第。自试秘书省校书郎，知南昌县，改大理寺丞，知九陇县，迁殿中丞，知长洲县，知宣州，改殿中侍御史，迁侍御史，累迁刑部郎中。北宋仁宗时，出使契丹，因辽地幅员辽阔，冬天寒冷，章频又是南方人不适应，加之一路奔波辛劳，突然发病死在辽地。辽人敬重章频才华，但没有棺材，只好把尸体用车拉到宋境才入殓。后来辽国立了一个规矩：平时备好棺材，每当宋使至辽，就派车拉着随行。章频非常有才华，办案干练，思路敏捷，经常受邀解决成年旧案。郑克的《折狱龟鉴》以"章频验券"为名①介绍了他办的印章检验案件："侍御史章频知彭州九陇县时，有眉州大姓孙延世为伪契夺族人田，久不能辨。运使委频验治，频曰：券墨浮朱上，决先盗用印而后书之。既引伏，狱未上，而其家人复诉于转运，更命知华阳县黄梦松覆案，亦无所异。章用是召为御史。"这个案件关键是仔细观察和辨别，最后以"券墨浮朱上"，判断为"先盗用印而后书之"，经复查又肯定章频的结论而结案。

15. 余良肱

余良肱，原名贯，字康臣，洪州分宁(今江西修水)人。仁宗天圣二年(1024)进士②，调荆南司理参军。历知虔、明、润、宣诸州，累迁光禄卿。卒年八十一。《宋史·传第九十二》载，余良肱在进士及第后初次为官，就在复检尸体时从致命伤痕发现疑点，抓获真凶，显示出过人的才干。他当时担任荆湖南路(今湖南长沙)的司理参军。下属的一个县里上报了一个杀人案件，说是已经捕获罪犯，罪犯也已认罪，请求结案，并执行死刑。余良肱仔细阅读了卷宗，并参与了尸体的复检，对致命伤口进行了仔细研究。他把尸体上伤口与凶器对比时，发现问题，因此对此判决产生了很大怀疑。他说："难道会有刀刃长一尺多，而造成的伤口却连一寸大小都没有的事情？"于是提出暂时搁置这个案件，由他亲自组织，重新展开侦查，果然在不久后就抓获了真正的罪

---

① 桂万荣《棠阴比事》以"章辨朱墨"为名。
② 《江西通志》卷四九。

犯。原来,县衙门上报案件的那个"罪犯"是屈打成招的。该案属致伤物认定的法医学鉴定问题,同时也是通过致命死因认定进而推定罪犯问题,所以尤为重要。

16. 晁公武

晁公武,字子止,澶州清丰(今山东巨野)人,宋高宗绍兴十四年(1144)前后在世。南宋时著名目录学家,自幼喜读群书,宋高宗绍兴二年(1132)举进士第,初为四川总领财赋司,办事有才干。绍兴时,为荣州守。乾道中,以敷文阁直学士为临安府少尹,有良吏之目,官累礼部侍郎。晁公武著有《昭德文集》60卷,《郡斋读书志》20卷,文多散佚,存于今者唯《郡斋读书志》。《郡斋读书志》是我国现存最早的、具有提要内容的私藏书目,对于后世目录学影响极大。该书收入的图书达1492部,基本上包括了宋代以前各类重要典籍,尤以搜罗唐代和北宋时期的典籍最为完备。这些典籍至今不少已亡佚和残缺,后世可据书目的提要而窥其大略。全书分为经、史、子、集四部,部又分45小类;书有总序,部有大序,多数小类前有小序;每书有解题,从而形成了一个严谨完备的体系。晁公武的提要不仅翔实有据,而且注重考订,内容详略得当。其介绍作者生平、成书原委、学术渊源及有关典章制度、轶闻掌故,皆能引用唐宋实录、宋朝国史、登科记及有关史传目录,并详加考证。这些材料许多今已失传,因此晁公武所撰提要内容,很多具有较高史料价值。晁公武《郡斋读书志》引用郑克《折狱龟鉴》部分案例,使更多人了解检验及其作用,影响较大。

17. 杨延龄

杨延龄为山阴尉,隰州司户,移宰常州武进。以朝奉郎致仕。杨延龄作有《杨公笔录》一卷,《四库全书总目提要》指出世传之"三光日月星""四诗风雅颂"巧封,即见此书中。吴讷《棠阴比事附录》中曾介绍"杨公明慎"或"提举辨明"的案件。这里"杨公"指谁,吴讷只说"宋提举杨某",但有交代"宋提举杨某为越录事参军"。"越",指吴越,即指今江浙一带。"录事参军"为官名,宋置,亦称录事参军事,为王、公、将军的属员,掌总录众曹文簿。"提举"原意是"管理",宋代设主管专门事务的职官,即以"提举"命名。吴讷介绍宋提举,就表明杨提举是宋代人。因杨延龄曾于宋神宗时期在扬州、常州、武进一带任"司户"(即司户参军),所以,杨延龄有可能就是吴讷所指"越录事参军宋提举杨某"。吴讷《棠阴比事附录》介绍"提举辨明"案说:"明慎如杨公,可不仪式乎?宋提举杨某为越录事参军,其守治盗严,凡保内捕贼不获,则被盗物责保长偿之。有一人家被盗,持杖追击仆地,执送保长。保长苦之,乃即械系解官,间盗死,郡因治保长,制死狱具。后公阅状,云左肋下致命一痕,长寸二分,中有白路,必背后追击,是其死非因保长制缚也。狱吏争案已成,公不听。即追诘原捕贼者,果得其情,索致杖首有裂,证益明。乃引法止坐保长杖罪,免死。"这就是中国古代法医学著名的"竹打中空"的出处,是棍棒伤皮下出血中央有一条白色的痕迹(中有白路)的法医学研究,很有价值。

18. 马宗元

马宗元,宋朝末年人,进士,自小就智慧过人。考中进士后被朝廷封以"待制学士"。马宗元之所以为世人所知,是因为他曾机智地利用当时的法律制度,挽救了父亲的性命。《折狱龟鉴》第四卷记载了这样一个故事:"马宗元待制少时,父麟殴人,被系守辜,而伤者死,将抵法。宗元推所殴时,在限外四刻,因诉于郡,得原父罪。由是知名。按:辜限计日,而日以百刻计之。死在限外者,不坐殴杀之罪,而坐殴伤之罪。法无久近之异也,虽止四刻,亦是限外。有司议法,自当如此,不必因其子诉而后得原也。苟为卤莽,或致枉滥,则能诉者亦可称矣。"从这个故事里可以看出正是因为有了保辜制度才使得马宗元为自己的父亲翻案成功,撤销了死刑,捡回一条性命。

保辜制度是中国古代刑法的一种独特的法律制度,其基本内容是殴人致伤后,规定一定的期限,视期限届满时的伤情,再定罪量刑。如果被害人在受伤后保辜期限内死亡,即认为殴伤是死亡的直接原因,对加害人应以杀人论。如果被害人在受伤后法定的保辜期限外死亡,即认为殴伤与死亡没有直接因果关系,对加害人应以殴伤论。它始创于西周,经历朝历代发展逐步完备,并为后代刑律所沿袭。保辜制度完备入律则是从唐律开始。如《唐律疏议·斗讼》规定:"诸保辜者,手足殴伤人,限十日;以他物殴伤人者,二十日;以刃及汤火者,三十日;折、跌肢体及破首者,五十日。限内死者各依杀人论。其在限外及虽在限内以他故死者,各依本殴伤法。"之后的宋、元、明、清各代法典中对保辜制度的进一步规定都是以唐律中的保辜制度为基础的。保辜制度起源于西周"明德慎罚"思想。保辜制度也是儒家"无讼"思想的体现。《论语·颜渊》中孔子说:"听讼,吾犹人也,必也使无讼乎。"保辜制度对被害人采取积极的救助措施,达到保护被害人安危和给予加害人主动悔过争取减刑机会的目的,从而减少诉讼。

19. 郑克

郑克,字克明,开封人,南宋官吏。宣和六年(1124)进士。南宋初历官登仕郎、建康府上元县尉和承直郎、湖州提刑司干办官,他以五代时和凝父子所著的《疑狱集》为基础,分类增补,附以评论,撰成《折狱龟鉴》,又名《决狱龟鉴》。该书是中国现存最早的狱讼案例选编,分释冤、辩诬、鞫情、议罪、省过、惩恶、察奸、核奸、察贼、迹贼、严明、矜谨等20门,辑录了上自春秋、战国,下至北宋大观、政和年间有关平反冤案、断狱量刑的案例270余条,390余事,并以按语的形式对其中大部分案例进行了分析和考辨。该书较为系统地总结了前人在案件的侦破、检验、审讯、判决和平反等方面积累的正反两方面的历史经验,至今仍有一定的借鉴意义。该书取材广博,除正史、实录外,还采摭各种文集和笔记小说等,其中不少原著早已亡佚,还有一些与今传本有重要差异,对今天研究和整理古文献也有一定的参考价值。郑克《折狱龟鉴》讲检验官员的品德与才能、诉讼断狱的经验与技巧。郑克认为,检验官员既要有仁恕矜谨、勇于为义、尽心不苟的品德,又要具备明辨深察、博闻广见、妥善处事的才能。郑克《折狱龟鉴》从诉讼、侦查、审理到判决都有经验可供后人借鉴。《折狱龟鉴》虽然是在五代和凝父子的《疑狱集》的基础上而成,但郑克"复采摭旧文,广增条目,附益宋事,每条又加以论断、评述",故成书之后,历南宋、元、明、清四朝八百多年,广为流传,为世人所重,影响久远。就是在今天,书中所阐明的有些基本经验和方法,对侦破、审判、察伤、辨诬、决疑等司法实际工作也并不丧失其参考价值。

20. 桂万荣

桂万荣,字梦协,世称石坡先生,浙江慈溪人,南宋法医学家。庆元二年(1196)进士,官至朝散大夫。历任余干县尉、建康司理参军,以知常德府致仕。石坡书院是桂万荣告老还乡时的读书处(现在的小汤山之麓),故又称石坡先生。桂万荣在石坡书

第四章 宋代的法医学与社会治理关系研究

院讲学时，曾辑录古籍中有助于折狱之事，根据和凝、和㠓《疑狱集》和郑克《折狱龟鉴》两书内的事例，用四字韵文写成《棠阴比事》一卷，1213年刊行。《棠阴比事》计72韵，144条，是中国古代的一部案例汇编，其中有一些案例涉及法医鉴定的内容，包括案情分析和实验方法。《棠阴比事》是继五代时的《疑狱集》与宋代郑克编撰的《折狱龟鉴》之后，又一部记述诉讼活动的书籍。据他在《棠阴比事后序》中所署的职衔，是"朝散大夫、新除直宝章阁、知常德府"，时间是南宋理宗端平元年，即1234年。成书的时间，据他在《棠阴比事序》中说，是"岁在重光协洽"，这是指辛未之岁，也就是南宋宁宗嘉定四年，即1211年。

关于《棠阴比事》的命名，"棠阴"即"棠荫"，系取自《诗经·召南·甘棠》。其诗三章，每章三句，是一首赞美召伯听讼的诗。甘棠，即杜梨，又名棠梨，叶圆而有尖，花呈水红色，果实扁圆而小，累累枝头，味酸甜。因为甘棠枝干高大，所以古代常在社前种植，称为社木。古代的社，是听讼断案的场所，也是敬奉大地之神与五谷之神的地方，因此又称社稷。传说召伯曾在社前的甘棠树荫之下听讼断案，公正无私，人们爱戴他，便唱这首《甘棠》，表示要爱护社前的树木，用来寄托对召伯的怀念。"比事"二字，据桂氏在《序》中说，是"比事属词"的意思，也就是排比事类，连缀文辞的意思。桂万荣在石坡书院讲学，又在石坡书院著书，不难理解，桂万荣把石坡书院作为听讼断案的场所，而书名也由此而来。

桂万荣先祖即晋时汤山的官奴镇营兵桂氏。因该桂氏曾救过刘裕一命有功，刘裕为宋武帝时，便解脱了他家的"世代官奴"身份①。桂万荣考取进士后为官从政一路顺利，年老归里，创办书院。桂万荣没有对社会不满，只有报恩。故，桂万荣著《棠阴比事》，正如其序言所说，是"尽心于一成不可变者，公其有焉"，"上体历代钦恤之意，下究诸公编剧之心"。也就是说，桂万荣是学习召伯听讼为社稷公正断狱造福后人而作《棠阴比事》。值得一提的是，《棠阴比事》中反映侦破智慧的案例十分突出，如"彦超虚盗""道让诈囚""柳设榜牒""杨津获绢""裴命急吐"等。《棠阴比事》叙述简明扼要，又便于记诵。《棠阴比事》于明英宗正统三年（1438）先后传入朝鲜和日

---

① 这是秦始皇时在山阴郡的"世代为奴"的一种遗制。

289

本。桂万荣死后葬相山塔岭。

21. 郑兴裔

郑兴裔(1126—1199),初名兴宗,字光宗,又字光锡,南宋开封人。郑兴裔后历浙东、浙西、江东提刑,官终知明州兼沿海制置使。谥忠肃。郑兴裔乾道初,为江东路钤辖,徙福建路兵马钤辖,即福建路提刑,以所属州县吏员玩忽职守,检验法久废,遂著《检验格目》,分发属县,使吏不得行奸。孝宗淳熙元年(1174),南宋全国颁布提点刑狱郑兴裔《检验格目》。《检验格目》列有详细具体的检验步骤、检验要点、注意事项。宁宗嘉定四年(1211),宋朝又印制了"检验正背人形图",方便了检验工作。宋慈在《洗冤集录》中专门介绍郑兴裔著《检验格目》及其对检验的帮助,这也是郑兴裔对法医学的一个贡献,而郑兴裔所著《检验格目》也成为我国古代法医学尸表验伤、验尸登记备案的一个特色。郑兴裔的《验尸格目》内,还设有报案的年月日时、请官时日、受请时日、到达尸场时日、检验官驻地与尸场里程等栏目,以备填报和追究责任。

22. 陈振孙

陈振孙,字伯玉,号直斋。南宋藏书家、目录学家。少壮时期受到书香熏染,勤于学习。嘉定(1208—1224)末年,提升到江西南城的县官,并开始收藏图书。1217—1224年间,任兴化(今福建莆田)军通判。以后又在浙江做了两任地方官,1238年到临安(今杭州)做了国子监的司业。这时他成了藏书家,图书目录的经验和知识也已经很丰富,开始了他的《直斋书录解题》的编写工作。他创立了书目使用解题和记载版本资料的先例,对古代目录学做出了重大贡献。《直斋书录解题》的学术价值,可与《郡斋读书志》相媲美,它们被誉为古代私家书目的"双璧"。全目共著录图书3039种51180卷,这个数量大大超过了宋代及以前的私人藏书,而且可与当时的官府藏书相比。书录的另一个突出特点是沿用了旧的类目,但又设立了语孟、诏令、法令、时令、音乐等新的类目,这些类目大多被宋以后的公私目录所仿效。陈振孙介绍自己的《直斋书录解题》参考了郑克《折狱龟鉴》并引用其中部分案例和写作方法。由于陈振孙学术的影响力和读者群体,使《折狱龟鉴》向更广范围传播。

23. 徐似道

徐似道,字渊子,号竹隐,黄岩上珙(今浙江温岭)人,乾道二年(1166)进士,八年(1172),任吴县尉。庆元五年(1199),主管官告院。开禧元年(1205),迁礼部员外郎、秘书少监、起居舍人。嘉定二年(1209),任江西提刑。曾权直学士院。任职期间,以廉洁有才干闻名于世。任江西提刑时,有感于验尸无据可依,以致奸吏指轻作重,以有为无,造成许多冤狱,遂著《检验正背人形图》。《检验正背人形图》规定检验官验尸,应于伤损处当众唱喝伤痕,众无异词后,再记录在案,作判案凭据。此验尸规则经朝廷颁行。

徐似道是位诗人,善工诗词,韵度清雅,著《竹隐集》11卷。陆游曾诗赞曰:"徐乡赤诚古仙子,十年四海推才华。"

24. 张声道

张声道(1150—1220),字声之,世居陶峰(今浙江瑞安陶山镇)。南宋淳熙十一年(1184)进士,历官朝请郎、知永州军事、湖南提刑、莆田知府等职。张声道在《经验方》中有救死一方,说杀伤而气未绝者,取葱白炒热,遍敷伤处,继而呻吟,再易葱,而伤者无痛矣。发现葱白之妙用,活人甚多。该方被记载在宋慈《洗冤集录·救死方》中:"定验两处杀伤,气偶未绝,亟令保甲,各取葱白热锅炒熟,遍敷伤处。继而呻吟,再易葱,而伤者无痛矣。曾以语乐平知县鲍。及再会,鲍曰:葱白甚妙,乐平人好斗,多伤。每有杀伤公事,未暇诘问,先将葱白敷伤损处,活人甚多,大辟为之减少。出张声道《经验方》。"

25. 宋慈

宋慈(1186—1249),中国古代法医学家,被公认为世界法医学奠基人。字惠父,号自牧,福建建阳人。宋宁宗嘉定十年(1217)宋慈中进士乙科,被派去浙江鄞县任尉官,因父丧而未赴任。理宗宝庆二年(1226)宋慈出任江西信丰县主簿。绍定四年(1231)任福建长汀县知县。嘉熙元年(1237)任福建邵武军(今邵武)通判。嘉熙二年(1238)任福建南剑州(今南平)通判。嘉熙三年(1239)任广东提点刑狱(提刑)。嘉熙四年(1240)任江西提点刑狱兼知赣州。淳祐元年(1241)任浙西路常州军事。淳祐七年(1247)直秘阁学士任湖南提点刑狱并兼大使行府参议官。淳祐八年(1248)任宝谟阁学士奉使四路皆司臬事。淳祐九年(1249)任焕章阁学士知广州、任广东经略安抚使。宋慈撰写的《洗冤集录》刊于淳祐七年(1247),是世界上最早的系统法医学著作,全书共5卷53条,涉及了现代法医学的重要领域。它比意大利人菲得利写成于1602年的同类著作早350多年。

宋慈对法医学的贡献主要体现在宋慈的检验思维和方法上:一是从法律角度理解法医学。现代法医鉴定定义为应用法医学专门知识解决法律问题,或者叫"应用说"。宋慈则认为检验是"洗冤泽物"。也就是说,宋慈强调"洗冤说"或鉴定的"目的说"。宋慈从法律层面给法医学下定义,是他对法医学的深刻理解。二是制定法医准则。宋慈说,"诸尸应验而不验、受差过两时不发、不亲临视、不定要害致死之因、定而不当"是法律规定对法医的处罚范畴,也是法医准则。宋慈认为"诸尸应验而不验",把新鲜尸体说成"坏烂尸体"而不验,这是说谎;"受差过两时不发",这是欺骗;"不亲临视"就出报告,这是隐瞒;"不定要害致死之因",这是业不精;"定而不当",把伪装自缢说成他勒等,使得无辜人入狱,被"视作诬告"。宋慈的法医准则,就是始于"不说谎、不欺骗、不隐瞒、求业精、不诬告"。这就是对法律的敬畏精神。三是躬亲问案。宋慈亲自"问"官员、老百姓、报案人,"问之又问""审之又审"。如宋慈说:"凡验被火烧死人,先问原申人:火从何处起?火起时其人在甚处?因甚在彼?被火烧时曾与不曾救应?仍根究曾与不曾与人作闹?见得端的,方可检验。"宋慈的"问",在《洗冤集录》里记载详细、清楚。四是重视现场勘验。宋慈强调:"四缝尸首须躬亲看验。"宋慈通过看现场、看痕迹、看尸体寻找证据。如宋慈说:"若被人勒死抛掉在火内,头发焦黄,项下有被勒着处痕迹。""看"与"问"结合起来,恢复原来事件,从而得出结论称之为"事件重建",形成了早期的"现场法医学"。五是善于借助不同学科、不同门类、不同手段的研究成果。如借助于苍蝇喜血习性破获篾刀杀人案,形成了早期"法医昆虫学";借助于光学原理检验尸体,宋慈通过红油伞的阳光被部分吸收和过滤剩余光线集中在伤痕上使伤痕清晰可辨的现象验尸,这与现代法医学上用紫外线照射检查伤痕的原理一致。六是寻找鉴定规律。宋慈善于找出不合理的地方。不合理地方包括:其一,与法不符,如应验而不验、不亲临视等,创立了早期"法医法学"的先例。其二,与情理不符,如自杀上吊颈部却发现勒痕或指痕,在火场中发现死后他人所为。宋慈提出了"诈疾病和死后造作伤检验"的课题。其三，与损伤部位不符，宋慈认为损伤是有其规律的，比如创口方向、起刀收刀等，这就是早期的"法医损伤学"内容。其四，与窒息征象不符，宋慈介绍了吊死、勒死出现面淤肿、胀红、眼睑出血等窒息征象及其缢痕、勒沟等，已构成"法医学机械性窒息"的内容。其五，与尸体腐败现象不符，宋慈除介绍尸体腐败规律外，记载了与常规不同的各类保存型尸体，还记载"肥、少者易坏，瘦、老者难坏"等，构成了早期的"法医学尸体现象"内容。其六，与正常人不符，宋慈介绍了龟胸、刺字、雕青、验眼全与不全、五指爪全与不全等，这就是早期的"法医人类学"的内容。其七，利用不同疾病和不同中毒死亡的症状来研究猝死和毒死，是早期的"法医死亡学和中毒学"的内容。七是宋慈重视"定验致死因依"，这就是证据意识和检验原理。宋慈总结了生前死后检验不一样。其一，生前烧死的人，因为活的人要呼吸，生前烧死者在口腔和鼻孔里就有大量烟灰，而死后被焚尸者口、鼻没有烟灰；其二，生前勒死、吊死应留下相应索沟或指痕，有"面赤淤肿"窒息征象，而死后伪装吊死没有上述征象；其三，生前被钝器打击致皮下出血出现红斑、肿胀、触硬；其四，生前刀伤有"出血""皮肉卷缩"，死后割伤"肉白""皮肉不紧缩"。宋慈把法医学检验手段提高到理论水平来研究，对我国乃至世界法医学发展都做出了巨大的贡献。

关于宋慈的影响和评价。宋慈对先秦以来历代官府刑狱检验的实际经验进行全面总结，在《洗冤集录》中把个别的具体案例进行全体性、系统性综合，使之条理化、系统化、理论化。因而，《洗冤集录》一经问世就成为当时和后世刑狱官员的必备之书。值得一提的是，《洗冤集录》出版次年，宋理宗赵昀便以皇帝的旨意颁行全国。《洗冤集录》几乎被"奉为金科玉律"，其权威性甚至超过封建朝廷颁布的有关法律。《洗冤集录》之后，历代官方或学者在《洗冤集录》基础上编撰了大量同类书籍，主要是详解、校正、释义、补遗等，如《平冤录》《结案式》（1297）、《无冤录》（1308）、《洗冤捷录》《洗冤法录》《洗冤集说》《律例馆校正洗冤录》（1694）等。迄今，许多国家仍在研究它，影响深远，在中外法医学史上留下光辉的一页。

宋慈除撰写《洗冤集录》外，参与的案例还被收于《名公书判清明集》中。《名公书判清明集》是宋代一部诉讼判词的汇编，共 14 卷判词 473 篇，宋慈判词 8 篇。① 宋慈于淳祐九年（1249）三月七日病逝于广东安抚使任内，享年 64 岁。次年（1250）七月十五日归葬于福建建阳崇雒乡昌茂村旁。当朝皇帝宋理宗赵昀封他为"中外分忧之臣"，特赐"朝议大夫"，御书墓碑："慈字惠父宋公之墓"。刘克庄为宋慈写《宋经略墓志铭》，赞赏宋慈："奉使四路，皆司臬事。听讼清明，决事刚果；抚善良甚恩，临豪猾甚威。属部官吏以至穷闾委巷，深山幽谷之民，咸若有一宋提刑之临其前。禄万石，位方伯，家无钗泽，厩无驵骏，鱼羹饭，敝温饱，萧然终身。晚尤谦挹。"1955 年，宋慈墓断碑"慈字惠父宋公之墓"被找到，地点与道光《建阳县志》所载相符。1957 年起福建省政府、建阳县政府多次拨款对墓地进行修整，拓宽墓道，并立碑"宋慈惠父之墓"。1961 年，宋慈墓被列为福建省首批省级文物保护单位。1984 年中国法医学会专家到建阳祭祀宋慈，并立碑"业绩垂千古，洗冤传五洲"。1986 年 12 月 16 日中国法医学会和建阳县政府在建阳举行宋慈诞辰 800 周年学术研讨会及拜谒宋慈墓纪念活动。2014 年 12 月司法部在建阳举办第一届"宋慈杯"优秀鉴定文书评选活动和行业文化建设专题研讨会。2016 年 4 月 13 日，国家邮政局发行的《世界法医学奠基人宋慈》纪念邮票在福建建阳举行首发式。2016 年 10 月 20 日，福建省政协在建阳举办宋慈诞辰 830 周年纪念会暨宋慈文化研讨会。

26. 刘克庄

刘克庄（1187—1269），南宋诗人，字潜夫，号后村居士。宋宁宗嘉定二年（1209）以荫入仕，后于宋理宗宝庆元年（1225）十月上任建阳县知县。刚好宋代法医学家宋慈因守父孝闲居建阳老家，二位才子一见如故，结成了很深友谊。宋慈《洗冤集录》成书于宋淳祐七年（1247），两百年之后它由中国传入西方，成为西方诸国家法医学发展的一块奠基石。遗憾的是《洗冤集录》作者宋慈其人其事鲜为人知。《宋史》没有给宋慈大师留下一字半句传说；清乾隆《四库全书》在子部目中仅仅留有六个字："宋慈始末未详。"清代一位著名历史考据学家钱大昕著《养新录》也仅知《洗冤集录》这部著作，而不知作者宋慈是何郡人氏。令人心酸的是，就连宋慈故里的后代人，也淡忘了这位不

---

① 宋慈的书判见本书第 356—378 页。

该淡忘的伟大人物。在清代《建阳县志》宋慈条目下仅寥寥数行文字,这是无可奈何的缺憾。宋慈的生平事迹重见天日,应该感谢吾莆刘克庄。宋与刘见面于建阳县,宋比刘年长一岁,克庄尊宋为兄,刘对宋的为人、才学、见识都十分佩服,誉宋慈可与辛弃疾"相颉颃",不相上下。他们交谊愈见日深。三十余年后,刘克庄惊闻宋慈逝世的消息,为宋慈撰写了《宋经略墓志铭》。这篇墓志记载了宋慈的生平,存于刘克庄《后村先生大全集》中。假如刘克庄当年没有留下这篇宝贵的墓志文章,宋慈的生平事迹,世人就无从而知。

第三节　宋代法医学与社会治理的相互关系

宋代法医不仅仅是验尸、破案和断案的检验职业。事实上,从《洗冤集录》和《宋刑统》可以看到,法医检验所从事工作的内容,无论是操作还是外延都要广泛得多。宋代检验通过尸表检查、现场勘验、书证审查等,对涉及与法律有关的医学问题进行鉴定或推断。其主要内容包括死亡原因鉴定、死亡方式鉴定、致伤(死)物认定、生前伤与死后伤鉴别、死后验骨(图26)、损伤与疾病关系、道路车马事故受伤人员伤亡鉴定、诈病(伤)及造作病(伤)鉴定、致伤物致伤方式推断、亲子鉴定以及中毒表现尸检所见综合做出毒物中毒的鉴定。

由于宋代把法医检验界定为"洗冤",因此,涉讼的文件检验囊括在内,如遇到文件检验,官府一般请民间书铺人员参与辨验。书铺人员是民间检验人员,因此,我国宋代就开了社会机构鉴定的先河。《洗冤集录》的问世实际上是给法医检验定了"行业标准"。这样标准,官府的检验人员具体可实行,官员断案有标准可依,民间对官府断案是否服判也可做衡量标准,所以自宋以后,《洗冤集录》成为检验的"金科玉律"。因此,我国法医学发展到宋代,在法医学立法功能、自身功能和社会功能方面发生了质的变化。具体地说,法医学作为社会治理领域法治建设的一部分,也是刑事立法的一部分,还是法治服务的一部分,不仅具有为立法规范司法,揭露犯罪事实真相,处理民事纠纷、医疗纠纷、重大事故提供科学证据和依据的综合功能,同时也为民间信任检验和公共卫生事件处理提供科学依据。宋代是我国古代法医学发展的最高阶段。宋慈的《洗冤集录》是世界上最早的系统法医学专著,影响了中国法医学700多年。20世纪初,《洗冤集录》的国外译本至少已有19种版本。

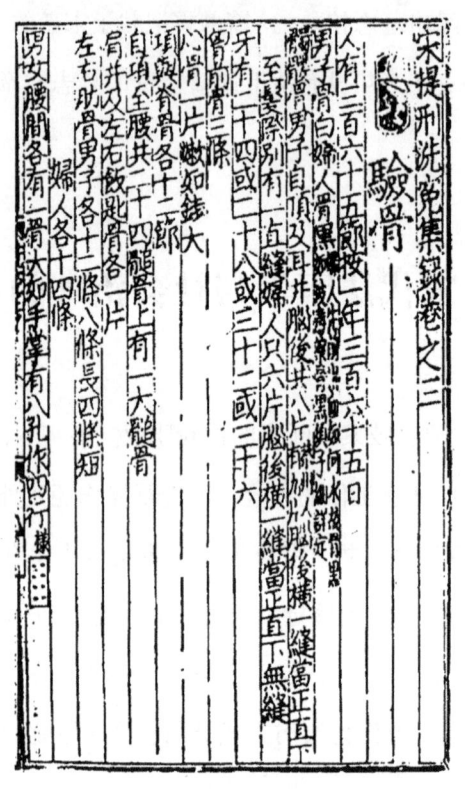

图26 元刊本《宋提刑洗冤集录》卷之三首页

一、《宋刑统》对法医学发展的规范作用

宋初曾沿用五代时后周的《显德刑统》。后因其"科条繁浩,或有未明",宋太祖诏工部尚书判大理寺窦仪等人重新编订,于建隆四年(963)七月撰成,取名宋建隆《重详定刑统》,简称《宋刑统》(图27)。《宋刑统》完稿后,由宋太祖诏令,并由大理寺刻版印刷发行全国,是我国历史上第一部刻板印行的法典。《宋刑统》有31卷,12篇,共502条,213门。《唐律》也是12篇,《宋刑统》除了个别要避讳的字外,内容和唐律基

本一致；除了大量宋代的诏敕外，也收录了唐代的一些法令和诏敕，作为参考。《宋刑统》是我国继《唐律疏议》之后又一部刑法系统大体完整的成文法。《宋刑统》中的五刑制度也沿用了唐律的规定，其他有关定罪量刑的规定如议、请、减、赎等也和唐律相同，但宋代的刑罚也有一些变化，如凌迟刑的合法化就是在宋仁宗时期。此外，《宋刑统》收录了五代时通行的部分敕、令、格、式，形成一种律令合编的法典结构，其后又编敕4卷，106条，与《宋刑统》并行。《宋刑统》除死刑外，对每一种刑都增设了臀杖或脊杖作为附加刑，规定：笞十、二十，决臀杖七；笞三十、四十，决臀杖八；笞五十，决臀杖十；杖六十，决臀杖十三；杖七十，决臀杖十五；杖八十，决臀杖十七；杖九十，决臀杖十八；杖一百，决臀杖二十；徒一年，决脊杖十三；徒一年半，决脊杖十五；徒二年，决脊杖十七；徒二年半，决脊杖十八；徒三年，决脊杖二十；流二千里，决脊杖十七、配役一年；流二千五百里，决脊杖十八、配役一年；流三千里，决脊杖二十、配役一年；加役流，决脊杖二十、配役三年。徒刑先役后决，流刑先杖后役，是其执行程序上的不同之处。此外，《宋刑统》卷十二增加了"户绝资产"条。此条采自唐之《丧葬令》。该令规定："诸身丧户绝者，所有部曲、客女、奴婢、店宅、资财，并令近亲转易货卖，讲营葬事及量营功德之外，余财并与女，无女均入以次近亲，无亲戚者官为检校。若亡人在日，自有遗嘱处分，证验分明者，不用此令。"《宋刑统》则删去"部曲、客女、奴婢"字样，这说明当时部曲等已不能出卖，反映了部曲、客女、奴婢身份地位的提高。宋代与秦、汉、唐不同的是设立了提点刑狱司（提点刑狱公事）。宋代提点刑狱司是从宋太宗时期开始设立的，在州县之上设立提点刑狱司，作为中央在地方各路的司法派出机构。提刑司负责定期巡视州县，监督审判，详录囚徒。提刑司有权对地方官吏的审判违法行为进行监督，违法行为轻微者，可以立即处断；违法行为严重者，则上报皇帝裁决。与法医检验关系较大的主要是职制、斗讼、诈伪、杂律和断狱等，因刑罚中决脊杖、臀杖的情形较为普遍，因此，法医检验还包括狱中死亡、罪杖伤（死）等，还增加了奴婢死亡（主要伤害、自缢、溺死）的问询和检验等内容。《宋刑统》作为当时社会治理的法律，对规范法医学发展起到积极的作用，对宋代出现检验书籍，特别是促成了世界第一部完整、全面的法医学著作《洗冤集录》面世有很重要的历史意义。

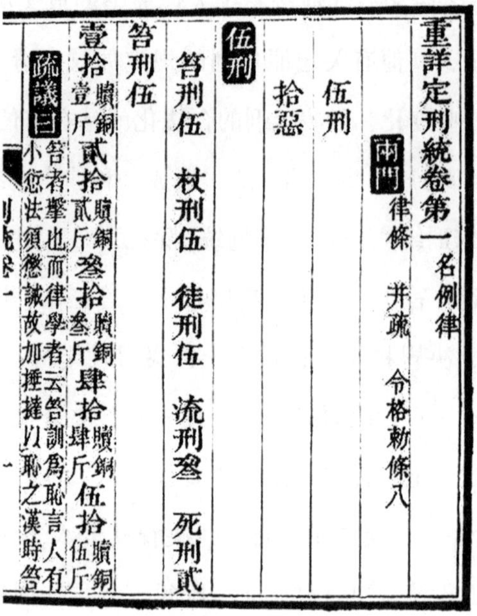
重詳定刑統卷第一 名例律
兩門 律條 并疏 令格敕條八
伍刑
拾惡
伍刑
笞刑伍 杖刑伍 徒刑伍 流刑叁 死刑貳
笞刑伍
壹拾 壹斤贖銅 貳拾 貳斤贖銅 叁拾 叁斤贖銅 肆拾 肆斤贖銅 伍拾 伍斤贖銅
疏議曰 笞者擊也而律學者云笞訓為恥言人有小愆法須懲誡故加捶撻以恥之漢時笞

图 27　宋建隆《重详定刑统》(《宋刑统》)，吴兴刘氏嘉业堂刊本

二、《洗冤集录》与社会治理

(一)《洗冤集录》诞生的基础

社会治理作为治国理政的重要组成部分，必然要求在法治框架下进行。宋检验制度正是应社会治理而产生的。具体地说，宋代所形成的检验制度，其内容相当广泛，系统而严密。这个制度是保证以宋律为代表的封建法典贯彻实施的制度。它是中世纪世界上最先进、最完备的检验制度，是我国古代光辉灿烂的民族文化的组成部分。宋代检验制度的形成与实施促进了刑事技术的发展，在宋慈《洗冤集录》之前就诞生了闻名中外的宋代三大刑事技术书籍——《疑狱集》《折狱龟鉴》《棠阴比事》。《疑狱集》是五代和凝(898—955)及其子和㠓(950—995)先后编辑的，约刊于北宋端拱二年(989)。《折狱龟鉴》是南宋绍兴年间(1131—1162)郑克所撰。《棠阴比事》，桂万荣刊于嘉定辛未(1211)，主要内容都是讲究治狱之道、定案之法和破案之法。研究破案方法或刑事

第四章　宋代的法医学与社会治理关系研究

技术是这些书籍的重要任务。对于朝鲜、日本等邻邦古代刑事技术的应用与发展有重要的影响。宋代检验制度的形成与实施促进了系统法医学著作的诞生。

世界上现存最古老的法医学著作——《洗冤集录》为什么能在南宋诞生，其决定性因素有三：贯彻实施《宋刑统》等法典的需要；南宋检验制度的发展与完善的需要；宋代法医检验的盛行及其经验的积累。《洗冤集录》作为宋代社会治理法治化的产物，成为加快宋代乃至以后的元明清代国家治理、政府治理、社会法治一体建设的目标选择。从社会治理法的创制与实践两个方面来看，《洗冤集录》依法治理、综合治理基本原则具有普遍性、指导性、抽象性特征。《洗冤集录》适应宋代封建法律体系的要求和制定实施社会治理法治化建设长期规划需要，符合社会治理法总则的社会治理法基本原则、检验标准的理论与实践，《洗冤集录》在司法检验和社会矛盾化解方面发挥了重要作用和深远影响。

(二) 宋慈《洗冤集录》书名含义和著书初衷

1. 关于宋慈《洗冤集录》书名含义

宋慈《洗冤集录》出版后，历代官方或学者编撰的同类书籍，主要是详解、校正、释义、补遗之类，没有多大发展；一些书籍把《洗冤集录》改为《无冤录》《平冤录》，已改变了其初衷；外国一些学者翻译《洗冤集录》时译成"洗除错误"① 或 "验尸官教程"②，已偏离其本义。宋慈《洗冤集录》的书名有其特殊的含义。"洗"不是"改"或"无"，也不是"平"或"洗除"，而是"洗雪"。这与宋朝"理雪制度"有关，即被告不服而申诉由官府"理雪"。"冤"不是简单指"错误"，而是指"屈枉""冤枉"。这一点在宋慈《洗冤集录》的《序》里讲得很清楚："盖死生出入之权舆，幽枉屈伸之机括，于是乎决。""名曰《洗冤集录》则其洗冤泽物，当与起死回生同一功用矣。"

2. 关于"集录"一词

宋慈在《序》里也讲得很清楚："博采近世所传诸书，自《内恕录》以下凡数家。会而粹之，厘而正之，增以己见，总为一编，名曰《洗冤集录》。"《内恕录》一书早已失

---

① McKNIGHT. The Washing away of wrongs: forensic medicine in thirteenth-century China[M]. Center for Chinese Studies, University of Michigan, 1981.
② GILES. The Hsi-yuan-lu or instructions to Coroners [J]. China Review, 3: 30—38, 92—99, 159—172.

传，内容无法考证。《内恕录》以下数家指和凝所撰《疑狱集》（北宋）和郑克所撰《折狱龟鉴》（南宋）两部书籍，可能还包括桂万荣所撰《棠阴比事》（南宋）。《棠阴比事》除目录不同于《疑狱集》《折狱龟鉴》外，内容并无特殊。此书后来风行于日本和朝鲜，成为检验书籍的先声，在中外文化交流史上，做出了重要贡献。就是说，《洗冤集录》是参考《内恕录》及《疑狱集》《折狱龟鉴》和《棠阴比事》等数家之书，结合实践经验、研究成果和个人见解，编撰而成的。

宋慈作为路级（省级）提刑，为了对中央负责和完善检验制度，职业使他深感刑事案件中法医检验的异常重要性。他在《序》中写道："法中所以通差令佐理掾者，谨之至也。年来州县悉以委之初官，付之右选，更历未深，骤然尝试，重以仵作之欺伪，吏胥之奸巧，虚幻变化，茫不可诘。纵有敏者，一心两目，亦无所用其志；而况遥望而弗亲，掩鼻不屑者哉。慈四叨臬寄，他无寸长，独于狱案，审之又审，不敢萌一毫慢易心。若灼然知其为欺，则亟与驳下，或疑信未决，必反下覆深思，惟恐率然而行，死者虚被涝漉。每念狱情之失，多起于发端之差，定验之误，皆原于历试之涉。……《洗冤集录》刊于湖南宪治，示我同寅，使得参验互考。如医师讨论古法，脉络表里，先已洞澈，一旦按此以施针砭，发无不中。"

3. 关于宋慈《洗冤集录》著书初衷

我们可以认为，宋慈著述检验书籍并命名该书为《洗冤集录》有以下初衷。

（1）为法律需要而作

宋代刑事检验制度在前代基础上有较大发展。宋真宗咸平三年（1000）颁布的诏敕就对检验官吏、初检、复检等做了明确规定。南宋宁宗时纂修的《庆元条法事类》中专设检验一章，涉及宋代一系列检验法令。作为提刑的宋慈认为检验以法令形式出现，检验制度的发展需要检验规范化，这是宋慈著《洗冤集录》的重要因素。

（2）为官吏断案而作

这里所指的官吏按法律规定应该是右选（即正联）。这里所指的官吏断案就是官吏为民洗冤。按宋代法律规定："今后杀伤公事，在县委尉，在州委司理参军。如缺正官，差以次官。"但是，宋慈认为当时参与检验的官吏，初任官员的有之、检验资历低的有之、不愿接触尸体且不屑一顾的有之,更有"仵作之欺伪、吏胥之奸巧",这些都给检验和法令实施带来了困难。这种情况下,亟需一部权威的检验书籍,这是宋慈著《洗冤集录》主要原因。

(3) 为弥补官吏检验知识缺憾而作

据《洗冤集录·序》,宋慈认为,并非所有官吏都精通检验,而法律又委以重任,"狱情之失,多起于发端之差,定验之误,皆原于历试之涉"。怎么办?宋慈有了博采众说、弥补不足的想法,当时正值检验盛行、医学发达,加上《内恕录》《疑狱集》等影响以及自己多年积累,形成了《洗冤集录》产生的条件。宋慈说:"《洗冤集录》刊于湖南宪治,示我同寅,使得参验互考。"所以,宋慈著《洗冤集录》是为同行提供检验参考书,以保证检验正确、法律权威。至于后来《洗冤集录》发展成"格"和"式"的法律形式,如"结案式""检尸式""检验体式""尸格"和《律例馆校正洗冤录》等,并成为官吏案头检验指南(中国、日本、朝鲜等)和官吏考试科目(如中国、朝鲜),还流传至美国、英国、法国、德国、荷兰、日本、朝鲜、越南等国,说明其适应历史潮流和法律环境,具有实用性和科学性,同时还有法律思想和学术思想的研究价值。

(4) 为案件复检而作

宋代检验设初检和复检两种形式,初检出现差错由复检纠正,表明法律对检验工作的重视和检验制度的严谨。宋慈其书之序说《洗冤集录》"如医师讨论古法,脉络表里,先已洞澈,一旦按此以施针砭,发无不中"。"针砭"有指出错误并改正之意,即纠正复检中发现的问题。宋慈本身就是负责复检的提刑,相当于省级监督州、县办案司法官吏。他长期处理刑事狱案,对复检的重要性深有体会。例如,嘉熙三年(1239)宋慈升提点广东刑狱。由于当地官吏不奉法而积案盛多,宋慈立下规约,限期清案,8个月复核200多件。以后,他移任湖南提点刑狱。就在这期间,他完成了《洗冤集录》。

(5) 受"断例"和"比"的影响

宋代法律形式除律、令、格、式外,还有断例、指挥、申明、看详等。"断例"即中央司法机关大理寺、刑部编集而成的判例汇编。断例之流行,大致始于北宋神宗时,此后断例之编集成为经常性的立法活动。另一个就是"比",即"比附",这是汉朝的法律形式，是指在律无正条的情况下，选择已判决的案例作为司法审判的依据，又称"决事比"。在南宋时期，世人对"比""断例"似乎已不太严格。当时所设立的"讼学校""业嘴社"等讼师养成所里都在教授包括检验在内的断案课程，有的书籍就以准"断例"或"决事比"的形式出现，如《棠阴比事》等。宋慈著《洗冤集录》可能也受这些书籍的影响。

（三）关于宋慈《洗冤集录》的法律思想

宋慈《洗冤集录》既然是一部为官吏断案服务的检验书籍，那么，它必然有其鲜明的法律思想。否则，不可能被历代封建王朝使用，并发展成"格""式"法律形式。宋慈《洗冤集录》的法律思想可以从书中反映出来。

1. "恤刑慎狱"的法律思想

宋代的法律思想属中华法系定型时期，即基本形成儒家法律思想体系。这一时期，朱子法律思想占主导地位。朱熹的"恤刑""慎狱"的法律思想对宋慈影响很大。《御制朱子全书》中，朱熹说："狱讼……系人性命处，须吃紧思量，犹恐有误也。"宋慈《洗冤集录·序》就开宗明义说："狱事莫重于大辟，大辟莫重于初情，初情莫重于检验。盖死生出入之权舆，幽枉屈伸之机括，于是乎决。""慈四叨臬寄，他无寸长，独于狱案审之又审，不敢一毫慢易心。若灼然知其为欺，则亟与驳下，或疑信未决，必反下覆深思，惟恐率然而行，死者虚被涝漉。"宋慈认为，只有通过严密的检验，才能保证断案审判不冤不枉，才能体现儒家"决狱谨慎"的主流法律思想。

2. "礼法并用"的法律思想

这里主要体现的是孔子"为政在人"的思想。《唐律疏议》"德礼为政教之本，刑罚为政教之用"的法律格言，即重视官吏职业道德，把法律强制与德礼教化结合起来。宋慈在《洗冤集录》中录入了《宋刑统》《宋刑统疏》的法令、检验制度、检验人员失职罚则等内容以及检验的注意事项。宋慈反对验尸时"遥望而弗亲，掩鼻而不屑"，要求官吏亲自验尸，即"躬亲诣尸首地头"，提倡对案子"审之又审的"职业道德。《洗冤集录·条令》中强调检验要真实，"命官检验不实或失当，不许用觉举原免"，即故意不真实验尸者，即使坦白了也不能免除处分。《洗冤集录·检覆总说上》规定验尸不扰民、不接触当地官员和当事人，保证"检验无差"。对检验官吏违法行为则引用《宋刑统》："诸尸应验而不验，或受差过两时不发，或不亲临视，或不定要害致死因，或定而不当，各以违制论。""诸称违制论者，不以失论。"

3. "重证据""直理刑正"的法律思想

这里主要指受张斐法律思想的影响。张斐典型的法律观之一就是"重证据""直理刑正"。在具体的审讯中如何做到"直理刑正"？《晋书·刑法志》记载，张斐为《晋律》作注并上表说："夫刑者，司理之官；理者，求情之机；情者心神之使……论罪务本其心，审其情，精其事，近取诸身，远取诸物，然后可以正刑。"这就是重实据、不轻信口供，重事实、依理断案的法律思想。宋慈《洗冤集录》中明确指出："凡血属入状乞免检，多是暗受凶身买和，套合公吏入状，检官切不可信凭。""凡官守戒访外事，惟检验一事，若有大段疑难，须更广布耳目以合之，庶几无误。如斗殴限内身死，痕损不明，若有病色，曾使医人救治之类，即多因病患死。若不访问，则不知也。虽广布耳目，不可任一人，仍在善使之，不然，适足自误。""凡体究者，必须先唤集邻保，反复审问。如归一，则合款供；或见闻参差，则令各供一款，或并责行凶人供吐大略，一并邀申本县及宪司。县狱凭此审勘，宪司凭此详复。""须是多方体访，务令参会归一，切不可凭一二人口说，便以为信。"宋慈在《洗冤集录·疑难杂说下》记载这样一个案例："广右有凶徒谋死小童行，而夺其所赍。发觉，距行凶日已远。囚已招伏：'打夺就推入水中。'尉司打捞已得尸于下流，肉已溃尽，仅留骸骨，不可辨验，终未免疑其假合，未敢处断。后因阅案卷，见初验体究官缴到血属所供，称其弟原是龟胸而矮小。遂差官复验，其胸果然，方敢定刑。"这种"重证据、不轻信口供""直理刑正"的法律思想贯穿宋慈《洗冤集录》全书。

4. "用法宽仁"的法律思想

宋慈说，《洗冤集录》受《内恕录》以下诸书（包括《疑狱集》《折狱龟鉴》等）的影响。"内恕""折狱""疑狱"都体现"用法宽仁""罪疑狱从赦"的法律思想。唐太宗主张执法"务必宽平"，因为他最担心的是司法官吏的职业病——"意在深刻""利在杀人"。宋慈说："疑信未决，必反复深思，惟恐率然而行，死者虚被淩灑。"这种"内心宽平"的法律思想主宰宋慈几十年法官生涯,也是《洗冤集录》全部内容。关于"内心宽平"法律思想的解释,明代丘濬在《大学衍义补》中说:"存哀敬以折狱""治狱者务先宽""罪疑从轻"。清代沈家本讲得更清楚:"心存平恕","恕心用则可寄枉直矣","恕心用实为平刑审断之本"。

(四)关于宋慈《洗冤集录》的学术思想

宋慈《洗冤集录》问世后,历代不断增补、扩充、注释,版本繁多。国外也不断见到译本,流传甚广,但研究者主要是关注《洗冤集录》的科学成就。美国学者麦克奈特(Brian E. McKnight)就直接把《洗冤集录》译成"十三世纪的中国法医学"[①],我国学者贾静涛也说,现代法医学就是在《洗冤集录》成就基础上发展起来的。为什么只有《洗冤集录》能受到世人上述那样关注?这里有其内在因素。我们认为,《洗冤集录》除了其科学成就外,还有其学术思想。

研究《洗冤集录》,可以发现该书的学术思想是非常鲜明的:

1. 以医师讨论医案的方式研究尸体检验的学术思想——经验法医学

早些时候,有学者因为书中有丰富的侦查、审问、解剖、外科和尸体检验内容而说成是各科的经验总结。经过研究,这是一部利用各学科知识为尸体检验服务的独立的科学,即《洗冤集录》是一部法医学著作。问题是《洗冤集录》从学术角度出发,它的知识结构如何?它属哪一类型科学?如何总结出来?这一点笔者赞同诸葛计的说法:"以《疑狱集》《折狱龟鉴》等书和医药学知识及刑狱检验的实际经验编辑而成。"[②]宋慈也说:《洗冤集录》是"博采近世所传诸书,会而粹之,厘而正之,增以己见,总为一编"。宋慈又补充说:《洗冤集录》"如医师讨论古法"。刑狱案集和祖国医学都属于经验总结的科学,加之自己的经验积累,所以我们说,从学术角度而言《洗冤集录》是一部参考医师讨论医案的方式研究尸体检验的以经验为主的法医学书籍。

2. 以法官思维研究尸体检验始终的学术思想——裁判医学

宋慈《洗冤集录》不是单纯的"医师讨论医案",而是法官围绕检验的审案、断案,

[①] McKNIGHT. The Washing away of wrongs: forensic medicine in thirteenth-century China[M]. Center for Chinese Studies, University of Michigan, 1981.

[②] 诸葛计. 宋慈及其洗冤集录[J]. 历史研究. 1979 (4): 87.

这种检验本身就是审判的一部分。宋慈把解决"狱情之失"与"定验之误"摆在同等的地位,足见他对检验的重视。宋朝检验制度规定检验由官吏行使,仵作只"喝报伤痕"而已,地位极低,检验"委官定验",检验之误也由官吏负责。所以,我们从学术角度出发也可以这样理解:《洗冤集录》是以法官思维研究尸体检验、利用医学知识解决审判问题的一门科学——裁判医学①。《洗冤集录》应用有关学科知识创立了独特的科学体系——法医学,这是与其他书籍最大的区别。国外学者在译《洗冤集录》时译成"验尸官教程"② 在某种程度上是有道理的,但是"验尸官"(Coroners)是专门审判死因的法官,法官并不直接检验,而是委托病理学家鉴定,鉴定错误由病理学家负责,这与宋朝的官吏检验制度还是有区别的。

3. 务求尸体检验知识系统全面的学术思想——系统法医学

宋慈著《洗冤集录》的初衷之一是给官吏断案时"参验互考",以"洞澈""针砭"检验中发现的问题,达到"发无不中"和"洗冤泽物"的目的。为此,《洗冤集录》必须全面系统反映检验完整内容,否则,难以实现之。在这一学术思想的指导下,宋慈"博采诸书",结合自己四任提刑的几十年检验经验,反复修改、更正、提炼终成大著。宋慈说自己"他无寸长,独于狱案审之又审",一直在收集、整理、总结检验材料,终在南宋淳祐七年(1247)出版《洗冤集录》。1249年(即《洗冤集录》完成后2年)宋慈病逝于湖南任内,可以说,宋慈一生只从事一个职业——检验断案,一生只专心著述一本书——《洗冤集录》。该书包括尸体现象、机械性窒息、机械性损伤、高低温损伤、现场尸体检查、猝死、中毒、自杀、医疗事故、堕胎、杀婴、妇科检查等,还涉及法医昆虫学的研究。贾静涛评价《洗冤集录》是"集宋以前尸体检验经验之大成的比较系统的法医学著作"③,一点也不为过。

4. 尸表检验、由表及里的学术思想——亚洲法医学

《洗冤集录》应封建礼教、宋朝法典、检验制度和官吏检验需要而产生,它的内容

---

① Forensic Medicine or Legal Medicine 即现在所称法庭科学范畴的法医学。
② GILES. The Hsi-yuan-lu or instructions to Coroners[J]. China Review, 3: 30—38, 92—99, 159—172.
③ 贾静涛. 中国古代法医学史[M]. 北京: 群众出版社, 1984: 67—68.

也必然受维护外表尸体的检验制度所决定和制约,从书的内容看也几乎都是根据尸体外表检查得到的,所以,《洗冤集录》按其思维方式和学术角度出发是一部指导尸体外表检验的法医学书籍。宋慈说,《洗冤集录》"如医师讨论古法,脉络表里,先已洞澈"。也就是说,《洗冤集录》是用传统医学方法、由表及里、由尸表现象探究死亡本质的书籍。《洗冤集录》问世后,不断再版,成为历代检验经典书籍,并传至朝鲜、日本等国,成为邻国的检验书籍。我国古代的法医学对朝鲜、日本、越南等亚洲国家法医学的发生、发展具有决定性的影响。实际上,当时世界法医学形成了两大流派:一个是以剖验尸体解决死因问题为标志的欧洲法医学,或称西洋法医学;另一个便是以我国古代尸表检验法医学为中心的亚洲法医学。

5. 尸体检验与实验研究密不可分的学术思想——实验法医学

我国古代法医学中通过科学实验研究尸体现象、损伤和死亡原因的范例很多,如张举烧猪、彭刺二形、李公验榉等。《洗冤集录·疑难杂说下》介绍一个案例:有一村民被人用镰刀砍死,没人承认。检验官吏便召集村民将所有镰刀收集来,夏天的阳光下,七八十把镰刀中有一把"蝇子飞集"。于是,检验官吏指认刀主为凶手,"杀人者叩首服罪"。这便是利用"血腥集蝇"的原理破案的一个科学实验。《洗冤集录·验尸》介绍:"验尸并骨伤损处,痕迹未见,用糟、醋泼罨尸首,于露天以新油绢或明油雨伞覆欲见处,迎日隔伞看,痕即见。"这是利用阳光下新赤油伞发生红外线的原理检验伤痕的科学实验。由于古代法医学限制于尸表检验,不能切开皮肤研究是否皮下出血,只能利用当时其他学科研究成果进行有效的实验以提高检验水平,从学术角度出发,尸表检验与实验研究结合的学术思想——实验法医学,也是《洗冤集录》的另一学术特点。

第四节 法医检验对宋代社会治理的积极和消极作用

一、证据制度

宋代是我国历史上勘验鉴定法长足发展的时期。宋代继承前朝"五听"审讯、拷讯程序、据证定罪等证据原则,并制定了严格的检查勘验制度。

一是《宋刑统》中规定对于杀伤和非正常死亡的案件要进行初检和复检,以确保结论的准确。现场勘验由检验官吏负责;如有尸体,则有官员参加检验由仵作协助;而检验妇女下身则由坐婆进行。现场勘验已被视为重大刑事案件调查中最重要的一个步骤。二是规定必检或免检的情形。三是检验严守基层报检、州县官府初检和上级或相邻州县复检的法定程序。四是检验必做详细笔录。五是检验人员须据检验范围和时间如实进行,否则治罪。六是宋代刑律要求各级法官特别是州县官吏要亲自鞫狱,采用直接言词方式审理案件,并逐渐形成一项法律制度。例如,《文献通考》卷一六七记载,宋徽宗宣和二年(1120)规定:"州县官不亲听囚而使吏鞫讯者,徒二年。"宋代商品经济的发展,导致需要处理大量民事案件,对民事证据较为重视。《宋会要辑稿·刑法三》记载,宋仁宗时期,颁布了一项法令:"凡勘盗贼所通赃物,称于人户处典质,即先抽以簿历照证,方得追取。"《名公书判清明集》卷五也有"交易有争,官司定夺,止凭契约"。

从《名公书判清明集》记载的司法案例、判例,我们发现,宋代的司法实践中,"断罪必取输服供词"是基本的刑事证据规则,司法官吏往往"状实方可科辜,事疑无容断罪";"两氓争地,依契券","受贿无佐证,斥弗理"是基本的民事证据规则,当"被诘毋解"时,须"簿籍证验"。宋代重视被告人的口供,实行"口供主义",将"断罪必取输服供词"作为基本的证据规则。

宋代制定了比较系统的勘验、验尸等证据规则。如宋慈《洗冤集录·条令》记载:"诸尸应验而不验(初覆同);或受差过两时不发(遇夜不计,下条准此);或不亲临视;

或不定要害致死之因；或定而不当（谓以非理死为病死，因头伤为胁伤之类），各以违制论。即凭验状致罪已出入者，不在自首觉举之例。其事状难明，定而失当者，杖一百。吏人、行人一等科罪。"宋慈对口供的可信度是有怀疑的，更相信检验相应证的做法，如《洗冤集录·检覆总说下》："凡行凶人不得受他通吐，一例收入解送。待他到县通吐后，却勾追。"意思是先不要听信口供，待押送到县，进行检验后再听口供更真实可靠。类似的记载，在《洗冤集录》各章节中都可见到。用证据学角度来研究宋慈《洗冤集录》，我们可以看到宋慈记载了十个方面法医检验的责任：违法受理检验的责任、检验不实致违法逮捕的责任、检验错误无法据证定罪的责任、违法刑讯的责任、状外求罪的责任、不躬亲检验的责任、违反检验管辖的责任、违法回避的责任、错误检验违法断罪致出入人罪的责任、淹禁不决的责任。这些责任也是法医检验的职责范围和鉴定规范，勾勒了宋代法医学制度的概况。

《洗冤集录·序》的开篇还指出证据制度的要点："狱事莫重于大辟，大辟莫重于初情，初情莫重于检验。"这里的"初情""检验"当指犯人犯罪的真实情况。这里应该指出的是，正是由于宋代对检验制度的重视和完善，推动了法医学的发展，一批检验学方面的专著相继面世，如郑克的《折狱龟鉴》、桂万荣的《棠阴比事》和宋慈的《洗冤集录》，其中《洗冤集录》是中国最早的一部比较完整的法医学专著，也是世界第一部法医学专著。自宋至清数百年中一直被奉为法医检验经典。

二、刑事处罚

宋代刑罚分笞刑、杖刑、徒刑、流刑、死刑五刑。

隋唐以后，五刑制基本为以后各朝代继承，成为官方明文规定的刑罚体系。为此，解决流刑三等惩治力度的不足也成为各朝代重要的司法课题。到了宋代，统治者发明了独具特色的刺配法。所谓"刺配"，就是集刺、杖、流于一身的刑罚，是指脸上刺字，外加杖脊而后流配充军。刺配自宋初作为免死的刑种出现以后，行用逐渐频繁，法规日见繁密，实施日见规范。刺配起到的其实是五刑制中流刑本应承担的任务。《宋史·刑法志》中说："配法既多，犯者日众，黥配之人，所至充斥。""配刑"于宋代形成制度，原因复杂，一个重要的原因是为完善刑罚体系的需要。

从《宋刑统》的内容看，宋代刑罚制度沿制，仍为笞、杖、徒、流、死五刑，但宋初"折杖法"创设，使其刑罚制度发生了根本的变化。按"折杖法"，笞、杖、徒刑被折为臀杖或脊杖执行后即予释放。流刑和加役流被处脊杖后，其一年或三年的劳役刑就在本地执行，不必远徙。这样刑法典中所规定的笞、杖、徒、流、死五刑就变成杖刑（包括臀杖和脊杖）、徒刑和死刑，而且徒刑的适用范围还很窄，形成"刑轻不能止恶，故犯法日益众，其终必至于杀戮，是欲轻反重"的局面。刑罚体系轻重失衡，等级结构极不合理。宋代遂在前代关于配刑规定的基础上充实其内容，使其成为一个独立的刑种，并创设编管之刑，形成了以杖刑、徒刑、编管、配刑、死刑为内容的新的、等级结构基本合理的刑罚体系。另一个重要的原因是为满足国家不断增长的各种工、杂役的要求。宋代商品经济的发展，配刑的适用范围也变广，几乎对各种犯罪均可适用配刑。宋真宗时（997—1022在位）关于刺配的法律规定有46条，仁宗庆历时（1041—1048）有170余条，南宋（1127—1279）竟多达570条。宋律规定，流、徒、杖刑都可以同时黥刺。一般作为附加刑使用，特别是流刑和充军，一定要附加黥刑，而且黥刺的方法多种多样。初犯刺于耳后，再犯、三犯刺于面部。流刑、徒刑犯刺方形，杖刑犯刺圆形，直径不过五分，也有刺字的。宋慈在《洗冤集录》中也谈到尸体检验时要仔细查看并记录尸体上有无刺字及刺字的内容。当时有些流配犯人采用"艾灸"或"药取"的方法消除身上可供识别身份的标记。宋慈说，用竹子打击身上灸过的地方就可以看出原来刺的字或图形。可见，当时的主法者和犯罪者都已认识到刺字对人身识别的价值。

三、损害赔偿

对于侵害人身行为，从立法层面看，对受害人的经济赔偿规定，宋代承袭唐律的有关内容，即采取"赎铜入受害人之家""保辜"以及"计庸折除课役"等赔偿形式。宋代较之唐代有一些创新性做法，主要体现在如下几点。

(1) 征收埋瘗费

在宋代故杀伤中,对于非正常死亡案件,检验是获得证据的重要手段,检验官员对与犯罪有关的场所、尸体等进行勘验,勘验完毕后,检验官员要填写检验笔录"检验格目"。按法律规定,检验一般要经过初检、复检程序,复检完毕,被害人亲属将尸体掩埋,这就是《宋会要辑稿·刑法六》所载的诏令:"诸处有病患及非理致命身死者,须候再差官覆检,方得埋瘗。"在通常情况下,收埋尸体的费用由被害人亲属承担,但在特殊情形下加害人需负担死者埋瘗费用,根据《庆元条法事类》卷第七十五记载,《覆验尸格目》须这样记录:"覆检官具位姓名,某时承受,将带件作行人某某、人吏某某,于某日某时到地头,集耆甲某某、保正某某及死人亲(如是亲兄即填云'亲兄';如是堂兄即填云'堂兄'之类)。覆检到已死人痕损数内致命因依,的系要害,致命身死分明,各于验状亲签毕。其尸即时责付血属,买棺木埋瘗。若其贫乏或无主之家,即合勒行凶人陪备,或其人委实又无力可出,即且令耆保应钱买用,州县依价给还,并不得烧化。"

这是一份由官府规定复检尸体填写验状的统一格式,格目中要求复检完毕的尸首需由亲属负责掩埋,"若其家贫乏或无主之家",行凶人应当赔偿埋瘗之费,如行凶人也无钱可赔,则由所在地乡村头目垫付,"州县依价给还"。因伤害行为致人死亡,检尸文件中虽未直接明令加害人赔偿死者埋瘗费,而是在尸亲贫乏无财的情况下,才要求加害人承担,但这一规定的意义在于统治者已经注意到对被杀之家的赔偿问题,可以推断这一规定对后世埋葬银制度的产生有一定影响。

(2) 扩大了"赎铜入伤损之家"的适用范围

如前所述,自唐律以来,法律明确要求过失人身伤害罪及诬告罪所得赎铜入被杀伤人和被诬告之家,即"诸伤损于人及诬告得罪,其人应合赎者,铜入被告及伤损之家",《宋刑统》照录唐律的规定,《庆元条法事类》卷第七十六《当赎门·罪赎》亦载:"诸诬告及伤损于人得罪应赎者,铜入被诬及伤损之家。"不过在司法实践中,宋代亦将这种赔偿方式适用于一些不具备刑事责任能力的未成年人故杀伤犯罪中,《宋会要辑稿·刑法六》记载,宋仁宗天圣元年(1023)宁州九岁的庞张儿将庞惜喜打死,审刑院断处庞张儿"死当极刑",仁宗认为"张儿童稚争斗,无杀心,特矜之",责令侵害人庞张儿"罚铜一百二十斤与庞惜喜家"。景祐元年(1034)也发生了类似的案件,年仅九岁的濠州孩童王丰奇因与楚李婆"相争新木柴",用镰刀将楚李婆砍死,"合处死,最后皇帝特贷之""以罚铜一百二十斤给楚李婆之家"而免死。在上述两起未成年人杀人案中,宋仁宗均以矜怜未成年人的目的,对加害人以经济赔偿代替刑事处罚,扩大了赎铜给死伤之家的适用范围。

(3)赔偿时限

北宋《天圣令·狱官令》规定:"诸赎,死刑限八十日,流六十日,徒五十日,杖四十日,笞三十日。若无故过限不输者,会赦不免。若应理官物者,准直:五十匹以上,一百日;三十匹以上,五十日;二十匹以上,三十日;不满二十匹以下,二十日。若欠负官物,应理正赃及赎罪铜,贫无以备者,欠无正赃,则所属保奏听旨。赎罪铜则本属长吏取保放之,会恩者从敕处分。"至南宋,据《庆元条法事类》卷第七十六《当赎门·罪赎》载,如果应赎铜者身死,可以免征。

四、医疗损害

宋代医疗损害处理原则上同唐代,如《宋刑统》卷二十六"杂律"规定:"诸医为人合药及题疏、针刺,误不如本方杀人者,徒二年半。"《宋刑统》卷二十一"斗讼律"规定:"在辜内胎落而子未成形者,各止从本殴伤法无堕胎之罪。"宋慈《洗冤集录·小儿尸并胞胎》记载:"堕胎者,准律:未成形像,杖一百;堕胎者,徒三年。律云:堕,谓打而落。"宋慈介绍:"谓胎子落者,按《五藏神论》:怀胎一月如白露,二月如桃花;三月男女分;四月形像具;五月筋骨成……十月满足。"也就是说,怀孕四月前堕胎的,胎儿未成形像,杖一百;怀孕四五月堕胎的,胎儿已成形像,徒三年。宋代法律规定,药不如本方者,则徒二年。说明宋代医疗损害入刑,其刑法原则与唐代相同,这些都是从事法医检验的法律依据。宋代医疗损害有其特点,因为宋代开始流行通过法律来处理医患纠纷。《洗冤集录·针灸死》:"须勾医人验针灸处,是与不是穴道;虽无意致杀,亦须说显是针灸杀,亦可科医不应为罪。"勾医人,指邀请第三方协助鉴定。

五、狱事检验

（一）监狱概况

宋代监狱分中央监狱和地方监狱。中央监狱包括大理寺狱、御史台狱、开封府狱（京都狱）、左右巡院府狱、殿前马步司狱、四排岸狱、掖庭狱、皇城司狱；地方监狱关押路、府、州、县人犯，海岛牢城、远恶州军牢城、内地牢城关押地方人犯。见下表（表5）所示。

表5　宋代监狱与管理

监狱级别	监狱名称	监狱特点
中央	大理寺狱、御史台狱、开封府狱（京都狱）	南宋为临安府狱
	左、右巡院府狱	在两京河南府、应天府设
	殿前马步司狱、四排岸狱	关押京师犯罪的军官
	掖庭狱、皇城司狱	皇城司狱拘押审理宫城内官员和后妃犯罪
地方	路、府、州、军、县监狱	关押路、府、州、县人犯
	牢城	海岛牢城、远恶州军牢城、内地牢城
	圜土	临时关押

（二）监狱检验事件

1. 刺配之刑

刺字是一种肉刑，也是一种羞辱刑罚。刺字之刑最早源于黥刑。黥刑又名墨刑，是上古的五刑之一，是中国古代使用时间最长的一种肉刑，前后沿用时间长达数千年。在汉文帝废肉刑之后，在很长一段历史时期中黥刑并没有真正被废除，反而成为刑罚制度之外的一种私刑。到了五代后晋天福年间之后恢复黥刑。

据宋慈《洗冤集录·验未埋瘗尸首》记载："先看其尸有无军号？或额角、面脸上所刺大小字体，计几行或几字？是何军人？若系配隶人，所配隶何州？军字亦须计行数。如经刺环，或方或圆？或在手背、项上？亦计几个。内是刺字或环子？"这里"军号"就是被刺配从军的犯人；所谓"额角、面脸、手背、项上"指刺字部位；所谓"刺字、刺环（或方或圆）"指的是刺字形状；所谓"刺字行数"指刺字的内容，如"刺配某牢城"的字样;所谓"所刺大小字体"指刺面的"大刺"和"小刺",凡犯重罪的,就把字刺得很大,而且根据不同的罪行,所刺的形状也不一样。宋代的刺配,就是将杖刑、刺面、配役三刑同时施加于一人。宋太宗时遂以"刺配"为常法,滥加施用。如宋太宗时,始有"窃赃用五贯者决杖、黥面、配役"的诏令;后来这类诏敕列入编敕;大中祥符时(1008—1016)还只有 46 条,庆历时(1041—1048)递加到 170 余条,熙宁时(1068—1077)增加到 200 条,淳熙时(1174—1189)竟多到 570 余条,成为常刑,以致流配人犯充满配所,南宋时竟多达十余万人。宋代刺配刑规定详尽,主要适用于杂犯死罪减赎者、强盗、窃盗及一些累犯罪犯。依所犯罪行种类和轻重,刺面的部位和刺的字或记号都有不同;因配役地区远近,刺的深浅也不一样。从孝文化角度出发,古人有"身体发肤受之父母"之说,脸上刺字可以被看作"不孝之人",是一种非常屈辱的行为。犯人面颊上刺字成为终身的标记,无法洗刷,成为耻辱印记。除了自身会为此负有巨大的心理压力之外,也容易沦为他人歧视的对象。刺面刑罚直至清末光绪三十二年(1906)修订《大清律例》时才被废除。

2. 讯腿荆杖

《名公书判清明集》卷十一之蔡久轩"违法害民"书判记载:"当职未巡历之前,已闻弋阳有孙、余二吏之横,民不堪之。及至安仁,则弋阳百姓争来哀诉,节次收六十四状,或专状,或联名,伛偻拜起,累累车前,伏地不去,欷歔号呼,有困迫无聊而自掷于地者,非割剥膏血,民怨彻骨,岂至是乎?一虎咆哮于市廛之间,民且狼顾,斗大之邑,而为虎者数人,民其有不重困者乎?孙回累经编管,伪冒置充吏,首占县权,自号立地知县,弟孙万八横行市井,人呼八王,其它可知。捉人殴打,辄用纸裹木棒,名曰纸馄饨。收拾配吏、破落乡司,分布爪牙,竞为苛虐,私押人入狱,讯腿荆至一二百。余信昨同张成胁取百姓刘庆一千二百余贯,本司止将张成勘断,所以恐之也。乃敢率弓手正等二十余人,以迎神为名,擒捉词人。"

这是个"私设法堂"刑讯的案件,案件发生在江西弋阳县。案件是这样的:有孙、余两个官吏,利用职便,为非作歹,横行乡里。官员蔡久轩早就有所耳闻,而且蔡久轩调到安仁县时,弋阳县老百姓还是不断苦苦申诉,竟然收到六十四个诉状。这些诉状，有的是有人实名写状专门告孙、余二人，有的则是联名，拦车申诉，没有"割剥膏血，民怨彻骨"，不会这样。不仅孙、余两个官吏，还有两人纠集的一批恶棍，其中一个叫"孙万八"，人叫"孙八王"，从绰号便知其危害。抓到人就打，私设法堂，其中，"讯腿荆"指用纸裹木棒（名曰纸馄饨）打人。余信、张成这两个人就从一个叫刘庆的老百姓那里骗取一千二百余贯。而官府接到报案，只把张成抓获，不去抓幕后指使人，其实是害怕孙、余两个官吏。官员蔡久轩率弓手等二十余人，以迎神为名，下令擒捉，连同孙、余两个官吏，一并归案处罚。

述评：用纸裹木棒打大腿背部的叫"讯腿荆杖"。由于用棍子打人，容易出现棍棒伤痕，但如果用纸裹木棒打人，体表伤痕不重，官府检验人员外表看不出来，但身体内部损伤严重。其中，被打击的两大腿体表伤情不明显，但皮下大片出血，诊治肌肉挫伤、坏死，严重者会出现大量失血性休克；肌肉坏死还会出现挤压综合征而出现肾功能衰竭死亡。宋慈《洗冤集录·受杖死》："又有讯腿杖，而荆杖侵及外肾而死者，尤须细验。"这是说宋慈认为，还有一种杖刑叫"讯腿杖"刑罚，就是用"荆杖"打击大腿背侧，但是由于睾丸在两大腿之间，"讯腿杖"往往致睾丸破裂，可以致人死亡，应该要仔细检查。

3. 刑讯逼供

（1）重叠断杖

《名公书判清明集》卷一之刘后村"催苗重叠断杖"书判记载："纵是吏卒，亦不当于湿疮上鞭挞，况吏人之子乎！又五日而两勘杖乎！具析申。据赵主簿具析到公状，奉判，人无贵贱，身体发肤，受之父母，一也。先贤作县令，遣一力助其子云，此亦人之子也，可善遇之。主簿似未知此样意思，只如三月二十七日断杖，四月初八日复决，岂非湿疮上再决乎！似此催科，伤朝廷之仁厚，损主簿之阴骘，当职以提点刑狱名官，不得不谆谆告诫，今后不宜如此。"这里，杖刑后会出现皮肉挫裂伤，继而感染，"三月二十七日断杖，四月初八日复决，岂非湿疮上再决乎！"意思是刚受杖不到十天又受杖，这样重叠受杖会致人死亡的，也"伤朝廷之仁厚"。

(2)吊起挞打

《名公书判清明集》卷一之吴雨岩"禁约吏卒毒虐平人"书判记载:"照法官所定,牒州照断。近阅诸郡狱案,有因追证取乞不满而杀人者,有因押下争讨支俵而杀人者,有讨断杖兜驰钱而杀人者,又有因追捕妄捉平人吊打致死者。呜呼!斯民何辜,而罹此吏卒之毒。且寻常被追到官人,往往只是干证牵连,及系被诉究对本自有理人,非必皆有所犯。纵使有犯,亦或出于讹误。纵非讹误,亦止有本罪。"这里,"吊打"指以手或脚吊起挞打。

(3)违法军杖

《名公书判清明集》卷一胡石壁"约束州县属官不许违法用刑"书判记载:"访闻判官厅每每违法用刑,决挞之类动以百计。照得在法笞杖自有定数,笞至五十而止,实决十下,杖至一百而止,实决二十下,未尝有累及百数者。惟军中用重典,则有法外之行,然必是其罪合减死一等,始有决小杖一百者,亦岂可常也。今州县属者非军将,吏卒所犯非军令,不应辄行军法,以作淫虐。此皆由郡政不纲之故,合行约束。准令,诸见任官、本厅或本司所辖兵级、公吏犯杖以下罪,听申长吏,借杖勘决。朝廷立法曲尽至此,其恤刑之意可见矣。今后各厅吏卒决二十以下,听从便遣决,杖以上照条申借,不得仍前任意专决外,知县系是长吏,职兼军政,巡、尉系辖弓手、土兵,与掌军事体一同,合听斟酌轻重施行。"这里,"违法用刑"指使用军中杖刑。

述评:上述三例是《名公书判清明集》记载的断杖、吊打、军杖实际案例。宋慈《洗冤集录·验罪囚死》说:"凡验诸处狱内非理致死囚人,须当径申提刑司,即时入发铺。""小杖痕,左边横长三寸,阔二寸五分。右边横长三寸五分,阔三寸。各深三分。大杖痕,左右各方圆三寸至三寸五分,各深三分,各有脓水。兼疮周回亦有脓水淹浸、皮肉溃烂去处。背上杖疮,横长五寸,阔三寸,深五分。如日浅时,宜说兼疮周回,有毒气攻注、青赤皮紧硬去处。如日数多时,宜说兼疮周回亦有脓水淹浸、皮肉溃烂去处,将养不较致命身死。又有讯腿杖,而荆杖侵及外肾而死者,尤须细验。"宋慈认为,刑狱案由提刑司专门检验,并指出各种大杖、小杖刑讯的受伤检验标准,包括死亡原因及其鉴定,这些都是宋慈多年检验的总结,也是留给后人的经验。

(4)椎打踝骨

《勉斋先生黄文肃公文集》"危教授论熊祥停盗"书判记载:"据尉司解到陈九自供为盗是实,又供系是熊祥教令为盗。饶细乙、舒九两名亦供熊祥寻常实是停盗,累尝使人为盗。当厅审问,与尉司所供无异。又各人称尉司都不曾拷打,危教授亦不曾计嘱。及追到熊祥,再唤人供对,都与前所供全然相反,并称系是弓手黄友、徐亮在龙舟院打缚,又系危官人自行打勘。本县照得陈九为盗,饶细乙、舒九供熊祥停盗,若非受打受赂,岂肯到官自行供通。及唤上医人验陈九被打痕损,果是曾经用椎打伤踝骨,并夹损手指分明。"

述评:县尉司拷打犯人,官府请医生辨验。这里,"椎打伤踝骨"的"椎"指敲打东西的器具,如铁椎、木椎、鼓椎。椎打伤(杀),指用椎敲打伤(椎杀)。本案系被人"用椎打伤踝骨并夹损手指"所致伤害。本案提到"唤上医人验陈九被打痕损"。说明,官府邀请医生参与检验,在牢房、公堂都可看到医生的身影。

4. 医生参与检验

宋慈《洗冤集录》中提到医生参与检验的情况有以下几种。

其一,审查卷宗证词可靠性需要医生参与,如《洗冤集录·札口词》:"凡抄札口词,恐非正身,或以它人伪作病状,代其饰说,一时不可辨认,合于所判状内云:日后或死亡,申官从条检验。庶使豪强之家预知所警。"

其二,保辜期限需要医生参与,如《洗冤集录·验他物及手足伤死》:"伤损条限:手足十日,他物二十日。"

其三,救人以保存证据需要医生参与。宋慈《洗冤集录·救死方》记载:"五绝及堕打卒死等,但须心头温暖,虽经日亦可救。五绝者,产、魅、缢、压、溺。""惊怖死者,以温酒一两杯灌之,即活。""又屈死人两足,着人肩上,以死人背贴生人背,担走,吐出水即活。""魇不省者,移动些小卧处,徐徐唤之即省。"以上指"产、魅、缢、压、溺五绝"情形已出现假死现象,可以救活。关于假死的检验方法,其实是请医生一起进行的。宋慈把"救死方"写入检验书籍《洗冤集录》中,就是要从被救的人口中得到真实的证据。另外,宋代实行保辜制度,被害人未死,判处死刑就会减少。

其四，辨别疾病真伪需要医生参与。宋慈《洗冤集录·检覆总说上》还记载："如斗殴限内身死，痕损不明。若有病色，曾使医人、师巫救治之类，即多因病患死。"这段话的意思是检验尸体时，对于斗殴保辜期限内死亡，损伤情况不明的，假如发现死者有疾病外观，就要调查医生或巫师，如有经过救治或用药，便可考虑患病而死。由此可见，当时医生是有参与检验的，但系被动参与，有检验官员发现"有病色"时才要求调查医生迁就过程。

其五，医疗纠纷需要医生参与。宋慈在《洗冤集录·针灸死》记载："须勾医人验针灸处是与不是穴道"，意思是针灸死亡的案例，要请医生看看"针灸处是与不是穴道"，以判断医生因针灸致人死亡的责任。这种由别的医生鉴定医生过错的做法在宋朝已经实行了；还有一种也可看作医生检验，那就是稳婆检验。

其六，强奸、堕胎等案需要医生参与。宋慈《洗冤集录·妇人》记载："令坐婆以所剪甲指头入阴门内，有黯血出是，无即非。若妇人有胎孕不明致死者，勒坐婆验腹内委实有无胎孕。如有孕，心下至肚脐以手拍之，坚如铁石，无即软。若无身孕，又无痕损，勒坐婆定验产门内，恐有他物。有孕妇人被杀，或因产子不下体死，尸经埋地窖，至检时，却有死孩儿。推详其故，盖尸埋顿地窖，因地水火风吹，死人尸首胀满，骨节缝开，故逐出腹内胎孕。孩子亦有脐带之类，皆在尸脚下。产门有血水、恶物流出。若富人家女使，先量死处四至了，便扛出大路上，检验有无痕损，令众人见，以避嫌。""令收生婆定验月数，定成人形或未成形，责状在案。堕胎儿在母腹内被惊后死，胎下者，衣胞紫黑色，血荫软弱；生下腹外死者，其尸淡红赤，无紫黑色及胞衣白。"稳婆检验，也是由检验官员邀请，主要是验处女、验身孕、验胎月、验产门异物、验产门外伤、验堕胎、验胎孕不明致死等。

其七，中毒案件需要医生参与。宋慈《洗冤集录·服毒》记载："又有腹脏虚弱、老病之人，略服毒而便死，腹肚、口唇、指甲并不青者，却须参以他证。"宋慈《洗冤集录》中不是所有中毒案件都要医生参与，只有看过去有病，好像中毒量不大但却死亡的案件，要请医生或查病历看看是否"虚弱老病"及其程度。

其八，确定是否病死需要医生参与。宋慈《洗冤集录·病死》记载："患是何病？曾请是何医人？吃甚药？曾与不曾申官取口词？如无，则问不责口词因根据；然后，对众证定。如别无它故，只取众定验状，称说：遍身黄色，骨瘦，委是生前因患是何疾致死。仍取医人定验疾色状一纸。如委的众证因病身死分明，原初虽不曾取责口词，但不是非理致死，不须牒请覆验。"这里，死者生前患何病、看病医生是谁、生前吃什么药等都要问。

从《名公书判清明集》和宋慈《洗冤集录》记载可知医生参与检验有其法医学价值：

其一，宋代医生参与检验包括协助审查卷宗证词可靠性、保辜期限、救人保存证据、辨别疾病真伪、医疗纠纷、强奸堕胎、某些中毒、某些病死等案件。

其二，宋代医生并不全是自己做鉴定，而是检验官员认为有必要或有疑问或怀疑伪造伤病等请医生参与检验，这些案件包括审查卷宗证词可靠性、保辜期限、救人保存证据、辨别疾病真伪、某些中毒、某些病死等。

其三，宋代医生参与检验是法律规定的，如强奸、堕胎等案的稳婆检验，也是由检验官员邀请，主要是验处女、验身孕、验胎月、验产门异物、验产门外伤、验堕胎、验胎孕不明致死等。

其四，宋代医生参与医疗纠纷的部分检验，如针灸死亡的案例，检验官员要请医生看看"针灸处是与不是穴道"，以判断医生因针灸致人死亡的责任。这种由别的医生鉴定医生过错的做法在宋朝已有先例，即所谓的"别医检验"。由此，别医检验在宋代已经实行，并在宋慈《洗冤集录》中有记载。

其五，宋代医生参与检验可做法律意义上结论使用的，包括医疗纠纷的部分检验、强奸堕胎等检验、保辜期限伤病等。

法医不仅要认识各种疑难问题、识别真伪，还要请医生协助检验并正确使用医生病案。这是作为一个优秀法医必须具备的，也是宋慈《洗冤集录》一再强调的。

5. 死于狱中

(1) 无辜病死：《名公书判清明集》卷一吴雨岩"治推吏不照例襄被"判词："本路狱事之多，莫如饶、信，居常系狱者动辄百十人，未见有狱空之时。此不可专归罪于民俗之顽犷，皆缘官司不以狱事为意，每遇重辟名件，一切受成吏手，一味根连株逮，以致岁月奄延,狱户充斥。气候不齐之时,春秋之交,多是疾疫相染,无辜瘐死,当职心甚痛之。到任初,首先出榜禁戢,又且夙夜不敢怠,每狱事大情已定者,简径断决。幸而饶州两狱岁首狱空,亦欲两狱举行禳祓,感召和气。不期推吏等人,非其所乐闻,只愿狱户充斥,可以骗乞,反怒当职不合疏决,使犴狴一清,更不照例禳祓。诛心而论,岂可苟免。俗语云:打杀乡胥手,胜斋一千僧。推司枉法受财,出入生死,其为害何止如乡胥而已,配两推吏,胜似斋一万僧,何必缁黄设醮设斛,方可请福。汪仁、刘友系两狱头名推吏,各刺配本州岛牢戒,长枷榜示各狱前,使往来观看,举手加额,道一声称快,自足以感召和气。十七日却押上,仍帖问两狱官。"这里,"无辜瘐死"指被关押待审的嫌疑人因案件拖延不审结果无辜病死在狱中。

(2)牢房疾疫:《名公书判清明集》卷十一胡石壁"葺治厢牢"判词:"当职今月二十五日亲诣厢牢,点视屋宇,见得颓败卑隘,上漏下湿,不可以居。连年疾疫荐臻,囚多夭阏,咎盖在此。惟昔周官司寇,以圜土教罪民,凡害人者,置于其间而施职事焉,而加明刑焉,能改者,上罪三年而舍,中罪二年而舍,下罪一年而舍,其刑人也不亏体,其罪人也不亏财。先王之意,盖欲使有罪之人于此焉,苦其心志,劳其筋骨,饿其体肤,动心忍性,增益其所不能,将复反于中国,齿之于平民也,岂遽俾之就死地哉!今敝陋如此,燥湿寒暑,无所乎避,是使罪止流窜,法不当死之人,野处穴居,竟至殒命,反不若受极刑速死之为愈也。"这里,"疾疫"指牢房条件差是因犯在狱中染上疾病而死。因为宋代法律规定狱中死亡是检验对象。

述评:宋慈《洗冤集录·条令》说:"凡验诸处狱内非理致死囚人,须当径申提刑司。"这里,宋慈明确指出,狱中包括病死在内的非正常死亡,由提刑司直接检验。

六、法医文化

1. 儒而知医

两宋时期出现了"儒而知医"的社会现象,对医学的发展起到积极的作用。其一,文人士大夫普遍涉猎医学领域,他们整理编撰方书,探求医学之理,促使了医学知识的广泛传播,推动了医学理论的发展。其二,他们借儒学研究医理,将仁义纳入医德,

"仁爱""修身""孝亲""利泽生民"等儒家思想渗透到医学的方方面面，提高了医家的人文境界。北宋时期的程颢是嘉祐年间（1056—1063）进士，程颐嘉祐四年（1059）赐进士出身，程颢、程颐兄弟，世称为"二程"，创立洛学，建立理学体系。程颢提出"知医为孝"论，说："病卧于床，委之庸医，比于不慈不孝。事亲者亦不可不知医。"程颐也认为，人子事亲学医"最是大事"。进士出身的沈括（1031—1095，曾任翰林学士），虽非以医为业，然其对于医药学有着浓厚的兴趣，晚年更是致力于医药学的研究。在《梦溪笔谈》里的《药议》《采草药》等文对药学方面的论述十分精辟，从采药、用药到辨药、制药均有论述。他所著的《良方》《灵苑方》影响深远。沈括对医理也颇有研究，其《良方自序》实际上是一篇较系统的诊疗理论，开篇指出："予尝论治病有五难：辨疾、治疾、饮药、处方、别药，此五也。"沈括《梦溪笔谈·官政一》记载李处厚用"红光验尸"的方法发现了尸体的伤痕。以后，江淮一带诉讼验尸案件常常使用这种方法。

述评：李处厚，北宋庆历二年（1042）进士，福建连江人。李处厚在一次验尸时查不到伤痕，按老书吏提供的办法，把尸体抬到日光下，又用红伞遮住阳光，尸体上的各处伤痕顿时就清晰地显现了出来。新的红油伞有滤光作用，皮下瘀血的地方一般呈青紫色，白光下看不清楚，但在红光下却能清晰显现。沈括把这次用"红光验尸体伤痕"光学现象记载在他的《梦溪笔谈》中，给以后法医检验以很大的启示。

2. 名公文化

宋代名公，指的是"父母官型诉讼官员"，其本质是司法官吏清廉办案。所以，"名公文化"又指当好父母官的文化。对《名公书判清明集》中宋慈九个案例进行研究，发现他在提刑任上基本依"法"而断，书判中几乎未见"情"；《洗冤集录》中主要介绍检验原理和经验，重视躬亲检验与清廉；此外，《名公书判清明集》中宋慈个案和《洗冤集录》案例是对检验官员的警示，体现的是仁民爱物的统治理念，对"法"的援引则囊括律、法、赦令、指挥以及抽象意义上的"法"。总之，宋慈书判所见的风格是严格依法判决的"名公文化"。宋慈《洗冤集录·验尸》记载："验尸并骨伤损处，痕迹未见，用糟、醋泼罨尸首，于露天以新油绢或明油雨伞覆欲见处，迎日隔伞看，痕即见。

若阴雨，以热炭隔照。此良法也"。宋慈在《洗冤集录·论沿身骨脉及要害去处》又记载："向平明处，将红油伞遮尸骨验。若骨上有被打处，即有红色路，微荫；骨断处，其接续两头各有血晕色；再以有痕骨照日看，红活乃是生前被打分明。骨上若无血荫，纵有损折，乃死后痕。"

述评：宋慈（1186—1249），南宋嘉定十年（1217）进士、提刑，福建建阳人。他用明油伞在阳光下覆照检验尸骨伤痕。因尸骨是不透明的物体，对阳光有选择地反射。当光线通过明油伞或新油绢伞时，其中影响观察的部分光线被吸收了，骨质中出血的红棕色血色素（红细胞中一类含铁的蛋白质）在滤过的光线下，可以"鲜活地显现"而容易看出伤痕。宋慈说"红活（有红色路、血色晕）乃是生前被打""骨上若无血荫，纵有损折，乃死后痕"。宋慈这一描述，与现代用紫外线照射观察生前、死后骨质出血损伤是一致的，符合光学原理。

3. 丝路文化

《洗冤集录·妇人》后附"小儿尸并胞胎"记载："按《五藏神论》：怀胎一月如白露，二月如桃花，三月男女分，四月形像具，五月筋骨成……十月满足。"

述评：《五藏神论》是指《耆婆五脏神论》。这里"耆婆"指的是印度佛陀时代的名医。因此，《五脏神》可能是印度医学著作。唐宋时期不少通过"丝绸之路"进行中外医学交流。"丝路文化"也烙印在宋慈《洗冤集录》法医学著作之中。但我国古代法医学与西方的交流，在两宋时期没有记载。

4. 吾道南矣

北宋时有个叫杨时的福建人，读经书和史书很用心。中了进士之后，朝廷调他去做官。杨时不肯就，而是先到颖昌拜了理学家程颢为师。等到杨时回去时，程颢目送说道："吾道南矣！"程颢去世了以后，杨时又到洛阳去，向程颢弟弟程颐受业。这时，杨时已经四十岁了。可是，侍奉程颐仍十分恭敬。有一天，程颐偶然闭了双眼坐着。杨时和另外一个福建学生游酢，在程颐旁边侍立着不去。等到程颐醒了，门外已经下起了大雪，有一尺多厚。这就是"程门立雪"的典故，表示对老师和学问的尊重。

"程门立雪"又引出"吾道南矣"的典故。所谓"吾道南矣"是理学家程颢的感叹所言，意思是："儒家思想的研究不久就要南移了。"朱熹对"吾道南矣"有专门一副对联："道南首豸山，学共龟山同立雪；理窟从洛水，本归濂水引导源。"朱熹这副对联明确指出当时福建承担文化南移的任务，而到朱熹时的"道南理窟"则表明福建已然是我国的文化中心。但朱熹认为，"程门立雪"正是杨时和游酢等人把儒家思想从北方带到福建的根源。朱熹这对联子还有一层意思，就是杨时在二程理学和朱熹之间起了承前启后的作用。具体地讲，北宋时，福建文化对河洛文化有了承接与创新，顺应了中国古代社会于唐宋间由前期向后期过渡，政治、经济、文化重心由北方向南方转移的趋势。"吾道南矣"表明中华文化文脉的向南延伸；"道南理窟"的形成表明以福建朱熹为代表的学者继往开来，以儒学为主干，吸收融会佛、道思想，创新儒学，完成中国文化重心完整南移的历史任务。

福建僻处东南海隅，文化开发较迟。自西晋"永嘉南渡"及唐末五代几次南迁，中原河洛文化也随着进入福建，带动福建经济、文化的发展。北宋末的"靖康之难"，出现了中国历史上又一次人口大迁移。中原士族及民众纷纷迁移到南方，迁移到福建。中原先进的生产技术、发达的文化随之南移，与福建文化撞击、融合。"吾道南矣"是中国历史文化发展的必然，它表明中华文化文脉的向南延伸。加之我国法医检验的历史积淀和法律成熟，宋慈个人努力和总结，使我国在南宋出现了宋慈及《洗冤集录》。

5. 水沃其尸

沈括《梦溪笔谈》记载北宋李处厚按一老书吏的方法进行"红光验尸"："以新赤油伞日中覆之，以水沃其尸见。"意思是用新红油伞在太阳光下覆照尸体，然后用水浇泼。李处厚按照他讲的办法，果然伤痕清晰可见。以后江淮一带地方，处理这类案件常常使用这种方法。①

述评：李处厚是最早使用"红光验尸"的检验官吏。我国古代法律不允许尸体解剖，"红光验尸"查验伤痕有重要古代法医检验的历史地位。

---

① 详本书第275页"红光验尸"。

6. 采生折割

案例 1

《宋会要辑稿》记载，淳化元年(990)八月二十七日，峡州长杨县民向祚与兄收取了当地富人十贯钱，从事"采生"活动，其目的是杀人祭鬼。两人合谋杀死了县民李祈的女儿，"割截耳鼻，断支节以与富人"。又有记载说："湖外风俗，佣人祭鬼，每以小儿妇女生剔眼目，截取耳鼻，埋之深井，沃以沸汤，糜烂肌肤，靡所不至。"

案例 2

元代，采生之风仍然盛行，在湖南常德和澧县地区就多有采生祭鬼、蛊毒杀人之家，峡州路(湖北宜昌)也有采生蛊毒的事发生。《元典章》指出两湖地区采生祭鬼几成风气："士人每遇到闰岁，纠合凶愚，潜伏草莽，采取生人，非理屠戮。彩画邪鬼，买觅师巫祭赛，名曰采生。所祭之神，能使猖鬼，但有求索，不劳而得。"陶宗仪《辍耕录》记载了一个案件，元至正二年(1342)，巫师王万里在陕西兴元学到了采生的方法，并花钱从一个术士手里买下了两个可以用"采生术"役使的奴人，加上后来又收服了一个名叫月西的女子，王万里共拥有三个经采生后供役使的"奴隶"。

案例 3

清代《清稗类钞》记载：乾隆年间(1736—1795)，长沙县城里有两个人，牵着一条"狗"。这条"狗"体型较大、脚趾长、尾巴短，五官和人一样，会唱小曲，会说人话，别人看着稀奇，就争着给钱，想听唱一曲。长沙县荆县令把"狗"带到衙门审问。荆县令问道："你是人还是狗？"回答："不知道自己是人还是狗。"荆县令又问："带你来的那两个人都做什么？"回答："他们早上牵着我出门，晚上把我塞到桶里。"荆县令马上把这两个人抓起来，严加拷打后得知，这条"狗"就是罪犯拿人用"采生折割"方法做成的。

述评："采生折割"是古代一种极其残忍的行为，这里"采生"指活人祭鬼，"折"指故意将骨头折断，"割"指故意破坏人体外形。意思就是借祭鬼把儿童妇女人为制造成奇形怪状的样子，或者变成残疾，为乞讨敛财。儿童妇女大多来自强抢，或者用计谋欺诈，罪犯把别人的儿童妇女弄到手里，变成赚钱的工具。从以上三个案例可以看出，宋代的"采生折割"是巫术"杀人祭祀"，但到元明清代则以"杀人赚钱"等为目的。这种行为宋以前就引起了注意，唐律中就有禁止"肢解"人体的条款，将之视为一种针对受害人灵魂的罪行。宋代严禁"杀人祭鬼"。到了元明代，"采生折割"现象威胁到社会秩序，而成为司法检验对象，以至于在明代以后列入国家重典予以严惩。《明律·刑律二·人命》"采生折割人"条中规定："凡采生折割人者，凌迟处死，财产断付死者之家。妻、子及同居家口虽不知情，并流二千里安置。"也就是说，"采生折割"者要凌迟处死，家人即使不知情，也要流放。到了清代，《大清律例》中有"诱拐儿童""摄取药引"条，说"又有诱拐幼童，炙其五官百骸，配药以神医治各窍之妙，又一术也。又或药迷孕妇于深山，取腹内胎儿为一切资生药，又一术也"。《大清律例增修统纂集成·刑律·人命》条款中有："更有剜人脏腑及孕妇胞胎室女元红之类，以供邪术之用。"一些记录在案的刑事卷宗也证明了这一点。乾隆十四年（1749）江苏潘鸣皋案称："潘鸣皋……拜师求术，得受孩方。即自觅孩尸炼卖。"嘉庆十六年（1811）十一月，发生过一起"张良壁采生案"，案卷称张某"致毙女孩十一人，成废一人。"直至光绪二十三年（1897），山东巡抚李秉衡奏报破获一起采割案，说案犯"因生意淡薄，贫苦难度，独自起意迷拐幼孩，希图采割配药，给人治病渔利"。《大清律例增修统纂集成》卷二六《刑律·人命》对采生现象的处罚更加细密，明确"采生折割"为贩卖人口、偷窃诱拐儿童妇女、杀人巫术行为，其处罚同明律。

7. 玫瑰色齿

宋慈《洗冤集录·自缢》记载："尸首日久坏烂，头吊在上，尸侧在地，肉溃见骨。但验所吊头，其绳若入槽（谓两耳连颔下深向骨本者）及验两手腕骨、头脑骨皆赤色者是。一云齿赤色，及十指尖骨赤色者是。"这里，齿赤色指的就是玫瑰齿。

述评：玫瑰齿是窒息死者由于窒息过程中缺氧所致的牙龈黏膜毛细血管出血而浸染牙齿，在牙颈表面可出现玫瑰色。玫瑰齿经过酒精浸泡后色泽更加鲜艳，对于推断腐败尸体有无窒息有一定的参考价值，但并非特异性指征。现代研究尸体玫瑰齿现象与死因的关系及其法医学意义。有人采用观察法研究各种死因的大鼠尸体玫瑰齿现象。每种死因观察10只大鼠，其中8只死后即刻取牙齿观察，2只死后置水中腐败出现尸臭时取牙齿观察，观察后立即将牙齿置于酒精中浸泡，分别于不同浸泡时间再进行观察。结果发现各种死因即刻取牙观察均未见玫瑰齿现象，但置酒精中浸泡后均逐渐出现玫瑰齿现象，并在浸泡四小时后玫瑰齿颜色显著。实验认为尸体玫瑰齿现象与死因无关，不能作为法医学鉴定死因的依据。因此，教科书上说明，玫瑰齿只对于鉴定腐败尸体有无窒息有一定的价值，但并非绝对的指征。

8. 智断井尸

沈括的《梦溪笔谈》记载：北宋张杲卿知润州(今江苏镇江)时，当地有个妇女的丈夫出外很多天，一直没有回家。后来有一天有人说在菜园的井里发现了一具尸体，那妇女立即赶去，望着井口号啕大哭，说："这是我的丈夫呀！"于是，当地人就到官府报案。张杲卿下令下属集合乡邻，到那井边检验尸体，确认是不是那妇女丈夫的尸体。可是，下属回报说，那口井非常深，无法直接检验，要先设法打捞尸体，才能够开始检验。张杲卿一听汇报，立刻发现问题："众人都无法辨认那个尸体，那妇女怎么会知道很深的井里的尸体就是她丈夫？"命令把那妇女收押审讯，同时打捞井底尸体，仔细检验。果不其然，尸体检验证明那确实是被谋杀的丈夫尸体，而那个妇女也承认了是她的情夫杀了丈夫，把尸体扔在那个井里的，预先已经告诉了她。因此，当有人说看见井底有尸体时，她情不自禁就说出是自己丈夫尸体了。

述评：法医学上的犯罪踪迹是指可以推断出案件经过情由的事实，也指犯罪踪迹被发现前有人说出事实表明该当事人是知情人的推断，这实际上是法医犯罪心理学上的逻辑推断。古人有一成语："此地无银三百两"，比喻想要把事情隐瞒掩饰，结果反而暴露。该案是北宋沈括《梦溪笔谈》里记载的一个在现场发现线索案例。该案办案官员张杲卿善于对现象进行分析推理，发现深井中尸体无法检验，却有人喊叫井中尸体是其丈夫，认为"众人都无法辨认那个尸体，那妇女怎么会知道很深的井里的尸体就是她丈夫？"于是，张杲卿心中有数，一经审问就真相大白。

9. 向相访贼

桂万荣《棠阴比事》记载了北宋的时候宰相向敏中曾经办理过一个案件。他在以同平章事(宰相)、判河南府兼西京(今河南洛阳)留守时，洛阳正好发生一起案子。有个

中国古代法医学与社会治理关系史

游方的和尚经过一个村庄，天色已晚，他向一户人家请求借宿，被主人拒绝。他实在是又累又乏，百般请求，说是只要在主人房屋外的一个车棚里睡一晚就行。主人这才答应。想不到就在这天晚上，有个强盗翻墙进入那户人家，过了一会儿，那强盗又带着一个妇女翻墙出来，还带了一个大包裹。那和尚半夜醒来，恰好在车棚里把这个过程看了个一清二楚。他想昨晚要求借宿曾被拒绝，早上主人肯定要以失盗怪罪自己。他不敢再睡，起身上路，想尽快脱离这是非之地。慌不择路，这和尚居然走到了附近的草地上，一脚踏空，掉进一口早已废弃的枯井。不过他却一点没有受伤，觉得是掉落在一个软绵绵的物体上，定下神一摸，却是个刚死的尸体。和尚又惊又怕，不自觉地把两手在身上擦了又擦。等到天亮后，和尚才发现自己是掉在一具女尸上，女尸是被人杀死后扔下来的，鲜血淋漓，而和尚自己两手和身上也都沾满血污。那户人家的主人早上发觉被盗，老婆也失踪，叫起邻居一起四处搜寻。他们发现草地枯井边上有血迹，又听见和尚在井下喊救命，放下绳索把和尚拉上来，又拉出被杀的妇女尸体，把和尚痛打一顿后送到官府审讯。那和尚害怕刑讯再吃苦头，很快就承认了杀人罪，胡乱供述："自己和这妇女早有奸情，引诱她私奔。可是带出门后又怕和尚与妇女同行容易引起怀疑，就起了杀心，然后投尸入井。不料脚底打滑，自己也掉入井中。那偷出来的大包裹和凶器刀子就扔在了井边上，不知道是被谁拿走了。"官府信以为然，就此结案，将和尚判处了死刑，等待执行。向敏中接管这个案子的审理，总觉得没有找到凶器，也没有找到赃物，很难定案。他亲自审问和尚，那和尚只是叹气，说："这是我前世里欠了她的孽债，今世里只好偿还，没有什么好说的。"向敏中更加生疑，又连续几次提审，好言相劝，那和尚才把那晚的经过说了出来。向敏中就指示搁置这个案件，秘密展开调查。他派出的一个官员化装成过路客商暗访那个村庄，在村庄里的小店用餐，和店里的老太太闲谈。那老太太听他说是从洛阳城里来的，就问那个和尚的案子怎么样了？那个官员假装说："那和尚昨天已经在市场上被杖毙了。"老太太叹息道："如果现在抓住了真正的罪犯该怎么办？"那官吏说："官无悔判，就算是判错了也要错到底。现在即使抓住了真的凶手也不会再追究了。"老太太说："那么现在说出来也不要紧了。实际上，那个妇女是本村的一个青年杀的。他勾引了那个妇女出走，只是要她的财物而已。"官吏赶紧打听清楚那青年的情况,回去报告。官府突然出动衙役公差,包围那户人家,进去一搜,杀人的刀子、那户人家的财物都被搜了出来。向敏中听取汇报后,立即下令释放了在押的那个和尚。这个事例被司马光记载在他的笔记《涑水纪闻》里,广泛传播。后来桂万荣《棠阴比事》等书籍也转载,名为"向相访贼"。

述评:所谓"向相访贼",就是向敏中寻找罪犯的思路。向敏中审理案件后发现,该案没有找到凶器,也没有找到赃物,很难认定和尚是杀人者。继而深入调查,并用侦查学的原理寻找凶手。值得赞扬的是,该案例出自桂万荣撰《棠阴比事》,该书从各方面总结和说明历代决疑断狱和司法检验的经验,有助于减轻人民讼累和避免某些冤滥,对加强封建法制、维护社会秩序有利,因而曾受到宋理宗的褒奖。因此,从社会治理角度出发,法医学发展与社会治理息息相关。

10. 左手伤人

南宋桂万荣《棠阴比事》记载了北宋欧阳晔为端州(今广东肇庆)知州时解决的一起拖延不决的疑案:该案死者的致命伤在右肋部位,欧阳晔判断只有习惯用左手的人才会在这个部位造成这样的伤痕,所以就集合在押的嫌疑人,脱去他们的戒具,让他们吃饭,从而找出了其中用左手的人,犯人伏罪。①

述评:法医学上,检验两个人相对而立相打时,往往右利人伤及对侧人左侧,左利人伤及对侧人右侧。所以,这个案件又叫"左手伤右肋"或"(甲)左手持刀刺伤乙右肋"。

11. 自伤诬人

宋郑克《折狱龟鉴》记载了一个"钱惟济明察自伤诬人"的案件:北宋钱惟济担任绛州(今山西新绛)知州时,有个老百姓正在桑园采摘桑叶,有人进园来抢夺,但没有抢到手。双方发生纠纷,那个抢桑叶的人就用刀把自己的手臂砍伤,诬陷是桑园主人想要杀死他而未能达到目的。官府一时也没办法分辨清楚,成了一桩疑案。钱惟济听取这个案子的汇报后,就亲自来审理这个案子。他派人把双方都传来问话,先是好言好语劝导,并安排给他们吃饭。他看到那个控告对方要杀他的人是个左撇子,一顿饭

---

① 详本书第 272 页"欧阳左手"。

吃完，他就指着那人说："如果别人用刀砍伤你的手臂，伤痕应是进刀重、出刀轻。现在你的创口却是进刀轻、出刀重，而你是用左手拿筷子的，这正是你自己用左手砍伤右臂的证据。"那个诬陷者无言以对，只好服罪。

述评：这个案件主要对创口的"进刀与出刀"的特点来判断自伤还是他伤。关于自他伤问题，宋慈《洗冤集录·自刑》有专门介绍："若用左手，刃必起自右耳后，过喉一、二寸；用右手，必起自左耳后。其痕起手重，收手轻。假如用左手把刃而伤，则喉右边下手处深，左边收刃处浅，其中间不如右边。盖下刃太重，渐渐负痛缩手，因而轻浅，及左手须似握物是也。右手亦然。""伤痕应是进刀重出刀轻"的说法与"其痕起手重收手轻"是一致的。据此，钱惟济判断是正确的。

12. 蔡高验尸

南宋郑克写的《折狱龟鉴》记载：北宋景祐年间（1034—1038），福州长溪县（今福建霞浦）靠海边的一个村子里，有个老太婆的两个儿子出海打鱼失踪了。老太婆一口咬定是村子里某户人家谋杀了自己的儿子，到县衙门喊冤告状。县衙门的官吏们都很犯难，对老太婆说："海里经常有风浪，怎么知道你的两个儿子不是淹死的？况且就是被人杀死的，如果找不到尸体，依法也不能作为杀人案件来受理。"刚到县衙门任职不久的县尉蔡高却很同情这个老太婆。他觉得从这个老太婆的脸色来看，确实是有冤仇的样子，不可不受理案件。于是，他暗中进行调查，果然发现老太婆所指控的那户人家确实有杀人的动机，也有作案的可能。他就受理了案件，并和老太婆约定："耐心等待十天，如果十天内找不到尸体。我甘愿为你接受缉捕杀人犯有误的惩罚。"蔡高在海边等到第七天，海潮真的将那两个失踪儿子的尸体推到了岸边。蔡高立即主持检验，发现两人身上都有致命伤口。他下令逮捕老太婆指控的那户仇人，严加审讯，那仇人都认罪伏法。蔡高因此案声名大振，被长溪百姓奉为神明。

述评：前已述及，没有发现尸体就不能仓促定案是古代法制中一个悠久的传统，也是司法办案原则。"蔡高验尸"讲述寻找尸体，等待海潮推尸体到岸，并检验尸伤。因此，到了宋代这一原则又有发展。宋慈《洗冤集录·疑难杂说下》记载："广右有凶徒，谋死小童行，而夺其所。发觉距行凶日已远，囚已招伏；打夺就推入水中。尉司打捞，已得尸于下流，肉已溃尽，仅留骸骨，不可辨验，终未免疑其假合，未敢处断。后因阅案卷，见初检体究官缴到血属所供，称其弟原是龟胸而矮小。遂差官覆验，其胸果然，方敢定刑。"所以，到了宋代，"死要见尸"已经成为法医检验原则。

13. 吴简脏图

吴简脏图，是指宋代吴简所绘制的《欧希范五脏图》，是在实际解剖观察基础上绘制的。庆历年间（1041—1048），广西欧希范等600多人因参加叛军，被官兵诱杀。其中56具尸体被当作标本进行了解剖，宜州推官吴简还令画工绘图，并做了记录。这就是吴简的《欧希范五脏图》的由来。原图早已散佚，全貌已不得而知，但从后世僧幻云《史记标注》所引杨介的追述中，还可以了解梗概。吴简当时曾用了两天时间解剖考察。他说："喉中有窍三，一食、一水、一气。互令人吹之，各不相戾。肺之下则有心、肝、胆、脾。胃之下有小肠，小肠下有大肠。小肠莹洁无物，大肠则为滓秽。大肠之傍则有膀胱。若心有大者、小者、方者、长者、斜者、直者、有窍者、无窍者，了无相类。惟希范之心则红而硾，如所绘焉。"当时的观察显然还很粗糙，并且有错误，但对脏腑的位置及其比邻关系的记述则基本上是正确的。

同时代的沈括很快就对《欧希范五脏图》的错误提出了批评和纠正。他在《梦溪笔谈·药议》中说："世传欧希范真五脏图，亦画三喉，盖当时验之不审耳。水与食同咽，岂能就口中遂分入二喉？但有咽有喉二者而已。"这从侧面说明宋代学者很重视对人体解剖构造和生理的研究。宋代这一解剖记载，由医官和画家合作，在犯人临刑时进行，并将解剖所见，绘制五脏图。赵与时的《宾退录》载："庆历间，广西戮欧希范及其党，凡二日，剖五十有六腹，为图以传于世。"这一记载还见之《古今图书集成·艺术典》。北宋太医局医官王惟一等设计制造的针灸铜人，体表的解剖部位和穴位关系比例协调，内脏部位、形状和相互关系也相当正确，与当时的解剖活动有密切关系。

人体解剖在我国古代发源很早。据《史记·扁鹊仓公列传》载，远在商周时，中国医家已有"割皮解肌，诀脉结筋，搦髓脑，揲荒爪幕，湔浣肠胃，漱涤五藏"的解剖思想。《灵枢·经水》中最早使用了"解剖"一词。《汉书·王莽传》中说王莽"诛翟义之徒，使太医尚方与巧屠共刳剥之。度量五脏，以竹筳导其脉，知所终始，云可以治病"。中国的解剖虽然发展很早，但多为阴阳和宇宙本体论所阻，后又受礼教的束缚，有倡导无继承，始终未形成一种独立的体系，但这种实践却为近代西方医学人体解剖学的传入做了重要的铺垫。

14. 一钱斩吏

宋代罗大经《鹤林玉露》记载："张乖崖为崇阳令。一吏自库中出，视其鬓傍巾下有一钱，诘之，乃库中钱也。乖崖命杖之，吏勃然曰：'一钱何足道，乃杖我邪？尔能杖我，不能斩我也。'乖崖援笔判云：'一日一钱，千日一千，绳锯木断，水滴石穿。'自仗剑下阶斩其首，申台府自劾。崇阳人至今传之。"

述评：从法医角度出发，张乖崖（即张咏）发现一小吏从库房出来，他的发鬓头巾上有一枚钱币，这是张乖崖对小吏偷盗库房一枚钱币这一物证的发现。张乖崖就盘问他说："这是库房里面的钱。"小吏承认偷了库房一枚钱币，这是张乖崖对物证的固定。此外，再没有其他证据了。这时，张乖崖杖打了小吏。小吏不服。北宋时，常有军卒侮辱将帅、小吏侵犯长官的事。张乖崖认为这是一种反常的事，下决心要整治这种现象。加之小吏说："一钱何足道，乃杖我耶？尔能杖我，不能斩我也。"这句话激怒了张乖崖。于是，张乖崖拿笔书写判词："一日一钱，千日千钱，绳锯木断，水滴石穿。"拔剑杀了小吏，然后"申台府自劾"。所谓"自劾"，就是检举自己的过错。张乖崖知道"一钱斩吏"是不合法的，所以向上级申报陈述自己过错。宋代实行"自觉举"制度，自觉举是一种适用于官吏犯有公罪的特殊自首，他们如果犯有公事过错罪行，而又能自觉举的，一般可以免罪。张乖崖就是向上级申报检举自己斩吏的罪过。张乖崖"一钱斩吏"发生在初任崇阳县知县5年间（980—984），《宋史·张咏传》中没有张乖崖被弹劾或自劾降级的记载，说明，当时张乖崖"自劾"后，上级没有进行处理，且一直擢升，官至礼部尚书。最后，张乖崖成为与赵普、寇准齐名的北宋三大名臣之一。

对张乖崖"一钱斩吏"，评价不一。有人认为，对小吏每天拿一钱，时间长了，国库就会被私吞殆尽，张乖崖出于公心，杀得对。有人认为，张乖崖的做法不妥，应以证据定罪量刑。小吏偷了一钱，不能判断他天天都偷。不能以推论想象"一日一钱，千日千钱"定罪，违背法治原则。按宋律，监守自盗一钱不是死罪；而死罪，也要有层报、御批、秋决等程序。张乖崖作为一个知县动杀机已僭越法律。也就是说，"一钱斩吏"不合法度，"千日千钱"全凭主观臆断，没有证据。看似法治实为人治。小吏窃一钱之罪只可适用杖击刑。但该小吏不服，口出狂言，惹恼张乖崖，张随拔剑斩小吏首级。名曰执法实为诛心，个人意志肆意凌驾于法律之上，以法律为工具达到个人对"以下犯上"者杀戮的目的。作者同意后者看法。

古代法医检验由张乖崖这样官员实施，不知有多少主观臆断的案子发生。而发现自己错误，又以"自劾"或称"自觉举"方式搪塞，这是古代法医检验制度的缺陷。宋慈对检验不实而觉举免罪的做法持反对态度。宋慈《洗冤集录·条令》说："命官检验不实或失当，不许用觉举原免。"看来，宋慈提倡法医鉴定责任制和错误鉴定问责制，这在今天仍有重要的现实价值。

15. 宋慈墓志

宋经略墓志铭

〔南宋〕刘克庄

余为建阳令，获友其邑中，豪杰而尤所敬爱者曰宋公惠父。时江右峒寇张甚，公奉辟书慷慨就道，余置酒赋词祖饯，期之以辛公幼安、王公宣子之事。公果以才业奋历中外，当事任，立勋绩，名为世卿者垂二十载，声望与辛王二公相颉颃焉。公没且十年而积善之墓未题，其孤奉故左史李公昴英之状来曰："先君交游尽矣，铭非君谁属？"宋氏自唐文贞公传四世，由邢迁睦。又三世，孙世卿丞建阳，卒官下，遂为邑人。曾大父安氏，大父讳华，父巩以特科路广州节度使，赠某官，母某氏，赠某人。公少耸秀轩豁，师事考亭高第吴公雉，又编参杨公方、黄公干、李公方子、二蔡公，孜孜论质，益贯通融液。暨入太学，西山真公德秀衡其文，见谓有源流出肺腑，公因受学其门。丁丑南宫奏赋第三，中乙科。调鄞尉，未上，丁外艰。再调信丰簿。帅郑公性之罗致之幕，多所裨益。秩满，南、安境内三峒首祸，毁两县二寨，环雄赣、南、安三郡，数百里皆为盗区。臬司叶宰惩前招安，决意剿除，创节制司，准遣阙辟公。时副都统陈世雄拥军，兵不进；公亟趋山前，先赈六堡饥民，使不从乱。乃提兵三百，倡率隅总破石门寨，俘其酋首。世雄耻之,逼戏下,轻进贼;贼投覆诱之,兵将官死者十有二人。世雄走赣,贼得势,三路震动。公欲用前赈六堡之策白枭使,数移文仓司。魏仓司大有置不问闻,公主议衔之。公率义丁力战,破高平寨,擒谢宝崇,降大胜峒,曾志皆渠魁也。三峒平,幕府上功,特授舍人官。枭去仓揖挟仇庭辱,公不屈折,拂衣而去。语人曰:"斯人忍而愎,必召变。"魏怒,劾至再三。不旋踵,魏为卒朱先所戕。闽盗起,诏擢陈公为招抚使,陈公用真公言,檄公与李君华同议军事。主将王祖忠意公书生,谩与约分路,克日会老虎寨。王、李全师从明溪,柳、杨公提孤军从竹州,且行战三百余里,卒如期会寨下,王惊曰:"君智勇过武将矣!"军事多咨访。时,凶渠猾酋犄角来援,护军主将矛盾不咸。公外攘援,却内调奸误,先计后战,所向克捷,直趋招贤、招德,擒王朝茂,破邵武者也。杀严潮,降王从甫,与李君入潭州飞溆,百年巢穴一空,唯大酋丘文同挟谋主吴叔夏、刘谦子窜入石城之平固。公与偏将李大声疾驰平固,执文通、叔夏、谦子以归。招德贼酋余友文谋中道掩夺,并俘友文以献,大盗无漏网者。先是魏劾疏下,陈公奏雪前诬,复元秩。汀卒囚陈守孝严,婴城负固。陈公檄公与李君图之。既至,先设备,密抚抚定其榜。公与李军坐堂下,引郡卒支犒,卒皆挟刃入。李公色动,公雍容如常,命枭七卒,出旗榜,贷余党,众无敢哗。辟知长汀县。旧运闽盐,逾年始至。吏减斤重,民苦抑配。公请改运于潮,往返仅三月。又下其价出售,公私便之。再考朝家出二枢,臣视师,曾公从龙督江淮,魏公了翁督荆襄。曾公辟公为属,未至而曾公薨,魏公兼督江淮,遣书币趣公,宾主欢甚。悔曰:"赖有此客尔,结局独辟,赡家发路费黄金五十星。"通判邵武军,摄郡有遗爱。通判南剑州不就,杭相李公宗勉擢贰天府,除诸军料院。浙右饥,米斗万钱,毗陵高守相,以公应诏。入境问俗,叹曰:"郡不可为,我知其晚矣!强宗巨室始去借以避贼,终闭粜以邀利,吾当代其谋尔。"命使按诉旱状,实各户合输米,礼致其人,勉以济粜。折人户为五等,上焉者半济粜,次粜而不济。次济粜俱免,次半粜半济,下焉者全济之。米从官给,众皆奉令。又累乞蠲放,诏阁半租。明年大旱,祷而雨,比去年余米麦三十余斛,镪二十万,楮四十万。擢司农丞,知赣州。当路以要官勾致,

第四章 宋代的法医学与社会治理关系研究

公不答。迁劾,免。免后,要官果有坐附。起知蕲州道,除提点广东刑狱。名节制,摧锋年,实不受令。公请缓急,得调遣,从之。南吏多不奉法,有留狱数年未详复者。公下条约,立期程,阅八月,决辟囚二百余。移节江西,赣民遇农隙,率贩盐于闽粤之境,名曰盐子,各挟兵械,所到剽掠,州县单弱,莫敢谁何。公鳞次保护,讯其出入,奸无所容。举行之初,人持异议。事定,乃大服。谏者奏乞,取宋某所行,下浙右以为法。兼知赣州,盱属盗窃,发言者任咎保伍,经筵有为公辨明者,章格不下。蜀相游公侣大拜以公按刑广右,循行部内,所至雪冤禁暴,虽恶溺出所,辙迹必至。除直秘阁,核湖南。会陈公以元枢来建大闻,兼制广西,辟公参谋。以公手疏岭外事宜,缴奏宸翰。宋某所陈,确实可用。若能悉意助卿,保厘南土,旌擢未晚。鬼国与南丹州争金坑,南丹州言,鞭骑追境宜守,张皇乞师。公白陈公:"此房无飞越大理、特磨二国,直捣南丹之地。"已而,果然进直宝谟阁,奉使四路,皆司臬事。听讼清明,决事刚果;抚善良甚恩,临豪猾甚威,属郭官吏以至穷闾委巷、深山幽谷之民,咸若有一宋提刑之临其前。拔直焕章阁、知广州、广东经略安抚,持大体,宽小文,威爱相济,开阃属两。忽感末疾,犹自力视事。学宫释菜,宾佐请委官摄献,毅然前往。由此委顿,以淳祐六年(1246)三月七日终于州治,年六十四,秩止朝议大夫。① 明年七月十五日葬于崇雒里之张墓窠。娶余氏,继连氏,皆封人。三子国宝、国子乡贡进士,大乡贡进士。秉孙正奏名,未对皆力。学美、济美二女,长适登仕郎梁新德,次

---

① 刘克庄《宋经略墓志铭》将宋慈卒年定为淳祐六年(1246),这与史实不符,因为其与《洗冤集录·序》不符。据宋慈本人所做的《洗冤集录·序》记载:"淳祐丁未嘉平节前十日,朝散大夫、新除直秘阁、湖南提刑充大使行府参议官宋慈惠父序。"而淳祐丁未是淳祐七年(1247),与刘克庄《宋经略墓志铭》将宋慈卒年定为淳祐六年(1246)有冲突。刘克庄《宋经略墓志铭》的原文尚有其他错误之处,如"公讳普",应为"公讳慈",这才与"宋公惠父"吻合。出现这些错误,究其原因,推断当时福建是两宋时期印刷业中心之一,"建本"(建阳刻本)数量居雕版印刷业的首位。当时的"建本"都是"坊刻"(民间刻印),书肆之间竞争激烈,刻书快,错误多,这也是"建本"的特点。《宋经略墓志铭》原文中的"宋普"只能是"宋慈"而不可能是他人,故而推断是印刷错误。宋大仁(见:宋大仁. 伟大法医学家宋慈传略[J],医学史与保健组织,1957(2):116—121.)、贾静涛(见:贾静涛. 中国古代法医学史[M]. 北京:群众出版社,1984:65)提出宋慈卒年为淳祐九年(1249)。中华人民共和国成立后我国为宋慈所立墓碑和发行邮票记载的生卒年都是1186—1249。

适将仕郎吴子勤。三孙宪、紊、湘，并将仕郎。公博记览，善辞令，然不以浮文妨要，惟据案执笔，一扫千言，沉着痛快，健破胆。砺廉隅，峻风裁，然不以己之长傲扬，虽晚生小技、寸长片善，提奖荐进。寒浚吐气，每诵诸葛武侯之言曰："治世以大德，不以小惠。"其趣向如此。性无他嗜，惟善收异书名帖，禄万石，位方伯，家无钗泽，厩无驵骏，鱼羹饭，敝温饱，萧然终身。晚尤谦挹，扁其室曰"自牧"。丞相董公槐记焉：昔张禹、马融皆起书生，既，槐或后堂陈丝竹管弦，或施绛纱帐，列女乐。其尤鄙者，至以金盆濯足，甚哉！居养之移人也，惟本朝前辈宋宣献、李邯郸好藏书，唐彦猷好砚，欧阳公好金石刻，公似之矣。余既书公大节，久著其细行于末。公讳慈，惠父，字也。铭曰："其儒雅则遵，榖也；其开济则瑜，肃也；其威名则颁，牧也；其恩信，则羊、陆也；敌将扼吾吭而干吾腹也；上方备邕，宜而忧襄，擢也。哀哉！若人之不淑也，求之，之难也，而夺之，之速也。脱车之辐而跎骥之足也。嗟后之人，勿伤其宰上之木也。"

述评：墓志铭由"志"和"铭"两部分组成。"志"叙述逝者的姓名、籍贯、生平事略；"铭"是对逝者一生的评价。南宋刘克庄在这篇《宋经略墓志铭》（自《后村先生大全集》卷一百五十九）中，赞宋慈"以才业奋历中外，当事任，立勋绩，名为世卿者垂二十载，声望与辛王二公相颉颃焉"。文中谈及宋慈处理狱讼，听讼清明，决事刚果，雪冤禁暴，大有成就，与其《洗冤集录》著者的身份十分契合。只不过刘克庄显然意识不到《洗冤集录》乃世上第一部法医学著作之价值和宋慈乃世界法医学奠基人之地位，空耗许多笔墨在轰轰烈烈的战事功业上，没有多余的笔墨记述《洗冤集录》之成书、流传与贡献，真是可叹。

16. 名公书判

《名公书判清明集》（以下简称《清明集》）是南宋中后期诉讼判决书和官府公文的分类汇编，是中国古代最早的一部源自司法实践的实判著作，反映当时司法官员根据事实、参照法律、运用自由裁量权解决诉讼纠纷。以《清明集》为代表的宋代名公书判所反映的宋代法医制度大致包括以下几点。

(1) 司理与县尉负责检验

书判1：《清明集》卷二之"对移司理"书判："胡化龙诉赵司理回任，已牒本府。契勘今胡化龙就哀哭赴诉，谓赵司理已回任举宴相燕，且谓化龙之父死事必为其所转移，无以自伸。一命之士，持身不谨，至为百姓见疾如此，尚可以为狱官乎？改对移宁国李县尉，牒府即差人押赴宁国县任所，限一日申，违追都吏，仍牒府院催勘正圆结，照限申，不许淹延。"

宋朝法律规定："诸验尸，州差司理参军，县差尉。县尉缺，即依次差簿、丞、监当官皆缺者，县令前去。"因此，宋代担负检验职责的官员主要是司理参军（简称"司理"）和县尉。宋代司理参军设立之初，其职责便被确定为"专于推鞫"，"掌狱讼勘鞫之事"。该案因赵司理"持身不谨，至为百姓见疾如此"将其与宁国李县尉"对移"，撤换赵司理，说明对验尸人员的重视。

(2) 仵作行人配合检验

书判2：《清明集》卷九莆阳"主佃争墓地"书判："吴春论王生掘土，斫木，填塞祖墓，续卓清夫论吴春、吴辉殴伤作人，阑丧，碎碑，不与安葬。"

书判3：《清明集》卷十三翁浩堂"叔诬告侄女身死不明"书判："照得本县昨据璩天佑论张崇仁娶侄女息娘不当及兜占田产事。据两检官申回格目，则息娘的系病死分明，县尉所述已极详。再引一行人供指，又将璩天佑勘问，与县尉所申情节一同。"

宋代担负检验职责的官员主要是司理参军和县尉，但人吏和仵作等要随同或配合官员进行检验。检验官、吏人和仵作是一个检验的集体。人吏即"手力伍人"，是供官府和官员使唤的杂役，其主要任务是负责维护现场秩序、召集在场人员、进行有关记录、从事调查访问等。仵作又称仵作行人、仵作人、仵作、行人，是专门从事验尸送葬的人，因为他们长年与尸体打交道，积累了丰富的处理尸体的经验。宋代有办理丧葬的仵作（如书判2中的"作人"）和官府聘用命案验尸的仵作（如书判3中的"行人"）。验尸仵作的任务是在检验官的指挥下，洗罨尸首、喝报伤痕、处理尸体等。

(3) 躬亲检验

《清明集》卷一载真西山《劝谕事件于后·清狱奸》："狱者，生民大命，苟非当坐刑名者，自不应收系。为知县者每每必须躬亲，庶免冤滥。今请知县以民命为念，凡不当送狱公事，勿轻收禁，推问供责，一一亲临，饭食处时时检察，严戢胥吏，毋令擅自拷掠，变乱情节。"

《宋会要辑稿·刑法六》载，徽宗政和七年（1117）十月诏："访闻福建路州县乡村，委官检验、复检，多不躬亲前去，只委公人同耄壮等。事干人命，虑有冤枉。仰提点刑狱申明条法，行下州县，违者奏劾，不以赦原。"为督促检验官恪尽职守，宋代法律将躬亲检验作为一项强制性的法定义务确定下来。若"不亲临视，各以违制论"。

虽然法律规定由检验官负责并躬亲检验，但实际上直接翻检尸体的是忤作，等到忤作发现致命伤时，检验官才上前查看最终做出鉴定。如果按现代法医的工作内容，在南宋应该是检验官和忤作共同完成的。因此宋慈《洗冤集录》指出检验官"若避臭秽，不亲临，往往误事"，强调"凡检验，不可信凭行人，须令将酒醋洗净，仔细检视"。

(4) 当厅验视

书判4:《清明集》卷十一刘后村"南康军前都吏樊铨冒受朝廷爵命等事"书判："樊铨……生放课钱，令部曲擒捉欠债之人，绷吊拷讯，过于官法。当职引上被伤之人，当厅验视，追送县狱，又以财力买嘱官吏，欲反坐词人以罪名。"

这里，"当厅验视"指忤作对伤者当庭检验伤情并当场喝报，体现宋代尸体检验的公开原则。检验一般是在现场进行的，据《庆元条法事类》卷七十五《初验尸格目》要求检验时应"集耆甲、保正副及已死人亲"到场，必要时还要拘提行凶人。另据《洗冤集录·检覆总说上》，检验官"仍须是躬亲诣尸首地头，监行人检喝，免致出脱重伤处"，"如到地头，勒令行凶人当面，对尸仔细检喝。勒行人、公吏对众邻保当面供状"。

忤作检验后当庭喝报伤痕是宋代常态作法，双方当事人都在场，在场旁听的人也可看到、听到，避免当场作弊。但这和现代的出庭作证不一样，"当厅验视"是验尸验伤时当场喝报伤情，出庭作证是鉴定后在法庭说明、展示检验结果；当场喝报可以是在验尸现场就进行，出庭作证是在法庭上进行；当场喝报直接做证据使用，出庭作证是法官质证后使用。我国古代法医检验的"当厅验视"做法，一直沿用到民国，现在已没有请法医"当庭验视"的做法了。

(5)初检与复检

书判5：《后村先生大全集》"建昌县邓不伪诉吴千二等行劫及阿高诉夫陈三五身死事"书判："周四四之开检也，其血属伏墓栏检，使果负冤，何为而然。后来虽检出痕瘀，外议皆谓邓氏家饶于财，初检、聚检官吏受赂，今若追一行官吏推鞫，则邓氏被劫之愤未伸，反为仆死所累，官司勘贼之外，又兴杀人之狱。株连枝蔓，何时而已。当职以为陈三五有取死之道，周四四无可疑之冤，合以此两句蔽两尸致死之由，以赦文定吴千二等强盗与邓不伪杀人之罪，以周四一之栏检情节，定周四四身死之非冤，及以狱案定陈三五之有以取死，则此狱可得而决矣。此事惟复检官定周四四为缢死，差得其实。聚检官南宫靖一，已遭除勒，初检官喻县尉首先检验失实，虽已脱去，行下本军，追厅吏丞吏等人根勒，取受申。"

书判6：《清明集》卷十三载翁浩堂"叔诬告侄女身死不明"书判："照得本县昨据璩天佑论张崇仁娶侄女息娘不当及兜占田产事。追对未到间，忽又据璩天佑人词，称侄女息娘身死不明，乞行检复。当职以事干人命，遂押下璩天佑，责反坐状入案，委县尉、巡检照条体究检验。去后，据两检官申回格目，则息娘的系病死分明，县尉所述已极详。"

为了杜绝检验不实的发生，南宋检验制度里规定了严格的初检、复检检验程序。凡杀伤公事（因斗殴、贼盗导致的死伤）、非理致命①、病死（无医生证明及猝死者）、囚禁或部送的犯人死亡均须初检。不仅民户死亡须经检验，而且奴婢非理致命者，也要即时检验。初检时，以案发地受理为原则，案发在县，由县差官检验；案发在州或郭下县，由州差官检验；如验本院（州司理院）囚或本县囚，则别州、县差官。

复检是对初检的复核程序，目的是监督、检查初检有无情弊和检验失误。初检后，原则上要进行复检，只在特殊情况下方可免除。关于复检的次数，法律未加以限制，必要时，可进行多次复检。宋代法律规定："应覆验者，并于差初验日，先次申牒差官。应牒最近县，而百里内无县者，听就近牒巡检或都巡检。"可见，宋代的复检禁止初检人员参与，县级初检的案件，或申州差官或牒邻近县请官复检，迫不得已由本县

---

① 如投水、自缢、自刑、火死、服毒、跌死、塌压死、雷震死、牛马踏死等。

复检的案件，仍要别差官员或牒请巡检。

巡检，官名为巡检使，官署为巡检司，巡检司的设置始于五代，盛于两宋。宋代于京师府界东西两路，各置都同巡检二人，京城四门巡检各一人。又在沿海、沿江、沿边地区、少数民族聚居的山区、多县交界或大都市周边交叉管辖地区设置巡检司，受所在州县长官节制，主要负责训练甲兵、巡逻州邑、治安巡防、擒捕盗贼等，也接受临近县的"复验"等。《清明集》中还有不少涉及巡检的书判，如《巡检因究实取乞》《巡检催税无此法》《戒巡检》《追请具析巡检》等。

检覆（验复），相当于"初检"和"覆（复）检"；如"检覆总说"即关于检验和复检的总论；也可理解为"检验复查"，即对复检的再次审查，有审核和复核检验的性质，如《洗冤集录·覆检》中说有"覆检官验讫……如有争论，未可给尸，且掘一坑……防备后来官司再检覆……"，这里的"再检覆"即"再检验覆查"。上文书判7中"璩天佑……乞行检复（即初检和复检）"，"当职……委县尉、巡检照条体究检验"，即委派县尉负责初验，巡检负责复检，并差人"体究"（体察和考究），即进行现场访问，了解案发过程，搜集案件线索。

《洗冤集录·条令》："诸检覆之类应差官者，差无亲嫌干碍之人。""状牒内，各不得具致死之因。""初、覆检官吏、行人相见而漏露所验事状者，各杖一百。"复检和检复差官都要坚持回避原则，同时，防止复检官先入为主，保证客观检验；又防止双方相互串通，徇私舞弊。

格目，即检验格目，是南宋司法检验文件三要件（验状、检尸格目及正背人形图）之一。检验格目是南宋孝宗淳熙元年（1174）浙西提点刑狱郑兴裔所创制，包括初验尸格目和复验尸格目。正背人形图，是南宋宁宗嘉定四年（1211）江西提刑徐似道奏请提议，随检验格目一起在检验实践中使用。验状是对犯罪现场的客观情况所做的文字记录。验状、检验格目和正背人形图在司法检验实践中的应用，使南宋的司法检验制度得到进一步完善。

(6) 免检

书判7：《清明集》卷十三翁浩堂在"姊妄诉妹身死不明而其夫愿免检验"书判：

第四章 宋代的法医学与社会治理关系研究

"谨按令曰：诸因病死应验尸，而同居缌麻以上亲至死所，而愿免者听。周五十娘身死，事闻于县，本县方差县尉体究检验间，却据县尉申到，备道已死人夫吴曾三状，称妻周五十娘系因产下死牙儿，以致身死，尸首变动，不愿检验，自行沐浴，入棺烧化讫，本县押下审问，所供一同，依法当听。而周五十娘亲姊周卸八娘却有词到官，争执不已。……周五十娘骨殖，合听夫吴曾三，从便葬殡，周卸八娘不得干预。"

南宋司法检验制度里有关"免检"的规定体现了统治者维护宗法等级和忠孝伦理观的现象。由于在众人面前翻检亲人遗体不符合传统社会价值观，所以家属一般不愿官府进行尸体检验。但尸体检验又是官府定案的重要程序，所以南宋检验制度里对免检做出规定。由于宋代检验分为初检和复检两个阶段，所以，免检可分为免检和免复检两种情形。《洗冤集录·条令》规定了可以申请免检的情况："诸因病死应验尸，而同居缌麻以上亲，或异居大功以上亲，而愿免者，听。若僧道有法眷，童行有本师，未死前在死所，而寺观主首保明各无他故者亦免。其僧道虽无法眷，但有主首或徒众保明者，准此。诸命官因病亡，若经责口词，或因卒病，而所居处有寺观主首，或店户及邻居，并地分合干人保明无他故者，官司审察，听免检验。"此外，《宋会要辑稿·刑法六》规定："公私家婢仆疾病三申官者，死日不须检验"，但"无医人姓名及一日三申者"，仍要"差人检验"。

据《宋会要辑稿·刑法六》，可以免复检主要有两种情形：其一，尸体因"炎暑多致伤坏，因有异同，枉兴词讼"。真宗大中祥符六年（1013）二月真宗下诏"宜令开封府自四月至八月死亡者，不须复检，余月仍旧施行"。仁宗天圣二年（1024）四月仁宗诏"外州缺官处……自四月一日后至九月更不复检，春冬依旧施行"。其二，初检事理分照者，可免予复检。天圣三年（1025）十一月诏："今后春冬月在京及畿内县镇，除非理致命，事有不明，两争并干碍勘照，死刑须合复检者，即以前敕差官复检外，其余自缢、割、投水、病患诸般致死，事理分明者，检验后尸首主别无词说，即给付埋殡，更不复检。"

宋慈在《洗冤集录·检覆总说上》中认为免检程序要谨慎运用，以防主检官因为轻易批准免检而遭查究："凡血属入状乞免检，多是暗受凶身买和，套合公吏入状，检官

339

切不可信凭，便于备申，或于缴回格目。虽得州县判下，明有公文照应，犹须审处，恐异时亲属争钱不平，必致生词，或致发觉，自亦例被，污秽难明。"《宋刑统·贼盗律》对于私和免检者给予严厉惩处："诸祖父母、父母及夫为人所杀，私和者流二千里，周亲徒二年半，大功以下递减一等，受财重者，各准盗论。虽不私和，知杀周以上亲，经三十日不告者，各减二等。"

(7) 检验受贿

书判 8：《清明集》卷二蔡久轩"贪酷"书判："黄权簿以本州岛人摄本州岛官，狠愎暴戾，霸一县之权，知县为之束手。积奸稔恶，百姓恨之切骨，甚至检验受赇，恣为奸利。……牒州，请照本司送下状严行根究，不可以当职为将去客而可忽也。入锡匣，限两日申。"

书判 9：《后村先生大全集》"建昌县邓不伪诉吴千二等行劫及阿高诉夫陈三五身死事"书判："周四四之开检也，其血属伏墓栏检，使果负冤，何为而然。后来虽检出痕瘢，外议皆谓邓氏家饶于财，初检、聚检官吏受赂，……聚检官南宫靖一，已遭除勒，初检官喻县尉首先检验失实，虽已脱去，行下本军，追厅吏、丞吏等人根勒，取受审。仍先备申省部、御史台，并牒报帅司。"

"检验受贿"就是检验人员接受贿赂。书判 9 描述了宋代"初检、聚检官吏受赂"致"检验失实"被追究责任"根勒"的情况。宋代禁止检验官吏利用检验职务之便受贿。如果检验人员在检验时受贿，以赃罪处罚。对于官员，《洗冤集录·条令》有"诸监临主司受财枉法二十匹，无禄者二十五匹，绞。若罪至流，及不枉法赃五十匹，配本城"。这里分两种情形：一是"受财枉法"，指官吏收受贿赂，为行贿人做出歪曲法律的处断，对这种赃罪处罚严峻。二是"受财不枉法"，指官吏收受贿赂，但没有为行贿人做歪曲法律的处断，对这种赃罪处罚较轻。此外，《洗冤集录·条令》还说"诸行人因验尸受财，依公人法"。宋代的仵作虽不具有国家公职性质，但是其所从事的工作属于司法活动的一部分，对案件的定性和侦破有重大影响，因此应当参照公人法的规定对仵作行人的贪赃枉法行为定罪处罚。

第四章 宋代的法医学与社会治理关系研究

(8)检验失实

书判10：《后村先生大全集》"铅山县禁勘裴五四等为赖信溺死事"书判："致死公事至检验而止，检验有疑至聚检而止。赖信身死，据聚检官所申，痕瘢惟左眉一擦痕，两膝各有一磕痕，两手十指指甲俱碎，验是溺水身死。……此去年三月二十七日事也，其日都保并买扑人与地分各不曾申，亦无血属之词，却系本县自行举觉。……赖进者，乃死人赖信之父，自厥子溺死，了无一字经县，经隔一月，至四月二十三日始经州行下，而枝蔓之狱兴矣。……始则谓丘班子用石抛打赖信下水，继又谓裴丙用拳打赖四左眉。以聚检格目考之，拳痕擦痕，要自不同，岂可捏合迁就，以擦为拳。当职白首州县，见此等事多矣，赖信溺死分明。……知县明不能察，受教于吏，本司隔远，止凭血属偏词。当职若非亲履两县，亦未知上件曲折。赖进从轻勘杖一百，编管五百里，一行人并放。榜县门，推吏送饶州根勘，帖问知县及检验官失实之罪。"

宋代的检验制度体现了对检验结果客观、公正的追求。对于检验过程中因工作不细致、或违反程序、或弄虚作假导致检验不实的情况，要追究检验人员的责任。《宋会要辑稿·刑法六》："应有非理致命及诸般杀伤人尸首，如检验、覆检官吏等定夺得致命去处，大事得正，或有小可声说伤损去处不同，别无妨碍，不系要害致命去处者，只从违制失科罪。如是卤莽，不切定夺，出入致命去处，即从违制。"《洗冤集录·条令》："诸有诈病及死、伤，受使检验不实者，各依所欺减一等。若实病、死及伤，不以实验者，以故入人罪论(《刑统》议曰：上条诈疾病者，杖一百。检验不实同诈妄，减一等，杖九十)。""入罪"是指将无罪判为有罪、轻罪判为重罪，反之为"出罪"。如检验有误，对相关人员就要以"出入人罪"来治罪。

觉举，或自首觉举，自首指罪犯在罪行未暴露前向官府主动坦白；觉举即官吏因公事失错而主动举发自己犯罪的行为。《洗冤集录·条令》规定："即凭验状致罪已出入者，不在自首觉举之例。""今看详命官检验不实或失当，不许用觉举原免。"即检验人员检验不实或者失当的，一律不准援用觉举规定加以宽宥。该规定将检验官员因检验失实而企图逃避责罚的可能性降到了最低，所以检验人员要谨慎检验。本案件作检验失实，知县明不能察，受教于吏，虽然觉举，但仍被判"检验失实之罪"。

341

述评：以《清明集》为代表的名公书判中有关法医学检验对当代法医学鉴定有重要启迪。一是司法鉴定制度的完善是保障司法公正的前提。由于宋朝推行"崇文抑武"的治国思想，皇帝和统治阶级重视法律的制定和实施，皇帝与士大夫共治天下格局的形成，名公们在司法实践中"以天下为己任""为民请命"的情怀，以及商品经济和科学技术的空前发展，这种特殊的社会政治经济文化背景催生了法医学巨著《洗冤集录》，刑侦书籍《疑狱集》《折狱龟鉴》《棠阴比事》和审判书籍《清明集》，标志着宋代封建法治的发展达到了一个新的高度。本书对《清明集》所涉及的有关法医学鉴定的法律规定进行收集整理和研究分析，从一个侧面反映了南宋司法检验制度的发展概况，以及如何应用于司法实践为侦查破案、审判量刑及处理刑、民事案件提供线索和证据的。南宋在继承历代法律中有关检验规定的基础上，对检验制度进行改革和创新，形成了内容完整、相互衔接、行之有效的检验规范，实现了司法检验制度由零散规则向制度化、法律化的过渡，标志着中国古代司法检验制度的完善和成熟，为公正司法提供了前提和基础。这对于今天我们完善司法鉴定制度和规范司法鉴定工作，仍具有重要的现实意义。二是司法鉴定服务于审判必须坚持依法科学鉴定。尽管南宋时期吏治腐败是普遍的社会问题，但名公们作为司法活动的主体和立法的参与者，仍能做到民命为重，躬亲检验，听讼清明，审慎治狱，不谋私利，公正司法。同时，对检验受贿、检验失实等依法严厉根究。名公们这些高尚的官德节操和刚直不阿的为官品格，仍值得今天的法医工作者学习。作为一名司法鉴定人，一定要树牢廉洁意识，守住底线，不碰红线，坚决杜绝人情鉴定、金钱鉴定等违法执业情形，做到依法科学鉴定，捍卫司法公正。

17. 朱子家训

朱熹（1130—1200），字元晦，世称朱文公。宋代理学家、思想家、哲学家、教育家，儒学集大成者，世尊称为朱子。朱熹任江西南康、福建漳州知府、浙东巡抚，做官清正，振举书院。官拜焕章阁待制兼侍讲，为宋宁宗皇帝讲学。下面是《朱子家训》：

君之所贵者，仁也。臣之所贵者，忠也。父之所贵者，慈也。子之所贵者，孝也。兄之所贵者，友也。弟之所贵者，恭也。夫之所贵者，和也。妇之所贵者，柔也。事师长贵乎礼也，交朋友贵乎信也。见老者，敬之。见幼者，爱之。有德者，年虽下于我，我必尊之。不肖者，年虽高于我，我必远之。慎勿谈人之短，切莫矜己之长。仇者以义解之，怨者以直报之，随所遇而安之。人有小过，含容而忍之。人有大过，以理而谕之。勿以善小而不为，勿以恶小而为之。人有恶，则掩之。人有善，则扬之。处世无私仇，治家无私法。勿损人而利己，勿妒贤而嫉能。勿称忿而报横逆，勿非礼而害物命。见不义之财勿取，遇合理之事则从。诗书不可不读，礼义不可不知。子孙不可不教，童仆不可不恤。斯文不可不敬，患难不可不扶。守我之分者，礼也。听我之命者，天也。人能如是，天必相之。此乃日用常行之道，若衣服之于身体，饮食之于口腹，不可一日无也，可不慎哉。

述评：如果治国被称为社会治理，那么，家训就是家庭治理。家训，是中国传统文化的重要组成部分，也是家庭中的重要组成部分，它在中国历史上对个人的修身、齐家发挥着重要的作用。远古时代，人类社会经历了氏族、家族、家庭的变迁。在国家不安定之际，家训发挥稳定社会秩序的力量。因为，家族为了维持必要的家法制度，就拟定一定的行为规范加以约束，这便是家法家训的最早起源。南宋中期，金、蒙南侵，赋税苛重，百姓怨声载道，民族危机深重。封建统治的腐朽，致使纲常破坏，礼教废弛，官场贪风日盛，道德沦丧，社会动荡不安。为了稳定国家秩序，加强家庭和社会的凝聚力，拯救社稷，拯救国家，朱熹以弘扬理学为己任，力求重整伦理纲常、道德规范，重建价值理想。《朱子家训》正是在这样的背景下产生的。《朱子家训》虽只有317字，却全面阐述了朱熹关于做人的准则：仁、义、礼、智、信。《朱子家训》字字珠玑，是朱熹治家、做人思想的浓缩。《朱子家训》倡导家庭亲睦、人际和谐、重视官德。宋慈是朱熹的再传弟子，朱熹治学思想对宋慈影响重大，宋慈撰写的法医学著作《洗冤集录》，奉行了"格物致知、实践居敬"的理念。

18. 宋慈墓碑

南宋理宗淳祐九年（1249），宋慈病逝于广东经略安抚使任内，次年归葬。1953年，建阳县文化部门在昌茂村发现断碑一块,对照道光《建阳县志·古迹》有"宋惠父慈墓,雏田里昌茂坊"的记载,认定此处为宋慈墓地。宋理宗赵昀在宋慈病逝后誉他为"中外分忧之臣",特赐"朝议大夫",御书墓碑"慈字惠父宋公之墓"。1955 年建阳县文化部门寻得"慈字惠父宋公之墓"断碑,地点与道光《建阳县志》所载相符。1957 年和 1982 年县政府拨款对墓地进行修整。1982 年福建省政府立碑"宋慈惠父之墓"(图 28),列为省级重点文物保护单位。1984 年 11 月 8 日中国法医学会代表在宋慈墓旁立碑"业绩垂千古,洗冤传五洲"。

图 28　宋慈墓及墓碑,2005 年 12 月 21 日刘通摄

述评:墓碑作为丧葬文化的物质体现,其形制、铭文、字迹等折射出丧葬的文化形态和价值观念,也反映了不同时代、不同社会的政治制度、伦理道德、宗教信仰、风俗习惯和等级观念。从我国墓碑的历史沿革看,各时期墓碑的发展特点与政治、经济、文化等有着紧密的内在联系。从我国墓碑的文化形态看,墓碑作为丧葬文化的有

机组成部分,有着浓厚的伦理道德色彩和深刻的封建等级制度烙印。从我国墓碑的等级观念看,其立碑人的地位直接确定逝者的身份,对法医历史研究者而言,具有重要的历史参考价值。宋慈墓碑为宋慈病逝后宋理宗皇帝赵昀亲笔书写所立(图29、30),足见宋慈在历史上的地位。

图29　宋慈墓原碑,宋理宗赵昀亲笔碑文"慈字惠父宋公之墓"(藏于建阳区博物馆)

图30　宋慈墓原碑拓片,王志平提供

墓碑亦称墓表,以碑竖于墓上而表彰墓主。建议福建省政府文物部门,将宋理宗赵昀亲笔书写的断碑复制后替代原1982年福建省政府所立的碑,恢复历史原貌,以表彰宋慈对世界法医学的贡献。

19. 宋慈先祖

宋人李觏(1009—1059)所撰《直讲李先生集》卷三十《宋故将仕郎守太子中舍致仕

宋公及夫人寿昌县君江氏墓碣铭》(以下简称《墓碣铭》)中载:"公讳某,字某,其先江南宰相齐丘①之族,遭乱播迁至洪州南昌,家建州建阳。曾祖无闻焉。父读书客死于太平州(今安徽当涂)。公少时亦不显。既而有子曰咸,字贯之。受位于朝例,以公为大理评事,历卫尉、大理寺丞,太子中舍致仕,年八十一。"

述评:宋乐是宋慈先祖。洪州,即今南昌。由《墓碣铭》可知,宋慈先祖宋乐因战乱从江南迁徙南昌,既而徙建阳。也说明宋乐先祖曾在南昌落籍。从此段叙述还可得知,宋乐先祖曾寓居江南,还是"江南齐丘之族"。宋乐曾祖和祖父默默无闻,其父因读书客死于太平州(今安徽当涂),生有一子名宋咸。据此可以推测,可能是其先江南某地居住,宋乐父亲读书客居太平州,后因战乱迁播洪州(今江西南昌),进而徙居建阳,而不是刘克庄《宋经略墓志铭》中所提及的迁移路线,即由邢州至睦州再至建阳。李觏的《墓碣铭》与刘克庄的记载还有一处不一致:《墓碣铭》说"曾祖无闻焉",指宋乐曾祖默默无闻。但是,按刘克庄《宋经略墓志铭》:"宋氏自唐文真公传四世,由邢迁睦。又三世,孙世卿丞建阳,卒官下,遂为邑人。"不少学者认为唐文公真是宋璟,较牵强附会。同时按《民国建阳县志》,"世卿"应指宋仕唐,他为唐元和(806—821)中进士出身而丞建阳,不是默默无闻的人。这样,宋仕唐、字世卿者极有可能不是宋慈的先祖,而是建阳其余宋氏的先祖。需要说明的是,景祐元年(1034)春,宋咸以病乞乡里,第二年在崇雒昌茂村建"霄峰精舍"。参议江西俞龙为宋咸作《霄峰精舍记》。同为江西人李觏,也是宋咸好友,他的《直讲集》中《墓碣铭》的上述记载应该可信。值得一提的是清代陆心源《宋史翼》中未见有宋乐传。但《宋史翼》中载宋咸条,宋咸之父名宋乐。《宋史翼》中宋咸条也说"宋咸,字贯之,福建建阳人,先世洪州南昌人,父乐。"陆心源《宋史翼》与李觏《李觏直讲集》卷三○《墓碣铭》中记载一致。这样,刘克庄"宋氏自文真公传四世,由邢迁睦,再三世,世卿丞建阳,遂为邑"的记载史料依据不足。

综合各类史料,研究者对宋慈祖籍考证的研究成果可归纳为以下五点。一是宋慈祖上是不是宋璟存有疑点,宋慈祖上是不是宋齐丘需要进一步考证。二是宋慈祖籍,

---

① 宋齐丘(887—959)

有三种说法：河北邢台（刘克庄）、浙江淳安或安徽亳州（推测）、江西南昌（李靓）。三是宋慈祖上迁居至建阳路径有三条：河北邢台→浙江淳安→唐元和年间至建阳定居（刘克庄）；浙江淳安→唐元和年间至建阳（推测）；江南某地（安徽亳州）→客居地（安徽当涂）→迁南昌→晚于唐元和年间至建阳定居（李靓）。四是宋世卿可能不是宋慈祖先，而是建阳其余宋氏的先祖。因此宋慈先祖曾寓居南昌是较为可信的，而后才徙居建阳。但宋仕唐自元和年间就已定居建阳，这二者似有矛盾之处。五是明确宋咸是宋慈先祖，应以宋咸为线索进一步研究宋慈祖籍。①

20. 太平广记

据《太平广记》卷一百三十四《报应三十三·李明府》：唐朝前火井县令李明府，经过本县，住在押司录事的私宅里。主人准备拿酒食招待他，想要杀一头白羊。这头羊正怀了胎，那天晚上，李明府就梦见了一个穿着白色衣服的妇女带着两个小孩，跪拜在他的面前请求救命，说得非常悲哀恳切。李明府不知道是怎么回事，就说："我不曾杀过人。"那个妇人仍然苦苦地哀求，李明府从梦中醒来，想了一想，没有头绪，就又睡着了。接着又梦见了先前那个妇人乞求救命，并说："我马上就要死了，你怎么忍心不救我呢？"李明府不明白她的意思，只是惊怕。接着就又睡着了。又梦见那个妇人说："长官，你最终不能救我了，我已经死了，这样也算我偿还欠债了。我的前身是押司录事的妻子，有个女佣有了孕是双胎，当时我很嫉妒她，就用竹板子把她打死了。我欺骗我的丈夫说：'女佣偷了金钗和盒子，我拷打讯问她，将她打死了。'现在我得到了这样的报应，也算还清了她的冤枉债。那金钗和盒子在堂的栱枓里，替我告诉主人，请求不要吃我的肉，这也算是很大的功德。"李明府被吓醒了，把主人叫来追问说："你杀了一只白羊吗？有没有两个羊羔。"主人说："是杀了一只白羊，从肚里取出了两个羊羔。"这时李明府就把晚上做梦的事告诉了主人。大家都非常感叹并惊异。等到栱枓里一找，果然在那里找到了金钗和盒子，于是就把羊给埋掉了，并做了道场。

述评：据王应麟《玉海》记载，《太平广记》是宋初李昉等人奉宋太宗之命集体编纂的，从太平兴国二年（977）三月开始，至次年八月结束，共500卷，目录10卷，太平

---

① 黄瑞亭. 宋慈祖籍考[J]. 中国司法鉴定. 2018(4)：75—77.

兴国六年(981)正月雕印。《太平广记》中有大量的神仙僧道、精灵鬼怪的故事。据统计，《太平广记》所有宗教类目的卷数达280卷，超过全书的一半。典型的比如前面所述《太平广记》里卷三十三讲"报应"的故事，很明显是从社会治理角度出发，通过宣扬佛教"善有善报，恶有恶报"的因果报应思想，劝导民众去恶向善，教化民众。这跟"教化之本，治乱之源"有关系。

21. 宋三字经

述评：《三字经》据说是宋代王应麟所作，宋以后元明清有不同版本。《三字经》是我国传统启蒙教材，其内容涵盖文化、历史、天文、地理、道德等，而其核心思想是"仁、义、礼、智、信"。一定的文化是一定社会的政治和经济在观念形态上的反映。虽然《三字经》是启蒙读物，却是古代社会治理重要的文宣内容。

《三字经》中与法医检验有关的，主要有：

"人之初，性本善。性相近，习相远。"意思是，人出生之初，秉性本身都是善良的，天性也都相差不多，只是后天所处的环境不同和所受教育不同，彼此的习性才形成了巨大的差别。宋慈《洗冤集录·序》："定验之误，皆原于历试之浅。《洗冤集录》，刊于湖南宪治，示我同寅，使得参验互考。"宋慈意思是检验错误是因为经验不足，需要教育以提高水平，《洗冤集录》可供检验时参考。

"首孝悌，次见闻。"意思是人生急当首务者，莫大于孝悌，故人事亲事长，必要尽其孝悌。孝悌乃一件大事。从法医角度而言，孝悌第一，父母所给发肤不得毁坏，法医检验必须维护尸表检验，不得解剖。这就是我国古代法医学检验不得尸体解剖的原因所在。这也注定了我国古代法医学发展方向。

"三纲者，君臣义。父子亲，夫妇顺。曰仁义，礼智信。此五常，不容紊。"三纲是人与人之间关系应该遵守的三个行为准则，就是君王与臣子的言行要合乎义理，父母子女之间相亲相爱，夫妻之间和顺相处。五常是仁义礼智信。从法医角度而言，三纲五常决定了社会层级制度，秦代令史验尸由牢隶臣搬动尸体，五代雇仵作搬动尸体，宋代雇仵作现场喝报尸伤……官员地位和仵作地位按三纲五常绝对不可僭越。

"曰水火，木金土。此五行，本乎数。""五行"，就是金、木、水、火、土。这是我国古代用来指宇宙各种事物的抽象概念，详见本书"阴阳五行"介绍。"斩齐缞，大小功。至缌麻，五服终。"斩缞、齐缞、大功、小功和缌麻，这是中国古代亲族中不同的人死去时穿的五种孝服，详见本书"五服治罪"介绍。"四书熟，孝经通。如六经，始可读。"四书指《论语》《孟子》《中庸》《大学》，五经指《诗》《书》《易》《礼》《春秋》。"有连山，有归藏。有周易，三易详。"《连山》《归藏》《周易》是我国古代的三部书，这三部书合称"三易"，"三易"是用"卦"的形式来说明宇宙间万事万物循环变化的道理的书籍。我国古代为官验制度，士大夫出身的官员，长期饱读经书，知义理，重人命，又参加过科举考试，对法律条文及案例了解较多，所以他们在实际案件审理中，重视证据的检验鉴别和运用办案。士大夫司法检验观念集中体现在他们的文集及法学专著中。其中宋慈《洗冤集录》也是世界上保存下来的第一部法医学专著，成为当时及后世办理命案的官员必读之书。

22. 宋慈治盐

宋慈从政之路与"盐"有很大关系。宝庆二年（1226）宋慈任江西信丰县主簿，曾参与平定江西境内的"三峒盐民暴乱"，得到江西提点刑狱使叶宰的赏识，遂入其府任幕僚。此后，宋慈历任福建长汀知县、邵武通判、南剑州通判、广州提刑、江西提刑、湖南提刑、广西提刑。值得一提的是，宋慈在长汀任知县，不是因办案而受上级欣赏，而是治"盐"有功。据《长汀县志》记载：南宋端平三年（1236），宋慈任长汀知县。长汀一带食用的盐由福州经闽江溯流航运，路遥途艰，导致盐价奇贵，加之官吏克扣斤两从中渔利，民怨极大。因前有"三峒盐民暴乱"之事，宋慈了解到百姓食盐难、盐价贵的困难。为了减轻百姓负担，宋慈向朝廷奏请改向广东潮州采购食盐。开辟汀江长途航运，运潮盐至汀。从此，汀州管辖下的各地以及汀江沿岸百姓都吃得起盐，深得百姓嘉许。嘉熙四年（1240），宋慈移任江西提刑兼赣州知府。其间，他针对赣南贩运私盐、武装走私猖獗等问题，推出的"保伍法"建立相互立保，互相监督的管控制度，有效地遏止了盐贩的猖獗活动。此举深得刘克庄赞许，在墓志铭赞扬宋慈"居官所在有声"。

述评：自春秋时期管仲推行"官山海"政策将盐列入官营以来，历朝历代食盐都由朝廷专营。《史记·平准书》记载,官府对私自制盐者施以割脚趾的刑罚。晋代时,私煮盐者,百姓判四年刑,官吏判两年。唐中期后食盐采取"榷盐法"国家专卖制度。从宋代开始,又实行了"盐引制",商人向官府纳税以购买盐引,从而取得了全国盐业的垄断经营权。南宋后盐民武装暴动频繁。绍兴(1131—1162)初年,浙江明州盐民暴动;庆元三年(1197),广东宝安大奚山盐民暴动;嘉泰年间(1201—1204),浙西盐民暴动;嘉定二年(1209),淮东楚州盐民暴动;宝庆二年(1226),江西信丰"三峒盐民暴乱";宝祐二年(1254)浙西盐民暴动。到了明清以后,官府对贩运私盐都处以极刑。

23. 蝇爱钻纸

北宋期间有位和尚叫白云守端,20岁出家,一直无法参悟玄奘的《心经》"色即是空"的佛理。一天夜里,他突然看见一只苍蝇在灯光下冲向纸窗,希望能离开窗户,在试过几次失败后便四处乱撞,最后终于被它撞到了大门,飞了出去。看见这一幕,守端大彻大悟写下一首禅诗:

蝇爱寻光纸上钻

〔北宋〕白云守端

蝇爱寻光纸上钻,不能透处几多难。

忽然撞着来时路,始觉平生被眼瞒。

述评:钻纸的蝇看见外面光线从纸窗透进来,便冲了上去,这是苍蝇趋光的现象。但他想到了佛理,窗户看似是出口,其实不过是表象。次句"不能透处几多难"一语双关,钻纸蝇终究不可能从窗户飞出去,这是它的难,无论它怎么努力,也无济于事;而对于世人来说,如果只看事物的表象,终难有所突破。第三句"忽然撞着来时路"是钻纸的蝇突然间找到了出口,但这个出口不是窗户,而是"来时路",也就是大门口。诗人用"来时路"来形容这个出口是因为钻纸蝇本来是知道来路的,只不过被光线蒙蔽了眼睛,一时迷糊而已。最后一句"始觉平生被眼瞒"是诗人悟透了"空即是色"原理。钻纸的蝇被眼前所瞒,那瞒住你我的又何尝不是眼前看似真实,实则虚妄的表象呢？宋代信佛者众，其中不乏官员。寻求问题来源的求知思想，与宋代理学"格物致知"理念吻合，在宋代较为盛行。此外，《蝇爱寻光纸上钻》一诗还表明，宋代人已了解苍蝇趋光的生活习性。

24. 折狱龟鉴

折狱就是断案。龟鉴，语出《周书·皇后传序》："夫然者，岂非皇王之龟鉴与？"唐刘知几《史通·载文》："此皆言之成轨则，为世龟镜，求诸历代，往往而有。"宋司马光《刘道原十国纪年序》："英宗皇帝雅好稽古，欲遍观前世行事得失以为龟鉴。"《宋史·列传第七十五·包拯》："又列上唐魏郑公三疏，愿置之坐右，以为龟鉴。"《元典章·户部五·父母未葬不得分财析居》："盖闻养生者不足以当大事，惟送死可以当大事，斯前代之格，抑亦今人之龟鉴也。"因此，龟鉴，比喻借鉴（镜）前事。龟鉴，也说"龟镜"，龟可以卜吉凶。龟镜，古镜之一，又叫"龟钮镜"。以龟为主纹，有的亦配置十二生肖和八卦等花纹。古人认为：龟能知吉凶，鉴别妍丑，故古人以龟占卜吉凶，以镜明察秋毫。借鉴往事，警诫自己。龟占卜吉凶，由来已久。而谈到龟卜，还得提我国四大神兽之一的玄武。玄武的本意就是玄冥，武、冥古音是相通的，武，是黑的意思；冥，就是阴的意思。玄冥起初是对龟卜的形容：龟背是黑色的，龟卜就是请龟到冥间去询问祖先，将答案带回来，以卜兆的形式显给世人。因此，最早的玄武就是乌龟。

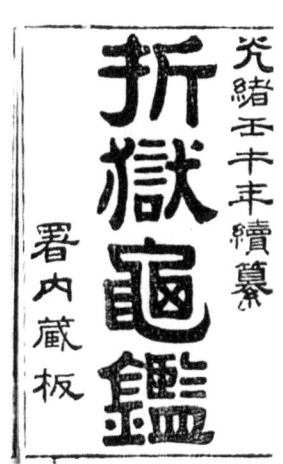

图 31 《折狱龟鉴》封面，清光绪壬午年（1882）署内藏本

351

述评：我国南宋郑克的法医学著作《折狱龟鉴》就有丰富的文化色彩，把断案"折狱"与天地知晓的"龟鉴"结合起来，彰显检验的公正。看来，古人把法医学鉴定提到很高的地位来看待，因其关乎人的生死。《折狱龟鉴》一书自南宋至清末一直在出版发行(图31)，供法医检验使用。

25. 平常是道

无门关·平常是道

〔南宋〕无门慧开

春有百花秋有月，夏有凉风冬有雪。

若无闲事挂心头，便是人间好时节。

"春有百花秋有月，夏有凉风冬有雪"，意思是说，春天是百花齐放的季节，秋天是明月当空的季节，夏天是凉风袭人的季节，冬天则是雪花飞舞的季节。"若无闲事挂心头，便是人间好时节"，意思是在一年四季中，如果你没有无关紧要的事在心头，那么自然四季都是人间的好时节。时节的好坏，与大自然中的四季无关，而在于人心。

述评："平常是道"是无门慧开的佛性思想。无门慧开禅师，杭州钱塘人，俗姓梁，生于宋孝宗淳熙十年(1183)，卒于南宋理宗景定元年(1260)。《无门关》是无门慧开禅师于绍定元年(1228)在福州永嘉龙翔寺汇编而成，共四十八则。禅宗是中国佛教宗派之一。主张"见性成佛"，皆指人心，亦称佛心宗，这便是佛教中国化。佛教中国化表现在佛教儒学化，这一时期，中国佛教走向融通，佛、儒、道之间日益相互调和，形成了以儒家理学为主流，吸收了佛教的心性学说、理事理论，程朱理学吸收理事无碍理论，建立了以理为本体的理论体系。也就是说，儒学的"仁义礼孝""三纲""五伦""六纪"与佛学的五戒、十善、"恩则孝养父母，义则上下相怜，让则尊卑和睦，忍则众恶无喧"是一致的，中国化的佛学与理学一样成了社会治理的一部分，影响士大夫及民间百姓。这表现在士大夫办案中"怜悯"之心，百姓守规则不作乱，等等。如宋慈《洗冤集录》："若被人打杀，却作病死，后如获贼，不免深谴"，"官吏获罪犹庶几，变动事情，枉致人命，事实重焉"，"贵在审之无失"。我国古代法医学书籍命名为

"洗冤""无冤""内恕录"等,也是受儒释道文化的影响。

26. 申屠希光

冯梦龙《情史·情贞类·申屠氏》:宋时,长乐有个"美而艳"的渔家姑娘申屠氏,名希光。她十分聪明,且性格刚烈。"其父常奇此女,不妄许人。年二十,侯官有董昌,以秀才异等,为虔所识,遂以希光妻昌。"靖康二年(1127),福州有一个"虎而冠"的"大豪方六一","闻希光美,心悦而好之",于是勾结官吏实施了一个毒计:"乃使人诬昌阴重罪,罪至族。六一复阳为居间,得轻比,独昌报杀,妻子幸无死。"方六一自以为毒计天衣无缝,能骗取希光欢心,"因使侍者通殷勤,强委禽焉"。在这突如其来的大祸面前,申屠氏不向噩运屈服:"具知其谋,谬许之""密寄其孤于昌之友人""乃求利匕首,怀之以往"。孤身前往方六一家后,先是要求方六一厚葬其夫,方六一答应了;次是"伪为色喜,妆入室",在方六一毫无防备的情况下,"即以匕首刺之帐中,六一立死,因复杀其侍者二人";再次是"诈谓六一卒病委笃,以次呼其家人""皆杀之,尽灭其宗"。最后是"斩六一头置囊中,驰至董昌葬所,以其头祭之。明旦,悉召山下人告之其相,不致连累无辜",而自己则"以衣带自缢而死"。

述评:法医学上,对凶杀案件杀人过程和现场进行恢复,称案件重建。该案,申屠希光先是要求方六一厚葬其夫;其次在毫无防备下将方六一刺死;再次诈称方六一病死,杀死全家;最后将方六一的人头祭董昌,然后自缢。这是案情调查、现场尸体分布、致伤物、死因等综合分析才能得出的结果。冯梦龙系官员,他把案件定性为"烈女"或"情贞"之类,他的观点应该与官府的结论一致。我国古代检验和断案的责任均由官员行使,传统文化和法律都会对判决有很大影响,这也是古代法医学与现代法医学区别之处。

值得一提的是,我国古代以政教两手治理社会,政者,即严刑峻法;教者,即训导和劝督。孔子曾说:"道之以政,齐之以刑,民免而无耻;道之以德,齐之以礼,有耻且格"(《论语·为政》第三章)。意思是,用政令来治理百姓,用刑法来整顿他们,老百姓只求能免于犯罪受惩罚,却没有廉耻之心;用道德教育引导百姓,用礼制去同化他们,百姓不仅会有羞耻之心,而且有归服之心。

27. 阴露男形

张景补《疑狱集》卷八记载："宋咸淳间（1265—1274），浙人寓江西，招一尼教其女刺绣，女忽有娠。父母究问，曰：'尼也。'父母怪之，曰：'尼与同寝，常言夫妇咸恒事。时偶动心，尼曰：妾有二形，逢阳则女，逢阴则男。揣之则俨然男子也，遂数与合。'父母闻官，尼不服，验之无状。至于宪司，时翁丹山会作宪，亦莫能明。某官曰：'昔端平丙申年，广州尼董师秀有姿色，偶有欲滥之者，揣其阴，男子也。事闻于官，验之，女也。一坐婆曰：令仰卧，以盐肉水渍其阴，令犬舐之。已而阴中果露男形。'如其所验，果然，遂处死。"

述评：从这个案例可知，早在宋代已有对两性畸形人进行法医学活体检验的实例记载。

28. 拼死告状

宋慈《洗冤集录·疑难杂说下》："南方之民，每有小小争竞，便自尽其命，而谋赖人者多矣。"这段话指的是有人为了打官司自己服毒，然后与人打架，毒发而死，诬赖人，也叫"拼死打官司"或"拼死告"。宋慈这段记载是有根据的，历史上有过这样的案件。南宋桂万荣《棠阴比事·王臻辨葛》记载一个案例与宋慈介绍相近："王谏议知福州时，闽人欲报仇，或先食野葛而后斗，即死。其家遂诬告之。臻问所伤，果致命耶。吏曰：伤不甚也。臻疑反讯告者，遂得其实。"因为伤不重却死亡，引起怀疑。经调查系"欲报仇或先食野葛而后斗"。这是我国古代自服毒死的特殊类型诬告：以命复仇诬告。王谏议是唐代人，说明早在唐代已知"欲报仇或先食野葛而后斗"的检验了。

述评："拼死告状"通常被认为常发生在古代，但类似案件还发生在20世纪50年代。1950年7月9日，南京市人民法院法医室经初步检验，发现死者陈吴氏（女）尸表有伤，现场有一药瓶，怀疑中毒，死者有呕吐，小便排泄于被单上。因南京市人民法院法医室限于设备，委托南京大学医学院法医研究所鉴定。林几教授接到案件后，对死者进行解剖。尸表检查发现，全身皮肤呈灰黄褐色，背侧尸斑呈污褐色。上下眼结合膜无溢血点。鼻孔内侧有淡黄褐色的液体流出，做颜面颊部浸染呈黄褐色，齿龈呈蓝紫色。左肘部有散在的表皮剥脱四处，每处形如指尖大小。右臂内侧，有一长4厘米、宽3厘米的皮下出血。左右手指甲呈淡污紫色。尸体解剖所见，两肺呈灰酱紫色，切面褐紫色，肺轻度水肿。血液不凝，呈酱油色，用分光镜检查，证明有异性血色蛋白光像。口、舌、咽、喉食道黏膜呈黄褐色，肿胀。胃肠黏膜呈黄褐色，有充血及散在出血点。两肾高度充血，呈褐紫色，切面见出血。肾上腺髓质出血。子宫里怀五个月大胎儿一个。病理检查见局部心肌间小溢血，肺充血、溢血、肺水肿。肝肿胀、细胞间出血颇著。脾红髓内出血。肾充血、出血。胃肠黏膜充血、出血。毒物化验见内脏内含有铬酸，定量测定，胃含铬323毫克，肝含铬86毫克，肾含铬64.95毫克。现场提取药瓶检验，系铬酸钾盐溶液。林几分析认为，死者尸表与内脏病变、血液血红蛋白析出，与铬酸钾盐急性中毒征象一致。死者左肘部有散在的表皮剥脱四处，每处形如指尖大小。右臂内侧，有一长4厘米、宽3厘米的皮下出血，伤极轻微。左肘部四个指尖大小擦伤疑似他人抓握指印伤，右臂内侧伤疑似拳击伤。符合打架后气愤之下内服重铬酸钾死亡。结论：陈吴氏系于打架后自服重铬酸钾急性中毒死亡。该鉴定结论与案情调查完全一致。

29. 名公宋慈

图32 宋本《名公书判清明集》(续古逸丛书)

宋慈考中进士后任主簿、县令、通判、提刑，一生主要从事审判工作，用宋慈在《洗冤集录·序》的话说就是“四叨臬寄……独于狱案”。也就是说，宋慈的职业是法官。

很多人知道宋慈《洗冤集录》，认为是宋慈留给世人的唯一巨著。但很多人不知道，宋慈还在《名公书判清明集》(以下简称《清明集》)里留下判词。也就是说，宋慈的文章后世流传很少，除了《洗冤集录》外，便是收录在《清明集》中的几篇判词了。

宋慈是嘉定十年(1217)进士，曾四任提刑。《清明集》中有他在湖南的书判，应是他任江西、湖南提刑时所作，分别是《办公吏摊亲随受赂》，《巡检因究实取乞》，《与贪令捃摭乡里私事用配军为爪牙丰殖归己》，《结托州县蓄养罢吏配军夺人之产罪恶贯盈》及其《检法书拟(王元吉)》，《举人豪横虐民取财》，《把持公事欺骗良民过恶山积》及其《检法书拟(唐梓)》，《都吏辅助贪守罪恶滔天》这 9 例。

案例 1 《清明集》卷十一：宋慈“办公吏摊亲随受赂”书判(黄明案)

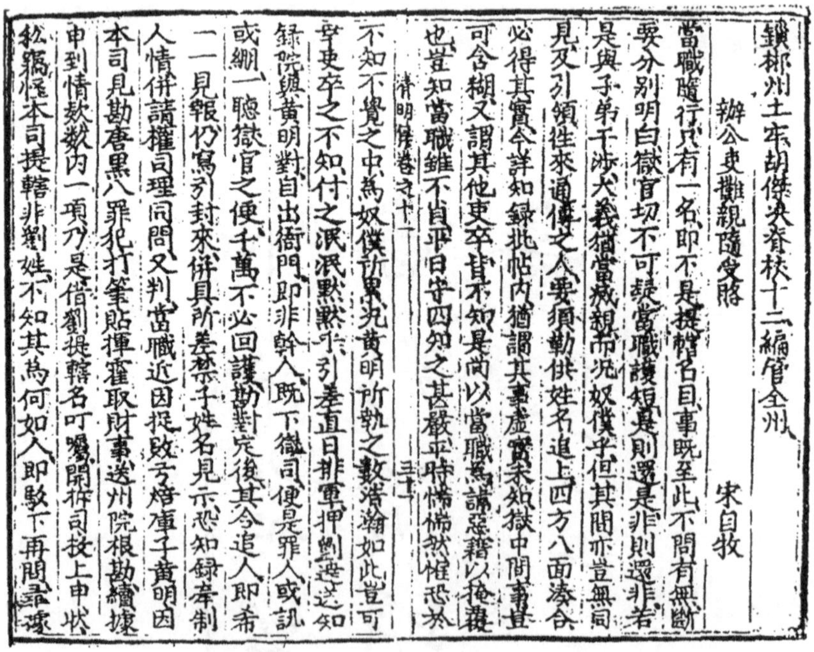
鎖郴州土牢胡傑決脊杖十二編管全州
辦公吏攤親隨受賂　宋自牧
當職隨行只有一名即不是提轄名目事既至此不問有無斷
要分別明白獄官切不可疑當職護短是則還是非則還非若
是與子弟干涉大義猶當滅親而況奴僕乎但其間亦豈無司
見又引領往來通傳之人要須勒供姓名追上四方八面湊合
必得其實今詳知錄批帖內猶謂其事虛實未知獄中間事豈
可含糊又謂其他吏卒皆不知是尚以當職爲諱惡藉以掩覆
也豈知當職雖不肖平日守四知之甚嚴平時怫怫然惟恐於
清明集卷之十一　三十
不知不覺之中爲奴僕所累况黃明所執之數浩瀚如此豈可
專吏卒之不知付之泯泯默默不引差直日排軍押判送知
錄院鞫黃明對自出衙門即非幹人既下獄司便是罪人或訊
或綳一聽獄官之便千萬不必回護勘對定後其今追人即希
一一見報仍寫引封來併具所差禁子姓名見示恐知錄牽制
人情併請權司理同問又判當職近因提敗弓焙庫子黃明因
本司見勘唐黑八罪犯打筆貼揮霍取財事送州院根勘續據
申到情款數內一項乃是借劉提轄名可囑開拆司投上申狀
私竊怪本司提轄非劉姓不知其爲何如人即駁下再問尋據

图 33 《名公书判清明集》卷十一中的宋慈“办公吏摊亲随受赂”书判，明隆庆三年(1569)刻本

案子发生在嘉熙四年(1240)冬,宋慈任江西提点刑狱兼赣州知州时,该案的罪犯叫黄明,是宋慈部下的一个胥吏。

宋代提刑官不是单纯只做检案验尸一件事。提刑官职责除了检验、复核、审理州县的案件外,还包括剿匪、治安、捕盗等,有时还监督征税和地方仓管。因此,提刑官身边有一支队伍,相当于现在的武装警察,宋慈称"差厅子"或"伍人"。

这些伍人的刀枪、弓箭、装备、车辆、马匹等需要有人管理,这个管理人员就叫"库子"。黄明就是宋慈身边一个管理仓库的"库子"。"库子"是低级别公吏,宋慈万万没想到,就是这个库子,差一点连累了自己。

这个案子得从头说起。

作为宋慈的亲随,不管赴任途中还是到外地办案,黄明还是很卖力工作的。宋慈曾认为"以其爱于己,且忠于己也",但黄明隐藏很深,以至于事发,宋慈问其他部下,"其它吏卒皆不知"。

平时,宋慈对手下管理是严格的。宋慈说:"当职虽不肖,平日守四知之甚严,平时惴惴然,惟恐于不知不觉之中,为奴仆所累。"

黄明案,并不发生在提刑司里,也不在宋慈职责范围之内,而是发生在南安县(今南康区)。南安甘知县写给宋慈一封信,信中询问宋慈,提刑司有没有"刘提辖"这个人。甘知县告知,南安县最近有人向县令投诉,其诉状被提刑司"刘提辖"开拆。

接到南安甘知县的来信后,宋慈就回信甘知县:"当职随行只有一名,不是(刘)提辖名目。事既至此,不问有无,断要分别明白,狱官切不可疑当职护短,是则还是,非则还非。若是与子弟干涉,大义犹当灭亲,而况奴仆乎?但其间亦岂无同见,及引领往来通传之人,要须勒供姓名追上,四方八面凑合,必得其实。今详知录批帖内,犹谓其事虚实未知,狱中间事,岂可含糊。又谓其它吏卒皆不知,是尚以当职为讳恶,借以掩覆也。岂知当职虽不肖,平日守四知之甚严,平时惴惴然,惟恐于不知不觉之中,为奴仆所累。本司提辖非刘姓,不知其为何如人。"

根据甘知县的线索,找来一个南安县宅堂干人叫刘达。宋慈派人将刘达带到提刑司认人对质。刘达认出提刑司库子黄明。黄明承认以"官司打笔贴挥霍取财",假称自己是提刑司刘提辖，"收取情款"（收受贿赂），假借刘提辖名，叮嘱开拆司投上申状。

宋慈立即审问黄明，"次早缴到黄明情款，赃数盈纸，当职亦信其问之审，对之实，谓事必然也，押刘达送狱"。

宋慈查清事实后，不护短，送黄明法办。按司法程序，以"办公吏摊亲随受贿"将黄明送交州院金厅，当面逐一审问。

同时，将被刘达诬告而获罪并已关押了5天的李百二释放。

事后，宋慈给甘知县去信："今收禁勘问已五日矣，又曾追黄明所执见证人李百二押下同勘矣，忽申到情款，尽以前执为虚。且囹圄岂是妆排行戏之场，赃物亦非撮弄变幻之具，未追人之先，须要诘问的实情由，已追之后，须要究竟原物归著，岂可如巡、尉司纵贼，摊人有钱，得钱则放，荡无纲纪。当职僮仆，惹此外谤，收禁绷吊，皆所自取；李百二，百姓也，祸从天来之，故与顽囚对勘于隆冬极寒之时，岂不可怜。且身为监司，设使果不能钤束奴仆衷私受赃，自当缴解他司，明正典刑，投章自劾，退归闲散。若无其事，乃为本司一库子所诬砧，又为已觉发罪吏所控持，至此岂容但已。况本司所管者，狱事，无故押一仆入狱，又忽然平白放出，虽此心可以自信，在傍人宁免有狱司观望之疑。况中间甘知县申到覆帖，其中有吏卒未知之语，是亦不相信，欲以此勾引当职俯首请求，掩覆于吏人乎？何则，事至于此，愈涉嫌疑，断须究竟到底，亦非本司所敢专行，送金厅，且引上黄明面问，事无因由，如何平白生出一段事节。刘达与李百二原无冤仇，如何忽然有此供摊，如其不然，的实出于何人指教，及出于是何吏卒锻炼，一一责从实供。仍从金厅点对，备公文，奉浼提举使司专差干官一员，送无干碍狱司监督审勘，如是果有实情，径将刘达照条重作施行，庶几可以自白。是乃所以笃交承之情，全联台之义。如其不然，官员尚可置而不问，其公吏教囚诬报，控持监司情犯，望径从使台斟酌公行。"

述评：前面记载的宋慈给甘知县的信就是写入《名公书判清明集》的判词。从调查取证、核查证据、对质认定、法律依据、依法处置等体现了宋慈对身边人严格管理和不护短的工作作风。这次身边人出事，宋慈十分惊讶和生气，也看到他接受教训。如宋慈说：竟然自己不知，"其他吏卒皆不知！"又说："欲以此勾引当职俯首请求，掩覆于吏人乎?"还说:"事至于此,愈涉嫌疑,断须究竟到底,亦非本司所敢专行,送金厅,且引上黄明面问,事无因由,如何平白生出一段事节。""事既至此,不问有无,断要分别明白,狱官切不可疑当职护短,是则还是,非则还非。若是与子弟干涉,大义犹当灭亲,而况奴仆乎?"

我们可以从宋慈《洗冤集录》看到类似文字记载:"重以仵作之欺伪,吏胥之奸巧,虚幻变化,茫不可诘。""诸行人因验尸受财,依公人法。""仍约束行吏等人不得少离官员,恐有乞觅。""凡血属入状乞免检,多是暗受凶身买和,套合公吏入状,检官切不可信凭,便与备申,或与缴回格目。""凡检验,不可信凭行人。""随行人吏及合干人,多卖弄四邻,先期纵其走避,只捉远邻及老人、妇人及未成丁人塞责。或不得已而用之,只可参互审问,终难凭以为实,全在斟酌。"由此,研究宋慈判词,对研究《洗冤集录》及其法律学术思想有重要历史和现实价值。

案例2 《清明集》卷三:宋慈"巡检因究实取乞"书判(扶如雷案)

案子发生在淳祐七年(1247),宋慈任直秘阁提点湖南刑狱并兼大使行府参议官时,该案的罪犯叫扶如雷。

扶如雷太出名了,以至于宋慈在江西时就听闻扶如雷的恶名。宋慈在判词中说:"当职在江西时,已闻扶如雷、扶友嵩之名。一时夺江州(今江西九江)统领官陶俊印以归,残两路,破永新,此人也。往岁范西堂权帅,尝自发其恶,闻于朝,拘于寨,不知后来以何因缘冒滥今官,又以何因缘得此职,宜其以前日贼心戕百姓。"

原来,扶如雷早先是"山大王"。扶如雷在江西,与寺庙里"狂僧"勾结,打家劫舍,动不动就攻打县城,十分猖狂。后来,不知以何因缘跑到湖南攸县。

宋慈一到湖南任刑狱职,查看官员花名册,竟然发现扶如雷是正统部内正九品巡检职事。巡检职事是沿边、沿江、沿海、关隘要害处置巡检司,掌训练甲兵,巡逻州邑,归县令管辖。起先,"未招民诉,姑且容养"。但后来,有投诉扶如雷"诬告人或放纵劫夺"。扶如雷上下走动关系,都在本州、本县就近追究,处罚不重。

这次,衡州(今衡阳)州院收到诉状,皮千四因争水车,聚众械斗杀死杨百二。官府派扶如雷调查,结果,扶如雷指使贺虞候收受一千贯及三百贯,与潭伸商议蒙骗上级。

宋慈决定径直到攸县案发地调查，亲自调查发现，扶如雷问题多且相当严重。进一步追查，巡检扶如雷及潭伸二人只好赴司供对。宋慈再调查攸县冯天麟、陈宗等人，也都诉扶如雷巡检索贿。

于是，宋慈在攸县县衙升堂诘问扶如雷。令宋慈啼笑皆非的是，扶如雷竟然咆哮不伏，公然放声："做官不如打劫自由，无官更自快活。"宋慈毫不客气，以"巡检因究实取乞"当堂审断并上报。

判词判巡检扶如雷："贪吏赃污，世不能免，乃若以盗贼而诈冒得官，既冒官而复谋攘窃，此其虎兕豺狼之性，至死不改，却非寻常贪赃之比。在法：诸领寨官为监临，受财十五匹者绞，其命官将校奏裁。今扶如雷所受赃数过五十匹，死有余罪。又法：诸诈假官者流二千里，谓伪奏拟之类。今扶如雷以贼渠魁，不肯作招安受命，妄以自备家财赎回两官印，欺罔朝廷，冒受官资，正应上项条令，岂容轻贷。"

攸县开堂后，宋慈提扶如雷带回提刑司审断。

经进一步调查，证实：扶如雷的父亲扶友嵩猖獗，在江西占山为王时，朝廷至遣统制王曼部兵马三千前来讨捕，铅山县境内叫黄冈的地方发生黄冈一战，"官兵折三之二，贼势愈炽，劫持官司，必欲取利，所带恶少屯于沙浦，甚至又欲世袭峒主，不纳王租。一时余侍郎轸念生齿，遂主招降，并官其子，至今衡湘痛入骨髓。况据本人供招所具，又曾两次谋杀王官，已被拘锁。今其所管之寨距旧日巢穴，不满三舍，设或断蛇不殊，纵虎出柙，他日必结连残党，倡哄前日所部寨兵，合从而起，其祸有难言者。检准绍兴元年（1131）十一月指挥，凡兵将盗贼尽属安抚司，况枢阃责专消除祸本，干系甚大。其扶如雷见拘锁衡州土牢听候，所合备录本人过犯在前，欲望钧旨行下，拖考本人，拘锁原案，将扶如雷决刺配，永锁土牢，将原冒受告身追毁，径关枢密院照会，非特可以警肃赃贪，抑使崔苇余孽凡受招携之恩者，皆将有所忌惮，而不为不义。申知院大使行府，伏乞钧旨施行。后准大使行府札，本司差人管押扶如雷赴大使行府，从所申事理施行，遂差彭超荣管押扶如雷，解投大使行府去后，准札下，照得扶如雷，顷者父子寇攘，邀求官爵，既登仕籍，长恶不悛，流毒于民，其实迹见于宪司所申，勘招不诬，赃满配流实当，但以其曾丞一命，姑从末减。决遣拘系，免复出贻害善良，且使其徒知有三尺"。

宋慈认为，做官需要官德，为民谋利，不得以权谋私，侵害百姓。扶如雷如何得到官职，并不重要。一说，当年余侍郎剿匪（扶友嵩），轸念生齿，遂主招降，并官其子（扶如雷）。但扶如雷就是十足的贪吏，利用办案之便，勒索钱财，收受贿赂，不容轻贷。

经庭审后，宋慈做出审判："扶如雷决军杖一百，拘锁飞虎寨，永不疏放……庶免使复出为恶。"

述评：这个判决，就是宣判扶如雷无期徒刑，在牢里度过余生，以免"复出为恶"。扶如雷案，宋慈强调的是"名公"思想，就是所谓"官德"思想。宋代士大夫阶层的"名公"思想，在宋慈"巡检因究实取乞"案例中有所体现。宋慈在判决书中说："据州院勘到巡检扶如雷，本司照得贪吏赃污，世不能免，至死不改，非寻常贪赃。在法：受财十五匹者绞，其命官将校奏裁。今扶如雷所受赃数过五十匹，死有余罪。扶如雷送湖南周路钤，决军杖一百，拘锁飞虎寨，永不疏放，并关枢院照应施行。"在宋慈看来，没有"官德"如何做官？如何办案？扶如雷必须严惩。这可以解释，宋慈《洗冤集录》第一章就是"法令"，每个章节都反复强调遵法守法、廉洁奉公和不谋私利。宋慈的优秀品质和司法精神今天仍有指导价值。

从扶如雷案，我们可以理解宋慈《洗冤集录》中的诸多记载："诸称违制论者，不以失论（《刑统·制》曰：谓奉制有所施行而违者，徒二年。若非故违而失错旨意者杖一百）。诸监临主司受财枉法二十匹，无禄者二十五匹，绞。若罪至流，及不枉法，赃五十匹，配本城。""诸检覆之类应差官者，差无亲嫌干碍之人。""凡检验，承牒之后，不可接见在近官员、秀才、术人、僧道，以防奸欺及招词诉。仍未得酬定日时，于牒。前到地头，约度程限，方可书酬，庶免稽迟。仍约束行吏等人，不得少离官员，恐有乞觅。""凡检验，不可信凭行人。""凡官守，戒访外事。惟检验一事，若有大段疑难，须更广布耳目以合之，庶几无误。""须是多方体访，务令参会归一。切不可凭一二人口说，便以为信，及备三两纸供状，谓可塞责。况其中不识字者，多出吏人代书；

361

其邻证内或又与凶身是亲故,及暗受买嘱符合者,不可不察。""假使验得甚实,吏或受赂,其事亦变。"

案例3 《清明集》卷十二:宋慈"与贪令捃摭乡里私事用配军为爪牙丰殖归己"书判(陈锳案)

案子发生在淳祐七年(1247),宋慈任直秘阁提点湖南刑狱并兼大使行府参议官时。宋慈接到报案,马上赶去调查,该案的罪犯叫陈锳。

宋慈把陈锳列入豪横之类。这些豪横与贪官污吏勾结在一起,欺行霸市,无恶不作,到了令人发指的地步。宋慈说:"若非专官专吏,索齐干照案牍,不特豪强依然得志,而被害之家反被诬罔之刑矣。若酌情而论,情同强盗,合配远恶。"

宋慈在判词中这样说道:"陈锳安停赵知县于替满之时,赵知县作意周旋陈锳安将安停之际。今详索到别项县案,其平白科罚,动计一千贯,名曰暂借,实则白夺。而陈锳是时亦于此旁缘骗取物业,至于六七千缗。则毛信所诉,岂为全虚?皆缘陈锳财力丰厚,专与县官交结,而此狱干连非一辈,营救非一人,所以前一次孔县尉财物,狱吏周旋,既脱身善去,今此奸计复行,拖延年余,追会徒繁,至今查无定论。"

宋慈着手调查,发现问题更严重。宋慈说:"今唤上审验,毛六四之被缧绁,犹有可言。自古岂有论人骗乞,偏受绷吊,而被执者反安然坐视之理?又岂有见在人又不勘,勒令供执已死人虚当之理?详此,则谓推吏非受情弊不可也。前此权知录者,虽曰开端差舛,然亦不过延引追会。"

宋慈还发现,整个县衙从赵知县,到县尉、都吏,都被陈锳收买!

宋慈说:"又其时别理骗乞之讼未兴,赵知县科罚之案未出,今旁证已明,他词交至,而犹与之缚倒词人,非特诉冤者痛不能堪,而当职视其疮瘢,亦恻然不能堪矣。送都吏,选差本司人吏一名。及踏逐差款司推司二名,唤上两项诉陈锳人及干连人,委请本司兼金赵知县司法,于四景堂反复诘问,不直供者绷讯。惟实之归。及见索到及索州院未到案,发照问引,会州院见行推司拘下,先将一项案连与司法看过,今深熟,方可引上一行人勘。此狱当自赵知县移居其家内一项,科罚推寻,便见情实。"

宋慈在判词中说:"陈锳操不仁之心,贪不义之富,出入县道,以神其奸,交结配

第四章　宋代的法医学与社会治理关系研究

隶，而济其恶，主把公事，拿攫民财，但知为一家之肥，不知为众怨之府。今据所招情犯言之，放债取息，世固有之，然未有乘人之急、谋人之产如陈铗者也。罗喆，始者借其钱六百贯，一入圈缋，缠磨不休，本钱已还，累息为本，逼迫取偿，勒写田契，已是违法。甚至唆使张云龙诬赖不还，告以兴讼，取媚县道，令纳千缗寄库以从和。操担掉阖，惟意所欲。既以此逼写膏腴之业，又以此没其寄库未尽之钱。专务行霸以自昱，乌知鬼神之所瞰。今两词对定，罗喆前后实借去钱三千一百贯，陈铗则累本利共取八千一百八十贯，勒写田业准还，又寄库支用外，悉是白夺其四千四百余贯之业。原其设心措虑，非空罗氏之产不休。乃若主持贺八饶屋之讼，始则执毛信打夺所追人王世斌，置之囹圄，终则受其财贿，夤缘县官，号召县吏，便可白休。"

宋慈十分气愤，他说："惟得之求，宁顾法理。今其身罹宪纲，犹运通神之力，厚赂狱吏，拷缚词人，逼令退款，则其横行闾里，吞噬乡民，其毒岂特如蛇蝮而已哉！恶贯已盈，罪不容逭。"

宋慈列出法律审断依据："在法：诸欺诈取财满五十贯者，配本城。又法：诸以卖买、质借、投托之类为名以取财，状实强夺者，以强盗论。"宋慈做出判决："欲将陈铗决脊杖二十，配一千里。吴与系已配人，既为牙爪谋骗，又作陈铗名摺缚田业，计五百贯以上，助恶谋业，受保借钱一百贯，决脊杖十五，加配五百里。李三六系茶食人，行赇公事，受钱五十贯，欲决脊杖十三，配三百里，并监赃所夺钱业，送案别呈。罗喆、罗茂才且监下，毛信、毛六四先放。"

宋慈在判决书后面，加了一段话："断罪：甚矣！陈铗之贪黩奸狡也，上则为贪令作囊橐，捃撼乡里私事，与之推剥取财，下则用配军为爪牙，旁缘气势剔缚，因而丰殖归己。即此一项，已是白夺四千四百贯之业，其他被其嚼肤吮血，合眼受痛，缄口茹苦者，不知其几。湖南之盗贼，多起于下户穷愁，抱冤无所伸。此事自州县而至本司，将及一年，狱官则为其奇玩钓饵，推吏则为其厚赂沉迷，越历两官，托廷百计，及其终也，反将词人两手两脚缚烂终死定论。……送之检法，止欲抑疾恶之忿心，行酌中之公法。并引上照断，遵照拟判，逐一结断。"

述评： 从陈铗案，我们可以看到宋慈"追求个体正义"的价值取向。宋慈判词指出，陈锳的罪状是"与贪令捃摭乡里私事用配军为爪牙丰殖归己"，"若非专官专吏，索齐干照案牍，不特豪强依然得志，而被害之家反被诬罔之刑矣"。宋慈说："陈锳安停赵知县于替满之时，赵知县作意周旋陈锳安将安停之际。今详索到别项县案，其平白科罚，动计一千贯，名曰暂借，实则白夺。而陈锳是时亦于此旁缘骗取物业，至于六七千缗。则毛信所诉，岂为全虚？皆缘陈锳财力丰厚，专与县官交结。陈锳操不仁之心，贪不义之富，出入县道，以神其奸，交结配隶，而济其恶，主把公事，拿攫民财，但知为一家之肥，不知为众怨之府。今据所招情犯言之，放债取息，世固有之，然未有乘人之急、谋人之产如陈锳者也。陈锳之贪黩奸狡也，上则为贪令作囊橐，捃摭乡里私事，与之推剥取财，下则用配军为爪牙，旁缘气势剽缚，因而丰殖归己。"宋慈认为，陈瑛能"出入县道以神其奸"，与"县官（贪令赵知县）交结"有关，必须严惩。

这就可以解释，宋慈在《洗冤集录·检覆总说上》中记载的一段话："凡检官，遇夜宿处，须问其家是与不是凶身血属亲戚，方可安歇，以别嫌疑。凡血属入状乞免检，多是暗受凶身买和，套合公吏入状，检官切不可信凭，便与备申，或与缴回格目。虽得州县判下，明有公文照应，犹须审处。恐异时亲属争钱不平，必致生词，或致发觉，自亦例被污秽难明。"在宋慈看来，官员自律才会个案公正，这一点具有很强的现代价值。由此，司法活动价值在于追求个体正义，而宋慈是其中的典型人物，更是后人的学习楷模。

案例4 《清明集》卷十三：宋慈"结托州县蓄养罢吏配军夺人之产罪恶贯盈"书判（杨子高案）

案子发生嘉熙四年（1240）宋慈任江西提点刑狱兼赣州知州时，该案的罪犯叫杨子高。

宋慈说，他任江西提刑时，一位陈姓人家，是官员杨子高的至亲，后来两人发生财产纠纷，杨子高恶人先告状，当地官员孟马帅未查清事由，就斩了陈父，将陈姓财物转给杨家。陈家不服上诉。当时，陈家把冤情印成歌谣传唱，还到处张贴。

宋慈奉命调查，经查证发现，杨子高是黑恶势力的代表。宋慈经进一步调查证实：

"杨子高铜臭恶类，垄断贱夫，逞威倚势，暴于虎狼，伤人害物，毒于蛇虺。"

宋慈收集的证据证明，杨子高之所以能横行乡里，是他"结托州县官吏，禀听风旨，蓄养罢吏、配军，分任爪牙。意之所欲，则夺人之产，据人之妻。心之所嫉，则破人之家，戕人之命"。更让宋慈忍无可忍的是，淳祐元年（1241），宋慈接到上级任命，要到江苏常州任知事。这个消息不知怎么被杨子高知道了。

宋慈在判词中这样写道："恶贯盈于作业成熟之后，奸状败于当职将去之时，尚且名作抱病，迁延日子，巧避刑名，妆点疾病，图免鞫勘。"意思是杨子高装病耍赖，企图免去刑罚！

然而，宋慈说："殴死人力，犹须见证追会，旁夺田产，亦要干照索齐。至如假官一节，索到告身批书，皆是揩洗书填，难掩踪迹，唤取前项书铺辨验，造伪晓然。"

这个案件，宋慈对笔迹印章请了书铺辨验，将杨子高伪造的"假官"批书进行鉴定，确认系"揩洗书填"，证明"告身批书"是假的。

宋慈判决："准律，诈伪制书，及增减者，其罪当绞。即此一节，便可明正典刑。但以其所犯三罪，其二尚未图结，兼以本人动称制司财赃尚有交加，且先决脊杖二十，刺配英德府牢城。"

宋慈在判词后又加上几句："差官录问，取服状先断。余二犯帖院，一面接续催勘。尚虑本人有通神之财，逞挟山之力，片词番异于当职已离后，照已具检申省。仍将前项告身一宗文字缴申，乞赐敷做行下。"

宋慈这段话的意思是，杨子高有"通神之财"会买通关节逃避惩罚，判决已交上级存档，我虽然离开江西，还会过问，希望严格执法！

这就是宋慈，执法如山，毫不手软。

述评：从"结托州县蓄养罢吏配军夺人之产罪恶贯盈"书判（杨子高案），我们看到，宋代检验，除宋慈《洗冤集录》记载的法医检验外，笔迹印章鉴定请"书铺"人员鉴定，说明当时辨别"文房四宝"和"古玩字画印章"的"书铺"人员被宋朝认定为鉴定机构。这个案件，宋慈每个细节都考虑到了，从"结托州县官吏""垄断贱夫""殴死人力""夺人之产""诈伪制书"，到"名作抱病，迁延日子，巧避刑名，妆点疾

365

病,图免鞫勘"。特别是对笔迹印章请了书铺辨验,证明杨子高"罪恶贯盈",揭露杨子高真相:"铜臭恶类,逞威倚势,暴于虎狼,伤人害物,毒于蛇虺。"

从杨子高案还可以理解宋慈《洗冤集录》中调查案情非常详细。以《洗冤集录·自缢》为例,宋慈这样记载:"凡验自缢人,先问原申人,其身死人是何色目人?见时早晚?曾与不曾解下救应?申官时早晚?如有人识认,即问自缢人年若干?作何经纪?家内有甚人?却因何在此间自缢?若是奴仆,先问雇主讨契书辨验,仍看契书上有无亲戚?年多少?更看原吊挂踪迹去处。如曾解下救应,即问解下时有气脉无气脉?解下约多少时死?切须仔细。"宋慈针对缢死调查,在检验之前就有十问:一问死者情况;二问发现早晚;三问抢救情况;四问报案情况;五问自缢者相关认识人;六问死者年龄;七问自缢者职业;八问自缢者家人;九问奴仆与雇主关系;十问解救时间等。宋慈细致办案的证据意识在今天仍有实际价值。

案例5 《清明集》卷十二:宋慈"检法书拟(王元吉)"

案子发生在嘉熙四年(1240),宋慈任江西提点刑狱兼赣州知州时,该案的罪犯叫王元吉。王元吉与杨子高是一伙人。宋慈说:"杨子高何等物数,辄以制属自呼。王元吉与结死交,正是凶德参会。"

这里,要解释一下。宋代司法要求判徒刑以上的案子,在结款后必须由未参加审讯的官员再次进行提审,核实供词,此阶段,若罪犯认罪,就进入下一道手续。若在录问时犯人翻供,则须交由另一个官司重申。如果犯人在录问中对自己所供述案情无异议,案件便进入一下环节,即检法书拟程序。由法司根据犯罪情节检法议刑,检索以此出相对应的法条。在检法时若发现有误时,有权进行驳正,这正是鞫谳分司的具体表现。所以,《检法书拟》就是宋慈收到上级复核后的裁判书。

宋慈在判词中这样写道:"王元吉,亦奸民之尤也,顶冒功赏,假称制属,结托豪民杨子高为声势,蔑视国法,毒害平民,盖不一端而足。今姑以大者言之,旁缘制司名色,增长私贩盐价,锁缚抑勒铺户,取偿者,则又执私约以欺骗,计赃一千贯有余,被害者不知其几人矣。在法:质借,投托之类为名,其诈称官遣人追捕以取财者,以强盗论。即此一项所犯,已该绞刑。又况遣子商贩,往来江右,动以官钱易砂毛私铸,搬入摄夹杂行用，以求厚利，遂使私钱流入湖湘(今湖南)贩者众。"

宋慈判词中说："在法，剪凿钱取铜，及卖买兴贩之者，十斤配五百里。元吉父子所犯，据供已五百贯，以斤计之，抑又不知其几千百矣。甚至以趣办工匠课程，取媚芮路分，致投之水者二人，以盐船漂泊，打稍工赴水者一人，占据良人女为小妻，逼迫其父自缢者一人。在法：以恐惧逼迫人致死者，以故斗杀论。若元吉之犯绞刑，盖亦屡矣。恶贯已盈，岂容幸免。所是日前卖盐废约，并不行用。仍帖县，给屋业还赵十一管业，词人放。"

宋慈数列王元吉断罪状："倚恃制司芮将声势，顶冒死人王举官资。盐利乃国家所资，至敢夹带私贩，抑配强敷，肆为侵夺。铜于法禁最重，公然剪凿私铸，搬贩砂毛，莫敢谁何，遂使江西三角破钱，尽入湖南一路界内。奸占良人妇女为小妻，为宠婢，不敢陈论者七人。贼杀无辜平民，或赴水，或自尽，死于非命者四项。"

宋慈在判决书中这样写道：王元吉"一孔微利，必欲焚林竭泽。万口交怨，恨不食肉寝皮。倾湘江之水，不足以洗百姓之冤。汗南山之竹，不足以洗二凶之恶。本合坐以绞罪，庶可以快众情，但以当职行去官，且虑停囚反以长智。兼其分遣爪牙，纷然求援，富有财力，可以通神，才一转身，必至漏网，岂可养虎遗患，纵令死灰复燃"。

宋慈判决："王元吉且照检法所定罪名，刺配广州摧锋军，拘监重后，日下押发，赃监家属纳，余照行。所有本人顶冒绫纸，曾无收索，及原追未到人，曾无再催，别呈。"

述评：从《检法书拟(王元吉)》我们可以看到，宋慈对欺压百姓的豪横很痛恨。宋慈所说的豪横，既非官员，也非吏胥，而是乡村中的土豪劣绅、恶霸地主。以州县观望而凌人，以贿赂公行而凌人。一个凭靠的是政治权势，一个凭靠的是经济势力。他们勾结官府，横行不法。有些私置牢狱、武断乡曲、欺压善良。有些放高利贷，刻剥贫民，取其膏血。宋慈刚直不阿，不畏豪横，执法如山。宋慈在王元吉案判词中这样写道："王元吉一孔微利，必欲焚林竭泽。万口交怨，恨不食肉寝皮。倾湘江之水，不足以洗百姓之冤。汗南山之竹，不足以洗二凶之恶。"这就是宋慈，一个疾恶如仇的宋慈。

从《检法书拟(王元吉)》，我们还可以解释宋慈在《洗冤集录·检覆总说下》中的表述："顽囚多不伏于格目内凶身下填写姓名、押字，公吏有所取受，反教令别撰名色，写作被诬或干连之类，欲乘此走弄出入。近江西宋提刑重定格目，申之朝省，添入被执人一项。若虚实未定者，不得已与之就下书填。其确然是实者，须勒令佥押于正行凶字下。不可姑息诡随，全在检验官自立定见。"

案例 6 《清明集》卷十二：宋慈"举人豪横虐民取财"书判(谭一夔案)

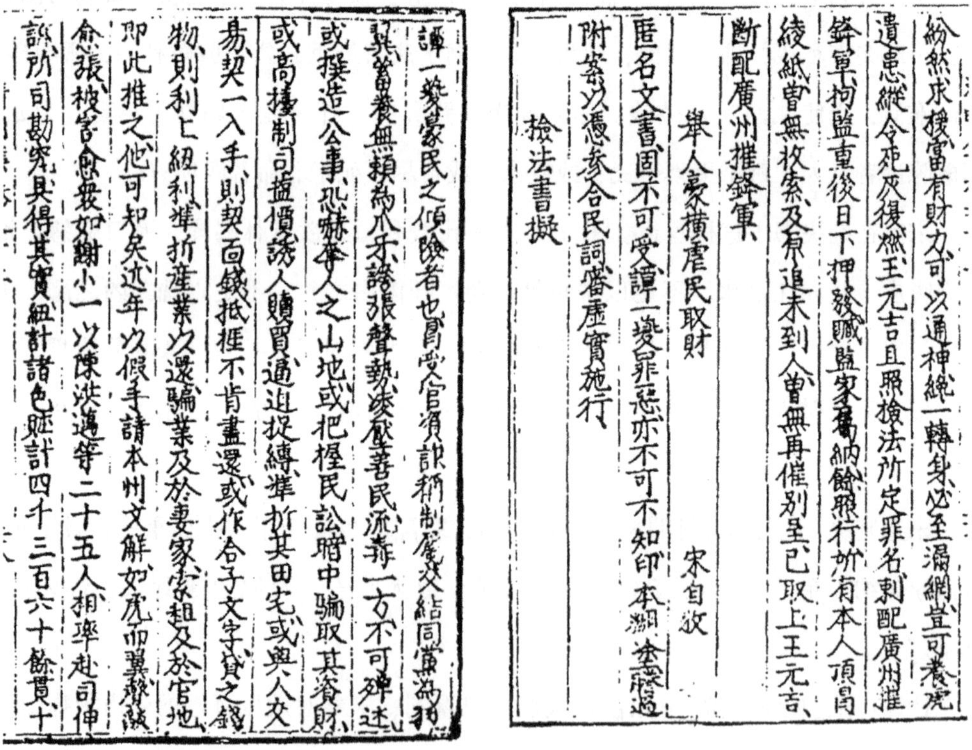

紛然求援，富有財力，可以通神，繞一轉身，必至漏網，豈可養虎
遺患。縱令死灰復燃，王元吉且照檢法所定罪名，刺配廣州推
鋒軍，拘監重役，日下押發，贓監家屬納餘照行，所有本人頂冒
綾紙，曾無收索，及原追未到人，曾無再催，別呈。已取上王元吉，
斷配廣州推鋒軍。
舉人豪橫虐民取財　宋自牧
匿名文書，固不可受，譚一夔罪惡，亦不可不知，印本粘連，塗壓遞
附案，以憑參合民詞，審虛實施行。
檢法書擬
譚一夔豪民之傾險者也，冒受官資，詐稱制屬，交結同黨，為羽
翼爪牙，誇張聲勢，凌蔑善民，流毒一方，不可殫述。
或撰造公事，恐嚇平人之山地，或把握民訟，暗中騙取其資財，
或高擡制司鹽價，誘人贖買，逼迫捉縛，準折其田宅，或與人交
易，契一入手，則契面錢抵拒不肯盡還，或作合子文字，貸之錢
物，則利上紐利，準折產業，以還騙業，及於妻家宗祖，及於官地，
即此推之，他可知矣。近年以假手請本州文解，如虎而翼，稔惡
愈張，被害愈衆，如謝小一、陳洪遇等二十五人相率赴司伸
訴，所司勘究，具得其實，紐計諸色贓計四千三百六十餘貫，十

图 34 《名公书判清明集》卷十二中的宋慈"举人豪横虐民取财"书判，明隆庆三年(1569)刻本

第四章　宋代的法医学与社会治理关系研究

江西庐山脚下有个"归宗寺",释昙华曾写了一首著名的赞美之诗:

赞三将军

〔宋〕释昙华

家在归宗寺后山,洞中春色异人间。

只因亲受灵山记,长与归宗把要关。

诗的大意是:三将军墓在归宗寺后山,那里春色异于人间。归宗寺这么有灵气,缘与三将军英灵长相守。

可是,南宋嘉熙(1237—1240)初年,江西庐山脚下出了个自比"三将军"的恶霸豪强谭一夔,真是大煞风景,有辱先贤!

谭一夔原是举人,自恃有才,伪造官文,不顾国法,欺压百姓,十分嚣张。

在《名公书判清明集》卷十二《惩恶门·豪横》中,宋慈判了一个叫"举人豪横虐民取财"的案子。案子发生嘉熙四年(1240)宋慈任江西提点刑狱时,这个案子的罪犯就是自称"三将军"的谭一夔!

宋慈判词的第一句话这样写道:"谭一夔,匿名文书,固不可受。谭一夔罪恶,亦不可不知。印本糊涂,誊过附案,以凭参合民词,审虚实施行。"

宋慈对此案的《检法书拟》写道:"谭一夔,豪民之倾险者也,冒受官资,诈称制属,交结同党为羽翼,蓄养无赖为爪牙,夸张声势,凌压善民,流毒一方,不可殚述。"

宋慈经调查,列举谭一夔七大罪状:其一,"撰造公事,恐吓夺人之山地";其二,"把握民讼,暗中骗取其资财";其三,"高抬制司盐价,诱人赎买,逼迫捉缚,准折其田宅";其四,"与人交易,契一入手,则契面钱抵拽不肯尽还";其五,"作合子文字,贷之钱物,则利上纽利,准折产业以还";其六,"骗业及于妻家,索租及于官地,即此推之,他可知矣";其七,"近年以假手请本州文解,如虎而翼,声焰愈张,被害愈众。如谢小一以陈洪迈等二十五人,相率赴司伸诉,所司勘究,具得其实,纽计诸色赃,计四千三百六十余贯,十七界官会五百余贯"。

宋慈调查后,十分气愤。他在判词中写道:"盖世间未有如一夔之豪横,而不顾国法者也!"

宋慈列出法律审判依据:"在法:诸欺诈取人财物满五十贯者,配本城。又法:以卖买、质借、投托之类,追捕人以取财物者,以强盗论。如一夔系犯死罪,一配有余。"

宋慈判决:

"欲将谭一夔决脊杖二十,配二千里,仍监赃。"

"谭三俊、陈节平日与谭一夔同恶相济,邑人有'三将军''十将军'之号,亦可概见,又何止同谋夺谢小一山地一项而已。欲将陈节、谭三俊各决脊杖十五,编管五百里。"

"谷昌系罢县吏,受其资给,凡一夔欺诈取财者,皆本人佐之。至于匿下陈洪迈钱,计六百贯入己,其他可知,欲将谷昌决脊杖二十,配千里,监赃。"

"陈德系腹心干仆,冒称承信,凡一夔锁缚取财者,皆本人助之,至于勒刘文先白写领盐钱手会,及私自胁取,其他亦可得知。将陈德决脊杖二十,配千里,仍监赃。"

"萧明、谭兴、谭文、李念四各系人力,内萧明、谭兴助主为恶,至妄以隐寄事诬害平民,欲各决脊杖十五,编管五百里。"

宋慈在判决书后面写上一行字:"已录问讫,索冒赏吏部帖及文解帖,遵照拟判,逐一施行。"

这次判决共11个人,事实清楚,证据确凿,据理依法审断,定罪量刑恰当。

述评:从宋慈对谭一夔的《检法书拟》,我们看到宋慈并非仅仅依赖大堂上的刑讯取供,主观推理。在审理案件中,宋慈更重视证据调查和审查,对案件进行分析,对事实进行验证,从而得出令人信服的结论。刑讯不是宋代审理案件的手段,用刑主要用在审断后的惩罚。代在结案程序上,有一套上报、复核,特别是监督执行制度,保证了判决的严肃性、权威性。宋慈的判决,具有很高的专业水平,内容完备,制作规整。判决书包括案件事实,法律依据,处罚结论等部分。宋代理学发达,伦理说教因素也大量渗入判决,其逻辑严密,条理清楚,与今天的判决书相比毫不逊色。在惩处方面。名誉刑、肢体刑、经济惩罚被广泛使用，而生命刑则很慎用。

宋慈当年“官府档案”的“办案行状”已无从收集，只有宋慈本人在《名公书判清明集》记载的案例，十分珍贵。刘克庄在为宋慈写的墓志铭中对其评价：“听讼清明，决事刚果，抚善良甚恩，临豪猾甚威。部属官吏，以至穷闾委巷、深山幽谷之民，咸若有一宋提刑之临其前。”讲的就是他所到之处，贪官豪猾闻风丧胆，其恩威形象从官员到百姓，就仿佛宋提刑在眼前。因此，研究宋慈的判词、判决有助于分析宋慈的个人品质、断案思路和办案风格，特别是对贪官、部下、猾吏和豪横的态度，具有重要的历史价值。

案例 7　《清明集》卷十四：宋慈“把持公事欺骗良民过恶山积”书判(唐黑八案)

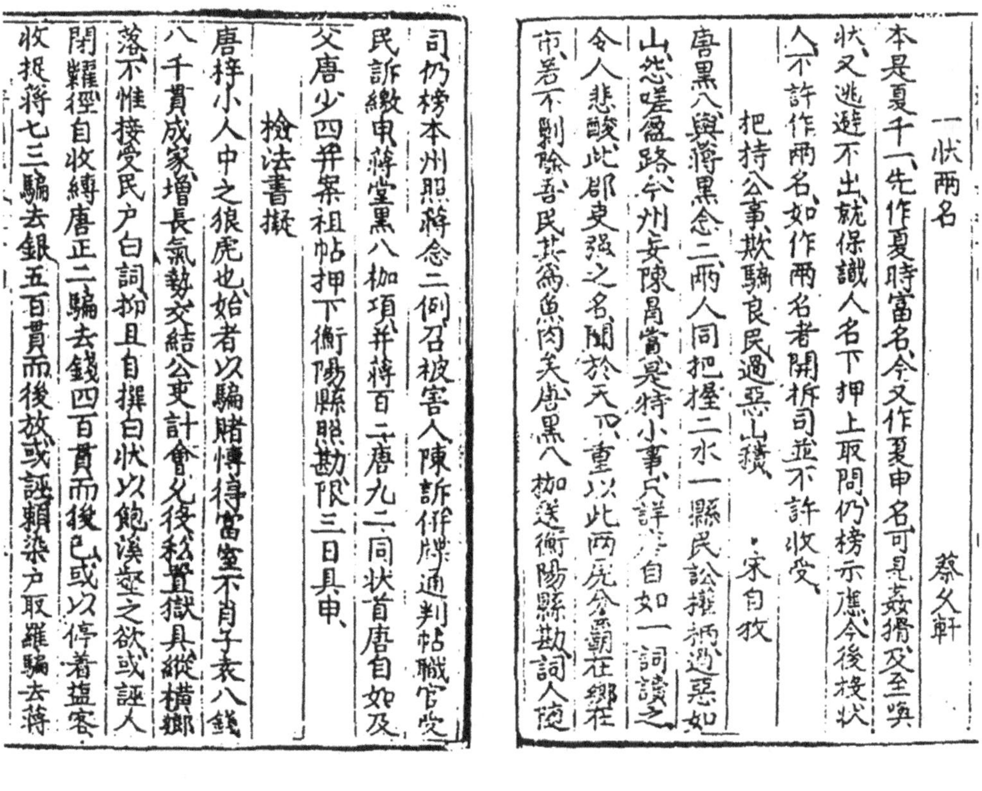

一狀兩名　　蔡久軒
本是夏千一，先作夏時富名，今又作夏申名，可見姦猾，及至喚
狀，又逃避不出，就保識人名下押上取問，仍榜示應今後投狀
人，不許作兩名，如作兩名者，開拆司並不許收受。
把持公事欺騙良民過惡山積　　宋自牧
唐黑八與蔣黑念二兩人同把握二水一縣民訟，播弄過惡，如
山，怨嗟盈路，合州安陳昌嘗是特小事，只詳自如一詞讀之
令人悲酸，此郡吏强之名聞於天下，重以此兩兇分霸在鄉
市，若不剿除，吾民其為魚肉矣。唐黑八枷送衡陽縣勘，詞人隨
司，仍榜本州照蔣念二例，召被害人陳訴，併牒通判帖職官受
民訴，繳申，蔣堂黑八枷項，并蔣百二、唐九二同狀首唐自如及
父唐少四，并案祖帖押下衡陽縣照勘，限三日具申。
檢法書擬
唐梓小人中之狼虎也，始者以騙賭博得富室不肖子錢八
千貫，成家增長氣勢，交結公吏，計會充役，私置獄具，縱橫鄉
落，不惟接受民户白詞，抑且自撰白狀，以飽溪壑之欲，或誣人
閉糶，徑自收縛唐正二，騙去錢四百貫，而後已，或以停着鹽客
收捉蔣七三，騙去銀五百貫，而後放，或誣賴染户取羅騙去蔣

图 35　《名公书判清明集》卷十四中的宋慈“把持公事欺骗良民过恶山积”书判，明隆庆三年(1569)刻本

中国古代法医学与社会治理关系史

"潇湘"一词始于汉代。《山海经·中山径》言湘水"帝之二女居之,是常游于江渊。澧沅之风,交潇湘之渊"。到唐代中期,"潇湘"不单意指湘水,而是被诗人们衍化为地域名称。而自宋代以来,人们就多以"三湘"代指湖南。这里的湘水发源于广西壮族自治区临桂的海洋坪,称海洋河,北流入湖南,经零陵纳潇水,茭河口纳春陵水,衡阳汇蒸水和耒水。因此,衡阳一带又有"二水一县"之称。

就是这样美丽的衡阳,出了一个唐黑八。

在《名公书判清明集》卷十四《惩恶门·奸恶惩》中,记载了宋慈的"把持公事欺骗良民过恶山积"书判。

案子发生在淳祐七年(1247),宋慈任直秘阁提点湖南刑狱并兼大使行府参议官时,该案的罪犯叫唐黑八。

宋慈一到任就下乡巡回检查,各地官员和百姓纷纷向他反映,长期以来唐黑八把持公事,欺骗良民,毫无廉耻地向打官司的老百姓索要钱财。还有一个叫蒋黑念二,与唐黑八联手,连过往衡阳的客商都知道这两个人是地方恶霸。

既然官民都反映这么强烈,宋慈就迅速着手调查。经过核查,证实了唐黑八与蒋黑念二的"过恶如山"罪行。

宋慈在判词中这样写道:"唐黑八与蒋黑念二,两人同把握二水一县民讼权柄,过恶如山,怨嗟盈路。今州妄陈冒赏,是特小事。只详唐自如一词读之,令人悲酸。此郡吏强之名,闻于天下,重以此两虎分霸在乡在市,若不剿除,吾民其为鱼肉矣!"

宋慈判词还说:"唐黑八枷送衡阳县勘,词人随司,仍榜本州,照蒋念二例。召被害人陈诉,并牒通判、帖职官受民诉缴申。"

宋慈判决:"将唐黑八、蒋黑念二枷项,并蒋百二、唐九二,同状首唐自如及父唐少四,并案祖帖押下衡阳县照勘,限三日具申。"

述评:从唐黑八案,我们看到提刑的职责范围是很广的。提刑是宋代所特有的。提点就是负责、主管的意思。宋代在"路"(省)这一级设了提点刑狱司等机构,从中央派文臣担任提点刑狱公事提刑官。提刑官负责地方刑狱、诉讼,每年定期到所辖的州县巡查。提刑官的职能,除了监察地方官吏之外,主要是督察、审核所辖州县官府审理、上报的案件,并负责审问州县官府的囚犯,对于地方官判案拖延时日、不能如期捕获盗犯的渎职行为进行弹劾。宋代杖刑以下的犯罪,知县可判决;徒刑以上的犯罪,由知州判决,而提刑官主要负监督之责;州县的死刑犯一般要经过提刑官的核准,提刑司成为地方诉讼案件的最高审理机构。提刑官还负责审理疑难案件,平反冤狱,以及接受民众的上诉。对地方恶霸处理不当、治安问题、剿匪以及部分纳税仓储等也是其职责。

从唐黑八案,我们还能理解宋慈《洗冤集录·检覆总说上》为何有这样的记载:"凡检验,承牒之后,不可接见在近官员、秀才、术人、僧道,以防奸欺及招词诉。""检官切不可信凭,便与备申,或与缴回格目。虽得州县判下,明有公文照应,犹须审处。恐异时亲属争钱不平,必致生词,或致发觉,自亦例被,污秽难明。"

案例8.《清明集》卷十四:宋慈"检法书拟(唐梓)"

上一案中还有一名罪犯叫唐梓。

宋慈说:"唐梓,小人中之狼虎也。"于是将唐梓及其涉案人陆续抓获归案。

宋慈判词:"唐梓撰造百端词讼,骗夺一方善良,贪虐甚于豺狼,凶暴烈于虎豹,公吏惟所号召,州郡为其控持。今狱官所勘,法官所拟,仅得其一二尔。其最干系一方利害者,所交所结,无非猺獠,作敌作使,皆听指挥,平时则推肌剥髓,不遗秋毫,有事则挑变激衅,欲邀功赏。"

宋慈判词所收集的唐梓七大罪状如下:

其一,"始者以骗赌,博得富室不肖子袁八钱八千贯成家,增长气势,交结公吏,计会允役,私置狱具,纵横乡落,不惟接受民户白词,抑且自撰白状,以饱溪壑之欲";其二,"诬人闭粜,径自收缚唐正二,骗去钱四百贯而后已";其三,"以停著盐客,收捉蒋七三,骗去银五百贯而后放";其四,"诬赖染户取罗,骗去蒋四六钱六十七贯而后休";其五,"诈称有文引,勾追证对公事,捉缚蒋四八,骗去十八界官会三百贯";其六,"因民诉到官,及执陈德一唆使捉缚,骗钱一百贯";其七,"其它如诸唐、诸蒋被其妄生事端捉缚,或取受钱三百十贯,或六七十贯,不可胜计。以至谋夺邻舍表五七屋业,妄执其与婢使通奸,收捉本人,而割去其耳"。

宋慈判词说:"件件违法,事事凶强,州县公吏,皆其亲故,被害者莫敢谁何。"

宋慈裁判唐梓及其爪牙:

"如唐自如等所陈,具有其实,总计赃钱一万一百一十八贯零,揆之杂犯死罪,唐梓一死有余,欲且将唐梓决脊杖二十,刺配广南远恶州军,仍籍没家财,永锁土牢不放。"

"唐百一、唐百二济父之恶,蒋百二为强恶爪牙,凡唐梓平日捉缚平民欺骗,此三人者无往不俱,欲将唐百二各决脊杖二十,配千里,并永锁。"

"蒋百二决脊杖十七,配一千里,监赃。"

"赵秀本是官妓,脱籍与唐梓为小妻,凡悖入之财,皆其收掌,及事败露,乃敢挟厚赀为之行用,欲决脊杖十二,押下雄楚寨,与戍兵射给多中者为妻。"

"袁万一为赵秀的大姐搬挈衣物寄附,后能自督,欲勘杖一百。"

"唐九二系唐自如被逼买屋钱主,无罪可科,欲并放。"

宋慈在判决书后附上一段话:"方当划平峒寇之后,正是安辑人心之时,若不杀草除根,必至养虎遗患。原其积恶。虽万死不足赎,若更诛心,尤三尺所不容,姑照今法官所定常刑,不欲于平世更施重典。引上照断,仍报奉司,请备榜晓。"

述评:从唐梓案,我们可以看到,宋慈办案时看到案件的本质特征。宋慈在判决书中说:"始者以骗赌,博得富室不肖子袁八钱八千贯成家,增长气势,交结公吏,计会允役,私置狱具,纵横乡落,不惟接受民户白词,抑且自撰白状,以饱溪壑之欲。"在宋慈看来,唐梓之所以能通天,"私置狱具,纵横乡落,不惟接受民户白词,抑且自撰白状",都与"交结公吏,计会允役"有关,这是其背后真正原因。这就可以解释,为什么宋慈《洗冤集录》专门有"救死方"一章。宋慈记载乐平知县鲍旗的话说:"每有杀伤公事,未暇诘问,先将葱白敷伤损处,活人甚多,大辟为之减少。"意思是每逢有杀伤案件,未暇诘问,就先用葱白敷伤口,救活了不少人。打死了人要被判死刑,但被打的人救活了,被判死刑也就大为减少了。原来,救活伤者,可以了解到真实情况。同样,对上吊、溺水等,只有救活后才能问清案件真实情况。某些猝死、病死、魇死等,如果能救活猝死者,则可避免猜忌或误会。某些死亡,包括冻死、缢死、溺死都是隐藏有很深的背后原因的。人的生命是可贵的，为什么被冻死呢？是否被虐待？为什么上吊、投河呢？是否被逼迫？因此，救活人后就会知晓其背后的真正原因。由此可见，宋慈办案，要找到真正原因或背后的原因，这就是证据思维，值得研究。

案例 9　《清明集》卷十一：宋慈“都吏辅助贪守罪恶滔天”书判（郑俊案）

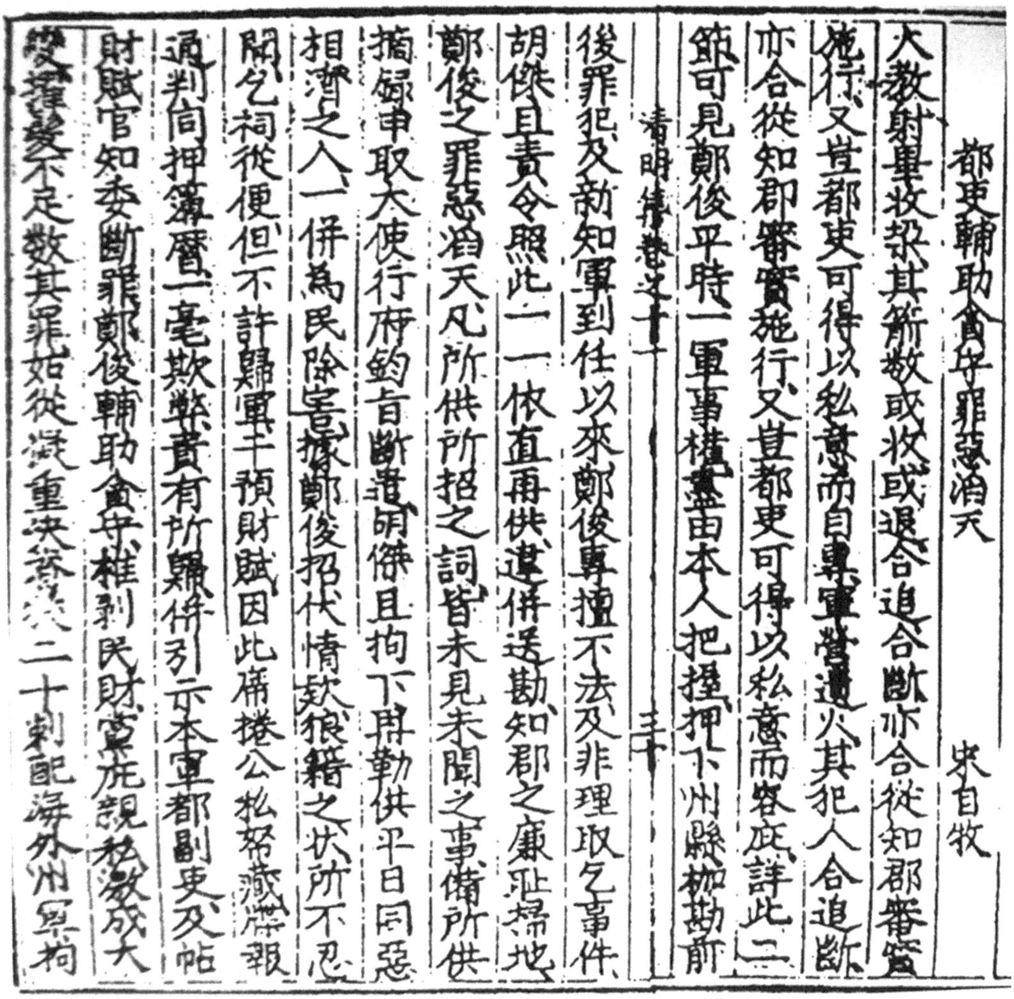
都吏輔助貪守罪惡滔天　宋自牧
大赦射舉收掠其所散或收或退合追合斷亦合從知郡審實
施行又豈都吏可得以私意而自專軍營遣火其犯人合追斷
亦合從知郡審實施行又豈都吏可得以私意而容庇詳此二
節可見鄭俊平時一軍事權盡由本人把握押下州縣枷勘前
清明集卷之十一　三十
後罪犯及新知軍到任以來鄭俊專擅不法及非理取乞事件
胡傑且責令照此一一依直再供連併送勘知郡之廉恥掃地
鄭俊之罪惡滔天凡所供所招之詞皆未見未聞之事備所供
摘歸申取大使行府鈞旨斷遣胡傑且拘下冊勒供平日同惡
相濟之人一併為民除害據鄭俊招伏情款狼籍之狀所不忍
聞乞祠從便但不許歸軍干預財賦因此席捲公私帑藏牒報
通判同押簿曆一毫欺弊責有所歸併牒示本軍都副吏及帖
財賦官知委斷罪鄭俊輔助貪守椎剝民財寔虎覘私家成大
受摔髮不足數其罪姑從凝重決脊杖二十刺配海外州軍拘

图 36　《名公书判清明集》卷十一中的宋慈“都吏辅助贪守罪恶滔天”书判，

明隆庆三年（1569）刻本

案子发生在嘉熙三年（1239），宋慈任提点广东刑狱时，该案的罪犯叫郑俊。郑俊案还涉及另外一个官员，这个官员叫胡杰，是广州路的提刑。就是这个堂堂提刑官胡杰却被手下一个叫郑俊的都吏笼络。郑俊常常以胡杰的名义到处敲诈勒索，人皆呼都吏郑俊为"小提刑"。

宋慈到广州不久，就着手调查此案。

调查发现，都吏郑俊，每当"押下州县，枷勘前后罪犯，及新知军到任以来，郑俊专擅不法及非理取乞事件。提刑胡杰且责令照此一一依直再供，违并送勘"。新囚犯、新军囚到达广州，郑俊就要下手索贿，收不到钱就叫胡杰将囚犯送到条件差的监狱。不少囚犯毙于狱中，二广狱吏均畏宪司点检送勘之害。因此，多有重囚向都吏郑俊送钱送物，以求关押在条件好的地方，郑俊赚得盆满钵满；而郑俊就把索贿的钱物向胡杰进贡。

宋慈调查，发现郑俊有两个问题很严重：一是"人教射毕收垛，其箭数或收或退，合追合断，亦合从知郡审实施行，又岂都吏可得以私意而自专"。二是"军营遗火，其犯人合追断，亦合从知郡审实施行，又岂都吏可得以私意而容庇"。

这里解释一下。

南宋朝有个规定，凡罪大恶极的囚犯被判刑，其家里的财产归公，连妻子也要规定"射射充军"；另，女性犯奸"因奸射射"。这个制度就是指恶犯之妻或奸妇被官府强制许配为军妻。这种官府判给军寨射充军妻制度，早在北宋时已开始实施。宋代地方的镇兵驻守城厢，又称"厢兵"。宋太祖赵匡胤乾德四年（966）下令禁止将帅选取军中精锐作为牙兵（衙兵）。厢兵中的精锐经过多次选拔，全被收入中央的禁军。留在地方的，不再训练，只服杂役。厢兵实际上已成为不能作战的役卒。这些役卒一般都娶不到妻子。怎么办？朝廷规定，将奸妇强制许配为军妻，押下军寨射充军妻。后来还有"无夫军妻配无妇军"之说："将此等鳏夫寡妇照对年貌相应，官为配对成户，与国出力。"① 强制许配为军妻，以役卒射箭为准，射中多者选取，由管刑狱的长官负责。

军营遗火指军营失火。宋朝法律规定，要追查失火原因，并处罚失火肇事者或失职者，这就是"追断"，指裁断追责。"追断"也由管刑狱的长官负责。

由此，这两项规定，都应由提刑胡杰负责，作为都吏的郑俊根本没有这个权力。

---

① 蔡美彪等. 中国通史（第五册）[M]. 北京：人民出版社，2008：19.

但郑俊擅自处理,从中捞取好处。

因此,宋慈判词说:"详此二节,可见郑俊平时,一军事权,尽由本人把握。"

宋慈判词十分严厉:"知郡之廉耻扫地,郑俊之罪恶滔天,凡所供所招之词,皆未见未闻之事,备所供摘录,申取大使行府钧旨断遣,胡杰且拘下,再勒供平日同恶相济之人,一并为民除害。据郑俊招伏情款,狼藉之状,所不忍闻,乞祠从便,但不许归军干预财赋,因此席卷公私帑藏。牒报通判同押簿历,一毫欺弊,责有所归。并引示本军都副吏及帖财赋官知委断罪。"

最后,宋慈依法判决:"郑俊辅助贪守,椎剥民财,党庇亲私,激成大变,擢发不足数其罪,姑从拟重决脊杖二十,刺配海外州军,拘锁郴州土牢。"这里"海外州军",指万安军、昌化军、吉阳军和琼州四州军,均在海南岛。

"胡杰决脊杖十二,编管全州。"

述评：从宋慈"都吏辅助贪守罪恶滔天"判词可以看出,宋慈断案是亲自审理,调查详尽,具体到细节,判词让人心服口服。宋慈强调为官清廉,办事公道,他说:"知郡之廉耻扫地,郑俊之罪恶滔天,凡所供所招之词,皆未见未闻之事,备所供摘录,申取大使行府钧旨断遣,胡杰且拘下,再勒供平日同恶相济之人,一并为民除害。"宋慈指出胡杰身提刑却受人"笼络",竟然"辅助贪守",严厉抨击胡杰"廉耻扫地",根本不配为官。

刘克庄在为宋慈写的墓志铭中曾说,宋慈54岁时擢升广东提点刑狱使,用8个月就裁决了积案200多件,拯救了许多无辜受害者。这段文字还是可信的。关于"广州狱案",清代史学家陆心源在编纂《宋史翼》中,也有专门记载。

这就可以理解,宋慈在其著作中的种种规定,如《洗冤集录·条令》:"嘉定十六年(1223)二月十八日敕:臣僚奏:'检验不定要害致命之因,法至严矣。而检覆失实,则为觉举,遂以苟免。欲睿旨下刑部看详,颁示遵用。'刑寺长贰详议:'检验不当,觉举自有见行条法;今检验不实,则乃为觉举,遂以苟免。今看详命官检验不实或失当,不许用觉举原免。余并依旧法施行。奉圣旨依。'"《洗冤集录·检覆总说下》:"凡官守,戒访外事。"《洗冤集录·初检》:"有可任公吏使之察访,或有非理等说,且听来报,自更裁度。"这里,"可任公吏"指可信赖、清廉的官员,不得相信像郑俊、胡杰那样官员。

30. 赞蔡节斋

赞蔡节斋

〔南宋〕宋慈

天挺英才,识达广博。

克绍厥先,洞明圣学。

道探先天,学开后学。

不干利禄,韬光林壑。

盛德日新,荣肤天爵。

教育贤才,君子三乐。

述评: 蔡节斋指蔡渊。蔡渊(1156—1236),南宋理学家、教育家,字伯静,号节斋,建州建阳(今属福建)人。蔡渊是朱熹的学生,先后在朱熹的武夷精舍、建阳沧州精舍从学。蔡渊比宋慈年长30岁,与宋慈的老师吴雉同为朱熹的得意门生。因此,蔡渊是宋慈尊称师叔的前辈之人。刘克庄在《宋经略墓志铭》中说宋慈"公少耸秀轩豁,师事考亭高弟吴公雉,又遍参杨公方、黄公翰、李公方子、二蔡公渊、沉,孜孜论质,益贯通融液"。由此可知,宋慈年少之时深得蔡渊的教诲,年长后,亦师亦友。因此,蔡渊去世后,其子孙邀请官居朝议大夫的宋慈为他题写赞诗,也就成了情理之中的事了。其中宋慈的诗句"不干利禄,韬光林壑",指的是蔡渊清修苦节,有父亲之遗风。"教育贤才,君子三乐",指蔡渊曾经出任婺州教授,教书育人,诲人不倦。结合蔡渊修身齐家、赡养尽孝方面的声誉,再加上有《周易训解》与《卦爻词旨》等大量著作流传于世。可谓君子"立德、立功、立言"三乐俱全,功德圆满。其实,宋慈赞扬蔡渊,也是自己一生的追求,从中可以看到宋慈的为人处世。

31. 水泡为证

洪迈《夷坚志·张客浮沤》记载:在湖北鄂州与湖南岳阳之间有个张姓客商,以贩卖纱绢为业，身边有个仆人叫李二。张姓客商50岁，而妻子不到25岁。宋孝宗淳熙年间(1174—1189)，主仆二人外出行商，一路上过了巴陵(湖南岳阳)的西湖湾。因路上旅店很少，突然下起急雨，主仆二人跑进一间神祠躲雨。这时，仆人李二见四野无人，心生歹念，手持砖头打在张的头上，张随即扑倒在地。此时，张奄奄一息，看到房檐下雨水滴落溅起的水泡，一起一灭，便说："我被仆人害了性命，他日以溅起的水泡为证，为我申冤！"仆人李二听后大笑。张死后，李二回家骗张妻说："主人病死在一个村庙，临终遗嘱让你嫁给我。"张妻听了这话，只好依从。就这样过了三年，生了两个儿子。有一天一起吃饭时，正好也在下大雨，李二看见溅起的水泡就笑了，妻奇怪就问他："你笑什么？"李二说："我笑张公真是个痴人，当年被我打死时，却指着这些水泡说要为我杀人作证，这不是很可笑吗！"妻十分惊愕，表面上假装不介意，等李二不在家时，就跑到里保那里告状，里保立即叫人把李二抓来送官。官府找到埋尸地点，挖出骨骸，经检验证实头颅骨折，李二只好认罪。李二最后伏法。

述评：人一生中会遇到很多事，有个别事会留下深深的烙印，刻骨铭心，久久难以忘怀。这在心理学上叫心结。心结是心理状态的一种，是心里放不下的事，是内心所受的一种压抑。这里，有动机刺激的因素，所谓动机是为实现一定的目的而行动的原因。人从事任何活动都有一定的原因，这个原因就是指人的行为动机。个体在某一时刻有最强烈的需要，并在有诱因的条件下，能产生最强烈的动机，但如果此动机遭到世人不齿势必会给自己在心理上留下深深的烙印，即所谓的心结。本案，李二的"心结"是三年前杀死张客商。特别是张客商留下"水泡为证"这句话，三年来萦绕于心，以至看到"庭院中溅起的水泡傻笑不止"。当妻子问为何笑时，李二以为多年生活的妻子会原谅他，心理防线松弛，埋藏并压抑在心理三年的杀人经过和盘托出，认为没人相信"水泡为证"。可是，妻子认为自己被欺骗，毅然报官。而官府办案官员深谙犯罪心理，"访寻埋骸，验得实"，使得李二"不复敢拒"。由此可见，我国古代法医检验一定程度上有法医心理学的内容，令人佩服。

宋慈《洗冤集录·覆检》："与前检无异，方可保明具申。万一致命处不明，痕损不同，如以药死作病死之类，不可概举。前检受弊，覆检者乌可不究心察之，恐有连累矣。"这句话的意思是，复检审核无误了才能下与原检相同的意见。假如复检发现问题，就不能附和原检。原检受弊，复检者不认真审查，就会受到连累。因为错误鉴定永远是鉴定人的"心结"，不管是原检还是复检，随时有案发的危险，这就是法医鉴定人的"心结"。因此，这是宋慈从心理学角度告诫后人要认真办案，避免留下"恐有连累"的"心结"。

32. 审之又审

宋慈《洗冤集录》的《序》说："狱事莫重于大辟，大辟莫重于初情，初情莫重于检验。盖死生出入之权舆，幽枉屈伸之机括，于是乎决。……慈四叨臬寄，他无寸长，独于狱案，审之又审，不敢萌一毫慢易心；若灼然知其为欺，则亟与驳下，或疑信未决，必反下覆深思，惟恐率然而行，死者虚被涝漉。……遂博采近世所传诸书，自《内恕录》以下凡数家，会而粹之，厘而正之，增以己见，总为一编，名曰《洗冤集录》……洗冤泽物，当与起死回生同一功用矣。"《检覆总说上》有："凡验官多是差厅子、虞候，或以亲随作公人、家人各目前去，追集邻人、保伍，呼为先牌，打路排保，打草踏路，先驰看尸之类，皆是搔扰乡众，此害最深，切须戒忌。"《检覆总说下》有："如有疑虑，即且捉贼。捉贼不获，犹是公过。若被人打杀，却作病死，后如获贼，不免深谴。""不可任一人，仍在善使之；不然，适足自误。"《疑难杂说下》："不如是，则私请行矣。假使验得甚实，吏或受赂，其事亦变。官吏获罪犹庶几，变动事情，枉致人命，事实重焉。"《初检》："告状切不可信，须是详细检验，务要从实。"

述评：审之又审是一种文化和工作态度。如果从思想高度提炼宋慈《洗冤集录》的精髓，其实就是一个字，那就是孔子思想的核心"仁"字。虽然宋慈《洗冤集录》里没有一次提到"仁"字，但从职业角度宋慈提到"内恕"，从办案角度提到"疑狱"，从检验角度提到"洗冤"，从司法角度提到"慎刑（审之又审）"，从检验目的角度提到"洗冤泽物"，从社会治理角度就是"幽枉屈伸"善待生命、施"仁政"。"仁"字在《尚书》里出现一次，《诗经》两次，《国语》二十四次，《左传》三十三次，而《论语》提到一百零九次。"仁"是贯穿着孔子整个思想体系的总纲。什么是"仁"？"仁"字由两个"人"组成，它是指两个人在交往中应有的关系和态度。孔子对这种关系与态度做了解答：爱人，表达为"仁者爱人"。如何"爱人"，孔子提出"己所不欲，勿施于人"。倘若你自己不愿意遭遇到的事情，也不要强加于别人。这种推己及人的"爱人"，表现在对于别人生命的珍惜。"仁政"一词，是孟子使用的，但是源头来自孔子。"为政以德""举直错诸枉"等，孔子在反复申明自己施行仁政。

33. 阿云杀夫

据《宋史·列传第八十九·许遵》载，北宋神宗熙宁元年（1068）年正月，13岁的登州（今山东登州）少女阿云，在家为母亲守孝。贪财的阿云叔父以几石粮食将阿云卖给韦大为妻。韦大一贫如洗，容貌丑陋，阿云不愿意，可又拗不过自己的叔父。于是，阿云趁韦大熟睡时用柴刀砍他。韦大用手阻挡，阿云逃走。韦大立即报了官。知县接到报案，迅速赶来勘查现场，并对韦大损伤进行检验，发现韦大只有右手小手指头砍断，其他部位均为皮外伤。知县将阿云捉来审问。阿云不抵赖，一五一十如实交代。阿云招供后，知县以"阿云杀夫"罪拟处阿云死刑，并逐级上报。案子报到登州知府。许遵知府认为，阿云被许配给韦大时，尚处于为母亲守孝期间，其婚约无效；再者，阿云是被叔父逼婚，自己并不同意。因此，这门亲事，无论于公于私都是不合法的。既然婚约不合法，阿云就不是韦大的妻子，也就没有谋杀亲夫之罪。而且，损伤后果不重，经检验，韦大只有右手小手指头砍断，其他部位均为皮外伤，并无大碍，阿云罪不至死。于是，许遵签署了意见，将案子报送到大理寺和审刑院。大理寺和审刑院审查案卷后认为，即便阿云不是韦大的妻子，但是其蓄意谋杀，并且造成了对方人身伤害，按照大宋律法要处死。这时，许遵看到宋神宗的诏书："谋杀已经造成人身伤害，但官员在审讯犯人并对犯人用刑前，犯人如实供认犯罪情节的，以自首对待，并依照谋杀罪行降二个等级论罪。"按照诏书，阿云应判徒刑，而不会处死。许遵以皇帝诏书为依据，向刑部申诉。刑部不接受，维持处死。许遵不久调任大理寺卿，阿云被改为有期徒刑。但御史弹劾许遵，认为其利用职务之便枉法。神宗皇帝把这个案子发到翰林院，让司马光和王安石来评判。司马光支持刑部的死刑判决，王安石则支持许遵的有期徒刑判决。神宗皇帝看到两人相持不下，又将案子交给其他翰林学士处理，审议的结果是支持王安石的意见，神宗皇帝御批"可"。宋神宗下诏，免除阿云的死刑，改判有期徒刑。没过多久，朝廷大赦天下，阿云被释放回家，后来又重新嫁人生子。元丰八年（1085），宋神宗去世，宋哲宗即位，司马光任宰相，司马光重新审理此案。最终，以谋杀亲夫罪，在案发十七年后将阿云斩首示众。

述评：该案中，法医检验得到许遵的重视："韦大右手小手指头砍断，其他部位均为皮外伤，并无大碍，阿云罪不至死。"许遵还从传统文化角度提出一个观点："阿云被强迫许配给韦大时，尚处于为母亲守孝期间，其婚约无效。"这实际上是否决了原县令的判决。这里，所谓"守孝"，《中庸》曰："三年之丧，达乎天子，父母之丧，无贵贱一也。"意思是守丧三年，即便是天子也要遵循，而且在给父母办丧礼这件事上，不存在贵贱之说。《论语·阳货》："宰我问：'三年之丧，期已久矣！君子三年不为礼，礼必坏，三年不为乐，乐必崩，旧谷既没，新谷既升，钻燧改火，期可已矣。'……子曰：'予之不仁也！子生三年，然后免于父母之怀，夫三年之丧，天下之通丧也。予也，有三年之爱于其父母乎？'"孔子认为，百善孝为先，人出生三年之后才可以离开父母怀抱，所以也要为父母守孝三年，主要是为了以这种形式报答父母的养育之恩。在这三年期间内，子女不可做官，如果是任官者须"丁忧"停职返乡居丧，不可参加科举，不可婚嫁儿女，不可参与任何红白事，不可去欢乐场所，逢年过节不可庆祝，等等。《弟子规》言："丧三年，常悲咽。居处变，酒肉绝。丧尽礼，祭尽诚。事死者，如事生。"父母亲去世后，要守丧三年，不行婚嫁之事。而本案阿云正在为母亲守孝，按传统文化其婚约无效。许遵的观点得到王安石等人支持，阿云以伤害罪判有期徒刑，但时隔十七年后，司马光改判阿云"谋杀亲夫罪"斩首示众。这实际上是党派之争的结果。

关于"守孝"，宋慈的经历也是一个例子。宋慈于宋宁宗嘉定十年（1217）32岁时考中进士乙科，朝廷派他去浙江鄞县任尉官，因父亲病逝，在建阳家中"守孝"未上任。到宋理宗宝广二年（1226）41岁时才出任江西信丰县主簿。因此，宋慈在家"守孝"时间长达9年之久。以后，宋慈历任县令、通判等职。54岁时宋慈升为广东提点刑狱使（提刑）。"百善孝为先"，我国古代文化中的孝道丰富而成体系。古代的官员上对"君父"，下对"子民"，所恪守的孝道在其仕途路上也是严格、具体的。"冒哀求仕""冒荣居仕""委亲之官"及违反"丁忧守孝"要受到处罚的。因此,孝道是官员实现"移孝作忠"忠孝一体关系的体现。

34. 儒士医家

满庭芳·静夜思

〔南宋〕辛弃疾

云母屏开,珍珠帘闭,防风吹散沉香。

离情抑郁,金缕织硫黄。

柏影桂枝交映,从容起,弄水银堂。

连翘首,惊过半夏,凉透薄荷裳。

一钩藤上月,寻常山夜,梦宿沙场。

早已轻粉黛,独活空房。

欲续断弦未得,乌头白,最苦参商。

当归也!茱萸熟,地老菊花黄。

述评:这首词是辛弃疾在奔赴前线时给他新婚的妻子写下的,表达了对妻子的想念之情。《静夜思》别出心裁,以药名入词,通篇含有云母、珍珠、防风、沉香、硫黄、柏叶、桂枝、苁蓉、水银、连翘、半夏、薄荷、钩藤、常山、缩砂、轻粉、独活、续断、乌头、苦参、当归、茱萸、熟地、菊花等二十四味中药材的名字。融入如此多的药材名却毫无生涩僵硬之感,反而"浑然一体",另有新意,颇有美感。换句话说,这首药名诗将中医药的博大精深与诗词的优美韵律完美结合,体现了"儒医"的文化底蕴。也说明一点,医家多儒士,儒士是医家,是谓"儒医"。这就不难理解,我国古代法医学家有很深的医学功底。宋慈是儒士,也是医家。他的《洗冤集录》中收集了自缢、水溺、病死、中暑、冻死、杀伤及胎动等抢救办法及单方数十则,都是通过经验证明是行之有效的。

35. 自伤右臂

南宋郑克《折狱龟鉴》记载:钱惟济担任绛州知州时,有个老百姓正在整理桑园,强盗进园进行抢夺,因未得逞,遂自己砍伤胳膊,诬陷桑园园主杀人,官府一时也分辨不清。惟济传两人来盘问,并当面给他们吃食,见强盗左手使用筷子调羹,便说:"一般人用刀,是进刀重,出刀轻,现在你的创口却是进刀轻出刀重。而你擅长使用左手,这正说明你是自己用左手砍伤自己右臂的。"诬陷人的强盗无言以对,只得认罪。

述评:进刀出刀的轻重,是我国古代法医检验的重要依据。《洗冤集录·自刑》指出,检验刀伤必须仔细查看伤者或"已死人使左手使右手"。一般而言,若是被他人所伤,创口是进刀重而出刀轻(进重轻出),因为凶手杀人,总是想置人于死地,进刀必重,出刀时相对地就轻;而自伤,总是不忍下手,即使是自刎,也会有所犹豫,进刀时用力就轻,刀入皮肉,必然疼痛,势必用力拔出,所以出刀时就重了(进轻重出)。钱惟济从创口"进刀轻出刀重"推断是自伤,为了证明是左手自伤,他"当面给以食",发现强盗是"以左手举匙箸"之后,就得出了强盗是"用左手伤自己右臂的"的结论。对于用刀子自伤或者自戕的案件,关键是要掌握自伤的损伤规律,让事实说话。

36. 建安乐坊

宋元祐五年(1090),杭州先旱后疫。时任杭州通判的苏轼创建"安乐坊",采用隔离手段,三年间治愈了无数病患。《续资治通鉴长编》称赞:"作饘粥,药饵,遣吏挟医,分方治病,活者甚众。"崇宁元年(1102)八月,朝廷将"安乐坊"改名为"安济坊","置安济坊养民之贫病者,仍令诸郡县并置"。安济坊的隔离病房"为病坊,处疾病之无归者,募僧二人,属为视医药饮食"。事实上,安济坊作为官办慈善体系的一部分,"已而置居养院、安济坊、漏泽园,所费尤大"。因此,宋代建"安乐坊"防疫、抗疫是史上最早的隔离制度。这不只是保护未感染人群,还要治疗病患,两者之间需要建立一道"防火墙"。同时,也是考虑周到的流民安置。还包括控制人口流动。俗语说:"大灾之后必有大疫。"受生产力和交通条件所限,古代赈济大都以城市为中心。如此一来,大量流民涌入城市,增加发生伴生性瘟疫的风险。两宋清醒地认识到这一点,曾巩《救灾议》坦言:"至于给授之际,有淹速,有均否,有真伪,有会集之扰,有辨察之烦,措置一差,皆足致弊。又群而处之,气久蒸薄,必生疾疠。"

述评：宋代防控瘟疫的经验，给后世留下了宝贵的财富，时至今日，仍然具有很高的借鉴意义。宋代建"安乐坊"医院的社会学意义：一是"安乐坊"属公益性。二是"安乐坊"所有病人都是平等关系，没有特需病房，也没有官员病房。三是宋代根据受灾情况，以耆为基本单位，划片赈灾，避免他们涌向城市。《救荒活民书》卷下所载富弼在知青州任所撰《支散游民斛斗画一指挥》有："每一官，令专管十耆或五、七耆。据耆分合用员数，除逐县正官外，择有行止、清廉干当、得事不作过犯官员。"这么做既提高了赈灾的效率，又有利于控制疫情。宋代频发的疫情，迫使朝廷、士大夫、医学家等对疫情的治疗和成因进行了积极探索，建立起以政府为主、社会力量为辅的瘟疫防控体系，取得了良好的成效。四是"安乐坊"不仅有抗击疫情的效果，也有其社会学效果，对宋以后我国长远健康发展提供了有益的启示。

37. 浇酒泼醋

宋慈《洗冤集录·验尸》："凡检尸，先令多烧苍术、皂角，方诣尸前。检毕，约三五步，令人将醋泼炭火上，行从上过，其秽气自然去矣。"宋慈《洗冤集录·检覆总说上》："浇上酒醋，用荐席罨一时久，方检。"宋慈《洗冤集录·检覆总说下》："凡检验，不可信凭行人，须令将酒醋洗净，仔细查看。"

述评：在我国古代，酒、醋被认为是一种驱邪、避凶、祈福的东西，这种文化长期存在。以酒为例，比如椒柏酒："正旦辟恶酒，新年长命杯，柏叶随铭至，椒花遂颂来。"北周诗人庾信这首诗中提到的酒，就是椒柏酒。据李时珍《本草纲目》记载："椒柏酒元旦饮之，辟一切疫疠不正之气。"还有一种辟邪酒叫屠苏酒。孙思邈《备急千金要方》："屠苏酒，辟疫气，不染瘟疫及伤寒岁旦之方。"俗语有言："饮了雄黄酒，病魔都远走。"宋慈验尸时"浇酒泼醋"，除了辟邪外，对鉴定人而言有预防染病、消毒防疫的作用。而在尸体上"浇酒泼醋"，还因为酒醋有去除污渍、洗净皮肤和便于检验时发现伤痕的作用。在我国古代，"浇酒泼醋"已然是检验文化的一个重要组成部分，因为尸体解剖有违"礼教孝道"，被我国古代视为禁忌，只能维持尸表检验，绝对禁止切开尸体皮肤观看损伤与疾病。

38. 依理检验

宋慈《洗冤集录·自缢》："移尸事理甚分明，要公行根究，开坐生前与死后痕。"

宋慈《洗冤集录·疑难杂说上》："更有相打散,乘高扑下卓死,亦然。但验失脚处高下,扑损痕瘢致命要害处,仍须根究曾见相打分散证佐人。"宋慈《洗冤集录·溺死》："临时看验,若检得身上有损伤处,录其痕迹,虽是投水,亦合押合干人赴官司推究。"宋慈《洗冤集录·验邻县尸》："遍身上下尸胀臭烂,蛆虫往来咂食,不任检验。如稍可验,即先用水洗去浮蛆虫,仔细依理检验。"宋慈《洗冤集录·酒食醉饱死》："凡验酒食醉饱致死者,先集会首等,对众勒仵作行人用醋汤洗检。在身如无痕损,以手拍死人肚皮膨胀而响者,如此即是因酒食醉饱,腹胀心肺致死。仍取本家亲的骨肉供状,述死人生前常吃酒多少致醉,及取会首等状:今来吃酒多少数目,以验致死因依。"宋慈《洗冤集录·病死》："患是何病?曾请是何医人?吃甚药?曾与不曾申官取口词?如无,则问不责口词因依;然后,对众证定。"这里,根究、推究、依理检验、因依等就是宋慈对损伤、溺死、疾病、死因等发生机理、法医原理的研究,也是法医学规律性的研究,这与我国古代文化"格物致知"有关。

述评："格物致知"源自《礼记》。《礼记·大学》："古之欲明明德于天下者,先治其国;欲治其国者,先齐其家;欲齐其家者,先修其身;欲修其身者,先正其心;欲正其心者,先诚其意;欲诚其意者,先致其知;致知在格物。格物而后知至,知至而后意诚,意诚而后心正,心正而后身修,身修而后家齐,家齐而后国治,国治而后天下平。"《大学》是儒学中最全面、最系统地阐述其政治理想的文献,核心内容为三纲八目。"明德、亲民、止于至善"是其三纲。格物、致知、诚意、正心、修身、齐家、治国、平天下,则是"八目",是达到这一理想境界的步骤和方法。"格物致知"是起始点,是基础,但《大学》对如何"格物"没有做任何表述,对"知"也没有明确的界定。宋慈年轻时曾受朱熹理学的影响。朱熹视"格物"为"即物而穷其理",这是中国传统文化中一种普遍存在的思维方法。按照《说文解字》的解读,"格"的最初含义是树高枝长之貌,后来用于指能将器物分置的木制用具,如书架上的格子、窗格、战格(栅栏),引申为标准、品格、人格。"格物"的本义是"使某种事物处于适当位置上"。将"格物"与"致知"连用,则其本义是"通过使某种事物处于适当位置上,以获得有关事物的本质和规律性的知识"。"致知"的目的是穷"理"与知"道",

"道"和"理"都要揭示事物的本质和规律性,通过体验和领悟,这种思维活动的前提是对世界的整体性和相互联系的认识。格物过程包括洞察外物的性质和规律。格物也就是把穷究事物之理作为入手处,去探求外物之性质和规律。按照中国传统哲学的理解,任何事物都有自己的"理",而"理"作为社会治理的主旨思想,涉及政治、经济、文化、法律方方面面,法医检验当然不例外。宋慈《洗冤集录》之所以能流传数百年不衰,就在于其有理论、有经验、有实践,深得中外法医学界的公认。宋慈"依理检验"的思想,时至今日仍有现实研究价值和积极指导意义。

39. 红伞验骨

宋慈《洗冤集录·论沿身骨脉及要害去处》记载:"若骨上有被打处,即有红色路微荫,骨断处其接续两头各有血晕色。再以有痕骨照日看,红活乃是生前被打分明。骨上若无血荫,踪有损折乃死后痕。"宋慈记录了蒸骨验伤的方法。这个方法是:把一具尸骨洗净,用细麻绳串好,按次序摆放到竹席之上。挖出一个长五尺、宽三尺、深二尺的地窖,里面堆放柴炭,将地窖四壁烧红,除去炭火,泼入好酒二升、酸醋五升,乘着地窖里升起的热气,把尸骨抬放到地窖中,盖上草垫。大约一个时辰以后,取出尸骨,放在明亮处,迎着太阳撑开一把红油伞,进行尸骨的检验,这就是"红伞验骨"。

述评:"红伞验骨"的目的是查找骨质里出血痕迹。因为人活着的时候被打,血液渗入骨质,会有血存在。宋慈的检验是有根据的。沈括(北宋科学家,1031—1095)在《梦溪笔谈》中介绍了这样一个案子。某地发生一起命案,知县李处厚到场验尸,可是就是看不到伤痕!后来,按老书吏的方法把尸体抬到阳光下,张开红油伞,果然看到伤痕。于是判打人者死罪。沈括后来做试验,认为这是红油伞的滤光的原理。沈括把这一发现写入《梦溪笔谈》,命名为"红光验尸"。尸体的伤痕不易发现时,可在中午用新的红油伞罩在用水浇了的尸体上,则伤痕可见。这新的红油伞实际上起了滤光器的作用,尸体伤痕的青紫处,在红光下比在白光下看得清晰。为何用伞能验出尸体的伤痕?这里有着严密的物理学依据。因为不透明物体的颜色,取决于它能反射哪种色光和用何种色光来照射它。而透明物体的颜色,是由这个物体所透过和反射的色光决定的。大多数透明体反射的色光跟透明的色光是相同的。当含有七种色光的太阳光照射红油伞时,除了红光能够通过以外,其他色光都被吸收了。皮肤下的瘀血一般都是青紫色的,在白光(复色光)照射下,不容易辨别出来。而在红光照射下,方会呈现出黑色来。红油伞在李处厚手里成了一个滤色镜,成为验伤破案的有用工具。由于古代法医学限制于尸表检验,不能切开皮肤研究是否皮下出血,只能利用当时其他学科研究成果进行有效的实验以提高检验水平。宋慈比沈括的"红光验尸"又进了一步。他把受伤尸骨洗尽后在红伞下看"骨质血荫",这是对活的时候被打骨折骨质内出血,其骨折部位红细胞破裂,释放出血红蛋白、血红素在红油伞对阳光的过滤下,可以见到"红活生前伤",如无血荫"踪有损折乃死后痕"。这一研究成果符合现代法医学生前伤的检验方法。从现代光学原理出发,太阳光有"赤橙黄绿青蓝紫"七色,利用阳光下新赤油伞使红外线通过的原理,使死者身上的受伤伤痕和生前骨折得以显现,这个研究是符合现代光学科学原理的。

40. 面如芙蓉

宋慈《洗冤集录·病死》中对冻死的尸斑有一个专门描述,很形象。宋慈说:"冻死者,面色痿黄,口内有涎沫,牙齿硬,身直,两手紧抱胸前,兼衣服单薄。检时用酒、醋洗,得少热气则两腮红,面如芙蓉色,口有涎沫出,其涎不粘,此则冻死证。"

述评:宋慈这段话要表达什么意思呢?宋慈告诉说,冻死的人,其尸斑就像"芙蓉色"一样颜色鲜艳。芙蓉,锦葵科植物,花美丽,多粉红色,到夜间变深红色。该花多为清晨和上午初开时花冠洁白,并逐渐转变为粉红色,午后至傍晚凋谢时变为深红色。因花朵一日三变其色,故名醉芙蓉、三醉花,又名"三醉芙蓉"。清代《花镜》里记有醉芙蓉。屈大均的《广东新语》也载有醉芙蓉"颜色不定,一日三换,又称三醉",并赋诗云:"人家尽种芙蓉树,临水枝枝映晓妆。"宋慈把冻死的尸斑用"芙蓉色"比喻是有特殊意义的,因宋慈观察,冻死者开始检验时"面色痿黄","得少热气"时出现"两腮红,面如芙蓉色"。这和芙蓉花早上白或粉红,下午、晚上变大红一样,故用"芙蓉色"来形容冻死尸斑再恰当不过了。冻死是全身性受到低温损害的结果。寒冷能使人体的热放散增加,在正常的情况下,人体通过体温调节或人为的方法得以维持恒温,但若超过这一限度,由于体温持续下降,可引起全身障碍而死,这就是冻死。

冻死的尸体上还可见到其他法医学尸体改变。一是冻伤：人体局部组织因低温导致一系列的病理改变。低温所致体表局部损伤。较长时间暴露于温度较低的环境中，人体产热中枢调节功能丧失，严重影响物质代谢与生理功能等引起的死亡称为冻死。二是反常脱衣现象：这是冻死尸体表征之一。冻死者死前反而脱去衣服、鞋袜，全身裸露，或将衣服翻起，暴露胸腹部，或仅穿内衣裤，称为反常脱衣现象。可能原因为体温调节中枢麻痹，有幻觉热感即"反常热感觉"。注意与抢劫或强奸杀人案相鉴别。三是维斯涅夫斯基斑：冻死者胃黏膜糜烂，其下有弥漫性斑点状出血，沿血管排列，呈暗红、红褐或深褐色。这种胃黏膜下出血斑称为维斯涅夫斯基斑，是冻死尸体有价值的征象。由于低温下腹腔神经使胃肠血管痉挛、扩张、通透性改变，毛细血管应激性出血。但最主要的还是尸斑外观，现代法医学在描述冻死尸体尸斑是用鲜红色或浅红色比喻，只讲其颜色特征，并没有把其变化的特性描述出来，可见宋慈对冻死尸体研究之深入，不得不令人佩服！

41. 八字不交

"悬梁自尽"是成语，但悬梁不一定都是自尽。宋慈《洗冤集录·检覆总说下》记载："若自缢，即脑后分八字，索子不交。"《洗冤集录·自缢》记载："自缢身死者……脚虚则喉下勒深，实则浅。人肥则勒深，瘦则浅。用细紧麻绳、草索在高处自缢，悬头顿身致死则痕迹深；若用全幅勒帛及白练项巾等物，又在低处，则痕迹浅。低处自缢，身多卧于下，或侧或覆。侧卧，其痕斜起横喉下。覆卧，其痕正起在喉下，起于耳边，多不至脑后发迹下。"这段话的意思是，上吊自杀的人，检验颈部吊痕沿耳后发际，并在脑后分八字，索痕是不相交的。所以，自缢的索痕通常被称作"八字不交"。索沟的深度因脚是否到地，死者的胖瘦以及绳索的粗细等不同而出现不同的索痕。取侧卧或俯卧位自缢者，索沟位置有所不同。因此宋慈在《洗冤集录·疑难杂说下》中提醒到，当现场检验尸体时，千万要注意检验死者身上有无伤痕，还要注意被人勒死后假作自缢等情形，"一或差互，利害不小"。

述评：宋慈《洗冤集录》表述的自缢者缢沟"八字不交"记载与现代法医学的原理

一致。自缢，俗称上吊，指自己用绳索类套在自己脖子上悬挂于梁上自杀，所以，民间也称之为"悬梁自尽"。但悬梁都是自尽吗？宋慈认为不尽然！因此，宋慈在《洗冤集录》中对此做专门研究和介绍，可通过六点分辨：一是悬梁者可能是"有勒杀类乎自缢"，但若被人勒死，项下绳索交过，手指甲或抓损；二是悬梁者也可能是"被人勒死后假作自缢"，但"其颈下索痕交过，绳索多缠绕数周"；三是悬梁者也可能是缢死后被人移尸别处，也可见两道索痕，旧痕紫赤有血瘀，死后移尸索痕只白色无血瘀，也就是说该悬梁处不是原始现场；四是悬梁者也可能是被人隔物勒死，则绳索不交，但绳索平过喉下及颈部，与自缢者不同，若"被勒时争命，须是揉扑得头发或角子散漫，或沿身上下有搕擦着痕"，也就是说死者是被勒死的，还有挣扎受伤的痕迹，是勒死后被"挂到梁上"的；五是悬梁者可能"亦有死后用绳吊起，假作生前自缢者"，就是说可能死于其他原因，如被毒死或掐死后被人吊起，伪装自缢死现场；六是真正悬梁自缢，要排除上述各种可能后，详细研究其索沟得出结论。"用细紧麻绳、草索在高处自缢，悬头顿身致死则痕迹深，若用全幅勒帛及白练、项帕等物，又在低处，则痕迹浅"。

42. 自缢埋炭

宋慈《洗冤集录·自缢》记载："若真自缢，开掘所缢脚下穴三尺以来，究得火炭，方是。"这段话，一直为后世所诟病，甚至被视为糟粕。但这段话的真正意思是：假如要说真的"自缢"的话，在死者脚下泥土挖三尺来深，就会看到木炭，推究这是自己埋下的，那么，自己上吊无疑。

述评：从文化角度出发，在我国古代，按民俗习惯，棺木底下或周围放有木炭。宋慈说的"究得火炭"就是推究木炭来源，推测是自杀者徘徊很久，最后，埋下木炭，然后才自杀上吊。宋慈这样判断，是在对尸体排除他人所为的情况下所做出的结论，有一定道理。不要理解自缢者脚下必有木炭，要根据民俗习惯、尸体检验、现场勘验及自杀心理等研究。此外，明代李时珍《本草纲目》对自缢者埋炭的做法从"人魂"角度做了解释："此是缢死人，其下有物如麸炭，即时掘取便得。盖人受阴阳二气，合成形体。魂魄聚则生，散则死。死则魂升于天，魄降于地。魄属阴，其精沉沦入地，化为此物；亦犹星陨为石，虎死目光坠地化为白石，人血入地为磷为碧之意也。"按照李时珍的解释，把这种炭称为"人魄"，是上吊自杀人的"魄"。所以，自缢埋炭可能是上吊自杀的人为了安"魄"而在生前埋下的。由此，法医检验或评价古代法医学书籍，不仅要掌握本学科知识，还要了解民俗、人文、历史等知识。

43. 溺婴洗儿

溺婴洗儿，就是将刚生出的婴儿投水溺死，民间称"生子不举"或"薅子"。这种现象，古代一直存在，而以宋朝时最为严重。北宋人王得臣《麈史·惠政》（卷一）这样记载："闽人生子多者，至第四子则率皆不举，为其赀产不足赡也。若女，则不待三。往往临蓐贮水溺之，谓之洗儿，建（今建阳区）、剑（今延平区）尤甚。"这里的"闽人"就是今福建人。因为孩子多，养不起，又不能让孩子将来饿死，干脆溺死，形成了溺婴之风。宋仁宗时曾任福建地方官的蔡襄，在有关漳（今漳州市）、泉（今泉州市）、兴化军（今莆田市）的奏札中提到原因："伏缘南方地狭人贫，终年佣作，仅能了得身丁，其间不能输纳者，父子流移，逃避他所。又有甚者，往往生子不举。"宋人刘延世在《孙公谈圃》（卷下）一书中称："闽中惟建（今建阳区）、剑（今延平区）、汀（今长汀县）、邵武（今邵武市）四处杀子，士大夫家亦然。"生子不举，并不仅限于福建，在今天的浙江、江苏等省也存在这种现象。《宋会要辑稿·刑法二》载，政和二年（1112）七月三日，今安徽宣州民间人士吕堂上书，反映当地的"薅子"现象："男多则杀其男，女多则杀其女。习俗相传，谓之'薅子'，即其土风。宣、歙为甚，江宁次之，饶、信又次之。"当时，包括范成大、赵汝愚在内，不少名人都曾向朝廷上奏，希望革除这种恶俗。据《宋史·宗室列传四》（卷二百四七）"赵子昼"条，赵子昼曾就"衢、严、信、饶之民，生子多不举"现象上书朝廷，"请禁绝之"。苏轼曾被贬到黄州，他亲眼看到湖北境内的杀子现象，《苏轼文集·与朱鄂州书》（卷四九）称："岳鄂间田野小人，例只养二男一女，过此辄杀之。尤讳养女，以故民间少女，多鳏夫。"苏轼还记下溺婴过程："初生，辄以冷水浸杀，其父母亦不忍，率常闭目背面，以手按之水盆中，良久乃死。"

述评：宋慈曾任邵武军通判，办过洗儿案。当时，邵武出现"溺婴洗儿杀子，士大夫家亦然"。宋慈曾对溺婴进行检验。《洗冤集录·溺死》记载:"若生前溺水,腹肚胀,拍着响。口鼻内有水沫和淡色血污。""若身上无痕,面赤者,此是被人倒提水搵死。"由于宋慈制止溺死洗儿,受到好评。当地人在宋慈升迁时送匾,说他做了好事,包括制止"洗儿""民有余念";《邵武府志官志》说宋慈"通判邵武军,摄郡,有遗爱"。

44. 戒杀子文

《戒杀子文》出自朱熹的父亲朱松《韦斋集·戒杀子文》:"多止育两子,过是不问男女,生辄投水盆中杀之。"福建一带杀溺幼婴的风俗最盛。朱松在福建尤溪为官,"闻闽人不喜多子,以杀为常,虽有法而不能胜。"《宋会要辑稿·刑法二》载:"东南数州之地,男多则杀其男,女多则杀其女,习俗相传,谓之薅子,即其土风。""田野之民,每忧口众为累,及生其子,率多不举。"朱松《韦斋集·戒杀子文》谈到,即使"父母容有不忍者,兄弟惧其分己赀,辄从旁取杀之"。"溺婴洗儿"的原因,首先是人多地少,生育加重生活的负担;其次是沉重的人头税。宋代官府不但承继了以往各朝的苛捐杂税,还增加了许多敛民新法,其中丁赋(人头税)成为百姓的沉重负担;还有诸子均分的财产继承问题。朱松《韦斋集·戒杀子文》说,这些原因都不能杀子,应强法戒杀子。

45. 核奸鞫情

宋仁宗在位期间,范纯仁先后两次出任河中府(治所位于今山西永济市蒲州镇)知府。在他二次任职河中府知府时,衙门里的录事参军(掌管司法事务的辅助官员)宋儋年,夜晚在家举行宴会招待宾客后,当夜就暴毙而亡了。范纯仁派人吊丧,上门时正好在殓尸,吊丧的人见遗体口鼻都有出血痕迹,回去便详细告知了范纯仁。范纯仁闻报觉得宋参军死得有些蹊跷,因此暗中介入查证死因,很快有人上报称,宋参军的一小妾与知府衙门的小吏私通,不排除他们有毒害宋儋年的动机和作案时间。从老家前来治丧的宋儋年的儿子,已将其父的尸体装殓准备运回,范纯仁得知后将宋子拦住,开棺验尸,发现宋儋年的尸体"九窍流血",眼睛突出,舌头腐烂,浑身皮肤都已发黑。尸检结果显示宋儋年是中毒而死,官府据此审问小吏与宋儋年小妾下毒的情节,小妾交代是把毒药放在了大块的甲鱼肉里。主审官员见凶手已交代实情,觉得案件可以了结,便上报知府,范纯仁审阅这段口供时,沉吟道:"可有问清大块甲鱼肉是第几道菜?这道菜肯定不是最后一道,哪还有中了如此厉害之毒后还能坚持到宴会结束的?而其他人没有中毒,必有实情尚未坦白。"他命令重新审讯。原来当晚宴会结束、客人们散席离开后,宋儋年当时喝醉了酒,回到内室,小妾在他酒杯中下了毒,劝他再喝一杯就寝。宋儋年喝下立刻毒性发作,死于非命。之前的供词是有意为翻案埋下的伏笔,因为宋儋年不吃甲鱼是客人们都知道的,而且上了甲鱼后还有好几道菜肴,时间过长,这样就预留不合常理的地方到朝廷复审时,顺理成章,提出申诉,以混淆视听,从而达到翻案逃脱死罪的目的。

述评: 所谓"核奸"指审查狡诈的犯罪事实,所谓"鞫情"指核实案情。此案最早载于《范忠宣公言行录》里,后来《宋史·范纯仁传》和《折狱龟鉴》也记录了这件颇有些玩智商的案例。《折狱龟鉴》中作者在结尾有按语说道:"凡善核奸者,必善鞫情也,若不得实情,则后必翻异,而奸人得矣。"意思是凡是善于审查狡诈案件的人,必然善于核实案情,如若不得实情,则人犯事后必然翻案,那坏人就奸计得逞了。由此可见,我国古代法医办案,除了检验外,还要识别真伪,并把案情结合起来进行综合分析,最后做出准确的结论。

46. 骷髅幻戏

图37 南宋李嵩《骷髅幻戏图》,现藏北京故宫博物院

述评：这幅《骷髅幻戏图》(图 37)出自南宋画家李嵩之手，为扇面册页，左侧署有李嵩的名款，画面中心人物是一戴幞头、穿透明纱袍的大骷髅，席地而坐，左腿曲折着地，左手按左大腿，右腿弓起，右肘支右膝。右手提控一小骷髅，为提线木偶傀儡。小骷髅上下牙列开张，右脚着地，左脚抬起，两臂做招手状。小骷髅对面为一小儿，其左手与双足俱着地，昂首伸右臂，似要伸手抓小骷髅。这是宋代市井木偶表演形式：悬丝傀儡演出。从这幅《骷髅幻戏图》可看到，李嵩对于人体骨骼作了极其精准、干练的刻画。说明中国画对人体结构十分了解，达到了很高的水平，否则画不出这样的效果。西方开始研究人体是在文艺复兴时期，而这幅《骷髅幻戏图》说明南宋对解剖、人体结构的认知比西方早了 200 多年。这也可以解释，南宋时期宋慈出版的《洗冤集录》中"验尸""验骨""论沿身骨脉及要害去处"等能有那么多人体结构的描述。

47. 杀人祭鬼

《名公书判清明集》卷十四中南宋范西堂"行下本路禁约杀人祭鬼"书判说：对于从事异端活动之家，知县及其下属皂隶，乃至保甲必须严加防范，注册登记，对于四处掠取活人祭祀的行为，一经发现，经检验死者确系"杀人祭鬼"者，必须严查。保甲、邻里要互相监督检举，允许任何人举报异端行为，若举办属实，"赏钱三千贯"，对于罪犯要"凌迟处斩，家产充公"。若地方官玩忽职守，乃至纵容，从知县到其下属皂隶、保甲都要受到严厉处分。防范杀人祭鬼犯罪，官、吏、民各个环节相互监督纠察，各有责任。

述评：这是宋代对民间杀人祭鬼案件的治理、防治与处罚。既往，检验主要针对"凶杀"案件的尸体和现场进行检验，宋代"杀人祭鬼"尸体和现场也成为检验对象。所谓"杀人祭鬼"，就是把儿童、妇女作为"祭品"给鬼神供奉。两宋，杀人祭鬼等异端事件时有发生。陈淳《北溪字义》卷下："湖南风俗，淫祀尤炽，多用人祭鬼，或村民裒钱买人以祭，或捉行路人以祭。"徐松《宋会要辑稿》："湖广风俗，用人祭鬼，每以小儿妇女，生剔眼目，截取耳鼻，埋之陷阱，沃以沸汤，糜烂肌肤，靡所不至。"南宋朱熹《楚辞集注》有："……得人之肉，则用以祭神，复以其骨为酱而食之。今湖南、北有杀人祭鬼者，即其遗俗也。"这种杀人祭鬼的异端巫术使儿童、妇女成为祭品，害人极多。《宋会要辑稿·礼二十》记载,南宋高宗绍兴二十三年(1153)七月二十一,孙祖寿为杜绝邪教犯罪上奏皇帝,说湖广这类杀人祭巫鬼的风气,甚至有向周边地区蔓延的趋势。孙祖寿的奏折除了强调已经说过的"明示赏罚,增人考课""乡保连坐,浩诫禁止"两种措施外,也希望彻底断绝淫祀、淫祠,从根本上杜绝"愚民无知,至于杀人以祭巫鬼,笃信不疑"等情况的发生。对淫祀淫祠的打击,将涉案的师巫一并惩处。两宋还联合儒、释、道三教共同打击、整治杀人祭鬼的异端活动。儒家尚仁,对杀人祭鬼最为反感。孔子曰:"始作俑者,其无后乎"。佛教、道教也反对淫祭害命。而杀人祭鬼的异端淫祀也与三教为敌,荆湖巫风,亦遂杀秀才、僧侣、道士祭祀。洪迈《夷坚志》:"杀人祭祀,湖北最盛,其鬼名曰桠睁神。得官员、士人,谓之聪明人,一可当三;师僧、道士,谓之修行人,一可当二;妇人及小儿,则一而已。"宋代政府借助推行三教"教化"来对付异端巫术,通过严厉打击淫祀师巫,防止人口走失,实行联保来防范杀人祭鬼;鼓励民间检举,并将督办此类案件纳入地方官的考核。宋代对杀人祭鬼案件的综合治理,有其历史意义和现实价值。

48. 无官可弃

幽居

〔南宋〕翁卷

蓬户掩还开,幽居称不才。

移松连峤上,买石带溪苔。

药信仙方服,衣从古样裁。

本无官可弃,何用赋归来。

述评:南宋人翁卷,一生仅参加过一次科举考试,却没能考上,从此一生做了农民,生活社会的下层,算是民间儒士。《幽居》实际上是他的隐居生活方式。也就是说,官场里一些失意的官员弃官避世过田园生活者有之,一些留在官场的所谓"中隐"者不少,甚至科考失败"无官可弃"的"不才"也不关心政治而选择田园生活。体现了当时南宋社会各界人士不求上进的状况，避世者大有人在。

49. 雷电皆至

宋理宗景定二年(辛酉，1261)赵时橐为《折狱龟鉴》作"跋"：

> 观《易》之象："雷电皆至，丰。"而曰："君子以折狱致刑。""山下有火，贲。"而曰："君子以明庶政，无敢折狱。"盖狱者民之命，折狱者乎明，而尤不敢轻用其明。龟鉴有书，所以推广其明而示人以谨重之意也。宜春郡斋旧有《折狱龟鉴》，岁久字画漫漶，览者病之。余叨守既数月，狱讼简清，公暇出箧中所藏一编参订，遴匠重刊，俾览者充拓闻见，如龟决疑，如鉴烛物，是亦"惟良折狱"之一助云。
>
> 景定辛酉年四月上浣，天台赵时橐谨书

述评：《易经》火神是艮卦和离卦的组合，取的是山火贲卦。雷神是艮卦和震卦的组合。雷神是惩罚罪恶之神。凡有违背人伦法理且犯下不可饶恕罪责者，则将遭受五雷轰顶而毙亡。火和雷在八卦里是相生的，八卦中，火属于离卦，雷属于震卦，都是八卦里克制邪恶的力量。在五行中，震卦属木，木生火，所以雷神、火神是相辅相成的。在八卦中，乾代表天，坤代表地，巽代表风，震代表雷，坎代表水，离代表火，艮代表山，兑代表泽。火与雷相生，分别代表离卦和震卦，而两卦都能克制邪恶力量。火神，寓意是用火来克制邪恶。雷神也是如此，雷为电、也为火，雷又为震卦，震卦五行为木可生火，雷神助力火神。

由《折狱龟鉴》赵时橐的跋，可以看到赵时橐认为法医检验是惩治邪恶，并把法医比作正义的雷神与火神。雷神、火神能扬善惩恶，还被写进《折狱龟鉴》的跋，可见这个说法不仅民间流传，而且博得当时社会主流的认可。由此可见，法医检验在古代司法中的地位之高。

50. 吏无常禄

沈括《梦溪笔谈·官政二》记载："天下吏人，素无常禄，唯以受赇为生，往往致富者。"意思是天下吏人一向没有固定的俸禄，只靠受贿为生，而往往有因此而致富的。

图38 宋代吏人仵作私下收钱而致打官司难的示意图（引自黄瑞亭《鉴证》，黄鹄立画）

述评：宋代官府不给吏人仵作薪水，吏人仵作靠受贿为生。这样，打官司私下收钱很普遍。正是清吴趼人《九命奇冤》中所谓"衙门八字开，有理无钱莫进来！"实际上是古代吏人、仵作当道的真实写照。吏胥、仵作没有收入，又常被官员呵斥，还要承受苏辙在《栾城应召集》中所说的"鞭朴戮辱之患"，官员对他们使唤很多，要求很严，没有丝毫报酬。因此，作为衙役没有薪俸只得"私家吃赃"。特别是州县地方衙门的吏胥、仵作，平时与江湖人少不了打交道，而江湖人脱离了主流，为了生存，作奸犯科之事是少不了的，这些人大多也要经吏胥、仵作之手来处理。吏胥、仵作绝了升官的希望，也就缺少了操守，脚踩黑白两道，既能弄钱，也更易处理案子，共同糊弄上官（图38）。所以，宋慈《洗冤集录·序》说："仵作之欺伪，吏胥之奸巧，虚幻变化，茫不可诘。"

51. 吏有封建

宋代建立之初，为了更好地进行社会治理，吸取五代的历史教训，力图从制度上彻底解决问题，其办法是把军权、财权等一切大权都收归最高权力掌控。用朱熹的话说，就是"兵也收了，财也收了，赏罚刑政，一切收了"（《朱子语类·本朝二·法制》）。同时发展出一切可能的限制官员的制度，如异地任职、任期制和回避制，以及加强监察力度、严格办事程序等，终于使"官有封建"的问题得到有效解决。这些措施使得一个官员到一个部门或一个地方后，常常还不十分熟悉政务就被调任别处，也因此产生必须依赖比他熟悉情况的衙门胥吏处理公事的情形。加强监察力度、严格办事程序，目的是规范官员的施政行为，但结果是造成了烦琐、复杂的法令律例。官员们不熟悉律例，没有精力对付烦琐的文牍，不得不依赖胥吏办事。这一切都给胥吏上下其手留下广阔的空间，所以不够精明强干的官员，往往被胥吏们牵着鼻子走，权力也旁落到胥吏手上。

52. 审牛舌案

宋代郑克《折狱龟鉴》卷七《钩慝》记载了包拯在天长县审"牛舌案"。牛舌案也是宋史书中有真实记载的第一个包拯断案案件，还是包拯39岁开始走上仕途，在扬州天长县时处置的唯一的刑事案件。天长县在安徽省的东部，宋代隶属于扬州。包拯上任不久，就发生了一件非常蹊跷的事情。宋代《仁宗实录·包拯附传》中记载："有诉盗割牛舌者，拯使归屠其牛鬻之。既而有告私杀牛者，拯曰：'何为割某家牛舌而又告之'，盗者惊服。"有个人上诉说有盗贼将他家的牛舌给割了。包拯就叫那个人将这头牛给杀了卖掉。那个盗贼便来告那个杀牛的人。包拯见了反告的盗贼，便说："为什么割了人家的牛舌反而来告人家呢？"盗贼惊慌失措，只能招认了。包拯审牛舌案，贯穿一个深层次的逻辑关系，须知牛和马都是当时国家严格管制的物资。《唐律疏议》说"牛为耕稼之本，马即致远供军"。对牛和马不准私自宰杀，更不准盗杀。如果违反规定，所判的刑罚较重。《宋刑统》卷十九载："盗官私马牛及杂畜而杀之，或因仇嫌憎嫉而潜行屠杀者，请并为盗杀。如盗杀马牛，头首处死，从者减一等。""头首处死"即主犯处死，"从者减一等"即从犯免死，但要服三年劳役。"如有盗割牛鼻、盗砍牛脚者，首处死，从减一等。疮合可用者，并减一等。"说明盗杀马牛、盗割盗砍牛者，首犯都要处死。包拯分析这个案件，罪犯没有偷牛，而只是割掉了牛舌头，很可能是过去两人有仇，割牛舌是在报复，而不是为了图谋钱财。包拯进一步判断：这个报复者会关注牛的状

第四章 宋代的法医学与社会治理关系研究

况,如果他恨的人有犯法行为,他肯定还会乘机告状,以进一步实施报复。所以包拯叫农民干脆把牛杀了卖掉,以引诱割牛舌者再来告状。宋代郑克《折狱龟鉴》卷七《钩慝》记载了包拯在天长县审"牛舌案"的事迹。他其中讲到包拯是用"钩慝之术"。"钩慝"这个"钩"指勾引,"慝"指奸细,意思就是引蛇出洞。"盖以揣知非仇不尔",就是他揣摩肯定是仇家这么干的,"故用此谲"故用诈,然后"复出告也"。也就是说,包拯通过心理分析,叫农民干脆把牛杀了卖掉,以引诱割牛舌者再来告状。

图39　包拯题跋像,引自〔明〕朱天然《历代古人像赞》,明弘治十一年(1498)刻本

述评:法医除通过对受害者损伤的检验推断致伤工具、致伤机制、死亡原因、死亡方式外,还会针对诉讼案件的需要,对犯罪行为人作案时主观心理状态进行甄别,从而为定罪量刑提供证据。通常,法医把心理学分析应用到检案工作中,比如对"嫁祸于人"的犯罪心理进行分析,可以揭示犯罪嫌疑人的犯罪心理痕迹,同时分析犯罪嫌疑人作案时心理状态和作案动机。割牛舌案就是包拯从心理学角度出发进行分析:罪犯没有偷牛,而只是割掉了牛舌头,很可能是过去两人有仇,割牛舌是为了报复,而不是为了图谋钱财。包拯进一步判断:这个报复者会关注如何处置牛。包拯料定作案者为"嫁祸于人"很快会来告状。最后,包拯当着告状人的面说:"为什么割了人家的牛舌反而来告人家呢?"告状人无言以对,只好认罪。可见,法医心理学分析在宋代已有案例报告。明朱天然《历代古人像赞》评价包拯是"天性峭严,断案电扫。关节不到,阎罗包老"(图39)。

53. 审检合一

《宋会要·刑法·检验》载,北宋真宗咸平三年(1000)十月诏令规定:"今后杀伤公事,在县委尉,在州委司理参军。如缺正官,差以次官。"宋绍兴三十二年(1162)进一步规定:"检验之官,州差司理,县差尉,以次差丞、薄监当;若皆缺,则须县令自行。"

述评:我国古代对人身伤亡案件,必须进行检验,这是法律规定,也是相关行政官员的职责。具体地说,从事检验活动是各级行政长官或其指派的下属官吏的本职工作。而这些官吏的选拔、任用,通常主要是考察其"科举及第"而非检验技术专长。因此,可以说,在我国古代,从事检验的资格与是否具备专业技术能力无关,而主要是视其是否担任某一级行政长官。我国涉及诉讼的检验活动可以追溯到先秦时期。从秦简《封诊式》中的"爰书",宋代的验状、验尸格目和检验正背人形图,元代的检验法式,到明清代的尸格、尸图和检骨图格等,历代行政官员按检验报告断案。从先秦起到清末漫长的历史进程中,虽然朝代更迭不断,但基本都沿袭了行政、司法合一的检验制度,由各级行政长官兼领审判权。检验活动也始终与审判权紧密地联系在一起,由各级行政长官或其授权的官吏亲自实施或在他们主持监督下进行,完全体现为一种司法审判职能。简而言之,称之为"审检合一",或"审鉴合一"。

54. 庐山烟雨

庐山烟雨

〔北宋〕苏轼

庐山烟雨浙江潮,未到千般恨不消。
到得还来别无事,庐山烟雨浙江潮。

这是苏轼在临终之前给小儿子苏过手书的诗。62岁的苏轼结束了长期流放海南的贬谪生活,从一个踌躇满志、一心从政报国的慷慨之士,慢慢变成一个参悟人生、兴致索然的风烛老人。听说小儿子苏过要去就任中山府通判，便写下了此诗。大意是：庐山烟雨和浙江大潮非常有名，自己要是不去看看就会难受。真到了这两个地方看过了，只不过是庐山的烟雨、浙江的大潮而已。含义是：很多别人都在追求的官场仕途，自己不去追求就很难受。等自己真的追求过了，才发现"不过如此"。

述评：通判是"通判州事"或"知事通判"的简称。宋初，为了加强对地方官的监察和控制，防止知州职权过重，宋太祖创设"通判"一职。通判由中央直接委派，辅佐州政，可视为知州副职，但有直接向皇帝报告的权力，是兼行政与监察于一身的中央官吏。通判除监州外，也管听讼断狱的司法检验之事。当苏轼得知儿子苏过要去任通判时，感到责任重大，回想自己曾汲汲于功名利禄，几十年官场起起伏伏：一切不过是过眼云烟罢了。苏轼不希望儿子走自己的老路，所以才会以"庐山烟雨"为喻，教儿子莫要执着于官场功名。从这一点来看，我们对宋慈备感尊敬。宋慈执着于法医检验工作，62岁时写出《洗冤集录》，64岁时还在工作，不久病逝于任上。而苏轼62岁时对工作已兴致索然，还劝儿子不要执迷官场。

55. 家暴侵凌

南宋赵彦卫《云麓漫抄》卷十四之李清照《投翰林学士綦崇礼启》，是高宗赵构绍兴二年（1132）李清照49岁再嫁张汝舟不久与之离异后所作。其中有句云："视听才分，实难共处，忍以桑榆之晚节，配兹驵侩之下才。身既怀臭之可嫌，惟求脱去；彼素抱璧之将往，决欲杀之。遂肆侵凌，日加殴击，可念刘伶之肋，难胜石勒之拳。局天扣地，敢效谈娘之善诉；升堂入室，素非李赤之甘心。外援难求，自陈何害，岂期末事，乃得上闻。取自宸衷，付之廷尉。"这就是说李清照再嫁后，受到张汝舟的肆意打骂和虐待。而"可念刘伶之肋，难胜石勒之拳"是有典故的。刘伶是"竹林七贤"之一，喜欢喝酒。据《晋书·刘伶传》记载，有一次刘伶喝醉酒与别人争执，那人扯住他的衣袖挥拳要打。刘伶缓缓地说：我瘦得像鸡肋，不能让你拳头打得舒服。那人就笑着不打了。石勒是十六国时期后赵建立者，史称后赵明帝。年少时与人打架，他的拳头很厉害，让对手吃尽了苦头。这句话的意思是说"我（李清照）瘦弱，如刘伶般的肋骨，如何禁得起像石勒拳头厉害的人捶打"。说明李清照当时遭受到张汝舟的家暴侵凌。

401

述评：连李清照这样的人都受到家暴，可见古代家暴并不少见。说起家暴，人们往往会联想到夫妻一方对配偶拳脚相加的场面，如殴打、捆绑、残害、限制人身自由等动"粗"行为。殊不知，冷暴力的危害并不比普通的家暴小。一般来说，言语虐待是指以字眼、声调来控制或伤害他人，表现为吼叫、谩骂、讽刺、挖苦、不理不睬等。心理虐待则是指冷漠以对、不实指控、阻止探视、侮辱人格等冷暴力。冷暴力既是一种言语虐待，也是一种心理虐待。《云麓漫抄》中记载"视听才分，实难共处"和"遂肆侵凌，日加殴击，可念刘伶之肋，难胜石勒之拳"，说明李清照，既受到了言语、心理的"冷"暴力，也受到拳脚相加的"粗"暴力。

56. 监察三司

宋代监司包括转运司、提点刑狱司、提举常平司，是中央派出对地方路、州进行监管机构。监司官员在对地方监管过程中，在立法、司法等领域都做出了贡献，是宋代法律建设不可或缺的重要力量。监司向中央奏报在地方司法审判、监察中发现的问题，有利于弥补和完善法律体系。特别是在宋代各阶层普遍重视法律、重视证据的时代背景下，监司官员在司法检验领域做出一系列的创新成就，创立《检验格目》、尸检《正背人形图》等新规范，撰写出了《洗冤集录》这样世界最早的科学严谨的法医学著作，涌现了宋慈这样著名的司法官员，为宋代法律制度做出了重要的贡献，对后世产生深远的影响。

述评："监司"顾名思义是监察一路地方官员的有司。转运使相当于汉唐刺史，宋代从社会治理角度出发，把提点刑狱使、提举常平使依次从转运使那里分立出来，形成宋代监察三司（转运司、提点刑狱司、提举常平司）。《庆元条法事类》有明确记载："诸监司者，谓转运、提点刑狱、提举常平司。"蔡戡《乞选择监司奏状》称："国初始置转运使，淳化中遣官提点诸路刑狱，天圣中置转运判官，熙宁中置提举常平……使有风节才力者为之。"三司互不统属，长官地位相等，各自拥有独立的机构与官员，分别隶属于不同的中央部门。甚至就连办公地点也不允许在同一州内，如《续资治通鉴长编》卷一百十四记载，仁宗皇祐三年（1051），下诏"诸路提点刑狱司廨舍与转运使副同在一州者，并徙他州"。因此，提点刑狱司宋慈属于监察官员，"有风节才力者"才能充任。而宋慈的出现与宋代社会治理设计的司法制度密切相关。

57. 三个四字

《洗冤集录·验尸》:"四缝尸首须躬亲看验。顶心、囟门、两额角、两太阳、喉下、胸前、两乳、两胁肋、心、腹、脑后、乘枕、阴囊、谷道,并系要害致命之处。"《洗冤集录·论沿身骨脉及要害去处》:"四缝骸骨内一处有损折,系致命所在,或非要害,即令仵作行人指定喝起。"

《洗冤集录·检覆总说上》:"凡到检所……先令札下硬四至,始同人吏向前看验。""其余杀伤、病患、诸般非理死人,札四至了,但令扛明净处,且未用汤水酒醋,先干检一遍。"《洗冤集录·验状说》:"凡验状,须开具死人尸首元在甚处?如何顿放?彼处四至?有何衣服在彼?逐一各检札名件。"

《洗冤集录·四时变动》:"春三月:尸经两三日,口、鼻、肚皮、两胁、胸前肉色微青;经十日,则鼻、耳内有恶汁流出……夏三月……秋三月……冬三月……盛寒五日,如盛热一日时;半月,如盛热三、四日时。春秋气候平和,两、三日可比夏一日;八、九日可比夏三、四日。"

述评:宋慈《洗冤集录》中的"三个四字"指"四缝、四至、四时"。

所谓"四缝"古代有专门的所指,如《水浒传》第三回"史大郎夜走华阴县,鲁提辖拳打镇关西",有这样一段话描写鲁智深出家前模样:"但见,头裹芝麻罗万字顶头巾,脑后两个太原府纽丝金环,上穿一领鹦哥绿纻丝战袍,腰系一条文武双股鸦青绦,足穿一双鹰爪四缝干黄靴。生得面圆耳大,鼻直口方,腮边一部貉绒胡须。身长八尺,腰阔十围。""鹰爪四缝干黄靴",其"四缝"指连缀皮片成靴的四条线缝。中医的四缝是人体穴位的一种,指手掌侧连四个手指间隙(四缝)的沿线找到第2—5指掌侧近端指关节中央的穴位。但法医学上被宋慈引为"四缝尸首""四缝骸骨",指全身各个部位中隐蔽连接的部位,描写尸体、尸骨上损伤部位。这是古代法医学损伤检验的内容。

所谓"四至"原指房屋基地或耕地四周跟别的基地或耕地分界的地方。宋慈这里指尸体所处四面接界的地方,而"硬四至"指尸体所处陆地上四面接界的地方,"软四至"指尸体所处水面上四面接界的地方。这是古代法医学现场勘验的内容。

所谓"四时",指春夏秋冬四个节气。陶渊明的诗《四时》讲大自然变化:春水满四泽,夏云多奇峰。秋月扬明晖,冬岭秀寒松。而宋慈讲四个节气里尸体腐败的变化和蛆虫对尸体的毁坏。宋慈观察并提到尸体腐败与气温关系密切:"盛寒五日,如盛热一日时。"宋慈记载的尸体腐败四时变动规律,描述的是古代法医学尸体现象;而尸体上蛆虫发育变化规律则是早期法医昆虫学的内容。

从文化和历史角度对有关古代法医学名词的研究,对阅读我国古代法医学著作,了解我国古代法医学和技术发展历史,都有重要的历史意义和现实意义。

58. 官吏平衡

《宋会要辑稿·刑法六》载,嘉定四年(1211),江西提刑徐似道:"刊印《正背人形》,随《格目》给下检验官司,令于伤损去处依样朱红书画横斜曲直,仍仰检验之时唱喝伤痕,令众人同共观看所画图本,众无异词,然后著押,则吏奸难行,愚民易晓。"

述评:作为检验制度,我国古代设计了"以官统吏"的官验制度,并设计了喝报伤痕的检验程序。所谓喝报,指仵作把伤痕的部位、大小当众大声唱报,官员用红笔在尸图上书画,众人共同观看,然后仵作画押,"众人同共观看所画图本无异词,然后著押"。由于喝报伤痕是官员、仵作和罪人或家属在场,实际上起了证据固定作用,对日后官员也是制约作用。我国宋代的验状,内容就是《洗冤集录》中的"四缝尸首"。以后出现郑兴裔所创的"验尸格目",徐似道提倡使用《正背人形图》。元代将"四缝尸首"改为仰、合二面,形成检尸法式。元明清代产生的尸图与尸格,官员填注。元明清代要求仵作不仅喝报后画押,还要做"甘结"。这种做法通常理解为防止仵作作弊。自宋慈《洗冤集录》始,仵作就被赋予了一个卑贱而又嗜利作伪不可信任的形象,其序中说"年来州县,悉以委之初官,付之右选,更历未深,骤然尝试,重以仵作之欺伪,吏胥之奸巧,虚幻变化,茫不可诘",并反复告诫相关官员可使之不可信任之。实际上仵作甘结主要还起着两个作用,一是与尸格、尸图的验证作用,如果两歧,那么可能引发结论的不确定性,导致重新鉴定。二是甘结对官员亲自填写的尸图尸格有印证并反制作用,从这点来说,仵作还是被置于一个相对专业的位置。而对案件负责的州县官员更多处于一个核查把关的角色。这便产生另外一个层面的古代检验制度设计,那就是防止官员作弊。因为尸(骨)格系由官员朱笔所填注,非吏忤所能为,这是"以官统吏",是"官验制度"的体现,而仵作画押或甘结正好与之对应,起到"以吏制官"的作用。这实际上是中国传统政治中一个官吏平衡的问题,以官统吏,以吏制官。

59. 躬亲检验

《宋会要辑稿·刑法六》载,北宋咸平三年(1000)十月诏书:"在县委尉,在州委司理参军。如缺正官,差以次官。"这是宋代检验制度关于检验官员的规定,可有些检验官并不"躬亲检验",如北宋徽宗政和七年(1117)十月十九日有诏云"访闻福建路州县委官检验、复验,多不躬亲前去,只委公人同耆壮等"。朝廷认为事关人命,不可轻率,遂下达了惩罚条令"违者奏劾,不以赦原"。但南宋高宗绍兴三十二年(1162)闰二月六日时"州县之官视检验一事不肯亲临,往往多以事辞免"。这些检验官有时会把职事委托给巡检,巡检多是武人出身,有的不识字。于是,朝廷再一次强调"不许以事辞免"。然而,到了南宋孝宗乾道元年(1165)五月二十六日时还是"近日州县所差检验官,其间多有素昧书画庸懦畏避之人",于是再次规定"今后遇有差检验官,令守令选择谙晓世务者,内武臣仍差识字有心力人"。

述评:一个制度的设立,包括法的制定和法的实施两个方面。我国古代实行官验制度,宋代法律明确规定初、复验由不同官员躬亲检验。但从上述宋代多变的检验制度规定中可以看出,检验官员不亲临现场和不躬亲检验的现象一直存在。因此,在检验制度立法(法的制定)和在实际操作(法的实施)中仍存在着一些问题。到了元代,官员"躬亲检验"改为"躬亲检视",官员变为主持检验,可以亲自检验,也可以亲临监督检验;清代法律对主持检验的官员身份又作限制,对仵作设置、招募、待遇等方面也有了规定。尽管我国古代检验制度维持官验制度不变,但作为官员不熟悉检验技术,很难做到躬亲检验。虽然在宋代有仵作参与检验,但是仵作不像医生那样是通过专业化教育获得知识,而是世袭相传。而且中国古代仵作不是公人,地位卑微,不受重视。真正掌握实权的检验官员不懂检验。这样,一方面官员没有提高自身检验技术与能力的主观积极性;另一方面加之古代科技水平不发达以及受到封建专制制度的束缚与传统文化中重官仕而轻技艺，重哲学而轻科技的思想的禁锢，检验技术发展缓慢。

60. 惯熟仵作

宋慈《洗冤集录·疑难杂说下》："凡疑难检验，及两争之家稍有势力，须选惯熟仵作人、有行止畏谨守分贴司，并随马行，饮食水火，令人监之，少休以待其来。不如是，则私请行矣。假使验得甚实，吏或受赂，其事亦变。官吏获罪犹庶几，变动事情，枉致人命，事实重焉。"

述评：宋慈认为，遇到疑难案件检验和两家有势力相争时要选用"惯熟仵作"进行检验。何为"惯熟仵作"，从字面看指业务好和操守好的仵作。据《大元检尸记》记载，元代至元五年（1268）规定："今后检验尸伤，委本处管民长官，随时将引典史、谙练刑狱正名司吏、惯熟仵作行人，不以远近，前去停尸之处，呼集尸亲邻佑人等，躬亲监视，令仵作行人对众一一仔细检验沿尸应有伤损，及定执要害致命根因，仍取仵作行人，回避初检人等，依上检验，亦取行人甘结之状，回报元委官司。"[1] 可见元代对"惯熟仵作"的要求与宋慈观点基本一致。但上述规定表明元代检验制度与宋代的不同点是，宋代要求检验官躬亲检验，元代则改为检验官躬亲监视，由仵作验尸，并出具保证书。这在我国法医检验史上是一个值得注意的变化。清代杨乃武案复查时请刑部惯熟仵作检验，否定原检仵作沈祥的结论。这样，从技术角度来看，清代仵作分为一般仵作、熟练仵作和惯熟仵作。从后来对仵作进行培养和开班培训来看，说明晚清把仵作检验提到技术层面，但仍然使用仵作检验，而不是选择鉴定人制度。我国检验制度的落后，导致法医学发展的落后，这才是历史的教训。

---

[1] 黄时鉴. 元代法律资料辑存[M]. 杭州：浙江古籍出版社，1988：113.

第五章 元代的法医学与社会治理关系研究

第五章 元代的法医学与社会治理关系研究

第一节 元代的司法制度

元代(1279—1368)是少数民族建立的封建统一王朝。元代在吸取前朝各代经验的基础上建立了比较完善的法医学检验模式并保持自身特色,在诸多方面做出了杰出的贡献,为后世法医学的发展奠定了很好的基础,尤其在元代初期颁布"检尸式""检尸法式""检尸法"等,以及王与《无冤录》的问世,使法医检验制度规范化。

然而,元代在建元后没有制定传统的法典,而是以判例法为中心,同时对没有判例的诉讼问题确立新的原则,从而构建自己的法律制度。于是,出现了众多司法史料的汇编,其中《元典章》被保存下来。正如《经世大典宪典总序》所言:"《易》著讼卦,《书》称嚣讼,则虽五帝三王之世,不能无讼。人有不平,形之于讼,情也。然至于诬人以讼,谓之情,可乎?孔子曰:'听讼,吾犹人也,必也使无讼乎?'夫无讼,圣人所难也。"元代《元典章》是中国古代司法资料中最为真实、全面反映当时乃至中国古代法律制度的运作形式的原始史料之一。

今人研究元代司法制度,另一个文献来源是明《永乐大典》中汇编的元代法律文件,但现存不完整。《永乐大典》残卷中《经世大典》遗文中的尸检法令、断例,在某些方面比《元典章》更全面丰富。通过详细比较,可以揭示《经世大典》与《洗冤集录》《元典案》《无冤录》等文献之间的联系,也可以证明《元史·刑法志》中的尸检法令直接源于《经世大典》。此外,《经世大典》还有不少其他史料不备而有益于法医学史研究的资料。

一、对诉讼案件的划分

元代按诉讼案件的性质分为小、中、大三类。据《永乐大典·七皆台·御史台》记载,至元十五年(1278)五月有:"今后小事限七日;中事十五日;大事三十日。"在《至元新格》中有:"诸官司所受之事,各用日印,于当日月付绝。事关急速,随至即付。常事五日程(谓不须检覆者),中事七日程(谓须检覆者),大事十日程(谓须计算簿账，或咨询者）。并要限内发遣了毕，违者，量事大小，计日远近，随时处罚。"①徐元端《吏学指南》说"格例虽立小事、中事、大事之限，府州司县，上至按察司，皆不举行"，"小民所争，不过土田、房舍、婚姻、良贱、钱债而已，是数者，非难问难断可疑之大事"。

元代把刑事诉讼案件划到"大事"中，在这当中，又把刑事诉讼案件按性质和处罚轻重划分为轻罪和重罪两大类。按罚处轻重的标准中又按处刑的等级来划分：被判徒、流、死刑为重罪，以下为轻罪。在这当中轻罪案往往和民事诉讼案件交织在一起，因为中国古代常是民事案件用现代民事方式解决时也用刑罚处罚。《元史》中有："诸斗殴杀人，无轻重，并结案上省部详谳""诸大小刑狱应系之人，并送司狱司，分轻重监收"。《大元通制》中有"应轻重罪囚，经廉访司审录无冤，重刑依例结案，轻罪所属决断"。《至元杂令》中有"皇帝圣旨里中书省兵刑部承中书省札付云云，都省议得：犯罪之人，五十七以下，令司县断决；八十七以下，令散府郡断决；一百七以下，各路总管府断遣。如县直隶总府者，五十七以上罪，各解府归断。外据重刑，依例归勘完备，引审是实，行移按察司审录无冤，结案，申部待报。外合下仰照验遍行，合属依上施行"。这些材料说明，元代刑事案件被分为轻、重两类，同时可以得出元代在徒刑以上是重罪，因为在《至元杂令》中有"外据重刑"，而上面所列已把杖刑以下的审决权明确规定了，且因元代杖刑最高数为一百零七，所以说被判徒、流、死刑当为重罪。在《元史》中有："诸杖罪以下，府州追勘明白，即听断决。徒罪，总管府决配，仍申合干上司照验。流罪以上，须牒廉访司官，审覆无冤，方得结案，依例待报。"这说明徒刑与流、死不同在于不必经廉访司审复，但需要待报批准。到大德九年（1305）后，五十七以下的杖刑定为笞刑，六十七以上定为杖刑。当时有山东宣慰司下济南路申："今司县五十七以笞决，路府州郡五十七却以杖决"，这样造成同罪不同刑，为此提出："后凡罪五十七，路府州县皆以笞决"，最后刑部同意，并指出："所拟五十七以下当用笞，六十七以上当用杖，行之已久，或有不同拟，合遍行使，令归一。呈乞照详，都省咨请，依上施行。"从这当中可以看出元代在中后期，司县所决是笞刑，杖刑

---

① 黄时鉴．至元新格辑存[M]//元代法律资料辑存．杭州：浙江古籍出版社，1988：10—11．

只有路府州才有权决断。

二、刑事审判程序

元代刑事审判中不同的行政级别有不同的权限，同时蒙古王公贵族有单独的审判机构。这里主要来看的是一般"有司"的审判情况。元代对刑事案件分为轻、重两类。在审决权上，据《元典章·刑部》载，至元二十八年（1291）规定："诸杖五十七以下，司县断决；八十七以下，散府州军断决；一百七以下，宣慰司总管府断决，配流死罪，依例勘审完备，申关刑部待报。札鲁火赤者亦同。"这里的"配流死"，应是徒、流、死三类刑，因为元代五刑是笞、杖、徒、流、死，杖刑以下案件由地方审决，被判徒刑以上的罪就为重罪。《元典章·刑部卷之二·断狱》记载：大德七年（1303）五月规定，"今后重刑各路追勘一切完备，牒呈廉访司仔细参详始末文案，尽情疏驳。如无不尽不实者，再三复审无冤。开写备细审状，回牒本路，抄连元牒，依式结案。行省专委文咨省官，并首领官吏用心参照，须要驳问一切完备，别无可疑情节，拟罪咨省。其余轻罪依例处决。果有无例者，本省先须详议定罪名，咨省可否。首领官吏各于咨文后标写姓名，不许脱，本抄连备咨。如若无大假情犯，或有例不决，追勘不完者，定将当该首领吏量事责罚。腹里路分一体施行。以望狱无淹囚，少革紊烦之弊"。这说明在元代刑事重案的审判上具体情况是：路府拟判；廉访司复审查；行省复核拟判或对没有旧例、法规的进行拟判；刑部再审上报所拟及提出新拟；中书省决断；死刑报皇帝核准。这是元代重罪案的审理大体情况。具体审判权限如下。

1. 司县级

元代司县一级对重罪案没有审理权。它们的主要功能是对这些案件进行事实调查。《元典章·刑部卷之一·刑名》之"重刑司县略问"："省府公议得：应有重刑，司县略问是实，即合解赴各路州府推问追勘结案。司县别无惨酷牢狱，又无囚粮，有合追会公事，关涉近上衙门又难追摄；有合摘断罪人亦不敢擅便与决。今后将应干重刑略问是实，申解各路府州追会结案。"这里明确规定了司县在元代重刑案中的功能和地位。元代很多司县官员由于对刑事案件不亲自调查，后来出现问题，受到处罚的很多。《大元检尸记》上的案例几乎是由于司县官员对重罪案调查不清导致冤案而受罚。

2. 路府州级

元代路府州一级在刑事重罪案中的主要功能是拟判,当然这要有成例和法规,同时对县一级上报的案件事实进行审查,当感到不清或不实、不全时亲自进行调查取证。《元典章·刑部卷之二·断狱》记载"随路决断罪囚":"至元二十九年(1292)十月二十六日奏过事内一件:官人每说:'随路江南罪囚每,哏迟慢着有。'奏呵,'为甚那般迟慢着有?'圣旨有呵。回奏:'贼每根底,交大札鲁忽赤每断者。'圣旨有来。为那上头,'等大札鲁忽赤每断呵,误着有'。奏,'不须等札鲁忽赤断。合断的交随路官人每断了者。'圣旨了也。钦此。"这是元代规定路有权审拟重罪案的法律。在《元典章·刑部卷之二·察狱》的"罪囚淹滞举行"中明确规定路的权力:"诸随处季报罪囚,当该上司皆须详视,但有淹滞随即举行。其各路推官既使专理刑狱,凡所属去处,察狱有不平,系狱有不当,即听推问明白,咨申本路,依理改正;若推问已成他司审理或有不尽、不实,却取推官招伏议罪。"为此,在路府一级设有专门负责审判的推官。《元典章·刑部卷之二·鞫狱》载,至元二十五年(1288)有"今后委令随路推官专管刑狱,其余一切府事不签押亦无余事差占"。大德七年(1303)八月:"推鞫刑狱大与其他庶务不同,诸囚事发之源,起自巡尉,司县官吏公明廉政者固亦有之,然推问之术少得其要,况杂进之人十常有八九,不能洞察事情,专尚捶楚,期于狱成而已。甚至受赂枉法,变乱是非,颠倒轻重。欲使狱无枉滥,其可得乎?兼囚徒所犯,小则决刺徒流,大则人命所系,不加详审,害政实深",所以这里强调了推官的专职工作。此外,元贞二年(1296)再强调推官职责的专一性。延祐七年(1320)"推官不许独员遍历断囚"条中再次得到强调。所以,路府一级推官是专门负责审查和拟判刑事案件的官员。但元代对推官的拟判要由路级官员集体负责,因为完成审拟后,推官要向首领官等相关官员报告,大家审议后一致同意后,集体进行"圆署",即集体在拟判上签名。"凡有罪囚,推官先行穷问实情。须待狱成,通审圆署"。在元代对刑事重案的拟判没有推官的签署时是没有效的。《元史·虞槃传》记载:"除湘乡州判官,有富民杀人,使隶已者坐之。上下皆阿从,槃独不署。杀人者卒不免死。而坐者得不冤"。圆署制是元代推行集体对行政和司法负责的主要措施。《元典章·吏部·公归·署押》记载，至元十四年（1277）规定："京府州县官员每日早聚圆坐，参议词讼，理会公事。……诸官府凡有保明官吏，推问刑狱，科征差税，应支钱谷，必须圆签文字，有故者非。"

3. 肃政廉访司

肃政廉访司是元代设在地方的专门监察机构。它最先是提刑按察司，据《元史·百官二》（卷八十六）载，"国初，立提刑按察司四道：曰山东东西道，曰河东陕西道，曰山北东西道，曰河北河南道"，至元二十八年（1291）"改按察司曰肃政廉访司"，"其后遂定为二十二道"。据《永乐大典（残卷）·七皆台·御史台三》，至元二十八年的改制诏书中记载："外头有的提刑按察司官人，在先，半年里一遍刷卷体察勾当出去有来，各道里不住多时，一路的过去上头，百姓生受，官人、令吏每做贼说谎的，不得知来。为那般上头，将提刑按察司名字改了呵，立了肃政廉司也。"这一记载说的是元代将宋代沿用的提刑按察司改为肃政廉访司。改名是由于出现提刑按察司官员收贿和办事不公。那么肃政廉访司在元代刑事审判中的功能是什么呢？分析相关资料，主要功能是对路府拟判的案件进行审查，若有事实不清、拟判不当的，可以亲自提审和改判，对轻刑可以自行断决。《元典章·台纲·体察》记载，至元六年（1269）的《察司体察等例》法律中规定提刑按察司的司法职责为："所在重刑，每上下半年亲行参照文案察之，以情当面审视，若无异司，行移本路总管府结案，申部待报。仍具审过起数复审文状，申台。其有审异及有疑拟者，即听推鞫。若事关人众，卒难归结者，移委领近不干碍官司再行磨问。实情有可疑亦听复行推问，无致冤枉。其余罪囚亦亲录问，若有冤滞，随即改正疏放。统军司、转运司并其衙门罪囚，亦仰一体施行。"据《永乐大典（残卷）·七皆台·御史台三》，这一职责在大德五年（1301）得到重申："诸处罪囚，仰肃政廉访司官，分行审理，轻者决之，冤者辨之，滞者纠之。有禁系累年，疑而不决者，另具始末及具疑状，申御史台呈省详谳。"在大德十年（1306）、至大二年（1309）和至大四年（1311），这一职能都得到重申。从以上可知，元代肃政廉访在刑事案件的审理，特别是重案的审理中拥有重要的地位，它对重刑有审查、复审权，对轻刑有判决权。

4. 行省

《元史·百官志七》说行省在元代是"掌国庶务，统郡县，镇边鄙，与都省为表里。凡钱粮、兵甲、屯种、漕运、军国重事，无不领之"。但它最初是中央中书省派出机构，直到至元二十八年（1291）后才逐渐稳定成为地方最高行政机构。它在刑事案件审理中的主要功能是审查和拟判下面呈报到中书省的疑难案件。在元代行中书省中有专门机构来负责此事，那就是"理问所"，其人员是行省的省掾之一。《元史·百官志七》有"理问所，理问二员，正四品；副理问二员，从五品；知事一员，提控案牍一员"。据《元典章·刑部卷之二·断狱》之"重刑结案申部"记载，大德七年（1303）规定："今后重刑各路追勘一切完备，牒呈廉访司仔细参详始末，文案尽情疏驳。如无不尽，不实者，再三复审，无冤，开写备细审状。回牒牒本路。抄连元牒，依式结案。行省专委文咨省官，并首领官、吏用心参照，须要驳问，一切完备，别无可疑情节，拟罪咨省。其余轻罪，依例处决。果无例者，本省先须详议定罪名，咨省可否。首领官、吏各于咨文后标写姓名，不许脱。"这里清楚说明行省有五大司法功能：一是对情节属实的重罪拟判后，申报中书省；二是对轻罪，情节属实，有法例的审断结案；三是对无法例者，先拟定罪名，后申报中书省；四是根据以上三类，可以推定行省还应有对认为情节不实者，可以直接提审推问，或打回让下级重审；五是对事实属实，拟判不当的，改拟后上报中书省断决。

5. 刑部

刑部在元代是最主要的司法机构，是刑事案件审核的主要审决部门。因为元代民事案件的审决，除刑部外还有礼部和户部，而刑事案件几乎只有刑部，很少有礼部和户部。《元史·百官志一》说刑部的职能是："掌天下刑名法律之政令。凡大辟之按覆，系囚之详谳，孥收产没之籍，捕获功赏之式。冤讼疑罪之辨，狱具之制度，律令之拟议，悉以任之。"可见元代刑部主要职能在审核重罪，解答疑案，拟颁法律，亲自审理案件很少，除诏狱和特别重要的刑事案件外，它是不会主审和提审的。元代刑部在刑事案件审理中的功能有对地方上报中书省（或尚书省）的案件进行以下工作。

（1）审查上报案件的事实和拟判。认为事实清楚，拟判得当者，同意，上报中书省核定。据《元典章·朝纲·庶务》"体例酌古准今"条，至元五年（1269），元朝中央在为解决"有该载不尽罪名，不知凭准何例定断"之事，规定"遇有刑名公事，先送检法拟定，再行参详有无情法相应，更为酌古准今，拟定明白罪名，除重刑结案咨来外，轻囚就便量情断遣"。据《元典章·户部·婚姻·嫁娶》"受财将妻转嫁"条记载，至大三年（1310）十月湖南宣慰司出现刘子明将妻子作妹妹，凭媒人嫁给王万四为妻一案。此案发后，湖南宣慰司拟判按"嫁妻先例"判决，令郭二娘归宗，所生男儿随生父，收到财礼等物没官，最后礼部同意湖南宣慰司的拟判。此案是直接适用先例进行判决的代表。

（2）对拟判不当者，进行改判，上报中书省核准。

（3）对没有先例可循和法令可依的疑难案件进行拟判，上报中书省核。在元初设有专门的官员"法司"负责此工作。这是刑部的一个重要功能，往往为此创造新例和制定新法规。

6. 中书省（或尚书省）

中书省在元代是总理庶政的最高机构，总政务是其主要职责。但它也负责对刑事案件的一般核准权。据《元史·百官志一》，中书省右司中设有刑房之科，下有六个部门："一曰法令，二曰弥盗，三曰功赏，四曰禁治，五曰枉勘，六曰斗讼。"元代中书省不直接会审，它仅对拟判进行核定，其主要核定的对象是刑部审拟过的案件，并且在一般情况下都是通过，但有些时候也进行改判。

7. 皇帝

在元代很早就把死刑的核准权收到皇帝手中。据《新元史·刑法志》，中统元年（1260）五月明确规定："今后凡有死刑，仰所在官司推问得实，具情始末及断定招款。申宣抚司再行审复无疑，呈省闻奏待报处决。钦此。"虽然元代死刑的核准权在皇帝手中，但其他刑种的核准权却由中书省核准。

三、刑事诉讼案件管辖

1. 元代的刑事审判制度

主要是适应当时多元社会的需要，在诉讼案件的管辖上在民事上呈现出多元，但在刑事上自建元以来，就走向统一。《元史·刑法志》中有总结的记载："有司事关蒙古军者，与管军官约会问。诸管军官、奥鲁官及盐运司、打捕鹰坊军匠、各投下管领诸色人等，但犯强窃盗贼、伪造宝钞、略卖人口、发冢放火、犯奸及诸死罪，并从有司归问。其斗讼、婚田、良贱、钱债、财产、宗从继绝及科差不公自相告言者，从本管理问。若事关民户者，从有司约会归问，并从有司追逮，三约不至者，有司就便归断。诸州县邻境军民相关词讼，元告就被论官司归断，不在约会之例。断不当理，许赴上司陈诉，罪及元断官吏。"

2. 元代刑事管辖"有司"中的级别管辖问题

不过这里的级别管辖上审决权主要在民事案件上，且必须有明确的先例和法规依据，否则还得上报中央相关部核准。在刑事案件上，这个管辖更多是初次拟判的管辖，因为在元代重罪初审机构是路府州级，司县没有审拟权。《元史·刑法志》："诸杖罪以下，府州追勘明白，即听断决。徒罪，总管府决配，仍申合干上司照验。流罪以上，须牒廉访司官，审覆无冤，方得结案，依例待报。"这里好像明确规定了不同罪的审决级别，但实践中并没有严格施行。《至元新格》即至元二十八年（1291）颁布的法律规定："诸杖罪五十七以下，司县断决；八十七以下，散府州军断决；一百七以下，宣慰司、总管府断决；配流死罪，依勘审完备，申关刑部待报。申扎鲁火赤者亦同。"此法律在元代是一直有效的，在皇庆二年（1313）还得到重申。从元代相关司法实践来看，这个级别管辖主要适用在民事案件上，刑事多为轻罪。

3. 元代刑事案件管辖中的属人管辖现象

元代大宗正府在刑事管辖上的职能变化，这一机构在蒙古国时期是主要的审判机构，但后来成为对蒙古人和两都诸色人的审判机构。元代建立，致和元年（1328）后，除上都、大都两处外的蒙古、色目人的诉讼划归有司和刑部管辖。元代中期后，大宗正府审判权在审理的重罪案受监察御史的监察。《元史·刑法志·职制》记载："诸大宗正府理断人命重事，必以汉字立案牍，以公文移宪台，然后监察御史审覆之。"这说明在人命重案上，大宗正府的审判权受到约束。

四、刑事判决依据

元代刑事审判上的多层审核制和官员圆署负责制，导致下级的拟判必须有依据，否则上报或引起百姓上诉后，被审查出是下面不按法例判决，相关官员就要受到处罚。《元典章·朝纲·政纪》"省部减繁格例"记载："今后行省、宣慰司、路府州县合与决的勾当，自下而上，必要结绝了。若州、县理断不当，赴路府、宣慰司、行省陈告，即便改正，将元行官吏究治。如依前推调着不与决绝，或是违着体例、理断不当，致令百姓省部陈告呵，他每根前要罪过。"加上元代实行圆署制，相关官员都得负责。这导致元代的刑事判决有自身的规律。据《元典章·朝纲·庶务》"体例酌古准今"条，至元五年（1268）规定了判案的总原则："'但有罪名，除钦依圣旨体例泊中书省明文检拟外，有该载不尽罪名，不知凭准何例定判。请定夺'事，本省相度：遇有刑名公事，选送检法拟定，再行参详有无情法相应，更为酌古准今，拟定明白罪名。除重刑结案咨来外，轻囚就便量情断遣。请依上施行。"分析案例，当时刑事判决依据有如下几种。

第一，依旧例判决。这里的旧例有两类：一类是本朝生效的判例。这在元世祖统治中后期随着判例的增加，越来越成为主流依据。如《元典章·刑部·诸恶·不睦》记载大德六年（1302）三月在江西行省上有一案：王文才因为弟王柳仔做贼偷盗，屡教不改，用砍柴刀把其弟砍死，此案的判决依据为大德二年（1298）湖广行省的一个生效案例，具体是哥哥李梦龙因弟弟李辛六先打他而将其杀死，案发后遇到大赦，最后被释放，又因为同居不征烧埋银。这时王文才杀弟案与李梦龙杀弟一样也遇大赦，案情也相似，都是弟弟有过错，所以最后是按李梦龙杀弟案判处。另一类是前朝的法规。在元代往往把前朝的法规称为旧例，比如《唐律》《宋刑统》《泰和律》。

第二，依据今朝的条格。元代在至元二十八年（1291）颁布了《至元新格》，成为主导的判决依据。《元典章·刑部·诸盗》载，大德七年（1303）瑞州路发生肖壬寿偷其堂兄肖德三的驴一头，刑部的判决依据是："亲属相盗，自至元八年（1271）前部议拟免刺，循行至今"，所以最后的判决是"既系亲属相盗，例合免刺同，依准行省所拟止追下赃"。这里依据的是至元八年(1271)的法令:"亲属相盗免刺字。"

第三,若没有旧例和今朝法规,就根据相关价值进行救济。具体是下级官府遇此类案件时把它上报到刑部和相关部门,相关部进行拟判,前期最重的是法司,中期后主要由行省的理问所官员,拟判后上送刑部审议,报中书省或皇帝核准。在人类法律发展史上,这是法规不断适应社会发展的及时调整方式。据《元典章·刑部·诸恶》之"内乱"条记载,大德九年(1305)六月有一案丈夫李先强奸儿媳阿里不成,李先妻李阿郑告夫罪,对李先判处罚并没有争议,但对李阿郑告夫行为应如处理,因为它与"三纲"中"夫为妻纲"和"亲亲相容隐"相背,下面认为"若断义离异,不见妻告夫罪立定例",于是上报刑部,刑部认为:"夫妻元非血属,本以义相从。义合则固,义绝则异,此人伦之常理也。"以此为理论依据,刑部得出:"李先所犯,败伤风化,渎乱人伦。仰合与妻离异。相应都省准拟,合行移咨依上施行。"在此案中,按正常的法律是应判李阿郑罪,因为"纲常之道,夫妇许相隐",但刑部依据夫妻之理,认为此案应判义离,李阿郑之行为是合法的。

五、刑事审判制度中刑狱制度的评价

元代刑狱司法制度有其特色,主要如下。

第一,它以判例法为主体,成文法(主要针对某类事时制定法律)为补充建立起自己的法律渊源体系。这在刑事司法实践中要求审判者必须找出自己依据的判例或相关法规。这种方式要求依据的判例必须和判决的案件有"关联性",否则在上级审查时会以不合法或没有依据打回来审判。加上元代的"圆署"集体负责制,很多官员是不愿、也不敢冒这个风险的。所以《元典章》上的判例所反映出的引用法律和判例或说依据法律而判决的比宋代《明公书判清明集》所反映出的可谓十分普遍。

第二,元代刑事司法制度有制度上的保证。当事人受到不公正或冤屈时,很容易得到其他途径的救济。元代刑事诉讼实行自下而上,在受到冤屈时,可以直诉到皇帝。当然这是理论上,一般在地方就能解决。在路府州一级专设推官负责刑狱工作,在行省有理问所负责,还有二十二道专门负责监察工作的肃政廉访司(前期为提刑按察司),

第五章　元代的法医学与社会治理关系研究

他们接受申诉和负责复审路府州以下的审判工作，同时对管辖内的官员的行为进行监察。现存下来关于官员枉法案几乎由他们提起审判。此外，还定期派出御史巡按地方，其代表皇帝，权力很大，同时对廉访司进行纠查，可以对地方冤屈申诉进行审理。一般刑事案件在通过层层的复核审查和完备的监察制度的审核后，可以得到恰当的处理。《大元检尸记》中所存20多个案例都是县级官员在刑事案件中枉法和玩忽职守受罚案。《元典章》中《刑部·杂犯》就是对官员在审判中的枉法行为进行处罚和相关规定。

第三，元代实行平反冤狱制。据《新元史·刑法·刑律下》记载，延祐七年(1320)规定："今后内外官员，如能平反重刑三名以上，量升一等，犯流配五名者，拟减一资，名数不及者，从伏定夺。其吏员事不干己，而能平反者，量进一等迁调。其或冒滥不实罪及保勘体察官司，庶革侥幸之弊。"《元史·刑法四》记载："府军民长官，因收捕反叛，辄罗织平民，强奸室女，杀掳人口财产，并覆人之家，其同僚能理平民之冤，正犯人之罪，归其俘虏，活其死命者，于本宙上优升一等迁用。凡职官能平反重刑一起以上，升等同。诸职官能平反冤狱一起以上，与减一资。"从官员的切身利益入手，政府建立起与官员升迁相关联的、具有可操作性的平反冤狱制。同时，圆署负责制是从外部入手，这样从制度上进行保证刑事审判的效力。

第二节　元代的法医学发展

元代法医学受刑事司法制度影响很大。因其以判例为主体、以经典为依据、以圆署为办案形式、以层审为断案体例，所以，建元早期法医检验以宋代《洗冤集录》为依据从事检验。元代法医学虽未突破宋朝的成就，但纵观历史无论在检验制度还是法医学著作方面都有所发展。元代重视法医检验，在元代初期便颁布了检验法令，将验尸官验尸改为验尸官亲临现场，由仵作验尸。此外，还颁布了验尸文件，由主管机关印发后，发往各地州县，在检验中依式填写。可见，法医检验制度在元代已越来越倾向于法令化了。《结案式》是在世界上都有影响的文献，为现代法医学研究领域的雏形。

419

同时它也是对中国古代法医学实践发展进行的一次总结。其中记载了许多有价值的检验报告。王与所撰《无冤录》是在《洗冤集录》的基础上，对尸体外表检验经验的进一步总结，弥补了《洗冤集录》的某些不足，进一步发展了法医学理论，并成为朝鲜与日本的检验参考专著，在中外文化交流上做出了杰出贡献。

一、法医学检验的具体规定

（一）元代法医检验有关法律规定

第一，检尸由司县官员参与，若检验长官有事，委派其余正官检视。

第二，司县官员立即带领典史、司吏、信实惯熟仵作行人，不论远近前往停尸处。召集尸亲、邻佑、主首人等进行检验。

第三，检尸官吏躬亲监视仵作行人当众一一仔细检验应有伤损，定执要害致命因依。

第四，仵作行人出具并无漏落不实的保证文状；检尸官吏保明检验是实。报告本处官司。

第五，复检官吏、仵作行人，应回避初检人员，依上检验，并具探结。

元代的法医检验制度总体上由宋代因袭而来，但宋代要求检验官躬亲鉴定，仵作协助检验官员进行检验，相当于检验官的助手。元代则改为检验官躬亲监视，由仵作验尸，并出具保证书。仵作由检验官的助手，成为检验官监视下的检验人员，这在我国法医检验制度史上是一个重要变化。为了防止检尸迟慢，造成尸体腐烂等难以鉴定的困难，在发布上述规定的同时，又发布了所谓"检尸体式"，主要内容是《洗冤集录》中"四时变动"一节的全文。根据尸体在死后不同时间变化的情况，表示"春夏秋冬四季各有限期，过期尸坏"不得延误验尸时间。

（二）检尸式

为了提高鉴定质量，统一检验方法，大德元年（1297）七月，中书省发布"检尸式"，记于王与《无冤录》中。"检尸式"重复提到至元五年（1268）检验法令中所指出的问题，并具体指出了悬缢、水中、火烧、杀伤等各类尸体的现场鉴定方法。如以悬缢为例:"初检官将引典史、司吏一行人,前去所指某处,见一男子(妇人)尸首。令邻人、主首合于人等辨验,委是所指某人尸。前可或吊缢,或卧于床上;或头南脚北,或头东脚西;仰、合、倒卧。傍开写东西南北四至处所(谓门窗墙壁之类)各若干步尺(远则云步,进则云尺)。此处各云下项检尸踪迹,从头上下,翻复检验伤损,定验致命根因。谓如,见尸吊缢,即悬空高下,吊缢处可与不可胜任尸首,两脚悬空不悬空,有无蹬踏器物并竟命显迹。项下是何带系,围径粗细阔狭,长短尺寸。如已将尸解下,即云项下有无原系之物,或在尸旁,或在原吊某处悬空,比对原缢痕迹同异有无,称说是何绳索物色。"所谓"检尸式"就是尸体的现场检查,侧重于尸体与现场的关系。有助于尸体的现场检验,以免疏漏。对于缺乏经验的鉴定官来说,"检尸式"是一个有一定实用价值的检验方法。检尸式相当于现代鉴定制度中的鉴定技术操作常规。

(三)检尸法式

检尸法式,即尸帐,是元代法医检验制度中的一项重要规定,颁发于大德八年(1304)。据《大元检尸记》记载,刑部规定检尸法式的用法如下。

第一,各路将刑部所定尸帐图画依样板印,编立字号,用印后发下州县,置簿封收。

第二,遇有检尸,立即注明时间,委附近不干碍官司,派正官带领首领官吏及仵作行人,携带所颁尸帐三幅,速去停尸处。

第三,召集应当参与检尸人员及行凶人等,躬亲监视,对众眼同自上至下,一一分明仔细检验。

第四,检到伤损,即于尸帐尸图上比对被伤去处,标写长阔深浅,定说要害致命根因。

第五,检尸官吏于上署押,其他参与检尸人等联名甘结检验是实,并注明相离里数、承发检验日时。

第六,一幅给付苦主,一幅粘连内卷,一幅申连本管上司。

第七,复检时,尸帐用法与上述相同。

检尸法式的主要优点是将宋代的验尸格目、验状、检验正背人形图等三种检尸文

421

件简化为一种,取三者之所长,去其烦琐之处。如宋代验状包括四缝尸首,检尸法式则只有仰合两面。检尸法式是现存最古的通行的验尸文件。不论与宋代的验尸文件还是清代的尸格、尸图相比,都显得简洁、扼要并具有代表性。

(四)大德检验法令

据《大元检尸记》,大德八年(1304)所颁布的法令还规定了对检验不当的惩罚措施。

第一,检尸违慢或接到检尸公文不予受理,致令尸变者,正官决三十七下,首领官吏各决四十七下。

第二,正官不亲临监视,转委公吏检验;并增减不实,移易轻重,定执致命因依不明;或初复检官吏相见符同尸状者,正官量事轻重断罪黜降(即根据罪行轻重,免职或降职)。首领官吏各决五十七下,罢役(免职)。仵作行人决七十七下。

第三,受财者,按枉法论罪。

第四,各路设置文簿,由推官收掌,遇有所属申报人命公事,即行登记,并对违法者按上述各条追究刑事责任。如不追究,则罪及推官。

二、法医检验制度

(一)元代检验法令

元代检验法令最早见于元世祖忽必烈至元五年(1268),该法令是由元代最高行政机关中书省发布的。其中提到检验存在的问题,并对检验官、赴检、检验、具结、复检做出了进一步的规定。这些规定在我国法医检验史上是一个值得注意的变化,尤其是元代对于检验人员的规定,与宋代有所不同。检验官吏由躬亲检验到躬亲监视了。元代的仵作都独立检验尸体、验明损伤、鉴定死因,最后还要立下保证书,保证没有不实之处。检验官在验尸过程中对于仵作的误验、漏验及舞弊行为进行监督和纠正。

至大德元年(1297),为了提高检验质量,统一检验方法,中书省又发布了"检尸式"。所谓"检尸式"就是尸体的现场检验,侧重于尸体与现场的关系。对于缺乏经验的检验官来说,是一个有经验价值的参考文献。《经世大典》中的"检尸式"载录了至元五年(1268)的检验法令。这则法令列举了至元五年检验法令中存在的问题,并针对这些问题制定了相应的检验规定。《经世大典》残卷"检尸式"与《宋提刑洗冤集录·圣朝颁降新例》中的"初复检验本"内容基本相同，但前者比后者更加完善，增加了三点内容。

第一，谨慎检尸。若"苦主有词，已葬犹须开检"，"其或贫困无告，私有隐忧，痛苦不禁，疯狂暴作，有或怀私挟怨，轻生尤赖，以致投水、自缢，别无他故，家属自愿告免检覆，亦须审实而后从之"。

第二，巡检规定。元贞二年（1296），中书省规定：若苦主有辞，而死者已葬，应据安葬日月之远近，寒暑之不同，"拟合临事详情区处""其覆检无所附近州县者，令本属巡检检之"。这则法令由刑部议定："西邻县与金州地面相去悬远，检验尸伤，往来不便。中书下刑部议：检验尸伤，若致发变，事必难明，如无所附近州县，须令巡检亲临，依例检验。"

第三，结罪开审规定。刑部规定定罪结案前对犯罪嫌疑人的处置方法："如承检尸公文，本处官司照勘委的是实，将被执涉嫌之人研磨穷问。如有宿食下落，如保疏放；若杀人，赃伏明白，唯有显迹，取犯人招伏，追会完备，对家属审覆无冤……家属准状，结罪开审。"

（二）元代检尸法式

大德六年（1302）重申了至元五年（1268）检尸法令中指出的问题应相应的规定，并要求各道廉访司经常检查，如有违反检尸规定的，即"将检尸官吏断罪勒停"，"斟酌所犯轻重断罪"。但是各种违反检验规定的现象并未能杜绝。在大德八年（1304）颁发的检验法令中，以河南行省、江西、福建道为例，明确指出了鉴定中存在的各种违法现象，由"亲民之官，不以人民为重，往往推延，致令发变"至"装捏尸状，移易轻重，情弊多端"。所以，颁发"检尸法式"等一系列检验法令，是为了防止违法现象的发生。

具体地说，大德八年（1304），颁布元代检验制度中的一项重要规定"检尸法式"（又称尸帐），它是现存最古的通行的检尸文件，也是记载外表检验结果与结论的官订文件，较之西方同类科学手段的应用提前了约300年之久，为明清两朝所沿用。"检尸法式"是将宋代的验尸格目、验状、检验正背人形图等三种检尸文件简化为一种，取三者之长，去其繁琐之处。其影响是相当深远的，到20世纪初朝鲜仍在应用。《元典章》刑部"检验"条，既记载着"检尸法式"，又标示着尸身仰合图画，在《经世大典》(《永乐大典》卷九一四)亦有记载。在宋代则包括四缝尸首，"检尸法式"则只有仰合两面。

据《元典章》刑部"检验"条，其"检尸法式"规则如下：

第一，令各路依样本印，编立字号，勘合字样铃记发下，州县置簿封收。如遇检尸，随即定立时刻，行移附近不干碍官司，急速参人投下公文。仍差委正官，将引首领官吏，惯熟仵作行人，就即元降尸帐三幅，速诣停尸去处，呼集应合听检并行凶人等，躬亲监视，当众眼同自上而下，一一分明仔细检查。指说沿身应有伤损，即时于原画尸身上比对被伤去处，标写长、阔、浅、深各分各数，定执端的要害致命根因，经"检尸官吏于上署押，一幅给苦主，一幅粘连入卷，一幅申连本管上司"，同时于"当日保结回报，明白承说各处相离里路，承发检验日时，飞申本管上司。"

第二，元律规定，凡不能依法"申连本管上司"，"有违慢，或牒到而不受，致令尸变者，正官决三十七下，首领官吏各决四十七下。"其他参与检尸人等连名甘结检验是实，并注明相离里数，承发检验日时。

第三，元律规定，复检时，尸帐用法与上述相同。这些规则在《无冤录》中也有所论述。至延祐元年(1314)，中书省又对如何在尸帐上标明正犯、干犯名色出了新的规定。该规定在以往的法医学史研究中似未引起注意。为了严肃法纪，防止"亲民之官，不以人命为重，往往推延，致令尸变"至"装捏尸状，移易轻重，情弊多端"。此类现象的发生，一是颁布了"检尸法式"。二是制定了一系列检验法令。

(三) 元代验尸文件

元代颁行的"初复检验关文式"(记于王与《无冤录》中)也与其"检尸法式"一样，以其所居法医检验学的领先地位，为后世法学界所称道，是元代又一重要的检尸文件，颁发的年代不详。其具体文书填写要求如下。

第一，首先写明有关人员到停尸地点和时间。即"具衔某年月日时，准某处公文云云。准此,即时依上与首领官某人,将引司吏某人,仵作某人等,起程前去,至某日时,到某都某里地名某所诣停尸处。若远,则云相县计有几里路程。"

第二,参与检验与证验者的情况。开写检验官吏抵达某停尸地后,据某都主首里正某人,呼集到邻佑某人,尸亲某人,尸医工某人,或行凶人某人,及应合证验人数;假如无尸亲,则认为不见尸亲到来及有无,应合检验人数责得各人状结,尸亲见(现)在某处住座,或已令人取唤未到,除外即无其余到证验人数,若候尸亲到来证验,恐致尸首发变,所以已验讫。

第三,标写尸帐。主管官吏必须亲临现场。即"当职同首领官吏躬亲监视仵作某人,对众眼同,依例用法物,自上至下翻转,一一仔细分明,而又检得某人尸首,定验得,就于发到尸帐上,逐一比对标写。"

第四,尸帐写成后,须"取讫仵作某人并无增减不实移易轻重甘结罪文状,并责讫尸亲某人、邻佑某人、里正某人、主首某人、或行凶人某人、或医工某人,应合证验人等,各证验执结文状,所据定验得某人尸首致命根因,保结是实"。至此合乎程序要求的尸帐写成。将一本交给尸亲,若无尸亲,写明"无凭给付"。凡不依法开写检验文书者均视其情节予以惩治。

三、法医检验成就

(一)元代法医检验的发展

在宋代法医学取得成就基础上,元代的法医学又有了发展,其主要成就表现在以下三个方面。

其一,检尸法式的颁布与实施,科学地简化了烦琐的检尸文件,并或为后世检验文件的样板。

其二,《无冤录》的出版。《无冤录》是蜚声中外的宋元检验三录之一,王与编著,刊于至大元年(1308),其主要成就将在后面介绍。

其三,《儒吏考试程式》的颁发,进一步展示了祖国法医学在活体和物证检验方面的成就。

(二)元代儒吏考试程式与元代法医学发展

元代法医学者王与在他的《无冤录·序》中说:"观《洗冤》《平冤》二录互有损益,遂以省部见降考试程式为持循本,参考异同,分门编类。""省部见降考试程式"指的是元朝政府(中书省)当时颁发的用于考试的程式。说明元代把法医检验内容写入官员入门考试教程,也说明元代已将法医检验作为国家社会治理的组成部分加以颁布。

《儒吏考试程式》又称《结案式》,据《元典章·吏部·吏制·儒吏》,它颁布于元贞三年(1297)。全文共分24个字,每个字代表一部分,计118条。与法医学有关的共4个字(尸、伤、病、物)计53条,儒吏乃是负责官府文案的属吏,考试程式是政府规定上报民刑案件结论的通式,并用它来招考儒吏,以达到文案的统一。考试程式中的"尸"相当于尸体检查,"伤、病"两部分相当于活体检查,"物"相当于物证检查,这样,考试程式在世界上第一个提出了现代法医学的三大组成部分——尸体、活体及物证,是继《洗冤集录》以后,对世界法医学的又一重大贡献。

《儒吏考试程式》(《结案式》)的主要内容有:第一,尸(尸体检查)。包括刺死、自割死、自缢死、勒死、棒殴死、烧死、落水投井、擷死(生前坠崖或坠坑),注明"验得",指法医检验。第二,伤、病(活体检查)。包括验伤(眼周、眼球、目眇、头部、口唇、牙齿、躯体、四肢)、保辜、残疾(大腿脓疮久漏不愈、手无二指、大拇指失二节、暗哑、四肢骨折芦节、腰背骨节磋跌)、笃疾(言语讹乱、麻风疮癞)、堕胎、妊娠,验伤、保辜、残疾"勒医工"检验,堕胎、妊娠"勒稳婆"检验。第三,物(物证检查)。包括凶器、毒物,凶器由法医检查,毒物"勒医工"检查。由此可见,《儒吏考试程式》中的"尸"相当于尸体检查;"伤、病"两部分相当于活体检查,"物"相当于物证检查;法医和医生检查有明确分工。

儒吏考试程式所反映的元代法医学主要成就有以下几点。

1. 规范检验格式

考试程式作为一种例行的检验报告格式,要求准确记载活体损伤的性质,记录其存在的部位、大小及程度,并推定凶器的性质,有意义的是关于损伤程度的记载,如眼部损伤二例,其一见"其睛已损,神水散尽,全不见物,久远不堪医治",属于不能平服的"瞎一目";其二见"瞳仁亏损,微见物,其目已眇",属于眇一目,根据这种损伤程度的检查,即可据刑律处以相应的刑罚,如"眇一目,徒一年;瞎一目不能平服者,徒三年"。

2. 损伤检验与赔偿

程式中所记载的这种检验活体损伤,标志着我国古代的活体损伤检验已奠定了较好的基础,尤其是从保辜检验例可以看出,验法以后,到了保辜限期,就要检查伤势是否平服。如未平服,还要确定其程度属于残疾、废疾还是笃疾,以便按律治罪。这种联系保辜的检验报告是第一次发现,有重要的医学的和法医学的意义。

3. 致伤物检验

考试程式中的物证,主要是凶器的检验,详细描述了收缴的皮条、砖石、棍棒、手刀、弓箭等的性质,确定其是否属于应禁军器,能否致人性命,生动地说明了我国古代检验凶器的方式方法。

4. 物证检验

值得注意的还有关于毒物、毛发、牙齿的检验报告,这些都是我国古代物证检验的最早报告,毒物检验,过去只知道银钗、卵白验毒法,程式所记载的却是检验毒物本身,结合本草的记载,判定其是否有毒,其科学性远大于前两种方法,这在毒物检验上有重要的意义。

5. 死亡认识

据朱丹溪《脉因证治》卷一"卒尸":"脉,寸口沉大而滑,沉则为实,滑则为气,实气相搏。厥气入脏则死,入腑则愈,唇青身冷,为入脏死。身和汗自出,为入腑。则愈。紧而急者,为遁尸。少阴不至,肾器衰。少精血。为尸厥。跌阳脉不出,脾不上下,身冷硬,呼之不应,脉绝者死。脉当大,反小者死。"元代朱丹溪所著的《脉因证治》是古代少有的在书一开头就直接讨论死亡的医书,可称为以气脉的方式讨论何谓死亡的经典,是一部传统医学有关死亡认识的重要著作。

6. 病因分数

据王与《无冤录·病死罪囚》记载:"《通制狱官条》内病因分数,刑部准太医院据诸路医学提举司,会集教官校阅经书,以十分为率。有得病一二分之轻,渐至八九分之重,而至十分方死者;有得病便至十分,难治而死者。""病囚分数"指狱中囚犯病情程度的等级。狱中死亡涉及监管人员的责任及其定罪量刑。王与把死因按十分率划分,类似现在的百分比,确定本身的疾病和死因的比例。

作为官府颁布的元代《儒吏考试程式》(《结案式》)对法医学发展起到规范作用。同样,《儒吏考试程式》是在世界上第一个提出了现代法医学的尸体、活体及物证三大组成部分的官府文件,这也是对世界法医学的又一重大贡献。

(三)元代流行的检验三录

元代把《洗冤集录》《平冤录》《无冤录》作为鞫狱之指南,辨冤之左券。这三部书后人又称为"宋元检验三录"。

《洗冤集录》是宋慈在宋理宗淳祐七年(1247)写成的。刘克庄说:"他(宋慈)可与辛弃疾相颉颃。"《洗冤集录》元刊本为2卷,至元成宗大德八年(1304)将尸图插入。

《平冤录》于宋末元初刊行。《平冤录》作者经考证为赵逸斋。《平冤录》不似《洗冤集录》系统而有条理,内容计分43项,大多是引用《洗冤集录》,并增加一些自己的经验。

《无冤录》。目前我国存藏的,上有明洪武十七年(1384)临川羊角山叟序,序中称东瓯王氏《无冤录》。《永乐大典》载此书为元武宗至大元年(1308)王与所著。

四、王与和《无冤录》

元代法医检验制度,在继承宋代检验制度的基础上,又有所改革创新。元代检验制度在法律层面上的确立,是检验制度发展的结果;而法律上对检验制度的规定,又反过来促进了检验制度本身的发展,并产生中国又一部法医学专著——《无冤录》。元代法医检验成就中,它无疑有着重要的法医学史地位。

王与(1260—1346)是继南宋宋慈之后我国又一大法医学家。他的《无冤录》与《洗冤集录》《平冤录》被并称为"宋元检验三录",是历史上最早的法医学著作之一。王与认为为了做到"无冤",检验尸伤必因循以前的检验书籍还不够,还要有所驳正,遂根据宋元以来法医检验制度及自己的实践经验(王与曾任海盐县令、监管等职),参考前人法医学著作写成《无冤录》。据《永乐大典》记载王与自序,王与至大元年(1308)48岁时完成《无冤录》。1323年后又对其修订再版。但该书元刻本已经失传。清末沈家本校对此刊并收入《枕碧楼丛书》,为现存较好的版本。《无冤录》成为当时刑事侦查、审判中"死伤检验"的必备用书。王与一生办案经验丰富,除著有《无冤录》外,还著有《钦恤集》《礼防书》《刑名通义》等。

《无冤录》的主要贡献有:一是流传国外,成为朝鲜和日本的检验专书,是在东方形成古代法医学体系的重要一环;二是唯一保存重要失传书目《平冤录》内容的书籍;三是介绍了元代的重要文献《结案式》等。

1.《无冤录》与元代法医学的发展

王与在《无冤录》自序中写道,之所以将该书命名为《无冤录》是因其鉴于《洗冤》《平冤》二录互有损益,遂以省部颁发的《考试程式》为蓝本,参考异同,分门别类,进行改编。考虑到洗冤、平冤,终不如无冤,遂将该书命名为《无冤录》。所以,王与的"冤"是指冤狱,"无冤"指定验、治狱、断狱进而杜绝冤狱。而在《无冤录·今古验法不同》中则说明了编写此书的原因:"法有宜于古者,未必皆便于今,贵乎随时之宜而损益之,且人命至重,检尸最难,今检验尸伤,往往取则于《洗冤》《平冤》二录,至若上司降下《结案程式》,则失于参考。此《无冤录》之所以编也。谓如啮人者,《省部断例》同手足伤人保辜;《洗冤录》①则云啮人依他物法。又如刃物杀伤,《结案式》云皮肉齐截,认是刃伤致命;《洗冤录》则云肉痕齐截,只是死后假作刃伤。又如他物伤人,《结案式》云行凶器仗,必须量验大小、堪否害人,收监听候;《洗冤录》则云以靴鞋踢伤,若不坚硬,难作他物;又云或额、肘、膝拶头撞致死,并作他物痕伤;按《刑统》:非手足者,其余皆为他物。举手足为例,用头击之类亦是。但靴鞋既非手足,得称他物;额、肘、膝拶头撞,正系手足头击之类,难称他物。倘以古人验法用之于今,则致命者必碍结案,伤人者亦碍科罪。今古不同,若此者众。夫《洗冤》《平冤》录,皆古书也,有益于后学者多矣,然未便于今者亦有之,岂可一一按之哉?二书互有得失,

---

① 原文如此。王与《无冤录》中《洗冤录》应指宋慈《洗冤集录》,下同。

虽已集而为一，不敢妄意改易，必也临事详酌，随时之宜，择其善者而从之。”进而告诫后人：“盖狱，重事也。治狱固难，断狱犹难。然狱之关于人命了，唯检尸为至难。毫厘之差，生命攸系。苟定验不明，虽善于治狱、断狱者，亦为如之何也已！”（图40）

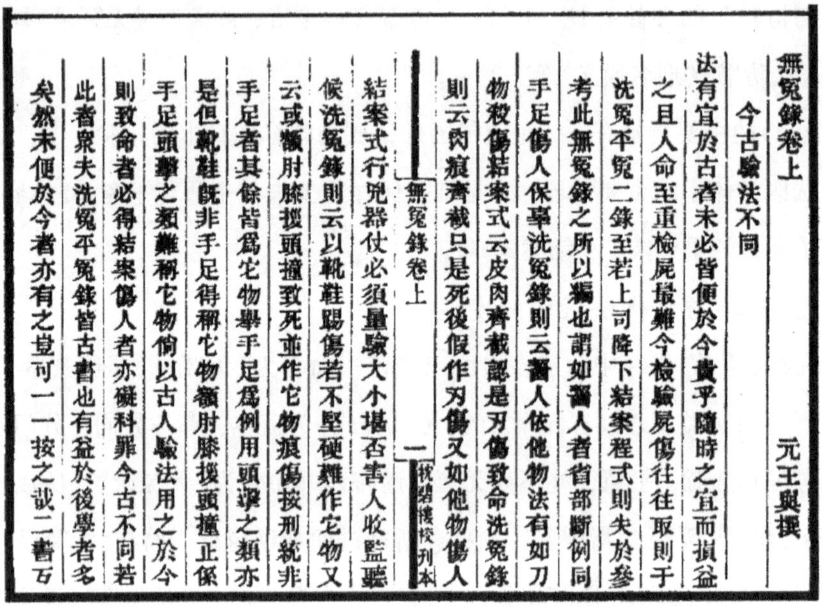
無冤錄卷上　　元王與撰
今古驗法不同
法有宜於古者未必皆便於今貴乎隨時之宜而損益
之且人命至重檢屍最難今檢驗屍傷往往取則于
洗冤平冤二錄至若上司降下結案程式則失於參
考此無冤錄之所以編也謂如醫人者省部斷例同
手足傷人保辜洗冤錄則云醫人依他物法有如刀
物殺傷結案式云皮肉齊截認是刃傷致命洗冤錄
則云肉痕齊截只是死後假作刃傷又如他物傷人
結案式行兇器仗必須量驗大小堪否害人收監聽
候洗冤錄則云以靴鞋踢傷若不堅硬難作宅物又
云或額肘膝拶頭撞致死並作它物痕傷按刑統非
手足者其餘皆爲它物舉手足爲例用頭爭之類亦
是但靴鞋既非手足得稱它物額肘膝拶頭撞正係
手足頭擊之類難稱它物倘以古人驗法用之於今
則致命者必得結案傷人者亦礙科罪今古不同若
此者衆夫洗冤平冤錄皆古書也有益於後學者多
矣然未便於今者亦有之豈可一一按之哉二書互
無冤錄卷上　一　枕碧樓校刊本

图 40　王与《无冤录》开篇“今古验法不同”，枕碧楼丛书本

在现存刻本中，以沈家本收入《枕碧楼丛书》的朝鲜抄本《无冤录》较为完善。全书分为上下两卷，卷上为“论辩”和“格例”部分，为官吏检验的章程，其中“论辩”部分包括“今古验法不同”至“病死罪囚”共13项，是王与自己的论述及经验，“格例”部分则包括“尸帐式”至“初复检验关文式”共17项，为元代的检验制度。卷下为“尸伤检验”部分，包括“检复总说”与“发冢”共43项，大体上是吸收总和了宋慈的《洗冤集录》、赵逸斋的《平冤录》中有关尸伤检验技术与方法的一些长处，并稍微驳正而成，并注明出处。除此以外，在门类上、体例上、内容上都有所改进。尤其在内容上有所充实，不仅介绍了许多元代的检验法令，而且最先考证了“滴骨验亲法”的历史，发现早在南北朝时期就已有这一方法的流传；增入了《平冤录》和大量《结案式》的成就和新说；指出了《洗冤集录》的一些错误，在原有基础上又做了新的贡

献。而其中最能体现《无冤录》学术价值的便是对《洗冤集录》中的漏误进行了有益的补充、订正以及在法医检验方面的发展创新。例如：

(1) 对死后分娩。宋慈在《洗冤集录》中记载："有孕妇人被杀，或因产子不下体死，尸经埋地窨……因地水火风吹死人，尸首胀满，骨节缝开，故逐出腹内胎孕孩子。"王与在其《无冤录》中报告了两个死后分娩例，并对《洗冤集录》中的说法提出了质疑："予昔任盐官案牍，至治三年(1323)春，复验崇德州石门乡孕妇沉观女死尸，当原殡硷入棺，怀孕在腹，众证明白；后因房亲发觉，开棺初检，则死胎已出在母裈裤中。虽已从实检复，每思与《洗冤录》抵牾，未能瘳疑。是岁之夏，予又于盐官检一孕妇落水尸，初检所怀胎孕亦在母腹中，复检之后，亲属领尸未殡，胎亦自出。此二死胎，并未经埋地窨，俱各出离母腹，乃《洗冤录》议论有所未入者，于是乎书。"

(2) 对食气嗓部位。《洗冤集录》中记载："凡自割喉下，只是一出刀痕。若当下身死时，痕深一寸七分，食系、气系并断；如伤一日以下身死，深一寸五分，食系断，气系微破；如伤三、五日以后死者，深一寸三分，食系断。"认为食嗓在气嗓之前。而王与《无冤录》中则对此错误进行了有益的探讨："夫所谓食、气系者，《结案式》中则名曰：'食、气嗓'。予尝读医书，夫人身有咽、有喉，喉在前，通气；咽在后，咽物。二窍各不相丽。喉应天气为肺之系，下接肺经为喘息之道；咽应地气为胃之系，下接胃脘为水谷之路。错文见义，于《洗冤录》之说有所不通。窃疑后人传导之际，交错'食''气'二字，以致抵牾。反复参考，喉气嗓在前，咽食嗓在后，医书足可征也。予非好异而征医书，亦惟其是而已。苟是予之言，似此之所不能尽言者，亦可推而知已。"

(3) 对检验用营造尺。王与针对某些地方检验用营造尺而非官尺，认为检验所用的尺应该统一，他在《无冤录·检验用营造尺》中说："《虞书》曰：'同律、度、量、衡'，所以齐远近，立民信也。孔子述古帝王之政以示后世，则曰：'谨权量，审法度，四方之政行焉。'国朝，权、衡、度尺，已有定制。至若检验尸伤，度然后知长短，夫何州县间舍官尺而用营造尺乎？考之古制，度者分寸、尺、丈、引也。以北方秬黍中者一黍之广为分，十分为寸，十寸为尺，一尺二寸为大尺，往往即营造尺耳。省部所降官尺，比古尺计一尺六寸六分有畸，天下通行，公私一体。曩见丽水、开化仵作检尸，并用营造尺，思之既非法物，校勘毫厘有差（孟康曰：毫，兔毫也，十毫为厘），短长无准；况明有禁例，若官府缘公行使，而责民间私用，是不揣其本而齐其末，遂毁而弃之。即取官尺打量，初则行吏仵作久习旧弊，相顾不安；终焉结案无驳，始以为是。大抵理当更张者，改之则正，岂徒尺有短，寸有所长哉。”（图 41）

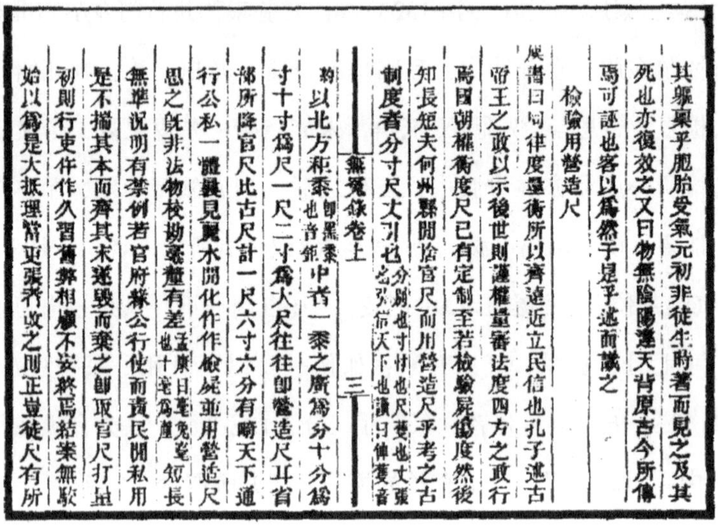
其軀稟乎胞胎受氣元初非徒生時著而見之及其
死也亦復效之又曰物無陰陽違天背原古今所傳
焉可誣也客以爲然于是予述而識之
檢驗用營造尺
虞書曰同律度量衡所以齊遠近立民信也孔子述古
帝王之政以示後世則謹權量審法度四方之政行
焉國朝權衡度尺已有定制至若檢驗屍傷度然後
知長短夫何州縣開檢官尺而用營造尺乎考之古
制度者分寸尺丈引也分別也寸忖也尺蒦也丈張也引信天下也讀曰伸蒦音
無冤錄卷上 三
約以北方秬黍即黑黍也音鉅中者一黍之廣爲分十分爲
寸十寸爲尺一尺二寸爲大尺往往即營造尺耳省
部所降官尺比古尺計一尺六寸六分有畸天下通
行公私一體曩見麗水開化仵作檢屍並用營造尺
思之既非法物校勘毫釐有差孟康曰毫兔毫也十毫爲釐短長
無準況明有禁例若官府緣公行使而責民間私用
是不揣其本而齊其末遂毀而棄之即取官尺打量
初則行吏仵作久習舊弊相顧不安終焉結案無駁
始以爲是大抵理當更張者改之則正豈徒尺有所

图 41　王与《无冤录》“检验用营造尺”，枕碧楼丛书本

（4）对检验法物。王与认为验毒所用银钗应官为制造，严格管理，他在《无冤录·检验法物银钗假伪》中说：“检会《通制》《结案式》内，毒药死尸，以银钗探入咽喉中，少时取出，其钗黑色，认是中毒致命。今司、县间，如遇检复，一应尸首，并用银钗试探；但告称中毒、服毒身死者，事多暧昧，全凭银钗定验虚实，即系切要法物。按所用银钗，仵作行人临期多是取办于里正、主首或邻佑人等及被告之家。殊不思目今市铺工匠，打造银器，滥伪不真，俗称倒三七者，即三分是银七分是铜，或半真半假者有之。银钗假伪，一触秽气，其色即变，难以辨明，遂至冤枉。参详事关乎人命，钗称为法物，用之定验，予决是非，若临事取办于民，则情敝多端，衔冤负屈者多矣。理宜官为监临工匠，用足色花银成造，以官对牌试验，凿记封收，专以检尸用度，亦绝冤滥之一端也。”

(5)对自缢、勒死之分。《四库全书总目提要》说王与《无冤录》所论"自缢、勒死之分,皆发二录①所未发,至今犹遵用之。"王与认为:"人之生也,肖貌天地,禀形父母,莫不爱其所受,以跻寿域。不幸死于非命,检复之际,定执不明,则死生以之而衔冤矣。且以自缢言之,缢既曰:'自',夫岂由人?如果自轻生,定作自缢致命,乃理所当然;至于生前勒,未死间吊起假作自缢,或睡处被人将绳索于咽喉吊起身死,亦谓之自缢可乎?《洗冤录》中,亦尝议论及此,但云:'此稍难辨','切宜子细',而未有所以印证也。伏睹省部节次定立《检尸体式》,并云:'吊缢',所用字义深切著明。夫设于此而使彼效之曰:'式',能以安常作之师,乃罔后艰。凡定验引用,当以此类而推之。"

(6)对狱中死亡引入"病因分数"。王与指出病死罪囚"以十分为率,有得病一二分渐至九分之重,而至十分方死者;有得病便至十分难治死者。"(图42)

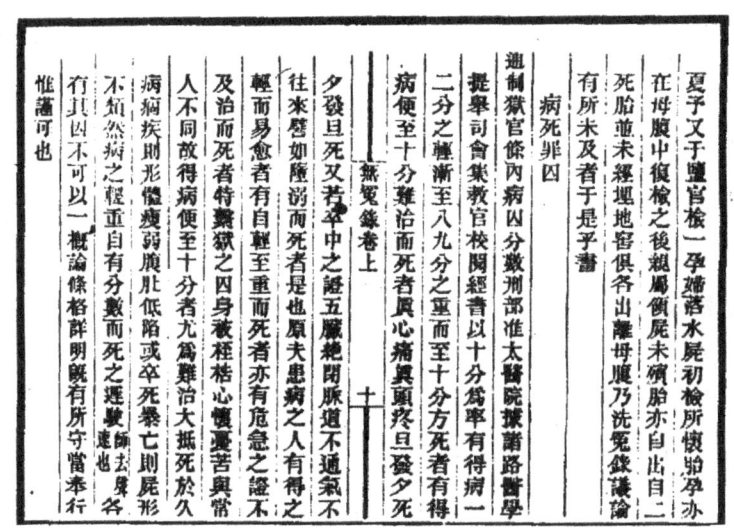

图42 王与《无冤录》"病死罪囚",枕碧楼丛书本

2.《无冤录》所代表的元代法医学及其文化输出

《无冤录》在明洪武十七年(1384)曾重刻刊行,后又先后被收入《永乐大典》和清《四库全书》。

---

① 《洗冤集录》《平冤录》。

433

《无冤录》对亚洲各国的影响很大。早在明英宗正统三年（1438）之前该书就传入朝鲜，加注后以《新注无冤录》之名刊行，在朝鲜应用了三百多年。1790年，朝鲜又予以重订，形成《增修无冤录》一书，分别以朝鲜文、汉文颁行，并于1792年刊行《增修无冤录谚解》，成为朝鲜司法官吏的必修书，一直沿用至20世纪初。朝鲜出版的《新注无冤录》传入日本后，被节译成日文出版，成为最早的日文法医学书籍。在日本流传最广是嘉永本《无冤录述》，1891年此书再版改名为《变死伤检视必携无冤录述》，书的封面上署"元朝东瓯王氏编纂"，"东瓯"即温州古称。值得一提的是，该书出版时，西方近代法医学已经传至日本，日本全国各医科大学及军医学校已普遍讲授西方法医学，但该书仍大受欢迎，以其内容丰富而历久不衰。到明治三十四年（1901）短短十年间，前后再版六次。直至昭和五年（1930），日本还出版了《无冤录述》，载于《近代犯罪科学全集》之中。平成二十二年（2010），日本江户明治警察史中还出现《＜无冤录述＞的初步检讨》的文章。由此可见，王与的《无冤录》对朝鲜和日本的法医学史和法制史的发展所起的作用。

《无冤录》虽迟于宋慈的《洗冤集录》，但比《洗冤集录》早300年流传到国外。因此，王与《无冤录》对我国乃至国外法医检验和法医学发展都起了重要作用。

五、检验案例

案例1　不亲临视获罪案

据《大元检尸记》记载，大德六年（1302）三月，中书省委官呈：庐江路含山县梅张保患丁肿而死，梅开先妄告赵马儿踢死。初检官含山县达鲁花赤家奴、复检官历阳县尉侯泽并不亲临视，只听从仵作行人刘兴、王永兴定验梅张保作脚踢身死，屈令赵马儿虚招。赵文通称冤，委官缉问得梅张保却系患丁肿身死，具上其事。中书省下刑部议，各官所犯，罪经释免，合解见任，别行求仕，记过刑部。都省准拟。

案例2　受财被答案

据《大元检尸记》记载，元贞元年（1295）九月，御史台呈："衡山县王庚二打死陈大十七，县丞王立不亲临检验，转令司吏蔡朝用代之。本吏受财，以重伤为轻伤，妄作风中而死。据王立所犯，拟笞三十七，解见任。都省准拟。"

案例3　行省问罪案

据《大元检尸记》记载，延祐元年（1314），湖广省咨：沅州路申，"黔阳县胡七告，妻唐氏因胡亚晚称丢失钞三十两自缢而死，尉郭仪将听验人胡万一、胡亚晚等锁项听候，除检覆无罪，不将各人疏放，令祗候马俊、杨贵监管，遂将各人打拷，索取鸡酒钞物，胡亚晚自缢死。取具郭仪等招词，已将马俊、杨贵断罪，征烧埋银给苦主送。据理问所拟，郭仪罪即原免，合解见任，别行求仕。中书下刑部议：依准行省所拟相应。都省准拟"。这一案中，由于下面所拟不合，行省理问所进行改拟，最后是都省准行省所拟。

案例4　都省异议案

据《大元检尸记》记载，延祐元年（1314）十二月，辽阳行省太宁路惠州同知太帖木儿"初检朱荣甫死伤，九日不行回牒，别无赃私，拟罚俸两月，或笞二十七下还职。本省（辽阳行省）看详，依本路所拟还职，诚恐差池。中书省下刑部议：各笞一十七下还职，记过相应，都省准拟"。在此案中行省对路所拟提出异议，导致改判。行省虽有这些司法功能，但除了轻罪外，没有断决权，都得向中书省呈报。泰定帝时曾任江浙行省掾史的王文彪事状中有："其所掌多重狱，每抱其狱禀堂上，有所疑义，无不立决者"。这说明行省对审理的意见往往是集体负责，理问所的官员仅是审查和提出拟议。这从《元典章》的相关法律文书的行文中就可以看出，如往往有"某某行省拟，某某路申，中书省咨"或"某某省准，中书省咨，某某路申"。路府直按审报中书省。

案例5　枉禁身死案

据《元典章·刑部·杂犯》记载，至元二十九年（1292），州路发生一起"枉禁身死案"冤狱，被浙东道廉访司查到，复审后上报中央，最后是："断县尉朱政一百七下，推官蔡锡八十七下，知事杜亮五十七下，所拟达鲁花赤小云失，治中忽都迷失，当间缘为公差不曾详审，止凭推官押过各贼招词，文解署押在卷，以致枉禁各人身死，各决三十七下。余准部拟"。刑部所拟的是"达鲁花赤小云失，治中忽都迷失解见任期年之后，降先职一等叙用。外拟知事杜亮又权司狱事，却不将各人时复审录，致将平人枉禁身死，拟合罢职除名不叙。烧埋银两令县尉朱政与本路判署官吏均征给各主"，这一案中所有路级官吏中押署的人都受到处罚，其中达鲁花赤和治中因公差在外仅因有署名，都得承担责任。这大大加强了官员的责任心。所以《元典章》上的判例所反映出的引用法律和判例比宋代《名公书判清明集》更为普遍。

案例6　丁五儿误伤案

据《元典章·刑部·诸杀》中"过失杀"条记载，至元二十八年(1291)有丁五儿使凿误伤韩二右手腕，几天后韩二死亡。丁五儿之所以出现此事是因为其大伯病死，心中悲痛而致。为此在路一级拟判是"拟中间委有无故情，拟决四十七下"，但刑部经检验、复核认为"丁五儿所招即系过失，别无故犯情意，难议定罪，于丁五儿名下追中统钞五定给苦主，充茔葬之赍"。最后中书省同意此拟。此案由于丁五儿不是故意，所以免除刑罚，仅有适当的民事赔偿。据《元典章·刑部·诸恶》之"不义"中记载，延祐三年(1316)有江浙行省的台州路发生了董孝英因养子张寿孙偷鸡和银剜耳锟，把张寿孙割断左脚筋，地方拟判八十七下，令张寿孙归宗。上报到中央后，"送刑部议得：'董孝英所招，因义男张寿孙偷讫银剜耳锟、鸡只，将本人殴打，用刀将左脚筋刈断，已成废疾。原其所犯，残忍凶狠，情理深重，比例合杖九十七下，罪遇原免。令张寿孙归宗，仍于董孝英名下返中统钞五百两，充养赡之资相应。具呈照详'得此。都省准拟，除外咨请依上施行"。此案由于遇到大赦，罪被免，所以刑部对原拟改判，但还是得负现在所讲的民事责任赔偿，同时让受害者归宗，这在古代中国是很严厉的处罚。

案例7　中书会审案

据《元典章·刑部·诸恶》中"不睦"条记载，至元四年(1267)有一案是叔叔打死侄子，法司拟判是徒三年，同时杖八十下，刑部在杖刑上"拟七十七下，省拟断一百七下"。中书省经复检、会审，证实侄子错大，叔叔误伤致死，改判了刑部所拟。此外在至元二年(1265)、至元三年(1266)，在东平路和济南路各有一起打死妻子的案件，中书省对刑部所判都进行了改判。这种改判行为在元初较多。

案例8　溺死案

据《元典章·刑部·诸杀》中"杀卑幼"条记载，至元三年(1266)真定路有祖父何赛哥因孙女定哥于至元三年(1266)五月十九日溺死在滹沱河中。"法司拟例：违法令，徒一年。部①经检验、复验、会审，溺水原因不详，祖父年老无力救助，孙女无伤痕，拟决何赛哥五十七下，呈奉。省札准拟断讫。"此案初由刑部法司拟判，经检验属实后报刑部决定。这在元初相当普遍，在至元八年(1271)后，法司拟判的字样开始减少，但一直存在，其职能也没有改变。

案例9　杭州五库秤钞案

元代李孝光(1285—1350)在其文《故承直郎温州路乐清县尹王公行状》中说：王与"自少有成人志，问学穷日夜，尤注意于法律，时制科未行，愿仕者率由更进。弱冠，用部使者刘公牧之推择为郡功曹"，后升至杭州路盐官州提控案牍②。63岁时，被浙江行省左丞相"擢为理问所提控案牍"。其在职期间，善于办疑案，"多所平反，擿奸发伏，抑强扶弱"，以致"杭人以为神。省臣凡有疑狱，靡不属公谳焉"。杭州五库秤钞案，连累者数百人，王与通过调卷细研、钞票比对、现场勘验、提讯案人，"一讯顿白"，除将为首者法办外，余皆释放；台州无赖田太杀人，嫁罪同姓名商贾，案久不决，王与查明该商贾于杀人期间在永嘉经商，有通行证和旅馆住宿单可证，遂将田太法办。③

六、医事制度

元代医学分科，医学分十科：大方脉杂医科、小方脉科、风科、产科兼妇人杂病科、眼科、口齿兼咽喉科、正骨金镞兼书禁科、疮肿科、针灸科、祝由科。设太医院。

七、对法医学有影响或贡献的人物

1. 赵逸斋

赵逸斋，宋元间人，于宋末元初著《平冤录》，但有记载《平冤录》系无名氏撰，赵逸斋订。现存本是刊行于清嘉庆十七年(1812)的《宋元检验三录》本，分检复总说、验

---

① 指刑部。
② 盐官：元代州名，属江西浙西道杭州路。提控案牍：元代上、中等州的佐官。
③ 〔元〕李孝光，陈增杰 校注. 李孝光集校注[M]. 上海：上海社会科学院出版社，2005：44—48.

法、妇人、小儿尸首胞胎、勒死、自缢死、落水投河死等四十三门，系辑录综合《洗冤集录》等有关尸伤检验内容而成。据王与序言，《平冤录》是赵逸斋所订。黄群等证实《宋元检验三录》中的《无冤录》乃是新注本的上卷，而其中的《平冤录》则是新注本的下卷。

2. 赵世延

赵世延（1260—1336），山西礼县人。元世祖至元二十一年（1284）授承事郎云南诸路提刑按察司判官。元世祖至元二十九年（1292）任奉议大夫，出任江南湖北道肃政廉访司事，颇有善政。元成宗大德三年（1299）移中台都事，不久，又任山东肃政廉访副使。1302年改任江南行台治书侍御史。1306年升任安西路总管。安西路乃故京兆省台所治，号称"会府"，前政壅滞，积案达三千牍，赵世延上任不到三个月，便全部处理完毕。元武宗至大元年（1308）改任四川肃政廉访司，任内清除积弊，修都江堰，深受当地吏民称赞。元仁宗皇庆二年（1313）拜江浙行省参知政事，旋又奉召还，拜侍御史。拜为中书参知政事。不久，又迁御史中丞。元仁宗延祐五年（1318）进职光禄大夫、昭文馆学士、宋大都留守乞补、外拜四川行省平章政事。元明宗至顺元年（1330）二月，文宗令赵世延仿唐宋会要体例纂修皇朝《经世大典》。

《经世大典》①于四月正式开局，次年五月修成，凡880卷，略12卷，公牍1卷，纂修通议1卷。《经世大典》中的"验尸式"，载录了"检验法令"。《经世大典》的"验尸式"与宋慈《洗冤集录》中初复检验内容基本一致。与宋代不同，元代规定检验官躬亲监视（宋代为躬亲检验）。大德八年（1304）颁发的"验尸法式"是将宋代的验尸格目、验状、正背图合为一种。《元典章》刑部检验对检验过程做了规定。元代以中央集权形式管理检验，并强制检验法令化和程式化，这在当时科技还不是十分发达时代起到技术和管理的规范化作用，正是这种情况下，元代的法医学著作变得很少，但却催发了一部与元代法典十分吻合的法医学著作的出现——王与《无冤录》。由此可见，赵世延对法医学发展是有重大贡献的。

---

① 原书今已失传，只是在残存的《永乐大典》等书中还有部分留存。

3. 王与

王与(1260—1346)，字与之，号正庵，元初永嘉(今属浙江)人。王与是闻名世界的我国古代又一著名法医学家。他少年时好学，尤重法律，先后任郡功曹、温州路乐清县尹、州路总管知事、湖州录事，后升杭州路监官、杭州路盐官州提控案牍。在折狱方面，王与素有声望，曾数决疑狱。后迁处州路总管知事，又转湖州录事，终于承直郎乐清县尹。王与精通刑律，浙江诸疑案均赖其处决。杭州五库稗钞案，连累者数百人，王与"一讯顿白"，除为首者法办外，余皆释放；台州无赖田太杀人，嫁罪同姓名商贾，案久不决，王与查明该商贾于杀人期间在永嘉经商，有通行证和旅馆住宿单可证，遂将田太法办。至大元年(1308)，他根据提控刑事诉讼案牍，集而为《无冤录》2卷，以明检复之法式。据王与《无冤录·序》，考虑到洗冤、平冤，终不如无冤，遂将该书命名为《无冤录》，并告诫后人："狱，重事也。泊狱固难，断狱尤难。然狱之关于人命者，唯检尸为至难，毫厘之差，生命攸系；苟定验不明，虽善于治狱、断狱者，亦末如之何也！"

《无冤录》是现存唯一记载有《平冤录》内容的书籍。《无冤录》在明代以后曾被割裂，其上卷名为"无冤录"，下卷易名为"平冤录"，已知的各种版本"平冤录"都不是真正的"平冤录"。《无冤录》初版刊于至大元年(1308)，1323—1346年间又经王与修订再版，现存完整的《无冤录》，都是来自这个版本。《无冤录》是以《洗冤集录》《平冤录》《结案式》为主体，结合元代的检验制度及个人经验，汇编而成的。值得一提的是，宋慈《洗冤集录》有服毒一项，《平冤录》有"毒药死"一项。元成宗元贞元年(1295)后朝廷制定的检验表格中列有"毒药死"。武宗至大元年(1308)，王与所作《无冤录》则载有与现代提法一致的"中毒"一项。此外，王与《无冤录》载有"初复检验关文式"，这是元代重要验尸文件"初复检验体式"的复本，但有详细说明。王与《无冤录》是我国古代法医学的代表作之一，对古代朝鲜与日本的检验学科发展影响颇大。明洪武十七年(1384)羊角山叟将元椠《无冤录》重刊，并加入序言，此书后来传入朝鲜和日本，成为这两个国家的检验专书，在中外文化交流史上做出了卓越的贡献。王与还是最先考证"滴骨验亲法"历史的学者之一。王与还作《钦恤集》，以辨刑杀之情罪。至正三年(1343)，刊《刑名通义》以补二集之遗缺，将以救为吏者之失误。至正六年(1346)，王与病卒，享寿86岁。

4. 汪泽民

汪泽民(1273—1355)，字叔志，安徽婺源州(今江西婺源)人。少警悟，家贫力学，既长，遂通诸经。延祐(1314—1320)初，以《春秋》中乡贡，上礼部，下第，授宁国路(今安徽宣城)儒学正。延祐五年(1318)登进士第，授承事郎、同知岳州路平江州(今湖南平江)推官。迁南安路(今江西大余)总管府推官，调济宁路兖州(今山东巨野)知州，迁集贤直学士，阶太中大夫。在授平江路总管府推官时曾断过一个案子，该案被吴讷赞为"非用心切至者不能有"的办案典范，以"泽民讯僧"收入《棠阴比事·附录》："有僧净广，与他僧有憾，久绝往来，一日，邀广饮，广弟子急欲得师财，且苦其棰楚，潜往他僧所杀之。明日诉官，他僧不胜考掠，乃诬服，三经审录，词无异，结案等报。泽民取行凶刀视之，刀上有铁工姓名，召工问之，乃其弟子刀也，一讯吐实，即械之而出他僧，人惊以为神。"该案是致伤物比对，尽管已经三审定案，"他僧服判，词无异，结案等报"，但汪泽民仍要"取行凶刀视之"，结果"刀上有铁工姓名"，一问铁工证实是"净广弟子"所有，凶手是僧净广弟子，而不是他僧。

第三节 元代法医学发展与社会治理关系

法医学在社会法治中扮演着重要的角色。元代，刑法、民法、行政法、立法等法律行为都涉及法医学内容。《检尸法式》《儒吏考试程式(结案式)》等涵盖司法检验、司法程序及儒吏考试，说明元代法医学发展与社会治理关系密切。我国元代法医学书籍对朝鲜与日本曾发生重要的影响，也从侧面反映，我国法医发展在社会治理中的地位。元代王与以宋慈《洗冤集录》为蓝本出版的《无冤录》，在朝鲜编译成《新注无冤录》《增修无冤录大全》《增修无冤录谚解》；在日本编译成《无冤录述》《变死伤检视必携无冤录述》《刑罪珍书集本无冤录述》，说明我国法医学被朝鲜、日本认可，同时直接参与朝鲜、日本司法检验和社会治理。

第四节　元代法医学发展对社会治理的促进和消极作用

一、证据制度

元代证据制度明确了五点：一是拷讯囚徒必须按规定施行。二是实行严格的勘验制度。三是疑狱处理有专门规定，按《大元通制》："诸疑狱在禁五年以上不能明者，遇赦释免。"四是元代的勘验鉴定制度基本上沿袭宋制，但内容已超出了法医检验的范围。元代除了重视对尸体和人体的检验外，开始重视对各种物证的检验，并有了专门检验伪金银、伪印鉴、伪钞及作案工具等物证的人员。如《元典章·儒吏考试程式》记载："诸滥伪之物及伪造所用作杖，皆须行人辨验。穿窬、发冢、杀人之物亦同。"五是元代司法官员到现场验尸亲临监视制度。《元典章·刑部五·检验》："检验尸伤，已有常式，近年以来，亲民之官不以人命为重，往往推延，致令发变。及不亲临监视，转委公吏行人与复检官司。"

二、刑事处罚

据《元史·刑法志三》记载，元代刑事处罚基本上同前代。这里主要介绍元代有关通奸的刑事处罚。

元律规定："诸和奸者杖七十七，有夫者，八十七。"还有"夫获妻奸而妻拒捕，杀之无罪"的判例。

三、损害赔偿

元代法律要求侵损人身行为的侵害人对受害人或其家属进行民事赔偿。由《元史·刑法志四·斗殴》的有关规定可知"诸保辜者，手足殴伤人，限十日"，其主要在继承唐宋保法基础上制定元代民事赔偿责任形式。

(一) 致人伤残的民事赔偿

1. 养济之资

对于伤害行为致他人废疾者，法律要求侵害人支付一定数额的赔偿金给受害人，以充"养济之资"，《元史·刑法志四》："诸以他物伤人，致成废疾者，杖七十七，仍追中统钞一十锭，付被伤人，充养济之资。诸因斗殴，斫伤人成废疾者，杖八十七，征中统钞一十锭，付被伤人，充养济之资。为父还殴致伤者，征其钞之半。"

2. 养赡之资

"养赡之资"指赡养费用，因不法侵害致人伤残，犯罪人应支付给受害人的赔偿金。一是不法损伤造成他人残疾，法律要求罪犯缴纳"养赡"之资给受害人。《元史·刑法志四》："诸豪横辄诬平人为盗，捕其夫妇男女，于私家拷讯监禁，非理陵虐者，杖一百七，流远。其被害有致残废者，征中统钞二十锭，充养赡之资。"元仁宗延祐七年（1320）发生在饶州路鄱阳县的"富豪打伤佃户"的案件，案中富豪陶孟方因家中金银等物被盗，不即告官而诬佃户程方二等为盗，同其兄长陶仁寿，非理用刑将佃户程方二等六人凌虐拷打，造成不同程度的伤残，经官府审理，将陶孟方断杖迁徙，并责令追给每名伤残者中统钞二十锭。二是伤害他人致其废疾者，侵害者不仅要被追究刑责，还承担受害人的"养赡"费用。《元史·刑法志四》："诸职官辄将养男去势，以充阉官进纳者，杖一百七，除名不叙，记过，义男归宗。诸以微故残伤义男肢体废疾者，加凡人折跌肢体一等论，义男归宗，仍征中统钞五百贯，充养赡之资。"三是侵害他人致其笃疾，加害人应征纳养赡之资给付受害者。见《元史·刑法志四》："诸以刃刺破人两目成笃疾者，杖一百七，流远，仍征中统钞二十锭，充养赡之资。"

3. 医药之资

据《元史·刑法志四·斗殴》记载："诸因争误瞎人一目者，杖七十七，征中统钞五十两，充医药之资。"因两人争斗误伤一方眼睛造成一目失明，侵害人向受害人支付医药费用。

(二) 致人死亡的民事赔偿

1. 征赎罪钞

对于过失杀人，元代征赎罪钞。据《元典章·刑部四·过失杀》"射耍鹁儿射死人"条记载:"中书兵刑部至元十年(1273)十月十九日符文:为弓手赵九住因与马怗、郑黑厮射虎,回栗林内,一同射窎鹞,不防树枝将节撇住,将马怗射伤身死。议得:赵九住所犯,即系耳目所不及,思虑所不到。既是本人无虑,合同过失,拟罚钞一定,与被死之家充烧埋之资。苦主私和二百九十五贯,除一定外,余上钞,追还本主。"

2. 烧埋银

一是指在因伤害行为致人死亡时,加害人支付给受害人亲属的赔偿金,这是烧埋银最主要的适用情形;二是因盗墓行为的处罚也有适用烧埋银的情况,《元史·刑法志三》:"诸发冢,已开冢者同窃盗,开棺椁者为强盗,毁尸骸者同伤人,仍于犯人家属征烧埋银。"盗墓行为依情节处以不同的刑事处罚,还要求盗墓者支付烧埋银给死者家属,此处的烧埋银应是作为安葬被毁尸骸的费用,体现对已结束生命过程的死者的尊重;三是政府给战死将士家属办理丧事的费用,如《元典章·圣政一·抚军》载,延祐七年(1320)十月,钦奉至治改元诏书云:"吉林、甘肃、云南、四川、福建、广海镇守新附汉军,除常例外,每名除布匹,病者官结医药,死者给烧埋中统钞二十五两。"

(三) 民事赔偿与检验的关系

非正常死亡的人命案件发生后,检验官员对案件现场、物品、尸体等进行实地检验,是获取死亡原因的重要手段,同时也是应否适用烧埋银制度的重要前提。因此,元代对非理死亡的检验特别重视,"人之为生,性命至重。或因斗争而致死,或为财物而被杀,官司依例初复检验"。元律规定验尸官必须亲临现象勘验,以确保检验报告的准确、真实,"诸有司检覆尸伤,不亲临,听承吏、仵作行人受财虚报,不关致命重伤,以殴死为病死者,事发出首,仍坐之,虽会赦,解职,降先一品等叙。承吏罢役不叙。仵作行人等革去,通记过名"。即命案发生后,主管官吏必须亲临现场检验,若"不亲临"勘验,以致承吏、仵作等在尸首检验中弄虚作假,如将殴死改为病死,事后即便有自首,也将追究刑事责任和行政责任。

据《元典章·刑部十六·杂犯一·违错》"官吏检尸违错"条记载:"大德六年(1302)三月二十九日奉省判:本部呈:山东宣慰司关,济宁路邹平县归问到:王伴儿与乔小驴等殴黄喜儿,将王伴儿踢死。移委隶路推问得:王伴儿委因上树压折树枝,掉下凳死，众证明白。本部议得：黄喜儿元招，用脚穿靴只将王伴儿踢伤身死。再行归问得：王伴儿委因上树掉下凳死，其一干人等指证相同。取讫苦主王阿刘等虚告招伏。合准宣慰司所拟，将黄喜儿钦依诏恩释放，先追烧埋银两四定拟合回付。外据初检官邹平县尹张亨、典史宋宥等所招，黄喜儿兄黄成既曾告说王伴儿压折树枝，掉下凳伤身死，不即究问，又不亲监检尸，以致仵作行人陈全将王伴儿作踢打所伤身死，辄凭取讫黄喜儿曾用脚穿靴只于王伴儿右腮连耳并交当内不便处踢伤身死。各人罪犯，已经释放。将县尹张亨量拟降先职一等，期年后别叙。典史宋宥、司吏刘居敬，罢役不叙相应。"这里，因仵作不是官员，直接由邹平县革去。

四、医疗损害

元代有关处理医患纠纷的诏令较多，《通制条格》单列"医药"卷。元律不仅严惩"假医"，还对官办医疗机构惠民局在"医疗救助"方面做出了规定，解决医生没有钱不看病的问题。据《通制条格·医药》，大德三年（1299）正月，元成宗下诏，要求"各路置惠民药局，择良医主之，庶使贫乏病疾之人不致失所"。元代法律规定，药不如本方者，则仅杖一百。说明，元代医疗损害基本采取赔偿和体罚。

五、狱事检验

（一）监狱概况

元代监狱分中央监狱和地方监狱。中央监狱包括大宗政府狱、刑部狱、御史台、京畿狱、宣政院狱、兵马司狱，分别关押诸王驸马、蒙古、怯薛军及色目人、刑部人犯、京畿狱（指上都狱和大都狱）和兵马司狱人犯。地方监狱关押路、府、州、县人犯。见下表（表6）所示。

表 6　元代监狱与管理

监狱级别	监狱名称	监狱功能
中央	大宗政府狱	关押诸王驸马、蒙古、怯薛军及色目人
	刑部狱	关押刑部人犯
	御史台、京畿狱	京畿狱（指上都狱、大都狱）
	宣政院狱	主要关押犯罪的僧人
	兵马司狱	元朝兵马司狱设置在大都路都总管府，原名大都路兵马都指挥使司
地方	路、府、州、县监狱	关押路、府、州、县人犯

(二) 监狱检验事件

1. 悯恤狱囚

元代在监狱管理中倡导悯恤狱囚，并以此作为衡量狱吏是否恪尽职守的一项标准。据《元史·刑法四·恤刑》记载：

第一，根据囚犯的性别、犯罪情节的轻重，分类监收，谨慎管理。元律规定："诸狱囚，必轻重异处，男女异室，毋或参杂。司狱致其慎，狱卒去其虐，提牢官尽其诚。"

第二，给罪囚提供基本的生存条件：一是提供一定囚粮。"诸在禁囚徒，无亲属供给，或有亲属而贫不能给者，日给仓米一升，三升之中，给粟一升，以食有疾者"。至于"诸路府州县，但停囚去处，于鼠耗粮内放支囚粮"。二是提供必备的生活用品。"凡油炭席荐之属，各以时具"。尤其是对"诸在禁无家属囚徒，岁十二月至于正月，给羊皮为披盖，裤袜及薪草为暖匣熏炕之用"，使其免受寒冷之苦。三是提供一定医疗条件。慎选狱医，"诸狱医，囚之司命，必试而后用之，若有弗称，坐掌医及提调官之罪"。明确狱医的职责："诸狱囚病至二分，申报渐增至九分，为死证，若以重为轻，以急为缓，误伤人命者，究之。"要求狱医根据狱囚的身份和病情予以治疗："诸狱囚有病，主司验实，给医药，病重者去枷锁杻，听家人入侍。职事散官五品以上，听二人入侍。犯恶逆以上，及强盗至死，奴婢杀主者，给医药而已。"

狱官、狱吏、狱卒对其职守应"奉行惟谨"，虐待狱囚，"坐有司罪"。元朝法律规定:"诸有司,在禁囚徒饥寒,衣食不时,病不督医看候,不脱枷杻,不令亲人入侍,一岁之内死至十人以上者,正官笞二十七,次官三十七,还职;首领官四十七,罢职别叙,记过",以维护正常的监管秩序。

第三,对孕妇、老弱废残犯罪者,予以一定的优待。"诸孕妇有罪,产后百日决遣,临产之月,听令召保,产后二十日,复追入禁。无保及犯死罪者,产时令妇人入侍"。根据孕妇的特殊情况,延缓决遣时日,或临产召妇人入侍,都体现了一定的人道精神。另外,"诸有罪年七十以上、十五以下,及笃废残疾罚赎者,每笞杖一,罚中统钞一贯"。允许老弱废残的犯罪者罚赎,以经济惩罚代替笞杖。

第四,疑狱宽释。元律规定:"诸疑狱,在禁五年之上不能明者,遇赦释免"。对缺乏证据、难以定案的犯罪者,监禁五年以上,仍不能认定其犯罪事实,遇赦予以释免,以体现《尚书》所谓"与其杀不辜,宁失不经"的司法原则。

述评:恤囚制度从主观方面来说是元代统治者为维护其统治而采取的措施,但从客观方面来说,该制度体现了法律的人性化,缓和了社会矛盾。

2. 托病保管

元代监狱管理不严,出现罪犯"保放"期间犯罪的现象时有发生。据《元典章·刑部·杂犯》"放贼"条记载,有些囚徒,凭借法令的规定,只要杖罪以下者,得"托病一分,保管出外",遂假借身患重病,愿意"召保听候",乘机离开牢狱,脱逃在外。如至大四年(1311),番禺县(今广东番禺)达鲁花赤马兀台,不用心审理,误信狱囚韩天祐患重病,"便行保放,纵令在外",致贼徒再犯。此例,狱囚韩天祐所犯为杀人、劫财等重罪,不论所患病症是轻或重,理应不能保放。马兀台既失察误信患病,又未依法办理,明显失察,遂遭朝廷解任。

述评:这里"托病保管"指假托疾病而获得保外就医,"保放"指保外就医监外执行,"召保听候"指保外就医监外执行期间接受官府监管。本案说明元代对监狱罪犯保外就医疾病范围规定不严,执行不严,监管不力。

3. 纵囚纵狱

《元典章·刑部卷三十七·纵囚》记载,延祐四年(1317),福建路福州狱吏谢伯高等人受贿，放纵"罪囚林荣公等十七名，脱狱在逃"。有些狱吏或熟识，或同情狱囚，或私自与狱囚达成协议，借以纵放之。如《雪楼集》载《曾履祥墓志铭》说：元初，福建有吏与盗为奸，私课盐税，并诬民犯罪入狱。盐事官曾颖瑞察得后，"密诘犯者，得利害兴除之"，遂以纵囚，"约勿再犯"，自后"私贩为绝"。据《元典章·刑部·杂犯》"纵囚"条记载，大德三年（1299），东张狱吏宋僧住，私自将"贼徒陈福兴等所带镣镰、脚镯取去，故纵在外"。致陈氏等人"持仗强劫良民钱物"。

述评：所谓"纵囚纵狱"指官府暂时释放在狱罪囚还家限期自动归狱。史书载此以为德政。宋代欧阳修撰《纵囚论》认为不足为治天下之常法。从元代上述案例可知，囚犯可能贿赂狱吏，可能与狱吏私交，可能狱吏与盗为奸，结果从狱中放出的罪犯"脱狱在逃"有之，"持仗强劫良民钱物"有之。从上述案件来看，元代官员是反对这样做法的，如邵武县尹萧宗大、盐事官曾颖瑞等都予以制止。

六、法医文化

1. 元代科考

儒家思想是中国传统文化最重要的组成部分，发端于春秋末年的孔子。孔子提出了"仁"的概念，重视道德的修养，提倡礼教、孝道，提出"无过无不及"的中庸原则，孟子提出"仁政"的概念，形成了后世中华文化的主体价值观。董仲舒把儒家经典变成综合性学问。汉武帝"独尊儒术"，汲取了儒道法的精神。隋唐代开始科举入仕，以儒学为考试内容。以朱熹为代表的宋代理学，把儒家思想政治化、法律化、学术化、民俗化。到了元代，情况发生变化。在元朝建立之前，蒙古统治者是十分轻视儒学的，时人所谓"一官、二吏、三僧、四道、五医、六工、七猎、八民、九儒、十丐"之说基本上是可以反映当时的真实情况的。

随着蒙古统治者在中原汉地的统治稳固，到了元世祖忽必烈即位以后，元朝政府对儒学的态度开始扶持、利用。忽必烈为有效地控制汉地，就必须推行汉法，而汉法的精髓正在儒学。所以，忽必烈一即位，便广召天下名儒，开设国子学，命贵族子弟入学，学习儒家经典；又征召许多儒士入朝做官，参赞军国事务。由于儒家教育的逐渐普及，到了元代中期，元统治者对儒学已是十分推崇。武宗封孔子为"大成至圣文宣王"；仁宗更提出"修身治国，儒道为切"。在这样一种状况之下，仁宗皇庆二年（1313），恢复了中断四十余年的科举考试，专以朱熹等所注儒家经典《四书章句集注》为考试内容。至此，儒学以朱子理学的形式在元代取得了思想上的统治地位。

在1271年至1368年元代统治的97年里，如果以科考恢复（1313，仁宗皇庆二年）为分界线，元代有50年时间科举取士。儒学与官吏就这样联系在一起。如果从检验角度出发，元代继承唐宋规制。《唐六典》对"京畿及天下诸县令之职"规定"审察冤屈，躬亲狱讼"，也就是说县令负责官司验尸伤和断案。换句话说，官验制度唐宋以来一直执行。前已述及，元代有近40年时间不实行科举考试，官员如何产生？元代选官途径多且杂，据宋濂《元史》记载大致如下：学校选拔、承荫世袭、部门选聘、推荐征召、因功授官、捐官等。其中，元代捐官主要面向地方大户。天历三年（1330）规定，江南、陕西、河南的大户捐粟，且自行承运至灾区的，事成授茶盐流官。这样，元代检验官员前40多年来源复杂，后50年加入科考出身，承荫世袭、部门选聘、推荐征召、因功授官、捐官等仍然存在。但元代推荐征召又是另外一个途径，也会出人才。如王与（1260—1346），于1281年21岁时得到吏部使者刘牧之推荐，为温州路功曹（助理官），后升杭州路盐官州提控案牍（各衙署首领官）。至大元年（1308），他根据提控刑事诉讼案牍，集而为《无冤录》，当时他已48岁。而元代仁宗皇庆二年（1313）才恢复科考，那年他已53岁。《无冤录》是我国及宋慈《洗冤集录》之后最有影响力的法医学著作。可见，用科举考试选举出来的官员来判断检验水平，也是不全面的。

2. 不亲临视

据《永乐大典》卷九一四"验尸"条下所录《经世大典》的《大元检尸记》：大德六年（1302）三月，初检官含山县令、复检官历阳县尉因不亲临视而受罚。①

述评：根据《元典章》："诸检尸，有司故迁延及覆检牒到不受以致死变者，正官笞三十七，首领官吏各四十七。其不亲临，使人代之，以致增减不实，移易轻重，及初覆检官相符同者，正官随事轻重论罪黜降，首领官吏各笞五十七罢之，仵作行人杖七

---

① 详本书第434页"不亲临视获罪案"。

十七,受财者以枉法论。官吏但犯者,虽会赦罢降,记过本路,仍别置籍,合推官掌之,遇所部申报人命公事,随时附籍检举驳问。但因循不即举问,罪及推官。无推官者,令长司首领官掌之。廉访司行部所至严加审察。"初检官含山县令、复检官历阳县尉不亲临视按上述法律受处罚。

3. 净广弟子

据《元史·列传第七十二》记载:汪泽民在授平江路总管府推官时曾断过一个已经审定的案子。他通过凶器上铁工的姓名找到铁工,又通过铁工的口供找到真正的凶手。①

述评:该案是致伤物比对,尽管已经三审定案,"他僧服判,词无异,结案等报",但汪泽民仍要"取行凶刀视之",结果"刀上有铁工姓名",一问铁工证实是"净广弟子"所有,凶手是僧净广弟子,而不是他僧!

4. 康留住案

《元典章·刑部·老幼笃疾杀人》记载"心风杀人上请"案:"尚书刑部奉尚书省札来呈:康留住因患心风举发,至元六年(1269)十一月二十四日夜,不知怎生,摸得棍棒,将本家安下乔老打死,并将伊男乔大及留住妻阿李、女婆惜、次女宜奴,俱各打伤。又学小孩儿,抱着棍棒,于箔内往来,啖叫笑走。至二十七日,有弓手捉住,才知为心风病发,打死乔老罪犯。议得:康留住即系颠狂杀人事理,照依旧例,合行上请,听敕处分。为此,移准中书省咨该:都省议得:康留住所犯,既与身死乔老生前别无仇嫌,委因旧患心风病证举发,昏迷不省,不知怎生,将乔老打死,不合偿命,止拟于本人处,征烧埋银五十两,给付苦主。于至元八年(1271)二月二十六日,奏奉圣旨。钦此。仰依上施行。"《元史·刑法志》记载:"诸罪人癃笃残疾,有妨科决者,赎。""诸病风狂,殴伤人致死,免罪,征烧埋银。"

述评:《元典章》记载的"康留住因患心疯举发杀人案",元朝中书省上奏"议得康留住所犯,既与身死乔老,生前别无仇嫌,因旧患心疯病症举发,昏迷不省,不知怎生将乔老打死,不合偿命",赔偿处理。但,历史上有记载的还有一例,据程树德

---

① 详本书第440页。

《九朝律考·汉律令杂考》记载:"河南太守曾上奏当地有个叫张大的人,患有狂病。因病发而杀了自己的亲弟弟,是否要斩首。恰好遇到大赦,但仍批复上奏不当,除之,按旧例处置。"① 这两例案件同样是精神病人发病杀人,但判决迥然不同,最后都取决于当时的帝王,并无法规可循。一直到了1925年,我国出台的有关精神病处理的条文才陆续散见于当时的刑民法中,如当时的《刑法》第19条关于精神病人刑事责任能力的规定:"心神丧失人之行为,不罚。精神耗弱人之行为,得减轻其刑。"

5. 幼女界定

元大德十一年(1307)六月庐州路的六安县,一名叫徐保的16岁男子强奸了一名5岁的女子张凤哥,为判此案,刑部依据至元五年(1268)发生在陕西行省的强奸6岁幼女案,至元七年(1270)三月发生在京兆路北水县和此年闰十一月发生在顺德路的强奸幼妇案,最后才判决。但到中书省后,因为对强奸幼女案处理过轻和有奸过和解的现象。为此在中书省的要求下,刑部规定:"今后若有强奸幼女者。谓十岁以下,虽和解以同强奸。拟合依例处死。如官吏违例差断者,临事详情区处",最后是"都省准拟"。这样通过判例的发展,导致抽象法律的制定,并对幼女的概念进行界定,那就是十岁以下为元朝法律上认定的幼女。

6. 窦娥冤案

《窦娥冤》是元代关汉卿的戏剧代表作,这部以古代妇女窦娥的"冤",以无赖泼皮的"诬",以官场的"贪",以申冤的"难",最后才昭雪,透彻地展现了我国古代的洗冤文化。窦娥自幼丧母,17岁结婚,不久丈夫病故,两代孀居,婆媳二人相依为命。一天,蔡婆去找赛芦医索债,赛芦医谋财害命,蔡婆被当地恶棍张驴儿所救。从此,张驴儿仗着自己救了蔡婆而逼婚强娶窦娥。蔡家不肯,张驴儿便想毒死蔡婆,霸占窦娥。不料,他准备的毒药误被其父饮下身亡。蔡婆为了免除灾祸,给了张驴儿十两纹银,让他买棺葬父。张驴儿却以这十两纹银为证据,诬称蔡婆害死父亲。他买通当地县令,对蔡婆横施酷刑。窦娥怕婆婆年老体弱,经不起折磨,只得含冤忍痛自己承担,被判处死刑。窦娥死后六年,她的父亲窦天章考取状元,路过山阳。当日深夜,

---

① 程树德. 九朝律考[M]. 北京:中华书局,1963:339.

他正在审阅案卷,忽然见到女儿窦娥前来,求父亲代其申冤昭雪。第二天,窦天章开堂审案,终于使冤案大白。最后,张驴儿和县令被判处死刑,赛芦医被发配充军,窦娥的冤案终得昭雪。

述评:关汉卿笔下描述的我国古代洗冤文化,艺术地再现了推鞫、对证、审案、采信等检验内容,强调了证据说话,流传至今,影响深远。元代法医检验知识能在戏剧中表现出来,说明戏剧家对法医学科学技术有一定了解,也表明元代法医学在一定范围内得到普及。

7. 定案五字

明代施耐庵《水浒传》第二十五回"偷骨殖何九送丧 供人头武二设祭":武松出差回来,打听得哥哥武大郎被嫂子潘金莲和奸夫西门庆害死,找到了旁证。次日早晨,武松在厅上告禀,催逼知县拿人。谁想这官人贪图贿赂,回出骨殖并银子来,说道:"武松,你休听外人挑拨你和西门庆做对头;这件事不明白,难以对理。圣人云:经目之事,犹恐未真;背后之言,岂能全信?不可一时造次。"狱吏便道:"都头,但凡人命之事,须要尸、伤、病、物、踪,五件俱全,方可推问得。"武松听后退出县堂,先杀了潘金莲,再杀西门庆。武松"拿着刀,提了两颗人头,再对四家邻舍道:我又有一句话,对你们高邻说,须去不得!那四家邻舍叉手拱立,尽道:都头但说,我众人一听尊命。"然后,押着王婆带着邻里作证笔录,到县里自首。

述评:这里"尸"是指尸体;"伤"是指经过尸体检验以后发现的致命伤痕;"病"是指经过尸体检验后发现的致死的病因;"物"就是指物证,尤其是指发现有致命的凶器;"踪"就是指已经具有证人证言等足以证明行凶情节的踪迹。这确实可以称为中国古代法律处理人命案件的"定案五字"或"五大要件"。施耐庵《水浒传》讲的是发生在北宋年间的故事,宋代没有尸、伤、病、物、踪"五大要件"的提法。尸、伤、病、物、踪的提法来自元代的《元典章》,施耐庵是明代人却引用元代的法医检验法律,也说明明代法医检验法律基本上来自元代,没有太多创建。

8. 带枕约会

《西厢记》是元代王实甫创作的杂剧,写于元贞、大德年间(1295—1307)。《西厢记》剧中有张生与莺莺约会的情景：月上柳梢头，人约夜静时。穿过后花园，红娘护送崔莺莺相会张生，手里就抱着一个"鸳鸯枕"。《西厢记》写道："鸳鸯枕，翡翠衾，羞答答不肯把头抬，弓鞋凤头窄，云鬓坠金钗……"

述评：为什么古代女子与情人约会自带枕头？这里，有其历史和文化渊源。历史上，曹植爱上皇嫂甄氏，因有违常伦终不能成，甄氏给曹植留下一具"玲珑枕"。高阳公主和辩机和尚的暗中相会，育有一子一女，后因皇室专用"金宝神枕"被发现而事发。前面提到《西厢记》红娘抱着"鸳鸯枕，翡翠衾"送崔莺莺和张生暗中相会。清代诸多文献资料显示，男女在偷情之时，女子总携带"闺房枕"相会于钟情男子。清代《谈美人》："唯独绣枕，独为精美，或做他途之用。"那么，暗中进行的偷情行为，女子为何还要带上枕头？自带枕头是否有着更为必要的用途？因此，不能单从历史和文化背景来解释，还得从法律角度来分析。以清代法律为例，《大清刑律·犯奸》规定：凡和奸，杖八十；有夫者杖九十；刁奸者杖一百。"和奸"为传统意义上的"偷情"；而"刁奸"意为诱奸、骗奸。而对于"强奸之罪"，《大清律例》有着更为严厉的惩治规定：强奸者绞刑或斩监候；未成者杖一百，流三千里。但是，"强奸"罪行的判定需要满足三个必要条件：一是须有强暴之状妇人不能挣脱之情；二是须有人知闻；三是须损伤肤体毁裂衣服之状。只有这三个条件同时得以满足时，"强奸"罪行才能判定，予以"绞刑"或者"斩监候"判罚。也就是说，清代"偷情"较之"强奸"罪行要轻得多，受到的惩治手段也比较轻。但构成"强奸"罪行的三个必要因素，如果女子有心陷害偷情对象，只要稍做准备就能成功。所以，男子为了避免自己的"偷情"被人指证为"强奸"，一般都会要求女方自带枕头前来幽会。有了女子带来的枕头，就有了男女之间"偷情"而非"强奸"的有力佐证，诬陷不会成功。此外，古代女子答应和男子偷情，如果被人撞破，特别是被男女家属撞破，势必会被人以"强奸"之罪告发。为防止这种情况出现，女方自带的枕头就成了必要的保护性措施，就成了"偷情"而非"强奸"的有效证据。

由此，古代法医检验"强奸"案件，对"带枕约会"的情形，除了检验技术之外，还要了解历史和文化知识，另从法律角度加以分析，否则会出现误判。这也是古代法医学与现代法医学一些不同之处,值得研究。

9. 挖尸验证

冯梦龙《智囊》记载:元代有一个张姓员外。他已40岁,妻子王氏未生育。于是纳了一个小妾。小妾给张员外生了一个儿子。王氏被丈夫冷落了。王氏在张员外一次出门办事时,叫小妾到主宅。小妾带着儿子去了主宅,儿子就被王氏给夺走了,小妾也被赶出了家门。拿到这个孩子后,王氏把所有的气都撒在了这个孩子的身上,直接将他给摔死,并将尸体丢到野外用土盖住,埋尸毁证。有人报告乌程县令于文博。于文博知道后,不直接去问王氏,决定挖尸验证,派仵作在离张家不远处的一个树林中找到被摔死的婴儿尸体,并检验记录在案。此时,王氏也听说了官府正在调查此事,便找到小妾的父母,从邻居家买来了一个大小差不多的男婴。王氏让小妾的父母告诉官府,买来的男婴就是他们的外孙,想用这样的方式掩盖自己杀婴的罪行。小妾的父母很害怕王氏,答应了王氏的请求,和王氏一起欺骗官府。但是,在做这些事情的时候,他们并不知道官府已找到了那个婴儿的尸骨。在大堂审讯时,于文博让小妾给这名男婴哺乳,谁知男婴一直哭,不愿意喝奶。于文博见状就对小妾说,这个儿子根本就不是你的,你的儿子早已死于王氏之手。尽管如此,王氏依旧不认罪。于文博又叫邻居家的妇女将孩子抱到怀里,让她给孩子喂奶,那孩子很温顺地在妇女怀里大口吃奶。小妾的父母看见后也不再管王氏直接就承认了。王氏还在抵赖,于文博叫仵作拿出那副尸骨后,王氏哑口无言。王氏因杀害婴儿被处死。

述评:这个案件,王氏杀婴后埋尸毁证,于文博接到报案后挖尸验证。为什么家庭会出现这样案件,为什么乌程县令于文博能如此正确无误地办好这个案件,关键在于于文博深谙传统"三从四德""孝道"文化。关于三从:《仪礼·丧服·子夏传》有"未嫁从父,既嫁从夫,夫死从子"。关于四德:《周礼·天官·九嫔》说是"妇德、妇言、妇容、妇功"。在儒家整体文化框架下,强调从夫。"孝文化"里儒家的孝道,强调"无后不孝",不孝中"无后为大"。从"孝"文化又延伸出妻妾婢关系,妻是主宰,婢妾从夫从妻。本案,王氏不育,张员外纳妾生子,王氏杀婴埋尸毁证,并作伪等,县令于文博对传统文化了然于心,对这些过程心知肚明,因此于文博挖尸验证,再各个击破,最后使案件水落石出。由此,古代法医办案,不仅检验技术要过硬,还要熟悉传统文化,这也是古代法医学的特点之一。

关于婢妾在家中的地位,以及法医检验须知,宋慈在《洗冤集录·妇人》中提道:"若富人家女使①,先量死处四至了,便扛出大路上,检验有无痕损,令众人见,以避嫌。"《洗冤集录·自缢》还说:"自缢人年若干?作何经纪?家内有甚人?却因何在此间自缢?若是奴仆,先问雇主讨契书辨验,仍看契书上有无亲戚,年多少?"《洗冤集录·溺死》则说:"凡溺死之人,若是人家奴婢或妻女,未落水先已曾被打,在身有伤;今次又的然见得是自落水,或投井身死,于格目内亦须分明具出伤痕,定作被打复溺水身死。"《洗冤集录·自刑》说:"验自刑人……如是奴婢,即先讨契书看,更问:有无亲戚?及已死人使左手、使右手?并须仔细看验痕迹去处。"《洗冤集录·病死》说:"凡验病死之人,才至检所,先问原申人……若是奴婢,则须先讨契书看,问:有无亲戚?患是何病?曾请是何医人?吃甚药?曾与不曾申官取口词?如无,则问不责口词因依;然后,对众证定。"

10. 妄验尸体

宋本《至治集·工狱》记载:元大都(今北京)木工局有个木工和工头发生争吵。这个木工的老婆与人勾搭成奸,平时就和奸夫想谋杀丈夫。元仁宗延祐二年(1315)的一天,木工老婆和奸夫杀害了木工,把尸体藏在屋内土炕里。因炕洞太窄、又把尸体割成四五块,才放了进去,再把炕砖放回原处。第二天,木工的老婆跑到工头家里哭闹:"我丈夫昨天没有回家,一定是你给杀死了。"于是告到官府。官府认为工头是木工的仇人,就抓了起来严刑拷打,工头忍受不住痛苦,被迫供认自己杀了人。木工的老婆戴孝办了丧事,还请来和尚念经超度亡灵,而且哭得很悲伤。官府审问工头把尸体扔在哪里?回答说:"扔进护城河里了。"官府就派了两名仵作到河边去找,没有找见。仵作本来是专管伤亡检验之事的,有非正常死亡的,上告后去检验。刑部、御史和官府长官,都要呈报案情,赶快结案。给两个仵作十天期限找到尸体,如果找不到就打板子。到了期限未找见,挨了打。再给七天期限,又没有找见;又给五天期限,三天

---

① 女使:奴婢。

第五章 元代的法医学与社会治理关系研究

期限,接连四次挨打,仍然找不见,新的期限又要到了。两个人商量:这样下去挨打没完没了,便密谋杀死别人顶替木工来交差。傍晚坐在河边,有个老汉骑着毛驴过桥,两人把他推入水里,放跑了驴。还怕样子不像木工,不敢立即打捞,待老汉的尸体已经腐烂得看不出原貌,这才打捞。官府把木工的老婆召来认尸,妇人伏尸号叫:"正是他呀!我丈夫死后成了这个样子?"她拿着丈夫的衣服在河边祭奠招魂,摘下自己戴的簪子耳环,买来棺木埋葬了。仵作验验"木工"溺尸上报,案子就这样了结了,官府判处工头死刑,待批。骑驴老汉的家属查访老汉的下落没有消息,见到有个人背负驴皮在路上走,好像是自家喂养的那头驴,抢过来一看,皮上的血还没有干,就把他扭送到县里。也是因为刑讯残酷,负皮的人被迫供认抢劫老汉毛驴,老汉抗拒被他杀死,尸体埋在某处。派人去找,没有找见,又改口说是某地,口供变了几次,始终没有找见尸体,负皮的人含冤死在狱中。过了一年多,工头的判决批下来了,大家都为工头喊冤。工头终于被杀,大家哀悼不已,到处查访这件事也没有头绪。大家商议凑银一百锭,在大街上公告:"如有人得知某木工被害情况,就用这笔钱酬谢。"一天,有个小偷到这个妇人的住处,到了快敲更钟时,突然看到有个醉汉走进来,对着妇人撒酒疯发脾气,骂她打她,还用脚踢她。妇人不敢还口,等醉汉睡了,她在灯下骂道:"为了你才谋害了我的丈夫,他的尸体至今还塞在土炕里边,已经两年多了。炕既不能生火取暖,又不敢请人修理,我丈夫还不知道烂了没有,现在你就打骂我。"边叹息边抽泣。小偷站在窗外,全都听到了。第二天一早就到木工局向工人喊道:"我知道某木工是怎么死的,快拿钱来!"大家认为他是小偷,不肯先给,说:"必须把事情办结才给钱。"于是双方写了合同字据,分一份给小偷。小偷假装喝醉了酒,走进这个妇人家里,故意调戏她。妇人大骂:"叫花子你敢这样?"邻居也都不平,要揍他。小偷急忙掀开炕席,扒开炕砖,装成要拿砖打人的样子,于是露出了尸体,工人们一起闯了进来,全都看到了。大家给了小偷赏金,接着把妇人送到官府。那妇人招认了谋害丈夫的事实,那个醉汉就是奸夫。官府又复查护城河里的死人是从哪里来?仵作供认:"推了一个骑驴的老汉下水。"仵作妄验尸体被判处死刑,木工的老婆和奸夫在街头碎尸示众,先前判工头死刑的官员撤了职,永不录用。

中国古代法医学与社会治理关系史

述评：在宋代，仵作协助官员参与检验，主要负责处理尸体（搬运、清洗）和在官员指令下向在场群众报告死者的伤损状况。仵作替检验官员抬尸体、涂药酒、报伤痕。所以严格说来，当时的仵作只是检验官员的"工具"。到了元代，仵做的工作性质未变，但有了"仵作出具详细的检验报告"的规定。也就是说，在元代，仵作已经不仅仅作为"工具"来协助验尸，而开始检验尸体了。本案，官员还命令仵作寻找尸体，而仵作"推了一个骑驴的老汉下水"来顶替"木工尸体"，官员也不要求检验尸体到底是否"木工"，只叫木工的老婆来认尸，造成一错再错。实际上，元代检验制度仍然是官验制度，但由宋代的"亲临检验"，改为元代的"监视检验"。由于官员不愿接触尸体，给仵作的自主权力更大了，甚至"妄验尸体"，制造冤案，这是元代检验制度的漏洞。

11. 石灰腌婴

冯梦龙《警世通言·况太守断死孩儿》（卷三十五）讲了这样一个故事：明宣德年间（1426—1435），南直隶扬州府仪真县有一民家，姓丘名元吉，家颇饶裕。娶妻邵氏，姿容出众。夫妇甚相爱重，相处六年，未曾生育，不料元吉得病身亡。邵氏年方二十三岁，立志守寡。邻近新搬来一个闲汉，姓支名助，看到邵氏美貌，一心想弄到手。但邵氏不出中堂，支助无计可施。邵氏家有个小厮，年方十七，叫得贵。支助找到得贵，说道："你主母孀居已久，想必风情亦动。倘得个汉子同眠同睡，可不喜欢？从来寡妇都牵挂着男子，只是难得相会。你引我去试他一试何如？若得成事，重重谢你。"得贵道："说甚么话！亏你不怕罪过！"支助道："你既不肯引我去，我教导你一个法儿，作成你自去上手何如？"得贵摇手道："做不得，我也没有这样胆！"支助道："你莫管做得做不得，教你个法儿，且去试他一试。若得上手，莫忘我今日之恩。"得贵问道："你且说如何去试他？"支助道："你夜睡之时，莫关了房门。如今五月，天气正热，你却赤身仰卧，待他来照门时，你只推做睡着了。若看见，必然动情。一次两次，定然打熬不过，上门就你。"得贵道："依了老哥的言语。"是夜邵氏同婢秀姑点灯出来照门，见得贵赤身仰卧，骂道："这狗奴才，门也不关，赤条条睡着，是甚么模样？"一日如此，二日如此，到第三日夜，得贵依原开门，假睡而待。邵氏有意，遂不叫秀

第五章　元代的法医学与社会治理关系研究

姑跟随。自己持灯来照，径到得贵床前，看见得贵赤身仰卧，禁不住春心荡漾，欲火如焚。自解去小衣，爬上床去。还只怕惊醒了得贵，悄悄地跨在身上。得贵忽然抱住，翻身转来，与之云雨。自此夜为始，每夜邵氏以看门为由，必与得贵取乐而后入。过了三五个月，邵氏与得贵如夫妇无异。邵氏当初做了六年亲，不曾生育，如今才得三五月，不觉便胸高腹大，有了身孕。到十月将满，支助料是分娩之期，去寻得贵说道："你主母今当临月，生下孩子，必然不养，或男或女，可将来送我。"得贵应允。过了数日，果生一男，邵氏将男溺死，用蒲包裹来，教得贵偷偷地去埋了。得贵答应晓得，却不去埋，背地悄悄送与支助。支助将死孩收讫，一把扯住得贵，喝道："你主母是丘元吉之妻。家主已死多年，当家寡妇，这孩子从何而得？今番我去出首。"得贵说道："我把你做恩人，每事与你商议，今日何反面无情？"支助变着脸道："干得好事！你强奸主母，罪该凌迟，难道叫句恩人就罢了？既知恩当报恩，你作成得我什么事？你今若要我不开口，可问主母讨一百两银子与我，我便隐恶而扬善；若然没有，决不干休。见有血孩作证，你自到官司去辨，连你主母做不得人。我在家等你回话，你快去快来。"得贵把这话对邵氏说了。邵氏埋怨道："此是何等东西，却把做礼物送人！坑死了我也！"得贵道："当初我赤身仰卧，都是他教我的方法来调引你。没有他时，怎得你我今日恩爱？"邵氏道："你做的事，忒不即溜，当初是我一念之差，堕在这光棍术中，今已悔之无及。若不将银买转孩子，他必然出首，那时难以挽回。"只得取出四十两银子，教得贵拿去与那光棍赎取血孩，背地埋藏，以绝祸根。得贵将四十两银子给支助，说道："只有这些，你可将血孩还我吧！"支助得了银子，心想："此妇美貌，又且囊中有物。借此机会，倘得捱身入马，他的家事在我掌握之中，岂不美哉！"乃向得贵道："我说要银子，是取笑话。你当真送来，我只得收受了。那血孩我已埋讫。你可在主母前引荐我与他相处，倘若见允，我替他持家，无人敢欺负他，可不两全其美？不然，我仍在地下掘起孩子出首，限你五日内回话。"得贵述与邵氏。邵氏大怒道："听那光棍放屁，不要理他！"支助将血孩用石灰腌了，仍放蒲包之内，藏于隐处。等了五日，不见得贵回话。又捱了五日，共是十日。支助望门内直闯进去。邵氏见有人走进中堂，骂道："人家内外各别，你是何人，突入吾室？"支助道："小人姓支名助，久慕大娘，有如饥渴。"邵氏转身便走。支助赶上，双手抱住，说道："你的私孩，现在我处。若不从我，我就首官。"邵氏乃以好言哄之。道："日里怕人知觉，到夜时，我叫得贵来接你。"支助道："亲口许下，切莫失信。"放开了手，走几步，又回头，说道："我也不怕你失信！"一直出外去了。得贵推开房门看主母。却说邵氏取床头解手刀一把，欲要自刎，担手不起。哭了一回，把刀放在桌上。在腰间解下八尺长的汗巾，打成结儿，悬于梁上，要把颈子套进结去。忽见得贵推门而进，抖然触起一点念头："当初都是那狗才做圈做套，来作弄我，害了我一生名节！"提起解手刀，望得贵当头就劈，把得贵头脑劈做两界，血流满地，登时呜呼了。邵氏着了忙，便引颈受套，两脚蹬开凳子。秀姑去张望时，只见上吊一个，下横一个，吓得秀姑软做一团。把房门关上。急跑到叔公丘大胜家中报信。丘大胜大惊，转报邵氏父母，同到丘家，关上大门，将秀姑盘问致死缘由。秀姑将邵氏得贵奸情叙了一遍。邵公邵母听说奸情的话，满面羞惭，自回去了，不管其事。丘大胜只得带秀姑到县里出首。知县验了二尸，得贵，刀劈死的；邵氏，自缢死的。审问了秀姑口辞，知县道："邵氏与得贵奸情的实；主仆之分已废，必是得贵言语触犯，邵氏不忿，一时失手，误伤人命，情慌自缢，更无别情。"责令丘大胜殡殓。再说支助自那日调戏不遂回家，还想赴夜来之约。听说弄死了两条人命，吓了一大跳，好几时不敢出门。一日早起，找到石灰腌婴，连蒲包拿去抛在江里。遇着一个相识叫作包九，在仪真闸上当夫头，问道："支大哥，你抛的是什么东西？"支助道："腌几块牛肉，包好了，要带出去吃的，不期臭了。九哥，你两日没甚事？到我家吃三杯。"包九道："今日忙些个，苏州府况钟老爷驰驿复任，即刻船到，在此趱夫哩！"支助道："既如此，改日再会。"支助自去了。苏州府况钟老爷，就是况钟，原是吏员出身，礼部尚书胡荣荐为苏州府太守。因丁忧回籍，圣旨夺情起用，特赐驰驿赴任。船至仪真闸口，况钟在舱中看书，看见一个小蒲包，浮于水面。于是，叫水手捞起，打开一看，是一个小孩子。况钟问："活的死的？"水手道："石灰腌婴，像死得久了。"况钟心想："死孩子，何必灰腌，必有缘故！"叫水手，把这死孩连蒲包放在船头上："如有人晓得来历，密密报我，我有重赏。"水手奉钧旨，拿出船头。恰好夫头包九看见小蒲包，认得是支助抛下的。"他说是臭牛肉，如何却是个死

第五章 元代的法医学与社会治理关系研究

孩?"遂进舱禀况钟:"小人不晓得这小孩子的来历,却认得抛那小孩子在江里这个人,叫作支助。"况钟道:"有了人,就有来历了。"差人密拿支助,请仪真知县问这节公事。等得知县来时,支助也拿到了。况钟上坐,知县坐于左手。况钟问:"支助,你这石灰腌的小孩子,是哪里来的?"支助正要抵赖,却被包九在旁指实了,只得转口道:"小的见这脏东西在路旁不便,将来抛向江里,其实不知来历。"况爷问包九:"你看见他在路旁捡的么?"包九道:"他抛下江里,小的方才看见。问他什么东西,他说是臭牛肉。"况钟怒道:"既假说臭牛肉,必有瞒人之意!"喝教手下选大毛板,先打二十再问,打得皮开肉绽,鲜血迸流。支助只是不招。况爷喝教夹起来。第一遍,支助还熬过;第二遍,就熬不得了,招道:"这死孩是邵寡妇的。寡妇与家童得贵有奸,养下这私胎来。得贵央小的替他埋藏,被狗子爬了出来。故此小的将来抛在江里。"况钟见他言词不一。又问:"你肯替他埋藏,必然与他家通情。"支助道:"小的并不通情,只是平日与得贵相熟。"况钟道:"他埋藏只要朽烂,如何把石灰腌着?"支助支吾不来,只得磕头道:"这石灰其实是小的腌的。小的知邵寡妇家殷实,欲留这死孩去需索他几两银子。不期邵氏与得贵都死了,小的不遂其愿,故此抛在江里。"况爷道:"那妇人与小厮果然死了么?"知县在旁边起身打一躬,答应道:"死了,是本知县亲验过的。"况钟道:"如何便会死?"知县道:"那小厮是刀劈死的,妇人是自缢的。知县也曾细详,他两个奸情已久,主仆之分久废。必是小厮言语触犯,那妇人一时不忿,提刀劈去,误伤其命,情慌自缢,别无他说。"况钟问道:"那邵氏家还有别人么?"知县道:"还有个使女,叫作秀姑。"况爷道:"烦贵县差人提来一审,便知端的。"不多时,秀姑拿到,所言与知县相同。况钟指着支助,问秀姑道:"你可认得这个人?"秀姑仔细看了一看,说道:"小妇人不识他姓名,曾认得他嘴脸。"况钟道:"是了,他和得贵相熟,必然曾同得贵到你家去。你可实说;若半句含糊,便上拶。"秀姑道:"平日间实不曾见他上门,只是结末来,他突入中堂,调戏主母,被主母赶去。随后得贵方来,主母正在房中啼哭。得贵进房,不多时两个就都死了。"况钟说:"你如何敢突入中堂?这两条人命,都因你起!"叫手下:"再与我夹起来!"支助被夹昏了,只好从前至尾,如何教导得贵哄诱主母;如何哄他婴儿到手,诈他银子;如何挟制得贵要他引入同奸;

459

如何闯入内室，抱住求奸，备细说了一遍。况钟道："这是真情了。"放了夹，叫书吏取了口词。

述评：保存型尸体，有木乃伊、泥炭鞣尸、尸蜡以及江陵古尸、马王堆古尸等，本案是石灰腌婴。由于婴儿体型小，可以用石灰腌制固定而保存尸体。因石灰可以与人体中的水产生反应，吸收水分，释放出热量。这样，一方面可以进行尸体脱水处理；另一方面杀死细菌，起防腐作用，使尸体得以保存。该案罪犯支助就是用石灰腌婴来进行要挟。况钟看到婴儿后，同意"石灰腌婴，像死得久了"的看法。但况钟的思维与众不同："埋藏只要朽烂，如何把石灰腌着？""死孩子，何必灰腌，必有缘故！"因为，与自然形成的木乃伊、泥炭鞣尸、尸蜡保存型尸体不同，该案是人为用石灰故意腌制而成的！那么，为什么要用石灰腌婴？这是善于发现物证不合理性，进而揭露犯罪事实的法医证据思维，说明我国古代法医检验和分析案件达到了较高的水平。

12. 审盆罐赵

"审盆罐赵"，最早出自元代无名剧作家的杂剧《盆儿鬼》。在《盆儿鬼》第一折中，就有"行不更名，坐不改姓，自家盆罐赵的便是"之语，实际上是讲冤魂显灵破案的故事。小商人杨国用出外经商，回家时寄宿"盆罐赵"家里。赵夫妻图财害命，杀死杨国用后，把他的尸首烧成灰，制成瓦盆。后"盆罐赵"把这个瓦盆给了差吏张千。瓦盆到了张千的手中后，开始"叮叮当当"地说话了，将自己的冤情一一道出，并恳求张千带他到开封府包拯处告状申冤。包拯提来"盆罐赵"夫妇，审问具实，将二人斩首，并重赏了急公好义的张千。后来，这个故事多次被人改造、引用，其中影响最大的，当数清代石玉昆所著的《三侠五义》，京剧剧目《乌盆记》，就是取材于这个故事。

述评：古代对冤魂有特殊解释，通常指冤屈而死之人的鬼魂，是枉死人的灵魂，俗称厉鬼。若一个人因生前遭人冤枉而被杀或自尽，死后不能投胎转世，便会在阳间徘徊，或寻找好心人替自己申冤，或直接对害死他的人进行报复。在民间鬼魂文化中，冤魂的怨气比一般的鬼要强。该案实际上是中国文化中"因果报应"文化，冤魂不散，冤魂显灵。这些在宋慈《洗冤集录》中也有出现，如宋慈更正一起"两相拼杀"为"夹仇并杀"后，他说，"不然，二冤永无归矣。"因此，阅读古代法医学书籍，应了解一些古代文化和民俗人文，便于准确理解。而值得一提的是，宋慈把自己编写的检验书籍就命名为《洗冤集录》，说明检验就是为死者申冤和为屈枉洗冤，在法医检验为社会治理和社会安定方面有其重要地位。

13. 医儒同道

《古今图书集成·医部总论三》(第五百二十三卷)引《九灵山房集》之"医儒同道"论："金华戴叔明曰：医以活人为务，与吾儒道最切近。自唐书列之技艺，而吾儒不屑为之。世之习医者，不过诵一家之成说，守一定之方，以幸病之偶中。不复深为探索，上求圣贤之意，以明夫阴阳造化之会归，又不能博极群书，采择众议，以资论治之权变甚者，至于屏弃古方，附会臆见，展转以相迷，而其为患不少矣，是岂圣贤慈惠生民之盛意哉？"

述评：元代戴良的"医以活人为务，与吾儒道最切近"的"医儒同道"观点，代表了宋以后儒学和医学的关系。儒学是古代最大的学术流派，其思想方法对医学的发展产生深远的影响。从积极方面来说，首先，儒家强调人与社会的关系、重视仁义道德、提倡个人修养，这些也丰富了医学的伦理思想和医家的道德风尚；其次，儒家主张经学博览、学而不厌、诲人不倦，这种思想就影响了医学领域，促使医家精益求精，如张仲景、孙思邈、李时珍等"勤求古训，博览众方"；也影响了法医学领域，如宋慈《洗冤集录·序》说："博采近世所传诸书，自《内恕录》以下凡数家，会而粹之，厘而正之，增以己见，总为一编，名曰《洗冤集录》。"可见，宋慈是受了儒家思想的熏陶和影响。从消极方面看，"医儒同道"的思想根深蒂固，儒家的厚古薄今、轻视微观、伦理纲常，束缚了解剖学和实验医学的发展，对微观认识观念的淡薄，与儒家在思想意识领域的阻碍作用是分不开的。同时，古代科考制度，是考人文科学，不考自然科学，自然科学被认为是"雕虫小技"。因此，我国古代医学解剖学落后和法医维持尸表检验的根源，与儒家礼、孝文化、等级观念有关。

14. 灰阑拽儿

元代戏剧家李潜夫《灰阑记》描写包拯断狱的典故：富翁马均卿娶小妾张海棠，生有一子。富翁马均卿原配妻子与奸夫合谋，毒杀亲夫马均卿，反诬小妾张海棠，并欲夺取其子为己子。小妾张海棠被判死罪。后来，包拯推详案情，知有冤弊，便亲自鞫问。用石灰在小儿周围画一圆圈"灰阑拽儿"，令富翁马均卿原配妻子和小妾张海棠对拽，谁能拽出孩儿，就是亲生母亲。张海棠恐怕伤害了儿子，不忍使力；原配马妻却悍然不顾，将儿强行拉出。包拯由此断定小儿为小妾张海棠亲生，并昭雪了她的冤枉。

述评：《灰阑记》表现决疑断狱，颇合情理，突出了包公明断是非的智慧。这里，有案情了解、鞫问、对证、调查、观察和心理分析，与法医心理学一致，值得记载。将法医检案思维写入戏剧之中，说明元代作家对法医学知识有一定了解，同时也说明，法医知识作为断案依据，也成了文学家等民间艺人的笔下作品，足见我国古代法医学有一定普及和社会基础。从另一个角度出发，法医学知识的普及对社会治理和法医学发展也是大有裨益的。

15. 洁身处俗

爱菊说

〔元〕戴良

每岁即小斋之外，罗植数百本。春而锄，夏而灌，秋编其干而屏列之当天气始肃寒英盛开披鹤氅衣戴折角巾携九节杖巡行圃中。见夫幽姿劲质，凌厉风霜，则思淬厉节操，处艰瘁而不屈。见夫黄而不杂，得土之中，则思正色独立，使君子有所敬，而小人有所畏。见夫早培晚盛，不竞不争，则思居谦处让，退可以无咎，而进为有悔。见夫味甘而气馨，品高而性介，则思蓄用以待时，洁身而处俗，不与黄茅白苇俱出于斯世。凡是数者，一或不类于是菊，又为之徘徊花下，仰而视,俯而思，且愧而且责。必也物我两忘，彼此无间，然后与之曹处乎轩窗寂寞之滨，并驱乎草木摇落之际。若相磋以道，相错以德，不自知其情之孚而身之化也。夫如是，则菊也，先生也，真所谓贤友朋也。

这段话摘自《爱菊说》，意思是，戴良每年都会在他的小斋外面，成排成列地种上几百株菊花。春天锄草，夏天灌溉，秋天的时候就把菊花的枝干编起来，像屏风一样排列着。当天气开始变冷的时候,菊花盛开了,他就披上鹤氅,戴上折角巾,拿着九节杖,漫步园中。看见菊花那隐而不露的姿态、刚劲不阿的气质,迎风傲霜,就想到磨砺自己的节操,身处艰难困苦而不屈服;看见菊花开得纯净金黄,毫无杂质,即便是长于泥土,就想到要保持纯正的本色,坚守自我,让君子(对自己)有所敬仰,让小人(对自己)有所畏惧;看见菊花早上被培土晚上盛开,不(与其他花)竞争,就想到(自己也要使)行为举止谦虚礼让,谦退可以没有过失,进用会有所悔恨;闻到菊花那甘甜的味道,芳馨的气息,看到菊花那高洁的品质,耿介的性情,就想到自己也要积蓄力量,来等待时机,生活在俗世之中洁身自好,不与平凡庸常之辈在这世上为伍。所有这几种品质,一旦自己有跟菊花不一样的,就因此徘徊于花前,或抬头观望,或低头沉思,又惭愧又自责,一定要达到物我两忘,彼此亲密无间的境界,然后跟这些菊花相守在寂静的窗边,一起相伴到草木凋零的时节,就如和自己的朋友用道义相互切磋,用德行相互砥砺一样,不知道自己的情感已经与菊花完全相通,自己也仿佛化身为菊花了。像这样,菊花啊,先生啊,真正成为贤友良朋了。

述评:"洁身而处俗,不与黄茅白苇俱出于斯世"是戴良的一生写照。戴良(1317—1383)元明间浦江人。通经、史百家暨医、卜、释、老之说。初习举子业,寻弃去。元顺帝至正十八年(1358),朱元璋取金华,召之讲经史,旋授学正,不久逃去。元亡,隐居在四明山。戴良66岁时,朱元璋请他做官,戴良"以老疾固辞"。《诸暨县志》记载:洪武十六年(1383)四月十七日,戴良"暴卒,盖自裁也"。"致因忤逆太祖意入狱。待罪之日,作书告别亲旧,仍以忠孝大节之语。卒于狱中,或说系自裁而逝。"儒士戴良是元明间著名史学家,但一直弃官或不愿为官。戴良曾说:"有道即仕,无道则隐。"这种思想在儒士中很受推崇,官场上则表现为遇到挫折避世、躲世、隐世。我国古代检验是官验制度,检验官员很大一部分是儒士出身,这种人员结构不符合以技术见长的法医学(自然科学)本质属性要求,是为古代法医检验制度的弊端,阻碍古代法医检验的发展。

16. 修文舍人

据《剪灯新话》记载,夏颜,字希贤,吴地震泽县人。他博学多才,性格豪迈,一顶头巾，一身布衣，漫游在两浙之间。他喜欢慷慨激昂地评论时事，议论时滔滔不绝，从不感到厌倦，人们总很钦佩他。但是他的命运很不济，每天的生活费用还不能自给，他曾经自叹道："夏颜啊夏颜，你平时也算陶冶身心、谨慎行事的了,可为什么就不能让家庭富裕一些呢？……大概人人都有命运，是不可侥幸强求而来的。我只知道顺从接受而已，哪里还敢违背事理强求呢！"

至正（1341—1368）初年，夏颜客死在润州，葬在北固山下。朋友中有一个与他交往密切、感情深厚的，一天，忽然在路上碰到他，只见夏颜坐在高车上，华盖簇拥，戴着高冠，拖挂玉牌，就像侯爵、伯爵一样。随从的人各自执持器杖，在前后开道护卫，风采飘扬，不再是往日的寒酸模样。夏颜坐在车上，一直向北而去，朋友也不敢贸然喊他。

一天，这位朋友早起，又遇到了他，夏颜急忙揭开车上的帐幔，下车向朋友行作揖礼，问道："老朋友一向可安好？"朋友就与他叙起旧来，手拉着手，款款说话，与平时没有什么不同。朋友问他说："我与您分别并不长久，您却能凭自己的努力得到修文舍人高位、身居要职，车马随从，如此盛多，衣服冠带，这样华丽，可以说是大丈夫得志之时啊！我不胜羡慕之至！"

夏颜回答说，现在人世间官场中……有才德的人贫困而死，没有才德的人，比肩接踵显达于尘世，所以天下"治日常少，乱日常多"，道理正在这里。阴间却不是这样，升降一定公开，赏罚一定公平，过去那些背叛君主的蠹贼，败坏国家的奸臣，他们接受了崇高的爵位并享受丰厚的俸禄，到了阴间必定会遭受祸殃。过去那些累积善行的人物，修养德行的人士，他们困厄在下层，而穷困潦倒，到了阴间必定会受到福报。因为轮回的规律，因果报应的信条，到这里是没有人能逃脱的。

述评： 本文摘自《剪灯新话·修文舍人传》，文中从社会治理角度提到元代用人制度不公导致"治日常少，乱日常多"。作者瞿佑，生于元末至正元年（1341），卒于明宣德二年（1427），钱塘（今浙江杭州）人。《修文舍人传》写了一个读书人夏颜，他在人世时不得志，死后在冥司却做了修文舍人。作者通过夏颜鬼魂之口描述了冥司如何公平，"用人必当其才，必称其职"，"黜陟必明，赏罚必公"，不像人间靠贿赂、门第、外貌等歪门邪道取士。通过阴间、阳世的对比抨击元代人间官府"可以贿赂而通,可以门第而进,可以外貌而滥充,可以虚名而躐取";比不上冥司尚能用人唯才,必称其职。表现了元代儒生怀才不遇的愤激之情,并假托阴司,对社会腐败进行抨击,笔锋所到,触及统治者、封建法律和政治制度。瞿佑是官场以外的儒生,官场以内的儒生与瞿佑是一样的,大有官场失意者,而我国古代检验由这些官员行使,研究检验官员的内心世界,对研究我国古代法医学史,大有裨益。

17. 奸臣当道

奸臣出场诗

(元杂剧)

别人笑我做奸臣,我做奸臣笑别人。

我须死后才还报,他在生前早丧身。

元杂剧不少针砭世相的作品,如上述元杂剧的《奸臣出场诗》。元杂剧的忠奸好坏,全由编剧排定。其实,是在表达对社会腐败的不满和奸臣当道的厌恶。元杂剧,金末元初产生于中国北方,繁盛于元大德年间。

述评:可以从元代社会治理的角度来研究元杂剧的出现。元政府的等级政策和文化政策使汉族的知识分子备受歧视。"门第卑微""职位不振"促使一部分文人从事戏曲活动。由于古代检验由官员行使,冤案来自官员腐败,不少检验失误成为元杂剧说事的对象。元杂剧不少内容是歌颂忠良、鞭挞奸佞的,如《奸臣出场诗》;是描写冤案、抨击腐败的,如《窦娥冤》;是揭露社会黑暗的,如《青衫泪》;是发泄民族情绪的,如《汉宫秋》。元杂剧作者不少是小官吏出身,如李寿卿曾任将仕郎除县丞、杨梓曾任嘉议大夫杭州路总管、谷子敬曾任枢密院掾史等。在元社会发生重大变化的情况下,文人也发生分化,元初又没有恢复科举制度,中下层文人的入仕道路大大缩小,生活跟着下降。除了少数依附元代统治者的官僚外,大多数文人特别是一些怀才不遇或充任下级官吏的文人受到歧视。元杂剧兴盛原因与元代政治衰微、文人不受重视、元初科举之废有关。

中国工程院重点咨询研究项目
"法医科学与社会治理法治化战略研究"

中国古代法医学与社会治理关系史

丛 斌　黄瑞亭　主编

下 册

学苑出版社

 第六章　明代的法医学与社会治理关系研究

第六章　明代的法医学与社会治理关系研究

第一节　明代的司法制度

明代(1368—1644)的司法制度基本上与前代相同，但有所变化，主要为中央集权服务。

一、司法机关

（一）中央

明代中央司法机关是刑部、大理寺、都察院，合称"三法司"。明代中央三大司法机关的组织形式虽然与唐宋基本相同（只改御史台为都察院），但各自的具体分工有所变化。刑部：专司审判之职。分别受理地方上诉案件、审核地方徒刑以上重案，审理京师地区和中央百官的案件。大理寺：掌复核。凡刑部所审案件，都须将案卷连同罪犯移送大理寺复核。都察院：又称"风宪衙门"，掌纠察，对官吏的违法失礼行为有权纠察弹劾。

（二）地方

明代地方政权分为省、府、县三级。府、县长官知府、知县亲理狱讼事务。在省专设提刑按察使。提刑按察使有权处决一省徒刑以下案件。徒刑以上案件须报送中央刑部审核批准。明初在各乡设"申明亭"，由本乡人推举公直老人三五名，报官备案。本乡有纠纷小事，由老人主持，在申明亭调解。还规定调解时可用竹篦责打当事人。调解后不愿和息，可再向官府起诉。明中期以后，申明亭及老人制度逐渐废弛。

二、监察机关

明初改御史台为都察院，作为国家的监察机关。并加强了监察机构的组织与职能。明代创设了六科给事中这一独立的监察机构，在皇帝的控制下负责纠察六部官吏的违法事件。六科给事中是向中央行政各部派设的督察官员。其中刑科给事中对刑部的审判活动有直接监督权,一旦发现问题可直接向皇帝奏报。明朝还加强了对地方机关的监察。明将全国划分为十三道,设监察御史一百一十人,隶属都察院,接受皇帝节制。发现问题可"大事奏裁,小事立断",可见其权力之大。明朝监察制度的加强是维护皇权的重要手段。

三、会审制度

会审即"会官审录"。会审制的发展,是封建社会晚期皇权控制的审判制度日趋完备的表现。明代的会审制主要表现为"三司会审"和"圆审"。

(一)三司会审

三司会审即由刑部、大理寺和都察院会同审理重大或疑难案件的联合审判制度。凡遇有重大或疑难案件,均由三法司审理,最后由皇帝裁决。

(二)圆审

圆审又称"九卿会审"。即遇有特别重大案件,由三法司会同吏、户、礼、兵、工部尚书及通政使共同审理,最后的判决仍须奏请皇帝审核批准。

四、厂卫行使审判权

明代在普通的审判机关之外,又设立了"厂卫"审判机构直接行使审判权。厂即东厂、西厂、内行厂,是由宦官一手掌管的。卫即锦衣卫,是由皇帝的亲军系统发展起来的。锦衣卫,皇帝禁卫军十二卫之一,原掌仪仗和警卫事宜。其后,明太祖为了加强专制统治,赋予锦衣卫兼管刑狱,巡察缉捕之权力。洪武十五年(1382),于锦衣卫下设南北镇抚司,北镇抚司"专理诏狱"。有关妖言、人命、强盗及其他军民诉讼,锦衣卫都有权管辖,并设有法庭和监狱。洪武后期,为平息民愤,朱元璋曾下令焚毁锦衣卫所有刑具,一切审判均归三法司。明成祖时期不仅恢复了锦衣卫断狱,而且又于永乐十八年(1420)增设了东厂,职掌"缉访谋逆,妖言,大奸恶"。其权力在锦衣卫之上。明宪宗时期,又设立西厂,"四出刺民间阴事"。明代厂卫组织直接承旨于皇帝,它做出的判决,司法机关均不得过问。

第二节 明代的法医学发展

明代检验制度受司法制度的制约,如"三司会审"和"圆审"以及"厂卫"审等,明代主要延续宋代检验制度,但也有其特点,主要表现如下。

一、检验规定

(一)检验者

明代法律规定:在京城,初检委五城兵马,复检委京县知县。在外地,初检委州县正官,复检委推官。该条明确规定在京城初检和复检案件分别由五城兵马和京县知县完成。京城以外的地方初检和复检案件分别由州县正官和推官进行。《明史·刑法志》:"检验尸伤,照磨司取部印尸图一幅,委五城兵马司如法检验,府则通判、推官,州县则长官亲检,毋得委下僚。"《大明律集解附例·刑律·断狱》:"其果系斗杀、故杀、谋杀等项当检验者,在京初发五城兵马,覆检则委京县知县;在外初委州、县正官,覆检则委推官。"可知,京知县、府推官及各城兵马司人员都有权检验。

(二)责任罚则

《大明律·刑律·断狱》中有关检验者法律责任的规定有:"凡检验尸伤,若牒到托故不即检验,致令尸变;不亲临监视,转委吏卒;初复检官吏相见,符同尸状;不为用心检验,移易轻重,增减尸伤不实,定执致死根因不明者,正官杖六十,首领官杖七十,吏典杖八十。仵作行人检验不实,符同尸状者,罪亦如之。因而罪有增减者,以失出入人罪论。若受财,故检验不以实者,以故出入人罪论。赃重者,计赃以枉法各从重论。"《大明律集解附例·刑律·断狱》"检验尸伤不以实"条的"备考"进一步规定:"凡检验,虽不受财,若徇私故检不以实者,亦以故出入论。"其后在"新题例"中又说:"仵作受财,增减伤痕,符同尸状,以成冤狱,审出真情,赃至满贯者,查照诓骗情重事例,枷号问遣。"

从以上规定可以看出，对检验官吏法律责任的规定基本上沿袭宋元时期的法律。

（三）检验之罪

定执致死根因不明或延误检验时机致检验不实的也有责任。雷梦麟《读律琐言》："然惟初检之时，其死未久，其伤甚明。若久则发变溃烂，将难定执，故初检必须正官，不可转委吏卒，致有扶同增减之弊；牒到即检，不可讫故迁延，致有发变溃烂之弊。若牒到不即检，或转委吏卒不亲检，虽亲检初覆检官吏相见扶同尸状，不为用心检验，皆非所以重人命也。移易者，如脑伤移作头，腿伤移作肋，伤同而受伤之处不同也。轻重者，如赤色本重，报作微红，淡色本轻，报作紫黑，受伤之处同而伤之轻重不同也。又有检验尸伤虽实，而定执致死根因不明。如先勒后缢，先伤后病，及共殴而文手伤重之人不的之类是也。凡诸人自缢溺身死，别无他故，亲属情愿告葬，官司详审明白，准告免检。若事主被盗杀死，若主自告免检，官与相视伤损，给亲葬埋；狱囚患病，责保医治而死者，情无可疑，亦许亲属告免检覆外，其余斗殴杀伤而死者，亲属虽告，不听免检。此去大明令。"王明德《读律佩觹》进一步解释说："律有检验尸伤之条，未言检骨，重速检也。速检则尸未发变，其伤易为检验，如果检验明悉，从而定案，则尸身尚可几幸于保全。故律重以不即检验之罪。"明代出现的"检验之罪"，对约束检验官员和仵作都是很严厉的法律。

（四）增减伤痕之罪

《大明律集解附例·刑律·断狱》"检验尸伤不以实"条之"新题例"说："凡仵作受财，增减伤痕，符同尸状，以成冤狱，审出真情，赃至满贯者，查照诓骗情重事例，枷号问遣。"雷梦麟《读律琐言》也对仵作失职行为进一步分析："凡问人命，全凭干证与尸伤，盖干证者，是打之人，尸伤者，被打之迹。干证犹有抚同，而尸伤则不容伪者。""增减者，如有伤而减作无伤，少伤而增作多伤之类是也。"明代的"增减伤痕之罪"，实际上是对仵作的约束，意思是仵作受财向到场的检验官员报告尸体伤痕时多报或少报，应受到严厉处罚。

二、检验类型及刑罚

《大明会典·刑律》"斗殴"条有如下规定：

(1)以手足殴人不成伤者,笞二十;

(2)斗殴手足殴人成伤者、以他物殴人不成伤者,笞三十;

(3)以他物殴人成伤者,笞四十;

(4)拔发方寸以上,笞五十;

(5)若血从耳目中出及内损吐血者,杖八十;

(6)以秽物污人头面者,杖八十;

(7)折人一齿、毁损鼻耳、眇人一目、折手足一指、破人骨,杖一百;

(8)火伤人、以秽物污人头面者,杖一百;

(9)折二齿、二指以上、髡发者,杖六十,徒一年;

(10)折人肋、眇二目、堕人胎、刃伤,杖八十,徒二年;

(11)折肢、瞎一目,杖一百,徒三年;

(12)瞎二目、折人二肢、损人二事以上及因旧患令致笃疾,若断人舌,及毁败人阴阳者,杖一百,流三千里,将犯人财产一半,断付被伤笃疾之人养赡。

从以上规定可看出,明代对伤害案件的分类总体上和唐代类似,但有一些增减。如增加"以秽物污人头面者"等损伤类型,处罚上也有较大变化,总体有减轻趋势。但增加了财产赔偿的内容。

三、检验程序规定

(一)检验顺序

据《大明律集解附例·刑律·断狱》"检验尸伤不以实"条中的"新题例"记载,万历十八年(1590)规定:"未检之先,即详鞫尸亲、证佐、凶犯人等,令其实招以何物伤何致命之处,立为一案。随即亲诣尸所,督令仵作如法检报,定执要害致命去处。细验其圆长斜正,青赤分寸,果否系某物所伤,公同一干人众质对明白,各情输服,然后成招。中间或有尸久发变青赤颜色,亦须评辩,不许听凭仵作混报殴伤。"

(二)免检规定

关于免检的规定,明代比宋代更加具体。据《大明令·刑令》:"凡诸人自缢、溺水身死，别无他故，亲属情愿安葬，官司详审明白，准告免检。若事主被强盗杀死，苦主告免检者，官为相视伤损，将尸给亲埋葬。其狱因患病，责保看治而死者，情无可疑，亦许亲属告免检覆外，据杀伤而死者，亲属虽告，不听免检。"免检的要求本是苦主提出的，官府认为情无可疑，方才准予免检。但明末又进一步规定，《大明律集解附例·刑律·断狱》"检验尸伤不以实"中的"新题例"载："万历十八年（1590）三月题奉钦依：凡遇告讼人命，除内有自缢、自残及病死而妄称身死不明，意在图赖、挟财者，究问明确，不得一概发检，以启弊害外，其果系斗杀、故杀、谋杀等项当检验者，在京初发五城兵马，覆检则委京县知县；在外初委州、县正官，覆检则委推官。"很明显，明代关于免检的规定要比宋代更为具体。该规定一直沿用至清代。

（三）检验内容

《大明律集解附例·刑律·断狱》"检验尸伤不以实"中的"新题例"有："务求于未检之先，即详鞫尸亲、证佐、凶犯人等，令其实招，以何物伤何致命之处，立为一案，随即亲诣尸所，督令仵作，如法检报，定执要害致命去处，细验其圆长斜正、青赤分寸，果否系某物所伤，公同一干人众，质对明白，各情输服，然后成招。中间或有尸久发变青赤颜色，亦须详辩，不许听凭仵作混报殴伤，辄拟偿抵。"即命案检验时。对要害致命之处，要仔细检其圆、长、斜、正；青与赤；分与寸。是否为某物所伤，众人质对明白，各情输服，然后成招。对妇女尸和尸亲请求免检下身死，由尸亲出具甘结附卷。

四、检验文件

（一）检尸法式

《大明令》规定："凡检尸图式，各府刊印，每副三幅，编立字号，半印勘合，发下州县。如遇初、复检验尸伤划时，委官将引首领官吏、仵作行人，亲诣地所，呼集应合听检人等，眼同仔细检验，定执生前端的致命根因。依式标注，署押，一幅付苦主，一幅粘连附卷，一幅缴申上司。其初、复检官司行移体式，并依已行旧制。"可见，明朝仍是沿用元朝的检尸法式。

（二）犯发格式

"各犯发格式"是明朝检验官吏在检验以后向上司报告结果并发送罪犯的公文格式。其内容相当广泛，主要的有：外稳婆验式、打伤相验式、勘废疾式以及各种尸体检验格式，关于检查的内容包括损伤程度、残废等级、保辜、年龄鉴定、妊娠月数、验处女及诈病等。根据案件情况不同，分派不同人员进行检验，其结果报送结状，进行处理。明代熊鸣岐所辑的《鼎镌钦颁辨疑律例昭代王章》首卷中记载了很多"各犯发格式"，例如：

外稳婆验式

奸十三岁幼女。具状告送司认拿李丁等前来。蒙令稳婆王氏稳验得，十三岁女儿破身未久。通送南城兵马司，行拘地方火甲并原收生人及邻佑人等到司，审勘得三女儿的年一十三岁，将年月日明白保结，连人复送回。又行取稳婆马氏，重复验得三女儿委的相奸不曾月久，上是最近破身。俱结状在官，取问罪犯。

勘废疾式

是（某）称左腿细短，自幼被（某）打（某）物峻折，已成废疾，蒙令医者看验是实，具结在官，将（某）等取问罪犯。

打伤手指医者相验式

蒙拘医者某审视得中指、无名指、小指委的被张三用棍打折，难以医治，是实。具结解缴到道。

五、保辜制度

明代法律在唐宋代法律的基础上，增加了保辜余限。在余限期内，伤者死亡，亦依杀人论。《大明律集解附例·刑律·斗殴》载："斗殴伤人，辜限内不平复，延至限外。若手足他物金刃及汤火伤限外十日之内；折跌肢体及破骨堕胎限外二十日之内，果因本伤身死，情真事实者，方拟死罪，奏请定夺。此外，不许一概滥拟渎奏。"这一制度更能体现检验的重要性和案件科学审结。

《大明律》卷二十《刑律·斗殴》保辜限期条规定:"凡保辜者,责令犯人医治,辜限内皆须因伤死者,以斗殴杀人论。皆限五十日。"《大明律集解附例·刑律·斗殴》文中夹注:"堕胎者,谓辜内子死,及胎九十日之外成形者乃坐。其虽因殴,若辜外子死,及胎九十日内未成形者,各从本殴伤法,不坐堕胎之罪。""保辜限期"条有:"凡保辜者,责令犯人医治,辜限内皆须因伤死者以斗殴杀人论(谓殴及伤,各依限保辜。然伤人,皆须因殴乃是。若打人头伤,风从头疮而入,因风致死之类,以斗殴杀人科罪)。其在辜限外,及虽在辜限内伤已平复,官司文案明白,别因他故死者,各从本殴伤法(谓打人头伤,不因头疮得风,别因他病而死者,是为他故,各依本殴伤科罪)。若折伤以上,辜内医治平复者,各减二等(堕胎子死者,不减)。辜内虽平复,而成残废、笃疾,及辜限满日不平复者,各依律全科,手足及他物殴伤人者,限二十日。以刃及汤火伤人者,限三十日。折跌肢体及破骨堕胎者,无问手足他物,皆限五十日。"然而由于当时出现了许多受害人在辜限内未因本伤死亡,但辜限外确因本伤死亡的事实,故明律与正限之外,另加时限,称为余限。《大明律·刑律·斗殴》载:"斗殴伤人,辜限内不平复,延到限外,若手足他物及汤火伤,限外十日之内;折跌肢体及破骨堕胎限外二十日之内,果因本伤身死,情真事实者,方拟死罪,奏请定夺,此外,不许一概滥拟渎奏。日期死者,照殴伤论。"虽然从现代法医学的观点来看,以日期确定"伤"与"亡"的因果关系是不科学的,但以当时的医疗水平来看,这种对"伤"与"亡"的因果关系认定方法还是比较先进的。斗殴伤人案件发生后,要实行保辜,没有验伤这一环节也是不行的。在总结以往经验的基础上,明代检验制度建立了从活体检验到尸体检验的一套程序,该程序主要由"人命告辜式"和"人命告检式"两个格式组成。

"人命告辜式"是斗殴案件发生后受害人伤而未死请求依律保辜的状纸格式;"人命告检式"是斗殴案件发生后,受害人于保辜开始之后死亡,亲属上告的状纸的格式。这两个格式相当于今天的起诉状格式。据吕坤《实政录·风宪约·状式》,这两种起诉状格式如下:

(1) 人命告辜状

本县某里某人，为殴伤事，有某(父伯叔侄兄弟妻子)年若干岁，本月某日某时，与某人为某事(多不过四字)相争，被某执拿(砖石金刃)将某(父伯叔侄兄弟妻子)顶心打有斜伤一处(青红)色，长若干，阔若干；耳根打有圆伤一处(青红)色(有无骨破)围若干，横若干，见今(着床不食)某人某人见证，为此抬扶到官，伏乞相看，案候保辜，责令本犯寻医调治，上告。

(2) 人命告检式

本县某里某人，为人命事，某月某日有某(父伯叔侄兄弟妻子)被某人殴打伤重，某医调治不瘥，至某日某时身死，除伤痕已经报官案候外，伏乞检验施行，上告。

六、吕坤与《实政录》

吕坤的《实政录》内容分五部分：(1)明职(卷一)，内分仓官、税课司、司狱官、州县佐贰等职，计25篇；(2)民务(卷二、三、四)，分为养民之道、教民之道、治民之道三目，内有禁约风俗、有司杂禁附官问23条，编审均徭、弭捕盗贼等26篇；(3)乡甲约(卷五)，内分乡甲至要、乡甲会图等11篇；(4)风宪约(卷六)，内有提刑事宜53款、各类起诉状式27种、按察事宜20款等5篇；(5)狱政(卷七)，内分监犯、仓犯、驿犯、辨盗等项。各部分前有总论，以下分各篇详述，内容丰富，事涉广泛，其中各类状式对研究明清州县法制具体状况具有重要价值。其中《风宪约》《狱政》为吕坤出任山西等处提刑按察司按察时所颁告示，约成书于万历十八年(1590)。而全书与法医学关系密切的便是《风宪约·提刑事宜》，其中对人命、盗情、奸情、监禁、听讼用刑、状式等多有论述，所介绍的明代检验情况相当宝贵。

吕坤《实政录》对我国古代法医学的贡献，则主要表现在以下几个方面。

第一，建立了从活体检查到尸体检查的程序，从程式、格式上把法医检验文书固定了下来。吕坤鉴于"刁风日甚,状中叙事仅数语,而刑容彼罪,张大我冤,常居十六"①的诉状弊情,亲自拟定了各类状子的格式,并严令辖境内"各衙门一体遵行"。这些状式非常具体,其中"人命告辜式"与"人命告检式"是一项有意义的创造,要求被殴之日,解衣由近亲见证损伤性质,按人命告辜式的格式写出告辜状,抬被殴之人投递到官。检官亲自检验、登记伤痕,限以保辜日期,责令凶犯寻医调治,案候在官;身死之日,即照人命告检式写出告检状。两个格式使后人了解了明代由活体损伤检查向尸体检验过渡的关系。

第二,确定了致命伤。吕坤认为:有致命的部位,有致命的伤害,顶心、囟门、耳根、咽喉、心坎、腰眼、小腹、肾囊,这都是使人速死的致命之处。脑后、额角、胸膛、背后、胁肋,这些是使人必死的部位。肉色青黑、皮破肉绽、骨裂脑出血流,这都是致命之伤。致命之伤,又正当速死的部位,受伤者过不了三天必会死亡。伤到必死的部位,过不了十日也会死亡。如果伤到致命的部位而极轻,或者极重的伤而不在致命之处,即使死于规定的治疗期限之内,也应根据其他情况对犯人轻判,不可一概判为死刑。他还指出:致命的重伤,又伤在致命的部位,当时就被打死的,或三日之内死亡的,原告和证人定然说用某物打伤某处,只在所殴打之处检验伤痕,这样既免去给死者翻尸,又免去生者遭受冤诬。因为人生一世,自少至壮,或失足磕伤跌伤,或因生病治疗捶打按摩,或因生疮,或被人打伤,或因负重受伤,或被硬物砸伤,血脉不流通,轻伤和新伤,挨到骨头就会发红。重伤和老伤,挨到骨头则发青,终身伤痕不散。试将病死的人仔细蒸刷一番,如果全身都是一副白骨,那么检验的结果真可相信了。近日百官全不理会这个道理,原告、证人本来说是打在耳根处,一下就打死了,但浑身检验,动不动有数十处伤痕。上司以伤痕不对作为驳斥,审问官增加了殴打的情节作为判罪的根据。有的受害者有左右两边伤痕对称,尺寸和青红颜色都不差分毫的,如是殴打所致,难道是两只手拿着同样的凶器而对击?有的是夜间喝醉酒打群架,如果一定说某人打了某个部位,即使是打人的人也不知道自己打了别人什么部位,不能记清打了几下,何况证人?大体说来,共同殴打,只看打人缘由,检伤只检

---

① 《实政录·风宪约·状式》。

查重要的伤处。切记不要刻舟求剑以致产生冤情；不要含混不清、模棱两可，以致多次驳案。总之，吕坤确定致命伤的方法，是根据致命部位、损伤程度、时限等来综合分析判定的。这种方法在只能根据尸体外表检查来确定致命伤的时代则是一个很大的进步。

第三，确定真死的方法。我国古代已经知道呼吸停止及脉搏停止确定死亡，至明代吕坤首次提出了以通鼻无嚏、勒指不红、两目下陷、遍身如冰等四项所见为死亡的指征。吕坤认为：重犯买通禁卒、医生，诈称病故，掌印官不亲自验看，被委派的官也嫌凶秽，不认真查看就报告真的死亡，等尸体抬出以后囚犯就脱逃。至于异端邪教，能够使脉搏停止，尤其不可信。凡验囚尸，要求仵作必须通鼻子看没有喷嚏、勒指头不红、两目下陷、通身如冰的，才准搭结报死。如有串通帮助隐藏的，仵作应抵罪。还有的狱囚脱逃，妄以其他人的尸体充数，假作捕获，几天后就谎报在监中死去，是官员的疏忽。这虽然是少有的事，也不可不知。从以上我们可以看出，"通鼻无嚏，勒指不红，遍身如冰"三项确定真死方法的发现是与当时为了防止囚犯脱逃有关的。

七、检验成就与案例

(一) 检验成就

明代检验成就主要是在确定死亡方法、致命伤以及建立从活体检查到尸体检查程序等三方面做出重大的贡献，具有重要意义。明代有关受理人命词讼免检、买尸作伤、致命部位与致命之伤等的经验则成为清代《律例馆校正洗冤录》的重要依据。明代法医学是我国古代法医学的一个组成部分，无疑有着它重要的历史地位。尽管在检验中存在着许多的问题，如王肯堂《慎刑说》记载："告官，官府又不即时相验。虽即时相验，又往往差委佐贰首领官员，其可信者亦少矣。及至检验之时，检官嫌其凶秽，不肯近尸。唯有尸亲、仵作喝报伤痕。或多增分寸，或乱报青红。间有犯人与尸亲争伤，而检官竟不经目，止执一笔为仵作誊录耳。及再更检官，再更仵作，或暗卖尸格，约与雷同分寸，或竟欲轻重多增。疑似伤痕，驳而又驳，检而又检。是死者既以挺刃丧命于生前，又以蒸煮分尸于身后，何其酷哉！"但它所总结的经验，至今仍对我国乃至世界法医学具有重要的影响。

（二）法医学书籍

明代羊角山叟重刊王与《无冤录》使我国古代法医学传到国外。羊角山叟在中外文化交流史上做出了卓越贡献。

明代法医学书籍，除羊角山叟重刊元代王与《无冤录》和吕坤《实政录》外，还有一些著作，主要是对前人著作的删补、改编本。

(1)《洗冤录》：1卷，明刊本。该书自条令至验状说，凡54条，前有颁降新例5条，后有续附无冤录6条，皆元时刑司所附。

(2)《洗冤习览》：2卷，王圻编。明万历四十四年(1616)刊印的《正善堂藏书目录》作《洗冤集览》2卷；清乾隆元年(1736)《江南通志》作《洗冤录集览》10卷，亦为《洗冤集录》的改编本。

(3)《洗冤捷录》：2卷，不著撰人姓氏，附刊于《御制新颁大明律例注释招拟折狱指南》。该书内容以《洗冤集录》为主，结合《无冤录》内容而成。该书前有"圣朝颁降新例"，分上下卷，共53条，内容不仅前后移动很大，而且语句生硬，其中还有严重错误。

(4)《洗冤法录》：不分卷。附刊于熊鸣岐所辑的《鼎镌钦颁辨疑律例昭代王章》一书第5卷正栏，无序言。该书把《洗冤集录》的目录全部改成标语式，如"条令"改为"肃清奸弊"，"检覆总说上"改为"避嫌禁扰"，"检覆总说下"改为"详细三简"等。内容以《洗冤集录》为主，辅以《无冤录》，共34条，有许多重要的内容被删去。第19条以前的内容与《洗冤捷录》相同，似为其删节本。

(5)《洗冤录》30条：不分卷，附刊于王肯堂《大明律附例笺释》之后，无序言，亦无撰人姓名。起"论沿身骨脉"，终"阴脱伤"，为《洗冤集录》的节要本。本书还附刊于《钦定古今图书集成》卷一百四十四"听断部杂录"中。还有诸多学者认为王肯堂有《洗冤录笺释》，贾静涛认为王肯堂著有《大明律附例笺释》及所附《慎刑说》，与《洗冤录》三十条并无明确关系。所谓《洗冤录笺释》是不存在的。

(6)《新镌订补释注霹雳手笔》：4卷，明刻本，不著辑刻人姓氏。卷一有《断律问答》《律例总歌》，卷四有《洗冤条例》《检验体式》，余为状贴，亦分类编次。体例不纯，其内容大部分取之《折狱奇编》，小部分与《照天烛》同。

(三) 检验案例

案例 1 奸幼案

明代"各犯发格式"就记载检验官吏在检验以后，向上司报告检验结果并发送罪犯的格式。如《鼎镌钦颁辨疑律例昭代王章》首卷中记载一名十三岁幼女被奸，告到官府，官府派官员检验并做出报告的过程。①

述评：本例就三项法医学内容进行鉴定：一是"年龄鉴定"，根据活体检查和各方证人的证词确定；二是验处女，令稳婆检查，根据初检和复检二次定案；三是验处女膜破裂，确定新鲜破裂（破身未久）。

案例 2 左臂肉瘤案

据陈洪谟《治世余闻》记载，明末时，陕西有个被判死刑的杨二官人，不认罪且始终喊冤。官府认定杨二官人十余岁时，与一女子通奸，后杀害了借宿女子房间的巡检夫妇。面对这样的案情，李兴反复查看卷中有关的证人及四邻四十余户人家的证言，卷宗里的证词均一致，看不出破绽，唯有通奸女子称那男人左臂有一肉瘤这一细节与杨二官人的身躯实情不符，李兴再次召集证人及四十余户近邻到庭，令众人脱去上衣后询问，其中一屠夫露出的左臂，生有肉瘤且与女子供述一致，终查明屠夫系冒名顶替夜入府宅与仰慕杨二官人的女子求奸，后误撞借宿女子房间的巡检夫妇，自认女子又与他人通奸，一怒之下杀了床上二人。这正是通过取证平反的通奸杀人冤狱案。

案例 3 杨武断案

明代佥都御史杨北山，单名武。在任淄川令时，以善用奇计破案而出名。《明文海·能臣》之《杨北山墓志铭》有其破案故事：一次，城中发生谷粱失窃，并遭人盗卖的事，但官府一直抓不到小偷。于是，杨公下令将失主住处附近的几十名邻居全部带到府衙问话。当这群人被带到官府后，杨公让他们全部跪在庭院中，自己则慢条斯理地处理起其他的公文。过了一会儿，只听杨公厉声说道：我找到那个偷米的人了。这时，

---

① 详见本书第 475 页"外稳婆验式"。

481

跪在庭下的人群中有一个人神色大变。不久，杨武又重复说道：抓到小偷了。那人的神色愈来愈惊慌，杨武这才指着他说：第几行第几个就是盗米贼。那人一听，立即叩头作揖承认了盗米的罪行。古代官吏利用嫌疑人"做贼心虚"的心理，不用刑讯逼供，而采取心理活动和模拟场景等检验方法，逼嫌疑人就范起到奇效。明代还有利用"嚼米定案"的范例。炒米是一种食品，但炒米能起到测试犯罪嫌疑人是否说谎的作用。明代检验官员询问嫌疑人采用这样一种方法：让嫌疑人嘴里含一把炒米，嚼一会把米吐出来，如果米是干的，证明犯罪嫌疑很大，如果米是湿的，证明犯罪嫌疑小些。这是因为如果犯罪嫌疑人是作案的罪犯，必然心理紧张，唾液分泌就少，所以，吐出的米是干的；如果他不是作案的罪犯，心理就不紧张，唾液分泌不受影响，所以，吐出来的米是湿的。这种用嚼米来识别嫌疑人的方法简单快捷，而且是建立在一定生理科学基础之上，被后人称为"嚼米定案"或"嚼米审判"，在中国、印度及其他亚洲国家广为流传。

案例4　黄光检骨

王永吉在福建省大田县任职知县期间，每遇雨天，尸体检验用红光验尸法（将红油伞罩定尸体检验）伤痕无法显现。遂改用杭州黄油伞来罩定尸骨检验伤痕，毫发毕露。据王永吉之子王明德《读律佩觽·洗冤录补·检验骨伤补》记载："（文通公）遇阴雨不可检，不必尽用古法煮验，惟将杭州黄油新雨伞罩定尸骨，则伤之在骨内者，毫发毕露，较之皎皎白日更为分明。凡遇年久尸骨，所有伤痕为风雨剥蚀，或因蒸检非止一次，久而霉，暗伤隐骨中，多方洗刷，即皓日当空，亦不能辨其有无者，亦惟将尸骨置之日中，将黄油雨伞罩定，则骨上伤痕朗然灿列，虽数步之外皆能见之，不特逼视而后见也。此先文通公莅任县令司李时所亲试，愚故辑而补之，以免尸骨于再煮。或云伞必以杭州者为佳，然余伞未为试及，不敢据以为实。"由文中的"此先文通公莅任县令司李时所亲试，愚故辑而补之，以免尸骨再煮"等语可知，是王明德的父亲文通公王永吉，亲自试用黄油雨伞来罩定尸骨，检验其有无伤痕的，具体时间当在1625年之后，即明王朝的天启、崇祯年间，王永吉任福建省大田县知县的任期之内，这是目前所能知道的我国应用"黄光检骨"的最早时间。在王明德之后，由律例馆编辑并于康熙三十三年(1694)刊行的《律例馆校正洗冤录》记述:"遇阴雨不可检,不必尽用煮法,惟将杭州黄油新雨伞罩定尸骨,则伤之在骨内者,毫发毕露。""年久尸骨,所有伤痕为风雨剥蚀,或因蒸检多次,久而霉,暗伤隐骨中。亦惟置之日中,将黄油雨伞罩定,则骨上伤痕朗然。"显然,这段话是从王明德的《读律佩觽·洗冤录补·检验骨伤补》中直接引用过来的,只是在文字上后者要简练一些。为什么在阴雨天检骨时要用"黄油新雨伞"来罩定尸骨,而不是用"红油雨伞"?关于这一点,宋慈在《洗冤集录》中已说得非常清楚。用红油雨伞罩检尸骨,"此项须是晴明方可,阴雨则难见也"。很显然,在阴雨天的可见光线中,所含红光的成分是比较弱的,而黄光的成分则比红光要相对强一些。因此,用黄油新雨伞滤光,检验尸骨伤痕,其清晰程度自然要比其他颜色的雨伞要好一些。由此可见,王永吉的"黄光检骨"法是我国明代司法检验技术的一项重大研究成果,它不仅改变了以往在阴雨天检验尸骨"尽用煮法"的传统检验方法,而且还解决了"年久尸骨,所有伤痕为风雨剥蚀"或"因蒸检多次,久而霉,暗伤隐骨中"的那些尸骨伤痕的检验难题。在此之后的许梿于清咸丰四年(1854)成书刊行的《洗冤录详议》中,不仅辑录了上述《律例馆校正洗冤录》中的内容,而且还做了如下重要注释:"用黄油雨伞罩验骨伤,此检骨第一妙法。近来更有以受伤之骨,置铜镜旁,仍用黄油雨伞罩定,只视镜中骨影,其受伤痕损愈觉显然。"由此,"红光验尸"之法在北宋初期已有明确记载,而"红光检骨"法则始于南宋时期的宋慈。我国使用"黄光检骨"之法的确切记载是在明王朝的天启、崇祯年间的王永吉,这是我国明朝末期司法检验的一项重大研究成果。此法通过王明德的《读律佩觽》一书介绍后,在清代检验中得到了推广。

八、医事制度

明代医学分为十三科:大方脉、小方脉、妇人、疮疡、眼、针灸、口齿、接骨、伤寒、咽喉、金镞、按摩、祝由。设太医院。

九、对法医学有影响或贡献的人物

1. 吴讷

吴讷（1368—1454），字敏德，号思庵，江苏常熟人。官至右都御史。英宗正统四年（1439）离职。著有《〈棠阴比事〉附续补编》《祥刑要览》。《棠阴比事》是宋代桂万荣编写的听讼断案、折狱经验和检验案例。吴讷对《棠阴比事》有深入研究，加之自己检验经历和文字功底，成功修改和续补《棠阴比事》。明景泰年间（1450—1457），吴讷以宋桂万荣《棠阴比事》原作徒拘声韵对偶，而叙次无义，乃删其不足为法及相类复出者，存80条。以事之大小为先后，不复以叶韵相从，其注亦稍为点窜。又为补遗23事，附录4事，别为1卷，书中附论7条。吴讷所续27条，每条各有评语，附于题下。其书虽略于和 诸家，而叙述明白，较等乃为简切，是当时折狱检验者必读书籍。吴讷所著《祥刑要览》总结刑案处置办法和经验，不少是引用《洗冤集录》断狱记载和有关检验的内容。因吴讷认为断狱要准确无误、不偏不倚，这样案子不会"翻异"，是为"祥刑"，故取名《祥刑要览》。吴讷《〈棠阴比事〉附续补编》《祥刑要览》集中体现重视检验和谨慎断狱的思想，因记载桂万荣《棠阴比事》和自己的办案经验，对研究宋代法医检验和明代早中期法医检验都有价值。

2. 羊角山叟

羊角山叟，原名王乘，号羊角山叟，浙江永嘉人。明洪武十七年（1384），羊角山叟将元絜《无冤录》重刊，并加入序言，书中有王与自序和羊角山叟自序。以后又在朝鲜再版，再版本除王与、羊角山叟序外，又有朝鲜人崔致云等注释及序，其书分二卷，上卷为官吏章程，下卷为尸伤辨别。可知，此书由我国流入朝鲜，日本人又自朝鲜传抄。羊角山叟自序中介绍该书就是元代王与《无冤录》。羊角山叟在"序"中说，该书基本内容与王与本相同，但加入明代"官吏章程"，也就是现今学者研究的明朝洪武十七年（1384）版本，即王乘重刊《无冤录》或称羊角山叟重刊本。此书先后传入朝鲜和日本，成为这两个国家的检验专书。我国法医著作传到国外，最早版本不是宋慈《洗冤集录》，而是明代羊角山叟重刊的王与《无冤录》，可见羊角山叟在中外文化交流史上做出

3. 李时珍

李时珍（1518—1593），字东璧，晚年自号濒湖山人，湖北蕲州（今湖北黄冈蕲春）人。李时珍38岁时，武昌楚王召他任王府"奉祠正"。三年后，又被推荐上京任太医院判。太医院是专为宫廷服务的医疗机构，李时珍在此只任职了一年，便辞职回乡。李时珍参考历代有关医药以及学术书籍八百余种，结合自身经验和调查研究，历时27年编成《本草纲目》一书。《本草纲目》凡16部52卷，约190万字，编入药物1892种，其中新增药品374种，并附有药方11000余个，插图1100余幅。

李时珍对法医学贡献很大，特别是中毒学方面。他知道仙丹多用水银、铅、丹砂、硫黄、锡等炼取，含有毒素，指出丹药能长寿的说法绝不可信！李时珍记载的鼠莽草、断肠草、毒菇、野葛（钩吻）、砒霜、雄黄等对法医学检验、识别和急救都有指导价值。对李时珍的了解，大多数人仅限于上述介绍，其实，李时珍还对法医昆虫学有贡献，他在《本草纲目》中称："蝇，处处有之，夏出冬蛰，喜暖恶寒……蛆入灰中蜕化为蝇，如蚕、蝎之化蛾也。"李时珍把蝇的生活周期、生活习性、生长规律以及蛆变蝇总结为"入土化蝇"，正如"蚕之化蛾"，非常恰当和全面，与现代法医昆虫学非常接近，这比先前的尸体上"尸腐生蛆"有了很大进步。有记载说李时珍和大徒弟王广和来到湖口（江西湖口），见一群人正抬棺材葬，而棺材里往外流血。于是赶忙拦住人群要求救人。经说服而开棺，见一孕妇，经按摩、针灸，孕妇竟然醒了。不久之后，这名妇女又顺利产下一个儿子，原来这名妇女是因难产而陷入假死。

4. 张景

张景于明嘉靖年间（1522—1566）著《补疑狱集》六卷。张景《补疑狱集》是在和凝父子《疑狱集》（四卷）基础上增加后而成的。张景所著《补疑狱集》六卷，增后共一百八十二条，所记皆平反冤滥、抉摘奸慝之事，俾司宪者触类旁通，以资启发。张景《补疑狱集》记载2例两性畸形案例，其中1例被处死，1例处以重刑。这些例子都是男性假两性畸形。张景《补疑狱集》还有"竹打中空"的记载：宋提举杨公验一肋下致命伤痕，"长一寸二，中有白路"，认定为杖伤之痕。

5. 王圻

王圻(1530—1615),字元翰,号洪洲,上海江桥(青浦)人。明嘉靖四十四年(1565)进士,授清江知县、万安知县,升御史,曾先后任福建按察佥事、邛州判官、陕西提学使、神宗傅师、中顺大夫资治尹,授大宗宪。王圻重视检验工作,在为官期间积累了丰富经验,在任陕西提学使期间,以宋慈《洗冤集录》为蓝本,结合长期办案经历,编成《洗冤集览》2卷。该书因基本内容为《洗冤集录》,其编排和顺序也和《洗冤集录》一致,只加入明代法律、经验和注释,后人亦称之为《洗冤集录》的改编本。但因保留宋慈《洗冤集录》的原本风格,对研究宋慈所处南宋时期和王圻所处明代中期法医检验都有历史和学术研究价值。

6. 吕坤

吕坤(1536—1618),字叔简,一字心吾、新吾,自号抱独居士,河南宁陵人。吕坤天资聪颖,6岁入学启蒙,15岁作《夜气铭》《招良心诗》。25岁中秀才第一;嘉靖十年(1531),26岁中举;万历二年(1574),39岁中进士。初为襄垣知县,因政绩卓著,调大同,征授户部主事,历郎中。迁山东参政、山西按察使、陕西右布政使。擢右佥都御史,巡抚山西。居三年,召为左佥都御史。历刑部左、右侍郎。吕坤所至,颇有政绩,深受士民爱戴。在山东参政时,"崇文教,恤孤寡,伸武备,禁邪党,立社学,创冬生院以恤残疾"。有奸人借朝泰山之机,装神弄鬼,诈取人财物,多致殒命。吕坤严惩恶人,杜绝了奸人残害黎民。万历十七年(1589)至万历二十年(1592),吕坤先是任山西提刑、按察使,后旋升山西提督、巡抚,掌管山西的军政大权。

在提刑、按察使任内,他作《风宪约》《狱政》;在督抚任内,他作《明职》《民务》《乡甲约》《安民实务》《督抚约》诸书。先是诸书有单行本行世,至万历二十六年(1598),由吕坤的门生、湖广监察御史赵文炳汇集校刻,总题名为《吕公实政录》,后简称《实政录》。明代为防止囚犯脱逃,提出了确定死亡的新方法,由于"重犯通买禁卒、医生,诈称病故。掌印官相验不亲,委官亦恶凶秽,辄报真死,及尸出而脱逃",为了确定是否真死,吕坤《实政录》中提出:"停息、定脉尤不可凭,凡验囚尸,仍须通鼻无嚏、勒指不红、两目下陷、遍身如冰者,方准搭结报死",吕坤在山西任提刑按察司按察使时建立从告辜到告检的检验过程，成为明代检验制度之一，主要做法是人命告辜式和人命告检式两个格式构成从活体到尸体的检验程序。这两个格式记录在《实政录·风宪约·状式》中。

吕坤在《实政录·风宪约·提刑事宜》中对明代检验制度介绍详细，如人命、恣情、奸情、监听、听讼、用刑、状式等。吕坤是明朝文学家、思想家，他刚正不阿，为政清廉，他与沈鲤、郭正域被誉为明万历年间天下"三大贤"，主要作品《实政录》就是任巡抚山西时所著。吕坤《实政录》记述法医检验有关的内容和法医学成就，建立了从活体检查到尸体检查的程序，记载了对致命伤的确定和真死的确定等方法，对研究明代后期法医学有十分重要的学术和历史价值，《实政录》也是吕坤为官经历、处理公务和经手文件的汇编，所以还是研究吕坤政治思想及晚明社会的重要资料。

7. 熊鸣岐

熊鸣岐，江西丰城人。著《鼎镌钦颁辨疑律例昭代王章》五卷，首一卷，名例一卷。其第五卷正栏附刊《洗冤法录》（该书内容以《洗冤集录》为主，糅合《无冤录》内容而成）。

"师俭堂萧少衢"刻本的《鼎镌钦颁辨疑律例昭代王章》有明代法医学内容和案例。明代"各犯发格式"就记载检验官吏在检验以后，向上司报告检验结果并发送罪犯的格式，其中一篇记载了一名十三岁幼女被奸，告到官府，官府派官员检验并做出报告的过程。①本例就三项法医学内容进行鉴定：一是"年龄鉴定"，根据活体检查和各方证人的证词确定；二是验处女，令稳婆检查，根据初检和复检二次定案；三是验处女膜破裂，确定新鲜破裂（破身未久）。

8. 王肯堂

王肯堂(1549—1613)，字宇泰，亦字损仲，自号念西居士，江苏金坛人。明万历十七年(1589)进士，曾任南京行人司副、福建参政等职。王肯堂博览群书，通晓经学、律学、医学。他父亲王樵是律学家，著有《读律私笺》24卷。王肯堂继承注释明律的家学，著有《大明律附例笺释》30卷。他在自序中说，"刑期无刑，用主不用"。所以要把

---

① 详见本书第475页"外稳婆验式"。

法律的意义对人讲清防止犯罪于未然。如果人因为对法律无知而犯法，就如三岁小儿不知井水深浅而自投一样，是官吏不教而诛。所撰《律例笺释》是研究明律的一部重要参考书。他还著有法医学著作《洗冤录笺释》，但有人认为《洗冤录笺释》只是《律例笺释》书末附刊。《律例笺释》有大明相关检验法律，而《洗冤录笺释》则是以宋慈《洗冤集录》为中心内容的注释和增补。王肯堂还是一名医学家，由于当时朝廷不纳他的抗倭疏议，愤然称病辞职回乡，重操医学。明代以儒学、孝悌立身，医学被视为履行孝悌的主要手段。不少官场失意者因有医学学问而由儒入医，成为著名医学家。王肯堂还与来华传教士利玛窦有交往，探讨过历算。

9. 张介宾

张介宾（1563—1640），字会卿，号景岳，又号通一子，明代医学家，浙江绍兴人。祖籍四川省绵竹县，其先世在明朝初期以军功授以绍兴卫指挥，遂定居浙江。张介宾出身官僚之家，才思敏捷，自幼开始学习，凡天文、音律、兵法、象数等无不通晓，有比较扎实的文学、史学、哲学基础。青年时代，拜当时的名医金英（字梦石）为师，尽得其传。中年时代，又曾从戎幕府，经过了河南、河北、东北等地区，积累了丰富的临床经验。至五十余岁，才返回乡里，全力研究医学。

由于张介宾一方面有多个学科的丰富知识，另一方面又有丰富的临床经验。因此，不仅在医学基本理论方面很有研究，而且在检验、治疗、临床方面亦颇有造诣，成为明代一大医家。他著有《类经》《类经图翼》《类经附翼》《景岳全书》《质疑录》等。张介宾对法医学贡献是他对诈病的研究，《景岳全书·诈病》有："夫病非人之所好，而何以有诈病？盖或以争讼，或以斗殴，或以妻妾相妒，或以名利相关，则人情诈伪出乎其间，使不有以烛之，则未有不为其欺者。其治之法，亦惟借其欺而反欺之。则真情自露，而假病自瘳矣。此亦医家所必不可少者。"张介宾提出诈病的原因和揭露方法，强调对争讼、斗殴、妻妾相妒、名利相关等案件的检验要考虑有无诈病和加以揭露，这在当时条件下有如此科学思维十分难得。此外，张介宾还记载有关胎龄鉴定的内容。《景岳全书·妇人规·胎候》："《五脏论》有耆婆论曰：怀胎一月如珠露；二月如桃花；三月男女分；四月形象具；五月筋骨成，六月毛发生；七月游其魂；男能动左手；八月游其魄,女能动右手;九月三转身;十月受气足。"张介宾还在《景岳全书·京师水火说》中对煤气中毒记述如下:"京师之煤气性尤烈,故每熏人致死,岁岁有之。而人不能避者,无他,亦以用之不得其法耳。夫京师地寒,房屋用纸密糊,人睡火炕,煤多荫其室内,惟其房之最小而最密者,最善害人。凡煤毒中人者,多在夜半之后,其气渐满,下及人鼻,则闭绝呼吸,昧然长逝。但于顶隔开留一窍,或于窗纸揭开数楞,则其气自透去,不能下满,可无虑矣。"

10. 毕拱辰

毕拱辰(? —1644),字星伯,号提屠居士,山东掖县人。明万历四十三年(1615)考中举人,次年联捷丙辰科三甲进士,后授盐城县知县、朝邑县知县。崇祯七年(1634),升任户部主事、礼部祠祭司郎中。崇祯十年(1637),改江西吉安府推官,后任淮徐兵备金事、河南按察司金事。崇祯十五年(1642),升山西按察司金事、分巡冀宁道。

毕拱辰在崇祯七年(1634)为《人身说概》作《序》,《序》中认为该书"刀圭家所当顶礼奉之者",就是值得检验官吏敬重的书籍。毕拱辰提到《灵》《素》诸书脉络看不见摸不着,而西方解剖学的动静脉、神经结构图,"条理分明,如印印泥",一目了然。毕拱辰最初就是被从传教士汤若望处获得的邓玉函《人身说概》①西医之脏腑图说折服,遂将该书取名《泰西人身说概》刊刻于世。人体解剖学是法医学的基础科学之一。毕拱辰为后来的法医学发展做出了贡献。

11. 宋应星

宋应星(1587—1666),字长庚,奉新(今江西奉新)人。万历四十三年(1615)28岁时考中举人。但以后五次进京会试均告失败。崇祯八年(1635)任分宜(今江西分宜)教谕(县学的教官),十一年(1638)为福建汀州推官,十六年(1643)为亳州知州。他在江西分宜教谕任内著成《天工开物》一书。稍后,他又出任福建汀州(今福建长汀)推官、亳州知府,大约在清康熙五年(1666)去世。宋应星在《天工开物》里,记载了在矿井中用竹筒排毒气,以防煤气中毒的方法。关于测验毒气以防中毒的方法,"凡凿井遇此

---

① 两卷本。天启三年(1623)德国传教士邓玉函结合16世纪欧洲解剖学的成果译成。

(毒气),当有急飒飒侵人,急起避之,俟泄尽更下凿之。欲侵知气尽者,缒灯火下视之,火不灭是气尽也"。《天工开物》指出砒有剧毒,烧炼砒必须严密封固,以防毒气外泄。"烧砒之人,经两载即改徒,否则须发尽落"。热射病,是从事冶炼、高温作业必须注意的问题。

12. 安傅

安傅,字执中,号芹盟,山东淄川人,举人。署滕县教谕,授南国子监助教,晚年官至刑部主事郎中,在任官期间,重视检验工作,为各地平反释狱三十余人,后升卫辉府知府。

十、明代法医学发展缓慢的社会因素分析

明代法医学发展缓慢,主要是检验制度造成的。这些检验制度如下。

第一,免检范围扩大。《大明令·刑令·检尸告免》:"凡诸人自缢、溺水身死,别无他故,亲属情愿安葬,官司详审明白,准告免检。若事主被强盗杀死、苦主告免检者,官为相视伤损,将尸给亲埋葬。其狱囚患病,查得看治而死者,情无可疑,亦许亲属告免检复外,据杀伤而死者,亲属虽告,听免检。"由此,免检的范围扩大了,漏检或被操作免检在所难免。

第二,鉴定格式化、图表化,不符合法医学发展内在规律。《明会典·检尸》规定:"凡刑部遇有应检尸伤,该司付行照磨所,取到部印尸图一幅,先时止行顺天府大兴、宛平二县委官,如法检验填图,各取结状缴报,今多行委五城兵马,如尸伤不一及执词不服者,然后改委府县。其自缢溺水身死无词者,止行城相验,如情词不一仍行检验,若尊长殴死卑幼,据律不应报偿命者,亦止相验,不检。各省直府州县,洪武元年(1368)令各府刊印检尸图式,每副三幅,编立字号,半印勘合,发下州县,如遇初覆检尸划时委官,将引首领官吏、仵作行人亲诣地所,呼集应合听验人等,眼同仔细检验,定执生前端的致命根因,依式标注署押,一幅给与苦主,一幅粘连附卷,一幅申缴上司,其初覆检验官司行移体式并依已行旧制。"鉴定格式化、图表化,不符合法医学发展内在规律,使得检验趋于模式化、形式化,误检、漏检必然发生,错误鉴

第六章　明代的法医学与社会治理关系研究

定也失去纠正机会，严重影响法医学发展。

第三，检验失职处罚力度不够。《大明律·刑律·断狱》规定："凡检验尸伤，若牒到托故不即检验，致令尸变；不亲临监视，转委吏卒；初复检官吏相见，符同尸状；及不为用心检验，移易轻重，增减尸伤不实，定执致死根因不明者，正官杖六十、首领官杖七十，吏典杖八十。仵作行人检验不实，符同尸状者，罪亦如之。因而罪有增减者，以失出入人罪论。若受财，故检验不以实者，以故出入人罪论。赃重者，计赃以枉法从重论。"《大明律集解附例·刑律·断狱》"检验尸伤不以实"条之"备考"进一步规定："虽未受财，因徇私故意检验不从实者，亦以故出入论罪。"其后"新题例"又说："仵作受财，增减伤痕，符同尸状，以成冤狱。审出真情，赃至满贯者，查照诓骗情重事例，枷号问遣。"明代对检验失职的处罚较两宋、元代明显减轻，只是杖刑，不会夺职，且明时的杖刑可以以官或钱来赎。惩处的力度降低会导致官员在检验执行方面难尽其责，这也从一个侧面反映了明代的法医检验地位有所下降。

第四，保辜余限不合理。对保辜增加了保辜余限。在余限内，伤者死亡，亦依杀人论。《大明律集解附例·刑律·保辜期限》有："斗殴伤人，辜限内不平复，延至限外。若手足他物金刃及汤火伤，限外十日内；折跌肢体及破骨、堕胎，限外二十日内。果因本伤身死，情真事实者，方拟死罪，奏请定夺。此外，不许一概滥拟渎奏。"其实质，不过是延长了保辜的时限而已。这种规定的结果是失去复查机会。

第五，明代人命告辜式和人命告检式制度不合理。为"息讼"，明代推行了"人命告辜式"和"人命告检式"。明代要求，在被殴之日，解衣由内亲见证损伤性质，按"人命告辜式"写出告辜状，抬被殴人投递到官。检官亲自检验，登记伤痕，限以保辜日期，则令凶犯寻医调治，案候在官。若被殴之人身死，要照"人命告辜式"写出"人命告检式"，告官。若被殴后未作"人命告辜式"，除在被打三日内身死准予检究外，其余身死后告命者，俱以假伤骗诈及自殴诬人论，不准。这一制度有明显不合理的地方，虽然方便了官员，却失去了原始伤情与死亡伤情的证据比对。因被殴致死者的亲属要照"人命告辜式"写出"人命告检式"去告官，由于文化程度低或被人操控等原因，大多案件没有去告官，鉴定失去把关作用，更无从谈起鉴定质量的提高，也给打人者以逃罪的机会。

第六，不设"滤囚"的弊端。明代法律没有制定官员定期"滤囚"的制度。徒刑以上案件要上报刑部，刑部判决之后还要送大理寺复核，重要案件要三司会审，死刑案件须皇帝"勾决"，皇帝对"勾决"之事也不是每天处理，而在集中在一起，一年处理一到两次。这些制度直接造成明代的监狱之中有许多待审的犯人在押。明代发生在监狱内的"瘟疫"事件，死亡人数很多，也与这一制度有关。这也就为部分人诈死逃脱创造了机会。

第七，仵作属"贱役"。在明代，法律限定某些从业人员为"贱役"，本人及其三代以内子孙不得参加科举考试或出任官职。这些人被称为"倡、优、隶、卒"，即未列入官府"乐户"户籍的妓女和戏子，官府衙役中充当官员仪仗护卫的皂隶、看管监狱的禁卒、捕快、门子、仵作、刽子手。仵作的地位在"贱役"之列，以此为业，子孙三代便禁绝了向社会上层流动的可能，严重限制了从事检验人员的来源和发展空间。

第三节 明代法医学发展与社会治理的关系

吕坤《实政录》对明代法医发展有较大影响。万历十七年（1589）至万历二十年（1592），吕坤任山西提刑、按察使，万历十九年（1591）底旋升山西提督、巡抚，掌管山西的军政大权。在提刑、按察使任内，他作《风宪约》《狱政》；在督抚任内，他作《明职》《民务》《乡甲约》《安民实务》《督抚约》诸书。先是诸书有单行本行世，至万历二十六年（1598），由吕坤的门生、湖广监察御史赵文炳汇集校刻，总题名为《吕公实政录》，后简称《实政录》。《实政录》是吕坤历官条约之类编，是研究吕坤政治思想及明代法医检验和社会治理的重要资料。

早在南宋《洗冤集录·检覆总说上》中宋慈就指出："凡验官多是差厅子、虞候，或以亲随作公人、家人各目前去，追集邻人、保伍，呼为先牌，打路排保，打草踏路，先驰看尸之类，皆是搔扰乡众，此害最深，切须戒忌。"这是宋慈检验爱民不扰民的具体体现，而吕坤《实政录》则把检验与社会治理紧密、具体结合了起来，提出法医检验与"职责""民务""乡约""督抚约""狱政""安民"的关系。吕坤检验思想和检验方法是明代士大夫对当时社会治理的理解、应对问题，以此来看明代的朝野面貌及儒者经世致用的具体思考与践行空间。

第四节 明代法医学发展对社会治理的积极和消极作用

一、证据制度

虽然由于各种原因，明代法医学出现发展缓慢的现象，但明代在证据制度方面吸收了前代做法。明代法律规定"五听"判案法，《明会典》载，在分别审问过原告、被告和证人以后，如证人证言与原告所述相同，而与被告的不同，则唤原被告、若干证人一同对质，察言观色，审听情词。

明代诉讼重口供和允许刑讯，是当时冤案层出不穷的一个主要原因。明代法律规定在下列特殊情况下，也许可不凭被告人口供而以其他证据定罪。《大明会典·律例二·名例下》中规定："若犯罪事发而在逃者，众证明白，即同狱成，不须对问。"

明代法律规定，下面两类人不得做证。第一，属于相容隐范围的人，即一定范围的亲属之间和奴婢、部曲（农奴）雇工对家长不得做证。这是封建礼教和家族制度在证据制度上的反映（见第二章第五节"亲亲相隐"）。第二，年八十以上，十岁以下和笃疾者（恶疾、癫狂、两肢废、两目盲等），这些人往往缺乏作证能力，而且"以其不堪加刑故，并不许为证"。违者，明律规定"笞五十"。明律同唐律规定，证人不讲真话，以致定罪有出入的，证人要负刑事责任。《大明会典·律例十二·刑律四》中规定："凡告词讼，对问得实，被告已招服罪，原告人别无待对事理，随即放回，若无故稽留三日不放，笞二十，每三日加一等，罪笞四十。"

二、刑事处罚

明代刑事处罚基本上同唐宋代。这里主要介绍明代有关通奸和不孝的刑事处罚。

(一)通奸的刑事处罚

通奸,又称为和奸。《明律纂注》曰:"和,谓男女相愿。"《大明律·刑律·犯奸》规定:"凡和奸,杖八十,有夫,杖九十……其非奸所捕获及指奸者,勿论。"明律规定,亲属相奸者杖一百,并处以徒刑三年,若和奸小功以上近亲属者,则定为"十恶不赦"的内乱罪,处罚更重。至于同期亲或与子孙之妇通奸,更属灭绝伦纪的行为,有死无赦。历代法律都把通奸行为规定为犯罪,周代《尚书大传》概括了当时刑法的罪名,其中规定:"男女不以义交者,其刑宫。"这可以说是我国最早的通奸罪的规定。

述评:春秋时代,诸侯各国公卿大夫贵族之间私通淫辟事件层出不穷,甚至常有尊卑亲属相奸等乱伦行为。公元前407年,魏国李悝以"淫侈逾制"极力主张用刑罚加以制裁,他在《法经》中规定了杂律一篇,内有"夫有二妻则诛,妻有外夫则宫,曰淫禁。"睡虎地秦墓竹简《治狱程式·奸》中记载有爰书告曰:"乙、丙相与奸,自昼见于某所,捕校上来诣之。"《史记·秦始皇本纪》记载秦始皇生前在会稽祭禹时刻石记功,其中说"防隔内外,禁止淫佚,男女絜诚"。自唐以后,历代法律对通奸行为都从严处刑。《唐律疏议》说"和奸者,男女各徒一年半"。对于从事撺合谋奸的人也规定了刑罚:"其媒合奸通者,减奸罪一等。"我国古代社会以人伦为重,性的禁忌在亲属团体特别在父系家族团体内非常严格,历代法律将近亲属之间的乱伦行为定为奸非罪,处罚极重,睡虎地秦墓竹简就有"同母异父相与奸,何论,弃市"的记载,汉律称为"禽兽行"。唐律规定,和奸缌麻以上亲属,男女各处三年徒刑。

(二)不孝的处罚

明代对祖父母、父母在世,子孙另立户籍、分割家产的处杖刑一百。

三、损害赔偿

(一)过失杀伤人的赔偿

1. 依律收赎给付死伤之家

对于过失杀伤人的情形,明亦适用赎刑,但与前代相比,有了较大的变化。第一,在律文中明确规定将犯者所赎钱数给付被害者之家属,《大明律·刑律二·人命》载:"以为茔葬及医药之资",即以收赎作为埋葬及其医药费用,实际上就是受害人的损害赔偿金,这是中国古代律典中首次明确了过失杀伤人收赎的赔偿功能。具体钱数,如过失杀人,"收赎过失杀人绞罪,追钞三十三贯六百文,铜钱八贯四百文,与被杀之家茔葬,共折银十二两四钱二分"。第二,增加了适用范围。与唐宋律相比,明律增加了依律收赎的适用范围,如《大明律·刑律二·人命》"庸医杀人"条,明确规定庸医误不依本方用药,因而致人死亡,依律收赎,给付其家。

案例:明代张肯堂《辪辞》(卷之八)记载:"赵国贤与其邻之婺妇张氏各有养媳一人,年皆孩稚,于四月二十五日相携游于杨进忠场圃,因拾麦穗,儿童嬉戏,何损毫末,为进忠者抚之而教之可也。不则白之家长挈以归耳,何至手夺其麦,且震以非常乎!仓皇惊遁,双坠井中。微独国贤等不知,即进忠直以为骇而走耳,固不虞其至此也。日暮不归,两家觅女,肝肠欲裂。……至五月初四日,陈三俊窥井见尸,急告国贤,漉之以出,方知已作陷井游魂,而后乃悟事繇进忠也。两幼非命,殊为可伤,进忠误蹈凶机,实非有意。断银六两,分给两家,为殡理费。……进忠一杖,无得幸免。"

2. 财产断付

将犯人的财产判归被害人的家属,作为赔偿。从明律的规定来看,此种赔偿形式可分为两种:一种是恶性杀人案,将侵害人的全部财产给付被害人之家,即"财产断付死者之家";另一种是一般故意杀害案,将犯人财产的一半赔偿给受害人。

3. 埋葬银

对于故意致害人命的侵害行为,明初基本继承了元律的烧埋银规定,要求犯者将埋葬费用付给死者家属，洪武元年（1368）制定的《大明令·刑令》载："凡杀人偿命者，征烧埋银一十两。不偿者，征银二十两。应偿命而遇赦原者，亦追二十两。同谋下手人，验数均征，给付死者家属。"

（二）保辜

关于保辜的规定，明代律基本承袭唐宋律，但又有发展和完善之处。《大明律·刑律三·斗殴》"保辜期限"条的律文如下："凡保辜者，责令犯人医治，辜限内皆须因伤死者，以斗殴杀人论（谓殴及伤，各依限保辜。然伤人，皆须因殴乃是。若打人头伤，风从头疮而入。因风致死之类，以斗殴杀人科罪）。其在辜限外，及虽在辜限内，伤已平复，官司文案明白，别因他故死者，各从本殴伤法（谓打人头伤，不因头疮得风，别因他病而死者，是为他故，各依本殴伤科罪）。若折伤以上，辜内医治平复者，各减二等（堕胎子死者，不减）。辜内虽平复，而成残废、笃疾，及辜限满日不平复者，各依律全科。手足及以他物殴伤人者，限二十日。以刃及汤火伤人者，限三十日。折跌肢体及破骨堕胎者，无问手足、他物，皆限五十日。"

据《大明会典·律例十·刑律》，明代法律的保辜规定有新发展。一是明确保辜的民事责任。规定："凡保辜者，责令犯人医治"。二是明确适用条件。规定："谓殴及伤，各依限保辜。然伤人，皆须因殴乃是。"凡是斗殴案件，皆可适用保辜之法。三是保辜期限调整。唐宋律"手足殴伤人辜限十日"，明律调整为"手足殴伤人辜限二十日"。明律还在辜限之外，另立余限。正德年间（1506—1521），发现"受害者辜限内未死，而辜限外因本伤而死"，继而朝廷定新例："斗殴伤人，辜限内不平复，延至限外。若手足、他物、金刃及汤火伤，限外十日之内。折跌肢体及破骨、堕胎，限外二十日之内。果因本伤身死，情真事实者，方拟死罪，奏请定夺。此外不许一概滥拟渎奏。"

（三）人身伤害的赔偿与检验

1. 活体检验

根据保辜制度的要求，在斗殴伤人案件发生之后，保辜期限长短的确定，应当经过官府检验致伤物、损伤部位、损伤程度。明代对于斗殴伤害人身的案件，官府要求受害人在被侵害之日"具状告验"，检验官亲自验实伤痕，并如实登记，并依此做出保

第六章 明代的法医学与社会治理关系研究

辜。《人命告辜式》体现的就是受害人的告验格式,且要求"不许多报一处,不许妄增一分,违者查明重究。路远告事不得过五日。"本县某里某人为殴伤事。有某父伯叔侄兄弟妻子年若干岁。本月某日某时,与某人为某事相争,被某执拿砖石金刃他物或用拳脚,将某父伯叔侄兄弟妻子顶心打有斜伤一处青红色,长若干,阔若干。耳根打有圆伤一处青红色,有无骨破围若干,横若干。见今着床不食,某人某人见证。为此抬扶到官,伏乞想看,案候保辜,责令本犯寻医调治。上告。①

2. 尸体检验

人命案件,特别是非自然死亡案件,尸体检验对于死亡原因的认定和赔偿责任的追究至关重要。因此,明代法律规定,命案发生以后,尸亲于受害人身亡之日,具状告验,衙门在接到告检状后,各地方官或正印官应立即带领仵作等检验人员赶赴现场勘验,检验尸体。《大明律集解附例·刑律·断狱》"检验尸伤不以实"之"新题例"有:"遇告讼人命……当检验者,在京初发五城兵马,复检则委京县知县。在外初委州县正官,复检则委推官。务求于未检之先,即详鞫尸亲证佐、凶犯人等,令其实招,以何物伤、何致命之处,立为一案,随即亲诣尸所,督令仵作,如法检报,定执要害致命去处,细验其圆长斜正,青赤分寸,果否系某物所伤,公同一干人众,质对明白,各情输服,然后成招。"尸体检验不得无故拖延或转委他人,敷衍了事,否则将处以罪刑。《大明律集解附例·刑律·断狱》"检验尸伤不以实"有:"凡检验尸伤,若牒到托故不即检验,致令尸变,及不亲临监视,转委吏卒,若初覆检官吏相见,符同尸状,及不为用心检验,移易轻重,增检尸伤不实、定执致死根因不明者,正官杖六十,首领官杖七十,吏典杖八十。仵作行人检验不实,符同尸状者,罪亦如之。因而,罪有增减者,以失出入人罪论。"检验后,检验者应以书面形式填写尸检报告,同时填画检尸图式,制作三份,一份付受害人亲属,一份粘连附卷,一份申报上司。《大明会典·刑部二十》之"检尸"条有:"洪武元年(1368)令,各府刊印检尸图式,每副三幅,编立字号,半印勘合,发下州县。如遇初、覆检验尸伤,划时委官,将引首领官吏、仵作行人,亲诣地所,呼集应合听检人等,眼同仔细检验,定执生前端的致命根因,依

---

① 吕坤.吕坤全集[M].王国轩,王秀梅,整理.北京:中华书局,2008:1106.

式标注、署押,一幅给与苦主,一幅粘连附卷,一幅申缴上司。其初、覆检验官司行移体式,并依已行旧制。"

四、医疗损害

明代医疗损害有其特色,明代已出现了第三方鉴定的模式。《大明律·刑律·人命》中"庸医杀伤人"条:"凡庸医为人用药针刺,误不依本方,因而致死者,责令别医辨验药饵穴道,如无故害之情者,以过失杀人论。不许行医。若故违本方,诈疗疾病,而取财物者,计赃,准窃盗论。因而致死,及因事故,用药杀人者,斩。"《大明会典·刑部·律例六·仪制》:"凡合和御药误不依本方,及封题错误,医人杖一百。"也就是说,出现严重的医疗损害,医生要受杖刑或被砍头,但需第三方(别医)鉴定。《大明律》在处理医患纠纷时亮点不少,如违规的医生"不许行医",此即现代所谓吊销行医资格证;处理事故时,"责令别医辨验",这"别医"就是其他医生,相当于现代医疗事故的第三方鉴定。

五、狱事检验

(一)监狱概况

明代监狱分中央监狱和地方监狱。中央包括都察院、刑部、皇室、京城兵马司、厂卫监狱,地方监狱关押州县地方人犯和军犯。见下表(表7)所示。

表7 明代监狱与管理

监狱特点		监狱名称
中央监狱	都察院狱、刑部监狱	明初设大理寺监狱,后朱元璋废止
	皇室监狱	设置在安徽凤阳,关押犯罪的皇室子弟
	京城兵马司监狱	东、南、西、北、中五个兵马指挥司
	厂卫监狱	酷刑致死、狱卒潜杀
地方监狱	各省、府、州、县狱	关押地方人犯
	都指挥使司狱	关押军队人犯

（二）监狱检验事件

1. 乞讨气绝

张廷玉撰《明史》记载：解缙20岁考中进士。入朝后受明太祖朱元璋的重用。后解缙因故被放逐回乡。明太祖死后，又再次被放逐，几年后才进了翰林院。永乐元年（1403），明成祖朱棣登基，建立内阁学士制度，解缙主持《永乐大典》的编纂工作。可是，不久又被贬出京。永乐八年（1410），解缙入狱。永乐十三年（1415）正月十三日，解缙被人拉到雪地里冻死。第二天上报说解缙夜里突发疾病而死。要求家属"讨气绝"，尸体免检而结案。

述评：明代法律规定监狱里的在押人犯，如果确实是患病、经过"看治"后死亡的，就可以不经过强制性的检验，允许由死者的亲属提出申请"免检"，将尸体抬回去安葬。立法原意是为了减少检验，同时也是为了保全死者的"脸面"。可是，未经检验就死在狱中的，如何可以让人不怀疑？虽然在这一设计中要由在押人的亲属来申请免除检验。可是这些亲属在官府压力下，连死者最后一面都见不到。那么，他们除了接受官府那"情无可疑"的结论外，怎么有可能来对抗官府、坚持要求检验呢？这对于官员授意牢头禁子暗害在押人提供了方便，就可以声称在押人"患病"死亡，向监狱"乞讨气绝"（申请填写"因病气绝"的单据，然后让亲属画押）。这实际上给狱中暴力、刑讯逼供、伪称病死实为殴死、秘密处决等提供借口，是一个很不好的司法检验制度。反观宋代检验制度，明确规定狱中死亡要直报提刑司检验，并规定鉴定死因、受杖伤情及疾病等，有一整套严密的检验制度，而明代狱中死亡"免检"制度实际上是法医学发展史上的倒退现象。

2. 狱门狴犴

图43　狱门狴犴（引自黄瑞亭著《鉴证》，黄鹄立画）

明代李东阳《怀麓堂集》：龙生九子，三子狴犴。狴犴，又名宪章，形似虎。它平生好讼，却又有威力，狱门上部那虎头形的装饰便是其形象（图43）。传说狴犴不仅急公好义，仗义执言，而且能明辨是非，秉公而断，再加上它的形象威风凛凛，因此除装饰在狱门上外，还俯卧在官衙的大堂两侧。每当衙门官员坐堂，官员衔牌和肃静回避牌的上端，便有它的形象，它虎视眈眈，环视察看，维护公堂的肃穆正气。《天禄识余·龙种》："俗传龙子九种，各有所好。狴犴，似虎有威力，故立于狱门。"

3. 苏三监狱

明代冯梦龙"三言二拍"之《警世通言·玉堂春落难寻夫》记载玉堂春案："玉堂春"是京城名妓苏三的艺名。苏三深陷风尘之前遇上了王景隆。王景隆很快就囊空如洗。苏三对王景隆说："哥哥！我本欲留你多住几日，只是留君千日，终须一别。今番作急回家，再休惹闲花野草。见了二亲，用意攻书。倘或成名，也争得这一口气。"王景隆害怕回家被父母责怪，苏三便将房内金银首饰器皿相赠，并使计策让老鸨写下了赎身文书："……有南京公子王景隆，与女相爱，准得过银二万两，凭众议作赎身财礼。今后听凭玉堂春嫁人，并与本户无干。立此为照。"苏三就等王景隆来娶她。但苏三却被老鸨卖给了富商沈洪做妾，跟着沈洪回到了山西洪洞县。沈洪老婆皮氏在家养奸夫。见老公带回小妾，皮氏与奸夫共同用砒霜毒死了沈洪，嫁祸给苏三，并以一千两银子贿赂知县。知县不检验投毒来源，对苏三严刑逼供，逼迫画押。正当苏三在洪洞死牢含冤负屈之际，适值王景隆升任山西巡按。苏三的案子被山西报给刑部后，落在王景隆的手里。王景隆在此前虽风闻苏三被卖到洪洞，但未知真情，故到任伊始先巡平阳府，得知苏三已犯死罪，便秘访洪洞，探知苏三冤情，火速令押解苏三案全部人员至太原。这就是京剧《玉堂春》中的著名唱段《苏三起解》，其唱词："苏三离了洪洞县，将身来在大街前。未曾开言我心内惨，过往的君子听我言。哪一位去往南京转，与我那三郎把信传。言说苏三把命断，来生变犬马我当报还。人言洛阳花似锦，偏奴行来不是春。低头离了洪洞县境。"唱词中，苏三说的三郎就是王景隆。为避亲审惹嫌，王景隆遂托刘推官代为审理。在太原府三堂会审（刑部、都察院、大理寺）的公堂之上，苏三把冤情申诉了一番。最终，苏三的冤情得到澄清，皮氏、奸夫等真正的罪犯得到了应有的惩罚。

述评：该案未做毒物检验和投毒调查，刑讯逼供使苏三画押，检验证据成为摆设。而冤案的澄清也不是再现检验证据，却是苏三的情郎王景隆的出现，正如苏三唱词："哪一位去往南京转，与我那三郎把信传。"这些都生动地反映了明代的法医检验微不足道，地位低下。值得一提的是，明正德年间（1506—1521）苏三（玉堂春）囚于洪洞监狱的死牢内，因而这座明代牢狱，也称为"苏三监狱"。

4. 牢房尽空

戴清亭

〔明〕冯梦龙

县在翠微处，浮家似锦棚。

三峰南入幕，万树北遮城。

地僻人难到，山多云易生。

老梅标冷趣，我与尔同清。

这首诗是冯梦龙在福建寿宁任知县时写下的。通过写寿宁风光，寄托自己想当清官的愿望，其中，"牢房尽空"是他的治理思想。冯梦龙是"三言"（《喻世明言》《醒世名言》《警世通言》)、《智囊》、《古今谈概》等名著的作者，对法医学发展有过贡献。冯梦龙于崇祯七年(1634)任寿宁知县。从冯梦龙的《寿宁待志》可看出，他在治理中奉行的是儒家"修身齐家治国平天下"的无讼理念，主张"险其走集，可使无寇；宽其赋役，可使无饥；省其讥牒，可使无讼"，简政轻刑，与民休养，采取恩威并施的治理手段。冯梦龙的治狱思想从多方面着手，可概括为"大智立法"，取得"此风顿息"效果；大行执法，取得了虎患消除的成效；"大愿司法"，取得了"牢房时时尽空"的成效；"大慈守法"，取得了公署喜清闲的效果。其有《题字判牛案》、颁发《禁溺女告示》的故事。《题字判牛案》中，冯梦龙的文告将一场积怨已久、发生械斗的两个邻村矛盾消弭无形，充分体现了冯梦龙的无讼追求；颁发《禁溺女告示》可谓功德无量。

六、法医文化

1. 真假猴王

明代的文学艺术出现平民化趋势，出现了我国小说史上四大名著中的《西游记》《水浒传》《三国演义》。吴承恩所著《西游记》取材于《大唐西域记》和民间传说、元杂剧，以神话传说形式表达自己的要求和愿望，用幽默、讽刺的手法来抨击现实。《西游记》第五十七回是"真行者落伽山诉苦，假猴王水帘洞誊文"。这一回"六耳猕猴"变作孙悟空，打了唐僧，又斗孙悟空。唐僧念紧箍咒，两个都喊疼看不出；玉皇叫托塔天王李靖拿照妖镜照也看不出；观音也看不出。地府里的生死簿名册上找不到，阎罗请"谛听"听过之后说："我看出来了却不敢说。"最后，还是如来佛用金钵盂罩住六耳猕猴，他才被孙悟空一棍子打死。这就是吴承恩《西游记》里一个鉴定问题。鉴定什么？鉴定谁是真悟空。唐僧作为悟空的领导，鉴定不行。托塔天王代表行政机关，鉴定不行。观音，太慈悲了也不行。阎罗的"谛听"代表阴间法庭，却不敢说，不公，也不行。最后，如来佛自己来鉴定六耳猕猴是假的后，悟空一棍子将六耳猕猴打死。吴承恩有点不服：什么事都要如来才行，以后什么事都叫如来做好了。吴承恩还有个不服，唐僧、悟空是去西天取经的，由如来做鉴定，这件事触及了回避原则。最让吴承恩不服的是地狱"谛听"说"看出来了不敢说"，地狱法庭也卖人情！

述评：这大概是吴承恩《西游记》里对鉴定的思考，很深刻。吴承恩要表达的是要由中立权威机构来做鉴定。其实历史上鉴定由谁做一直在闹。肯定不能"如来"做，"观音"不行，也不能那么多人做，由谁来做？看来鉴定问题，特别是鉴定由谁来做问题，不是现在才讨论的。早在几百年前吴承恩所处的年代就在议论了。

2. 包公案牍

公案，原系指公府的案牍，其后引申为剖断是非的案牍始称公案。在众多的公案小说中，最为脍炙人口的首推《包公案》，其次是清代的《施公案》《彭公案》。从文化角度出发，这类故事能在民间广为流传，主要的原因是其平反冤狱的内容。大体而言，《包公案》多因袭前人著述而敷衍，《施公案》《彭公案》则以《洗冤集录》为主，附以民间传说之案狱而成。《包公案》为明代的公案小说，讲述包公破案的故事，以平反刑狱作为题材，是中国古代文学三大公案之一。其基本内容是歌颂包公秉公执法、清正廉明、为民除害的清官形象。其中"人命""奸情""盗贼""争占"等类案，实际上应用了法医学知识，说明在明代法医学已经从审案官员的工作手册扩大到民间文学作品层面，同时也是民间寄托司法公正的愿望。

3. 牡丹亭梦

明代汤显祖创作的传奇《牡丹亭》讲的是：南安郡太守杜宝的女儿杜丽娘，耐不住读经的枯燥，在丫鬟春香陪伴下，到花园游玩。花园里姹紫嫣红、群鸟争喧的烂漫春光，突然使她感悟到青春的美好和短暂，引起无限伤感。一时间精神困倦，蒙眬睡去。梦中见一翩翩书生，手执柳枝与她幽会。醒来怅然，追思不已。再度寻梦，不见伊人。丽娘相思染病，临终前描下真容，题于上，埋于花园太湖石下。不久，丽娘香消玉殒，葬于牡丹亭边，建起梅花庵。三年后，广州书生柳梦梅赴京赶考，途经南安郡，因染病住进梅花庵，并在太湖石下拾到丽娘的真容画像，竟和梦中所见女子一模一样。梦梅焚香拜画。入夜，丽娘竟从画上走下。梦梅遵丽娘之嘱，掘墓开棺，丽娘竟得复生。二人结为夫妻，同赴临安应考，又至扬州寻父。杜宝将柳梦梅当成掘墓之贼，痛打关押，也不信丽娘复生。后经反复验证，才信此事。最后，皇帝出面方得圆满解决。杜丽娘年方二八，天生丽质，"一生儿爱好是天然"的自由生活。但礼教压抑了她的本性,扼杀了她的情愫。在一次念《诗经》的时候,她突然悟出人生的真谛,发出"人不如鸟"的感叹。接着在游园中又发现了"春色如许"的园林。她感到环境的窒息,青春的易逝。然而,这样的天性和情感在当时是不合礼法的。于是,杜丽娘的痴情化作梦境,在梦中突破牢笼,得到应该得到的一切。《牡丹亭》自问世后,家传户诵,产生了巨大的社会反响。

述评:《牡丹亭》提出一个问题,梦是什么?古人对梦有虚无说、寄托说、现实说等,古代有借用梦破案、借鬼神断案、梦中断狱等,早期与检验有关的书籍《还魂记》等也许就是这类著作。

4. 中有白路

"中有白路",即"竹打中空",古人称之为棍棒伤。明代张景《补疑狱集》有"中有白路"的记载:宋提举杨公验一肋下致命伤痕,"长一寸二分,中有白路",认定为杖伤之痕。宋提举认为,圆形的长条状棍棒打到人体时,可以看到被打部位有两条平行的皮下出血带,中间皮肤是苍白的,因此称之为"中有白路",如同竹子中空一样,所以,又称"竹打中空"。

述评:在古代,棍棒是十八般武器之一,有长棒短棍,而棒类随手可得,经常是打击的武器或凶器。此外,古代还有体罚人的杖刑,也叫荆杖刑罚。所以,古代棍棒伤类检查相当常见。

5. 皮肉紧缩

明代冯梦龙《智囊》记载:有一个人想谋得侄子的财产,就把侄子骗到家里,夜里将他灌醉后在家里把他杀了。这个人的儿子和儿媳的感情一直不好,他就与儿子商量想趁这个机会以"侄子与儿媳通奸之名"将她一并除掉。于是,拿着刀闯进房中,砍下了她的脑袋。然后,又割下已死侄子的脑袋向官府投案。知县尹见心接到投案后,在灯下仔细观看了两颗脑袋的刀伤处,一个皮肉紧缩,另一个皮不紧缩。于是,心生疑问,问道:"这两个人是你同时杀死的吗?"那人回答:"是的。"尹见心又问:"这妇女有子女吗?"那人答:"有一个女孩,才几岁。"尹见心说:"你得暂时寄押在监狱里,等天亮后再审。"于是,派人立即将那孩子领到县衙来,尹见心和颜悦色仔细询问了孩子，终于了解到案情。面对确凿证据，父子二人只得低头认罪。

述评：判断死者的头颅究竟是生前还是死后被砍下的，可以检验颈皮断处。生前砍下的，头颈刀砍处皮肉紧缩；死后割下的，头颅刀砍处皮肉不紧缩。除了观察头颈刀砍处的皮肉之外，还可以检验刀砍处有无瘀血。已死了的人，体内血液循环早已停止，被割头颅后，不会产生溅血和瘀血的现象。宋慈《洗冤集录》记载："活人被刃杀伤死者，其被刃处，皮肉紧缩，有血荫四畔……死人被割截尸首，皮肉如旧，血不灌荫，被割处皮不紧缩，刃尽处无血流。"本案知县尹见心根据两颗头颅颈上刀砍处皮肉的不同形状，判断两人不是同时被杀，继而破案，凶手伏法。由此可见我国古代对生前和死后的法医检验已有相当研究。

6. 明代理学

理学在明代完全占据了思想上的统治地位。但明代理学与宋代理学有一定区别。宋代儒学思想"程朱理学"认为天理是宇宙万物的本原，主张先有理而后有物，继而提出"格物致知"的认识论，认为"今日格一件，明日又格一件，积习既多，然后脱然自有贯通处"（《二程遗书》），但所谓"天理"则是统治所说的伦理纲常，实质上是封建等级秩序。明代儒学代表王阳明则提出"心外无物，心外无理"的"心学"观点，继而提出"致良知"的认识论，认为良知是人所固有的善性，所以要去掉人欲，恢复良知的本性。明代理学糅合了儒、佛、道思想，对理学的"空谈义理"有反思，提出人的"心学"，强调经世致用，以经学解构理学的新动向。王阳明心学侧重道德主体性的影响，把程朱的"性即理"改为"理即性"，性提升为本体，理被条理化并凸显其伦理。

述评：明代心学思想成就并没有在法医学检验方面得到体现，表现明代的法医检验基本墨守成规，没有新的突破，甚至有停滞现象。因为法医学本质上属科学技术范畴，三纲五常、知书达理那一套不能囊括科学技术规范，只有相互之间建立最起码的平等信任关系，应用科学技术进步成果，而不是对法医学封闭化、教条化、格式化，特别是当时世界法医学开始向现代化迈进，而中国法医学没有和外界交流，失去了发展的好时机。这里要说明一下，明代（1368—1644）正是欧洲近代法医学兴起的时期。

14—16世纪欧洲进入文艺复兴时期。与法医学有关的法律制度渊源于德国,1507年德国的《旁贝尔邦法》面世,1532年又颁布《加洛林刑法》要求医生参与鉴定,准许医生进行解剖。1543年《人体构造》出版。1575年《报告编写及尸体防腐法》出版。1598年欧洲第一部系统法医学著作《论医生的报告》出版。1621年《法医学问题》出版。此间,在德国、意大利、英国、俄国、丹麦也相继由解剖学、生物学、外科学、生理学、病理学、内科学教授从不定期到有规律地举办法医学讲座。1785年布拉格大学医学系首设法医学教授职位。因此,欧洲以医生参与鉴定、允许尸体解剖、吸收医学先进仪器参与鉴定、组织法医学术活动的法医学体制,使欧洲近代法医学迅速发展。而我国古代法医学本来早于欧洲,由于没有及时吸收先进法医学发展理念,在明代走向没落。

7. 西学东渐

西学东渐是指从明代后期开始到近代的西方学术思想向中国传播的历史过程。虽然亦可以泛指自唐宋以来的各种西方事物传入中国,但通常而言是指在明末开始欧洲及美国等地学术思想的传入。明代万历年间(1573—1620),西方传教士来华传教,同时带来西方医学、法律、文化等。这对中国传统思想文化有所触动。此时的西方科学技术开始迅速发展,而中国这时科学技术的发展较缓慢,落后于同时期的欧洲。天主教传入中国的同时,引介了西方的科技学术思想、法律思想,译著了大量的西方学术相关书籍。明末的西学东渐中,虽然出现了大量的由教士及士大夫合著合译的书籍,但这些书籍未能受到当时一般社会的重视,因此虽然西学书籍有刻印出版,但主要仍仅流通于少数有兴趣的士大夫阶层。具体地说,明末耶稣会士来华,给中国带来了西方文化。与西学注入中国文化系统的同时,中国文化也经西方传教士的宣传介绍,在欧洲流播开来。在西方文化的传入和影响下,中国文化开始了新的变化。传教士来华时期,耶稣会士以文化交流的心态来审视中医,但他们所翻译的西医书籍在中国影响有限。由于当时西方医学逐渐完成向现代医学的转变,他们以现代医学的标尺来衡量中医的科学性,提出了批评,甚至提出在中国建立西方医学体系。他们在中国传播西方医学,对中医造成了冲击,推动了近代中国医学的发展,但没有发现有法医学方面书籍及学术方面的中西方交流。

8. 二仆争鹅

明代《律条公案》，全称《新刻海若汤先生汇集古今律条公案》。全书正文7卷，卷首1卷，共46则，分14类案件，分别为谋害类、强奸类、奸情类、强盗类、窃盗类、淫僧类、除精类、除害类、婚姻类、妒杀类、谋产类、混争类、拐带类、节孝类。从卷七前题"金陵陈玉秀选校、书林师俭堂梓行"、卷七后题"书林萧少衢梓行"来看，萧少衢是师俭堂主人。"海若"为明代著名戏曲家汤显祖之号，撰者署汤显祖可能是伪托。

《律条公案》中"二仆争鹅"，讲的是福建泉州府同安县百姓龚昆，娶妻季氏。适逢岳父李长者生辰，龚昆派遣家仆长财携礼前去代为恭贺，临行前再三叮嘱："别的东西都可让他接受，惟独这只鹅不可令他拿去。"长财应声而去。来到李长者家，长者见女婿具礼来贺，心内也是欢喜，开口问道："官人为何不亲自来饮酒？"长财解释道："因有俗冗之务需要打理，没办法亲来道贺。"长者叫来厨子把鹅收下。长财见状，不好意思阻拦，挑起竹筐离开。回到离城一里地，见路旁田里有一群白鹅，长财四顾无人，便下田挑了只大的捉住，放在鱼池内将其毛拔去洗湿，放入笼中，打算回到家里好交代。谁知照看鹅的仆役招禄，回家之时，在山傍曾撞见长财的笼里无鹅，等到再回转田里时，又看到长财捉了只鹅，放入笼中离去。招禄边叫边追，然而长财并不理会，只是埋头急行。行了一望路程，偶遇招禄的主人从县城回来，招禄在后面大声叫喊："官人，前面挑担的盗了咱家的鹅，赶快拿住。"其主人闻知，一把揪住长财，长财这才放下挑担："你这人好生无礼，无故扯人是何道理？"其主怒道："你偷我鹅，还说扯你何干！"两人争执，有路人为了息争，开口出了主意："既说他盗了你的鹅，大家可以作证，你俩捉这只鹅放入鹅群中，若合伙就是你的，如不合伙且自相追逐，定是他的。"长财忙不迭点头："这伙官人言之有理，可转回试试。"长财放出笼中的鹅丢入鹅群中，众鹅见这只鹅毛羽皆湿，不似之前，无不争相追逐，并不合伙。路人皆言公道："这鹅果然是长财的，你主仆二人何敢如此欺心？应捉了这只鹅还给他。"其主被众人抢白，深觉无趣，一肚子火无处发泄，将招禄叫到跟前好一顿臭骂。招禄万分委屈："我分明见他担里没鹅，待到田里时，见他捉了这鹅放入笼里，为何会不合伙？"

心中不忿，十分想弄明白缘故，便将长财扭入县衙。本地项知县坐堂，问二人所为何事，两人各言其故。项知县细看那只鹅，心内暗思："说是招禄的鹅，为什么不合伙？说是长财的，岂敢平白诬赖人？"再三思虑，令两人各回各家，明早到官府领鹅。次日，二人进县领鹅，项知县笑道："这鹅乃是招禄的。"长财不得其解："昨日路人作证都说是小人的，今日大人为啥断给他？"项知县拍案喝道："你住城里，养鹅必是用谷粟，鹅屎必然偏黄；他住城外，鹅食皆是草虫，鹅屎必然发青。如今鹅屎皆是青色，你因何缘故混争？"长财仍巧言令色道："既是他的鹅，昨日为何与鹅群不合伙？"项知县抬手斥道："你这奸诈奴才，本官证据确凿，你犹自嘴硬。你先用水洗湿鹅毛，众鹅见其毛湿和从前不同，焉有不追逐它的道理？"下令将鹅判还招禄，再唤左右重责长财二十大板，完事后将其乱棍打出衙门。

述评：这个案子是辨别粪便颜色来判断鹅的生活区域，进而识别鹅的主人。正如项知县断案时对长财说的："你住城里，养鹅必是用谷粟，鹅屎必然偏黄；他住城外，鹅食皆是草虫，鹅屎必然发青。如今鹅屎皆是青色，你因何缘故混争？"这实际上讲出了检验原理，与法医学上辨别胃内容物判断生前进食情况是一致的。由此可见，明代对法医检验的认识已达较高水平。

9. 遗体受辱

明代《二刻拍案惊奇》的卷三十一"行孝子到底不简尸 殉节妇留待双出柩"讲述了一个案件：浙江武义县人王世名，17岁时父亲与族侄王俊为了房产纠纷发生争吵后被王俊打死。王世名表面上同意和王俊"私了"，接受了王俊赔给的几亩地，声称父亲死于意外，向当地官府申请"免检"尸体。可在安葬了父亲后，他日夜暗中带着刻有"报仇"二字的匕首。每年从王俊赔得的田产所收租谷都另外记账。在以后的六年里王世名考中秀才、娶了妻子、有了儿子，于是他对母亲和妻子说："我们王家有后了，我可以死了。"王世名在路上截击王俊，砍下王俊的脑袋，带上王俊所赔田产的账簿，到县衙门自首。武义县的陈知县询问了情况后说，"这是大孝子，怎么可以关押收审"，把他请到公馆里休息，并向上级金华知府报告自己不愿审理此案。金华知府只得临时调遣金华知县汪大受前来审理。汪大受对王世名说："我检验一下你父亲的尸体，如果有伤，你就没有死罪。"王世名回答："我就是为了不亵渎父亲的遗体才忍受至今，我情愿一死也不愿父亲遗体受辱。"汪大受要他回家辞别母亲，同时派人起出王世名父亲的棺材打算验尸。王世名赶回衙门，以头撞墙，阻止验尸。汪大受只好停止验尸，向上级报告，请求不验尸就以复仇结案。可是王世名说："这是违法的事，违法就是目无君上，怎么还能活命？"他就自己绝食自杀。王世名死后，他的遗孀俞氏抚育儿子至3岁，居然也自杀殉夫。汪大受还特意为王世名写了传记。以后还有很多士大夫在自己的诗文里歌颂王世名的"孝烈"。民间艺人把王世名的故事编为戏曲，广为传唱。朝廷曾为此下诏，表彰王家一门"孝烈"。很多小说也登载了这个故事，比如《型世言》第二回"千金不易父仇 一死曲伸国法"，内容与《二刻拍案惊奇》基本相同。清代编写《明史》，也把王世名事迹列入了《孝义传》。

述评：本案是发生在明万历九年（1581）的王世名为父复仇案。传统的观念里尸体是神圣不可侵犯的。因此，历代法律实际上都对尸体检验做出一定的例外规定，允许"尸亲"在某些情况下可以申请免除尸体检验。当然，如果已经申请了"免检"，作为"尸亲"的受害人亲属也就不得再提起诉讼指控加害人。替父复仇申请"免检"也是理由之一，这种情况下，受害人亲属是出于不使受害亲人的尸体遭到检验的亵渎而申请"免检"，自己实行复仇。这样的事例在历史上也是屡见不鲜。由此可见，我国古代"免检"制度不利于法医学发展，甚至阻碍法医学发展，是我国古代法医学限制在尸表检验水平，而其根源在于传统的"孝"文化。

10. 人身说概

说到历史上传入我国的西方医学典籍，不能不提及明代的《人身说概》。而谈论这部最早传入我国的西方人体解剖学专著，就不能避开毕拱辰①。

毕拱辰在《人身说概》的序中说，他崇祯七年（1634）在京师看望汤若（Johann Adam Schall von Bell, 1591—1666）时，谈到"贵邦人士范围两仪天下之能事毕矣，独人身一事，尚未睹其论著，不无缺望焉"。汤若望即拿出"形模精详，剖厥工绝"的"西洋人身图"，继而又出示了了邓玉函（Johann Schreck, 1576—1630）翻译的《人身说概》

---

① 毕拱辰生平见本书489页。

两卷初稿，这位万历进士认为此稿不文，"乃一绁陋侍史从旁记述，恨其笔俚而不能挈作者之华，语滞而不能达作者之意"。于是亲自握笔为之润色。他对西方人体解剖学极为推崇，在《序》中认为该书"虽素草，已生人琴之痛剧切，而余泽犹在鼎鬵之味可寻，此其大概也。编中胪列诸部，虽未全备，而缕析条分，无微不彻；其间如皮肤、骨节诸类，昭然人目者，已堪解颐"。毕拱辰认为，其中关于肉块筋部的分布运动，"细筋为知觉之司，脆骨有利益之用，轩岐家曾经道支字否。又论人记含之所，悉在脑囊，乍聆之未免创论；然人当思索时，瞑目蹙眉，每向上作探取状，且二东方言，以不能记者谓没脑子，此亦足征其持论不诬，而东海西海理相符契者矣"。他甚至说："余曩读《灵》《素》诸书，所论脉络脉，但指为流溢之气，空虚无著，不免隔一尘劫；何以兹编条理分明，如印印泥，使千年云雾顿尔披豁，真可补人镜难经之遗，而刀圭家所当顶礼奉之者。"这里，"刀圭家所当顶礼奉之者"，就是值得检验官吏敬重的书籍。毕拱辰提到《灵》《素》诸书脉络看不见摸不着，而西方解剖学的动静脉、神经结构图，"条理分明，如印印泥"，一目了然。于是，毕拱辰被传教士汤若望处获得的邓玉函《人身说概》西医之脏腑图说折服，遂将该书取名《泰西人身说概》刊刻于世。

述评：作为检验官员，毕拱辰知道解剖学对法医学的重要性。因此，毕拱辰不仅对于西方医学在我国早期传播做了一些有益的工作，而且对法医学发展做出了积极的贡献。

11. 金玉其外

卖柑者言

〔明〕刘伯温

杭有卖果者，善藏柑，涉寒暑不溃。出之烨然，玉质而金色。置于市，贾十倍，人争鬻之。予贸得其一，剖之，如有烟扑口鼻，视其中，则干若败絮。予怪而问之曰："若所市于人者，将以实笾豆，奉祭祀，供宾客乎？将炫外以惑愚瞽也？甚矣哉，为欺也！"卖者笑曰："吾业是有年矣，吾赖是以食吾躯。吾售之，人取之，未尝有言，而独不足子所乎？世之为欺者不寡矣，而独我也乎？吾子未之思也。今夫佩虎符、坐皋比者,洸洸乎干城之具也,果能授孙、吴之略耶?峨大冠、拖长绅者,昂昂乎庙堂之器也,果能建伊、皋之业耶?盗起而不知御,民困而不知救,吏奸而不知禁,法斁而不知理,坐糜廪粟而不知耻。观其坐高堂、骑大马、醉醇醴而饫肥鲜者,孰不巍巍乎可畏,赫赫乎可象也?又何往而不金玉其外、败絮其中也哉?今子是之不察,而以察吾柑!"予默默无以应。退而思其言,类东方生滑稽之流。岂其愤世疾邪者耶?而托于柑以讽耶?

述评:明代刘伯温《卖柑者言》一文,以"坐高堂、骑大马、醉醇醴而饫肥鲜者"描述体制下养活的人,以"金玉其外,败絮其中"的柑子为喻,抨击当时制度下欺世盗名、贪污腐败、不会办事的官吏。刘伯温对体制内"金玉其外,败絮其中"现象有所担忧,其实早在南宋时期的宋慈就对法医制度有过担忧。宋慈《洗冤集录·序》:"年来州县,悉以委之初官,付之右选,更历未深,骤然尝试……况遥望而弗亲,掩鼻而不屑者哉。"古代科举取士,初官县蔚、县令就是检验官员,没有任何经验。宋慈认为,初官,外观光鲜,检验知识匮乏,况且检验时"遥望而弗亲,掩鼻而不屑者哉",实际上不能胜任检验。因此,宋慈认为是检验制度导致这种状况。可惜,宋慈对检验制度的担忧并未引起后世注意,宋后元明清仍然沿用官验制度,对法医自然科学属性缺乏研究,最终导致我国法医学落后于西方。

12. 增广贤文

述评:《增广贤文》是明代编写的儿童启蒙书目,也是社会治理文宣之一。书名最早见于明万历年间(1573—1620)的戏曲《牡丹亭》,据此可推知此书最迟写成于万历年间。《增广贤文》对人性的认识,以儒家荀子"性恶论"思想为前提,以冷峻的目光洞察社会人生。从前面所摘内容看,《增广贤文》提到读书做官(家无读书子,官从何处来)、做官官德(人有几等,官有几品),提到百姓对官的态度(官清难逃猾吏手,衙门少有念佛人)和对官的蔑视(八字衙门向南开,有理无钱莫进来),但也提到司法公正(天网恢恢,报应甚速)和社会治理(官有公法,民有私约)。有意思的是《增广贤文》也有谨慎办事之语(差之毫厘,失之千里),与宋慈法医检验态度一致①;有精益求精办事之语(在一行,练一行),与宋慈法医检验要求一致②;还有躬亲办事之语(动口不如亲为,求人不如求己),与宋慈法医务实精神一致③。

13. 南赣乡约

明代王阳明曾经在江西南安县、赣州以及福建的汀州、漳州这一带做官,他非常重视社会教育。当时赣南的民风很差,王阳明认为这是由于缺乏教育,于是制定了《南赣乡约》。王阳明《南赣乡约》序言中说道:"孝尔父母,敬尔兄长,教训尔子孙,和顺尔乡里,死丧相助,患难相恤,善相劝勉,恶相告诫,息诉罢争,讲信修睦,务为良善之民,共成仁厚之俗。"

述评:从社会治理角度出发,社会风气变好,打架斗殴案件变少,就会出现"息诉罢争"的好风气,而好的民间风俗就会起到好的社会治理作用。在古代,风俗是地方性的一种生活习惯,由于风俗各异,所以古人很早就提出要移风易俗,要走向道一风同的境界。要达到这个境界要让老百姓读书明礼,找到自己的人生价值,成为"息诉罢争,良善之民",而前面提到《南赣乡约》这样民间"乡约"就是最好社会治理方式。郑克《折狱龟鉴》说,检验的目的是"以敦化善俗为己任",可见,法医检验起到改变社会风气的作用,与社会治理密切相关。

14. 张三驴案

《大明宣宗章皇帝宝训》卷之五记载:"宣德六年(1431)七月癸未,大兴县民张三驴,以役事敛里人陈售显财物相殴提曳,售显母抱未晬幼男奔救,失足跌仆地伤幼男首而死,遂诬告三驴击杀之行,在刑部论绞罪,三驴不能自明事闻。上曰,先亦有一事类此,婴儿在怀抱,非与斗者,安可击杀。宜复核。至是,刑部逮其亲邻及旁见者,皆云实跌伤死,非击伤也。遂论售类诬人死罪未决,当流。三驴科敛取财当徒以闻。上谕侍郎樊敬等,曰:尔等职司刑罚而往往轻率,如此,下人受枉必多矣。朕盖惭见

---

① 《洗冤集录·疑难杂说上》:"理有万端,并为疑难,临时审察,切勿轻易,差之毫厘,失之千里。"
② 《洗冤集录·疑难杂说上》:"贵在精专,不可失误。"
③ 《洗冤集录·检复总说上》:"仍须是躬亲诣尸首地头,监行人检喝,免致出脱重伤处。"

第六章　明代的法医学与社会治理关系研究

卿等，卿等宁不自惭乎？敬等皆顿首。"案件是这样的：宣德六年（1431）七月，王珣担任里长，负责收取百十户人家钱粮交官府。每年十一月前完成，否则，官府拿里长王珣试问，甚至杖刑。为了向官府交差，王珣当年雇请了一个叫张三驴的人，帮助催缴。张三驴是一个游手好闲的人，整天无所事事。这次，被王珣雇为家丁，十分卖力。但因为连年干旱，作物歉收，农民负债，催缴钱粮遇到阻力。一天，张三驴到一户叫陈售显的家里收钱粮。张三驴要陈售显马上交了事，否则，要陈售显交"跑路费"。陈售显说，不是到十一月交齐吗？张三驴说，十一月要再来两次，"跑路费加倍"。陈售显知道张三驴是什么样的人，只是当了里长的家丁，仗势欺人，不理会他。张三驴发话，再不交，强行动手。陈售显也不示弱，说张三驴只不过是王珣里长的一只狗。二人话不投机，打了起来。这时，陈售显的妻子也上前助阵，三人扭成一团。在屋内的陈售显母亲，听到争吵和扭打声，抱着不满一岁的孩子出来，被门槛绊倒，孩子从陈售显母亲手里甩出，摔到地面，头部着地死亡。陈售显及妻子、张三驴一看孩子摔死，都惊呆了。张三驴见势不妙，当场溜走。陈售显为了嫁祸于张三驴，歪曲事实，到大兴县衙状告张三驴打死自己孩子。县衙立即将张三驴逮捕归案。大堂用刑，张三驴熬不过，承认摔死孩子。大兴县逐级上报到刑部。刑部以"张三驴杀死婴儿判绞刑"，呈给皇帝御批。宣德皇帝看后，对照先人"有因争斗因而杀子谋人者"的类似案件。但本案，婴儿在奶奶怀抱里，奶奶没有参与打斗，离二人打架有一定距离，卷宗也没有记载张三驴从奶奶手里抢下婴儿，怎么说张三驴打死婴儿呢？宣德皇帝御批复核。于是，刑部派人检验现场，婴儿摔死在门槛旁，离张三驴与陈售显打架有二丈远距离。不符《洗冤集录》所载。刑部再调查邻居及旁见者，大家都说婴儿系奶奶绊倒后脱手摔死，不是张三驴打死。这样，张三驴死罪被免，以敛取财物被杖打一百流三千里。陈售显诬告反坐，杖打一百流三千里。

述评：宋慈《洗冤集录·附小儿尸并胞胎》说："有因争斗因而杀子谋人者，将子手足捉定，用脚跟于喉下踏死。只令作作、行人以手按其喉，必塌，可验真伪。"这段话的意思是，有因争斗而杀死自己孩子以诬告他人的案件，诬告者把自己孩子手脚捉住，用脚跟踩在喉下踏死。对此，只要令作作行人用手按他的喉部，必定塌陷，便可以验出真伪了。宋慈这段话有两层意思，一是因争斗导致孩子死亡案件要慎重处置，存在"杀子谋人"的情形；二是因争斗导致孩子死亡案件，要在排除"杀子谋人"情形后，弄清楚孩子怎么死亡，比如孩子恰在争斗时摔死，是否与打斗有关，谨防诬告。在该案中，刑部调查发现"婴儿摔死在门槛旁，离张三驴与陈售显打架有二丈远距离"，不符《洗冤集录》所载，认定陈售显诬告。这个案件记载在《大明宣宗章皇帝宝训》卷之五里。《大明宣宗章皇帝宝训》，也称《皇明宝训》。所谓宝训，即皇帝语录，按照内容分类辑录。这些内容《明实录》中均有记述，文字相似，"上曰"即"皇帝曰"。《皇明宝训》与《明实录》一样，是明代官修正史，辑录明代历朝皇帝言论和政事的史书。

15. 稳婆验破身

明代"各犯发格式"是记载检验官吏在请稳婆检验以后，向上司报告检验结果并发送罪犯的格式公文。熊鸣岐所辑《鼎镌钦颁辨疑律例昭代王章》首卷记载了一名十三岁幼女被奸，告到官府，官府派官员检验并做出报告的过程。①

述评：这个案件，第一次检验，稳婆王氏验得，"十三岁女儿破身未久。""破身未久"指处女膜新鲜破裂。第二次检验，"稳婆马氏，重复验得三女儿委的相奸不曾月久，上是最近破身"。认为"最近破身"，同意第一次检验。这里，"俱结状在官，取问罪犯"，指稳婆检验后，写下"俱结状"（保证书），官府追究罪犯责任。所谓稳婆，或称坐婆，又称收生婆，是古代民间的一种职业。稳婆作为一种专门的职业，最初应形成于东汉时期，唐宋时期已非常盛行。宋慈《洗冤集录》中所提到的稳婆，指的就是官府聘用验尸的专业人员。稳婆不是官府检验官员，只有遇到专门问题时才请来做鉴定。这和宋慈《洗冤集录·针灸死》中曾经介绍的"勾医人检验"相似。一旦发生"医案"，另请"别医"检验。宋慈还介绍稳婆验尸工作包括验处女、验阴道、验身孕、验难产、验伤损等。由此，我们了解到宋时官府检验也少不了稳婆，如办案时验女尸，常由稳婆出场以检验私处；对于女子遭人强奸，也总由稳婆进行探验；还验有阴阳人等。

宋慈《洗冤集录》出版后，历代有所增补，主要案件遇到一些新的内容，比如清代

---

① 详见本书第 475 页"外稳婆验式"。

王又槐嘉庆年间搜集验案，附在馆本《洗冤集录》之后，名为《洗冤录集证》。其后，李观澜、瞿大夫、阮其新多次进行增删修订，并汇辑各种同类著作，称为《补注洗冤录集证》。这本书中就记载稳婆协助检验阴阳人的案例，其中的阴阳人，是"遇阴则阳，遇阳则阴"。

16. 半佛半仙

明末清初儒者李密庵的《半半歌》，是当时社会官场的真实写照。

半半歌
〔明〕李密庵

看破浮生过半，半之受用无边。半中岁月尽幽闲，半里乾坤宽展。

半郭半乡村舍，半山半水田园。半耕半读半经廛，半士半民姻眷。

半雅半粗器具，半华半实庭轩。衾裳半素半轻鲜，肴馔半丰半俭。

童仆半能半拙，妻儿半朴半贤。心情半佛半神仙，姓字半藏半显。

一半还之天地，让将一半人间。半思后代与沧田，半想阎罗怎见。

酒饮半酣正好，花开半时偏妍。帆张半扇免翻颠，马放半缰稳便。

半少却饶滋味，半多反厌纠缠。百年苦乐半相参，会占便宜只半。

述评：《半半歌》被认为是明清时期儒者对人生、官场"中庸之道"的诠释。这里"心情半佛半神仙，姓字半藏半显"，指的是心态与性格半佛半仙最好，功名与利禄各半就可以了。看来，儒士对孔子提出的"中庸之道"，认为是折中主义，有些简单化了，这可能是一种误解。孔子的"中庸之道"和这个理解是不一样的。《论语·雍也》篇，子曰："中庸之为德也，其至矣乎，民鲜久矣。"这里的中庸是指孔子提出的最高的德行，是一种道德实践的原则和待人处事的方法。因此，明清时期所表现的"中庸之道"，表面上看维护了封建社会传统的延续性和恒久性，但从消极的方面看，它扼杀了个体性格，在社会变革的过程中阻碍了历史的发展。就法医检验而言，从事检验工作的是官吏，也就是儒士，这种思想在他们当中相当普遍，有点像唐代的"中隐"官员心态，拿奉薪混官职、混时间的大有人在，没有像宋慈那样"独于狱案，审之又审，不敢萌一毫慢易心",而是"半之受用无边"。因此,宋慈《洗冤集录》出版之后,明清代法医检验创新不多,只在《洗冤集录》基础上以补注、增补、修订等形式出现,而明清时期正是西方现代法医学发展的时期,我国失去了发展的最佳时机,与这种文化氛围不无关系。

17. 黄光检骨

"黄光检骨"是明代天启、崇祯年间(1621—1644)被王永吉应用到司法检验之中的。该方法载于清康熙十三年(1674)王永吉之子王明德所撰写的《读律佩觿·洗冤录补·检验骨伤补》中,说的是面对那些年代久远或已被蒸检过的尸骨,可通过黄油雨伞罩在尸骨上方来察看骨上伤痕。①

王明德,字亮士,号金樵,江苏高邮人,大约生于1620年前后,康熙时历任刑部郎中、湖广汉阳府知府,为人"气骨肮脏,侃侃不可挠折",具体卒年不详。其父王永吉,字修之,号铁山,明天启甲子(1624)举人,乙丑(1625)进士,授大田知县,荐任饶州推官迁户部郎等职。清王朝建立后复召为官,历任户部侍郎、秘书院大学士、国史院大学士、太子太保兼领吏部尚书等职,死后追赠少保兼太子太保吏部尚书,谥"文通",王明德是其长子。由王明德文中的"此先文通公莅任县令司李时所亲试,愚故辑而补之,以免尸骨再煮"等语可知,王明德的父亲文通公王永吉,亲自试用黄油雨伞来罩定尸骨,检验其有无伤痕的具体时间当在1625年之后,即明朝的天启、崇祯年间,王永吉任大田知县的任期之内,这是目前所能知道的我国应用"黄光检骨"的最早时间。

在王明德之后,由律例馆编辑并于康熙三十三年(1694)刊行的《律例馆校正洗冤录》中,有这样一段记述:"遇阴雨不可检,不必尽用煮法,惟将杭州黄油新雨伞罩定尸骨,则伤之在骨内者,毫发毕露。""年久尸骨,所有伤痕为风雨剥蚀,或因蒸检多次,久而霉,暗伤隐骨中。亦惟置之日中,将黄油雨伞罩定,则骨上伤痕朗然。"显然,这段话是从王明德的《读律佩觿·洗冤录补·检验骨伤补》中直接引用过来的,只是在文字上后者要简练些。

---

① 详见本书第482页"案例4"。

第六章 明代的法医学与社会治理关系研究

述评：为什么在阴雨天检骨时要用"黄油新雨伞"来罩定尸骨，而不是用"红油雨伞"？关于这一点，宋慈在《洗冤集录》中已说得非常清楚。用红油雨伞罩检尸骨，"此项须是晴明方可，阴雨则难见也"。很显然，在阴雨天的可见光线中，所含红光的成分是比较弱的，而黄光的成分则比红光要相对强一些。因此，用黄油新雨伞滤光，检验尸骨伤痕，其清晰程度自然要比其他颜色的雨伞要好一些。由此可见，王永吉的"黄光检骨"法是我国明代司法检验技术的一项重大研究成果，它不仅改变了以往在阴雨天检验尸骨"尽用煮法"的传统检验方法，而且还解决了"年久尸骨，所有伤痕为风雨剥蚀"或"因蒸检多次，久而霉，暗伤隐骨中"的那些尸骨伤痕的检验难题。在此之后的许梿于清咸丰四年（1854）成书刊行的《洗冤录详议》中，不仅辑录了上述《律例馆校正洗冤录》中的内容，而且还做了如下重要注释："用黄油雨伞罩验骨伤，此检骨第一妙法。近来更有以受伤之骨，置铜镜旁，仍用黄油雨伞罩定，只视镜中骨影，其受伤痕损愈觉显然。"显然，利用平面镜成像来观察尸骨上的伤痕，是清代司法检验技术的一项重大研究成果。由以上所引史料与讨论可知，我国很早就发现了现代光学中的滤光技术，并把它应用到司法检验中去。"红光验尸"之法在北宋初期已有明确记载，而"红光检骨"法则始于南宋时期的宋慈。虽然，宋慈提出了用"新油绢或明油雨伞"来"验尸并骨伤损处"，但他并没有明确提出"黄光检骨"之法。我国使用"黄光检骨"之法的确切记载是在明王朝的天启、崇祯年间，其时的王永吉把它应用到司法检验之中，这是我国明朝末期司法检验的一项重大研究成果。此法通过王明德的《读律佩觿》一书介绍后，在清代司法检验中得到了进一步推广。

18. 白纸鬼状

《皇明诸司公案·韩大巡判白纸状》记载：福建永安县有曾节娶妻甘氏。明万历二十三年（1595），甘氏在娘家探亲。因曾节母亲寿诞，曾节叫甘氏回来。甘氏在弟弟甘尚的陪同下回永安。因甘氏母亲病，甘氏叫弟弟甘尚回去照顾母亲，自己回永安。别了甘尚甘氏往回赶，走了三四里地，前面就出现"高仰寺"，甘氏记得来时的路上并没有寺庙。有两和尚出门接待，说进寺庙。甘氏不肯，这时两和尚拖着甘氏就进了寺庙，然后两人轮流对甘氏施暴。施暴后两和尚准备将她放走，并告诉她从来时的右边那条才是去曾家的路。甘氏对两个和尚说，我回去告你们。两和尚一听，又将甘氏拖了进去，并且每日施暴，结果不到一个月，甘氏染病，两和尚将甘氏勒死并埋在后院梨树下。曾节一看甘氏未回，又去岳母家一问，说前几天就回了。曾节前去告官，说甘氏被娘家人害死了，娘家人甘尚则说甘氏被曾节害死了。县令把两方召来，都不承认，于是只好作为疑案，暂时将曾节、甘尚两人收监。一年后遇上巡按韩邦域"录囚"到永安县，曾节又去告状。巡按一问，原来还有一条岔路是通往高仰寺的，心中便有了数。将门子唐华叫来，去投高仰寺。唐华到了高仰寺，很快得到寺主持真聪的信任。又过了段时间巡按即将离开永安，众人送韩巡按到高仰寺游览。韩巡按进寺游玩良久，傍晚时分忽见一人蓬头垢面持状跪在下面。韩巡按把状子接过来一看，上面说："我甘氏被这寺的两个和尚施暴，染病后又被他们勒死并埋于梨树林中。"韩巡按看完后大怒，于是将状子递给了下面的人看，结果下面的人接过状子一看，却是一张白纸，其他人不信也接过去看，果然是一张白纸。韩巡按一听，说不可能，拿过来我看，果然是一张白纸，再看刚才告状之人也已不见。于是众人都说这是白纸鬼状。韩巡按说刚才的状子我也记得不少，现在我们就去寺院后面查看。于是，到了后院，果见一片梨树林。韩巡按看见唐华站在一棵树下，于是就说从这里挖。一会儿就把甘氏的尸体挖了出来，还未全部腐烂，脖子上的勒痕还在。将寺里的僧人一审，那两个和尚真聪、真慧全招了。韩巡按判决如下：将两僧人诛杀，将曾节、甘尚无罪释放。

述评：这是巡按韩邦域"录囚"到永安县时办理的一个案件。所谓"录囚"是建立于我国西汉时期的一项司法制度，其功能是纠正冤狱、督办滞狱（久悬未决的案件），它在我国古代整个法律机制运行中是不可或缺的重要环节，通过"录囚"活动的检验和监督司法合法性，从而维护了法律的威信。我国古代没有明确的检验和审判的区分，司法官员兼负检验职责，故其探求事实的理念和方法与现代法医颇有不同之处。本案中，我们看到司法官员穷尽了各种方法探求真相，比如微服私访、安插卧底、装神弄鬼等。值得一提的是，古代法医检验还要知晓鬼神、民俗、文化等，并利用类似本案"白纸鬼状"这样心理战术使罪犯伏法，展示了我国古代法医学检验的另一个侧面。

19. 挥刀断臂

《明史·列传·烈女一》之《王妙凤列传附唐贵梅列传》中，王妙凤的婆婆与人私通,私通者见儿媳年轻貌美,欲对儿媳进行侵犯,而婆婆默许。在双重困境下,王妙凤选择了死亡。王妙凤事件中,婆婆的奸夫调戏王妙凤,摸了她的胳膊,王妙凤非常愤怒,拔刀就要把自己被奸夫摸过的胳膊砍下来,第一次没有砍断,又砍了一次才砍断。王妙凤的父母想要去告官,王妙凤坚决不让,她对父母说:"我死了就死了,天底下哪里有儿媳妇告婆婆的道理呢?"过了十几天,挥刀断臂的王妙凤因伤势严重不治而亡。这些过程有仵作检验记录。

述评:对于一个古代女性而言,按照节的要求,她应该守身如玉,不能弄污了自己的身体;按照"孝"的要求,她应该听从公婆的话,博得长者的欢心。而张妙凤则遭遇了"节与孝"相互抵触的巨大的"道德困境"。婆婆唆使王妙凤与恶少通奸,若守"节"则忤逆婆婆而失"孝",若全"孝"则失"节"。王妙凤遵循孝道,反对自己作为儿媳妇状告婆婆,并用残酷的自虐方式来表达自己的贞节。

20. 红裳杀人

明代陈道《八闽通志》记载,南宋邵武(今福建邵武)军知军"王洋,字元渤,楚州人,有吏才"。王洋破获一起"红裳杀人"案件:有位姓袁的女子有一天突然到官府来注销户口,说是丈夫刚刚去世,她准备投往他乡,本来这只是一件离乡办手续的事情,但王洋眼光甚"毒",一眼发现"衰绖之下,红裳微露,且无戚容"。"衰绖"指丧服,丧服之下露出了红色的衣裳,这很明显不是一个服侍病人很久并哀痛丈夫一瞑不视的妻子应该穿的衣服,何况她没有一点儿悲哀的样子。于是,王洋立刻下令将她扣押起来审讯,还未动刑,袁氏就招供了,"果然,(袁氏)毒死其夫"。

清代胡文炳《折狱龟鉴补》也有一起明代"红裳杀人"案。广西新兴县有位姓李的县令。有一天他到乡下去办公,路过一片坟地时,见一座新坟前面,有个年轻女人正坐着哭,不但没有穿丧服,反而衣着红裳,李县令听她的哭声并不悲哀,便让手下去打听是怎么回事,一问方知这女人丈夫刚刚病死,头七这天特地来祭奠烧纸。李县令依然觉得不对,便把她带到官府里详加审问:"你在服丧期间穿那么红的衣服做什么?"谁知寡妇说是习惯了梳妆打扮再出门。正在这时,知府突然发来急函,原来寡妇的街坊四邻一起告到府院,说李县令无故扣押一个寡妇,实在不知李县令所依何律、意欲何为。知府限期半月，让李县令查出事实真相，不然将按"故入人罪"（官员误审误判导致他人无辜获刑）的罪名来处罚他。李县令决心一定要查出案件的真相，于是化装成一个算命先生，到寡妇所住的村落暗访，认识了一个知情人。通过知情人了解到，前不久的一天晚上，看见那家的丈夫病卧在床，妻子却梳妆打扮得十分娇艳，这时邻乡的一位武举人突然溜进门来，将一袋东西递交给那女人，女人放在锅里熬了很久，盛了满满一碗，叫丈夫喝药。丈夫刚刚张开嘴，她用一只铜勺将"药"灌进了他的喉咙，丈夫惨叫一声就死了。回到县里，李县令下令掘墓开棺。李县令让仵作验尸，结果在死者的咽喉处发现了锡块，原来那女人给丈夫灌下的"药"，竟是熔化的锡液！

述评：红裳杀人指古代女人杀丈夫案件，在古代法医书籍记载较多。第一个案件，王洋知军发现"衰绖之下，红裳微露，且无戚容"；而第二个案件，"年轻女人正坐着哭，不但没有穿丧服，反而衣着红裳，哭声并不悲哀"，经过审问和检验，最终发现是"红裳杀人"。这些案件说明，法医鉴定不单单是检验技术，还要有敏锐的眼光，及时发现一些与案情不符的异常现象，这也是法医学有别于一般医学的地方。"红裳杀人"案的检验，法医书籍也有专门记载。宋慈《洗冤集录》说："如男子，须看顶心，恐有平头钉；粪门，恐有硬物自此入。""被残害死者，须检齿、舌、耳、鼻内，或手足、指甲中，有签刺算害之类。""仍仔细验头发内、谷道内，虑有铁钉或他物在内。"

21. 稳婆验阴阳

明代余象斗（1560—1637），又名余世腾，福建建阳书林坊（今建阳区书坊乡）人。余象斗是建阳书坊的刻书家，集书商、编辑、评点家身份于一身，是明代建阳刻书史上最具影响力的代表人物之一。

余象斗《皇明诸司公案·奸情类·彭理刑判刺二形》（卷二）记载："广州有尼姑董师秀者，颇有姿色，精工各样针指工夫，性又聪明，亦晓诸佛经咒。化缘惟求度日，不积财帛，有似真修行者，人以此敬重之。遍游诸宦家富室，妇女多有留他学经咒、习女工者。师秀亦肯留情，若人意怠，又飘然辞去。惟好在寡妇家眷恋往来，非在此家，则在彼家，教之念经拜佛，吃素修行，夜则同睡，诸寡妇争爱留之。因此，难得在别家去。有少年胡宗用，见董尼有貌，强抱求奸，董坚拒不从，挨缠已久，胡以手揣其阴，则阳物大且长，乃男子也。疑其男诈为尼，淫乱良家妇女必多。因赴府告曰：'状告为假尼乱俗事：坏俗之恶，淫乱为大。奸民董师秀，身本男子，诈为尼姑，遍历富室，私奸民妇，罪恶贯盈。秽风彰彻，不殄灭奸害无已。极乞惩诈杜淫，维风正俗。上告。'府准批。刑馆彭节斋为司刑，提来审之。董师秀称：'从幼出家，身本妇人，何谓男子？'彭节斋命两稳婆验之，都报是妇人。彭节斋责胡宗用诬妄。胡宗用曰：'不敢欺谩，我亦以为妇人，将调奸之。揣之乃见阳物甚大，此目所见，手所扪，何谓是妇人也？岂一物而两变换乎？'彭节斋责二稳婆曰：'此的是男子，汝受他贿，故诬报也。'稳婆对曰：'我验本是妇人。但我闻世有二形之人，其外是女，可受男交，其内有阳物，亦可出而交女。当令仰卧，以盐肉汁渍其阴，令犬舐之，其形即出。'彭节斋曰：'你即依此法再去验。'既而验之，其阴中果露男形，如龟头出壳一般。方知胡宗用所告非诬。彭节斋判曰：董师秀额刺'二形'两字，决杖六十，枷令十日，押在摧锋军寨，终身拘锁，勿放之以为民害。"

述评：稳婆是负责为产妇接生的人。《汉书》记载，"乳医"淳于衍在汉宣帝皇后许平君生产时下毒。颜师古解释"乳医"为"视产乳之疾者"。但直到唐代，仍未出现专门的名称与之对应，只是成为"收生之人"。北宋的书籍中出现"稳婆"和"坐婆"的说法，如《欧阳文忠公全集》提到三位"坐婆"。齐仲甫《产宝杂录》中，则提到了"稳婆"。宋慈《洗冤集录》："若是处女，札四至讫，异出光明平稳处。先令坐婆剪去中指甲，用绵札。先勒死人母亲及血属并邻妇二三人同看，验是与不是处女。令坐婆以所剪甲指头入阴门内，有黯血出是，无即非。"说明官府令坐婆参与检验。稳婆被官府召来检验女尸及女当事人的另一个例子，如前面介绍的案件，《皇明诸司公案》中记载广州假尼董师秀，被人揭发本是男子，诈为尼姑。负责此案的官员彭节斋便命两稳婆检验。后经稳婆检验后发现，董师秀乃"二形之人"，兼具男女性器。元代陶宗仪《辍耕录》记载："三姑者，尼姑、道姑、卦姑也；六婆者，牙婆、媒婆、师婆、虔婆、药婆、稳婆也。"正式第一次出现"三姑六婆"一词，而接生之人以"稳婆"为名流行开来的。稳婆接生技术来自三类：一是亲身体验生产而无师自通者；二是家有祖传家业继承稳婆者；三是以师徒关系传承。在明清时期，无论宫廷还是民间，稳婆都是女性生产时首要考虑的人选。明代宫廷常征召民间的收生妇入宫服侍，沈榜《宛署杂记》记载，这样的征召须预先选拔好人选，将姓名登记造册，遇事就宣召入宫。稳婆还承担新生儿身世见证工作，如明清时期爵位、官职多有世袭，而有嫡长子继承制度，也导致记录婴儿的出生时间、母亲是谁成为必要。稳婆，作为生产过程的参与者，也成为这些问题的见证人。明代规定宗室子女出生三日后，应在记录宗室王族身份的玉牒上，除了写明出生年月、母妃为谁外，还要写明收生稳婆的姓名。清末政府设置卫生行政机关，其下设有医学科掌管设立医院，调查及考验医士和稳婆。光绪三十三年（1907）《大清违警律草案》对稳婆做了规定："凡业经悬牌行术之医生或稳婆，无故不应招请者，处十元以下五元以上之罚金。"中华民国二年（1913）颁布《京师警察厅暂行取缔产婆规则》共12条对稳婆的活动做出了更详细的规定：稳婆需要持照经营；接生只负责顺产，如果遇到难产必须寻求医生；需要将所收生家庭姓名地址，婴儿生日上报给政府。1951年11月在上海还出台了《产婆改造和管理办法》，说明当时民间还是有不少稳婆。随着妇婴卫生工作的进步，助产士逐渐成为妇婴卫生工作的主导力量，稳婆也就逐步退出历史舞台。

综上所述，我国古代有宫廷、民间接生的稳婆，有参与司法检验的稳婆。我国古代稳婆职业和仵作职业的历史十分相似。

22. 片言折狱

明代余象斗《廉明公案·人命类·杨评事片言折狱》（图44）记载："广东潮州府揭阳县，有赵信者，与周义相友善。邀同往南京卖布。先一日，讨定张潮艄公船只，约次日黎明船上会。至期赵信先到船，稍公张潮见时尚四更，路无人迹，渐将船撑向深处去，推赵信落水死。再舣船近岸，依然假睡。黎明，周义至，叫艄公张潮方起，至早饭还不见赵信来。周义乃令艄公去催赵。张潮到信家叫'三娘子'，方出开门，盖因早起造饭，夫去复睡，故及起迟。潮因问信妻孙氏曰'汝三官昨约周官人来船，今周官人等候已久，三官缘何不来'，孙氏惊曰：'三官离门甚早，安得未到船？'潮回报周义，义亦回去，与孙氏家四处遍寻，三日无踪。义思信与我约同买卖，人所共知，今不见下落，恐人归罪于我。因往县去首明，其状云：'呈状人周义，年甲在籍。为恳究人命事：因义与赵信旧相交结，各带本银一百余两，将往南京买布。约定今月初二日船上会行，至期不见信踪。信妻孙氏又称信已带银早行，迄今杳然无迹。恳台为民作主，严究下落，激切上呈。外开干证艄公张潮，左右邻赵质、赵协及孙氏等。'知县朱一明准其状，拘一干人犯到官。先审孙氏，称夫已食早饭，带银出外，后事不知。次审艄公张潮，云'前日周、赵二人同来讨船是的，次日天未明只周义到，赵信并未到，附旁数十船俱可证。及周义令我去催，我叫三娘子，彼方睡起，初出开大门'。三审左右邻赵质、赵协，俱称信前将往买卖，妻孙氏在家搅闹是实。其侵早出门事，众俱未见。四乃审原告曰：'此必赵信带银在身，汝谋财害命，故抢先糊涂来告此事。'周义曰：'我一人岂能谋得一人？又焉能埋没得尸身？且我家富于彼，又至相好之友，尚欲代彼申冤，岂有谋害之理？'孙氏亦称：'义素与夫相善，决非此人谋害。但恐先到船或艄公所谋。'张潮辩称：'我一帮船数十只何能在口岸头谋人，瞒得人过？且周义到船，天尚未明，叫醒我睡，已有明证。彼道夫早出门，左右邻并未知，我去叫时，他睡未起，门未开，分明是他阻夫自己谋害。'朱知县将严刑拷勘孙氏，那妇人香闺弱体，怎禁此刑！只说：'我夫已死，我愿一死赔他。'遂招认是他阻挡不从，因致谋死。又拷究身尸下落，孙氏说：'谋死者是我，若要讨夫身，只将我身还他，更何必究。'朱知县判云：'审得孙氏虺蜴为心，豺狼成性。夫经纪，朝夕反唇而相稽；负义凶顽，幕夜操刀而行刺。室家变为仇贼，戈矛起自庭闱。及证出真情，乃肯以死而赔死。且埋没尸首，托言以身而还身。通天之罪不可忍也，大辟之戮将安逃乎！邻佑之证既明，凌迟之律极当。余犯无干，俱应省发。'再经府道复审，并无变异。次年秋谳狱，请决孙氏谋杀亲夫事，该本秋行刑。有一大理寺左评事杨清，明如冰，极有识见。看孙氏一宗卷忽然察到，因批曰：'敲门便叫三娘子，定知房内无丈夫。'只此一句话，察出是艄公所谋。再发仰巡按复审。时陈察院方巡潮州府，取孙氏一干人犯来问。俱称：孙氏谋杀亲夫是的。孙氏只说：'前生欠夫命，今生死还他。'陈院单取艄公张潮上问曰：'周义命汝去催赵信，该叫"三官"缘何便叫"三娘子"，汝必知赵信已死了，故只叫其妻也。'张潮不肯认，发打三十，不认；又挟敲一百，又不认。乃监起。再拘当时水手来，一到不问，便打四十。陈院乃曰：'汝前年谋死赵信，张艄公告出是你。今日汝该偿命无疑矣。'水手乃一一供招出:'见得赵信四更到船,路上无人,傍船亦不觉。是艄公张潮移船深处,推落水中,复撑船近岸,解衣假睡。天将亮,周义乃到。此全是张潮谋人,安得陷我?'后取出张潮与水手对质,潮无言可答。乃将潮拟死,释放孙氏。"

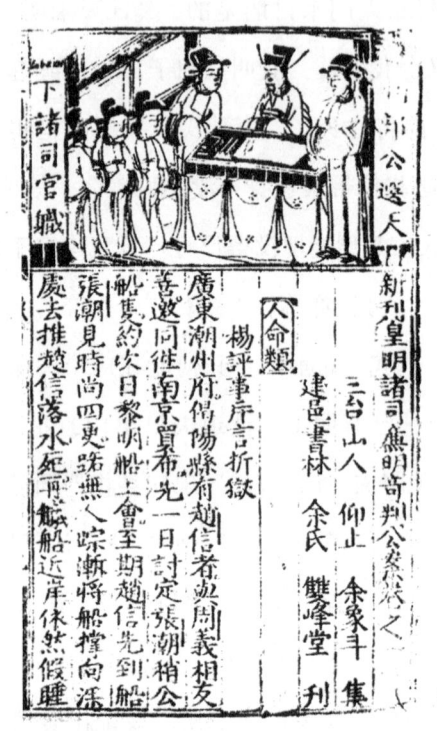

图 44 《新刊皇明诸司廉明奇判公案》卷之一"人命类·杨评事片言折狱",明万历三十三年(1605)余氏双峰堂刊本

述评:法医案件处理包括案件受理、了解案情、现场勘验与分析等,这几个环节合理性分析是关键一环。该案是谋财害命案,案发现场在渡口深水区,赵信系溺死(艄公张潮将船撑向深处去,推赵信落水死)。报案的是同行人周义,死者是赵信。案发时赵信先到现场,而周义到时不见赵信。周义叫艄公张潮去叫赵信,艄公去叫时便叫"三娘子",不叫"三官"。原审知县朱一明没审出问题,复查者杨评事看出端倪:艄公张潮"敲门便叫'三娘子',定知房内无丈夫"。宋慈《洗冤集录·溺死》记载:"诸

溺井之人，检验之时，亦先问原申人：如何知得井内有人？"这就是发现案情、现场勘验不合理的认定依据。因此，法医学上发现案情语言合理性分析对案件破案有决定的作用。该文的作者是余象斗，福建建瓯人，明万历年间建阳书坊坊主，著名刻书家、作家，刊刻、自创了大量通俗小说，不少作品反映了当时的社会现象，也是明史研究者的重要参考资料。

23. 鬼魅杀人

明代余象斗《皇明诸司公案·周县尹捕诛群奸》记载：贵州铜仁府印江县接连几任县令死于县衙之内，继任县令虽然令官兵日夜守护于县衙内外，仍然被杀，且连院内的几名士兵也一同被杀。不多时，该县衙闹鬼的消息便开始甚嚣尘上，甚至传到了京城之中，因而很多备选官员都不愿前往该处任职。周元汲被吏部任命为印江新任知县。周元汲虽然不信鬼神之事，却也未敢带家眷赴任，只带了柯贵、卢卿两个仆从。周元汲到任之后，仍然用旧部人员守衙，果然见每个人都勤谨守任，但他内心始终暗自提防日夜小心。两月过去，却始终没有发现什么异常，便不禁心中疑惑，"若真是鬼魅作祟，为何始终没有动静？况且，从未听说鬼魅也会持刀杀人，必是有人杀人后以鬼魅之说遮掩"。虽然久无异常，但周元汲仍是不敢放松警惕。白日里，主仆三人便只在前厅两旁厢房住宿，其中周元汲住在左厢房，两个仆人住在右厢。夜里在左房床前悬三管润湿过的朱笔，右房床前悬三管润湿过的墨笔，三人共在后房楼上，开备两床就寝。如此过了半年之久，忽某夜二更时分，惠琛等人悄悄揭开水幛，带刀摸入左房刺杀周元汲，家利等人潜入右房行刺周家仆人。方到床前，各人都被朱墨笔点污面部，却并未见人在床。周元汲最初只略闻足迹之声，稍后有开左右房门的轻微声传来，他立即在后房楼上大呼："有贼，大家赶紧起来！"衙内无人回应，元汲急令两个家仆同声大喊："今夜有鬼，守衙的速速点灯！"惠琛等人听得周知县三人在一起，知道他有防备，只得悄然退出，再佯装应声而起。当场点烛明亮，周元汲与两位家仆一同下楼，见惠琛等人脸上多处点有朱墨痕迹，本欲就此发落，但恐众凶徒后面因事发强行动手，仅凭三人根本难以招架。所以周知县假装不知："今夜果然有鬼，大家千万不要在此久坐，赶快抬印箱来，我们出去升堂。"惠琛等人以为知县大人不知真相，各人内心稍安。升堂之后,在衙的吏书差役各起伺候,传唤左右衙丞簿吏等全部到堂相问,周知县令三人前坐:"本县正想请三位共审鬼祟。"言罢即命左右选用八把粗棍,将惠琛等八人按倒,拍案喝道:"你等谋杀本官,该当何罪!"惠琛八人纷纷喊冤:"鬼祟为灾,大人为何罪及小的们?"周知县冷笑道:"鬼怪岂能杀人?料想前任县官都是尔等所杀。殊不知我左右官房的都是假床,左房床前系三管湿朱笔,右房床前悬三管湿墨笔,你等入房行刺之时,面上都触有朱墨痕迹,明明有证,如何反而言鬼!"丞簿众人看八人脸面,果然多有朱墨痕,尚未擦拭干净,无不拱手称道:"堂尊神见,也是这些贼辈罪满难逃的时候。"左右公差奉命敲打,惠琛八人见实恶察出,无可抵饰,只得各自供招。周元汲还有一点不明:"本官房门内锁,你们是怎么进入的?"惠琛交代:"水幛皆是活笼的,可揭开进入。"经过查验,事实确凿。周元汲认为:"惠琛等八人潜谋不轨,包藏祸心,历杀长官,稔积弥天之恶;假言鬼魅,累逃弑主之诛,此番挟持利刃,寻刺长官;误入空房,恶迹昭然,按律首犯当斩,籍没财产。"结案判决报至按察使司与巡抚衙门,很快批准,周元汲也得到嘉奖,惠琛等八人即行斩立决,财产悉数籍没,妻子流放边地,印江县境一时肃清,百姓官吏无不慑服。此后,周元汲连任九年知县,擢升为铜仁府通判。

述评:闹鬼、鬼杀人在古代法医检验中时有遇到,也是古代鬼文化的一种表现形式。古人认为人死后有"灵魂",称为"鬼"。现代人认为,鬼魂只存在于人们的大脑里,"鬼"是不存在的,"闹鬼"是环境和心理作用造成。本案,惠琛等八人利用民间人们深信的鬼魅作祟,一而再、再而三地杀官作案。罪犯犯案之后,通过诈称神鬼作祟而逃过制裁。这起利用在衙门当差的身份掩护杀官血案,被周元汲识破,并用"左房床前系三管湿朱笔,右房床前悬三管湿墨笔,罪犯入房行刺之时,面上都触有朱墨痕迹",收集到确凿物证,从而破获借鬼杀人的案件。通过此案可窥,陷于利欲熏心的杀人勾当,成也聪明,败也聪明,自以为神不知鬼不觉,聪明反被聪明误,最终难逃刑罚重裁。

无独有偶,中华民国时期,也有这样一个案件,最终由林几教授做出法医鉴定而

第六章 明代的法医学与社会治理关系研究

结案。据林几《鉴定实例专号》①记载,1932 年 11 月 26 日,中央研究院代宜兴政府转送检材"和尚衣一件、毛巾一条、袜一双、菜刀刨刀各一柄、石灰尸骨各一包",注明此为法医学专门检验,委托司法行政部法医研究所"请验僧衣、菜刀、刨刀及石灰等件是否染有人血,尸骨是否人骨,入土已有几年"。原来,这是江苏省保安步兵团报的案子。据江苏省保安步兵第四团第三营唐某某营长报称:"窃职营奉令移驻宜兴南门外'显亲寺'内后院般若堂,右首数间划为医务所。左首一间为寺僧堆置杂物,对锁甚故。医务所内看护兵常用住宿,间有病兵入住。近日每夜十时后,寺僧堆置杂物内常疑似哭声传出。看护兵疑神疑鬼,喧传已久,职有所闻,以事关迷信,力避虚妄,并传不得再任讹传。令后安静数日,未闻哭声。讵知本月九日晚间熄灯以后,又传哭泣声,在所士兵惊骇不已。经职查询室内系杂物,无贵重物品存储,又严密封锁,实属可疑。于十月十日上午督同寺僧、士兵启门查勘。室内堆积残破门窗户扇,以及桌凳等器具甚多,内中有棕棚一张,地板及墙角均有类似血迹,疑窦丛生。遂报团部,邀宜兴县政府公安局等各机关代表,莅临会勘。发觉内角部分土松浮,急于下午一时督士兵掘尺许,先发现洗面毛巾一块,有隐微血迹,并有僧衣标记,无柄菜刀及刨刀各一把,均污锈,大小骨骼数块,掘至三尺许,又发现尸骨一大堆。当即将尸骨衣服菜刀等件一并摄影存储,并将大略经过情形当场记录,由各机关代表签名作证,以昭慎重。窃查此案事属离奇,迹涉荒诞,也曾怀疑有人夜间作祟,唯证据确在,众目共观,又属可疑命案,不得不彻底根究。内中疑点甚多,颇费研猜。查室内仅系堆放杂物,不必严锁。又有如此多尸骨深埋,及证物发现。应移归司法机关办理,函送并附和尚衣一件、毛巾一条、袜一双、菜刀刨刀各一柄、石灰尸骨各一包,过县处置。"宜兴政府受案后,派员前往该寺查勘。勘得般若堂首房内墙壁上也有疑似血迹污点,提取带回附卷。查该案无事主及凶手可据,是否成为凶杀案,已就所得"僧衣、菜刀、刨刀及石灰等件是否染有人血,尸骨是否人骨全具亦系杂并,入土已有几年"等请验后方能定夺。宜兴政府遂把检材"和尚衣一件、毛巾一条、袜一双、菜刀刨刀各一柄、石灰尸骨各一包"送南京中央研究院查照办理。中央研究院致函并送证物至司法行政部法医

---

① 林几.鉴定实例专号[J].法医月刊.1934 (8):106—121.

研究所："本院尚无法医研究所研究之设备，对于法医检验等事项，本未便过问，因知贵所设备丰富，专家集中，代宜兴县转送贵所检验。办结请径复宜兴县政府。"林几仔细看完案情介绍和发案经过后，决定开启物证，准备检验。林几主持检验，指定检骨由范启煌、汪继祖、李新民、康成、张积锺、鲍孝威、胡师瑗等负责，血迹检验由陈康颐、吕瑞泉、蔡炳南、陈安良、赵广茂、胡兆伟、陈豹等负责。开启中央研究院寄来的邮包，发现物证系用白色粗布包裹，上书上海司法行政部法医研究所查收，及南京中央研究院寄等字样。拆开后见内又有一层白色粗布包裹，上书南京中央研究院收，盖有宜兴县政府寄等字样。剪开包布，内系以报纸重裹，有报纸小包两件，包上束以麻绳，第一包上书有"保安处第四团第三营呈解'显亲寺'一案枯骨"等字样。第二包上书有"保安处第四团第三营呈解'显亲寺'一案僧衣刀具"等字样。以上证物由宜兴政府原封，中央研究院加封。检验发现，枯骨大小不等。椎骨一块，无椎体，左右横突大且扁平如翼，作蝴蝶状，椎孔正圆形，与人体椎骨完全不同，而与犬类同。肋骨作弓状扁平，弯曲度与人类大异，为食肉兽类。腭骨一块，其角度甚直，其三枚牙齿的牙根上附有黄色素沉着，尖端极尖锐，作短弧形，属食肉类犬牙。上颌骨八枚牙齿检查，其中五枚为臼齿，较人类为大，臼齿中央为尖状，而人类臼齿中央扁平略陷。髋骨表面粗糙，上缘形状狭长，是为兽骨。胫骨下相连有三只距骨，大小比较，与人相差五分之一，故非人骨而为兽骨。股骨一块，其后面沟状陷没，人类为不等边四角形，故该骨绝非人骨。管状骨两块，一管状骨经比较为鸡之左翼骨，另一小管状骨经比较为鸡之距骨。衣服、毛巾等检查。上衣为扁领僧衣，呈淡灰色，两袖断缺，前后只存其半，有多处破孔和补丁。其领内有蓝紫污迹，在领下缘有黄污色迹。无霉烂气味，用力撕扯不破。一般衣服等久埋土中，似有酸类细菌作用，一定腐烂，稍动就破，故该衣埋入土中时间，必不甚久。僧裤、袜也同僧衣埋入土中时间不甚久。毛巾为灰色，一端锈有僧某二字。其入土时间不甚久。衣服、毛巾等污迹做化验。菜刀、刨刀上生锈及污迹做化验。菜刀、刨刀入土时间较衣服毛巾等入土时间久。显微镜检查：将骨磨成薄片作显微镜下哈弗氏管观察。枯骨的哈弗氏管小而数量多不整齐，人体数量少而整齐。将犬骨制成磨片发现与枯骨的哈弗氏管相同。而将鸡的骨做比较，发现与枯骨小管状骨相同。故认为枯骨系犬骨和鸡骨。血清学检查：作污迹是否血迹预实验呈阴性，作可疑血痕实质性结晶实验也为阴性，作可疑污迹还原血红质实验，没有结晶存在，抗人体血清沉淀实验阴性，均注明并非人血。最后，林几认定，僧衣、菜刀及刨刀等没有染血迹。送检枯骨非人骨，而为犬骨和鸡骨。关于入土时间，僧衣毛巾埋入土内为时不久，而枯骨入土已逾一二年。这起被闹得沸沸扬扬的可疑凶杀案，加之夹杂有"夜半哭声"等，又发生在地方部队驻扎的寺庙里，在检验期间引起社会各界高度关注。不过，有个插曲，自从僧衣枯骨取走后，没有"夜半哭声"，军营平静，有人就怀疑原来的种种迹象是人为所致。司法行政部法医研究所鉴定结论证实系"僧衣兽骨"后，可疑寺庙凶杀案被撤销，而又有人推测系"近一二年僧侣在寺内夜半杀鸡宰犬饮酒作乐，僧侣不满意部队进驻而闹鬼作祟"。

24. 杀妻剖胎

明王槩《王恭毅公驳稿》记载了一起"夫殴死妻"案（图45、图46）："大理寺为人命事，刑部、广东清吏司发审。犯人苏铎所犯合依'毁弃缌麻以上卑幼死尸'。依凡人残毁他人死尸者，递减一等，律减等杖六十、徒一年。李海若告苏铎将妻李妙圆逼打为娼不从致被打死，得实苏铎合坐'以夫殴妻至死者'，律绞。今处依'诬告人死罪未决者'律杖一百、流三千里，系告缌麻卑幼，得减一等，减等杖九十、徒二年半。韩氏依证佐之人，不言实情，故行诬证者减。罪人苏铎罪二等，律减等，杖七十、徒一年半。丁晖、李成、李氏俱依不应得为而为之事理，重者律减等，各杖七十（云云）。除审录外，参看得苏铎称：因妻李妙圆不做靴鞋将伊怪骂，李妙圆亦将铎回骂。有母李氏听知，将李妙圆采打。李妙圆不合，将母毁骂。是铎不忿不合，手拿木棍将妙圆后心乱打身死。有母对铎密说'你丈人若告状如何了得？'铎回说：'李妙圆见有九个月身孕，我破开腹肚取出孩子，等丈人来，只说李妙圆因产死了。'母回说：'这等是好！'铎拿尖刀一把将李妙圆解开衣带，破开肚皮，取出孩子，血流满地。就叫义外甥女秃儿用灰洒垫。铎将孩子放在沙锅内，用石灰淹放。后被李成告发。会勘间，有母李氏将小孩子丢弃水坑，无存切详。苏铎既将伊妻李妙圆打伤身死，剖开腹肚，取出胎孕，烧化身尸，凶恶残忍，情犯深重，当坐正律。今却曲为回护，听信本犯一面之词，妄招李妙圆骂母，脱允重罪。且毁骂尊长，须亲告乃坐，今李妙圆已死，伊母先无亲告情词，凭何辄将李妙圆装诬骂母之情？若依取招，今后殴死妻者，俱可指作骂母骂父，不必偿命，事属不当。况苏铎既招惧怕丈人告状，要得掩饰，与母议允将尸剖开取出孩子。以后，李成告发，其母缘何却将孩子丢弃水中？此等情节尤说不通。俱平允。”

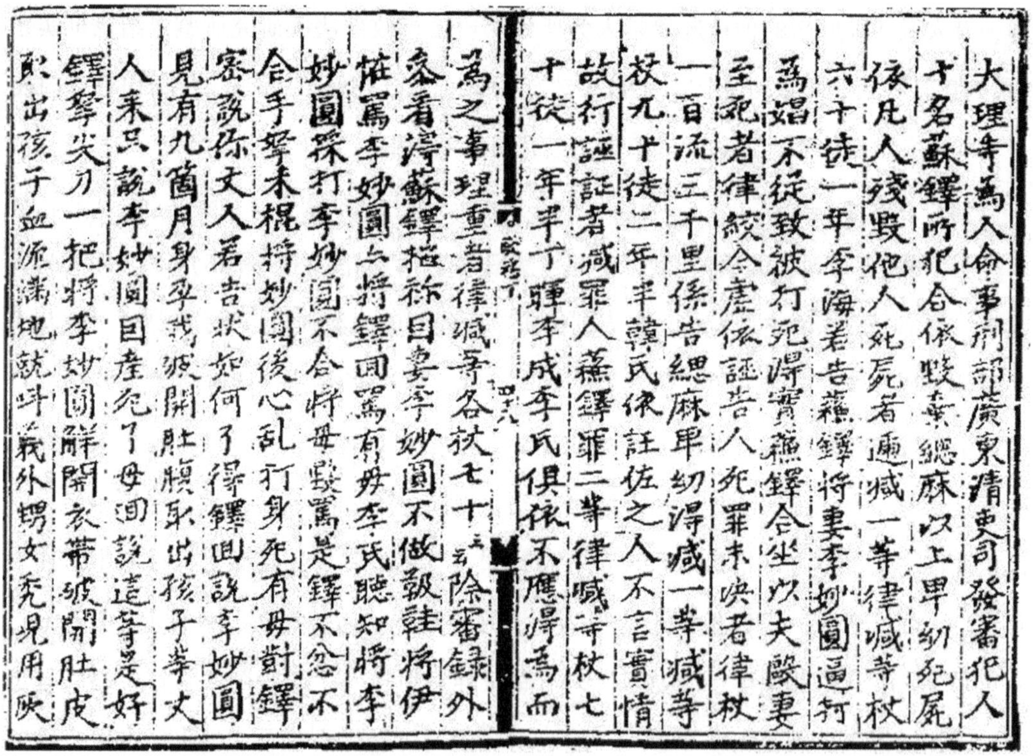
大理寺為人命事刑部廣東清吏司發審犯人
十名蘇鐸所犯合依毆妻緦麻以上卑幼死屍
依凡人殘毀他人死屍者遞減一等律減等杖
六十徒一年李海若告蘇鐸將妻李妙圓逼打
為娼不從致被打死得實蘇鐸合坐以夫毆妻
至死者律絞今審依誣告人死罪未決者律杖
一百流三千里係告緦麻卑幼得減一等減等
杖九十徒二年半韓氏依詿佐之人不言實情
故行誣證者減罪人蘇鐸罪二等律減等杖七
十徒一年半丁驛李成李氏俱依不應得為而
駁稿下　四十八
為之事理重者律減等各杖七十云云除審錄外
參看得蘇鐸招稱因妻李妙圓不做鞋將伊
姪罵李妙圓亦將鐸同罵有母李氏聽知將李
妙圓採打李妙圓不合將母毆罵是鐸不忿不
合手拏木棍將妙圓後心亂打身死有母對鐸
商說你丈人若告狀如何了得鐸回說李妙圓
見有九箇月身孕我破開肚腹取出孩子拏丈
人來只說李妙圓因產死了母回說這等是好
鐸拏尖刀一把將李妙圓解開衣帶破開肚皮
取出孩子血流滿地就叫義外甥女禿兒用灰

图 45 《王恭毅公驳稿 · 夫殴死妻》(苏铎案)之一，明弘治五年(1492)高铨刻本

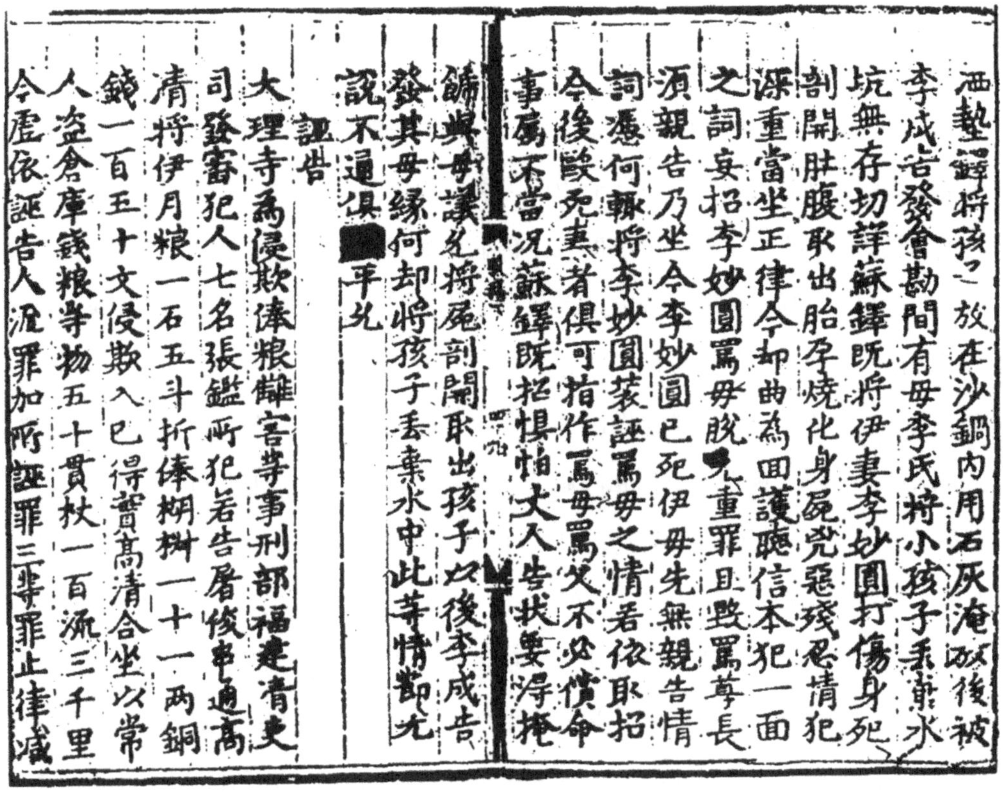

图46 《王恭毅公驳稿·夫殴死妻》(苏铎案)之二，明弘治五年(1492)高铨刻本

述评：这是明成化年间(1465—1487)任职大理寺卿的王槩所做的《王恭毅公驳稿·夫殴死妻》的苏铎案。明代大理寺主管刑狱案件审理，刑部主管刑罚政令及审核刑名。大理寺与刑部、都察院并称为"三法司"，会同处理重大的司法案件。本案就是大理寺卿王槩对苏铎案审发(签发)的判词，其中，对量刑有异议，认为刑部有"曲为回护"之嫌，主要是"听信本犯苏铎一面之词，妄招李妙圆骂母，脱允重罪。且毁骂尊长，须亲告乃坐，今李妙圆已死，伊母无亲告情词，凭何辄将李妙圆装诬骂母之情？若依取招，今后殴死妻者，俱可指作骂母骂父，不必偿命，事属不当"。王槩还质疑了苏铎所说剖腹取胎是惧怕岳父告状，若苏铎以难产为由，胎儿应当是证据。如果是这样，为何娘家告状了，苏母李氏反而又把胎儿扔掉了？他言下之意，怀疑这个案子苏铎的招供不实，很可能是苏铎母子残忍虐杀怀孕的李妙圆，又捏造偶然矛盾冲突导致的殴打致死。从这个案件，可以了解到明代重口供不重检验证据的弊端，李妙圆的尸体已

烧毁、胎儿丢弃无法检验，全凭口供。也说明，明代法医检验的地位并不高。

25. 烫尸之谜

明余象斗《廉明公案》记载：明嘉靖年间(1522—1566)，广西河池有个人叫俞厥成，他家境殷实富裕却爱财如命。他妻子鲍氏美貌，娘家却很贫困，可俞厥成丝毫不予接济。鲍氏只能私下里时不时派家里的长工偷偷给娘家送点粮食。给鲍氏送粮的长工叫连宗，知道鲍氏是瞒着俞厥成给娘家送粮后，便起了邪念，想以此要挟她。连宗故意连着三次把鲍氏要他送的粮食压下不送，然后等有一天俞厥成出门远行时，突然闯进房内，强行抱着鲍氏说："我为你运送劳苦，今日必与我好一次。你所偷米粮我都留着，并未送去。明日我先说出你私顾娘家，你就算说我强暴，主人也不会相信，只会说你是诬赖。"鲍氏怕他真的说出去，只好从了。连宗得逞后，并未就此满足，反而变本加厉，以后只要俞厥成不在家，他就去找鲍氏幽会。到了冬天，俞厥成带着连宗去各个佃农家里收租。一天他们到了佃户支秩家里，支秩是连宗的姑表兄弟，又是给同一个主人打工，晚上还备了酒席。酒热耳酣之际，主仆三人就随意闲聊，俞厥成聊到了看相之术以及身上各部位的痣与运势的关系，说："凡妇人腹下有痣者，非贵亦富。"连宗酒后忘形，就脱口而出道："你娘子腹下有痣，难怪你们家果然很富啊。"俞厥成闻言神色大变，顿时明白了一切。俞厥成回家诘问鲍氏："你为什么与连宗通奸？"鲍氏说："哪有此事？"俞厥成说："你怎瞒得了我？昨晚我在佃户酒席上，说妇人腹下有痣者必富，连宗就说你娘子有痣。你与他没有奸情，他怎会知你那里有痣？"鲍氏哭着说："是我偷你米谷送与爹娘，连宗就来要挟我，说如果不答应他，就要把事情告诉你。因为害怕，就被他得逞了。"俞厥成说："这种行为属于'刁奸'，依官法，罪不至死。但今夜一定要弄死连宗这个贼子，你准备些酒菜请他喝酒，然后杀了他！"到了晚上，鲍氏备好酒菜。俞厥成对连宗说："今日一路辛苦，与你同饮数杯。"席间连宗放怀畅饮，俞厥成又故意灌他，很快就烂醉如泥了。俞厥成就用麻绳把他绑在一张杀猪用的大板凳上，然后把他推醒，对他说："你逼奸主母，十恶不赦，今夜要杀了你。"连宗一听酒也吓醒了，连忙分辩说："我怎么敢干这种事？"俞厥成说："你说她腹下有痣，你是怎么知道的？你们的事她已经承认了！"鲍氏在一旁说她确实已经承认了。连宗见无法抵赖了。俞厥成就以湿布堵住他的嘴、遮住他的眼睛，然后用利刃在他胁下猛捅了一刀，马上以沸滚水浇在刀口上，不让伤口结成血荫，没一会儿连宗就死了。俞厥成解脱其绳索，把他丢于床上。第二天，俞厥成派人去告诉连宗的弟弟，说他昨夜突然中风而死。连宗的弟弟连宇闻讯后又通知了表兄支秩。支秩觉得很突然，他很怀疑连宗的死因，他说："你兄长前日在我家饮酒，人很强壮，怎么会突然死了？"连宇说："中风和强不强壮有什么关系？"支秩曰："你不知道。你兄长昨天说俞厥成娘子腹下有痣，俞厥成当时便变了脸色。今日连宗暴死，怎么知道不是他毒死的？必须去看看他面色有没有青黑。"二人到俞宅详细察看连宗的尸体，果然见胁下有一个刀口，连宇喊道："是你刺杀了我哥哥！"俞厥成不与他争辩，一边派众人将尸体抬往连宅，一边说："你们自己死后弄的伤口，怎能赖我？如果你们说是谋杀，随你们去告，不准在我家胡闹！"就把二人强行赶了出去。连宇就拟了状子到县里去告官。俞厥成也写了状子应诉。黄县令升堂审案，连宇坚持说连宗胁下有刀伤，俞厥成一口咬定是中风，哪有什么伤！是死后支秩自己刺的。黄县令道："生前有伤无伤，只要一检查便能发现。"于是，命仵作检查，结果真的在胁下发现了刀伤，只是肉色干白，并无血荫。黄县令拿出一本《洗冤集录》，翻开，指给连宇、支秩、俞厥成三人同看。说："如果刀伤是生前造成的，应该有血液溅出，伤口处有血荫，创口四周会有大量血迹。如果是死后用刀刃割伤处，肉色就是干白的，更无血荫。因为死后血脉不流通，所以皮肉色呈白色。现在胁下虽然是致命伤，但伤口皮肉是白色的，很清楚，这是你们诬赖人！"支秩辩解道："连宗说主母腹下有痣，第二天就死了，胁下又有伤，肯定是俞厥成怀疑娘子与连宗有奸情，所以杀了他。"俞厥成道："大凡富家人妻室，是决不能跪到官府大堂上受羞辱的，可是他们故意把我妻子牵扯进来。还说腹下有痣的事，这实在是难以启齿又不便验证，真是可恶到极点！"黄县令说："这两个奴才完全不知法，如果真的与主母通奸，把他碎尸万段也是该得的惩罚。今天只需辨明伤痕的真假，不用涉及有无奸情。"黄县令说："支秩、连宇是表兄弟，而连宗则是支秩之表弟，连宇之亲兄。长工在俞宅中风死亡，与主人有什么关系？支秩不该积欠雇主的租子，更不该挟恨教唆他人诬告。连宇听信挑唆，不该在已经死去的哥哥胁下伪造伤口，企图诬赖他人。兄长死了,应该赶紧收埋,怎么能听人唆使去诬告呢?如果连宗与主母通奸是真的,杀了他都是轻的。如果仅凭胁下伤口就说俞厥成谋杀,那伤口为什么没有血荫?谋杀都是捏造的!"他下令将支秩打二十杖,判他唆使诬告,追加收缴苗租三年作为给俞厥成的赔偿。将连宇打二十杖,判他诬告。最后,判俞厥成无罪。

述评:我国古代法医检验由官吏行使,是有弊端的。因为官吏是行政官员,不是技术人员,不精通检验,医学基础相对薄弱,对法医检验和尸体上一些现象和特征,一知半解,往往造搬书里文字进行办案。实际上,这个案子黄县令办了错案。宋慈《洗冤集录·杀伤》:"活人被刃杀伤死者,其受刃处,皮肉紧缩。"而黄县令只看有无"血荫"、皮肉是否"干白",不看最重要的生前杀伤"皮肉紧缩"。余象斗在这个案例后面也加了一段按,他写道:"这明明是用刀刺死的,检验者之所以未能发现真相,是因为利刃刺入时,就以滚水灌在伤口上,所以没有形成血荫。以后验伤者,要详细观察。但是,后人不要认为这种办法可以掩盖杀人真相而仿效。"无独有偶,黄瑞亭在《林几》一书中介绍民国时期林几办理的一个案件,也取名"烫尸之谜":1932年8月1日,林几赴上海任司法行政部法医研究所所长。1933年2月10日,在上海市郊发现一具尸体。警察赶到现场,见尸体之头身分离,被截断的头颅面朝地板,颈部断端两侧皮肉模糊不清,周围有多量茶色般液体,血腥味极浓。查验头部、躯干及四肢,无伤痕,唯颈部肉呈半熟状态,无法看清。为确定其是否被杀毁尸或死前先伤所致,请求法医辨识真相。林几检查尸体,发现颈部被烫泼呈半熟状,但有一依稀可辨的刺创口。刺创的深部在颈椎骨上,仔细分离肌肉后发现颈椎附近有出血灶。再检查断离的颈部两断面,其创面的肌肉均呈半熟状态,色白,皮肉卷缩。检查死者血液,血中酒精含量很高,达中毒量。显微镜下病理检查刀切口皮肤、肌肉和颈椎有出血灶。根据尸体检查,林几推断:"此死者生前乃醉汉,被人用尖刀刺人颈部致大出血死亡。凶犯随即用刀平切颈部,同时,用沸水随切随冲、致两端创面皮肉呈半熟状,其所溢血液被沸水冲洗成茶色。颈部的刺创是致命伤,因系生前所致,故其皮下、深部肌肉组织有出血和骨质伤荫(指骨质里出血,是生前损伤的法医学证据),足资为证。"破案后,凶犯供认了全部犯罪事实,印证了林几的推断。①

26. 鬼断家私

明代抱瓮老人《今古奇观·藤知县鬼断家私》记载:明朝永乐年间(1403—1424),顺天府香河县有个倪太守,家财万贯,良田千顷。大儿善继与二房所生善述相差20多岁。太守死时家产被善继占有,但太守留给善述"行乐图"一幅,曾告知以后拿这去告状。太守死后,善述母子受善继欺负,生活清贫。善述14岁时携母到县里告状,带上"行乐图"一幅,要求分家产。接待母子的是藤知县。看图后不知"行乐图"所画何意。数日后,藤知县又看图,不小心泼了些茶水在图上。突然发现图案里面有些字影。藤知县揭开一看,原来是倪太守遗笔:"大屋家产、田园账目给善继,东边旧屋左壁所埋银五坛、右壁银五坛和金一坛归善述。"藤知县决定以托梦拜鬼的办法"断案"。次日,藤知县到倪家。正要进门,忽然面对天空,自称学生,连连大恭,好像与倪太守寒暄。知县一路揖让,直到中堂,一会儿欠身说话,一会儿恭顺聆听,似神明附身。最后,藤知县问众人:"倪爷哪去了?"众人摇头。"刚才那人长身瘦脸、长眉大耳、红袍金带,不是倪爷是谁?"众人吓得跪地说:"正是他生前模样。"于是,藤知县将众人领进东边旧屋,对善继道:"方才倪爷显灵,你家之事让我做主。大屋家产、田园账目给你,善述不许妄争;这旧屋判予善述,你不许妄争。"善继暗喜,叩首说:"全凭恩台明断!"画押签字并纳手印。善述正想说话,藤知县又说:"倪爷言明,此旧屋左壁所埋银五坛、右壁银五坛和金一坛归善述。左右快快掘开!"果然左右壁银各五坛和右壁金一坛!大家相信倪爷显灵!案件就此了结!

述评:本案中,藤知县通过检验发现了倪太守遗笔:"大屋家产、田园账目给善继,东边旧屋左壁所埋银五坛、右壁银五坛和金一坛归善述。"为了使倪太守遗笔能够得到落实,藤知县利用百姓对鬼神恐惧、遵从心理,以百姓能接受的"托梦拜鬼"办法来"断案",结果让遗产按倪太守遗笔顺利、妥善分配。

我国古代"鬼神文化"由来已久,百姓深信不疑,不少文学作品有具体描述。如蒲松龄《聊斋志异·画皮》有:太原王生,一日早行,遇一女郎,一番交谈后王生竟与

---

① 黄瑞亭. 林几[M]. 厦门:鹭江出版社,2014:118—119.

女郎同居。安置在书斋中,无人发现。王生在路上和一道士相遇,道士说:你已经受女妖迷惑。王生想:明明是个美人,哪会是妖怪!也许是道士想借口除妖,骗几个钱吧。走到书斋,门拴着,不得进去,心有所疑,就翻墙而入。但房门也紧关,悄悄走到窗下偷看,果见一恶鬼,脸碧绿色,牙齿像锯,人皮铺在床上,手里拿着笔正在人皮上描画(图47)。不久,恶鬼把笔抛去,将人皮披上身,顷刻化成女郎。王生吓得要命,急急忙忙地追赶道士,哀求道士救命……

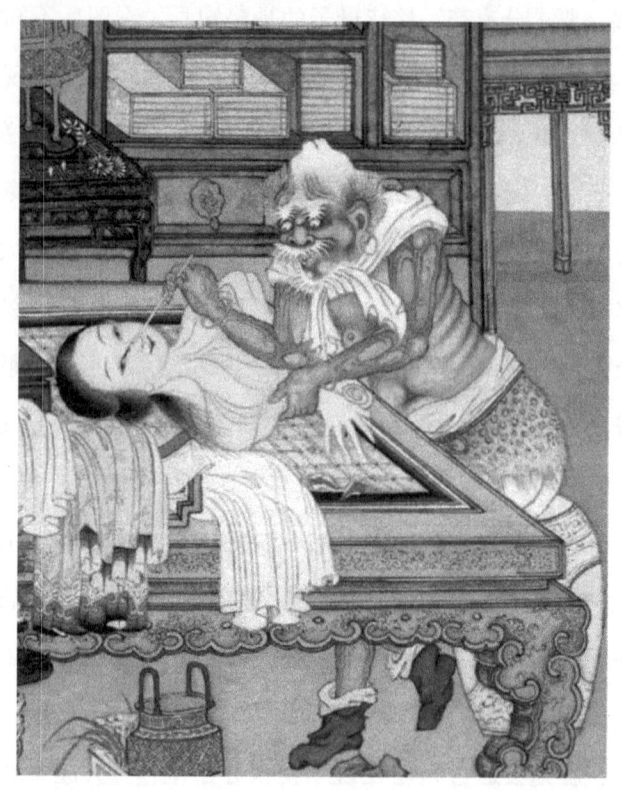

图47 清晚期《聊斋图说》插图(局部),现藏中国国家博物馆

古代断案集法医检验、侦查、行政、审判于一身,这是古代法医学与现代法医学的不同点,也是研究古代法医学需要了解的内容。

27. 做贼心虚

据明代冯梦龙《智囊》记载:明代金都御史杨北山,单名武,以善用奇计破案而出名。在他任淄川令时,有一次城中发生谷粱失窃并遭人盗卖之事,但官府一直抓不到小偷。于是，杨公下令将失主住处附近的几十名邻居全部带到府衙问话。当这群人被带到官府后，杨公让他们全部跪在庭院中，自己则在写字，慢条斯理地处理起其他公文。过了一会儿，只听杨公厉声说道：我找到那个偷米的人了。这时，跪在庭下的人群中有一个人神色大变。不久，杨武又重复说道：抓到小偷了。那人的神色愈来愈惊慌，杨武这才指着他说：第几行第几个就是盗米贼。那人一听，立即叩头作揖承认了盗米的罪行。

述评：古代官吏利用嫌疑人"做贼心虚"心理，不用刑讯逼供，而采取心理活动和模拟场景等检验方法，逼嫌疑人就范起到奇效。

28. 尸腿讹诈

明代凌濛初《拍案惊奇》记载：一个名叫陈珩的秀才，被一个名叫卫朝奉的流氓欺负，夺了庄园。陈秀才十分苦闷，在河边散步时，见到漂来一具死尸，陈秀才吩咐家仆打捞上尸体，砍下一条腿来，然后给卫朝奉设了一个套，让一个名叫陈禄的仆人投奔卫朝奉门下，然后逃走。接下来，陈秀才带一帮人上卫朝奉家找人，在花园里挖出一条人腿来，讹诈卫朝奉杀了仆人。同时，报官诬告。卫朝奉只好把侵占陈秀才的房产退了出来，官府了案。

29. 头有红墨

据道光本《晋江县志·汪旦》记载："汪旦，字仲昭。嘉靖进士，任江西金溪令。县天竺寺有子孙堂，奸僧借以欺淫求嗣妇女。旦廉其实，捕治具狱，废其寺，尽得子孙堂地道复壁及诸幽秘为奸状，窖金数万两。"这讲的是汪旦查奸僧之事，该事后被冯梦龙写进了《警世通言》中，只不过将故事发生地改为广西南宁府永淳县。故事说这里的宝莲寺有座子孙堂，相传祈愿求子非常灵验。寺中凡是来求子的妇女，事先斋戒，在得到神明应允后才能进住净室。曾经留宿过的妇女，有的说梦到佛仙送子，有的说是罗汉送子，也有的妇女闭口不发一言；有妇女住一夜就走，也有再三留宿的妇女。虽然每位妇女的遭遇不同，但因每间净室除了室门外，再没有其他出入的门户，而妇女的丈夫就住在净室外。所以，尽管说话不一，但没有人怀疑其中是否有不法的勾当。福建人汪旦县令到任，对求子传闻感到怀疑，于是召来两名妓女，要她们扮成普通的民妇入寺求子，并嘱咐：如果夜晚有人潜入你们所住的净室，你们千万不要声张，或者拒绝对方，只要暗地里将红墨水在对方头顶做记号就可以了。第二天一大早，汪旦命士兵在外埋伏，自己入寺参礼膜拜。僧人们听说县令莅临，急忙出来迎接。汪旦命令所有寺僧摘下僧帽，果然发现有两人的头顶涂有红墨水。汪旦命人逮捕了这两名僧人，并要妓女出面指证。妓女说，晚钟敲过后，这两名和尚就进入净室，分别给了我们一包调经种子丸，并行奸污。汪旦命人搜查，果然找到种子丸，然后召来埋伏的衙役，寺僧们都束手就缚，经过士兵仔细搜查，发现整座寺庙都有地道通往净室床下，那些为求子住寺的妇女，被奸污的不计其数。汪旦带兵在地窖查到金银数万两归公。

述评：法医提取痕迹是物证鉴定的主要一环。在这个案件中，利用痕迹和留取痕迹是古代检验的特点，其思维和方法值得借鉴。

30. 朱砂染尸

据《海公大红袍》记载：海瑞在淳安当知县时，有一天，县衙门口传来一阵喧闹的声音。有个中年人，抬着一具尸首前来告状。海瑞让他们讲明情况。原来两人是同胞兄弟，一个叫胡胜荣，一个叫胡胜佑。他俩向海瑞控告说："我们的大哥胡胜祖，跟同村的邵时重争夺山地，邵时重仗势欺人，竟把我们的哥哥活活打死。现有尸体作证，请老爷严惩凶手，为家兄报仇申冤！"海瑞察看了胡胜祖的尸体，发现头颅上有鲜红的血迹。就派衙役把邵时重抓来审问。可是邵时重口口声声大喊冤枉，说："我和胡胜祖确实为争夺山地吵闹过，但是杀人的事，小人确实没有干过，请老爷明断！"到底相信谁的话呢？人命关天，可要慎重啊！海瑞思考了一会儿，认为有再验一次尸体的必要。他命令把尸体抬过来，又聚精会神地查看起来。他发现血迹的颜色似乎有些异样，就用手去擦，擦了几下，没有擦掉，就叫人端来一盆清水，洗了一阵。结果盆里的水染红了，血迹还是洗不掉。又叫人拿瓦片刮，这才把头颅上的血迹去掉。海瑞心里产生了疑问，说道："审得凡人被打伤死，其血凝聚，多是隐隐骨中，微见于外。重则血晕紫红，谓之紫则兼带黑色，轻则红色淡红色。"意思是凡是打伤而死的，血多半是凝聚在骨头里，重的呈紫红色，轻的呈淡红色。海瑞继续道："然而，此尸血凝聚于骨，其红与朱脂色鲜明，显著不同。"也就是说，这具尸体头上的血迹是鲜红的，还连成片。

经过仔细辨认,确定是一种名叫朱脂的颜料。于是,海瑞指着胡胜荣兄弟俩,厉声责问:"你们为什么要制造假案,诬陷别人?从实招来!"胡胜荣兄弟没法隐瞒,只得承认了自己诬告。原来他俩的哥哥是前几天得病死的,兄弟俩想报复邵时重,就在哥哥的尸体上涂上颜料当作血迹,装成被人打死的样子,来嫁祸给邵时重。此案上报严州府,由知府裁决。按照《大明律·刑律·断狱》"检验尸伤不以实"条规定:如果尸伤检验不实,正官要被杖六十,佐贰官要杖七十。海瑞的细致检验,查出真伪,将"朱砂染尸"、借尸图赖者绳之以法。

31. 云在青天

明代嘉靖皇帝与大臣议论大事,大家众说纷纭,没有结论。嘉靖就说了一句话:"云在青天,水在瓶"。众臣明白皇帝意思,不再讨论。这句话是一则"禅宗典故"。唐会昌年间(841—846),山南东道节度使李翱数次派人请药山惟俨禅师进城供养,均被禅师拒绝。一日,李翱亲自登门造访。药山坐在蒲团上,手拿经卷故意不理睬他。李翱愤然道:"见面不如闻名!"说完拂袖而出。这时,药山说道:手指,指上指下,然后问:"懂吗?"李翱道:"不懂。"药山解释说:"云在青天,水在瓶!"李翱恍然大悟,当即提笔写了一首诗:

赠药山高僧惟俨

〔唐〕李翱

练得身形似鹤形,千株松下两函经。

我来问道无余说,云在青天水在瓶。

诗的大意是,药山禅师,清瘦如鹤,飘逸如仙,在千株长松的凉荫下,怡然自得地阅经。我问什么是道,他却说:云本来就在天边,水就在瓶里装着,一切都要顺其自然。嘉靖说这句话的目的,就是要众臣按旧章办事,这也是嘉靖的哲学态度。表达的意思是,道法讲究自然,众臣知道按既定法律各自该做什么,不该做什么,一如"云在青天水在瓶"。

述评:法医史学研究者在评论明代法医学史时,经常发现,明代法医学发展缓慢,许多都停留在宋元法医学发展水平,有的还落后于宋元,特别是官员检验职责、免检制度等不适应于司法检验实践,甚至阻碍法医学发展。出现这些情况,实际上与明代社会治理理念和高层的哲学态度有关。

32. 三等九般

明代兰陵笑笑生《金瓶梅》第三十五回有:"金莲道:'若是这等的也罢了,我说又是没廉耻的货,三等儿九般使了接去。'"这里,"三等儿九般"指等级多,差别大。关于人格等级划分,早在春秋战国时期儒家学说已见记载。这就是孔子提出的"君子与小人"。君子,是儒家学说中具备完美品格的人,小人则相反。什么是君子?什么是小人?《论语》说:"子曰:君子周而不比,小人比而不周。""子曰:君子喻于义,小人喻于利。""子曰:君子怀德,小人怀土;君子怀刑,小人怀惠。""子谓子夏曰:女为君子儒,无为小人儒。""子曰:君子坦荡荡,小人长戚戚。"总之,君子和小人在儒家学说中,是一对人格截然相反的形象。关于人的地位等级划分,汉代班固(32—92)把古今人物归入其《汉书·古今人表》的"九品量表"之中,分为上(上智)、中(中人)、下(下愚)三等。每个等级中又分为:上上、上中、上下,中上、中中、中下,下上、下中、下下。这也许就是后人分三等九般的来源。汉代之后的等级实际上是君(天子)、臣(官僚)、子(百姓)的划分。古代职业的三等九般是:一官、二吏、三僧、四道、五医、六工、七匠、八娼、九儒、十丐。古代承认人与人之间有等级差别,如唐陆贽《优恤畿内百姓并除十县令诏》:"百姓及诸色人等如能力行仁义,均减有无,赒贷贫人,全活数众者,府司具事迹闻奏,朕当授以官秩,蠲其征徭。"这里"诸色人等"指各个等级人。从汉代丝绸之路贯通,到唐代西域商人涌入长安,大量中亚人进入中原,但凡进入中国的色目人鲜有愿意离开的,正如南宋词人周密在《癸辛杂识》续集上所说:"今回回皆以中原为家,江南尤多,宜乎不复回首故国也"。这里,色目人指外国人在此定居者。宋慈在《洗冤集录·自缢》:"凡验自缢人,先问原申人,其身死人是何色目人?"但到了元代,奉行一种"民族四等级制",分别是:最上等的蒙古人,色目人次之,再次是汉人,最后是南人。这四等民族的划分并不是每一等就是一个民族,蒙古人指的是居住在蒙古高原的人,包括蒙古族,也包括未汉化的女真人和契丹人；汉人和南人就分别指的是金和南宋的遗民。明代以法律形式规定皇族、官僚、百姓的等级，在服饰上明确尊卑分明的等级制度，皇族与官僚之间，官僚与官僚之间，贵族与庶民之间均有明确的区别。对官服根据品级严格规定其服饰，对民间百姓常服的规定也相当严格，如庶人戴四方平定巾，帽不得用顶，帽珠只许用水晶、香木；许穿杂色盘领衣，不许用黄色，衣料不许用金绣、绫罗、锦绮、丝等高级织物，只许用绸、绢、素纱，且颜色不许用大红、鸦青、黄色；鞋不得裁制花样，不许用金线装饰；首饰不许用金珠玉翠等，只能用银。《大明律》中还专设了服舍违式条，以期通过国家权力，强制人们恪守礼制，实现"贵贱不相逾"的生活方式。清代封建等级同明代，还加了剃发制度。

述评：古代等级制度对法医检验有影响。《唐律疏议》按尊卑之分规定了医生开药致皇族人死亡的要处绞死的极刑，而致一般人死亡的判徒刑或流刑。唐宋代立法和措施都带有很大的特权性，法律面前人人不平等。唐宋法律规定了"八议"（有关八种特权人物犯罪在适用刑罚时的优待原则）、"官当"（凡官员犯罪皆可以官品抵挡刑罚）、"赎罪"等一系列条款。这些方式，将贵族官僚的特权法律化、制度化，使其的特权较之前代更加广泛，更加系统，反映了唐宋代法律的特权法性质，而这些特权的存在导致法医检验得不到彻底执行，严重阻碍了依法检验的有效运行。

《唐律疏议》和《宋刑统》"殴伤妻妾"条规定："若妻殴伤杀妾，与夫殴伤杀妻同（皆须妻、妾告乃坐，即至死者，听余人告。杀妻，仍为'不睦'）。过失杀者，各勿论。"从律文可见妾在夫家毫无地位可言，甚至基本的生命保障也无从谈及。妻以夫对等的身份对妾进行殴杀，非折伤不会被论罪，甚至妻过失杀妾的行为，也不需要负任何的法律责任。而妻妾殴夫的行为，罪行较之上述行为则更重。《唐律疏议》和《宋刑统》"媵妾殴詈夫"条规定："诸妻殴夫徒一年，若殴伤重者，加凡斗伤三等（须夫告乃坐），死者斩；妾犯者各加一等（加者加入于死），过失杀伤者，各减二等；即媵及妾詈夫者，杖八十；若妾犯妻者，与夫同媵犯妻者，减妾一等，妾犯媵者加凡人一等，杀者各斩。"只要妻妾殴夫，即被坐罪，殴伤即处以加凡人斗殴罪三等的惩罚。而对妾的处罚则更重，加凡人罪四等。以此来维护和保障夫权不受妻妾的侵犯。《唐律疏议》

和《宋刑统》规定："诸告祖父母父母者，绞。"唐宋时期遵循"亲属相为容隐"的思想，若期亲尊长犯了罪，卑幼亲属，甚至同居之人要为其容隐。而有告官者，即便父母真犯罪，告发者仍要被处以重刑。宋慈《洗冤集录·条令》记载："诸缌麻以上亲因病死，辄以他故诬人者，根据诬告法，谓言殴死之类，致官司信凭以经检验者不以论，仍不在引虚减等之例。即缌麻以上亲自相诬告，及人力、女使病死，其亲辄以他故诬告主家者，准此。尊长诬告卑幼，赎减等，自根据本法。"也就是说，法医还要考虑"引虚减等""尊长诬告卑幼，赎减等""亲属相为容隐"的法律规定，实施检验或免检。此外，《大明律·刑律·人命》"杀死奸夫"条规定："其妻妾因奸，同谋杀死亲夫者，皆凌迟处死，奸夫处斩。"女性犯奸，不仅有违妇道，亦是对女性视贞洁为生命这一公理的挑战。丈夫也会把自己的妻妾视作买来的财物，丈夫有惩处的权力。这样杀死的尸体，法医免检。古代法律规定、三纲五常观念、尊卑等级、官当赎罪制度等，都在我国古代法医检验留下烙印，也阻碍了古代法医学的发展。

33. 五类看之

西湖七月半

〔明〕张岱

西湖七月半，一无可看，止可看看七月半之人。看七月半之人，以五类看之。其一，楼船箫鼓，峨冠盛筵，灯火优傒，声光相乱，名为看月而实不见月者，看之；其一，亦船亦楼，名娃闺秀，携及童娈，笑啼杂之，环坐露台，左右盼望，身在月下而实不看月者，看之；其一，亦船亦声歌，名妓闲僧，浅斟低唱，弱管轻丝，竹肉相发，亦在月下，亦看月，而欲人看其看月者，看之；其一，不舟不车，不衫不帻，酒醉饭饱，呼群三五，跻入人丛，昭庆、断桥，嚣呼嘈杂，装假醉，唱无腔曲，月亦看，看月者亦看，不看月者亦看，而实无一看者，看之；其一，小船轻幌，净几暖炉，茶铛旋煮，素瓷静递，好友佳人，邀月同坐，或匿影树下，或逃嚣里湖，看月而人不见其看月之态，亦不作意看月者，看之。

述评：张岱对官场不满，认为官场上人来人往，人浮于世，真正能做事的人并不多。张岱借七月半西湖看月，评论一番。张岱说，在七月半的晚上，来西湖赏月的人，可分成五类：第一类是达官贵人，他们乘着楼船来到这里饮宴作乐，并不看月（当官享受）；第二类是富贵之家，他们笑语喧闹、左顾右盼，也不看月（当官混日子）；第三类是附庸风雅的人，他们饮酒听曲、举头赏月，不过这类人更在意的是让别人看到他们在赏月，所以不免惺惺作态（当官逢场作戏）；第四类是市井闲人，他们三五成群、酒醉饭饱，图的就是个热闹（被官场看不起的人）；第五类是真正的风雅之士，他们乘着小船、烹茶品茗，他们对前四类人唯恐避之不及，要么藏于树荫之下，要么划向安静的湖心，他们才是真正的赏月之人（真正当官办事者）。

早在南宋时期，宋慈也曾把检验人员分成五类。宋慈《洗冤集录·序》说："年来州县，悉以委之初官，付之右选，更历未深，骤然尝试，重以仵作之欺伪，吏胥之奸巧，虚幻变化，茫不可诘。纵有敏者，一心两目亦无所用其智，而况遥望而弗亲，掩鼻而不屑者哉。慈四叨臬寄，他无寸长，独于狱案，审之又审，不敢萌一毫慢易心。"宋慈是这样分类的：第一类，初官，没经验，办案易出错；第二类，右选（武官），训练不够，办案也易出错；第三类仵作吏胥（欺伪、奸巧）；第四类，不用心检验的官员，混日子，检验时遮着鼻子、不亲自动手，远远看着尸体，"况遥望而弗亲，掩鼻而不屑者哉"；第五类，真正用心检验的官员，"审之又审，不敢萌一毫慢易心"。宋慈对官场上检验人员构成和分析十分透彻，他看到官员中真正把检验作为职业的少之又少，而对决定生死予夺权力的检验工作交给如此状况的检验人员，感到十分担忧。

34. 自为墓志

自为墓志铭

〔明〕张岱

蜀人张岱，陶庵其号也。少为纨绔子弟，极爱繁华，好精舍，好美婢，好娈童，好鲜衣，好美食，好骏马，好华灯，好烟火，好梨园，好鼓吹，好古董，好花鸟，兼以茶淫橘虐，书蠹诗魔，劳碌半生，皆成梦幻。年至五十，国破家亡，避迹山居，所存者破床碎几，折鼎病琴，与残书数帙，缺砚一方而已。布衣蔬茛，常至断炊。回首二十年前，真如隔世。

述评：《论语》有云："慎终追远"，意即于丧葬之事必须审慎对待之，以缅怀祖先之功德。墓志铭是与丧葬密切相关之制作，是为"慎终追远"之重要体现，在我国古代社会生活领域内地位突出，影响深远。墓志铭埋于墓中并刻有生者为墓主撰写对其评价的传记文字。而张岱是生前于康熙四年（1665）自己撰写《自为墓志铭》，后于康熙二十八年（1689）病逝，享年93岁。张岱（1597—1689），字宗子，明清之际史学家。张岱一生好玩，兴趣广泛。博洽多通，经史子集，无不知悉；天文地理，靡不涉猎。虽无缘功名，却有志撰述。明亡后，张岱拒不仕清，屏迹深山，写了二百二十卷史学名著《石匮书》，书中涵盖天文、地理、礼乐、百官、政法、经济、艺文、循吏、儒林、文苑、妙艺、方技、隐逸、名宦、盗贼、朝贡等明代史学百科。张岱其实一直找机会从政，没有成功，文人士子在对社会不满之余，纷纷追求个性解放，纵欲于声色，纵情于山水，最大限度地追求物质和精神的满足。一方面标榜高雅清逸，悠闲脱俗，徜徉在风花雪月、山水园林、亭台楼榭、花鸟之间；另一方面他在反叛名教礼法的旗号下，对科举和理学猛烈抨击，表现避世、玩世、傲世、愤世。张岱是个不为官却评价官，不从政却关心政治，不循吏却儒士，是典型的"隐于野"的读书人，代表了古代社会一大部分文人，而官场里这一类官员也占了很大比例。综观张岱一生，他的《自为墓志铭》对自己评价也十分恰当。法医学上，通过墓志铭能了解到墓主生前经历、生活状况、活动轨迹、社会地位、学术研究和真实史料，而张岱又是避世儒者的代表，也与一批官员的思想一脉相承。研究张岱《自为墓志铭》，继而了解历朝历代儒者内心世界，对古代检验官吏思想和作为的研究大有裨益，有其重要的法医学史研究价值。

35. 至人隐医

明代俞弁《续医说》卷一《原医·至人隐医》说："医之为道，由来尚矣，原百病之起，愈本乎，黄帝辨百药之味，性本乎，神农汤液，则本乎，伊芳尹此三圣人者，拯黎元之疾苦，替天地之生育，其有功于万世大矣，万世之下，深于此道者，是亦圣人之徒也。贾谊曰：古之至人，不居朝廷，必隐于医。"

述评：这里，"至人"指古时具有很高的道德修养，超脱世俗，顺应自然而长寿的人。《素问·上古天真论》："中古之时，有至人者，淳德全道，和于阴阳，调于四时，去世离俗，积精全神，游行天地之间，视听八达之外，此盖益其寿命而强者也。"正如贾谊说的那样："古之至人，不居朝廷，必隐于医。"这句话，还引出"不为良相，愿为良医"的名言。据吴曾《能改斋漫录》卷十三《文正公愿为良医》记载：宋代名儒范仲淹，有一次到祠堂求签，问以后能否当宰相，签词表明不可以。他又求了一签，祈祷说："如果不能当宰相，愿意当良医"，结果还是不行。于是他长叹说："不能为百姓谋利造福，不是大丈夫一生该做的事。"后来，有人问他："大丈夫立志当宰相，是理所当然的，您为什么又祈愿当良医呢？这是不是有一点太卑微了？"范仲淹回答说："怎么会呢？古人说：'常善用人，故无弃人，常善用物，故无弃物'。有才学的大丈夫，固然期望能辅佐明君，治理国家，造福天下，哪怕有一个百姓未能受惠，也好像自己把他推入沟中一样。要普济万民，只有宰相能做到。现在签词说我当不了宰相，要实现利泽万民的心愿，莫过于当良医。如果真成为技艺高超的良医，上可以疗君亲之疾，下可以救贫贱之厄，中能保身长全。身在民间而依旧能利泽苍生的，除了良医，再也没有别的了。"那些胸怀大志的儒者，把从医作为仅次于入仕的人生选择，正是因为医药的社会功能和儒家经世致用的思想相接近。

36. 时疫疑云

崇祯十五年(1642)，李自成起义。孙传庭被起用带5000精兵开赴陕西，没有预料到撞上瘟疫。有个医生叫吴又可，被病人家属栽赃"医疗事故"。地方官经查系偷换药方致人丧命，但驱逐了吴又可。孙传庭军中有人暴病而亡，赵提领医生认为暴病而亡的士兵是"偶发时疾"，于是把尸体埋了，并报告孙传庭："四时不正，气候无常，两天前病，已经找了大夫。"但疫情开始在军营内传染起来。刚好吴又可被之前的地方官驱逐，投奔师父赵提领，两个人一起到了军营里诊治。师徒两个人看病后得出的结论大相径庭。师父觉得是普通的风寒感冒，吴又可推测是瘟疫，因为吸入了"邪气"。赵提领质问，你说的"邪气"是何物？赵的依仗是医学经典《伤寒论》，故而他认为自己不会错。但后来，作为未采取防护措施的救护人员，赵提领也不出意外染上疾病死了。孙传庭亲自上门做通了吴又可的思想工作，并答应中途不更换医生。吴又可的瘟疫防治方法就是他的《瘟疫论》。他强调瘟疫非风非寒，非暑非湿，非六淫之邪外侵，而是由于天地间存在的"疠气"，与伤寒病决然不同。不论从病因、病机到诊断、治疗均有区别，使其与伤寒病分开另论，为传染病学说的形成与发展做出了贡献。吴又可的防控疫病的措施是：把患病者隔离，进行集中诊治；病死者进行焚烧，防止病毒聚集；在军营里提倡戴"面纱"口罩，防止日常接触传染；保持空气流通。这些防治传染病的基本措施，今天依然在沿用。他的方法控制了疫情的蔓延扩散，稳定了军心，为出关进攻李自成，解救开封铺平了道路。但孙传庭、吴又可救不了大明。根据上海交通大学历史学系曹树基教授的研究，明末席卷华北地区的瘟疫实际就是鼠疫。① 吴又可能控制得住鼠疫在孙传庭军队的蔓延，却控制不住大明疆域内扩散的疫情。所以，1644年3月，李自成兵临北京城下时，北京内城城墙上平均五个城垛才有一个士兵，瘟疫中的守城明军"鸠形鹄面，充数而已"。自鼠疫始至李自成攻破北京城，约20万北京人殒命，占当时北京总人口近1/4。

述评：以上介绍的是明末一场瘟疫，也可以说这场瘟疫助推了明代的结束。瘟疫伴随人类历史，如雅典大瘟疫：希腊史学家修昔底德记录了公元前430年这场席卷整个雅典的瘟疫，导致了近1/4的居民死亡。② 如安东尼瘟疫：2世纪中期，伤寒、天花、麻疹等多种瘟疫，一起袭击安东尼统治下的罗马帝国。整场瘟疫导致罗马本土1/3人口死亡，总死亡人数估计高达500万。查士丁尼瘟疫：541年，最初是先在埃及暴发鼠疫，接着迅速传播到了首都君士坦丁堡及其他地区，40%的城市居民在此次瘟疫中死亡。黑死病：1347年在西西里群岛暴发鼠疫③后，在3年内横扫欧洲，并在20年间导致2500万欧洲人死亡。患者没有任何治愈的可能，皮肤出现许多黑斑，死亡过程极其痛苦。此病在随后300年间多次在欧洲卷土重来，估计共有多达2亿人死于这场瘟疫。

---

① 曹树基. 鼠疫流行与华北社会的变迁(1580—1644年)[J]. 历史研究, 1997, 1: 17—32.
② [古希腊]修昔底德. 伯罗奔尼撒战争史[M]. 谢德风, 译. 北京: 商务印书馆, 1985: 137—144.
③ 一些科学家认为黑死病可能是由类似于埃博拉病毒的一种出血性病毒引起的。

天花：15世纪末，欧洲人踏上美洲大陆时，这里居住着3000万原住民，100年后，原住民人口剩下不到100万人。欧洲人把天花患者用过的毯子送给印第安人。随后，瘟疫肆虐美洲。黄热病：1648年，墨西哥的尤卡坦半岛首次暴发大规模黄热病。此后的两个世纪里，黄热病在美洲、非洲及少数欧洲国家流行，故又称为"美洲瘟疫"。肺结核：从17世纪开始，肺结核就在欧洲大陆流行了将近200年，感染者中近1/7死去。霍乱：第一次始于1817年，随后的5次暴发，均发生在19世纪。霍乱导致的死亡人数无法估量，仅仅印度，在100年间就死亡3800万人，欧洲则仅在1831年里就死亡90万人。艾滋病：20世纪70年代，非洲人口急剧增长，艾滋病病毒通过不安全性交和污染的针头得以传播。艾滋病在撒哈拉以南地区大规模肆虐，成千上万的儿童成为孤儿。西班牙大流感：1918年3月首先暴发于美国堪萨斯州的芬森军营，在一年之内席卷全球，患病人数超过5亿，死亡人数近4000万。西班牙大流感由禽流感病毒变异引起。俄国斑疹伤寒：1917年俄国斑疹伤寒严重流行，约300万人死亡。疟疾："一战"时期，殖民非洲、亚洲等地的欧洲部队发生了疟疾大流行，在东非的英军感染疟疾丧生者达10万以上。疟疾现仍是全球最严重的热带疾病之一，每年约有3亿宗病例发生，导致超过100万人死亡。近年来世界范围内的疫情还存在，如2009年美国的H1N1（甲型流感病毒）流感，2014年非洲的埃博拉病毒。每当瘟疫来临医学家就投入抗疫，寻找病原、发病机理和治疗方法。我国东晋时期葛洪提出"麻风避疾"治疗方案。葛洪在《肘后备急方》中记载了将麻风病患者送入深山进行隔离的方法，麻风病便是当时一种很严重的传染病，在久治不愈后，葛洪认为将患者与正常人进行隔绝，便可以有效阻断传染病的延续。北宋熙宁八年（1075），两浙一带出现瘟疫，杭州通判苏轼建专门医院"安乐坊"防疫，收到很好效果。这些早期"避疾"方法，与今天封闭城市、建"小汤山""火神山""雷神山"医院等相同，都是为了使患者远离人群，进而隔绝传染源，达到阻止瘟疫持续暴发的目的。我国近年也遇到疫情，如2003年SARS（严重急性呼吸综合征）疫情，2019年新冠肺炎疫情。鉴于对新冠病毒感染致病、致死机制并不十分明确，对临床诊断还缺乏病理形态学依据，丛斌院士于2020年2月3日向中国工程院提出《关于对新冠病毒感染致死病人尸体解剖检验的建议》①,得到了中央有关决策部门的重视。这是法医学家对"抗疫"的贡献。因此,法医学在社会治理中发挥了重要的、积极的作用。

37. 天泉论道

天泉论道

〔明〕王明阳

无善无恶心之体,

有善有恶意之动,

知善知恶是良知,

为善去恶是格物。

明嘉靖六年(1527),56岁的王阳明奉旨前往两广平乱。临行前,他召唤弟子在天泉桥上授业,后世称"天泉论道"。王阳明说道:"我有四句话要传给你们,毕生所学,皆在于此,你们要用心领会。"这四句话的意思是,良知是心之本体,无善无恶就是没有被私心物欲遮蔽的心,是天理;当人们产生意念活动的时候,把这种意念加在事物上,这种意念就有了善恶的差别;良知虽然无善无恶,却自在地知善知恶,这是知的本体;一切要为善去恶,以良知为标准,按照良知去行动。

述评:儒家思想发展到王明阳"心学",出现"良知心之本""天理即人欲""心即是理"的哲学思想。王阳明之前的儒学,在本质上都是把天理和人欲对立起来的。天理就是仁、义、礼、智、信,人欲不仁、不义、无礼、无智、无信。这种对立至程朱理学发展到极致,认为人的最高思想准则和行为准则就是"存天理而灭人欲",以至于出现"饿死事小,失节事大"的理念。王阳明及其心学颠覆了传统儒学基石。认为:天理并非尽善,而是有恶有善。阳光滋养万物是善,旱涝残害万物是恶。人欲也并非尽恶,同样有善有恶。不孝不悌是恶,食色性也是善。所以,不能简单地"存天理而

---

① 丛斌. 关于对新冠病毒感染致死病人尸体解剖检验的建议[J]. 法医学杂志. 2020,36(1):4.

灭人欲"。王阳明瞧不起死守清规而不知变通的人。《阳明先生文集》记载了一件事：补生傅凤，因家境困难而无法养活年迈的父母和傻弟弟，于是不顾性命日夜苦读，因为吃不饱，再加上学业辛苦，竟然卧床不起，患了大病。要是按传统儒家的思想，只讲动机而不讲效果，傅凤的举动可以说非常孝顺，要受到世人的称赞。可王阳明不欣赏，反而说，如果人累病了，甚至累死了，父母弟弟又将无人供养，就算你动机再好又有什么用？王阳明的"致良知"是他心学体系中最成熟的部分。

我国古代因坚持"父母发肤不得毁坏"形成了尸表验尸制度，为了"礼""孝"而"死守清规不知变通"维护尸表检验。如果用王阳明的心学观点来分析，由于尸表检验片面性，使得不能正确判断死伤原因，连司法公正都得不到保证，就算"孝顺"的动机再好又有什么用？可惜，当时并没有检验改革的呼吁，尸表验尸仍然铁板一块，这是我国古代法医制度的悲哀。

38. 大西瓜案

余象斗《皇明诸司廉明奇判公案·人命类·乐知府买大西瓜》记载：明代成化年间（1465—1487），乐宗禹升徽州知府。一天，他的10岁孩子觉得口渴，想吃西瓜。时值六月，正是西瓜上市季节，便派人到市场去买。派出的人叫黄德，他走遍各个瓜摊，所见的瓜，不是生，便是小，总不满意。忽然，他看到一个瓜摊上的瓜特别大。黄德以五分银子成交，将西瓜抬到府衙。乐知府见到此瓜，不由吃了一惊，心想："我历官南北，从未见如此大的西瓜。但见这瓜长近三尺，粗大如桶，估摸有百十来斤。"乐知府便让黄德把卖瓜人带到花厅问询。

乐知府问摊主："你姓甚名谁？这瓜是你自种？还是贩自何方？"摊主回答："小的名叫周继生，自幼与父亲种瓜为生，所卖之瓜，乃是自家瓜园所产，并非贩自他人。"

乐知府说："你的瓜是一直都长得这样大？还是偶尔长这样大？不知可否带本府到你的瓜园去看看？"周继生说："大人想看，小的怎敢不从？但小的西瓜还没有卖完，这些瓜如何安置？"乐知府说："西瓜你不用管，本官全部买下，赏赐给各属下，银子由本官付，你只管带本官看你的瓜园。"

周继生带着乐知府一行人来到瓜园。乐知府举目望去，但见瓜园的西瓜都长得一般，没有什么奇怪的，只有一处西瓜长得很大，其中一个大瓜，比黄德买的还要大，长约四尺，宽约二尺，重约莫有二百斤。为什么三亩西瓜园，只有此处长这么大的瓜呢？乐知府觉得奇怪，就围着大瓜转了几圈，感觉这个实在异常。便让黄德率几名衙役把大瓜抬走，在大瓜所在之处往下挖。黄德等人找来铁锹镐头，往下挖去，才挖去二尺有余，就发现一具死尸。乐知府命令将死尸取出，放在木板上，然后亲自上前验看。但见尸体已经腐烂，但面目尚可依稀辨认，乃一具男尸，头上有一处刀痕，心窝之处有一处刺伤痕，显然是被人杀害。乐知府命令衙役将周继生锁拿到府衙，开堂审讯。

乐知府喝道："你这畜生，竟敢谋杀人，埋在自己的瓜园之下，该当何罪？还不从实招来？免得皮肉受苦！"周继生高呼冤枉，申辩道："小的世代种瓜，十里八乡的人都认识小的，如何敢谋杀人？大老爷冤枉小的了，小的真的不知道死者是何人，为什么埋在小的瓜园之内，还请大老爷明辨。"

乐知府道："大胆刁民，还敢诡辩，不打如何肯招？"于是传令衙役用刑。几十板子打下去，周继生就是喊冤枉，誓死不招。乐知府见周继生不肯认罪，知道再用刑也不会得到什么线索，便对所有在堂之人说："这厮既然不肯招认，再打下去也不会有什么结果。要知道本府为阳界之官，城隍为阴界之长。我太祖高皇帝曾经认为城隍：'以鉴察民之善恶而祸福之，俾幽明举不得幸免。'如今死者是谁？城隍定然知道，而死者是何人所杀？城隍也应该知道，所以此案就拿城隍是问。左右听了，本府明日到城隍庙去审问城隍，尔等准备刑具，如若城隍不招认，就给城隍用刑，定然会审出真情。"

知府要审问城隍，在堂之人都瞠目结舌。乐知府想："周继生不肯招认，或许真的不是他杀人，不然也不敢带本府去瓜田查看。再说了，如果是他杀人，也应该深埋地下，为什么所埋仅二尺呢？看来必有原因。"乐知府就把衙役传来，如此这般地交代一番。衙役领命而去，乐知府又命人广贴告示，声言审城隍之事。

知府要审问城隍的事情不胫而走，一夜之间，整个徽州府的人都知道了。次日巳时许，人们听到九声锣响，知道乐知府就要到了。

乐知府的大轿来到城隍庙，乐知府从轿子上下来，进入庙中，来到城隍塑像前，先焚上三炷香，插在案上的香炉里，然后默默祈祷一番，随即从案上拿起签筒，摇了摇，从中蹦出来一支签子。乐知府拿起来一看，上面写道："重阴在上，鬼氛浮游，中庭水深，台下行舟。"然后让人把周继生带上来说："这个签是大凶，显然那个人是为盗贼所害，现在鬼气阴森，犹如庭院中积水很深，你要举步也艰难，幸好台下可以行舟，你还有一线生机。现在如实招来！"

周继生说："大人，我不懂什么签语，也不知道是何人杀害了那个人，肯定是有人栽赃陷害，还求老大人为小的做主。"

乐知府说："你认为是栽赃陷害，那么你与何人有仇？"

周继生说："小的一直与人为善，并无仇人。但有与人发生口角。就是我那邻居杨八，见我瓜园的西瓜长得好，时常来偷窃，被小的抓到，曾经将他殴打，不知道这算不算是仇人？"

乐知府说："既然如此，你可将杨八指认出来，本府询问他。"

周继生环顾四周观看的人们，发现杨八正在观看，便指认出来。乐知府命衙役将杨八带到面前说："大胆杨八，谋财害命，栽赃陷害，还不从实讲来，免得本府大刑伺候！"

杨八说："大人可不要冤枉好人！周继生那厮陷害我，大人怎么能够听信他的话呢？再说了，杀人应该是有凭有据。大人无凭无据，为什么就说是我图财害命，栽赃陷害呢？"

乐知府说："本府刚才在城隍前祈祷，城隍告诉我，是杨八谋财，杀死路过客商，将尸体埋在周继生的瓜园。要知道阴界由城隍掌管，你是欺瞒不得的！"杨八听罢，先是惊，接着便平静下来说："城隍灵验，世人皆知，但也须有凭有据，如今城隍的证据何在？"

乐知府说："好利口！你以为城隍会冤枉你吗？不但城隍不会冤枉你，本府也不会冤枉你。来人啊！把证据呈上来！"乐知府说罢，早就有几个亲信将一个皮箱呈了上来。原来乐知府向亲信所交代的事情，就是查找赃物。当众打开皮箱，发现箱内有一把尖刀，还有两锭约十两的白银，一串玛瑙佛珠。杨八见状，大惊失色，不等乐知府开口，便说："小的情愿从实招来，还望老大人饶命！"说罢便一五一十地交代了罪行。

原来，在去年八月十五，有湖广贩枣的客人张伸兴，因为着急赶路，错过了宿头，便来到杨八家，请求借宿一晚，答应给借宿费用。杨八见有钱赚，也欣然答应，准备饭食，还拿出深藏三年的老酒。席间，杨八提了一下张伸兴的皮箱，觉得沉重，知道里面定有银两，便死命地劝张伸兴喝酒，直到他醉倒，然后用刀直劈其头，顺手又一刀刺入心窝。可怜那张伸兴连喊一声的机会都没有，便一命呜呼了。杀了人以后，杨八便把尸体抬到周继生的瓜园，匆忙挖了个坑掩埋了，自以为神不知鬼不觉，打开皮箱，发现有三十余两白银，一串玛瑙佛珠，还有几件换洗的衣服，也没敢花用，便深深地藏起来，半年以后才敢花用一些，而大部分都在。谁知道乐知府在城障庙祈祷，居然拿出这些赃物，如今只好请求知府开恩了。

原来，乐知府对周继生用刑，见其死不肯招，便猜测他应该不知道杀人之事，要不然他不会爽快地答应乐知府到瓜园去查看。那么是谁杀人呢？乐知府也很难了解。要是大张旗鼓地调查，想必是人心惶惶，最终也不会有什么结果。因此，乐知府决定用到城隍庙审城隍的办法，把人们的注意力吸引到城隍庙，而派出衙役到周继生住所进行暗访，通过街坊四邻之口，得知杨八所种的西瓜并不好，却有闲钱买地，似乎发了横财。

衙役将调查结果报告知府，乐知府便让亲信趁自己到城隍庙审城隍之时，突击搜查杨八的家，获取赃物，所以当周继生指证杨八时，乐知府能够将赃物当众展开。其实，杨八杀了湖广客商，也没有人知觉。不过，有了横财，终究不能够死守，半年以后，便用这些钱买地，也就露了财，才被乐知府的亲信访得，最终搜查到赃物，被乐知府审出实情。

按照《大明律·刑律·人命》"谋杀人"条规定："凡谋杀人……若因而得财者，同强盗，不分首从论，皆斩。"显然杨八不能够免于一死，杨八为了三十两银子，竟然杀害无辜。因此，乐知府将杨八拟为斩刑，逐级申报后，得到核准，最终将杨八押赴市曹斩首。按照《大明律·名例律》"给没赃物"条规定："正赃见在者,要还官、主。"湖广客商因为不知道具体籍贯，赃物无法给主，而周继生却因案件牵连，受到刑讯。为此，乐知府将赃银一半入官，一半给周继生，算是补偿。

述评：此案有两个特点。一是法医证据意识。乐知府看到西瓜"粗大如桶"，就想到同是一个瓜园，别的西瓜都长得一般，唯独这处的西瓜长得异常大，便认为此处土壤有些怪异，所以让人开挖，发现了头部、胸部有刀创的尸体。二是法医心理学审案思维。乐知府认为瓜园主人抵死不承认，杀人者可能另有他人，便用审城隍的办法，改变人们的注意力，神不知鬼不觉地展开调查，发现杨八突然发财，来路不明，最终搜出杨八赃物，破获杀人案件。

39. 吞金自杀

《明史·列传·后妃》记载："……万贵妃日夜怨泣曰：'群小绐我。'其年六月，妃暴薨。或曰贵妃致之死，或曰自缢也。谥恭恪庄僖淑妃。敏惧，亦吞金死。敏，同安人。"明宪宗时太监张敏，曾在纪淑妃生下明孝宗后保护过孝宗。成化十一年（1475），明宪宗召见张敏，张敏将孝宗的身份告诉明宪宗。孝宗认父不久，生母纪淑妃就暴毙了。不久张敏吞金自杀。

曹雪芹《红楼梦》第六十九回"弄小巧用借剑杀人 觉大限吞生金自逝"讲的是：贾琏替父亲办事很顺利，贾赦很高兴，赏了他一个丫头秋桐做妾，贾琏便对二姐冷淡下来。凤姐一面挑唆秋桐拿各种脏话辱骂二姐，又指使丫头们虐待二姐，尤二姐吃了暗气，便渐渐黄瘦下去，所怀的男胎也由于庸医乱开药而失去。凤姐于是找人算卦，得知是属兔的阴人冲犯而致。秋桐属兔，知道后大骂不止。尤二姐终于不堪凌侮，吞金而逝。

述评：所谓吞金自杀是指吞下金子自杀的行为。由于受"死后保存全尸"的传统文化影响，吞金自杀是古代常见自杀方式之一。黄金对人体没有毒性，但由于黄金密度大，重量大，在吞下的过程中，金子卡住了气管可致人呼吸困难而窒息死亡；当金子吞下到胃时，因金子的重量而压迫胃肠道，又无法排出而阻塞胃肠道致人腹胀而死亡；金子在胃肠道下滑的过程中还会划破胃肠道致人胃肠穿孔大出血死亡或胃肠内容物进入腹腔而感染性休克死亡。

40. 秋香之死

余象斗《廉明公案·林按院赚赃获贼》载：明朝正德年间（1506—1521），浙江宁波

中国古代法医学与社会治理关系史

府定海县佥事高封,和在京中为官的侍郎夏震是同乡,平日里来往极为密切,因妻子先后怀孕,两人便指腹为亲,约定:若是均为男孩,便结为兄弟;若是均为女孩,便结为姐妹;若一个男孩、一个女孩,便结为夫妻。十月怀胎、一朝分娩,夏震妻子诞下一个男孩,取名夏昌期;高封妻子则生有一女,取名高季玉。夏震于是便托人前去定亲,以两副金钗为定亲之物,高封欣然接受,又回了玉簪一对。数年后,夏震于京师病逝,由于平日为官清廉,竟然连丧葬费用也拿不出,高封便主动出资,助其将棺椁运回原籍安葬。不久后,高封也辞官返乡,当起了富家翁。夏昌期虽然聪明伶俐、苦读诗书,然而自父亲去世之后,家中就变得一贫如洗。夏昌期十六岁时以案首进学,也算是有了一定成就,便托人去高封家中提亲。高封却有些嫌弃夏家的家境,生了退亲之意,于是对媒人说道:"他乃侍郎之子,我女也是千金小姐,完婚须得三书六礼才行。如今空言完婚,岂不闻'聘则为妻、奔则为妾',草草苟合,岂不亏待我女。他若是不能备礼,不如及早退亲,大不了我多退些礼银于他。"夏昌期不愿退亲,却也承受不起三书六礼的负担,于是这门亲事便就此拖延了下来。眼看三年过去,亲事依旧绵绵无期,高季玉便常常劝说父母,不应该做不讲信义之人,高封却说道:"若是他能拿出百两聘礼,我便任你出嫁,不然便别想娶你过门。"高季玉眼看无法说服父亲,便从父亲那里偷了一些银钱,连同自己的金银首饰等,凑了一百多两银子,密令侍女秋香告诉夏昌期,父亲已经承诺,只要拿出百两聘礼便可成亲,自己已经将金银首饰准备停当,约定明日夜间在后花园花亭交接。夏昌期听了自然不胜欢喜,连连答应下来。

次日,夏昌期将这个消息告诉了至交好友李善辅,李善辅便备下一桌酒菜为其庆贺,两人饮至夜间,夏昌期趴在桌上沉沉睡了过去,醒来之时已是深夜,见李善辅依旧趴在桌上熟睡,便将其推醒,说道,"如今天色已晚,我这便前去赴约了"。夏昌期到了高家后花园,其家人早已睡下,一片寂静无声,夏昌期来到亭中,却见一侍女倒在地上,还以为是等待太久睡着了,便伸手去扶,这才发现侍女已死,顿时吓了一跳,见四处无人,连忙逃回家中。

次日清早,高家虽见侍女死于后花园亭中,却不知道发生了什么事情,高季玉却说道:"昨日是我命秋香送银两和金银饰物于夏昌期,本想资助其作为聘礼,却不想此人如此狠心,竟然将秋香打死。"高封闻言大怒,遂命家人前往府衙状告夏昌期"杀人夺财"。

顾知府接到诉状后,迅速传唤原被告双方到堂。高封称秋香当夜送银钱、首饰共计二百余两于夏昌期,自己女儿季玉可以作证,若不是夏昌期打死秋香,自己岂肯让女儿抛头露面到堂作证。何况无仇无怨,纵然自己因其家贫而有退亲之心,但也不至于杀死侍女诬赖于他。夏昌期则辩解道:"前一日,秋香到我家,说小姐愿意以银钱相助,约定当夜到花园去取,谁想我到花园之时,秋香已经被人杀死,且并未发现有银两在侧。必然是此婢女犯了错,你将他打死,却想要赖到我身上。若我得了银钱,又岂会再杀死她?"顾知府又去问季玉,"一个是父亲,一个是有婚约的丈夫,你如今身为人证,可要从实说来。"季玉说道:"我父与夏侍郎本是同乡,又同朝为官,因而才有了指腹为婚之事,曾受金钗一对为聘,回他玉簪一双。后夏家家道中落,父亲便想生了退亲之意,我本不愿,便收拾了金银首饰百余两,命秋香与夏昌期约定,今夜在后花园交给他。当夜他果然如约到来,秋香回报之后,我便让秋香将银钱交给夏昌期,却不知因何被杀死在后花园,且金银饰物全都不翼而飞。莫非他想趁机占秋香便宜却被拒绝,故而将其打死?抑或是因我父亲退亲而一时恼怒,故而打死秋香泄愤?还望老爷详查,民女并无半点虚言。"顾知府听罢,身子向后一靠,看向夏昌期道:"你还有何话可说?"夏昌期低头回道:"季玉所说送银之事是实,我亦不做抵赖。但要说我拿了银子却打死秋香,我死也不服。只是我也不知秋香为何被杀,如今百口莫辩,想必是前世冤业今世报吧。"顾知府见夏昌期不再抵赖,便以夏昌期恼怒高家悔婚而怒杀其婢为由判其入狱,高季玉则允许改嫁。

三年之后,福建兴化府林见素(福建莆田人,1452—1527)升任浙江巡按。林巡按并未立即到任,而是先微服到各地巡查,结果因私入县衙而被胡知县关入大牢。到了狱中,林见素对犯人们谎称自己精于诉讼,如果大家有什么冤情,自己可以代为申诉。当时,夏昌期正好被关押在此,便将自己的冤情如实告知,林巡按听后当即答应为其申冤。之后,林巡按拿出一枚印信,使狱卒交于胡知县,胡知县看后这才得知是新任巡按到了,连忙将其放出。林巡按出狱后,立即调阅夏昌期的案卷,然而所有证据均指向了夏昌期，林巡按竟然一时也无从下手，只好再度向夏昌期询问，"当日你可将取银之事说与他人？"夏昌期答，"我只是说给了好友李善辅，可我当夜正是在他家中饮酒，虽曾醉酒睡着，可醒来之时李善辅也在旁边睡去，并未离开啊！"林巡按听罢，便已经猜出了七八分，只是苦无证据，只好暂且安抚夏昌期一番。后来，林巡按考校宁波府生员，故意将李善辅列为榜首，不仅与其常常来往，甚至将其当作门生一般始终带在身边。转眼半年已过，一日，林见素对李善辅说："今年冬天我将嫁女，奈何我一向为官清廉，如今竟然连嫁妆也凑不出。你可帮忙筹措一些，将来倘若有好机会，一定少不了你的好处，毕竟你也算是我的得意门生了。"李善辅听罢极为高兴，数日之后便置办下了金钗两对、玉钗一对、金粉盒和金镜袋各一对，林巡按见了，虽装出一副极为满意的样子，却暗中找来夏昌期等人再度询问，并取出金玉钗、粉盒、镜袋等物，高季玉当即认出，这些正是自己送给夏昌期的物品。林巡按于是找来李善辅当堂对证，李善辅见高季玉认出了赃物，顿时吓得魂不附体，连忙推脱这些东西是自己从一个过路客人手中换的。林巡按问其向谁所换，那人长什么样子，哪里口音，李善辅却支支吾吾答不上来，无奈之下只得认罪。

原来，夏昌期将高季玉打算资助自己聘礼之事说给李善辅后，后者顿起贪念，他约夏昌期在家中饮酒，却趁机在酒中下药将其迷晕，待夏昌期昏睡过去之后，他却跑到高府后花园想要骗取钱财，却不想那丫鬟秋香警惕性很高，见其并非夏昌期，当即便返回房中告知了高季玉。然而，高季玉却不疑有他，认为是天色已黑，秋香没有看清楚，命其依约将银钱财物交给"夏昌期"，秋香只好带着财物再次到了后花园。谁知李善辅见其返回，此时却已经捡了一块石头在手中，接过财物便用石块砸死了秋香。李善辅返回家中，见夏昌期仍然趴在桌上熟睡，便将夺来的财物藏好，便也趴在桌上装睡，使得夏昌期醒来之后，以为其始终未曾离去。

案件审结，林巡按以"杀人夺财"之罪依律判处李善辅"大辟"之刑，秋后问斩。高封不顾名义，欲退亲而背盟，几乎陷女婿于死地，本应按律施刑，但念其"官休年老"，故而不再惩戒。夏昌期无罪释放，高季玉既怀念旧之志，愿意履行婚约，便判两人依约成婚。

述评:"秋香之死"案致伤物已无从检验,关键在判词中"杀人夺财"的"财",即被盗取的赃物在谁手里,重点体现在物证收集和当庭对质上。林见素巡按收集到李善辅的金钗两对、玉钗一对、金粉盒和金镜袋各一对等物证,并在公堂上让高季玉辨认、质证。高季玉当庭认出系自己送给夏昌期的物品,证据确凿,从而认定杀人者就是李善辅。最终,李善辅认罪,被处极刑。

41. 何琮之死

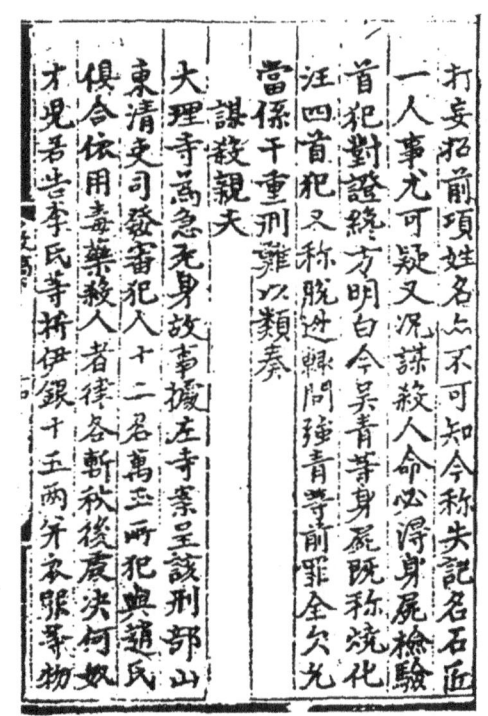

图 48 《王恭毅公驳稿·谋杀亲夫》,明弘治五年(1492)高铨刻本

据明代王槩《王恭毅公驳稿·谋杀亲夫》(图 48)记载:明宪宗成化七年(1471)二月二十三日傍晚,李绶、汪弘在北京城内某街道上遇到在布政司"充吏"的好友何琮。何琮邀请李、汪二人去他家共进晚餐,不料何琮喝酒中突然晕厥倒地。李、汪二人慌忙帮助何琮的妻子赵氏扶救,请管太医来诊治。但无力回天,何琮死去。赵氏称,亡夫何琮系急症病故。何琮发作时,家里除他之外有四个人在场,分别是妻赵氏、小儿

子"何奴才儿"、朋友李绶和汪弘。大儿子"何才蛮子"不在家。和平时一样，当天的饮食由赵氏主理。有人向法司指控，赵氏和一个叫"万玉"的男子关系暧昧，何琮疑似被赵氏在茶中投毒加害，万玉为幕后主使，作案目的是毒杀何琮，以便与赵氏结合。法司对万玉进行审讯，同时检验了何琮的遗体。法司拿到了万玉的认罪口供。万玉称，他和赵氏确有私情，在成化六年（1470）二月之前就开始了。那时何琮、赵氏一家在北京城外租赵杞家的房子住，万玉是赵杞出租屋的邻居，与何家往来较多，勾搭上了赵氏。他想除掉何琮，好娶赵氏为妻。万玉在成化六年（1470）二月弄到一钱"信药"，只是一直找不到机会。八月以后，何琮、赵氏典到现居住的这所房子，搬进城居住。受距离阻隔，万玉跟何家的交往变得稀少。事实上，在赵氏、何琮搬家之前约三个月，万玉就没有造访过何家。直到成化七年（1471）三月，万玉才首次到赵氏、何琮的城内新家做客。当然，据万玉供述，他此次造访，做客是假，寻求私通是真。但由于何琮的家人都在，光天化日无法行动，万玉失望而归。但是，他临走时悄悄将带来的一钱"信药"塞给赵氏收藏，教唆她伺机给何琮投毒。然而，赵氏未能觅得良机，"信药"没有派上用场。过了一个月，即四月，万玉再次来到赵氏及何琮的新家，把"信药"要了回去。可是他告辞出门后走了几步又折回，把那一钱"信药"分出一小撮，交给赵氏藏好，继续等待时机。随后，万玉携带大部分"信药"离开了。案发当日即五月二十三日，李绶、汪弘跟着何琮回家。何琮叫赵氏倒茶给他喝。赵氏忽然想起万玉留下的一小撮"信药"，觉得这是千载难逢的机会，就暗中捏碎"信药"，投入茶水里。何琮喝了这杯茶，毒发身亡。以上是万玉的口供。遗体检验报告佐证万玉的供词：忤作用银制的检验工具探察何琮的口腔、咽喉等部位，银器变黑，证明何琮生前摄入了"信药"；同时，没有在何琮的嘴唇、咽喉查出溃烂、变色等。

赵氏及小儿子"何奴才儿"的陈述与万玉大相径庭。据他们说：何琮发病并非偶然，而是老毛病；而万玉关于五月二十三日事情经过的供述不符合事实。何奴才儿称，自他记事起到案发前一年，父亲何琮已有两次发病：第一次是在成化二年（1466）十月，何琮在布政司司房饮酒，下班回家上厕所，昏迷。那一年何奴才儿还小，目击这一幕，没有能力施救，大儿子"何才蛮子"扶起父亲。何琮昏睡半天之后苏醒。第二次是在

第六章 明代的法医学与社会治理关系研究

成化六年八月,也就是何家在城外赵杞出租房居住的最后一个月。晚间,何琮毫无预兆地双手挛缩、眼睛斜睁、牙关紧闭,昏迷。何才蛮子不在,何奴才儿扶住父亲的头部,赵氏一手持灯、一手搀扶。不清楚过了多久,何琮复苏。

关于何琮亡故的详情,何奴才儿的说法如下:五月二十三日,有两个办事人员到布政司。何琮下班领他们回家小坐。何琮叫茶,赵氏、奴才儿母子俩一共捧了三盏茶出去。何琮跟两名客人一边交谈,一边品茶。茶饮完,客人告辞。何琮送他们出门,在街上又遇到李绶、汪弘二人,邀请回家。遵照何琮的盼咐,何奴才儿出去打了一壶酒回来。何琮与李、汪喝酒。酒过半壶,何琮发病。李、汪协助赵氏母子施救。管太医赶来看诊,判断为"夹阴入脐"的疾病,不是中毒。管太医给何琮灌酒救治,无效,何琮去世。

按赵氏、何奴才儿一方的说法,当天先后有两拨客人来访,何琮和第一拨客人一同喝茶,并未发生意外,是在和第二拨客人一道饮酒之后发作的,意指茶水没有问题。万玉的供词却完全没有提到第一拨客人,也没有出现饮酒的情节。法司采信万玉的口供及验尸报告,判万玉、赵氏秋后处决。

案卷上呈至大理寺,大理寺卿王槩发现其中有多处疑点。一是万玉关于作案准备阶段的供述不合情理。从万玉最后一次去何琮、赵氏租住的城外赵杞宅,到万玉初次探访他们在城内典下的新房,中间相隔约十个月之久,并无证据显示在此期间万玉和赵氏有会面。我们现在用惯的各种通信工具,在明朝人都是想也想象不到的事物,因此万玉和赵氏足有十个月时间不能进行直接、及时的联络。立足于该前提,我们会看到,万玉对于成化七年三月首次访问赵氏、何琮新家之目的,所作供述是前后矛盾的。他先称此行的目标是幽会,却选在何琮一家济济一堂时前往,致使幽会不成。显然他事先没有和赵氏商量,他跑这一趟是自作主张,不是双方有约,否则赵氏会挑选独自在家的日子,设法通知万玉过去约会。由此可推知,赵氏搬家后,和万玉很难通信,更不要说见面,相互间也缺乏默契。那么,在十个月不联络、不方便见面的情况下,万玉凭什么笃定赵氏对他的情意不减、马上会接受给何琮下药的提议?可是按万玉的说法,他坚信不疑,随身携带信药,幽会不成就把药塞给赵氏,授意她杀夫。此外,

559

万玉称十月去赵氏家要走了大部分信药,留给赵氏一小撮。他一心置何琮于死地,为什么只给赵氏留一点点信药?他要走的大半信药去哪里了?做什么用?他未能做出任何说明。二是万玉关于赵氏作案过程的供词有明显的破绽。万玉称,赵氏收藏信药一个月没有找到机会动手,偏偏在有两名外人到访时认为这是一个难得的好机会。赵氏每天给何琮做饭倒水,无数次夫妻单独相处,怎么认为没有机会?五月二十三日傍晚有两名外人来做客,她理应更加慎重,怎么认定这是下手良机?另外,当天究竟有几拨客人去过何琮家?何琮到底是在接待哪两个客人时饮的茶?有无饮酒?他症状发作是在饮茶后还是饮酒后?这些双方供述不一致的地方都没有进行调查核实就定案了。例如何奴才儿买酒的店铺老板,能够证明何奴才儿有无买酒、买酒的时刻,法司也没有向他求证。三是万玉关于何琮叫茶的供词也不合理。有两名客人在场,不管他们是谁,何琮让赵氏倒茶给他喝,不提给客人倒茶,这不是善交际的何琮应有的待客之道。相反,何奴才儿称父亲要求倒三盏茶,主宾三人各一盏,倒是符合正常的礼仪人情,却未获采信。四是验尸报告不足以证明何琮的死因系中毒。王槩认为,中毒者不仅在银器探及口腔、咽喉时会变黑,内脏、咽喉、嘴唇等部位通常也会形成溃烂、变色等实质改变,茶盏、酒杯也应检查。王槩指出,不能断定何琮是中毒身亡。更重要的是,赵氏及何奴才儿提到三个证人,李绶、汪弘、管太医,并称管太医说过何琮的症状是疾病所致,但法司并没有找管太医等人核实情况。尤其是管太医,可以对何琮死因提供专业证词,为什么不询问他?何奴才儿、赵氏还称何琮之前发作过两次,对于判断何琮死因有较大影响,为什么不查证其真实性?例如在城外的原房东赵杞,为什么不请他回忆成化二年十月何琮是否发病昏迷?

应王槩的要求,仵作第二次勘验何琮的遗体。这次的结果彻底推翻了第一次检验报告,银器探及何琮的咽喉、口腔时没有变黑。

王槩驳回再验,第三次报告:"何琮全身皮肤溃烂,骨头全部变黑,不能辨别致命源头。"

王槩代表大理寺驳回了法司的判决。王槩判词记载,何琮去世后,何氏亲族出现财务纠纷,仍可查见清晰事由的是何宏若状告何瑀侵吞其盘缠银四十九两案。何瑀,

第六章 明代的法医学与社会治理关系研究

是何琼的同辈兄弟。法司将上述财务纠纷与万玉、赵氏谋杀案一并处理，可见何氏亲族的经济纠纷因何琼之死引发。据此，为了争夺何琼的遗产而指控赵氏杀夫。万玉疑似在非正常、非自愿的情况下做出前言不搭后语的口供。法司不向管太医、赵杞等人查证何琼的死因，验尸报告前后不一致，无视万玉供词中显而易见的漏洞。由于管太医、赵杞等人将提供有利于赵氏母子的证词，有关方面才拒不听取他们的证言。王槩考虑何奴才儿及赵氏的陈述属实，何琼应为病故，他长期患有一种宿疾，多因饮酒诱发，成化七年五月二十三日这一次发作，他没能挺过去，想不到妻儿会陷入无穷无尽的麻烦，乃至给妻子招来杀身之祸。

述评：何琼是病死还是毒死？王槩从案情调查、口供矛盾、检验出入、证据漏洞、证人证词可靠性等全面分析，甚至从投诉目的着手进行调查，如王槩判词记载，何琼去世后，何氏亲族出现财务纠纷，仍可查见清晰事由的是何宏若状告何瑀（投诉者）侵吞其盘缠银四十九两案。这个案件的精彩部分是，王槩认为"信药"中毒检验，不仅要检验尸体，还要检验盛药的茶盏、酒杯，要询问治病的医生等。最后，王槩否定了原判决，认定何琼是病死。

 第七章　清代的法医学与
社会治理关系研究

第七章 清代的法医学与社会治理关系研究

第一节 清代的司法制度

清代(1636—1912),是由满族建立起来的封建王朝,是我国封建社会最后一个王朝。1840年鸦片战争后,清政府被迫同英国侵略者签订了中国近代史上第一个不平等条约《南京条约》,之后又受列强侵略,签订各种不平等条约。1911 年,辛亥革命爆发,清朝被推翻,从此结束了中国两千多年来的封建帝制。1912 年 2 月 12 日,清帝被迫退位。

通常,历史上把清代在1840年以后以近代进行介绍。所以,本章在介绍清代司法制度、司法检验、法医成就和案例后,再介绍清末近代法医检验,并介绍对法医学发展有贡献的人物,包括近代人物。

一、清代立法

(一)清初立法思想

《清史稿·刑法志一》有:"详译明律,参以国制。"清王朝吸收明律为代表的汉族文化、制度,根据满族特点及清朝的社会现实,制定既体现儒家传统法律文化,又适合清朝统治的法律体系与法律制度。

(二)主要立法

(1)《大清律集解附例》。这是清朝第一部正式成文法典。

(2)《大清律例》。其体例与《大明律》基本相同,分名例律、吏律、户律、礼律、兵律、刑律、工律七篇,是清朝的基本法典,是中国历史上最后一部封建成文法典,体现了汉唐以来封建法律的基本精神。

(3)《大清会典》。清政府先后制定了《康熙会典》《雍正会典》《乾隆会典》《嘉庆会典》《光绪会典》,合称"五朝会典",统称《大清会典》。

(4)针对少数民族的法规,如《蒙古律》《回律》《番律》《苗律》等,设理藩院,理藩院下设理刑司。

（5）清朝法律的定例。清朝基本法律分为律文与条例两部分。律文规定基本精神，条例为司法操作，是对律文的补充。

二、律法内容

（1）维护皇权与中央集权制度。

（2）实行政治、思想高压统治。继承"十恶"制度，实行"文字狱"。

（3）维护满族特权地位。

（4）维护封建家庭统治与封建等级制度。

三、诉讼制度

（一）清代的司法机关

清代中央有刑部（为六部之一，执掌全国的"法律刑名"事务）、大理寺（负责案件复核的"慎刑"机构）、都察院（最高监察机关）。清代地方司法机关分州县、府、省按察司、总督（巡抚）四级。

（二）九卿会审

九卿会审是清代最重要的会审制度，清朝全国性重大案件，由六部尚书、大理寺卿、都察院都御史、通政司通政使等九个重要官员组成会审机构会同审理。会审结果须报皇帝裁决。它由明朝九卿圆审发展而来。

（三）其他会审制度

（1）秋审。最重要的死刑复核制度，每年秋天举行。

（2）朝审。对刑部判决的重案及京师附近绞监候、斩监候案件进行复审，霜降后十日举行。秋审或朝审后分四种情况处理：情实、缓决、可矜、留养承祀。

（3）热审。对发生在京师的笞杖刑案件进行重审的制度，小满后十日至立秋前一日举行。

第二节 清代的法医学发展

一、检验制度

清代不断纂修条例,至乾隆时期,检验条例有十九条。所以,清代的检验制度比以前各代都要完善和细致。

(一)检验人员

1. 州县官

检验由各级"正印官"负责,对于检验之法,《州县事宜》说"凡为牧令悉当留心,讲究熟习",凡遇报命案,应"传集仵作刑书,单骑简从,亲经相验"。

2. 佐贰官员与属吏

据《读例存疑》卷四十九《刑律·断狱下》"检验尸伤不以实"条记载,乾隆十二年(1747)规定:"黔、蜀等省遇有命案,其府、州、县原无佐贰,及虽有佐贰而不同城者,印官公出,准令经历、知事、吏目、典史等官,酌带谙练仵作,速往如法相验,写立伤单报明,印官查验填图通报。"其他各省遇到类似情形,可一体办理。

3. 仵作

检验的具体工作,由各级官府里的仵作来承担,妇女由产婆、稳婆来检验。《大清律例·刑律·断狱下》"检验尸伤不以实"条记载了仵作的编制:"大县额设仵作三名,中县额设二名,小县额设一名。"在额设仵作之外,各州县可"再募一、二人,令其跟随学习,预备顶补"。北京五城"每城额设仵作一名之外,各添设额外学习仵作一名,令该巡城御史召募考试充当"。如果"额设仵作病故、革退,即以额外仵作顶补,再行考募学习之人"。官府给每名仵作"发《洗冤录》一部,选委明白刑书一人,与仵作逐细讲解"。除"州、县平日督令仵作悉心讲读《洗冤录》[①]"以外,该府、州必须对仵作"每年提考一次",根据考核结果分别予以奖惩。考试的办法,"令每人讲解《洗

[①] 除特殊情况,本章《洗冤录》皆为《律例馆校正洗冤录》的简称,详见本章第五节。

冤录》一节,如果讲解明白,当堂从优给赏。倘讲解悖谬,即分明责革,饬令勒限学习及另募充补"。"若有暧昧难明之事,果能检验得法,洗雪沉冤,该管上司赏给银十两。其有检验故行出入,审有受贿情弊者,照例治罪,不许充役"。额设仵作"每人拨给皂隶工食一名,学习者两人共拨给皂隶工食一名"。额外学习仵作的"工食,照额设仵作减半赏给,每名月给工食银五钱,由户部支领,以资养赡"。

(二)违法处罚

1. 有关规定

《大清律例·刑律·断狱下》"检验尸伤不以实"条有:"凡(官司初)检验尸伤,若(承委)牒到,托故(迁延)不即检验,致令尸变,及(虽即检验)不亲临(尸所)监视,转委吏卒(凭臆增减伤痕)。若初(检与)复检官吏相见,扶同尸状,及(虽亲临监视),不为用心检验,移易(如移脑作头之类)轻重(如本轻报重,本重报轻之类),增减(如少增作多,如有减作无之类)尸伤不实,定执(要害)致死根因不明者,正官杖六十;(同检)首领官,杖七十;吏典,杖八十。仵作行人检验不实,扶同尸状者,罪亦如(吏典,以杖八十坐)之。(其官吏、仵作)因(检验不实)而罪有增减者,以失出入人罪论(失出减五等,失入减三等)。若(官吏、仵作)受财,故检验不以实(致罪有增减)者,以故出入人罪论。赃重(于故出、故入之罪)者,计赃以枉法各从重论(止坐受财检验不实之人,其余不知情者,仍以失出入人罪论)。"这条律文具有很强的针对性,规定了鉴定官吏的各种违法责任,非常翔实全面。对鉴定官吏收到"委牒",有拖延并造成尸体腐败的后果,或者虽及时检验,但不是亲临现场监视,或者初检官和复检官没有遵循回避原则,私自相见并透露检验内容的,或者检验不用心而造成错误的,都需要按律处罚。

2. 违法类型

从上述规定可以看出,检验官吏的违法类型有:

(1)检验不及时,"委牒已到,多该官司犹不即行检验,致令尸变";

(2)长官不亲临检验,"转委吏卒,伤痕既未亲见,难免增减之弊也";

(3)仵作"扶同尸状,以成冤狱",而官吏又"不先究致死根因明确,概行检验";

(4)官员"亲临监视而不用心细看伤痕致有移易、轻重、增减之事"。

(三)检验规定

1. 命案检验

命案一般属非自然死亡,分为自杀(如金刃自戕、投井、投缳)和他杀(如斗杀、故杀、谋杀等)。不论何种命案,一般都应检验。检验的目的是确定致死的"根因",为侦破案件和最后审判定案提供事实依据。对于死因明确者,一般不予检验。

2. 斗殴检验

斗殴案中,为确定双方刑事责任及保辜期限,《大清律例·刑律·斗殴上》规定:遇有斗殴伤重不能动履之人,"该管官即行带领仵作,亲往验看,讯取确供,定限保辜"。殴斗被视为琐屑细事,关系不大,因而可以委托佐贰及属吏代为验看。

(四)免检规定

据《大清律例·刑律·断狱下》"检验尸伤不以实"条,关于免检的规定如下。

(1)自杀或意外死亡者,如"诸人自缢、溺水身死,别无他故,亲属情愿安葬,官司详审明白,准告免检"。

(2)虽为他杀但死因明白者,如"事主被强盗杀死,苦主自告免检者,官与相视伤损,将尸给亲埋葬"。

(3)"狱囚患病责保看治而死者,情无可疑,亦许亲属告免覆检。"若为暴力死,即"亲属虽告,不听免检"。对于自告免检,王又槐认为,"似宜亲诣尸所,相视情形,并讯取众供确凿,毫无疑义。如尸亲恳求免检,亦不妨当场准结,以顺下情,仍一面通详立案。若甫经报官,忽递拦词,又或于中途拦阻,则不可准行也"。

(五)检验程序

1. 检验受理

报案一般由事主或地方保甲报案,"呈报命案,非尸亲,即地保"。报案记录在案,称为报词。据《办案要略》,一般情况下"尸亲遇有人命,多有捏砌牵连,轻重不实"。地保的报词比尸亲的可靠,"地保之报词乃案中之纲领也"。《居官日省录》卷之三记载,接到报案后,对于人命重案,州县官应"一面讯供,即一面佥役传验",不论寒暑远近。《大清律例·刑律·断狱下》"检验尸伤不以实"条中规定,京城命案,"令步军校呈报步军统领衙门,一面咨明刑部,一面飞行五城兵马司指挥星往相验,径报刑部"。外城地方人命,"令总甲呈报该城指挥,该城指挥即速相验,呈报该城御史转报刑部、都察院"。自缢、自残及病死等案,苦主"妄称身死不明、意在图赖诈财者,究问明确,不得一概发检,以启疑窦"。

2. 初检

《州县事宜》说,"人命重情,全凭尸伤定案",因而初检显得尤为关键,有关检验的规定大多是针对初检而设立的。

(1)初检必须及时。据《州县事宜》,一遇命案,州县官应"一面差拘凶首,毋使疏脱,一面传集件作刑书,单骑简从,亲经相验",如拖延不行,"为时愈久,滋弊愈多,死骨有蒸刷之惨,生命含覆盆之冤"。

(2)州县官必须亲临。据《皇朝经世文统编》卷四十四《内政部·讼狱》:"两造报伤,多先嘱托件作,故件作喝报后,印官犹必亲验,以定真伪。佐杂则惟据件作口报而已,何足深信。"

(3)初检必须详尽。据《皇朝经世文统编》卷七十七《刑法略三·刑制·听断》,地方官应"亲诣尸所,督令件作如法检报,定执要害致命去处,细验其圆、长、斜、正、青赤分寸,果否系某物所伤,公同一干人众质对明白,各情输服,然后成招"。

(4)不得骚扰地方,据《读例存疑》卷四十九:"凡人命呈报到官,该地方印官立即亲往相验,止许随带件作一名,刑书一名,皂隶二名。一切夫马、饭食俱自行备用,并严禁书役人等,不许需索分文。如该地方印官不行自备夫马、取之地方者,照因公科敛律议处。书役需索者,照例计赃,分别治罪"。

(5)应传尸亲到场。据《居官日省录》卷之三,如遇"刁悍尸亲,或妇女泼横,竟有不可口舌争者。执发变为伤据,指旧痕为新殴,毫厘千里,非当场诘正,事后更难折服",应该"将《洗冤录》逐条检出,与之明白讲解"。据《读例存疑》卷四十九《刑律·断狱下》,如果"尸亲远居别属,一时不能到案,该地方官应即验明,立案殓埋"。

3. 尸格填写

据《清史稿》卷一百四十四《志·刑法三》,刑部统一印制"验尸图格"颁行各省,验尸时,由"仵作据伤喝报部位之分寸,行凶之器物,伤痕之长短浅深,一一填入尸图"。《办案要略》说尸格的填写,"叙伤要照尸格声明致命某处某伤、不致命某处某伤,并长阔、深浅、分寸、颜色,不可但称某处某伤,而不照写致命、不致命也。至无伤之处又不必声明。其有死后残毁、别伤及生前疮杖旧痕,亦须分别填明,取具仵作供结。至于尸格内'偏左'、'偏右',专对囟门顶心而言,其余左右不得加以'偏'字,致令混淆。叙完各伤之后,点出委系因何身死一语,最宜详慎,不可率混,致有出入"。检骨另外格式,"与尸格不同。伤有疑难,取仵作口供入详,将疑难缘由及《洗冤录》证据逐一供明,庶免驳诘"。

4. 检验方法

《读例存疑》卷四十《刑律·断狱下》"检验尸伤不以实"条说,仵作验伤用尺,"照工部颁发工程制尺一例制造备用,不得任意长短,致有出入"。《办案要略》说,验毒用银钗,"必须用真纹银打成,方可信用。银匠每多抽真换假,或以低色搭配,即当面目击,亦能弄弊。有司不知而误用,难以辨伤。惟有多发纹银,饬令成造二三条,另换工匠,抽出一条入炉倾溶,仍成原色,其针才可备用"。以免影响检验结果。

5. 复检与三检

一般案件只需检验一次即可定拟,特殊情况下可以复检,但不得三检。据《清史稿·刑法三》,对人命案,"若尸亲控告伤痕互异,许再行覆检,不得违例三检,致滋拖累",复检不得委派原审官员及初检仵作。薛允升在《读例存疑》卷十又说,"如有疑似之处,委别官审理者,所委之官带同仵作亲诣尸所,不得吊尸检验","只许复检,不得三检也"。

(六)保辜制度

清代保辜制度与明代相似,并采用吕坤指定的人命告辜式和人命告检式。特别值得一提的是清代出现了类似现代出诊鉴定的规定。鉴于抬被殴之人到官府检验,对受伤者有害,因此《钦定大清会典则例》卷一百四十九规定:凡斗殴伤重,不能行动之人,不得抬杠赴验,而由主管官员带领仵作,亲往相验,定限保辜,一面拨医调治。这一规定,在当时出现,可以说是非常难能可贵的。说明当时的立法者已经充分考虑到受伤者的保护，并将出诊作为制度规定下来。

二、检验成就

（一）规定要害致命伤

与历代刑律不同，清律明确规定了致命部位与致命伤。以顶心、囟门、太阳穴、耳窍、咽喉、胸膛、两乳、心坎、肚腹、脐肚、两胁、肾囊、脑后、耳根、脊背、脊膂、两后胁、腰眼并顶心之偏左/偏右、额颅、额角等为致命部位。这些致命部位正是《律例馆校正洗冤录》所载的"仰面致命十六处"和"合面致命六处"。致命伤包括：肉青黑、皮破肉绽、骨裂、脑出、血流等五种。以致命部位有致命之伤为"要害致命"，可据之得出检验的结论。

（二）规范检尸文件

清初沿用元代的检尸法式，其后颁布了清代的尸格与尸图。尸格加尸图与检尸法式相当。清代的尸格与尸图也分仰合两面，但根据大清律，对其中的各部位均标注"致命"或"不致命"。清代创制的另一检尸文件是"检骨图格"，颁发于乾隆三十五年（1770）。检骨图格（图49）是应检骨的需要，经刑部审定，奏请皇帝批准的检尸文件。

（三）规定仵作职业

历代法律都没有关于仵作的规定，唯独《大清律例》明文规定了仵作的定额、招募、学习、考试、待遇与奖惩，并对不遵守这些规定的州县官进行处分。

（四）官方检验书籍

《律例馆校正洗冤录》，简称《洗冤录》，颁发于康熙三十三年（1694）。该书是由刑部律例馆以《洗冤集录》为主，以明清各家之书为辅，汇编而成的。据《清史稿·刑法志》介绍，本书一经颁行，即成为清代的标准尸体检验用书，作为刑部颁发的"官书"。任何人不得予以修改。关于《律例馆校正洗冤录》何时面世，仍有争议。据台湾学者陈重方研究，现行通论律例馆组织校正出版《律例馆校正洗冤录》时间为康熙三十三年（1694），经考证，应为误载误说。《国朝宫史》等书所载为乾隆五年（1740），但正确时间实为乾隆七年(1742)《大清律例》纂修告成之后。①

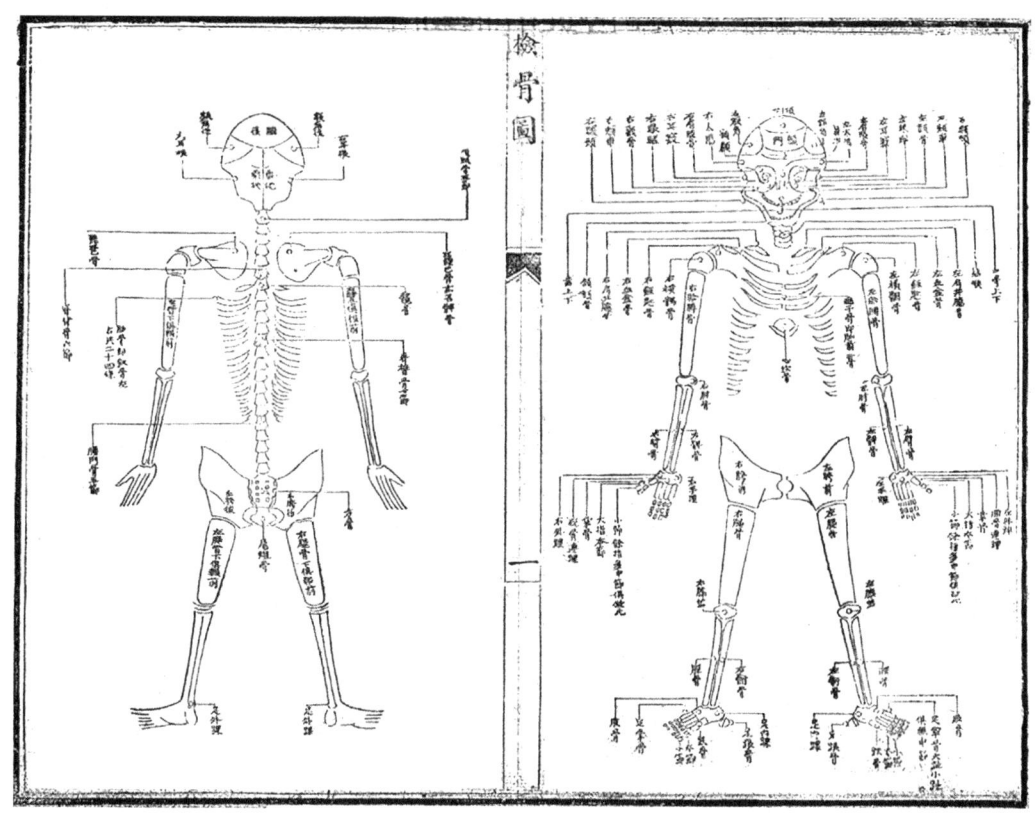

图49 《律例馆校正洗冤录》中的"检骨图",乾隆九年(1744)序刊本

(五)医疗事故鉴定

对于医疗事故造成的死亡和伤害案件,也需要进行鉴定。如《大清律例》卷三十六《刑律·人命》"庸医杀伤人"条规定:"凡庸医为人用药、针刺,误不如本方,因而致死者,责令别医辨验药食穴道,如无故害之情者,以过失杀人论,不许行医。若故违本方,诈疗疾病,而取财物者,计赃,准窃盗论。因而致死,及因事故用药杀人者,斩。"遇到医疗事故造成死亡或者损伤后果的案件,需要"责令别医"进行鉴定,判明是否把药物注入穴道,以及是否使用了反症药物,同时查明是故意还是因为过失所致。清代对医疗事故鉴定的规定与宋代基本相同。

---

① 陈重方.清《律例馆校正洗冤录》相关问题考证[J].有凤初鸣年刊.2010(6):441—455.

(六)检验书籍与成就

清代检验书籍主要对《洗冤集录》进行研究、订补之作层出不穷,正如沈家本在《寄簃文存》(卷六)的《王穆伯(佑)新注无冤录序》所说:"近来《洗冤录辨正》《续辑》《汇编》《集证》《集注》《集说》《附记》《附考》《撼遗》诸书,其名难偻指数。"可以说,清代检验的科技水平集中反映在这些著作上。主要如下:

(1) 王明德:《洗冤录补》;

(2) 王又槐:《洗冤录集证》;

(3) 李观澜:《洗冤录补辑》;

(4) 阮其新:《洗冤录集证补注》;

(5) 瞿中溶:《洗冤录辨正》;

(6) 童濂:《洗冤录集证》;

(7) 郎锦骐:《检验集证》《检验合参》;

(8) 许梿与:《洗冤录详义》;

(9) 姚德豫:《洗冤录解》;

(10) 乐理莹:《宝鉴编补注》;

(11) 刚毅与:《洗冤录义证》;

(12) 沈家本:《洗冤录订补》。

(七)师爷行业

师爷是我国明清时期在江浙一带逐渐兴起的一门特殊的行业,是受清代地方官署中主管官吏聘请帮助处理刑事等事务的无官职的佐理人员,一般统称为幕僚。在清代,这一行业发展至顶峰。历史上许多名人都曾当过师爷,如李鸿章就曾是曾国藩的师爷。正如清代著名师爷汪祖辉在《佐治药言》中所说:"衙门必有六房书吏,刑名掌在刑书,钱谷掌在户书,非谙习之人,是惟幕友是倚者。"其中刑名师爷主要负责各种刑事法律问题,专办司法狱讼。刑名师爷对清代法医学有一定影响。刑名师爷作为明清时期幕僚中的重要一员,充当着重要的角色,他们精通法律、熟悉律文,专门负责衙门里的大小刑事案件,不可避免地涉及尸体的检验问题,对检验技术提高和官吏记载检验过

(八)清代检验案例

案例1　磷中毒案

据沈家本《寄簃文存》卷五《补洗冤录四则》记载:"博野县王林氏,自服洋火,毒发身死。验得:仰面,面色青黄,两眼胞微开,两眼睛全,两鼻窍有血水流出,上下唇吻微青,上下牙齿全,口微开,有血水流出。用银针插入喉内,移时取出,作青黑色,用皂角水擦洗不去。两血盆骨青紫,两胳膊伸,两手微握,心坎微紫,肚腹发胀,合面两臂膊微青,十指甲微青。下身经尸夫拦验。光绪二十五年(1899)案。按:自来火创自西洋,中含磷质,为中国旧日所无,服之死者,无成案可考。"

案例2　检骨案

《冷庐杂识》卷四记载了清代朱大令检骨的案例:"县有役以事逮民,民死,归即敛讫。已而讼役杀之,转辗三十年,不决,上官檄朱会所在检骨。骨在浅土败柳棺中,仵人曰:'久疑不可检也。'朱令坎地架木,舁棺其上,弛前和,及四墙柳方,土正见,徐徐拨土,正首足向,幕以席,奈坎注醯,须臾,骨如蒸状,仵人即检讫,告曰:'尸独脑骨紫血伤,见方寸许。'众喜,谓得情。朱熟视之,曰:'未也,此伤处,涤可去。'众笑曰:'伤三十年,入骨,岂可涤耶?'朱呼水刷之,骨白无洗,而讼遂息。或曰:'于录无此法,公何以辨之?'朱曰:'伤者紫色,中重而外轻,若晕渐减,然此反是,是腐血污耳。'众叹服。"

案例3　两性畸形案

袁枚《子不语》卷二十三记载了清代男性假两性畸形的案例:贵州臬使曾亲验,"其声娇细,颈无结喉,发垂委地,肌肤玉映,腰围仅一尺三寸,自言幼无父母,邻有孀妇抚养之,长与有私,遂不剃发,且与缠足,诡言女也。邻母死,乃为绣师教人,十七岁出门,今二十七岁,十年中所遇女子无算"。也有女性假两性畸形的案例,据《重刊补录洗冤录集证》卷一"验妇女尸"条后"附二形人"记载,吴县"马允升妻王氏与金三观妻周四姐奸宿一案,验讯周四姐产门内从小生有软肉椿一条,与丈夫交媾并不关碍,肉椿举发,即伸出,长有二三寸,粗如大指,可与妇人通奸"。

中国古代法医学与社会治理关系史

述评：本例记载的是女性假两性畸形，较为罕见，说明当时案件也需要进行法医活体检查。与该例非常相似的案件在20世纪50年代也发生过，由张颐昌教授检查，刚好可作注脚。司法部司法鉴定科学技术研究所科研处的《法医学活体检案一百例》[①]第96例介绍了发生在1958年的该所法医学鉴定：林秀香，1917年出生于福建省仙游县龙板村农家，16岁时月经来潮，同年嫁给本县剑山乡杨某为妻。从20岁起，林秀香发现自己生理起变化，贴近年轻女子就有性欲冲动。有一天突然觉得阴道内一阵奇痒，解裤一看，发现阴户内伸出一段像男人阴茎样的肉柱。在与杨某生活期间她怀过6胎，生下4个子女。杨某病故那年，26岁的林秀香即改嫁度尾村余某。她既与余某过夫妻生活，为余家添了一子，又与邻居柯某之妻有性生活。两年后再次改嫁给何某为妻，28岁那年又为何家生育一子。林秀香28岁那年，其堂侄女陈氏与丈夫离婚回到帽山村娘家，便诱陈氏同床睡觉。后来两人相处亲密无间有13年之久。林秀香38岁那年（1954）陈氏决心改嫁姚家。林秀香反对。1958年3月22日晚上，趁着与陈氏做爱之机，用预先裹有砒霜的棉球塞入陈氏阴道，随即用她那特有的肉柱捅向深处。当天半夜，陈氏腹痛、腹泻、阴道发炎肿痛。次日晨，肿痛加剧，又拉又吐，经医治无效，至1958年3月24日傍晚死亡。福建省晋江地、县两级公安干警会同晋江地区中级人民法院法医赶至现场，开展调查、勘查、检验尸体。法医剖验陈氏尸体，检查阴道，从中取出两粒内裹红色颗粒的棉球送检，化验鉴定是砒化物。案情查实后，报经最高人民法院核准，判处林秀香死刑。

1958年8月13日，林秀香被押赴刑场，验明正身，执行枪决。执行前，司法部法医研究所张颐昌所长等专家5人赶赴福建省仙游县，再次对林秀香进行活体检查。林秀香自述，其与女性发生关系时，自阴道内先有形若棒状物之坚硬组织逐渐勃起，然后再行性交，达高潮时有多量较稀的分泌物流出，性交完毕后即缩入阴道内而外观全属正常女性。随后令该犯自行用手摩擦外阴部及阴蒂，约2—3分钟后，自阴道内逐渐伸出形若蜡烛样之棒状物，该组织在阴道外部分长4.5厘米，直径约1—1.2厘米，呈

[①] 司法部司法鉴定科学技术研究所科教处. 法医学活体检案一百例[M]. 司法部司法鉴定科学技术研究所科教处，1984.

蜡黄色而坚硬,表面有极少数之扩张的毛细血管可见,以手电筒照之似有微弱透光现象。无冠状沟或类似龟头样结构,无包皮,尖端作卵圆形,无孔道。勃起3分钟左右即自行逐渐萎缩入阴道内而恢复常态。切开阴道,在其左后壁之阴道黏膜表面见有略呈条状之粗糙面,高出黏膜约0.3厘米,在其前端有类似"7"字形之隆起组织,纵横各为2厘米,宽0.4厘米,前端无游离缘,与阴道黏膜不能分离。将其尖端及根部之隆起组织作连续切片观察,并将其周围之阴道壁、阴蒂亦作切片观察,以资对照。隆起组织之主要结构为,表面复以复层鳞状上皮,极少部分有轻度角化现象,上皮内及上皮下有中等量的淋巴细胞和大单核细胞浸润,黏膜内有散在的为数极多的血管(主要为静脉,但亦有少数类似螺旋动脉的血管),管周弹力纤维及平滑肌组织轻度增多,在隆起组织部之下缘有胚胎性的异管残迹可见,此种导管可能是中肾导管演退而来,但也可能是前庭腺的导管(二者在形态学上是比较难于鉴别)。在隆起组织根部的切片中可见管腔较大而为数较多的血管、部分内有血栓形成,同时可见较多的神经组织。隆起组织的结构,总的来说是和阴蒂组织有所类似,有的甚至和海绵体亦有所相仿。其他阴道壁之组织学结构与正常无显著差异。结论:女性假性两性畸形,在它阴道左后壁有一畸形组织,勃起时可与女性发生性行为。这个畸形组织,我们认为可能是胚胎发育时,由于组织迷离而在阴道后壁内形成类似阴蒂及海绵体样结构,所以它可以有勃起作用。它和女性发生性交,实质上是与女性间的反常性行为有类似之处。

案例4 呕吐物检验

据《清稗类钞·狱讼类》记载,光绪(1875—1908)初,徐次舟为陆丰县令,有妪来告媳之不孝:"今值我生日,故以恶草具进,而自于房中啖酒肉",知县"令人设长案于堂,使姑媳就坐,各予面一碗,面中有他物也。俄而姑媳皆大吐,众视之,则妪所吐皆鱼肉,媳所吐为青菜也"。徐次舟用催吐药对婆媳二人胃中食物进行检验,以断曲直。

案例5 雷击死

雷击死者颈、胸、臂、腋窝、腹股、大腿等处呈现树枝状红色或红褐色雷电纹,这是由于血管麻痹所致,也容易消失。《福惠全书》:"雷乃阳火,着人则身尸焦黑,须发焦卷,身软拳散,口开眉皱,头发披乱。经火之处,皮肉坚硬而卷黑,伤痕多在脑后,脑缝多开,有手掌大片紫赤浮皮,胸项肩膊,或有似篆字文者。"《柳弧》记载了一例雷击案例:"甲戌秋七月,余居通州,忽闻雷震,窗扉动摇。顷之,满街传某妇被击。余趋视之,见茅屋三椽,地下死者三人,一男二女。(陈氏子)与母妹同坐一凳上,而雷霆下击矣。击时,邻家惟见飞火一团,并不闻声。顷之,子苏,女亦活。女两乳下有火字,如画蚓然,其母则竟死矣。予视死者,仰面朝天,面色灰黑,鼻大如拳,毛发焦灼,臭不可闻。"

案例6 假雷案

《阅微草堂笔记》卷四《滦阳消夏录四》记载,清雍正年间(1723—1735),知县明晟智破"假雷案"也是一个科学取证破案的典型案例。河北献县的一个夏夜,电光闪闪,雷雨过后,人报城西一男子被雷击而死。明晟到现场发现被炸泥土是从下向上飞起的,断定人不是雷击死的。明晟进一步勘察被炸地面那个凹坑,断定非为炸药所炸不能形成。而制造炸药,就需要硫黄。明晟马上派人去暗地调查哪些人曾买过硫黄,终于查出了罪犯。

案例7 保存型尸体

《重刊补注洗冤录集证》卷一"辨四时尸变"条报告了五例尸体长时间保存并未腐烂的实例。指出其原因多是由于"用泥沙掩埋,尸沾地气,经久不坏"。其中一例尸体用沙土掩埋经一百八十九日,发现时尸体仍然完好。书中还介绍了潮州有一种人工的保存法:"每用盐数斗淹尸,可经一两年不坏。"许槤在《洗冤录详义·白僵》中的研究更清楚:"白僵乃经久不烂之尸。……余询之掩埋局及老仵作云:僵尸有红黑白三种,红僵面色如生,皮肉红活,有无伤痕一览即知;黑僵周身灰黯,皮肉干枯贴骨,肚腹低陷,伤难辨认,即用酒酷拥,未见分明;白僵色白带黄,皮肉干朽而不贴骨,往往有沿身长白毛者,其伤痕全然不显。更有一种左半僵结而右半消化者,亦有上半僵结而下半消化者。"这是一段极有价值的记载。陈东启教授从现代法医学角度出发做过研究,认为文晟介绍的五例可怀疑为木乃伊,许槤介绍的"红僵"类似马王堆女尸,"黑僵"是木乃伊,"白僵"与"半身僵结,半身消化"者可能是尸蜡。①

案例8 葛品连案

葛品连案,即"杨乃武与小白菜案"。据保存下来的若干清代档案可知本案概貌。同治十二年(1873)十月初九,葛品连暴病死亡。余杭县令刘锡彤领仵作沈祥验尸。沈祥认为"烟毒致死",但家人认为是"砒酸毒死"。沈祥《尸格》报告只含糊填写"服毒死亡"。余杭初审后,经杭州府、浙江按察司、浙江巡抚四审,维持原判,死者妻葛毕氏(因其相貌出众且脸白,外号"小白菜")凌迟、被疑与葛毕氏有奸的举人杨乃武斩立决。杨家两次上京告状,巡抚又审两次,又钦派浙江学政胡瑞澜审理,维持原判。最后,案件移交刑部,刑部选择五城老练仵作在京城海会寺验尸。刑部满汉六位尚书、侍郎、都察院、大理寺并承审各司员全到齐,顺天府所属的二十四区县仵作也一同参加。刑部派80岁老仵作荀义负责验尸工作。于光绪二年(1876)十二月初九验尸后确定:"囟门骨无红晕浮出,上下口骨及牙齿、牙根骨、手足十指、十趾各甲并尖节各骨均呈黄色,均无服毒迹象。实系无毒,葛品连因病而死。"又同原检知县、仵作反复检验,与荀义所报颜色无异,遂当场填写《尸格》。至此,历经四年,八次审理八次判决,最后刑部平反无罪。

案例9 针扎致死案

沈家本《寄簃文存》卷五《补洗冤录四则》记载,他在天津任知府时曾检验一例"针扎致人死亡案":光绪十八年(1892)一月,天津县刘明的妻子王氏患病,请中医郑国锦看病,治愈。郑国锦见王氏美貌,乘机与王氏通奸。光绪十八年(1892)二月,郑国锦与王氏续奸,被王氏儿子刘黑儿看见,告知刘明。刘明因此生病。郑国锦决定乘刘明生病假以针灸为名,将其杀死。三月十七日四更时,郑国锦乘刘明病重,骑压于刘明两胯,一手揿住上身,一手在刘明肚脐上一寸部位(水穴位)连扎三针。王氏一旁观看。刘明声喊,刘黑儿惊醒看见。郑国锦将针拔出,刘明移时死亡。郑国锦将尸棺殓,捏称病故,通知尸兄刘长清来津。刘长清信实,带刘黑儿将棺带回原籍埋葬。郑国锦与王氏成为夫妇,一同生活。多年后,天津县查访该案,交天津府沈家本复检。沈家本

---

① 贾静涛. 中国古代法医学史[M]. 北京:群众出版社,1984:139.

请京师仵作侯永讨论此案。沈家本率同静海县知县史善治到刘明原籍起棺检验。仵作侯永认定"牙根及头顶骨之红赤色、囟门骨近左红赤，骨缝浮出，属应伤"。郑国锦、王氏照律科罪结案。

(九) 清代医事制度

清代医学分九科：大方脉、小方脉、伤寒科、妇人科、疮疡科、针灸科、眼科、咽喉科、正骨科。设太医院。

(十) 清代对法医学有影响或贡献的人物

1. 王明德

王明德，清初高邮人，字亮士，又号金樵，康熙时官刑部郎中。据《高邮州志》本传，王明德官刑部时"以律例关系民命"，著有《读律佩觿》。《读律佩觿》卷八为《洗冤录补》，王明德对《律例馆校正洗冤录》订补，是鉴于康熙时，"膺守土之寄、执刑宪之司者，精神智慧类多毕力乎催科，疲精乎应酬，而强半更肆耗夫奔营，否亦侈心于声歌宴会，献酬交错之场而已"。很少有人致力于探讨司法检验，使民无冤民，案无冤狱。"以致《律例馆校正洗冤录》，竟成腐弃，无论贤士大夫寄情风雅，不屑为之致问，即刀锥射利之徒，亦竟绝其梨枣，不复见诸剞劂。"对此，王明德感叹不已，他说自己"旁搜广构四十余年，卒莫可得"。他潜心捧读其父明代王肯堂的《洗冤录笺释》，发现"虽所辨尚多未备，然前贤苦心，则尽形纸上，若其所列条贯，乃系汇集并收，未为分条櫽列，阅者不免眩然。"王明德"于随行判衙之暇，别而澄之，以资校阅。至于录所未备，更即生平见闻所及，聊为续貂，并各谬参治疗诸方术于后"，完成了《洗冤录补》一卷，收于其所著的《读律佩觿》为第八卷。《洗冤录补》(1692年刊)，先列《律例馆校正洗冤录》原文一段，然后提出自己的见解——"附说"，或兼补充以自己的经验——"附说补"。王明德在《洗冤录补》中记载瘴气毒死的尸体现象，"及其死也，其尸头面或多青黯，或尽紫黑，其手足指甲亦然，此愚幼年随先文通公赴任八闽，亲见其云然者，非得之耳闻也。若未死之前吐出恶物，或泻下黑血，谷道肿突，或大肠突出等项症"。王明德是《洗冤集录》刊行以来第一个也是增补最多的人。

2. 黄六鸿

黄六鸿，清康熙年间人，字子正，号思湖，江西新昌人。康熙九年(1670)由举人

第七章 清代的法医学与社会治理关系研究

选授山东郯城知县，十四年(1675)任直隶东光知县，内擢御史。康熙二十九年(1690)辞官隐居。康熙三十三年(1694)，黄六鸿回顾总结自己在山东郯城、直隶东光做县令的阅历、经验和体会，撰写了《居官福惠全书》，康熙三十八年(1699)仲夏《居官福惠全书》刻板成书于濂溪书屋，共32卷14部。该书被《清史稿》归于职官类官箴之属。黄六鸿自序："夫是书也，乃政治之事也。……福者，言之造福之心也……惠者，言乎施惠之事也。……全者，统一州邑之政而皆具是也。"为此，黄六鸿将此书取名《居官福惠全书》，也称《福惠全书》。《律例馆校正洗冤录》成书于康熙二十三年(1684)，《福惠全书》里面有《律例馆校正洗冤录》的专门篇章，同时加记黄六鸿在山东郯城、直隶东光做县令时检验经历和案例。书中对具状、现场、检验、验伤、验尸、喝报、堂审、问拟等做介绍。书中还谈到州县官问案技巧，要求他们用钩、袭、攻、逼、摄、合、挠等"七术"来问案。所谓钩，是用其他的话题来钩出人犯的实话；袭是乘人犯心虚而掩其不备；攻是因人犯的短处和空隙而击之；逼是因人犯穷急之处而扼之；摄是控制人犯的奸恶而不让他们得逞；合是把原告和被告的供词分别共证；挠是以众口来挠服人犯。应用这"七术"问案，就会少出现冤案。《福惠全书》谈到检验时提到，要注意尸体经过他人"尸伤"的人为加工，有可能成为诬告的"证据"，使尸体成为对付他人的武器，而讼师经常利用尸体来兴讼。黄六鸿在《福惠全书》中通过实际案例对夫妻之间滴血提出疑问："昔有夫与人同伙生理，去未数日，而同伙独归。妻问其夫，云：行至次日，遇彼某亲，邀同他处生理，我因无伴，故归耳。未几，某路傍塘中有一死尸，不知为谁，其塘适夫与同伙者前所经之道。妻疑之，往视，尸已溃，不可辨。但其尸身长短与夫相似，妻遂控之。官云：系同伙者谋死而取其财。官鞫不招，乃命妻滴血尸骨上，血辄入。官怒其狡，严刑拷之，遂诬服，以谋财害命拟辟，系狱未决。一日，其夫忽归，妻疑以为鬼也，细问之，乃知同伙之言非谬，因详释其罪。"总的来说，由于《福惠全书》对州县钱谷、刑名、户口徭役编审、土地清丈、保甲、教育、荒政、邮政等言之甚详，所以是了解清初地方社会情况的第一手资料。道光三十年（1850），日本嘉永三年，以汉日对照形式，把《居官福惠全书》重版于日本，颇受推崇。

3. 沈之奇

沈之奇，字天易，浙江秀水县人。著有《大清律辑注》(《大清律例集解附例》)，康熙五十四年(1715)刊刻。他积游幕三十余载之经验，"阅六七寒暑"撰成此书，"集诸家之说，参与折中之见"，堪称清代律学经典著述之一。此书另有乾隆十年(乙丑，1745)刻本，6册，该本首载张嗣昌序，次为乾隆十年(1745)朱介圭序，继接康熙本之原序。该书30卷、10册。

以"检验尸伤不实"为例，看《大清律辑注》对律例的补充解释。

《大清律例·刑律·断狱下》"检验尸伤不以实"条："凡(官司初)检验尸伤，若(承委)牒到，托故(迁延)不即检验，致令尸变，及(虽即检验)不亲临(尸所)监视，转委吏卒(凭臆增减伤痕)。若初(检与)复检官吏相见扶同尸状，及(虽亲临监视)不为用心检验，移易(如移脑作头之类)轻重(如本轻报重，本重报轻之类)，增减(如少增作多，如有减作无之类)尸伤不实，定执(要害)致死根因不明者，正官杖六十；(同检)首领官，杖七十；吏典，杖八十。仵作行人检验不实，扶同尸状者，罪亦如(吏典，以杖八十)坐之。(其官吏、仵作)因(检验不实)而罪有增减者，以失出入人罪论(失出减五等，失入减三等)。若(官吏、仵作)受财，故检验不以实(致罪有增减)者，以故出入人罪论。赃重(于故出、故入之罪)者，计赃以枉法各从重论(止坐受财检验不实之人，其余不知情者，仍以失出入人罪论)。"这条律文是根据清代司法检验中实际情况而制定的，具有很强的针对性。实际上，据《州县事宜》记载，州县官往往初入仕途，"不谙检验之法，遇有人命，不即往验，因仍旧习，先差衙役催搭尸棚，预备相验什物。种种骚扰，该役既自索差钱，又为仵作刑书串说行贿，官尚未到尸场，而书役贿赂已得，安排已定。及至临场相验，官又躲避臭秽，一任仵作混报，增减伤痕，改易部位，甚或以打为磕，以砍为抹，以致伤仗参差，案情混淆。详驳复验，罪有出入，官被参处，莫不因此而起。"

《大清律例》"检验尸伤不以实"这条律文制定了司法检验不如法的法律责任，沈之奇在《大清律辑注》中将这条律文分解为五种不同情形。(1)检验不及时。他说："凡命案必以尸伤为凭，而检验尸伤，须在身死未久、尚未发变溃烂之时，则伤痕之颜色分寸，确然可指。若委牒已到，多该官司犹不即行检验，致令尸变，则有迟缓之过矣。"（2）长官不亲临检验而转委吏卒。"人命至重，例须正官检验，若承牒之后，不亲临监视，转委吏卒，伤痕既未亲见，难免增减之弊也。"（3）官吏扶同尸状。官吏扶同尸状是指"初检后，复检官吏不细心详察，仍复扶同尸状"，对于"仵作受财增减伤痕，扶同尸状，以成冤狱，审实，赃至满数者，依律从重科断。不先究致死根因明确，概行检验者，官吏以违制论。"（4）不用心检验。不用心检验是指官员虽"亲临监视，而不用心细看伤痕，致有移易、轻重、增减之事。移者，如脑伤移作头，腿伤移作肋，而受伤之处不同也；轻重者，如赤色本重，报作微红，淡色本轻，报作紫黑，则受伤之处虽同，而伤之轻重不同也；增减者，少伤而为多伤，有伤而减为无伤之类。再如长阔、大小、围圆、深浅分寸之间，有所增减者，亦是。是皆尸伤不实也。"（5）致死根因不明。致死根因不明是指"致死必有根因，未曾推勘明白，执定何伤致命，是否死于受伤，或是勒非缢，虽伤后病，及共殴而下手致命之人不的之类"。

4. 王又槐

王又槐，字荫庭，乾隆朝浙江钱塘人，著有《办案要略》等。王又槐非常重视检验，他在《重刊补录洗冤录集证》的序中说："予幕学数十年，未敢掉以轻心，而于人命尤兢兢焉。"平时非常重视对司法检验经验和方法的积累，"凡成案足征医书可信，于验伤检骨有关涉者，就原《录》门类随时附书，以备参考"，在此基础上，他完成了《洗冤录集证》一书的纂集，书中内容皆平时闻见所得，"所书各条，皆先辈高明所传述，以及近年法司所谳定，一无臆说于其间，不过集所验而证所是"。据道光十二年（1832）阮其新所写之序说："《洗冤录》①一书，由宋淳祐年间宋惠父博采诸书，荟萃而成……王肯堂笺释仅载三十余条，嗣增为四卷，今王又槐又增一卷，于检验之法，无不详且备焉。"王又槐结合实际工作著述《办案要略》共15章，分别为叙、论命案、论犯奸及因奸致命案、论强窃盗案、论抢夺、论杂案、论批呈词、论详案、叙供、作看、论作禀、论驳案（附上控案）、论详报、论枷杖加减、论六赃。《重刊补注洗冤录集证》记载："吴县民马允生妻王氏，与金三观妻周四姐奸宿一案，验讯周四姐产门内从小生有软肉

---

① 原文如此，此处《洗冤录》即为《洗冤集录》。

桩一条，与丈夫交媾，并不关碍，肉桩举发，即伸出有二三寸，粗如大指，可与妇人通奸。"这是一个清代法医活体检验两性畸形人性犯罪的案件。

5. 胡文炳

胡文炳，字虎臣，肃州金塔（甘肃酒泉金塔）人，清道光己酉（1849）拔贡（拔贡系明、清两朝保送到京师国子监读书的秀才），同年中举。他聪明好学，喜读经史，学识渊博。少时有志著述，曾主讲金塔、酒泉、玉门等县书院，教学严谨，颇有威望。同治壬戌（1862）曾任湖南湘乡县知县，为人耿直，不阿权贵。当时，湘乡县案件堆积如山，乡绅鄙视胡文炳为西北人，才疏学浅，冷眼静观，看他如何处理结案。但胡文炳微服私访，了解案情，胸有成竹；一旦开堂，明镜高悬，从容不迫；审理案件有条不紊，是非分明。在任职期间，政绩卓著。胡文炳在湖南汇同县任知县期间，由于办事公正，为民请命，得罪上级而被罢官。但胡文炳毫不介意，后到陕西关中书院，闭门谢客，从事著作。著作有《折狱龟鉴补》《史学联珠》《读史碎金》《二百四十孝图》《春秋类赋》《楚南鸿爪》《韵字同异辩》《幼幼集》《最最言》等。胡文炳在《折狱龟鉴补》中引载有关法医学年龄判定的实例："李南公，字楚老，知长沙县。有嫠妇携儿以嫁七年，儿族取儿，妇谓非前子，讼之。南公问几年，族曰九岁，妇曰七岁；问其齿，曰：去年毁矣。南公曰：男八岁而龀，尚可争，命妇归儿族。"胡文炳不仅在政坛活跃，在文坛上也有一席之位。在他所著的《二百四十孝图》序言里说："坊间所刻《二十四孝》，善矣。然其中郭巨埋儿一事，揆之天理人情，殊不可以训。"鲁迅在《朝花夕拾·后记》里就提到光绪己卯（1879）肃州胡文炳作的《二百四十孝图》就把"郭巨埋儿"删去了，"这位肃州胡老先生的勇决，委实令我佩服了"。[①] 胡文炳敢于将封建礼教所树的"标兵"——郭巨，从自己的书中剔除，在当时是很不简单的。胡文炳在关中殉于任所，未经回里，享年72岁。他的事迹被列入《甘肃通志》《肃州新志》。

6. 梅启照

梅启照，字晓岩，南昌县人。清代进士，官至总督。咸丰二年（1852）中进士，选庶吉士，授吏部主事，以办事认真著称。英法联军入侵期间，启照随主管官员赴天津

---

① 鲁迅先生纪年委员会. 朝花夕拾[M]. 鲁迅全集出版社，1941：96.

换约，仔细核查条约内容，对其中不实之词一一予以驳回。后授惠州知府。惠州濒海，海盗出没无常，启照以重金招募敢死之士百人，直捣海盗老巢。捷报传到北京，被清廷授予"强勇巴图鲁"之号。同治六年(1867)，授长芦盐运使，十一年授广东按察使，旋升江宁布政使。后升任浙江巡抚。启照积极修建捍海石塘，并严格进行监督。事成之后，授东河总督。后因御史弹劾其"躁急"，遂上疏求退，回乡隐居。在家杜门不出，不通宾客，不过问地方事务。梅启照有《明史约》《天学问答》等传世。法医学史研究方面，梅启照于光绪五年（1879）为《补注洗冤录集证》所作的序中曾指出："三代以下，刑法有志，而检验之有专书，则石晋鲁公和凝及其子宋太子中允嶧所著之《疑狱集》为最先。"

7. 李观澜

康熙年间(1662—1722)，刑部律例馆曾对《洗冤集录》进行校正，李观澜在《重刊补注洗冤录集证》序中说，律例馆对于版本"采择之备，辨别之精，固详审而靡有遗矣"，由刑部刊印颁行。但在实际的司法检验中"或操切以为能，抑姑息以为德。操切者视成书为具文，往往断以己意而周内之。姑息者则又援引寡断，易售奸民猾吏之欺"。鉴于此，王又槐辑《洗冤录集证》，但"情伪万变，每有事涉暧昧，迹介疑似，非可意计测者，故凡致死伤痕在虚惬之处，检验成法集中尚有未备"，有不断补充订正的必要。李观澜得到"《洗冤录补遗》及拙斋国中丞《洗冤录备考》二书"，在自己长期积累检验知识的基础上对二书审阅，认为"所有伤痕诸说，历历可采，因为删定各条，摘录于王君《集证》之后，合梓以公诸世，其亦更为详备"，取名《洗冤录补辑》，于清道光二十七年(1847)出版。李观澜在《洗冤录补辑》书中将枪创区别为射入口与射出口，并各指出其特征，以及霰弹创与射击距离的关系。

8. 孙星衍

孙星衍(1753—1818)，字伯渊，又字渊如、季仇，江苏阳湖(今武进)人。乾隆五十二年(1787)一甲第二名进士。历官翰林院编修、刑部主事、员外郎、郎中、山东兖沂曹济道兼管黄河兵备道、督粮道。孙星衍一生博览群书，贯通经史、文字、训诂、校勘之学，旁及诸子百家，于医学亦有研究。他著述甚多，尝搜采古医籍，著《神农本草经》3卷、《素女方》1卷、《秘授清宁丸方》1卷、《服盐药法》1卷,均刊刻于世。又校刊《华氏中脏经》《宋提刑洗冤录》《千金宝要》诸书。清代许多冠以《洗冤集录》版本,或续集或增补或录解等等,实际上多已偏离原版。孙星衍《宋提刑洗冤录》是目前我们能够看到的较为完整的宋慈《洗冤集录》版本,这是他的一大功绩。

9. 王清任

王清任(1768—1831),又名全任,字勋臣,清代河北玉田人。王清任自幼习武,参加武科举,考取武秀才,纳粟得千总衔。他在任职期间兼学医术。后游医于开滦、奉天(今沈阳),之后到北京行医,又在北京开设药铺"知一堂"。他在知一堂行医,以其疗效卓著而名噪京师。他的经历,据清光绪十年(1884)重修的《玉田县志》卷20记载:"其论人脏腑,与古方书异,盖尝于野冢市曹诸凶秽地,寻术审视,非违言也。所纂《医林改错》,已不胫而走,虽涉诙诡,亦可备一家言。"王清任亲自解剖入手研究医学。王清任20岁左右初习医学时就发现"古人脏腑论及所绘之图,立言起处自相矛盾",30岁在滦州稻地镇行医时,有机会亲自观察死于瘟疫的三十多具尸体。以后又三次去刑场,观察刑犯尸体,并用动物解剖加以参证。为弄清"膈膜",还走访曾镇守哈密的领兵恒敬公,他通过自己的观察,在人体解剖学上有很多新的发现。他绘制了24幅脏腑图。经42年的钻研,终于在道光庚寅年(1830)写成《医林改错》一书。此书的出版,是中国古代和近代交际之时医学思想史上的一件大事,在1830—1950年之间,共再版近40次,可见影响之大。王清任毕生只留下一部仅3万字的《医林改错》,但对检验、解剖以及学术影响是非凡的。

10. 瞿中溶

瞿中溶(1769—1842),幼名慰劬,字苌生,号木夫,又号空空叟,上海嘉定人,嘉庆十九年(1814)进士,曾任辰州府通判、安福县知县、湖南布政司理问,在其《洗冤录辨正》自叙中,他说自己"从事湘楚十五六年"。当时规定,司法检验应奉《律例馆校正洗冤录》之本为准,但实际上,大小衙门往往多用"坊刻恶劣小册",其中"脱文讹字""增损窜乱之处"不少。刑书作作,"备有其书,以为护身符耳"。嘉庆丙寅(1806),瞿中溶看到了黄荛圃"新获元刻宋淳祐丁未年(1247)湖南提刑宋惠父慈《洗冤集录》一册",并抄录,后又"购集同类之书,互为参校,因成《洗冤录辨正》一卷"。瞿中溶《洗冤录辨正》除对《律例馆校正洗冤录》错讹文字订正以外,还对其中的错误也加以修正。例如对"服毒死",瞿中溶加批:"案此用银钗探色,言须至喉内,若只一探入口就算,岂不误事!"又如《律例馆校正洗冤录》"踢伤致死"后附小注:"一说言如人羞必(秘)骨,若系娼妓,则青黑殆遍。予曾闻之友人云,尝试验之,其说未确。案此条,乃金坛王氏《读律佩觿》所增,惠父原书并无其文,可见后增益之言,未可尽信矣。又闻诸谙熟检验僚友云:伤痕经久必渐淡,覆检时或在隐约之间,则有无便易于朦混可知。"瞿中溶对滴血验亲持反对态度:"滴血辨"云:"滴血之法,孙亦可从验祖,至夫妻各一父母,原非一体之分,滴骨岂能或受。"

11. 李璋煜

李璋煜(1784—1857),字方赤,一字礼南,号月汀,山东诸城人。清嘉庆庚辰(1820)进士,授刑部主事,后升迁四川司郎中,历官广东布政使。李璋煜是个敢作敢为的官员,道光十七年(1837),派任江苏常州府知府,兼署扬州府。任职期间,力除地方婚丧大操大办之陈规陋俗,大力提倡节俭,民心大快。后任江宁府(南京)知府。江宁素有不法之徒,借收漕粮之机,折扣漕粮,从中牟利,大肆挥霍,还美其名曰"会茶费"。李璋煜大义凛然,毫不手软,"缉访拿办",使刁恶之人销声匿迹。后又移官苏州府知府。后调任浙江按察使,又转广东按察使,升广东布政使。对法医学起源追溯上,清代学者王又槐(1796)首先指出有关检验的最早记载见于《礼记·月令》,而李璋煜(1838)则认为最早记载始于汉律。李璋煜曾主持校勘桂馥的《说文解字义证》,还工诗善书,其作品内容大多写为仕之道,有《续增洗冤录辨证参考》1卷、《视已成事斋官书》6卷、《月汀诗文集》4卷、《律例撮要》12卷等传世。

12. 许梿

许梿(1787—1862),字叔夏,号珊林,浙江海宁人,道光十三年(1833)进士。曾编《洗冤录详义》4卷、《捡骨补遗考证》等医学著作。《洗冤录详义》是许梿在清咸丰四年(1854)所著,该书绘有比较正确的人体正背两面全身骨骼图和逐项说明的文字。他在全身骨图注中说:"梿历官山左、江南、凡遇会检人命重要案件,必带画匠,将所检

中国古代法医学与社会治理关系史

骨殖详细摹图，时加修改，务求十分尽善而止，及今二十余年，方敢定准此图，自分可无遗憾。"从这一段记载，可见作者在长期尸体检验和收集标本中对于人体骨骼进行严谨的研究，说明他对于人体骨骼解剖学有了许多新的发现。许梿还对《洗冤集录》中男女骨互不相同等记载失实加以纠正。许梿《洗冤录详义》是这一时期最有代表性的法医学著作。他参考30余种书籍和自画230余幅枯骨，绘成"现拟尸图"正后面各一幅，全身骨图两幅，单独的骨图10余幅（图50）。所有的尸骨图格都有较科学的解说和论证，大胆而科学地指出了刑部所颁图格的许多谬误。《洗冤录详义》是清末最受欢迎的法医学著作之一，《洗冤录详义》是《洗冤集录》以后的又一中国法医学代表作，已具有现代法医学、解剖学研究的雏形。

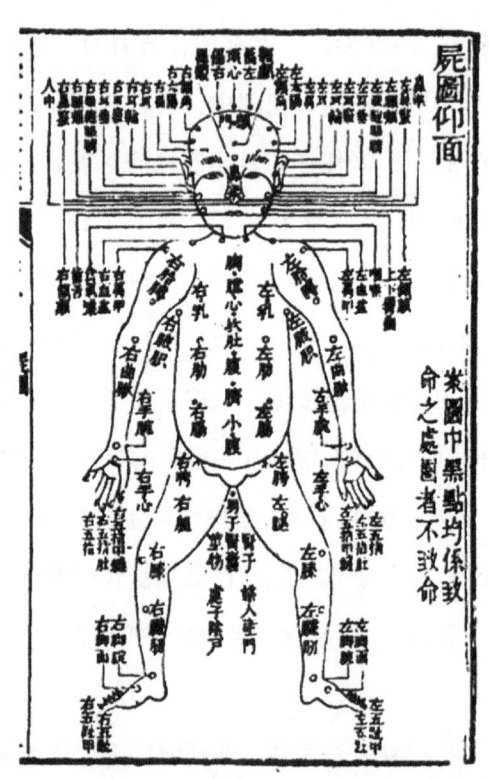

图50　许梿《洗冤录详义》中的"尸图仰面"，
清光绪三年（1877）湖北藩署重刊本

13. 祝庆祺

祝庆祺，浙江会稽(今浙江绍兴)人，《刑案汇览》主要编纂者。另一作者是鲍书芸(安徽歙县人)。《刑案汇览》是与《唐律疏议》齐名的中国法律古籍，一个代表案例编纂的最高成就，一个代表制定法的最高成就，一成于清，一成于唐。祝庆祺在道光初任职刑部时开始编辑此书，后因转任闽浙而暂停编务。祝庆祺在道光十二年(1832)任职到扬州，与同样长期任官刑部的鲍书芸商定，共同完成本书的定稿与出版工作。鲍书芸赞祝庆祺花费气力最久最多，在《续增刑案汇览》序中称其"殚精疲神者阅十余载"。《刑案汇览》收入乾隆元年(1736)至道光十四年(1834)共98年间大清刑部5640余件刑案，于1834、1840、1886年分期出版。《刑案汇览》相当部分是与检验有关的案件，其中还有精神病案件，如"焦登科殴死患疯之荆黑儿"一案："嘉庆二十五年(1820)七月初六日奉旨：'刑部具题河南灵宝县役焦登科踢毙荆黑儿一案，朕详加披阅，荆黑儿疯病复发，赤身持棍跑入县堂击鼓跳舞，焦登科、卫万林二人因系值堂皂役，若不行拦阻，或被闯入署内殴伤本官，应得守卫不严之罪。该役等向前拦阻，因被荆黑儿持棍乱殴，一同捕御，焦登科举脚向踢，适伤荆黑儿心坎右乳，伤重殒命。焦登科与荆黑儿素不认识，并非有心致死，照共殴下手伤重律拟以绞监候，似觉过重，着刑部详查律例，量为轻减，另行核议具奏。钦此。'经部议将焦登科量减一等，拟杖一百，流三千里。卫万林依手足殴人成伤律笞三十。"法医检验对案件性质认定起决定的作用，《刑案汇览》记载"向童养妻图奸抠被阴户身死"一案："陕西人焦灵娃乘醉向童养未婚之妻张氏图奸不允，用手抠其阴户，张氏往前挣扎，不期该犯酒后指力过猛，致将张氏阴户拉透谷道，倒地流血不止，气息渐微，昏晕欲绝。该犯心慌，虑张氏身死畏罪，起意装缢掩饰。即将捆禁皮条挽成活套将张氏悬挂房顶横木上，装作自缢。"后经检验，发现"咽喉缢痕深入一分，色至紫红，其被缢之时气尚未绝，惟缢痕深入一分，色止紫红，是张氏被晕之时，虽明知必死而气穷尚未绝，即与故毙妻命无异，将该犯照故杀妻律拟绞等因具题"。

14. 张锡蕃

张锡蕃(生卒年不详)，江苏元和县(今苏州吴县)人，监生，道光十二年至十三年

(1832—1833)任广东番禺县丞,道光十四年至十五年(1834—1835)和道光十七年(1837)两度番禺知县。道光十七年,时任番禺知县的张锡蕃将多位官员对《洗冤集录》的辑补增订之作汇为一书,在第五卷中附刊前令仲振履校订、刊刻的《石香秘录》,并用多色套印技术将各家批语辑入书中,刊版于禺山官舍,成为三色套印本《补注洗冤录》六卷。道光二十四年(1844),继任知县文晟与广州知府刘开域重刊此书,并于卷末附刊姚德豫所注的《洗冤录解未定稿》及瞿中溶所撰的《洗冤录辨正》,刊成五色套印本《重刊补注洗冤录集证》5卷,附录2卷。封面题签为《五色批洗冤录》。卷首署名为:"武林王又槐荫庭氏增辑,山阴李观澜虚舟氏补辑,岌山孙光烈临川氏参阅,会稽阮其新春畲氏补注,武林王又梧凤偕氏校订,元和张锡蕃鹤生氏重订加丹。"书前有上述诸人所作序言六篇,书末有刘开域、文晟所作跋言两篇。该书为清代官员补辑考订《洗冤集录》的集大成之作,它不仅体现了清代学者对宋慈原书的整理研究成果,更是清代法医验尸技术的全面总结,也是了解清代刑律勘验制度的一本生动教科书。如《重刊补注洗冤录集证》卷五所收入的乾隆三十五年(1770)由刑部题定、律例馆刊版颁发的《检骨图格》,还附有两幅"检骨骼图",每幅图详细标明人体各部位骨骼的名称,图上方注有"致命""不致命"两种,反映了清代刑官在验骨技术手段上的进步。

15. 阮其新

阮其新,会稽(今绍兴)人。据阮其新于道光十二年(1832)为《补注洗冤录集证》所写之序可知,阮其新任南城指挥。按照惯例,指挥专司相验,所以阮其新对宋慈《洗冤集录》"复展是书,详加研究"。"每遇检验,必反复而谛审之,以为是书证凡向之所不甚解者,均了然于心目,而疑难之谳,亦无不释矣。"后来,阮其新出任横州道台,过汉江相遇裘恕斋,因"论及检验事,恕斋津津不已,且出其手批《洗冤录》①一册见示,并举录内所云相验当互证参合、不可执一而论以为秘要,恕斋固深得此中三昧者",让阮其新尤其佩服,因而将裘恕斋手批《洗冤集录》"手录数条携以自随"。后来,阮其新"权守泗城政",从政闲暇,在明代王肯堂《洗冤录笺释》、王又槐《洗冤录集证》的基础上对《律例馆校正洗冤录》又进行了整理,"于坊刻本之讹错者,逐一更正

---

① 原文如此,此处《洗冤录》即为《洗冤集录》。

各条之后，附以经验成案，并将所习《宝鉴编》亦附于篇末，以备参览。"经过两年的写作，始大功告成，取名《洗冤录补注》。在这篇序中阮其新自谓"非敢标异翻新，自矜圭臬，然于检验之法，不为无补"。阮其新在《补注洗冤录集证》中介绍了吞食鸦片中毒和导致假死的实例，提出急性鸦片中毒容易陷入假死状态，应以尸僵、尸斑为真死的指征。此外记载煤气中毒的症状："受熏时头晕，而心口作呕者即是。"

16. 文晟

文晟，字叔来。清代江西萍乡县人。生平未详。撰有《六种新编》（这六种是《内科摘录》《外科摘录》《慈幼便览》《增订达生编》《偏方补遗》《药性摘录》）、《妇科杂证》《本草饮食谱》等书，皆刊于世。道光二十四年（1844），文晟重刊《补注洗冤录集证》（阮其新1832补注的版本），每章之末增以"续辑"介绍个人检验经验和成案，并附瞿中溶的《洗冤录辨正》（1827）作为校正《津例馆校正洗冤录》（1694）中谬误的参考。例如在《重刊补注洗冤录集证》卷二"被殴勒死假作自缢"条后，文晟补充了一个案例：过去有个海陵的民工，因身患绝症意欲轻生，便用绳子自勒颈部，然后将笔杆插到勒套中绞紧，又将笔管置于下颌部位压紧后死亡。还好死在民工的工棚里，大家供词一致，没有疑窦而结案。事情是这样，当晚，同室6人围坐在一起，开始时这个想死的民工说："我患这样不治之症，不如早点死去的好。"就用绳子自己缠颈部。当时，他还笑着问大家说："这样会死吗？"随即用笔管插到绳套内，又说："这样该可以了吧！"大家以为他在开玩笑，没有人上前阻止他。不一会儿，没听见声音，一看人已死去了！这是个罕见自勒致死的案例，由清末法医学者验出很不容易。自勒死历来受怀疑，当绳套压闭颈部时，因缺氧而使人不能继续完成勒颈过程。所以自勒多不能完成。但在特殊情况下，如本例用笔管插入套用下颌压紧而致窒息死亡，故清末法医学者文晟没有怀疑而定案。这不禁使笔者想起，20世纪40年代英国法医学者辛普逊（Keith Simpson）报道一个妇女因患严重空洞型肺结核长期不愈后，用长筒丝袜（长筒丝袜有弹性）在颈部自勒打结后自杀的案例。

1941年夏，辛普逊教授和另一位法医学家埃利克·加德纳教授对一个叫马乔里·费若斯的妇女之死产生怀疑。马乔里死于勒颈所致窒息，现场安静，身上无任何损伤，用一条长筒尼龙袜勒颈而死。这条尼龙袜在颈部绕了两周，又打了结。埃利克·加德纳教授认为被人勒死无疑。但辛普逊教授认为本例还是可能自勒的。理由是尼龙袜和其他绳子不同，它有弹性且柔软。为了说服埃利克·加德纳教授，也为能让陪审团相信，辛普逊教授决定在自己身上做自勒试验。他们找到一个地方，把门闩上。辛普逊教授把同样型号的长筒尼龙袜迅速在自己脖子上缠绕两周扣紧，在失去知觉前打了结！此时加德纳教授发现辛普逊教授脸发青，便迅速松开袜子，此时辛普逊教授感到视力模糊不清，但成功了！最后，陪审团采纳了辛普逊教授和加德纳教授的意见，该例被认为是一种例外，因有科学试验，以自勒致死定案，排除谋杀。①

这两个案例相差约100年，颇引人深思。文晟在《重刊补注洗冤录集证》的"辨四时尸变"条后还补充了五例尸体长时间保存并未腐烂的实例。指出其原因多是由于"用泥沙掩埋，尸沾地气，经久不坏"。其中一例尸体用沙土掩埋经一百八十九日，发现时尸体仍然完好。文晟还介绍了潮州有一种人工的保存法："每用盐数斗淹尸，可经一两年不坏"。文晟对尸斑及其形成和辨认有专门研究，提出"影响尸斑的形成条件"和"尸斑与皮下出血的初步鉴别法"。

17. 童濂

据童濂《补注洗冤录集证》自序，童濂对刑部颁发的《律例馆校正洗冤录》与宋慈原本《洗冤集录》进行比较，认为需加删补。童濂时任两淮、淮北监制同知，得到王又槐《洗冤录集证》、阮其新《洗冤录补注》，因而想"详加校订，重付剞劂"。童濂将"原书第五卷之汇纂补辑，皆《集证》《补注》中所有者，又附刊之《宝鉴编》及《石香秘录》，杂以歌诀，词多俚俗，无资考证，故一并删去"。又将叶玉屏《作吏要言》一卷、朱性斋为之所做的阐述以及童濂自己的见解十二则，附刻于《律例馆校正洗冤录》后。于清道光二十三年（1843）著《补注洗冤录集证》，又名《童氏洗冤录集证》。

18. 郎锦麒

郎锦麒，雁门（山西代县）人，嘉庆、道光时期一直任地方官员。道光九年（1829）

---

① K. 辛普逊. 法医生涯四十年[M]. 伍新尧，郭朱明，译. 上海：上海科学技术出版社，1983：43—48.

郎锦麒著述《检验合参》与《检验集证》两本书。郎锦麒《检验合参》是对刑部颁发尸图与检骨图的注释。《检验集证》两卷、157条,记载清代历年检验成案,叙述检验所见及结论的根据。在《检验集证》中,郎锦麒指出,枪弹伤射入口与射出口孰大孰小是不一定的。郎锦麒还在书中报告许多扼死鉴定例,指出在颈部常见的三种损伤:指甲伤、指头伤和虎口叉伤,具体描述了扼痕的各种特征,其中不少是有价值的见解,是一部值得重视的祖国法医学的鉴定案例汇编。

19. 姚德豫

姚德豫,襄平(今辽宁辽阳)人,他在《洗冤录解》自序中曾说:"作吏卅年,承乏九邑",在长期仕宦生涯中,他"深恐人命之狱,死者含冤,生者诬枉,瞻伤察创之不明",因此对司法检验的方法和书籍非常重视。但康熙时律例馆荟萃而成的《律例馆校正洗冤录》系集体编撰,"作者既非一手、各有师承,故间有异同,又言近旨远,读者每多误解,故习刑名者查阅是编,非深通儒学医理之奥,未易得其仁恕之心,使斯民登仁寿之域也"。因此,姚德豫撰《洗冤录解》(1832)一卷,自谓"仅就一得之愚,管见所及,为近日世所习误者解数十篇,不敢自信,名曰未定稿,就正有道"。姚德豫在《洗冤录解》中提出了根据损伤的深浅、参差、排连等性状对自刎与他杀切颈进行鉴别。

20. 乐理莹

乐理莹,字燮臣,光绪二年(1876)进士。曾任山东昌邑知县。据《宝鉴编补注》升泰之叙,乐理莹由浙江臬司升任云南总督以后,感觉到"谙熟刑名家言者所在乏人",尤其是"刑件一项,平日于《洗冤录》未能精心体究,以致检验伤痕,辨认不清,喝报含混"。他认为"案情之不真,谳狱之翻异,实阶于此,诚不可不亟讲也"。因此,乐理莹将《洗冤录详义》附刻的《宝鉴编》加以补充,"引伸辨类于尸伤,定其部位,辨其器物,察其颜色,析其分寸围圆,验其肌肤,检其骸髓。务使条分类聚,触目了然,叶韵谐声,便口易记",成稿后,命名曰《宝鉴编补注》。

21. 国拙斋

国拙斋,曾任清代乾隆年间中丞等职务,乾隆四十二年(1777)著《洗冤录备考》一书。国拙斋发现缢死时有舌骨骨折。这是18世纪我国法医学的一项十分重要的发现。

国拙斋首先指出了枪创的射入口和射出口大小以及霰弹创与射击距离的关系："围圆肿胀，焦黑色（烟灰及火药粉）或红赤不等。"在欧洲，最早指出射入口可能大于射出口也可能小于射出口现象的是苏联学者皮罗果夫，大约在19世纪40—60年代发现的。

22. 丁柔克

丁柔克，号燮甫，江苏泰州人。光绪七年（1881），丁柔克得到主持湖北沔阳厘局的差事。其岳父在《柳弧》序中说他"公事之余……因取生平见见闻闻，奇奇怪怪，与夫一切一知半解拉杂笔之于书"。丁柔克的《柳弧》是一部笔记稿本，今存六卷。书中所记大多是发生在作者身边的真人真事或奇闻逸事，对于了解清代末期的社会生活状况和风土人情，具有一定的参考价值。其中某些篇章，还具有较高的史料性。丁柔克所撰的《柳弧》卷六中"陈小姐"记载了一起雷击死："甲戌秋七月，余居通州，忽闻雷震，窗扉动摇。顷之，满街传某妇被击。余趋视之，见茅屋三椽，地下死者三人，一男二女。问之邻里，佥云：此妇素美，绰号'陈小姐'。……天雨降，子复入户，与母妹同坐一凳上，而雷霆下击矣。击时，邻家惟见飞火一团，并不闻声。顷之，子甦，女亦活。女两乳下有火字，如画蚓然，其母则竟死矣。予视死者，仰面朝天，面色灰黑，鼻大如拳，毛发焦灼。"丁柔克记载人体雷击纹与黄六鸿《福惠全书》卷十六介绍一致："雷乃阳火，着人则身尸焦黑，须发焦卷，身软拳散，口开眉皱，头发披乱。经火之处，皮肉坚硬而卷黑，伤痕多在脑后，脑缝多开，有手掌大片紫赤浮皮，胸项肩膊，或有似篆字文者。"

23. 潘霨

潘霨（1816—1894），字伟如，号韡园居士，江苏吴县人。初习儒，因科场失意而改习医，后因尝治愈咸丰孝成后之疾而名噪一时，门庭若市，并官至贵州巡抚。他曾辑有《韡园医学六种》，且对中国法医学史有深入研究，潘霨明确指出和凝父子《疑狱集》并非检验专书，应以宋慈《洗冤集录》为最先。他的观点，与其同年代的梅启照观点不同。梅启照于光绪五年（1879）为《补注洗冤录集证》所作之序中指出："三代以下，刑法有志，为而检验之有专书，则石晋鲁公和凝及其子宋太子中允㠓所著之《疑狱集》为最先。"

第七章　清代的法医学与社会治理关系研究

24. 沈葆桢

沈葆桢(1820—1879)，字幼丹，又字翰宇，福建侯官(今福州)人。沈葆桢系清代民族英雄林则徐之婿。道光二十七年(1847)中进士，选庶吉士，授编修，升监察御史。咸丰五年(1855)，沈葆桢出任江西九江知府，第二年，又署广信知府(今上饶市)。后擢升为广饶九南道道台。咸丰十一年(1861)出任江西巡抚。同治六年(1867)任福建船政大臣，主办福州船政局。同治十三年(1874)，沈葆桢以钦差大臣赴台办理海防，兼理各国事务大臣。光绪六年(1880)任两江总督兼南洋大臣。在中国历史上，仵作是官府的雇员，不入流。我国最早提出"解除仵作禁锢"(也称"解禁议")的首推清两江总督沈葆桢。沈葆桢任九江知府、江西巡抚时接触到刑事案件后深感检验的重要性，并认为担任这样重任者必须要精通《洗冤集录》，不能由世代相传的仵作行使，而要专门训练，否则不利断案。及至沈葆桢提升两江总督时，便上书朝廷，要"解除仵作禁锢"。同时，还奏请批准"仵作子孙应试"，但"格于例不行"。虽然沈葆桢力行奏请解除仵作禁锢给予椽吏出身，后经部议没有能够实现。但是，从历史角度看，沈葆桢的"解禁议"是为了改革检政与重视检案而提出的，体现了他的远见、对科学的尊重和对旧检验体制的批评，这也是我国法医近代史上很重要的事件。

25. 刚毅

刚毅(1837—1900)，字子良，满洲镶蓝旗人，刑部郎中、按察使、布政使。光绪十一年(1885)任山西巡抚。光绪十四年(1888)调任江苏巡抚。光绪二十年(1894)，任礼部侍郎。光绪二十四年(1898)任兵部尚书、协办大学士。据《清史稿》记载："刚毅，字子良，满洲镶蓝旗人。以笔帖式累迁刑部郎中。谙悉例案，承审浙江余杭县葛毕氏案[1]，获平反，按律定拟，得旨嘉奖。" 刚毅对法医学贡献是他在任期间重视检验，大胆认识检验不足。他于光绪十七年(1891)编辑出版了《洗冤录义证》一书，该书汇集了文晟《重刊补注洗冤录集证》和许槤《洗冤录详义》等著作中的重要内容，同时该书以近代西方解剖学的骨骼图谱代替《洗冤录详义》的尸骨图，是第一部吸收欧洲解剖学成就的中国近代法医学书籍。

---

[1] 葛毕氏案，即杨乃武与小白菜案。

26. John Dudgeon

John Dudgeon(1837—1901),中国名德贞,字子固,英国苏格兰格拉斯哥人。1862年获英国格拉斯哥大学外科学硕士,1863年受伦敦教会派遣来华行医传教。1865年,德贞在北京创办医院——双旗杆医院,即今天协和医院的前身。德贞留下的"施医十余年间,而绝不受一钱"的崇高医德与人格精神依然是今人的典范。德贞对法医学的贡献,是他在北京同文馆引进现代法医学教材。1866年,北京同文馆设科学系,开始对法医学知识进行研究,德贞被聘为教习。德贞发现《洗冤录》所截骨骼部位,次叙名目,中西迥异,因此翻译英国《法医学》作为教材,命名为《洗冤新说》,并在《中西闻录》连载。这是外国法医学向我国输入之始。德贞给同文馆学生讲课的解剖学教材《全体通考》,附有近400幅精美的人体解剖图谱。

27. John Fryer

John Fryer(1839—1928),中国名傅兰雅,英国肯特郡海斯镇人。毕业于伦敦海布莱师范学院,于清咸丰十一年(1861)到香港,就任圣保国书院院长。两年后受聘北京同文馆,任英语教习,清同治四年(1865)转任上海英华学堂校长,并任《上海新报》主编。同治七年(1868)起,任上海江南制造局翻译馆译员,达28年,编译《西国近书汇编》等书籍。光绪二年(1876)创办格致书院,创办科学杂志《格致汇编》。光绪二十二年(1896)去美国担任加利福尼亚大学东方文学语言教授,后加入美国籍。清政府曾授予三品官衔和勋章。傅兰雅对法医学的贡献是他于1899年和赵元益合译《法律医学》,该书被认为是我国最早的法医学译著,但据薛愚研究,1888年傅兰雅就译有 *Forensic Medicine* 一书,取名《英国洗冤录二卷》。

28. 沈家本

沈家本(1840—1913),字子淳,别号寄簃,浙江吴兴(今湖州)人。历任天津、保定知府,刑部右侍郎、修订法律大臣、大理院正卿、法部右侍郎、资政院副总裁等。沈家本还主持制定了《大清民律》《大清商律草案》《刑事诉讼律草案》《民事诉讼律草案》等一系列法典。在中国历史上,检验由官吏行使,现场喝报死伤由仵作进行。直至光绪三十三年(1907)清政府才颁布修律大臣沈家本修订的《大清刑律》,才有鉴定人的法律提法，以示重视检验工作，如在他修订的《刑事诉讼律》中规定："鉴定人，以自己的学识或特技于审判厅鉴别事物，评判者也。例如医师、理化学者、判定加害者之健康状态或有无血痕之类。凡审判官于法学行动所不能及处，必须有特别之学识或技术之人为补助，即命名之为鉴定人。"这是中国历史上第一次提到检验人员为鉴定人，并以法律形式规定其地位和资格。1907年颁布的由修律大臣沈家本修订的《大清新刑律》，涉及精神病鉴定、血痕鉴定等现代法医学鉴定部分，但对尸体检验却仍责成仵作按规定的尸格尸图进行检验，对外表检查的检验制度却无触动。沈家本还于宣统元年（1909）对日本东京上野图书馆得到的朝鲜本《无冤录》作校订，重新在国内刊行，收于《枕碧楼丛书》。1915年，沈家本对王佑从日本录回中国的（王与撰写）朝鲜本《新注无冤录》重新审定，取名《无冤录辑注》。

29. 赵元益

赵元益（1840—1902），字静涵，江苏新阳人，光绪年间举人。1869年入江南制造局翻译馆任职，与英国传教士傅兰雅翻译西学。1887年在上海格致书院就学。1889年曾出使英、法、比、意四国，归国后重返江南制造局翻译馆任职。1897年与董康等人创立上海"译书公会"，同年与吴仲韬创立"医学善会"。赵元益所译著作，侧重于西方医药、卫生保健方面，有《儒门医学》《光学》《西药大成》等，其中《西药大成》是当时最大的一部西药译书。赵元益对我国法医学的贡献是他于1899年，在江南制造局翻译馆出版了他与傅兰雅共同翻译的《法律医学》。《法律医学》是我国最早翻译西方法医学的著作之一，也是国人当时了解西方法医学的书籍，对当时还处清末时期，我国还未引进现代法医学阶段，起了很重要的引导作用。

30. 伍廷芳

伍廷芳（1842—1922），本名叙，字文爵，又名伍才，号秩庸，广东新会人。1874年留学英国，入伦敦林肯律师学院攻读法学，获博士学位及大律师资格，成为中国近代第一个法学博士，后回香港任律师。1887年，他被当时的香港政府聘为法官兼立法局议员，是第一位中国籍的香港议员。1902年，伍廷芳被清政府授四品候补京堂衔，先后任修订法律大臣、刑部右侍郎等职。与沈家本共同主持修订法律，拟订了民、刑律草案。他重视法医检验和证据制度,提出了包括删除酷刑、禁止刑讯、改良狱政等主张。在修律过程中,他引进西方各国包括检验制度在内的法律制度。他的主张得到沈家本的支持,对鉴定人的定义和医师理化学者参与检验等在法律中作专门规定。辛亥革命后,伍廷芳继续致力于中国法律的修改。1912年,伍廷芳被任命为司法总长。

31. 徐世昌

徐世昌(1855—1939),清末官僚,曾任北洋政府总统。字卜五,号菊人,又号涛斋、水竹邨人。河南出生,直隶(今河北)天津人。祖籍浙江鄞县。光绪十二年(1886)中进士,任翰林院庶吉士,授翰林院编修。1939年6月6日于天津病逝,享年85岁。徐世昌文人出身,诗、书、画俱晓,为总统时曾成立北京艺术篆刻学校,即后来中央美术院前身。他退出政界于天津"退耕堂"过隐逸生活后,借助僚友门客编撰书籍20余种,著有《欧战后之中国》《退耕堂政书》《大清琨辅先哲传》《书髓楼藏书目》《东三省政略》等书。徐世昌的书画作品颇有声誉,曾在中国、日本等国画展中展出。徐世昌对法医学的贡献是他于清末力主改仵作作为检验吏出身。光绪《大清会典》记载:"皂吏、马快、步快、小马、禁卒、门子、弓兵、仵作、粮差及巡捕营番役,皆为贱役,长随亦与奴仆同。"据故宫博物院藏清代宫存档案奏折,光绪三十四年(1908)八月二十日,清末徐世昌等人上奏建议改仵作为检验吏。同时,他明确提出"比照刑书一体给予出身",否则"旧例视为贱吏,稍知自爱者不屑为之"。"奏为吉(林)省拟设立检验学习所各属原设仵作为检验吏"。由于徐世昌等人的努力,仵作始为检验吏官员,并予培养。

32. 魏息圆

魏息圆,清末人,曾编《不用刑审判书》一书,1907年由商务印书馆印刷出版。该书公开地宣传在审判过程中可以将法律(刑)置之度外。虽然他在书中强调了推理在判案中的作用,但其更多地仍然是坚守道德在判案中的至上作用,强调案件要办到超越法律达到"情理交融"程度。所谓"情理交融",就是法官要有多面知识,包括法医学、心理学、史学以及其他自然科学,使案件"后人不疑"。魏息圆编《不用刑审判书》里记载检验致命伤痕对判断真凶的案件,说明科学办案的重要性:直隶(今河北)某县发生了件重案:一个50多岁盲人来县衙门自首,说是把自己的父亲给打死了,请求按律判处。本县的胡知县前往检验,只见那个死者是个70多岁的白胡子老翁,全身上下只有后脑勺上有三处硬物砸击造成的圆形伤痕,显然是致命的原因。奇怪的是那三处伤痕由左上至右下,排列整齐,毫不错乱。那盲人已过50岁,供称是因为老父亲脾气暴戾,平时无故打骂子孙,自己实在忍无可忍,一怒之下,从地上拾了块砖头,朝老父亲头部猛击。胡知县也不多问,就说这个案子很清楚,不过一定要解送到省里按察使衙门复审。然后说:"你这一去恐怕就是有去无回了,应该把你的儿子叫来最后告一次别。"随后立即派人把这盲人的儿子叫到了衙门里与父亲诀别,其间知县发现那儿子显得特别的慌张,对着父亲也说不出什么话。胡知县故意催促说:"有话就快说,以后就见不着面了。"盲人流着眼泪说:"以后好好做人,不要挂念你父亲,你父亲反正是个瞎子,不足挂念。"儿子还是紧张万分的样子,仍然说不出诀别的话。胡知县就先让二人退下,过了一会儿又单独审问盲人的儿子,突然严厉喝问:"你打死了祖父,还要自己的父亲来替你顶罪。你父亲已经招供了,你要是再不承认,立刻就打死你!"儿子下跪叩头说:"确实是我讨厌祖父一直责骂父亲,偏爱叔父,因此下手打死祖父。顶罪的主意是父亲出的,实在不是我的意思。"有人问胡知县是怎么察觉这个案子的真情的,他说:"盲人乘怒打人,手里拿上砖头乱打,怎么可能打得这样准,在死者后脑勺上形成这样规则的三个伤痕?我检验时心里就已经很怀疑了,因此有意要盲人和儿子告别,想看看父子相会的情景,果然发现儿子神色有异。再乘其慌乱突然发问,自然就可以获得真实口供。"

33. 徐珂

徐珂(1869—1928),原名昌,字仲可,浙江杭县(今杭州)人。1889年参加乡试,中举人。不过,他在科举考试中,终未再获功名。曾在商务印书馆编译所任职、主持《东方杂志》杂纂部。《清稗类钞》是他留给后人的一部笔记集。全书48册,分时令、地理、外交、风俗、工艺、文学等92类,13500余条。录自数百种清人笔记,并参考报章记载而成,范围广泛,检查便利。徐珂编《清稗类钞》中就设有《狱讼类》(下)专门介绍诉讼案件检验和断案。《清稗类钞》中记载的法医检验案例,有些广为颂，如"徐次舟治狱"："光绪初，乌程①徐次舟观察赓陛为粤东陆丰县，以折狱称。有妪来告其子媳忤逆者，讯之，妪备言媳之不孝：'今值我生日，故以恶草具进，而自于房中啖酒肉，我不能复忍矣。'讯媳，则涕泣不作一语。徐疑之，语妪曰：'媳不孝，可恶，本县为民父母，而不能教之，殊而恶。今为汝上寿，和尔姑媳，何如？'妪叩谢。徐乃令人设长案于堂，使姑媳就坐，各予面一碗，面中有他物也。食毕，徐故问他案，不即发落，俄而姑媳皆大吐，众视之，则妪所吐皆鱼肉，媳所吐为青菜也。徐乃责妪曰：'今何如？汝敢于公庭为谰言，则平日可知。姑念今为汝生日，且控媳无反坐理，姑去，幸勿谓本官易欺也。'妪大惭而退。"这是徐次舟用催吐药（清代沿用催吐药如藜芦等）对呕吐内容物进行检验，以判明案件真相的实例。

34. 刘体智

刘体智（1879—1962），字晦之，晚号善斋老人，安徽庐江人，晚清重臣四川总督刘秉璋之子。刘秉璋在浙江巡抚任上时，正值中法战争爆发。他率军坐镇杭州。在战争的关键时刻，他对家人说："万一战场失利，吾得对国尽忠，夫人要尽节，三个儿子要尽孝，小四、小五尚小，送给李鸿章了。"此言一出，军中将士无不铁心报国。中法之战镇海一役历时103天，空前酷烈，全凭浙江一省的财力和兵力支持，最终战胜法军。法军舰队司令孤拔受重伤，不久死在澎湖列岛。刘秉璋因此战获胜而擢升为四川总督。刘体智的文物收藏堪称海内一流，尤其是龟甲骨片和青铜器的收藏，世间罕有其比。其收藏的甲骨文在战前就达28000余片，1953年全部出让给国家。据文物部门统计，现存我国大陆的龟甲骨片，总共9万余片，分布在95个机关单位和44位私人收藏家手里，而刘体智的28000余片，差不多占了三分之一，是私人收藏甲骨最大的一宗。1951年9月，刘体智还捐献了上古三代及秦汉时期的兵器130件，分装二十个箱子里，后由上海市文管会转交上海博物馆保存。为此，陈毅市长曾颁发嘉奖令。刘体智在《异辞录》中记载了所谓"鸩死而使无迹之法"："彭刚直谈葛毕氏案，任筱沅中丞时为江西提刑按察使，适同在座。先文庄曰：'葛品莲复验无毒。苟鸩死而使无迹之法，有诸？'中丞曰：'有之。吾为县令时，遇一谋害亲夫案，查无实据。既判无罪，

---

① 秦改"菰城"为"乌程"，以乌巾、程林两氏善酿酒而得名，属会稽郡，今为绍兴。

行将释之矣，夫弟上诉不已，省署发县复鞫。吾百思无术，乃呼犯妇入内室，屏人，会夫人密语之，曰：'兹县令与汝为同舟之人矣，果得其情，汝判罪，县令随之落职，汝曷以实告，俾共图之。汝夫为汝与奸夫毒死，确乎？'犯妇良久乃曰：'确也。奸夫市砒八两，令每日于食物中下一分，不及半年而毒发。'药性由渐而入，故验之不得云。'中丞又曰：'至此，吾亦无如之何，不得不为之秘密矣。'"

35. 吴友如

吴友如，初名嘉猷，别署猷，元和（今江苏吴县）人，清末画家，1894年逝世。他自幼喜欢绘画，勤奋好学，能融合清代名画家钱杜、任熊等人的画法，自成一家，擅长人物肖像画。吴友如的绘画以描绘市井风俗、时事新闻为主，大则如中法战争、中日台湾之战，小则有邻里斗殴、怪闻趣事，还有不少反映西方科技新事物的画幅。为适合石印制版，所画均以线条描绘，黑白分明，画风工整，构图繁复。仕女形象瘦削柔弱，面部画法受同时代画家沙馥影响，称为"沙相"；建筑物、舟车的描画吸收了欧洲焦点透视的方法。他于1884年开始在上海出版画报，是随《申报》赠送的，里面是吴友如及其同时代画家作的时代风俗图志，不少内容都与当时的案件有关。例如吴友如根据宁波的一场洞房悲剧作画：宁波某男子潜伏洞房之中，闻新郎解衣声，新娘脱履声，禁不住暗笑，被新人发现，新郎一气之下用剪刀将听房者扎出血，剪刀"八字"创口清晰可辨。

吴友如对法医学的贡献是用他的绘画艺术生动地记载了"合血法"验亲场面。我国明代以前是"滴骨验亲法"，明代之后又有合血法的出现。明末的《检验尸伤指南》、清初的《福惠全书》和《校正本洗冤集录》都有完全相同的记载："亲子兄弟或自幼分离，欲相识认，难辨真伪，令各刺出血，滴一器之内，真则共凝为一，否则不凝也。但生血见盐醋无不凝者，故有以盐醋先擦器皿，作奸蒙混。"滴骨法是以活人血滴在死人骨上；合血法却是在双方都是活体时应用。清代光绪十一年（1885），《点石斋画报》刊登吴友如画的一幅《谋产滴血图》[①]，并附有一段说明："山西人某甲，行商于外。所集资财，寄于其弟乙，俾掌握而出纳之。甲在客中取有妻，生一子，越十余寒暑矣。近来

---

① 吴友如. 谋产滴血[J]. 点石斋画报. 1885(51)：10—11.

妻已病故，己亦年老作客他乡，自知非计，携子经归。乙虑赀产之必复于兄也，诬其子为抱养，授异性不乱宗之义，鸣于官。官召亲族问之，则皆以嫡子对。而乙力辩非己出，案不能决。官无如何，命依古法滴血验之，而血凝合无间。欲答乙，乙不服，请以己子效法兄，而血又不合。乃嚣然谓官断有公，欲上控。亲族恶其贪娼，无人理，因言其子本非乙种，盖其妇私于丙而怀孕者。众口分明，具证奸状。富提两鞫之，办俯首引罪无异词，而案遂定。"这是我国古代以"合血法"确定亲子关系的一个法医检验实例。合血法较之滴骨法更接近于现代的血型检验，但从现代法医学角度来看，这也是不科学的方法。

36. 王佑、杨鸿通

王佑、杨鸿通，留日学者。1908年，王佑、杨鸿通二人合译了《实用法医学》，该书是日本警视厅第三部医员兼保养院长石川贞吉所著，原名为《东西各国刑事民事检验鉴定最新讲义》，改名《东西各国刑事民事检验鉴定讲义》，1909年该书再版发行。该书也是清末由国外引进的法医学书籍，是早期（输入期）我国现代法医的专业书籍，对我国影响较大。王佑、杨鸿通留日回国后，还给沈家本抄录带回我国古代法医学传播到日本的法医学书籍。1915年，沈家本对王佑、杨鸿通从日本录回中国的朝鲜本《新注无冤录》（元代王与撰写），重新审定，取名《无冤录辑注》。

37. Edward Hume

Edward Hume（1876—1956），爱德华·休姆，中国名胡美，耶鲁大学医学博士，美国康涅狄格州人。1905年，胡美受美国雅礼协会派遣到长沙兴学办医。1906年，他在长沙建立中国最早西医医院之一"雅礼医院"，胡美为首任院长。1914年胡美把医院正式定名为"湘雅医院"。1915年，成立国内第一所西医高等学府湘雅医学院，首任校长为颜福庆博士，胡美为首任教务长。湘雅医学院是当时中国规模完善的第一所现代医学院，培养了汤飞凡等一大批我国知名医学家。胡美在中国行医25年，赢得了很高的威望。1927年，胡美离开长沙回到美国。胡美对法医学有过重大贡献，他创办的湘雅医学院是我国最早开设法医学课程的学校之一。湘雅医学院是实行医预科2年、医本科5年的7年制学校，全用英文教学，在医本科第三年开设法医学课，由G.哈登教授主讲。在民国初年，国内只有浙江医学专门学校和北平医学专门学校开设裁判医学或裁判化学课程，湘雅医学院开设法医学课程，对当时传播现代法医学和开展法医学检验，无疑有重大意义。

38. 丁保福

丁保福(1874—1952)，字仲祜，号畴隐居士，又号济阳破衲，江苏无锡人。毕业于东吴大学化学系，曾赴日本进修医学。丁保福是我国近代著名的医学家。丁保福在传播解剖学、药物化学方面有重要贡献，他出版了《中药浅说》，还翻译编辑合成《丁氏医学丛学》，把近代西医学知识做了全面系统介绍。到了民国初年，许多地方设立了医学专门学校，丁保福的"丁氏医学丛书"为我国医学教育做出了贡献。丁福保对法医学的贡献，是他于1926年和徐温章合译日本《近世法医学》，较为系统地介绍了现代法医学，成为当时国人了解法医学的重要书籍。由于丁保福在医学方面的成就和医学丛书的影响，《近世法医学》成为现代医学丛书的一部分供人学习，影响较大。

第三节　中国近代法医学的开端

一、中国近代法医学

我国近代法医学从何时开始？众说纷纭。多数学者的看法是开始于鸦片战争以后，初步形成于辛亥革命以后，而现代法医学则始于我国现代法医学奠基人林几教授(1897—1951，福建福州人)创办法医研究所，真正发展则是在中华人民共和国成立以后。

清代末年，西方法医学慢慢输入中国，对我国法医学发展产生一定的影响。此时，国外法医学从不同渠道传入中国。比如，英国该惠连、弗里爱同撰的《法律医学》，由傅兰雅口译，赵元益笔述，于清光绪乙亥(1875)由江南制造局刻印。又如，光绪三十四年(1908)，留日学生王佑、杨鸿通两人合译日本警视厅石川贞吉所著《东西各国刑事民事检验鉴定最新讲义》，取名《实用法医学》，宣统元年(1909)再版。再如，徐蕴宣、

中国古代法医学与社会治理关系史

丁保福共同翻译日本田中祐吉著作《近世法医学》,由上海文明书局与宣统三年(1911)出版。近代中国,许多有识之士"睁眼看世界"逐步成为共识,但"中体西用"的思维仍主导整个朝野。不过,这些国外现代法医学的传播,在过去是没有出现过的,对晚清法医学发展还是起到了积极的促进作用。

洋务运动、戊戌变法、君主立宪都对清末进行了变法、变律实践,对传统检验制度有了触动,表现在通过修律进行检验改革。清末法律改革并不顺利,在张之洞、刘坤一1901年呈递法律改革奏章、沈家本被任命为修律大臣(吴廷芳同任)之后,起草法典工作于1902年开始。《大清刑律草案》特聘日本东京帝国大学法学教授冈田朝太郎起草,1907年呈递皇上,随后分发给大臣讨论。该草案因冒犯统治者、上级和尊长而违反了礼教受到强烈抵制[1],清政府没有颁布此草案。《大清民律草案》特聘松冈义正起草,于1911年10月26日呈递皇上,正值清王朝倾覆前夕。清政府也没有颁布此草案。

光绪三十二年(1906)清政府成立"法律学堂",光绪三十三年(1907)颁行《审判厅试办章程》,宣统元年(1909)又颁布《法院编制法》,同年还成立了检验学习所。

在此时期,西方法医学通过教会、医院、医药、创建学校以及翻译法医学专著等输入,而中国法医学也有了某些现代法医学的新内容出现,如鸦片中毒、尸斑、尸僵、保存型尸体的认识、尸体骨骼研究以及枪弹伤检验等较以前有所发展。此外,还请外国人做过尸体解剖。而这些变化绝大多数是在1840年鸦片战争前后发生的。

因此,我国在清末时,在立法、司法变革、法医学输入、法医学教育、学术探究乃至部分法医学检验方面都受到西方法医学的影响。同时,此阶段法医学发展,为以后民国时期接受西方现代法医学,建立法医学法规,以及改变传统观念等都创造了有利条件。所以,1840年以后的中国近代法医学应与古代法医学区别开来。

---

[1] 有关大臣反对草案的奏折内容见:故宫博物院明清档案部.清末筹备立宪档案史料[M].北京:中华书局,1979:854—872。

二、鸦片战争后的中国法医学

鸦片战争后,我国法医学也逐渐向现代法医学发展,主要表现在以下七个方面。

(一)从"解除仵作禁锢"到提出"鉴定人"

我国最早提出解除"仵作禁锢"的首推清两江总督沈葆桢(1820—1879,福州人)①。沈葆桢任九江知府、江西巡抚时接触到刑事案件后深感法医检验的重要性,并认为担任这样重任者必须要精通《洗冤集录》,否则不利断案。及至沈葆桢提升两江总督时,便上书朝廷,要"解除仵作禁锢",让其学习文化,掌握《洗冤集录》有关知识,为清律断案服务。同时,还奏请批准"仵作子孙应试",但"格于例不行"。清末护理云贵总督沈秉堃奏《改仵作为检验吏片》更为尖锐地指出:"仵作一役,向被视为卑贱,工食亦极微薄,自好者多不屑为","若遇开检重案,无不瞠目束手"。沈秉堃还提出:"要提高仵作品格,设立学堂,给予文凭,改名仵书,比照刑书优给工食,即由役提升为吏,并亲自筹经费于省城设检验学堂一所。"直至光绪三十三年(1907),清政府才颁布修律大臣沈家本(1840—1913年,湖州人)修订的《大清刑律》,才有鉴定人的法律提法,以示重视检验工作,如在他修订的《刑事诉讼律》中规定:"鉴定人,以自己的学识或特技于审判厅鉴别事物,评判者也。例如医师、理化学者、判定加害者之健康状态或有无血痕之类。凡审判官于法学行动所不能及处,必须有特别之学识或技术之人为补助,即命名之为鉴定人。"这是中国历史上第一次提到检验人员为鉴定人,并以法律形式规定其地位、权力和资格。沈家本还于宣统元年(1909),对日本东京上野图书馆得到的朝鲜本《无冤录》作校订,重新在国内刊行,收在《枕碧楼丛书》中。1915年,沈家本对王佑从日本录回中国的朝鲜本《新注无冤录》(元代王与撰写)重新审定,取名《无冤录辑注》。

(二)办检验学习所

宣统元年(1909)清政府迫于压力,决定建立"检验学习所"。改仵作为检验吏出身。指出"检验之法外国责之法医、中国付之仵作。法医乃系专门学科,必由学堂毕

---

① 同治年间(1862—1874)提出。

业"。并规定"检验学习所"讲授"洗冤录、法医学、生理学、解剖学、理化学、法律大意等"。而受训者多为"各地识字仵作"。在《大学堂章》中附加规定：在外国有解剖学、组织学，中国风俗礼仪不同，只能用模型解剖教学。清末整顿司法时，才由刑部令各省审判厅设立"检验学习班"讲授法医学知识。

（三）中国传统的法医学著作开始向近代法医科学接近

1844年，文晟重刊《补注洗冤录集证》（阮其新1832年补注），每章之末增以"续辑"介绍个人检验经验和成案，并附瞿中溶的《洗冤录辨正》（1827）作为校正《律例馆校正洗冤录》（1694）中谬误的参考。这一时期最有代表性的著作是许梿《洗冤录详义》，刊于1854年。它博采各家之书30余种并直陈作者自己的检验经验和见解，更重要的是作者亲自考查了230余幅枯骨，绘成"现拟尸图"正后面各1幅，全身骨图2幅，单独的骨图10余幅。所有的尸骨图格都有较科学的解说和论证，大胆而科学地指出了刑部所颁图格的许多谬误。许梿《洗冤录详义》是清末最受欢迎的法医学著作之一，也是继宋慈《洗冤集录》以后的又一中国法医学代表作。1891年，刚毅（1837—1900）编辑出版了《洗冤录义证》，汇集了文晟《补注洗冤录集证》和许梿《洗冤录详义》等著书中的重要内容，但以近代解剖学骨图代替《洗冤录详义》的骨图，是第一部吸收欧洲解剖学成就的中国法医学书籍。

（四）检验案例

案例1　枪伤案

光绪十二年（1886）十二月初二，台湾彰化县检验官彰化县知事蔡某带仵作萧圭，对死者黄天德（男，36岁）作尸体检查。尸长五尺二寸，发长二尺四寸，头面部未见损伤。两眼微开，上下牙齿未见脱落，口微开，舌抵齿。颈部未见损伤。胸背部未见损伤。四肢未见损伤，两手微握。右中腹枪伤一处，铅子（子弹）进口周围八分，肉焦黑色，深透内。铅子穿过左后胁；出口周围一寸四分，血污。结论：系生前枪铳伤身死。①

述评：这是个枪伤案。我国清末枪伤案报道不少，为世界法医学史做出贡献。本

---

① 黄瑞亭. 中国近现代法医学发展史[M]. 福州：福建教育出版社，1997：27.

例枪弹伤的射入口、射出口描述很清楚。我国学者郎锦麒《检验集证》中另有报道射出口可以比射入口大的现象。

案例2　自勒死

文晟《重刊补注洗冤录集证》卷二"被殴勒死假作自缢"条后续辑记载,过去有个海陵的民工,因身患绝症意欲轻生,便用绳子自勒颈部,然后将笔杆插到勒套中绞紧,又将笔管置于下颌部位压紧后死亡。还好死在民工的工棚里,大家供词一致,没有疑窦而结案。事情是这样,当晚,同室6人围坐在一起,开始时这个想死的民工说:"我患这样不治之症,不如早点死去的好。"就用绳子自己缠颈部。当时,他还笑着问大家说:"这样会死吗?"随即用笔管插到绳套内,又说:"这样该可以了吧!"大家以为他在开玩笑,没有人上前阻止他。不一会儿,没听见声音,一看人已死去了!

述评:这是个罕见自勒致死的案例。自勒死历来受怀疑,当绳套压闭颈部时,因缺氧而使人不能继续完成勒颈过程。所以自勒多不能完成。但在特殊情况下,如本例用笔管插入套用下颌压紧而致窒息死亡,可以解释,故清末法医学者文晟没有怀疑而定案。这不禁使作者想起,20世纪40年代英国法医学者辛普逊(Keith Simpson)报道一个妇女因患严重空洞型肺结核长期不愈后,用长筒丝袜(长筒丝袜有弹性)在颈部自勒打结后自杀的案例。1941年夏,辛普逊教授和另一位法医学家埃利克·加德纳教授对一个叫马乔里·费若斯的妇女之死产生怀疑。马乔里死于勒颈所致窒息,现场安静,身上无任何损伤,用一条长筒尼龙袜勒颈而死。这条尼龙袜在颈部绕了两周,又打了结。埃利克·加德纳教授认为被人勒死无疑。但辛普逊教授认为本例还是可能自勒的。理由是尼龙袜和其他绳子不同,它有弹性且柔软。为了说服埃利克·加德纳教授,也为能让陪审团相信,辛普逊教授决定在自己身上做自勒试验。他们找到一个地方,把门闩上。辛普逊教授把同样型号的长筒尼龙袜迅速在自己脖子上缠绕两周扣紧,在失去知觉前打了结!此时加德纳教授发现辛普逊教授脸发青,便迅速松开袜子,此时辛普逊教授感到视力模糊不清,但成功了!最后,陪审团采纳了辛普逊教授和加德纳教授的意见,该例被认为是一种例外,因有科学试验,以自勒致死定案,排除谋杀。① 这两个案例相差约100年,颇引人深思。

案例3 假死

据阮其新《补注洗冤录集证》记载,广东省有个姓吴的穷人,因为家贫如洗、生活无保障而吞鸦片"死亡"。客店的主人不敢收殓,就派人去三水地方通知"死者"亲属。当亲属来到客店时,这个人已于一天前活了,这样一算,他"死去"已三天三夜。鸦片中毒死亡开棺检验尸骨时,往往见到人伏着的多,侧着的也不少,平卧的很少。这是因为当人被埋在土中后,鸦片的毒性慢慢退尽,而清醒过来。这样,被埋人便在棺材里辗转反侧,又不能出来,不久便由假死转而发展为真死。所以,检验鸦片中毒埋藏的尸体骨架时,要么伏着,要么是侧着。实际上,服用鸦片中毒可以救活,这就是例证。

述评:这是一个服鸦片过量中毒假死不入殓而复苏的案例报告。该案例已论及鸦片是麻醉药物,中毒时陷入假死状态,但慢慢可复苏。这是从鸦片中毒的机理上加以论述的,具有法医学意义。此外,案例中还提出检验鸦片中毒被入殓的尸体为什么总是伏着或侧位的原因是中毒者复苏后活动而又不能自救所致。最后死亡并不是由于鸦片中毒,而是棺内缺氧。所以,假死情况下入殓,终于转为真死。该案例的思维方法已符合现代法医学原理。

(五)中西法医学的交流

1865年,北京同文馆设科学系,开始对医学知识进行研究,聘请德贞为教习。德贞发现《洗冤录》所截骨骼部位、次序名目,中西迥异,决定译英国法医学著作作为参考书。所著《洗冤新说》连载于《中西闻录》。这是外国法医学向我国输入之始。1899年,英人博兰雅口译,赵元益笔述的《法律医学》由江南制造局出版,是我国最早的近代法医学译本,1908年王佑、杨鸿通合译石川贞吉所著《实用法医学》,更名为《东西刑事民事检验鉴定最新讲义》。另一方面,中国的法医学著作也被译为外文。如1863年《洗

---

① K. 辛普逊. 法医生涯四十年[M]. 伍新尧,郭朱明,译. 上海:上海科学技术出版社,1983:43—48.

第七章 清代的法医学与社会治理关系研究

冤录集证》被德格里慈(De Grijs)译为荷兰文;① 1874 年,翟理思(Hebert Allen Giles, 1945—1935)将《补注洗冤录集证》(1843)译为英文,题名为《洗冤录或验尸官指南》,分期刊于《中国评论》上。② 1924 年英国皇家药学会杂志 (Proceedings of the Royal Society of Medicine) 又重刊全文,这是在国外影响最为广泛的英译本之一。③ 1981 年麦克奈特(Brian E. McKnight)的美译本《洗冤集录》④用了中国古代法医检验图作为封面(图51)。

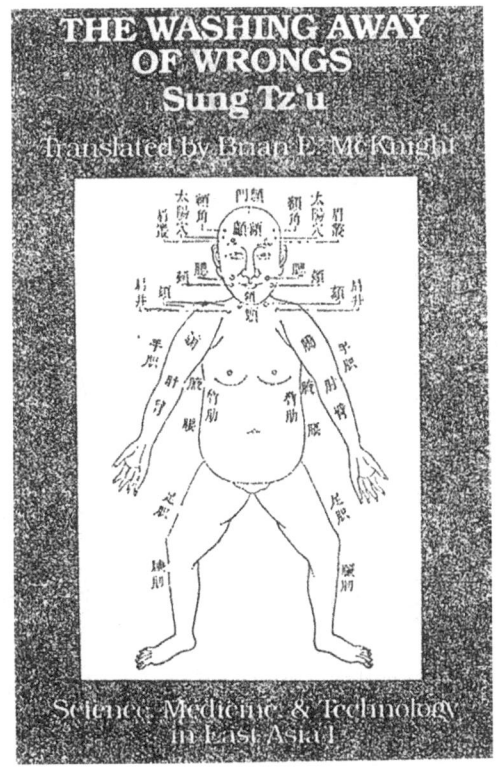

图51　1981年美译本《洗冤集录》封面

---

① De GRIJS. Geregtelijke Geneeskunde[M]. Batavia, 1863.
② GILES. The Hsi-yuan-lu or instructions to Coroners[J]. China Review, 3: 30—38, 92—99, 159—172.
③ GILES. The Hsi-yuan-lu or instructions to Coroners[J]. Proceedings of the Royal Society of Medicine. 1924, 17: 59—107.
④ McKNIGHT. The Washing away of wrongs: forensic medicine in thirteenth-century China[M]. Center for Chinese Studies, University of Michigan, 1981.

(六)检验制度

尽管在道光和咸丰年间,瞿中溶等曾经对官订的尸骨格提出种种非议,但始终未予正式修改。1884年中国水兵李荣被日本警察殴打致死,在中日双方官员莅场下请西医布百布卧施行解剖,这是我国有法医解剖之始。1907年颁布了由修律大臣沈家本修订的《大清新刑律》,首次列入了对法医学鉴定人的规定,其中涉及精神病鉴定、血痕鉴定等现代法医学鉴定部分,但对尸体检验却仍责成仵作按规定的尸格尸图进行检验,对外表检查的检验制度却全无触动。清末整顿司法时,刑部饬令各省审判厅附设检验学习班,讲授洗冤录、法医学、生理学、解剖学、法律大意、医学大意等现代医学科学知识,但因缺乏人才,未有成就。

(七)法医学输入的影响

清末,西方法医学译著的出现和我国在此期间大量派遣留学生出国,接受科学知识和介绍西方医学科学,促进了法医学的输入。在这段时间里,有些外国人兴办的西医学堂中(如南满学堂和山东基督教会大学医道学堂),法医学已列入教学课程。国外法医学知识在我国的传播,使一些司法界人士认识到应用医学知识特别是解剖尸体进行法医学鉴定的重要性,为现代法医学发展奠定了一定的基础。

三、外来思想文化及医学发展对清末近代法医学发展的影响

西方医学的传入与教会关系很大,因教会传教士对中国比较了解,有一定基础和地位,再加上帝国主义列强为其政治上、经济上的利益,对于向我国输入西方医学大加鼓励,改变了以往传教士只能在澳门、广州等地区活动的局面。鸦片战争以后,西医在我国开始得到较快的发展和传播。与此同时,随西医发展而发展起来的现代法医学也慢慢地传入中国。

(一)教会医院与法医学

鸦片战争以后,随着不平等条约的签订,外国人有权在广州、福州、宁波、厦门、上海五个通商口岸开设医院,从1840年至1848年短短几年内,五个通商口岸全部建立了教会办的诊所和医院。

第七章　清代的法医学与社会治理关系研究

第二次鸦片战争(1856—1860)以后,清政府又被迫签订了新的不平等条约,教会的特权又逐渐扩大,在北京、杭州、台湾、汉口、汕头等地建立了教会医院。据1905年统计,全国教会医院发展至166所,诊所241处。

由于教会医院在全国遍布,使西医在中国站住了脚。19世纪以后,西医有了很大发展,特别是眼科、外科、妇产科等手术疗法的进展,挽救了不少人的生命,也使一些疑难重症得到有效治疗,西医逐渐得到中国人的信任。此外,对这些"动刀开膛开腹"的手术,中国人从怀疑到接受,动摇了中国固有医药理论。从而,慢慢认识到中医与西医是两个医学的不同体系。中国传统法医学的最大特点是维系在尸表的检验,许多死因不能解释。

法医学上不明原因死亡,中毒,多种方式致死、致残,暴力致颅脑、胸腹腔内出血死亡,等等案例,随着现代科学发展,特别是法医病理学的发展,以及法医毒理学的兴起,中国传统法医学显得单薄无力。加之西方此时期的化学、药物学、血清学发展并通过教会医院传入中国,使得我国传统的法医检验逐渐开始被世人怀疑。

教会医院在清末能在中国存在并迅速发展,除帝国主义列强制定的不平等条约外,统治阶级的主导思想以及法律的规定影响很大,是其法律基础。当然,医学发展对社会有其有利的一面,这也是其得以发展的社会基础。

第二次鸦片战争后,清王朝统治集团出现了以李鸿章等人为代表的主张洋务运动的法律思想,曾提出采用西方的做法,如办同文馆译西书等,李鸿章本人还于1881年在天津开办医学馆,曾建议派员到西欧留学。还聘请美国传教士丁韪良(1827—1916)和英国传教士傅兰雅(1839—1928)译西方法律和医书。但洋务派具有一定的买办色彩。中法战争前后,以康有为等人为代表的资产阶级改良派,以进化论的观点提出法律改革,唤醒了中国人对人权、主权、民权的认识。这些清末的法律思想和做法,都影响了清末政府的法律,也促进了为刑狱服务的法医检验方法从过去的固守到动摇,又到改革。所以,光绪三十二年(1906)开始实施改革司法制度方案,宣统元年(1909)便决定设立检验学习所,改仵作作为检验吏,提出采用鉴定人解决专门问题的法律规定,这是历史的必然。

(二)医学交流与法医学

1. 西方派医生在中国办医院，并训练医生

西方除派传教士和医生开办医院外，西医还在中国训练年轻的医生。1837年美国传教士、医生伯驾(Peter Parker, 1804—1888)就在一篇报告中说："早就感到在中国训练医生的必要了，因为我们教育的医生可逐步遍布清帝国，同时可影响其他人学习医学技术，从而增加威信，这种影响是无形而有力的。"[①]伯驾本人在广州便和裨治文(E. C. Bridgman, 1801—1861)共同以学徒助手方式带中国学生。

1843年，英国传教士合信(Benjamin Hobson, 1816—1873)将英文医书译成中文，在香港训练中国医生。1866年，美国传教士嘉约翰(John Glasgow Kerr, 1824—1901)在广州博济医院内训练中国学生，嘉约翰翻译《化学初阶》《西药略释》，嘉约翰还聘请黄宽(我国最早留学英美的医生)教授解剖学、生理学、外科学，聘请关韬(伯驾在香港医院训练的中国医生)教授临床各科。其后，各地教会陆续建立医学校，如1883年开办了苏州博习医院医学传习所(苏州医学院前身)、1896年建立上海圣约翰学院医科、1906年北京协和医学校以及1910年开办华西协合大学医学院等。这段时间里，有些教会医学堂(如山东基督教共合大学医道学堂)把法医学列入教学课程中。

这里，要介绍一下华西协合大学医学院。1910年3月11日(宣统二年二月初一)，在成都华西坝(锦江南岸、南台寺之西)的理科临时教室里，华西协合大学正式开学。这所外国人创办的大学，当时称为"五洋学堂"，是由英、美、加拿大三国基督教会的5个差会(美以美会、公谊会、英美会、浸礼会、圣公会)共同开办的，故名华西协合大学。1914年华西协合大学增设医科。

2. 政府创办医学堂

除了教会办学外，清政府在光绪二十八年(1902)在天津创办北洋军医学堂，这是中国公办医学高等教育的开始。

此外，宣统三年(1911)日本人在沈阳创办南满医学堂(后改满洲医科大学)。经作

[①] Peter Parker. Fifteen Reports of Opthalmic Hospital at Canton(《广州眼科医院的十五份报告》)，报告在广州和澳门不定期出版，同时刊登在 Chinese Repository(《中国丛报》)第4—20卷。

者考证并经贾静涛教授证实,南满医学堂于1914年开设法医学讲座,但无专职教授,是由精神病学教授兼任的。先后由林道伦(1914—1915)、大沢宏(1915—1916)、大成洁(1917—1923)三教授担任。1923年8月开设法医学教室,由二阶堂一种任主任教授。

医学教育对法医学发展起了促进的作用。在我国封建王朝时期传统医学不断发展,加上法律重视检验,法医学迅速发展,举世瞩目。而在欧洲中世纪时期,由于神学的黑暗统治,医学教育不能发展,其法医学处于蒙昧阶段。但到了文艺复兴以后,医学教育发展了,加之法律允许医生做鉴定人的制度,使法医学进入现代发展阶段。这种科学技术发展,超前于立法,又促进立法的现象是历史发展的必然规律。

清末,西方医学,特别是解剖学、病理学、药理学、化学、法医学不断传入中国,我国司法实践又需要现代法医学,而法律又滞后于社会需要。这种矛盾的社会现象给了清末政府很大压力,这正是促进法医学发展的内在因素之一。

(三)派遣医学留学生对中国法医学的影响

清末,清政府感到向西方学习的必要性,为了"师夷长技",便派遣留学生到欧美、日本学习,主要学法律和自然科学(包括医学,但没有法医学),人数不多,在1900年以前不上百名。1900年,八国联军侵入北京,激起朝野上下发愤图强的决心,留学生数量猛增。公费派遣到日本留学的留学生,在短期内达万人以上。日本政府曾针对中国的情况培养法律、医学、化学人才,但也不乏有人去镀金的,如专门为中国开设的法政学校,有的才读一年半就可回国做官。但学医较为严格,一般要学满5—8年方允毕业。由于大批学生进入日本,引起美国的注意,1908年,美国决定将清廷偿付美国庚子赔款的半数作为中国派遣留学生赴美的费用。此后,中国人在美国教会学校先进预科学习英语后留美,不久人数也显著增加。在美留学多为自然科学。

由于出国留学,不管学医还是学法律,他们都或多或少接触了西方的法律程序或检验程序或西方医学(如解剖学、生理学、化学、病理学等),都会对中国传统审判制度下的检验方法感到不科学和需要变革。这些学生对科学的追求和敬业,一旦国家需要时,他们会挺身而出,为国家做贡献。

同治十二年(1873)暹罗(今泰国)、马来西亚等地霍乱流行,中国上海和厦门也受影响。为此,上海、厦门两地海关先后制定了《海港卫生规则》,对进口的船只实行检疫。1894年汉口和1910年广东两海关也制定了同样章程,检疫工作皆由留学归来的医生及其助手负责完成。此外,这些留学生大多是爱国的,他们把自己所学的知识为自己本学科做贡献的同时,还为法医学发展做出了积极的贡献,如留学欧美回国的学者黄鸣龙、汤腾汉、徐诵明、郭琦元、曾广方、赵承嘏等。

（四）西方医学与法医学书籍的翻译

1840年以后,西方法律和医学的书籍通过翻译不断传入中国,如传教士嘉约翰、傅兰雅等就翻译过不少著名法律和医学书籍。我国学者也翻译了不少国外专著,著名的有徐寿、赵元益、丁保福、严复等人。

中国留学生出国留学,与西方医学、法律交流不断增多,以及社会发展需要,他们感到翻译的书籍很不够,面不广,量也少。

1862年清政府陆续设立翻译西书机构,如京师同文馆、江南制造局翻译馆等,出版了不少有关医学、法律的书籍。值得一提的是当时刊印了法医学书籍,如英人傅兰雅(John Fryer,1839—1928)与我国近代翻译家赵元益合译的英国《法律医学》于1899年在江南制造局出版发行。

1908年,王佑与杨鸿通合译日本《实用法医学》改名《东西各国刑事民事检验鉴定最新讲义》出版发行。这些书籍出现,特别是法医学书籍出现,刺激了法医学发展,是传统法医学向现代法医学过渡的又一标志。

到了清末,随着西方文化、科学、法律的传入,中国的检验制度暴露了其致命弱点。清政府迫于压力,于宣统元年(1909)在《大清宣统新法令》中决定建立检验学习所,改仵作为检验吏并给出身。法令指出:"检验之法,外国责之法医,中国付之仵作。法医系专门学科,必由学堂毕业,于一切生理、解剖诸术确然经验所得,始能给予文凭,故业此者自待不轻,即人也不敢贱视。而仵作则源其党私相传授,率皆稚鲁无学,平昔于宋慈《洗冤集录》一书,句读上难,遑言讨论。各州县既视为无足轻重,故例内所载,选明白刑书逐细讲解,及由该官府、州随时提考之事,历久几等具文。"

于是,清政府决定在京师设检验学习所,调取识字仵作,并招考20岁以上聪颖子弟入学学习。但学习的仍然是《洗冤录》一部,外加生理、解剖等书,并附尸骨模型标本讲学(不进行尸体解剖实地教学)。学习一年半,发给文凭,分派各州、县。这是中国历史上第一次,也是法医学史上的一个大事件。清末政府这样做,无疑是正确的,但同样又带有浓厚的封建色彩。其一,为什么不选用当时有文化的、有医学基础的医学人才?其二,为什么不选派医学生出国深造?其三,为什么不设立专科学校直接讲授和接受西方现代法医学,而仅以学习《洗冤录》为主?显然,清末仍摆脱不了封建的桎梏!

清末政府还迫于压力,把旧日仵作改为检验吏,并规定,自毕业后从事工作起,五年之后,不发生错误,经过考试,可给"从九品"或"未入流"出身。从"不入流"的衙门雇工到有出身的检验吏,这是仵作地位的提高,从法律上讲,仵作的"贱役"帽子开始摘掉了。值得一提的是,清光绪三十三年(1907)清政府颁布了由修律大臣沈家本修订的《大清新刑律》,其中吸收了西方国家法典的不少内容,与法医学有关的有:"鉴定人,以自己的学识或特技于审判厅鉴别事物,凭判者也。例如医师、理化学者判定加害之健康状态或有无血痕之类。凡审判官于法学行动所不能及处,必须有特别之学识或技术之人为之补助,即可命之为鉴定人。"从这一法律规定,我们可以看出,清政府立法者对仵作或检验吏已感到不能适应社会、法律的需要,还需聘请医师、理化学者鉴定,并提出专门技术或学识的人为鉴定人。这是中国历史上第一次,也表明中国想走西方鉴定人制度这条路。

(五)晚清审判机制的改革

在传统中国社会中,司法与行政不分,检察与审判不分,司法审级主要为行政机关审理级数。如清代民刑案件,一律由知县知州受理,为第一审;上诉到知府或直隶州,为第二审;臬司与督抚分立,为第三审。死刑案件经臬司、督抚三审审理决断为"监候"的,造册上报刑部复核,每年八月中旬,会同九卿,在天安门外金水桥西,公开会审,为"秋审",秋审结果分情实、缓决、可矜、可疑、留养承祀几种,情实者,奏请皇帝勾决①。会审制度反映了专制统治者慎处死刑,重视人命。但死刑的终审权集

---

① 予勾者处死刑,免勾者继续监禁,待下次来年秋审,重新审理。

中在君主一人之手，形成政刑的高度合一。这与近代意义上的司法独立原则格格不入。

晚清为了收回领事裁判权，与国际司法"接轨"，朝野倡言修律，厉行司法改革。随着一系列新型法律法令的颁布，司法体制也随之发生变化，仿效外国的司法体系相继建立起来。先后颁行《各级审判厅试办章程》及《法院编制法》，专门设审判衙门，负责民事、刑事诉讼。清末审级为四级三审，审理初级案件，初级审判厅为一审，地方审判厅为二审，高等审判厅为第三审。地方案件，地方审判厅为第一审，高等法院为第二审，大理院为第三审。清末，检验人员设在地方审判厅和高等审判厅。

(六) 晚清检验改革

晚清外来思想文化及医学发展对清代法医学发展有很大触动：西方法律允许医师参与作法医鉴定人；西方允许尸体解剖解决死因。随医学科学发展，西方法医学不断融进现代医学科学各分支学科的全部内容，使医学知识解决法律问题起到科学证据的作用，这就是现代法医学。

我国清末司法界、医学界及朝野有识人士了解西方法医学发展，感到中国过去的传统法医学已不能适应日益发展的社会、法律、政治、文化需要，认识到只有用现代法医科学断案，才能保证法律尊严和保障人身权利。特别是清廷认识到我国法医学的落后，决心改革检验制度和鉴定人制度。因此，提出让具有专门学识的技术人员充当鉴定人的法律规定。但是，清末的法律规定，没有提出用解剖方法解决死因问题，显然带有浓厚的封建法律意识色彩，即维护千百年的礼教和传统习惯不予破坏，又提出学习西方法医鉴定人制度。试问，没有解剖，法医如何全面评定死因？没有解剖、没有病理检查及毒物化验，如何确切说明死因抑或中毒？没有医生参与鉴定而责成仵作允任，如何承担集现代医学科学于一身的法医学鉴定任务呢？这种矛盾的法律本身便是不科学的、不能成立的，不能让人信服、不能让人接受的。这种矛盾的法律也能公布成为《大清新刑律》，可想而知，当时清政府内部的斗争激烈程度。

历史研究也表明，1897年清王朝修订法律大臣沈家本主持编纂《大清新刑律》和《刑事、民事诉讼法草案》时，因法律条文同中国的封建纲常伦理有抵触，引起了张之洞的反对。他指责新定刑律"于中法本原似有乖违"，"坏中国名教之防"，"悖圣贤修齐之教，纲伦法敎，隐患实深"。于是，他重申重新修订法律，"仍求合于国家政教大纲"，仍须按"有体有用，先体后用"的精神办事。

可见，清末修订的新法律是在封建势力的重重阻挠的环境中出台的，不可能完全摆脱封建的法律思想桎梏，只能是半封建半殖民地社会的一部法典。这种情况，直到辛亥革命成功后才得到改变。

四、清末近代法医学特点

第一，清末政府开始重视法医学，但仍由仵作从事检验。

第二，清末政府开始通过立法提高鉴定人地位，但仍维持尸表检验制度。

第三，清末政府开始对仵作进行培养并注意到"涉及精神病鉴定、血痕鉴定"的重要性，但由于人才匮乏，实际上没有实施。

第四，清末政府虽然坚持尸表检验制度，但西方法医学以各种形式输入，包括政府聘请外国学者讲学、办班传授现代法医学，以及大学介绍法医学等形式，加快西方法医学在中国传播。

第五，清末，国内外学者、译者和医学专家翻译和编著的法医学书籍，间接地促进了近代法医学的输入和形成。

第六，清代统治者和检验官吏对法医学检验认识提高，实际上催发近代法医发展。

第七，清末法医学本身发展慢慢向近代法医学靠近。

第八，清末法医学有别于古代法医学，但还没有尸体解剖和现代法律制度以及采取现代法医学科学技术检验，尤其鉴定人制度未正式形成，从事检验的现代法医科学家也未出现。

所以，清末只能是现代法医学的前奏，即属我国近代法医学发展阶段。

五、对清末检验改革的评价

一方面，清末检验改革只流于表面。在长期封建封闭状态下，我国具有独特法医体制和保守检验思维。清末改革实际上是在不触动封建专制制度的情况下进行的。换句话说,清末司法改革是"只引装不纳制",其改革的本质是"只变事不变法",流于表面。也就是说是书本学"西法",模型搞教学,仍然循古检验。再从深层次探究晚清变法不成功的原因,我们认为就是没有摆脱农耕文明的桎梏。农耕文化的视野是向内而不是向外看,满足于表面,革新不彻底,其根本所在是统治阶层思想观念保守落后。所谓"中体西用"指导思想,只是一种嫁接思维,没有通盘规划。这就可以解释,清末在为何要学"西法"这个问题上始终存在模糊认识,在"指定技术人员检验"和"开展尸体解剖"这两个深层次问题上,没有明确认识和具体措施。在我国法医检验史中,宣统元年(1909)改仵作为检验吏,表面上是有所进步,但维持尸表检验和仵作验尸这一特点并没有变化。虽然宣统三年(1911)沈家本等草拟了《刑事诉讼律(草案)》,但未及实施,清廷已垮台。

另一方面,清末改革有一定成效。清末变法运动,涉及包括检验在内的司法改革。这场改革在开阔视野、推行教育、培养人才、引进技术和立法等方面取得一定成效。同时,清末也改革"人",不过只是把"仵作"变为"检验吏"而已。应该说,清末检验改革始终没有突破法医制度的"颈瓶",在旧体制的边缘实施改良修补只能取得局部的成效。清末的检验吏培训及给予出身,在形式上第一次以朝廷的谕旨形式昭示了旧有专门检验人员卑贱身份的结束。同时,培训包括法律、医学、法医学、心理学以及检验内容,都是过去所没有的。特别是立法层面提出了"鉴定人"和"医师、理化学者、判定加害者之健康状态或有无血痕之类"等全新法律概念。此外,国外现代法医学的传播和引进,还有教会法医学教育和部分尸体解剖案例,以及我国自身法医学发展和留学归国学者的贡献等,都是促进清末法医变革和发展的因素。因此,清末法医学的发展明显有别于我国古代法医学,是现代法医学的前奏,其历史地位不容否定。

第七章 清代的法医学与社会治理关系研究

第四节 清代法医学与社会治理的相互关系

本节以许梿《洗冤录详义》《律例馆校正洗冤录》为例，来探讨清代法医学与社会治理领域之间的相互关系。

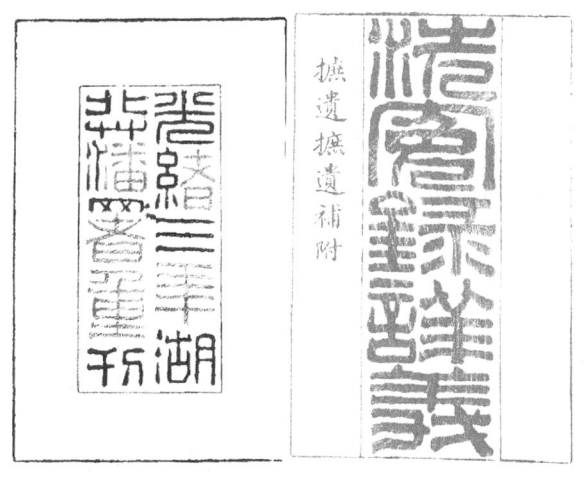

图52 许梿《洗冤录详义》封面，清光绪三年(1877)湖北藩署重刊本

一、《洗冤录详义》

许梿在《洗冤录详义·叙》中说："检验之有洗冤集录，犹谳狱之有律例也。"许梿把宋慈《洗冤集录》定位为检验的法律，可见宋慈《洗冤集录》的地位。接着，许梿强调"事莫重于人命，罪莫大于死刑。杀人者抵，法固无恕。施刑失当，心则难安。故成招定狱，全凭尸伤。检验为真，伤真招服"，"倘检验不真，死者之冤未雪，生者之冤又成"。上级官吏关心过问或有批示，更要重视："凡上官数批检问，非以求同，正谓恐有冤抑，相与平反耳。若承委官员不以人命为重，或恐前官怨恨不敢异同，或因犯者富豪不肯开释，或观望上官之批语，以为从违，或描向来之成案，以完己事。""凡委勘人命重事，务须持虚秉公，细加鞫审，不可有一毫私意于其间也。""凡检尸，差

619

之毫厘,失之千里,切勿轻视。"对于具体的检验过程,他强调要认真亲自检验,并且"不得假手吏胥,切勿厌恶尸气,高坐远离,香烟熏隔","不避臭秽,不令遮闭"。这种实事求是、秉公办案的精神,值得今人敬仰和效法。许梿在"检验总论"中强调"被伤之人未死以前,全在官司,据报即时亲验,即死后复验定抵,可免通身拆检之惨"。"必细察审视",否则"凶犯之巧辩、尸亲之告发、讼师挑唆、光棍挟诈,每致狱案难成,别委检验,蒸骸剔骨,死者惨遭洗冤,生者拖累不堪,是皆检验不速不实之弊端也"。《洗冤录详义》记载"斗殴重在保辜",所谓"保辜","保,养也,辜,罪也"。"殴打他人致伤。勒限保辜,盖保人之伤正所以保己之罪","责付殴者调理医疗,照顾生活起居"。《洗冤录详义》中关于"通身拆检""蒸骸剔骨",属于尸体解剖的内容。但是,在其书中未见"通身拆检""蒸骸剔骨"的具体操作方法,也未见有案例介绍。《洗冤录详义·救死方下》,收集了自缢、水溺、中暍、冻、魇、中恶、惊悸、扑打、跌压、蛇虫、疯狗的急救方,解砒霜、巴豆、鼠蛇、莨菪、苦杏仁、斑蝥、胡蔓、毒蘑菇、乌头、轻粉、盐卤中毒的解毒方,以及救治吞金、水银毒、煤熏的药方和辟秽单方,其内容多,且与现代相接近,说明清代法医鉴定范围较之前有扩大。

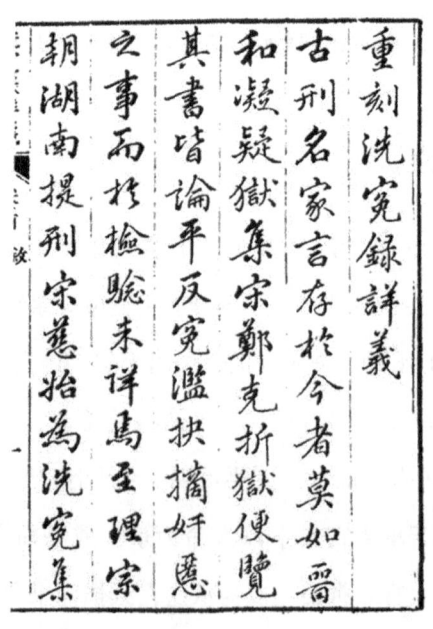

图 53 　许梿《洗冤录详义·叙》清光绪三年(1877)湖北布政使潘霨重刊本

第七章　清代的法医学与社会治理关系研究

许梿《洗冤录详义》受到司法界和社会各界的重视，清光绪三年(1877)湖北布政使潘霨重刊许梿的《洗冤录详义》。他认为，和凝《疑狱集》、郑克《折狱龟鉴》、宋慈《洗冤集录》和许梿《洗冤录详义》是"惠民之良法"，"悉心推验，神而足以雪沉冤而定信谳哉"。

通过许梿的《洗冤录详义》，可以从法医学检验与社会治理角度出发，对清代法医检验进行研究。首先，清代把法医鉴定认定为"惠民之良法""雪沉冤、定信谳"，提到保障人民福祉和司法公信的高度。其次，清代检验官吏把宋慈《洗冤集录》界定为"谳狱之律例"，法律有其社会治理的职能，检验有其证据的职能，这样就确定了法医学在社会治理中的重要角色。再次，清代注重法医鉴定的法律效果和社会效果，"成招定狱，全凭尸伤。检验为真，伤真招服""倘检验不真，死者之冤未雪，生者之冤又成"。对于检验失真而"施刑失当"问题，许梿认为鉴定人内心要受到谴责，而"心则难安"。最后，对于有上级交办的案件，必然社会影响大，要想到"恐有冤抑，相与平反耳"，"不可有一毫私意于其间也"。许梿这段话隐含的意思是，法医检验本来是为人洗冤的，如果有"私意"，就会制造新的"冤抑"。因此，法医必须在法律与人情之间选择"持虚秉公"，以彰显法医鉴定的公正性。总之，从许梿《洗冤录详义》，我们可以看到法医鉴定在清代社会治理中的重要地位。

二、《律例馆校正洗冤录》

《律例馆校正洗冤录》是经过清代律例馆校正，由朝廷正式颁发的官书，又称《校正本洗冤录》或《洗冤录》。对于四卷本《律例馆校正洗冤录》(图54)，多数研究认为此书出版于康熙三十二年(1693)，也有研究认为这个出版日期有争议。

本书有单行本，亦有附于"大清律例"后者。其主要内容包括：卷一，检验总论、验伤及保辜总论、尸格尸图、辨四时尸变及各种验尸与检骨方法；卷二，各种损伤、窒息、烧死、汤泼死；卷三，疑难杂说、尸伤杂说(病死、猝死、各种非理死)、中毒；卷四，急救方。本书是以《洗冤集录》为主，以王明德《洗冤录补》为辅，杂采各家之书汇编而成的。本书许多方面继承了宋慈《洗冤集录》及宋慈以后的法医学成就，如卷一，

"验他物及拳踢伤"中加入了"枪弹伤"内容,"服毒"中记载了砒霜、中酒、巴豆、鼠莽、钩吻、莨菪、芫菁、苦杏仁、胡蔓藤、毒蕈、乌头、卤水、水银、吞金、煤熏等,以及上述中毒的解救。其中提到煤熏中毒,移向风吹,便能醒,有其科学性。值得指出的是,该书中出现多骨同名、同骨异名(如"髀骨")的情况,所以《律例馆校正洗冤录》的编纂被认为多数是前朝检验知识的陈列。

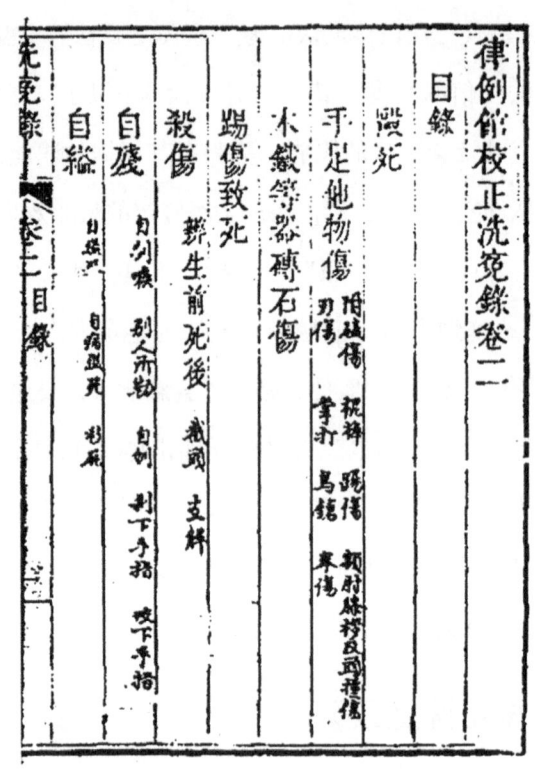

图54 清刻本《律例馆校正洗冤录》卷二目录,乾隆九年(1744)刊本

该书的出版日期,可能迟于康熙三十二年(1693)。笔者曾与中国台湾学者陈重方讨论过这个问题。陈重方先生认为,国家出版的律例,在《国朝宫史》中会有记载。台湾"中央研究院历史语言研究所"所藏的内阁大库档案内,奉到《律例馆校正洗冤录》的题本只有那一件,但陈先生另外统计了近六十件地方官员回报奉到《大清律例》的题本。用档案收藏加以印证,《国朝宫史》上所记载的官书刊刻和颁行的年代,实际上都

还要晚个两到三年①。中国台北故宫所藏的《律例馆校正洗冤录》应当是最早（或者说是较早）的乾隆七年（1742）版本，该书还是用黄绫装帧，当是进呈之书。虽然它附有后来才题定的检骨图格，但是该图格的行款版式均与全书不同。因此，很可能是在检骨图格题定后再插入其中的②。陈重方先生在中国台湾"中央研究院历史语言研究所"的明清档案室工作，因此在"业务"上接触了大量档案，除了文中所引的律例馆总裁三泰乾隆七年（1742）四月二日奏报印刷《洗冤录》和同年十二月二十一日闽浙总督那苏图奉到《洗冤录》这两件外，还在台湾"第一历史档案馆"抄出了几件有关《洗冤录》的奏折，特别是乾隆三年（1738）江西按察使臣凌熽的奏请校正《洗冤录》的原件，里面很明确地讲了："现在遵守，率系坊刻，其间杂采《平冤》《无冤》《笺释》《佩觿》诸说"，而雍正时虽然曾经议准重新校正《洗冤录》，但"未奉颁行"，再加上其他几件奏折，便能清楚地勾勒出《律例馆校正洗冤录》颁行的时间迟于康熙三十二年（1693）。这里，还有一件事可以印证，乾隆初年同时出版的书籍不只一本《律例馆校正洗冤录》，还有一本是《御纂医宗金鉴》。由此，由官方进行历代检验知识与医学知识整理出版的《律例馆校正洗冤录》应是乾隆五年（1740）颁行。

从以上分析可知，《律例馆校正洗冤录》是一本国家层面组织编写并正式颁行的书籍，使法医形象更为专业，且检验知识广为流传，在国家社会治理方面发挥重要的规范作用。

第五节　清代法医学发展对社会治理的积极和消极作用

一、证据制度

清代仍然将刑讯作为主要取供的手段。《清史稿·刑法志》："断罪必取输服供词"，说明被告人不供认，就定不了罪，被告人一供认，就可以定罪。与重视被告人口

---

① 如《国朝宫史》记载《律例馆校正洗冤录》是乾隆五年（1740）颁行，但档案可见其实是乾隆七年（1742）。
② 如同日本所藏乾隆九年（1744）坊刻的《律例馆校正洗冤录》，后来也被插入了检骨图格一样。

供相适应，当时的法律允许刑讯以逼取口供。清律同明律都规定："若犯罪事发而在逃者，众证明白，即同狱成，不须对问。"清代法律也规定，下面两类人不得作证：第一，属于相容隐范围的人，即一定范围的亲属之间和奴婢、部曲（农如）雇工对家长不得作证。这是封建礼教和家族制度在证据制度上的反映（见亲亲相隐）。第二，年八十以上，十岁以下和笃疾者（恶疾、癫狂、两肢废、两目盲等），这些人往往缺乏作证能力，而且宋代《宋刑统》就有"以其不堪加刑故，并不许为证"的规定。违者，清律规定"笞五十"。

清律同明律规定，证人不讲真话，以致定罪有出入的，证人要负刑事责任。清代进一步在《大清律例·刑律》中规定："凡检验尸伤，若牒到托故不即检验，致令尸变，及不亲临监视，转委吏卒，若初复检官吏相见扶同尸状，及不为用心检验，移易轻重增减尸伤不实，定执致死根因不明者，正官杖六十，首领官杖七十，吏典杖八十。仵作行人检验不实扶同尸状者，罪亦如之。因而罪有增减者，以失出入人罪论。若受财，故检验不以实者，以故出入人罪论。赃重者，计赃以枉法各从重论。"

清代的法医检验范围有所扩大。1694年，由清廷正式颁发的《律例馆校正洗冤录》已记载枪弹检验："受鸟枪伤者，有枪眼可验。及于骨者，亦可复检。唯肛腹凹之处，日久腐烂，无迹可验。须将棺内腐烂之物，一并淘洗。如系枪伤，必有枪子。又恐尸亲、仵作怀挟枪子，混入图害，务须严防。"1796年，李观澜在《检验杂说歌诀》中详细解说了枪伤检验的要点："先看衣上焦眼痕，次验受伤进出门；火药烧处皆黑色，铅铁弹子方圆分；检骨先须论远近，着伤眼孔要数清。进刺向里出向外，伤眼青黑血荫明；铧枪方眼弹沙圆，皮骨血浸眼表圆；远则子散难透骨，近则子聚透骨穿。"

清末诉讼法草案规定了有近代意义的证据制度：刑事案证据的种类包括口供、检证笔录、证人证言、鉴定结论、文件证据、物证等；民事案证据的种类包括人证、鉴定、书证、检证等。

二、刑事处罚

清代刑事处罚基本上同前代。这里主要介绍清代有关通奸和不孝的刑事处罚。

(一)有关通奸和不孝的刑事处罚

1. 通奸的刑事处罚。

《大清律例·刑律·人命》规定:"凡妻妾与人奸通而于奸所亲获奸夫奸妇,登时杀死者勿论,若止杀死奸夫者,奸妇依律断罪,当官嫁卖,身价入官户。"

述评:为了维护封建伦理纲常,历代法律对于有丈夫的妇女与人通奸,均从重处刑,如《唐律疏议》规定,"诸奸者,有夫者徒二年",称为"有夫奸"。直到1911年1月25日《大清新刑律》中仍有:"和奸有夫之妇者处四等(一至三年)以下有期徒刑或拘役。其相奸者,亦同。其为无夫之妇者,处五等(两个月至一年)有期徒刑、拘役或一百元以下罚金。"

2. 不孝的刑事处罚。

《大清律例》规定:"子贫不能营生养赡父母因致父母自缢死者,杖一百,流三千里。"清代对祖父母、父母在世,子孙另立户籍、分割家产的处杖刑八十。清律把"骂詈"专列一门,不仅儿子骂祖父母、父母的要处刑,妻妾骂丈夫的祖父母、父母,也要被处刑。

(二)不孝入刑案例

案例1 过失杀母

清代《刑案汇览》记载:袁单氏已经出嫁的亲生女儿方袁氏。一次,袁单氏到女儿家,想向女婿借钱,正好女婿不在家。女儿就请母亲在家多坐一会儿,等丈夫回家。女儿在屋内纺纱,母亲就坐在门槛上和女儿聊天。眼看天色渐晚,女儿也有点着急,就想到外面去寻找丈夫,急忙站起身来,跨出门去往外走,而母亲嘴里说着再等等不急,转过身来拉住女儿的衣服。想不到女儿走得太急,突然后面衣服被拉住,脚步往后一个趔趄,撞倒了母亲。母亲袁单氏被女儿一撞仰面便倒,头部碰到地上死亡。官府在尸体检验时,确认在右太阳穴发际处有一"磕伤"。官府按照法律判决女儿方袁氏是"过失杀母",应处以"绞立决"。上报刑部,刑部认为此案情节属于"可矜",向皇帝申请予以减轻,建议改判"绞监候"。

述评:子孙对于祖父母、父母的"以卑犯尊"过失伤亡案件,不得赎刑解决。清代的立法者认为：过失是出于无心、没有多加注意，而子孙对于祖父母、父母应当尊敬而慎重，绝不至于过失发生。这是儒家所讲的"臣子于君父不得称误"原则，相关刑罚见《大清律例·刑律·斗殴》"殴祖父母、父母"条。

案例2　自行跌毙

清代《刑案汇览》记载：父亲陈汶选叫儿子陈自康为他泡茶。陈自康泡茶端上来，陈汶选嫌茶不烫、茶叶没有泡开，大骂儿子，就把茶泼在地上。顺手操起一根棍子，要打儿子。陈自康害怕挨打，拔腿就往屋外逃。陈汶选拿着棍子站起身来要追，刚跨了一步，就踩到刚才自己泼在地上的茶水滑倒，后脑勺磕在椅子角上，一跤摔死。陈自康被官府逮捕。尸体检验只有脑后一处磕伤，脚底有泥迹，证实是自己滑倒所致。刑部在这个案件的"看详"中认为，陈汶选系"自行跌毙"。但是，起因是陈自康不"俯首就责"，不是心甘情愿接受父亲的教训：按照儒家的观点，祖父母、父母责罚子孙，子孙应该"小杖则受"。而陈自康却是"畏惧逃跑"，惹恼父亲追赶，违反教令。因此，按照子孙违反教令的法律条文判处"绞监候"。

述评：在本案中，虽然法医检验认定为"自行跌毙"，但起因是陈自康不"俯首就责"，违反了孝悌教令。也就是说，子孙的某项言行，导致父母自己不小心而受伤死亡的，子孙仍然要受到严厉的处罚。

案例3　意外跌跤

清代《刑案汇览》记载：有个叫姜绍先的，回家后发现妻子没有按照他出门前的吩咐舂米，就大发雷霆，将妻子又打又骂。他的母亲杨老晚在里屋听见了，就叫姜绍先不要打老婆。可是，母亲的声音比较轻，姜绍先边打边骂，他妻子又哭又喊，都没有听见母亲的声音。杨老晚心疼媳妇，从里屋走出来制止姜绍先，不料一失脚跌倒在地上，磕伤额头而死。当地官员参照"子孙违反教令导致祖父母父母气愤自尽"的法律条文判处姜绍先"绞监候"。刑部官员认为，在这个案子里，姜绍先的母亲杨老晚声音低微，使姜绍先并没有听见杨老晚的"教令"，他不停止打骂媳妇，也就不成其为有心"违反教令"的罪状；另外，杨老晚出屋是想制止儿子，是"意外跌跤"倒地而死，也和抱恨轻生无关。因此，建议姜绍先可免一死，请求皇帝批准将姜绍先减轻为流三千里。这个案件后来经皇帝批准减为流刑。

三、损害赔偿

(一)过失杀伤人的赔偿

1. 依律收赎给付死伤之家

对于过失杀伤人的情形,清代亦适用赎刑。对"庸医杀人",清代同明代,规定庸医误不依本方用药,因而致人死亡,依律收赎,给付其家。清代还规定,因捕盗而误杀伤旁人,以过失杀伤人罪论,《大清律例·刑律·人命》"谋杀人"条:"凡捕役拿贼,与贼格斗而误杀无干之人者,仍照过失杀人律,于犯人名下追银十二两四钱二分,给付死者之家。"抓捕贼人与贼人格斗中,误杀无干之人,符合过失杀伤人的基本特征,即"初无害人之意,而偶至杀伤人者",因而捕盗而误杀伤旁人,以过失杀伤人罪论处,依律收赎,给付死家作为埋葬之资。此外,将疯病患者杀伤人行为,以过失杀伤人论处,依律收赎。吴坛《大清律例通考》中记载,雍正三年(1725)律例馆准奏"其伤人之犯……若果有疯疾,依过失伤人律收赎,将赎银给被伤之人"。清代这一立法缘由,薛允升在《读例存疑》卷三十四"戏杀误杀过失杀伤人"条中认为:因疯杀人,"无谋故杀人之心,亦无口角争斗之事,所以照过失杀定拟也。"

据《刑案汇览》记载,道光二年(1822)发生"黑夜被贼殴抢戳贼误毙":"于春文同卢见玉黑夜赶车行走,有贼人将于春文殴打,抢夺物件,于春文即持刀向贼人抵戳,因昏暗之中难以辨认,误伤同伙卢见玉身死。前据该办事大臣等报理藩院会议到部,经本部以此案凶犯与死者平素有无仇隙,死者被杀后有无衣物遗失,俱未声明,驳令复审。去后今据该办事大臣覆加审讯,于春文与卢见玉平日并无仇隙,卢见玉死后亦无遗失衣物,将于春文依过失杀人律收赎咨报理藩院。理藩院因蒙古例内并无专条,会议到部。查于春文因被贼殴打,抢夺物件,该犯持刀向贼抵戳,误伤卢见玉身死,是其初意只图抵戳贼人,因黑暗仓猝,以致误毙同伙。该犯系属事主本有应捕之责,正与捕役与贼格斗误杀无干之人情事相同。查捕役与贼格斗,误杀无干之人例内既有专条,该犯自可比照定拟。该办事大臣将该犯径照过失杀人律科断,罪名虽无出入,引断究未允协,应即更正。于春文应比照捕役拿贼与贼格斗误杀无干之人照过失杀人律,追银十二两四钱二分给付死者之家。"

2. 财产断付

同明律,将犯人的财产判归被害人的家属,作为赔偿。

3. 埋葬银

对于故意致害人命的侵害行为,清代要求犯者给付埋葬费用给死者家属。

(二)保辜

关于保辜的规定,清代基本同明代。清代还将"刃伤人至筋断"行为列入保辜适用范围,并设置了相应的保辜期限。《读例存疑·刑律·斗殴》"保辜期限"条记载,嘉庆六年(1801)刑部议准:"刃伤人至筋断者,照破骨伤保辜五十日。"关于为受害人医治疗伤的责任。在清代,受害人医治伤情的方式主要是被伤之人在家调养,费用由犯人承担,"向来遇有斗殴事件,一经报官将犯收禁,立限保辜。而被伤之人均系在家各自调养",也有受害人到犯人家养伤,《刑案汇览》有"犯人亲属人等代为延医调治"的记录。

据《刑案汇览》记载,清代乾隆八年(1743)十一月十三日晌午,陕西省常士弼刀伤常有钰,受害者人延至同年十二月十三日因伤身死,其时间恰满保辜三十日之正限,陕西上咨刑部的文疏中未写明常有钰"于十一月十三日晌午属何时刻身死,是否限内限外",而草率将常士弼拟以绞候,此举遭到刑部斥责。刑部官员指出:"从前律注称过辜限一刻即为限外,又名例注称犯罪违律计数满乃坐是也。虽此一刻岂即为生死之紧关情节,然立法不得不如是",因而令陕西方面将"常有钰受伤身死时刻果因本伤身死与否逐一究明妥拟",即要求将受害人死亡时间查究到某日某时。最后,经过陕西司法官员查证:"常有钰于十一月十三日午时受伤,至十二月十三日酉时身死,计三十日零三时,系在辜限外十日之内身死"。刑部要求司法官员叙明受害人何时何刻被伤,何时何刻身死,以准确判断是在辜限内还是辜限外。

(三)人身伤害的赔偿与检验

1. 活体检验

清代同明代,对于斗殴伤害人身的案件,官府要求受害人在被侵害之日"具状告验",检验官亲自验实伤痕,并如实填写《人命告辜式》。官府接到告辜状后,派检验官亲自验伤审核,依律做出保辜时限,并责令犯人寻医调治。如果出现受害人因伤而致死的情形,"身死之日,即照《人命告检式》写出告检状"①,由官府对尸体进行检验,确认伤情与死亡之间的关联,以此追究加害人的法律责任。对于那些重伤之人,若抬扶不当可能导致发生新的伤情,甚至殒命。有鉴于此,清代对斗殴伤人案件伤情检验特别是对伤重之人的伤情勘验规定得更为细致和完善。据《大清律例通考·刑律·斗殴》"保辜期限"条:"凡京城内外及各省州县,遇有斗殴伤重不能动履之人,或具控到官,或经拿获,及巡役地保人等指报,该管官即行带领仵作亲往验看,讯取确供,定限保辜,不许扛抬赴验。如有违例抬验者,将违例抬验之亲属与不行阻止之地保,各照'违令律'笞五十。因抬验而致伤生者各照'不应重律'杖八十。倘内外该管衙门,遇有伤重不能动履之人,仍令扛抬听候验者,各该上司察实指参,交部议处。"

2. 尸体检验

清代尸体检验同明代。清代在坚持地方主官亲往命案现场的原则下,有关条例对该原则的运用作了补充规定,《读例存疑》卷四十九《刑律·断狱下》"检验尸伤不以实"条有:"地方呈报人命案到官,正印官公出,壤地相接不过五六十里之邻邑印官,未经公出,即移请代往相验。或地处弯远,不能朝发夕至,又经他往,方许委派同知、通判、州同、州判、县丞等官,毋得滥派杂职。其同知等官相验,填具结格通报,仍听正印官承审。如有相验不实,照例参处。"检验毕,检验者应以书面形式填写尸检报告,复杂案件还需经过初检、复检。同时,填画检尸图式,制作三份,一份付受害人亲属,一份粘连附卷,一份申报上司。

四、医疗损害

关于医疗损害的法律条文,可上溯至唐代的《唐律疏议》。此后,宋、元、明三代有所增删。《大清律例》卷二十六《刑律·人命》之"造畜蛊毒杀人"条:"诸色铺户人等货卖砒霜信石……不究明来历,但贪利混卖,致成人命者,虽不知情,亦将货卖之

---

① 贾静涛. 中国古代法医学史[M]. 北京:群众出版社,1984:104.

人照不应重律,杖八十。"《大清律例》卷二十六《刑律·人命》之"庸医杀伤人"条规定:"凡庸医为人用药、针刺,误不如本方,因而致死者,责令别医辨验药饵穴道,如无故害之情者,以过失杀人论,不许行医。如故违本方,诈疗疾病,而取财物者,计赃,准窃盗论。因而致死,及因事故用药杀人者,斩。"

对于医疗损害,清代律法后来发展为取消刑罚,只有适当赔偿的规定。《大清律例会通新纂·刑律·人命》(卷二十五)之"庸医杀伤人"条:"庸医杀人必其病本不致死,而死由误治显明确凿者,方可坐罪。如攻下之误而死,无虚脱之行;滋补之误而死,无胀懑之迹,不使归咎于医者;其病先经他医,断以不治,嗣被他医误治而死,行迹确凿,虽禁行医不治其罪,以其病属必死也。"但对堕人胎的仍施以刑罚,《大清律例会通新纂·刑律·斗殴上》(卷二十六)载:"堕人胎及刃伤人者,杖八十徒二年。(堕胎者谓辜内子死及胎九十日之外成形者,即坐,若子死辜外及堕胎九十日之内者仍从本殴伤法论,不坐堕胎之罪)。"清代对非法行医的处理也很严,《大清律例·刑律·人命》有:"凡端公道士及一切人等作为异端法术医人致死者,照斗杀律拟绞监候;未致死者杖一百,流三千里,为从各减一等。"晚清修律限制医家行医资格的规定:"凡未经官署许可之医者,处以五百元以下之罚金。"①

五、狱事检验

(一)监狱概况

清代监狱分中央监狱和地方监狱。中央监狱包括刑部南监狱、刑部北监狱、京师监狱、宗人府监狱、慎刑司监狱、步军统领衙门监狱,地方监狱关押州县地方人犯。见下表(表8)所示。

---

① 大清律例增修统纂集成(卷2)[M]//郭霭春. 中国医史年表. 哈尔滨:黑龙江人民出版社,1984:181.

第七章　清代的法医学与社会治理关系研究

表 8　清代监狱与管理

监狱级别	监狱名称	监狱特点
中央	刑部南监狱、北监狱	拘禁外省和京师死囚及现审重犯
	京师监狱	顺天府(北京)、奉天府(沈阳)
	宗人府监狱	关押皇室贵族犯罪者
	慎刑司监狱	皇帝亲自统领的正黄旗、镶黄旗、正白旗等上三旗旗人、太监匠役犯罪者，关押在此
	步军统领衙门监狱	关押其他旗人案犯
地方	省、府、县、厅、州监狱	关押地方人犯
	州、县班房	不属于正式建制

(二) 监狱之神

图 55　位于福州朱紫坊的罗山曾公祠(黄瑞亭摄于 2020 年 10 月 11 日)

据报道①，罗山曾公祠始建于明万历年间(1573—1620)，是全国唯一现存供奉"监狱之神"的庙宇。原位于福州三大藏山之一的罗山山脉，即福州南门于山北麓，是古代福州府属闽县关押犯人的监牢所在地，也称"闽邑牢堆口"，现迁至朱紫坊。罗山曾公祠主祀典狱长曾扬立，湖南安仁人，为人宽厚。有一年将近除夕，众囚犯思亲大哭不止。曾扬立上前问为何如此，众囚犯道："岁将近，合县之人家家团聚，唯我们这

---

① 全国唯一供奉"监狱之神"的朱紫坊罗山曾公祠[N]. 福州晚报. 2012-11-19.

一批穷囚,因交不起租税被关,在这里服役二三年,父母、夫妻、孩儿不能相见,怎不悲伤?"曾扬立闻之动了恻隐之心,说:"明天是廿四,我放诸位回家与家人团聚,但在正月初四前一定要回监狱,你们要是有一个失约,我就要犯天条被处死。"众囚犯皆守约不误,初四日取册点名,不少一个。有一年曾扬立又将三百名囚犯释放回家,岂知春节后,几场暴雨,闽江、乌龙江浪潮汹涌,渡船无法过江。初四,闽侯、福清、长乐方向的囚犯被洪水阻拦在江对岸,包括尚干人林玉因母病重,也无法复命。是日,府衙查狱,加罪于曾扬立,当夜曾扬立告知属下:"老夫去也!"遂吞金自杀,卒时仅三十有七。

六、法医文化

1. 架尸图赖

清代民间有人为了既定利益,而故意制造纠纷,动辄暗中自杀或杀人,甚至以路遇之尸为本钱,恐吓、诬赖是他人所害,以期达到其目的。于是,这种情况下,"死尸"除了代表着一个消逝的生命外,还具有另一层特殊的社会象征含义,通过某种特别的死亡方式去"诬赖他人",试图追及死亡的责任。这种社会现象被称为"架尸图赖"。清代民间"架尸图赖"方式有"以老病之人图赖""妇女撒泼图赖""借路遇之尸图赖""自杀图赖""杀亲图赖""杀人图赖"。"图赖"的律文最早出现于明律,清代保留了有关律条并增加了条款。沈之奇于《大清律集解附例》注:"本与人无干,而图谋赖人,私下诈骗者谓之图赖。"《大清律例·刑律·人命》"杀子孙及奴婢图赖"条规定:"凡祖父母、父母故杀子孙,及家长故杀奴婢,图赖人者,杖七十,徒一年半。"因此,"架尸图赖"可分三类:自杀图赖、故杀图赖、借尸图赖。

案例:据《刑案汇览》记载,嘉庆十六年(1811),广西巡抚所奏"廖老六行劫被获,伊父廖以纪逼令伊母服毒毙命图赖一案":"廖以纪因子廖老六为盗,被村人韦庭光帮同缉役捕获。该犯迁怒于韦庭光,起意嘱妻罗氏至韦庭光家自尽,希图陷害泄愤。罗氏不允,该犯声言如不自尽即欲杀死。罗氏无奈允从。该犯即采取毒草用罐盛水煎熬,令罗氏藏拿,同至韦庭光门首,罗氏进内服饮毒水立即殒命。"

述评：有时国家法律与世俗习惯存在冲突。在一般民众的意识当中，人命关天，一旦有人自杀，死者家人就会对相关人问罪。法律只承认因果关系上的责任，民间的"闹人命"是另一种建立在感情上的直观逻辑。世俗认为，必须有人为"屈死"的生命负责，这样便产生了两种意识之间的冲突，民间的诉求得不到满足，便会自行寻求的"图赖"解决，问题是这种被民间视为当然的做法在法律上不具有正当性，这就是法律与世俗习惯的冲突。关于判决，该州府司原拟依"故杀妻"将廖以纪拟绞监候。督抚以"罗氏服饮毒水，并非该犯灌饮，与下手致死者有间"向刑部声请量减拟流，但刑部认为"廖以纪为泄愤陷害韦庭光，逼妻服毒自杀，与故杀妻并无不同，驳回督抚的意见，将廖依夫故杀妻的刑律拟绞候"。从该案中可看到，罗氏受到的胁迫已经到了失去意志自杀的程度，所以廖以纪的罪行符合"故杀妻"。这里，刑部"廖以纪为泄愤陷害韦庭光逼妻服毒自杀"，与宋慈《洗冤集录·疑难杂说下》的"自杀图赖"案例是一致的，指的就是自杀图赖，但刑部又判廖以纪"故杀妻"，认定其逼妻服毒自杀。

2. 三六九等

清代曹雪芹《红楼梦》介绍了三六九等医生。《红楼梦》第四十二回，贾母带刘姥姥逛大观园，受了风寒，请太医院的御医王济仁来诊治。王太医进了荣国府，由贾珍、贾琏领路，连中央甬道都不敢走，"只走旁阶"。宝玉迎接，进了贾母房中，贾母坐在榻上，旁边四个小丫头、六个老嬷嬷陪侍。王太医头也不敢抬，上前请安。贾母看他穿六品官服，知道是御医，就招呼："供奉好。"又问贾珍："这位供奉贵姓？"贾珍回答："姓王。"贾母笑着说："当日太医院正堂有个王君效，好脉息。"王太医回答："那是晚生家叔祖。"贾母听了笑道："原来这样，也算是世交了。"寒暄过后诊病。贾母"慢慢伸手放在小枕头上"，老嬷嬷端了一张小凳子，让王太医坐。王太医很恭敬，"屈一膝坐下"，"歪着头诊了半日，又诊了那只手"，诊完脉息，这王太医就"忙欠身低头退出"。贾母笑说："劳动了。珍哥，让出去好生看茶。"六品太医诊完脉就退到书房。向贾珍报告病情，告知"无大碍"。王太医最后开了药方："写个方子在这里，若老人家爱吃，便按方煎一剂吃。"《红楼梦》第六十九回，尤二姐怀孕，又被秋桐辱骂，气憋在心里，生了病，就请了太医院的胡君荣来诊治。胡君荣太医说隔着帘子不好探脉，要观气色，要求尤二姐露一露金面。丫头奉命掀起帘子，"帐子掀起一缝，尤二姐露出脸来。胡君荣一见，早已魂飞天外，哪里还能辨气色？"胡开了药方，致使尤二姐病情更重而流产。《红楼梦》第八十回，信众到庙里烧香拜神，大概都有事，或生病，或感情不遂，心理影响生理，都容易有病。天齐庙的老道士王一贴，看准了这一点，就在庙里卖膏药。烧点神符香灰什么的，跌打损伤，小儿受惊，男女杂症，都能治。王一贴膏药多达一百二十多种，自己吹嘘，任何疑难杂症，一贴就好。因此，他赢得了"王一贴"的外号。贾宝玉到天齐庙烧香，正巧就碰到王一贴，对他的"膏药"称号有点怀疑。宝玉问：你可有医治女人忌妒的膏药？王一贴说：膏药没有，倒是有一味汤药，就叫"疗妒汤"。"极好的秋梨一个、二钱冰糖、一钱陈皮、水三碗、梨熟为度"，王一贴说："每日清晨吃这一个梨，吃来吃去就好了。"宝玉当然不信，这么简单一个方子，梨、冰糖、陈皮、水三碗，就可以治好人间多少祸难之源的"忌妒"？宝玉说："只怕未必见效。"王一贴说："一剂不效，吃十剂；今日不效，明日再吃；今年不效，明年再吃。横竖这三味药都是润肺开胃不伤人的，甜丝丝的，又止咳嗽，又好吃。吃过一百岁，人横竖是要死的，死了还妒什么？那时就见效了。"

述评：《红楼梦》里，王济仁是太医院御医，世代服务于皇室，身份、教养、医术都平和宽大。胡庸医医术不精，只好乱开处方。王一贴是"江湖术士"，根本不是医生。《红楼梦》里的医生描述，在现实中也存在。我们回到司法鉴定人的讨论，如果不设定门槛，那么，鉴定人就有可能"三六九等"都有，鉴定质量就无法保障。而司法鉴定是直接服务于诉讼活动的，关系涉讼案件中生死予夺问题，更要设定像"司法考试"那样的门槛，避免良莠不齐。解决的办法就是要立法，不能让胡庸医、王一贴那样的"江湖术士"在司法鉴定领域里从业，保证法律的权威性。

3. 私贿案牍

清代曹雪芹《红楼梦》以贾、史、王、薛四大家族的兴衰为背景，以富贵公子为视角，描绘了一批闺阁佳人的人生百态。但曹雪芹著《红楼梦》时，也描写了有人故意把"砸"伤改作"磕"伤的案件，揭露了一起官场司法腐败案。《红楼梦》里有个人物叫薛蟠，前后两次惹人命官司。第一次是在第四回"薄命女偏逢薄命郎，葫芦僧乱判葫芦案"，打死了冯渊；第二次是在第八十六回"受私贿老官翻案牍，寄闲情淑女解琴书"，打死了酒店的酒保。这第二次闹出的人命案件，曹雪芹花了很多笔墨详细描写了衙门里仵作修改检验报告的情节。这次命案是薛蟠在酒店喝酒，因为"当槽的"酒保张三前一天老是拿眼睛瞟薛蟠带去的蒋玉函，就故意斗气找碴打架，拿碗砸张三的脑袋，一下子就冒血了，张三当场就咽了气。薛蟠被当地官府拿住，自认"斗杀"，招供在案。后来薛姨妈、王夫人求了贾政托人与知县说情，凤姐又与贾琏花上几千银子，把知县、仵作和涉案证人等全都买通。到当地知县正式开审时，所有的证人都改了口，都说是没有看见薛蟠打人，而是"酒碗失手，碰在脑袋上的"。薛蟠供词也说："小的实没有打他，为他不肯换酒，故拿酒泼地。不想一时失手，酒碗误碰在他的脑袋上。小的即忙掩他的血，那里知道再掩不住，血淌多了，过一回就死了。前日尸场上，怕太老爷要打，所以说是拿碗砸他的。只求太老爷开恩。"知县叫仵作上报尸格，仵作禀报说："前日验得张三尸身无伤，惟囟门有磁器伤，长一寸七分，深五分，皮开，囟门骨脆，裂破三分。实系磕碰伤。"于是知县判决，薛蟠是"误伤"张三致死。按照清代法律，"初无害人之意而偶致杀伤人"，是要比照"斗殴杀人"罪而"依律收赎"，就是拿钱财来抵消掉原来应该判处的刑罚，给予"被杀之家"茔葬费用，折银十二两四钱二分。那对于"丰年好大雪"的薛家完全是九牛一毛。

述评：这一《红楼梦》故事里，仵作将原来的"砸"改为"磕"，就是完全改变了致伤的性质。宋慈《洗冤集录》："诸以身去就物谓之磕。虽着，无破处，其痕方圆；虽破，亦不至深。"明确指出这样的磕碰伤一般是没有创口的，留有痕迹，即使是形成了创口，"虽破亦不至深"，应该是个浅口伤。而张三脑袋上的伤口"长一寸七分，深五分，皮开，囟门骨脆，裂破三分"，居然是自己硬把自己的脑袋"磕碰"到囟门骨开裂三分的地步。由此可见，曹雪芹对《洗冤集录》关于"砸伤"和"磕伤"有较深入研究，对官场司法腐败不满，并写入小说之中。

4. 脚踢致死

高廷瑶，乾隆丙午（乾隆五十一年，1786）举人。嘉庆七年（1802）官安徽庐州凤阳通判，后升平乐知府。高廷瑶《宦游纪略》记载：六安县有个堂兄弟之间发生的斗殴案件，一个兄弟踢死了另一个兄弟。高廷瑶前往主持检验，发现尸体上确实有几处拳脚打伤的痕迹，在致命的小腹部位，有一处脚踢的伤痕，略呈圆形，大小也与人的脚尖一般。于是，行凶人被抓捕归案。正要结束检验，死者的妻子突然上前，跪倒在地，呈上一根扁担，说："这是帮助凶手的人所用的凶器，请大老爷明鉴！"她所指控的是凶手的哥哥，说他当时是两兄弟一起动的手，而这个哥哥是用这根扁担打的。高廷瑶问："你报案的时候并没有提到有帮凶的，怎么现在突然连帮凶的凶器都找到了？"死者的妻子也是老实人，听了高廷瑶的问话，立刻就说："这是叔父教我说的，他叫我拿这根扁担出来的。"死者妻子所说的叔父，是死者的叔父，当时也在检验的现场。高廷瑶立刻叫他出来，果然有个人应声从围观的人群中跃出。高廷瑶就问："这个死者被打死的时候确实是有帮凶的吗？"那人说："有的。"高廷瑶问："是用手脚帮凶呢？还是用了家伙的？"那人说："就是用那根扁担打死人的。"高廷瑶对死者的妻子说："你是个妇道人家，谅你也不知道什么是拳脚伤、什么是对象伤，今天正好拿你这叔父给你示范一下。"他立刻叫衙役把那个叔父按倒在地上，褪下外裤，喝令衙役就用那根扁担朝大腿上狠打一下，立刻就有了个红肿的长条伤痕。高廷瑶指那伤痕对死者妻子说："看见了吗？这是扁担打的痕迹，你丈夫身上有没有这样的伤痕？"死者妻子说："没有。"高廷瑶又下令，把扁担侧过来，用侧面狠打一下，又指着伤痕问死者妻子："这样的扁担侧击的痕迹在你丈夫身上有没有？"那死者妻子说："没有。"高廷瑶就这样打一下，问一下，连打了二十多下，那死者的叔父实在受不了，连连求饶。高廷瑶问："你为什么要唆使侄媳来诬告？"死者的叔父无奈，只好承认平时与行凶人的哥哥有矛盾，想借此机会报复。高廷瑶仔细查问后，确认死者的叔父实际与这个案件无关，才下令把他给放了，看看那个死者的妻子是个老实的村妇，也就口头警告一下，没有再治诬告之罪。

述评：脚踢的损伤呈圆钝形的皮下出血，而扁担打击则呈与扁担大小相一致的中空形皮下出血。宋慈《洗冤集录·验他物及手足伤死》："脚足踢，比如拳手分寸较大"，意思是脚踢的伤痕呈圆形、稍比拳头大一些。而扁担伤，宋慈《洗冤集录·受杖死》也有记载："小杖痕，左边横长三寸，阔二寸五分；右边横长三寸五分，阔三寸。

各深三分。"意思是扁担、棍棒打击有一定的宽度、长度,与脚踢伤完全不一样。扁担、棍棒伤呈"竹打中空"形,拳打、脚踢之伤略呈圆形。由此可见古人对各类钝器伤的原理有一定研究,并应于实际检案。

5. 手抠阴户

清祝庆祺等著《刑案汇览》,收入乾隆元年(1736)至道光十四年(1834)98年间大清刑部5640余件刑案,分别于1834年、1840年、1886年分期出版。《刑案汇览》有许多与检验有关的案件,如卷二十一"夜无故入人家"门中"衙役殴死因疯闯闹大堂之人""黉夜被撞入室殴死疯发之人""黉夜撞门攻击殴死疯发之人""疑为图奸伊嫂殴死疯发之人""疑为强奸伊婶殴死疯发之人""殴死黑夜闯入屋内疯发妇女"等案例;卷五十四"罪人拒捕"门中"疯发之人放火将其格伤身死"案例属于精神病案件;卷六十"检验尸伤不以实"门的案例"知州于未验命案捏报已验"等。其中,卷四十"妻妾殴夫"门中记载"向童养妻图奸抠破阴户身死"一案:"陕西人焦灵娃乘醉向童养未婚之妻张氏图奸不允,用手抠其阴户,张氏往前挣扎,不期该犯酒后指力过猛,致将张氏阴户拉透谷道,倒地流血不止,气息渐微,昏晕欲绝。该犯心慌,虑张氏身死畏罪,起意装缢掩饰。即将捆禁皮条挽成活套将张氏悬挂房顶横木上,装作自缢。"后经检验,发现"咽喉缢痕深入一分,色至紫红,其被缢之时气尚未绝,惟缢痕深入一分,色止紫红,是张氏被晕之时,虽明知必死而气穷尚未绝,即与故毙妻命无异,将该犯照故杀妻律拟绞等因具题。"

述评:该案,焦灵娃"手抠张氏阴户"致其失血性休克,又在张氏"气穷未绝"(未死)时将其悬挂伪装自缢。故阴道撕裂大出血和颈部缢痕都是生前伤。该案鉴定定性和结论都是正确的,法医检验对案件定罪量刑起决定性作用。

6. 免检之误

有这样一个案件①:乾隆三十年(1765),河南邓州有对夫妻,丈夫叫王六儿,妻子是薛氏。这两人结婚不久就感情不和,吵吵闹闹。薛氏不愿和王六儿一起生活,经常回娘家,几个月才到夫家一次。有一次薛氏又是回娘家几个月,王六儿的父亲王兴

---

① 刘永加.古代那些蹊跷的"拦词"[N].人民法院报.2018-1-19.

觉得这一对是前世冤家，凑不到一起，就叫王六儿写下休书，把薛氏休了。过了几个月，薛氏的父亲薛晋暄找了本村的地保贺承先等一些有脸面的人来和王兴调解。几个来回，王兴收回休书，薛晋暄则把女儿薛氏送到夫家。当晚，王六儿以为薛氏已经回心转意，自己先进了房间睡下，不料薛氏在外面房间坐到三更还不进房。王六儿起身先劝后骂，薛氏也没有好话回他，说："想要我和你做夫妻，除非到下辈子。"王六儿大怒，猛一拳打在薛氏额头上，薛氏也揪住王六儿撕扭。过了一个时辰左右，薛氏倒在地上，身体变冷，气息有出无进，死于非命。王六儿取出根麻绳，将薛氏尸体挂到房梁上，伪装薛氏上吊自杀。第二天一大早，王兴、王六儿父子找来地保贺承先，央求他不要去报官。王兴又和贺承先一起找到薛晋暄，许了薛晋暄一笔银子，请求薛晋暄向官府申请"免检"。薛晋暄见钱眼开，果然写了张"拦词"（阻拦检验的申请书），说自己女儿是因夫妻不和睦，一时想不开才上的吊，无须惊动官府检验。薛晋暄回到家里，对妻子薛鲁氏也说女儿是自杀的。可是薛鲁氏因女儿丧命心痛万分，一定要亲自为女儿尸体梳洗更衣。在梳洗时她发现女儿身上伤痕累累，顿时大骂王六儿狼心狗肺、薛晋暄无情无义，她自己到衙门喊冤告状，请求官府立即检验女儿尸体，为女儿申冤。县官带了仵作前来检验，验得薛氏身上伤痕多达数十处，当场将王六儿逮捕，带回衙门审问。王六儿供认不讳，并把罪行都揽到自己身上。该案经复审，维持了县官所拟的判决：王六儿按照殴妻致死的罪名，处以绞监候；地保贺承先杖责八十，革除地保；王兴隐瞒卑幼人命案件、贿买地保，杖八十。

述评：在清代刑部档案里保留有受害人亲属接受了钱财，申请"免检"的案件。这实际上是法律漏洞和弊端。南宋《洗冤集录·条令》："诸因病死，应验尸，而同居缌麻以上亲，或异居大功以上亲，至死所而愿免者，听。"《大清律例》："诸人自缢溺水身死，别无他故，亲属情愿安葬，官司详审明白，准告免检。其狱囚患病责保看治而死者，情无可疑，亦许亲属告免复检。"由以上条文，可以看出中国古代司法检验制度里的免检制度，体现了维护宗法等级伦理的思想。中国传统社会有着很强的"孝"的观念，所谓"百善孝为先"，老百姓对于亲属的尸体被翻检实在难以接受，所以一般不愿意官府检验，但是尸检是官府判案断狱的重要依据，免检往往是古代法医检验漏检、失去检验机会以及累讼缠讼的原因之一。出于维护宗法等级伦理的考虑,官府允许在特定的条件下,根据不同的亲疏等级予以免检,这同样也是受到家族本位主义思想影响的结果。清代的"拦词"与明代的"乞讨气绝"是一样的"免检"制度,都对法医学发展有阻碍作用。中国古代社会以儒家伦理作为治理国家的指导思想。"礼"是封建时代维持社会、政治秩序,巩固等级制度,调整人与人之间的各种社会关系和权利义务的规范和准则。它既是中国法律的渊源之一,也是封建法律的重要组成部分。以"礼"治国,最重要的方面就是"尊尊""亲亲"原则,"尊尊""亲亲"原则体现在伦理道德上就是"忠"与"孝",把"忠君"作为维护皇权的最高标准,把"孝道"作为巩固家长特权的最高原则。把君臣、父子、夫妇关系用"忠"与"孝"联系在一起,家国一体,宗法上的等级和政治上的等级是一致的。因此,中国古代司法检验制度中关于免检的规定,是在"礼""孝"的指导下产生的,是维护中国古代宗法等级制度、家族本位主义原则的产物。

7. 焚尸验地

清代《折狱奇闻》记载:王之佐,镇江人,任严州(治所今浙江建德)通判,因为属下的武康县知县"丁忧"去职,王之佐被委派署任(代理)武康知县。王之佐到任不久,当地有个山民来报案,说自己的哥哥被老虎咬死。王之佐就要起身去验尸,那报案人却说尸体已经火化了。王之佐顿时感到有疑,不过他表面不动声色,挥手把那报案人打发走了。可是,第二天他就带了人出其不意地来到山间,直冲那报案人的住所进行搜查。那报案人大惊失色,王之佐带来的衙役果然在他的床底下搜出了一截染满鲜血的长矛。王之佐把那人抓起来严词审讯,可那人矢口否认弑兄罪名。王之佐说:"你以为把尸体烧了就没法治你罪了吗?"他把那人带到焚尸现场,用烧红的木炭烘烤地面,再在炽热的地面上撒上芝麻,原尸体所在地方就因为有人体的油脂而粘上了芝麻,把浮面上的芝麻轻轻扫去,地面上显示出整个人形。左胸、腹脐等处芝麻明显密集,明显是伤口所在。王之佐指着地面上的人形,问那人:"你伏罪吗?"那人见了地面上的人形,吓得浑身发抖,趴在地上连连磕头,说:"不敢不伏。"

述评:该案发生在清代,仍然还在宋慈《洗冤集录》介绍的验地水平,而欧洲法医学此时进入现代化阶段。前已述及，明末欧洲法医学开始引进医学专家验尸、允许尸体解剖、开展法医毒物化验，到了17—18世纪，欧洲出现法医学教育、法医研究所和法医学杂志。这样，我国法医学正式在清代全面落后于欧洲，这是我国法律制度、法医制度落后的历史事实。

8. 狗咬雷公

清代《刑案汇览》记载：四川某县城的乡下，有兄弟二人，哥哥叫作赵甲，弟弟叫赵乙，两人以耕田为生。赵乙尚未婚配，赵甲有一个妻子任氏，任氏为赵甲生了一个儿子，小名叫作报儿，年方七岁。这个任氏虽然是农家女子，却颇有几分姿色。这一天，赵甲和赵乙二人从田里干活回家，发现屋后有一个男人的身影掠过。他们赶紧回家，发现报儿一个人坐在墙角，就问报儿为何不在屋里待着。报儿哭着说："俺娘不让我在屋里，屋里有人。"二人听了扶起了报儿，一起来到屋里。这时候，任氏从卧室走了出来，面色绯红，神色显得很紧张。赵乙对嫂子任氏说："嫂嫂，我刚才发现屋后的树林里面，有一个穿蓝色衣服的男人跑了，他是谁呢？"任氏见小叔子话里有话，就对赵乙说："你说是谁？我和你哥哥结婚十年了，孩子都七岁了！我在这荒僻的村庄里，难道还能偷男人不成！"任氏说完，哈哈大笑。赵乙被嫂子任氏一顿抢白，默然无语回了房间，而赵甲一向怕老婆，更是不敢多问一句话。不久之后，赵甲突然卧病不起，无法下地干活，而赵乙忙着照顾哥哥，也顾不上去照看庄稼。赵甲担心庄稼没人打理会绝收，就催促弟弟赵乙说："你不要管我了，再不去打理庄稼，咱们一家人得饿死。"赵乙这才去田地里干活了。临走之前，叮嘱嫂子任氏说："嫂嫂，照顾好我哥哥！"任氏回答说："叔叔放心。"赵乙这才离家去田里锄草，谁知那天天气不好，赵乙才刚走到自家田地，忽然狂风四起，不一会儿，下起了倾盆大雨，天空不时出现闪电，还夹杂着轰隆隆的雷声。赵乙赶紧冒雨往回赶。赵乙刚回到家，家里养的那只黄狗望着南方不停地狂吠。赵乙走进家门，任氏突然哭着从卧室出来，对赵乙说："你哥哥被雷劈死了！"赵乙听了大吃一惊，赶紧跑到卧室去看哥哥，只见哥哥赵甲头顶部正在流血，已经断气了。他不由得痛哭。任氏对赵乙说："你不用后悔，即使你不出去，也挡不住你哥哥被雷劈啊！你不赶紧给你哥哥准备后事。"

第七章 清代的法医学与社会治理关系研究

赵乙怀疑哥哥是被害,于是到县衙要告状。县令升堂之后,听说赵乙要状告雷公,笑说:"荒谬,雷公怎么能审呢!"说完就要退堂,赵乙见状,马上扑倒在地,一边用头在地上乱碰,一边哭诉说:"大老爷,您要为草民申冤啊!"把怀疑嫂嫂偷汉,怀疑有人假扮雷公杀人,一五一十说出来。县令问赵乙:"你家中还有什么亲人?"赵乙回答说:"还有嫂嫂任氏和侄儿赵报儿。"县令听完点了点头,然后到现场验尸,发现赵甲死在屋里床上,没有宋慈《洗冤集录》所说的"篆字纹"。县令仔细对照宋慈《洗冤集录》记载:"凡被雷震死者,其尸肉色焦黄,浑身软黑,两手拳散,口眼开,耳后发际焦黄,头髻披散,烧着处皮肉紧硬而挛缩。身上衣服被天火烧烂。或不火烧伤损痕迹多在脑上及脑后。脑缝多开,鬓发如焰火烧着。从上至下,时有手掌大片浮皮,紫赤,肉不损。胸、项、背、膊上或有似篆文痕。"县令认为不像雷劈死,头部倒像是被凿子凿伤。于是,验尸后便秘密派人将赵报儿接了过来。县令给了赵报儿一些糕点,赵报儿马上吃起来。县令趁机问赵报儿:"小孩,雷公击死你父亲,你看见了吗?"赵报儿说:"我看见了。"此话一出,县令大喜。县令接着问:"雷公长什么模样?"赵报儿答:"黑脸膛,穿着青衣服,白袜子,脚上穿着皮鞋。雷公用凿子击打我父亲时,我家养的那条黄狗咬住了雷公的左腿,我娘为雷公敷药,还用棉布包扎,然后从后门把雷公给送走了。"县令听了笑说:"这可是奇了,雷公威震天下,居然会被一条黄狗咬伤,还会认识乡下的农家妇女,必有蹊跷。"说完县令立刻派人将任氏拘捕到案。县令审问任氏为何伙同他人,假扮雷公,杀害亲夫。任氏任凭拷打不肯招供。第二天,县令到附近村庄调查,在南村发现有一个叫作谈四的石匠,正躺在床上休息。县令让谈四起身,谈四扶着床,才勉强站起来。原来,他的左腿受伤了,伤口还用棉布包扎着。县令笑道:"看来你就是雷公了,给我抓回去。"到了县衙,县令动刑审问石匠,石匠立马招供了自己假扮雷公,和任氏合谋害死赵甲的经过。原来,谈四有一次路过赵甲的门口,正好那天只有任氏在家,于是谈四挑逗任氏,就勾搭在一起了。此后,两人打得火热,打算做长久夫妻,但是苦于赵甲碍事。谈四和任氏一商量,两人决定分工合作,谈四假扮成雷公,任氏给赵甲下毒,等赵甲服毒之后,丧失反抗能力,再由谈四解决赵甲,赵甲就这样被二人给害死了。谈四招供之后,任氏见抵赖无用,也招供

641

画押。县令将此案上报给巡抚,不久,县令就将谈四和任氏砍头示众了。

述评:民间有"遭雷劈"一说,而道教中的雷公是"左手执锲,右手执锤,作击状"的形象。本案,谈四就假扮成雷公,用凿子击穿赵甲头部致死,并伪称被雷击死。县令熟读《洗冤集录》,发现不是雷击而是凿死,终于使真相大白。可见宋慈在《洗冤集录》中有专门"雷击死"一节,有其法医文化价值所在。

9. 无头井尸

徐珂《清稗类钞·狱讼类》和蒲松龄《聊斋志异·折狱》都记载了发生在1658年秋的一个案件:淄川县有个叫胡成的,与冯安同一个村子,两家世代不和。一天,他们一块喝酒,醉后胡成吹嘘:"不要忧愁贫穷,百把两银子的财产不难弄到手!"冯安讥笑胡成。胡成说:"实话告诉你,我昨天在路上遇见一个大商人,车上装着很多财物,我把他扔进南山的枯井里了。"冯安又嘲笑他。胡成有个妹夫叫郑伦,托胡成说合购买田产,在胡成家寄存了几百两银子。胡成就拿出来在冯安面前炫耀,冯安相信了。散席后,冯安写了状纸告到县衙。县令费祎祉拘捕了胡成对质审问,胡成说了实情;费县令又问郑伦,都说一样。于是,就一起去察看南山枯井。一个衙役用绳子吊着下去,竟发现井中果然有一具无头尸体。验尸发现,死者穿着破烂衣服,尸体有捆绑痕迹,脖颈有勒痕和刀迹,死者是先被勒死,再被砍去头,抛尸于井中。胡成大吃一惊,无法辩白,只能大喊冤苦。费县令命人打嘴几十下,说:"证据确凿,还叫冤屈!"用死刑犯的刑具将他锁了起来。告知各村,让尸主呈报状子。过了一天,有个妇人持状纸来到公堂,声称自己是死者的妻子,说:"我丈夫何甲,带着数百两银子出门做买卖,被胡成杀死。"费县令说:"井中确实有死人,但未必就是你丈夫。"妇人坚持说是。费县令就命把尸体弄出井来,众人一看,果然是妇人的丈夫。妇人站在远处号哭。费县令说:"真正的凶手已经抓住了,但尸体不完整。你暂时回去,等找到死者的头颅,立即公开判决,让胡成偿命。"接着把胡成从狱中唤出来,呵斥说:"明天不将头颅交出来,就打断你的腿!"叫衙役押他出去,找了一天回来,追问他,他只是号哭。费县令让衙役把刑具扔在他面前,摆出要用刑的样子,却又不动刑。胡成哀求县官准许他再找。县令问妇人:"你有几个子女?"回答说:"没有。"县令问:"何甲有什么亲属?"

第七章 清代的法医学与社会治理关系研究

"只有一个堂叔。"县令说:"年轻轻就死了丈夫,这样孤苦伶仃以后怎么生活呢?"妇人又哭起来,给县令磕头请求怜悯。县令说:"杀人的罪已经定了。只要寻找全尸,此案就完结了。结案后,你赶快改嫁。你是一个年轻妇人,不要再出入公门。"妇人感动得哭了,叩头下了公堂。县令立即传令村里的人,替官府寻找人头。过了一宿,就有同村的王五,报称已经找到了。县令审问查验清楚,赏给他一千钱。又把何甲的堂叔传到公堂,说:"大案已经查清,但是人命重大,你侄儿既然没有子女,一个年轻轻的寡妇也难以生活,让她早点嫁人吧。以后也没有别的事,只有上司来复核时,你须出面应声。"何甲的堂叔不肯,费公从堂上扔下两根动刑的签子;再申辩,又扔下一签。甲叔害怕了,只好答应后退了下去。妇人听到这个消息,到公堂谢恩。费县令极力安慰她,又传令:"有谁愿买这妇人,当堂报告。"妇人下堂后,就有一个来投婚状的人,原来就是找到人头的王五。县令传唤妇人上堂,说:"真正的杀人凶手,你知道是谁吗?"妇人说:"胡成。"县令说:"不是。你与王五才是真正的凶犯!"二人大惊,极力辩白,叫喊冤枉。县令说:"我早已知道其中详情!之所以一直到现在才说明,是怕万一屈枉了好人!尸体没有弄出枯井,你怎么能确信就是你丈夫?这是因为在此以前你就知道你丈夫死在井里了!况且何甲死的时候还穿着破烂衣服,数百两银子是从什么地方弄来的?"又对王五说:"人头在哪里,你怎么知道得那样清楚?你之所以这样急迫,是打算早点娶到这妇人罢了!"两人吓得面如土色,一句话也说不出来。费县令用刑拷问二人,果然吐露了真情。原来王五与妇人私通已久,两人合谋杀了她的丈夫。恰巧碰上胡成吹嘘杀了人,二人才想嫁祸于胡成。根据《大清律例·刑律·人命》"杀死奸夫"条规定:"其妻妾因奸同谋杀死亲夫者,凌迟处死,奸夫处斩。若奸夫自杀其夫者,奸妇虽不知情,绞。"此案中,少妇是主犯,依律被凌迟处死,奸夫王五被斩首。费县令释放了胡成。冯安以诬告罪,打了二十板子,判了三年劳役。

述评:法医学办案关键在于寻找破绽。该案费县令接到报案诉状时就发现三个疑点:一是胡成杀人,冯安如何得知?二是胡成杀人投尸枯井,为何还要到处宣扬呢?三是冯安是如何知道胡成所杀之人是客商呢?验尸认定无头尸死因后又有三个疑点:一是死者妻子未到现场怎么知道井中尸体是其丈夫?二是何甲死时还穿着破烂衣服,

643

数百两银子是从何而来？三是附近数百村民都找不到的人头，王五轻易便找到？费县令就是根据这些疑点进行调查、寻找证据继而断案。

10. 包袱绣字

清代蒲松龄《聊斋志异·折狱》记载了一个案件：淄川县西崖庄有一个姓贾的被人杀死在路上。隔了一夜，他的妻子也上吊死了。贾某的弟弟告到了县官那里。淄川县令费袆祉[浙江慈溪人，顺治六年（1649）进士，顺治十五年（1658）任山东淄川县令]，亲自去验尸。他看到死者包银子的包袱绣着"万"字，布包袱里包着五钱多银子还在腰中，知道不是图财害命。他又传来两村的邻居审问了一遍，没有什么头绪，也没有责打他们，就把他们释放回去种地了，只是命乡约地保仔细侦察，十天向他汇报一次情况。过了半年，事情渐渐松懈下来。贾某的弟弟埋怨费县令心慈手软，多次上公堂吵闹。费县令生气地说："你既然不能指出谁是凶手，想叫我用酷刑拷打良民吗？"呵斥一顿，把他赶了出去。贾某的弟弟无处申诉冤情，气愤地把哥哥嫂子埋葬了。一天，因为逃税的缘故，县里逮来几个人。其中有一个叫周成的害怕责打，告诉县令说钱粮已经筹办足了。就从腰里取出银袱，交给费县令验视。费县令查看完了，便问他："你家住在哪里？"回答说："某村。"又问："离西崖村几里路？"回答说："五六里。""去年被杀的贾某是你什么人？"回答说："我不认识那个人。"费县令勃然大怒说："你杀了他，还说不认识？"周成竭力辩解，费县令不听，严刑拷打，他果然认罪了。原来，贾某的妻子王氏，要走亲戚家，没有首饰觉得羞愧，闹着叫丈夫到邻居家去借。丈夫不肯，妻子自己去借了。她非常珍重，回来的路上，从头上卸下首饰包在包袱里，塞进袖筒中。等回到家，伸手一摸，首饰没有了。王氏不敢告诉丈夫，又没有办法偿还邻居，懊恼得要死。这天，周成正巧拾到了首饰，知道是贾某的妻子丢的。乘贾某外出以后，周成半夜从墙上爬过去，想以首饰要挟和贾妻苟合。当时正是热天，王氏睡在院子里，周成悄悄走近她将她强奸。王氏大声喊叫，周成急忙制止。事情办完了，王氏嘱咐说："以后不要来了。"周成说："我给你的东西够到妓院嫖好几宿的！难道只干这一次就能抵偿了吗？"周成走前带上包袱和首饰以便再次要挟王氏。然后，杀了贾某。夜里又到王氏家说："现在你男人已经被人杀了，请你按说的办！"王氏听了大哭起来。周成害怕惊动邻居,逃走了。天明后王氏也死了。费县令查明实情,将周成抵罪。

述评:物证检验关键在于细节。该案在验尸时,费县令见包银子的包袱绣着"万"字,周成的银袱也绣有一个"万"字,字是出自一人之手。费县令审问周成时,周成说以前不认识贾某,言辞搪塞,神态异常,所以费县令认定周成就是真正的凶手了。

11. 医林改错

王清任在《医林改错》中谈到人体解剖重要性时说:"夫业医诊病,当先明脏腑。""著书不明脏腑,岂不是痴人说梦;治病不明脏腑,何异盲子夜行。"为了认识人体内脏,王清任要做尸体解剖,以观察内脏的真实情况。于是,到义冢墓地上去寻找尸体标本。1792年,王清任正在河北滦县稻地镇行医,那里正流行着小儿传染病,死亡率极高。穷苦人家多用草席裹着小孩尸体,浅埋在义冢上。王清任每天清晨到义冢去观察被犬食裸露的尸体,连续10天,他大约观察了30多具尸体。后来,他还几次到刑场去观察和进行调查。通过实际观察,王清任发现古书所绘内脏图与实际有很多不相符。他根据自己的实际观察,绘制了25幅图(即"亲见改正脏腑图",见图56、图57),并连同古人画错的图,于道光十年(1830)一起收入《医林改错》(二卷)一书。王清任的研究,确有许多新见解。例如关于横膈膜,王清任为此留心了40年。最后,他指出横膈膜是区分胸、腹腔的界物,在膈膜之上,只有心和肺两个器官,其余内脏都在膈膜之下。他说:"胸下膈膜一片,其薄如纸,最为坚实。"这些论断都是正确的。关于肺脏,过去医家认为肺有六叶、两耳、二十四孔;而王清任的描述则是肺管"分为两杈,入肺两叶,每杈分九中杈,每中杈分九小杈,每小杈长数小枝,杈之尽头处,并无孔窍,其形仿佛麒麟菜"。他正确而形象地简述了气管、支气管和细支气管、肺泡之间的关系。限于当时的条件,王清任还不了解由心、血管所组成的血循环系统和血液循环的机能,但他大致查明了主要动脉、静脉的分布,以及它们与心脏联系的部位。王清任还观察到了视神经,并联系视觉做了描述,他说连着眼睛的一根像线绳一样的东西,它发于脑髓。眼睛看东西是归大脑管的。尽管王清任的解剖观察还很粗糙和不全面,但比之前人,则是大大前进了一步。

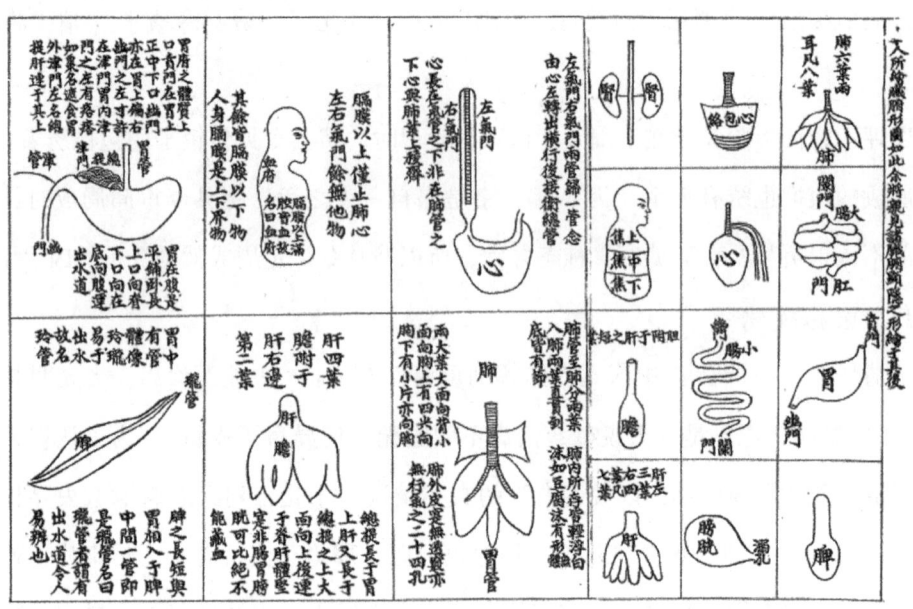

图 56　王清任《医林改错》之"亲见改正脏腑图"之一，北平中华书局，1937 年印

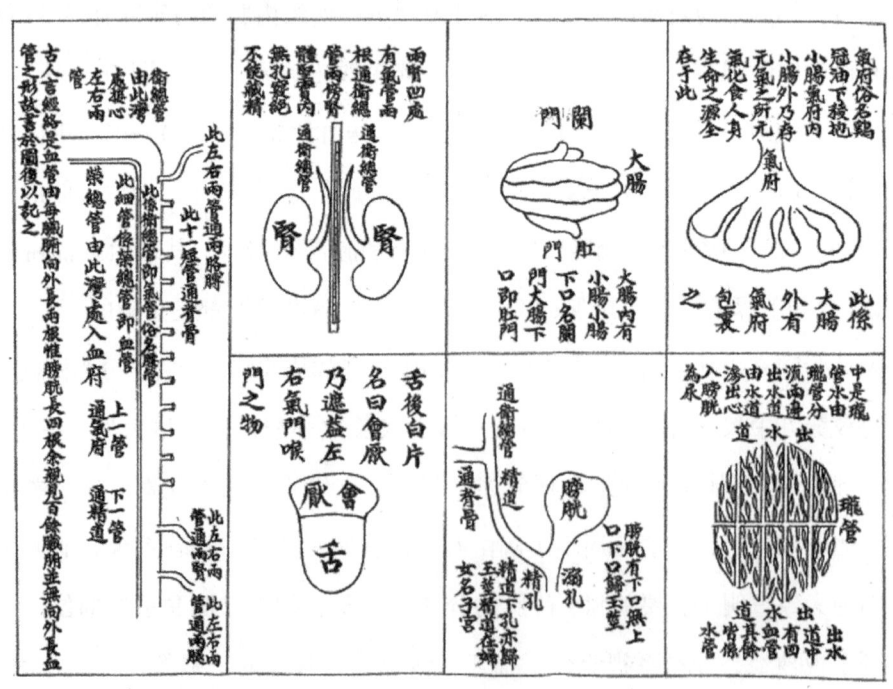

图 57　王清任《医林改错》之"亲见改正脏腑图"之二，北平中华书局，1937 年印

12. 停尸医所

李渔《资政新书》记载，有一个名叫万六的医生，为顾大的表侄陈性寿医治牙痛。陈性寿在医治的过程中，不幸身死。顾大对表侄之死颇为愤怒，乃"停尸医所"，医病双方"互相诉诋"，最后将官司打到了县衙。在对此案进行裁断时，官府认为即使医术高超有如扁鹊，也只能救治命不当绝之人。万六并非有扁鹊之才，又不能断人生死于先。况且陈性寿之病已病近骨髓，"虽司命无如之何"。所以，以"起死肉骨者"责求万六，显系愚妄之举。因此，官府判处"医闹"者顾大以杖刑。

述评：《资政新书》作为官僚断案的"参考书"，广为传播，其影响尤为深远。万六一案的处理方式，被李渔编入此书中用以作为处理类似案件的范本，并作为官府在处理"医闹"医讼案件时的基本原则。

13. 诊毙三命

祝庆祺《刑案汇览三编》记载了一例庸医诊毙三命的案件。嘉庆十年（1805），有一名叫丁二娃的人，因用药有误，先后毒杀张成见等三人。云南巡抚在处理此案时，审实丁二娃"并无故害之情"，乃依律以"过失杀人"论处。但因丁误杀三人，情节严重，断以"除追赎银三分外，再加枷号三个月，杖一百，以示惩儆"的责罚。

述评：丁二娃误杀三命，官府对医家的惩处为赔偿、加枷、受杖。这是因为医生不是出于故意，而是过失。

14. 异端法术

据祝庆祺《刑案汇览三编》记载，道光八年（1828），韩重为孙举泥医病，"妄照不经旧方，画符念咒"，并为病者针刺。因孙举泥身体羸弱，遂让其妻孙李氏代为受刺，不料孙李氏被刺伤后身死。韩重被"比照端公道士作为异端法术，医人致死，照斗杀律，拟绞监候"。

述评：显然这与官府处理纯粹的医疗讼案态度已截然不同。清代借重邪术行医骗取钱财甚或治毙人命，则往往会受到重惩。雍正三年（1725）颁布的"禁止师巫邪术例""凡端公道士，作为异端法术，医人致死者，照斗杀律拟罪"往往被用来作为断案的依据。

15. 清《弟子规》

弟子规

弟子规，圣人训，首孝悌，次谨信。

泛爱众，而亲仁，有余力，则学文。

…………

身有伤，贻亲忧，德有伤，贻亲羞。

…………

丧三年，常悲咽，居处变，酒肉绝。

…………

凡出言，信为先，诈与妄，奚可焉。

…………

见未真，勿轻言，知未的，勿轻传。

…………

无心非，名为错，有心非，名为恶。

…………

过能改，归于无，倘掩饰，增一辜。

…………

述评：从社会治理角度，很好理解清《弟子规》的出现。康熙年间（1662—1722），清廷出于社会治理、长治久安的目的，追求对传统思想文化的认同。包括崇文尊孔，提倡修读四书五经，尊孔子为"大成至圣文宣先师"，大修孔庙，春秋祭孔、宣谕以孔子儒教为立国之本。1670年，清廷根据儒学核心制定和颁发"圣谕"十六条，作为人们的思想准则和行为规范："敦孝悌以重人伦；笃宗族以昭雍睦；和乡党以息争讼；重农桑以足衣食；尚节俭以惜财用；隆学校以端士习；黜异端以崇正学；讲法律以儆愚顽；明礼让以厚风俗；务本业以定民志；训子弟以禁非为；息诬告以全良善；戒匿匪以免株连；完钱粮以省催科；联保甲以弭盗贼；解仇忿以重身命。"另外，康熙十二年（1673）荐举山林隐逸，康熙十七年（1678）荐举博学鸿词、网罗名士、弘扬儒学——这

第七章 清代的法医学与社会治理关系研究

些举措都促进了儒家思想的发展。《弟子规》正是在这种背景下写作而成的。其原名《训蒙文》，后改名为《弟子规》。原作者李毓秀是清朝康熙年间的一个秀才。他以《论语》"学而篇"中"弟子入则孝，出则悌，谨而信，泛爱众，而亲仁，行有余力，则以学文"为中心，列述了弟子在家、出外、待人、接物和学习等内容。由《弟子规》出现的背景和社会治理的目的来看，《弟子规》实际上成为清代各阶层人应当恪守的守则规范。从上述摘取的《弟子规》内容来看，对检验官员也有规范作用，如开篇就提到谨言慎行、信守承诺。又如"泛爱众，而亲仁，有余力，则学文"是教孩子博爱大众，亲近有仁德的人。学好自己的思想道德之后，有多余精力，就应该多学多问。再如，"身有伤，贻亲忧，德有伤，贻亲羞"说的是爱惜父母留给自己的身体，不要让自己受到不必要的伤害。不要让自己的名声和德行无端受损，更不要去做那种伤风败俗、自污名声、自贱德行的事情。还有，"丧三年，常悲咽，居处变，酒肉绝"是说父母去世之后，守孝三年，经常追思、感怀父母的养育之恩，生活改变，戒酒戒肉。"凡出言，信为先，诈与妄，奚可焉"是教导孩子开口说话，诚信为先，欺骗和胡言乱语，不可使用。"见未真，勿轻言，知未的，勿轻传。无心非，名为错，有心非，名为恶。过能改，归于无，倘掩饰，增一辜。"这几句对应在法医工作上，就是要做到：没有得知真相之前不要轻易发表意见；不知道真相的传言，不可轻信而再次传播。面对错案时，那些不是存心故意做错的，称为过错；若是明知故犯的，便是罪恶。知错改过，错误就会消失，如果掩饰过错，就是错上加错。清代法医许梿在他的《洗冤录详义》中就说："施刑失当，心则难安。故成招定狱，全凭尸伤。检验为真，伤真招服。""倘检验不真，死者之冤未雪，生者之冤又成。""凡委勘人命重事，务须持虚秉公，细加鞫审，不可有一毫私意于其间也。"

16. 聊斋野叟

聊斋二首
〔清〕蒲松龄

一

聊斋野叟近城居，归日东篱自把锄。

枯蠹只应书卷老，空囊不合斗升余。

二

青鞋白袷双蓬须，春树秋花一草庐。

衰朽登临仍不废，山南山北更骑驴。

第一首诗，诗人自叙"野叟"乡村生活，连蛀虫也来欺负人，把书蛀得残缺不堪，只留下老死的虫壳。米袋也空空如也了，只剩下不到斗升了。第二首诗说的是，诗人住在草庐，外出骑驴。"衰朽登临仍不废"，到了老朽时，没有放弃追求。但考不上进士，求不到官，只好生活在山野，个中滋味，也只有自己体会最深了。

述评： 蒲松龄《聊斋志异》，将花妖狐魅和幽冥事物人格化、社会化，说尽鬼话却写尽人生。蒲松龄多次参加科举考试，想弄个一官半职改善生活，但屡考不第。蒲松龄有才华，《聊斋志异》有影响，但他连科举都过不了，说明科考的不合理和社会制度的弊端。不过蒲松龄《聊斋志异》中对断狱和检验评价尚可，对行善除恶的观念还是很鲜明的。

17. 借尸讹诈

康熙三十六年（1697）版《永定县志》记载有断肠毒草立毙人命的案件："或因相口角，服之轻生；或缘产业不清，食之殒命。嗜利如饴，命同草芥。独不思患病临危之人犹欲延医祷神，以计回生；为之子若孙者呼天抢地，愿以身代，足征乐生恶死，人有同情。讵尔愚民，一朝小忿，无病捐躯，气绝难续，骨肉永离，田园抛弃其不肖父兄子孙因而讹尸吓诈，纠凶抄洗，希图渔利泄愤。及至到官，自尽无抵偿之

第七章 清代的法医学与社会治理关系研究

条,打抢有难逭之罪。斯时也,死者宁不饮泣于九泉?生者亦必追悔而莫及,是不能害人而适以自害矣。嗣后,凡有真正谋故殴杀人命,许地方人等登时飞报。本县不惮辛劳,立即亲赴相验,按律抵偿。倘系服毒、雉经、投水、刎颈等项假命,即令尸亲买棺收殓,不许故行停暴,纠合地棍,乘机打抢。若人命情虚,诈抢是实,不惟不断烧埋,定行反坐其罪。"

述评:福建《永定县志》记载对"争讼轻生、借尸讹诈案"会予以惩罚。上文大意是,官衙遇有"服断肠草自尽"案件,多因琐事争讼而轻生,或由于财产纠纷而寻短见。把个人利益视作糖膏那样无比重要,而把自己生命视如营茅那样无足轻重。唯独不曾想到患病严重快要死的人,还请医生诊治,或祷告神明以求延长生命;死者的子孙更是悲恸欲绝。为了一时气愤而自尽,和家人永远分离,田园荒芜也不考虑。更有甚者,死者的父兄子孙却凭借尸体进行讹诈,率领众人掠夺财物,企图发泄悲情,从中得到利益。这种不法行为,被人举报到官府,经官府判决:自杀并无偿命的条文,而打砸抢却有不可饶恕的罪责。死者在九泉之下不会安心,而生者也可能因自己所为而追悔莫及。事实上,凭借自尽案件进行讹诈、要挟的行为,害己害人。凡属各类谋杀、斗殴致死的人命案件,经举报后,县官一定不辞辛苦,及时前往事发地点调查,核实事实后依法处理。如果属于自服毒、自缢、投水、刎颈等,应令其家属自行买棺收殓,其家属不得借故拒不发丧,纠合歹徒乘机抢夺财物。倘若实行讹诈抢夺,要追究死者家属的罪责。

福建永定县衙处理"借尸讹诈"案件要归功于宋慈的总结。《洗冤集录》记载:"南方之民,每有小小争竞,便自尽其命,而谋赖人者多矣。广南人小有争怒,赖人,自服胡蔓草,一名断肠草。"首先,宋慈发现这类案件的起因很小,案情调查,口角或争斗在短时间内就已结束了;其次,死者是口角失利或争竞不胜的一方,现场没有人看到争斗双方倒地、严重受伤,也没有人看到当场服毒,至于是在死者家里还是对方家里,或者说先口角后服毒,或先服毒后口角,都没说,但可以认为与口角失利或争竞不胜有关;再次,宋慈经检验,发现死者身上可能有伤,但很轻微,不至于致命;复次,死亡原因是中毒,尸体上看到断肠草中毒的尸体现象;又次,宋慈思考的是,损伤很轻微,死因是中毒,可排除投毒,继而可集中到解决"中毒怎么形成"这一问题上来研究。换句话说,宋慈要问的是,现象背后隐藏着什么秘密呢?最后,大多这类案件会出现"家人凭借尸体进行讹诈,率领众人掠夺财物,发泄悲情,从中得利"。宋慈认为,这是"自尽其命而谋赖人",这就是这类案件的本质。本质通过现象表现出来,现象是本质的显现,他们之间是表现和被表现的关系。这里,宋慈透过"争斗损伤和服毒死亡"的现象,揭露隐藏在现象背后的"争讼轻生讹诈"真实目的。

18. 笞挞宝玉

《红楼梦》第三十三回"手足耽耽小动唇舌,不肖种种大承笞挞":忠顺王府来人指控宝玉私藏戏子琪官,贾环也趁机举报宝玉强奸金钏,贾政因此大发雷霆打了宝玉。原文如下:"王夫人抱着宝玉,只见他面白气弱,底下穿着一条绿纱小衣皆是血渍,禁不住解下汗巾看,由臀至胫,或青或紫,或整或破,竟无一点好处,不觉失声大哭起来:'苦命的儿啊!'因哭出'苦命儿'来,忽又想起贾珠来,便叫着贾珠名字哭道'若有你活着,便死一百个我也不管了。'"从宝玉的伤势来看,贾政下手重了,甚至还扬言要打死宝玉以绝后患,如果不是王夫人提起大儿子贾珠,恐怕宝玉早已惨死在贾政的棍棒之下。贾珠到底因何而死?贾母心里一清二楚,宝玉被打后,贾母曾对贾政说:"你那样下死手的板子,难道宝玉就禁得起了?你说教训儿子是光宗耀祖,当初你父亲是怎么教训你来!"贾母训斥贾政下死手,还把当年他父亲如何教训贾政说了出来,其实是为了提醒贾政不要忘了贾珠棒下惨死的事。原来,贾珠十四岁就读书,期间一直默默无闻,没有考中任何功名,贾政恨铁不成钢,便经常毒打贾珠,后来一次失手打重了,贾珠就死在了贾政的棍棒之下。

述评:宋慈《洗冤集录·受杖死》:"杖疮如日浅时,宜说兼疮周回有毒瓦斯攻注青赤挞皮紧硬去处。如日数多时,宜说兼疮周回亦有脓水淹浸、皮肉溃烂去处,将养不较致命身死。又有讯腿杖,而荆杖侵及外肾而死者,尤须细验。"这里,宋慈指出打板子死人有四种可能:一是打伤后日浅(24小时内)死亡,皮下出血面积大,失血性休克死亡;二是日数多(打伤后24小时以上)死亡,因大面积出血,出现挤压综合征而死亡;三是日数多并发感染,因创面大化脓感染而死亡;四是打伤睾丸致死。

第七章　清代的法医学与社会治理关系研究

19. 验阴阳人

清人符节的"畸阴畸阳"图(图 58),讲的是宁波石浦人王阿三,生有阴阳二具,即俗称"雌哺雄"。十三岁,父母爱其姣好令作女郎装束。至年十七岁,雇于沪上张彩云妓院为大姐,已两年。不久,被法国租界地的包探拘入捕房,送仁济医院黄春甫医生验视,确认其有阴阳二具。虑其女装有伤风化,送回原籍改作男装。其事、画载于《点石斋画报》1892 年 8 月 18 日第 307 期。

图 58　〔清〕符节"畸阴畸阳"图

20. 被害者说

乾隆年间(1736—1795),有一个医生叫黄庭镜,福建建瓯人,他在《目经大成》中记载了 2 个假装眼盲的案子:

案例1. 有一个身患白内障的叫唐三流的乞丐，双目失明。黄庭镜分文不收，用"金针拔障法"为他医治白内障。手术后，黄庭镜问乞丐"能看见吗"，谁料，乞丐一口咬定"看不见"，还说眼痛，吵闹起来，要黄庭镜赔偿，敲了黄庭镜许多钱米而去。次年，唐三流由于白内障治愈，眼睛能视物，做了盗窃，被官府抓获。这个案例唐三流为了讹诈，故意把手术后看得见，说成看不见。

案例2. 有一名叫江望子的石匠，由于凿碑时被石子弹伤眼睛，愿意用四两银子请黄庭镜为他治疗。黄庭镜为他施针，金针一拔，内障即下。黄庭镜问石匠："你看得见吗？"石匠不答，想要赖账。因看病不交钱，案件闹到县衙。黄庭镜灵机一动，就对石匠说："你品行不好，还是把内障拨回去吧。"石匠一听，急了，叫道："不要拨回去！我能看见！"马上交代家人取钱交给黄庭镜。这个案件石匠为了赖账，故意隐瞒真实视力。

述评：这里，引出了一个犯罪学重要概念：被害者说，也称被害者学。宋慈在《洗冤集录》中举了很多例子，比如，明明病死却说成被人打死；明明自己服毒却诬赖他人；明明死后伤却伪装生前被打伤；把人打死后投入水中却伪装生前入水；把人打死后吊起却伪装生前自缢；在尸体上涂抹茜草染料来伪装生前殴伤皮下出血；等等。这些都是来自被害人或利用被害人的法医学检验问题，有的需要医生协助检验，有的需要查看医生的病例记载加以佐证。

被害者学研究的一个重要方面，是被害人与犯罪人之间的关系。在犯罪前，被害人和犯罪人之间往往存在某种关系，而这种关系的存在为犯罪的实施创造了一定的条件。被害者学也要研究被害人的心理活动、心理状态与犯罪人心理状态的关系。被害者学研究的另一方面，是研究被害人的心理特征及所处的社会环境，包括经济条件、生活需求等，按照不同的犯罪类型对相应的被害者的心理特征进行分析，目的在于查清犯罪产生的原因和条件。被害者学不仅要对被害人所产生的结果进行研究，而且还对被害人的自身原因进行研究。

21. 失踪再现

清代史学家姚之骃《元明事类钞》记载：明万历年间(1573—1620)，袁州府萍乡县

第七章 清代的法医学与社会治理关系研究

高岭乡,生活着一对夫妻,男的叫王成,女子是李氏。一天早上,李氏要回娘家看望父母,而王成有事无法相送。王成的岳父母家距离他们家有三十里地。王成不放心妻子一个人回娘家,就让弟弟王方牵着毛驴护送。李氏和王方一路颠簸。李氏感觉累,就下驴坐在一块石头上休息。王方牵着毛驴,也站在一边等候。突然,一只小鸟从毛驴头上飞过,毛驴受惊,撒蹄就跑。王方赶紧去追,逮住毛驴赶回时,发现嫂子李氏不见了。王方原地等待半个时辰,依然未见嫂子。于是,王方骑上毛驴回家,将嫂嫂半路失踪的事情告诉了哥哥。王成听后和王方去岳父母家找,李氏没有回家。王成又和弟弟返回李氏失踪的地方搜索,结果在一片树林中,发现了一个无头的女尸,女尸身上穿的衣服正是李氏出门时所穿的衣服。王成见状,返身拽住王方的衣领,骂道:"是不是侮辱嫂嫂,杀了灭口。"王方说:"我什么都没做,你不信就报官吧!"第二天王成就报了官,官府将王方当作嫌疑人给关押进了萍乡县的大牢。在牢中,王方屈打成招,说自己见色起意,杀害了嫂子,然后将嫂子的头扔了。官府向王方索要杀害嫂子的刀具,又询问李氏脑袋的下落,王方本来没杀人,自然不知道如何回答,于是又挨了一顿毒打,罪名是拒不交代凶器和遗骸下落。萍乡县衙的县丞想趁早结案,自己找来了一个腐烂的女人的头颅,又找了一把刀,交给了县令,说这就是王方杀害李氏的凶器和李氏的头颅。萍乡县令信以为真,让王方签字画押,随后将王方当作杀人犯砍头示众。

一年后,王成的三个邻居在南京做生意,发现失踪再现的李氏在街上买米。李氏看见邻居也愣了一会儿。邻居说:"你没死啊,你的小叔子被冤杀了。"邻居就将李氏失踪之后发生的事情告诉了李氏。李氏听完,大哭说:"我的小叔死得冤枉。"接着李氏将三个邻居请回自己家,在家中对邻居诉说了自己的遭遇。原来,当王方急着去追驴时,从树林里出来一个满脸胡子的大汉。这个大汉挑着一个大竹笼。大汉看见李氏孤身一人,停身放下竹笼,走到李氏跟前,从腰间拔出一把刀,对李氏说:"想活命就把衣服、鞋袜脱了。"李氏照做,等李氏脱完衣服,大汉对着竹笼喊道:"出来吧!"声音刚落,一个女子从竹笼里面钻了出来。大汉让女子穿上了李氏的衣服,然后一刀砍断女子的脖子,把女子的脑袋用布裹好扔进竹笼,将女子的尸体扔进树林深处。大汉

655

又逼着李氏钻进竹笼,然后挑着李氏飞快地离开了。半月之后,大汉带着李氏来到了南京,强迫李氏做了自己的老婆。之前竹笼里的女子也是大汉掳掠而来的,只是大汉觉得李氏更漂亮,就把那个女子给杀了。李氏请求三个邻居帮自己捉住大汉报官。不一会儿,大汉从外面回来了。三个邻居一起上前,将大汉捆绑报官。官府接案后,马上审讯调查,大汉对自己的罪行供认不讳,官府上报给刑部,刑部拟定大汉为死刑,很快被处死。而经手办理此案的萍乡县令被降职问罪,县丞滥用刑罚,擅自开别人棺材,取一个女尸的头颅来冒充李氏的脑袋,找一把刀冒充凶器,致王方冤死,罪加一等,斩首示众。

述评:对于"颅身分离、身首异处"的案件,法医学检验首要任务是找到死者头颅,并进行比对,通过个人识别确认"颅身"是否为同一人;其次,要检查死者颈部致伤情况,确认是生前还是死后砍伤;再次,寻找刀具。从本案介绍可知,古代检验与现代法医学鉴定的思路基本一致:萍乡县衙的县丞想趁早结案,自己找来了一个腐烂的女人的头颅,又找了一把刀,交给了县令,说这就是王方杀害李氏的凶器和李氏的头颅。最后,县丞被刑部处罚:县丞滥用刑罚,擅自开别人棺材取一个女尸的头颅来冒充李氏的脑袋,又找一把刀冒充凶器,致王方冤死,罪加一等,斩首示众。姚之驷要告诉后人,本案铸成大错,致使"失踪再现",根本原因是虚假检验,伪造证据。同样,检验失误,证据失真,也会出现"失踪再现"的结局。

22. 嫁卖生妻

案例1. 清代地方档案四川南部县《南部档案》记载:光绪年间(1875—1908),永丰乡的杨杜氏幼配杨大福(28岁)为童婚。而杨大福时常目无尊长,动辄持刀逞凶,曾立有戒约。妻子杨杜氏也时常受到虐待,以至被迫潜逃出外。寻回后殴打虐待,被卖给莫于基。告官后仵作检验,妇人身体新旧伤痕瘀斑俱在。该案,妻子由于无法忍受夫家经济的贫困与夫家对她身体的虐待等原因,选择"背夫潜逃"的方式以示反抗,但寻回后多被殴打虐待嫁卖。

案例2. 清代地方档案四川南部县《南部档案》记载了嘉庆年间(1796—1820)王蒂用的妻子李氏梅姑被卖的包管文约,其中立出包管日后不得牵连拖累合同文约人王仕德

第七章 清代的法医学与社会治理关系研究

同子王蒂元、王蒂林、王蒂用：

情因四子王蒂用四岁时抱李昌崇胞妹李梅姑为婚，抚养完配。惟愿夫妇和好，百年偕老。谁料命薄家贫，蒂用在外佣工，赌钱，不顾父母、妻子。李氏在家日食难度，思想无路，自缢数次，显系吊毙。背夫逃走，合族共知。诚恐日后李姓来家蹧扰受害，以致父母日夜防守不安，托教老五哀求李昌崇施一线之恩，择户另嫁。昌崇弟兄硬不依允，死而无悔。蒂用夫妇亲至昌崇家中，磕头苦哀。李昌崇念同胞姊妹之情，恁意听其去留，本族叔侄人等俱各悦服。诚恐日后本族以伙卖生妻大题控告拖累，奈无媒证。父子商议，甘愿出立包管文约一纸，交付汪仁瑚、宋学达、张绍宗、范述尧、曾仕吉等执掌，哀托妹弟范斯文作合，将李氏出嫁与谢虹玉足下为妾。彼即三面议定财礼钱二十千文，仕德父子亲手领明。自今出约之后，日后王姓人等有异言称说，仕德父子一面承耽，不与媒证讨亲之人相染。今恐人心难测，书立包管文约为据。

　　　　　　　　　　　　　见盟人李文朝范斯文笔
　　　　　　　　　　　　　合同二式
　　　　　　　　　　　　　嘉庆十四年（1809）十一月十一日
　　　　　　　　　　　　　立字人王仕德同子王蒂元、王蒂林、王蒂用

述评：嫁卖生妻，是指在丈夫尚存又没有正式履行离异手续的情况下，买卖妻妾的行为。"生妻"即"活人妻"，它有别于人口拐卖。而嫁卖生妻行为由于与正统伦理道德相悖，不仅为法律所禁止，也常是衙门告示禁止的对象，在地方志叙事中也通常以"陋俗"论之。因此，自立包管文约或自行嫁卖都被官府认为无效的民事合同。官府将被殴打虐待嫁卖（案例1）和被迫自缢（案例2）作为检验对象，实际上扩大了法医检验范围，在传统法医检验书籍中未见记载，有必要加以介绍。

23. 金耳扒案

嘉庆三年（1798）进士王绍兰曾在福建任职，为官清正，智断奇案，民间留有不少他破案的故事，这些故事后经现代人整理成书①。其中有这样一个案件：清代嘉庆年间（1796—1820），福建福清县鲤尾乡，有一大户人家，主人叫俞世富，有一女叫桂香。俞桂香模样秀丽，自幼与东张首富杨必昌儿子奕清定亲。杨家定下吉期迎娶。俞世富请福州三元店金匠嫩俤到家中制作36件金银首饰，巧制了一支"龙凤金耳扒"。结婚这天，杨家悬灯结彩，大办筵席。就在这人群之中，有个名叫史文龙的，福清海口人，是个惯盗，他听人夸说嫁妆里有36件金银首饰和"龙凤金耳扒"，就垂涎三尺。

花轿抬进杨家，史文龙也尾随到杨家门外。以"第六百六十三号龙文史"登记入门。入夜，杨家堂上堂下，灯火辉煌。酒席上杯盏交错，笑声阵阵。洞房里只有新娘桂香一人闷坐床沿。新娘仿佛觉得有一个人影上了楼。过了许久，酒席才散。新郎杨奕清走进洞房，正要揭开新娘的头盖，只听新娘问："官人，楼上可有住人？"杨奕清缩回欲要揭盖的手答道："楼上堆放杂物，并无人。"桂香说："刚才仿佛有人上楼。"杨奕清就秉烛寻上楼去。

桂香正坐着，忽然听见楼上"哎"了一声，许久不见动静。一会儿，新郎又秉烛下楼，桂香惊慌地问道："刚才为何'哎'了一声？"新郎支吾道："这楼矮椽低，头碰到瓦椽，因此'哎'了一声。"桂香没有再问。于是新郎替她揭开头盖，便就寝了。鸡鸣头遍，新郎爬了起来。桂香体贴地问他什么地方不舒服？新郎故意吞吞吐吐，装着难开口的样子，说母亲过于多心，担心媳妇将贵重的妆奁收藏不妥……桂香是个聪明女子，听话知音，她就把一个装有36件金银首饰和"龙凤金耳扒"的红箱子递给新郎，说道："婆婆意思，媳妇明白，也理应如此。"新郎说："天色已明，我就送交母亲保藏。"说完，走出门去。

第二天日出高墙，还不见儿、媳前来拜见，杨必昌夫妇就亲自来到洞房，问桂香，奕清是否还没起来。桂香施礼答道："他早已出去拜见双亲了。"杨必昌说："没见过啊！"桂香又接着说："他还带了金银首饰和龙凤耳扒，交给母亲代为保存哩。"杨必昌夫妇一听此言，叫声："不好！"赶紧派人四下寻找，直到晌午，还杳无踪迹。

午饭前，忽听楼上惊叫一声，随即有个人滚将下来，一看，原来是邻居阿九。阿

---

① 张传兴. 王公十八判[M]. 福州：海峡文艺出版社，1990：170—193.

九这几天都在杨家帮忙,此时上楼取物,发现新郎杨奕清死在血泊之中,吓得惊恐万状。杨必昌夫妇冲上楼去,抱尸痛哭。哭了一会儿,杨必昌夫妇忽然抬头见到脸如死色的桂香,就盘问她昨夜与新郎可否同房?知道不知道新郎被人杀死?桂香心里暗忖,昨夜与自己同房的,肯定不是新郎了,但这样的事怎么说得出口?因此,只是哀哀地啼哭。杨必昌心中怀疑,一再追问,桂香总是吞吞吐吐。这样,杨必昌就认定桂香串通奸夫,盗财害命无疑,要拉她去见官。

杨必昌把案告到福清县衙。知县张孝一听说出了命案,立即升堂。杨必昌一口咬定,桂香串通奸夫,谋财害命。张孝与仵作前往东张验尸,证实新郎确系被刀刺致死,便喝令桂香从实招来。桂香哭道:"官人被杀,奴委实一点不知,望大人高悬明镜,洞察秋毫。"知县张孝连声冷笑道:"洞房之夜你可曾见过丈夫?金银首饰和'龙凤金耳扒'可是你亲手交给他,又是亲自送他出门的?"桂香点头承认。张孝接着说道:"既见过丈夫,又给了金银首饰,并送他出洞房,那为何新郎却被杀死楼上?"桂香答不上来。张孝怒道:"洞房之内并无外人,新郎被杀死楼上,必定是你与奸夫同谋,不然又做何解释?"随即喝令拶指,将桂香的手指用五根小木棍夹紧,痛得她浑身冒汗,摔倒堂上。

桂香表兄陈明亮也被皂役拘到堂上问话。知县张孝劈头喝道:"大胆陈明亮,竟敢与表妹俞桂香通奸,盗去金银首饰和'龙凤金耳扒',又杀死杨奕清,狗胆包天,快快从实招来!"陈明亮愕然。张孝喝令将陈明亮重打四十大板。陈明亮被打得皮开肉绽,疼痛难当,只好胡乱招认,桂香也被强拉着画了口供。

族人商量之后,决定到福州府上告。福州知府李俊看了福清县审理的案卷,驳回状词。族人不服,又向按司上诉。按司杨尚显邀来臬司、巡检使司,进行三司"会审",还请福州府李竣、福清县张孝、闽县知县王绍兰等官员"观审"。

公堂上陈明亮喊冤,按司喝令杖责。一会儿,陈明亮浑身鲜血,皮开肉绽,被拖上堂来。桂香见表兄这等模样,早吓得魂飞魄散,她想,招供成死罪,翻供也会毙于杖下,横竖都是一死,不如屈招,免得皮肉受苦。于是,桂香画了供。

堂上,闽县知县王绍兰提出三点疑问:一是金银首饰与"龙凤金耳扒"真赃未获,怎能就断他们盗财？二是俞、陈两人既系通奸同谋，为何两人不是当场被捉？俞桂香为何又坐以待擒？三是一个是文弱书生，一个是闺门弱秀，岂是行凶之人？凶器、现场和血衣等未收集。因此，原判显系滥刑取供，草菅人命。王绍兰几句话，按司杨尚显将案件交王绍兰重审，否则王绍兰也未必敢接审此案。

王绍兰回到县衙，立即升堂审问，他不用刑罚，也不吆喝，先叫桂香的表兄陈明亮把事情原委，从头说一遍。陈明亮说了表妹成亲那日，自己在何处，所作何事，并且有人作证。至于表妹夫家发生凶杀事件，他委实一点不知。王绍兰听罢，立即出签，派刑名师爷带了差役前往福清县核实。看看时间不早，王绍兰吩咐暂且退堂。

第二天，去福清的师爷回来禀报：陈明亮所供属实。这样，陈明亮不是凶手已经昭然。王绍兰心中暗喜，随即把俞桂香提来审问，叫她想好慢慢说。桂香想，现在也顾不得羞耻，与其冤死，不如死个明白。于是，她鼓起勇气，把新郎何时进房，听了她的话怎样秉烛上楼，她听见楼上"哎"了一声，新郎下楼时她怎么问他，他怎样骗了首饰和龙凤金耳扒走了等情，一一说了出来。桂香之所以在公堂上不肯吐言，是因为已失身贼子，羞愧难言。

次日，王绍兰求见按司，把重审详情禀述一番，请求按司宽限期限，一定缉拿真凶到案。王绍兰又去福清县一趟，立即翻阅有关案卷，然后又去东张作实地踏勘。到了东张，王绍兰向杨必昌夫妇询问了当日一些情况，就到原洞房和阁楼上察看。那楼板上还留着死者的一摊干涸了的血迹。翻开一口反扣的大铁锅，发现里面藏着一件血衣。王绍兰赶紧叫杨必昌来辨认，问道："这件衣服可是你儿子的？"杨必昌细看后，答道："不是。"王绍兰又问："村中可有人穿过这样的衣衫？"杨必昌和账房先生回忆半晌，答道村中不曾有人穿过这等衣衫。

王绍兰接着又盘查了宾客情况，杨必昌忙取出贺仪簿，王绍兰逐一查问。当问到"第六百六十三号龙文史"时，杨必昌说此人并不认识。这时，账房先生回忆说："记得当日确有此人，他说先父龙一飞与杨家世交。"杨必昌连忙说道："我的世交，并无龙一飞其人。"账房先生接着又说："那日人多且杂，模样记不清楚，好像是穿这样的衣服。"王绍兰心中明白，这个龙文史是最大的嫌疑人。

第七章　清代的法医学与社会治理关系研究

王绍兰在福清暗地里派人四处寻访了十来天，并无踪迹。便聚集一班皂役捕快，分几路到附近几个县察访缉拿。差干练的捕快王龙、赵虎带了金匠嫩俤一同去连江察访。到了连江，便服潜入四乡侦伺，也没有消息。时间到上元佳节。连江街头，家家户户，张灯结彩，一派欢乐景象。入夜，踩高跷、敲十番、说评话、舞龙灯、撑花船、放礼花，热闹非凡。王龙、赵虎也受了几次责打，愁眉苦脸，闷闷不乐。这一日，他俩约了嫩俤到一家清静酒店沽酒浇愁，喝了一回酒，又到街上游玩观赏。这时，灯火辉煌，游人如云，他们三人走到连江石桥上。忽然，嫩俤看见一位穿戴华丽，满头珠翠的中年妇女，抱着一个小孩，从他们面前走过。那妇人头髻上簪着一支金晃晃、明灿灿的龙凤金耳扒，嫩俤赶紧扯了扯王龙、赵虎，附耳嘀咕了一阵，便暗中紧紧跟住那妇人。

那妇人和邻居犬仔嫂边走边谈笑，向北街走去。王龙、赵虎和嫩俤各相距几步，紧跟不放，那妇人来到河边一家布店跟前，与犬仔嫂道了别，进店去了。王龙、赵虎抬头一看，横匾上写着"龙光布庄"四个字。他们暗记在心，走到附近，向一个老人打听龙光布庄和老板的来历，心中更有数了。王龙叫赵虎、嫩俤留下，自己连夜求见连江县胡太爷，请他出捕票缉拿凶手。连江胡县令急忙派差役协同王龙、赵虎等人，围住了"龙光布庄"。

原来，史文龙在福清作案后潜逃到这里，变卖部分金银首饰，隐姓埋名，开了一间布庄。他这时正在后厅与继妻饮酒作乐，忽听擂门声，吩咐妻子去开门。门一打开，史文龙见来了一班差役，知道不妙，正想逃走，哪知道前后门都有差役捕快把守，脱身不得。他见妻子头上的龙凤金耳扒被嫩俤一手夺了过去，向嫩俤猛扑去，被王龙、赵虎一把扭住，铁链锁了。连夜将史文龙解往福州。

擒到了真凶，王绍兰升堂审问。史文龙初时还想抵赖，说他名叫龙光，不叫史文龙。直到知县王绍兰拿出那件血衣和查抄出的赃物时，知道抵赖不了，只好招认。在场的杨必昌听了如梦初醒，半晌作声不得。

冤情大白。王绍兰将史文龙判成死罪，下在大牢里。桂香和表兄陈明亮当堂释放。对杨必昌错告无辜，福清县、福州府官员误判，王绍兰也上报按司。

述评：这个案件，王绍兰重视法医检验、现场勘查和物证检验。在两级官府判决的基础上，王绍兰从法医检验发现漏洞，认为金银首饰、"龙凤金耳扒"真赃未获，行凶之人、凶器、现场和血衣等未收集，进而接受担任重审官员的重任。办案中，重点从"龙凤金耳扒"物证、血衣物证着手寻找真凶，最后真相大白。可见法医检验证据的重要性。这是发生在清嘉庆二年至嘉庆六年（1797—1801）王绍兰任闽县知县兼海防同知期间的案件。有关王绍兰经办的案件，在《清史稿》及闽剧《龙凤金耳扒》中出现，王绍兰被称为"王青天"，后王绍兰升任泉州知府、兴泉永道、福建按察使、福建布政使、福建巡抚。

24. 五服制罪

清代祝庆祺案例汇编《刑案汇览》一书有"北抚咨吴大文商同查传贵杀伤伊子吴延华身死"一案：嘉庆十五年（1810），吴大文和查传贵的妻子杨氏通奸，查传贵趁机勒索吴大文，纵容他和自己的妻子苟合。吴大文的二儿子吴延华对父亲和查传贵的行为很不满，屡次讥笑查传贵，还在乡邻中大加传播，地主知道后就让吴大文退佃搬迁。吴大文携妻带子，并劝查传贵夫妻同往竹山居住。但吴延华仍与查传贵争吵不断，查传贵就想搬走。吴大文担心以后不能与杨氏继续通奸，遂对二儿子吴延华产生了歹意。他找查传贵商量好，两人串通把吴延华诱骗到一个僻静的地方，趁吴延华不备，连砍数刀"登时殒命"。官府派仵作到现场检验，证实系刀砍项颈部数下，并割其咽喉二下致死。官府考虑是父亲杀死儿子，对吴大文从轻处断，"依父母故杀子律拟徒"。而查传贵因为与吴延华没有亲属关系，属于常人相犯，"依谋杀人从而不加功律判拟流"。处刑上查传贵反而比作为主犯的吴大文更重。

述评："五服制罪"是为了维护儒家所宣扬的"三纲五常"伦理道德而确立的一项法律制度。五服中的"服"指丧服。按古代礼制，亲属之间死后要服丧，依据服丧期限的长短、丧服质地的粗细和服丧期间应遵循规则的不同，服制分为斩衰（服丧三年）、齐衰（服丧一年）、大功（服丧九个月）、小功（服丧五个月）、缌麻（服丧三个月）五等，故称"五服"。"五服制罪"是古代处理亲属相犯时刑事责任承担的基本原则。其内容是：亲属间相犯只限定在五服以内，超出此范围为常人相犯。亲属间相犯的构成和处罚与常人的标准不一样。罪与非罪，如何处罚，要根据亲疏远近的五服等级来确定。五服范围内的亲属相犯，以常人相犯的处罚为基准，服制愈近，对以尊犯卑者的处罚愈轻，对以卑犯尊者的处罚愈重；服制愈远，则刚好与之相反。"五服制罪"在法律中确立后，官员们判案都要先查明当事人之间的关系，看是否属于五服以内的亲属，再据以决定刑之加减。按照"五服制罪"的原则，子女若杀伤父母，要受最严厉的处罚。在汉代，杀父母要处以弃市之刑；《晋律》规定，殴打、杀伤父母者要枭首；唐律中谋杀父母属"十恶"大罪之中的"恶逆"，要迅速处决；自宋代以后，杀父母者凌迟刑。清律规定，子谋杀父母、祖父母，属于"十恶"大罪，应处凌迟刑，而常人"凡谋（或谋诸心，或谋诸人）杀人，造意者，斩（监候）；加功者，绞（监候）。"父母以法律承认的借口，如因子女违反教化等将子女打成重伤或死亡是不追究刑事责任的，即使出于不良动机而戕杀自己的骨肉，所承担的刑事责任较一般的杀伤要轻得多。

宋慈《洗冤集录·条令》："诸死人未死前，无缌麻以上亲在死所，并差官验尸。""诸因病死应验尸，而同居缌麻以上亲，或异居大功以上亲至死所，而愿免者，听。"可见，"五服制罪"是古代法律制度，法医检验也必须遵守，甚至"（病死者）同居缌麻以上亲或异居大功以上亲至死所"可以"免检"。前述，父亲吴大文杀死儿子吴延华可以轻判。因此，古代检验，不单纯是验尸，法律处罚也不单纯看验尸结果，检验技术之外的因素常制约着法医学的发展。

25. 丁氏戮陶

《清朝名吏判牍选·张船山判牍》中有"丁氏戮死陶文凤"（丁氏戮陶）一案："陶文凤者，涎弟妇丁氏美貌，屡调戏之，未得间。一日其弟文麟因事赴亲串家，夜不能返。文凤以时不可失，机不可逸，一手执刀，一手持银锭两只，从窗中跳入丁氏房中，要求非礼。丁氏初不允，继见执刀在手，因佯许也。双双解衣，丁氏并先登榻以诱之。文凤喜不自禁，以刀置床下，而亦登榻也。不料丁氏眼快手捷，见彼置刀登榻即疾趋床下，拔刀而起。文凤猝不意，竟被斩死。次日鸣于官，县不能决，呈控至府。张船山悉心研审后，写下如下判词：'审得丁氏戮死陶文凤一案，确系因抗拒强奸，情急自救，遂致出此。又验得陶文凤赤身露体，死于丁氏床上，衣服乱堆床侧，袜未脱，双鞋又并不齐整，搁在床前脚踏板上。身中三刃：一刃在左肩部，一刃在右臂上，一刃在胸，委系伤重毙命。本县细加检验，左肩上一刃最为猛烈，当系丁氏情急自卫时，第一刀砍下者，故刀痕深而斜。右臂一刃，当系陶文凤初刃后，思夺刀还砍，不料刀未夺下，又被一刃，故刀痕斜而浅。胸部一刃，想系文凤臂上被刃后，无力撑持，即行倒下，丁氏恐彼复起，索性一不做二不休，再猛力在胸部横戳一下，故刀痕深而正。又相验凶器，为一劈柴作刀，正与刀痕相符。而此作刀，为死者文凤之物。床前台上，又有银锭两只。各方推勘：委系陶文凤乘其弟文麟外出时，思奸占其媳丁氏，又恐丁氏不从，故一手握银锭两只，以为利净；一手持凶刀一把，以为威胁。其持刀入房之时，志在奸不在杀也。丁氏见持凶器，知难幸免，因设计以诱之。待其刀已离手，安然登榻，遂出其不意，急忙下床，夺刀即砍，此证诸死者伤情及生者供词，均不谬者也。按律因奸杀死门载：妇女遭强暴杀死人者，杖五十，准听钱赎。如凶器为男子者免杖。本案凶器，既为死者陶文凤持之入内，为助成强奸之用，则丁氏于此千钧一发之际，夺刀将文凤杀死，正合律文所载，应免予杖责。且也强暴横来，智全贞操，夺刀还杀，勇气加人。不为利诱，不为威胁。苟非毅力坚强，何能出此！方敬之不暇，何有于仗！此则又敢布诸彤管载在方册者也。此判。'"

述评：从法医学角度加以分析，《张船山判牍》"丁氏戮陶"案有五方面的内容。一是死因。"一刃在左肩部，一刃在右臂上，一刃在胸，委系伤重毙命。"二是事实重建。"本县细加检验，左肩上一刃最为猛烈，当系丁氏情急自卫时，第一刀砍下者，故刀痕深而斜。右臂一刃，当系陶文凤初刃后，思夺刀还砍，不料刀未夺下，又被一刃，故刀痕斜而浅。胸部一刃，想系文凤臂上被刃后，无力撑持，即行倒下，丁氏恐彼复起，索性一不做二不休，再猛力在胸部横戳一下，故刀痕深而正。""又验得陶文凤赤身露体，死于丁氏床上，衣服乱堆床侧，袜未脱，双鞋又并不齐整，搁在床前脚踏板上。"推断丁氏面临情况为"强暴横来，智全贞操，夺刀还杀，勇气加人，不为利诱，不为威胁"。三是凶器比对。"又相验凶器，为一劈柴作刀，正与刀痕相符。而此作刀，为死者文凤之物。""本案凶器，既为死者陶文凤持之入内，为助成强奸之用，则丁氏于此千钧一发之际，夺刀将文凤杀死。"四是物证。"床前台上，又有银锭两只。"五是

第七章 清代的法医学与社会治理关系研究

推断。"各方推勘：委系陶文凤乘其弟文麟外出时，思奸占其媳丁氏，又恐丁氏不从，故一手握银锭两只，以为利净；一手持凶刀一把，以为威胁。其持刀入房之时，志在奸不在杀也。丁氏见持凶器，知难幸免，因设计以诱之。待其刀已离手，安然登榻，遂出其不意，急忙下床，夺刀即砍，此证诸死者伤情及生者供词，均不谬者也。"最后下结论：丁氏戮死陶文凤一案，确系因抗拒强奸，情急自救。

26. 真凶现身

清代许奉恩《苕兰馆外史·媚芗》记载：安徽庐州府巢县富户翁某，年过五十，只有一女，名唤媚芗，聪慧美貌。女儿十四岁，老翁专请老师上门教其读书。邻家秀才，有儿恂生，年长媚芗一岁，和媚芗一同读书，感情甚好。某天，老师早饭后来到私塾，突然见媚芗被杀死在地，不由大惊失色，急呼翁某夫妇。老翁夫妇疑是恂生所为，马上报官。知县带仵作查验，发现现场一片狼藉，媚芗下身衣裤被褪到私处，两大腿内侧伤痕累累，鲜血流到媚芗脚踝，颈部有刀创，喉管外露，认定被人强奸杀害。老翁夫妇要求将恂生判死抵罪。知县对案情反复"推理考量"，也得出恂生强奸杀人的结论。故对恂生严刑拷虐，迫其认罪，由于逼奸导致谋杀，依律罪加一等为媚芗抵罪处死。老师因管束不严，失察酿成惨祸，议罪流放两千里。秀才只此一子，心知儿子冤枉，然家境贫寒无力营救，只得坐视儿子沉冤。老师本是乡里有名的秀才，流放福建漳州，读书人无不怜悯他没有实际罪过，加之仰慕其学识文采，所以大多乐于同他结交，聘请教授子女读书。某日，老师正需理发，东家人唤来剃头匠，匠人刚进门，一眼瞥见老师，急忙踉跄退走。老师深为诧异，因觉面熟，一时难以想起，故东家求问，回道："此人刚来不久，乃是老师您的同乡，不知为何瞅见您，掉头就走。"老师听闻是同乡，登时醒悟，饱含恨意："陷我沦落到如此地步的，恐怕就是此人。"原来这剃头匠和老翁住同一里弄，自幼经常出入其家。案发当天也是将要为老师理发才来到私塾，见到只媚芗单独一人在屋内写字，不禁顿起淫心，强行拉她求欢，脱下媚芗下身衣裤。两人厮打拉扯之际，剃头匠唯恐媚芗呼喊，恰巧随身有把切书刀，便按住媚芗头颈部，用刀割断她的喉咙。然后，怀揣凶器逃离现场。又恐怕暴露自己的罪行，于是逃亡他乡，辗转来到闽南。不想和老师相遇，深为忧虑行踪败露，心虚胆怯，急忙

665

回避。老师原本尚未想到这层关系，这次"真凶现身"，老师见剃头匠形迹可疑，当即想起媚芗被害刚发生不久，他便无缘无故失踪，怎知不是畏罪潜逃？于是，将此情形对东家说明，剃头匠很快被拘拿到案，果然招认了罪行。福建巡抚开具证明文书，恢复老师功名，并派人将剃头匠押回原籍受审定罪。此案已过六年，秀才儿子早已冤死。秀才随后与老师联名向抚院控诉，务求昭雪冤情。这时，之前经办案子的知县已升任知府，奉准公文，情知错误，"又闻师与秀才将谋上控"，恐怕对己不利，"请人从中说合"，并以重金贿赂，请求罢诉。最初，秀才、老师不肯答应。后来，"既念死者不能复生，又贪重资，遂不复控"。剃头匠狱中病死。

述评：该案有四处错误：一是致害人。本案恂生是可疑对象，但他与被害人"感情甚好"，而检验发现"现场一片狼藉，媚芗下身衣裤被褪到私处，两大腿内侧伤痕累累，鲜血流到媚芗脚踝，颈部有刀创，喉管外露"，似乎恂生作案也不可靠；二是致伤物。该案检验认定是刀创，但始终没有寻找凶器。三是现场勘验。该案只记"现场一片狼藉"，没有细查物证，也是造成误判的原因。四是案件调查。该案只"对恂生严刑拷虐迫其认罪"，没有调查秀才和老师，也没调查恂生是否在现场，更没调查可能到现场的所有人员，如调查老师案发时间段内人员流动情况，只"推理考量"草草结案。正如文中记载："没有详细勘察，以致秀才之子屈打成招含冤论罪，造成无辜学童屈死九泉，可谓悲惨至极。然天道正巧，其师议罪流放，不在别的地方，而在闽南，正好得遇真凶，事情虽已过去六年，最终使冤案昭雪，诚属快事。"只是老师和秀才，贪慕钱财，不肯联名向上级控诉追责，"不然县令虽擢郡守，焉能逃罪哉"！

27. 失踪重现

清代袁枚《小仓山房文集》记载：湖北麻城县涂如松与杨氏为夫妻。两人感情不和，杨氏时常借故回娘家。涂如松母亲患病，杨氏要回娘家，被涂如松打而趁夜逃走，无音信。杨氏弟弟杨五荣以为涂如松杀了姐姐，听信赵当儿"我也听闻过有杀妻之说"，当即拉了赵当儿作证，去县里控告涂如松杀害杨氏。麻城知县汤应求坚持"死要见尸""检验为据"，认为杨五荣口说无凭，没有立案。赵当儿的父亲听说儿子去给人作证，马上到县里举告其子是无赖。后来，汤知县又查出教唆杨五荣前来诬告的人是当地生

第七章　清代的法医学与社会治理关系研究

员杨同范。汤知县遂上书革除了杨同范生员的身份，发出文书寻找杨氏。其实，这杨氏原是本乡王祖儿家的童养媳，王祖儿早逝，她又与王祖儿的侄子冯大有奸情。后来嫁给涂如松后，还和冯大旧情不断。这次借口躲避涂如松殴打，连夜逃到冯大家，隐匿了一个多月。后来，冯大母亲担心因杨氏受累，要向官府揭发实情。冯大害怕，就告诉了杨五荣。杨五荣见其姐无恙，躲在冯家，害怕奸情败露，辱没家风，无计可施。此事恰被杨同范知道了，这杨同范早就听说杨氏颇有姿色，便心生歹意道："我是生员，不如把她藏在我家，谁敢来查？"于是，杨氏就藏进杨同范宅里，为此专门修了一道夹壁，平日里有外人前来，杨氏就躲进夹壁。杨同范为了和杨氏长相厮守，便让杨五荣去衙门控告涂如松杀妻。一年后，附近出了一具残尸，杨同范听说后，便让杨五荣冒认是杨氏的尸体。随后，又用金钱贿赂了官府仵作李荣，叫他假报是女尸。可仵作李荣不允。两天后，汤知县前去验尸，见尸体已腐烂，无法辨认，就收殓埋葬了。验尸时，杨同范及杨五荣旁观，见汤知县未将残尸认定为杨氏，当场哄闹，惊动了总督迈柱。于是，迈柱责令广济县令高仁杰重审此案。这高仁杰只是试用县令，加上他的仵作薛某，受了杨同范的贿赂，竟谎报残尸为女尸，且诈称肋部曾受重伤。杨同范原本记恨汤知县革了他功名，便诬涂如松杀了妻子，诬陷汤知县受贿及县衙书办李献宗知情作弊、仵作李荣妄报不实。高仁杰据此上报总督迈柱，迈柱上奏章弹劾汤知县舞弊，将案件一并委交高仁杰审理。高仁杰严刑拷打涂如松、汤知县等人，直打得皮开肉绽，只得屈服供认，期间李荣还死于棍棒之下。因那具残尸腐败日久，头发脱落，也没有脚趾骨，更没有如松等人供认的血裙裤，高仁杰便逼迫涂如松去找这些东西。涂如松已经万念俱灰，只好胡乱指认搪塞。先挖开一座坟，里面仅有几十片烂木头；再掘开一座墓，连棺木都没有；最后终于挖掘到一具穿弓鞋的尸体，官吏以为万事齐备，再仔细一看，死人的头上却是苍苍白发，只得扔掉。后来找来一个死人脚趾骨，物证终于周全。高仁杰将案件公文上报到州府，黄州知府蒋嘉年眼见这些证据不实，又召来别县的仵作验尸人重验，都说："这是男人的脚趾头。"蒋知府将文书驳回，高仁杰大惊，谎称有人偷换了尸骨，请求再审。不久，山洪暴发，把尸体全都冲走，不能再验。总督迈柱就此结案，以涂如松杀妻，官吏受赃罪判处死刑，奏请朝廷批准，等待朝廷秋决，涂如松、汤知县等刑场夺命。一天，杨同范邻里有位稳婆清早起来，杨同范家婢女跑来对她说："我家主母难产，非您帮忙不行，请您快去看看！"稳婆一听，便一同到了杨府。其时，杨同范的妻子正由几个婆子助产，胎儿迟迟下不来，产妇连连呼痛，急不择言，喊道："三姑，快来救救我！"躲在后面的杨氏听到喊声，便从夹壁中跑了出来。失踪重现！这杨氏一见稳婆，想避开已来不及了。于是，就跪在稳婆面前，请她别走漏风声。这时，杨同范也走进屋来，塞给老太太十两银子，并向她摇手示意，请她不要声张。稳婆回到家里，对儿子说："看来天意要让这冤案昭雪！"遂让儿子拿了银子到县衙去揭发。当时，县令是陈鼎，他早听说这是件冤案。陈鼎带人进了杨家，下令拆除杨家的夹壁，果然在那里找到了杨氏。陈鼎让人把涂如松带来，叫他辨认妻子。杨同范、杨五荣等自是无话可说。此时为雍正十三年（1735）七月二十四日，再过十天，按例皇帝就将秋决，下达处死涂如松等人的旨意了。陈鼎急忙把涂如松、汤知县被诬陷一事上报朝廷，请缓期定案。雍正见此案反复不定，督抚异论，就干脆把吴应棻、迈柱二人调任他处，另派户部尚书史贻直任湖广总督，核查此案。史贻直把这案子委交两省官员会审，结果果然与陈鼎所说情况一样。于是，开释了涂如松等人，又让汤应求官复原职，法办处决了杨同范、杨五荣、杨氏等人，高仁杰停职、仵作薛某杖刑一百除职法办。一场冤案就此得以昭雪。

述评：该案，与法医检验有关的主要有四个方面。一是重证据。杨同范唆使杨五荣诬告涂如松杀死杨氏，汤知县坚持"死要见尸""口说无凭"不予立案。二是检验为据。杨同范让杨五荣冒认是杨氏的尸体，用金钱贿赂仵作李荣，叫他假报是女尸，仵作李荣不允。三是检验规定。清代法律规定："仵作检验时故行出入，有受贿情弊者，照例治罪，不许充役。"故仵作李荣不敢作假证。但邻县仵作薛某，受了杨同范的贿赂，谎报残尸为女尸，且诈称肋部曾受重伤。最终，仵作薛某受杖刑一百除职法办。四是死人重现。杨氏在杨同范家被发现，证据得以重现印证，涂如松开释，汤应求官复原职，杨同范、杨五荣、杨氏等人法办处决，高仁杰停职。

28. 鬼魂附体

清代咸丰七年（1857）四月初六，柴云飞新婚，到了吉时，花轿和枣红马门前等候，

第七章 清代的法医学与社会治理关系研究

新郎却不见踪影。十几天后，柴云飞家后院的柴房里突然发出阵阵恶臭，家人扒开柴草堆一看，发现了已经腐烂的柴云飞尸体。于是，马上报官。县令王晨光带仵作勘验现场和验尸。发现柴云飞身着新郎服饰，尸体脖子上勒着一条三尺多长的绳子，身上没有其他伤痕。县令以凶杀案立案。调查发现柴云飞的父亲和大老婆生下柴云龙、柴云虎和一个姐姐柴云凤，小老婆生下柴云飞。因为这个缘故，柴云飞从小就经常遭受两个哥哥的欺负，而柴云飞的父亲也因此对柴云飞的两个哥哥极为不满。姐姐柴云凤知道自己迟早要离开柴家，所以从不参与家庭矛盾纠纷，后来远嫁他乡。所以，柴云飞被害后，大家一致认为，杀害柴云飞的凶手肯定是他同父异母的两个哥哥柴云龙、柴云虎。柴云飞的父亲也认为定是柴云龙、柴云虎怕柴云飞和他们分家产而加害柴云飞的。县令王晨光审理此案后认为，柴云龙、柴云虎既有杀人的动机，更有合谋杀人的时间和不容易被外人发现的特点，故认定他们就是杀害柴云飞的凶手，柴云龙、柴云虎却怎么也不肯承认自己是杀害弟弟的凶手。案子就这样断断续续地审理了近一年时间，柴云龙、柴云虎时而招供，时而翻供，最终还是熬不住酷刑而承认了杀害弟弟的罪行。案子就这样定了下来，柴云龙、柴云虎被打入死牢，秋后问斩。恰在此时，王晨光调别县任职，新来的县令是申君。申县令阅读柴云飞被害一案卷宗后，认为柴云龙、柴云虎杀害柴云飞可疑。原因是哥哥要谋害弟弟随时都有机会，为什么偏要选在柴云飞新婚大喜之日，亲朋好友齐聚之时，并且把作案时间定在大白天呢？在这样一个特定的时间、地点里作案，人多眼杂，极易被人发现，甚至无意中撞见，风险极大。于是，他决定重新审理此案。申君县令将那天所有参加柴云飞婚礼的人都叫到县衙里，并单独问讯。没有得到有价值的线索。他再次阅读询问记录和贺礼单，发现那一天最后一个到柴云飞家来贺喜的人是一个泥瓦匠。他刚走进柴云飞家门，大家就开始寻找柴云飞。他为什么要去得这么晚呢？申县令又把泥瓦匠叫来询问，泥瓦匠说："柴云飞婚礼那天一大早，他给村上一户人家检修漏雨的房屋。把活干完后他才去的柴云飞家。"申县令道："检修的房屋离柴云飞家多远？"泥瓦匠说："在柴云飞家的紧西边，中间只隔一家。""这么说，你站在那家房顶上能看到柴云飞家里的柴房？"申县令问。泥瓦匠："能看见。"申县令说："柴云飞婚礼那天，你看见什么人去过柴云飞家的

669

柴房?"泥瓦匠说:"看见柴云飞的姐姐柴云凤和她的表哥贾仁义进了柴房。后来,柴云飞也去过柴房。"申县令听完泥瓦匠的叙述后,认为贾仁义和柴云凤有嫌疑。于是,把案件的突破口选在柴云凤身上。申县令把想法给死者父亲说了。让父亲捎话给柴云凤,说自己病了,让她赶快回家一趟。柴云凤急忙赶到父亲身边。得知父亲患怪病,让鬼给拿住了!而拿住父亲的鬼魂不是别人,正是柴云凤已经死去一年多的弟弟柴云飞。柴云凤一来到父亲身边,父亲开口说话的声音就变成了弟弟柴云飞的声音:"姐姐,我死得好惨呀!"柴云凤闻言吓得瘫倒在地,断断续续地说道:"弟……弟,不是姐姐心……狠,这都是那贾仁义的主意。"这时,躲在里屋的申县令一声令下,柴云凤随即被衙役捆了起来。柴云凤把当时发生的事都说了。与此同时,另一路衙役则将贾仁义带到了县衙。原来,贾仁义和柴云凤是表兄妹,从小玩到大。贾仁义在柴云凤还是个姑娘时就勾搭成奸。由于是表兄妹,加之隐秘,没有第三者知晓。后来柴云凤远嫁他乡后,他们的关系也随之中断。柴云飞婚礼那一天,分别多年的贾仁义和柴云凤又重新遇到一起。趁着大家忙于婚事之机,他们到了柴房,房门未关。恰在此时,柴云飞来到柴房取东西。贾仁义见丑行败露,就将柴云飞扑倒在地,并顺手拿起地上的一截绳索将柴云飞勒死。最后,贾仁义问斩,柴云龙、柴云虎无罪。

述评:该案,县令申君借助百姓深信"鬼魂附体"的观念,设计模拟情景进而破案,造成涉案人心理恐惧,使柴云凤说出了实情。

类似案件:乾隆庚午年(1750),国库丢失了玉器。姚安公纪容舒(纪晓岚父亲)时任刑部江苏郎中,审理此案。纪容舒当时怀疑是管国库的"苑户"作案。当审问一个叫常明的人时,突然间,常明发出不正常的声音,自称被常明所害之人的阴魂,附身在常明身上,告发其罪。最后,案件告破。此事清代官方《邸抄》文献有记载。纪晓岚《阅微草堂笔记》记载较详细。

古人深信灵魂,深信死后的灵魂就成为鬼。所谓"鬼魂附体",指的是死者的"魂"附在活人身上,通过语言或行为表现出来。活的人因为深信有"鬼魂附体"现象而"道出真情",成为古代法医破案的一种手段。但科学证明,所谓"鬼魂"是人的大脑作用,是心理作用的结果,真实世界不会存在鬼魂。申君县令设计"鬼魂附体"破案的方法,属于法医心理学的实际检案应用,很有启发价值。

29. 枪子入出

清代章穆《调疾饮食辩》记载:"邻邑万年王姓者,善火枪,无虚发。一日携枪击飞鸟,枪喑不鸣,火绳亦灭。遥见隔陇有人工作,就与语,倚枪于肩,枪忽轰然一发,枪子从右耳根入左脑,入处孔仅如锥,出处击去脑骨一片,孔大如盏。其人倒地,抓搔泥土至成坑坎,手爪爬至见骨,堕落数枚,亦不自知。血流斗许,阅数十刻乃死。枪子中人,如遇霹雳,声发即死,不能移一步,不能出一声。此独可延数十刻之久者,盖其生平快意于铅子者甚多,鬼神故迟其死,使备尝此中之况味也。"意思是:邻县万年县有个王猎人,善于用火枪捕猎,弹无虚发。一天他携带火枪去打猎捕鸟,开枪时,火枪没响,且导火线也熄灭了。他远远看到农田里有人在耕作,就走过去跟他聊天,并把火枪靠在肩膀上,突然火枪"嘣"的一响,子弹经右耳进入左脑,子弹的入口处就像锥形一样,而出口处却掀去颅骨一片,如小杯子的大小。王猎人应声倒下,痛苦中,手不停挖抓泥土,直至成坑,徒手挖到都可以见到指骨,脱落几根指骨关节,也似乎不知道。流血盈斗,如此折磨了大约半天,最终痛苦地死去。子弹打中人,就如同雷鸣闪电,应声即死,被打中的人不可能走动一步,也不可能发出半点声音。而王猎人,却拖延半天之久,他生平喜欢用火枪肆意猎杀动物,死在他枪下的动物很多,所以鬼神有意让他迟迟死去,是让他感受其中的痛苦罢了。

述评:章穆,字深远,江西鄱阳人,清代医家。《调疾饮食辩》成书于清嘉庆十八年(1813),据作者章穆在书中《述臆》篇自述,其时"阅历病情五十余载",又据同治十年(1871)《鄱阳县志》记载章穆"年七十余暴疹",以年二十行医估算,章穆大约生于乾隆初1743年,卒于1813年以后。文中,章穆对"枪子入出"(枪弹伤的射入口和射出口)做了记录:"枪子从右耳根入左脑,入处孔仅如锥,出处击去脑骨一片,大如盏。"指出射入口小(孔小如锥)而射出口大(孔大如盏)的枪弹伤特点。说明乾隆年间清代医家已经对枪弹伤的射入口、射出口有了详细观察和描述。

有意思的是,章穆提出"鬼神故迟其死"的善恶报应观点,认为王猎人生前杀生太多,死于报应,痛苦不堪。我国古代儒释道三家文化在因果报应方面是相通的,如

《易经》"积善之家，必有余庆。"又如儒家人物《荀子》"积善成德，而神明自得，圣心备焉。"而佛教提倡"因缘果报""因果通三世"。这些文化民间百姓深信不疑。《洗冤集录·检覆总说上》记载："凡血属入状乞免检，多是暗受凶身买和，套合公吏入状。检官切不可信凭，便与备申，或与缴回格目。虽得州县判下，明有公文照应，犹须审处。恐异时亲属争钱不平，必致生词，或致发觉，自亦例被，污秽难明。"宋慈的意思很明白，检验不公也会遭报应。

30. 贡生毒饼

清代《萤窗异草·毒饼》记载：有位贡生，年近七旬。某天，出游时见集市有人售卖砒石，便假托自己用于杀虫，买了回去。贡生又买些饴糖，把砒石与饴糖一道研成碎末做成饼，请邻妇帮忙蒸熟。事后，贡生随手将饼撒在路旁。适逢邻村一位新嫁女子回娘家省亲后携带幼弟返回婆家。突然瞥见道旁有个布巾包裹，她捡拾打开查看，发现是热气腾腾的饼。妇人娘家贫，没带东西回婆家，没想到半路能捡到这些饼。于是，让小弟包好饼。回到夫家，谎称是奉母命拿来献给公婆的，丈夫举家无不喜笑颜开。饼共有七块，丈夫有事外出不在家，屋里正巧有七人，一人一块。婆婆不忍心吃，让给儿媳的弟弟。妇人见状，呵斥小弟，将他赶到门外，不让吃，婆婆也就不好再推托。不久毒发，全家乱作一团，又不知是从何引起，无从医治，七人竟无一生还。丈夫归家后，将妻子执送官府，妇人随后受酷刑，因身体纤弱，以致奄奄一息。且她不让自己的弟弟吃，百口莫辩，不得不屈打成招。案子审结，妇人按律拟处凌迟。行刑之日将近，贡生忽然跑到官府投案，还拿着当日剩下的一些饼作证。官府再提妇人验视，饼的样式大小果然与她当天捡到的一模一样。官府讯问贡生，他却说："我当时忽作此想，不过聊以为戏，最初也不曾料到会置人死地。如今听闻此妇蒙受冤枉，不胜惶恐悲戚，所以来自首。"贡生因误毒死七条人命，按律受大辟之刑。妇人脱罪出狱。

述评：该案，贡生撒饼，新嫁女子拾饼，毒死婆家七人，官府判新嫁女子投毒杀人。从法医证据链角度出发，这个案件判新嫁女子投毒的法医证据是有缺陷的。投毒案件形成证据链至少两项，一是制毒，二是投毒，这两项证据必须为独立来源，并对各自真实性和可靠性做出验证。如果两项证据不是通过独立来源获得的，一项证据是根据另一项证据提供的信息线索发现的,证据不可靠。新嫁女子没有任何制毒的证据,投毒是"拾毒"误毒死人,而口供是"屈打成招",仅凭"不让自己的弟弟吃"而定死罪。由于贡生自首,制毒、投毒(恶作剧"聊以为戏")的证据有了来源,避免了误杀。可见,法医证据验证的重要性。

31. 报恩文化

清代蒲松龄《聊斋志异·王六郎》,讲述的是一个捕鱼人因为每晚都向水中敬酒,感动了水鬼王六郎。王六郎以驱赶鱼来报答他。王六郎告知捕鱼人:"我实际是一鬼,只因生前饮酒过量,醉后溺水而死,已经好几年了。"王六郎和捕鱼人见面之后,友谊日益深厚。王六郎要投胎人世向捕鱼人告别。捕鱼人问"代者何人?"水鬼答:"溺水女。"中午时分,有一怀抱婴儿的妇女,到河边坠入水中。婴儿被抛在岸上,举手蹬脚地啼哭。妇女几次浮上沉下,后竟又水淋淋地爬上河岸,坐在地上稍稍休息后,抱起婴儿走了。当许某看到妇女掉入水中时,很不忍心,想去相救,但一想这是六郎的替身,打消救人的念头。当又看到妇人未溺死,心中怀疑六郎所言。当晚,捕鱼人问六郎白天的事。六郎说:"本来那女子是替我的,但我怜她怀中婴儿,不忍心为了自己一人而伤两个人的性命。因此,我决定舍弃这个机会,但又不知何时再有替死的人。"捕鱼人说:"你这种仁慈之心,总可感动玉帝的。"后来,王六郎做了招远县邬镇的土地。

述评:这则故事讲的是报恩文化,只不过主人翁是水鬼。因为捕鱼人每晚都向水中敬酒,所以,王六郎要驱赶鱼来报答,表现了王六郎知恩图报。在与捕鱼人相识后,王六郎告知自己是多年前溺水而死的水鬼,可见其真诚。当王六郎要转世找替身时,看到溺水的妇女带小孩,"怜她怀中婴儿,不忍心为了自己一人而伤两个人的性命",这是舍己救人,品德高尚。鬼能做到,人更要做到,这是蒲松龄要表达的思想,也是蒲松龄想要提倡的。

报恩文化在宋慈《洗冤集录·序》里也有记载:"慈四叨臬寄,他无寸长,独于狱案,审之又审,不敢萌一毫慢易心;若灼然知其为欺,则亟与驳下,或疑信未决,必反下覆深思,惟恐率然而行,死者虚被涝漉。"宋慈对"皇恩"所赐四任提刑职务的报答形式是"不敢萌一毫慢易心";而对工作中谨慎检验以避免"死者虚被涝漉"造成冤案，宁愿用尽个人所有精力，反复深思，也绝不"率然而行"，表现了宋慈对职业负责的高尚品德。宋慈在《洗冤集录·条令》中说："'欲睿旨下刑部看详，颁示遵用。'刑寺长贰详议：'检验不当，觉举自有见行条法；今检验不实，则乃为觉举，遂以苟免。今看详命官检验不实或失当，不许用觉举原免。余并依旧法施行。奉圣旨依。'"这里，宋慈要报恩的思想表现得淋漓尽致。

32. 秘方不传

清代蒲松龄《聊斋志异·真生》说：长安一位读书人贾生和一位得道狐仙真生是好朋友。真生有一块黑色点金石，念一番咒语，再用黑石在瓦砾上磨蹭几下，瓦砾便立刻变成一块白金。真生把宝石像宝贝一样加以珍藏，咒语也保密不传人。……山东长山县某人，专卖砒霜的解毒药，即使病情垂危，服了他的解药，也能转危为安。然而，秘方不传，他的解药药方是保密的，即使亲戚好友也绝不传授。一天，因别人犯罪，他被株连而下狱。其妻弟来狱中送饭，偷偷地把砒霜掺进饭里。妻弟坐在旁边，见姐夫把饭吃完，才把下毒的事告诉他。起初他并不相信，过了一会儿，腹中开始疼痛，才大惊失色，骂着说："畜生还不快去！家中虽有药粉，恐怕路远难等；你赶快在城里找些木莲草，研成细末，再准备清水一杯，快快拿来！"妻弟按照他教的方法备齐了药物。等到妻弟回来，他已经上吐下泻，快要毙命了。妻弟连忙把解药灌进姐夫的肚子，姐夫立刻转危为安。他的秘方从此就传开了。这也就像狐仙秘藏他的宝石一样。

述评：蒲松龄《聊斋志异·真生》讲到砒霜解毒药的"秘方不传"，就像狐仙秘藏他的宝石一样。药方保密，久而久之就会失传；秘方不传，不利于治病救人；祖传秘方或秘藏，不利于开发和传播，是不可取的。这个故事，实际上是蒲松龄对古代"秘方不传"进行的抨击。我国古代仵作检验也有这种情况。早期仵作多出自殓尸殡葬的人，仵作被官府聘为验尸工作后，几乎还是家族为业，口口相传，或靠师傅传授，甚至有些技艺秘不外传，这也注定了仵作职业的自身缺陷。所以，早期检验水平低下，几乎没有看到仵作总结的检验书籍。但宋慈看到了这种情况，宋慈在《洗冤集录·序》中指出："遂博采近世所传诸书，自《内恕录》以下凡数家，会而粹之，厘而正之，增以己见，总为一编，名曰《洗冤集录》，刊于湖南宪治；示我同寅，使得参验互考。如医师讨论古法,脉络表里先已洞澈,一旦按此以施针砭,发无不中,则其洗冤泽物,当与起死回生同一功用矣。"由此可见,宋慈反对"秘方不传"的做法,而是把前人的经验加以归纳(博采近世所传诸书),把自己的经验加以总结(增以己见,总为一编),把法医问题加以研究(医师讨论古法),把检验方法在实践中加以应用(洗冤泽物),这就是宋慈的法律思想、学术思想,也体现了宋慈的伟大,值得后人赞赏。

33. 聂政神威

图59 〔清〕广百宋斋《聊斋志异图咏·聂政》

蒲松龄《聊斋志异·聂政》记载,明代的怀庆潞王,荒淫无德。他经常到民间去,发现美女总要抢夺到手中。有个王生的妻子,被潞王看上了,潞王便派遣车马径直进了她家。王妻号啕大哭不服从,被强抬着出了门。王生逃了出去,藏身在聂政墓地,希望妻子经过这里,能远远地和她诀别。不多时,妻子到了这里,望见丈夫,便大哭着扑到地上。王生悲痛的心情无法抑制,不觉哭出声来。跟从的人知道了他是王生,就抓住他,要用鞭子抽打他。忽然坟墓中出来一个男子,手握利剑,气势威猛,厉声说道:"我是聂政!良家女子岂容强占。看在你们身不由己的分上,暂且饶恕你们。给那个昏王捎句话,若再不改恶行,没几天就将割他的脑袋!"聂政神威,使众人大惊,弃车而逃,男子也进入坟墓不见了(图59)。王生夫妇叩拜了聂政墓回家,仍然害怕潞王再派人来。过了十几天,竟然毫无消息,心情才安定下来。潞王的淫威从此也有所收敛。

述评:蒲松龄《聊斋志异·聂政》里的聂政,与《史记·刺客列传》中的聂政不同,这里主要彰显其伸张正义的"神威"。蒲松龄渴望官府里有这样的机构或人来仗剑主持正义。历史上还真有这样的机构,那就是宋代的提点刑狱公事,简称提刑司(只有宋代设置),其官员由朝廷选派,主要掌管刑狱之事。南宋出现了敢于仗义主持公正,利用检验手段洗冤的官员宋慈。宋慈科举出身,从一县的县尉做起,到知县州府通判,再到广东、江西、广西、湖南四地的提点刑狱公事官。据刘克庄为宋慈写的墓志铭记载,宋慈在广东担任提刑时,属吏多不奉法,有嫌疑人被囚禁数年不能得到审理,他限期加以审理,八个月裁决了二百多个死刑犯,在巡查所辖的州县时,"雪冤禁暴"。宋慈在《洗冤集录·序》中说,他断案重视获取物证和案情的推理,案情"疑信未决,必反复深思",以"检验"乃"死生出入之权舆,幽枉屈伸之机括"。他所写的《洗冤集录》被认为是世界上最早的法医学著作,也很大程度上与宋慈公正检验有关。刘克庄在墓志铭中称宋慈"听讼清明,决事刚果,抚善良甚恩,临豪猾甚威。属部官吏以至穷闾委巷,深山幽谷之民,咸若有一宋提刑之临其前"。

34. 吸童精髓

清代史学家赵翼《檐曝杂记·妖民吸精髓》记载了一件嘉庆十六年(1811)八九月间的事:"徽州歙县颜子街有妖民张良壁,能吸童女精髓,年已七十余,须眉皓白,而颜貌只如三四十岁人。其术诱拐四五岁女童,用药吹入鼻孔,即昏迷无所知,用银管探其阴,恣吸精髓。女童犹未死,抱送还其家,或数日,或十数日始殒命。人皆不知其中伤也。忽一日门扇有罅缝,同被诱之女童瞥见之,归语其父母,事遂败露。此声既扬,县尉某先拘其妾某氏讯供。诸被害家亦争控于官,然无赃证。良壁到案,挺身长跪，抗论不挠，谓：'从古无此事，何得以莫须有之事诬陷人？'严讯三日，并呼其妻质对。始吐实。二十年来，被拐者共十七人，其四人尚无恙，余十三人皆被戕。适有同乡御史吴椿官于朝，合邑士民公札寄知，椿据以入奏。皇上饬地方有司，讯得实情。良璧照《采生折割律》凌迟处死，妾及子皆遣戍，失察之官吏黜革有差。"

述评：本案，张良璧为"返老还童"而"吸童女精髓""采阴补阳"。最终，被重判。《大明律·刑律二·人命》"采生折割人"条中规定："凡采生折割人者，凌迟处死，财产断付死者之家。妻、子及同居家口虽不知情，并流二千里安置。为从者斩。"

35. 六指马五

《清史稿》记载：嘉庆年间（1796—1820），浙江黄岩知县尹英图接到一桩案子，告状人张九渊称自己的儿子在昨晚新婚之夜被杀害。张九渊称："昨天儿子张明结婚，儿媳是曹氏，在院子里摆了酒席，村人邻舍都来吃喜酒，新人入洞房后安歇。到了第二天早上，叫儿子、儿媳出来吃饭，结果只有曹氏一人出来。问儿子张明，儿媳说，天不亮就出去还没回来。等到中午，还没回来。中午做饭，让儿媳曹氏帮忙去拿柴，结果儿媳在后院柴堆里看到了儿子张明的尸体。不知道谁杀了儿子，喊来保长，就来报案了。"因是人命案，知县尹英图就带着仵作、衙役来到了案发地张九渊的家。知县尹英图经过仔细勘查，令仵作验尸，发现死者张明胸前有三处刀创，其中一刀伤及心脏，为致命伤。验尸完毕，知县尹英图审案。

根据张九渊的供词，以及案发现场的情况，知县尹英图把死者的妻子曹氏列为嫌疑人，原因有三。一是新婚之夜，只有新娘曹氏和新郎张明在一起。二是新郎张明天不亮就出去，也只有曹氏一人知道。三是新郎张明的尸体，也是曹氏首先发现。知县尹英图提审年仅15岁的曹氏。曹氏供说："新婚之夜，我一直在等丈夫张明给我揭开头上的盖头，可是他在地上走来走去，一直没有揭我的盖头。上厕所回来，先把蜡烛吹灭之后，才揭开我的盖头。然后，就直接把我拥到床上去行了夫妻之事。可是，天不亮，丈夫就开门出去，然后再也没有回来。"知县尹英图接着问道："你和丈夫夜里说过话吗？"曹氏道："丈夫曾问我陪嫁的首饰放在什么地方，我告诉了他。可在发现丈夫尸体后，我回来查看首饰盒，却发现首饰金银全不在了。"知县尹英图再问："你

677

记得丈夫有什么特征?"曹氏道:"他在摸我的身体时,好像他的右手是六根手指。"知县尹英图立即把仵作喊来,问道:"死者新郎右手可是六指?"仵作说:"死者张明不是六指,乃为五指。"知县尹英图推断:新郎张明去厕所是真,不过可能在他上厕所时,有人进入了院子,恰好被张明看到,其人怕张明大喊,乃用刀刺死了张明,然后将尸体丢入柴草堆里。接着,又以新郎张明的身份进入洞房,不但骗奸了新娘曹氏,又骗走了曹氏的金银首饰,然后逃走。此凶犯现在是身有三罪:杀人、强奸、盗窃。知县尹英图认为六指就是该案件的切入点。于是,就把当地的保长和甲长全部召来,问查手长六指之人。结果,案发之村就有一个六指之人,巧的是这六指青年还是一个二流子,叫马五。知县尹英图听罢,立即令人把马五抓来,就地审讯,让他自己招出杀人、骗奸等事,马五大呼冤枉。知县一听,喝令用刑。马五酷刑下承认自己在新郎张明和曹氏新婚之夜,杀人、骗奸、盗走金银首饰过程。知县尹英图遂将案件呈报,给马五拟为斩立决。因为有六指这个证据,上面也没有仔细审核,便批准了处决,马五被斩。受害人曹氏,刚嫁入门,第一夜就被歹人奸污,随嫁之物被骗走,丈夫也被杀害。被奸污之事还公之于世,羞愤难当,上吊自杀。新郎张明之父母,先是儿子刚死,安葬完毕,又是儿媳自杀,也双双上吊自杀。至此,这桩案子五人死亡。数年后,黄岩县一商人到福建福州从商,在住店时遇到了一个老乡。两人一桌吃饭喝酒。那位老乡就问起数年前的那桩黄岩新郎被杀案件。商人说早已破案,凶犯也已处决,不过你远在福建,如何也知道这案子呢?老乡喝多了酒,加上得知案件早已了结,就把自己作案的具体过程说了出来,如何杀新郎,如何冒充新郎奸污新娘,又如何顺手骗走了新娘的陪嫁金银首饰,然后一路逃走,等等事宜。商人发现老乡恰是六指。于是,趁着上茅厕的间隙,让自己的随从悄悄去福州衙门报案,自己则继续和老乡喝酒。福州衙门接到报案后,听说人命关天,立即命人前去抓捕凶犯。

经过福州知府、巡抚连夜审讯,案情的真相终于浮出了水面:这个六指是一个惯偷,当天,听闻张九渊家办喜事,认为有东西可偷。所以,刚入夜就进入张家院子,躲在后院的柴草堆里,原本想等夜深人静之时再行窃。结果被上厕所的张明发现,情急之下,他拔刀杀死张明。接着脱下张明的衣服,想寻点财物离开,可是张明身上、

第七章　清代的法医学与社会治理关系研究

衣服上竟一文没有。就这样空手离开，总有不甘。于是，他就干脆穿上新郎的衣服，来到洞房。原为窃财，又发现新娘还蒙着盖头等新郎。便吹了蜡烛，直接把新娘拥入床上行云雨之事。完事后，又跟新娘闲聊，继而打探出新娘金银首饰所在，再之后推说自己有早起习惯，就卷了新娘的金银首饰来到后院，从新郎身上拔下凶器，然后逃到福州数年。最终，没想到喝酒时，对商人说出了秘密。当时，福建和浙江都隶属闽浙总督管理，福州知府审完案后，拟罪斩立决。立即上报闽浙总督，又报刑部。批复很快就下来，依福州知府所拟，马上就地处斩。按《大清律例·刑律·断狱下》"官司出入人罪"条："若断罪失于入者，各减三等；失于出者，各减五等。"黄岩县知县尹英图，属于误判，依《吏部处分条例》，革职查办。

述评：知县尹英图办案草率，六指马五无辜被杀。该案明显有问题，虽然有六指证据，但曹氏又没看清脸，只知六指，而六指之人，又非马五一人。证据还有漏洞，那就是二件物证，既然马五承认自己盗取新娘曹氏的首饰金银，为何不对赃物进行检验？既然马五承认自己杀了新郎张明，为何不让他交出作案凶器、对凶器进行检验和对尸体上三处创口进行"刀与创比对"检验？赃物和凶器都是最关键的物证。若无物证，又如何能够判定马五就是凶犯呢？因此，该案法医检验是有缺陷的，而导致错案就不可避免了。

36. 棍棒所毙

清代庆兰（长白浩歌子）《萤窗异草》记载：一个叫秀莲的女子嫁给一个姓彭的小吏。无赖看中了秀莲，和彭家亲戚二姑串通一气，将秀莲骗到磨坊欲行不轨。秀莲的裤带被解开，但坚决不从，一脚踢中了无赖，趁机逃回了家里。秀莲刚回家，丈夫彭生见其衣冠不整，裤带断裂，怀疑她已经失身，拿起短棍打了秀莲一顿。秀莲见丈夫动武，更加气愤，呼天叫地喊冤鸣屈，声音凄惨，连左邻右舍都听得清清楚楚。彭生连打了十几下，秀莲一肚子委屈，说什么也不肯屈服。公公、婆婆不理秀莲。彭生拽着秀莲的头发拳棒交加，让秀莲说清扯断的衣带，逼她承认自己失身事实。秀莲本就被无赖打伤，现在又遭到丈夫的毒打，伤势更加严重，身体渐渐支持不住，断气身亡。这时，彭生方才害怕，虽然无意打死妻子，但按律法也应该以命抵命。想来想去，把秀莲的尸体移到屋外即将倒塌的院墙，然后用力推倒，造成意外而死的假象。做完这一切，彭生禀告父母。天一亮，彭生就赶到岳父家去报丧。岳父扒开砖土，只见女儿遍体鳞伤，面目很难辨别，两眼更是噙着泪水，心中顿时起了疑心。秀莲的父亲怀疑女儿是被人打死的，随即向官府告状。官府派人来调查，邻居看不惯彭家父子的行径，如实说那天五更在梦中醒来，就听见女子悲惨的哭叫声。官府仵作，熟读《洗冤集录》，见到秀莲身上呈条索状中空形瘀斑，看出了破绽，指出秀莲致命伤并非砖石砸死，而是被棍棒所毙。县官一番严刑逼供，彭生很快承认打死妻子的事实。因为无故殴打妻子致死，彭生被判绞刑，投入大牢。但二姑和无赖却侥幸逃脱了制裁。天下没有不透风的墙。没过多久，二姑的事传到了她父亲那里，他偷偷跟着她，几次看见她和陌生男子有说有笑，于是起了疑心。半夜，二姑的父亲透过窗户一看，居然发现二姑和男子赤身睡在一起。气愤之下，二姑父亲亲手用刀杀了女儿，更砍下了无赖首级，奔赴县衙投案。官员又从牢中把彭生提出审问，见到无赖的首级，彭生这才如实招供当夜全部经过。事到如今真相大白，县官考虑到这件案子的罪魁祸首已死，只是打了二姑父亲二十大板。彭生罪不可赦，维持原判绞刑。

述评：《萤窗异草》所记载的这个案子中，破案关键在于仵作熟读《洗冤集录》："凡他物打着，其痕即斜长或横长。""小杖痕，左边横长三寸，阔二寸五分；右边横长三寸五分，阔三寸。各深三分。大杖痕，左、右各方圆三寸至三寸五分，各深三分。"因秀莲身上呈条索状中空形瘀斑，仵作认定秀莲被丈夫彭生用棍棒打死伪装墙倒压死。

37. 仵作甘结

道光三年(1823)阴历六月初一山西太原府榆次县东双村农民赵添和下地耕种。中午时分，妻去送饭，留女儿二姑一人在家。同村阎思虎(38岁)将赵家门悄悄打开，入室后即被二姑发觉，正欲惊叫，被阎一手掩口，一手又将其双手按住强奸。二姑被奸后不吃不喝，每日痛苦不已，人渐消瘦，且此时二姑事外界已有风闻，二姑订婚之婆家也提出退婚。二十五日，赵添和看到此状，即到榆次县衙告阎思虎强奸其女二姑，知县吕锡龄令将阎思虎抓获到案，并传唤二姑、曹氏。阎思虎给知县、班头、刑书、仵作、稳婆等人行贿，诬告二姑叔父赵添利欠自己赌债。二姑见叔父被诬，自己被奸，冤又不得申，随即取所带剃刀抹喉而倒地，血溅大堂死去。班头将二姑之死讹诬叔父赵添中身上。知县传仵作李文验看。仵作李文说无血，遭吕呵斥，改口说有，并出具甘结。知县请太原府知府沈琮檄委太原县知县章颂春验讯。初五日，章带领仵作崔昙查验，验明二姑系自刎身死，又经稳婆岳朱氏查验，二姑已破身，仵作、稳婆出具甘结。章在填报尸格时改为和奸字样，并将二姑年龄从十三岁改为十四岁。赵二姑的母亲上诉到府衙。府台袒护县令，逼她是诬告。其母悲愤交加，一头撞向公堂，顿时血流满地。赵添和到京城投诉至御史梁中靖。梁中靖仔细询问了案情始末，认为原判决与事实不符，应予澄清，便奏知皇帝。道光帝当即传旨，令山西巡抚邱树棠提审此案。邱树棠接旨后没有亲审，委托山西按察使卢元伟、太原知府沈琮、忻州知州庆纯、平定州知州贾亮采、太原县知县章颂椿及榆次县知县吕锡龄会审，结果仍维持原判。梁中靖通过明察暗访，查清了赵二姑的冤情及山西各级官吏串通包庇、收受贿赂的情况，上朝向道光帝汇报。在梁中靖的亲自参与下，此案真相大白。道光四年（1824）五月初二道光帝降旨，命将阎思虎、榆次县衙门丁苏大尤，刑书董必达，皂役曹宗洛，散役要维、郝明、武思德、郝添源，仵作李文和卜尊周及山西地方有关官员押解来京交刑部严议。六月十三道光帝再下谕旨明示此案处理结果。最后奸污赵二姑的阎思虎依律问斩，仵作李文等差役治罪，山西省巡抚、道台、太原府、榆次、忻州等七名受贿官员革职查办。

述评：这个案件又称"赵二姑案"，该案中有仵作制作虚假甘结的情节。甘结指我国古代诉讼案件中仵作、证人等出具自己担保供述属实，否则甘愿承受处分的文书。仵作甘结，是仵作验伤验尸时做出不虚假检验的承诺，是具结制度中之一种。所谓"具结制度"，指的是官府在审理案件时，在审讯过程中和审结之后，由仵作、犯人、证人等出具保证检验、证言属实没有虚假或对裁判结果表示服从的保证文书，这种文书又称"甘结"。甘结作为保证文书，在宋代就已存在，《通俗编·政治·甘结》记载："《续通鉴》：宋宁宗时，禁伪学，诏监司帅守荐举考官，并于奏牍前具甘结，申说并非伪学人，甘结二字见此。"《六部成语·吏部·甘结》注解："凡官府断案既定，或将财物令事主领回者，均命本人作一情甘遵命之据，上写画押，谓之甘结。"此制于宋代为常。宋慈《洗冤集录·检覆总说上》:"遇夜行吏须要勒令供状,方可止宿。……勒令行凶人当面对尸仔细检喝;勒行人、公吏对众邻保当面供状。"宋慈《洗冤集录·火死》:"如尸被火化尽,只是灰,无条段骨殖者,勒行人、邻证供状:缘上件尸首或失火烧毁,或被人烧毁,即无骸骨存在,委是无凭检验。方与备申。"这里,仵作供状就是一种具结。元代《圣朝颁降新例·检验法式》:"仍取苦主并听一干人等,连名甘结,依式备细开写当日保结。"对于殴伤、命案,仵作检验时具结保证公正填写尸格、尸图。当时的具结,多用于公务之中或社会事务,而它真正成为一项司法制度,则在清代。《大清律例》第336条规定:"词内干证,令与两造同具甘结,审系虚诬,将不言实情之证佐,按律治罪。"另外,《牧令须知》《福惠全书》等官箴文书对诉讼参与人具结的要求也有详细记载。所以,在"淡新档案""巴县档案"中收录的多数案件都附有相关具结文书,也就理所当然了。在诉讼过程中,需要具结的人包括原告、被告、证人、仵作、保人等。起诉时为了减少不必要的讼端,官府要求原告具结,"不敢冒捏混控等情,如作假甘愿坐罪"。仵作保证没有捏造事实,谎告、诬告,否则甘愿承担诬告罪的处罚。对于殴伤、命案案件,则需要仵作检验伤情,为确保验伤环节客观真实,仵作填写伤口几处、伤口大小、是否致命等伤情报告后,还得具结表示"不敢捏饰增减混报情弊等情""不敢扶同捏饰,如违甘罪"的甘结。也就是说,仵作检验后交给官府一份"甘结"画押字据,保证检验一事,并声明不尔则甘愿受罚。

仵作甘结是古代法医学检验的一种制度,也是一种文化。仵作甘结亦指奉命承办官府事务而立下的一种保证文书。自宋至清一直沿用。民国时期,法医研究所在上海成立,林几教授任法医研究所所长,他出具的每份法医鉴定书结论的末尾都要写上,此鉴定"公正平允,正直不虚"八个字,以示对法医鉴定的承诺、宣誓。我国历史上有盟誓的礼仪,在古代司法上有仵作甘结、具结制度。2019年10月14日,最高人民法院审判委员会第1777次会议通过了《最高人民法院关于修改〈关于民事诉讼证据的若干规定〉的决定》,2019年12月26日发布,自2020年5月1日起施行。这次对2001年12月6日发布的《最高人民法院关于民事诉讼证据的若干规定》做了重大修订。要求把鉴定人对鉴定意见宣誓、郑重陈述作为判断鉴定意见可采信的法律要件。最高人民法院出台的司法解释中首次规定了司法鉴定郑重陈述承诺制度，完善了我国司法审判中对鉴定意见的科学性、公正性审查，也是法律制度和文化传承的具体表现，具有重要的历史和现实意义。

38. 亡者归来

清代吴炽昌《客窗闲话》记载：河间府吴桥县连镇，有座布匹集市，当地百姓大半以贩布为业。有位肩挑小贩张乙，长年挑担布匹，奔波在外售卖，两三月才回家一趟。张乙娶妻李氏。张乙新婚满月后，又匆匆出门贩布，数月不回。李氏独自在家，被当地武科生员许三引诱成奸。此事被婆婆获悉，等到儿子张乙归家，张母备述儿媳李氏与许三苟且私通之事，让儿子立刻休掉妻子李氏。张乙不得已写下休书，将妻子逐出门。李氏转投许三专置的供自己和她求欢的宅院。数月之后，钱财供给渐渐不支，许三威逼李氏做娼。李氏畏惧鞭笞，不敢不从。张乙休掉妻子，内心始终负气，行商再归，已是半年过去。他与李氏"情犹未绝"，得知其被迫为娼，悄悄前去探望。李氏见到张乙，登时痛哭流涕，深表后悔，牵手留其共睡，并交还休书。张乙回家后，不敢告闻母亲。次日，许三闻李氏昨夜有客，然不知客人是张乙，向她索要卖身钱。李氏无钱回应，许三大怒，扒光其衣，重加鞭挞，李氏无法忍受，只好吐露实情。许三找恶少商量："李氏这贱人的丈夫已收回休书，倘若他以我夺占其妻告到官府，如之奈何？"恶少道："其丈夫不过是一位贩布脚商，不会想到这么深。他必然还会再来，可预先埋伏左右，群起殴打，使其惧逃。"不久，张乙牵挂李氏，果然又来，恶少群起攻击，张乙寡不敌众，只得伏地不动，假装身死。许三见打死人命，众恶少当场一哄而散。张乙发觉众人散去，感到自己遍体鳞伤，不敢回家面见母亲，奋力匍匐到河边，当晚便乘船抵邻县，找到做生意的朋友家。朋友见张乙身带瘀伤，惊问缘故，张乙谎称酒后与人斗殴，后被人打伤，为求调理治伤，只好"谋避匿行"。朋友延请郎中上门医治，张乙伤情好转痊愈后，与朋友合伙，贩布关外。当时，连镇河水干涸，芦苇丛内漂出一具浮尸，地保呈报官府，知县带仵作赶到现场勘验，死者遍体鳞伤，似遭群殴致死后，丢弃河中，尸体已面目腐烂，无法辨认。知县为收殓缉凶，四处张贴告示，寻找死者亲属。张乙母亲，数日不见儿子归家，寻访无着，有人告说河畔有具浮尸，极有可能是其子张乙。张母具状告到县衙，言称许三拐骗儿媳，殴杀儿子。知县开棺，让她辨认，张母目睹尸体衣上右肩有补丁，认道："我儿子身为布贩，挑担行走，衣肩易破，我曾用白线配旧布缝补，是否如此，还请大人验定。"知县唤仵作验尸，脱洗尸衣验看，果然有白线旧布缝于衣肩。公差立刻按令拘拿审问，许三和恶少当堂认罪。此案拟定后，县衙很快行文呈报抚按。许父认为："这浮尸并非张乙，张乙年少身短，这尸体年老身长，虽面目溃烂，然有一缕花白胡须，这就是明证。"许父急忙控告。官府重新验尸，确有问题，但既找不到张乙，又不知浮尸是谁，陷入僵局，已一年有余。张乙和朋友合伙行商，获利颇多，择期返家探母。张母得见儿子，喜惧交加，详述案情缘由，让他仍远走他乡，躲避藏匿，以免官府追责。张乙摆手道："不可，我本无罪责，若令许三抵命，那我罪过不轻，并且终身无法回归故乡，不如自首。"随后赶到县衙，向知县陈述始末。知县看到"亡者归来"，大惊，携张乙前往省城面告抚按，所幸许三等人尚未行刑。最终，许三以"和奸罪"论处，杖八十，革除武科生员资格，戴枷示众。

述评：本案，作为证据的法医鉴定却摆在口供之后。因为，初次鉴定只凭"尸体衣上右肩有补丁"予以认定，重新验尸发现"张乙年少身短，尸体年老身长，有一缕花白胡须"。本来在"既找不到张乙，又不知浮尸是谁"的情况下，证据有缺陷，不能定案，但在重口供年代，还是依口供认罪上报。一年多后"亡者"张乙归来，才使案件得以澄清。因此，该知县是办了一件错案，好在尚未行刑，否则铸成错杀人的冤案。

39. 辨验诗扇

清代蒲松龄《聊斋志异·诗谳》记载：周元亮任青州知府时，青州发生一起杀人案。青州人范小山贩笔为业，出外做生意没有回来。四月间，范小山的妻子贺氏独居在家，夜里被盗贼所杀。当天夜里飘着微雨，泥中遗落一柄诗扇，扇上写着王晟赠吴蜚卿。王晟是谁，没人知道；吴蜚卿，是益都的富户，与范小山同乡，平日里有些轻浮放荡，因此同乡人都相信范小山的老婆是他杀的。那把遗弃的扇子，上面有吴蜚卿的名字，看似吴蜚卿是扇子的主人，有作案的嫌疑。衙门将吴蜚卿拘押审问，吴蜚卿坚决不肯认罪，皮肉之苦，身被械梏，最后还诬以成案。定案后，上司驳回，经过多次押解复审，十几个官员过了手，都没有不同意见。不久，周元亮任青州知府，复查到吴蜚卿，若有所思。周元亮问："吴某杀人，有何确凿证据？"范小山回答有扇子为证。周元亮仔细看那把扇子，问："王晟何人？"大家都说不知。又将判决书仔细看了一遍，马上命令将吴蜚卿从死牢移到外面看押。周元亮写了朱签，命令马上拘来城南某酒店老板。老板押到衙门，周元亮问他："酒店墙壁有署名'东莞李秀'的诗，何时题写的？"酒店老板回答："去年提学大人来的时候，有日照来的两三个秀才，喝醉了酒题的。"周元亮派遣衙役到日照，将李秀拘来。几天后李秀被带到堂上，周元亮怒喝："你既然是个秀才，为何谋杀人？"李秀叩头说："没有杀人！"周元亮将扇掷下，让他自己看："明明是你写的诗，为何假托王晟的名字？"李秀仔细观看，说："诗是我写的，字确实不是我写的。"周元亮问："既是你写的诗，应当就是你的朋友。谁写的？"李秀说："字迹像是沂州王佐的。"周元亮派遣差役将王佐押来。王佐押到后，向对待李秀一样喝问。王佐说："这是益都铁商张成要我写的，说王晟是他的表兄。"周元亮说："盗贼就是他了。"将张成抓来审问，立即供认不讳。原来，张成窥见范小山老婆贺氏长得美，想调戏她又怕弄不成，想来想去，就假托吴蜚卿名义，必定人们都相信。因此伪造了吴蜚卿的扇子，拿着前往。打算弄得成就自认是张成，弄不成就嫁祸于吴蜚卿，本来没打算杀人。他跳墙进去后，逼迫那妇人。没想到那妇人因为独居，平时带着利刃自卫。发现有人，贺氏抓住张成衣服，操刀而起。张成害怕，夺了刀。贺氏紧抓住他不放，让他不能挣脱，而且大声哭叫。张成为脱身杀了她，然后将扇子丢下逃跑。一把小小诗扇，最后还是暴露了凶手的行迹。吴蜚卿冤案，到此时昭雪。

40. 祈梦决狱

清代纪晓岚《阅微草堂笔记·滦阳消夏录四》记载：有个县官，遇到一件凶杀案件不能判决，而且牵连的人员日日增多，于是就到城隍庙中去求梦。他梦见一神灵给他带来一只鬼，这鬼头上顶个瓷杯，杯里种着十余棵竹子，竹子青葱翠绿招人喜爱。梦醒后县官便检查案件，发现其中有个姓祝的嫌疑人，"竹"与"祝"音相同，县官便认为梦中的意思就是这嫌疑人的名字与"祝"有关。因此县官尽力去追查嫌疑人，但是找不到他犯罪的蛛丝马迹。他再次检查案件，发现其中有个名字中带"节"的嫌疑人,县官心里暗念道:"竹"子有段节,这嫌疑人的名字正与"竹"有关。便尽力去追查这嫌疑人,仍找不到他犯罪的蛛丝马迹。这样真正的罪犯逍遥法外,还活着。县官再也没有破案的计策了,于是便把这案件当疑案上报,请求别人搜查捉拿杀人犯,但是最后也没有找到杀人犯。

述评:这个案件便是纪晓岚讲的"祈梦决狱"典故。这个典故要告诉人们,断案决狱不能靠侥幸,而要深入调查,实地勘验,否则靠"祈梦决狱"必然会"穷治亦无迹"。

41. 真假龙图

袁枚《子不语·真龙图变假龙图》记载此案。

乾隆年间(1736—1795),福建省仙游有个叫王文俊的人家境富裕。王文俊四处拈花惹草,佃户侯老三身材短矮,其妻子黄兰香貌美。一天晚上,侯老三去县城看望母亲,王文俊于是偷偷来到侯老三家与黄兰香厮混。自此以后,隔三差五,王文俊便常来找黄兰香。秋天来到之后,天气变得很冷,路上来往很不方便。二人于是私底下商议,想办法将侯老三弄走,以免妨碍二人。

为了弄走侯老三,王文俊进城找人帮忙。王文俊在城中有个好友,是县衙主簿,人称其为曹师爷。曹师爷告诉王文俊,新来的县令叫宋济世,此人自诩包龙图包拯在世。他不会接受任何人的吃请贿赂。

曹师爷给王文俊找来一个算命先生,王文俊带着算命先生返回村里。

回到村中之后,王文俊腾出一间厢房安顿了算命先生,将其待为上宾让其为家奴轮流算命。算命先生所言之事无不应验,人们纷纷登门拜访。侯老三也去算命。算命先生仔细端详了侯老三的手掌之后,不禁哀叹起来。侯老三不明就里,心中甚为着急。于是,便对算命先生说:"先生何故如此?本人是否有恙?"

算命先生告诉侯老三,今年是你的本命之年,必然有火灾。唯一的解脱办法,只能以水克火,入冬之前赶往四川省避祸,经营一年半载回家,必能逢凶化吉、招财进宝。侯老三听罢,当即转忧为喜,于是和妻子黄兰香商议,决定过几天就起身。第二天早上,侯老三又向王文俊借了一些钱作为本金,又把妻子的生活做了一些安排,几

第七章 清代的法医学与社会治理关系研究

天后就离家而去。

侯老三走后,王文俊与黄兰香更加肆无忌惮,黄兰香随意出入王家宅邸,成了半公开的小妾。侯老三却一去不复返,一直没有返回家中。

众人皆知侯老三背着包袱离开了家门,冬季出得门去,夏季却不曾回来。黄兰香与王文俊在家偷鸡摸狗,莫非侯老三已经遭人暗算了?侯老三被害的传闻一传十,十传百,很快就传到了县令宋济世的耳朵里。宋县令问曹师爷,曹师爷说黄兰香和王文俊关系暧昧,侯老三被害一事却是道听途说,不足采信。由于没有直接证据,宋县令只得就此作罢,不去理会。

几天之后,有村民前来报案,说是仙游山下一枯井之中发现腐尸。宋县令一听,当即命人赶去勘验,确定尸体为男性,由于尸体已经腐烂,面目无法看清。枯井内发现尸体的消息很快不胫而走,轰动了县城和附近村镇。侯老三的哥哥侯老大呈上状纸,求宋县令为弟弟申冤昭雪,宋县令当即逮捕了王文俊和黄兰香。

王文俊和黄兰香被捕,宋县令当即严加审讯,二人招架不住痛打,只得承认了私通之事,却矢口否认杀人。宋县令认为,黄兰香和王文俊私通,以算命先生诱骗侯老三,将侯老三骗出家门之后杀死,尸体丢入枯井之中。二人死不承认,必是做贼心虚。宋县令于是下令重责二人,以夹棍、竹签等刑罚逼供,王、黄二人顿时皮开肉绽,实在熬不过酷刑,二人只得承认杀人,凶器丢在了村旁的溪水里了。

宋县令当即让二人画押,然后呈文上报。很快上面批复下来,将王、黄二人秋后处斩。行刑那天,王、黄二人被押在囚车之中,由士兵推着押赴刑场。沿途之上,人群纷纷向二人丢去石头、鸡蛋,并不断痛骂二人。老百姓皆称赞宋县令为"宋龙图",俨然包拯包龙图在世。当地人还将此事编成了《监生偷香》杂剧,到处演出。

第二年冬天,仙游城内的城隍庙上演了《监生偷香》杂剧,人们纷纷驻足台下,欣赏着这一出好戏。当杂剧演到县令宣判、处死罪犯时,人群中的一个青年突然抱头痛哭。此人是谁?此人就是离家一年的侯老三,侯老三在四川经营一年,竟然赚了不少钱。

在四川期间,侯老三曾与妻子写过几次信,后半年也没有了什么音信。这次带着赚到的钱回家，准备与妻子团聚。没有想到乡里人告诉他，妻子早已经被斩首。至于妻子被杀的原因，村民们不肯实话告诉他，让他自己去看杂剧。侯老三看了杂剧之后，这才明白了其中的缘由。

侯老三心中悲切，妻子虽然行为不轨，与王文俊做出了如此不堪之事。可他们并未谋杀自己，如今县令因为一具腐败尸体断言是自己，杀掉了妻子黄兰香。侯老三心中实在不服。于是，他写了状纸，将宋县令告到省狱。按察使接到状纸之后，认为此案事关重大，于是亲自下来巡察。

案情很快就真相大白了，宋县令草菅人命，为了贪图"清官""龙图"之名，枉顾他人性命，错杀了两个人。最后，宋县令被罢官并流放一千里。当地人为此写了一首诗，以记录此事：

瞎说奸夫害本夫，真龙图变假龙图。

寄言人间司命者，莫恃官清胆气粗。

述评：本案，宋县令仅凭一具腐败尸体，未做详细调查和认真检验的情况下断定是"侯老三"尸体，就处斩了王文俊和黄兰香。该案最终得到公正处理，不是真凶出现，而是"亡者归来"，是证据不足，充分说明法医学鉴定的重要性。本案还说明，真正的"包龙图"不仅只有清廉，还要重证据，否则，可能成为"假龙图"。

42. 断兽奸案

兽奸即人与动物的性行为。清代程趾祥《此中人语·江北女》①记载："江北某氏女，貌秀丽，性轻荡，畜一犬，与之共寝，遂与交媾。迨女嫁，犬亦随往，每乘其夫不在，暗叙旧情，晚间亦睡于床下。一夕犬偶出外，夫妇闭门而卧，犬归不能入，在户外乱叫，两人敢不之理。犬逡巡一夜，至天晓，其夫先起，甫启门，犬猛然一口，将其夫阴囊咬脱，夫遂毙。翁姑疑心难释，遽讼于官，且言女与犬有奸，乞赐明察。检官询女，女不认。官令其翁姑牵犬而至，犬见女摇头拽尾，若不胜欢。检官遂以麦饼二枚掷地下，犬食其一，而以一饼置女前。官令女脱衣细验，则见女肩下有犬爪痕，是必有奸无疑矣。乃杀犬并置女于法。"

---

① （清）程趾祥. 此中人语[M]. 新文化书社，1935：7—8.

第七章　清代的法医学与社会治理关系研究

43. 鸦片醉迷

清代阮其新《补注洗冤录集证》(道光二十四年版)卷四"增故吞鸦片烟法"有："……若服多毒重，则身冷气绝，似乎已死。若肢体柔软，则脏腑经络之气尚在流通，实未死也，乃鸦片烈性醉迷之故耳。……三四日后，鸦片之气退尽，即活。但身不僵硬，不变色①，七日以内，无遽棺殓。""检服鸦片尸骨，伏者居多，侧者亦常常有之，平卧者甚少。盖因其人埋在土中，鸦片毒性退尽，仍复醒活，辗转棺中不能复出，久则真死矣。故其骨殖不伏即侧，实为服鸦片可救之确证也。道光七、八年间(1827—1828)，粤东省有吴姓者，寄居客店，穷极无聊，吞鸦片而死。店主人不敢收殓，知此人有亲属在三水地方，遣人往告。迨其亲属至，而此人已于前一日活矣，计死已三日四夜。"

述评：鸦片醉迷即鸦片中毒所致麻醉性假死现象，不能棺殓，应观察。

44. 诈死诬陷

清代蓝鼎元的《蓝公案》记载：清雍正六年(1728)十一月二十一日，有一位女子陈氏来县衙告状，说她丈夫郑侯秩被人活活逼死。女子说，她的丈夫担任南蕉坊保长，因一个叫萧邦武的人藏匿地契，抗拒交税，被郑侯秩调查。于是，萧邦武怀恨在心，十一月十三日，领着凶徒萧阿兴、李献章、蔡士显、庄开明等人，围住她家抢东西杀人，还暴打郑侯秩，她丈夫被逼投河而死。现尸首在峡山都大坛沟边上。次日，陈氏的儿子郑阿伯，驾着一条船，装着尸体而来。蓝鼎元立刻前去验尸。经过仵作检查，死尸面目无法辨认，周身严重腐烂，并没有看到伤痕。死者指甲缝中有泥沙，符合溺水而死。蓝鼎元凝视着尸体，说："尸体腐烂，残损，嘴和脸都没有了，怎么能辨别是郑侯秩本人呢？从十一月十三那天被殴打下水，怎么竟没有一个人发觉，而到现在才来控告呢？就算真是十三那天淹死，到今天二十一日验尸，未满十天，为什么十一月尸首就腐烂得这么严重？"蓝鼎元接着说："《洗冤集录》载明溺尸腐烂依四时变动，你们是否做了伪证，快快如实道来。"郑阿伯不服，说："大老爷，尸体浸泡在水中快十天了。"蓝鼎元说："按照这种腐烂程度，绝对是泡了很久。"蓝鼎元派人带来被告萧邦

---

① "不僵硬"指无尸僵，"不变色"指无尸斑。

武那几个人询问,结果他们都只是说冤枉。而陈氏和郑阿伯,穿上麻布丧服,哭天喊地。蓝鼎元不动声色,令郑阿伯母子自行准备棺材,将死尸收殓。蓝鼎元对衙役说:"据我分析,郑侯秩平常纵容盗贼,祸害百姓,现在我来了,害怕受罚,假装被人逼死,其实是逃跑了。你们这一带的人平时逃跑的去处,不外乎惠来、梅丰、甲子城东边的海窖、碣石这几个地方罢。"到了第三天,果然在惠来县捉到郑侯秩,把他押送了回来。面对证据,郑侯秩不得不认罪,承认了诈死并诬陷人的事实。后查清,那具尸体是一个淹死一个月的乞丐,无人认领。

述评:蓝鼎元(1680—1733),字玉霖,号鹿洲,福建漳浦人。1728年任广东普宁知县,1732年任广州知府。这个案子就是他任职普宁知县时办的案子。在该案中,熟读《洗冤集录》的蓝鼎元发现"尸体腐烂,残损,嘴和脸都没有了",认定这种尸体,绝对在水中浸泡不止十天,继而捉到诈死并诬陷人的罪犯。由此可见,自古以来,法医检验不仅验尸、验伤所见,而且还有辨认诈伪职能,而后者深得检验官员重视。

45. 雪砒馍冤

据《陕西省志·审判志》(上编)"历代陕西司法审判"之"清朝司法审判":清道光二十五年(1845),陕西汉中营兵士郑魁因被认定"把砒霜放在馍中,投毒杀人"而判处死刑。卖砒霜的、卖馍的和邻居家的妇人都有证词在案,似乎案件确凿无疑。西安知府邓廷桢审核该案时,觉得可疑,便秘密传讯卖馍人,问道:"你卖馍一天可卖多少?"答道:"三四百个。"又问:"这么说,你在一天里要和一百多人打交道了?"回答:"不错。"又问:"这一百多人的面貌、特征、姓名、买馍的时间等等,你都记得吗?"答道:"不能。"邓廷桢追问:"那么,你怎么单单知道郑魁某日某时去买了你的馍呢?"卖馍的人张口结舌,无法回答。再三追问,才说了实话:"我根本不知道这么回事。是县里的捕役来找我说:'现在审理一个杀人案,犯人已经认罪,只是少一个卖馍人的证词,你来做个证吧!'"邓又审问邻妇,回答也是县役要她当证人。只有卖砒霜的人所提供证言是真的。最后查明,郑魁买砒霜是为了毒老鼠,他虽和死者吵过架,但经检验其系死于疾病，与砒霜无关。①

46. 争山夺产

清代阮元《揅经室集二集》卷三《循吏汪辉祖传》记载：汪辉祖任宁远知县时，发生了刘开杨与成大鹏争山一案。刘开杨乘其亲弟刘开禄病重垂危之际，叫来杀手王闫喜把其弟弄到山上，用木棍击伤其头部而死，付给杀手银子30两，达到争山、夺产两个目的。刘开杨还到衙门击鼓"鸣冤"，声称是为了山地，其亲弟开禄被成大鹏杀害，要求申冤。但成大鹏也狂喊冤枉，争山实有此事，没有与开禄殴斗杀害之事。汪辉祖亲自与仵作去验尸，头部棍棒伤致死无误，但经调查，刘开禄病重卧床已三年，有郎中证明。刘开禄病重不能行走，何来走上山，何来与人斗殴？汪辉祖深感内中必有缘故，先将大鹏下狱听审。但得到乡民举报，一向手头拮据的王闫喜却整日出入赌场，做起了大款的样子。汪县令还了解到，王闫喜一反常态，夜里一人偷偷地到离村三里的关帝庙敬香拜佛。次日夜里，汪辉祖吃过晚饭，带衙役三人，穿上便服，来到关帝庙，三衙役躲在关公神像背后，汪辉祖独自一人蹲在关公神像前面的神桌下面。约过一个时辰，见有一鬼鬼祟祟的人进得庙内，点燃香烛，跪在神桌前的拜凳上，口中念念有词道："我叫王闫喜，今年39岁，住附近村子里，前几天刘开杨叫我把刘开禄带到山上杀掉，刘开杨给我30两银子，但我运气不好，都已输光，并且县府对此案查得很紧，请关老爷保佑我平安无事，渡过这一难关。"王闫喜的话音讲完，汪县令与三衙役突然出现，抓住王闫喜，带他到衙堂。这时，被吓破胆的王闫喜，像竹筒倒豆子一样，全部招供。据此，成大鹏被当场释放，幕后唆使犯刘开杨丧尽天良，竟对自己亲弟弟下毒手，天理难容，与杀手王闫喜被判处斩刑。

47. 允许私刑

清代《刑案汇览》记载：乾隆三十四年（1769），广西商人梁亚受来到了其生意合作人黄胜登的家里。梁亚受见到了黄胜登的美貌女儿黄凝婷。梁亚受知道黄凝婷已有婚约，其对象是同村卢将，想调戏她，但第一次调戏失败。梁亚受在黄胜登夫妇不在家

---

① 陕西省地方志编纂委员会：陕西省志（第五十八卷）审判志[M]. 西安：陕西人民出版社，1994：3—4.

的时候，独自一人来到黄家，找到了黄凝嫜，要求与其发生关系，并且答应给她一个银手镯子作为回报，下次见面时就给她。黄凝嫜同意了他的要求，二人便发生了关系。过几天，梁亚受又一次来到了黄家，将手镯给黄凝嫜。没想到这一切被黄凝嫜的未婚夫卢将看到。卢将发现梁亚受进了黄凝嫜的房间，认定这两人是在偷情。于是，找来舅舅陆文生帮忙。卢将又叫了几个邻居带着木棍冲进黄凝嫜屋内，举起木棍就往梁亚受头部砸去，致其左额角流血。受伤的梁亚受冲出房门，被几人拿住。梁亚受和黄凝嫜被村民拴在一根木柱上。第二天一早，村民发现梁亚受死了。官府来查，仵作验尸，梁亚受系头部致命棍伤死亡。卢将被判三年徒刑，杖责一百。

述评：一般认为，法医鉴定是定罪量刑的依据，但根据清代杀死奸夫、允许私刑的法律规定，法医鉴定成了摆设。清代法律沿袭明代和元代的法律，允许捉奸，并可当场杀死通奸男女[1]。通奸也和明代一样，"杖九十"[2]。值得一提的是，自明代以来，又多了一种"刁奸"罪。《明会典》规定："刁奸者，杖一百。"清代《清律小注》："刁奸者，不论有夫无夫，俱杖一百。既有夫而弃而外淫，故加一等。"罚后，奸妇可由丈夫转卖，却又标明不准卖给奸夫。清代允许当场伤害或杀死通奸男女或买卖奸妇的法律理论基础是《礼记》中的"既嫁从夫""从人者也"。女人绝不能有其独立的人格和独立的意志。奸妇的丈夫可以把她卖给任何一个人。中国古代法律把和奸（通奸）行为规定为犯罪，其最早的说法见于《尚书》："男女不以义交者，其刑宫。"《史记·始皇本纪》记载："有子而嫁，倍死内外，禁止淫佚，男女洁诚，夫为寄豭，杀之无罪。"到元、明、清代法律允许杀死通奸男女。

48. 王人辉案

清代许梿《洗冤录详义》记载：道光二十年（1840）二月，许梿受上司派遣，至山东昌邑参加联合检验王人辉自杀一案。据查，王人辉用小刀自刺肚腹后死亡。到联合检验时，尸体已安葬两个月，当众开棺检验时，见左手仍弯曲状。让仵作将刀柄塞入尸体左手里再将手扶到伤口处上下移动，刀和伤口丝毫不差。据此判断自杀成立。

---

[1] 《大清律例》卷二十六《刑律·人命》"杀死奸夫"条："凡妻妾与人奸通而于奸所亲获奸夫奸妇登时杀死者，勿论。"
[2] 《大清律例》卷三十二《刑律·犯奸》："凡和奸，杖八十。有夫者，杖九十。"

第七章 清代的法医学与社会治理关系研究

述评：一般情况下，自杀身死时，死者往往会手紧握致伤物，这是由于局部痉挛所造成的。死者王人辉死前握刀的左手仍然保持临死时的姿势，这是自杀特征之一。其次，用刀自杀者，伤口一般在手容易触及的部位。王人辉用左手切腹，据复原检验，左手"握刀"的手势活动范围与伤口范围吻合，属自杀无疑。

49. 伤口比对

清代许梿《洗冤录详义》载：清道光五年（1825），山东菏泽马得山等士兵到直隶东明县缉捕匪徒，刺死了一个叫李庚的老百姓。当初验尸，发现其两眼闭、口微开，肚腹致命处有三处刀伤，邻近还有两处刀伤。东明县当时以其被刀刺伤致死向上报案。山东抚院复查时，接连提审了马得山等人，他们一致说李庚确实是自杀，同东明县上报的情况截然不同。山东抚院只好又派人一起开棺验尸，发现同当初检验情况相同。仵作认为，如果李庚肚腹是被人连刺几刀，他两只手一定会护住痛处，手就会有伤，现在两只手没有伤痕，不像被别人杀害，确定是自杀。但东明县再上报，坚持自己的意见，请求另派人再查。山东抚院命令拿李庚自杀的凶器同伤口进行比对，发现不符。当时记下肚腹两处伤口都是上尖下圆，长短相等。再查验马得山使用的两齿铁钩，同当时记录下来的两个伤口的大小尺寸分毫不差。由此，查明李庚确实是被马得山用两齿铁钩刺伤后死亡的，据此上报结果。

述评：本案中开始验尸是被害人刚死不久时，"尸未变动腐烂"，检验结论是正确的。第二次检验时，尸身已"稍有发变，两胳膊软，可弯曲"，因而得出"自戕无疑"的错误结论。最后，通过凶器和伤口的比对，查出铁钩和伤口吻合，否定了自杀的错误结论，才使真凶伏法。这个案例说明，将凶器与伤口进行比对很重要。

50. 范进中举

《儒林外史》为清代吴敬梓创作，成书于乾隆年间（1736—1795）。本书用写实主义描述了各类人对于功名的不同态度揭示了吏治腐败、科举制度、害人礼教等。"范进中举"的故事节选自《儒林外史》。作品先是介绍范进中秀才后回家，他的母亲和妻子都很高兴。看不起范进的老丈人胡屠夫手里拿着一副大肠和一瓶酒来贺喜。然后，范进54岁时参加乡试中了举人。"到出榜那日，家里没有早饭的米，母亲吩咐范进道：'我

693

中国古代法医学与社会治理关系史

有一只生蛋的母鸡,你快拿集上去卖了,买几升米来煮餐粥吃,我已是饿得两眼都看不见了。'范进慌忙抱了鸡,走出门去。才去不到两个时候,只听得一片声的锣响,三匹马闯将来。那三个人下了马,把马拴在茅草棚上,一片声叫道:'快请范老爷出来,恭喜高中了!'邻居飞奔集上,见范进抱着鸡,手里插个草标,一步一踱的,东张西望,在那里寻人买。邻居道:'范相公,快些回去!你恭喜中了举人,报喜人挤了一屋里。'范进当是哄他,只装不听见,低着头往前走。邻居见范进不理,走上来,就要夺他手里的鸡。范进道:'你夺我的鸡怎的?你又不买。'邻居道:'你中了举了,叫你家去打发报子哩。'范进道:'高邻,你晓得我今日没有米,要卖这鸡去救命,为甚么拿这话来混我?我又不同你顽,你自回去罢,莫误了我卖鸡。'邻居见他不信,劈手把鸡夺了,掼在地下,一把拉了回来。报录人见了道:'好了,新贵人回来了。'正要拥着他说话,范进三两步走进屋里来,见中间报帖已经升挂起来,上写道:'捷报贵府老爷范进高中广东乡试第七名亚元。京报连登黄甲。'范进不看便罢,看了一遍,又念一遍,自己把两手拍了一下,笑了一声,道:'噫!好了!我中了!'说着,往后一跤跌倒,牙关咬紧,不省人事。老太太慌了,慌将几口开水灌了过来。他爬将起来,又拍着手大笑道:'噫!好!我中了!'笑着,不由分说,就往门外飞跑,把报录人和邻居都吓了一跳。走出大门不多路,一脚踹在塘里,挣起来,头发都跌散了,两手黄泥,淋淋漓漓一身的水。众人拉他不住,拍着笑着,一直走到集上去了。众人大眼望小眼,一齐道:'原来新贵人欢喜疯了。'"文中运用夸张的修辞手法刻画了范进为科举考试喜极而疯的形象,用老岳丈在范进中举前后的极其鲜明的肢体动作和言语表情,以及中举后邻居对他的前呼后拥和乡绅赠屋等事例重点刻画出了一个追求功名利禄的社会风气。

述评:在古代,对我国社会治理有较大影响的当数科举制度。因此,研究古代法医学发展与社会治理的关系,必须介绍科举制度。科举考试制度诞生于隋朝,形成于唐,完备于宋,强化于明,至清废除,在中国古代存在了约1300年,是古代国家选拔人才的最主要方式。在等级划分森严的古代,科举制度成了寒门入仕的最佳途径。每年的二月份,各县在知县的主持下进行县试,通过县试的人可参加同年四月份由知府

第七章　清代的法医学与社会治理关系研究

主持的府试。科举考试是分阶段进行的。通过府试后参加省里提督学政主持的院试。院试通过后成为秀才。考中秀才才有资格参加三年一次的乡试。通过乡试的人被称为举人。上述故事中范进五十四岁考中举人，由于太过高兴导致精神失常。其实，古代中举很难，每次的乡试通过者不过两三百人。通过乡试后可参加在京城由钦差大臣主持的会试。通过会试的人被称为贡士。会试的通过率更低，据记载，在乾隆五十四年（1789）会试的通过人数仅有96人，当时的全国人口约有4亿，大约四万分之一。通过会试的人可参加殿试。根据殿试结果，把贡士分为三个等级。第一等级为"进士及第"，共有三个名额，分别是状元、榜眼和探花；第二等级为"进士出身"，其中的名额大概占所有贡士的三分之一；剩下的贡士为最后一个等级"同进士出身"。参加殿试的贡士被统称为进士。考中进士后，可在官府任职，进入士大夫阶层。

我国古代检验本质上属于官验，也就是说，我国古代从事检验的人员为官吏。根据《唐律疏议》《宋刑统》规定，检验官员由县令及所属的司法人员充任（宋代州差司理参军、县差尉），大多由通过科举制度考试的人充任。因此，分类规定从科考出来入仕为官就可以依职权检验断案。这种工作方式自古引起不少评论。如南宋宋慈《洗冤集录·序》："年来州县，悉以委之初官，付之右选，更历未深，骤然尝试，重以仵作之欺伪，吏胥之奸巧，虚幻变化，茫不可诘。纵有敏者，一心两目亦无所用其智，而况遥望而弗亲，掩鼻而不屑者哉。"又如清代许梿《洗冤录详义·叙》："自八股取士以来，为州县者事皆入官而后学。彼厌弃秽恶，熏香高坐。取办于仵人之口，无论矣。既有肫恳之士，怀恻怛之实，然平时未尝研究，至临事办别不审。疑似回惑，因而受欺者，又岂鲜哉。"宋慈和许梿都认为司法检验需要长时间训练和专门研究才能胜任。此外，这种官验制度还有个问题，就是官员新任和官员升迁，一般古代官员采取异地任职和三年转任或升迁。一方面，新任官员"入官而后学""历未深，骤然尝试"，办案质量堪忧；另一方面转任或升迁官员，"平时未尝研究"就离去，办案效果堪忧。再加上有的官员连科考都不必参加，就被赠予官职（赠官）。以清代为例，有恩荫、难荫和特荫"承荫之法"。恩荫，即皇帝推恩，令官员荫子入仕。难荫，即官员因功殉难，荫子入于仕途。特荫，即对辅治全节之臣的子孙，特加恩荫。此外，皇帝即位、亲政、大婚、万寿以及官员三年期满，都可按品衔高低予以封赠。这些封赠官员更谈不上对法医检验知识的掌握和"一任官就办案"的职权行使，其办案能力更是堪忧。事实上，我国古代检验的目的有很强的针对性。根据宋慈《洗冤集录·序》记载："狱事莫重于大辟，大辟莫重于初情，初情莫重于检验。"沈家本在《无冤录·序》中也说："大辟之狱，自检验始。"说明法医检验的运用最早是与刑事案件密切联系在一起的。发生了斗殴、杀伤等刑事案件，都必须先进行现场勘验、尸伤检验等活动，然后依法做出处理。这种做法古今中外皆然。因此，我国古代法医技术检验由官员担任，而行政官员不时新任、转任、升迁，业务未熟悉就离开，不符合法医学内在发展规律，是我国古代法医学人员配置方面的弊端之一。

51. 禁止毒鱼

清道光三年（1823）在北川羌族自治县开坪乡两河口立《禁止毒鱼》石碑。碑额"禁止毒鱼"，碑文末有"大清道光三年（1823）仲春月"。碑文显示，因"尝思朝廷有法律，乡党有禁条"，乡人遂约定"两岔河、刘家坪、石磨拐头、德胜沟"等三河两水之地，在"临春及冬河苦涸"的时候，严禁"不利之徒沿河放毒江河鱼"，有"宗户铺店招留远来之人沿河放毒或毒鱼之人"，将一同受罚。

清道光二十五年（1845）浙江丽水莲都区高溪乡高溪村立了一块《高溪公禁》禁碑，碑文记载："毒鱼的毒水行则青苔俱枯，堤防尔因之不固，而灌溉曷资邻里？所赖以庇荫者乔木也，杀执起则无枝可依。"禁碑提出要禁毒鱼虾，范围上至高桥头，下至木伪潭。

清光绪元年（1875）《署砖坪抚民分府严拿匪类告示碑》（安康碑文）记载："烧山毒鱼，祸生。嗣后如蹈前辙，准乡保查明，送案究治。"砖坪即陕西省安康市岚皋县。

清光绪九年（1883）正月《宁陕抚民分府严禁烧山毒河告示碑》记载："钦赐花翎升用府正堂署宁陕抚民分府出示晓谕事。照得烧山毒河，大干禁例。虽经前任出告示严禁，乃无知辈藐玩如故，实堪痛恨。为此示仰关属军民人等知悉，嗣后毋得再行放火烧山、毒河捕鱼，以免毒河致饮水之人先中此毒。自示之后，一经发觉，定即从重究办，决不宽恕。各宜禀遵毋违，特示。"

第七章　清代的法医学与社会治理关系研究

清光绪十五年(1889)湖南益阳县立禁毒鱼碑，全称《奉宪永禁药毒河鱼碑》。禁碑立于宝庆至益阳的古驿道上杨洪岩风雨桥边。

这些"禁毒鱼"的碑，有的是官府"立碑禁止"，有的是"乡党禁条"，有的是"自发公禁"，但都有处罚规定。说明毒鱼行为是官府所禁止的，一旦出现危害，由官府调查，特别是湖南益阳县禁毒鱼碑提到"奉宪永禁药毒河鱼"，表明政府禁止毒鱼，也表明毒鱼成为检验对象。也就是说，古人禁止毒鱼以致"毒人"，并有《告示碑》予以警示，是古代环境法医学的雏形。

古人用来毒鱼的植物是鼠莽草。我国古代对该草毒性已有了解，明代李时珍《本草纲目·草六·莽草》："此物有毒，食之令人迷罔，故名。山人以毒鼠，谓之鼠莽。"鼠莽草除毒鼠外，也被用作毒鱼，官府加以禁止，因为污染水源，以致"毒人"。对于该草的毒性，《神农本草经》记载："莽草，味辛温，生山谷，杀虫鱼。"成书于西汉初年的《淮南万毕术》有云："莽草浮鱼。"阜阳汉简《万物》里记载说："杀鱼者以莽草也"。用鼠莽草毒鱼的方法，在唐代苏敬等撰的本草专著《新修本草》和李时珍的《本草纲目》皆有所记载，那就是把新鲜的鼠莽草叶子捣烂与米或陈粟米粉合在一起，然后抛入水中，鱼一吞食就会中毒死亡而漂至水面。沈括的《梦溪笔谈》记载：宋代的蜀道、襄、汉、浙江湖间山中皆产有鼠莽草，而襄汉鱼人竞相把它采来捣在饭中用来饴鱼，鱼皆遭毒翻白。

述评：宋慈《洗冤集录·检覆总说上》记载："凡到检所，未要自向前，且于上风处坐定。"这段话的意思是，到了尸体现场检验时，先不要上前检验，要先观察一下风向，问询相关人员后，于上风处坐定。这样做的目的，是因为尸体腐臭气体污染了的空气会往下风处流通，对检验人员不利，也对问询相关人员不利。于上风处坐定，然后问询、现场勘验，再检验尸体。宋慈这里提到尸体腐败所致空气污染以及如何防护，这是古代环境法医学的一部分。尸体本身腐败可以对环境造成污染，尸体还可能是服毒死亡的尸体也可对环境造成污染。同样，动物腐败尸体以及人类毒鱼造成河流污染，也应该引起注意。换句话说，环境有害物质对人体产生的影响，属于法医学检验范畴，也称环境法医学。

52. 疑问滴血

清代黄六鸿《福惠全书》记载:"昔有夫与人同伙生理,去未数日,而同伙独归。妻问其夫,云:行至次日,遇彼某亲,邀同他处生理,我因无伴,故归耳。未几,某路傍塘中有一死尸,不知为谁,其塘适夫与同伙者前所经之道。妻疑之,往视,尸已溃,不可辨。但其尸身长短与夫相似,妻遂控之。官云:系同伙者谋死而取其财。官鞫不招,乃命妻滴血尸骨上,血辄入。官怒其狡,严刑拷之,遂诬服,以谋财害命拟辟,系狱未决。一日,其夫忽归,妻疑以为鬼也,细问之,乃知同伙之言非谬,因详释其罪。"黄六鸿对夫妻之间滴血验亲这种方法的科学性提出疑问。

53. 检验不实

徐珂《清稗类钞》记载:仁寿县有个骆先扬财主,手下有雇工姚二娃、欧娃,佃户林锡仁、林贵父子。道光十三年(1833)八月二十日上午,林贵在佃种的土地上耕作,欧娃在山坡上割草。同村农户刘芳忠偷偷钻进林贵所在的山林中砍折树枝,欧娃看见,喊来林贵捉拿,刘芳忠逃跑。林贵追上刘芳忠,将背篓夺下,声言要将刘芳忠拉到乡约处论理索偿。刘芳忠不肯去。林贵火起,挥拳朝刘芳忠头顶心打去。刘芳忠被击倒地呻吟,不能起来。林贵怀疑他撒赖,径自下山,仍与欧娃各自干活儿。当时路过这里的刘正新以及正在坡下犁田的姚二娃都看见他们吵打,但未理会。将到正午,林贵不见刘芳忠身影,再到山上察看,只见刘芳忠躺在那里,气绝身亡。林贵害怕问罪坐牢,即喊来欧娃帮忙,将刘芳忠尸体丢进离此不远的堰塘里,伪造刘芳忠失足落水溺死的现场。回到山上,又拿起刘芳忠的背篓,放在堰塘边。一切布置完毕,才和欧娃回家吃饭,并嘱欧娃不要声张。回到家中,林贵将打死刘芳忠、伪造落水现场的情况告诉其父林锡仁。林锡仁前往佃主骆先扬家告知此事。当时邻居刘友庭、肖显位也在骆家,听到了林锡仁的叙述。林锡仁恳求骆先扬,等刘芳忠儿子来时,如果他们没有看出伤痕,就别再报请验尸,以失足落水而死埋葬算了。骆先扬等人点头答应。林锡仁找人喊来刘芳忠的儿子刘明富、刘明贵,带至堰塘前,告诉他们,刘芳忠落水而死,背篓还在塘边。兄弟两人请刘友庭帮助将尸体捞起。刘芳忠伤在头顶,刘明富没有看出伤痕,相信父亲真是不慎落水。骆先扬等也在旁边说既是自己溺水毙命,没有必要报县验尸。刘明富便请刘友庭帮忙,将父尸抬回草草埋葬。

由于知道刘芳忠真实死因的人太多,渐渐地,刘芳忠是被人打死的消息便传开了,传到刘芳忠已出嫁女儿王刘氏的耳朵里。十月十四日,她特地回娘家,命兄弟刘明富前往县衙呈告,为父申冤。仁寿县知县李峻声接到状纸,派高元童、鄢兴前往传唤骆先扬、刘友庭到县候审。骆先扬接票心中惊慌,遂即前往县中。路过铺场时,因与店主杨太熟识,知道他舅舅邹居贤是县衙刑书,因此想请杨太转托邹居贤从中关照。他走进店中,向杨太说明来意,表示:如果邹居贤能挡住知县不验尸,不追究私埋之罪,事成之后,送邹居贤谢礼五十两白银。杨太马上答应。两人来到城中,杨太找到邹居贤,如实相告。邹居贤见财起意,满口应承,要杨太转告骆先扬准备银两。十月二十日,李峻声升堂,先传讯骆先扬和林锡仁,他们都叩头诡称刘芳忠系自己落水而死,林贵并没有打他。然后又传死者亲属王刘氏、刘明富等到堂,要他们指出其父伤在何处,以便检验。由于他们在掩埋尸体时没发现伤痕,此次控告又系听信传闻,无法指证。为了不致反坐诬告之罪,当堂恳请李峻声免验。李峻声随即草草结案。结案后,刑书怕五十两银子落空,便派手下人何尚贵、苏含宽,分别邀请杨太、骆先扬、刘友庭到长盛酒店相聚。酒足饭饱后,邹居贤试探骆先扬:你答应的银两现在作何打算。骆先扬不敢得罪县吏,回答说:已经派人送信回家拿取,尚未送到。邹居贤怀疑他有意搪塞,便暗暗拉出杨太,嘱咐他将骆先扬骗到暗娼叶邱氏家中,银子到手,才能放他回去。然后,自己便退居幕后,回家去了。杨太回到长盛酒店,邀请骆先扬到叶邱氏家中喝茶。骆先扬醉眼蒙眬,欣然答应。何尚贵、苏含宽、刘友庭、鄢兴等也一同前往。一更时分,一行人来到叶邱氏家中。叶邱氏招呼他们在堂屋里闲谈。杨太问骆先扬,银子何时送到。骆说明早送到。杨太斥责他骗人赖账。骆先扬乘着酒意说:"这种事本来就不是正经债务,反正是你骗我、我骗你的生意。"并大骂杨太、邹居贤设局诈钱。杨太也开口回骂。骆先扬乘着酒劲,一拳打去。杨太闪开,回身一脚猛踢他的阴囊。骆先扬疼痛难忍,倒地呻吟。等何尚贵找到邹居贤赶来查看时,骆已断气。邹居贤见骆先扬被踢死,决计移尸。他命杨太解下骆先扬的腰带,缠绕在尸体脖子上,用力拉勒,伪装成自杀形状。又叫杨太找来轿夫刘二,用钱收买,要他将骆先扬尸体背至观音岩坡下路边干沟内。最后嘱咐在场之人不得声张,便各自散去。

第二天,观音岩刘孟麟的佃户宋正聪,在干沟内发现骆先扬的尸体,报告主人。刘孟麟报告县衙,知县立传仵作随往验尸。邹居贤嘱仵作雷应沅勘验时把骆先扬勘为自勒身死,并给财。雷应沅应允。李峻声带领仵作等一干人,来到干沟内就地验尸。仵作雷应沅翻动尸体,见阴囊右边红肿,用手揣捏,坚硬如石,知是被人踢死。仵作故意喝报骆先扬死后尸体丢在沟内,当夜左边阴囊被老鼠咬伤。雷应沅即借此报称阴囊异常是被老鼠咬伤,并喝报,项颈部布带,有不很明显的红色痕迹。他本想报称死者自勒,但怕尸亲和观看众人不服,弄巧成拙,只好报称被人勒死。李峻声没有验出真正死因,即听任仵作喝报填格存案。然后,申报缉拿所谓勒死骆先扬的凶手。骆家将骆先扬尸体运回家中埋葬后,他的弟弟骆先贵随即访知其兄被杨太索讨银两、横加殴打的情节。便写状控至县衙。李峻声传相关人员审讯,杨太咬定不知道谁勒死骆先扬。李峻声不做调查,传令骆先贵等候,待真凶缉拿后再行究办。不久,李峻声告病卸任,此案陷于停顿。骆先贵与堂弟骆先义不服李峻声审断,赴臬司控告,臬司将案子批往知州,并派人前往会同审讯。会审尚未定案,骆先贵又第二次到臬司控告,臬司报告总督鄂山。鄂山下令将案卷人证提调成都,派成都府知府张日晟审理。张日晟接手后,认真研究推敲,认定仵作检验失实,查明审出骆先扬的真正死因,也审清刘芳忠并非失足自溺,而是被林贵殴打致死。经臬司批准,将骆先扬、刘芳忠的尸棺提调到成都,在张日晟、成都知县等官员监视下,开棺验尸。最后验明,刘芳忠头顶骨有紫红色出血,确系生前被人殴打致死。颈部验无被勒伤痕。至此,这起因仵作从中作弄的疑案,历经两年,终于真相大白。据《刑案汇览》,清朝法律规定,"贼犯旷野白日盗田园柴草木石等被事主殴打致死"者,凶手"照擅杀人律"处绞监候;"斗殴杀人者"也同此。据此,林贵、杨太被处绞监候。邹居贤被处杖一百,流三千里。仵作雷应沅处杖一百,徒三年。欧娃帮同伙弃尸,处杖九十,徒二年半。其余凡知情而没有向官府报告者,均处杖一百。

述评:清代检验错误类型分为三类。一是检验中的错误,包括仵作喝报错误、不用心检验致死根因不明,受财检验不以实。二是检验前的程序性错误,如率准拦验、不详请委员相验、命案推诿、上司批准迟延不检等。三是检验后的上报性错误,如通禀迟延、命案详报迟延、讳命等。本案仵作雷应沅属"受财检验不以实"。《大清律例·刑律·断狱下》规定:"吏典杖八十,仵作行人检验不实,扶同尸状者,罪亦如之。"仵作"因(检验不实)而罪有增加者,以失出入人罪论(失出减五等,失人减三等)。"若仵作"受财故检验不以实者,以故出入人罪论;赃重(于故出、故入之罪)者,计赃以枉法各从重论。"此条对仵作与吏役完全适用,并在具体适用时遵循"二罪俱发以重论",即从一重罪处断的原则。就仵作而言,检验有误后,如未受财,一般存在两个法条竞合的问题:一者为检验不实杖八十,一者为失出入罪。如受财,以枉法从重论。故本案仵作雷应沅处杖一百,徒三年。①

54. 颓堕委靡

醉乡记

〔清〕戴名世

昔余尝至一乡陬,颓然靡然,昏昏冥冥,天地为之易位,日月为之失明,目为之眩,心为之荒惑,体为之败乱。问之人:"是何乡也?"曰:"酣适之方,甘旨之尝,以徜以徉,是为醉乡。"呜呼!是为醉乡也欤?古之人不余欺也。吾尝闻夫刘伶、阮籍之徒矣。当是时,神州陆沉,中原鼎沸,而天下之人,放纵恣肆,淋漓颠倒,相率入醉乡不已。而以吾所见,其间未尝有可乐者。或以为可以解忧云耳。夫忧之可以解者,非真忧也;夫果有其忧焉,抑亦必不解也,况醉乡实不能解其忧也,然则入醉乡者,皆无有忧也。呜呼!自刘、阮以来,醉乡遍天下;醉乡有人,天下无人矣。昏昏然,冥冥然,颓堕委靡,入而不知出焉。其不入而迷者,岂无其人者欤?

《醉乡记》大意是:从前我曾游至一地方,一到那里就浑身发软,歪歪倒倒,昏昏沉沉,迷迷糊糊,天地因此变换了位置,日月因此失去了光明,眼睛因此发花,心因

---

① 茆巍.论清代命案检验错误之处分[J].安徽大学学报(哲学社会科学版),2013(4):93—100.

此慌乱迷惑,身体因此衰败不堪。我向别人打听说:"这是什么地方?"回答说:"畅快舒适的地方,可以尝到美味的地方,可以徘徊闲散的地方,这里便是醉乡。"啊!这里便是醉乡了吗?古人果然没有欺骗我。我曾听说刘伶、阮籍这一类的人迷恋醉乡的事。在那个时代,国土沦丧,中原纷乱,天下的人,放纵自己痛饮之后便颠颠倒倒,一个接一个不断地进入醉乡了。据我所见,那里不曾有可使人快乐的地方,有的人认为那里可使人消除忧愁。如果是可以消除的,就不是真的忧愁;如果是真有了忧愁的人,或许也不必去消除它。何况醉乡实在不能使人消除忧愁,那么,进入醉乡的人,都是没有忧愁的人。啊!自从刘伶、阮籍以来,醉乡遍及天下;醉乡有了人,天下就没人了。这样的境况昏昏沉沉,迷迷糊糊,颓废萎靡,进去了就不知道出来了。虽然不曾进去却被迷惑了想进去的人,难道没有那样的人吗?而昏聩无能、丧德败乱的人,常被人指着他们取笑的人,就真不愧是醉乡中的酒徒了啊!

述评:戴名世(1653—1713),江南桐城(今安徽桐城)人。康熙四十八年(1709)己丑科榜眼,授翰林院编修。时过两年(1711),因他写的《南山集》中录有南明史事,并多用南明三五年号,被御史赵申乔参劾,以"大逆"罪下狱,又两年后(1713)三月六日被处死,死年六十岁。从《醉乡记》可以看出,戴名世怀念过去,对现实社会不满。我国古代各个阶层官吏思想各异,决定官吏工作态度,真正像宋慈那样专心致志工作的人少之又少。因此,研究古代官吏组成结构、内心世界,对研究古代官验制度以及官员从业,进而研究官验制度的社会效果以及弊端,具有重要历史价值。

55. 日月晕轮

清代陆以湉《冷庐杂识》记载:济阳县有个衙役,有一次抓了一个百姓,在押解半路上那百姓突然死亡。不久,死者家属就控告这个衙役谋杀。几经审理,那衙役几次翻案,不能确定。那户百姓喊冤不止。多年过去,上级命令新任知县朱垣会集有关各方进行尸骨检验,希望能够查明真相。当时那户人家丧葬很简陋,尸体装入一口柳木薄板棺材,墓穴也只是一个浅土坑。已经几次开棺检验,棺板散架,坟土松动,再加上三十年来雨水渗漏,棺材早已腐朽,泥土填塞,成了个大土块。开始检验时仵作说:"经过这么长时间,恐怕是没有办法检验了。"朱垣命令沿棺材周边挖下去,将包裹了

第七章　清代的法医学与社会治理关系研究

整个棺材的土块小心翼翼地切割，用布带穿绑后抬出地面。在平地上架起木架，把这大土块放上去，仔细拆开棺材的边板，慢慢地把泥土全部去除，暴露骸骨。再用草席包裹好骸骨，在地下的土坑里烧起火堆，烧一阵子，浇上酸醋，将骸骨放进去熏蒸。一个时辰后，仵作上前，解开草包，按照尸格顺序，一一喝报骸骨上有伤无伤。最后只在尸骨的后脑勺部位，发现了一块一寸见方的紫血痕。在场的人们认为终于发现了凶杀的实情。朱垣听报，上前仔细观察了一阵，说："不是的，这块伤痕可以洗掉。"大家都感到好笑。朱垣也不争辩，只是叫人来用水洗刷，果然一洗，那块脑骨就变得雪白，一点伤痕也找不到。那户人家也不得不撤除起诉。事后有人问朱垣："在《洗冤集录》上也没有提到过这个办法，你是怎么看出来的？"朱垣回答说："真正的伤口的紫血色，一定是中心部位颜色深、周边部位颜色浅，就像是'日月晕轮'一般。而这块血斑却是相反，颜色中心浅、周边深，这只不过是尸体在腐烂时血水渗出，污染了脑后部位而已。"该案上报，经核定，获批。

56. 钦使验骨

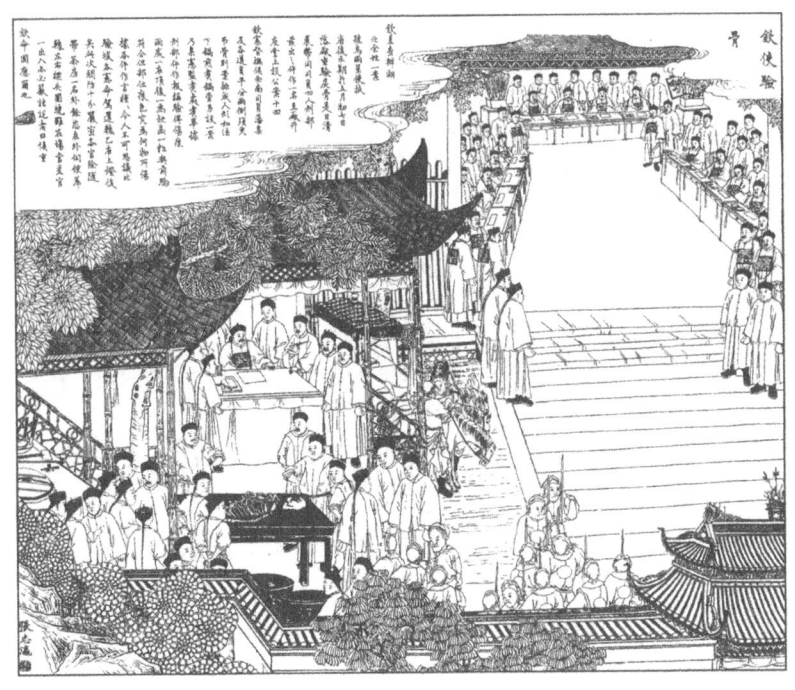

图 60　[清]张志瀛"钦使验骨"图

清人张志瀛所作"钦使验骨"图(图60)讲的是湖北余姓一案。潘臬钦差于五月初七日重验尸体。当天清晨,钦差带刑部四人、仵作一人,升堂办案。潘臬钦差及各道官员平分两侧。在右侧另有验尸堂,中间桌子停放一具尸体。仵作当场喝报伤痕及何物所伤,与前验区别等。出入官员严格控制,话语者皆慎重,场面严肃。该事、画载于《点石斋画报》1884年第8期。

57. 谋产滴血

图61 〔清〕吴友如"谋产滴血"图

山西人某甲在外经商,财产交弟弟某乙管理。甲在外娶妻生一儿子。十余年后,甲妻病故,甲决定携子回乡。乙想多占甲财产,称甲的孩子非亲生,系抱养,报官公断。官府调查,族人皆称其为甲的亲生子。官府决定按古法滴血验亲,结果血合,认

第七章　清代的法医学与社会治理关系研究

定儿子确系甲所亲生。但乙不服，叫自己儿子滴血验亲，结果不合。官府调查，乙的儿子系其妻与人私通而怀孕所生，本非乙种！此为"昧良谋产者"的下场！清人吴友如将官府断案过程作成"谋产滴血"图(图 61)。其事、画载于《点石斋画报》1885 年第 51 期。

58. 泉下夫妻

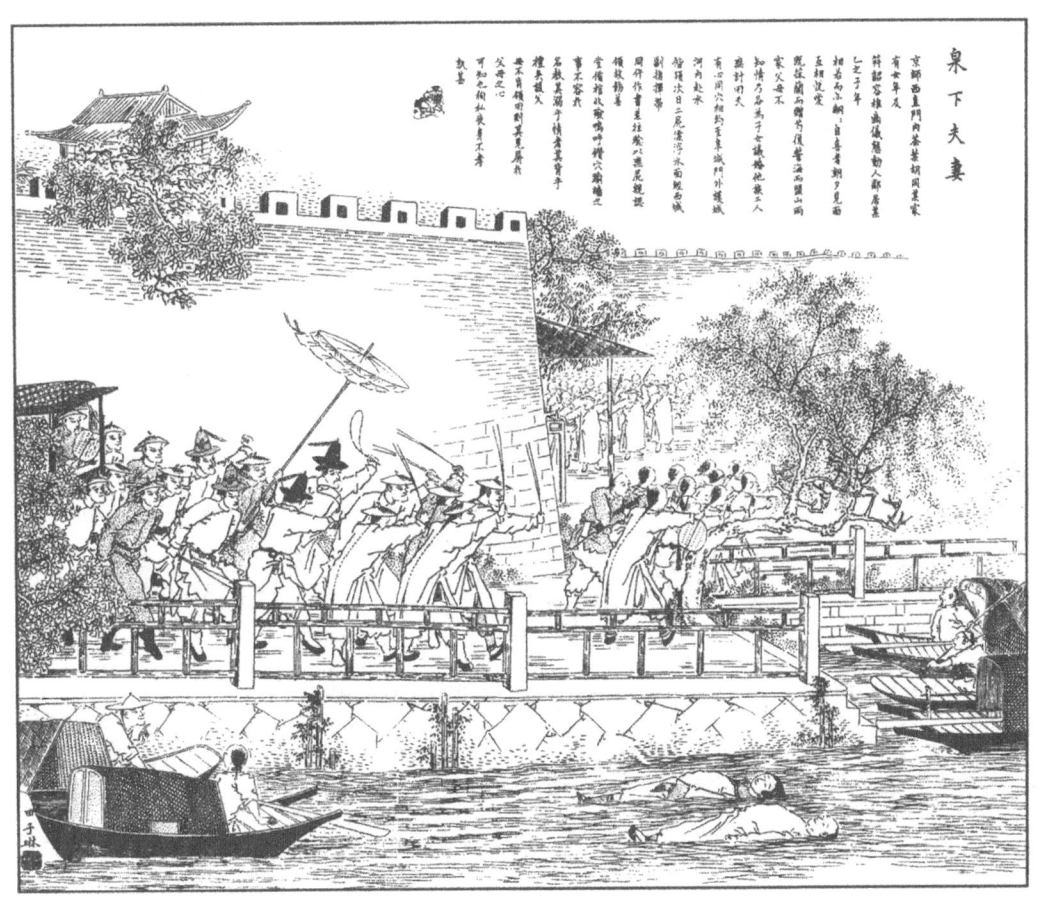

图 62　〔清〕田子琳"泉下夫妻"图

京师西直门内茶叶胡同，有个待嫁美貌女子与邻里年龄相仿的男子相恋，互相悦爱。两家父母不知情，各自相亲。二人得知无法挽回父母决定，相约至阜成门护城河投水殉情。次日，二尸浮起。西城副指挥带仵作检验二具溺尸。清人田子琳据此作"泉下夫妻"图(图 62)。其事、画载于《点石斋画报》1885 年第 52 期。

59. 开棺相验

图63 〔清〕金桂"开棺相验"图

德化人吴某中年丧偶，续娶朱氏为妻。朱氏与前妻之子不和，吴某殴朱氏致死。朱家人讨说法，吴某不理。朱家人报案。事隔数月而开棺验尸，冤情获申。清人金桂据此作"开棺相验"图(图63)。其事、画载于《点石斋画报》1885年第52期。

60. 疑案待查

图 64　〔清〕张志瀛"疑案待查"图

京师前门外有华盛麻刀铺，刀铺的门外放着数口泡麻水缸。一日清晨，店员开铺门时，见一具男尸倒浸在水缸中，缸水皆被血染红。于是，报官请验。经东三城司勘验现场，发现只有外肾（即睾丸）自割外，全身其他地方没有伤痕。该疑案发生的缘由还需进一步查明，才能结案。清人张志瀛据此作"疑案待查"图（图64）。其事、画载于《点石斋画报》1885年第64期。

61. 因疯酿命

图65 〔清〕蟾香"因疯酿命"图

有一浦东人，名叫顾德山，大约40岁，患有"疯症"。家有一妻一妾，已生子娶媳，分居城乡。一日，顾请妾外出，妾因儿媳待产不肯同行。顾发怒，与妾争吵。妾恐夫病发，躲至八仙桥家中避器。顾寻至，一见就取硬木击打妾头部致出血，妾急逃至八仙桥边落水而死。此案"因疯酿命"，求请免罚。可怜妾之死不能瞑目！清人蟾香据此作"因疯酿命"图（图65）。其事、画载于《点石斋画报》1886年第68期。

62. 药局飞灾

图 66 〔清〕吴友如"药局飞灾"图

常州府有一药局。一天午后无端轰然爆炸，房屋顿毁，瓦砖器物飞入半空。离药局数里地的一古刹化作尘埃，附近十余家居民也被波及。当地地保据实报官。次日官员勘验，则瓦砾中残肢断臂，血肉模糊。据该药局五里地，余某家的桑树上挂有女子金莲和人头两颗。该药局及药局外居民二百余人毙命。清人吴友如据此作"药局飞灾"图（图66）。其事、画载于《点石斋画报》1886年第69期。

63. 拦柩请验

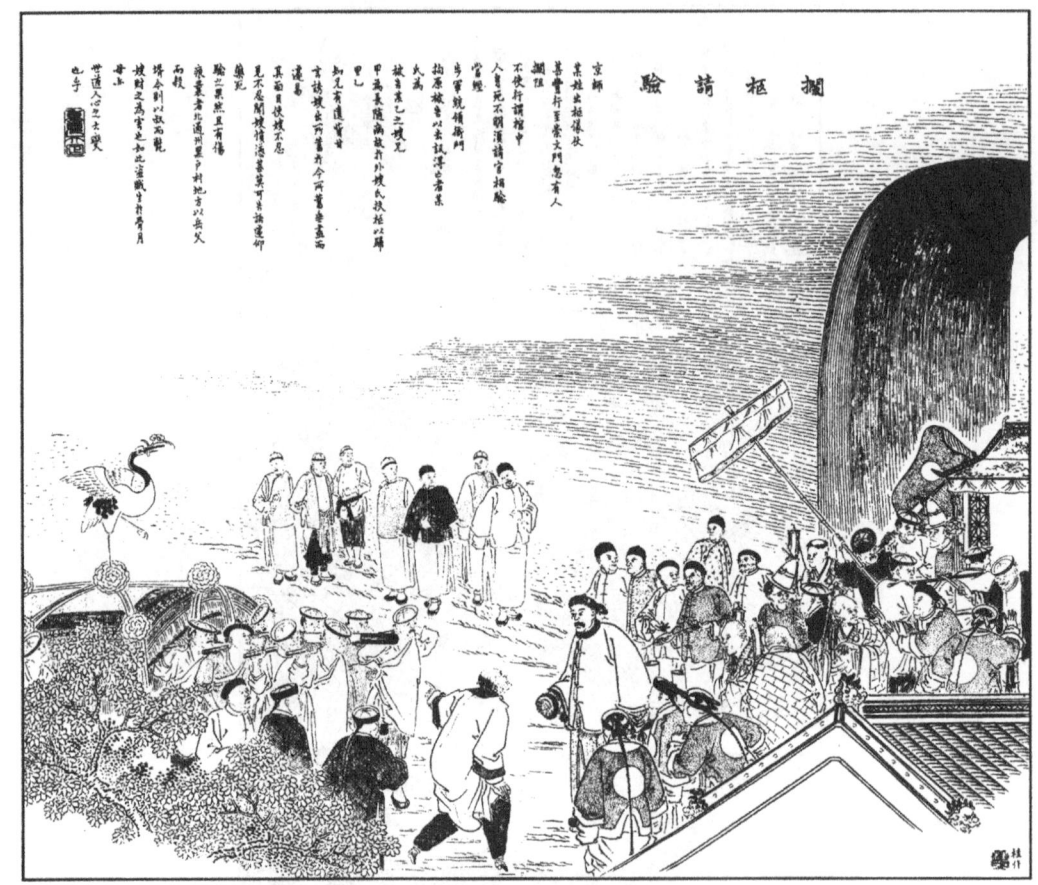

图 67　〔清〕金桂"拦柩请验"图

京师某姓出柩至崇文门。忽然有人拦柩，称"棺中之人生死不明，须请官相验"。当值官员拘原、被告询问，得知死者系家产之事被家人毒死。于是，开棺检验。验之果然有伤痕。过去曾有北通州岳父杀婿案，今则以叔而毙嫂财之为害也！清人金桂据此作"拦柩请验"图（图67）。其事、画载于《点石斋画报》1886年第71期。

64. 开膛相验

图68 〔清〕蟾香"开膛相验"图

日本捕役于某年七月十六日夜纠合无赖袭伤我兵轮水手数十人。李荣水手被打后数日不治身亡。李荣同乡报官,说李荣生前曾说:"被日人踢伤腹部和殴伤脊背部。"官府照会日馆,请西医布百布卧对李荣尸体进行解剖,开膛相验。清人蟾香据此作"开膛相验"图(图68)。其事、画载于《点石斋画报》1886年第96期。

65. 无头尸案

图 69 〔清〕田英"无头案"图

某年十一月初六,某护城河壕沟中见无首男尸一具。据壕沟一里地找到其头颅。当地官员带仵作验尸。头项间刀痕如锯齿。死者年龄十七八岁,身上穿着絮袄,似非谋财害命,亦非因奸致死,没有亲属认领。清人田英据此作"无头案"图(图69)。其事、画载于《点石斋画报》1886年第99期。

66. 冒认尸案

图 70 〔清〕艮心 "奸谋败露" 图之一

图71 〔清〕艮心"奸谋败露"图之二

清人所作"奸谋败露"图(图70、图71)画的是：官府检验一死者,仵作喝报非械斗而死。一老妇冒为死者母亲,但检验死者右手系六指。老妇大惊,只好吐露受人之指使而冒认尸体。该案主谋凶手受到惩罚。其事、画载于《点石斋画报》1886年第89期。

67. 名医偶误

图72 〔清〕符节"名医偶误"图

产科疑难杂症最难。某名医龚大绶，某日黎明时分发现自家大门外的"龚大绶精理产科"牌子被摘下，铁钩上挂一死婴。龚医师急忙送钱给病家消灾，并告知勿声张，但已被邻里看到。清人符节据此作"名医偶误"图（图72）。其事、画载于《点石斋画报》1887年第139期。

68. 谬称盲左

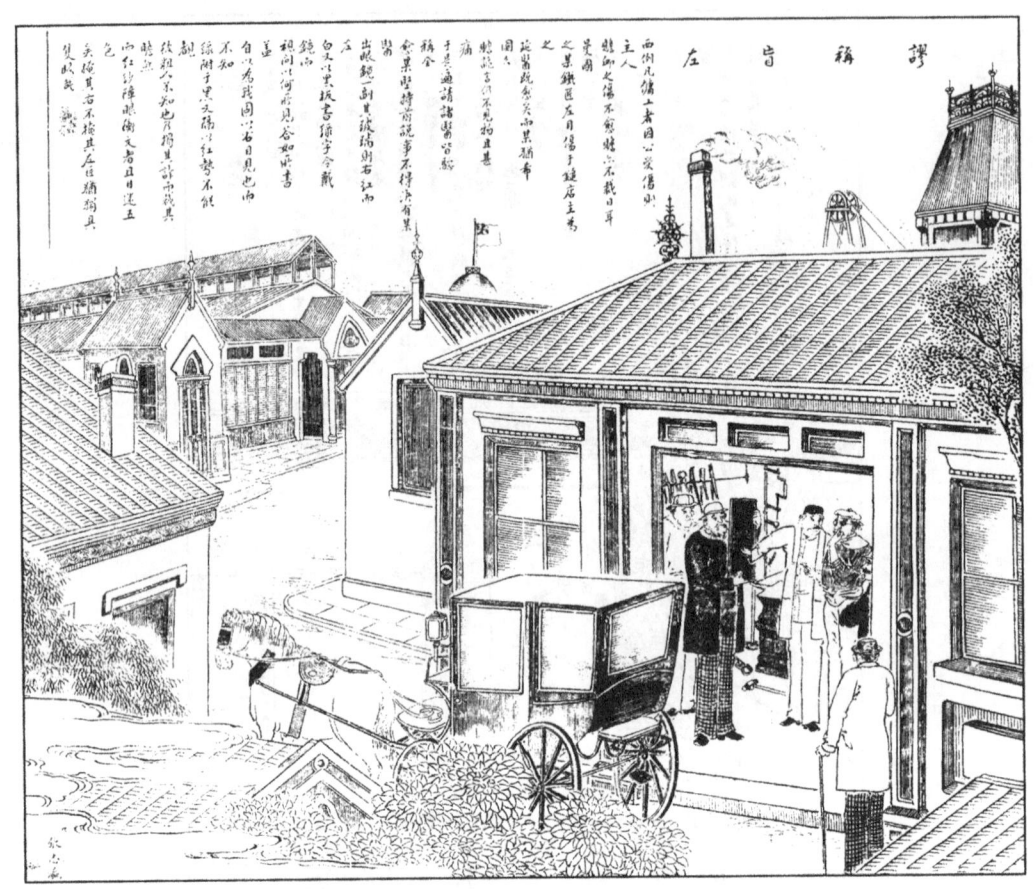

图73 〔清〕张志瀛"谬称盲左"图

某日耳曼人在华打工受伤，经多方治疗，一直称左眼视物不见。但多家医院都诊断已愈。有医师出一副眼镜，其镜片右红而左白，又以黑板书绿字，令戴镜而视。医师问："以何所见？"答如所书。自以为右目见也，而不知绿附于黑又隔以红势不能见也！于是，揭露了其诈盲！清人张志瀛据此作"谬称盲左"图（图73）。其事、画载于《点石斋画报》1888年第143期。

69. 沉冤待雪

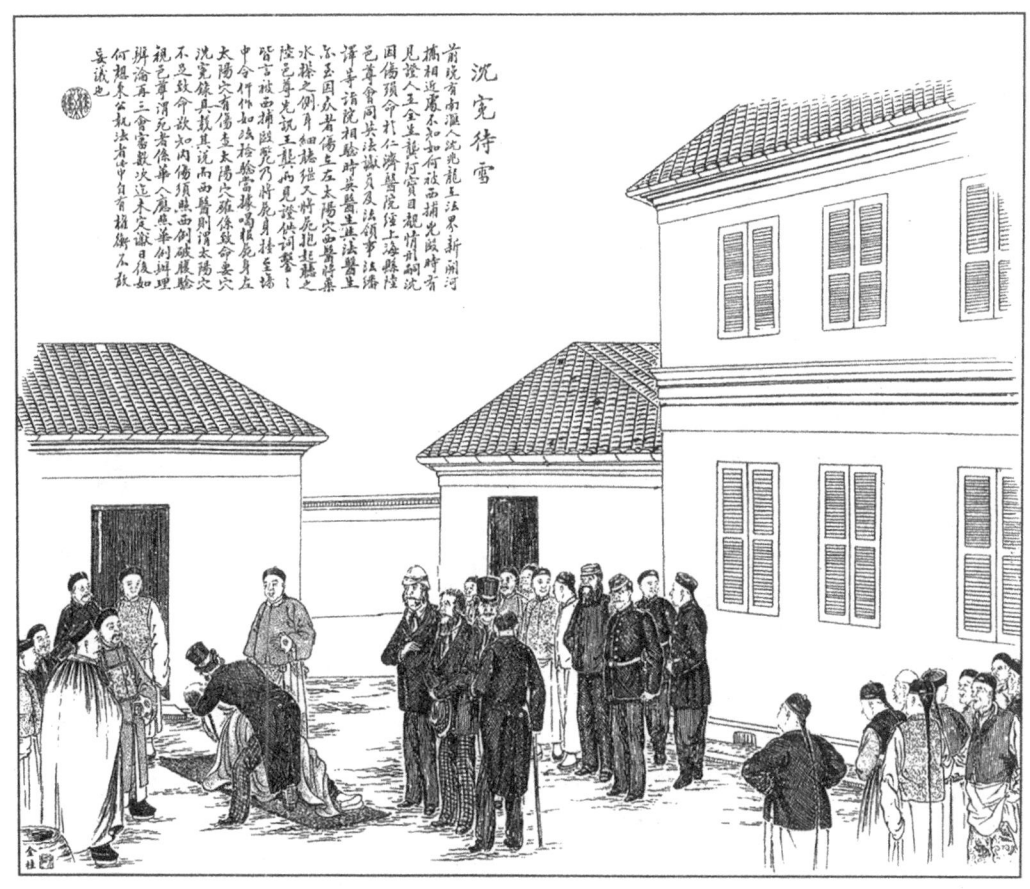

图 74 〔清〕金桂"沉冤待雪"图

有南汇人沈兆龙在法界地被外国巡捕殴伤致死，有王金生、龚阿宝作证。沈兆龙因伤殒命，死在仁济医院。上海县法院陆偘尊法官会同法领事请英法医师验尸。英法医师检查，见伤在左太阳穴，未定死因。陆偘尊法官请仵作检验，仵作当场喝报伤痕在左太阳穴，按《律例馆校正洗冤录》古法定为致命要害伤。但西医认为左太阳穴不是致命伤，需要解剖确定死因。陆偘尊法官认为，死者系华人，应按体例检验。辩论数次，终未定谳！清人金桂据此案作"沉冤待雪"图（图74）。其事、画载于《点石斋画报》1891年第262期。

70. 庸医杀人

图75 〔清〕吴友如"庸医杀人"图

此为清人所作"庸医杀人"图。在沪上城南,有一摆旧货摊的人,他的儿子患外疾就医于董家渡的张某。张某用刀切痈治疗致血溢不止,立时毙命。本不该死的人因失误致人死亡,可称为"庸医杀人"。清人吴友如据此作"庸医杀人"图(图75)。其事、画载于《点石斋画报》1884年第2期。

述评:清代《大清律例》规定"凡庸医为人用药、针刺,误不如本方,因而致死者,责令别医辨验药饵穴道,如无故害之情者,以过失杀人论(依律收赎,给付其家),不许行医。如故违本方,(乃以)诈(心)疗(人)疾病,而(增轻作重乘危以)取财物者,计赃,准窃盗论。因而致死,及因事(私有所谋害)故用(反症之)药杀人者,斩(监候)"。

第七章 清代的法医学与社会治理关系研究

《大清律例会通新纂》卷二十五："庸医杀人必其病本不致死，而死由误治显明确凿者，方可坐罪。如攻下之误而死，无虚脱之行；滋补之误而死，无胀懑之迹，不使归咎于医者；其病先经他医，断以不治，嗣被他医误治而死，行迹确凿，虽禁行医不治其罪，以其病属必死也。"晚清修律限制医家行医资格的规定："凡未经官署许可之医者，处以五百元以下之罚金。"

71. 得庆更生

图 76 〔清〕吴嘉猷"得庆更生"图

高邮焦家巷某甲，服紫霞膏（鸦片膏）救之不及"死亡"。及至即将收殓时，忽然立起，家人大惊。见他吐出带黑膏的痰，索茶饮后，众人始敢走近。盖其受毒浅，故死而复生。这种情况实际上属假死。清人吴嘉猷据此作"得庆更生"图（图76）。其事、画载于《点石斋画报》1888年第170期。

72. 收生害命

图 77 〔清〕吴友如"收生害命"图

上海城内的运粮漕河河滨某氏，以难产而亡。方其欲产也，雇大南门内顾家弄中张姓稳婆为接生，妇孕双胎，先产一女，在后者不遽下。据稳婆言，系盘肠生，非动手不为功。家人惶遽无措，任其施行，岂料竟将大肠拖出，妇痛极，大叫一声，登时气绝。稳婆能辞咎乎？清人吴友如据此作"收生害命"图（图77）。其事、画载于《点石斋画报》1886年第71期。

述评：20世纪初，我国的产科还处于非常落后的状况。产妇在生孩子时，第一时间想到的就是求助于"稳婆"，也就是民间的接生婆。这些接生婆大多是一些没有医学知识的中老年妇女，对于顺产的接生稳婆尚可完成，对于难产的接生，如本例，则会出现孕妇、婴儿死亡案件。因此，吴友如就说"稳婆能辞咎乎？"鉴于稳婆接生出现事故多发，到了清末，政府开始管制。1913年北洋政府京师警察厅制定颁布的《京师警察厅暂行取缔产婆规则》，还并未对接生婆的称呼做出统一的规定。从该政令的名称上看其称呼为"产婆"，规定称"经批准注册的产婆方能在门前悬挂木牌标明，一般上写'某氏收洗'等类字样"。这是近代政府对接生婆群体强制性管理。当时的接生婆群体不但分散居住、营业且大多自恃经验丰富，其思想顽固，排斥新法接生。正是如此对接生婆的改造唯有通过政府权力机关的强行介入方可推行。清末北洋政府京师警察厅制定颁布《京师警察厅暂行取缔产婆规则》主要出于三个目的：一是对现行从事传统接生业者的人数以及情况进行了解和统计；二是对不合格之产婆进行取缔，对合格者进行注册并颁发执照；三是对注册颁发执照的产婆的接生行为进行规范。

73. 得孩志喜

图78 〔清〕吴友如"得孩志喜"图

清人吴友如作"得孩志喜"图（图78），图中书写："拐骗幼孩之案，日报中层见叠出，书不胜书，其失而复得者唯苏人叶金宝与谭士元之子，余无所闻焉。叶金宝已拐至汕头，经范阿来扣住，见诸日报，为苏善士辗转托人以觅之归。而谭士元之子苟无人焉，一再悬重赏登告白以布告四方，则璧将留于秦廷，珠讵还乎合浦乎？现经苏抚卫中丞札饬江海关道于各轮开行之前严密查拿，务在必获，意至美法至良也。而鄙人犹有虑者，如谭子之仅售于罗店，寺僧仍不免漏网，若更得由道饬县严定拐匪罪名，告示四方，即将告示录入日报，宣播各省，则既有海关查截以扣留其已拐者，并有告示晓谕，以警绝其未拐者，则拐风庶可稍熄乎？"其事、图载于《点石斋画报》1886年第72期。

述评：本案为拐骗幼孩案。吴友如认为被救的人数极少，虽然通过登报、海关拦截等方法可行，但这种靠有限的个人辨认和个体识别，范围狭小，效果不佳。因此，他认为要立法，然后"由道饬县严定拐匪罪名，告示四方"。吴友如这一设想有一定历史价值。

74. 考终命图

图79 〔清〕周慕乔"考终命"图

清代周慕乔作"考终命"图(图79)，上书："学院行文各属举行县试，松郡即于上月初十开考。有某童年逾六十，须发皆白，册年则填八十余，盖冀日后登寿榜也。正场作未冠题，案发名前列，趾高气扬，大喜过望，无意中顿遭倾跌毙于道。呜呼！

722

以六十余岁之老翁,犹以热中应童子试,偶列前茅,便尔喜出望外,而至于路毙,功名误我,不亦大可怜乎? 殆熟读《洪范》之五福者乎。"其事、画载于《点石斋画报》1885年第63期。

述评:法医学上,常见猝死精神因素(喜、怒、悲、乐、恐、惊)、过度疲劳、轻微外伤、暴饮暴食、过冷过热等诱因,自身潜在性疾病是引起猝死的主要原因。本例,死者60多岁,自身存在潜在性疾病,发榜时发现自己"案发名前列,趾高气扬,大喜过望,无意中顿遭倾跌毙于道",符合猝死,过度激动是其诱因。

75. 雷击耕牛

图80 〔清〕周慕乔"雷击耕牛"图

清代周慕乔作"雷击耕牛"图(图80),载:"宜昌于九月杪被雷击毙一牛,退迩哄传谓是日上午晴明,下午风雨,该处山前后为农家牧牛地。牧者方牵牛以归杆,忽霹雳一声,某姓之牛为雷震死,牛背判有字,验之,则曰:'雷公本姓刘,平生不打牛，因他前生为知府，错砍九人头。'事固荒诞不足辨，而判语更郦俚而不文。等之妄言妄听，焉可？"其事、图载于《点石斋画报》1885年第62期。

述评：宋慈《洗冤集录·雷震死》记载："凡被雷震死者……胸项背膊上或有似篆文痕。"这里，"似篆文痕"指雷电击伤后在胸背部等处留下的红褐色树枝状花纹，很像篆书文字样子的伤痕，也叫雷电击纹。"似篆文痕"不是"雷公"刻字，跟"因果报应"没有关系，是自然现象。"雷击耕牛"图的作者周慕乔也持这一观点。值得一提的是，还有一种情况，罪犯利用雷击现象伪造杀人现场。清雍正年间（1723—1735）河北献县知县明晟曾破获一起"假雷案"就是例子。

76. 解剖尸体

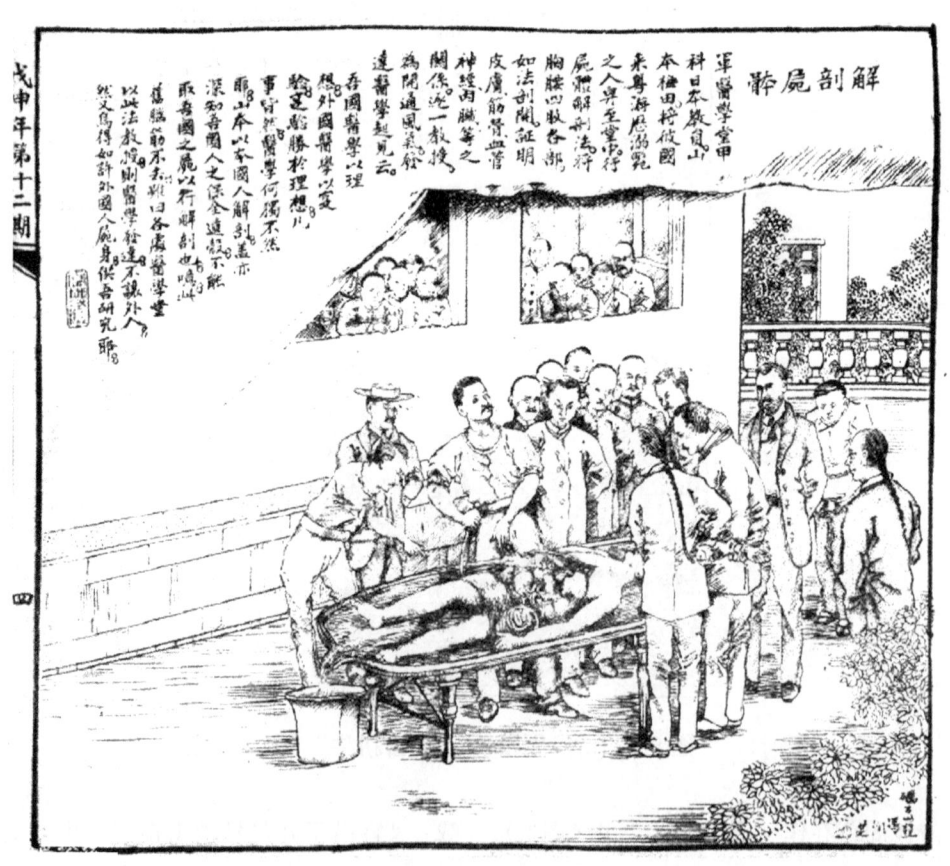

图81 〔清〕冯润芝"解剖尸体"画

第七章 清代的法医学与社会治理关系研究

1908年4月底,广东陆军军医学堂的教室内,教习山本梅田抬来一个不幸在粤溺亡的日本人尸体,给学生上人体解剖课。山本梅田将遗体抬至堂中,将胸、腰、四肢逐一解剖,并向学生讲解皮肤、筋骨、血管、神经和内脏之间的关系。该新闻以新闻画(图81)的方式刊登在1908年第12期(5月15日出版)《时事画报》上,并评论说:"山本以本国人解剖,盖亦深知吾国人之保全遗壳,不能取吾国人之尸以行解剖也。噫!此旧脑筋不去,虽曰各处医学堂以此法教授,则医学发达,不让外人,然又焉得如许外国人尸身,供吾研究耶?"

77. 剖腹出儿

图82 〔清〕明甫"剖腹出儿"图

中国首例剖宫产手术发生在广州的博济医院，手术施行于1892年8月。广州横沙的一疍家妇女遭遇难产，稳婆忙乎了一天一夜后无法接生。产妇气息奄奄，周围有好心人提醒她丈夫，赶紧去看西医吧。据1892年8月27日上海《点石斋画报》推出的绘画报道，其夫"驾舟载妇，至博济医院。适女医富氏因事他出，男医关君见其危在旦夕，恻然动念，为之诊视"。这位关君，就是主持博济医院的关约翰医生(Dr. John Myers Swan)。关约翰医生当时也没有太大把握，因此告知其夫："若剖腹出之，幸则犹可望生，不幸而死，亦则安于命矣。"产妇丈夫表示一切都听医生的。于是，医生"施以蒙药，举刀剖腹，穿其肠出其儿，则女也，呱呱而啼，居然生也，随缝其肠，理而纳之腹中，复缝其腹，敷以药，抚之安卧，数日寻愈"。这篇绘画报道所配之画就是明甫所作的"剖腹出儿"图（图82）。报道载于《点石斋画报》1892年第309期。

78. 仵作口诀

清代仵作需熟记检验口诀，并按口诀进行检验。

仰面伤痕

仰面伤痕十六方，顶心左右思门当；
额面额颅头必看，耳窍咽喉并太阳；
肋乳胸膛并乳腹，脐间肚肪更须详；
肾囊有子看双独，妇女阴户恐暗伤。

合面伤痕

合面伤痕亦有六，脑后耳根宜目䐚；
脊背脊臀穴须详，后肋腰眼相连防；
肩胛血盆胲肌伤，内通筋骨死亦连；
除此皆非致命痕，二十二伤可更补。

述评：清代，欧洲法医学已经进入现代化阶段，而我国法医学还在使用古老检验方法，特别是仍由仵作以背检验口诀的方式进行检验，远远地落后于西方，这是我国检验制度落后使然（详见后面有关章节分析）。

79. 鉴定出处

我国古代汉语只有"检""验""检验",没有"鉴"和"定"二字连用的词语。"鉴定"一词最早出自光绪十三年(1887)黄遵宪的《日本国志》一书。黄遵宪是中国日本近代法的第一个翻译者和研究者,也是第一个输入日本法的中国人。黄遵宪套用了大量日译法学用语,这之中就包括《治罪法》中的"鉴定"一词。"鉴定"一词引入我国法律的时间,有说是1906年《大清刑事民事诉讼法(草案)》,有说是1907年《大清新刑律》。但"鉴定"一词最早在正式颁布的法律中出现的则是光绪三十三年十月二十九日(1907年12月4日)颁布的《各级审判厅试办章程》(简称《试办章程》)。

80. 审鉴分离

1907年12月4日清廷颁布的《各级审判厅试办章程》涉及鉴定活动的规定有第10条:"审判官承审案件,应行回避之原因如下:审判官于该案曾为证人、鉴定人者……"第24条:"凡公判案件,因证人、鉴定人供述不实。或本系重罪受理时错认为轻罪者,或由轻罪发觉其他重罪者。均由审判官移送预审。"第74条:"凡诉讼上有必须鉴定。始能得其事实之真相者,用鉴定人。"第75条:"鉴定人由审判官选用,不论本国人或外国人,凡有一定学识经验及技能者,均得为之。但民事得由两造指名,呈请选用。"第76条:"鉴定人于鉴定后,须作确实鉴定书,并负其责任。"第77条:"凡有下列之原因者不得为证人或鉴定人:与原告或被告为亲属者;未成丁者;有心疾或疯癫者;曾受刑者。"

述评:《各级审判厅试办章程》(以下简称《试办章程》)标志着我国在法律制度层面实现了由古代检验制度向现代鉴定制度转变的重大跨越。第一,该法第一次否定我国古代官验制度,明确实行鉴定人制度。该法规定"鉴定人由审判官选用,不论本国人或外国人,凡有一定学识经验及技能者,均得为之。"第二,该法第一次确立了法官与鉴定人在身份上的"审鉴分离"制度。《试办章程》改变了鉴定人在诉讼活动中的法律地位,改变了我国古代"审检合一"的历史事实。《试办章程》规定,曾为本案"鉴定人"的"审判官"应当回避,确立了"审判官"与"鉴定人"在身份上的"审鉴分离",说明鉴定人在诉讼活动中的法律地位已经由原来的审判主持者转变为诉讼参与人。这在我国法律史上都是第一次。从某种意义上讲，这是由古代检验制度向现代鉴定制度跨越的重大标志。第三，该法第一次明确了鉴定人需具备专业技术能力的资格。《试办章程》第75条规定鉴定人"不论本国人或外国人，凡有一定学识经验及技能者，均得为之。"第一次提出了鉴定人必须是"有一定学识经验及技能者"，也即对担任鉴定人的专业技术能力提出了明确要求，无疑是对我国传统司法制度的一个重大突破。第四，该法第一次确立了全面鉴定制度。根据《试办章程》第74条的规定："凡诉讼上有必须鉴定，始能得其事实之真相者，用鉴定人。"《试办章程》对鉴定事项的规定，远远要大于只有"杀伤公事"刑事案件的鉴定，只要案件需要，"始能得其事实之真相者"均必须委托"有一定学识经验及技能者"进行鉴定。因此，《试办章程》在法律层面确立了全面鉴定制度，应是对我国传统司法制度的一项重要完善。第五，该法第一次对刑事鉴定和民事鉴定做出了初步区别。《试办章程》第75条规定："鉴定人由审判官选用，但民事得由两造指名，呈请选用。"第六，该法完善了鉴定结论报告方式和内容。《试办章程》第76条规定"鉴定人于鉴定后，须作确实鉴定书，并负其责任"，而不是要求其"据实填写尸格、尸图和检骨图格"，对鉴定结论的报告方式和内容提出了新的要求。不仅要求鉴定人客观记录检验所见，而且还需要运用科学理论对"检验所见"进行分析、鉴别和判断。总之，我国古代实行"审鉴合一"的官验制度，从先秦到清代数千年，直到清末(1907)颁布《各级审判厅试办章程》才实行法官与鉴定人独立行使职责法律规定的"审鉴分离"法医鉴定制度。

81. 斩绞之刑

清代刘树屏编撰、吴子城绘图的《澄衷蒙学堂字课图说》中，对"斩"和"绞"等刑罚，不但给儿童做了字面上的释义，而且还配有图像，便于儿童识字和记忆。书中解释时称，"斩"者颅身分离，不得全尸，其重于"绞"刑；"绞"者得全尸。这是因为"孝"道中"身体发肤，受之父母，不敢损伤，孝之始也"。这是出自《孝经·开宗明义章》里的句子，意思是：身体四肢、毛发皮肤，都是父母赋予的，不敢予以损毁伤残，这是孝顺的开始。这个"始"字，说的是从"孝经"的开始制定，它就主张把"孝"贯穿人的一切行为之中，"身体发肤，受之父母，不敢毁伤"，是孝之始；"立身行道，扬名于后世，以显父母"，才是孝之终。

述评：在儿童的识字课本中介绍一些简单的法律知识。而其知识来源仍然是儒家的孝道，可见清代从儿童开始就灌输主流思想。可想而知，以"孝"道为基础的"维持尸表检验不毁坏发肤"的古代尸表检验制度，在封建制度还存在时是不可能放弃的。这就是我国古代法医学不能迈进现代化行列的原因所在，也是法医文化的悲哀所在。

82. 李毓昌案

清代史学家赵翼《檐曝杂记·冒赈大案》记载："嘉庆十三年（1808），淮、扬大水，皇上不惜数十万帑金，赈济灾民。有山阳县王伸汉冒开饥户，领赈银入己，上司委试用知县即墨李毓昌查赈。毓昌新进士，以清白自矢，遍往各乡村，查出浮开饥户无数。伸汉惧，许分肥，不受。既竣事，置酒饯别。是夕毓昌暴卒于公馆。淮安府知府王毂来验，口尚流血，竟不问，以颈有绳系，遂以自缢报。家人李祥、顾祥、马连升皆雇募长随，并伸汉拨来听差人包祥，亦长随也。棺殓毕，皆散去。未几，毓昌有叔李泰清来省视，见遗衣有血痕，颇疑之，密访亦有所闻，遂赴京以身死不明控，都察院具奏。上命，提尸柩来济宁检验，口内尚有血痕，通体骨青黑，的系中毒。捕获五长随鞫讯，乃知伸汉贿嘱诸长随，乘其主酒渴，饮以鸩，又绳系颈，若自缢者。上大骇怒，以为从来未有之奇。诸长随皆凌迟处死。内手灌鸩之李祥，解至毓昌坟上，先刑夹一次，剖心以祭其主。顾祥、马连升各责四十板。包祥创谋，亦先刑夹次。王伸汉斩决枭示。先验尸之王毂，以得赃亦斩决。其余查赈徇隐之同知、教官，皆连坐，分别定罪。"

述评：李毓昌奉命查赈被毒死。淮安知府先验尸，以自缢上报；济宁开棺验尸，确认为中毒。经查，王伸汉指使家奴与李毓昌的长随合谋，在饯别晚宴上毒死了李毓昌，并伪造自缢现场。王伸汉立斩，王毂立绞，家奴、随从极刑。一个平民胆敢"冒开饥户，领赈银入己"，当被人揭发时，下毒害命。一个知府胆敢收受贿金，包庇凶手，谎报案情。李毓昌之死，标示着清代吏治的严重败坏，官场的龌龊不堪。

83. 乳妈虐童

清代长白浩歌子《萤窗异草·苑公》记载："巨珰苑公，直省人，谈吐隽妙，有文士风。王公大人恒以其阉而惜之。然苑公之阉，非犹蚕室也。苑公家巨富，父亦仕至别驾。苑公之生，锦褓绣袴，岂等于贫苦小民净其身以求显达哉？其父年届六旬，犹无子，戚族劝之，始纳一妾。期年生苑公，其父甚悦，亟觅乳媪，使字之。彼妇吕姓，少寡，性妖淫。其夫之死不可知，孀两岁，又举一男，因不见容于姑嫜，遣归母家。母家又贫，劝之嫁，又恋所私，不肯听。乃以其乳售于人，意盖借此以自便，庶不至如再醮者，受夫钳制也。公父不及察，竟以十金质其身，约以三周，俟子口食而后去。妇敬诺，视公亦甚爱惜。初公父缘有少妾，治家綦严，虽五尺之童罔敢入中门。及见乳媪少艾，且妖冶异常，防闲益密。而性复刚暴，婢妾小忤，即行敲扑，而余人可知。妇既入樊笼，所欢者三秋莫见，即通一讯而无从。又惧官势，不敢自断其乳，因而由悔生恨，积恨成怒，思毙其所哺之儿，而后可脱然事外。无如苑公幼即健壮，曾无纤微疾痛，妇益计窘。适公父远出，公之嫡母生母，均以时疫病在床，妇乃得逞。阴以生丝一线，束儿外肾，日以加紧。儿痛楚啼号，人亦莫测其故。妇又以醴酒一盏置枕畔，乘儿呱呱，即濡指潜抹其吻。儿醉，辄熟寐，妇又移易其扣。如是者兼旬，儿之母病始痊，而儿之人道已随手而坠。妇初冀儿死，而儿痛则啼，啼已复食，妇于此不觉智尽能索矣。既而闻公父将归，心更大惧。一夕伺儿寝，自缢室中，比及人知，早已救而弗及。举家震骇，幸公父旋返，虽未悉其致死之由，而缄书邑宰，检验无伤，事遂寝。阅数日，其妾视儿便溺，忽大惊曰：'予所诞者，岂女也耶？'嫡室闻而趋视，则非女非男，在二者之间。阖室皆变色，闻之公父，乃大戚，始悟妇死之故。重责婢妪，而兼及其妻妾，究亦无如之何，惟时时陨涕而已。比长，耻使为阉，亦教之诵读。年十二而父卒，犹学为文。及应童子试，邑人攻之，竟不得考。公乃忿忿，束装入都，渐致通显。每言之，犹欷歔不已。"

述评：该案，乳妈吕氏"以生丝一线，束儿外肾，日以加紧"，讲的是乳妈吕氏用线蚕丝绑住婴儿的睾丸，每天勒紧一点，晚上趁其深睡勒紧蚕丝并打结。如此十余日，婴儿的睾丸已被勒掉。乳妈吕氏知道问题严重性，一天伺候婴儿睡着后自缢于房内。事发后，一家人不知乳妈为何缢死，但还是向本地知县通报，官府仵作验尸也未发现外伤，事情就此平息。但随着时间推移，婴儿变成"非女非男"的样子，一家人"乃大戚,始悟妇死之故,惟时时陨涕而已。"虐童案,古已有之,是严重的社会问题。虐童案,不仅有"乳妈虐童",也有父母或继父母等家庭成员虐童,还有幼儿园教师虐童,等等,而且手段各异,极其隐蔽,十分残忍。虐童案检验是法医学的任务之一,应引起高度重视。

84. 清代李白

沁园春

〔清〕黄景仁

苍苍者天,生我何为?令人慨慷。

叹其年难及,丁时已过,一寒至此,辛味都尝。

似水才名,如烟好梦,断尽黄斋苦笋肠。

这是黄景仁二十四岁生日时所作词。黄景仁,清代乾隆年间(1736—1795)人。十六岁童子试名列第一,后屡次乡试不第。陕西巡抚毕沅曾推荐他任县丞,吏部待官,竟不就。黄景仁待官无望,抱病离京,过太行山,死于途中,时年三十五岁。黄景仁仰慕李白,其诗学习李白。所作诗歌,多抒发穷愁不遇、寂寞凄怆之情,也有激扬豪放之作,颇似李白。其诗流传下来一千多首,数目与李白相当。其诗颇为时人所称赏,"乾隆六十年间,论诗者推为第一"。朱筠见到他,则称之为"神仙中人"。当时享有盛名的诗人袁枚,称之为"今日之李白",其好友著名诗人洪亮吉曾说:"自湖南归,诗益奇肆,见者以为谪仙人复出。"延君寿在《老生常谈》中赞他道:"其真能直闯太白堂奥,东坡而后,罕有其匹。"

述评:诗人与当官,能否画等号?不能。当官与法医,能否画等号?不能。但是,我国古代法医检验由官员行使,古代行政司法一体,官员行政与检验一手操作。法医属于技术检验,与行政官员职能相去甚远。由非专业的文人在任职后直接检验尸体并做出鉴定,显然是违背自然科学规律之举,这是制度落后的表现,也是古代法医发展史上的弊端。

85. 科考舞弊

据《光绪朝东华录》《清史稿》记载，光绪十九年（1893），周福清回家丁忧。不久，屡试不中的儿子周伯宜要参加乡试，而这年主持浙江乡试的主考官是周福清的同年进士殷如璋。周福清想通过关系，为儿子和亲友中顾、陈、孙、章姓子弟打通关节。周福清于七月二十五日晚来到苏州，连夜准备了自己的名片，一张万元银票，一张通关条子，上面写着顾、陈、孙、章等六人，均用宸、衷、茂、育等字样。从北宋起，科举实行糊名制，考官看不到试卷上考生的姓名，认不出考生的笔迹。不过作弊考生和考官约定，在试卷诗文中用一些特定的字眼，考官在阅卷时留意，如果看到试卷上用了这些字眼，就录取。写有这些字眼记号的条子，就叫"关节条子"。周福清的条子告诉殷如璋，看到考卷诗文中连续使用宸、衷、茂、育四个字的，就帮他录取。七月二十七日，殷如璋等一行抵达苏州阊门码头，周福清派仆人陶阿顺前往拜见。当时副主考周锡恩正在殷如璋的船上谈话。于是，殷如璋接过信件，搁置一旁。陶阿顺在外面等着着急，又因为信封中有一万元银票，陶阿顺怕钱有去无回，于是在外面大声嚷嚷："银信为什么不给回条？"陶阿顺的大声呼喊，让事情败露。为了撇清关系，殷如璋立即叫人扣押了陶阿顺，之后交给苏州府收押审问。周福清的通关舞弊案由浙江臬司、藩司会同杭州府、县共同审理。周福清投案自首。九月初四，浙江巡抚崧骏奏报光绪帝，皇帝下旨革去周福清官职，并令严办。就这样，周福清科场案成了一桩钦命大案。按《大清律例》处以斩立决，因贿买关节未遂，刑部议请酌减一等。光绪十九年（1893）十二月癸酉，改斩监候。周福清一直押在杭州府狱内。前后八年，至辛丑年（1901）由刑部尚书薛允升上奏，依照庚子年（1900）乱中出狱的犯人，事定后前来投案，悉予免罪之例，予以放免。

述评：自古到今，人才选拔制度中就不断出现权力寻租与舞弊造假，科考中舞弊成风，诸如贿买、夹带、顶名、冒籍、枪替、传递等，周福清案只是其中一个。问题是法律规定，通过科考后就可以走上仕途，可以检验断狱。对于检验，即使正当途径考取入仕者都困难，靠舞弊造假入职的就更难了，暴露了制度设计的弊端。虽然古代对科考出身的官员也有考核，如光绪四年（1878）正月二十四日，沈葆桢给朝廷上了一

第七章　清代的法医学与社会治理关系研究

道奏折,"特参不职之州县等官,以肃纪纲"。沈葆桢给其中九人的考评,分别是"声名狼藉""心地巧猾""操守平常""既愚且诈""品行卑污""声名甚劣""性好招摇""溺于嗜好""性情躁妄",建议朝廷即行革职;另二人"识昏才庸""年衰气惰",请旨勒令休致;周福清"办事颠顸而文理尚优",请旨"归部改选教职",摘掉了他金溪县七品知县的顶戴花翎。但检验制度中选人问题还是得不到解决,因为我国古代实行官验制度,该制度确定官员集行政司法于一身,不可能选择不入流的医生到官府进行检验。即使到了晚清,法医制度改革也只把仵作改为检验吏出身,而未选择医生。这是封建制度使然,也是我国古代法医制度的缺陷。

86. 仵作贱役

仵作无疑是重要的衙门角色,特别是考虑到对命案的重视,仵作的重要性不言而喻。但官方立场中,仵作却是一个极卑贱、极不可信任的角色。在正统士大夫心目中生活上的卑微,而自宋慈的《洗冤集录》始,仵作更被反复赋予一个需要提防的角色形象:"年来州县,悉以委之初官,付之右选,更历未深,骤然尝试,重以仵作之欺伪,吏胥之奸巧,虚幻变化,茫不可诘。"历代检验书籍等亦反复告诫相关官员,对仵作可使之而不可信任之。一方面民间称为"爷",另一方面官府又视为卑贱,这种尴尬与反差当与公门中的贱役的身份有关。数千年来,仵作以这种身份生存,至清代的衙役中,民壮、库丁、斗级、铺兵尚具有普通百姓之身份,而仵作贱役及其子孙"概不准冒入仕",也没有资格参加考试。仵作后代即使已被过继给良民为子,仍然不准应试。据《新唐书》载刘晏曾说:"士有爵禄,则名重于利;吏无荣进,则利重于名。"这就是仵作的境遇:一方面为公门中人,手决死生;另一方面又不得荣进,世人鄙视。

述评：因传统文化和官僚体制的影响,仵作虽服役公门,关系甚重,但因可能作弊,身处贱位,而时时需被官员防范。但仵作的重要性也受到部分官僚的重视,如林则徐曾上奏《通饬各属选练仵作札》①,建议重视仵作并对其进行培训。据《皇朝经世文续编》卷二十八《吏政·吏胥》,沈葆桢也曾于杨乃武案后上折《请饬议仵作马快准予出

---

① 林则徐. 通饬各属选练仵作札[M]//林则徐全集编辑委员会. 林则徐全集(第5册):文录. 福州:海峡文艺出版社,2002:51—52.

身》:"仵作照刑科书吏一体出身……俾激发天良,深知自爱,养其廉耻,竭其心力,庶命案盗案来源易清。倘仍作奸犯科,自有加等惩办之法。"这个要求相对折中了,列仵作为吏类,给予其可能的出身,"将仵作照刑科书吏一体出身",至少不连及子孙,但从随后朝廷的反应来看,这个建议因"格于例"并没有被采纳。

87. 仵作关借

道光年间(1821—1850),在浙江德清民妇徐蔡氏被徐倪氏勒死案中,浙江关借福建仵作;光绪年间(1875—1908),在湖北郧西县廪生余琼芳身死案中,复检关借江西仵作,后又再从刑部请求调派仵作。这些案子与复检时需检骨有关。检骨难度大,技术上也重要。据《清实录·乾隆朝实录》,乾隆二十八年(1763)陕西按察使秦勇就具奏称:"州县相验,必经仵作,其未谙《洗冤录》者,恐致命案出入,请令该管上司每年考试一次等语。应如所请,该府州因公过境就近考试,错谬者责革,州县查参,其五城司坊仵作责成巡城御史,照此办理。从之。"至于京城的,据《读例存疑》所载,则要求"在京五城司坊额设仵作,即责成该巡城御史,每年照此办理"。从《皇朝通志》卷七十七所载"每名给发《洗冤录》一部。选委明白刑书一人,与仵作逐细讲解"和更早的《福建省例》来看,学习《洗冤录》的还包括刑书。据《湖南省例成案》卷二十,乾隆三十四年(1769)湖南省按察使王太岳建议"应请严饬各州县督令刑仵遵照《洗冤录》蒸检之法,逐细讲解,务令熟练,定以半年为期,半年之后,永远不准关借"。道光四年(1824)林则徐任江苏按察使,发现遇有检骨大案,整个江苏省唯有一名仵作谙练。林则徐在《通饬各属选练仵作札》中说:"苏省命案繁多,且常有检骨之案,乃访查仵作中熟谙者甚少。现在数次开检,争传(关借)丹徒仵作经启坤前往。以江苏若大省分,而检验专恃一人,已属可诧。况经启坤年逾八十,安能久用。"

述评:所谓"关借",指通过关文向他邑借用。清代资料显示,不仅有从他邑关借,更有从他省关借,乃至从刑部关借者,如此则只能说明是仵作检验水平问题而不是回避问题了。清代的检验方法主要分为检与验两大类,验为体表,检则是在腐烂之后通过骨头蒸检观察伤情,后者即为检骨,检骨的难度相对较大。对检骨技术不熟练,原因是多方面的。一方面与仵作经验有关,清代讲究速验而不主张蒸检,因此对具体

第七章　清代的法医学与社会治理关系研究

一名仵作来说,遇到的检骨案本身就不多,传统知识不仅重书本,更重经验,遇到案件越少则经验越少,大案愈发不敢临场。另一方面与仵作培训有关,清代掌握检骨技术的仵作不多,因此需要培训学习。关于这一点,林则徐提出对策:"凡一府所属有开检之案,由府传知邻近属县,派拨仵作两三名前往学习,庶阅历多而见识定,不致混行填报,可免检验不实之咎。"光绪三十年(1904),陈灿任云南按察使上奏:"设仵作学堂,以精检验。"①

从上述介绍,清代在检验过程中发现仵作素质不够,采取关借和培训的手段弥补缺陷。但是,检验人选和知识背景才是关键问题。因此,清政府没有意识到法医制度的落后,还是选择仵作验尸制度,而没有选择有医学背景的法医鉴定人制度,这是问题所在。

88. 东北鼠疫

图 83　伍连德(1879—1960),祖籍广东新宁,侨居马来西亚

1910 年 11 月,肺鼠疫在我国东北大流行。疫情蔓延迅速,吉林、黑龙江两省死亡人数达 39679 人,占当时两省人口的 1.7%,哈尔滨一带尤为严重。当时清政府尚无专

---

① 昭通市志办. 昭通旧志汇编(6)[M]. 昆明:云南人民出版社,2006:1810.

设的防疫机构，沙俄、日本均以保护侨民为由，要求独揽防疫工作，甚至以派兵相要挟。迫于形势，清政府派伍连德（图83）为全权总医官，到东北领导防疫工作。

1910年12月24日傍晚，31岁的伍连德与灾民逆向而行，抵达瘟疫的重灾区哈尔滨傅家甸。12月26日夜，傅家甸有一名日本女子感染鼠疫暴死。伍连德接到衙署通知后，认为这是获得第一手疫情资料的机会，就设法与亡者男人商量，说服对方接受亲人被尸检。伍连德立刻进行尸体解剖与检测取样工作。这在中国防疫史上是第一例尸检，为防治鼠疫获得了重要的病体样本。根据提取的血液样本与脏器切片进行仔细观察，得出"肺鼠疫"结论。传统的鼠疫被称为腺鼠疫，医学家普遍认为是跳蚤从老鼠身上感染后，跳蚤再传播给人。但伍连德却质疑：东北冬天温度寒冷，老鼠钻在洞窝里没有跳蚤传播病毒给人的机会。于是，伍连德决定寻找病毒的来源。亚洲北部地区生活着一种名为旱獭（土拨鼠）的啮齿动物，它的毛皮可以替代貂皮制作御寒的大衣。中俄皮商大量捕杀旱獭成了感染源。1910年春季，首先在俄罗斯尼古拉耶夫斯克发生"肺鼠疫"。10月25日，回到中国的满洲里劳工出现了首位死于"肺鼠疫"的患者。由于劳工在简陋住房中紧闭门窗，众多人员挤在一个大炕上，很快就传染了"肺鼠疫"。11月8日鼠疫传播到了哈尔滨道外区傅家甸。当时，傅家甸成了坟场，2200具尸体堆积如山。为有效地阻止瘟疫的蔓延，伍连德决定将疫尸付之一炬，但遭到百姓和地方官吏反对。后伍连德和东北总督锡良联名请朝廷批准后，在1911年1月30日，伍连德亲自指挥把尸体每百具为一堆，计22堆，泼上煤油燃烧三天三夜。同时，伍连德采用西班牙火车厢隔离法对传染源进行有效隔离。他向当时俄国控制的中东铁路公司借用120节火车厢，又向日本等国的铁路公司借用火车厢。征用的火车厢计有1200多节，以火车厢作为隔离点，收容"肺鼠疫"患者、家属、接触者。这些车厢都派兵把守，里面配置医疗器械和日常生活用品，成为火车隔离病房。他还把哈尔滨停业的客栈、学校等征用来当作防疫办公室、消毒室和病房、治疗室。在定点医院按照病情轻重，设立疑似病例区、轻症病区、重症病区。通过不同分类管理，既节省医疗资源，又能够使患者避免交叉感染的风险。伍连德设计并命令即刻赶制一种特殊的加厚口罩，并在两层纱布中间放置吸水棉，配发给所有医生、护士等人及病人，强制佩戴。这种口罩后来被世界各国医学界仿照制作,人们称这种口罩为"伍氏口罩"。1911年3月1日,最严重的疫区哈尔滨首先达成零死亡。东北的"肺鼠疫"在伍连德的指挥下被控制住了。东北1400万人,死亡4万多人。1911年4月,在伍连德指挥下取得了抗击"肺鼠疫"的胜利。世界卫生组织决定,在沈阳召开"万国鼠疫研究会",参加会议的有英、美、法等11个国家34位著名鼠疫专家。伍连德担任会议主席,并在会上做了关于东北鼠疫防控、治疗经验的学习报告,被专家冠以"鼠疫斗士"的称号。4月23日清政府宣布东三省鼠疫疫情结束。这是中国近代第一次以医学手段成功遏制鼠疫蔓延的范例。清政府为表彰伍连德的功绩,授予其陆军蓝翎及医科进士。摄政王载沣还刻意召见了他,亲自授予其二等"双龙勋章",这是中国医官获得的最高奖励。

89. 雷诛报应

清人袁枚《子不语·雷诛营卒》记载:"乾隆三年(1738)二月间,雷震死一营卒。卒素无恶迹,人咸怪之。有同营老卒告于众曰:'某顷已改行为善,二十年前披甲时曾有一事,我因同为班卒,稔知之。某将军猎皋亭山下,某立帐房于路旁。薄暮,有小尼过帐外。见前后无人,拉入行奸。尼再四抵拦,遗其裤而逸。某追半里许,尼避入一田家,某怅怅而返。尼所避之家仅一少妇,一小儿,其夫外出佣工。见尼入,拒之。尼语之故,哀求假宿。妇怜而许之,借以己裤。尼约以"三日后,当来归还",未明即去。夫归,脱垢衣欲换。妇启箧,求之不得,而己裤故在,因悟前仓卒中误以夫裤借去。方自咎未言,而小儿在旁曰:"昨夜和尚来穿去耳。"夫疑之,细叩踪迹。儿具告:和尚夜来哀求阿娘,如何留宿,如何借裤,如何带黑出门。妇力辩是尼非僧,夫不信,始以詈骂,继加捶楚。遍告邻佑。邻佑以事在昏夜,各推不知。妇不胜其冤,竟缢死。次早,其夫启门,见女尼持裤来还,并篮贮糕饵为谢。其子指以告父曰:"此即前夜借宿之和尚也。"夫悔,痛杖其子,毙于妇枢前,己亦自缢。邻里以经官不无多累,相与殡殓,寝其事。次冬,将军又猎其地。土人有言之者,余虽心识为某卒,而事既寝息,遂不复言。曾密语某,某亦心动,自是改行为善,冀以盖愆,而不虞天诛之必不可逭也。'"

述评:古代法医学也讲因果报应。宋慈《洗冤集录》:"若被人打杀,却作病死,后如获贼，不免深谴。"意思是办错案，让人身陷牢狱，内心受谴，善恶因果必会有报应。袁枚记载的这个案件，一士兵二十年前强奸尼姑未遂，却造成一家三口人丧命。二十年后该士兵遭天谴被雷击死，是善恶报应。

90. 雷公杀人

清代胡文炳《折狱龟鉴补》记载：清道光年间（1821—1850）的一天晚上，古城苏州上空乌云密布，风雨大作，电闪雷鸣。专诸巷口有一李姓人家，户主李南是一个秀才，以教私塾为生。这天夜里，李南外出办事未归，李秀才之妻杨氏入睡不久，就被霹雳雷声惊醒。杨氏起床走到前院，想看看丈夫是否回来，一道闪电，忽然看见一个像雷公模样的怪物出现在院子里，然后扬着两个翅膀飞奔离去。片刻之后，杨氏回过神来，打开房门发现丈夫李秀才满脸血污，脑门正中有一个半寸多宽的血洞，李秀才已气断身亡。杨氏见到丈夫突然死在眼前，当场痛哭。李母听到杨氏的哭声急忙出来询问，见儿子死在庭院之中，雨水打湿了尸体，抚尸痛哭不止。李母悲伤地说道："我儿子平时循规蹈矩、小心谨慎，为什么遭此报应？"婆媳二人悲痛欲绝，不知该如何是好，守着李秀才的尸体哭到天亮。

第二天，街坊邻里知道李秀才夜晚毙命后，都纷纷传言李秀才被雷击中而死。一时之间，雷神杀人的说法传遍了大街小巷。李母与杨氏两个女人手足无措，只得暗自落泪伤心，自怨命运不公。就在此时，邻居中有一人走了出来对李母和杨氏说道："事情到了这个地步，就算是过路人也会伤心。天气湿热，当务之急是赶快办理丧事。"李母和杨氏抬头一看，见是邻居薛杨礼。薛杨礼又说道："我知道你们家中没有现钱，我可以帮忙。"说罢转身走出，很快就从家中取来30两银子交给李母，并对李母说，这30两银子能办好丧事。他不需要李家偿还利息，只要有个借据，约定一年还银子。李母和杨氏当即向薛杨礼表示道谢，在借据上摁了手印。

到了年底还债前夕，李母省吃俭用也只筹到了三分之一的钱款，根本无法还清薛杨礼的欠账。就在她为此担心和烦恼时，村中刘三告诉李母，眼下有一法子倒是可行，但不知道李母答应与否。李母便问有何办法？刘三告诉李母，薛杨礼独身多年且家境富有，何不如把杨氏嫁给薛杨礼为妻，这样一来债务得还，薛杨礼还会为李母养老送终，岂不两全其美？若李母愿意，他愿意前去说服薛杨礼娶了杨氏。李母听罢，潸然泪下。于是便入室与媳妇商量，杨氏一听，泪流不止，良久才说："若薛杨礼能遵守承诺，倒也没有什么可说的，嫁给他也没有什么不可以。"于是，李母出门把杨氏的话转告给了刘三，刘三听了当即去找薛杨礼。

几天后，刘三带来了薛杨礼的回话和聘礼。又过了几日，薛杨礼带着彩轿一顶和便轿一顶前来，薛杨礼当着李母之面烧毁了借据，彩轿迎回了杨氏，便轿带回了李母。李母和杨氏到了薛家之后，起初薛杨礼还能礼敬有加。日子久了之后，发现薛杨礼整天在外滥赌成性，且流连青楼酒肆，回到家后还屡屡对杨氏拳脚相向，李母也多次受其白眼。

一天晚上，薛杨礼外出饮赌，杨氏独坐房中，忽然听到有窸窸窣窣的声音，好像有只老鼠在一个箱子里追逐打闹一般。杨氏生怕老鼠咬坏了东西，于是循声找去，发现在一个隐蔽的墙洞里有一只皮箱子。杨氏搬来凳子爬上去将皮箱子拿下来，打开箱子准备驱赶老鼠。杨氏打开箱子之后，却被眼前的一幕惊呆了！只见箱子中有一张青面獠牙的雷公面具，还有一双翅膀，带血的斧头、凿子。杨氏见到雷公面具，顿时想起了雷雨交加那夜见到的雷公，心中顿时明白了一切。杨氏立刻叫醒李母，二人带着箱子连夜离开了薛家，向左邻右舍揭发薛杨礼的罪行。邻居们听罢都非常愤怒。于是，抬着装有证据的箱子到县衙告发薛某。县令见有人状告薛杨礼于是便派人连夜将薛杨礼从赌场中抓回，升堂审讯。薛杨礼被押到堂上，却不肯承认罪行。县令下令重责二十大板，又让杨氏与他当堂对质，当薛杨礼看到箱子里的雷公面具时，瘫软在地，交代了所有罪行。

原来，薛杨礼垂涎杨氏已久，苦于没有办法除去李秀才。那天晚上，趁着雷雨掩蔽，李秀才半夜回家时，薛杨礼装扮成雷公模样用斧头和凿子击打李秀才头部致其死亡。杨氏正好看见薛杨礼假扮的雷公。之后，薛杨礼以帮助李家为由，借给李家 30 两银子。李母无法偿还银子，薛杨礼随后指使刘三前去出主意，让李母将杨氏嫁给他。这样，他便能得到杨氏。县令命仵作开棺验尸，证实秀才系被斧头和凿子击打头部致死。此案真相大白。县令将薛杨礼套上锁链，戴上雷公面具，腋下插上翅膀，让他手执斧凿，牵出游街示众。游遍六门之后，薛杨礼被押送法场，斩首示众。刘三以通谋杀人罪，充军边疆。

述评：恶报文化在民间广为流传，我国古代法医学书籍中屡有记载，本案系罪犯借"雷公杀人"而作案的故事。本案的破获属被害家属偶然发现，《折狱龟鉴补》作者胡文炳把这个案例写入法医学著作中，其目的就是要让后人明白自然界雷击与人为作案的区别，具有一定的法医学价值。

 第八章 中国古代法医产生、发展与社会治理关系研究

第八章 中国古代法医产生、发展与社会治理关系研究

第一节 中国古代法医制度与内容的演变

从法医学发展与社会治理角度出发来研究古代法医制度与内容的演变,要求研究的是法医制度是否适应当时生产力和法治发展,具体地说,法医制度一定程度上反映着我国古代证据制度、司法制度以及法律制度的状况,当证据制度、司法制度以及法律制度发生变革时,法医鉴定制度也须进行相应的变革,否则就会阻碍证据制度、司法制度和法律制度的进步。

法医制度主要包括检验法律、机构设置、人员管理、检验内容和监督等诸多方面。法医制度是保障司法公正的重要基础性制度,也是保证法医鉴定顺利开展的首要前提。

一、中国古代法医制度与内容的演变过程

我国古代法医制度自春秋战国时期启蒙,不断地变革与完善,到汉唐时期取得重大成就,至两宋时期进入高峰期,元明清时期渐渐衰落。实际上,我国法医制度经历了从适应到发展的兴盛阶段,又经历了从不适应到停滞而落后的衰落阶段。

(一) 检验法律

我国古代自秦至清一直实行官验制度。《吕氏春秋》和《礼记》都记载:"孟秋之月,命理,瞻伤、察创、视折、审断。"《唐律》规定:"诸诈病及死伤,受使检验不实者,各依所欺减一等;若实病死及伤不以实验者,以故入人罪论。"《宋刑统》规定:"检验之官,州差司理,县差尉,以次差丞、簿、监当。若皆缺,须县令自行。"《宋会要辑稿·刑法》记载:咸平三年(1000)十月诏令规定,应当检验的死亡有杀伤致死、非理死和病死,其中的非理死即非正常自然死亡。其后,元祐七年(1092)的法令规定,监禁中的囚犯死亡也应当检验。宋代《宋朝事实类苑》卷二说:"法律之书,甚资致理,人臣若不知法,举动是过,苟能读之,益人智识。"宋代对法律制度的建设对后世产生了深远的影响,也为日后司法检验制度的发展完善奠定了坚实的思想基础。明清的检验制

度基本上都是沿袭唐宋的规定。

(二)机构设置

《唐六典》对县令职掌做了明确规定:"京畿及天下诸县令之职,皆掌导扬风化,抚字黎氓,敦四人之业,崇五土之利,养鳏寡,恤孤穷,审察冤屈,躬亲狱讼,务知百姓之疾苦。"《新唐书》说:"县令掌导风化,查狱滞,听狱讼。"所以,检验是县令职责。由于县令是代表县级行政职权进行检验的,参加验尸、审案者众多,但负责人只有县令。宋朝时设提点刑狱司进行监督,同样负责人是提点刑狱司官吏。所以,我国古代的基层检验机构是县级行政机构,宋朝外加监督机构提刑司。

(三)人员管理

秦代专门负责检验的人员是令史。隶臣妾的身份是奴隶,负责帮助令史搬动尸体、测量距离等仆役工作。秦代重视阶级身份,奴隶的判断不可作为司法依据,也不可能让一个奴隶主导事关重大的司法案件。同时,不可能花大量的时间精力对隶臣、隶妾进行培训,而检验要进行专门训练,还有法律文书的书写等。所以隶臣、隶妾不具有可能成为检验人员的身份,更不具有成为检验人员所必需的素质。我国五代时期出现官府雇用忤作帮助检验官员验尸,即搬动尸体、喝报伤痕的工作。唐代出现医博士参与检验。宋代检验官吏亲临现场检验,官府雇用的忤作不是"公人",同样是协助检验官吏验尸,即搬动尸体、喝报伤痕的工作。元代检验官吏现场检视雇用的忤作检验工作。明清代同元代,但到清末改忤作为检验吏。

(四)检验内容

中国古代法医的工作内容,从秦代的"瞻伤、察创、视折",经汉唐的"诈病及死伤"的检验,到了宋代发展为初检和复检两个阶段。宋代法律规定在初检后要进行复检,对于"杀伤死""非理死""禁囚死"尚应复检。复检与今日的再鉴定不同,它是法令要求的程序,与初检的正确与否无关,"应覆验者,并于差初验日,先次申牒差官"。宋代检验已经具备现代法医学检验内容的方方面面。正如宋慈在《洗冤集录》中所说的有关验尸的八种常见死亡原因:"凡验尸,不过刀刃杀伤,与他物斗打、拳手殴击,或自缢,或勒杀,或投水,或被人溺杀,或病患,数者致命而已。"可见,宋代法

第八章 中国古代法医产生、发展与社会治理关系研究

医检验达到高峰,只可惜,宋之后法医检验发展缓慢。

(五)检验监督

从宋代开始,我国法律上才有了对检验人员的明文规定,咸平三年(1000)十月的诏令规定,杀伤人命案件的检验,在县由"县尉"负责,在州由"司理参军"负责,如缺正任官,由其副手负责。至绍兴三十二年(1162)规定:"检验之官,州差司理,县差尉,以次差丞、簿、监当。若皆缺,须县令自行。"《洗冤集录·条令》载:"诸尸应验而不验;初复同或受差过两时不发;遇夜不计,下条准此,或不亲临视;或不定要害致死之因;或定而不当,谓以非理死为病死,因头伤为胁伤之类。各以违制论。"《刑统·议》曰:"上条诈疾病者杖一百,检验不实,同诈妄减一等,杖九十。"仵作等人要随同配合官员进行检验,主要工作包括洗罨尸体、喝报伤痕、处理尸体等。有时仵作所唱报现场情形难与实际情况相符,或负责检验的仵作与作案者勾结而谎报案情,所以,要对仵作进行约束,按"公人"条令处罚不法仵作。元、明、清代法医检验监督基本依照唐宋检验,变化不大。

二、中国古代法医学不适应社会发展的教训

这里介绍古代法医学不适应社会发展的五个方面的教训。

第一,中国古代法医学的指导思想或世界观,已经不再适应近代中国社会的发展。中国古代法医学世界观,包含有利于封建统治阶级的成分,如儒家的"初情""原心定罪""三纲五常""礼教""尸表检验""官验"等思想,既是君主意志的体现,是规范官员的准则,又是统治百姓的工具。这一世界观自秦汉时期形成后,统治中国思想界长达两千多年。在封建时期,秦汉唐宋的"官验"制度还是适应社会发展的;但元明清后,随着中西方文化的交流,科学技术的进步,我国官验制度开始不适应社会的发展,法医学落后成为必然。

第二,中国古代法医学体系已不能满足近代社会发展的要求。中国古代法医学注释体系,自秦汉初具规模后,至隋唐达到最为系统完美之境界,而后在宋元明清时期又有若干发展,但在整体上两千多年中没有实质性的变化。中国古代法医学的体系是

仿效法学名例律的解释体系的，即法典注释法，如宋慈《洗冤集录》之后，大多书籍是对《洗冤集录》的注释、解释、增补或详义或释义等，这违背了法医学自然科学的属性，这样的体系不能吸收解剖学、病理学、生物学、组织学、化学、毒物学等科学技术发展。而我国古代法医学人员由官吏和仵作组成，对吸收法医科学技术受到极大的限制，也不符合法医自然科学自身发展规律。

第三，中国古代法医制度也已不适应近代社会发展的要求。中国古代法医学中的基本制度、主要原则和核心概念，比如官吏检验制度、派官检验制度、检验官员负责鉴定后果制度、鉴定采信制度等，是其所依据的社会关系以及法律基础。这些与近代鉴定人制度、鉴定人对鉴定负责制度、鉴定人提供科学证据制度和鉴定人出庭质证制度形成鲜明对比，不适应近代社会发展的要求。

第四，中国古代法医学未能及时吸收世界法医先进制度和先进理念而不适应近代中国社会的发展。法医学近代化是自中世纪后期开始的波及整个世界的一场法学变革和进化运动，其内涵是指法医学作为一门学术科学，具有了自然科学时代的发展水平和自身特点。就世界范围而言，法医学的近代化呈现出两种模式：一种是源自本国经济、政治、法律以及文化发展的内在要求而导致的法医学近代化，如英国、法国、德国等西方国家，这被称为"原生性"或"自发性"的模式；另一种则是通过大量引进、移植西方发达国家的法医学而实现的法医学近代化，如日本、中国等，这被称为"派生性"或"继受性"的模式。在近代中国社会的剧烈变化中，中国古代法医学的主体部分已经不适应社会的发展要求而必然地趋于变革。与日本法医学发展进行比较，我国古代法医学变革缓慢，进入15、16世纪后整体上停滞发展，失去了与先进法医学接轨的机会，是为重要的教训之一。

第五，中国古代法医学缺乏与世界法医学交流而不适应近代中国社会的发展。中国古代法医学中已有了发达的形式和内容，但没有一个科学的、抽象的专业术语来予以概括，未能经过近代西方法医学中的专业术语这一载体，进而融入中国近代法医学之中，成为重要的原则或学科。比如，我国古代已有发达的法医学，但在中国古代并不叫法医学，而是称为"洗冤集录""折狱龟鉴""检验法""无冤录"等，只是在西

第八章　中国古代法医产生、发展与社会治理关系研究

学东渐,从日本传入"法医学"一词后,国人在译著和专著中才开始使用"法医学"这一术语,并在吸收中国古代法医检验成果的基础上,开创了中国近代的法医学学科。王佑、杨鸿通编《法医学大全》,刘兆霖编《法医学》和张崇熙编《法医学》等是该学科最早的编译成果。直到1932年林几教授创办法医研究所和《法医月刊》杂志才使法医学这一科学术语被国人接受。

三、中国古代法医制度发展的启示

第一,从历史教训中发现问题。我国法医鉴定制度有成功的一面,也有不足的一面;有辉煌成就的一面,也有深刻教训的一面。特别是制度不足和历史教训方面,值得后人深思。当前我国法医鉴定现状并不尽如人意。立法缺位、鉴定人及鉴定机构管理混乱、鉴定启动和标准化操作不规范、鉴定的监督和采信制度不健全,使得我国法医鉴定实践操作遇到了不少问题,致使法医鉴定的质量难以得到保证。存在瑕疵的鉴定意见不但没有对案件侦破起到积极作用,反而会成为冤假错案的"帮凶"。

第二,从现实问题中解决问题。法医鉴定为查明案情,解决刑事、民事、行政案件中的法医鉴定问题提供了科学依据。建立独立的法医鉴定机构,有利于鉴定结果的客观、公正。因此完善法医鉴定制度具有重要的法律价值。法医鉴定制度最核心内容是保障法医鉴定的顺利进行,使法医鉴定更好地服务于法律。构建完善的法医鉴定制度,解决法医鉴定制度存在的不足,有利于法医工作者运用专业医学知识解决法律实践中涉及的医学问题,为案件的侦查提供线索;为案件的审理提供医学证据;为有关法律、法规的制定提供医学根据。

第三,从具体问题中寻找出路。我国当前法医鉴定制度存在的问题具体表现在:鉴定制度立法滞后、不够具体,导致操作性差、鉴定机构管理混乱、鉴定人责任不明确、鉴定人准入门槛过低,鉴定操作标准不一、鉴定监督缺位、鉴定意见随意性大等。法医鉴定与司法诉讼、证据之间关系密切,必须完善我国法医鉴定制度,来保证法医鉴定的质量。有必要由立法部门、全国人大牵头,以司法行政机关为主体,在公安、检察院、法院等有关部门的配合下,对法医鉴定领域进行立法,在法医鉴定机构和鉴定

人管理、法医鉴定的启动和标准化操作、法医鉴定的监督等制度建立方面提出针对性解决方法，构建一个高效、合理、符合我国法制建设需求的法医鉴定制度。

第二节 中国古代法律与法医学的相互作用

从社会治理角度出发，法医学作为一门为法律提供服务的应用学科，其发生发展必然受到法律的影响，并随着法制发展而不断演化、变革。这就是中国古代法医学的产生、辉煌和衰退的原因所在。古代法律与法医学一直存在着这种相互作用的关系，也就是说社会的发展和变革一直贯穿整个"法医学"发展过程之中。由于法医检验的目的是为审判提供证据，因此必须研究我国古代证据制度与法医的相互关系。

一、中国古代证据制度

（一）奴隶社会的证据制度

中国古代自西周起就强调审判要有事实依据，主要证据来源有四：其一，将口供列为审案之首要证据。采取"五听"审讯方式，其依次为辞听、色听、气听、耳听和目听。为了求得口供并保证口供的真实性，允许刑讯手段逼取口供。其二，重视人证。包括当事人的陈述及证人之证言。其三，书证。有关土地、债务纠纷要有相关的契约文书作证。其四，物证。

（二）封建社会的证据制度

秦代是运用证据进行审判的，其一，规定了严格的获取口供的程序；其二，规定了采证与勘验制度，其中包括有条件刑讯、重视现场勘验、强调各种证据的综合运用等制度。

汉代基本继承了秦朝的证据制度。

唐代规定了严格的刑讯程序。在罪证确凿、人赃俱获的情况下，虽无口供，据物证亦可定罪。对法定不可拷讯，可又未取得口供者，采取"众证定罪"，三人以上"明证其事"便可定罪。

宋代继承前朝"五听"审讯、拷讯程序、据证定罪等证据原则,并制定了严格的检查勘验制度:一是规定必检或免检的情形;二是检验严守基层报检、州县官府初检和上级或相邻州县复检的法定程序;三是检验必做详细笔录;四是检验人员需据检验范围和时间如实进行,否则治罪。宋朝对检验制度的重视和完善,推动了法医学的发展,一批检验学方面的专著相继面世,如郑克的《折狱龟鉴》、桂万荣的《棠阴比事》和宋慈的《洗冤集录》。其中《洗冤集录》是中国最早的一部比较完整的法医学专著,也是世界第一部法医学专著。自宋至清数百年中一直被奉为法医检验经典,曾被译为荷兰、英、法、德等国文字。

元代明确两点:一是拷讯囚徒必须按规定施行;二是实行严格的勘验制度。

明、清代法律虽对刑讯有一些具体的规定,但仍把刑讯作为主要取供的手段。

(三)清末的证据制度

清末《大清诉讼法草案》规定了有近代意义的证据制度:刑事案证据的种类包括口供、检证笔录、证人证言、鉴定结论、文件证据、物证等;民事案证据的种类包括人证、鉴定、书证、检证等。

二、对现代的启示

刑事证据制度作为国家法律体系的重要组成部分,对刑法实现具有决定性的意义。由于我国目前关于刑事证据制度在刑事诉讼法中的规定较笼统,现行刑事证据制度存在不足,致使在刑事审判中往往对刑事证据的认证难以把握。有必要建议全国人大就刑事证据进行专门立法。虽然古代证据制度有许多不合理地方,但对现在仍有不少启示。

第一,确立不得强迫自证其罪原则。据供定罪的口供主义,始终是奴隶制和封建制证据制度的特点,不符合现代证据制度。要严禁司法人员为了达到破案的目的,采取刑讯逼供和以威胁、引诱、欺骗以及其他非法的方法收集证据。

第二,确立无罪推定原则。将无罪推定原则贯穿整个刑事诉讼证明责任分配的主线。要求在制度上必须保证一切与案件有关或者了解案情的公民有客观地、充分地提供证据的条件。证明责任分配的目的在于，通过控方提供证据，使得法官内心确信控方的主张是真实可信的。

第三，确立证据从"事实说"走向"材料说"的原则。证据必须是"真实的"，不真实的"事实"不属于证据。从证据种类的角度来看，作为证据材料的一种，鉴定只能是一种"意见"，而非"结论"，鉴定意见可以真也可以假，而不应称其为"结论"，越俎代庖取代或否定法官的认证，证据材料只有经法官"查证属实"才能作为"定案根据"。

第四，确立非法证据排除规则。设立排除规则的目的旨在排除通过酷刑等手段获取的不可采信证据，从性质上属于针对滥用侦查权的一种程序性制裁措施，从而使得证据的取得方法的正当性决定证据可采性有了实质性的程序意义。我国在法律上没有确立非法证据排除规则，也没有单独适用非法证据排除的司法程序。建议以立法形式予以确认，不仅限于审判阶段，而应将排除规则的适用侦查阶段。

第五，确立证明标准具体化的原则。根据现行刑事诉讼法规定，我国刑事案件的证明标准是"案件事实清楚，证据确实、充分"。但如何具体把握和认定什么是"清楚""确实""充分"，并没有具体地说明。建议将"证明标准具体化"纳入刑事诉讼法立法当中，并将其作为一般原则性条款来规范所有的刑事案件的证明标准的认定。

第六，强调鉴定人质证的原则。证据应当在法庭上出示，并由双方当事人展开质证，证人、鉴定人等都要出庭接受对方当事人询问。目前刑事司法实践中，证人极少出庭作证已是公开的事实，证人、鉴定人不出庭作证使得庭审流于形式。为了保证鉴定人参与庭审，必须制订相关的保护措施来保障和促进鉴定人出庭作证，庭审期间禁止特定的人员接触证人，对于证人因出庭所造成的交通费、住宿费等予以解决，对于鉴定人在诉讼期间请求予以保护，公检法机关应依法采取保护措施等。

第三节 中国古代法医学书籍相关研究

一、《洗冤集录》出版前的法医理论与实践准备

(一) 先秦时期

我国最早的法医验伤者首先见于《礼记·月令·孟秋之月》："瞻伤、察创、视折，审断决狱，讼必端平。"理官的验伤定罪，可以视为我国法医学的萌芽。1975年发现的睡虎地秦墓竹简，有《法律答问》和《封诊式》两书，更多地记载了有关法医学的内容。

(二) 两汉时期

1. 居延新简中的法医鉴定

20世纪70年代发掘的居延新简保存了不少从西汉中期到东汉初期的重要文献资料，其中一些涉及法医鉴定的案例。

第一份，记录了士兵谭、宪因口角而持械斗殴，宪用剑将谭的胸部刺成重伤，伤口宽二寸，长六寸，深至骨。之后宪带着剑、弩及稿矢、铜镞等武器，又带上干粮，骑马越过隧南塞天田出逃。官吏经过检验，做出"宪斗伤"的鉴定结论。

第二份，报案人是内郡荡阴邑焦里一个叫田的人，死者为其同郡县人。验尸情况是，死者卧于亭东内中，头朝东仰卧，目开、口闭，两手握拳状，足展，身体完好，无刀伤、木棒击打或绳索勒过的痕迹。鉴定结论是病死。

第三份，死亡的士兵似乎是被人用胡桐木杖击伤颈项，十天内患心腹疾病而亡。整段话用了"疑"字，表明验尸的官吏对死者的死因仅是推测而不作定论。

2. 张家山汉简中的法医鉴定

20世纪80年代湖北江陵张家山汉墓出土了一批汉简，其中《二年律令》是汉高祖五年至吕后二年期间(前202—前186)实施的律令，《贼律》部分将伤害行为按作案工具分为"金刃伤"、"手足伤"和"他物伤"。既然有这几种分类，那么必然有相应的医学

鉴定。《贼律》还规定："斗伤人，而以伤辜二旬中死，为杀人。"这和居延新简及汉书中提及的保辜制度的内容相吻合。保辜制度指斗殴伤人案件中，被告要对受害人在一定期限内的伤情变化负责，假如受害人在期限内伤情减轻则减轻处罚，而假如受害人在期限内伤情恶化甚至因伤而亡，那么被告的罪行就要相应加重。比如，甲乙二人口角斗殴，甲身强力壮，乙被打伤，不几日，乙突然伤重而死，那么甲就不是斗伤人的罪，而是杀人罪了。所以保辜制度最早是从汉朝就开始施行，而不是唐代才开始。

张家山汉简中的《奏谳书》还有关于伤情检验的一例，一个叫"毛"的人，被诬与他人共谋盗牛，官府屈打成招，复审时检验了其被刑讯逼供的伤情。"诊毛背笞纠瘢相质伍也，道肩下到腰，稠不可数，其臀瘢大如指四所，其两股瘢大如指。"伤痕"稠不可数"，可见刑讯打得重。

3. 南北朝至隋朝的法医学

南北朝名医徐之才所著《明冤实录》，是有关法医检验内容的著作，但是很可惜内容失传了。隋代太医博士巢元方著《诸病源候论》，比较正确地指出了自缢的定义，并且系统阐述了溺死、冻死、饿死、中暑死、暴死等各种死亡的发病机理和临床表现，此外还记载了水银、砒霜、莨菪子、乌头、钩吻、毒蕈、河豚、食蟹等中毒的临床表现。这部书对后世法医学专著的诞生产生了很大影响。书里记载："凡金创通内，血多内漏，若腹胀满，两胁胀，不能食者，死。瘀血在内，腹胀，脉牢大者生，沉细者死。"这是刀剑伤贯通体腔，造成腹腔大出血死亡的记载。北魏开始，设立医学博士制度，隋唐沿用下来，唐代每州县设医学博士，除医务本职工作之外，还需参与法医学检验。

4. 唐朝的法医检验

唐代的法医学涉及验尸、伤情检验、胎孕检验、疾病检验、中毒检验等方面。而《唐律疏议·诈伪》还对检验不实的情况做了处罚规定："诸诈病及死伤，受使检验不实者，各依所欺减一等；若实病死及伤不以实验者，以故入人罪论"。唐律对损伤还有一些明确规定，比如"见血为伤"，还将损伤进一步分为手足伤、他物伤、刃伤、汤火伤几类。对于斗殴伤者伤情恶化或因此死亡的难题，唐律的保辜制度比汉律更为详细。

《唐律疏议·斗讼》规定:"诸保辜者,手足殴伤人限十日;以他物殴伤人者,二十日;以刃及汤火伤人者,三十日;折跌支(肢)体及破骨者,五十日。限内死者,各以杀人论,其在限外及虽在限内,以他故死者,各依本殴伤法。"汉至唐时期,在死亡与尸检、暴力死的确定、滴骨验亲等方面继续积累了经验,并取得了一些新成就。

5. 五代至北宋

和凝、和㠓父子合著的《疑狱集》四卷收录了汉至五代的疑难案件,其中涉及不少法医学知识。较典型的案件有:

李公验榉:"尚书李南公,知长沙县。日有斗者,甲强乙弱,各有青赤痕。南公以指捏之,曰:乙真甲伪。讯之果然。盖南方有榉柳,以叶涂肌,则青赤如殴伤者,剥其皮横置肤上,以火熨之,则如棒伤,水洗不下。但殴伤者,血聚则硬,伪者不硬耳。"这个案例介绍了如何鉴别伤者是真的受伤,还是伪造伤痕。真伤常常伴有皮下出血,伤处会红肿,故"有青赤痕"以及"血聚则硬"。假如用植物叶汁涂擦皮肤伪造伤痕,皮色青赤好像真的被殴打过似的,但因没有皮下出血,所以"不硬"。再加上斗殴双方甲强乙弱,而强的甲方恰恰伤痕只红不肿,因此判定乙真甲伪。

张举烧猪:"张举,吴人也,为句章令。有妻杀夫,因放火烧舍,乃诈称火烧夫死。夫家疑之,诣官诉妻。妻拒而不承。举乃取猪二口,一杀之,一活之,乃积薪烧。察杀者口中无灰,活者口中有灰。因验夫口中果无灰。以此鞫之,妻乃伏罪。"这个案例讲如何辨别死者是被活活烧死,还是先被人谋害,然后再被烧尸。张举通过检验被烧死的猪和后放入火中死猪之口的区别,发现死者呼吸道中无烟灰残留,显然他失火前就已经被人杀死,进而顺藤摸瓜断了这桩谋害亲夫的案件。

严遵疑哭:后汉时,杭州刺史严遵路遇某妇人,其夫被火烧死,妇人哭得很大声,但却感觉不到悲恸。严遵命人查看,死者头部有苍蝇聚集,详细检查尸体发髻,发现有嵌入头部的铁钉,头部出血之处才吸引了苍蝇。严加审问妇人,才终于真相大白。又是个谋害亲夫的案例,如前文所述,战国晚期至秦代的《封诊式》里就已经清清楚楚地写明了,头发内和会阴处是验尸的重中之重,怎么到了五代,越活越回去了呢?严遵疑哭这个案例涉及了法医昆虫学的知识。

和凝父子的《疑狱集》是我国最早的具有治狱性质的著作。宋代无名氏的《内恕录》《结案式》，郑兴裔的《检验格目》，郑克的《折狱龟鉴》，桂万荣的《棠阴比事》，都有法医学的论述，但更多的内容是案例记录，还不是体系完整的法医著作。但这些书为《洗冤集录》的诞生铺平了道路，宋慈正是总结了这些书中的法医学成就，并加以新的理论探索和实践，才写成了《洗冤集录》。

二、《洗冤集录》出现的时空必然及划时代影响

（一）宋慈及《洗冤集录》产生的条件

南宋宋慈是公认的世界法医鼻祖，《洗冤集录》是世界最早的完整的法医学著作，这没争议。但是，为什么在中国南宋时期出现宋慈及其《洗冤集录》呢？为什么发祥地是福建建阳呢？这是引起专家关注的问题。

1. 历史条件

（1）法医学的发展时期

我国的法医检验有悠久的历史。林几研究认为："中国名法医药诸学，自古已昌，《书》曰'惟刑之恤'，《诗》曰'在泮献囚'。"①《尚书》收入商、周特别是西周初期的一些重要史料。其中"惟刑之恤"指经检验确定为老、幼、废、疾者予以减刑悯恤。《诗经》是中国最早的诗集，收入自西周初年至春秋中叶大约五百多年的诗歌（前11—前6世纪）。其中的"在泮献囚"指经检验尸首核实战功以行赏赐。据《礼记·月令》记载："命理瞻伤、视折、审断、决狱讼。"汉人蔡邕解释："皮曰伤，骨曰折，骨肉皆绝曰断。"《礼记·月令》中的"理"是治狱之官，表明我国在《礼记》成书的战国时期已有专门的治狱之官，他们根据伤、创、折、断的深浅及大小来定罪的轻重。1975年，在湖北云梦睡虎地十一号墓中，发掘得大批秦简，其中有一卷《治狱案例》记载了法医检验的珍贵资料，这项重要发现，证实我国在战国时代已确立有法医检验制度。后来，历代文献中屡见法医检验的资料。五代时，和凝父子将历代折狱事例汇集成《疑狱集》一书。宋代出现了更多的治狱之书，有无名氏的《内恕录》《结案式》，郑兴裔的

---

① 林几. 法医学史略[J]. 北平医刊. 1936，4(8)：22—30.

《检验格目》(1174),郑克的《折狱龟鉴》(1200),桂万荣的《棠阴比事》(1211),等等。以上书籍,大多是案例记录,尚不是体系完整的法医著作,但已积累了大量的经验。这是标志我国法医学发展逐渐成熟和宋慈《洗冤集录》产生的历史条件。

(2)法医学的转折时期

要探讨中国法医的发祥地为何在福建,首先要知道两个典故。其一是"程门立雪"的典故:北宋时有个叫杨时的福建人,读经书和史书很用心。中了进士之后,朝廷调他去做官。杨时不肯就,而是先到颍昌拜了理学家程颢为师。等到杨时回去时,程颢目送说道:"吾道南矣!"程颢去世以后,杨时又到洛阳去,受业于程颢弟弟的程颐。这时,杨时的年纪已经四十岁了,但侍奉程颐仍十分恭敬。有一天,程颐偶然闭了双眼坐着。杨时和另外一个福建学生游酢,在程颐旁边侍立着不去。等到程颐醒了,门外已经下起了大雪,有一尺多厚。"程门立雪"的典故,表示对学问的尊重。其二是"吾道南矣"的典故。所谓"吾道南矣"是理学家程颢的感叹所言,意思是:"儒家思想的研究不久就要南移了!"朱熹此有专门一副对联:"道南首豸山,学共龟山同立雪;理窟从洛水,本归濂水引导源。"这副对联明确指出当时福建承担文化南移的任务,而"道南理窟"则表明福建已然是我国的文化中心。朱熹认为,对学问的尊重正是杨时和游酢等人把儒家思想从北方带到福建的根源。朱熹这对联子还有一层意思,就是杨时在二程理学和朱熹之间起了承前启后的作用。具体地讲,北宋时,福建文化对河洛文化有了承接与创新,顺应了中国古代社会于唐宋间由前期向后期过渡,政治、经济、文化重心由北方向南方转移的趋势。"吾道南矣"表明中华文化文脉的向南延伸;"道南理窟"的形成,表明以福建朱熹为代表的学者继往开来,以儒学为主干,吸收融会佛、道思想,创新儒学,完成中国文化重心完整南移的历史任务。

福建僻处东南海隅,文化开发较迟。自西晋"永嘉南渡"及唐末五代几次南迁,中原河洛文化也随着进入福建,带动福建经济、文化的发展。北宋末的"靖康之难",引发了中国历史上又一次人口大迁移。中原士族及民众纷纷迁移到南方,迁移到福建。中原先进的生产技术、发达的文化随之南移,与福建文化撞击、融合。宋代是中国历史上很有特点的阶段:民族矛盾激化,外患频仍,官场腐败;经济科技发展迅速,生产力空前提高,创造出超过汉唐盛世的社会物质财富。同时,随着社会生产力的提高,社会结构也发生新的变化,产生了新兴的市民阶层。思想文化领域,佛学道学盛行,形成儒、佛、道三家鼎立的局面,儒家文化的主导地位逐渐丧失。思想文化的发展到了需要选择的关键时期。北宋时期,儒、释、道交融的中心在北方。福建学者纷纷北上,投入倡道于河南的程颢、程颐门下。主要有游醇、游酢、杨时、罗从彦、陈渊、陈瓘、王平、胡安国等。由于游酢、杨时等的"道南"活动,濂、关、洛学南移,福建逐渐成为理学基地。"吾道南矣"是思想文化发展处于转折时期的历史条件。作为当时儒学学术文化首领的"二程"似乎意识到战乱频仍的北方,容不下理学的存在与发展。随着经济重心的南移,以及佛学、道学、文学艺术重心的南移,作为文化重心和核心部分的理学也必然南移。事实表明,"二程"的这种判断是正确的,是富有远见的。经游酢、杨时、罗从彦、李侗等学者"倡道东南",使洛学在福建开始扎下了根。儒学的学术重心也移至福建。

2. 文化条件

(1)朱子文化

钱穆先生在《朱子学新案》的开篇说:"在中国历史上,前古有孔子,近古有朱子。此两人,皆在中国学术思想史及中国文化史上发出莫大声光,留下莫大影响。旷观全史,恐无第三人堪与伦比。"正是福建人朱熹带领中国进入了"四书"时代,也就是成熟发展的中华文化新时代。朱子理学在中华文化发展史上完成了对儒家文化的消化与吸收,使中华文化在哲学层面、道德层面、价值观层面走在前列,并使儒家思想法律化,进一步完善了中华法系。朱熹用40年编注了《四书章句集注》。因此,朱子文化是有贡献的,具体地说是福建文化的贡献。这还得从福建文化对中华文化的三大贡献说起。福建对中华文化有三次大贡献,第一大贡献是海洋文化与南岛语族迁移,距今5000年左右;第二大贡献是朱子理学,发生在南宋;第三大贡献是闽都文化与走向世界,发生在近代。从文化角度出发,福建文化对中华文化第二大贡献:朱子理学,是宋慈《洗冤集录》产生的文化基础。具体地说,福建于五代末年逐渐开化成"文儒之乡"。到了宋代,特别是以南宋朱熹为代表的儒教理学的出现,福建文化已经有凌驾于"中州之势"。事实上,宋慈在法医学著作《洗冤集录》中把个别的具体事例进行全体性、系统性综合。而12世纪,"金元四大家"对医学进行体系化建设,将身体内部各种机能和病理进行统一的、整体的说明。这些都与儒学哲理化推动科学体系形成有关。因为南宋理学注重哲学思辨,客观上推动了科学体系的构建。这是宋慈及其《洗冤集录》出现的文化条件。

(2)民间文化

民间文化是指在不同的生态环境和人文环境中,以及受到一些内外因素的影响而出现的并在其历史发展过程中不断积累、传承的特有的文化类型。其中,民间谚语在人们心目中有深刻的烙印。宋慈生活的闽北一带民间文化中有个经典谚语,叫作:"黑狗偷食,白狗受罪。"偷食是黑狗,主人责罚的却是白狗。意思是真正罪犯逍遥法外,清白的人却蒙冤受过。宋慈认为,这就是错案造成的后果,错案就是冤,洗冤就得找到真正罪犯,罪罚其当,不纵不枉。所以,闽文化在宋慈心目中占有重要位置,贯通整部《洗冤集录》,也贯通宋慈一生。

(3)检验文化

检验文化是《洗冤集录》产生的重要条件,在我国医学史和法医学史上占有重要地位,一向为中外法医学史研究的重大问题。关于《洗冤集录》产生的原因,既往研究有六种主张:一是《洗冤集录》在南宋出现,与当时所设立的讼学校、业嘴社等讼师养成所的需要有关;二是《洗冤集录》与当时医学发达有关,尤其与正骨科和外科的发达有关;三是与我国精神文化中"恻隐之心"有关;四是与中华民族"有残忍性,利欲心强,缺乏道义,好为细小的问题而争斗"有关;五是诸葛计提出的"以疑狱集、折狱龟鉴等书,以及宋代的条例、格目为取材来源,并吸收了民间流传的医药学知识和官府检验经验,编辑而成"[1];六是贾静涛提出的"封建法典的需要、宋代检验制度的发展、唐宋时期检验盛行、《疑狱集》刑侦书籍影响、《内恕录》等早期检验书籍影响、祖国医学有关法医学的成就。"[2]贾静涛的检验文化与《洗冤集录》关系的主张,具有代表性。

---

[1] 诸葛计. 宋慈及洗冤集录[J]. 历史研究. 1979(4):87.
[2] 贾静涛. 中国古代法医学史[M]. 北京:群众出版社,1984:67—68.

3. 地理条件

北宋时期，北方少数民族南下使大量移民进入福建。移民不仅带来人口迁徙，而且中原文化也随之带入福建。到了南宋，政权更是移至与福建只"一墙之隔"的杭州。随着政治、经济、文化中心的南移，宋朝成为闽北群英荟萃的辉煌时代，出现了婉约派宗师柳永、抗金民族英雄李纲、文学理论家严羽、历史学家袁枢、理学大师游酢、西昆体诗歌领袖杨亿等。特别是朱熹的出现和真德秀、吴稚等人继承发展，造就了孔孟之后的儒学发展，形成十分规范的"理学"体系。之后，又出现历朝历代崇尚"理学"和理学法律化、行政化乃至国家化，以后理学又走入大众之中，深入民族之中，而理学创立者、学习者、实践者不少生于斯长于斯，并从此走向全国。此外，南宋时期的建阳是全国著名的三大雕版印刷中心之一，素有"图书之府"的美誉。政治、经济重心南移加之印刷业的发达，成就了宋慈《洗冤集录》出版的有利地理条件。

4. 法律条件

唐宋法律影响。唐宋时代的社会已建立了严密的法典，当时的律令对于法医检验已提出明确的要求，从宋朝法律制度角度出发，宋朝的提刑官制度是在宋初的宋太宗、宋真宗时期逐步建立起来的。宋初领袖集团，鉴于五代时期武将专权之弊，比较强调重用士人以儒学治国。而在刑狱方面，则遵奉儒家的宽刑方针，以纠正五代时期的严刑峻法之弊。《宋史·刑法志》说，宋太宗淳化年间（990—994），"始置诸路提点刑狱司，凡管内州、府十日一报囚帐，有疑狱未决，即驰传往视之，州、县稽留不决，按谳不实，长吏则劾奏；佐史、小吏许便宜按劾从事，由提刑官直接处理"。提刑官及各地断狱之官均逐步选用儒生出身的士人，以求断狱平允。其后，宋太宗因"诸路提点刑狱司未尝有所平反，诏悉罢之"。可见设置提刑官，主要是出于断狱公正、宽平的思路。至宋真宗景德四年（1007），"复置诸路提点刑官"，宋真宗同时下诏说："所虑四方刑狱官吏，未尽得人。一夫受冤，即召灾。"于是，由宋真宗亲自挑选朝官中"性度平和有执守者"为各地提刑官。从中亦可看出宋真宗决定恢复提刑官的断狱力求公允的思路。所以，提刑官的平反冤狱不仅是提刑官的个人品质问题，在其背后，还有宋初注重民本主义思想，纠正五代严刑峻法倾向，加强对府、县监督的政策思路。这是

第八章　中国古代法医产生、发展与社会治理关系研究

宋慈《洗冤集录》出现的法律基础。

5. 个人条件

(1)受教理学：朱熹晚年定居福建建阳，在"考亭书院"讲学，四方学子不远千里前来求学，研究理学，著书立说，创建学术史上令人瞩目的"考亭学派"。当时朱子理学盛行。这是一个庞大完整而又十分精致的思想体系。宋理宗(1225—1264)时，朱子理学被抬到至高无上的地位，成为不可争议的官方统治思想。其代表人物周敦颐、程颢、程颐、朱熹等被分别谥为"元公""纯公""正公""文公"，并从祀孔子庙，荣耀至极。可见，此时理学影响之大。宋慈(1186—1249)出生在福建建阳，与理学大师朱熹同乡。他自幼聪明好学，拜同乡前辈吴稚为师，吴稚又是朱熹的高足，宋慈无形中成了朱熹的再传弟子。宋慈20岁赴杭州，就读于南宋最高学府——太学，拜主持太学工作的闽北老乡祖籍浦城的真德秀为师。宋慈刻苦用功，文章写得好。以朱熹为宗的真德秀，盛赞宋慈的文章出于"内心性灵"，对他格外垂青。宋慈脑子烙印了朱熹"格物致知"和"穷究真理"的痕迹，为他日后的成功铺垫了思想基石。

(2)家学影响：宋慈出身书香门第、官宦之家，其先祖曾兴建"霄峰精舍"，集书充栋，讲学著述。宋慈深厚的家学沉淀对他产生了一定影响。

(3)个人经历：宋慈年轻时就有校勘书籍的经历，他曾亲手校勘过朱熹的《资治通鉴纲目》一书。宋慈还有过修撰地方志的经历。淳祐元年(1241)，宋慈知常州军州事时，曾参与重修《毗陵志》。

(4)断狱经历：宋慈早年任江西提点刑狱叶宰的参谋，后四任提点刑狱官，具有相当丰富的法医检验经验。

(5)法医认识：法医鉴定通常定义为"在诉讼活动中鉴定人运用科学技术或者专门知识对诉讼涉及的专门性问题进行鉴别和判断并提供鉴定意见的活动。"这就是应用专门知识解决法律问题的定义，或者叫"应用说"。宋慈在《洗冤集录·序》中认为："狱事莫重于大辟，大辟莫重于初情，初情莫重于检验。"意思是法医鉴定就是讼诉案件的证据，是案件重中之重，判人死刑，没有证据无从谈起！所以，法医鉴定就是"洗冤"。也就是说，宋慈强调"洗冤说"或鉴定的"目的说"。"洗冤说"有两层意思：

759

一层意思是通过鉴定来洗除冤枉;另一层意思是,错误鉴定也会出现冤枉,这是鉴定本质所在。这就是宋慈对法医的认识和深刻理解。

6. 职业抱负

宋慈在四任提刑官中,办案"审之又审,不敢萌一毫慢易心",在法医学理论上和实践中表现出求实求真精神。此外,宋慈的《洗冤集录》还有"洗冤泽物""起死回生"的崇高职业抱负和历史责任感。这是宋慈及其《洗冤集录》出现的个人条件。

综上,我们从历史、文化、地理、法律、个人等角度出发讨论宋慈及《洗冤集录》产生的条件,可以知道,我国法医检验早期发展是宋慈及《洗冤集录》产生的历史条件,朱熹理学影响是宋慈及《洗冤集录》产生的文化条件,南宋建阳政治文化发展是宋慈及《洗冤集录》产生的地理条件,完善的南宋检验制度是宋慈及《洗冤集录》产生的法律条件,宋慈在《洗冤集录》中把个别的具体事例进行全体性、系统性综合是宋慈个人努力和总结的结果。因此,南宋时期出现宋慈及其《洗冤集录》是中华文化的一部分,是历史发展的必然和文化传承至一定阶段的产物,更是中华文化结晶和法医文化遗产。

(二)划时代影响

1. 系统著作

宋以前还没有专门的法医专著。宋慈出身于福建建阳的一个官僚家庭,曾四次担任高级刑法官。他通过长期的实践,积累了许多行政司法经验,并参考了很多有关文献才写成了此书。宋慈《洗冤集录》原书为五卷,其内容第一卷是法律条令、总检规定、疑难验例;第二卷是初验、复检规定、检妇规定,检妇婴尸注意事项,尸体四肢腐烂情况、洗罨、验已埋尸、烂尸的方法等;第三卷是验骨、验自缢,区别真假自缢与真假自溺;第四卷是各种杀伤、火死、汤泼死、病死、毒死的检验;第五卷是验罪囚死、受杖死、跌死、塌压死、塞口鼻死、雷击死、虎咬死等的检验,并附有辟秽和急救的方法。它包含了现代法医学中心内容的大部分,它不是零散的记载方法和事例,而是系统地阐述法医学的试题检查方法与各种死亡情况下的检查所见,说明了它是最早的系统法医学著作,而我们的现代法医学正是在此书开创的基础上逐渐发展起来的。宋慈《洗冤集录》可归纳为以下六个方面。

第八章　中国古代法医产生、发展与社会治理关系研究

其一是"律"。宋慈验尸前心中有一本账,这就是法律条文。哪些尸该验、哪些尸该怎么验、哪些尸由谁验、哪些尸必须复验、哪些尸已不能验、哪些尸应调查与检验并举、哪些尸有"应验而不验"之错、哪些尸有"检验不实"之误、哪些尸有"定而不当"之嫌?宋慈精通法律,对各种尸体检验及其法律规定了如指掌,真正做到"脉络表里,先已洞澈",针对具体案件"以施针砭,发无不中"。宋慈这一招,很多人难以达到,因为法律与医学是两大不同门类科学,如何找到结合点,并应用于实践中解决问题,是法医学的本质所在。宋慈做到了,这是他成功之道。

其二是"问"。宋慈针对不同案件、不同尸体、不同场所、不同人群"问"的内容不同。"问"官员、公吏、报案人、家属、左邻右舍、行凶人、同狱人、在场证人、奴婢的主人(包括契约),还要"问"天气情况、河流地形、火源风势、季节更迭、人员往来、民俗习惯、风土人情,有时还要"问"凶手或被害人生前是左利还是右利、被害人或自残者职业工种及性格喜好、死者生前疾病情况、有无看病及医案、何时报案?"问之又问""审之又审",问得"一清二楚",审后"洗冤泽物"。宋慈"问"招,在《洗冤集录》里记载的很详细、清楚。但是,"问"招的科学性在于其职业性,有些案件正是证据未固定或未"问"明白就验尸,结果检验不到位,以后尸体腐败,检材不可复得,致使案件反复,出现"致招罪人翻异不绝"、不断上访的局面。宋慈"问"招,是《洗冤集录》的精华之一,也是所有法医学工作者应该具备的基本技能之一。

其三是"看"。宋慈看到什么?看到自缢者拿着白练扣好死结上吊、看到凶手把他人绞死后伪装上吊、看到一个人被活活砍死、看到死者被人死后分尸、看到一个人被凶手钉入铁钉死亡、看到投河或死后入水、看到一个人跳楼或死后抛尸、看到一个人在火灾中烧死或死后被焚尸,林林总总,不胜枚举。宋慈是通过看现场、看痕迹、看周围环境、看尸体、看伤口、看死者所为抑或他人所为。"看"与"问"结合起来,恢复原来事件,分析是自杀现场、他杀现场还是意外现场,从而得出上述结论,我们称之为"事件重建"。"问"与"看"有机结合,形成"现场法医学"。具体地说,了解案情、案由、案发经过,结合案发现场布局、痕迹遗留、尸体位置、损伤情况进行

综合分析，看出破绽，看出真伪，看出自杀、他杀或意外，使案件水落石出，这是宋慈的另一影响力所在。

其四是"借"。宋慈善于借助不同学科、不同门类、不同手段的研究成果，例如，借助印度医学《五藏神论》中关于不同孕期的胎儿大小不同的变化规律研究法医学上堕胎，请接生婆检查处女、阴道、怀孕、活产、死产、浸软尸，同时借助医学对外伤后"胎动不安""腹内气刺痛"才能定外伤性流产的认识，以及男性生殖器损伤、睾丸损伤、性交过度致死等，形成了早期"法医性科学"的研究；借助苍蝇喜血习性破获镰刀杀人案，观察在口、鼻、阴道、肛门尚未出现蛆虫而在其他部位发现蛆虫时，断定死者生前其他部位被刀伤出血吸引昆虫到来，研究尸体上蛆虫生长发育与死后间隔时间关系，以及其他昆虫对尸体的啃食规律，加上有毒昆虫对人体的伤害等，形成了早期"法医昆虫学"；借助光学原理检验尸体上皮下出血和骨折出血的证据，在阳光（由红、黄、橙、绿、青、蓝、紫七色组成）下用明油伞遮罩检查伤痕，通过明油伞的阳光被部分吸收和过滤，剩余光线集中在伤痕上，使伤痕清晰可辨，这一方法在沈括的《梦溪笔谈》里也有介绍，宋慈用作检验，这与现代法医学上用紫外线照射检查伤痕的原理一致。总之，他这种善于借助不同学科、不同门类、不同手段的研究成果为法医学检案服务，不断提高检验水平的能力，影响了法医学的发展。

其五是"鉴"，宋慈善于找出案件中不合理的地方。不合理地方如下。第一，与法不符。如应验而不验、不亲临视、不定要害死因、定而不当、请官违法、受请违法、过二时不请官、病重不责口词、妄勘诬告等，宋慈把其作为检验或复检的重点，同时他创立了研究"法医法学"的先例。第二，与情理不符。如自杀"上吊"颈部有勒痕或指痕、尸体检查发现死后涂桦的"伤痕"或火烙痕或刀割痕，以及在高坠、溺尸、火场、汤泼、服毒中发现死后他人所为现象，这些都是宋慈检验的视野范围，事实上宋慈提出了"法医学死后造作或伪装"的研究课题。第三，与损伤部位不符。宋慈认为"他物伤""拳脚伤""刀伤""车马伤"都有其规律，但有些伤违背其常规，如后枕或后背自身不可及创口（他伤）、右利手者割颈左高右低、起手重收手轻的创口（自刎）、隐蔽部位被刀或钉伤（如阴道刀伤、头部钉伤）等，这些伤是宋慈检验的重点对

第八章 中国古代法医产生、发展与社会治理关系研究

象,把各种损伤加以归类后,宋慈实际上已提出了比较完整的"法医损伤学"的研究内容。第四,与窒息征象不符。宋慈以大量文字介绍了生前缢死、溺死、勒死出现面瘀肿、胀红、眼睑出血等窒息征象以及缢痕、勒沟、溺液等,但也进行了特殊类型窒息死亡的研究,如用湿纸搭口鼻没有任何损伤而窒息征明显、把人倒提浸入水中身上无痕无溺液而窒息征象不明显、体弱老人被捂口鼻后死亡无痕无明显窒息征象、隔物背勒在项部有横行中断索沟的窒息死亡和颈部二道痕的缢吊窒息死,这些特殊方式窒息死亡在一般现代法医学书籍里也很少如此全面提及,把各种机械性窒息与特殊方式窒息死亡结合起来,已构成相当完整的"法医学机械性窒息"的研究内容。第五,与尸体腐败现象不符。宋慈除介绍尸体腐败规律的"四时变动"外,记载了与常规不同的"白僵死"(尸蜡)、"瘁死"(干尸)等保存型尸体,还记载了瘦、弱、老不易腐败,而肥胖、小孩易腐败,同一季节南北气候不同、山区平原不同尸体腐败征象不同,此外,上游深潭水和下游水中尸体腐败征象也不同,把尸体"四时变动"和不同情况、不同类型尸体结合起来研究,构成了较为完整的"法医学尸体现象"研究内容。第六,与正常人不符。宋慈介绍了"雕青""刺配纹""痣""疤痕""佝偻胸""蔡人骨"等,还有实例介绍,这是早期"法医人类学"的研究内容。第七,利用不同疾病和不同中毒死亡的症状不同来研究猝死和毒死,是早期"法医死亡学和中毒学"的研究内容。认真鉴别,善于找出不合理的地方,发现问题,解决问题,是宋慈探案、破案、断案又一法宝。

其六是"理"。按宋慈的说法就是对据以定案的法医检查所见要有"依因"。宋慈认为,人有"气系""血(脉)系""食系"三系,人只要活着就有"气息"(呼吸运动)、"血脉"(血液循环)、"吞吐"(吞咽运动),按现代法医学的说法就是生前有生活反应,据此可以准确分辨死因。具体如下。第一,关于生前烧死还是死后焚尸的鉴别,宋慈认为,生前烧死的人,用"鼻息取气",而"人未死时被火所逼奔争,口开气脉往来,呼吸烟灰入口鼻内",这就是生前烧死者在口腔和鼻孔里有大量烟灰的缘故,而死后被焚尸者口、鼻没有烟灰。第二,关于机械性窒息的检验,宋慈强调,生前勒死、缢死、闷死、溺死者应留下勒、缢、掐等相应索沟或指痕,因"气系"受阻或

"气系""脉系"均受阻出现"面赤瘀肿"的窒息征象,生前入水者"盖其人未死必争命、气脉往来、搐水入肠、口鼻水沫泥沙流出、腹内水胀";而死后伪装缢、勒、掐或死后抛尸没有上述征象,这就是机械性窒息及其生前死后鉴别的法医学基本原理。第三,关于"血聚肉硬",即钝器打击致皮下出血出现红斑、肿胀、触硬,宋慈解释说这是"血行"之故。钝器外伤使皮下软组织血管破裂,由于人活着,血液循环存在,继续出血积聚成血肿,皮肤颜色呈紫红色,加之渗出、水肿,局部肿胀变硬。利用"肉硬"判定是生前伤,特别是"项部肉硬"而索沟"白痕"的情形,判定是"被打后假作自缢",而"白痕"的解释,"死后被人用绳系项,其人已死,气血不行,虽被系,其痕不紫赤,有白痕可验。死后系者,无血荫,系痕虽深入皮,即无青紫赤色,但只是白痕";利用皮下出血即"血荫"判定生前伤,宋慈认为血荫的颜色、范围与钝器外伤严重程度有关,其演变与存活时间有关,如"损痕颜色其至重者紫黯微肿,次重者紫赤微肿,又其次紫赤色,又其次青色","凡打着两日身死,分寸稍大",皮下出血的血红蛋白分解成还原血红蛋白、正铁血红蛋白、含铁血黄素、胆红素、胆绿素,随存活时间推移出现红、紫、蓝、绿、黄一系列颜色变化,范围也变大,而死后伤无以上改变;皮下出血变化用"血荫"一词十分恰当,"荫"通"晕",形如日月之"晕",中间色浓四周慢慢变淡,颜色生动,层次分明,宋慈认为"痕周匝有血荫方是生前打损"并可用来辨别真伪伤,他认为涂或烙上的"伤痕"呈青黑一片、呆板单调,容易区别,"若将桦木皮罨成痕,假作他物痕,其痕内黑色,聚成一片,而无虚肿,捺不坚硬","又有假作打死,将青竹篦火烧烙之,却只有焦黑色,又浅而光平,更不坚硬"。第四,关于刃伤的生前死后鉴别,宋慈总结为,"出血""皮肉紧缩""皮肉血多,花鲜色",这是因为,人活时被刀伤,皮肤和血管破裂,血液流出体外,同时血液也浸润创缘组织,流出的血液不久凝固贴于创缘肉上形成暗红色或红色有光泽的血块,水冲不易去,而"皮肉卷缩"也称"创口哆开"是由于人活时皮肤、血管、神经、肌肉有张力,刀伤时创缘的皮肤、肌肉、血管均收缩、卷曲、创口哆开,这就是生前"刃伤"证明和法医学原理,死后割伤"肉色白""无血花""皮不紧缩","盖人死后血脉不行"。宋慈把法医学检验手段提高到理论水平来研究,对我国乃至世界法医学发展都有

第八章　中国古代法医产生、发展与社会治理关系研究

巨大的贡献和影响力，是《洗冤集录》最精华的内容之一。

总之，宋慈的《洗冤集录》与之前的法医学书籍有很大的区别，如果说宋慈之前的书籍是讲故事、讲案例，那么，宋慈《洗冤集录》则是讲原理、求完整、成体系，是第一部系统全面完整的法医学著作。

2. 后世影响

《洗冤集录》一经刊出，即不胫而走，宋之后元、明、清历朝检验官吏无不将其作为办案必备之书，甚至成为考试内容，并收入四库全书目录。《洗冤集录》出版后600多年里，历代重刊、再版可以查证的就达39种之多。《洗冤集录》成书于13世纪，距今有七百余年。此书自颁行以来，数百余年，已成为我国历代刑狱官办案必备的参考书籍，被奉为圭臬。而后世许多法医学著作，也大多以此书为蓝本。如元朝王与的《无冤录》，明末王肯堂的《洗冤汇编》，清嘉庆年间王又槐的《洗冤录集证》，清道光年间瞿中溶的《洗冤录辨正》及光绪年间沈家本的《补洗冤录》等，清代还有官方组织律例馆校对《宋提刑洗冤集录》，结合后世检验成果出版《大清律例馆校正洗冤录》(简称《洗冤录》)，均是依据宋慈的著作加以引证、补充、释义的。可以这么说，自《洗冤集录》以后，我国宋以后陆续出版的法医学著作有《平冤录》《无冤录》《洗冤捷录》《洗冤法录》《律例馆校正洗冤录》等几十种，不论哪一部著作，其中心内容都离不开《洗冤集录》。因此，宋慈《洗冤集录》成为后世所传诸书的祖本，在中国法医学发展史上有划时代的意义。

3. 流传国外

《洗冤集录》的影响也传到国外。虽然《洗冤集录》在宋朝就已经问世，但是在海外的传播，却是在1392年之后。最初朝鲜引进《无冤录》并加注出版，这就是《新注无冤录》。在当时的朝鲜，检验是选拔司法类官吏的考试科目，因而《新注无冤录》不仅是法医检验时的必备参考书目，同时也成为司法官吏必修的书籍。在日本，河合尚久将朝鲜的《新注无冤录》进行了翻译并出版，成为日本指导法医勘验的重要参阅书籍。1779年，法国《中国历史·科学·艺术》杂志选择了一部分《律例馆校正洗冤集录》进行翻

译，这是第一次将《洗冤集录》介绍给欧洲。①清同治六年(1867)，荷兰人德格里兹(De Grijs)完整翻译了《洗冤集录》并出版②，这是第一个完整的欧洲译本。1981年，美国的大学教授麦克奈特(Brian E. McKnight)将宋慈的《洗冤集录》全文翻译，撰写了译著《洗除错误：十三世纪的中国法医学》。③ 1988年，李约瑟(Joseph Needham，1900—1995)出版《中国科学技术史》中加编医学卷，其中将法医学列专题进行介绍，题目为《古代中国的法医学》。首先，他把法医学定位为"应用于法律方面的医学"；其次，介绍当时法医工作是"法官通过验尸来查明死因，并用医学的证据去解答生者的疑惑"；再次，他对宋慈《洗冤集录》作了评价，法医学几乎涉及医学实践的方方面面，如今现存的世界上最早的此领域的专题手册，就是中国的《洗冤集录》(1247)，它图文并茂，很具权威性。后世法医学发展，几乎都是在此书的基础上所做的内容扩充。他认为，"世界上第一部系统的法医学论著《洗冤集录》是科学革命前最伟大的法医学论著"。④《洗冤集录》陆续被翻译成德文、英文、日文、韩文、俄文等，对世界各国法医学发展的影响极为深远。这是我国对世界学术的重大贡献，宋慈的成就值得我们骄傲。这些说明，《洗冤集录》的问世，不仅在宋朝之后的中国有着广泛的影响，更对世界法医学发展有着巨大的意义。

三、《洗冤集录》之后的法医学书籍内容及其演变

在中国古代法医学史上，在宋慈《洗冤集录》之后，宋末元初人赵逸斋和元人王与分别撰著的《平冤录》和《无冤录》也为后世所关注。清嘉庆十七年(1812)，吴昭将顾广圻所藏《洗冤集录》《平冤录》《无冤录》三书合为一书付刻刊行，名《宋元检验三录》。三录相辅相成，同为中国古代法医学的重要典籍。其他法医书籍还有：元成宗元贞三年

---

① Notice du livre Chinois Si Yuen (the Hsi Yuan Lu) [J]. Memoires concernant l'Histoire, les Sciences, les Arts, les Moeurs et les Usages des Chinois, 1779, 4：421.

② De GRIJS. Geregtelijke Geneeskunde [M]. Batavia, 1863.

③ McKNIGHT. The Washing away of wrongs: forensic medicine in thirteenth-centur China [M]. Center for Chinese Studies, University of Michigan, 1981.

④ 李约瑟. 中国科学技术史(第六卷)·生物学及相关技术(第六分册)：医学[M]. 北京：科学技术出版社，2013：163—192.

第八章 中国古代法医产生、发展与社会治理关系研究

(1297)颁发《结案式》；王与的《无冤录》(1308)；明清代还有《读律佩觿》《洗冤集说》《洗冤集览》《洗冤集证》《洗冤录表》《洗冤录补》《洗冤录备考》《洗冤录法录》《洗冤录捷录》《洗冤录辨正》《洗冤录补遗》《洗冤录节要》《洗冤录续辑》《洗冤汇编》等30余种，以及由刑部律例馆以《洗冤集录》为主，以明清各家之书为辅，汇编而成的《律例馆校正洗冤录》。《清史稿·刑法志》也记载该书为清代的标准尸体检验用书，作为刑部颁发的"官书"。

另一本值得一提且影响较大的法医学书籍的作者为许梿(1787—1862)，字叔夏，号珊林，浙江海宁人，道光十三年(1833)进士。许梿一生居官30年，长期决狱断案的经历使其深感司法检验的重要性，所以他对《洗冤集录》等著作非常推崇。这本书名为《洗冤录详义》，成书于清咸丰四年(1854)。

可见，南宋理宗淳祐七年(1247)提点湖南刑狱宋慈所著《洗冤集录》问世后，元、明、清历朝历代都有大量研究《洗冤集录》的法医学著作问世，尤以清代为盛，无论是在研究规模上还是在研究深度上，都是前代无可企及的。这些后来之作皆没有超出此书的总体范围，而是以《洗冤集录》或《律例馆校正洗冤录》为纲，进行补注、校正、集注。这与中国文人"述而不作"的思想有关。

《洗冤集录》的初刊本已失传，现传最早版本是元刊五卷本《洗冤集录》。元刊五卷本保存了宋慈原书的内容。元代以后，致力于法医学研究的学者对《洗冤集录》进行了大量的增补，虽使医学的内容更加充实和完善，但已经渐渐失去了宋慈之书的原貌。特别是清代《律例馆校正洗冤录》已掺入大量明、清两代的内容，不少已失去宋慈所著《洗冤集录》的本意。

总体上，宋慈《洗冤集录》之后，元明清历代法医学内容都在《洗冤集录》基础上有增加、解释和批注等，但由于没有加入有关科学技术发展带来的病理学、解剖学、生物学、毒物学、免疫学、人类学等先进理论与技术，以致在宋朝领先的我国法医学慢慢落后于世界，未能向现代法医学迈进。

四、中国古代法医学书籍对社会治理的影响

每一本书都有其宗旨，而每一本书的"序言"是作者说明出书的意图和对有关问题的研究阐明。法医学书籍的宗旨是什么呢？我们通过对古代著名法医学书籍"序言"的研究，发现古人将法医学书籍对社会治理的影响提到了很高的高度。

1. 四库全书总目《疑狱集》提要

> 所记皆平反冤滥、抉摘奸慝之事，俾司宪者触类旁通，以资启发。虽人情万变，事势靡恒，不可绳以成法，而推寻故迹，举一反三，师其意而通之，于治狱亦不无裨益也。

述评：强调"检验是治狱手段"。所谓"治狱"，指的是西周"以德配天"的治狱思想，检验失误会造成社会不安定，要遭"天谴"。要求检验官吏做好检验，平反冤滥。

2. 和㠓《疑狱集·序》

> 《易》曰："先王以明罚敕法。君子以折狱致刑。"《书》曰："钦哉，钦哉，惟刑之恤哉！"两造具备，师听五辞。是知古之圣贤，慎兹狱讼。念一成而不变，审五听以求情。悉其聪明，致其忠爱。俾无枉滥，以召和平。在上者既能尽心，居下者得以措手。其来尚矣，可略言焉。先相国鲁公，尝采自古以来有争讼难究，精察得情者，著《疑狱集》二卷，留于箧笥。小子㠓，得遗编而讽读，认先训之丁宁，盖将以用悟后人，流传永世。足使愚夫增智，听讼而不敢因循。酷吏敛威，决狱而皆思平允。助国家之政理，为卿士之指南。仁人之言，其利甚博。

述评：这里，和㠓把检验提到"先王以明罚敕法、君子以折狱致刑"的高度，并从社会治理角度把检验定位为"助国家之政理，为卿士之指南"。

第八章　中国古代法医产生、发展与社会治理关系研究

3. 杜震《疑狱集·序》

狱者，天下之大命，死者不可复生，断者不可复续。王制曰，凡听五刑之讼，意论轻重之序，慎测浅深之量以别之。悉其聪明，致其忠爱以尽之。疑狱，泛与众共之。古之君子，其详慎用刑而不敢忽也如此。大抵鞫狱之吏，不患其处事之不当，每患其用心之不公。不患其用心之不公，每患其立见之不明。苟其仁足以守，明足以烛，刚足以断狱，无余憾矣。平章事和凝，于五代乱离之际，乃能以疑狱存心，集为之编，其子和㟷，又能成父之志，终其书以诏后世，固未易得。治狱者，苟能家得是书，则疑贰难明之狱尽在目中矣。

述评：这里，杜震提出检验事关"天下之大命"的观点，认为一旦检验失当致审判错误，则"死者不可复生，断者不可复续"，而且，"泛与众共之"，会影响社会治理。

4. 桂万荣《棠阴比事·序》

因及梟事，谓凡典狱之官，实生民司命，天心向背、国祚修短系焉，比他职掌尤当谨重。近者番阳尉胥为人所杀，昏暝莫知主名，承捕之吏续执俞达以告，证佐皆具，亦既承伏，以且谋连二弓手结款，无一异词。某独不能无疑，躬造台府请缓其事，重立赏榜，广布耳目，俾缉正因。未几，果得龚立者，以正典刑。不然，横致四无辜于死地，衔冤千古，咎将谁执！万荣闻之，瞿然敛衽，因叹吾夫子三绝韦编，特著其议狱缓死之象于中孚，而古之君子亦尽心于一成不可变者，公其有焉。既而东归，参选待次建康，犴曹屡省斯事，若有隐忧，遂于暇日，取和鲁公父子《疑狱集》，参以开封郑公《折狱龟鉴》，比事属词，联成七十二韵，号曰《棠阴比事》。凡与我同志者类，能上体历代钦恤之意，下究诸公编剧之心，研精极虑，不谓空言，则棠阴著明教，棘林无夜哭，曷胜多礼之幸。是用弗嫌于近名，拟锓诸木以广其传。

述评：这里，桂万荣举一个"亡者归来"的案子，从社会治理角度提出检验事关"生民司命，天心向背、国祚修短系焉，比他职掌尤当谨重。"

5. 赵时櫆《折狱龟鉴·跋》

观《易》之象：雷电皆至，丰。而曰：君子以折狱致刑。山下有火，贲。而曰：君子以明庶政，无敢折狱。盖狱者民之命，折狱者贵其明而尤不敢轻用其明。龟鉴有书，所以推广其明而示人以谨重之意也。……充拓闻见，如龟决疑，如鉴烛物，是亦惟良折狱之一助云。

述评：这里，赵时櫆把正确检验视作"以明庶政"，不当检验比作雷火之灾。以此来说明检验对社会治理的重要作用。

6. 宋慈《洗冤集录·序》

狱事莫重于大辟，大辟莫重于初情，初情莫重于检验。盖死生出入之权舆，幽枉屈伸之机括，于是乎决。法中所以通着今佐理据者，谨之至也。年来州县，悉以委之初官，付之右选，更历未深，骤然尝试，重以仵作之欺伪，吏胥之奸巧，虚幻变化，茫不可诘。纵有敏者，一心两目亦无所用其智，而况遥望而弗亲，掩鼻而不屑者哉。慈四叨臬寄，他无寸长，独于狱案，审之又审，不敢萌一毫慢易心；若灼然知其为欺，则亟与驳下，或疑信未决，必反复覆深思，惟恐率然而行，死者虚被湯漉。每念狱情之失，多起于发端之差；定验之误，皆原于历试之涉。遂博采近世所传诸书，自《内恕录》以下凡数家，会而粹之，厘而正之，增以己见，总为一编，名曰《洗冤集录》，刊于湖南宪治；示我同寅，使得参验互考。如医师讨论古法，脉络表里先已洞澈，一旦按此以施针砭，发无不中，则其洗冤泽物，当与起死回生同一功用矣。

第八章　中国古代法医产生、发展与社会治理关系研究

述评：从社会治理角度出发，可以了解鉴定的重要性。宋慈认为，检验决定"死生出入之权舆，幽枉屈伸之机括"，"定验之误"会造成"虚被淹滤"，正确鉴定"则其洗冤泽物当与起死回生同一功用矣"。

7. 羊角山叟《无冤录·序》

此《洗冤》《平冤》录之所以作也。然洗冤不如民自以不冤，平冤又不如天下之无冤。此东瓯王氏《无冤录》之所以继作也。

述评：这里，羊角山叟（王乘）引用孔子"无讼"的说法。《周易·讼卦》："讼，终凶。"在传统中国人看来，诉讼被认为是一种破坏和谐安宁社会环境的极端方式。那么，通过检验可以达到"无冤"的目的，解决矛盾，化解诉讼，是社会治理的重要手段。

8. 许梿《洗冤录详义·叙》（图84）

检验之有《洗冤集录》，犹谳狱之有律例也。……尝读《月令》，有所谓瞻伤察创视折者，而继之以审断，决狱讼，必端平。夫伤也，创也，折也，虽所伤不同，其为伤一也。伤多有迹而易见，狱多而检验者受成于一人者也。州县而已，伤之有漏无漏，畸重畸轻，司臬不知也，部寺不知也。惟视格目以为断，间有疑所检与案情歧异，驳令他人复检，至于再，至于三，朽骼腐胔，备受惨毒，而亦止于此矣。是有迹者之难凭视，无情为更甚。人命至重，例须正官检验，若不亲临监视，假手胥吏，难免增减之弊。

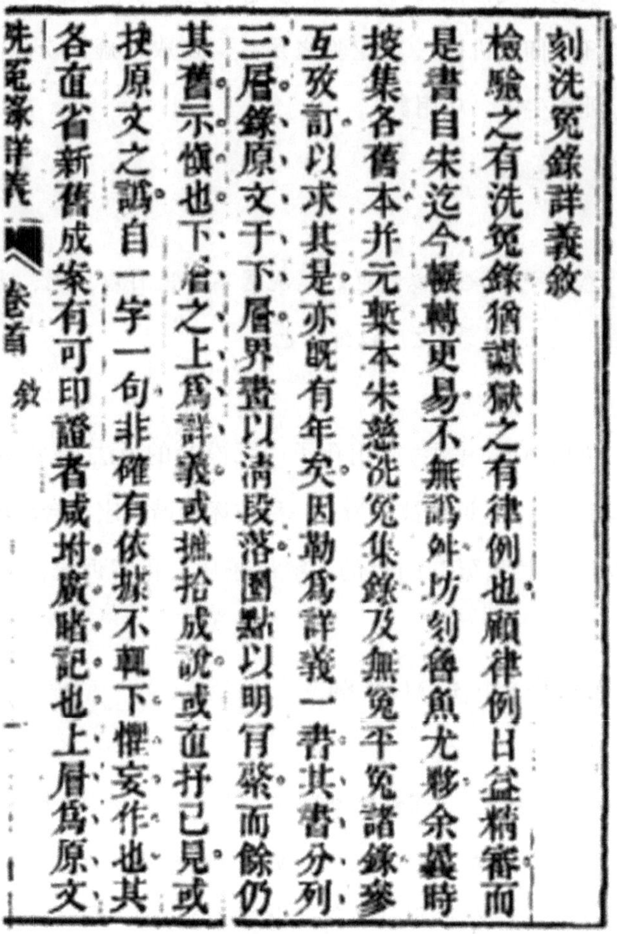

刻洗冤錄詳義敘

檢驗之有洗冤錄猶讞獄之有律例也顧律例日益精審而是書自宋迄今輾轉更易不無譌舛坊刻魯魚尤夥余曩時按集各舊本并元槧本宋慈洗冤集錄及無冤平冤諸錄參互考訂以求其是亦既有年矣因勒爲詳義一書其書分列三層錄原文于下層界畫以清段落圈點以明肎綮而餘仍其舊示愼也下層之上爲詳義或摭拾成說或直抒己見或抉原文之譌自一字一句非確有依據不輒下懼妄作也其各直省新舊成案有可印證者咸坿廣略記也上層爲原文

洗冤錄詳義 卷首 敘

图 84　许梿《洗冤录详义 · 叙》，清光绪三年(1877)湖北藩署刻本

述评：这里，许梿把《洗冤集录》定位为检验准则，一如审判的法律规定。许梿认为检验无小事，“人命至重”，事关审判公平，社会安定。

9. 许梿《洗冤录详义 · 检验总论》(图 85)

事莫重于人命，罪莫大于死刑。杀人者抵，法固无恕。施刑失当，心则难安。故成招定谳，全凭死伤。检验为真，伤真招服，一死一抵。俾知法者畏法，民鲜过犯，保全生命必多。倘检验不真，死者之冤未雪，生者之冤又生。

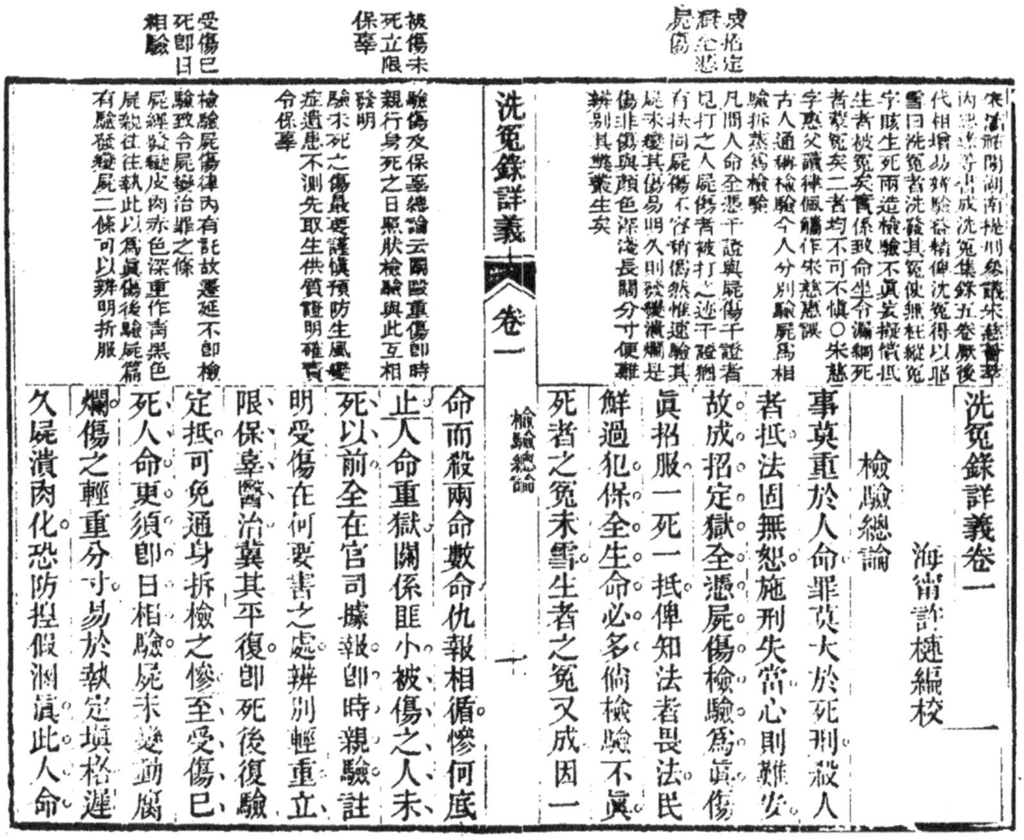

成招定獄全憑屍傷

宋淳祐間湖南提刑參議宋慈晉卿因內恕錄等書成洗冤集錄五卷厥後代相增易辨驗益精俾洗冤得以昭雪曰洗冤者洗發其冤使無枉縱冤字賅生死兩造檢驗不真妄擬償抵生者被冤矣實係致命坐令漏網死者被冤矣二者均不可不慎○宋慈字惠父議律偏觿作宋慈慈誤

古人通稱檢驗今人分別驗屍爲相驗拆蒸爲檢驗

凡問人命全憑干證與屍傷干證者見打之人屍傷者被打之迹干證猶有狀同屍傷不容掩飾惟速驗其屍未變其傷易明久則發變潰爛是傷非傷與顏色深淺長闊分寸便難辨別其弊叢生矣

洗冤錄詳義卷一

海甯許槤編校

檢驗總論

事莫重於人命，罪莫大於死刑。殺人者抵，法固無恕；施刑失當，心則難安。故成招定獄，全憑屍傷檢驗爲眞。傷眞招服，一死一抵，俾知法者畏法，民鮮過犯，保全生命必多。倘檢驗不眞，死者之冤未雪，生者之冤又成，因一

洗冤錄詳義　卷一　檢驗總論　十一

被傷未死立限保辜

驗傷及保辜總論云鬬毆重傷即時親行身死之日照狀檢驗與此互相發明

驗未死之傷最要謹慎預防生風變症遺患不測先取生供質證明確責令保辜

受傷已死即日相驗

檢驗屍傷律內有託故遷延不即檢驗致令屍變治罪之條

屍經發變皮肉赤色深重作青黑色屍親往往執此以爲眞傷後驗屍篇有驗發變屍二條可以辨明折服

命而殺兩命、數命，仇報相循，慘何底止。人命重獄，關係匪小。被傷之人未死以前，全在官司據報，即時親驗，註明受傷在何要害之處，辨別輕重，立限保辜，醫治冀其平復。即死後復驗定抵，可免通身拆檢之慘。至受傷已死人命，更須即日相驗。屍未變動腐爛，傷之輕重分寸易於執定塡格。遲久屍潰肉化，恐防揑假淆眞。此人命

图 85　许梿《洗冤录详义》之“检验总论”，清光绪三年(1877)湖北藩署重刊本

述评：许梿认为，检验决定审判效果和社会效果。正确检验使人服判，否则造成社会不安定。

10. 胡文炳《折狱龟鉴补・自序》

清代胡文炳在《折狱龟鉴补・自序》中说：“盖实缺既有迁调，署事仅满期年，转瞬及瓜，何由展布?”这里意为：“说来官府委任官员皆有迁转调动的明确期限，而临时代理办事者最多也不过代管一年。一转眼任期就届满了，你再有才干又何从施展呢?”这里，“实缺”是指官府委任官员的空缺官位。“署事”是指原官已离任，新委任官尚未就职，在此期间临时主持该机构之日常事务者，即所谓“代职署事”，通常仅有两三个月，最多不会超过一年的期限。“及瓜”：等到瓜熟时。典故出于《左传》，喻指“任

职一到期,就会有人前来接替"。所以,检验官吏对检验本来就不是专业,刚了解就期限到要离开,代管官员和新的官员又要再了解,检验工作如何做好呢?

述评:从社会治理角度出发,胡文炳认为我国古代官验制度的弊端。他提出,官员是官吏,检验人员是技术人员,前者有任期,无法施展技术才能,需要改革。其实,宋慈也有同样看法,他在《洗冤集录·序》中说:"年来州县,悉以委之初官,付之右选,更历未深,骤然尝试,重以仵作之欺伪,吏胥之奸巧,虚幻变化,茫不可诘。纵有敏者,一心两目亦无所用其智,而况遥望而弗亲,掩鼻而不屑者哉。"意思是,检验有初任的官员承担,因其刚入仕,没有接触过检验,很容易被仵作蒙骗。再加上不重视检验,错误难免。清代许槤在《洗冤录详义·叙》中也说:"自八股取士以来,为州县者事皆入官而后学。彼厌弃秽恶,熏香高坐。取办于仵人之口,无论矣。既有肫恳之士,怀恻怛之实,然平时未尝研究,至临事辨别不审。疑似回惑,因而受欺者,又岂鲜哉。"因此,检验由官员办理,不利于社会治理,历来存在争议,只是苦于制度而无法改变。

五、法医学书籍对法医学发展的促进与阻碍作用

中国传统法医文明在中华民族长期发展历程中有着重要地位。由于我国古代早熟的政治机制及其制度,不但保持了传统法医文明长期不变的稳固地位,同时也制约了现代化因素的启蒙。由此看来,中国的现代化不是传统文明的简单继承和延续,而是更多的复杂因素作用后的结果。即使如此,中国传统法医文明对现代化仍然有着重要作用,两者在社会形态、文化等方面的联系使它们成为彼此不能隔离的个体。因此,我们有必要研究我国古代法医书籍对法医学发展的促进作用和阻碍作用,进而对我国古代法医学发展做全面评价。

(一)促进作用

理宗淳祐七年(1247)宋慈撰《洗冤集录》一书问世,它总结了前人实践经验,其涉及范围之广、内容之深及所具有的科学水平,均可称为划时代著作。《洗冤集录》之后元明清陆续有法医学书籍出版。这些法医学书籍对法医学发展的促进作用有五个方面。

第八章 中国古代法医产生、发展与社会治理关系研究

一是我国自古不缺乏法制思想,春秋战国时代,我国的法律制度便已初步形成了特有的体系和原则。从西周习惯法"礼"的法律制度,到后来"中华法系"形成。中国法律思想和法律体系的特点,决定了中国法医学发展的特殊性。作为"法"的必需物而出现的法医学规范、技术、案例汇编和南宋《洗冤集录》等法医书籍,成为必然产物。法医检验的目的是为审判提供证据,成为判案所需依凭的一种技术手段。而法医学书籍的出现,保证法律制度的实施,又对法医学发展起到了促进的作用。这也可以解释我国古代法医学早期辉煌的原因。

二是法律完善决定了朝廷对何种官吏行检验进行严格规定。检验官吏失职,追究刑事责任。对在何种情况下应初检、复检或免检也必然明确规定。这些规定形成了我国古代法医检验制度,对早期法医学发展起到促进作用。

三是我国古代实行官验制度,法律规定官吏检验与政绩挂钩,检验人员为提高绩效,避免受处罚或被罢黜,必须认识发现诬告和检验识破诬告,这就形成法律上的倒逼机制,为推动提升检验水平凝聚必要的动力和推力。所以,我国古代为防止诬告提高检验水平促进了法医学的领先发展。这是我国古代法医学与西方法医学不同的发展路径。

四是我国古代检验人员主要由入仕任职的官吏和文化水平低的仵作组成,《洗冤集录》等法医学书籍成为验尸指南,一如清代许梿所说:"检验之有《洗冤集录》,犹谳狱之有律例也。"法医书籍《洗冤集录》对官吏和仵作可以在验尸时提供参考,提高了检验水平,对早期法医学发展起到一定的促进作用。

五是我国古代法医书籍如《疑狱集》《折狱龟鉴》《棠阴比事》等主要以案例汇编的形式出现,宋慈归纳、总结形成完整系统的法医学著作《洗冤集录》,成为法医学检验的指南。这些法医学书籍中,不乏科学性很高的法医理论与实践,至今仍有参考价值,如生前烧死的口鼻烟灰、生前棍棒伤的"竹打中空"、缢死的"八字不交"、血腥集蝇的"晒镰案"等,这些都记载在古代法医学书籍中,丰富了法医学的内容,促进了法医学的发展。

(二)阻碍作用

法医学书籍对法医学发展的阻碍作用有五个方面。

中国古代法医学与社会治理关系史

一是维护尸表检验的法医学书籍带来的阻碍作用。自宋慈《洗冤集录》问世之后，在以后的几百年间出版了数十版本的释义、详解、注释等书籍，但由于我国封建性质没有发生改变，这意味着封建思想仍然占统治地位，传统的观念仍然维护体表的完整性，尸体解剖被视为大逆不道，这严重束缚了法医检验的发展，并且也因为《洗冤集录》所产生的深远影响使我国的法医检验在几百年来没有重大突破，因此，古代的众多新的检验发现也局限于体表检验，严重阻碍了法医学发展。

二是法医学书籍法令化对法医学发展起阻碍作用。古代法医检验不同于以往的另一个特征是将检验书籍法令化，一经颁布即要求永远遵行。这样就使检验严格地束缚于政府所颁布条令的框架内，不仅阻碍了法医检验的发展，而且导致悬案、冤案时有发生。清代的检验官吏姚德豫在其《洗冤录解》中就说："官以其执有此书，无可穷诘，以致案悬莫结者多矣。"《洗冤集录》之后其他书籍的增补，并不具备官书的性质。而《律例馆校正洗冤录》一书在颁布之后被政府要求"永远遵行"。也就是说，国家颁布《律例馆校正洗冤录》，把法医学书籍法令化。因此，在影响力方面要远远超过其他书籍，但因为不能吸收科学技术发展成果，又维持尸表检验，其阻碍法医学发展更为严重。由此可以看出，古代的法医检验书籍限制了法医学发展。

三是颁布致命部位和致命伤对法医学发展起阻碍作用。由于我国古代维护外表检查检验制度，颁布致命部位和致命伤，对开展解剖成为不可逾越的障碍。对于致命部位和致命伤只有通过尸体解剖全面了解损伤情况后才能做出科学鉴定，但因为颁布致命部位和致命伤，无疑对法医学的发展是不利的，因而阻碍了法医学的发展。

四是法医学内容法令化对法医学发展起阻碍作用。我国古代在检验制度上颁布验尸格目、验状及检验正背人形图。人形图对验尸各部位做了详细规定，多达六七十项。它相当于后来的尸图，检验时官吏须将痕损标注图上。在检验制度的具体内容上，主张推行规范化，把法医检验纳入统治者整饬吏治的范畴。《洗冤集录》问世五六百年间，元、明、清代均有专著问世，均是不断把法医学内容法令化。由于法医学内容的法令化阻碍法医学的发展，致使我国失去了在世界法医学领域的领先地位。

五是法医学书籍对象是检验官吏对法医学发展起阻碍作用。法医学内容法令化、

第八章 中国古代法医产生、发展与社会治理关系研究

法医学书籍法令化、致命部位法令化规范的是官员和仵作检验，使我国古代法医学成为"小作坊加工模式"。这样，把法医科学公式化，不符合自然科学发展规律，同时限制了医生参与，也限制了吸收科学技术的前提，严重阻碍了法医学的发展。

第四节 中国古代洗冤文化研究

从"洗冤文化"研究我国古代法医学检验，对研究我国古代法医学发展及其在社会治理中的作用，都有重要的历史和现实价值。

一、《洗冤集录》中的"洗冤"及法医文化

（一）何为洗冤

宋慈《洗冤集录》记载一起原认为"两人相拼"后改为被人"挟仇并杀两人"的案件。宋慈介绍后说，如果没有正确检验，被杀的两个人就"二冤永无归矣"。这里，宋慈对"冤"有解释，一是"冤"不仅包括冤狱，也包括冤死，二者都要"洗冤"；二是"冤"包括没有抓到真凶，让凶手逍遥法外；三是"洗冤"对生者有交代，对死者也要有交代，否则"二冤永无归矣"。由此，宋慈《洗冤集录》的书名就有其特殊的含义。"洗"，不是"改"或"无"，也不是"平"或"洗除"，而是"洗雪"。这与宋朝"理雪制度"有关，即被告不服而申诉，由官府"理雪"。"冤"，不是简单指"错误"，而是指"冤枉"。这一点宋慈讲得很清楚："盖死生出入之权舆，幽枉屈伸之机括，于是乎决。"人一旦有"冤"，生前不能"洗"，死后也要"洗"。宋慈认为，从"洗冤文化"角度出发，应该还"冤"者一个公道说法。那么，"冤"由谁来"洗"呢？宋慈认为，古代检验以"洗冤"命名，行使"洗冤"责任的是官府。宋慈的"洗冤文化"思想，值得研究。

（二）还冤与洗冤

北齐颜之推《还冤志》记载三则案例。一是吕庆祖案："无期早旦以告父母，潜视奴

所住壁，果有一把发以竹钉之，又看其指并见破伤，录奴诘验具伏。"二是抚军案："抚军昔枉杀我师，我道人自无执仇之理，然何宜来此，亡师屡有灵验，云天帝当收抚军于寺杀之。"三是刺史案："今欲发汝尸骸以为何验，女子曰妾上下皆着白衣青丝履犹未朽也，掘之果然。"需要说明的是，《还冤志》记载三则案例，都提到检验的"验"，但是这三则案例的"验"，都是透过"冤魂"的告知才证实真凶是"谁"。就"验"的意义来说，其证明不是来自前后相符的官员检验的"验"，或者现实中的检验，而是靠"神迹"和来自"冥界"的力量"洗冤"。"检验"在秦汉就有，到《唐律疏义》《宋刑统》才具备完整的检验体系和法律意义。宋慈深谙有关"冤魂""神迹""冥界""还冤断狱"等民间文化，但他已把其化作检验文化，如宋慈曾办过一个死者被杀死抛尸路旁的案子，开始疑盗者杀之，及点检沿身衣物俱在，遍身镰刀砍伤十余处。宋慈就说"盗只欲人死取财，今物在伤多，非冤仇而何？"这里，"冤仇"就是指前世的仇人或"宿世冤家"。关于"秽"，宋慈所指"辟秽方"的"秽"不是"冤魂秽气"之类，而是腐败气体。用中草药"三神汤辟死气、苏合香丸辟恶气。"又如，宋慈说："多有人家女使、人力或外人，于家中自缢；其人不晓法，避见臭秽及避检验，遂移尸出外吊挂。""若避臭秽，不亲临，往往误事。"所以，宋慈"洗冤文化"强调的是"亲临验"，而不是"神验"。我们应还原历史和真实的宋慈。

（三）何为幽枉

幽枉从字面上指冤狱，但"洗冤文化"有深层次含义。据《续资治通鉴长编》记载，宋仁宗大中祥符六年（1013）四月下诏："诸州死罪情理可悯及刑名可疑者，报提点刑狱司详察以闻，当付大理寺详覆，无得顾避举驳，致有幽枉。"另据《宋会要辑稿·刑法》记载，嘉泰三年（1203）五月二十一日李景和指出："大辟之狱，在县则先以结解，在郡则申以审勘。罪状明白，刑法相当，郡申宪司，以听论决，是谓详覆。"由此，宋朝对死罪定谳从司法程序上必须"报提点刑狱司详察以闻"，不管是"罪状明白、刑法相当"，还是"情理可悯及刑名可疑者"。所以，"洗冤"要求提点刑狱司审查所有死刑案件，起到死刑案件的复核作用和纠正"幽枉"的监督作用。宋慈认定，"幽枉"的根源在于"证据不足"，"洗冤"首先要把好检验证据关。宋慈从"洗冤文化"角度对"幽枉"提出具体解决办法,他说:"狱事莫重于大辟,大辟莫重于初情,初情莫重于检验。"

(四)何为断狱

历史学最基本的学科规范、学术要求是"无征不立"。这里"征",指的是文献。没有文献,就没有证据。就这一点来说,宋慈《洗冤集录》记载了我国古代检验史,是重要的历史文献。宋慈说:"诸验尸,州差司理参军,县差尉。""诸尸应覆验者,在州申州;在县,于受牒时,牒尸所最近县。""凡检验,承牒之后,不可接见在近官员、秀才、术人、僧道。""所有尸帐,初、覆官不可漏露。仍须是躬亲诣尸首地头。""凡检复后,体访得行凶事因,不可见之公文者,面白长官,使知曲折,庶易勘鞫。"宋慈以上表述,把我国古代官验文化和权利义务都说清楚了,包括申请检验(申官)、委托检验(受牒)、决定检验(差官)、检验人员(验官)、实施检验(验尸)以及保密、汇报等。

表9 宋代检验官员与现代鉴定人权利义务的比较

宋 代	现 代
检验官员的权利 ①有权提起检验; ②有权决定检验; ③有权查验尸表; ④有权接受复检; ⑤有权独立做出鉴定	鉴定人的权利 ①有权受托查阅有关的资料; ②有权勘验现场、解剖尸体; ③材料不齐时有权提出补充; ④出庭有权不回答无关问题; ⑤有权独立做出鉴定意见
检验官员的义务 ①规定时间躬亲验尸; ②规定时间完成检验; ③遵守案件保密规定; ④重大案件汇报义务; ⑤不守法负法律责任	鉴定人的义务 ①在规定时间内完成鉴定; ②按照委托要求出具鉴定; ③根据法律规定申请回避; ④根据有关规定出庭作证; ⑤不遵守法律负法律责任

从上表(表9)比较可以看出,现代鉴定侧重技术方面,较之古代检验单纯得多。古代检验官员行使调查、侦查、审判职能,责任重得多。这就是"断狱文化",从立案开始,到断案结束,承办官员负责到底,并有规范检验制度加以管理,这是我国古代"洗冤文化"的又一特点。

(五)何为疑狱

如果把"断狱"作为一个检验和审判的过程的话,那么,"疑狱"就是一种检验思想。关于"疑狱"的文化,西汉刘向《新序》中的《梁尝有疑狱》是这样记载的:"梁尝有疑狱,群臣半以为当罪,半以为无罪,虽梁王亦疑。……梁王曰:善。故狱疑则从去,赏疑则从与。"这段话,讲的是何为"疑狱",如何处理"疑狱"。"狱疑则从去"历史上有两种理解,一是案件难断就从轻发落,"疑罪从轻";二是有疑虑的案件就依从不判罪,"疑罪从无"。但宋慈的观点倾向于后者。宋慈《洗冤集录》说:"疑信未决,必反覆深思,惟恐率然而行,死者虚被涝漉。"

(六)何为冤狱

这里指录囚或冤狱检验。据《汉书·隽不疑传》记载:"每行县录囚徒还,其母辄问不疑:'有所平反,活几何人?'"这里录囚就是验囚,指向囚犯讯察决狱情况、平反冤狱或督办久系未决案,检验是录囚的重点,亦称虑囚。宋慈于嘉熙三年(1239)提点广东刑狱,发现累讼积案。于是,制订办案规约,亲自督案,仅8个月,就处理了200多个案件。我国古代法医书籍不少以"疑狱""洗冤"等出现,而大量记载的案例就是对已判囚犯是否"有冤"的检验,成为古代法医文化的一大特点。作为文化传承,对狱中死亡的案件进行复检的做法迄今存在,法律规定检察机关的法医对囚犯的尸体进行复检,这是检察机关监督职责之一。这对查明囚犯是否有"冤情",是否刑讯逼供致死起决定性作用。

(七)法医文化人

宋慈《洗冤集录》说:"年来州县,悉以委之初官,付之右选,更历未深,骤然尝试,重以仵作之欺伪,吏胥之奸巧,虚幻变化,茫不可诘。""不可姑息诡随,全在检验官自立定见。""若被人打杀,却作病死,后如获贼,不免深谴。"可见,宋慈认为初任官员许多是进士出身,学历不能说不高;武官、副手经常参与检验,阅历不能说不深;某些官员、仵作经历也不能说不多。要达到"洗冤"的目的,重视学历、阅历、经历,更应躬亲检验、审查无误、问心无愧,这就是法医文化。换句话说,要成为法医文化人,要满足以下五个方面:一是自身修养;二是内心自觉;三是约束自律;四是专业主见;五是良心办案。

(八) 甘棠之惠

同"甘棠之爱"。甘棠系木名,即棠梨。汉代扬雄《甘泉赋》:"函甘棠之惠,挟东征之意。"周武王时期,大臣召伯奉武王之命巡行南方地区,广施仁政,减轻了百姓的负担,但遭到其他大臣的反对,纷纷诬陷召伯。召伯为表忠心与清白,死在甘棠树下。召伯死后,民众怀念他,从此不再砍伐甘棠树。我国古代法医学书籍就命名为《棠阴比事》,把法医学检验为民洗冤比作"甘棠之爱"。宋慈《洗冤集录·序》说:"洗冤泽物,当与起死回生同一功用矣。"这里"洗冤"是一种"起死回生"的博大人文关怀。所以,宋慈认为,检验是为案件寻找证据,为蒙受牢狱之灾的人"洗脱冤枉",如果不能做到这一点,就不能达到"洗冤泽物"的目的。这是宋慈从哲学层面对"洗冤文化"的深刻理解。

(九) 鉴定如镜

宋慈《洗冤集录·疑难杂说上》说:"理有万端,并为疑难,临时审察,切勿轻易,差之毫厘,失之千里。"这里,宋慈提出一个问题,法医学是怎样的一个学科?法医学关键是"鉴定如镜",事实与检验要反映一致。否则,"差之毫厘,失之千里"。古人"鉴"同"镜"。《玉篇》云:"镜,鉴也。"郑克《折狱龟鉴》就是我国古代法医著作。这里还有另一层意思,就是鉴定人不能夹杂私念,要"内心如镜",才会"鉴定如镜"!鉴定人只有内心安静才能办事公正,否则就会造成冤案。我国古代法医文化都围绕洗冤这一主线展开。从先秦的"惟刑之恤""在泮献囚"到《折狱龟鉴》《洗冤集录》,其中不乏智慧、精华,更给后人以教诲!

(十) 参验互考

宋慈《洗冤集录·序》说:"洗冤集录刊于湖南宪治;示我同寅,使得参验互考。"

意思是，宋慈写《洗冤集录》，是总结前人和自己的成败得失，"参验互考"，今后有经验及教训，不断加以完善。宋慈撰写《洗冤集录》有他的初衷：一是为法律需要而作；二是为官吏断案而作；三是为弥补官吏检验知识缺憾而作；四是为案件复检而作；五是起"断例"和"比"的作用。"断例"类似现在的"判例汇编"，"比"即"比附"，是指"律无正条"时选择已判案例作依据，又称"决事比"，《洗冤集录》起到上述作用。事实上，《洗冤集录》一经刊出，即不胫而走，宋之后元、明、清历朝检验官吏无不将其作为办案必备之书，甚至成为考试内容，并收入四库全书目录。

《洗冤集录》出版后 700 多年里，历代重刊再版可以查证的就达 39 种之多。在国外，《洗冤集录》传至邻邦及欧、美，各种译本达 21 种之多。《洗冤集录》传至国外有各种途径。例如，1873 年英国剑桥大学东方文化教授翟理思（Hebert Allen Giles，1945—1935）在宁波时，见官府升堂时案桌上摆着一本书，官员被派到现场验尸时也带着一本书，随时翻阅参考。他一问，这本书叫《洗冤集录》。于是，他以极大兴趣着手翻译，以《洗冤录或验尸官教程》之名发表在《中国评论》上。① 1924 年英国皇家药学会杂志又重刊全文。② 又如，有的译本是外国之间文化交流而流传的。1862 年荷兰人德格里慈（De Grijs）译有荷本③，1908 年布莱坦斯坦因（Heinrich Breitenstein）转译为德译本，名为《中国法医学》。④ 1882 年，法国法医马丁（Ernest Martin）著有《洗冤录介绍》，发表于《远东评论》。⑤ 马丁介绍后，据说有一位霍夫曼（Hoffman）将其翻译成德文出版。⑥

---

① GILES. The Hsi-yuan-lu or instructions to Coroners[J]. China Review, 3: 30—38, 92—99, 159—172.
② GILES. The Hsi-yuan-lu or instructions to Coroners[J]. Proceedings of the Royal Society of Medicine. 1924, 17: 59—107.
③ De GRIJS. Geregtelijke Geneeskunde[M]. Batavia, 1863.
④ Breitenstein. Gerichtliche Medizin des Chinesen[M]. Leibzig: Grieben, 1908.
⑤ MARTIN. Exposé des principaux passages contenus dans le Hsi Yuan Lu[J]. Revue d'Extrême-Orient. 1882, 3: 333—380.
⑥ Shangkuan Liang-Fu 所提到的做了德文翻译工作的霍夫曼（Hoffman），有可能是日本学家 John Joseph Hoffman，他活跃于 1834 — 1877 年。据 A History Of Forensic Medicine In China 一文，在西方图书馆（包括大英图书馆）目录中，并未找到相关的 Hoffman 的译文。参见 LU GWEI-DJEN, NEEDHAM. A History Of Forensic Medicine In China[J]. Medical History, 1988, 32: 373.

第八章 中国古代法医产生、发展与社会治理关系研究

1910年,法国人李道尔夫(Litolf)将越南本《洗冤录》译为法文,取名《改错误的书》。①宋慈《洗冤集录》以及后人以《洗冤集录》为蓝本的各种版本"洗冤"书籍成为我国特有的法医检验的文化现象。宋慈的理性感悟和哲学思考,给我国法医文化留下宝贵遗产。这一点,中西文化还是相通的,我国古人云:"以人为鉴",就指将别人的成败得失作为自己的鉴戒。而《圣经·传道书》说:"已有的事,后必再有。已行的事,后必再行。"也指出借鉴前人经验教训的哲学思考。宋慈成为世界法医学奠基人也与他的哲学思辨有关。

(十一)"他无寸长,独于狱案"

沈复《浮生六记》有云:"鹤善舞而不能耕,牛善耕而不能舞,物性然也。"意思是,做自己最擅长的事,会让自己的能力得到充分的发挥,工作有事半功倍的效果。如果问宋慈为什么能成功?回答是"性格"。宋慈的成功、宋慈的一生奋斗史,根本上是源于他倔强、坚强的性格。成功者心中都有一把丈量自己的尺子,知道自己该干什么。宋慈《洗冤集录·序》说:"慈四叨臬寄,他无寸长,独于狱案。"意思是,宋慈只做自己最擅长的事,那就是检验。是的,宋慈最大的长处就是检验和经验。在从业以后的20多年里,他一直不改初衷,坚持在检验领域耕耘,最后成功。宋慈还说,检验"贵在精专",这道出了法医职业的特点,法医工作不是七八年就能成为专家的,需要几十年长期积累;法医门类很多,要选择自己最擅长的专业,才会成功。这也成为法医文化的一部分。

(十二)"覆盆必照"与检验自信

《抱朴子·辨问》:"日月有所不照,圣人有所不知,是责三光不照覆盆之内也。"覆盆之冤指无处申诉的冤枉,有时日月、圣人都无法解决。但宋慈在《洗冤集录·序》中认为:"(检验)如医师讨论古法,脉络表里先已洞澈,一旦按此以施针砭,发无不中。"因此,虽然"日月有所不照,圣人有所不知",但检验能洗脱覆盆之冤!宋慈这

---

① LITOLF. Le Livre de la Reparation des Torts (Hsi Yuan Lu); Constatations Legales dans les Cas de Crimes contre les Personnes en vue de la Reparation du Prejudice Causé[J]. Revue Indochinoise, 1909: 531, 676, 765, 881, 1017, 1107, 1217; 1910: 418. Translation from a Vietnamese version. Separate publication[M]. Imprimerie de l'Extreme Orient, Hanoi, 1910.

种"覆盆必照"的思想是一种检验自信的法医文化。但要如何做到呢？《洗冤集录》有言"告状切不可信，须是详细检验，务要从实""不亲临，往往误事"。我国古代法庭上有"明镜高悬"和"日出东海"的图案，是一种古代衙门文化。但在宋慈看来，如果没有亲历亲为的检验文化，很难做到办案公正。

(十三)"挖穴埋炭"：民俗与检验

宋慈《洗冤集录·自缢》记载："若真自缢，开掘所缢脚下穴三尺以来，究得火炭，即是。"这句话的意思是，如果真的是上吊自杀的话，在死者脚底下开挖三尺来深可发现坑穴，而坑穴里预埋有木炭，有坑穴和木炭应该是自己上吊。明李时珍《本草纲目·人魄》有载："此是缢死人，其下有物如麸炭。盖人受阴阳二气，合成形体。魂魄聚则生，散则死。"按李时珍的观点，木炭是可以"聚魂"的，魂魄聚则生，但久了，木炭化了，魂魄散则死。因此，宋慈认为，民间这种说法就会使自缢者自己先"挖穴埋炭"，以聚魂魄。但是，既往不少近现代研究者对宋慈这一观点有看法，一是附会说：认为"挖掘尸体脚下泥土约三尺深，可以寻到火炭的就是真自缢，这是一种附会。因生活、生产、火灾等原因，地下遗留木炭，可久埋不坏，与自缢没有关系。"① 二是不科学说："若真自缢，开掘所缢脚下穴三尺以来，究得火炭即是等，是没有科学根据，甚至是谎诞不羁的。"②三是糟粕说："若真自缢，开掘所缢脚下穴三尺以来，究得火炭，即是。属糟粕，是必须加以扬弃的。"③四是无据说："若真自缢，开掘所缢脚下穴三尺以来，究得火炭，方是。完全是一种妄诞无稽之谈。地下有无火炭同自缢之间，没有任何联系，不可能成为判断真假自缢的根据。"④本文认为，可以从社会民俗文化和民间传说角度做出解释"自缢者脚下有穴有炭"的现象。土葬是中国古代汉民族最主要的埋葬方式，土葬民俗中，有在墓坑或墓窑中垫木炭甚至在棺椁中放置木炭的习俗，存在"有土则生，无土则死"及木炭"聚魂魄"的说法。这样，再读宋慈《洗冤集录》"若真自缢开掘所缢脚下穴三尺以来究得火炭即是"这段话，我们就不难理解他的意思

---

① 田一民，罗时润. 洗冤录集释[M]. 福州：福建科学出版社，1980：105.
② 诸葛计. 宋慈及洗冤集录[J]. 历史研究. 1979，4：87.
③ 杨奉琨. 洗冤集录校译[M]. 北京：群众出版社，1980：2.
④ 杨奉琨. 洗冤集录校译[M]. 北京：群众出版社，1980：54.

第八章 中国古代法医产生、发展与社会治理关系研究

是:假如要是真的自缢的话,在死者脚下泥土挖三尺来深,就会看到自缢者事先挖好的穴和放入的木炭,推究这是自己埋下的。那么,自己上吊无疑。宋慈说的"究得火炭"就是推究木炭来源,推测是自杀者徘徊很久,最后,挖穴并埋下木炭,上吊自杀。宋慈这样判断,是在对尸体排除他人所为的情况下所做出的结论,不无道理。对宋慈这段话,不应理解为自缢者脚下必有木炭,要结合上下文加以分析,并要根据民俗习惯、尸体检验、现场勘验及自杀心理等进行研究。① 因此,阅读《洗冤集录》要从历史、文化、民俗、法律、心理及科技等各个角度加以分析,不要单纯字面分析,那样就会失之偏颇,无法理解到宋慈《洗冤集录》的真谛。

(十四)古代发冢的文化现象

宋慈《洗冤集录·发冢》说:"验是甚向,坟围长阔多少。被贼人开锄,坟土野狼藉,锹锄开深尺寸见板,或开棺见尸。勒所报人具出:死人原装着衣服物色,有甚不见被贼人偷去。"为什么对墓冢如此重视?因为官府保护墓冢并有规定。为什么发冢检验对象包括尸体和附属物品?因为墓冢尸体、物品受法律保护。

1. 发冢认识与尸体

关于发冢,要明确尸体是什么?尸体出现时意味着什么?据《礼记·曲礼》记载:"在床曰尸,在棺曰柩。"据《说文》记载:"尸,陈②也。"宋慈明白,在什么场合才可以看到尸体?人正常死亡都有其特定安置的空间和祭献的仪式,而安葬地叫墓冢。在葬礼中或墓冢中的,不被认为是尸体,而是死者。只有非正常情况下被官府检验的才是尸体,而尸体只在有"冤"时才是检验对象。尸体被检验属"示众"而墓冢被挖后尸体暴露也属有"冤",也是检验的对象。确切地说,前者是安葬,后者是检验。这对于理解中国古代如何看待民间丧家和官府检验有重要价值。综观我国自秦代至清代刑法类文献,提及三种尸体:发冢、诬告、检验。换句话说,古代官府为案件需要才由官员处理"发冢、诬告、检验"的尸体。

2. 发冢法律与检验

古人保护祖坟,法律禁止发冢。汉代严禁盗墓的法律,也见诸史籍。《淮南子·氾

---

① 刘通. 宋慈与洗冤集录研究[M]. 福州:海峡文艺出版社,2016:26—30.
② 陈:陈尸示众,陈列。

论》写道："发墓者诛，窃盗者刑。此执政之所司也。""发冢"案例涉及的犯罪行为有：毁损尸体行为、不当丧葬行为、破坏风水行为、破坏棺椁行为和从死者身上不义获利行为，绝非"盗墓"这一种犯罪行为所能涵盖。因此，"发冢"并不等同于"盗墓"。我国古代刑律对不同类型的"发冢"均科以重刑，反映出中国古人"慎终追远"的文化观念。"发冢"分类属《刑律贼盗》，"发冢"惩罚"与斗杀罪减一等"。宋慈记载"发冢"的案例，显见在当时"发冢"并不罕见。"发冢"是我国古代法医学检验的重点对象之一。宋慈专列一章介绍"发冢"，足见其对"发冢"检验的重视。

3. 发冢检验与考古

宋慈在《洗冤集录·发冢》中说："勒所报人具出，死人原装着衣服物色，有甚不见被贼人偷去。"这句话表明，宋慈对墓冢被盗挖的案件，到达现场时，要报案人开列清单，包括死人原装衣物及其所有陪葬物品。对清单中死人原装衣物及其所有陪葬物品被盗墓人偷去要注明清楚，以便调查、核对、评估。所以，发冢检验除尸体外，重点在陪葬物品。也就是说，当时宋慈要清点陪葬物品的丢失，而陪葬物品除随身装束外，还有金银首饰以及死者生前喜爱所有物品、金银等，并加以评估，一旦抓到盗墓者就可以定罪量刑。而后者工作，类似于今天的考古工作。也就是说，考古工作在宋代也归官府管。为什么宋代政府要把墓葬品进行管理？为什么墓葬有如此多的物品？为什么清点时强调"死人原装着衣服物色"呢？原来，汉民族有"视死者如生人""事死如事生"的哲学理念。故，入土时后人会给死者，以金器，以马匹，以狩猎，以奴仆等。所以，宋慈明确要求，要检验"有甚不见被贼人偷去"。宋慈的记载，使我们了解了我国古代检验史，其中，发冢中"陪葬品"等清点、评估等类似考古的工作也是法医检验内容。事实上，我国法医发展史与国外极为相似，比如英国的验尸官（Coroner）制度。英国的验尸官制度早期也有类似宋代发冢的检验职能。Coroner（验尸官）一词来源于Crown（皇冠），意思是皇家的人与财产。验尸官制度产生于1194年的英格兰，验尸官的首要责任是调查非正常死亡事件或者存在疑点的死者身份、死因、死亡时间、财产没收等，当调查、检验结束，将财产评估后充公，归还皇家。担任验尸官的人，必须是律师或者从业至少五年的医生。以前，验尸官可以通过问讯、调查确定犯罪嫌疑人的身份，移交正式的法庭接受审讯。但是，目前验尸官的职责只有"死因裁判"一项了。

（十五）诬告检验

宋慈记载了各种诬告检验，包括仵作验尸受财妄验、榉木皮罨成痕假作他物痕、服毒诬人、贱草染骨、假作烧死、他勒假作缢死、假作溺死等。从《洗冤集录》记载可知，宋代法律规定检验与政绩挂钩。于是，形成诬告、检验、政绩三者关系。检验人员为提高绩效，避免受处罚或被罢黜，必须认识诬告和检验诬告，这就形成法律上的倒逼机制。这样，诬告、检验、政绩的内在压力，为提升检验水平凝聚动力。所以，我国古代为防止诬告提高检验水平促进了法医学的领先发展。换句话说，我国古代法医学领先西方是法律逼出来的。宋慈做了总结，被世人公认为世界法医学奠基人！西方与我国不同，鉴定人不是官员，而是由技术人员承担，形成了西方法医学发展。我们要从比较法医学角度出发，对中外法医发展史进行深层次研究，从而探讨不同路径、各具特色的中外法医发展史，挖掘对历史和现实的研究价值。

（十六）看验文化

《洗冤集录》中多次提到的"看验"，指让相关人员共同参与的检验文化。一是看验公开。如《妇人》之验妇人："若是处女，札四至讫，舁出光明平稳处。先勒死人母亲及血属并邻妇二三人同看，验是与不是处女。"二是流程公开。《检覆总说上》有："凡到检所，未要自向前，且于上风处坐定，略唤死人骨属或地主，竞主，审问事因了，点数干系人及邻保，应是合于检状着字人齐足。先令札下硬四至，始同人吏向前看验。"从宋慈记载可知，案发后，检验官员、出发时限、检验地点、尸伤喝报、证人对质、尸亲签名等都公开进行。宋以后的元、明、清三朝，还按案件难易程度分为大事、中事、小事，规定办案时限。这些要求，即使当今也未必都能做到。三是报告公开。《条令》有："候检验讫，从实填写，一申州县，一付被害之家，一具日时字号入急递径申本司点检。"宋慈的做法，尽显公开特点，值得借鉴。四是医生参验。《针灸死》有："须勾医人，验针灸处是与不是穴道。"说明"别医鉴定"在宋代已公开进行，而这里"看验"指针灸领域能有"看验"水平的医生。五是观看验尸。《检覆总说下》有："顽凶多不伏于格目内凶身下填写姓名押字。……其确然是实者，须勒令金押于正行凶字下。"宋慈把嫌犯带到现场，与受害家属、官员、地保等一起参与观看，实际上类同现代开示证据的做法，表明宋慈在"呈堂供证"之前将证据让嫌犯先予知悉，同时起到知情和监督作用，迄今仍有价值。

(十七) 底线思维

宋慈给检验工作画了底线，要求检验人员严格遵守。

1. 违制

宋代检验是官员的职责，也称"验官"。官员必须遵守"官员职制"，相当于现在公务员条例。宋慈认为，官员检验时，报案过两个时辰不出发的、受案两个时辰不请官的、请官违法或受请违法而不言的、请官验尸的公文到来应当接受而不接受的、初验和复验的官员相见及透露所检验的情况的，都要受到职制处罚。

2. 违法

一是检验不为。《洗冤集录·条令》有："不定要害致死之因，或定而不当，各以违制论。"法律规定，所有参与具体办案的人员错判均负有连带责任。"诸同职犯公坐者，长官为一等，通判官为一等，判官为一等，主典为一等，各以所由为首。"二是检验受财枉法。《洗冤集录·条令》有："诸监临主司受财枉法二十匹，无禄者二十五匹，绞。""诸行人因验尸受财，根据公人法。"三是检验受财不枉法。指官吏收受贿赂，但没有为行贿人作歪曲法律的处断。《洗冤集录·疑难杂说下》有："不如是，则私请行矣。假使验得甚实，吏或受赂，其事亦变。"检验不真实属"私下交易行为"，就算正确，官员接受了贿赂也属枉法裁判。四是错鉴致错案。《洗冤集录·条令》有："诸尸虽经验，而系妄指他尸告论，致官司信凭推鞫，依诬告法。"宋慈认为，错误检验使人"出""入"，就是"捏造讼因"，制造新案件，官员要遭"反坐"。

3. 派官底线

宋慈在《洗冤集录》的"序"中说初官、右选、历未深，不适合检验，在《洗冤集录·条令》中说："诸检覆之类应差官者，差无亲嫌干碍之人……诸验尸，州差司理参军、县差尉。县尉阙，即以次差簿、丞(县丞不得出本县界)、监当官。皆阙者，县令前去。""差无亲嫌干碍之人"有三层含义：检验之官和案件没有利害关系；检验之官对任何一方都不能有偏见；检验之官不能对案件存在先入为主的预断。

4. 免检规定

宋慈强调有法律规定才免检，即"制度免检"，禁止"私和免检"。《洗冤集录·条令》有："同居缌麻以上亲，或异居大功以上亲至死所，而愿免者，听。若僧道有法眷，童行有本师，未死前在死所，而寺观主首保明各无他故者，亦免。其僧道虽无法眷，但有主首或徒众保明者，准此。"免除检验，可以节约司法资源，同时加快案件进展与结案。但免检是有底线的，只有"病死者"人证属实，才"听免检"。这一做法，对今天仍有价值。

二、中国古代洗冤文化的价值

（一）历史视野

宋慈《洗冤集录》写于南宋，其"洗冤文化"主要体现的是当时历史、法律和人文，因此，我们要用历史视野研究《洗冤集录》，正确评价宋慈。值得一提的是，提刑官不是单纯验尸。提刑官职责除了复核、审理州县的案件外，还包括剿匪、捕盗等。有时还监督征税和地方仓管。但宋慈毕生以法医检验为己任，并有《洗冤集录》问世。从这一点出发，我们为出现世界法医学奠基人宋慈及《洗冤集录》而感到庆幸！

（二）洗冤思想

宋慈"洗冤文化"的内核是"亲临验"以避免冤案，这就可以解释，宋慈对洗冤、断狱、疑狱、冤狱的理解，对发冢、诬告、看验的重视和底线思维，这也是我们了解并研究宋慈的切入点。

（三）客观评价

宋慈的检验方法体现了13世纪的检验能力，但后人把宋慈神化了，变成"无所不能"的"神验"，或者相反，用现代新出现的技术去否定古代法医学，这些都是不对的。清初史学家潘耒治学重考证，把"作史"与"治狱"并举，强调是非曲直。他说："治史犹治狱也"（潘耒《遂初堂文集》卷六《国史考异序》），我们要像法官断案一样来研究历史,要用严谨、科学的态度来研究宋慈,还原一个真实的宋慈。

(四)借鉴价值

宋慈的"洗冤文化"是包容、开放的。宋慈在《洗冤集录·序》中说:"或有得于见闻及亲所历涉出于此集之外者,切望片纸录赐,以广未备,慈拜稟。"宋代检验制度以及宋慈对制度的理解和应用,对当今司法鉴定发展和制度设计都有借鉴价值。宋慈"洗冤泽物"的检验思想、"审之又审"的证据思维和"独于狱案"的责任精神,都是后人学习的榜样。

第五节 中国古代法医语言研究

我国古代法医语言在一定程度上是法医文化的活化石。因此,探讨我国古代法医语言,对法医起源、制度及其发展,对我国古代法医学参与社会治理,都有十分重要的价值。

一、中国古代法医语言

(一)检验思想

惟刑之恤:出自《尚书·舜典》:"惟刑之恤哉!"意即考虑到刑罚可能滥用失当,检验时要有悯恤之意,使刑罚轻重适中。后世一般指经检验确定的老幼废疾者,予以减刑悯恤。汉代对老幼、妇女、废疾者的刑罚予以减免,汉律规定,年八岁以下,八十以上,除非亲手杀人,犯别的罪不予追究。景帝(前157—前141)时下诏,年八十以上,八岁以下以及孕妇、盲人,在监禁时可给予优待,不加桎梏。我国古代法医学书籍不少就以"惟刑之恤"作为检验指导思想,如《内恕录》《疑狱集》《慎刑说》等。

慎始:意即一开始就慎重。语出《左传·襄公二十五年》:"慎始而敬终,终以不困。"《礼记·表记》:"子曰:事君慎始而敬终。"宋慈《洗冤集录·序》就开宗明义地说"狱事莫重于大辟,大辟莫重于初情,初情莫重于检验""狱情之失,多起于发端之着；定验之误，皆原于历试之涉"。宋慈把检验定位为断狱的最关键环节，要求"慎"从检验开始，这表明我国古代把儒家体系作为检验的指导思想。

(二) 早期检验

在泮献囚：语出《诗经·鲁颂·泮水》："淑问如皋陶，在泮献囚。"诗经里这个故事说的是，将士在前线杀敌回朝请功，大王问鲁国理官皋陶如何办理。如皋说，要检验后赏罚。"在泮献囚"的"献"即"讞"，献囚，即检验核实战功以行赏赐之义。皋陶善于用检验处理疑难案件，对将士争功，不凭将士报说杀敌多寡，而是找证据，对"囚"者进行检验。由于皋陶严明赏罚而被后人歌颂。这大概是我国古代早期的法医检验记载之一。

决狱：检验判断处理狱讼的意思，也称断狱或折狱。出自《吕氏春秋·孟秋纪·月令》："是月也，命理瞻伤，察创，视折，审断决，狱讼必端平，戮有罪，严断刑。"说的是七月，令负责诉讼的理官探视察看身体有创伤毁折的囚犯，检验断狱，公平公正，从严量刑。蔡邕注："皮曰伤，肉曰创，骨曰折，骨肉皆绝曰断。"说明当时已把损伤分成伤、创、折、断四种不同类型，同时采用瞻、察、视、审四种检验方法，这也被认为是我国古代早期法医学检验的记述之一。

(三) 检验制度

诬告与诬告反坐：故意捏造事实向官府控告他人致使无罪的人被判有罪称诬告，而告人者要按其所诬告他人的罪受到惩罚称诬告反坐。我国从秦、汉以来，历代法律都规定有此项原则。三国魏文帝黄初五年（224）令："敢妄相告，以其罪罪之。"晋律张斐《律注》："诬告谋反者反坐。"北魏律："诸告事不实，以其罪罪之。"《唐律疏议·斗讼》"诬告反坐"条："诸诬告人者，各反坐。"元律《大元通制·诉讼》也规定："诬告者抵罪反坐。"明、清法律对诬告反坐定有加等的办法：凡诬告人笞罪者，加所诬罪二等；流、徒、杖罪加所诬罪三等，各罪止杖一百，流三千里。另有损害赔偿规定。

蛊惑人心：这是诬告的另一类型，该词出自《元史·刑法志》："诸阴阳家者流，辄为人燃灯祭星，蛊惑人心者，禁之。"蛊惑人心的近义词是诬良为盗，也属刑法中的"诬告"。在我国古代，诬告检验是法医学重要内容之一，如造作伤诬陷他人，又如死后尸体上涂榉树皮汁伪造生前伤、伪造上吊和诬服毒药等,经检验证实是诬告的,需受法律惩罚。

出入:语出宋慈《洗冤集录·序》:"盖死生出入之权舆,幽枉屈伸之机括,于是乎决。"这里"决"就是决狱,就是检验断狱,宋慈认为检验是关系涉案人有罪或无罪、罪重或罪轻、入狱或出狱的死生攸关大事,足见他对检验的重视。同样,因检验错误或检验不实或延误失去检验机会致人"出入"的,也视为"诬告",如"不实检验""延误检验""妄验"等。宋慈《洗冤集录·条令》:"诸尸应验而不验;或受差过两时不发;或不亲临视;或不定要害致死之因;或定而不当,各以违制论。……诸有诈病及死伤受使检验不实者,各依所欺减一等。若实病死及伤不以实验者,以故入人罪论。《刑统·议》曰:'上条诈疾病者杖一百,检验不实同诈妄,减一等杖九十。'诸尸虽经验而系妄指他尸告论,致官司信凭推鞫,依诬告法。即亲属至死所妄认者,杖八十。被诬人在禁致死者,加三等。若官司妄勘者,依入人罪法。"这些法律在我国古代各朝检验制度中均有体现。诬告检验是我国古代法医学检验的重要内容之一。

诗书发冢:出自《庄子·外物》"儒以诗礼发冢"。发冢,古称盗墓。但法医学上,因《唐律疏义》《宋刑统》等均规定"发冢"受刑罚,表明墓冢受保护,"发冢"需要检验。宋慈《洗冤集录》有专门"发冢"检验一节。清代《刑案汇览》之发冢案例所涉及的犯罪行为形形色色,包括毁损尸体的行为、不当的丧葬行为、破坏风水的行为、破坏棺椁的行为和从死者身上不义获利的行为,绝非盗墓这一种犯罪行为所能涵盖。因此,"发冢"并不等同于"盗墓"。历代刑律对不同类型的"发冢"均需严密检验并科以重刑,形成我国古代法律制度和检验制度,反映出我国古人"慎终追远"的文化观念。

保辜:指的是一种对殴伤的期限责任担保,最早出现于西汉,语出西汉史游《急就篇》:"痕宥保辜调呼号。"《洗冤集录·条令》:"诸保辜者,手足殴伤人限十日,他物殴伤人者二十日,以刃及汤火三十日,折跌肢体及破骨者五十日。"在此处指的是按照法律规定,凡是殴伤人的,要对官府立下担保期限,如被殴人在限期内因伤致死,殴伤者须负杀人的刑事责任,否则只负伤人的刑事责任。

(四)洗冤

不白之冤:未得到辩白或洗刷的冤屈。语出明代冯梦龙《东周列国志》:"哐之逃,

第八章　中国古代法医产生、发展与社会治理关系研究

非贪生怕死，实欲为太叔伸不白之冤耳！"同义词"蒙冤受屈"是"蒙受了冤枉和屈辱"的意思。我国古代法医学检验就叫"洗冤"，顾名思义，法医检验旨在洗除不白之冤以避免蒙冤受屈。我国法医学书籍不少以《洗冤集录》《平冤录》《无冤录》等出现，表明以洗冤作为检验目的。

覆盆之冤：无处申诉的冤枉。出自《抱朴子·辨问》"周孔自偶不信仙道。日月有所不照，圣人有所不知，岂可以圣人所不为，便云天下无仙，是责三光不照覆盆之内也。"唐李白《赠宣城赵太守》诗："愿借羲皇景，为人照覆盆。"林几创办法医研究所，开展法医学研究，当时各界人士大加赞扬，国民政府司法行政部次长谢冠生题词："覆盆必照"，认为法医鉴定能洗脱覆盆之冤！

法推洞垣：法推即法官；洞垣即清代陈士铎医学著作《洞垣全书》。这是国民政府司法行政部长罗文干对林几主编《法医月刊》的题词。意即法医学洗冤如同医书《洞垣全书》一样起死回生。

洗冤泽物，起死回生：语出宋慈《洗冤集录·序》"博采近世所传诸书，自《内恕录》以下，凡数家，会而粹之，厘而正之，增以己见，总为一编，名曰《洗冤集录》，刊于湖南宪治，示我同寅，使得参验互考，如医师讨论古法，脉络表里先已洞澈，一旦按此以施针砭，发无不中。则其洗冤泽物，当与起死回生同一功用矣。"起死回生：出自《太平广记》："行三十六术甚效，起死回生，救人无数。"意即使死人复活，形容医术高明。由此，宋慈认为《洗冤集录》如同起死回生的医学书籍。

起死人，肉白骨：语出《国语·吴语》"君王之于越也，繄起死人而肉白骨也。"意思是把死人救活，使白骨再长出肉来。比喻给人极大的恩德。民国时期，林几创办法医研究所，社会各界大加赞扬，国民政府司法行政部次长居正题词："生死人而肉白骨，可不谓从乎！"

考古证今：语出明丘濬《大学衍义补》"务尽其详，考古以证今，随时而应用，积小以成其大，补偏以足其全。"民国时期，林几创办《法医月刊》，社会影响很大，国民政府司法行政部长王用宾题词："洗冤有录，释冤有医。考古证今，实验为宜。学术医术，启发应时。悉心精研，治平之基。"

判冤决狱：语出《红楼梦》"投鼠忌器宝玉瞒赃，判冤决狱平儿行权。"意思是评判冤案，判决官司。法医检验是解决狱事的症结，因此，民国时期，国民政府司法行政部次长郑天锡对林几创办法医研究所及其成就加以褒扬，题词是"精研症结"。

甘棠之惠：同"甘棠之爱"。甘棠系木名，即棠梨。指对官吏的爱戴。语出汉代扬雄《甘泉赋》："函甘棠之惠，挟东征之意。"周武王时期，大臣召伯奉武王之命巡行南方地区，广施仁政，大大减轻了老百姓的负担，由于政策遭到其他大臣的反对，纷纷攻击与诬陷召伯。召伯为表忠心与清白，死在甘棠树下。召伯死后，民众怀念他，从此不再砍伐甘棠树。我国古代法医学书籍就有命名为《棠荫比事》的，把法医学检验为民洗冤比作"甘棠之爱"。

(五) 谳囚、录囚、初验、复验

谳囚：在春秋战国时期鲁国验囚核实战功所实施的检验(见前述)。

录囚：与"谳囚"相同，也是验囚，但范围扩大到向囚犯讯察决狱情况、平反冤狱、纠正错案或督办久系未决案，检验是录囚的重点，亦称"虑囚"。《汉书·隽不疑传》载："每行县录囚徒还，其母辄问不疑：'有所平反，活几何人？'"唐颜师古注："省录之，知其情状有冤滞与不也。"君主亲自录囚，始于东汉。唐、宋录囚，除讯察已决囚犯是否有冤错外，还重视久系未决案。明代无官吏定期录囚，而代以秋审、朝审时由中央有关官署会审、复查重罪案件的办法。清代与明代基本相同。我国古代法医书籍不少以"疑狱""折狱""洗冤""无冤"等名出现，其大量记载的案例就是对已判囚犯是否"有冤"的检验，成为我国古代法医学检验史的一大特点。

初验：宋《庆元条法事类·检验》规定了亲属不在场的死亡、非正常死亡、杀伤死亡、囚犯死亡等应有官吏进行初检。宋慈《洗冤集录·初检》记载："有可任公吏使之察访，或有非理等说，且听来报，自更裁度。初验，不得称尸首坏烂，不任检验，并须指定要害致死之因。初检尸有无伤损讫，就验处衬簟尸首在物上，复以物盖。交与覆检。若是疑难检验，仍不得远去，防覆检异同。"可见，"初检"除尸体检验外还包括现场调查和现场勘验，类似现在的"现场法医学"的内容；"初检"不是初步检验或初步结论，检验官吏要对检验负责并有明确检验结论；"初检"完成后应保护现场、保

第八章 中国古代法医产生、发展与社会治理关系研究

护尸体;"初检"是一种检验程序,遇刑案或疑难案件的必须复检。

复验:宋《庆元条法事类·检验》规定非正常死亡、杀伤死亡、囚犯死亡等应由官吏复检。宋慈《洗冤集录·覆检》记载:"与前检无异,方可保明具申。万一致命处不明,痕损不同,如以药死作病死之类。前检受弊,覆检者乌可不究心察之,恐有连累矣。检得与前验些小不同,迁就改正,果有大段违戾,不可依随。更再三审问干系等人,如众称可变,方据检得异同事理供申;不可据己,便变易。覆检官验讫,如无争论,方可给尸与亲属。无亲属者,责付本都埋瘗,勒令看守,不得火化及散落。如有争论,未可给尸,且掘一坑,就所簟物,异尸安顿坑内。上以门扇盖,用土罨瘗作堆,周遭用灰印印记,防备后来官司再检覆,仍责看守状附案。"可见,"覆检"同样包括尸体检验、现场调查和现场勘验等内容;"覆检"不是重新检验,它是根据案件性质,按法令要求进行的;"覆检"与"初检"的正确与否无关,检验官吏要对复检负责并有明确检验结论;"覆检"完成后,如有争论应保护尸体;"覆检"也是一种检验程序,杀伤等刑案或疑难案件是必需复检的,往往在差初检官时就申请复检①;"覆检"没有明确的次数限制,因案件需要或发现问题或申诉引发官司等可启动二次以上复检。

(六)隶臣、稳婆、仵作

隶臣:具有奴隶身份的犯人。语出《周礼·秋官·司隶》:"罪隶掌役百官府,与凡有守者,掌使令之小事。"可见,隶臣要参与官府里一些杂役小事,法医检验即其例。《封诊式·告子》中有记载相关爰书:"某里士五(伍)甲告曰,'甲亲子同里士五(伍)丙不孝,谒杀,敢告。'即令令史己往执。令史己爰书:与牢隶臣某执丙,得某室。"随从令史检验尸体,这与后世的"仵作"很相似。在《封诊式·出子》中记载,对妇女进行活体检查时,"令隶妾数字者某某诊甲,皆言甲前尝有干血,今尚血出而少,非朔事也"。意思是让有多次生育的隶妾参与对女性的身体检验,与后代让"稳婆"参与对妇女的检验一样。

稳婆:又称坐婆,是旧时民间以替产妇接生为业的人。稳婆作为一种专门的职业,最初形成于东汉时期。之后,稳婆还负责对女子贞操验证和涉案女子验身等。宋慈《洗

---

① 《洗冤集录·条令》:"应覆验者,并于差初检日,先次申牒差官。"

795

冤集录·妇人》:"凡验妇人,不可羞避。若是处女,札四至讫,札出光明平稳处,先令坐婆剪去中指甲,用绵札。先勒死人母亲及血属并邻妇二三人同看,验是与不是处女。令坐婆以所剪甲指头入阴门内,有黯血出,是;无即非。若妇人有胎孕不明致死者,勒坐婆验腹内委实有无胎孕。"

仵作:又称孝丧之仵作家、行人,即家族因袭、祖辈从业的孝丧者。语出唐代李商隐《杂纂·恶行户》"暑月仵作家"。据《五代会要》卷八记载:"若仵作工匠之徒,辄敢逾越,捉获之后,自合准前后敕文,科断所由,不得更至孝丧之家。"又据《玉堂闲话》记载:"太守听许,乃追封内仵作行人,令供近日与人家安厝去处。"由此,先秦时期官府雇用"隶臣"协助检验,在五代以后官府继而雇用仵作进行验尸。这里,有内仵作和民间仵作之分。内仵作才是参与检验的仵作,而民间仵作未受官府"听许"是不可进行刑案检验的。但仵作参与检验一直受到歧视,宋慈《洗冤集录》记载:"仵作之欺伪,吏胥之奸巧,虚幻变化,茫不可诘。凡检验,不可信凭行人。"

(七) 镜与鉴

明镜高悬:又称明鉴高悬。出自《西京杂记》卷三:"有方镜,广四尺,高五尺九寸,表里有明,人直来照之,影则倒见。以手扪心而来,则见肠胃五脏,历然无碍。"《玉篇》:"镜,鉴也。"比喻官员判案公正廉明。

折狱龟鉴:鉴,明察,审查。折狱:断狱,审判。许慎《说文》有:"鉴,大盆也,一曰鉴诸,可以取明水于月。"徐灏《说文解字注笺》:"鉴,古只作监,从皿以盛水也,因其可以照形而监查之义生焉。其后范铜为之,而用以照形者,亦谓之鉴,声转为镜。"古代用青铜制成的镜子,叫铜镜,也叫铜鉴,鉴与镜相通,如:龟鉴、鉴台(镜台)、鉴湖(镜湖)、以史为鉴、以史为镜。我国古代法医书籍《折狱龟鉴》之名,表明鉴定如同明镜,反映一致。

镜机:洞察幽微。李善《文选注》:"镜机:镜,照也;机,微也。"这里镜又有细微映照、明察秋毫之意。林几创办法医研究所,因成绩斐然,国民政府司法行政部次长谢建题词:"极深研几"。"极深研几"出自《易·系辞上》:"夫易,圣人之所以极深而研几。唯深也,故能通天下之志。唯几也,故能成天下之务。"林几的名字有"几"

字，"几"应对"机，微也"，"极深研几"是对林几的褒扬。

（八）法医昆虫

营营青蝇：语出《诗经·小雅·青蝇》，该诗共三节，每节以"营营青蝇"起句。第一节第四句原文是"营营青蝇，止于樊。"营营，形容往来频繁之状；青蝇，是蝇类中最惹人厌恶的绿头苍蝇；樊，义同"藩"，即篱笆。诗的大意是：绿头苍蝇真讨厌，把它赶出篱笆外面，又回来。这首诗生动描述了青蝇趋臭喜腥的生活习性。

青蝇吊客：语出《三国志·吴志·虞翻传》"生无可与语，死以青蝇为吊客"。说明我国古代成语里青蝇对尸臭敏感的特性较为了解。

蝇营狗苟：韩愈的《送穷文》有"蝇营狗苟，驱去复还"的诗句，意即苍蝇趋臭飞来飞去，狗也一样。

臭肉来蝇：语出宋释普济《五灯会元》："问慧然，如何是祖师西来意？曰：臭肉来蝇。"意即腐败臭肉会招来苍蝇。臭肉与血腥都会引来蝇，宋慈《洗冤集录·疑难杂说下》："居民赍到镰刀七八十张，令布列地上。时方盛暑，内镰刀一张，蝇子飞集。检官指此镰刀问为谁者？忽有一人承当，乃是做债克期之人。就擒讯问，犹不伏。检官指刀令自看：众人镰刀无蝇子，今汝杀人血腥气犹在，蝇子集聚，岂可隐耶？左右环视者失声叹服，而杀人者叩首服罪。"距今一千余年前，后汉时期的《疑狱集》中记载"庄遵疑哭"："庄遵为扬州刺史，巡行部内，闻哭声惧而不哀，驻车问之。答曰：夫遭火烧死。遵疑焉，因令吏守之，有蝇集于尸首，吏乃披髻视之，得铁钉焉。即按之乃伏其罪。"这是我国古代利用苍蝇趋臭趋血习性破案的两个实例。

见缝下蛆：蛆是蝇的幼虫。苍蝇找缝下蛆。语出明《金瓶梅词话》："公子不可不防，那严家父子，见缝下蛆，便鸡蛋里也寻骨头，没有做不出的坏事！"宋慈《洗冤集录·四时变动》："夏三月，尸经一两日，先从面上、肚皮、两胁、胸前肉色变动。经三日，口、鼻内汁流蛆出，遍身胖胀，口唇翻，皮肤脱烂，疱胗起。"这里，古人认为蛆是蝇生出来的，故有见缝下蛆和汁流蛆出的说法。

蜂虿有毒：蜂类和虿（古称蛇、蝎）对人有毒、有害。语出《左传·僖公二十二年》："君其无谓邾小，蜂虿有毒。"对蛇毒性恐惧的成语有"一朝被蛇咬，十年怕井绳",甚至对毒器也有成语:"毒蛇口中歃,蝎子尾后针。"说明我国古人对蛇、蝎等有毒动物和昆虫有相当的了解。

蛊虿之馋:把许多毒虫放在器皿里,使互相吞食最后剩下不死的毒虫叫蛊,旧时传说可以用来毒害人。这里虿又是蛇、蝎类的毒虫的古称。古代还有虿盆这样的酷刑,将作弊官员跣剥干净后送下坑中喂毒蛇。宋慈《洗冤集录·蛇虫伤死》:"凡被蛇虫伤致死者,其被伤处微有啮损黑痕,四畔青肿,有青黄水流,毒气灌注四肢,身体光肿、面黑。如检此状,即须定作毒气灌着甚处致死。"这是毒蛇伤人的法医学检验介绍。

(九) 法医痕迹

草蛇灰线:比喻事物留下隐约可寻的线索和迹象。语出《花月痕》:"写秋痕,采秋,则更用暗中之明,明中之暗,草蛇灰线,马迹蛛丝,隐于不言,细入无间。"宋慈《洗冤集录·自缢》:"须是先看上头系处尘土,及死人踏甚处物,自以手攀系得上向绳头方是。上面系绳头处或高或大,手不能攀及不能上,则是别人吊起。更看所系处物伸缩,须是头坠下去上头系处一尺以上方是。若是头紧抵上头,定是别人吊起。……如悬虚处或在床、椅、火炉、船舱内,但高二三尺以来亦可自缢而死。若经泥雨,须看死人赤脚或着鞋,其踏上处有无印下脚迹。或在屋下自缢,先看所缢处楣梁枋桁之类,尘土乱至多,方是。如只有一路无尘,不是自缢。更看吊挂踪迹去处。先以杖子于所系绳索上轻轻敲,如紧直乃是。或宽慢,即是移尸。大凡移尸别处吊挂,旧痕挪动便有两痕。"《洗冤集录·火死》:"若被人勒死抛掉在火内,头发焦黄,头面浑身烧得焦黑,皮肉搐皱,并无掯浆蜷皮去处,项下有被勒着处痕迹。"

铲迹销声:语出《晋书·儒林传论》:"漱流枕石,铲迹销声",意即消除痕迹伪装隐藏。相近词有匿迹销声、匿迹潜形、潜踪匿影、犬迹狐踪、雪泥鹰爪等。还有"青蝇点素",语出汉·王充《论衡·累害》"清受尘,白取垢;青蝇所污,常在练素。"指青蝇排便污点,虽然微细且不明显却留下痕迹。宋慈《洗冤集录·验他物及手足伤死》:"若将榉木皮罨成痕假作他物痕,其痕内烂损、黑色,四围青色,聚成一片而无虚肿,捺不坚硬。又有假作打死,将青竹篦火烧烙之,却只有焦黑痕,又浅而光平。更不坚硬。"宋慈《洗冤集录·论沿身骨脉及要害去处》:"凡验原被伤杀死人,经日尸首坏、

第八章　中国古代法医产生、发展与社会治理关系研究

蛆虫咂食、只存骸骨者,被伤痕血粘骨上,有干黑血为证。若无伤骨损,其骨上有破损如头发露痕,又如瓦器龟裂,沉淹损路为验。"《洗冤集录·验坏烂尸》:"尸首坏烂,被打或刃伤处痕损皮肉作赤色,深重作青黑色,贴骨不坏,虫不能食。"宋慈认为痕迹外观不明显的可扩大检验范围,《洗冤集录·疑难杂说下》有:"应检验死人,诸处伤损并无,不是病状,难为定验者,先须勒下骨肉次第等人状讫,然后剃除死人发髻,恐生前彼人将刃物钉入囟门或脑中,杀害性命。先于检一遍,仔细看脑后、顶心、头发内,恐有火烧钉子钉入骨内。"

蛛丝马迹:从挂下来的蜘蛛丝可以找到蜘蛛的所在,从马蹄的印子可以查出马的去向。比喻事情所留下的隐约可寻的痕迹和线索。语出清代王家贲《别雅序》:"大开通同转假之门,泛滥浩博,几凝天下无字不可通用,而实则蛛丝马迹,原原本本,具在古书。"宋慈《洗冤集录·被打勒死假作自缢》:"绞勒喉下死者,结缔在死人项后,两手不垂下。纵垂下亦不直。项后结交却有背倚柱等处。或把衫襟着,即喉下有衣衫领黑迹,是要害处,气闷身死。其尸合面、地卧,为被勒时争命,须是揉扑得头发或角子散慢,或沿身上有搕擦着痕。凡被勒身死人,须看觑尸身四畔,有扎磨踪迹去处。"

张举猪灰:语出桂万荣《棠荫比事》:"吴张举为句章令,有妻杀夫,因放火烧舍,乃诈称火烧夫死。夫之亲疑之,诣官告妻,妻拒而不承。举遂取猪二口,一杀一活,积薪烧之,杀者口中无灰,活者口中有灰,因验夫口中无灰,妻果伏罪。"宋慈《洗冤集录·火死》中阐述其原理:"凡生前被火烧死者,其尸口、鼻内有烟灰,两手脚皆拳缩。缘其人未死前,被火逼奔争,口开气脉往来,故呼吸烟灰入口鼻内。若死后烧者,其人虽手、足拳缩,口内即无烟灰。"

(十)经死与经死

不周项:语出睡虎地秦墓竹简《封诊式·经死》爰书:"某里典甲曰:里人士伍丙经死其室,不智故,来告。即令令史某往诊。令史某爰书:与牢隶臣某即甲、丙妻、女诊丙。丙尸县其室东内中北廦杚,南向,以吊索大如大指,旋通系颈,旋终在项。索上终杚,再周结索,余末袤二尺。……解索,其口鼻气出㖣然。索迹椒郁,不周项二寸。"关于"不周"一词,《楚辞·离骚》:"路不周以左转兮"。王逸注:"周,合也。"

颜师古注："周，至也。"许慎《说文》："西北曰不周风。"《山海经·大荒西经》云："西北海之外，大荒之隅，有山而不合，名曰不周，故今此山缺坏不周帀也。"所以，不周是不合拢、偏西北有缺口的意思。不周项，指检查时发现颈部偏向一侧有缺口的自缢索沟。与宋慈《洗冤集录》"自缢脑后分八字，索子不交"一致。

经死：出自睡虎地秦墓竹简《封诊式·经死》爰书："某里典甲曰：里人士五丙经死其室，不智故，来告。"据顾野王《玉篇》，"经死"指"缢死"的意思，《春秋公羊传·昭公十三年》有"灵王经而死"，唐代徐彦作疏说"解云经者谓悬缢而死也"。《一切经音义》有"灵王自缢而死，何休注云'谓自经而死'"。

救经引足：语出《荀子·仲尼》："志不免乎奸心，行不免乎奸道，而求有君子、圣人之名，辟之是犹伏而咶天，救经而引其足也。"引：拉；经：缢死。救上吊的人却去拉他的脚。比喻行动与目的相反，越做离目的越远。

绖死：这里，"绖"是指古代用麻做的丧带，在头上为首绖，在腰为腰绖。《说文》："绖，丧乎带也。"魏晋杜预注"绖皇，冢前阙"，意即"绖皇"是墓前甬道的门。《左传》有："莫敖缢于荒谷。"杜预曰："自绖也。"顾野王在《玉篇》中研究认为，自经、自缢、自绖相通，自经更接近自缢，指上吊自杀。

（十一）法学与律学

律：用作法律术语出现于上古时代，意为法纪、法令、规则。语出《周易师卦》："师出以律，否臧凶。"孔颖达疏："律，法也。"宋代亦沿用此义，如："四月庚子，大赦。班新律令。"《旧五代史·唐书·庄宗本纪》："准律常赦不原外，应合抵极刑者，递降一等。"《洗冤集录·妇人》记载："堕胎者，准律：'未成形像杖一百，堕胎者徒三年。'律云'堕'，谓打而落，谓胎子落者。"《洗冤集录·验他物及手足伤死》有："律云：'见血为伤。非手足者其余皆为他物，即兵不用刃，亦是。'"

法度律令：语出《史记·李斯列传》："明法度，定律令，皆以始皇起。"春秋战国时代已出现了"法律"一词，但当时的"法律"一词表达的不是一个事物，而是分别表达"法"和"律"两种社会规范。如《管子·七臣七主》有"夫法者，所以兴功惧暴也；律者，所以定分止争也。法律政令者，吏民规矩绳墨也。"这里的"法"指"法则""法度""法式",而"律",指"戒律""禁令""律令",秦以后又指国家的法典,晋以后则主要指刑事规范。1975年出土的秦律竹简中也有"今法律令已具矣,而吏民莫用"等语。至近代,"法律"才具有了近代的精神,被提升为国家意志的社会上每个成员都必须遵守的社会规范的专用名词。

刑名之学:战国竹简《皇门》篇中的"明刑",并非指刑罚,而是指普遍意义上的规范、准则。东周"刑名之学"之刑名含义由此衍生。"法学"这一用语,在中国南齐时就已出现,但当时主要表示研究注解"律"的学问,与"律学"一词几乎相同。古代汉语"法学"一词仍被保留在法学体系中,并且成为一个核心的概念,但其内涵与古代汉语"法学"一词已有区别。

检验法:我国古代检验有发达的形式和内容,但没有一个科学的、抽象的专业术语来予以概括,称之为"检验法"。宋朝宋慈将"检验法"集中成书,命名为《洗冤集录》,后世又发展为《无冤录》《律例馆校正洗冤录》等,清末还使用"检验吏"名称。直到西学东渐,北平医学专门学校和浙江医学专门学校开始用"裁判医学"和"裁判化学"等术语进行教学。真正确定名称是1932年林几将原筹建的"法医检验所"改为"法医研究所",并创办《法医月刊》杂志,才开始普遍使用"法医学"这一术语。

二、中国古代法医语言的研究价值

(一)历史探源

林几在《法医学史略》一文中指出:"中国名法医药诸学,自古已昌,书曰'惟刑之恤',诗曰'在泮献囚'。"[①] 由此可见,林几研究法医学史就是采用研究法医语言的方法进行我国法医检验史的探源。历史是有温度的,语言记载使后人得以"亲眼可见"。《尚书》相传由孔子编撰而成,它保存了商周特别是西周初期的一些重要史料。《诗经》是中国最早的诗集,收入自西周初年至春秋中叶大约五百多年的诗歌。因此,我国古代检验思想和个别法医检验在西周至春秋战国时期已经出现。在战国末期吕不韦任秦相期间(公元前249—前237),其门客编的《吕氏春秋》中的《十二月纪》记载的

---

① 林几. 法医学史略[J]. 北平医刊. 1936,4(8):22—30.

检验方法以及睡虎地秦墓竹简《封诊式》记载的检验案例，都使人相信先秦时期，我国古代法医学已有相当发展。

(二) 法医制度

从我国古代法医语言研究，我们可以清楚看到检验制度的轨迹。第一，慎刑是检验指导思想，在西周时就已形成。第二，在西周出现的"惟刑之恤"发展至汉代以后经检验确定的老幼废疾者予以减刑悯恤。第三，从"谳囚"到"录囚"以及初验、复验制度，体现了古代对检验的重视，并有严密的检验程序规定。第四，诬告反坐与诬告检验制度是我国古代法医学的一大特色，这里涉及责任追究问题，由于这一制度存在，迫使检验官吏、检验人员必须"慎始"，从初验就开始防止诬告并发现伪造伤、假作自缢、诬服毒药检验，而检验不实、妄验致人"出入"者被"视作诬告"要负刑事责任；我国古代检验由官员负责，检验结果与官吏仕途有关，要求必须勤勉检验，这与西方鉴定人制度有很大区别；同样，由于实行诬告检验和责任追查制度，使得我国古代法医学早于西方发展并成为重要发展动力和内在原因。第五，我国古代把发冢作为检验对象，并规定了严密的检验制度，这是古代"慎终追远"儒家思想法律化的体现和我国古代检验制度又一特色。第六，我国古代实行官验制度，先秦时期的令史到宋以后司理、提刑等官吏负责检验，并雇用牢隶、稳婆、仵作协助检验。协助检验人员只有仵作成为固定人员，称为内仵作，以区别于民间仵作。

(三) 检验洗冤

从我国古代法医语言研究，我们清楚看到洗冤是我国古代检验的目的。从法医语言文化角度出发，我国古代要求检验如镜鉴、明镜、镜机、龟鉴，表明鉴定如同明镜，要反映一致。在众多文化中，对我国古代传统检验影响最为深远的，莫过于儒家文化。事实上，我国古代把检验纳入以儒家思想为基础的政治制度之中，赋予含义。因此，通过检验来洗冤是我国古代法医学的文化。我国古代法医学以疑狱、折狱、洗冤、无冤命名，顾名思义，为蒙受牢狱之灾的人"洗脱冤枉"或给予"甘棠之惠"，行使"洗冤"的人是官府行政官员，体现检验目的，可称之为"恩赐说"，而西方检验是应用医学及其他科学为法庭服务，体现检验职能，可称之为"应用说"。二者区别，前者办案和检验人员一体，后者办案和检验人员分离。在科学不发达的古代封建时期，很难比较二者检验制度的优劣。但可以清晰看到我国古代法医学和西方法医学走的是两个不同的发展路径。我国古代法医学早于西方法医学发达，特别是宋慈《洗冤集录》出现，这是历史事实。

（四）技术发展

不管是检验术语衍生出来成语，还是古人日常生活中发现自然现象融入科学实践而发展为成语，我国古代语言包含十分丰富的技术含量。《现代汉语词典》《中华成语大辞典》是两部词源出处严谨、解释语言清楚，且为大家熟悉的大型词典，前文摘取其中昆虫、窒息和痕迹三方面内容。法医昆虫方面，几乎包括有毒昆虫种类、生活习性、毒器、毒性、中毒方式、案例检验和实际断案，这说明古人对昆虫知识有相当了解和掌握，并成熟发展为法医学语言，同时还可以解释我国古代法医昆虫学早于西方发展的原因。窒息研究方面，古代语言自经、自缢、自经相通，自经更接近自缢，指上吊自杀。这对阅读古代检验有帮助，而难能可贵的是，先秦时期就出现"不周项"和宋慈总结为"八字不交"索沟，形象地描述缢死颈部索沟形态，也说明我国古代对缢死检验有相当认识和水平。痕迹方面的法医语言，特别是宋慈《洗冤集录》对法医痕迹检验集中表现了古人重视法医痕迹检验和丰富的成功经验。

第六节　中国古代仵作职业研究

典籍中，早在部落联盟舜帝时期，就专设了一种"士"官来负责检验与审判，皋陶就是被舜帝选中的首任"士"官。对那些怀疑有罪的人，皋陶办案，常常牵过一头浑身披着青色长毛的独角兽，亲自检验取证。传说独角兽具有某种神力，能查明案情和判断被告有罪与否。东汉思想家王充在《论衡》中说："皋陶治狱，其罪疑者，令羊触之，有罪则触，无罪则不触。"那头独角兽学名叫"廌"，又称"獬豸"，皋陶往往断案神妙，凭借的就是它的神力。这个"廌"可以说就是"仵作"的前身，后来成了我国"灋"（古法字）的起源。但是，这只是传说。事实上，仵作是实实在在的人和职业。现在，法医史学界比较赞同其是在五代时期出现。但实际上，出现的年代要比五代更早。那么，仵作究竟是什么样的职业？仵作职业如何演变？仵作与法医检验关系如何？应该对仵作如何正确评价？下面，综合历史史料和有关文献记载，对仵作这一中国司法检验历史上特殊职业作专门介绍。

一、古人尸体认识和官府仵作职业

要研究仵作职业，首先要明确：尸体是什么？尸体出现时要做什么事？尸体出现时意味着什么？据《礼记·曲礼下》记载："在床曰尸，在棺曰柩。"《说文》有："尸，陈也。"我们明白，古人已明确在什么场合才可以看到尸体。古人认为，在葬礼中尸体不是尸体，而是死者，尸体出现在丧礼中有其仪式，正常死亡都有其特定安置的社会空间和祭献的仪式，而办理丧葬有专门的人。非正常情况下出现被检验的，才是尸体。古人认为，尸体被检验属"示众"，这样的尸体才是尸体，而办理检验尸体的也应有专门的人。

因此，在讨论仵作之前，了解一下古人对尸体的认识是必要的。确切地说，古人同样处理尸体，前者是安葬，后者是检验，其职业、地位和作用是不同的。这对于理解中国古代社会中如何看待民间丧家仵作和官府检验仵作有重要价值。研究我国自秦代至清代刑法类文献，提及三种尸体：发冢、诬告、检验。这样，我们可以说，古代官府仵作的职业就是为案件需要处理"发冢、诬告、检验"的尸体，不能和民间丧葬仵作职业混为一谈。

中国古代不允许解剖尸体，也没有解剖尸体，更没有解剖尸体研究和展示的传统，尸体只在有"冤"时才是检验对象，亲临尸体和外部检验尸体的人不是医生而是没有医学知识的仵作。而在西方医学史中，尸体作为客体和公开展演的一部分，可以从尸体解剖中累积科学知识，尸体作为客体，是成就西方法医学发展的最重要条件之一，并且形成一套人体检验的知识系统。因此，我们在讨论仵作职业时，必须从我国古代传统和法律文化视角进行分析，从仵作由来和演变对我国古代法医学进行研究。

二、仵作由来

据唐代李商隐《杂纂·恶行户》"暑月仵作家"记载,说明唐代已有仵作这一名称。又据《五代会要》卷八记载:"若仵作工匠之徒,辄敢逾越,捉获之后,自合准前后敕文,科断所由,不得更至孝丧之家。"说明,五代不仅雇用仵作,而且还限定仵作不得"逾越"职权,否则受罚,连再作原来的"孝丧之家"也被剥夺。结合我国战国后期有"令史"一职,专门带领隶臣从事尸体检验和活体检验。我们可以这样说,隋唐时期,"仵作"已出现,是负责殡葬业的人。五代时,仵作才成为检验官吏办案时临时雇用的帮工,但有严格限定。所以,仵作被认为是秦代由"令史"带领的从事尸体检验的"隶臣"一类人,处在社会的底层。

三、仵作职业的演变

如果说五代时仵作是雇用帮工,那么,宋代仵作有所变化。据宋代廉布《清尊录》:"女语塞,去房内,蒙被卧,俄顷即死,父母哀恸,呼其邻郑三者告之,使治丧具。"郑三以送丧为业,世所谓仵作行者也。宋代周密《癸辛杂识别集下·借尸还魂》:"建康有陈道人常与仵作行人往来饮酒甚狎,仵问道人将何为?因曰:'吾欲得一十七八健壮男子尸。'一夕,忽有刘太尉鞭死小童,仵舆致之。"《二刻拍案惊奇》卷二十:"知县是有了成心的,只要从重坐罪,先分付仵作报伤要重,仵作揣摩了意旨,将无作有,多报的是拳殴脚踢致命伤痕。"仵作成为类似吏役。元明时仵作成为正式检验鉴定吏役。清代仵作得到更多重视,《清朝文献通考·职役三》载:"大州县额设三名,中州县二名,小州县一名。仍各再募一、二名,令其跟随学习,预备顶补。各给《洗冤录》一本,选委明白刑书一名,为之逐细讲解,务使晓畅熟习,当场无误。将各州县皂隶裁去数名,以其工食分别拨给,资其养赡。"

四、仵作身份的演变

为了澄清仵作身份的演变,需对隋唐时期、五代时期和宋元明清时期的史料和文献进行研究。

(一)隋唐时期仵作身份

据唐代李商隐《杂纂·恶行户》"暑月仵作家"的记载。这里,"行"指行当,恶行,指不好或低下行当。这里,仵作家的"家",指仵作多为家族因袭、祖辈从业。这里,"暑月",约相当于农历六月前后小暑、大暑之时。《南齐书·州郡志下》:"汉世交州刺史每暑月辄避处高,今交土调和,越瘴独甚。"《左传·襄公二十一年》"重茧衣裘"唐孔颖达疏:"暑月多衣,所以示疾。"明张居正《论边事疏》有"暑月非虏骑狂逞之时,料无大事,请宽圣怀""官值暑月"之语。所以,暑月是防病、避暑和官员休整的时间。那么,暑伏天气与尸体打交道,蛆虫往来,恶气弥漫,绝对是脏活,"暑月检尸首""暑月仵作家",属于所谓"恶行户"。在中国古代,盗墓甚至曾经成为一些地域的普遍风习,成为一些家族的营生手段。同样有家族传承的,还有行刑的刽子手:"行法剑子,杀人为职,属恶行户"。唐人李商隐在他撰写的《杂纂》中说到"恶行户",其中第一种就是"暑月仵作家",第二种是"世代劫墓",第三种是"刽子手"。李商隐认为暑月仵作家、世代劫墓、行法剑子、无钱挟妓、借钱当赌等七种人属"恶行户"。所以,仵作的身份是十分低下的,是一般人不愿从事的职业。另外,我们在唐人李商隐《杂纂》里也可以看出,隋唐代"仵作暑月验尸"是常见的事,说明隋唐代仵作检验已盛行。所以,在隋唐代以前的汉代,仵作参与检验的说法不是没有依据的,只是现在还没有史料可资研究。

(二)五代时期的仵作身份

据《五代会要》卷八记载:"若仵作工匠之徒,辄敢逾越,捉获之后,自合准前后敕文,科断所由,不得更至孝丧之家。"从这一记载可知几个问题:其一,五代时仵作参与验尸是依据"敕文"招募的;其二,仵作不得违法检验;其三,仵作违法检验按"敕文"规定进行"科断";其四,仵作原本是为人安葬丧事的家族因袭者;其五,仵作被官府临时招募验尸后其个人身份高于原安葬丧事的地位,从事官府临时验尸任务之外还可为人办理安葬丧事的事宜;其六,仵作一旦被开除处罚后不得再当"孝丧之家";其七,这里"孝丧之家"指"孝丧之仵作家",因仵作是家族承业,实际上是被

第八章 中国古代法医产生、发展与社会治理关系研究

惩罚后失去"内仵作"的同时连民间仵作也不得经营,所以惩罚还是很重的;其八,由于仵作出身"孝丧之家",祖辈承业,没有文化背景,所以历史上没有留下关于仵作记载的检验资料。

据五代时期王仁裕的《玉堂闲话》记载:五代时,有个经商在外的商人,妻子被杀,却遍寻不见头颅,妻娘家人抓住回家的女婿报官。受不住拷打的商人就认下杀妻死罪。太守命令境内所有仵作行人必须说清近日替人安葬的可疑情节。一仵作报出,境内某大户豪绅办丧事,只说死了奶妈,可灵柩极轻,从墙头抬过,像是无物。太守便遣人挖墓开棺,果得一女人头!提出被囚商人辨认,并非妻首,太守收捕大户讯问,豪绅大户无奈地供出:杀了自家奶妈,后将头颅装棺埋葬,并以无头尸体假做商人妻,好将商人妻养于密室,案情告破。这就是五代时仵作行人协助办案的较早文字记载。但从《玉堂闲话》我们可以看出,五代仵作是兼职帮工和协助办案,其主要职业还是"替人安葬"和"办丧事"。

据《玉堂闲话》记载:"太守听许,乃追封内仵作行人,令供近日与人家安厝去处。"从这一记载可知:其一,五代仵作在官府参与兼职验尸,一旦成绩突出,有人推荐,可以被"追封内仵作";其二,五代有"内仵作"和"外仵作"之分,内仵作是选拔出来、经推荐和官府认可的兼职验尸仵作,而外仵作就是"孝丧之家"的民间仵作,而内仵作的出现,表明仵作开始实质意义上从"孝丧之家"分离为验尸人员,但此时还没有法律规定,而是由官员推荐产生;其三,被追封的"内仵作"官府有安排"安厝去处";其四,说明五代受官府雇用的一些仵作已有相当检验经验;其五,"太守听许"是州府一级首长听取多数官员的报告后才做出"许诺认可"的决定,而"追封内仵作"是指州府内原没有仵作一职,有"追加任命"的意思,也表明县一级没有任命权,应由州府首长任命;其六,五代只提到太守对仵作的"追封",但没说追封什么职位,只说"追封内仵作行人",表明五代并没有"仵作"一职,仵作还是编外人员,只是形式上认可,有表彰之意,因仵作处于社会底层,官府在经济和安厝方面也给予适当奖励,但有官府对被"追封内仵作"在册优先雇请之意。总之,从《玉堂闲话》我们可以看出五代仵作还是兼职帮工和协助办案,做得好经推荐可以成为官府在册认可

的"内仵作"。

(三)宋时期仵作身份

据宋代廉布《清尊录》记载:"女语塞,去房内,蒙被卧,俄顷即死,父母哀恸,呼其邻郑三者告之,使治丧具。郑以送丧为业,世所谓仵作行者也。"廉布,字宣仲,宋代楚州山阳县(今淮安市)人,入仕于北宋,其著《清尊录》在宋代流传甚广。宋郑克《折狱龟鉴》引廉布《清尊录》载,宋代人郑三,以给人送葬为职业,时人皆称其为仵作行者。民间社会中的仵作,其主要是替人殓尸、送葬。由此可见,北宋早中期,人死后即可"呼其邻郑三者告之,使治丧具",郑三是"以送丧为业世所谓仵作行者也",说明在北宋早中期,仵作还是以民间治丧者身份居多。

据沈括《梦溪笔谈》中记载:"太常博士李处厚知庐州慎县,尝有殴人死者,处厚往验伤,以糟齑灰汤之类薄之,都无伤迹。有一老父求见曰:'邑之老书吏也。知验伤不见其迹,此易辨也。以新赤油伞日中覆之,以水沃其尸,其迹必见。'处厚如其言,伤迹宛然。自此江淮之间官司往往用此法。"这就是北宋时的法医检验红光验尸的故事。从《梦溪笔谈》记载可知,李处厚是北宋早中期官员,他办案受仵作启发,说明当时仵作检验已有相当的经验,并有所总结,仵作身份有所提高。

《水浒传》第十二回"梁山泊林冲落草,汴京城杨志卖刀"有:"府尹道:'既是杨志自行前来出首,免了这厮入门的款打。'且叫取一面长枷枷了。差两员相官带了仵作行人,监押杨志并众邻舍一干人犯,都来天汉州桥边登场检验了,迭成文案,众邻舍都出了供状,保放,随衙听候,当厅发落,将杨志于死囚牢里监守。"《水浒传》写的是北宋末年的故事,"差两员相官带了仵作行人检验",表明这时仵作已是官府可派遣人员之一。值得一提的是,在宋代的官府衙门里,"仵作"已参与具体办案,且有了明确的分工,就是负责处理尸体,并在检验官指挥下喝报伤痕。当时的"仵作"还被老百姓称为"团头"。他们的同行还有"坐婆""稳婆",在遇有妇女下体检验时,"坐婆"方才参加办案。但仵作和稳婆是有区别的,稳婆一直是临时聘请检验人员,不是官府固定检验人员。在秦代时的"牢隶臣"和"隶妾"发展到以后各朝代的"仵作"和"稳婆",只有仵作成为后来检验人员。

第八章　中国古代法医产生、发展与社会治理关系研究

据宋慈《洗冤集录·条令》记载："诸验尸，报到过两时不请官者；请官违法或受请违法而不言；或牒至应受而不受；或初覆检官吏、行人相见及漏露所验事状者，各杖一百。"《洗冤集录·检覆总说上》还说，检验官员到达验尸地点，勒令仵作当着凶手的面对尸仔细检验喝报；勒令仵作、吏役等对众邻人保伍当面做出保证；所有验尸记录，初、复验官不可泄露；验官还必须亲临验尸现场，监视仵作行人检验喝报，以免漏掉重要伤损去处。①这说明，南宋仵作的身份已是官府下级人员，仵作的职权只有"检验喝报"，检验时受官吏派遣和监视，同时不受信任，违法受法律惩罚。这里，要提一下，宋慈《洗冤集录·条令》里有记载："凭验状致罪已出入者，不在自首觉举之例。其事状难明，定而失当者杖一百，吏人行人一等科罪。"这就是说，如果是"定而失当"，即使自首（觉举），也不能免罪，官员杖一百，吏人行人一等科罪。这表明，仵作虽不是正编人员，但参照公人处理，而与"吏人"等同。五代把仵作违法检验按"敕文"规定进行"科断"，而仵作一旦被开除处罚后不得再当"孝丧之家"，这在宋朝以及其后朝代同样适用。按宋慈《洗冤集录》记载，宋代还规定没有达到开除程度的各种惩罚，包括不得因"觉举"（自首）而免罪的规定，说明宋代检验的严密，也表明仵作在检验中地位有所提高。

（四）元时期仵作身份

元代王与《无冤录》上卷格例《省府立到检尸式内二项》记载："其仵作行人南方多系屠宰之家，不思人命至重，暗受凶首或事主情嘱，捏合尸伤供报。"这段记载指出仵作检验人员多系"南方屠宰之家"，"尸伤供报"不可靠。由此，元代并没有培养仵作检验人员，而是招聘，并采取不信任的眼光看待仵作。

大德元年（1297）七月，中书省发布"检尸式"。据《大元检尸记》记载，"检尸式"规定："今后检验尸伤，委本处管民长官，随时将引典史、谙练刑狱正名司吏、惯熟仵作行人，不以远近，前去停尸之处，呼集尸亲邻佑人等，躬亲监视，令仵作行人对众一一子细检验沿尸应有伤损，及定执要害致命根因，仍取仵作行人重甘结罪，并无漏

---

① 《洗冤集录·检覆总说上》："如到地头，勒令行凶人当面，对尸仔细检喝；勒行人公吏对众邻保当面供状；……如未获行凶人，以邻保为众证。所有尸帐，初覆官不可漏露，仍须是躬亲诣尸首地头，监行人检喝，免致出脱重伤处。"

落不实文状,检尸官吏保明委的是实,回牒本处官司。复检官吏、仵作行人,回避初检人等依上检验,亦取行人甘结文状,回报元委官司。若长官有故,委其次正官检视。如承检尸公文本处官司照勘委的是实,将被执涉疑之人研穷磨问。"① 从以上元代法律可以看到,仵作成为检验人员,检尸官吏是躬亲监视,而宋代是躬亲检验,仵作喝报。

据《大元检尸记》,元代大德八年(1304)三月中书省答江西行省的咨文说:"如遇检尸,随即定立时刻,行移附近不干碍官司,急速差人投下公文,仍差委正官,将引首领官吏、惯熟仵作行人,就即元降尸帐三幅,速诣停尸去处,呼集应合听验并行凶人等,躬亲监视,对众眼同,自上至下,一一分明子细检验,指说沿尸应有伤损,即于元画尸身上比对被伤去处,标写长阔深浅各各分数,定执端的要害致命根因,检尸官吏于上署押,一幅给付苦主,一幅粘连入卷,一幅申连本管上司。"② 从这条规定还可看到,仵作已经可以仔细检验,检到伤损,即于尸帐尸图上比对被伤去处,标写长阔深浅,定说要害致命根因。并且检验过程须由官员躬亲监视。这说明仵作检验的地位有所提高。

(五)明时期仵作身份

在明代,仵作在民间属卅六行之一,称"卅四重丧花轿行",又称"生死行(卅四行)"。明代洪武年(1368—1398),把民间工种卅六行分类:一耕二读三打铁,四五航船磨豆腐,六木七竹八雕花,九纺十织织布郎,十一裁缝做衣裳,十二是个修锅匠,十三卖杂贷,十四打磨工,十五皮匠鞋子上,十六拉锯木匠苦,十七和尚做外场,十八尼姑清弹唱,十九道士唱凤凰,二十僮子数的土地堂,廿一叮当算命的,廿二相面看眼光,廿三打卦穿长衫,廿四渔鼓道情唱,廿五樵夫在山上;廿六郎中卖假药,廿七兴乐把戏唱,廿八打拳强身体,廿九做百戏的武艺强,三十下雨出门去修伞,卅一天晴出门磨剪刀,卅二最脏修屋的,卅三挑的八根系,卅四重丧花轿行,卅五是个剃头匠,最后一行看牛郎。上行下行卅六行,行行总出状元郎,若问看牛哪一个?就是皇帝朱洪武。这是民间所谓"卅六行"。可是,没有把"公差人"在卅六行中体现,

---

① 大元检尸记[M]//黄时鉴辑点. 元代法律资料辑存. 杭州:浙江古籍出版社,1988:113.
② 同上:120—121.

第八章 中国古代法医产生、发展与社会治理关系研究

而仵作已类似"公人"之一。由此，明代"卅四重丧花轿行"是民间的仵作，官府检验人员的仵作受官府派遣，与民间仵作无关。

据《大明会典》记载，在官府中的仵作是一种政府设置的专门检验尸体的"衙役"。但是，明代仵作还不能算"吏"，只是苦力类人员，因为仵作在明代没有"品位"。由于仵作在古代是由地位低下的贱民担任，大抵是殓尸送葬、鬻棺屠宰之家，其后代禁绝参加科举考试，在官方正史中，极少有关于仵作的言行记载。

清李绿园《歧路灯》五十一回讲的是，明嘉靖年间（1522—1566），商人窦又桂因赌博被逼上吊而死。"仵作到了厢房，看了屋内情形，禀请董公进屋复查。吩咐将尸移放当院地上，饬将尸衣脱净，仵作细验了一遍。用尺量了尸身，跪在案前高声喝报道：'验得已死幼商窦又桂，问年十九岁。仰面身长四尺七寸，膀阔七寸。长面色黄无须。两眼泡微开，口微张，舌出齿三分。咽喉下绵带痕一道，宽三分，深不及分，紫赤色，由两耳后斜入发际。两胳膊伸，两手微握，十指肚有血晕。肚腹下坠，两腿伸，两脚面直垂合面，十趾肚有血晕。背脊两臀青红杖痕交加。项后发际八字不交，委系受杖后自缢身死。'董公用朱笔注了尸格，刑房写勘单，又绘了情形图。"便是写的当时仵作验尸情形。由上可见，明代仵作从事勘验现场、验尸、当场报缢死的整个过程，其中带领仵作验尸的是官员"董公"，也是当场画押填单。说明明代仵作还是受官府信任的。

明代《二刻拍案惊奇》卷二十："知县是有了成心的，只要从重坐罪，先分付仵作报伤要重，仵作揣摩了意旨，将无作有，多报的是拳殴脚踢致命伤痕。"《二刻拍案惊奇》由明代凌濛初所著。这里写的是仵作和知县勾结不实办案。按明代法律规定，不实办案要受法律惩罚。

（六）清时期仵作身份

《清史稿·食货志一》："凡衙署应役之皂隶、马快、步快、小马、禁卒、门子、弓兵、仵作、粮差及巡捕营番役，皆为贱役，长随与奴仆等。"清代《六部成语注解·刑部》："仵作，验尸之男役也。"

清代《大清律》明文规定："其有检验得法，洗雪沉冤厚给予之"，但官署仍多视仵

811

作为贱役,吝于赏赐。清末《护理云贵总督沈秉堃奏改仵作为检验吏给予出身片》中,沈秉堃疾言呼吁要提升仵作的专业能力,他说仵作"误执伤痕,颠倒错乱,不一而足;若遇开检重案,无不瞠目束手",且被"视为卑贱,工食亦极微薄,自好之辈多不屑为"。①清末的"杨乃武与小白菜"一案的关键点在于初审时仵作的疏忽大意,将骨头发霉视为中毒死亡事件,事后翻案的关键竟仍依赖在刑部任职六十年的老仵作,案件才得以扭转,参考的仍是宋代出版的《洗冤集录》一书。

清《负曝闲谈》第一回:"陆华园装作受伤,弄了两个人扶着,扶到县里,元和县大老爷把呈子看了一遍,叫仵作下去验伤。"《大清律例·刑律·斗殴》规定:"凡斗殴伤重不能动履之人……该管官即行带领仵作亲往验看……不许抗抬赴验。"这就是说,仵作是官府所雇用的专门为刑事案件检验伤势的专业人员。之所以要"亲往验看",还含有查勘现场之意在其中。

据清《新增刑案汇览》卷十五"检验尸伤不以实"记载:"刑部奏浙江余杭县民妇葛毕氏毒毙本夫一案,讯明相验不实,枉坐人罪之承审各员并妄行控验之尸亲人等,按律分别拟结查例载州县。语此案仵作沈详,将病死发变尸身误报服毒致,入凌迟重罪,殊非寻常忽,可比合依检验不实失入死罪未决,照例递减四等,拟杖八十,徒二年,已革余杭知县刘锡彤,虽讯无挟仇索贿情事,始则任仵作草率相验,复捏报擦洗银针涂改尸状及刑逼葛毕氏等诬服。"可见,清代对仵作"检验不实"的处理相当严厉。

晚清,一个县设仵作一至三名,其待遇和州县衙门里一般的皂隶相当,每年可以得到三四两银子的"工食银"。此外还应该增募一两名见习者,随时学习,以备不时之需。见习者可以拿到一份相当于仵作一半的"工食银"补贴。不过也和皂隶一样,仵作属于"贱役",在不干这份职业后的三代以外的子孙,才可以参加科举考试。作为"专业衙役",仵作也要经过一定的培训。政府给每名仵作发一部《律例馆校正洗冤录》,再在衙门的书吏中选择一名能够讲这本书的,给仵作们仔细讲解。讲的人、听的仵作都要造册报告上级备案。每年还要抽取几个仵作进行考试,要他们讲解一段《律例

---

① 沈秉堃. 护理云贵总督沈秉堃奏改仵作为检验吏给予出身片[J]. 政治官报. 1909, 780: 12—14.

第八章 中国古代法医产生、发展与社会治理关系研究

馆校正洗冤录》的文字,讲不出的就要责罚,实在不通的,就要革去这份工食,不准再充任仵作。州县要另行招募新的仵作,而长官要记过,讲解的书吏要处罚。仵作如果能够在检验中对"暧昧难明"案件发现确实致死原因、得以平反冤狱的,可以得到一笔十两银子的奖赏。仵作被认为是皂隶。皂隶是古代的贱役。源至春秋时期的等级之说,所谓皂者:卫士也,无爵而有员额者;所谓隶者:获罪者狱其责,即因犯罪而服役者,所以有当时有这样的列序:政事奴隶如皂、隶、舆、阍、司宫、寺人,生活奴隶如僚、仆、台、圉、牧、竖、奴、婢、徒人。后世连称皂隶,大抵是说那些小衙门中的使唤公差,无爵而占员额。

两江总督沈葆桢于清代同治年间(1862—1874)曾力行奏请解除"仵作"的禁锢,并要求给予橡吏出身,但格于例未实现。清末《护理云贵总督沈秉堃奏改仵作为检验吏给予出身片》更为尖锐地指出:"仵作一役,向被视为卑贱,工食亦极微薄,自好者多不屑为","若遇开检重案,无不瞠目束手"。沈秉堃还提出:"要提高仵作品格,设立学堂,给予文凭,改名仵书,比照刑书优给工食,即由役提升为吏,并亲自筹经费于省城设检验学堂一所。"清末,上层官员开始认识检验的重要性、科学性和培养法医的必要性,认为检验人员应该给官阶品位,给培养教育。后来,清末仵作成为检验吏,从九品。

《大清律例》明文规定"仵作"的定额、招募、学习、考试、待遇与奖惩,以及对不遵守这些规定的州县官进行处分条款。在《清文献通考·职役》中有"大州县额设三名,中州县二名,小州县一名。仍各再募一、二名,令其跟随学习,预备顶补。各给《洗冤录》一本,选委明白刑书一名,为之逐细讲解,务使晓畅熟习,当场无误。将各州县皂隶裁去数名,以其工食分别拨给,资其养赡"的条文。这是清末认识检验重要性的法律规定,至此,仵作才成为检验吏。

光绪三十三年(1907)清政府颁布修律大臣沈家本修订的《大清刑律草案》《刑事诉讼律》中规定,"鉴定人,以自己的学识或特技于审判厅鉴别事物,评判者也。例如医师、理化学者、判定加害者之健康状态或有无血痕之类。凡审判官于法学行动所不能及处,必须有特别之学识或技术之人为补助,即命名之为鉴定人。"这是中国历史上第

一次提到检验人员为鉴定人,并以法律形式规定其地位和资格。但对尸体检验却仍责成检验吏按规定的尸格尸图进行检验,对外表检查的检验制度却无触动。

(七)民国时期仵作身份

据《民国医学杂志》(1923年第1期)《验尸要闻:陕西王案》记载:"1923年4月间某陆军二十师团长王佐才(50岁)在陕暴卒。4月4日上午11时,军事法院要员带仵作宋启云前往验尸,至下午3时未得真相。第二天复验,将尸体搭于席上,由仵作从口内插入一银针,再从肛门插入一银针,用棉被将尸体包裹起来,然后用开水喷洒,约1小时后,将银针取出,见银针变黑,断定中毒。"这是桩不实施尸体解剖,单靠旧法仵作验尸误诊的实例。人死后不久,尸体即腐败,尤其胃肠道腐败最快。按上述方法同样处理,非中毒尸体也能使银针变黑,"有毒"的结论显然没有科学根据。林几认为,"旧法验尸,因不施行解剖和科学手段检验,是不可取的。观《洗冤录》中所载,有供吾人参考者。然其荒谬之论,确属非鲜,乌能合乎科学原理而做文明国家法律之证乎!"① 由此,我们可以看到民国十二年(1923)我国案件的验尸不少还是由仵作进行检验。

据《民国医学杂志》(1924年第2期)《验尸要闻:无锡刘案》记载:"1923年7月15日,某蚕种培育场女实习员刘廉彬突然'缢死'于自己住室内。各界怀疑她是被场主贺亚宾强奸后自尽或他杀。官方命仵作沈桂芳检验,认为是缢死。7月30日复验,也认为自缢。复验时有两名英籍福音医院医生参加,但都说没经验,未表示意见。此案就此草草了结。"社会各界表示反对,要求按法律规定由医士进行检验。报界纷纷抨击:"为什么不用法医学而用《洗冤录》?为什么要用旧法验尸而不解剖尸体?"由此可见,我国在20世纪30年代,江苏无锡这样的地方仍然还存在由仵作验尸的情况。

1934年5月31日,甘肃某县西金村一农民突然死亡,因怀疑系某村民投毒致其死亡,遂报案。当地县长因病未到,派遣一科长前往验尸,该科长因无检验经验,看尸后又到甘肃省高等法院请检验员同来验尸。该科长二次验尸的行为遭到村民的阻拦。待该县县长抱病前往验尸时,死者已经死亡十余日。该县长采用银针验毒法,将银针插入死者的肛门,拔出后经反复擦洗,银针上仍可见到两块明显的黑斑,由此该县长

---

① 林几.法医学史[J].法医月刊.1935(3):1—6.

第八章 中国古代法医产生、发展与社会治理关系研究

即宣告死者系中毒身亡。此案以某村民涉嫌投毒告至省法院,因无法认定犯罪事实,甘肃省高等法院检察处于5月31日将此案送往设在上海的司法部法医研究所,要求对此案进行复验。时任所长的林几博士,仔细观察了送检的银针。该银针长25.5厘米,重52.5克,一端钝圆,一端银质薄。在银针末端中下段有两个分别为1.5厘米及1厘米的黑色污斑。林几先是用柔软的擦镜纸轻擦银针上的黑斑,不见其脱落,再将氰化钾液滴至黑斑处,黑斑随即消失。林几将这个已经没有黑斑的银针放入粪便中,数分钟后拔出,黑斑再次出现;林几又将银针清洗干净后,插入一具腐败尸体的肛门内,数分钟后拔出,在银针上出现了与送检时性质相同的黑斑。林几用这样的科学实验方法,对多起送检的所谓"银钗变黑验毒案"进行了纠正,避免了错案的发生。由此可见,民国时期我国上海、北平等地检验由法医施行,而在边缘地区还是由仵作和旧制县长到场仵作检验的模式。

据熊先觉研究:清末,我国没有法医专职设置,司法勘验由仵作担任尸体外表检验。[1] 民国时期,各省、县相继建立法院,不设地方法院的县则设司法处,承担民刑事案件的处理工作。此时,法院内设有检验吏一职,实际是由前清朝的仵作充任。民国二十四年(1935)将检验吏名称改为检验员。

据民国二年(1913)11月内务部公布的我国第一个《解剖规则》第二条规定:"警官对于变死体非解剖不能确知其致命之由者,得派医士解剖。"检验吏和法医的工作职责范围在民国二十四年公布的《中华民国刑事诉讼法》已明确规定,对尸体剖验、妇女检查均应由医师执行,对于检验尸体则应由医师或检验员执行。由此可见,在实际的检验工作中,实行的是检验吏外表检查制度和医师剖检尸体制度,检验吏只限于检验尸体外表,且不能解决时,则由医师进行尸体剖验,用医学科学知识分析确定死亡原因。

民国十七年(1928),江苏省政府向国民党中央政治会议提交《速养成法医人材》一案。当时,国民政府施政纲领草案关于司法部项内亦有"养成法医人材"一项。于是,当局将决议交中央大学办理,而后委托刚赴德研究法医学回国的林几博士拟议

---

[1] 熊先觉. 熊先觉司法学文粹[M]. 北京:法律出版社,2007:79—81.

一份《创立中央大学医学院法医学科教室意见书》。在意见书中林几博士详细叙述了建立法医学教室的作用及意义,并为成立教室在人员、设备、规模等方面做了详尽的规划,提出了"分建六个法医学教室(上海、北平、汉口、广州、重庆、奉天)以便培育法医学人材并检验邻近法医事件"的建议。由此可见,我国虽然在民国时期制定了《解剖规则》《中华民国刑事诉讼法》等法律法规,但因法医人才匮乏,检验工作不少地方仍由仵作(检验吏后改检验员)充任,直到林几教授创办法医研究所后,才慢慢走上中国法医现代化的道路。

五、小结

从上述研究,我们可以知道,仵作的渊源是先秦的"牢隶臣",在隋唐、五代时期,可能更早的汉代,营殡殓丧葬行当的仵作受雇帮助检验,到宋代则充当衙门检验官员助手。值得一提的是,在宋代官府衙门里,仵作已参与具体办案,并有了明确的分工,仵作就是负责处理尸体,并成为在检验官指挥下大声喝报伤痕的协助官员检验的人员。到了元、明代,仵作成为在官员监视下的正式检验人员,及至清代出现专门针对仵作的培养与奖励制度,成为法定检验人员。

从仵作参与检验开始就有了官府对仵作的管理和奖惩,但惩罚规定多于奖励。宋代开始,除沿用五代把仵作违法检验按"敕文"进行"科断"和仵作被开除处罚后不得再当"孝丧之家"外,还参照官吏管理订立了严密的检验管理制度。历代仵作的奖惩制度,一方面对约束仵作检验工作有积极意义,另一方面对提高和规范检验有直接影响。此外,对仵作职业和身份演变也有重要研究价值。

我国古代仵作是出身卑微的"孝丧之家",世俗视其为下贱之役,家族经营,祖辈承业,而且没有接受文化教育,在等级森严的封建社会从事仵作者还不得参与科举类考试,所以历史上没有留下仵作记载的检验资料。我们看到的都是仵作检验,官吏著书,后者成名,这是历史事实。

关于官府仵作和民间仵作的区别。五代被官府雇用的仵作被称为"内仵作",民间仵作未被雇请不得从事检验,所以官府"内仵作"与民间仵作截然不同,不能混淆。

第八章 中国古代法医产生、发展与社会治理关系研究

前者为官府验尸的刑事办案专门服务,后者专为民间殡殓丧葬服务;前者有官饷和奖惩,后者没有官饷和奖惩;前者有官府赐给安家厝处,后者没有;前者违法检验被解雇不得再当"孝丧之家",后者没有限制规定;前者地位高于后者,后者只有被推荐才有机会称为官府检验服务的"内仵作"。

在历史上,与仵作相应的检验人员是"稳婆",同样由先秦的"牢隶臣"和"隶妾"发展而来,只有仵作发展成检验人员。但是,仵作在官署内的地位始终没有明显的提高,他们的官方身份甚至被讥为"贱役"。然而,正是这些"贱役"的职业司法化、规范化,以及"贱役"从事检验死伤技术的专门化、科学化,使仵作的作用在刑事诉讼中不断提升,最终在参与检验的仵作与从事检验的官吏共同努力下发展成独特的中国古代法医检验科学。

到了民国,虽然制定了《解剖规则》《中华民国刑事诉讼法》等法律法规,但因法医人才匮乏,检验不少地方仍由仵作(检验吏后改检验员)充任,直到林几教授创办法医研究所后一段时间才结束了仵作验尸的历史,中国现代法医学才慢慢形成。

第七节　中国古代诬告检验研究

一、避免诬告的法律

"诬告"一词有两层意思,一是指行为,即诬陷行为;二是指罪名,即诬告罪。诬告又与诬告反坐有联系。事实上,诬告指故意捏造事实控告他人的行为;诬告反坐指故意捏造事实控告致无罪者被判有罪或轻罪者重判,告人者要按其所诬告他人的罪受到惩罚。自秦以来,历代法律都有相关规定。秦律把诬告行为称"诬人"。秦律对诬告"反其罪"的惩治规定也为汉代所继承。北魏律:"诸告事不实,以其罪罪之。"《唐律疏议·斗讼》:"诸诬告人者,各反坐,即纠弹之官挟私弹事,不实者,亦如之。"官员挟私调查或办案不实等行为造成他人获罪的,视作诬告,反坐其罪。这明确了诬告反坐其罪的原则及范围。但诬告人在被诬告人未受拷讯前,向官吏申述其所告

事实虚假，撤回诬告，可以得到宽免，称"引虚"。但宋代对检验不实的觉举（自首）不予认可。在中华法系中，"诬告反坐"一直作为惩罚诬告的基本原则而存在，1975年出土的睡虎地秦墓竹简中关于"反其罪"的记载，是最早见诸法典的有诬告反坐之设的开始。睡虎地秦墓竹简中就有盗窃、伤人等诬告，如"诬人盗千钱""诬人盗直廿"等。在张家山汉墓竹简中又作"反罪"，汉朝的史籍才正式称为"反坐"，以后历代封建王朝相沿不改，直至清末。关于诬告反坐立法，《三国志·魏书·高柔传》记载，创立诬告反坐在于"息奸省讼，缉熙治道"，也就是用反坐来防止和杜绝诬告，以维护统治秩序。所以，诬告反坐是原始社会同态复仇的残余，学理上同害刑主义。从证据学意义而言，诬告是以捏造的事实控告他人，其实质是作伪证。因此，"诬告反坐"就是对伪证行为的法律阻却。此外，官员挟私调查或办案不实等行为以及检验不实、定验不当、妄勘妄认或不定要害致死之因而造成他人获罪的，视作诬告，反坐其罪。实际上，法律问责与刑事惩罚，是对报复陷害、滥用职权、徇私枉法、虚假告发行为、渎职行为、失职行为的法律阻却。

二、与尸体检验有关的诬告刑罚

与尸体检验有关的诬告刑罚在宋慈《洗冤集录·条令》中有详细介绍。

（1）服毒诬告的处罚。宋慈说："诸以毒物自服，或与人服，而诬告人罪不至死者，配千里。若服毒人已死，而知情诬告人者，并许人捕捉，赏钱五十贯。"

（2）他故诬告的处罚。宋慈说："诸缌麻以上亲因病死，辄以他故诬人者，依诬告法。谓言殴死之类，致官司信凭以经检验者，不以荫不在引虚减等之例。即缌麻以上亲自相诬告，及人力、女使病死，其亲辄以他故诬告主家者，准此。"

（3）诈疾诬告的处罚。宋慈说："诸有诈病及死、伤受使检验不实者，各依所欺减一等。若实病、死及伤，不以实验者，以故入人罪论。《刑统·议》：'上条诈疾病者，杖一百。检验不实，同诈妄减一等，杖九十。'"

（4）妄指诬告的处罚。宋慈说："诸尸虽经验，而系妄指他尸告论，致官司信凭推鞫，依诬告法。即亲属至死所妄认者，杖八十。被诬人在禁致死者，加三等。若官司妄勘者，依入人罪法。"

（5）视为诬告的处罚。宋慈说："诸尸应验而不验；初覆同。或受差过两时不发；遇夜不计，下条准此。或不亲临视；或不定要害致死之因；或定而不当，谓以非理死为病死，因头伤为胁伤之类。各以违制论。即凭验状致罪已出入者，不在自首觉举之例。其事状难明，定而失当者，杖一百。""诸称违制论者，不以失论。《刑统·制》曰：'谓奉制有所施行而违者，徒二年，若非故违而失错旨意者，杖一百。'"

三、与尸体检验有关的诬告种类

我国古代诬告的案件涉及面较广，与尸体检验有关的诬告主要有以下几种。

（1）利用尸伤的诬告。宋代的诬告检验对后世有很大影响。据《刑案会览·诬告》所记载利用尸体进行诬告的案例："沈泳锜外归，闻知崇帼的尸身有伤痕，又知周金斗家道裕饶，起意捏控周金斗父子将崇帼殴毙，假装自缢，图诈钱文。"这个案例是因为死者崇帼与周金斗之媳王氏通奸被撞遇，并被人拾砖掷伤右肩，崇帼逃出门外在庄前树上自缢身亡，而身上、左额角、右胁皮肉发红流血，尸体的亲人就想利用尸伤作为证据，用诬告的方式，图赖对方的财货。

（2）尸体经过尸伤加工的诬告。《洗冤集录·疑难杂说下》中就说明要仔细检验尸伤，恐有用桦树皮制造瘀青伤痕之嫌。《律例馆校正洗冤录》记载："有奸民，买尸做伤，妄告人命，访得人家新葬，问其是女是男，多者数十金，少则十数金，贪财奸民，不顾亲属，情愿卖与检验，自己投做证人，又买仵作，以皂矾五棓苏木等，制造浅淡青红等伤，任口喝报，此系法外之奸，务须审出实情，以惩刁恶。"此案例讲的是在尸体上加工"尸伤"，伪造证据，然后进行诬告，以骗取钱财。黄六鸿的《福惠全书》就记载：尸体经过"尸伤"的加工之后，有可能成为诬告的证据，尸体成为对付对手的有效工具。

（3）仵作误报尸伤的诬告。宋代之前的诬告检验同样对宋代产生影响。据《五代会要》卷八记载："若仵作工匠之徒，辄敢逾越，捉获之后，自合准前后敕文，科断所由，不得更至孝丧之家。"这类"以尸诬告"的例子同时也大量出现在《刑案汇览》关于诬告的条例中，主要是"误执尸伤，以致尸遭蒸检与残毁死尸罪相同。"我国在五代时雇请仵作帮助验尸，其实只是搬动尸体、喝报伤情和指认致命要害伤等，虽然不是故意，但误报、误执尸伤属逾越职责，需受到惩罚；宋以后，至明、清代，仵作从帮助验尸到参与检验，但误报、误执尸伤时有发生，以致多次检验而尸遭蒸检，类同尸体受诬，至少与残毁死尸罪相同。

(4) 仵作隐瞒伤情的诬告。主要是仵作匿伤不报或者官吏受贿指使仵作误验，或者官役拘押致死未经相验就私自掩埋。与上述误报相反，仵作或官员故意不报伤情或死因，致使他人被诬而入狱或被不公正审判，属诬告。

(5) 尸亲误判死因而告官的诬告。尸伤往往涉及形成原因分析和认定的问题。尸体的亲属对死因判断有误而告官，官府立案受理，经调查和检验与事实不符的，也算诬告。

(6) 他人制造非正常死亡的诬告。宋代以及宋代以后各代都有报道关于"他人制造非正常死亡的诬告"。黄六鸿的《福惠全书》中曾经提到盗尸与买卖尸体中，制造非正常死亡的事件向有钱人勒索，把尸体作为不利他人的证据。与在尸体上制造皮肤青紫或浅淡青红等伤不同，认为制造非正常死亡的伤是致命打击或身手分离等重大损害，属诬告。

(7) 自己制造非正常死亡的诬告。宋慈曾介绍有关"南方之民每有小小争竞，便自尽其命，而谋赖人者"的情况，此外，还有诬服药的情形。与他人制造非正常死亡不同，死亡系自己所为，实际上是自己制造非正常死亡以赖人，属诬告。桂万荣《棠阴比事·王臻辨葛》："王谏议知福州时，闽人欲报仇，或先食野葛而后斗，即死。其家遂诬告之。臻问所伤，果致命耶。吏曰：伤不甚也。臻疑反讯告者，遂得其实。"因为伤不重却死亡，引起怀疑。经调查系"欲报仇或先食野葛而后斗"。这是我国古代自服毒死的特殊类型诬告——以命复仇诬告。

(8) 雇人作伪证的诬告。宋慈《洗冤集录·检覆总说下》："又有行凶人，恐要切干证人真供，有所妨碍，故令藏匿；自以亲密人或地客佃客出官，合套诬证，不可不知。"

第八章　中国古代法医产生、发展与社会治理关系研究

(9) 相验不亲的诬告。宋代只提到"相验不亲",但没有"相验不亲的诬告"。明代曾出现特殊的诬告案件,吕坤《实政录》说:"重犯通买禁卒、医生,诈称病故。掌印官相验不亲,委官亦恶凶秽,辄报真死,及尸出而脱逃。"也就是说,明代出现因犯在狱中伪装病死或狱吏诈称病故或仵作检验不实报因病故,囚犯脱逃后诬告案件频发。为防止诬告和囚犯脱逃,必须对囚犯进行确定是否真死的检验,明代从检验入手提出了确定死亡的新方法。吕坤在《实政录》提出:"停息、定脉尤不可凭,凡验囚尸,须要仵作仍须通鼻无嚏、勒指不红、两目下陷、遍身如冰者,方准搭结报死",其中通鼻无嚏、勒指不红、遍身如冰,用这三项确定是否已真的死亡,较前就可靠得多。这一发现,成为明代法医学的重要成就之一。

(10) 相验不实的诬告。宋代没有"相验不实的诬告"的案例,但有"相验不实"处罚条令。因此,后世据此提出"相验不实"比照"致他人入罪"而应"视作诬告"。据《刑案汇览·检验尸伤不以实》记载:"部奏浙江余杭县民妇葛毕氏毒毙本夫一案,讯明相验不实,枉坐人罪之承审各员并妄行控验之尸亲人等,按律分别拟结查例载州县。仵作沈详比合依检验不实失,照例递减四等,拟杖八十,徒二年,革余杭知县刘锡彤,虽讯无挟仇索贿情事,始则任仵作草率相验。"此案仵作沈详,将病死发变尸身误报服毒死亡致使葛毕氏等诬服刑罚,也视为诬告。宋慈在《洗冤集录》中有这样记载:"检验不定要害致命之因,法至严矣。……命官检验不实或失当,不许用觉举原免。"他认为,命官检验错定或不定要害致命之因、检验不实或检验失当,都会事实上造成他人"入罪",无异于捏造事实使人入狱,不可原谅,应视为诬告。

(11) 检验不作为的诬告。宋代有"以失出入人罪论""以故出入人罪论"的规定。这成为后世"视作诬告"反坐处罚的依据。据《大清律例》规定:"凡检验尸伤,若牒到托故不即检验,致令尸变,及不亲临监视,转委吏卒,若初复检官吏相见,扶同尸状及不为用心检验,移易轻重,增减尸伤不实、定执致死根因不明者,正官杖六十,首领官杖七十,吏典杖八十。仵作行人检验不实,扶同尸状者,罪亦如之,因而罪有增减者,以失出入人罪论。若受财故检验不以实者,以故出入人罪论。赃重者,以枉法各从重论。"这里"托故不即检验致令尸变""不亲临监视转委吏卒""不为用心检

验"视为"检验不作为",而"以失出入人罪论""以故出入人罪论""以枉法各从重论"则是"视作诬告"的反坐处罚。

(12)杀亲以尸诬告。宋代桂万荣《棠阴比事·程戬仇门》:"程戬宣徽知处州,民有积为仇者,一日诸子私谓其母曰:母今老且病,恐不得更寿,请以母死报仇。乃杀其母,置于仇人之门,而诉之。仇弗能自明,戬疑之,或谓无足疑,戬曰:'杀人而自置于门,非可疑耶?乃亲劾治,具见本谋。'"这里"本谋"指诬告,即杀母后以尸"置于仇人之门而诉之"。

(13)捏造死因的诬告。宋代桂万荣《棠阴比事·魏涛证死》:"魏朝奉涛知沂州永县,两仇斗而伤,既决遣而伤者死。涛求其故而未得,死者子诉于监司。监司怒,有恶语。涛叹曰:官可夺,囚不可杀。后得其实,乃因其夕罢归,骑及门而堕死。邻证既明,其诬遂解。"这里"证死"即证明死亡的原因,即找到邻里证明其系"夕罢归骑及门而堕死",而非"两仇斗而伤"致死,揭露了一起捏造死因的诬告案件。

(14)利用他人尸体的诬告。宋代没有"利用他人尸体的诬告",但有"报官诬告"的法律,也为后世参照。据明代《拍案惊奇》记载,一个名叫陈珩的秀才,被卫朝奉欺负,夺了庄园。陈秀才十分苦闷,在河边散步时,见到漂来一具死尸,陈秀才吩咐家仆打捞上尸体,砍下一条腿来,然后给卫朝奉设了一个套,让仆人陈禄投奔卫朝奉门下,然后逃走。接下来,陈秀才带一帮人上卫朝奉家找人,在花园里挖出一条人腿来,讹诈卫朝奉杀了仆人。同时,报官诬告。卫朝奉只好把侵占陈秀才的房产退了出来,官府了案。

四、与尸体检验有关的诬告检验

关于如何防止与尸体检验有关的诬告,宋慈在《洗冤集录》中有如下详细记载。

(1)检验前收集证据谨防诬告。宋慈对诬告检验前收集证据时就要求"差无亲嫌干碍之人"检验以回避嫌疑,要求避免与"在近官员、秀才、术人、僧道"接见"以防奸欺及招词诉",要求对假证人"合套诬证"采取防备措施以免受"干连",并设计填写《验尸格目》,严防公吏有所取受,作"被诬"假证以诬人获罪。这实际上是有关检

第八章　中国古代法医产生、发展与社会治理关系研究

验的回避制度，对检验人员和相关利害关系人进行限制和监督，避免诬告和保护检验人员免受诬告反坐之罪，并保证检验的公信力。可见宋慈对预防诬告在检验开始之前就有考虑，也称检验前（事前）防范诬告。

（2）制作笔录要核对人员以防诬告。宋慈说："凡抄扎口词，恐非正身，或以它人伪作病状代其饰说，一时不可辨认。合于所判状内云：日后或死亡，申官从条检验。庶使豪强之家，预知所警。"（《扎口词》）这是宋慈对伤者制作口述笔录时的防范措施，特别指出注意"非正身，或以它人伪作病状"，要核对人员以防日后诬告。此外，倘若张冠李戴，上当制作错误笔录，"日后或死亡，申官从条检验"，使人获罪，检验人员得诬告反坐。所以，宋慈在制作笔录时就从两方面都加以防控诬告，也称检验中（事中）防范诬告。

（3）结合调查澄清争怒赖人诬告。宋慈说："广南人小有争怒赖人。自服胡蔓草，一名断肠草，形如阿魏，叶长尖，条蔓生，服三叶以上即死。"（《服毒》）中毒案件常见的有投毒杀人、服毒自杀和意外中毒三种，但还有一种以争怒自服断肠草（钩吻）"赖人"的中毒案件。宋慈认为，对"自服赖人"案件就要注意结合案情，现场勘验，实地调查，在检验之后加以澄清，以免反而受诬，也称检验后（事后）防范诬告。

（4）亲临检验防止相验不实诬告。宋慈说："仵作行人受嘱，多以芮一作茜草投醋内，涂伤损处，痕皆不见。以甘草汁解之，则见。"（《验尸》）"行在有一种毒草，名曰贱草，煎作膏子售人。若以染骨，其色必变黑黯，粗可乱真。然被打若在生前，打处自有晕痕，如无晕而骨不损，即不可指以为痕。切须子细辨别真伪。"（《论沿身骨脉及要害去处》）这是另一种揭穿死后伪装的检验，以往是他人在尸体上造伤，该诬告方法是在有伤的尸体上涂茜草汁掩盖伤痕。所以，宋慈要亲自检验，用"甘草汁解之"，也称"躬亲检验"防诬告。宋慈还要求对"所有尸帐，初覆官不可漏露，仍须是躬亲诣尸首地头，监行人检喝，免致出脱重伤处"（《检覆总说上》）。这种躬亲尸首地头的检验，防止并避免相验不实诬告。为了防止诬告，宋慈还提倡躬亲实验，如是利用"血腥集蝇"的原理破案的一个科学实验、利用阳光下新赤油伞滤出红外线的原理检验伤痕的科学实验。应该这么说，我国古代有关诬告和诬告反坐法律给检验官吏带来许多

823

压力,但也是动力。这样,不仅防止了诬告,又丰富了法医学。

(5)检验死后伪造伤揭露诬告。宋慈提到假作烧死、他勒假作缢死、假作溺死的情况:"打死人后,以药灌入口中,诬以自服毒药;亦有死后用绳吊起,假作生前自缢者;亦有死后推在水中,假作自投水者。一或差互,利害不小。"(《疑难杂说下》)这是宋慈防范诬告对生前伤与死后伤的研究。宋慈为防范诬告把法医学检验手段提高到理论水平来研究,实际上是检验前进的一大步,对我国乃至世界法医学发展都做出了巨大的贡献,是《洗冤集录》最精华的内容之一。以"桦木皮罨成痕假作他物痕"为例。尸体上有"他物痕"认定是否生前受伤,这是现象解释现象。但宋慈不这样简单地分析问题,他认为"他物痕"可能是"桦木皮罨成痕假作他物痕"(《验他物及手足伤死》),这种现象一定由某种行为造成,而行为背后一定有其原因,这就是诬告。因此,要完善检验制度,防止诬告,通过提高检验水平和认识能力,解决各种现象背后隐藏的真正原因并惩罚诬告行为。

(6)检验时仔细检视避免诬告。宋慈说:"凡检验,不可信凭行人。……若被人打杀却作病死,后如获贼,不免深谴。"(《检覆总说下》)复检"与前检无异,方可保明具申。万一致命处不明,痕损不同,如以药死作病死之类,不可概举。前检受弊,覆检者乌可不究心察之,恐有连累矣。"(《覆检》)这就是宋慈为防止诬告而建立起来的检验思维方式。宋慈的"凡检验,不可信凭行人,须仔细检视"和"前检受弊,覆检者乌可不究心察之,恐有连累矣"就是习惯性提出可能出现诬告问题的思维,因此躬亲检验,接着用科学方法去排除并解决问题。也就是说,以防诬告法律适用为前提,以可靠检验为根据,推出处理结果,这就是形式逻辑的演绎推理。可见宋慈的检验思维品质是严谨、理性的。此外,宋慈还说,有疑问要报告,未能追捕疑犯是"公过",而勉强把打死人定作病死,后罪犯被捕招供事实,就得诬告反坐受"干连"了。这里,实际上是宋慈提出了有关"事实真实性和认识真实性"的认识论问题。法医检验只能以认识真实性接近事实真实性,有可疑问题要实事求是进行如实报告,以免受累。宋慈的思维方式和定刑思路,值得我们研究。

第八章 中国古代法医产生、发展与社会治理关系研究

(7)建立检验机制以防止诬告。这些机制有：

第一，以检验"慎始"达到"洗冤泽物"的目的。宋慈在《洗冤集录·序》中认为，"狱情之失，多起于发端之差；定验之误，皆原于历试之浅"。因此，"慎始敬终""恤刑慎狱""谨慎决狱"体现了儒家法律价值观及其文化背景，是我国古代法医学检验的重要思想渊源。

第二，以"修己安人"确定检验的道德价值观。宋慈在《洗冤集录·序》中说"四叨臬寄，独于狱案，审之又审，不敢萌一毫慢易心。若灼然知其为欺，则亟与驳下；或疑信未决，必反下覆深思"。这种"内心宽平""用法宽仁""重证据""真理直刑"的法律思想始终贯穿宋慈的检验生涯。在宋慈看来，检验人员只有修身养性、建立权威才能安于本分、做好检验。"修己安人"里的"修己"与"安人"，是一种因果关系——"修己"是检验的基础，"安人"是检验的目标。由此，我们可以知道我国古代对检验人员的要求是很高的。

第三，以限制检验权来行使公权力。检验攸关"生死出入、幽枉屈伸"，而对执行检验的官府、官员则应加以严格限制，如宋朝规定"州差司理参军、县差尉"。这样做的目的是"谨之至也"。因为"命官检验不实或失当"就会致人"出入"或"幽枉"，就会使"死者虚被淹溘"，就会出现诬告，而官员不当检验要受诬告反坐之罪。我国古代"命官检验不实或失当"的问责处罚都很严厉，甚至"不许用觉举(自首)原免"。

第四，以检验来衡量官员政绩和职位升迁。初验被复验否决或死者家属控告经复验否决初验或提刑官否决初验，初验官员要受惩罚甚至罢黜。同样，如果复验属徇私报复或控告属诬告，要受诬告反坐之罪。这一点，宋慈讲得很明白，狱事断案最关键在于检验，而初验最为重要。因此，我国古代检验制度，既考虑问责，也考虑诬告，还考虑官员应有对尸体诬告的检验能力，进而考虑官员未能识破伪造尸体诬告以诬告反坐之罪的惩罚。所以，我国古代检验制度要求官员从技术上提高检验水平防止诬告，从意识上提高识别能力避免诬告。我国古代检验书籍中出现诬告、检验、惩罚都与利用伪造尸体诬告、辨别生前死后伤检验等有关，其检验技术水平与现代法医学接近，说明古代检验人员为防诬告进行不断的、深入的法医学探索，同时，也可解释我国古

代检验水平早先发达的原因。

第五，以检验制度避免诬告。我国古代建立了初检、复检的检验制度，是保证检验质量避免诬告的法律制度。值得一提的是，我国古代复检制度可以是因控告而提起，也可以是法律规定对非理死、狱中死亡的例行复检，初检后报邻县或州一级或报提刑官复检，但狱中死亡必须再报提刑官复检。所以，我国古代检验制度中，复验对初验的错误进行纠正和对初验问题追究责任，实际上是行之有效的"检验责任的倒查制度"。

第六，以行为规范加大监督力度。我国古代建立了检验行为监督制度。诬告往往造成无辜人"入罪"的恶果，但追究责任的"结果标准"要比"行为标准"滞后。为此，宋慈在《洗冤集录·条令》中列举"诸尸应验而不验""或受差过两时不发""或不亲临视""或不定要害致死之因""或定而不当"五种行为，作为检验问责"行为标准"，即从"结果标准"到"行为标准"转变。因为在宋慈看来，检验责任重大，不能唯结果论，要厘清不当行为的危害性，必须加强责任追查和问责力度，避免无辜人"入罪"。比如，"应验不验"行为的法律问责就是针对官员、仵作"检验不作为"的处罚，又如验坏烂尸或无凭尸体检验的法律问责就是杜绝妄验。值得一提的是，我国古代检验制度中的初验、复验，邻县、州、提刑复验，明确规定了检验官员（个人）和州县等级（单位）负责制度，实际上是"个人负责制"基础上的"单位负责制"，也是一种检验与监督的相互制约机制。

五、中国古代诬告检验的现代价值

（一）倒逼机制

我国古代以洗冤为检验目的和要求。作为违背法律的诬告是检验的重点对象。我国古代法律规定检验与政绩挂钩。于是，形成诬告、检验、政绩三者关系。检验人员为提高绩效，避免受处罚或被罢黜，必须认识发现诬告和检验识破诬告，这就形成法律上的倒逼机制。这样，诬告、检验、政绩的内在压力及其三者间不协调性，为推动提升检验水平凝聚必要的动力和推力。所以，我国古代为防止诬告，提高检验水平，

第八章 中国古代法医产生、发展与社会治理关系研究

促进了法医学的领先发展和辉煌成就。西方与我国不同,鉴定人不是官员,而是技术人员,在刑事诉讼中遵循"疑罪从无"原则,认可被告人"沉默权",同样逼迫鉴定人在鉴定技术及其证明力上发挥作用,形成了西方法医学发展。我们要从比较法医学角度出发,对中外法医学发展史进行深层次研究,从而探讨不同路径、各具特色的中外法医学发展史,挖掘对历史和现实的研究价值。

(二)制度设计

我国古代诬告检验相当严密,有初验、复验程序,事前、事中、事后都有防范措施,形成了鲜明的检验制度和技术规范,特别是思维方式、理论研究、检验内容、检验方法、评价标准等对今天法医学发展有深远的影响,值得后人学习。诬告检验对古代法医学制度和检验技术发展有研究价值,对理解分析我国古代法医学书籍、史料和古代检验方法也有帮助。目前,一些错误鉴定、故意延误鉴定时机、虚假鉴定、伪造证据致使他人蒙受牢狱之灾,应借鉴前人的经验对鉴定人进行检验问责和刑事处分,同时对鉴定机构进行处罚。在鉴定制度上也应进行设置,除尽快制定统一的鉴定人准入条件和《鉴定人法》外,从立法上定立问责、问罪条款,避免冤假错案的发生。

(三)证据规则

我国古代检验制度,由取证、采证、查证、认证等组成的证据规则有其合理性和操作性,值得借鉴。因为科学规范的证据规则体系既有利于防止司法鉴定人员的滥权擅断,同时有利于确定各类证据的证明力,最大化地反映案件真实性。此外,我国古代检验制度中有关检验管理、处罚制度,特别是检验规范和检验问责机制,对我国司法鉴定体制改革也有借鉴意义。因为当前司法鉴定机构过多、准入门槛低、人员素质不齐、启动鉴定随意,以致出现泛滥鉴定、多头鉴定、错误鉴定、虚假鉴定等问题。因此,有必要针对司法鉴定制定专门法律,对司法鉴定中出现的违法行为进行问责、处罚,对司法鉴定机构和人员的准入和从业进行规范管理,促进我国司法鉴定的健康发展。

(四)技术审查

对古代有关诬告的检验的研究说明,当下人民法院法医对进入诉讼程序中有关技

术问题的进行审查，是非常必要的。因为公正审判的前提是发现案件的事实，即以事实为依据。案件事实的范围，决定了案件证据的范围，可以用于证明案件事实的材料都是证据；反过来，案件的事实必须能以证据证明为限，没有证据证明的事实不可以作为定案的依据。人民法院法医不是案件的一般意义上的证人，不是案件行为事实的经历者，也不是鉴定意见的出具者，而是受法官授权能够审查相关事实的专家辅助人。比如伤害案件致害人心理状态、行为模式、致害工具、伤害方式，被害人损伤程度及其鉴定意见的准确性，甚至被害人方面有无过错或本身疾病及其在伤害中所占比例（参与度）等。这些事实是认定案件行为事实的关键因素，有时影响刑事案件的量刑，有时影响民事纠纷中的过错认定。这种相关事实，当事人自身无法证明，一般的证人证言也难以承担证明责任。一个在某方面具有专门知识的人，如果能够证明与案件相关的某些事实，那么他就是知道案件情况的人，就应当成为案件的专家辅助人，其所审查的事实是案件事实的一部分，其必要性是客观存在的。从司法权的判断性来讲，人民法院法医专家的正当性在于法官知识的有限性，法官的专业是适用法律，但法官不可能精通各门学科的知识，不可能掌握各个领域的技术，任何一个国家对法官培养也都不包括法律之外其他专业技术领域的深入学习。此外，司法鉴定并非解决诉讼中"专门问题"的唯一途径，新修订的民事诉讼法将"鉴定结论"变更为"鉴定意见"，这意味着鉴定意见作为一种证据形式同样需要法官去认真甄别，因为鉴定意见中存在错鉴、误鉴等可能。前已述及，法官并非完人，不可能对涉及任何门类的问题都有相应的水平和知识。于是，法院应该建立"专业技术审查、咨询制度"。当法官遇到一些专业技术性问题或多份意见不同的法医鉴定时，听取法院法医的意见就成为必要。这种法医专家意见不是代替法官对案件做出裁判，而是向法官提供证据可靠性的技术审查信息。

第八章 中国古代法医产生、发展与社会治理关系研究

第八节 中国古代发冢检验研究

我国古代法医检验与社会治理研究方面，比较突出作用是对发冢的检验，这一点与现代有很大区别。我们通过对南宋的名公书判和《洗冤集录》中"发冢"的研究加以说明。

一、名公书判中的发冢检验案例

（一）盗葬

《名公书判清明集》卷九"盗葬"书判："……今再索上两处干照及画到地图参考，得见上件山地，吴太师宅系于淳熙八年（1181）就徐洋买到，庆元二年（1196）就游才卿买到，契内具载亩角四至，节节分晓。其谢五乙兄弟所买姜监镇一亩一角七十三步之地，却介于吴太师前件山地之间，实在其盗葬阴穴之下，又系开禧二年（1206）立契，实在吴太师买来田地年份之后，而契内更不声说其地四至与何人相抵，则是谢五乙兄弟于当年盗葬之余，旋撰此等模糊契字，以为强争影占之具分明。既又据段氏干人周庆供称：本主自嘉定五年（1212）以来，累经州县论诉，其谢五乙兄弟却结托健讼人，勘杖六十，擅自假写本宅退状，付保正荣安申缴，已蒙前政陈知县究见着实，将保正荣安勘杖六十讫。"这里，"盗葬"指用不正当的手段谋取、窃用他人土地、墓穴埋葬死者，所以，谢五乙兄弟被勘杖六十。

《名公书判清明集》卷九蔡久轩"诉掘墓"书判："两状送州，追索人、契，催理断结绝申。若果是掘墓，则李元亮之罪固不轻；若只是妄诉，则李景标合该反坐，亦不可恕。"

（二）坟禁

《名公书判清明集》卷九翁浩堂"争山及坟禁"书判："徐克明、郑宗立所争乌塘下山，郑宗立就郑子轩买来，嘉定六年（1213）印契；徐克明就郑思文买来，嘉定十三

年(1220)印契。子轩，父也，契为正；思文，子也，契为不正。则郑宗立当得业，徐克明不当得业。今日所争，非但为业，盖徐克明、郑八共祖母孙二娘，先已葬在山中，据称四十余年矣，今年郑宗立又以其妻葬于坟畔。契勘徐克明得业虽在后，而葬地却在先，业可夺，坟不可夺，郑宗立虽可得山，却不可违法犯古坟禁。牒押徐克明、郑宗立下芝溪，请巡检躬亲前去地头定验，就孙二娘坟所打量，照条则留禁地。如郑宗立所葬别坟犯墓禁内，则合监举移；如在禁外，两无相干，则听仍旧。其山仍系郑宗立照契管业，徐克明除墓禁外，不得争占。干照给还各人。"这里，"业可夺，坟不可夺"的意思是虽然买下山地，但古墓还是不能动。关于"墓禁"，《周礼·春官》载"冢人"的职责为："掌公墓之地，辨其兆域而为之图，先王之葬居中。以爵等为丘封之度，与其树数。正墓位，跸墓域，守墓禁。"也就是说，墓丘、围起来的墓区域和墓道等属于墓的范围，由守墓的"冢人"保护，禁止他人挖掘、破坏。

《名公书判清明集》卷九蔡久轩"墓木"书判："舍坟禁之木以与僧，不孝之子孙也；诱其舍而斫禁木者，不识法之僧也。若果如县断，则是为尊者可舍墓木，为侄者不合诉墓木，与法意大差矣！程端汝勘杖一百，僧妙日不应为，杖六十。帖县照断。"

《名公书判清明集》卷九胡士壁"禁步内如非己业，只不得再安坟墓，起造耕种听从其便"书判："……庶人墓田，依法置方一十八步，若有已置坟墓步数元不及数，其禁步内有他人盖屋舍，开成田园，种植桑果之类，如不愿卖，自从其便，止是不得于禁地内再安坟墓。"

《名公书判清明集》卷九蔡久轩"一视同仁"书判："岂特姨奶坟不可动，虽古墓亦不可动也。国家法禁，一视同仁，岂有所轻重哉！若刘自诚已安葬在彼，只当照条监移，官司按法而行，若要如此委曲劝谕，几时是了？"

（三）敬祖

《后村先生大全集》"都昌县申汪俊达孙汪公礼诉产事"书判："俊达既无亲的子孙，则当来卖田骨以葬三丧，乃死者之幸也。公礼既是俊达死后过房为孙，所卖田骨系为乃祖掩骸，又何讼为。照蔡提刑已判行。"这里，宋代"卖田骨葬三丧"是对祖上敬重。

《后村先生大全集》"上饶县申刘熙为举掘祖坟事"书判:"刘熙若以坟山不利为说,当别办棺椁衣衾,可以改葬高燥可也,今乃发冢取其棺中之物,以至砖石、棺钉、墓山皆行卖钱,又将大父遗骸用小板两片安磾遮盖,埋在浅土,孝子仁人之掩其亲,恐不如此。法司检坐条令呈,奉判:为人子孙,辄将祖父冢墓发掘,尸骨焚毁,砖石出卖,亦可谓之悖逆矣。帖县验视其人有无疾患,并要见本人母别有无儿女供赡申,十日。"

(四)坟田

《勉斋先生黄文肃公文集》"龚仪久追不出"书判:"自去岁七月间,有陈旸叔者,讼其起屋侵占坟地,追逮半年,不伏出官,及至差官亲至地头验实,龚仪亦端坐不出,卒使词人坐困,甘心移改坟墓,不与之争,何等顽民,乃敢如此!"这里,龚仪因"侵占坟地",疏枷押下安下,伺候理对公事。

(五)辱祖

《勉斋先生黄文肃公文集》"张运属兄弟互诉墓田"书判:"祖父置立墓田,子孙封植林木,皆所以致奉先追远之意。今乃一变而为兴争起讼之端,不惟辱及祖父,亦且累及子孙。今张解元丑诋运干,而运干痛讼解元,曾不略思吾二人者,自祖而观,本是一气,今乃相诋毁如此,是自毁其身何异。祖父生育子孙,一在仕途,一预乡荐,亦可以为门户之荣矣。今乃相诋毁如此,反为门户之辱。"这里,墓田之讼与辱及祖宗和门户联系起来。

《名公书判清明集》卷十二"母子不法,同恶相济"书判记载福建顺昌县有个"官八七嫂","占人田业,责立虚契,无钱付度。借人钱物,已偿复取。伐人墓林,弃人尸柩。……夺人之货,殴人致死者有之,胁人自缢者有之。"因"伐人墓林,弃人尸柩"等民愤极大,被官府严惩,老百姓拍手称快。

(六)盗墓

《勉斋先生黄文肃公文集》"曾适张潜争地"书判:"……又欲加之掘坟之罪,不惟逞其私憾,而又欲肆其邀求,使张潜之家,张六二尝经安抚使司陈词,台判以为据所陈请买曾家园,节次勘验,则知曾家干人妄诉不已,送本县照租究实,如周成妄状

831

论扰,重行断治,可谓明白简切而得其情矣。今曾适者骑从甚都,言辞甚辩,进退甚详雅,出入台府,扬扬自得,动以权势,胁持上下,官吏相顾,莫敢予决,若不为之明辩,数月之后,被论之人不待刑宪而衔冤入地矣!"这里,"掘坟之罪"是宋代的刑法罪名之一。

《后村先生大全集》"上饶县申刘熙为举掘祖坟事"书判:"刘熙若以坟山不利为说,当别办棺椁衣衾,可以改葬高燥可也,今乃发冢取其棺中之物,以至砖石、棺钉、墓山皆行卖钱,又将大父遗骸用小板两片安磚遮盖,埋在浅土,孝子仁人之掩其亲,恐不如此。法司撿坐条令呈,奉判:为人子孙,辄将祖父冢墓发掘,尸骨焚毁,砖石出卖,亦可谓之悖逆矣。帖县验视其人有无疾患,并要见本人母别有无儿女供赡申,十日。"

《勉斋先生黄文肃公文集》"窑户杨三十四等论谢知府宅强买砖瓦"书判:"据宋有称,宋朝英被谢知府宅关锁抑逼,一家恐畏,只得着押,又称曾吏部宅即是谢知府宅,假作曾吏部宅名字。及索出宋有关书,乃是宋有、宋辅两户均分产业,内有众户克留产业甲龙、甲师字两号,有祖父母墓四所,兄弟商议,不得典卖,关约分明。今谢知府宅乃于嘉定元年(1208)立契置买,只作宋朝英立契。岂有宋辅、宋有两名克留物业内有坟墓四所,乃径与宋辅之孙宋朝英交易之理?又岂有绍兴年间兄弟立约,不得典卖,乃可以违约交易之理?以宋有共分物业,乃能使之作知见人着押,则是以形势抑逼可知。交易之时,宋朝英年未及丁,则其畏惧听从,亦无可疑者。宋有又曾经县,经军,经转运司论诉,竟不获伸,则倚恃形势,尤可见也。人家坟墓,乃子孙百年醮祭之地,谢知府宅乃欲白夺,以为园圃饮宴之所。谢知府独无祖先父母乎?其不仁不义,倚恃豪强,乃敢如此。谢知府、曾吏部违法典卖宋有共分物业,又抑勒宋有作知见人,显是知情违法分明,合追契书毁抹。今谢知府宅倚恃形势,不令赍出契书,且将园池给还宋有、宋朝英,径自障截管业,仍给断由为照。仍申军及诸司。"

《名公书判清明集》卷十二蔡久轩"豪横"书判:"……方震霆豪横自若,拒追不顾。台督之州,州督之县,县督之巡、尉,断锢承吏,索取批书,然后徐徐出官,供帐坐狱,宴饮自如。狱吏非讫于威,则讫于货,声喏趋事,弗敢问也。本司索狱官批书，追狱吏黥断，然后具数条不法者申上。吁！豪强之可畏如此，其为民害可胜计哉！详诸公言，良亦可畏。承干酒坊，俨如官司，接受白状，私置牢房，杖直枷锁，色色而有，坐厅书判，捉人吊打，收受罢吏，以充厅干，啸聚凶恶，以为仆厮，出骑从徒，便是时官，以私酤为胁取之地，以骗胁为致富之原，吞并卑幼产业，斫伐平民坟林，兜揽刑死公事，以为扰害柄把。"

(七）祖坟

《名公书判清明集》卷十二"告评服内亲"书判："……今者无故以其从侄王圣时改墓之事，而惹论其素所仇怨之堂侄王圣泳，以为报复之计。且迁改父祖坟墓，在法虽当经官自陈，然今人子孙以风水不利，而迁改父祖坟墓者往往有之，虽达官贵臣之家，有所不免。经官自言者曾几何？王圣时自己父墓而自改之，何预从叔王齐敬之事？况王圣时亦颇知书，又非病狂丧心，必不肯无故毁坏其亲父之骨殖。而王齐敬平生傲狠悖逆如此，其于亲堂兄嫂侄且蹯籍之，不啻犬豕，必不至于其从兄王齐白，独兴恻隐之心，不忍其改墓而兴此讼也，特假之复仇耳。古之霸主，多假义以行私。迹王齐敬平生之所为，何等犬彘，而敢尔诬罔，诚大可恶。"

《名公书判清明集》卷九胡士壁"禁步内如非己业，只不得再安坟墓，起造耕种听从其便"书判："庶人墓田，依法置方一十八步，若有已置坟墓步数元不及数，其禁步内有他人盖屋舍，开成田园，种植桑果之类，如不愿卖，自从其便，止是不得于禁地内再安坟墓。"

二、《洗冤集录》记载的发冢、检验

(一) 检验与考古

宋慈《洗冤集录·发冢》说："勒所报人具出：死人原装着衣服物色，有甚不见被贼人偷去。"

这段话意思是，对墓冢被盗挖的案件，到达现场时，要报案人开列清单，包括死人原装衣物及其所有陪葬物品。对清单中死人原装衣物及其所有陪葬物品被盗墓人偷去要注明清楚，以便调查、核对、评估。所以，发冢重点在陪葬物品。也就是说，当时宋慈要清点陪葬物品的丢失,而陪葬物品除随身装束外,还有金银首饰以及死者生前喜爱所有物品、金银等,并加以评估,一旦抓到盗墓者就可以定罪量刑。而后者工作,类似于我们今天所说的考古工作。这样,宋代检验又与考古工作联系了起来。也就是说,考古工作在宋代也归官府管。

为什么宋代政府要把墓葬品进行管理?为什么墓葬有如此多的物品?为什么清点是强调"死人原装着衣服物色"呢?原来,汉人祖先有"视死者如生人""事死如事生"的哲学理念。故,入土时后人会给死者,以金器,以马匹,以狩猎,以家园,以奴仆,以征战等布置或陪葬,甚至活人、畜陪葬。所以,宋慈明确要求,要检验"有甚不见被贼人偷去"。

现在明白了,所谓陪葬,就是指以器物、牲畜或人与俑同死者葬入墓穴,以保证死者亡魂的冥福。以人陪葬是古代丧葬常有的习俗,而陪葬与殉葬不同之处在于,它是等待活人正常死亡后葬于墓中。其中,有的是死者的妻妾、侍仆被随同埋葬,也有用俑、财物、器具等随葬,他们死后会把生前享用的一切,包括美妻艳妾都送到坟墓中去。

宋慈主要讲"陪葬物色"即陪葬品。宋代陪葬品中可出现担任各种士兵及仆役俑,这是为了保证亡者安全和食品供应。不同身份和性别也决定陪葬品不同,陪葬品还包括谷仓,直到各式各样的工作坊,例如织布机坊。此外还有士兵、渔夫、旅行用的容器和有水池、绿荫的花园及陈设完备的住家等。宋代经常选择镜子作为陪葬品,放置在死者的脸旁、胸前,可见得镜子不只是日常用品,还具有象征意义。其他陪葬品,瓷器是古墓中常见之物,古人常用瓷器陪葬。武将可能有青铜的灯台、刃斧、金银玉器甚至生前车马等。

宋慈《洗冤集录·发冢》的记载,使我们了解了我国古代检验史。事实上,我国法医发展史与国外极为相似,比如英国的验尸官(Coroner)制度,同样是这样走过来的。英国的"验尸官"制度早期也有类似宋代发冢的检验职能。Coroner(验尸官)一词来源于Crown(皇冠),意思是皇家的人与财产。"验尸官"制度产生于1194年的英格兰,验尸官的首要责任是调查非正常死亡事件或者其他存在疑点的死亡事件的死者

第八章　中国古代法医产生、发展与社会治理关系研究

身份、死因、死亡时间、财产没收等,调查、检验结束,将财产评估后充公,归还皇家。担任验尸官的人,必须是律师或者从业至少五年的医生。以前,验尸官可以通过问讯、调查确定犯罪嫌疑人的身份,移交正式的法庭接受审讯。但是,目前验尸官的职责只有"死因裁判"一项了。

通过宋慈《洗冤集录》,我们了解了宋代检验制度,更主要的是理解了宋慈为什么再三强调担任检验的重大责任和检验人员的严格要求。检验对象不仅有死因认定,还包括财产确认,甚至发家考古的财产评估,不是什么人都可以胜任的。这样,就可以体会宋慈所说的"审之又审,不敢萌一毫慢易心"的复杂心情。现代电视剧、戏剧、小说、评介、书刊等,只说宋慈验尸,其实太过局限,不够全面,但提到宋慈智慧、廉洁奉公及尽心尽力工作还是对的。

（二）骨骸与检验

宋慈在《洗冤集录·验骨》中介绍:"髑髅骨,男子自顶及耳并脑后共八片,蔡州人有九片。脑后横有一缝,当正直下至发际别有一直缝。"

这段话的意思是,人类不同人种的脑颅骨有别,汉人男子的头颅由八块颅骨组成。但是,金人的颅骨由九块颅骨组成,其脑后有一条横缝,从这条缝的中点往下至发际,又有一条直缝。

宋慈生活在我国南宋时代,要了解他所说的"蔡人骨",就要先了解南宋历史。

北宋末年,金国的建立者女真族,生活在我国黑龙江中下游和长白山地区。在辽统治初期,它还处于原始氏族形态,但随着人口的增加与铁器的大量使用,使其快速发展起来。到辽末年,女真族已成为北方一支不可小觑的力量。1114年,女真贵族完颜阿骨打誓师起义。次年,阿骨打称帝,建立了金王朝。金(1115—1234)成为我国历史上继辽之后的又一个少数民族政权,它在消灭辽之后,又消灭了北宋王朝,基本统一了中国北方。女真族领袖完颜阿骨打建立金国。金借口北宋收容金叛将,分兵南下,趋汴京。钦宗即位,与金人和议,金人解兵北归。次年,即靖康二年(1127),金人南下,攻陷汴京(今开封),掳走两宗北去,史称"靖康之祸",北宋灭亡。

赵构在临安(今杭州)重建宋朝,史称南宋(1127—1279),与金朝东沿淮水(今淮

835

河)、西以大散关为界。南宋与西夏和金朝为并存政权。宋慈是南宋从事刑事断案官员,自然只能在福建、江西、湖南、广东等南方一带任提刑官,其举世闻名的《洗冤集录》就是在此期间完成的。

南宋偏安于淮水以南,是中国历史上经济及科技高度发达,但军事相对较弱的王朝之一,亦是中国历史上政治最黑暗的朝代。金国打败北宋后建都(伪齐)于开封,但驻军则在蔡州(今河南上蔡一带),南宋人称金人为蔡人,意在金国为敌国,是一种贬义。

现在,我们明白,宋慈所指的蔡人骨,即指金人(女真族人)的头颅骨。因在南宋时期,南宋多次北伐,金国也多次南下,双方各有死伤。这时检验官员需判别死者骨骸的人种等,这在战争年代十分常见。

按现代解剖学研究,人类脑颅由额骨一块、顶骨两块、枕骨一块、颞骨两块、蝶骨一块和筛骨一块组成,共计八块。他们一同组成颅腔,整个脑部处于颅腔中。颅腔的顶部称为颅顶,颅顶前起眶上缘上方呈弓形隆起的眉弓,后抵上顶线和枕外隆凸,在两侧位置通过上颞线与颞区分界。颅顶的最前方是额骨,额骨通过冠状缝与后面的两块顶骨紧密结合;两块顶骨之间是矢状缝,顶骨之间还有被称为顶结节的光滑隆起,顶骨再通过人字缝与后方的枕骨相连。

由以上解剖学研究可知,脑颅是八块组成的,而宋慈认为"蔡人"颅骨的脑颅九块。为何是九块,宋慈没有说明。"蔡人"颅骨的脑颅九块问题,是否颅骨变异骨缝和骨块出现的情况,现在也不得而知。但宋慈提示可能是枕骨的变异:"脑后横有一缝,当正直下到发际另有一条直缝。"是否"金人"变异骨缝和骨块单独或并发的情况呢?据人类学研究,颅骨出现变异骨缝和/或骨块的概率,为41.39%;人字缝骨、翼上骨、人字点骨、额缝和顶间骨出现的概率,分别为26.50%、11.15%、10.22%、9.31%、0.85%;两种或两种以上的颅骨变异骨缝和骨块共同存在的概率为15.81%;其他还有枕骨变异,但较少。所以,变异出现率最高的是人字缝骨;各种变异出现的概率可能因地域而变化;颅骨的变异可能与胚胎发育时骨化过程受到某种阻碍有关。

可以认为,宋慈当时已考虑用法医人类学(forensic anthropology)的知识解决个人识别问题,具有很重要的法医学意义!

(三)禁止发冢

据《宋史·列传第七十三》记载,宋哲宗绍圣年间(1094—1098),开封府大户向氏在自家祖坟附近修建一间慈云寺。向氏系向太后的娘家,非寻常家族。时任户部尚书的蔡京欲巴结皇亲,便圈了一大块地给向氏,要求"四邻田庐"赶快拆迁,让给向氏修寺。有不少人家的良田被圈入,更有不少人家祖坟墓冢被划入而认为这无异于"发冢",被拆迁的人家不服,到开封府告状。开封府法官范正平做出判决:"所拓(拆迁)皆民业,不可夺"维护了被拆迁户的利益。但被拆迁户还是不满意,"又击鼓上诉",告到登闻鼓院,最后向氏被"坐罚金二十斤"。此案例说明当时对祖坟的重视程度。

发冢指发掘坟墓。古人保护祖坟,禁止发冢。古代法律也禁止发冢。中国古代社会,坟墓的保护状态往往影响民心和士气,素为社会各阶层所重视。

《史记》记载了许多因本国墓葬被敌方控制或毁坏造成的重大影响。如韩国先王墓葬所在地平阳距秦地仅70里,韩国恐惧秦人的破坏,不得不俯首称臣。又如在楚顷襄王二十一年(前278),秦将白起攻下楚郢都,烧其先王墓夷陵,导致楚人丧失斗志。在燕齐两国的战争中,田单据孤城即墨抗战,曾经用计宣称:"吾惧燕人掘吾城外冢墓,僇先人,可为寒心。"于是,"燕军尽掘垄墓,烧死人。即墨人从城上望见,皆涕泣,俱欲出战,怒自十倍"。这是因破坏宗族坟墓,反而激起对方斗志的一例,同样也说明先人冢墓在人们心中的地位。

史书还有不少因家庭墓葬遭破坏,士大夫因而辞官的事例:如《晋书·华谭传》记载,西晋时,"素以才学为东土所推"的秀异之士华谭,曾以父墓毁而去官;《晋书·何充传》记载会稽内史何充"以墓被发去郡"。《旧唐书》等史籍中也有同样的事例,如唐宣宗时东都留守柳仲郢因"盗发先人冢",于是弃官回乡。中国传统农耕社会中,生者之居和死者之居往往相近相安。坟墓,是能够长久寄托亲情的象征。

坟墓,有时又被认为具有某种能够预示宗族盛衰的神秘作用。历史上还多有"兵革乱离,而子孙保守坟墓,骨肉不相离散"的故事①。坟墓成为凝聚宗族情感的一种文

---

① 语出《宋史·孝义列传·姚宗明》。

化标志。对于故土的忠爱之心，有时首先直接体现为对于家族坟墓的眷念。《宋史·忠义列传·向子韶》记载，宋高宗建炎二年（1128），金人犯淮宁，地方长官向子韶鼓动士民抗敌时，就曾经大声疾呼："汝等坟墓之国，去此何之，吾与汝当死守！"在宗法制长期有规范性影响的中国传统社会，保护冢墓，就已成为一种道德行为的准则。唐诗所谓"耕地诫侵连冢土"（杜荀鹤：《题觉禅和》），表明这种道德规范也对处于社会底层的劳动者形成了约束。禁止盗墓的法律，在先秦已经出现。如《吕氏春秋·节丧》中写道，厚葬形成风习，于是"国弥大，家弥富，葬弥厚"，而自然会因此诱发"奸人"盗墓行为，"上虽以严威重罪禁之，犹不可止"。可知当时对于盗墓，已经有"以严威重罪禁之"的惩罚措施。

汉代严禁盗墓的法律，也见诸史籍。《淮南子·汜论》写道："天下县官法曰：'发墓者诛，窃盗者刑。'此执政之所司也。"据说往往"立秋之后，司寇之徒继踵于门，而死市之人血流于路"，可知执法是严格的。张家山汉简《二年律令》中的《盗律》规定，"盗发冢"与伤人致残、讹诈、杀人及拐卖人口等同罪，都应处以磔刑。《太平御览》卷五五九引《汉赵记》曾记载了一位名叫张卢的男子在死后27天，有盗发掘其墓，张卢竟然苏醒的故事。说张卢复活后询问盗墓者姓名，郡县行政长官以为盗墓行为虽然原本属于"奸轨"，但是"张卢复由之而生，不能决"。豫州牧呼延谟将这一案情报告给皇帝，皇帝下诏说："以其意恶功善，论笞三百，不齿终身。"盗墓行为原本应当严惩，只是张卢因此意外复生，才使得断案具有了复杂性。有的法律史学者将这些资料看作当时有制裁"发墓"的法令的例证。《魏书·高宗纪》也记载，北魏文成帝拓跋濬太安四年（458）冬十月，"北巡，至阴山，有故冢毁废，诏曰：'昔姬文葬枯骨，天下归仁。自今有穿毁坟陇者斩之。'"这也是"穿毁"冢墓已经被法令严厉禁止的证明。

唐代法律包括制裁盗墓行为的内容。《唐律疏议》明确规定：各种盗掘墓葬者，罚处劳役，流放远方；已经打开棺椁的，处以绞刑；盗掘然而尚未至于棺椁的，判处徒刑三年。其墓葬已被破坏以及尚未殡葬而盗损其尸柩的，判处徒刑二年半；盗取死者衣服者，罪减一等；盗墓取中器物、砖、版者，与一般盗窃罪同样处罚。对于真正的"发冢"，处置是十分严厉的。同类罪罚，"刑名轻重，粲然有别"，反映了有关法律经

第八章 中国古代法医产生、发展与社会治理关系研究

多年实践检验而日臻成熟。对于冢墓、棺椁、尸身造成毁伤的行为都有不同的处罚条文。甚至是损害陵园墓茔内草木的行为,都要处以徒二年和杖一百刑罚。《金史·刑志》又记载金世宗大定十二年(1172),尚书省上奏,"盗有发冢者",金世宗说:连功臣坟墓也有遭遇盗掘者,这是因为没有"告捕之赏",所以犯罪者肆无忌惮。"自今告得实者量与给赏。"与刑罚结合的告密制度的建立,是为了切实有效地惩治盗墓行为。

在《元史·刑法志》中,有关于"发冢开棺伤尸,内应流者……杖一百七,发肇州屯种"等条文。《元史·刑法志》规定:官民人等但犯"发冢"之罪,也是与"强窃盗贼"、制造假币、劫掠拐卖人口以及"放火、犯奸"等"诸死罪"同样处罚的。

历代政府除了颁布法律条文严厉打击盗墓之外,各级官员对于盗墓行径亦不宽贷也反映出社会主流文化对盗墓的痛恨。在民间,无论死者生前的行为如何,入土为安,保证死者不受打扰是民间的共同认识,舆论对盗墓乃至所有破坏墓葬的行为的谴责,是由来已久的。相关现象,也体现出法律对盗墓行为严厉惩处的文化背景。历代除有法律和制度以保证墓葬安全之外,社会舆论也是一种强有力的保障武器。

各个时期的文献中可以看到不少有关盗墓者遭遇恶报的志怪故事。例如《异苑》卷七写道:苍梧王士燮,汉末死于交趾,埋葬在岭南边境,这座墓葬经常浓雾蒙被,屡经动乱,没有遭到发掘。晋兴宁年间,太原人温放之任刺史,"躬乘骑往开之,还即坠马而卒"。交趾太守温放之"乘骑往开"苍梧王士燮墓,亲自指挥盗掘,回程即"坠马而卒"。这一故事告诫人们盗墓行为会遭报应。

清代《刑案汇览》的"发冢"案例涉及犯罪行为包括:毁损尸体行为、不当丧葬行为、破坏风水行为、破坏棺椁行为和从死者身上不义获利行为,绝非"盗墓"这一种犯罪行为所能涵盖。因此,"发冢"并不等同于"盗墓"。我国古代刑律对不同类型的"发冢"均科以重刑,反映出中国古人"慎终追远"的文化观念。"发冢"是我国古代法医学检验的重点对象之一。

因此,从我国传统文化角度,阅读《洗冤集录》,能够理解宋慈的真实原意和目的。

(四)验发冢

宋慈《洗冤集录·发冢》:"验是甚向,坟围长阔多少。被贼人开锄,坟土野狼藉,

锹锄开深尺寸见板，或开棺见尸。"

这段话的意思是，"发冢"就是"被掘冢或被盗墓"。那么，"检验发冢"就是"被掘冢或被盗墓"的情况，包括尸体和附属物品全面检验。先验墓的方位、朝向，墓围大小；其次，检验盗墓人从什么方向开挖，挖出的坟土四处堆放，开掘深多少尺寸，见棺板或开棺见尸。

老百姓如此重视祖坟墓冢，主要由于这是老百姓的经济利益和社会地位，而官府也予以保护，私人不得"发冢"，除非国家需要。

墓冢被发掘了，其尸体才成了检验对象。因此，宋慈指的"发冢"是刑法文类中的一种类型。但是，中国的"发冢"案例与西方社会史对于盗尸不同之处在于，中国的"发冢"不盗尸体，尸体仍是盗尸者眼中的无法交换的东西，"发冢"窃盗要偷的并不是尸体本身，而是尸体亲属的社会经济地位所带来的陪葬品。所以，"发冢"侵犯了死者，也侵犯了死者的亲属，包括社会经济地位。

宋朝"发冢"的惩罚"与斗杀罪减一等"。宋慈记载"发冢"的案例，显见在当时"发冢"并不是罕见情形。"发冢"属于《刑律贼盗》的分类，因为窃取尸体或者墓冢内的财物，进而裸露尸体是被判刑的主要原因。

宋慈《洗冤集录》中还记载宋朝法律惩罚"拿尸体来进行诬告"的情形，例如"诈伤诬告""自缢诬人""服毒诬人"等。这类以尸诬告的例子也大量同时出现在关于诬告的条例中。而尸伤涉及区辨的问题，若是尸亲误判死因而告官，也算诬告。尸体代表一个证据，淹没可能的证据也会入罪，只要可能进入诉讼以及司法程序中的尸体被埋葬，也是犯罪。

中国传统农耕社会中，生者之居和死者之居往往相近相安。白居易《朱陈村》诗写道："死者不远葬，坟墓多绕村。既安生与死，不苦形与神。"坟墓，曾经是能够长久寄托亲情的象征。因此，从我国传统文化角度，阅读《洗冤集录》，能够理解宋慈的真实原意和目的。

第八章　中国古代法医产生、发展与社会治理关系研究

第九节　中国古代法医学发展由盛而衰的原因分析

在世界法医学史上，中国古代法医学发达最早，在先秦时期就已有了法医检验的技术。至南宋宋慈的《洗冤集录》一书面世，中国古代法医学达到了空前的水平。该书对尸体现象、机械性窒息、机械性损伤、高温所致的伤亡、现场尸体检查以及急死、堕胎与杀婴等做了详细的分析与说明。可以这么说，宋慈《洗冤集录》在我国法医学史上是划时代的著作。这部指导外表检验的系统法医学著作的诞生，标志着我国古代法医学在世界上首先取得了辉煌的成就，但在其后的七百余年间，虽然又取得不少的成就，却发展迟缓，终于落在欧洲法医学的后面。那么，我国法医学为什么由盛而衰最终未能完成向现代法医学的飞跃，其原因是什么呢？我们分析如下。

第一，传统儒家文化和纲常伦理世界观下的维护尸体外表检查和不准解剖的检验制度，是我国古代法医学发展由盛而衰的原因之一。

中国古代法医学虽在世界上取得过辉煌成就，并一度处于世界领先地位，但在元、明代以后，古代法医检验技术未能及时吸取医学特别是西方医学的新理论、新技术，仍仅仅停留在尸表检查阶段；中国古代法医检验制度从根本上说是一种维护尸表完整的制度。数千年的文化观念、伦理纲常从来不允许为了打官司，而把死者尸体进行解剖。以宋代为代表的我国古代检验制度是一项维护尸体外表检验的检验制度。遵照这一制度的规定，就只能进行尸体外表检查，不能进行尸体剖验。而不准尸体剖验，则是封建礼教所决定的。违反这一规定，不仅要受舆论的非难，还要受刑事处分。这样，宋代出现世界上最早的法医学著作宋慈《洗冤集录》，标志了我国古代法医学在世界的领先地位，然而由于传统儒家文化和纲常伦理世界观的影响，我国的法医学发展长期停滞不前，而西方法医学经过文艺复兴及自然科学的迅速发展后，在近代时已经远远超过中国。

第二，受制于传统医学和自然科学的发展，也受制于不主动接受先进科学的思想，

中国古代法医学与社会治理关系史

我国法医学在13世纪领先于世界，之后迅速落后。

这一点，林几有专门论述。林几肯定在古代当时条件下我国法医学发展，也批评不接受科学带来的落后现状。林几《二十年来法医学之进步》说："司法术验，古籍可考者仅有石晋和凝之《疑狱集》、北宋郑克之《折狱龟鉴》、南宋宋慈之《洗冤集录》、元王与之《无冤录》，迨后明清两朝，虽多增注，但均出自法曹之手。未明人体构造、病理死因，以致疑窦滋多，真意转晦。……当时律例规定，检验死伤，均由仵作，妇女身体检查，别由稳婆。至中华民国二十四年（1935）颁布新民法、刑法及民事、刑事诉讼法，方更尸体剖验及妇女身体检查由医师执行。……法院组织亦删去仵作验吏名称，而设检验员。……是乃我国检政制度之大进步。即由非科学时代，而演进就合于科学也。惟一般检验员皆罕受科学之训练……法官对新法检验既难得悉，旧法皮毛亦全不知。于是一遇检验尸伤，概委诸检验员之手，遂至案多冤抑，讼累莫决。"① 具体来说，古代传统医学对于我国古代法医学有着重要的影响，但是由于两者之间存在着较多的差异，法医在检验过程中，并不能完全以传统医学的理论来指导法医检验工作，也不能解释法医实践过程中所遇到的一些问题，直到出现显微镜、人体解剖学、病理学、毒物学和分析化学的应用才解决了很多法医检验的实践问题。中国古代法医鉴定虽处于同时期的世界领先水平，但由于受到古代科学技术的限制，缺乏仪器设备以及物理、化学等手段来辅助进行检验工作，只能依靠直观分析来做出判断，因而做出的意见可信度相对较低。然而，西方诉讼领域中包括体视显微镜、比较显微镜、显微测量尺以及照相术等光学、物理学仪器设备的应用，使司法鉴定告别了古代单纯依赖肉眼进行观察的时代，增强了检验、鉴定工作的科学技术含量。但是，我国法医学仍然固守《洗冤集录》的使用，而不引进先进法医学科学技术，最后导致由盛而衰的局面。

第三，检验人员设置不合理且不符合法医学科学自身发展规律，是导致我国古代法医学发展由盛而衰的原因之一。

我国古代法医检验，因检验对象不同而有不同的分工。尸体检验方面，先秦时期是由令史在奴隶（隶臣）配合下进行的。唐宋时期是由检验官吏在仵作配合下进行的。

---

① 林几. 二十年来法医学之进步[J]. 中华医学杂志. 1946(6): 245—246.

第八章 中国古代法医产生、发展与社会治理关系研究

元明清代改在检验官吏监视下,由仵作进行尸体检验。除怀疑为针灸致人死亡案件须邀请医人验针灸处是与不是穴道外,历代的尸体检验,从无医生参与验尸的法律规定,也未见医生参与尸体检验的案例。尸体检验由官吏与仵作进行,医生不能参与,是检验人员分工不合理的主要表现。法医活体检查是由检验官吏、医生、稳婆进行的。先秦时期,活体损伤由令史检验,疾病由令史邀请医生参与检验,有时令史也进行疾病检查。到了清代,有时仵作也参加活体损伤的检查。物证方面,一般是由检验官吏、仵作对致伤凶器进行检查。

法医学是专门的科学,有其专门的基础和专业训练,术业有专攻,需要由专门从事这一职业的人员进行检验。前已述及,林几对法医学这一自身发展规律总结为:"检验员受科学之训练"和"尸体剖验及检验由医师执行",因此,我国古代法医检验由官员和仵作操作,不符合法医学科学自身发展规律,是导致我国古代法医学发展由盛而衰的原因之一。

第四,我国古代法医学属官验制度和行政化管理下检验制度,不符合法医学自然科学属性的鉴定人制度,是导致我国古代法医学发展由盛而衰的又一个重要原因。

所谓官验制度,指法医检验由负责审判的官吏行使,检验结果由官吏负责,仵作只是配合官吏检验;所谓行政化管理下的检验制度,指我国古代检验的管理实行行政化管理,检验管理权力由官吏行使。所谓鉴定人制度,其最大特点是鉴定人不负责审判,只管鉴定。所谓鉴定人鉴定必须是以审判为主体的活动,只有根据法院的命令进行鉴定的人才能成为鉴定人。所谓鉴定人是指根据审判官在诉讼上的委托就某一专门知识提出带有经验性的报告,或者对审判提供事实资料以及在审判官委托下调查的事实资料,运用他的专门知识和法律上重要事实的推论相结合的方法来帮助审判官的认识活动的人。

我国古代法医学把法医学内容法令化。法医学就其实质来说属于自然科学范畴。法医学的内容是要在为法律实践服务的过程中不断发展的,这是科学发展的必然规律。而将法医学内容法令化,就使法医学的内容成为不可更改的东西,等于给法医学套上了枷锁,使它难以向前发展。比如,由政府颁布尸格尸图、尸骨图格,二者是外表检

查的产物,因而在实际应用时,将尸体检验严格限制在外表检查的范围内。又如,颁布致命部位和致命伤,这是给按尸体外表检查结果下结论,提供法医学的乃至法律上的根据。使检验人员满足于表面现象,不必深究尸体内部的变化。再如,清代颁布《律例馆校正洗冤录》,把法医学的内容"固化"。

在法医学内容被法令化以后限制了法医学的发展,与自然科学原理背道而驰。因为,法医学是不断发展的科学,随着先进仪器的出现,随着法医学理论的完善,法医学的认识和检验水平会随之提高。相对于成熟的理论科学而言,早期法医学本质上还是经验科学,其是不成熟、初级的,但理论科学是建立在经验科学基础上,经验科学进一步发展可成为理论科学。同时,法医学还远远谈不上是完全成熟的理论科学,把法医内容固化,是违背法医学发展规律的做法。因此,我国古代法医学官验制度和行政化管理下检验制度,不符合法医学自然科学属性的鉴定人制度,是导致我国古代法医学发展由盛而衰的又一个重要原因。

第五,我国古代闭关自守和自然科学落后,是造成古代法医学由盛而衰的原因之一。

宋慈《洗冤集录·序》的结尾写有一句话:"或有得于见闻及亲所历涉出于此集之外者,切望片纸录赐,以广未备。慈拜禀。"据此,宋慈当时已经认识到,检验学问是需要不断充实和完善的,不能故步自封。否则,将影响其发展。但是,我国古代法医检验制度、闭关自守和自然科学落后必然限制了法医学的发展。我国古代自然科学落后,主要是化学、物理学、解剖学、组织学、病理解剖学、药理学与毒理学等与法医学有密切关系的学科落后,是古代法医学未能向现代科学飞跃的一个重要原因。这些科学的落后与封建王朝闭关锁国有重要关系。欧洲医学在16世纪正是解剖学革新的时期,并且已有极大的成就。特别是在16世纪解剖学的基础上,经过17世纪的生理学,18世纪的病理解剖学,19世纪的细胞学、细菌学的发展以及19世纪末和20世纪的临床医学的发展,从而给法医学发展注入了活力。但是我国明清代没有引进西方先进技术和科学理念,故步自封,发展缓慢。这一点,林几也有专门论述:"吾国对刑事案件自古以来已能注意及斯。惜后人食古不化、墨守陈章,缺乏精研,终落人后。""在欧西各国，每遇有关法医事件统先由各城指定官医施行初验，择取检材送交各大学法医学教室，请专家作详细检查，故所鉴定案件，事无大小，必详必确。亦所以昭大信于公民，尊法律重国本也。"① 因此，我国封建王朝闭关自守和自然科学落后，是造成古代法医学由盛而衰的原因之一。

第十节 中国古代法医学与西方法医学的比较研究

古代社会治理是指由国家主导，吸纳各种社会主体参与，对社会公共事务进行的治理活动。法医参与社会治理，主要通过法医技术手段解决国家治理中的社会问题，化解社会矛盾，促进社会公平，科学、公正地处理涉诉法律问题，消除讼争怀疑和平息公众情绪，达到服判息讼的法律效果和社会效果，进而推动社会发展。从运行意义上讲，"社会治理"实际是指"治理社会"。换言之，所谓"社会治理"，就是特定的治理主体对于社会实施的管理。由"社会管理"到"社会治理"不仅仅是概念上的变化，而且蕴含着理念、方法、手段和制度等多个层面的深刻变革。

我国古代法医学从战国时期开始，迄今有2000多年的历史。秦朝就出现了专门的检验记载和检验人员，这比西方提前了1000多年。随着宋朝法律制度的完善，法医检验制度和技术都得到了快速的发展，产生了世界上第一本系统的法医学著作《洗冤集录》。在《洗冤集录》出现的300多年之后，西方第一本法医学著作《医生的报告》才出版。但是在之后的几百年时间里面，西方法医学迅速发展，很快超越了中国的法医学，成了世界法医学发展的主流，而我国法医学则出现了由盛而衰的局面。因此，为探索法医学发展与社会治理深层次关系，有必要对中西方法医学发展进行比较研究。

---

① 林几. 法医学史[J]. 法医学刊. 1935, 3: 1—6.

一、中西方法医学发展概况

(一) 中国法医学的发展

1. 中国古代法医学的萌芽时期

(1) 中国法医学的起源

我国法医检验起源于战国时期,《吕氏春秋》中提到"命理瞻伤、察创、视折,审断,决狱讼,必端平。"这里,"理"为审理案件的官员,"瞻伤""察创""视折"是一系列法医检验活动;而"审断,决狱讼,必端平"则指官员公平地审查、决断案件。这段文字表明,在战国时期已经有了对法医检验活动的规定。

(2) 秦朝的法医检验制度

在法医检验制度方面,最主要的是云梦秦简中《封诊式》。《封诊式》就是指查封、检验的格式。全书共 3010 个字,大部分是以案例的形式进行介绍。《封诊式》对于自杀、他杀、盗窃等案件的检验都有介绍,并辅之以案例进行说明。《封诊式》每个案件都以"爰书"开头,都有一段报案理由,在"爰书"之后是检验和勘察,并由令史写出检验报告。在法医检验人员方面,《封诊式》有专门记载。其一,是令史,在"告臣"一段中提道:"令令史某诊丙",可知,令史是检验的主要人员,不仅对尸体进行检验,同时还勘察现场、拘捕犯人。其二,《封诊式》提到了医生,但是医生只参与麻风病的诊断。其三,《封诊式》还提到了隶臣和隶臣妾,指男奴隶和女奴隶,主要负责一些勘验检查中的搬动尸体等辅助工作。

(3) 汉唐时期的法医检验制度

汉代蔡邕对《礼记》的注说:"皮曰伤,肉曰创,骨曰折,骨肉皆绝曰断。"这是对损伤的一个明确的规定。隋朝巢元方所著的《诸病源候论》中提到自缢的含义以及各种死亡征象。值得一提的是,北魏开始,设立医学博士制度。这一制度隋唐沿用下来,唐代每州县设医学博士,除医务工作之外,还须参与检验。这样,医生就有机会接触司法案件。以往医生很少了解到"冤""屈""仇""恶""惩"等法律术语,参与检验后,就会在自己的笔记或记录中出现案例记载和体会,甚至撰写成书。如北齐徐之才撰写《明冤实录》,据李涛记载是我国现存最早的法医学专书,也是世界上最早的法医学专书。但这部书不久就失传了,具体内容无从知晓,反映出法医这一学科依然没有得到应有的重视,没有成形。又如隋朝颜之推撰写的《冤魂志》,亦名《还冤记》《还魂记》,别称《冤报记》《北齐还冤志》等。该书原3卷,今本1卷,36条。取材于经史纪事,兼及自己所见,历叙西周至隋人物与案件,皆以冤屈鬼魂复仇或为恶者受惩为结局。需要强调的是,《唐律》中有《诈伪》记录:"诸诈病死及死伤受检验不实者,各依所欺,减一等。若实病死及伤,不以实验者,以故入人罪论。"《唐律》明确规定,检验人员在检验诈死、诈伤案件时,如果检验不实,就要受到比该案犯罪人应受的惩罚低一等的刑罚。如果是真病、真伤、真死,但是检验不实者,按照重罪处罚。从上可以看出,唐朝明确规定法医检验工作是对病体、伤体、尸体和伤病鉴别。

2. 中国古代法医学的完善时期

(1) 宋朝法医检验制度

宋朝是中国古代法医学完善的时期。宋朝法律制度主要是继承了唐律,在吸收唐朝司法制度的基础上,发展出了系统的法医检验制度。宋初制定的刑律《宋刑统》中有关法医检验的规定,以敕、令、格、式的形式颁布了一系列与法医检验有关的法令,明确规定了检验官吏及其职责和检验范围,对初检、复检、免检亦有明确规定。宋朝法律上对检验制度的规定,促进了检验制度本身的发展。正是在这种良性的互动之下,产生了我国也是世界上第一部系统的法医学专著《洗冤集录》。宋朝还有一本书《名公书判清明集》,该书是士大夫司法官吏断案的判词,其中有不少法医检验案例。从该书可以看到,宋朝重视培养司法官吏和检验,而宋朝的士大夫阶层,重视法律实践,认真总结前人的办案经验,注重现场勘察和物证收集和证人采访,并细致判别证据的真伪。这样,法医检验从普通官吏谋生手段变成了士大夫探索司法断案领域。这就可以解释《洗冤集录》这本系统法医检验专著出现在宋朝的原因。

(2) 《洗冤集录》对于法医鉴定的贡献和世界影响

《洗冤集录》是由宋朝宋慈所著,是世界上第一部完整的法医学专著,此书标志着中国古代法医学体系的建立。宋慈历任主簿、县令、通判兼摄郡事、提点广东刑狱、任江西提点刑狱兼知赣州、提点湖南刑狱并兼大使行府参议官等职。在他的工作生涯中,许多时间都是在进行法医检验工作,积累了大量的实践经验,并且研读了其他相关书籍加以综合和提炼,完成了《洗冤集录》这部系统的法医学著作。该书的主要内容包括宋代关于检验尸伤的法令、验尸的方法和注意事项、尸体现象、各种机械性窒息死、交通事故损伤、高温致死、中毒、尸体发掘等;对一些主要的尸体现象,有了较为明确的认识;提出自缢、勒死、溺死、外物压塞口鼻死四种机械性窒息及其原理,并且对机械性损伤有了较为详尽的论述。至南宋以后,《洗冤集录》就成为法医检验的教材,并被宋、元、明、清各代定为刑事检验的准则。《洗冤集录》比 1602 年出版的《医生的报告》早 300 多年,被翻译成多国文字,传播到亚洲乃至世界各地,对世界法医学史有重大的贡献。①

(3)元朝对法医制度的改革

元朝继承了唐宋时期的检验制度,又有其鲜明的特点。它在吸取前朝各代法医检验制度基础上,结合元朝法律特色,对法医检验制度做了更为明确的补充,为法医学的继续发展奠定了很好的基础。《检尸法式》是元代检验制度中的一项重要规定,它将宋代的检验格目、验状、检验正背人形图三种规定简化为一种,具有简洁、扼要的优点,是现存最早的通行的验尸规定。其中提到了关于如何应对检验尸体中的舞弊现象以及根据不同季节和地理情况导致尸体不同变化,从而警戒检验人员不得延误检尸时间,同时,对于各种情况的尸体包括水中、火烧、杀伤的现场检验方法也有较为详尽的叙述。它既吸收了宋朝的检验规定,又详列了尸体各部位名称,附有尸身仰合图画。《检尸法式》中所规定的活体检查和物证检查也是我国历史上第一次出现,这为后代法医学的发展奠定了重要的基础,对于我国的法医鉴定制度程序化,有着深远的意义。对于法医鉴定人员的规定,元朝颁布的《结案式》规定了作为招考儒吏的考试程式。儒吏是负责官府文案的属吏,负责上报刑民案件结论。通过考试程式,政府可以保证所有上报文案的格式统一。尽管这是元朝官府对上报民刑案件结论而定的通式,但有近半数内容涉及法医学。元朝的法医鉴定人员在此规定下更加专业化、程序化。

---

① 详见本书第 765 页。

第八章　中国古代法医产生、发展与社会治理关系研究

3. 中国古代法医学的缓慢发展时期

（1）明代的法医制度

明朝继承了宋元时期的检验制度，并没有得到明显的发展，只是在检验方面做具体规定。如对于尸体免于检验的规定，只有在受害人家属提出请求，并由官府对其进行审查，发现没有可疑情况，才准予免于检验。但是如果是因为杀伤而死亡者，即使受害人家属提出免检，但是除非是因为强盗杀人，其余的案件都要进行检验。《大明律集解附例·刑律·断狱》之"检验尸伤不以实"之新题例同时规定："凡遇告讼人命，除内有自缢、自残及病死而妄称身死不明，意在图赖挟财者，究问明确，不得一概发检以启弊害外，其果系斗杀、故杀、谋杀等项，当检验。"

（2）清代的法医制度

清朝法医检验方面，除了继承宋元时期的检验制度和方法以外，还由官方刊行检验书籍《律例馆校正洗冤录》。而许梿的《洗冤集录详义》则是继宋慈之后个人著作的代表，其主要成就在于书中所绘骨图上。清代法医学的书籍非常多，但都是《洗冤集录》的集证、补注、详义之类。

4. 中国近代法医学形成和发展阶段

1840年以后，中国在立法、法医学教育、法医学检验方面受到西方法医学影响，有别于古代法医学。我国至清末才开始有法律规定法医学培训和仵作检验人员改为检验吏，进行近代法医学教育。1909年开始，清朝政府开办了"检验学习所"，并明确规定法医必须通过学习所的学习，才能进行检验工作，这是我国历史上第一次将法医检验专门化。民国时期出现法医检验的法律规定和法医研究所成立，其中林几教授为法医学发展做出巨大贡献，被誉为中国现代法医学奠基人。

（二）西方法医学的发展

西方法医学的发展被人为地划分为古代法医学、近代法医学和现代法医学，尽管西方古代法医学出现时间很早，最早可以追溯到公元前44年恺撒大帝被刺死后医生的尸检报告，但西方古代法医学并不像我国古代法医学呈现迅猛发展并形成自己独特体系的态势，而是一直以医生或者行政官员作为法医鉴定人员，呈现法医非职业化的发

展趋势。

1. 西方古代法医学

在出现系统的法医学之前，西方各大古国都有关于法医学的个别案例出现，大多出现在各大古国的法律之中，这些都不是对法医学的系统规定，都不能成为独立的科学体系，所以将这个时期的法医学发展归为古代法医学的积累时期。

（1）奴隶社会法医学的萌芽期

由公元前 2000 多年前苏美尔人编订的《乌尔姆法典》中，有对于不同的伤害情形进行鉴定并且给予相应赔偿的规定，这是西方法医学最早的法律记载。公元前 17 世纪《汉谟拉比法典》是古巴比伦国王汉谟拉比颁布的法律汇编，其中第 196 到 201 条规定的是赔偿医学的条文。如第 196 条规定："若某人毁损贵族的一只眼，则应当毁损其本人的一只眼。"第 201 条还规定："若某人毁损平民的一只牙，则应当赔偿 1/3 银米那。"希波克拉底文集讨论过法医学的问题，诸如身体不同部位创伤相应的致命性、正常妊娠期、产下前的胎儿生存能力以及诈病等。在罗马时期，有位医生研究了恺撒（Julius Caesar，卒于公元前 44 年）尸体上 23 处刺伤伤口，宣称只有刺在胸部的那一处是致命的。

（2）封建社会法医学的早期

12 世纪中期，在耶路撒冷王国制定的《耶路撒冷王国宪章》中，明确地对法医鉴定进行了规定：法医活体检验必须三人在场，保证了证据的客观性和真实性。但是对于尸体的检验，还是由教士派出的仲裁人进行。这是欧洲最早的检验制度。不可否认的是在欧洲早期封建社会，所有的法律和司法制度都与宗教有关。教会中最早关于医学鉴定的记录来自 1209 年颁布的《教会法》。在这部《教会法》中指定医生出庭确定创伤的性质，并按惯例陈述其检查情况。这时的律师已经表述了对鉴定人的要求："要用那些学艺精深并值得信赖的人。"这个《教会法》中召唤医生鉴定所引用的案情是关于一个盗窃教堂的窃贼被杀，要解决的问题是该死者被不同的人所造成的一些创伤中哪一个是致命伤，特别有争论的是一个教士为防窃取圣物跑来首先打了窃贼一下。教皇的法令展示出在一起杀人案件中鉴别致命伤的重要性，并明确提出要由医生依据创伤的表现

第八章　中国古代法医产生、发展与社会治理关系研究

做出判断。1315年,蒙迪诺(Mondino de Luzzi,1270—1326)第一次进行了公开的解剖实例,第二年著《解剖学》,这是医学史上第一本解剖学专著,对法医学的发展有着划时代的意义。此后,从事人体解剖的人逐渐增多,但由于当时的宗教和教会并不支持这样的活动,使得解剖学家们的活动无法顺利进行从而影响了法医学发展。

2. 西方近代法医学的发展时期

(1)西方近代法医学的形成阶段

16世纪以前的文艺复兴时期,欧洲对于法医学鉴定的法律法规才开始逐步出现和发展,同时与法医学有关的解剖学和外科学有了划时代意义的发展。因此,文艺复兴时期是西方近代法医学的开端。西方近代最早的法医学著作是法国的巴雷(Ambroise Pare)所著的《报告编写及尸体防腐法》,在这本书中出现了雷击、窒息、溺水等问题的检验和描述,还介绍了一些外伤检验的实际案例,这本书对当时的法医学发展有着巨大影响。在这一时期,法医学的突出成就是意大利的费德罗(Fortunato Fedele)所编著的《论医生的报告》,这部书有很多地方涉及法医鉴定的相关内容,如创伤、刑讯、窒息、中毒等,还介绍了诈病、遗传病、刑讯、妊娠等法医学知识,对法医学的发展有着重大的意义。文艺复兴时期的法医学发展不仅仅体现在相关书籍著作的出版上,在欧洲各法典中也初现端倪。综观欧洲各国文艺复兴时期出台的法律法规,如法国、意大利、德国等都有关于法医鉴定的相关记录。在这之中影响最为重大的还是德国的《旁贝尔邦法》和《加洛林刑法》,其中《旁贝尔邦法》允许医生参与一些医疗案件鉴定,而《加洛林刑法》对人身伤害、自杀、堕胎、缢死、中毒等做了规定,这为以后欧洲法典中对于法医鉴定的规定奠定了基础。

(2)西方近代法医学的发展阶段

17、18世纪西方的法医学进一步发展,其表现除了文艺复兴时期的法律规定和著作的推出外,还突出表现在法医鉴定制度的推进以及法医教育的普及。其一,在法医著作方面,有了专门的论述。这一时期涌现了一大批著作,对后世产生了影响,其中有代表性的是保罗·查克齐亚(Paulo Zacchia)的《法医学问题》,第一次提出了"法医学(legal medicine)"这一术语,并提出亲权鉴定的概念和法医精神病问题的研究。此

外，欧洲各国出版了一系列医学鉴定的案例，法国的《编写外科报告的方法和技术》，德国的《法医学案例集》和《法医学大全》，这些都有助于提高当时的法医学鉴定质量。其二，在法医制度方面，有了解剖的相关法律规定。如准许解剖尸体的制度，使得法医学的发展走向人体内部，更具有科学性。同时法医学相关的学科开始发展，包括医学、植物学、医学伦理学、医学管理等，都为法医学的发展奠定了更扎实的基础。在这一时期西方很多国家的法律中已经开始规定法医学鉴定人参与案件提供证据的制度，这推动了法医学的进一步发展。其三，法医教育方面，有了新的进展。德国、意大利、法国相继开展了法医学的讲座并设置教授职位，这是对法医学的肯定和承认。与此同时，一系列法医学讲座用书相继问世。《法医学基本原理》、《法医学与法外科学基础》及《法医学讲义》等，这些教学用书的出现标志着法医学的发展已步入系统化的时代。

(3) 西方近代法医学体系的完善阶段

19世纪，法医学进一步发展，门类更加清晰，学科更加系统。其一，出现了一系列的法医学专著。19世纪初的《论法医学和公共卫生学》《医师、验尸官和律师用法医学概要》《法医学原理》，19世纪中叶的《法医学基础》《实用法医学手册》等，都是对法医学发展的进一步系统的概括和论述。同时，法医毒物学作为一门系统的分支学科也在逐步发展，法国法医毒物学家奥尔菲拉(Mathieu Joseph Bonaventure Orfila 1787—1853)编著的《论毒物》里包括毒物的化学成分、病理作用等，是历史上第一部毒物学著作，被称为"现代法医毒物学奠基书"。之后一系列法医毒物学专著相继问世：《毒物对活体作用的实验》《与法医学及医学有关的毒物》等，法医毒物学的诞生，是法医学的一项重大的理论和技术成果，对于西方现代法医学的发展有着举足轻重的作用。其二，法医学鉴定制度有了新发展。1806年和1813年普鲁士王国和拜恩王国颁布的新法典对于法医鉴定进行了多方面的规定，包括多数决的原则和实施的存在原则，前者是指在有多数专家时，依照多数专家的意见决定；后者是指在判定案件时，若案件不属于法官的知识范畴内，则按照专家给出的意见来判定案件。同时，对于鉴定人员、尸体解剖、案件鉴定流程、犯罪情况的调查都有相应的规定。这是对《加洛林刑法》的补充和完善。其三，法医教育有了进一步的发展。一些国家相继建立了讲座和法医职称的授予,如英国、法国、德国、比利时、挪威、加拿大、日本等。同时,法医学教科书《法医学教程》《法医学基本原理》《法医学教程纲要》相继出版,为近代法医学的发展提供了重要的理论基础。其四,法医学会的建立和法医学期刊的出版。世界上第一个法医学会诞生于法国,是由德韦尔吉(Alphonse Devergie)在1868年建立的巴黎法医学会,1878年召开了第一届国际法医学代表会议。同时,德国、法国、意大利等国的法医学期刊相继出现,如德国的《国家医学与实际医术资料》《国家医学年鉴》《法医学与公共卫生学季刊》《医学鉴定人公报》,法国的《法国法医学会公报》,意大利的《法医学杂志》,等等。这些刊物的出现,说明这一时期的法医学不仅仅停留在专业人员的研究层面,而已经走向公众推广和普及。

3. 西方现代法医学的形成阶段

19世纪,欧洲大陆上盛行法医学讲座,这些讲座在经历了一段时间的发展之后,发展成法医学研究所。同时,这些法医学研究所,也是对异常死亡尸体进行解剖的场所。德国和英国是法医学发展领先的国家。德国的现代法医学发展体现在立法规定、法医学研究所、专业学科设置等方面。英国的英格兰、北爱尔兰和威尔士主要实行的是验尸官制度。苏格兰实行的是检察官制度。验尸官制度主要体现在1887年通过的《验尸官法》,其规定:"凡是怀疑为非自然死或原因不明的突然死亡以及狱中死等均应报告验尸官,由验尸官根据自己的检验结果决定,是否召开验尸会,也就是死亡调查会,以彻底消除怀疑和平息公众情绪。如果要组成陪审团,则应该选取7名到11名善良守法公民,然后根据委员们的质问进行验尸。"英国的临床法医学检查,主要是由警察医生来进行。英国的法医学教育规定医学院学生毕业之后,在有三年工作经验之后,可通过参加由伦敦药剂师协会组织的法医师资格考试而获得法医师资格。

二、中西法医学发展的比较

通过对中西方法医学的发展的探究之后,我们可以发现中西方法医学发展进程中的差别。中国的法医学发展是随着社会的进步快慢而变化,在奴隶制度时期便已经出现法医学相关的文字记载,在封建制度时期,法医学随着封建社会制度的发展而发展,

中国古代法医学与社会治理关系史

在宋朝之前,就已经完成了大部分法医学制度和技术的研究,但在宋朝之后的几个朝代,却不能有大的突破,只是在细节部分有所突破。反观西方法医学,也是在奴隶制度时期,便有相关的文字记载,却在封建制度时期,只有一些不成系统的法医学发展,直到进入资本主义时期,西方法医学才开始如火如荼地发展起来,并率先进入了现代法医学的时代。下面通过不同方面的比较,来探究中西方法医学发展产生巨大的差异的原因。

(一)哲学宗教的比较

思想和文化是密不可分的,文化,即一种群体的思想。思想文化作为一种上层建筑,体现着当时的社会发展,也会反作用于社会发展。了解中西方思想文化的差异,有助于更好地分析中西方法医发展的差异。而对于法医学的发展,在思想文化领域影响最大的当数宗教了,而中西方哲学的发展差异也影响着法医学的发展。

1. 哲学对法医学的影响

(1)儒家思想对于法医学的影响。

中国古代在先秦时期,百家争鸣。但是汉武帝独尊儒术之后,儒家的礼教思想在士大夫阶层成了主流。我国的司法审判指导思想,从周朝的"明德慎法"变成汉朝的"春秋决狱"。儒家的司法审判思想,注重人的主观动机,而不在乎客观的证据。这种情况的出现导致在我国古代的审判过程中,口供成为最重要的证据,是定案的关键。对于法医检验来说,如果犯罪人提供了认罪口供,那么法医检验不是必须进行的,这对查清案件的事实真相产生了阻碍。儒家思想的"礼教"发展为宋朝的"三纲五常",它们都维护尸体完整性,使法医检验限于尸表,阻碍了法医学发展。但儒家思想也有促进法医学发展的一面,儒家思想讲究经世致用,格物致知,如宋朝出现"名公思想"的思潮。作为当时受儒家思想影响的士大夫阶层,许多如宋慈那样的官吏,崇尚法律上的实践,躬亲尸体检验,亲临现场勘察,注重收集物证和采访证人,并判别证据真伪。许多与法医学有关的研究著作如《洗冤集录》等开始出现,促进了法医学的进步。但元朝以后,儒家思想受到少数民族的影响,使得当时的官吏远离法医检验的一线工作,转而对仵作进行监督,仵作行业走向司法检验的专门化。

(2)西方哲学对于法医学的影响。

在古巴比伦时期,医学的理论被人们认为是一种哲学,人们依靠自己的主观想法,与哲学相结合。在亚里士多德(Aristotle,前384—前322)出现以后,西方哲学开始了对于物质的探索和逻辑的研究,促进法医学基础学科的研究。古罗马盖伦(ClaudiusGalenus,129—199)在这种思潮的推动下,开始以实证的方法进行研究,写了一系列解剖学著作,将古代解剖学知识系统化,为法医学发展打下基础,提供了理论指导。

2. 宗教对法医学的影响

(1)宗教对法医学的直接影响。

宗教对法医学的直接影响,是指宗教教谕直接涉及法医学鉴定,直接促进或阻碍法医学的发展。在中世纪,宗教通过教皇法或宗教法规定法医鉴定的程序,如1209年教皇颁布的《教皇法》中记载:教堂的教士对于前来教堂偷盗者实施了伤害,但是教皇认为"面对这个案件我们的意图是能否确定那个教士没有给予他致命的一击,那一打击如果不伴随后续的他人打击所致的创伤,显然是不会使遇害人致死的,对此一定要做出鉴别"。这是《教皇法》对于案件中致命伤提出的意见。14世纪意大利教皇禁止人体解剖,这是宗教对法医学的直接阻碍。但14世纪欧洲大陆发生的一起"大瘟疫"导致欧洲数千万人死亡,宗教影响力下降。1580年教皇格里高利十三世颁布了赦令:"医生在其医学领域中应受信任",提高了法医学鉴定人的地位。此后,法医学才能冲破宗教的束缚开展尸体解剖工作。但在中国古代,神权从来都受到王权的控制,而宗教对于法医鉴定的直接影响很少。

(2)宗教对法医学的间接影响。

宗教对于法医学的间接影响,在于法律借用宗教教义,指导法律条文的修订。西方法律上"怀疑"一词就来自宗教。由于怀疑被认为是因良心上不确定而在裁判者内心中徘徊的声音,因此对案件存在怀疑时,安全的做法是不做出判决。这个宗教教义从宗教观念出发,发展到"排除合理性怀疑"原则。在当时,这个宗教观念影响了法律的制定,在一定程度上,为了加强证据的证明力,法医学需要更加严密和精确,这在一定程度上促进了法医学的发展。古代中国,神权被王权所控,宗教并不像西方那样，对于法医鉴定有着或促进或阻碍的影响。中国的法律制定都是建立在统治阶级意志之上的，法医学鉴定也离不开统治者的阶级需求。所以，在中国古代，宗教对法医学的间接影响也不大。

3. 中西医学、法医学以及相关学科的比较

林几对我国古代法医学发展有过专门研究。他认为，中国的古代法医学，一直是以中医为基础。虽然中医学对于中国古代法医学的发展起着重要的作用，但不可否认的是中医和法医学之间有着巨大的分歧。中医的目的在于通过内脏调理治病救人，而法医在于通过体表检验查明死亡的原因。造成这种情况的原因是负责验伤、验尸的官员和仵作不是由医生充当，操作者多是目不识丁的役人，主管人员多是科举出身的官员，医生的参与在法医检验中并不占据主导地位。中医学不关注人体的精细结构，没有解释病理变化的实证性语言，许多概念如经络、三焦、命门等无法找到准确的物质实体，中医理论也不能为法医验伤验尸提供可供参照的知识体系。对于死亡而言，"阴阳离绝""脏腑乃绝"之类的解释很难取得法律上的承认和民众的信服。因此，中医的理论体系不能完全地运用到法医检验工作中，古代中医学不求实证，不会去解决法医学所遇到的问题。因此，中国古代法医学曾一度领先世界，以后几百年发展缓慢而"终落人后"。

林几认为这种落后是由以下几个主要因素造成的[①]。

一是医学观念的禁锢。我国传统法医学最突出的特点是尸表检验，不准尸体解剖，这与传统的医学观念有很大的关联。在他看来，我国传统医学观念受到儒家思想的影响，"学理趋重于五行阴阳空玄之说，而对于人体构造部位外伤等，反认为末艺，不切情实"。在这种医学观念下，法医检验主要靠经验判断，较少借助基础医学与临床医学的基本理论与操作技能，无法催生解剖学的发展，"于是法学与医学学理，终究无法沟通"，再加上后人"未能以科学研究推新"，从而阻碍了古代法医学向现代法医学的转变。

二是司法体制的弊端。在中国传统的死伤检验中，最迟自宋代开始就有仵作参与

---

① 林几. 法医学史[J]. 法医月刊. 1935 (3)：1—6.

第八章 中国古代法医产生、发展与社会治理关系研究

的身影,发挥着重要的作用。然而仵作这一职业在官署内的身份地位不高,被官府视为"贱役",这种社会地位影响了从业者的积极进取,对中国法医事业发展产生较大的消极影响,正如林几所说:"检验案件及外科医生均被认为贱业,以致法医一科,千余年来,墨守成章,毫无进境。"至清朝末年,沈葆桢曾向朝廷上疏建议对旧司法体制进行改革,提高仵作的身份地位,"将仵作照刑科书吏一体出身",以吸引人才从事该职业,但未被清廷采纳,"同治时沈葆桢虽曾奏请解除仵作禁锢,给予椽吏出身,但格于当事之昏聩,部议竟未实现",从而错失了改革良机,延误了现代法医事业的发展。

三是法医教育的滞后。随着西方法医学、解剖学知识的输入,司法当局认识到现代法医学在司法检验中的重要性,开始重视法医人才的培养。清末新政期间,刑部饬令各省审判厅附设检验学习所,培植司法检验人员,"惜又困于人才,辍遂无继",效果并不理想。到民国初年,现代法医人才的培养仍未得到根本的改善,"环顾国内,欲寻一法医学专家,竟不可得。普通医师对法医的研究,既不精细,即在各地国立或省立医校,亦未设有法医学的专科"。由于现代法医教育的滞后,在一定程度上延缓了中国法医学现代转型的步伐。

林几认为我国要实现法医制度的现代转型,还应当充分吸收借鉴西方现代法医学的先进制度。为此他进一步总结了西方现代法医学发展的先进做法和成功经验,主要包括以下几点。

第一,重视法医学理论研究。林几指出法医理论的昌明是西方现代法医发展的重要经验,自文艺复兴以来,由于西方很多国家的法律中已经开始规定法医检验制度,从而推动了法医学理论的研究,使法医学成为一门独立的科学,"法医学因社会各法律的需要,遂有多数学者惨淡研究,陆续阐明,乃扩大光扬而成独立专门之学科"。

第二,注意与各种现代自然科学的结合。法医学是一门应用性强的科学,近代欧洲随着医学、生物学、药理学、化学、病理学、解剖学等自然科学的发展,与法医学密切结合,应用于法医检验,成为解决疑难民刑案件的保障。正是从这个意义上说,现代法医的发展,离不开医学与相关自然科学的发展与成就,因此林几总结指出:"欧洲当初医学尚未发达之时,法医亦属不良。经各方科学与法医学相互阐明,始有近

来成绩"。

第三，大力发展现代法医教育。现代法医事业的推进，关键在于发展现代法医教育，培养现代法医人才。林几密切关注和总结西方发达国家法医学教育的发展经验，不仅了解到"法医学在文明各国均列为医、法、宪、警诸校课程"，而且还注意到"在欧陆日本各国学制，除医科内，应专设法医研究所外。即法科，警官，宪兵等学校之课程，亦多有法医学讲座之设立"。有鉴于此，他认为在中国开展法医学教育，应当借鉴西方文明各国的法医学教育模式，构建法医学基础教育和专业教育两个体系，具体而言：一方面在高校的法学和医学专业中开展法医学基础教育，让学生掌握法医学基础知识；另一方面开设专门法医研究所，附设法医实验室，进行法医学专业教育，以培养专门法医人才。

第九章 中国古代法医学与社会治理关系史的总结

第九章　中国古代法医学与社会治理关系史的总结

第一节　中国古代法医学与社会治理的关系模式

根据文献史料的梳理和分析研究情况,本章提出了中国古代社会治理与法医学发展的基本模式,讨论我国古代法医检验技术发展得失原因与现代价值。

一、战国秦代法医学与社会治理

中国古代社会治理模式的形成是一个漫长的过程。在战国时期的秦,形成了中国古代社会治理模式的初步构架,之后是在这种构架的基础上不断完善、充实的过程,法医检验作为社会治理的一部分,始终参与其中,并发挥重要的作用。

1. 战国时期

战国时期是百家争鸣的时期。这一时期,以孔子、老子、墨子为代表的三大哲学体系并存。

(1)孔子儒家思想重视文化。要讲社会治理模式的形成,就必须提到文化。文化不只是文学、哲学、艺术等,它是社会生活的软环境,其中价值观是核心。价值观的主要内容是社会在同一种文化环境中大众对社会规则的看法,比如道德环境、法律制度等。文化虽然是软环境,但是它有约束力。不同的文化区意味着不同的习俗。作为行为方式的习俗就同政治、社会治理有密切的关联了。孔子有一句名言"性相近也,习相远也。"所以,儒家思想提倡国家治理社会要扬善去恶,把不好的文化、不好的习俗改掉,建立一种好的习俗、好的文化,起到移风易俗的作用。因此,从这个角度说,习俗和政治是密不可分的。儒家提出社会治理"和为贵"是社会管理的目标,礼治是社会管理的基本方式。

(2)老子道家思想提倡"无为而治"的治国理念。道家认为,"道法自然","道"是宇宙间最根本的规律和法则,治国者一旦掌握了它,就掌握了治国的钥匙,就能使天下大治,即"无为而治"。道家的"无为"不等于不为,而是反对违背客观规律的勉强作为，强调要以顺应事物自然特性和规律的方式去作为。这一治国理念的法治启示在于，依法治国须以尊重规律为基础。但在当时没提出一套如何治理的方法。

(3)墨子法家思想提倡以法律为治理国家的标准。不论亲疏贵贱，一断于法，自国君至平民都要服从于法。"君臣上下贵贱皆从法""法不阿贵，绳不挠曲""刑过不避大臣，赏善不遗匹夫"等法家思想对于战国时期社会治理、人们思想的转变，产生了深远的影响。法家思想为后来的秦代建立中央集权制国家，奠定了理论基础，成为后期封建社会维持稳定的一种重要手段。法家不仅在理论上做出了学术总结，强调以法治国，这对于后来秦代法律形成都有很大的意义。法家思想社会治理，人们思想的转变，乃至生产力的发展，都产生了积极的作用。

2. 秦代

秦代用法家思想治理社会。文化和政治的关系有一个基本原理：一个国家对国内的事务进行统一管理的前提是必须有统一的制度。要想建立统一的制度就需要统一文化，要有大致相近的习俗。例如，社会上的人对好与坏要有一致的认识，比如说杀人犯法。就是说，人们要对基本的社会价值有一致的认识。

法家思想，在政治上主张变革，维护地主阶级的统治，提倡富国强兵，为中央集权制的建立，奠定了基础。商鞅认为儒家学说是一种空泛、没有实际作用的东西，因此把儒家说成是"高言伪议"，一种浮夸不切合实际的东西。为此，商鞅提出：教育应当培养"耕战之士"，以及以法治国的人才，他主张多学习法令。"言不中法者，不听也；行不中法者，不高也；事不中法者，不为也"(《商君书·君臣》)。这是商鞅的一贯主张，大概意思是，不符合法令的言论不听，不赞成不符合法令的行为，相对应的事也不能做，一切都要向法令看齐。

后人对秦代"车同轨、书同文、统一度量衡、统一法度"有正面评价[①]。秦在兼并六国进程中实行法家思想治理，从司法治理、社会治安、统一文化、维系家庭、连坐互保等方面入手，稳定社会秩序，为统一的专制集权国家的建立和巩固，提供了必

---

① 毛泽东. 读《封建论》呈郭老[M]//中共中央文献研究室. 建国以来毛泽东文稿(第13册).北京：中央文献出版社，1998：361.

第九章 中国古代法医学与社会治理关系史的总结

要的保证。秦代法家思想占上风,出现了《秦律》,云梦出土秦简中的《封诊式》《法律答问》等就是例证。其中,《封诊式》可以说是现存最早的比较完整、详细地记载法医鉴定情况的法律文献。"封"是指查封;"诊"是指诊察、勘验、检验;"式"是指格式、程式,是秦代法律文书的一种形式。因此,《封诊式》实际上就是关于案件调查、勘验、法医检验、司法审讯等方面的方法和程序的著作。从有关法律文献的记载来看,秦代在对案件的侦查、法医检验、审判等方面,已经在相当程度上注意到了运用法医学的相关理论知识,说明秦代重视检验。也就是说,以法治国,终止纷争,法律保证了统治阶级的利益。这在一定程度上,有利于富国强兵,加强中央集权制度。秦代过度强调以法治国的社会治理理念,重法、重势、重术,君主至高无上,禁止以下犯上,刑无等级,依法办事。但秦代过于强调法律的绝对性,不重视文化、认识、思想等领域的作用。而人不仅有理性的一面,也有感性的一面,道德约束力的削落,在一定程度上成了负面影响。在我国古代,作为一种社会治理的治国方略,法治有其自身的局限性,而人治又缺少应有的约束与规范。无论是人治还是法治,均离不开道德的支撑。

3. 战国至秦代时期法医应运而生

法医学产生与存在源于法律需要有"这样一种手段"为其服务。先秦时期,理官是指掌管司法的官。根据《礼记·秋官》记载,当时理官采用的主要检验方法是带有主观性的辞听、色听、气听、耳听、目听。《诗经·鲁颂·泮水》中的"在泮献囚"指"验囚行赏""检验首级论功"。《礼记·月令》中记载:"孟秋之月……命理,瞻伤、察创,视折,审断决,狱讼必端平。"说明在先秦时期,为了公平"审断",理官需进行损伤检验。春秋战国时期,各诸侯国为了谋求自身利益建立起属于自己国家的法律。公元前536年,郑国子产将刑事法律铸在铜鼎上向平民公开;公元前513年,晋国赵鞅、荀寅也将刑事法律铸在铁鼎上,称刑鼎;各诸侯国公开成文法律,如齐国《七经》、楚国《宪令》等。公元前400年,魏文侯命李悝主持编写《法经》。成文法的公布是春秋战国时期法律制度变革的标志,为法医学的发展提供了条件,法医学在此时正式登上了历史的舞台。秦国以法家思想治国,采取郡县制。在县一级地方,主要的官职为令、丞、尉。县令是一县之长,按照我国古代行政、司法合一的原则,县令也是县的最高法官，县尉管理刑狱事务。县令、尉均各自拥有属吏，称令史、史。1975年湖北云梦县睡虎地秦墓中出土的秦简《封诊式》是现今发现最早的法医鉴定书格式，其中，出现令史在现场检验，并出具检验报告的记载。睡虎地第十一号秦墓中有关法律的竹简有《秦律》《秦律杂抄》《法律问答》《封诊式》等，说明当时法医检验是为社会治理提供司法服务的重要手段。

二、汉唐时期法医学与社会治理

秦是通过武力征服建立的统一的国家。要巩固国家统治、实现长治久安就要面对文化的问题，就要面对一个统一的国家如何对不同的文化区域进行统一管理的难题。秦代和汉代在处理这个问题上分别采取了不同的办法。秦代统治之后，秦的法律令推广到各个地区，各地原有文化习俗和秦的法律令之间会发生不同程度的矛盾。面对不同的区域文化，秦朝用法律令的方式来强行统一，这一做法被历史证明是失败了。秦统一后只维持了十几年就被推翻了。

汉代社会治理吸取秦代教训，汉代初年开始用道家"无为而治"思想治国。之后，西汉贾谊、董仲舒等人认识到，礼和法都是人们的行为规范。礼依靠道德教化的方式引导人们遵守社会规范，而法则依靠强制力使人们遵守礼的有关规范，从而达到社会安定有序的目的。"礼"（教）与"法"（刑）相辅相成，礼法合治，成为古代国家治理体系的重要组成部分。

董仲舒的《举贤良对策》，阐述了儒家思想和当时社会发展需要的一些计策，并且创建了一个以儒学为核心的新的思想体系，"天人感应""大一统"学说和"诸不在六艺之科、孔子之术者，皆绝其道，勿使并进""罢黜百家，独尊儒术"的主张被汉武帝采纳。简单地说，"罢黜百家，独尊儒术"就是把《诗经》《尚书》《仪礼》《乐经》《周易》《春秋》，定为"六经"，是古代学生的法定教材，当然，朝廷在考试的时候也把"六经"作为考查学生学习的主要内容。至汉武帝时，推行"罢黜百家，独尊儒术"的政策，于是以孔子、孟子为代表的儒家思想成为统治阶级思想正统，统治中国思想、文化到汉朝末年。

第九章 中国古代法医学与社会治理关系史的总结

我国古代为实现良法善治,将儒家思想核心价值观融入法治的实践之中,唐代注重立法,并在立法中推进道德进步,注重道德影响司法实践和价值观。唐代立法者吸收儒家思想,开始把孝文化、礼文化等法治化、政治化、行政化。法医检验只得维护尸表检验、不得解剖尸体、禁止毁坏尸体。这就造成了法医检验限制在尸表观察、判断人体损伤、死亡,只能通过尸表现象判断致命伤、中毒,而所有检验方法只能不损害尸体或保存尸体完整性的情况下做出鉴定结论。而我国古代的检验方法,也是根据法律规定而设计的,如尸体洗罨,就是把尸体表面用糟醋等拥罨去除污垢使体表显现青瘀斑(皮下出血)的验尸方法;又如,红伞验尸,就是在阳光下把红油伞罩于尸体上用过滤其他光线仅使红外光线通过的原理照射尸体以看青瘀斑;再如,银针验毒法用来检验尸体生前是否中毒,等等,都是不毁坏尸体的验尸、验伤、验毒方法,其实这也是被逼出来的"中国特色"的古代验尸方法。这些无奈之举的检验方法都与古代法律制度有关,这种情况一直维持到清末。值得一提的是,《唐律疏议》根据致伤物、损伤程度对杀人与伤害的刑罚与赎铜做了明确的规定,促进了法医学的发展(见表10):

表10 《唐律疏议》根据致伤物、损伤程度对杀人与伤害的刑罚与赎铜

致伤物与损伤程度	刑罚	赎铜(斤)
斗殴手足殴人无伤	杖四十	4
斗殴手足殴人有伤(见血为伤);以他物殴人无伤;以汤火未伤人;拔发不满方寸;鼻头出血	各杖六十	6
以他物殴人有伤;拔发方寸以上至髡发不尽仍堪为髻者	各杖八十	8
以手足殴人致耳目出血;内损吐血;痢血	各杖八十	8
以他物殴人致耳目出血;内损吐血;痢血	各杖一百	10
兵刃砍射人不着者	杖一百	10
折齿;毁损耳鼻口眼;眇一目;折手足指;破骨;汤火伤人	徒一年	20
伤人折二齿、二指以上;髡发	徒一年半	30
刃伤;折人肋;眇两目;堕人胎(母辜限内子死)	各徒二年	40
折肢;骨移位;瞎一目等辜内平服者	各徒二年	50
折肢;骨移位;瞎一目等辜内未平服者(残疾、废疾)	各徒三年	60
瞎两目;十指并折;折二肢;断舌;毁败阴阳;笃疾(及因旧患令至笃疾)	流三千里	100

续表

致伤物与损伤程度	刑罚	赎铜（斤）
以手足他物斗殴杀人者	绞	120
刃杀人及故杀人者	斩	120

由上表可见，唐律对法医学检验的规范作用，从斗殴手足殴人"无伤"和"有伤"可以看出，唐律中对不同的伤痕均有严格检验的规定，并按检验所载的损伤程度予以相应的刑罚和赎金。这种严格的规定要求较高的法医学检验技术，同时也可以看出当时对于外伤检验的技术已经有一定的认识。这些检验如何做出呢？现存资料，唐代没有专职的法医检验人员，但每个县都配有若干"医学博士"，因此，研究中国法医学史的林几教授就感叹说，唐代设立的"医学博士"制度发挥了重要的作用。

三、宋代法医学与社会治理

宋代是中国社会形态发生巨大变化的时期，其政治、社会、经济生活迥异于唐代以前的朝代。宋代统治者在立国初期，面对司法制度确立、社会结构重组、思想观念变化、乡村教育、家族组织等社会问题，及时做出政策调整，为构建宋初的社会治理体系奠定了基础。此外，重建民间自治组织、调整新兴社会阶层之间的关系、鼓励私学等举措取得很大成效，进一步体现了宋代统治集团的社会治理能力，完善了宋代社会治理模式。

1. 在社会治理司法制度方面

在社会治理司法制度方面，宋代承袭了唐制，但社会治理的指导思想不同，表现出社会治理效果也就不同。我国古代的证据制度一直处在一个不断发展前进的过程中，及至宋代，证据制度进入发达阶段，尤其是刑事证据制度，在宋代达到鼎盛。宋代刑事证据制度的发达为社会治理中司法公正的实现奠定基础。以法医检验为例，宋代检验制度有别于前代做法。

（1）"检尸格目入被害之家"。宋代榜文指告示、文告指朝廷或官府公布政令，传达信息的重要载体，有时告示直接发给当事人。到了宋代，纸张、墙壁、木板、石碑都是榜文的载体。但宋代把法医鉴定书直接发给当事人,还是历史第一次。宋慈《洗冤集录·条令》:"诸初、覆检尸格目,提点刑狱司根据式印造。每副初、覆各三纸,以《千字文》为号凿定,给下州县。遇检验,即以三纸先从州县填讫,付被差官。候检验讫,从实填写,一申州县,一付被害之家,无,即缴回本司。一具日时字号入急递,径申本司点检。"把鉴定书直接发给当事人,实际上,一方面是法医鉴定书公之于众,公开透明;另一方面起宣传作用,把法医检验知识从官府、官吏所有,变为众所周知和大众常识,表明宋代把法医检验与社会治理结合了起来,最终达到涉案者服判的目的;再一方面,按宋慈《洗冤集录·条令》记载,"诸初、覆检尸格目"都要书面告知当事人,无异于所有验尸、验伤都要让当事人知悉,当事人可以阅读鉴定书,也可以就法医鉴定请教有专门知识的人,使法医知识得到广泛传播,并对法医鉴定人起监督和促进作用。这样,宋代把高高在上、神秘莫测的法医检验,为达到当事人服判的目的"下放"到民间,并把证据公之于众,是宋代社会治理和促进法医学发展的重要手段。从法医鉴定公开和法医鉴定书发至当事人手中的做法,确实使法医知识在民间广泛传播。有力的证据是,以往法医知识只有官吏所知,束之高阁,只在法医案子中使用。但宋代以及宋以后的传记、小说、公案、笔记等都或多或少有法医检案和法医知识,甚至完整法医检验案例。特别是世界第一部完整法医学著作《洗冤集录》的出现,这与我国古代法医学发达,并在法律健全基础上,宋代让法医参与社会治理的做法是分不开的。

(2)"躬亲检验监行人检喝"。"当场喝报"死伤情况指检验官吏亲自到现场验尸,监督仵作当场喝报尸体上伤痕、致命伤部位、死因等做法。宋慈《洗冤集录·检覆总说上》:"如到地头,勒令行凶人当面,对尸仔细检喝;所有尸帐,初、覆官不可漏露。仍须是躬亲诣尸首地头,监行人检喝,免致出脱重伤处。"这又是一种公开检验,并当众通报检验情况的做法,实际上是证据当场公示。司法的目的是让人服判息讼,法医证据公开,无异于为后面司法审判做好铺垫,成为社会治理的一个主要环节。

(3)规定检验出发之限。《洗冤集录·条令》:"诸尸应验而不验;或受差过两时不发;或不亲临视;或不定要害致死之因;或定而不当,各以违制论。"法医检验"受差过两时不发"就得"以违制论"科罪。这是为了避免因尸体腐败、伤痕变动而规定的。但实际上，这是宋代为了案件及时处理和社会治理的目的而规定了检验出发时限。相应的刑事诉讼案件，宋代按大、中、小事分三类规定了"听狱之限"，要求司法官员在限内结案。如太宗时规定，大理寺分别限二十五日、二十日和十日，审刑院分别限十五日、十日和五日，各州分别限四十日、二十日和十日。哲宗时，按案卷纸张多少，明确划分大、中、小事的三类：二十缗以上为大事，十缗以上为中事，不满十缗为小事。同时规定，大理寺、刑部复审案件，大、中、小事分别为十二日、九日、四日。

(4)"当面供状"。"当面供状"是宋代又一社会治理举措。宋慈《洗冤集录·检覆总说上》："勒行人、公吏对众邻保当面供状，不可下司，恐有过度走弄之弊。如未获行凶人，以邻保为众证。"当面供状，就是当场写法医检验承诺书。这样做有两个作用：一是事前约束。"当面供状"之前鉴定人已知要签供状，所以起到事前约束的作用。责令签署保证书，并口头宣读保证书的内容，保证检验真实，没有隐瞒、如有虚假检验则接受处罚等，增强对鉴定人检验之前的心理约束。二是事后处罚。明确故意作虚假检验，"以违制论"并对其进行处罚。宋代把鉴定人的鉴定置于公开和当众监督之中，加强了法医证据的可信度，成为社会治理的一个重要环节。

(5)效率与效果。宋代采取当场检验、当场出示证据的方法进行质证，重视法律效果和社会效果。宋慈《洗冤集录·疑难杂说下》："时方盛暑，内镰刀一张，蝇子飞集。检官指此镰刀问为谁者，忽有一人承当，乃是做债克期之人，就擒。讯问犹不伏，检官指刀令自看：'众人镰刀无蝇子，今汝杀人，血腥气犹在，蝇子集聚，岂可隐耶？'左右环视者，失声叹服；而杀人者，叩首服罪。"这就是"晒镰案"。

(6)探究因依。所谓"因依"，就是原理。前述"晒镰案"，宋慈当场讲述检验原理："众人镰刀无蝇子，今汝杀人，血腥气犹在，蝇子集聚，岂可隐耶？"这就是苍蝇嗜血习性的法医昆虫学原理。又如，《洗冤集录·论沿身骨脉及要害去处》对骨折强调生前是否外伤骨质出血："若骨上有被打处，即有红色路微荫；骨断处，其接续两头各有血晕色；再以有痕骨照日看，红活，乃是生前被打分明。"再如，《洗冤集录·杀伤》："活人被刃杀伤死者，其被刃处，皮肉紧缩，有血四畔。""若死后用刀刃割伤

第九章 中国古代法医学与社会治理关系史的总结

处,肉色即干白,更无血花也。盖人死后血脉不行,是以肉色白也。"《洗冤集录·火死》:"凡生前被火烧死者,其尸口鼻内有烟灰,两手脚皆拳缩。缘其人未死前被火逼奔挣,口开气脉往来,故呼吸烟灰入口鼻内。"宋慈指出了生前烧死者口鼻内有烟灰的法医学原理。《洗冤集录·自缢》:"移尸事理甚分明,要公行根究,开坐生前与死后痕。"这里,"因依"就是宋慈对损伤、溺死、烧死、疾病、死因等发生机理、法医原理的研究,也是法医学规律性的研究。宋代以社会治理为出发点,较之以前更注重寻求检验原理,这也是宋代法医检验较之以前法医学迅速发展和质的变化的原因之一。

(7) 设提刑公事。为了社会治理的需要,宋代有别于汉唐设立了中央派出并对中央负责的提点刑狱公事(提刑司)。提点刑狱公事最早在北宋太宗朝开始设立,选用清廉无过犯士大夫文臣担任。太宗淳化二年(991),以司门员外郎董循等十一人分充诸路转运司提点刑狱,《宋史·刑法志》说提点刑狱司"凡管内州府十日一报囚帐,有疑狱未决,即驰传往视之。"到真宗朝逐渐制度化,设置了提刑司衙门。提刑司除了监察地方官吏之外,主要督察、审核所辖州县官府审理、上报的案件,并负责审问州县官府的囚犯,对于地方官判案拖延时日、不能如期捕获盗犯的渎职行为进行弹劾。宋代杖刑以下的犯罪,知县可判决;徒刑以上的犯罪,由知州判决,而提刑司主要负监督之责;州县的死刑犯一般要经过提刑的核准。提刑司还负责审理疑难案件,平反冤狱,以及接受民众的上诉。宋慈在广东担任"提刑官"时,属吏多不奉法,有嫌疑人被囚禁数年不能得到审理,他限期加以审理,八个月裁决了二百多名死刑犯,在巡查所辖的州县时,"雪冤禁暴"。据《洗冤集录·序》所言,他断案重视获取物证和案情的推理,案情"疑信未决,必反覆深思",以"检验"(获取物证)乃"死生出入之权舆,幽枉屈伸之机括"。

(8) 谨慎检验。举两个例子,其一,宋慈《洗冤集录·疑难杂说上》记载:有一乡民的外甥并邻居儿子开山种粟。二人俱死在山上。遂闻官。检验见一尸在小茅舍外,后项骨断,头面各有刃伤痕;一尸在茅舍内,左项下、右脑后各有刃伤痕。开始定"两相并杀",后宋慈认为"其舍内者,右脑后刃痕可疑,岂有自用刃于脑后者?手不便也"。不数日间,乃缉得一人,"挟仇并杀"两人。县案明,遂闻州,正极典。这是从

869

致伤方式研究"手不便"否认"两相并杀"而定"挟仇并杀"。其二，宋慈《洗冤集录·疑难杂说下》记载：广右有凶徒，谋死小童行，而夺其所。发觉距行凶日已远，囚已招伏："打夺就推入水中。"尉司打捞，已得尸于下流，肉已溃尽，仅留骸骨，不可辨验，终未免疑其假合，未敢处断。后因阅案卷，见初检体究官缴到血属所供，称其弟原是龟胸而矮小。遂差官覆验，其胸果然，方敢定刑。宋代检验直接作为断案的证据使用，同时，宋代法律规定了错案问责和追责制度，这些决定了宋代检验官员谨慎检验。而谨慎检验提高办案质量的同时提高了社会治理的效果。

(9)检验服务社会治理。在宋代之前，检验被作为"疑狱""内恕""折狱"的思维或手段，协助办案。但到了宋代，发生了变化，开始从社会治理角度理解、应用法医学。现代法医鉴定被定义为应用法医学专门知识解决法律问题，或者叫"应用说"。宋慈则认为检验是"洗冤泽物"。也就是说，宋慈强调"洗冤说"或鉴定的"目的说"。宋慈从社会治理层面给法医学下定义，是他对法医学的深刻理解。

2. 在社会治理思想观念方面

在社会治理思想观念方面，宋代自有其特色。思想观念不能脱离社会大环境而存在，宋代特殊的社会环境为法医发展提供了较好的条件。以文治国的统治政策、活跃的社会流动、相对发达的商品经济，以及儒家思想为主流三教合一的思想背景，是宋代的社会治理的基本框架。

(1)重视文官。据《宋史·太祖本纪》记载，宋太祖说："五代诸侯跋扈，有枉法杀人者，朝廷置而不问。人命至重，姑息藩镇，当若是耶？"针对这种现象，宋所采取的措施是选文官参政，如设提刑司管理地方的司法事务。因此开了中国文官政治制度的先河，当时上至宰相，下至知州、通判、转运使、提刑等官员，逐渐都由文人士大夫担任。有关宋代与其他朝代选官制度与标准见下表（表11）。

表 11　宋代与其他朝代选官制度与标准的比较

历史时期	选官制度	选官标准
西周	世卿世禄制	血缘
战国秦代	军功授爵制	军功
汉至魏晋南北朝	察举、征辟、中正制	孝廉、才能、门第
隋唐至五代十国	科举制	门第、才学
宋代	科举制	才学
元代	世袭、封赏和推举、科举制	血缘、军功、才学
明清代	世袭、封赏、推举、捐官、科举制	血缘、军功、财富、才学

(2) 官吏分离。宋代从社会治理角度出发开始官、吏分流。宋代以前，称吏人为小官。宋代以后，吏人与官员成为截然不同的两类人了。端拱二年(989)，宋太宗赵光义亲自主持科举考试："科级之设，待士流也，岂容走吏冒进，窃取科名。"下令诸州系职人吏，不得离局应举。官、吏之间从来源、职守、地位以及外界的看法与评价历来就有不同。过去有句俗话说"铁打的衙门流水的官"。官员都是三年一任，而衙门里的吏胥、仵作则是历久而不换，甚至兄终弟及、父死子继的也大有人在。官和吏的差别到了宋代被朝廷的政策拉大了，"吏"不能参加科举考试，转官也日益困难而逐渐边缘化。随着宋代科举制度的全面推行，仕阶层在这一时代走向成熟。也标志着古代官吏管理制度走上了体系化和系统化的道路。

(3) 建立"官无封建"制度。宋代建立之初，为了更好地进行社会治理，吸取五代的历史教训，力图从制度上彻底解决问题，其办法是把军权、财权等一切大权都收归最高权力掌控。用朱熹的话说，就是"兵也收了，财也收了，赏罚刑政，一切收了"(《朱子语类》)，同时发展出一切可能的限制官员的制度，如异地任职、任期制和回避制，以及加强监察力度、严格办事程序等，终于使得"官有封建"的问题得以有效解决。这些措施使得一个官员到一个部门或一个地方后，常常还不十分熟悉政务就被调任别处，也因此产生必须依赖比他熟悉情况的衙门胥吏处理公事的情形。加强监察力度、严格办事程序，目的是规范官员的施政行为，但结果是造成了烦琐、复杂的法令律例。官员们不熟悉律例，没有精力对付烦琐的文牍，不得不依赖胥吏办事。这一切都给胥吏上下其手留下广阔的空间，所以不够精明强干的官员，往往被胥吏们牵着鼻子走，权力也旁落到胥吏手上。也就是说，在"官无封建"时，又发展出另一个问题："吏有封建"。因为胥吏、仵作可以改换名字，也可以让有血缘关系者占据其职位，比如父传子、兄传弟及传给亲友等，使当胥吏、仵作成为"世业"。胥吏、仵作在衙门"子弟亲戚，转相承授"，"每有父子姻亲，盘踞年久者"，这就实际上形成了"吏有封建"的现象，胥吏、仵作把衙门发展成自己的"封建"领地，大发其财。

(4) 重视教化。教化的根本意义和作用在于对人的道德感所进行的保护与促进。尽管人的道德感存在于本性禀赋之中，但它像其他情感一样非常脆弱，是教化延伸和强化了人的道德本能的社会功能。经过唐末五代乱世，宋人深深意识到，思想道德生活建设与调和文化群体关系对于社会治理的重要作用。宋代迎来了一个面向社会生活的新时代，教化具有了新的社会基础。一方面，宋代走向生活世界的儒家思想教化，也称儒家思想社会化、通俗化。另一方面，儒家思想的政治化、法律化、行政化，成为宋代教化的特点。

(5) 提倡孝道。孝道一直深受中国古代统治者重视，不仅因为孝道文化是中华文明史上的瑰宝，还因为其作为社会伦理道德的核心，一直影响着世人的品行与操守，统治者一直视"孝治天下"为治国之本，竭力将孝道教化融入社会的各个领域。从某种程度上来说，在中国历史上，一个时代的经济发展、文化繁荣、民族和谐几乎都与孝道教化息息相关。宋代统治者亦深谙此理，于是自国祚初立始即大开劝孝之风，积极推进孝道教化，经过长期努力，最终使孝观念弥漫至全社会。宋代孝道教化更趋完善，如加强对官员的孝行考察、改善养老措施、旌表孝德孝行、对不孝之人严惩不贷。

(6) 修订蒙学。朱熹编撰修订了多部童蒙教材和读物，形成了丰富的童蒙教育资源，这些童蒙教育资源承载着朱熹对童蒙教育的特别期待，蕴含着朱熹道德养成教育思想之精髓。朱熹的童蒙教育从理论上看，其教育内容主要是"洒扫应对"，教育原则是"禁于未发"，教育方法是"各因其材"。

(7) 乡村教育。由唐入宋，中国乡村社会在外部环境和内部要素的共同作用下，发生了巨大变化，乡村社会出现了除国家权力之外的多元主体势力。乡村教育的普及不仅培养了大批的社会精英和治理人才，还潜移默化地影响着乡民对国家意志的顺从；重建的新型宗族组织通过族田、族谱和祠堂构成了一套面对族众的完整的管理系统，表现出较强的组织化和行政化的趋势，维系着乡村的稳定；各种民间社会组织纷纷成立，他们与社会精英一起，构成宋代乡村内生的治理参与主体，成为乡村治理中的主导者和推动者。与此同时，国家乡村治理策略从总体性支配转向技术性治理，也就是从直接控制走向间接支配，这种变化转变了宋代乡村社会的面貌和乡民遵从法律的意识。

(8) 家族家训。家族作为中国古代宗法血缘组织的基本细胞，虽然并没有在国家权力的直接控制之下，且因其地缘和血缘的个体差异性而在一定程度上游离于国家制定法的框架边缘，但这并不能抹杀其基本治理原则与国家制定法的一致。从宋代开始，大规模的宗族组织在基层社会普遍建立，家法族规的制定也蔚然成风。这一时期家法族规以习惯和伦理为准则，与国家法律一起维护着宋代社会的正常运行，并在司法实践中成了国家法的有效补充。同时由于与基层人民靠得最近，可以最快地反馈来自底层的消息，故就其本质来说有利于宋代社会基层政治的稳定，值得我们今天从中找到合理的借鉴。

(9) 社会治理重心下移。宋代社会治理的理念体现在文官参政、重视检验、道德教化、提倡孝道、家庭教育，将地方官府权力下移，将儒家思想法律化、政治化、行政化、民俗化。由于宋代社会变革，官府、士绅与宗族在乡里社会的支配方式或角色功用，相继发生了重要转换。宋代基层社会与国家权力间的框架关系，恰是在官府、士绅与宗族三者之间的角色功用转换中得以重新组合。换言之，官府对乡里社会的支配方式、士绅与宗族的角色功用等重要转换及互动，促成了宋代基层社会秩序的新构建。但宋代是中国封建社会的转型期，与汉唐社会相比出现了许多新的变化，各种社会问题相继产生。在诸多社会问题中，宋代对官员腐败和豪强横行乡里等问题没有妥善解决，而基层社会问题尤为突出，主要表现为民间秘密结社、民变、兵变、械斗、复仇、溺婴、弃子等。

四、元代法医学与社会治理

元代与法医学有关的社会治理的特色如下。

(1) 儒学教化。元代是一个文化多样性特征极其突出的社会，如何面对文化的多样性成为摆在统治者面前的一个重要问题。元代的多元文化政策及"各依其本俗而治"的少数民族社会教育政策，最终确定儒学教化作为元代意识形态主导思想。从现存内蒙古赤峰翁牛特旗博物馆的《全宁路新建儒学记》[系元泰定二年(1325)六月二日立]，可以看到元代大长公主和鲁王尊孔重教的事实，是研究元代儒学思想教育史的珍贵文献资料。

(2) 检验教材。元代《儒林考试程式》提出将检验作为考试内容，就是把《洗冤集录》中的检验内容作为考取官员的法定教材，这是历史上第一次。

(3) 烧埋银制度与检验。唐宋法律对于杀人犯罪仅有刑罚的规定，而无民事赔偿责任的内容。对伤害案件，有保辜制度，但仅作为科罪量刑的准则，而不是对民事责任的规定。直到元代，才首次在法律中做出了杀死人命应兼负民事责任的规定。烧埋银制度源于蒙古的命价赔偿制度。作为一项法律制度，烧埋银既是对犯罪分子的附加刑罚，更是对被害人及其家属的损害补偿。这个制度规定，不法致人死亡的，杀人者在接受刑罚之外，还须赔给死者家属一定数额的赔偿，作为烧埋尸体的费用。也就是说，杀人者在负刑事责任之外，还须负民事赔偿责任。这是中国法律史上第一个要求经过检验后确定在追究行凶者的刑事责任的同时，还要其承担民事损害赔偿责任的法律制度。这项制度是儒家文化"人命至重"观对少数民族"赔命价"习惯法进行的改造，是对元代社会治理的有益补充。元代统治者以社会治理为出发点设立的烧埋银制度，在司法实践中一直有效执行，后来又被明、清两朝在不同程度上继承。

(4) 建立检尸法式。宋代要求但凡每次检验均立定字号，用格目三本：一份申报所属州县，一份给被害之家，一份留档。元代继续改进，在大德八年(1304)颁布检尸法式，即尸账。

(5) 乡土社会。元代"乡土社会"呈现出了独有特色。主要表现为出现了以社长、官媒为代表的这样一批活跃在州县官府与普通民众之间的中间人,出现了"半官半民"的特征。元代依赖由社区自身提名的准官员来进行县级以下的乡镇村庄社会治理。与衙门的官僚不同,这些准官员任职不带薪酬,在工作中也极少产生正式文书。一旦被县令批准任命,他们在很大程度上自行其是,县衙门只在发生控诉或验尸验伤时才会介入。这就是来自元代的简约乡土社会治理。

(6)行省制度。元代对中国的统一,促进了全国范围内的和平发展和经济文化交流的历史走向。元代把草原游牧制度中的分封制等相关制度与汉地固有的中央集权制结合起来,以此来强化官僚君主制下的政治运行程序。在社会治理方面,元代行省制度使边远地区与中央的联系大大加强,有利于巩固我国多民族国家的统一。

(7)元代科举。元代不注重开科取士,灭宋后一度不举办科举,至仁宗延祐二年(1315)才开办。但分左右榜,右榜供蒙古人、色目人应考,左榜供汉人、南人应考。乡试、会试考获名单俱按种族分配。元代自仁宗至顺帝时灭亡止,科举只曾举办约十次,取士一千余人。

(8)无冤文化。王与在《无冤录》中认为:"法有宜于古者未必皆便于今,贵乎随宜而损益之。且人命至重,检尸最难……洗冤,平冤,终不如无冤。"王与在检验狱中死亡案例时发现,罪囚死亡有病重伤轻或病轻伤重之分,伤病各占比例,检验需分清其责任,这就是"病死分数"。元代王与提出,检验是为了"无冤"。因此,"无冤"是一种检验文化。

五、明代法医学与社会治理

明代与法医学有关的社会治理特色如下。

(1)儒学教化。明代儒学教化指儒学所倡导的社会理想和伦理道德规范向基层社会渗透,获得其民间形态的过程。明代儒学教化的广阔和严密程度大大超过了前代,其中,官方与民间儒学教化深入人心、下沉至启蒙教育,走向民间。孔子思想不仅是思想学说,更是一种生活方式。明代把握住了儒家的这种世俗性特征,强调在生活方式上体认和实践儒家人格理想,注重发掘儒家安身立命之道背后的理据,实现儒家思想民间化、通俗化。

（2）明代提刑属于武官序列。其人员不属于吏部，而归兵部管辖。明代于各省置都、布、按三司，其中"按"是指按察司，全称为"提刑按察司"。正如名称所示，提刑按察司的职能，分为"提刑"和"按察"两个方面。万历时（1573—1602），任山西按察使的吕坤刊行《实政录·风宪约》，即将按察使官所行事宜分为"提刑事宜"和"按察事宜"。《实政录·明职》述按察司之职云："后以中台不便于察外吏，乃设按察司为外台，弹压百僚，震慑群吏。藩司以下皆得觉举，实与御史大夫表里均权。厥后和同溺职，乃事权归两院而体统属三司矣。所可叹者，司曰按察司，官曰按察使。按察谓何？但以刑名为职掌，人亦以刑名吏目之。弃其尤重而独任兼衔，可谓之提刑司、提刑使乎！今内外详皆转都察院，人未尝以都察院为刑曹，奈何按察司独谓刑名乎！"

（3）明代法律榜谕于市广而告之。《明实录》记有永乐二年（1404），大理寺官员奏："市民以小秤交易者，请论违制律。"皇帝问工部官员："小秤之禁已申明否？"答曰："文移诸司矣。"又问："榜谕于市否？"答曰："未。"皇帝就说："官府虽有令，民固未悉知之。民知令，则不犯；令不从，则加刑。不令而刑之，不仁。其释之。"明代这种把法律"榜谕于市"广而告之的做法是社会治理的有效方法。

（4）重视启蒙教育。包括：启蒙学校组织与儒学教化；儒学教化的社会普及；通俗文艺与儒学教化；儒学教化视野下的儿童教育；在教育中灌输法律、检验等常识。

（5）明代法律"挂书"宣传下民间。《大明律》里有"讲读律令"的条文。这条规定，不仅是针对官员的，也是针对老百姓的。对官员来说，不但要讲读律例，而且还要通晓律意，否则，将会受到制裁。对老百姓而言，如能通晓律例，在普通犯罪时，可免罪一次。对于《明大诰》的宣传，明代也不遗余力。谢应芳《龟巢集》卷八载有"读大诰作巷歌"语云："挂书牛角田头读，且喜农夫也识丁。"这里的"挂书"之"书"，就是《明大诰》。同书卷七尚有"周可大新充粮长"七绝一首，语曰："田家岁晚柴门闭，熟读天朝大诰篇。"足见，《明大诰》流传之广泛，以至牧童、农夫都在习读《明大诰》这部明太祖"钦定"的特别法。与此同时，在通衢要道和众人聚会的地方，还会张挂相应的法律文本，以便老百姓知晓法律。有时，老百姓还因知道法律而被官府免于处罚的。

(6)重视案件调查。明代《大明律集解附例·刑律·断狱》:"务求于未检之先,即详鞫尸亲,证佐,凶犯人等;令其实招,以何物伤何致命之处,立为一案,随即亲诣尸所,督令仵作,如法检报。"

(7)验尸文件直接给苦主。为了提高办案效率和社会效果,把检验报告直接发给被害之家。《大明令》:"凡检尸图式,各府刊印,每副三幅,编立字号,半印勘合,发下州县……仔细检验,定执生前端的致命根因,依式标注,署押,一幅付苦主,一幅粘连附卷,一幅缴申上司。"

六、清代法医学与社会治理

清代与法医学有关的社会治理特色如下。

(1)官方出版检验书籍。历史上,《疑狱集》《折狱龟鉴》《棠阴比事》《洗冤集录》《无冤录》等都出自官吏之手,属民间出版的法医学著作。清代康熙年间(一说乾隆年间)出版《律例馆校正洗冤录》(简称《洗冤录》)是清代律例馆官方正式出版的书籍,表明清代对检验的重视,其影响范围更大。

(2)乡约教化。清代乡约教化是乡村儒学教化的重要形式,重视儒学教化的清朝统治者因而积极推动乡约的组织建设和制度建设,地方官也积极推动乡约教化的地方化。地域性社会问题是社会治理所面对的重要限定因素,因地制宜地发挥地方社会中民间组织的活力是地方社会治理的关键。作为乡村治理的《南赣乡约》和《乡甲约》发挥了积极的作用。

(3)家族系统。在中国古代社会,国家的基础和社会结构的基本细胞是大大小小的家族,家族的兴旺直接影响着国家的治理成效。中国社会自始就以家族为基本单位组织、管理和发展,儒家思想对宗族观念进一步维持并深化,个人的地位逐渐隐没于宗族背后,以族权为核心的家族系统和以君权为核心的政权系统维系着家庭治理和社会治理。在中国古代社会,国家法不是全部社会秩序的基础。在国家法所不及和不足的地方,存在着另一种"法律",即所谓的"民间法",表现为诸如家法族规、各种民间性组织制定的规范,成为社会治理的重要因素。

(4)乡绅势力。在清代不同的历史时期,乡绅势力对基层社会的控制,呈现出逐渐加强的趋势,形成了前所未有的绅权大张之势。在清代精心设置的基层社会控制组织中,乡绅阶层由原来的控制对象变成控制主体,乡绅阶层处于国家与乡村社会之间,扮演着独特的社会角色。这个历史性变动是随着清代社会结构的变迁而形成的,是清代社会结构变迁的历史特点之一。

(5)蒙学识字也讲"斩"和"绞"等刑罚。清代从社会治理出发,从国策到教育,大力宣传《大清律例》。清代文学作品中,同样不乏法律故事。甚至在儿童的识字课本中,也会介绍一些简单的法律知识。晚清刘树屏编撰、吴子城绘图的《澄衷蒙学堂字课图说》一书,对"斩"和"绞"等刑罚,不但作了字面上的释义,而且还配有图像,便于儿童识字和记忆。该书解释时称,"斩"者颅身分离,不得全尸,其重于"绞"刑;"绞"者得全尸。这是因为"孝"道中"身体发肤,受之父母,不敢损伤,孝之始也。"这一出自《孝经·开宗明义章》的句子,意思是:人的身体四肢、毛发皮肤,都是父母赋予的,不敢予以损毁伤残,这是孝顺的开始。这个"始"字,说的是从"孝经"的开始制定,它就主张把"孝"贯穿人的一切行为之中,"身体发肤,受之父母,不敢毁伤",是孝之始;"立身行道,扬名于后世,以显父母",才是孝之终。我们看到,在儿童的识字课本中介绍一些简单的法律知识,而其知识来源仍然是儒家的孝道。可见,清代从儿童开始就灌输主流思想。

第二节 中国古代法医检验技术没有自主迈向现代化的原因

这一问题可从我国古代社会治理与法医学发展的角度分析。

第一,传统思想的束缚。

我国从汉代开始儒学思想变成了统治社会的主流思想。《汉书·艺文志》:"法家者流,盖出于理官,信赏必罚,以辅礼制。"儒学所讲求的"礼"在统治者的演绎下沦为

第九章 中国古代法医学与社会治理关系史的总结

统治的工具。"礼"的思想强调两个原则,其一为"尊尊",即把人区别为许多等级,并保持低贱者对尊贵者的尊崇,承认贵族的特权;其二为"亲亲",维护家族的利益。因此,不讲求对人本身的研究。儒学思想讲求"仁"的思想,在人死后对他们的身体动刀,就是一种不仁、不孝。于是,以"孝"道为基础的"维持尸表检验不毁坏发肤"的古代尸表检验制度,在封建制度维持了数千年不放弃。这就是我国古代法医学不能迈进现代化行列的原因所在,也是法医文化的悲哀所在。

第二,无讼思想的影响。

传统中国是一个"乡土社会",打官司被视为一种羞耻之事,表示教化不够。在乡村里,人与人因矛盾产生殴斗后,最为看重的是调解。而所谓的调解,其实又是一种教化过程。虽然官府定有法律,但是百姓并不期望运用这样的法律为自己找回公道。传统中国的"无讼"文化是一个"反对诉讼"的"乡土社会"文化。"无讼",初见于《大学》,孔子说:"听讼,吾犹人也。必也,使无讼乎?无情者不得尽其辞,大畏民志,此谓知本。"按照传统的观念,社会治理关键在于使民各安其分。这正好是"乡土社会"的基本特点。中国古代同时也是人治社会,百姓只能在土地上安分守己,不知法律为何物。这是我国古代"乡土社会"文化盛行、法医学社会基础薄弱导致法医学发展缓慢的原因所在。

第三,人才选拔的弊端。

中国古代社会从隋唐时期就开始进行科举考试,直到清末(具体为1905年)废除。科举制破除传统的氏族门阀,将权利下移到普通士人,有效进行人才选拔。但是在其后,科举制渐渐沦为加强中央集权的手段,统治者需要的不仅仅是能为其出谋划策的士人,更重要的是能够适应"君君臣臣父父子子"的传统规矩的人,由汉至清,大抵如此。因此,按"套路"行政为官和按技术规范行使检验职能是两码事。也就是说,以法医人才为视角,科举士人是不可能完成法医检验工作的。这样,在封建体制下能够有能力研究法医学这样精深人体学问的人才变得越来越少。中国古代的官僚体系过于庞大,对于刑事案件的判定人群基本上是科举考试选拔出来的文人,冤案是否发生基本取决于这些文人的法律素养;而由科举考试选拔出来的文人基本缺乏对于自然科学的想象力，更别说参与这些士人不愿意参与的尸体检验工作。这是我国古代法医人才选拔弊端导致法医学落后的原因所在。

第四，对自然科学的不重视。

宋代宋慈在法医著作《洗冤集录·序》中说："遂博采近世所传诸书，自《内恕录》以下凡数家，会而粹之，厘而正之，增以己见，总为一编，名曰《洗冤集录》，刊于湖南宪治；示我同寅，使得参验互考。"明代宋应星科技著作《天宫开物·序》说："伤哉贫也！欲考证，而乏洛下之资；欲招致同人，商略赝真，而却陈思之馆。"由此观之，古代科学家写出这些科学著作的目的，完全是出于自己的爱好，完全没有官府的资助。而如同法医学这样门类的学问被视为"末"，为"雕虫小技"，只有儒家思想才被视为"本"。巫医乐师百工之人混为一谈，拥有技术的人得不到应有的尊重，被视为低贱的职业。这是传统观念不适应自然科学发展规律导致法医学发展停滞不前的原因所在。

第五，统治阶层意志的影响。

法医学的发展受到皇帝意志的影响。以宋代医学发展为例：宋代常以诏令形式对医事进行管理。皇帝频繁的诏令使得医学的发展与皇帝个人的兴趣、爱好联系在一起，一旦中央疏于管理或皇帝短期内不予重视，医学的发展必将受到影响。北宋皇帝重视医学，因而取得的成就也较大。南宋时期，皇帝的重视有所减弱，如《宋会要辑稿·职官》记载，宋孝宗认为："此辈（指医官）最无用，亦可省减。"于是，当时政府不仅罢废了北宋时期设立的一些医学机构，而且还采取过一项短视的医学措施——废除太医局，因而对医学教育和医官选任造成严重不良影响，不得不从民间大量招收"草泽医"。直至绍熙二年（1191）宋光宗又不得不下诏重置。医学的发展如此，法医学的发展同样如此，这也是制约我国古代法医学发展的因素之一。

第六，受宗法等级制度的影响。

中国古代法医检验制度带有浓厚宗法等级、家族本位主义的色彩。中国古代社会以儒家伦理作为社会治理的指导思想。"礼"是封建时代维持社会、政治秩序准则，也是中国法律的渊源之一。"尊尊""亲亲"原则体现维护皇权和家族特权，宗法上的等级和政治上的等级是一致的。中国古代检验制度中无论是关于"私和"的规定，还是

第九章　中国古代法医学与社会治理关系史的总结

关于"免检"的规定以及关于"诬告"扰乱检验的规定都是在"礼"的指导下产生的，都是维护中国古代宗法等级制度和家族本位主义原则的产物。礼教造成有的案件无法检验尸体（私和），有的案件不能检验尸体（免检），有的案件被扰乱而检验受限制（诬告），这些都严重影响了法医尸体检验和司法公正。因此，礼教和宗法等级制度是阻碍古代法医学发展的因素之一。

第三节　中国古代法医学和社会治理关系史研究的现代价值

借古鉴今，研究古代法医学发展和社会治理史，目的就是为当今法医学发展提供经验和教训。法医学是医学和法学相结合的交叉学科，具有自然科学和社会科学的双重属性。在社会管理和公共安全领域的诸多事项中（如认定与司法实践有关的人身伤害、死亡、亲缘关系、伤残补助、保险理赔等），法医学能够提供关键的鉴识性科学证据。法医科学的发展关乎国计民生、社会稳定和平安中国建设，在全面推进依法治国进程中发挥着不可替代的重要作用。法医学分支学科主要有法医病理学、法医物证学、法医毒物学、法医临床学、法医精神病学、法医人类学及其他与司法实践相关的学科。在我国，法医科学技术发挥着越来越重要的社会职能。在社会法治化进程中涉及灾难事故、民事案件、刑事案件、行政案件、暴恐案件、立法等6个领域近70种事项的调处运行需要法医科学技术提供必要的支撑。①

目前，我国的法医学事业得到稳定发展，已经形成了一支以高等院校、公安、检察和司法鉴定技术研究机构科学技术人员为主体的法医科学技术队伍，法医科学水平得到较大提升，在一些研究领域已取得较好的成果，某些方面甚至领先国际水平，法医检案技术得到普遍应用。但是从整体上，我国的法医科学技术水平与发达国家相比

---

① 丛斌，宋随民．廓清法医学学科体系 完善法医学概念内涵[J]．中国法医学杂志．2019，34（02）：109—112．

仍然存在一定差距。因此，提出加快法医科学发展有其必要性。①

第一，研究古代法医学史吸取经验教训是推进法医发展服务社会治理的需要。东汉许慎《说文解字》说："史，记事者也。从又持中，中正也。"唐代杜佑《通典》称："实采群言，征诸人事，将施有政"，说明史学研究具有现实意义。一个国家选择什么样的法医制度与其历史文化传统有关。我们研究中发现，我国古代法医制度受传统文化限制在检验人员选择、机构设置上存在弊端，但古代历来就有重视检验、谨慎检验的优秀法医文化，在人员管理、责任问责、案件追责，在检验公开、办结案件公示以及案件流转审核等方面有其可借鉴之处。当代中国法医制度与中国古代法医检验制度有本质区别，但中国古代法医检验制度及其在传承中华文明方面的历史经验，对今天法医学发展、推进国家治理体系和治理能力现代化仍有重要借鉴意义，这也是中国古代法医制度史研究的当代价值所在。

第二，加快法医科学发展是推进全面依法治国、维护社会公平正义的职业责任。法医科学在依法治国的诸多方面发挥了特有的作用。如故意杀人案、故意伤害致人重伤或者死亡案、强奸案、抢劫案、绑架案、纵火案、爆炸案、投毒案、吸毒和贩卖毒品案等重大刑事案件的侦查及审判过程，以及酒驾犯罪的认定、被拐卖妇女和儿童的身源认定、非法行医、制售假药、危害食品安全、销售假冒伪劣商品等行为的认定，均离不开法医科学的支持。

第三，提高法医科学技术水平是维护社会公共安全和社会稳定的重要保障。除服务于案件侦办、诉讼和审判外，法医科学在重大灾害、群体性死亡事件、医疗损害、工伤评定、人寿保险、伤残等级评定、亲缘关系鉴定、遗产纠纷等司法实践和社会管理领域也发挥了关键的技术支持作用。2008年，汶川特大地震造成6万多人死亡；2015年，"东方之星"沉船事故使得442人丧生；2015年，天津滨海新区爆炸事故导致165人遇难；2019年新冠病毒感染确诊病例达6万多人，死亡1500多人。在这些重大突发事件处置中，都需要利用法医物证检验技术对遇难者身份进行个体识别。这是

---

① 丛斌，刘耀. 中国法医科学发展战略研究[M]//中国工程院. 中国法医科学发展战略. 北京：高等教育出版社，2018：9—14.

第九章 中国古代法医学与社会治理关系史的总结

做好事故善后工作的重要基础。这里，要强调的是，恐怖袭击是全世界各国都要面对的威胁，法医鉴定技术在反恐斗争中也发挥了巨大作用。在暴恐案件的处置工作中，尸体检验及DNA（脱氧核糖核酸）检测是法医技术工作的主要内容。包括对恐怖袭击中的死者进行死因确定，损伤数目、致伤方式及损伤程度的判定，致伤物推断，通过DNA检验确定死者身源，联合人类学的检验技术确定死亡人数、死亡群体的性别及年龄构成等。对死因及损伤的判定可以协助确定死/伤者是犯罪分子还是无辜群众；通过分析致伤手段有助于推断恐怖分子的组织分支机构特征；认定恐怖袭击分子身源后，可以排查其社会关系，对同伙实施抓捕。当前我国反恐维稳形势不容乐观，国内"藏独""疆独"等多股反动势力与国际恐怖组织和反华势力勾连聚合，对法医学的应急反应、数据集成和技术支撑能力提出挑战。这迫切需要我国在法医学科学理论与技术领域进行深入研究和重点投入，以满足打击违法犯罪、维护司法公正对科学技术的现实需要。

当前，全球毒品犯罪问题仍较突出，一些国家和地区毒品持续泛滥，制造、贩卖、滥用毒品问题严重，毒品来源、毒品种类、吸毒人员不断增多，毒品问题已成为全球性的社会顽疾。在毒品问题全球化的大背景下，中国毒品形势同样严峻复杂：境外毒品渗透不断加剧，国内制毒问题日益突出，毒品滥用问题持续蔓延，毒品社会危害更加严重。因此，建立国家毒品样本数据库，建立新型毒品的检验技术，创新毒品快速检测方法，开展神经、体液、免疫等多个系统的毒品毒理学研究，探讨毒品成瘾机制等方面的科学问题是迫在眉睫的任务。法医毒物学基础理论和检验技术的创新发展能够为国家禁毒工作提供技术支持和保障。

第四，法医科学技术应用有助于促进人类健康事业发展。2015年9月，联合国大会采纳通过新的发展议程——《改变我们的世界：2030可持续发展议程》，其中，"人类健康可持续发展目标"为此次议程的重点。世界卫生组织（WHO）列举出"人类健康可持续发展目标"的43项核心指标，其中37项[①]都需要法医科学技术提供支持。

---

① 如：孕产妇死亡率、五岁以下儿童死亡率、新生儿死亡率、非传染性疾病死亡率、自杀死亡率、道路交通损伤死亡率、环境污染致人死亡率、灾难导致死亡、冲突所致死亡、出生死亡和死因注册等。

中国古代法医学与社会治理关系史

死因流行统计学数据的重要性早已经被世界绝大多数国家所认知。调查数据表明，不经过尸体解剖的死因诊断（包括院内死亡）错误率高达 25%~50%。2016 年数据表明，在 WHO 的所有 194 个成员国中，有一半国家死因死亡注册率达到 80%。而自中华人民共和国成立以来，我国至今仍未确立死因登记管理制度，致使我国死因流行统计学数据严重缺失。WHO 的数据显示，我国在 2005—2015 年死因统计数据完整程度仅有 62%，且质量等级被评定为"差"，这种情况在 WHO 的 190 多个成员国中属于少数。缺乏可靠的死因流行学统计数据，可能会导致非常严重的后果。国家制定与国民健康相关的制度政策时，没有可靠的科学数据支持，而缺乏科学依据的政策制度也加大了相关领域工作的盲目性，最终将严重制约我国近 14 亿的人口大国的健康可持续发展大计。法医尸体解剖是获得死因流行统计数据的可靠方法，而完善的死亡注册管理制度是尸体解剖制度实施的重要保障。因此，建立全国统一的尸体解剖制度及死亡注册管理制度，对完善我国卫生法制体系建设、促进我国健康事业发展具有重要意义。

第五，法医科学的发展有助于我国生态文明建设。建立健全生态环境保护责任追究制度，保护生态环境，治理环境污染，建立生态环境损害责任终身追究制、重大决策终身责任追究制度及责任倒查机制。我国是世界第二大经济体，以资源开发和制造业为主的工业化进程迅速发展，与之伴行的环境污染以及因环境问题诱发的群体性事件日趋增多。强化环境保护的司法力量和威慑效应、加强环境保护和生态文明建设已呈刻不容缓之势。

在环境污染致人身损害归责的诉讼中，为了研究确定环境污染物的来源和迁移，描述污染的化学特征、环境影响，判断污染行为与人身损害之间的因果关系，环境法医学应运而生。作为生态学与法医学的交叉学科，环境法医学的理论与技术可用于鉴定污染来源、时间与范围，确认环境责任归属，帮助推断污染肇事者及污染事故发生的时间、原因、污染程度，以及对周围人群和生态环境的影响。其结论可作为后续污染责任确定、法庭诉讼、仲裁与赔偿等事项的客观依据，为环境诉讼及法庭审理提供有力证据支撑。同时，环境法医学的理论与技术还可以帮助建立与环境损害赔偿司法制度相配套的环境污染损害鉴定评估技术规范和工作机制，为司法机关审理环境损害

第九章　中国古代法医学与社会治理关系史的总结

案件提供技术支持,有助于运用法律手段打击环境违法行为,对环境保护的建设具有重要意义。

第六,法医科学的发展有助于弘扬社会主义先进文化。文化之于国家、之于民族,既是立足之本,也是发展之根。没有中华文化繁荣兴盛,就没有中华民族伟大复兴。一个民族的复兴需要强大的物质力量,也需要强大的精神力量。社会主义核心价值观是我国文化建设的核心,公平正义既是人类文明的价值追求,也是崇高的文化信仰,更是社会主义核心价值观和依法治国战略的内生动力和重要支撑。法医鉴定意见关系到人民群众的根本利益,司法鉴定是化解社会矛盾、维护社会秩序、保护当事人合法权益的科学证据,为行政机关的执法活动提供对策意见,具有服务严格执法、公正司法的重要社会职能。科学客观的司法鉴定意见还有助于在全社会营造遵法、学法、守法、用法的浓厚法律文化氛围,不断夯实法治中国建设的社会文化基础。

参考文献

一、图书

《长沙马王堆一号汉墓古尸研究》委员会编，湖南医学院著．长沙马王堆一号汉墓古尸研究[M]．北京：文物出版社，1980．

巴登，罗奇．法医探案[M]．冯速，范绪峰，译．海口：海南出版社，2008．

陈邦贤．中国医学史[M]．上海：商务印书馆，1937．

陈高华，张帆．元典章[M]．天津：天津古籍出版社，2011．

程树德．九朝律考[M]．北京：中华书局，2003．

戴圣．礼记校注[M]．陈戍国，导读．长沙：岳麓书社，2019．

窦仪．宋刑统[M]．吴翊如，点校．北京：中华书局，1984．

高随捷，祝林森．洗冤集录译注[M]．上海：上海古籍出版社，2014．

工藤元男．睡虎地秦简所见秦代国家与社会[M]．广濑薰雄，曹峰，译．上海：上海古籍出版社，2018．

郭霭春．中国医史年表[M]．哈尔滨：黑龙江人民出版社，1984．

韩毅．政府治理与医学发展：宋代医事诏令研究[M]．北京：中国科学技术出版社，2014．

何晓明，曹流．中国文化概论[M]．北京：首都经济贸易出版社，2011．

胡留元，冯卓慧．西周法制史[M]．西安：陕西人民出版社，1988．

胡星桥，邓又天．读例存疑点注[M]．北京：中国人民公安大学出版社，1994．

黄瑞亭，陈新山．《洗冤集录》今释[M]．北京：军事医学科学出版社，2008．

黄瑞亭，陈新山．话说大宋提刑官[M]．北京：军事医学科学出版社，2011．

黄瑞亭，陈新山．宋慈说案[M]．北京：科学出版社，2017．

黄瑞亭，陈新山．中国法医学史[M]．武汉：华中科技大学出版社，2017．

黄瑞亭，陈新山. 洗冤集录今释——法医检验原理与案例[M]. 北京：科学出版社，2019.

黄瑞亭，胡丙杰，刘通. 名公宋慈书判研究[M]. 北京：线装书局，2020.

黄瑞亭，胡丙杰. 中国近现代法医学史[M]. 广州：中山大学出版社，2019.

黄瑞亭. 中国近现代法医学发展史[M]. 福州：福建教育出版社，1997.

黄瑞亭. 法医青天——林几法医生涯录[M]. 北京：世界图书出版公司，1995.

黄瑞亭. 法医探索[M]. 福州：福建教育出版社，2005.

黄瑞亭. 林几[M]. 厦门：鹭江出版社，2014.

黄宗智. 法典、习俗与司法实践：清代与民国的比较[M]. 上海：上海书店出版社，2007.

贾静涛. 法医学概论[M]. 北京：人民卫生出版社，1988.

贾静涛. 中国古代法医学史[M]. 北京：群众出版社，1984.

江伟. 证据法学[M]. 北京：法律出版社，1999.

金兆丰. 中国通史[M]. 北京：中国工人出版社，2016.

李良松，郭洪涛. 中国传统文化与医学[M]. 厦门：厦门大学出版社，1990.

李约瑟. 中国科学技术史（第六卷）·生物学及相关技术（第六分册）：医学[M]. 北京：科学技术出版社，2013.

廖育群. 中国古代科学技术史纲医学卷[M]. 辽阳：辽宁教育出版社，1996.

林几. 食物中毒[M]. 南京：人民军医出版社华东分社，1951.

林则徐全集编辑委员会. 林则徐全集第5册文录[M]. 福州：海峡文艺出版社，2002.

刘海年. 战国秦代法制管窥[M]. 北京：中国社会科学出版社，2017.

刘俊文. 唐律疏议斗讼[M]. 北京：中华书局，1983.

吕坤. 吕坤全集[M]. 王国轩，王秀梅，整理. 北京：中华书局，2008.

马泓波. 宋会要辑稿·刑法[M]. 开封：河南大学出版社，2011.

马建石，杨育棠. 大清律例通考校注[M]. 北京：中国政法大学出版社，1992.

群众出版社编辑部编. 历代刑法志·宋史·刑法志[M]. 北京：群众出版社，1988.

参考文献

陕西省地方志编纂委员会．陕西省志（第58卷）审判志[M]．西安：陕西人民出版社，1994．

沈家本．历代刑法考（第四册）[M]．邓经元，骈宇骞，点校．北京：中华书局，2006．

睡虎地秦墓竹简整理小组．睡虎地秦墓竹简[M]．北京：文物出版社，1978．

睡虎地秦墓竹简整理小组．睡虎地秦墓竹简（释文注释）[M]．北京：文物出版社，1990．

司法部司法鉴定科学技术研究所科教处．法医学活体检案一百例[M]．司法部司法鉴定科学技术研究所科教处，1984．

宋慈．洗冤集录[M]．贾静涛点校．上海：上海科学技术出版社，1981．

宋慈．洗冤集录[M]．胡志泉注．北京：北京联合出版公司，2016．

唐耕耦，陆宏基．敦煌社会经济文献真迹释录（二）[M]．北京：全国图书馆文献缩微复制中心，1990．

天一阁博物馆，中国社会科学院历史研究所天圣令整理课题组．天一阁藏明钞本天圣令校证[M]．北京：中华书局，2006．

田一民，罗时润．洗冤集录译释[M]．福州：福建科学技术出版社，1980．

田振洪．中国传统法律的损害赔偿制度研究[M]．北京：法律出版社，2014．

王立民．中国法律制度史[M]．上海：上海教育出版社，2001．

王立民．法律史与法治建设[M]．北京：法律出版社，2017．

王云海．宋代司法制度[M]．开封：河南大学出版社，1992．

魏道明．始于兵而终于礼：中国古代族刑研究[M]．北京：中华书局，2006．

谢深甫．庆元条法事类[M]．哈尔滨：黑龙江人民出版社，2002．

辛普逊．法医生涯四十年[M]．伍新尧，郭朱明，译．上海：上海科学技术出版社，1983．

徐汉民．社会治理法治研究[M]．北京：法律出版社，2018．

徐松．宋会要辑稿·刑法（上）[M]．马泓波，点校．郑州：河南大学出版社，2011．

杨奉琨．洗冤集录校译[M]．北京：群众出版社，1980．

杨奉琨．疑狱集·折狱龟鉴校释[M]．上海：复旦大学出版社，1988．

891

杨一凡，徐立志．历代判例判牍（第四册）[M]．北京：中国社会科学出版社，2005．

殷啸虎．中国古代的法律与社会[M]．北京：北京大学出版社，2015．

瞿同祖．中国法律与中国社会[M]．北京：商务印书馆，2001．

张家山二四七号汉墓竹简整理小组．张家山汉墓竹简〔二四七号墓〕：释文修订本[M]．北京：文物出版社，2006．

张善仁．司法腐败与社会失控[M]．北京：社会科学文献出版社，2005．

张孝蕾．睡虎地秦简《封诊式》研究[M]．长沙：湖南大学，2013．

张友渔．中国大百科全书·法学[M]．北京：中国大百科全书出版社，1984．

张元济．宋本名公书判清明集[M]．上海：商务印书馆，1935．

长孙无忌．唐律疏议[M]．北京：群众出版社，1988．

昭通市协．昭通旧志汇编(6)[M]．昆明：云南人民出版社，2006．

中国社会科学院历史研究所宋辽金元史研究室点校．名公书判清明集[M]．北京：中华书局，1987．

中国文物研究所．龙岗秦简[M]．北京：中华书局，2011．

周名峰．《名公书判清明集》校释（官吏门·赋役门·文事门）[M]．北京：法律出版社，2019．

二、学位论文

黄道诚．宋代侦查制度与技术研究[D]．河北大学博士学位论文，2009．

黄玉环．中国古代法医学发展史及相关文献研究[D]．贵阳中医学院硕士学位论文，2007．

李恂．以出土秦简看秦代"为吏之道"[D]．渤海大学硕士学位论文，2018．

孙大明．我国古代司法鉴定制度考论[D]．华东政法学院硕士学位论文，2006．

熊思量．宋慈与《洗冤集录》之研究[D]．福建师范大学硕士学位论文，2007．

徐晓慧. 南宋司法检验制度研究——以宋慈《洗冤集录》为中心[D]. 南京师范大学硕士学位论文, 2008.

三、专著中析出文献

拜荣静, 王世凡. 秦汉时期司法检验制度研究[M]//张保生主编. 法庭科学文化论丛(第3辑). 北京: 中国政法大学出版社, 2018: 82—104.

常林. 我们必须做些什么[M]//常林主编. 法庭科学文化论丛(第1辑). 北京: 中国政法大学出版社, 2014: 1—9.

黄瑞亭. 林几[M]//近现代福州名人. 福州: 福建人民出版社, 1999: 213—215.

黄瑞亭. 说说法医文化[M]//常林主编. 法庭科学文化论丛(第1辑). 北京: 中国政法大学出版社, 2014: 310—312.

黄瑞亭. 法医的"空船"思想[M]//常林主编. 法庭科学文化论丛(第1辑). 北京: 中国政法大学出版社, 2014: 313—315.

黄瑞亭. 我国古代诬告检验的现代研究价值[M]//常林主编. 法庭科学文化论丛(第2辑). 北京: 中国政法大学出版社, 2015: 83—95.

黄瑞亭. 宋慈《洗冤集录》产生的条件[M]//法治之源. 北京: 法律出版社, 2017: 37—55.

黄瑞亭. 宋慈《洗冤集录》与洗冤文化[M]//张保生主编. 法庭科学文化论丛(第3辑). 北京: 中国政法大学出版社, 2018: 306—317.

黄瑞亭.《名公书判清明集》与《洗冤集录》中验尸验伤的研究[M]//张保生主编. 法庭科学文化论丛(第4辑), 北京: 中国政法大学出版社, 2019: 61—72.

毛泽东. 商鞅徙木立信论[M]//中共中央文献研究室, 中共湖南省委《毛泽东早期文稿》编辑组. 毛泽东早期文稿. 长沙: 湖南文艺出版社, 2013: 1—2.

沈括. 梦溪笔谈[M]//纪昀. 四库全书. 上海: 上海古籍出版社, 1987.

徐世红. 张家山二年律令简中的损害赔偿之规定[M]//饶宗颐. 华学：第六辑. 北京：紫禁城出版社，2003：136.

四、期刊

常勇，李同. 秦始皇陵中埋藏汞的初步研究[J]. 考古. 1983(7)：659—633.

陈杭生. 秦法和秦人执法：读《睡虎地秦墓竹简》浅识[J]. 江汉论坛. 1979(3)：60—64.

陈元晖. 论文化的四种性质[J]. 群言. 1991(2)：12—15，21.

陈重方. 清《律例馆校正洗冤录》相关问题考证[J]. 有凤初鸣年刊. 2010(6)：441—455.

丛斌，宋随民. 廓清法医学学科体系 完善法医学概念内涵[J]. 中国法医学杂志. 2019，34(2)：109—112.

丛斌. 关于对新冠病毒感染致死病人尸体解剖检验的建议[J]. 法医学杂志. 2020，36(1)：4.

崔春华. 战国时期秦封建法制的发展——读《睡虎地秦墓竹简》札记[J]. 辽宁大学学报(哲学社会科学版). 1980，5：56—64.

范闻. 中国古代司法检验制度中的家族本位主义色彩[J]. 新余学院学报. 2014(4)：54—55.

黄瑞亭. 中国现代法医学发展史述评[J]. 福建法学，1994(2)：49—53.

黄瑞亭. 早期中外医学专家对我国现代法医学的贡献[J]. 法医学杂志. 1997(3)：21—26.

黄瑞亭. 中国现代法医学奠基人、法医学家、教育家林几[J]. 福建史志. 1999(6)：45—46.

黄瑞亭. 宋慈《洗冤集录》与法医昆虫学[J]. 法律与医学杂志. 2000(1)：17—19

黄瑞亭.《洗冤集录》与宋慈的法律学术思想[J]. 法律与医学杂志. 2004(2)：123—126.

黄瑞亭、陈新山. 百年中国法医学[J]. 中国法医学杂志. 2005(5)：46—48.

黄瑞亭. 宋慈《洗冤集录》与宋朝司法鉴定制度[J]. 中国司法鉴定. 2006(1)：57—60.

黄瑞亭. 百年之功：纪念林几教授诞辰110周年[J]. 中国法医学杂志. 2007(2)：141—145.

黄瑞亭. 法庭科学的真谛[J]. 证据科学. 2012, 20(4)：489—499.

黄瑞亭. 我国仵作职业的研究[J]. 中国法医学杂志. 2012(5)：428—430.

黄瑞亭. 我国古代法医语言的现代借鉴价值[J]. 中国司法鉴定. 2013(5)：114—118.

黄瑞亭. 林几学术思想及其当代价值—纪念林几诞辰120周年[J]. 中国法医学杂志. 2017(6)：549.

黄瑞亭. 宋慈祖籍考[J]. 中国司法鉴定. 2018(4)：75—77.

黄瑞亭. 宋慈与林几学术思想比较研究[J]. 中国司法鉴定. 2019(1)：81—90.

黄玉环，吴志刚.《洗冤集录》版本考[J]. 贵阳中医学院学报. 2005(1)：3—5.

贾静涛. 中国法医学史研究60年[J]. 中华医史杂志. 1996, 26(4)：231—237.

贾静涛. 中国古代法医学与刑侦书籍在朝鲜与日本[J]. 中华医史杂志. 1981, 11(3)：148—158

李凌云. 关于加强司法鉴定文化建设的几点思考[J]. 中国司法. 2012 (2)：19—21.

林几. 司法改良与法医学之关系[J]. 晨报六周年纪念增刊. 1924(12)：48—52.

林几. 法医谈[J]. 协医通俗月刊. 1928, 5(4)：1.

林几. 拟议创立中央大学医学院法医学科教室意见书[J]. 中华医学杂志. 1928(6)：205—206.

林几. 检验洗冤录银钗验毒方法不切实用意见书[J]. 医药学杂志.1933, 10(5)：15—20.

林几. 实验法医学[J]. 法医月刊, 1934(4)：2.

林几. 骨质血荫之价值及紫外线光下之观察[J]. 法医月刊. 1934(6)：40—44.

林几. 检验洗冤录银钗验毒方法不切实用意见书[J]. 法医月刊. 1935(5)：55—56.

林几. 法医学史[J]. 法医月刊. 1935(14)：1—7.

林几. 法医学史略[J]. 北平医刊. 1936, 4(8): 22—30.

林几. 已腐溺尸溺死液痕迹之证出新法[J]. 北平医刊. 1936(4): 13—27

林几. 现代应用之法医学[J]. 医育. 1940(2): 38—45.

林几. 二十年来法医学之进步[J]. 中华医学杂志. 1946(6): 244—266.

马泓波. 宋代司法检验中存在的问题及其原因分析[J]. 西北大学学报(哲学社会科学版). 2008(4): 46—50.

茆巍. 论清代命案检验中的鉴定文书[J]. 证据科学. 2011(1): 20—30.

茆巍. 论清代命案检验错误之处分[J]. 安徽大学学报(哲学社会科学版). 2013(4): 93—100.

邱爱民. 论法庭科学的内涵和外延[J]. 中国政法大学学报. 2010, 6(20): 122—131.

任惠华, 刘琦. 中国司法鉴定历史文化的发展[J]. 中国司法鉴定. 2013, 4(69): 108—111.

沈秉堃. 护理云贵总督沈秉堃奏改仵作为检验吏给予出身片[J]. 政治官报. 1909, 780: 12—14.

田光. 论中国之法医[J]. 医药学. 1925, 2(10): 74—79.

田振洪. 论林几法医学教育思想的形成和价值[J]. 中国司法鉴定. 2017(6): 30—31.

王合三. 法医学与洗冤录[J]. 现代中医. 1935, 2(10): 19.

吴克峰, 董颖波. 文化、中国传统文化与中国优秀传统文化[J]. 文化纵横. 2020(1): 67—69.

夏诗荷. 略论《睡虎地秦墓竹简》[J]. 文艺生活. 2013(6): 148—149.

徐经泽, 吴忠民. 关于文化理论的几个问题[J]. 齐鲁学刊. 1986(6): 106—111.

徐忠明. "仵作"源流考[J]. 政法学刊. 1996(2): 23—27.

杨奉琨. 元代大法医学家王与生平著述考略[J]. 浙江学刊. 1985(2): 119—121.

姚致强. 近年来我国法医之鸟瞰[J]. 社会医报. 1933(190): 3960—3964.

易景戴. 法医与治外法权之关系[J]. 社会医报. 1930(129): 1377—1379.

殷啸虎. 中国古代司法鉴定的运用及其制度化发展[J]. 中国司法鉴定. 2001(1)：61—63.

湛风. 试谈《中国传统文化》(第三版)的文化观[J]. 华夏文化. 2014 (3)：6—9.

张中秋. 试论秦朝法官责任制[J]. 法学杂志. 1985 (4)：34—36.

郑钟璇：林几教授和他的《洗冤录驳议》[J]. 法医学杂志. 1991(4)：145—148.

祝亚平. 中国最早的人体解剖图——烟萝子《内境图》[J]. 中国科技史，1992(2)：61—65.

后 记

冬去春来，时移物换。历时三年，这本书终于得以和读者见面。本书中的人物、故事、著作都仿佛是一个时光机器，记录着我国古代司法检验历史上的辉煌过往。我们也在这一个色彩斑斓的时光机器里追寻着历史的脚印与大家详述了我国古代法医学与社会治理的交错勾连。

一本书的出版凝结了众多人的心血。感谢学苑出版社及洪文雄社长的信任与支持，感谢黄佳编辑对本书倾注的心血，每一次的字斟句酌和文献求证都是对编辑职责的恪守，使得本书更具有严肃性和科学性，也要感谢科研助理宋随民老师，在本书出版中做了大量繁杂的工作，为保障该书的顺利出版做出了贡献。

因作者水平有限，书中难免有不足与疏漏之处，敬请广大读者不吝赐教。

丛 斌

2022 年 4 月

图书在版编目（CIP）数据

中国古代法医学与社会治理关系史 / 丛斌，黄瑞亭主编．-- 北京：学苑出版社，2022.7
　　ISBN 978-7-5077-6462-8

Ⅰ．①中… Ⅱ．①丛… ②黄… Ⅲ．①法医学－医学史－中国－古代②社会管理－社会史－中国－古代 Ⅳ．① D919-092 ② D691.22

中国版本图书馆 CIP 数据核字 (2022) 第 130965 号

责任编辑：黄佳
印制总监：张翔
出版发行：学苑出版社有限公司
社　　址：北京市丰台区南方庄 2 号院 1 号楼
邮政编码：100079
网　　址：www.book001.com
电子邮箱：xueyuanpress@163.com
联系电话：010-67601101（营销部）、010-67603091（总编室）
印 刷 厂：英格拉姆印刷(固安)有限公司
开本尺寸：787 毫米 ×1092 毫米 1/16
印　　张：57.25
版面字数：912 千
版　　次：2022 年 11 月第 1 版
印　　次：2022 年 11 月第 1 次印刷
定　　价：480.00 元（上下册）